Wolfdietrich Möller, Umweltrecht Planung, Wald, Naturschutz, Jagd, Wasser, Boden, Immissionen, Abfall u.a. - Kommentare

D1735235

Umweltrecht

Planung, Wald, Naturschutz, Jagd, Wasser, Boden, Immissionen, Abfall u.a. - Kommentare

4. überarbeitete und erweiterte Auflage 2006

Zitierweise „Umweltrecht Band I Grundlagen Rn   "

Dr. Wolfdietrich Möller, Honorarprofessor an der Universität Göttingen

Möller, Wolfdietrich
Umweltrecht - Planung, Wald, Naturschutz, Jagd, Wasser, Boden, Immissionen, Abfall u.a. - Kommentare

4. überarbeitete und erweiterte Auflage
Hannover, Göttingen, Januar 2006

Eigenverlag des Verfassers und Bestelladresse
Laurinweg 16

30179 Hannover

Telefon 0511/6045302
Fax   0511/9200891

ISBN 3-00-009375-3

Inhaltsverzeichnis
Band I: Grundlagen

1. Teil: Verfassungs- und europarechtliche Grundlagen (parlamentarische und europäische Rechtsquellen)
Vorbemerkung zu Band I bis IV

2. Teil: Allgemeines Verwaltungsrecht

3. Teil: Allgemeines Gefahrenabwehrrecht, Zwangsmittel

5. Teil: Allgemeines Umweltrecht

Literaturverzeichnis (weitere Angaben im Text)

Gesetzessammlungen (Loseblatt): (mit Fundstellen der Gesetzblätter)

Das Deutsche Bundesrecht, Systematische Sammlung der Gesetze und Verordnungen mit Erläuterungen, Baden-Baden
März, Niedersächsische Gesetze, München
Sartorius, Verfassungs- und Verwaltungsgesetze, München
Sartorius, Verfassungs- und Verwaltungsgesetze, Ergänzungsband, München

Literatur zum 1. Teil

Alexy, Theorie der Grundrechte 1985, Suhrkamp 1994
Callies/Ruffert (Hrsg), Kommentar des EUV und EGV, 2. Aufl. 2002
Dreier (Hrsg), Grundgesetz, Kommentar Band I und II, 2. Aufl. 2004/2006
Engisch, Einführung in das juristische Denken, 10. Aufl. 2005
Grabitz/Hilf, Kommentar zur Europäischen Union, Loseblattsammlung, 29. Stand 2006
Jarass/Pieroth, Grundgesetz für die Bundesrepublik Deutschland, Kommentar, 8. Aufl. 2006
Maunz/Dürig, Grundgesetz, Kommentar, Loseblattsammlung, Stand 2002
Mangoldt/Klein/Starck (Hrsg), Das Bonner Grundgesetz, Kommentar, 5. Aufl. 2005
v. Münch/Kunig (Hrsg), Grundgesetzkommentar, 2001
Pieroth/Schlink, Grundrechte, Staatsrecht II, 21. Auflage 2005
Richter/Schuppert/Bumke, Casebook, Verfassungsrecht, 4. Aufl. 2001
Sachs (Hrsg.), GG, Kommentar, 3. Aufl. 2002
Stein, E./Götz, Staatsrecht, 19. Aufl. 2004
Streinz, Europarecht, 7. Aufl. 2005

Literatur zum 2. Teil

Becker, B., Öffentliche Verwaltung, 1989
Erichsen/Martens, Allgemeines Verwaltungsrecht, 10. Aufl. 1995
Faber, Verwaltungsrecht, 4. Aufl. 1995
Faber/Schneider (Herausgeber), Niedersächsisches Staats- und Verwaltungsrecht, 1985
Giemulla/Jaworsky/Müller-Uri, Verwaltungsrecht, Ein Basisbuch, 7. Aufl. 2004
Götz, Volkmar, Allgemeines Verwaltungsrecht, 4. Aufl. 1997
Kopp/Rantzauer, Verwaltungsverfahrensgesetz, Kommentar, 9. Aufl. 2005
Kopp/Schenke, Verwaltungsgerichtsordnung, Kommentar, 14. Aufl. 2005
Korte/Rebe, Verfassung und Verwaltung des Landes Niedersachsen 2. Aufl. 1986
Maurer, Allgemeines Verwaltungsrecht, 15. Aufl. 2004
Peine, Allgemeines Verwaltungsrecht, 8. Aufl. 2004
Stelkens/Bonk/Sachs, Verwaltungsverfahrensgesetz, Kommentar, 6. Aufl. 2001
Wolff/Bachof/Stober, Verwaltungsrecht Band I und II 1. (neue) Aufl. 2000

Literatur zum 3. Teil

Böhrenz/Unger/Siefken, Niedersächsisches Gesetz über die öffentliche Sicherheit und Ordnung, 8. Aufl. 2005
Drews/Wacke/Vogel/Martens, Gefahrenabwehr, 9. Aufl. 1986
Giemulla/Jaworsky/Müller-Uri, Verwaltungsrecht, Ein Basisbuch, 7. Aufl. 2004
Götz, Allgemeines Polizei- und Ordnungsrecht, 13. Aufl. 2001
Pieroth/Schlink/Kniesel, Polizei- und Ordnungsrecht, 3. Aufl. 2005

Literatur zum 4. Teil

Strafrecht, Ordnungswidrigkeitenrecht
Bockelmann/Volk, Strafrecht Allgemeiner Teil, 4. Aufl. 1987
Dreher/Tröndle, Strafgesetzbuch, Kommentar 25. Aufl. 2004
Göhler/König/Seitz, Ordnungswidrigkeitengesetz, Kommentar, 13. Aufl. 2002
Jeschek/Ruß/Willens, Strafgesetzbuch, Leipziger Kommentar, 10. Aufl. 1985
Lemke/Mosbacher, Ordnungswidrigkeitengesetz, Kommentar, 2. Aufl. 2005
Meyer-Gossner/Schwarz/Kleinknecht, Strafprozessordnung, Kommentar 48. Aufl. 2005
Schönke/Schröder u.a., Strafgesetzbuch, Kommentar, bearb. v. Schlittenhelm, 27. Aufl. 2004
Bürgerliches Recht
Mantel, Forstliche Rechtslehre Band I, 2. Aufl. 1983 hrsg. unter Mitwirkung von Schlessmann
Medicus, Bürgerliches Recht. Eine nach Anspruchsgrundlagen geordnete Darstellung, 20. Aufl. 2004
Medicus, Grundwissen zum Bürgerlichen Recht, 6. Aufl. 2004
Palandt (u.a.), Kommentar zum Bürgerlichen Gesetzbuch (BGB), 65. Auflage 2005

Literatur zum 5. Teil:
Erbgurth/Schink, Gesetz über die Umweltverträglichkeitsprüfung (UVPG), Kommentar, 2. Aufl. 1996
Hoppe (Hrsg.), Gesetz über Umweltverträglichkeitsprüfung (UVPG), Kommentar, 2. Aufl. 2002
Kloepfer, Umweltrecht, (2. Aufl. 1997), 3. Aufl. 2004, unter Mitarbeit von Kohls und Ochsenfahrt Aufl. 2004)
Landmann/Rohmer (Hrsg), Umweltrecht, Kommentar, Loseblattsammlung
Peters, UVPG - Gesetz über die Umweltverträglichkeitsprüfung, Handkommentar, 2. Aufl. 2002
Schmidt, Reiner, Einführung in das Umweltrecht, 6. Aufl. 2001
Schomerus/Schrader/Wegener, UIG – Umweltinformationsgesetz, Handkommentar, 2. Auf. 2002
Sparwasser/Engel/Voßkuhle, Umweltrecht, 5. Auflage 2003 mit zahlreichen Literaturhinweisen

Abkürzungsverzeichnis

ABl.	Amtsblatt der Europäischen Gemeinschaften
AB-LJagdG	Ausführungsbestimmungen zum nds. Landesjagdgesetz (alt)
AB NGefAG	Ausführungsbestimmungen zum Nds. Gefahrenabwehrgesetz
AB-NJagdG	Ausführungsbestimmungen zum Nds. Jagdgesetz
AEG	Allgemeines Eisenbahngesetz
AFZ	Allgemeine Forstzeitschrift
AgrarR	Agrarrecht (Zeitschrift)
AtG	Atomgesetz
AV	Vertrag von Amsterdam v. 2.10.1997 (EU)
AVR	Archiv des Völkerrechts
AWZ	ausschließliche Wirtschaftszone (des Meeres)
B/A/F	Blum/Agena/Franke, s. Literaturverzeichnis
BArtSchV	Bundesartenschutzverordnung
BauGB	Baugesetzbuch
BauGB-MaßnG	Maßnahmengesetz zum Baugesetzbuch
BauR	Baurecht (Zeitschrift)
BayObLG	Bayrisches Oberstes Landesgericht
BayVerfGH	Bayrischer Verfassungsgerichtshof
BayVBl.	Bayrische Verwaltungsblätter
BBergG	Bundesberggesetz
BBodSchG	Bundesbodenschutzgesetz
BFH	Bundesfinanzhof
BGB	Bürgerliches Gesetzbuch
BGBl.	Bundesgesetzblatt
BJagdG	Bundesjagdgesetz
BGH	Bundesgerichtshof
BGHZ	Entscheidungssammlung des Bundesgerichtshofs in Zivilsachen
BImSchG	Bundesimmissionsschutzgesetz
BMU	Bundesministerium für Umwelt, Verbraucherschutz und Reaktorsicherheit
BNatSchG	Bundesnaturschutzgesetz
BNatSchGNeuregG	Gesetz über die Neuregelung des Rechts des Naturschutzes und der Landschaftspflege und zur Anpassung anderer Rechtsvorschriften
BauNVO	Baunutzungsverordnung
BRats-Drucks.	Drucksache des Deutschen Bundesrates
BRS	Baurechtssammlung
BT-Drucks.	Drucksache des Deutschen Bundestags
BVerfG	Bundesverfassungsgericht
BVerfGE	Entscheidungssammlung des Bundesgerichtshofs
BVerwG	Bundesverwaltungsgericht
BVerwGE	Entscheidungssammlung des Bundesverwaltungsgerichts
BVT	beste verfügbare Technik (Merkblätter der EU-Kommission)
BWaldG	Bundeswaldgesetz
BWildSchV	Bundeswildschutzverordnung
ChemG	Chemikaliengesetz, Gesetz zum Schutz vor gefährlichen Stoffen
DMG	Düngemittelgesetz
DÖV	Die öffentliche Verwaltung
DVBl.	Deutsches Verwaltungsblatt
EAG	Europäische Atomgemeinschaft (EURATOM)
EG	Europäische Gemeinschaft/en; i.V.m. Art. = EGV
EGBGB	Einführungsgesetz zum BGB
EGStGB	Einführungsgesetz zum StGB
EGV	Vertrag über die Europäische Gemeinschaft; s. auch EG
EG-VO	Verordnung der Europäischen Gemeinschaft (ohne „Nr." zitiert)
EGKS	Europäische Gemeinschaft für Kohle und Stahl
EStG	Einkommensteuergesetz
EU	Europäische Union

EuG	Europäisches Gericht
EuGH	Europäischer Gerichtshof
EuGRZ	Europäische Grundrechte (Zeitschrift)
EuR	Europarecht
EURATOM	Europäische Atomgemeinschaft
EurUP	Zeitschrift für Europäisches Umwelt- und Planungsrecht
EUV	Vertrag über die Europäische Union
EuZW	Europäische Zeitschrift für Wirtschaftsrecht
EWG	Europäische Wirtschaftsgemeinschaft (jetzt EG)
FFH-Gebiete	Gebiete von gemeinschaftlicher Bedeutung (§ 10 (1) Nr. 5 BNatSchG
FFOG	niedersächsisches Feld- und Forstordnungsgesetz (aufgehoben)
FHH-RL,	Fauna-Flora-Habitat-Richtlinie (EG)
FHW	Der Forst- und Holzwirt (Zeitschrift)
FlurbG	Flurbereinigungsgesetz
FoVG	Forstvermehrungsgutgesetz
FStrG	Bundesfernstraßengesetz
FuH	Forst und Holz
G/B-K/S-R	Gassner u.a., s. Literaturverzeichnis
GenTG	Gentechnikgesetz
GewArch.	Gewerbearchiv
GfU	Gesellschaft für Umweltrecht
GG	Grundgesetz
GMBl.	Gemeinsames Ministerialblatt
GrdstVG	Grundstücksverkehrsgesetz
GVG	Gerichtsverfassungsgesetz
h.M.	herrschende Meinung
IBA	Important Bird Areas
i.d.F.	in der Fassung
i.e.S.	im engeren Sinn
i.V.m.	in Verbindung mit
i.w.S.	im weiteren Sinn
JZ	Juristenzeitung
KGWaldG	niedersächsisches Gesetz über den Körperschafts- und Genossenschafts-wald (aufgehoben)
KrW-/AbfG	Kreislaufwirtschafts- und Abfallgesetz
KStG	Körperschaftssteuergesetz
LAI	Länderausschuss für Immissionsschutz
LHO	Niedersächsische Landeshaushaltsordnung
LJagdG	niedersächsisches Landesjagdgesetz (aufgehoben)
LS	Leitsatz
LWaldG	niedersächsisches Landeswaldgesetz (aufgehoben)
LT-Drucks.	Drucksache des Niedersächsischen Landtags
LuftVG	Luftverkehrsgesetz
LwKG	Gesetz über die Landwirtschaftskammer Niedersachsen
MI	Niedersächsisches Innenministerium
ML	Nieders. Ministerium für Ernährung, Landwirtschaft und Forsten; ab 2003 „Niedersächsisches Ministerium für den ländlichen Raum, Ernährung, Landwirtschaft und Verbraucherschutz"
MU	Nieders. Umweltministerium
m.w.N.	mit weiteren Nachweisen
NAbfG	Niedersächsisches Abfallgesetz
Nds., nds.	niedersächsisch
Nds. GVBl.	Niedersächsisches Gesetz- und Verordnungsblatt
Nds. FischG	Niedersächsisches Fischereigesetz
NdsJ (auch NJ)	Niedersächsischer Jäger (Zeitschrift)
nds. LJagdG	niedersächsisches Landesjagdgesetz (aufgehoben)
nds. LWaldG	niedersächsisches Landeswaldgesetz (aufgehoben)
Nds. MBl.	Niedersächsisches Ministerialblatt

Nds. Rpfl.	Niedersächsische Rechtspflege
Nds. SOG	Niedersächsisches Gesetz über die öffentliche Sicherheit und Ordnung
NdsVBl.	Niedersächsische Verwaltungsblätter
NGefAG	Niedersächsisches Gefahrenabwehrgesetz (neue Bezeichnung Nds. SOG)
NGO	Niedersächsische Gemeindeordnung
NJagdG	Niedersächsisches Jagdgesetz
NKomZG	Niedersächsisches Gesetz über die kommunale Zusammenarbeit
NLÖ	Niedersächsisches Landesamt für Ökologie (ab 2005 ersetzt)
NLROP	Niedersächsisches Landes-Raumordnungsprogramm
NJW	Neue Juristische Wochenschrift
NJW-RR	Neue Juristische Wochenschrift Rechtsprechungsreport
NordÖR	Zeitschrift für öffentliches Recht in Norddeutschland
NROG	Niedersächsisches Landesraumordnungsgesetz
NNatG	Niedersächsisches Naturschutzgesetz
NW	Nordrhein-Westfalen
NWVBl.	Nordrhein-westfälische Verwaltungsblätter
NStrG	Niedersächsisches Straßengesetz
NStZ	Neue Zeitschrift für Strafrecht
NuL	Natur und Landschaft (Zeitschrift)
NuR	Natur und Recht (Zeitschrift)
NUVPG	Niedersächsisches Gesetz über die Umweltverträglichkeitsprüfung
NVwZ	Neue Zeitschrift für Verwaltungsrecht
NVwZ-RR	NVwZ-Rechtsprechungs-Report
NWaldLG	Niedersächsisches Gesetz über den Wald und die Landschaftsordnung
NWG	Niedersächsisches Wassergesetz
NWVBl.	Nordrhein-westfälische Verwaltungsblätter
NZV	Neue Zeitschrift für Verkehrsrecht
OVG	Oberverwaltungsgericht
OWiG	Ordnungswidrigkeitengesetz
PBefG	Personenbeförderungsgesetz
PflSchG	Pflanzenschutzgesetz
Rn	Randnummer
ROG	Raumordnungsgesetz (des Bundes)
S., s.	Satz (nach §); Seite; Siehe, siehe
SAC	Special Areas of Conservation
Slg. (nach EuGH)	Rechtsprechungssammlung des EuGH
SPA	Special Protection Areas
RRU	Sachverständigenrat für Umweltfragen
StGB	Strafgesetzbuch
StPO	Strafprozessordnung
StVG	Straßenverkehrsgesetz
StVO	Straßenverkehrsordnung
StVZO	Straßenverkehrszulassungsordnung
TA-Lärm	Technische Anleitung zum Schutz gegen Lärm
TA-Luft	Technische Anleitung zur Reinhaltung der Luft
TierSchG	Tierschutzgesetz
UAG	Umweltauditgesetz
UGB	Umweltgesetzbuch (Allgemeiner und Besonderer Teil, Entwurf)
UIG	Umweltinformationsgesetz
UPR	Umwelt- und Planungsrecht
UTR	Zeitschrift für Umwelt- und Technikrecht
UVP	Umweltverträglichkeitsprüfung
UVPG	Gesetz über die Umweltverträglichkeitsprüfung
V	Verordnung (am Ende einer Abkürzung; z.B. BImSchV; s. auch VO)
VA	Verwaltungsakt, Verwaltungsarchiv (Zeitschrift)
VersR	Versicherungsrecht (Zeitschrift)
VerwArch	Verwaltungsarchiv

VkBl.	Verkehrsblatt
VG	Verwaltungsgericht
VGH	Verwaltungsgerichtshof
VO	Verordnung (s. auch V)
VS-RL, VSRL	Vogelschutzrichtlinie (EG)
VwGO	Verwaltungsgerichtsordnung
VwVfG	Verwaltungsverfahrensgesetz des Bundes
WA	Washingtoner Artenschutzübereinkommen
WaStrG	Bundeswasserstraßengesetz
WHG	Wasserhaushaltsgesetz des Bundes
WiVerw	Wirtschaft und Verwaltung (Beilage GewArch. und UPR)
ZAU	Zeitschrift für angewandte Umweltforschung
ZfB	Zeitschrift für Baurecht
ZfL	Zeitschrift für Luftfahrt
ZfU	Zeitschrift für Umweltpolitik und Umweltrecht
ZfW	Zeitschrift für Wasserrecht
ZG	Zeitschrift für Gesetzgebung
ZUR	Zeitschrift für Umweltrecht

§ 1 (1) (1a) = § 1 Abs. 1 und Abs. 1a; § 1a = § 1a (aber getrennt im Nds. GVBl.); § 1 a = § 1 Buchst. a; § 1 a S. 1 a = § 1 Satz 1 Buchst. a oder „a)"; zu „S." vgl. auch oben.

Band I: Grundlagen

1. Teil: Verfassungs- und europarechtliche Grundlagen (parlamentarische und europäische Rechtsquellen)

Vorbemerkung zu Band I bis V

Dies vorliegende Darstellung des „Umweltrechts" hat sich aus einer Kommentierung des Bundeswaldgesetzes und des Niedersächsischen Gesetzes über den Wald und die Landschaftsordnung sowie des Bundesjagdgesetzes und des Niedersächsischen Jagdgesetzes jeweils als weitgehend spezielles Naturschutzrecht verbunden mit ergänzendem Nutzungsrecht weiterentwickelt. Zu der Kommentierung des Bundes – und Landesnaturschutzrechts sind Kommentierungen des Rechts der Raumordnung, der baurechtlichen Bodenordnung, der Planfeststellung, des Wasser-, Bodenschutz-, Immissionsschutz- und Kreislaufwirtschafts-/Abfallrechts u.ä., des Gentechnikrechts und knapper des Energierechts getreten. Jeweils ist das einschlägige Europa- und internationale Recht mit erfasst. Die weniger gebräuchliche Einbeziehung des vollen Wald- und Jagdrechts mit Nebenrecht entspricht Zusammenhängen in der Praxis, was in den mehr technischen Umweltrechtsbereichen eher üblich ist.

Die Anwendung der speziellen Rechtsgebiete des Umweltrechts nebst ergänzendem Nutzungsrecht setzt **Grundlagenkenntnisse** des Verfassungs-, Verwaltungs-, Straf- und Ordnungswidrigkeitenrechts, des Europa- und internationalen Rechts und des einschlägigen bürgerlichen Rechts sowie natürlich des allgemeinen Umweltrechts voraus. Fachrelevante Darstellungen mit Beispielen dazu finden sich gestrafft im vorliegenden Band I. Daher kann in der Erläuterung der einzelnen Rechtsgebiete in den zusammenhängenden und durch Bezugnahmen miteinander verbundenen Bänden II bis V auf diese Grundlagen verwiesen werden. Damit sollen auch die Verbindungen des Umweltrechts zum allgemeinen Recht deutlich bleiben. Zugleich enthält vor allem der Band I Aufbauschemata und einen Gesamtaufbau, der auch Nichtjuristen die eigenständige Lösung praktischer Fälle ermöglicht oder erleichtert.

Als **Umweltrecht** wird im Folgenden das Recht verstanden, das die genannten Umweltgüter vor Regelungen über ökologische Einwirkungen vor allem durch den Menschen auf die jeweils geschützten Umweltgüter einschließlich Mitmenschen gefahrbeseitigend, schadenbeseitigend und vorsorgend gegen Gefahren und Risiken durch Regelungen über die Grenzen der Belastbarkeit schützt (ähnlich Sparwasser/Engel/Vosskuhle 1/13 und 8; s. zu 38.).

Gemäß den Bezeichnungen „Bundeswaldgesetz" und „Niedersächsisches Gesetz über den Wald und die Landschaftsordnung" verwende ich die Bezeichnung **„Waldrecht"** anstelle der in einigen Bundesländern noch bevorzugten Bezeichnung **„Forstrecht"**. Forstrecht würde ich eher als Unterbegriff des Begriffs Waldrecht sehen und auf die aktive Waldbewirtschaftung beschränken, im Gegensatz etwa zu eigenständiger natürlicher Waldentwicklung. Von rechtlicher Bedeutung ist die Bezeichnungsproblematik aber nicht.

Eine Analyse des Umweltrechts mit verbundenem Nutzungsrecht der Land-, Forst- und Jagdwirtschaft ergibt, dass Rechtsvereinfachungen insbesondere in Gestalt eines deutschen **Umweltgesetzbuchs**, aber auch als Vorgabe eines gestrafften und **vereinheitlichten Europarechts** dringend geboten sind. Auch **untergesetzliche Regelwerke**, private technische Normen und ähnliche teilweise unübersichtlich ineinandergreifende und dennoch teilweise unvollständige Anwendungstexte müssten zu klaren einheitlichen Regelungen zusammengeführt werden.

1. Recht, Rechtsnorm und Rechtsquelle, Auslegung, Anwendung und Rang von Rechtsquellen

1.1 Objektives und subjektives Recht, Rechtsnorm und Rechtsquelle

Innerhalb einer Gemeinschaft von Menschen sind verbindliche Normen für das soziale Zusammenleben auch bezogen auf Umweltgüter erforderlich. Die Gesamtheit solcher Normen wird **objektives Recht** genannt.

Insbesondere für die Bereiche Wald und übrige freie Landschaft stellt sich oft die Frage nach den rechtlich verbindlichen Pflichten zum Handeln bzw. Unterlassen und nach den rechtlich gesicherten hoheitlichen Handlungsbefugnissen; z.B.

1. Darf ein Waldeigentümer seinen Wald in eine Ackerfläche umwandeln?
2. Dürfen alle Mitglieder eines Reitervereins mit ihren Pferden auf allen Waldwegen sowie mitten durch den Wald reiten? (Vgl. hierzu den Fall zu 4.1.1 und 9.1)
3. Kann gegen einen Waldbesucher vorgegangen werden, der ein Reh erlegt hat?
4. Wie können wald- und naturschutzrechtliche Planungen, aber auch Bauleitplanungen erstellt, rechtlich verfestigt und realisiert werden, welche Schranken bestehen für belastende Planfeststellungen?
5. Wie lassen sich die Umweltgüter (Boden, Wasser Luft, Klima, Pflanzen und Tiere und natürlich Menschen vor ungünstigen Umwelteinflüssen (Immissionen, Abfall- oder Abwasserbelastungen, Gentechnik, atomaren Strahlungen usw. gefahrenabwehrend und vorsorgend sowie ressourcenschonend schützen?

Zur Lösung solcher Fragen sind gültige rechtliche Vorschriften vor allem der staatlichen Rechtsordnung erforderlich. Auskunft über Struktur und Inhalt der staatlichen Rechtsordnung geben die **Rechtsquellen.** Das sind die *äußeren Formen (verschiedenen Arten),* in denen Recht gesetzt wird und die „Erkenntnisgrund für etwas als positives Recht" sind (Maurer, § 4 Rn 2 m.w.N.).

Wichtig ist dabei die Feststellung, inwieweit das objektive Recht - als Rechtsordnung für eine Rechtsgemeinschaft - Rechte, insbesondere Grundrechte für Menschen vorsieht, also **subjektive Rechte** (für Menschen), das heißt, die einem Subjekt durch die Rechtsordnung verliehene Rechtsmacht, von einem anderen ein bestimmtes Tun, Dulden oder Unterlassen zu fordern. Entsprechend gibt es subjektive Pflichten (für Menschen); weitergehend s. zu 24.1. (Objektives) Recht (einschl. Regelungen über subjektive Rechte aber auch Pflichten von Menschen) setzt eine Autorität voraus, die Recht gewährleistet und schafft.

Nicht von einer höheren Rechtsmacht abgeleitetes **(originäres) Recht** kann im Wesentlichen nur ein **Staat** bewahren, schaffen und gewährleisten, wobei noch Besonderheiten der Europäischen Gemeinschaften zu beachten sind. Der Staat hat die Aufgabe, eine ordnungs-, einheits- und friedensstiftende Rechtsordnung zu gestalten und zu erhalten.

Auch der Staat hat rechtliche Pflichten und Rechte (Befugnisse), die man auch als subjektive Pflichten und Rechte des Staates bezeichnen könnte. Nicht immer korrespondieren mit bestimmten Pflichten des Staates auch entsprechende Rechte der Menschen; z.B. wenn die Länder Teile des Bundeswaldgesetzes als Bundesrahmengesetz erst in Landesgesetze umsetzen müssen, wie die Regelung für den Anspruch auf Genehmigung einer Erstaufforstung, oder wenn nur öffentliche Interessen geregelt werden.

Mit **Rechtsnormen** sind im Folgenden gemeint (spätere Vertiefung folgt) **inhaltlich**
- **abstrakte (für eine unbestimmte Vielzahl von Fällen)** und
- **generelle (für eine unbestimmte Vielzahl von Personen:** Menschen, juristische Personen des Privatrechts sowie die Selbstverwaltung von Gemeinden und Landkreisen),
- **Regelungen** (hinreichend bestimmte Anordnungen wie Gebote, Verbote, Erlaubnisse), **die**
- **unmittelbar nach außen in die Rechtssphäre von Privatrechtspersonen** bzw. **die**

- **Selbstverwaltungssphäre von Selbstverwaltungskörperschaften hinein** (und nicht nur gegenüber dem Gesetzgeber oder der öffentlichen Verwaltung **wirken** (2.2.1, 11.4).

Sie ergehen grundsätzlich in der **Rechtsform** von parlamentarischen Gesetzen (formelle Gesetze, 4.1), Rechtsverordnungen (12.) oder Satzungen (13.1) von Bund und Ländern und von ihnen abgeleiteten Gemeinden, Landkreisen u.a. juristischen Personen des öffentlichen Rechts (11.4, 2.4).
Sie erlangen mit der Verkündung oder Veröffentlichung **Geltung**.
Sie werden mit dem, ggf. späteren und differenzierten, Inkrafttreten **wirksam** (s. auch 1.3).

Der genannte Begriff der **Rechtsnorm** fällt unter den **Oberbegriff "Rechtssatz".** Dieser umfasst auch solche **generell-abstrakten Regelungen, die keine unmittelbare Rechtswirkung nach außen**, also keine für Privatrechtspersonen und den kommunalen Selbstverwaltungsbereich, haben; z.B. **rahmengesetzliche Bestimmungen**, die erst durch Landesgesetz umgesetzt und näher ausgeführt werden müssen (4.2.3) oder gesetzesausführende "Verwaltungsvorschriften", die meistens von einer Regierung oder einem Ministerium erlassen werden und nur Behörden binden (13.2), **verwaltungsinterne Rechtssätze**. Bei den Begriffen Rechtssatz und Rechtsnorm folge ich Maurer (§ 4 Rn 3 f.). Die Bezeichnungen werden allerdings teilweise auch anders gebraucht, z.B. "Rechtsnorm" im Sinne von "Rechtssatz" auch für Rahmengesetze des Bundes ohne unmittelbare Außenwirkung und umgekehrt,
In dem umfassenden Rechtssystem von Alexy (Theorie der Grundrechte, 1985, Neudruck 1994, S. 42 – 47) ist ein **Normsatz** (mit einer **"Norm"** als dessen Bedeutung) ein Sollenssatz (es soll etwas der Fall sein, z.B. erlaubt, verboten usw. sein; auch enthalten in individuellen Regelungen ohne unmittelbare Außenwirkung). Solche Normsätze sind zu unterscheiden in **Regeln** und **Prinzipien. Regeln** sind Normen, die stets nur erfüllt oder nicht erfüllt werden können (Alexy aaO, S. 76. **Prinzipien** sind Normen, die gebieten, dass etwas in einem relativ auf die rechtlichen und tatsächlichen Möglichkeiten möglichst hohen Maße realisiert wird (Alexy aaO S. 75). Zu weiteren Unterscheidungen der **Rechtsprinzipien** im Zusammenhang mit den Umweltprinzipien s. 38.3.
Die Bezeichnungen **Bestimmung, Vorschrift, Rechtsvorschrift** (und meistens auch Norm und Regelung, s. aber oben) werden allgemein und im Folgenden nicht differenziert verwendet.

Die **Struktur einer Rechtsnorm** soll an zwei **Beispielen erläutert werden:**

1. **§ 23 (2) Nr. 1** Nds. Gesetz über den Wald und die Landschaftsordnung vom 21.3.2002 (NWaldLG, Nds. GVBl. S. 112, vgl. 45.) - **NWaldLG:**
   "Nicht betreten werden dürfen Waldkulturen (Schonungen), Walddickungen ... (u.a.).

2. **§ 292 (1) Strafgesetzbuch - StGB - (Wilderei)**, s. 33.2.1:
   "Wer unter Verletzung fremden Jagdrechts oder Jagdausübungsrechts 1. dem Wild nachstellt, es fängt, erlegt ..., wird ... bestraft."

Die meisten unmittelbar für Menschen geltenden einzelnen Rechtssätze, also Rechtsnormen sind nach dem konditionalen **Wenn-Dann-Schema** (jeweils **Tatbestand und Rechtsfolge**) aufgebaut. Selbst wenn die Formulierung wörtlich von dem Wenn-Dann-Schema abweicht, lässt sie sich meistens auf dieses Schema zurückführen.
Die vorgenannten Rechtsnormen lassen sich auch wie folgt fassen:

Zu 1. Wenn jemand Waldkulturen, Walddickungen ... betritt, **dann** tut er etwas Verbotenes.
Zu 2. Wenn jemand unter Verletzung fremden Jagdrechts oder Jagdausübungsrechts dem Wilde nachstellt (Tatbestand), **dann** wird er bestraft (Rechtsfolge).

Nur wenn die Voraussetzungen des gesetzlichen **Tatbestandes** (hier: unter Verletzung fremden Jagdausübungsrechts dem Wilde nachstellen, es fangen, erlegen ...) vorliegen, ergibt sich die **Rechtsfolge** (hier: Bestrafung nach näherer Angabe).
Die Rechtsnorm des § 292 (1) StGB regelt als Rechtsfolge des gesetzlichen Wildereitatbestandes den (durchsetzbaren) öffentlich-rechtlichen **Strafanspruch** (Befugnis) **des Staates** und eine entsprechende Duldungspflicht des Wilderers.

Zugleich setzt § 292 (1) StGB aber auch präventiv etwa folgende Rechtsnorm voraus:
Wenn jemand wildert, **dann** tut er etwas Verbotenes (s. auch 29.6.1).

Verbots- bzw. **Gebotsnormen** als Wenn-Dann-Rechtsnormen sind also von den Rechtsnormen zu unterscheiden, die **ergänzend** regeln, dass, wenn Ge- oder Verbots-Rechtsnormen verletzt werden, (dann) der Staat dem Täter gegenüber **Handlungs- oder Unterlassungsanordnungen** erlassen oder **Strafen** bzw. **Bußgeld** (bei einer Ordnungswidrigkeit) verhängen darf oder muss. Diese ergänzenden Regelungen sind zwar als Ermächtigungsgrundlagen an die Verwaltung als Exekutive oder an die Gerichte gerichtet. Da die Personen aber mit dem Gebrauchmachen dieser Ermächtigungen unmittelbar rechnen müssen, liegen auch insoweit ihnen gegenüber unmittelbare Rechtswirkungen (nach außen), also Rechtsnormen vor.

3. Beispiel (Vorschriften in Wenn-Dann-Form umgewandelt):
Wenn jemand durch den Wald und die übrige freie Landschaft außerhalb von gekennzeichneten Reit- und ganzjährig mit nicht geländegängigen Fahrzeugen befahrbaren Fahrwegen (ohne Radwege-Kennzeichnung) reitet, **dann** ist dies nach § 26 (1) NWaldLG **verboten.** Dazu zwei ergänzende Rechtsnormen:
Wenn jemand dieses Verbot (mindestens wahrscheinlich) weiter verletzen wird, ist dieses eine Gefahr i.S. der Ermächtigungsgrundlage des § 11 des Niedersächsischen Gesetzes über die öffentliche Sicherheit und Ordnung **(Nds. SOG); dann** kann die Verwaltung die notwendigen Maßnahmen zur Gefahrenabwehr treffen, z.B. ihn durch einen dafür zuständigen Forsthüter *anweisen*, den verboten benutzten Wanderweg auf der kürzesten Strecke schonend zu verlassen.
Wenn jemand i. S. des § 26 (1) NWaldLG unbefugt auf einem Grundstück reitet, **ist dies** eine Ordnungswidrigkeit nach § 42 (2) Nr. 2 NWaldLG; **dann** kann diese gemäß der Ermächtigungsgrundlage des § 42 (4) NWaldLG von der zuständigen Bußgeldbehörde mit einer Geldbuße bis zu 5 000 Euro geahndet werden.

Zuweilen sind Merkmale des gesetzlichen Tatbestandes (Wenn) in der Formulierung der Rechtsfolge (Dann) „versteckt"; z.B. **§ 823 (1) des Bürgerlichen Gesetzbuchs (BGB):**
„Wer vorsätzlich oder fahrlässig das Leben, die Gesundheit, die Freiheit, das Eigentum oder ein sonstiges Recht eines anderen widerrechtlich verletzt, ist zum Ersatz des daraus entstehenden Schadens verpflichtet."
In **Wenn-Dann-Formulierung** müsste § 823 (1) BGB etwa lauten und wäre in der Reihenfolge zu prüfen:
Wenn jemand das Leben, die Gesundheit, die Freiheit, das Eigentum oder ein sonstiges Recht eines anderen verletzt und daraus ein Schaden entsteht sowie die Verletzung rechtswidrig (also ohne Vorliegen von Rechtfertigungsgründen wie Notwehr und Notstand) und vorsätzlich oder fahrlässig ist, **dann** ist er dem anderen zum Ersatz des entstandenen Schadens verpflichtet.
Ein durch Wilderei verletztes Jagdausübungsrecht, insbesondere Aneignungsrecht ist ein solches sonstiges Recht.

Manche Vorschriften, meistens Rechtsnormen einer Rechtsquelle, sehen für das staatliche Handeln nicht eine feste **(gebundene)** Rechtsfolge vor, sondern geben wie die genannten § 11 Nds. SOG und § 42 (4) NWaldLG im Rahmen einer Handlungsermächtigung ein staatliches pflichtgemäßes **Handlungsermessen** mit gewissen rechtlichen Schranken (s. 18.1, 19.).

Soweit Gesetze zu **hoheitlichen Planungsregelungen bzw. -entscheidungen ermächtigen** (z.B. zum Bau von Straßen, gemeindlicher Bebauungsplan), sind diese nicht nach dem konditionalen (als Bedingung i.w.S. formulierten) Wenn-Dann-Schema zu treffen, sondern im Rahmen rechtlicher Schranken **final,** also **zweckbezogen** meistens mit mehr oder weniger großem Planungsermessen (planerische Gestaltungsfreiheit, vgl. 21.).

Zu den - von den konditionalen (Wenn-Dann-)Regeln zu unterscheidenden - **kategorischen** Regeln (z.b. absolutes Folterverbot) s. Alexy, Gedächtnisschrift für Jürgen Sonnenschein, 2003, S. 771.

Begriffsdefinitionen sind **ohne eigenen Regelungsgehalt** und nur bausteinartige Hilfsnormen zu den Rechtsnormen (oder sonstigen Rechtssätzen), die diese Begriffe enthalten (vgl. z.B. zum Gefahrenbegriff in § 11 Nds. SOG den § 2 Nr. 1 a Nds. SOG; 29.1, 29.4.1; zum Waldbegriff 45.2.1, zu naturschutzgesetzlichen Begriffen § 10 BNatSchG, 49.7.1). Insoweit können die Definitionsbestimmungen an der Außenwirkung einer Rechtsnorm (oder rechtlichen Innenwirkung bei Rechtssätzen ohne Außenwirkung) teilhaben und für eine hinreichende Bestimmtheit von Rechtssätzen, insbesondere Rechtsnormen sorgen.

Vorschriften **ohne Regelungscharakter** (s. 1.1) sind auch **Zweckvorschriften** eines Gesetzes (z.B. § 1 BWaldG/ NWaldLG, 45.1, § 1 BImSchG, 62.1.1), auch Aufgabenvorschriften (z.B. § 1 Raumordnungsgesetz, 39.2) und entsprechende allgemeine Zielvorschriften (z.B. § 1 BNatSchG, 49.2) sowie Grundsätze und andere in eine Abwägung einzustellende Belange (z.B. § 2 BNatSchG, zur Raumordnung s. § 2 Raumordnungsgesetz). Alle diese Vorschriften dienen aber der Auslegung von Rechtsnormen (und anderen Rechtssätzen) des Gesetzes (BVerfGE 75, 329, 344), insbesondere bei unbestimmten Rechtsbegriffen, Verordnungsermächtigungen und Ermessensvorschriften sowie als Abwägungsbelange.

Grundlegende und wichtigste Rechtsquelle des Staates ist die **Verfassung**, die - für Deutschland als **Grundgesetz** - nähere Aussagen über die weiteren Rechtsquellen, insbesondere die (parlamentarischen) Gesetze enthält. Diese können **verfassungsändernde Gesetze** sein (Beschluss mit mindestens 2/3-Mehrheit, s. 3.) oder als normale Gesetze nur mit einfacher Mehrheit zu beschließen sein, im Folgenden **einfache Gesetze** genannt (4. ff.).

1.2 Auslegung der Rechtsquellen; Subsumtion

Eine Rechtsfindung beginnt mit der Untersuchung einschlägiger Texte von **Rechtsquellen**, also bestimmter Vorschriften, meist Rechtsnormen (1.1). Die Rechtsquellen – Verfassung, einfache Gesetze, Rechtsverordnungen, Satzungen usw. - sind inhaltlich oft nicht klar verständlich. Es fragt sich daher als wichtiges Hilfsmittel für eine eigenständige Rechtserkenntnis und - anwendung, wie Rechtsquellen, insbesondere auch einzelne Rechtsnormen und andere Rechtssätze, **auszulegen** sind.

Die Methoden der Auslegung von Rechtsquellen sind nicht ausdrücklich in der Verfassung oder sonst gesetzlich geregelt, haben sich aber in wesentlicher Übereinstimmung mit der Interpretation sonstiger Texte herausgebildet.

1.2.1 Wortlautauslegung

Zur Ermittlung des anzuwendenden Rechts ist jede ermittelte Rechtsquelle zunächst auf den Sinn des Wortlauts des jeweiligen Rechtssatzes hin zu untersuchen. Die in den Rechtsquellen usw. verwendeten Begriffe können von den Begriffen der Umgangssprache inhaltlich abweichen.

So bedeutet Besitz als bloße tatsächliche Sachherrschaft (z.B. der Besitz des Mieters oder Landpächters) nicht Eigentum als Vollrecht mit der Berechtigung zur Vermietung oder Verpachtung. „Grundsätzlich" heißt rechtlich einschränkend, dass es Ausnahmen gibt. Auslegungsbedürftig ist z.B. die zu 1.1 genannte Vorschrift des § 292 (1) StGB. Diese beschreibt nicht, was mit „Wild" gemeint ist, so dass der Wortlaut der Vorschrift nicht weiterhilft.

1.2.2 Systematische Auslegung

Durch systematische Auslegung soll der Sinn eines Rechtssatzes insbes. aus seinem Zusammenhang mit anderen damit verbundenen Gesetzesbestimmungen erschlossen werden, also z.B. eine Regelung des Grundgesetzes aus ihrem Zusammenhang mit den übrigen Regelungen des Grundgesetzes. Dabei ist das erkennbar zugrundeliegende System in der gegenwärtigen Bedeutung zu ermitteln und, soweit nicht die anderen Auslegungsmethoden entgegenstehen, als

Auslegungsergebnis heranzuziehen.
Z.B. ergibt der Zusammenhang von § 292 (1) StGB mit § 1 (1) Satz 1 Bundesjagdgesetz, dass Wild wildlebende Tiere sind, die dem Jagdrecht unterliegen. Aus § 2 (1) Bundesjagdgesetz folgt, dass nur Tiere dort aufgezählter wildlebender Tier**arten** gemeint sind, ggf. ergänzt durch die Landesjagdgesetze (vgl. 54.7).

1.2.3 Teleologische Auslegung

Die teleologische, d.h. an dem **Zweck** der Regelung orientierte Auslegung, kann ggf. noch weiterhelfen. Der Zweck einer Vorschrift ist im Wesentlichen aus deren Wortlaut und ggf. auch dem systematischen Zusammenhang der einzelnen Vorschrift zu anderen Vorschriften desselben Gesetzes, aber auch anderer Gesetze zu ersehen.

Z.B. enthält die Strafvorschrift zur Wilderei, wie sich aus dem Merkmal „unter Verletzung fremden Jagdrechts oder Jagdausübungsrechts " ergibt, den Zweck, das Aneignungsrecht des Jagdberechtigten bzw. Jagdausübungsberechtigten zu schützen. Ein Aneignungsrecht besteht aber nach dem Bürgerlichen Gesetzbuch nur an herrenlosen, also in niemandes Eigentum stehenden Tieren. Zum Wild gehören danach nur solche Tiere wildlebender, dem Jagdrecht unterliegender Arten, die noch herrenlos, also noch nicht vom Jagdaus-übungsberechtigten angeeignet sind. Sie können somit noch nicht durch die - auf fremdes Eigentum bezogene - Diebstahls-Strafvorschrift geschützt sein.

Zur Bedeutung von Zweck-, Ziel- und Aufgabenvorschriften als Auslegungshilfe für Rechtsnormen s. 1.1.

1.2.4 Historische Auslegung

Die Auslegung unter Berücksichtigung der Entstehungsgeschichte ergibt den historischen Willen des Verfassungs- bzw. Gesetzgebers, der allerdings mit Wortsinn, System und dem hieraus erkennbaren Zweck der Regelung im Widerspruch stehen kann und dann nicht maßgebend ist. Die historische Auslegung (z.B. anhand der „Drucksachen" des Gesetzgebungsverfahrens) vermag jedoch die Ergebnisse der drei vorgenannten Auslegungsarten zu unterstützen bzw. letzte Zweifel beheben zu helfen. Das ist bei der Auslegung des Begriffs „Wild" in § 292 (1) StGB entbehrlich.

1.2.5 Verfassungskonforme Auslegung von Gesetzen

Wie u.a. Art. 20 (3) GG ergibt und noch näher ausgeführt wird (vgl. 1.3), ist bei Widerspruch von Rechtsquellen eine **Rangordnung** zu beachten.
Im Zweifel sind unterrangige Rechtsquellen, insbes. einfache deutsche Gesetze so anzuwenden, dass sie mit den höherrangigen Rechtsquellen, insbes. der **Verfassung** (und ggf. vorrangigem **Recht der Europäischen Union** bzw. EG, vgl. 1.3, 10.5, 16., 28.2) vereinbar sind. Zur Auslegung des EG-Rechts durch den EuGH s. 28.2.
Im Auslegungsbeispiel ist, wie erst die nachfolgenden Ausführungen (vgl. zu 5.7.1) ergeben, das Grundrecht der freien Entfaltung der Persönlichkeit (allgemeine Handlungsfreiheit, s. 6.2) durch die Strafvorschrift der Wilderei nicht in einem Maße beeinträchtigt, dass eine grundrechtskonforme enge Auslegung (oder gar die Annahme einer Verfassungswidrigkeit) geboten ist.

1.2.6 Lückenausfüllung

Von der Auslegung ist die **Ausfüllung von Lücken** einer Rechtsquelle zu unterscheiden. Eine Rechtsquelle enthält eine Lücke, wenn die Rechtsquelle zu einer zu lösenden allgemeinen Rechtsfrage keine Regelung enthält. Eine solche Rechtslücke wird insbesondere durch Analogie

geschlossen. Das heißt, dem Normzweck entsprechende vorhandene Regelungen der Rechtsquelle werden zur Lösung herangezogen, im Folgenden auch kurz: **entsprechende** Anwendung einer gesetzlichen Vorschrift genannt. Soweit   sich eine solche Lückenfüllung durch
(meistens höchstrichterliches) Urteil ergibt, werden solche Ergebnisse als **Richterrecht** bezeichnet, vgl. 13.5, dort auch zum **Gewohnheitsrecht** als Rechtsquelle.

1.2.7 Subsumtion

Subsumtion ist die Ermittlung, ob eine (zuvor auszulegende) Rechtsquelle auf einen Sachverhalt anzuwenden ist, z.B. ob die Wilderei-Strafvorschrift auf einen **Sachverhalt** zutrifft, bei
dem ein Waldbesucher ein Reh erlegt:
1. Rechtsnorm in Tatbestands- und Rechtsfolgeseite zerlegen (s. o.),
2. **Tatbestand**selemente (-merkmale) **definieren**: Wild ist gemäß obiger Auslegung auch ein
   Reh; eine Verletzung fremden Jagdrechts oder Jagdausübungsrechts ist eine Verletzung
   des Aneignungsrechts; Erlegen bedeutet Töten; das nach § 15 BJagG zusätzliche subjektive Merkmal Vorsatz verlangt Wissen und Wollen der vorgenannten objektiven Tatbestandsmerkmale.
3. Sachverhalt den (gesetzlichen) Tatbestandsmerkmalen zuordnen,
4. Übereinstimmung oder Nichtübereinstimmung feststellen (Subsumtionsschluss): im vorliegenden Beispiel Übereinstimmung,
5. Feststellung der **Rechtsfolge** (bei Fehlen von Rechtfertigungs- und Schuldausschließungsgründen, 34. f.): staatlicher Strafanspruch (durch gerichtliche Entscheidung).

1.2.8 Beispielfall: Wilderei zusammengefasst:
Der Wanderer W erlegt in dem Jagdbezirk des Jagdausübungsberechtigten J ein Reh, das J
nicht mehr verwerten kann.

1. W könnte eine **strafbare Wilderei i.S. von § 292 (1) StGB** begangen haben. Strafrecht ist
neben Verfassungsrecht und Verwaltungsrecht öffentliches Recht; d.h. der Staat steht im Ü-
berordnungsverhältnis zum Bürger. § 292 (1) StGB lautet:„Wer unter Verletzung fremden
Jagdrechts oder Jagdausübungsrechts 1. dem Wild nachstellt, es fängt, erlegt ..., wird ... bestraft.". Diese Rechtsvorschrift lässt sich wie folgt in Tatbestand und Rechtsfolge umformen:
Wenn jemand unter Verletzung fremden Jagdrechts oder Jagdausübungsrechts dem Wilde
nachstellt (Tatbestand), **dann** wird er bestraft (Rechtsfolge).
Darin ist zugleich enthalten: Wenn jemand unter Verletzung fremden Jagdrechts oder
Jagdausübungsrechts dem Wilde nachstellt, es fängt , erlegt ... , tut er etwas Verbotenes. Bei §
292 (1) StGB (und der darin enthaltenen Verbotsbestimmung) handelt es sich (jeweils) um abs-
trakte (für unbestimmte Vielzahl von Fälle) und generelle (für eine unbestimmte Vielzahl von
Personen) Regelungen mit unmittelbarer Rechtswirkung nach außen (somit über den staats-
insbesondere behördeninternen Bereich hinaus), also um Rechtsnormen. Diese sind in formeller
Gesetzesform mit Geltung erlassen.
   1.1 **gesetzlicher Tatbestand:**
   Objektive Tatbestandsmerkmale: Es fragt sich, ob das Reh zum **Wild** gehört. Dieser
   Begriff bedarf der Auslegung. Der Wortlaut hilft hier nicht weiter. Bei **systematischer
   Auslegung** ergibt der Zusammenhang von § 292 (1) StGB mit § 1 (1) Satz 1 Bundesjagdgesetz (BJagG), dass Wild wildlebende Tiere sind, die dem Jagdrecht unterliegen. Aus
   dem Zusammenhang mit § 2 (1) BJagG folgt, dass Wild nur Tiere bestimmter dort aufge-
   zählte wildlebender Tierarten sein können (über § 2 (2) BJagG ergänzt durch die Landesjagdgesetze; vgl. 54.7). Rehe sind in der Aufzählung der wildlebenden Arten des § 2 (1)
   BJagG aufgeführt.
   Aus weiterer Auslegung nach dem **Zweck** der Vorschrift **(teleologische Auslegung)**
   folgt: Wie sich insbesondere aus dem Merkmal „**unter Verletzung fremden Jagd-**

rechts" ergibt, hat die Wilderei-Strafvorschrift den Zweck, das Aneignungsrecht des Jagdberechtigten bzw. genauer des Jagdausübungsberechtigten, zu schützen. Ein Aneignungsrecht besteht aber nach dem Bürgerlichen Gesetzbuch nur an **herrenlosen**, also in niemandes Eigentum stehenden Tieren. Zum Wild i.s. des § 292 (1) StGB gehören danach nur solche Tiere wild lebender, dem Jagdrecht unterliegender Arten, die herrenlos, also (noch) nicht vom Jagdausübungsberechtigten angeeignet sind. (Nach dessen Aneignung setzt der Schutz der - auf fremdes Eigentum bezogenen - Diebstahls-Strafvorschrift ein). Das vorliegende Auslegungsergebnis ist klar; auf die in den Drucksachen des Gesetzgebungsverfahrens enthaltenen Begründungen **(Entstehungsgeschichte)** ist daher nicht mehr zurückzugreifen.

Bei der **Subsumtion** (den konkreten Sachverhalt den gesetzlichen Tatbestandsmerkmalen zuordnen) ergibt sich: Im vorliegenden Fall war das **Reh** als zu einer jagdbaren Tierart gehörend beim Erlegen durch W auch herrenlos und damit **Wild** i.S. des § 292 (1) StGB. Auch das **Erlegen** als Töten ist gegeben und geschah unter **Verletzung** fremden Jagdausübungsrechts i.S. des § 292 (1) StGB, nämlich des J.

Auch der nach § 15 StGB erforderliche **Vorsatz** als subjektives Tatbestandsmerkmal (Wissen und Wollen der vorgenannten objektiven Tatbestandsmerkmale) liegt vor.

1.2 Da keine Rechtfertigungsgründe (Notwehr, Notstand usw.) und
1.3 keine Schuldausschließungsgründe ersichtlich sind,
1.4 ergibt sich für das zuständige Strafgericht die Rechtsfolge einer Bestrafung des W. (Einzelheiten zu 31. ff.).

2. Es fragt sich, ob auch für den Verlust des Rehs (Erlegen und anzunehmender Verwertungsverlust) **Schadensersatz verlangen** kann. Als **zivilrechtliche Anspruchsgrundlage** kommt (u.a.) **§ 823 (1) BGB** in Betracht: Wer vorsätzlich oder fahrlässig das Leben, die Gesundheit, die Freiheit, das Eigentum oder ein sonstiges Recht eines anderen widerrechtlich verletzt, ist zum Ersatz des daraus entstehenden Schadens verpflichtet: In **Wenn-Dann-Formulierung** müsste § 823 (1) BGB etwa lauten, was auch die (von einer Straftat etwas abweichende) **Prüfungsreihenfolge** bestimmt: **Wenn** jemand das Leben, die Gesundheit, die Freiheit, das Eigentum oder ein sonstiges Recht eines anderen verletzt und daraus ein Schaden entsteht sowie die Verletzung rechtswidrig (also ohne Vorliegen von Rechtfertigungsgründen wie Notwehr und Notstand) und vorsätzlich oder fahrlässig ist, **dann** ist er zum Ersatz des entstandenen Schadens verpflichtet.

2.1 Ein durch Wilderei verletztes Jagdausübungsrecht ist ein solches **sonstiges Recht**. W hat durch Erlegen des Rehs das Jagdausübungsrecht des J **verletzt** und dadurch (als generell geeignete Folge) einen **Schaden** des J **verursacht**.
2.2 Da **keine Rechtfertigungsgründe** wie Notwehr oder Notstand vorliegen, ist seine Handlung auch **widerrechtlich = rechtswidrig.**
2.3 Im letzten Prüfungsschritt muss W auch **vorsätzlich oder fahrlässig** (§ 276 BGB) die Verletzung des sonstigen Rechts begangen haben. Er kannte seinen auf Tötung des Rehs gerichteten Angriff und die Folgen und wollte sie auch; er handelte daher auch vorsätzlich, also **zivilrechtlich schuldhaft.**
2.4 Als **Rechtsfolge** muss er dem J den entstandenen Schaden ersetzen. (Einzelheiten zu 37.25).

3. Will W noch ein weiteres Reh erlegen, kann er über **die Ermächtigungsgrundlage des § 11 Nds. SOG** (soweit § 29 NJagdG nicht ausreicht, 57.1) von der zuständigen mit Hoheitsbefugnissen ausgestatteten Behörde und deren Amtswalter (Polizei, besonders qualifizierter Jagdaufseher) **öffentlich-rechtlich, und zwar speziell verwaltungsrechtlich,** zur Unterlassung angewiesen werden (Einzelheiten zu 11. ff., 29.; Aufbau der Prüfung nach Schema zu 14.2).

1.3. Rangfolge aller Rechtsquellen (Übersicht)

1.3.1 Kollisionen von Rechtsquellen gleicher Art

Eine Rechtsordnung, so auch die auf deutschem Gebiet (einschließlich Recht der Europäischen Gemeinschaften - EGn, s. 10.2), muss inhaltlich aufeinander abgestimmte Rechtsquellen enthalten; sich nicht widersprechende Rechtsquellen dürfen nicht gelten oder – wie bei Unvereinbarkeit mit vorrangigem EG-Recht - zumindest als Wirksamkeitshindernis, nach EuGH auch bei Wiederholung nicht anwendbar sein (10.5). Bei der Rechtsanwendung ggf. auftretende Widersprüche zwischen Rechtsquellen, insbes. Rechtssätzen (1.1) müssen durch Kollisionsregeln aufgehoben werden, die den Rang der Rechtsquellen im Verhältnis zueinander bestimmen. Bei **Widerspruch von Rechtssätzen der gleichen Rechtsquelle** (z.B. zwei Rechtssätze eines einfachen Bundesgesetzes oder aus zwei einfachen Bundesgesetzen) gelten die Regeln: Das spätere Gesetz verdrängt das frühere Gesetz. Das frühere engere (spezielle) Gesetz behauptet sich gegenüber dem weiteren (allgemeineren) Gesetz (Gesetz auch als einzelner Rechtssatz o.a. Vorschrift aufgefasst); vgl. auch 36.11 zu den Besonderheiten beim Strafrecht.

1.3.2 Übersicht über den Rang der verschiedenen Rechtsquellenarten (einschl. EG-Recht), Geltungs- und Anwendungsvorrang

Vorrang bedeutet grundsätzlich, dass die **widersprechende** rangniedrigere Rechtsquelle nicht gilt, also aus Ranggründen nichtig ist **(Geltungsvorrang;** zur Ausnahme beim EG-Recht s. 1.3.1, 10.3.3, 10.5).

Die Rangfolge **verschiedener Rechtsquellen** für das Gebiet eines Bundeslandes soll zunächst in einer **Übersicht** veranschaulicht werden:

(1) Vertragsrecht der **Europäischen Gemeinschaften** im Rahmen der Europäischen Union einschl. ergänzend geltende ungeschriebene Gemeinschaftsgrundrechte
(2) Verordnung (u. ggf. Richtlinie) der Europäischen Gemeinschaften   s. im einzelnen 10.3
(3) **GG** - unabänderliche Staats-Strukturbestimmungen und Grundsätze des Art. 1   s. 2.
(4.1) änderbare Grundrechte und andere durch verfassungsändernde Gesetze änderbare Verfassungsnormen des **GG**;   s. 3. Besonderheiten zur Folgezeile
(4.2) Kompetenznormen des **GG** für die Gesetzgebung - gleichrangig mit (4.1)   s. 4.2

nur zugunsten des Bundes	nur zugunsten des Landes
(5) (formelles) einfaches Bundesgesetz s. 4.	Bundesrecht zu (5) - (7) ist nichtig
(6) Rechtsverordnung des Bundes s. 12.	
(7) bundesrechtliche Satzung s. 13.1	
Nur soweit die Kompetenznormen konkurrierender Gesetzgebung oder unmittelbarer Rahmengesetzgebung noch Raum für Landesrecht lassen, sonst Nichtigkeit:	Auch Bundesrecht, das Restkompetenzen des Landes im Bereich konkurrierender Gesetzgebung oder unmittelbarer Rahmengesetzgebung für den Bund überschreitet, ist nichtig.
(8) Landesverfassung *)	(5) Landesverfassung *)
(9) (formelles) einfaches Landesgesetz	(6) (formelles) einfaches Landesgesetz
(10) Rechtsverordnung des Landes s. 12.	(7) Rechtsverordnung des Landes s. 12.
(11) landesrechtliche Satzung s. 13.1	(8) landesrechtliche Satzung s. 13.1

*) Die Landesverfassung kann jedoch insbes. Grundrechte wiederholen und, falls mit dem GG vereinbar, ergänzen, s. 3.2

Ist mit einer höherrangigen Rechtsnorm eine (gleichlautende oft ausführlichere und praxisnähere) nachrangige Rechtsnorm **vereinbar,** so ist im Allgemeinen letztere anzuwenden **(Anwendungsvorrang);** z.B. der in Gefahrenabwehrgesetzen wiederholte verfassungsrechtliche grundrechtsschützende Verhältnismäßigkeitsgrundsatz (vgl. 5.3.1, 29.7.1).

2. Unabänderliche Staats-Strukturprinzipien und Grundrechtsgrundsätze des Grundgesetzes (GG)

2.1 Allgemeines zu den Staats-Strukturprinzipien

Nach Art. 20 (1) GG ist die Bundes**republik** Deutschland ein **demokratischer, sozialer Bundesstaat** (und ein Verfassungsstaat), Gemäß **Art. 28 (1) S. 1 i.V.m. Art. 20 GG** muss die verfassungsmäßige Ordnung (im Bund und) in den Ländern den Grundsätzen des republikanischen, demokratischen und sozialen **Rechtsstaats** i.S. des GG entsprechen.

Hieraus ergeben sich die zu erläuternden Staats-Strukturprinzipien (auch Staats-Strukturbestimmungen oder Staatsfundamentalnormen genannt):
- **Republikprinzip**
- **Bundesstaatsprinzip (Bund - Länder-Kompetenzen, vgl. 2.2 - 2.4, 4.2)**
- **Demokratieprinzip**
    - vgl. 2.3
    - s. auch 12.2 dazu, dass das Parlament die wesentlichen Regelungen selbst zu treffen hat,
- **Rechtsstaatsprinzip (s. 2.5).**

Die **Staats-Strukturprinzipien** sind die **tragenden Grundaussagen** über die Konstruktion der Verfassung, die im Wesentlichen schon realisiert sind und **erhalten werden müssen** (Merten, DÖV 1993, 368). Sie sind nach Art. 79 (3) GG **unabänderlich** für die Zukunft (**Ewigkeitsgarantie**) geschützt („die in Art. 20 niedergelegten Grundsätze"), also selbst durch verfassungsändernde Gesetze **nicht änderbar** und daher insoweit **oberste deutsche Rechtsquelle** (eine Kollision mit den Rechtsquellen der Europäischen Gemeinschaften dürfte nicht in Betracht kommen, 10.5, 1.3).

Die Unabänderlichkeit nach Art. 79 (3) GG gilt auch für das
- **Sozialstaatsprinzip** als fundamentales **Staatsziel**, also ein stärker auf zukünftige Realisierung gerichtetes Prinzip (vgl. 5.9.1),
- nach Murswiek ist der Umweltschutz fundamentaler Staatszweck (s. bei Bender/Sparwasser/Engel 1/1 aber auch 5.9.2 zum Staatsziel).

Die **Staats-Strukturprinzipien** (1.1) enthalten auch wegen ihrer für eine Rechtsanwendung im Allgemeinen nicht hinreichenden Bestimmtheit **noch keine (unmittelbar geltenden) Rechte und Pflichten für die Menschen**. Sie steuern und begrenzen staatliches Handeln im Rahmen einer Normenhierarchie und Gewaltenteilung. Sie **begrenzen** bzw. **binden** nicht nur **die verfassungsändernden Gesetze** (3.) vor allem aber auch die **einfachen Gesetze** (s. 4. ff.) und soweit diese noch Spielraum z. B. für **Ermessen** lassen, auch die **Verwaltung** (12.2, 16.4 ff.) und die **Gerichte** (9., 25.). Gesetze, die die Staats-Strukturprinzipien verletzen, sind verfassungswidrig und damit nichtig.
Zur Abgrenzung von Regeln und Prinzipien i.S. von Alexy s. 1.1.

Staats-Strukturprinzipien sind aber auch **bindende Leitlinien für die Auslegung** spezieller **Verfassungsnormen**, insbes. der Grundrechte (aber auch für die Auslegung von verfassungsändernden und einfachen **Gesetzen** sowie für die Anwendung von Ermessensvorschriften durch die Verwaltung und die Gerichte.

2.2   Bund und Länder als Träger originärer Hoheitsbefugnisse (Rechtsfähige Personen des öffentlichen Rechts und des privaten Rechts, Bundesstaatsprinzip, Demokratieprinzip)

2.2.1   Zur Einführung und Abgrenzung: Rechtsfähige Personen des Privatrechts auch als Adressaten hoheitlicher Regelungen

Eine Rechtsnorm als Rechtsquelle (1.1) verpflichtet oder berechtigt deren Adressaten; z.B. Verbot der Wilderei oder des Betretens von Forstkulturen. Rechtsquellen können aber auch den Staat als Hoheitsträger ermächtigen und ggf. auch verpflichten, Regelungen gegenüber Personen in Einzelfällen zu treffen, die diese verpflichten oder berechtigen (s. 1.1 f.; z.B. vorbeugende Akte zur Verhinderung einer Wilderei oder des Betretens von Forstkulturen; Erteilung einer Erstaufforstungsgenehmigung).

Wie die Beispiele zu 1.1 zeigen, kann man unterscheiden gesetzliche Regelungen über
– **gleichgeordnete Rechtsverhältnisse** insbes. zwischen Menschen (z.B. Holzkauf) - im folgenden als **privatrechtliche** bezeichnet und
– Beziehungen insbes. der Menschen zu dem **Staat** in seiner hoheitlichen Position und Gewalt (z.B. Grundrechte, gesetzliche und behördliche Reitverbote und deren Durchsetzung, Erteilung einer Erstaufforstungsgenehmigung, gerichtliche Bestrafungen) im Folgenden **öffentlich-rechtliche** genannt .

Subjektive Rechte (und rechtliche Pflichten) setzen rechtsfähige (und verpflichtungsfähige) Personen oder Einheiten voraus.
Rechtsfähigkeit, das ergeben schon die noch näher nach Wirkungen, Funktionen und Grenzen zu erläuternden *Grundrechte* (und allgemeiner das Rechtsstaatsprinzip), haben Menschen (natürliche Personen) gegenüber dem Staat mit seinen Hoheitsbefugnissen - aber auch im Gleichordnungsverhältnis zu anderen Menschen (Privatrecht= insbesondere Zivilrecht = bürgerliches Recht, vgl. Art. 74 Nr. 1; Art. 2 (1) GG „Rechte anderer"). Obwohl die Menschen auch **subjektive öffentliche Rechte und Pflichten** gegenüber dem Staat haben können, werden sie nur als natürliche rechtsfähige Personen des **Privatrechts** bezeichnet, da ihnen die staatlichen Hoheitsbefugnisse fehlen. Die deutsche Rechtsordnung sieht aber auch vor, dass die privatrechtliche **Rechtsfähigkeit** Personenvereinigungen verliehen wird, wodurch sogenannte **juristische Personen des Privatrechts** entstehen.
Vgl. Art. 19 (3) GG - sogar zur begrenzten Grundrechtsfähigkeit, wobei jedoch die Bestimmung der einzelnen Arten der juristischen Personen den einfachen Privatrechtsgesetzen überlassen ist.
    z.B.: rechtsfähiger Verein (e.V.; u.a. Naturschutzvereine, 53.5, Landesjägerschaft Niedersachsen e.V., eingetragene Reitervereine); eingetragene (privatrechtliche) Genossenschaft mit oder ohne beschränkter Haftpflicht (nicht zu verwechseln mit der öffentlich-rechtlichen Genossenschaft i.S. des Realverbandsrechts, vgl. 11.4, 11.5.4, 45.2.3);
    Aktiengesellschaft und Gesellschaft mit beschränkter Haftpflicht (GmbH) als Kapitalgesellschaften, Europäische Gesellschaft (SE), s. EG-VO 2157/2001 (ABl. L 194/1) („Rechtspersönlichkeit") mit Einführungsgesetz (SEEG: SE-Ausführungsgesetz -SEAG, SE-Beteiligungsgesetz - SEBG, 22.12.2004, BGBl. I, 3675; u.a. auch Forstbetriebsgemeinschaften, §§ 16 ff. Bundeswaldgesetz (47.5) im Gegensatz zu den öffentlich-rechtlichen Forstbetriebsverbänden (47.6); nicht jedoch die bürgerlich-rechtliche Gesellschaft i.S. §§ 705 ff. des Bürgerlichen Gesetzbuchs (BGB) oder der nicht rechtsfähige Verein.

Die natürlichen und die juristischen Personen des Privatrechts bilden die **juristischen Personen des Privatrechts**, auch **Privatrechtspersonen** oder **Private** genannt.
Wie diese können auch Gemeinden, Gemeindeverbände (Landkreise und andere in ihren **Selbstverwaltungsangelegenheiten betroffene Körperschaften** des öffentlichen Rechts, s. 11.4) **Adressaten von Rechtsnormen** sein (1.1).

2.2.2 Bund und Länder als originäre Hoheitsträger und Bundesstaatsprinzip

Die Ausübung staatlicher Hoheitsbefugnisse (Gesetzgebung, vollziehende Gewalt, Rechtsprechung, vgl. Art. 20 (2) S. 2 GG) erfordern eine gesteigerte Rechtsfähigkeit. Man spricht von rechtsfähigen (stets juristischen) Personen des öffentlichen Rechts im Gegensatz zu den vorgenannten rechtsfähigen (natürlichen und juristischen) Personen nur des Privatrechts. Auch (juristische) Personen des öffentlichen Rechts können begrenzt privatrechtlich berechtigt und verpflichtet sein und privatrechtlich handeln, s. u. 15.2, 23.4 Hinsichtlich der öffentlich-rechtlichen Befugnisse kann man, wenn dies auch weniger gebräuchlich ist, auch von subjektiven öffentlichen Rechten der Hoheitsträger gegenüber einzelnen Rechtssubjekten sprechen.

Wie ausgeführt (2.1) legt insbes. Art. 20 (1) GG Deutschland als Bundesstaat - nicht wie Frankreich als Einheitsstaat - fest. Damit ist folgende Konstruktion gemeint:
Nach der herrschenden Lehre vom zweigliedrigen Bundesstaat sind Bund und Länder zu unterscheiden. Inwieweit die Länder dem Bund untergeordnet sind, ist anhand der einzelnen Kompetenzvorschriften des Grundgesetzes insbes. für die Gesetzgebung (4.2), Verwaltung (11. ff.) und Rechtsprechung (9., 23.4) in differenzierter Auslegung zu beantworten. Jedenfalls wird auch den Ländern trotz eingeschränkter Kompetenzen hoheitlicher Gewalt noch Staatsqualität zugebilligt. Ein **Staat** ist bestimmt durch
– ein Staatsgebiet
– ein Staatsvolk und
– eine Staatsgewalt, letztere mit der Fähigkeit zu eigener Bestandssicherung - innere Souveränität - , nicht unbedingt erforderlich ist - die den Bundesländern fehlende - äußere Souveränität.

Demnach gibt es, wie noch näher abgrenzend zu erläutern ist, im Bereich der Bundesrepublik Deutschland mehrere Staaten als Rechtssubjekte, die Recht bewahren, ändern und gewährleisten können. Auch die Länder haben Verfassungen, wenn auch mit Einschränkungen aus den Erfordernissen der Einheitlichkeit des Gesamtstaates heraus, vgl. 2.7, 3.2, 4.2 ff.
Zu den weiteren Elementen des Bundesstaatsprinzips vgl. 2.3 f., 4.2, 9.4.
Bund und Länder besitzen also ursprüngliche - von keiner übergeordneten Instanz abgeleitete und im Kern unabänderliche - Hoheitsbefugnisse; sie sind originäre rechtsfähige Personen des öffentlichen Rechts im innerstaatlichen Bereich, völkerrechtliche (10.1) Rechtsfähigkeit hat aber praktisch nur der Bund.

Zu den für Deutschland wichtigen zwischenstaatlichen (völkerrechtlichen) Organisationen und vor allem der Europäischen Union mit den rechtsfähigen **Europäischen Gemeinschaften** s. 10.

2.3 Ausübung der Hoheitsbefugnisse durch getrennte Organe (Parlamente, Behörden, Gerichte - horizontale Gewaltenteilung, Demokratieprinzip, Rechtsstaatsprinzip)

Die Frage, wer für den Bund und die Länder als Hoheitsträger die Hoheitsbefugnisse ausübt aber auch Pflichten hat, wird durch das in Art. 20 (1) (2) GG niedergelegte Demokratieprinzip, in Art. 20 (2) S. 2 GG ergänzt durch ein Element des Rechtsstaatsprinzips wie folgt beantwortet:
Das Volk hat - wenn auch nur mittelbar (vgl. u.a. die Präambel des Grundgesetzes) - als verfassungsgebende Gewalt die Entstehung des Grundgesetzes mit der originären Rechtsacht des Staates selbst legitimiert.
Hinsichtlich der Machtausübung im Rahmen des geschaffenen Grundgesetzes heißt es im Rahmen des **Demokratieprinzips** in Art. 20 (1) (2) GG:
Die Bundesrepublik Deutschland ist ein *demokratischer* ... Bundesstaat.

Alle Staatsgewalt geht *vom Volke* aus. Sie wird *vom Volke* in Wahlen und Abstimmungen und durch besondere Organe der Gesetzgebung, der vollziehenden Gewalt und der Rechtsprechung ausgeübt.
I.V.m. Art. 28 (1) GG gilt dies im Wesentlichen auch für die Länder, vgl. 2.1., 2.7.
Wegen der Größe des Staates bzw. Volkes ergeben sich zwingende praktische Gründe für eine *repräsentative* Demokratie insbesondere ein Parlament (einschließlich Mehrheitsprinzip); s. aber. Art. 29, 118 GG.
Wenn nach Art. 20 (2) S. 2 GG, der nach Art. 28 (1) GG auch für die Länder gilt, die Staatsgewalt, also die hoheitliche (öffentlich-rechtliche) Staatstätigkeit vom Volke durch **besondere Organe** der

| Gesetzgebung | | vollziehenden Gewalt | | Rechtsprechung |

ausgeübt wird, ist hier zusätzlich der Grundsatz der **horizontalen Gewaltenteilung** oder getrennten Ausübung von Gewalt realisiert.

Danach sind der Bund und die Länder als (originäre) rechtsfähige Hoheitsträger von ihren nicht rechtsfähigen Organen zu unterscheiden, die nur mit rechtlicher Wirkung für den betreffenden Hoheitsträger in den funktionell voneinander getrennten Gewaltbereichen handeln können. Die Organe haben allerdings gesonderte Befugnisse und sind wichtigen, insbes. verfassungsrechtlichen teilweise unterschiedlichen Bindungen unterworfen.
Bund und Länder sind über ihre Organe rechtsfähige Träger von originären Befugnissen der
- **Gesetzgebung** (Art. 70 ff. GG, vgl. 4.2) mit Parlamenten,
- **Rechtsprechung** mit Gerichten als Organen (Art. 92 ff. GG, s. 9., 12.9, 13.1.6, 25.) und
- **vollziehenden Gewalt** (Art. 20 (2) S. 2 GG, s. 11 ff.), nämlich
  - als **Verwaltungsträger von Verwaltungsbefugnissen mit Behörden als Verwaltungsorganen**, wie sich ausdrücklich aus Art. 83 ff. GG ergibt, wo die **Ausführung von Gesetzen** durch Bund und vor allem Länder (Exekutive) als Verwaltung bezeichnet wird **(unmittelbare Staatsverwaltung** von Bund und Ländern); nach Art. 5 (6) Nds. Verfassung übt das Land seine Verwaltung durch die Landesregierung und die ihr unterstellten Behörden aus,
  - von **Regierungsbefugnissen** mit den **Organen** Bundesregierung und Landesregierungen, soweit sie staatsleitende Tätigkeit mit politischen Entscheidungsbefugnissen u.Ä. ausüben (z.B. Art der Wirtschaftspolitik), wenngleich die Regierungen, insbesondere soweit sie Gesetze auszuführen haben (vgl. z.B. Art. 84, 85 GG), auch Verwaltungsorgane sind,
  - von spezifischen **Kontrollbefugnissen** mit bestimmten **Kontrollorganen** (unabhängige Rechnungsprüfung durch Bundesrechnungshof und Landesrechnungshöfe, Datenschutzbeauftragte gemäß den Datenschutzgesetzen, Wehrbeauftragte, Art. 45b GG).

2.4 Vertikale Gewaltenteilung und Bundesstaatsprinzip; Selbstverwaltungsgarantie, Art 28 GG; Föderalismusreform

Zusätzlich zu der erläuterten horizontalen Gewaltenteilung ergibt sich aus dem Bundesstaatsprinzip eine vertikale Gewaltenteilung. Diese entschärft die Gefahr eines Machtmissbrauchs einer zu starken Zentralkompetenz der Regierungsparteien und bedeutet damit eine zusätzliche Sicherung der Freiheit, allerdings auch eine partielle Rechtszersplitterung, wie u.a. das Wald-, Naturschutz-, Fischerei- und Gefahrenabwehrrecht zeigt. Es besteht eine gegenseitige Pflicht zu bundesfreundlichem Verhalten, z.B. hat der Bund in Europaangelegenheiten auch die Belange der Bundesländer wahrzunehmen.

2.4.1 Bundesrat

Durch den Bundesrat als Bundesorgan wirken die darin vertretenen Bundesländer bei der Gesetzgebung des Bundestages mit; dabei sind zu unterscheiden

- **Zustimmungsgesetze** nach ausdrücklicher Regelung des Grundgesetzes, z.B. Art. 80 (2), 84 (1) (5), 85 (1), 87 (3), 91a, 106 (3) - (6)
- **Einspruchsgesetze** (Art. 74a - Besoldung und Versorgung der Beamten, Art. 77, 78 GG).

Nur bei diesen kann sich der Bundestag letztlich nach Tätigwerden des Vermittlungsausschusses (Mitglieder des Bundestages und Bundesrats) spätestens mit dem dritten Beschluss durchsetzen, allerdings nur mit mindestens der Mehrheit seiner Mitglieder, nicht nur der Anwesenden, - bei Ablehnung des Bundesrats mit mindestens zwei Dritteln der anwesenden Mitglieder, wenn auch der Bundestag seinerseits mit mindestens zwei Dritteln der anwesenden Mitglieder für den Gesetzentwurf stimmt.

2.4.2 Hoheitsbefugnisse der Länder, Selbstverwaltungsgarantie, Art. 28 GG; Reform

Aber auch durch eigene Gesetzgebungskompetenzen (vgl. 4.2), vor allem Verwaltungskompetenzen (11. ff.) sowie Rechtsprechungszuständigkeiten (9., 12.9, 25.) der einzelnen Länder, die originäre Hoheitsträger mit jeweils entsprechender horizontaler Gewaltenteilung und eigenen Organen sind, ergibt sich ein noch wichtigeres Element einer vertikalen Gewaltenteilung. Die Bundesregierung kann ein Land, das seine Pflichten nach dem Grundgesetz, z.B. den der **Bundestreue,** bzw. nach einfachen Bundesgesetzen trotz aller Möglichkeiten der Bundesaufsicht nicht ausführt, - wenn auch nur mit Zustimmung des Bundesrats - zur Erfüllung seiner Pflichten anhalten, Art. 37 GG **(Bundeszwang).** Zur auch vertikal zwischen den Ländern geltenden Pflicht zur Bundestreue s. 49.8.5.

Zu den **abgeleiteten hoheitlichen Verwaltungsbefugnissen,** insbesondere der **Selbstverwaltungsgarantie** des **Art. 28 (2) GG** der Gemeinden und Gemeindeverbände (Landkreise) s. 11.5.2 ff. Zu dem auch insoweit geltenden Grundsatz der Verhältnismäßigkeit i.e.S. (5.3.1) mit einem Kernschutzbereich s. Heintzen, DVBl. 2004, 721, 725 m.w.N. Zu Selbstverwaltungsangelegenheiten anderer Körperschaften s. 11.5.4.

Schwächen der Kompetenzverteilungen zwischen Bund, Ländern und kommunalen Körperschaften werden unter dem Thema **Föderalismusreform** behandelt. Es geht um eine klare Trennung der Gesetzgebungskompetenzen (Probleme der Bundesgesetze, die der Zustimmung des Bundesrates bedürfen, Rahmen- und Grundsatzgesetzgebung sowie der Umsetzung von Europarecht, s. 4.2), Zuordnung der Verwaltungskompetenzen (s. 12.2.7) und Ausstattung mit Finanzmitteln. Vgl. z.B. Kirchhof, Klare Verantwortungsteilung von Bund, Ländern und Kommunen?, DVBl. 2004, 977; Kloepfer, DÖV 2004, 506; Schwanengel, Die Malaise des deutschen Bundesstaats, DÖV 2004, 553. Ob bei einer wachsenden EU eine Verlagerung der ausschließlichen Gesetzgebungskompetenz in den Umweltschutzbereichen (dazu Grandjot, NuR 2005, 679) Wald, allgemeiner Naturschutz und Jagd auf die zum Teil sehr kleinen Länder bei länderübergreifender Nutzung dem Wohl der deutschen Allgemeinheit auch aus Kostengründen bei Erlass und Durchführung am besten entspricht, erscheint zweifelhaft. Vgl. auch Koch/Mechel, NuR 2004, 277.

2.5 Rechtsstaatsprinzip

Während das **Demokratieprinzip** aussagt, **woher** die staatliche Gewalt stammt und **welche Organe** sie ausüben dürfen, sichert das **Rechtsstaatsprinzip** eine möglichst gerechte, also **am Recht ausgerichtete** Ausübung der Staatsgewalt auch mit Rechtsschutzgarantie. Die o.g. grundlegenden Fixierungen des Rechtsstaatsprinzips sind:

Art. 20 (2) S. 2 GG: Die Staatsgewalt wird durch **besondere** Organe ... ausgeübt (s. 2.3).

Art. 20 (3) GG: Die Gesetzgebung ist an die **verfassungsmäßige Ordnung** (= das gesamte Grundgesetz, s. 4.1.1), die vollziehende Gewalt und die Rechtsprechung **sind an Gesetz und Recht gebunden.**

Art. 1 (3) GG: Die (dem Art. 1 (1) (2) GG nachfolgenden) Grundrechte binden die

- Gesetzgebung
- vollziehende Gewalt und
- Rechtsprechung

als unmittelbar geltendes Recht.

Art. 19 (4) S. 1 GG: Wird jemand durch die öffentliche Gewalt in seinen Rechten verletzt, so steht ihm der Rechtsweg offen (s. 5.4).

Art. 28 (1) S. 1 GG (s. 2.1, 2.7):

Aus dem durch vorstehende herausgehobene Regelungen des Grundgesetzes fixierten Rechtsstaatsprinzip lassen sich - z.T. in Verbindung mit anderen Verfassungsbestimmungen - durch Auslegung **weitere spezielle Grundsätze** entnehmen oder herleiten, die im Grundgesetz teilweise selbst nicht genannt sind (Näheres und im sachlichen Zusammenhang):
- zum Grundsatz der Verfassungsmäßigkeit der Gesetze (Art. 20 (3)/ Art. 1(3) GG) s. 4. ff.,
- zum Grundsatz der Gesetzmäßigkeit der Verwaltung (Art. 20 (3)/ Art. 1 (3) GG) s. 12.2, 16., und der Rechtsprechung einschließlich Ermittlungsbefugnisse auch der Verwaltung hinsichtlich Straftaten und Ordnungswidrigkeiten (9., 25., 31.),
- zum Grundsatz der Verhältnismäßigkeit staatlicher Eingriffe in Grundrechte s. 5.3.1, 20.1,
- zum Grundsatz des Vertrauensschutzes s. 5.3.4, 20.4,
- zum Grundsatz der Bestimmtheit von Regelungen s. u.a. 5.3.5,
- zur Rechtsschutzgarantie des Art. 19 (4) GG s. 5.4,
- zu einem strittigen Grundsatz der Widerspruchsfreiheit des Rechts s. Sendler, NJW 1998, NJW 1998, 2875 zu BVerfG 7.5.1998, NJW 1998, 2341 und 2346 (vgl. 63.3.3).

2.6 Unabänderlichkeit von Grundrechten

Die Grundrechte (Art. 1 ff. GG, s. 5. ff. auch zur Frage einer unmittelbaren Geltung für Menschen) sind (nur) im Rahmen ihrer Abhängigkeit von der **Menschenwürde unabänderlich** i.S. des Art. 79 (3) GG; sie können aber im Übrigen durch Gesetze mit verfassungsändernder Mehrheit einen anderen Schutzbereich und -gehalt erhalten.

2.7 Bindung der verfassungsmäßigen Ordnung der Landesverfassungen durch Art. 28 (1) GG

Die Verfassungen der Länder müssen nicht ein entsprechendes Abbild des Grundgesetzes sein; aber die verfassungsmäßige Ordnung in den Ländern hat - wie ausgeführt (2.1) - den Grundsätzen des republikanischen, demokratischen und sozialen Rechtsstaats zu entsprechen (vgl. auch 4.1.1 zu den verschiedenen Begriffen der verfassungsmäßigen Ordnung). Art. 28 (1) verdrängt zugleich insoweit als Spezialregelung die allgemeine Kollisionsregel des Art. 31 GG (Bundesrecht bricht Landesrecht). Soweit die Länderverfassungen nicht ausdrücklich vorgenannte **Staats-Strukturprinzipien** in ihrer Verfassung verankert haben, gelten diese dennoch nach der speziellen Kollisionsregel des Art. 28 (1) GG für die Länder.

Sofern die Länder also eigenes Verfassungsrecht geschaffen haben, das mit der verfassungsmäßigen Ordnung des Grundgesetzes inhaltlich übereinstimmt oder trotz Abweichung obigen Grundsätzen nicht widerspricht, ist dieses Landesverfassungsrecht verfassungsmäßig und wirksam (Anwendungsvorrang, vgl. 1.3).

3. Durch Verfassungsgesetz änderbare Bestimmungen des GG

3.1 Änderungen nur durch Bundesgesetz

Die anderen Bestimmungen des GG, insbesondere auch die zahlreichen institutionellen Regelungen, die unmittelbar nur Organe des Bundes und der Länder binden, können durch **verfassungändernde** und **-ergänzende Gesetze des Bundes** (2/3-Mehrheit der Stimmen des Bundestages, 2/3-Mehrheit der Stimmen des Bundesrats) geändert werden, soweit die unabänderlichen Verfassungsnormen nicht entgegenstehen.

Hierzu zählen auch Änderungen des Schutzbereichs der **Grundrechte**, soweit sie inhaltlich nicht von der Menschenwürde abhängen (2.6).

Hierzu gehören auch Ergänzungen(inhaltsbezogenen) **Staatsziele** (Staatszielbestimmungen; z.B. Einfügung des Schutzes der natürlichen Lebensgrundlagen (Art. 20a GG, vgl. 5.9.2) und Änderungen sowie nur begrenzt Aufhebungen von Staatszielen..

Staatsziele sind zwar Verfassungsnormen, wegen ihrer Änderbarkeit (außer dem Sozialstaatsprinzip, 2.1) aber *keine vorrangigen Verfassungsnormen*. Sie schreiben der vor allem gesetzgebenden Staatstätigkeit die fortdauernde Beachtung oder Erfüllung sachlich bezeichneter Aufgaben vor (s. Henneke, NuR 1995, 330 m.w.N.). **Sie binden hauptsächlich den Gesetzgeber** des Bundes und der Länder eher zukunftsgerichtet dahin, die Ziele im Rahmen ihrer Zuständigkeiten mit erheblichem Ermessensspielraum in näher bestimmten Gesetzen gegenüber den Bürgern zu verwirklichen und dann den erreichten Standard auch im Wesentlichen zu erhalten.

3.2 Grenzen für Länderverfassungsgesetze durch das GG

Soweit die **Länder gleiche Grundrechte** wie das Grundgesetz gewähren, ebenso, wenn sie die Bundesgrundrechte erweitern und ergänzen, handelt es sich um Landesverfassungsrecht. Solche Landes-Grundrechte sind im Hinblick auf die besondere **Kollisionsnorm des Art. 142 GG** sogar ausdrücklich mit dem Grundgesetz vereinbar und wirksam. (Zur praktischen Bedeutung der Grundrechtsgewährung durch Länderverfassungen vgl. für den Rechtsschutz 9.4)

Falls jedoch Bestimmungen der Landesverfassung die **Bundes-Grundrechte einschränkend** ändern, sind diese nach der allgemeinen Kollisionsnorm des **Art. 31 GG**: Bundesrecht bricht Landesrecht **nichtig**.

Die Länder können auch mit dem Grundgesetz nicht im Widerspruch stehende und dieses ergänzende, nur im Rahmen der Abwägung zu berücksichtigende **Staatsziel**bestimmungen (s. 5.9) wirksam in ihre Verfassungen aufnehmen.

Die Gesetzgebungskompetenz-Regelungen der Art. 71 - 75 GG sind zwar in erster Linie für die einfachen Gesetzgeber vorgesehen; aber auch der Landes-Verfassungsgeber muss sie zur Vermeidung einer Nichtigkeit beachten, s. 4.2.

4. Verfassungsmäßigkeit einfacher Gesetze I (formelle Anforderungen; Staats-Strukturprinzipien)

4.1 Begriffliche Anforderungen und Abgrenzungen

4.1.1 Vorbemerkungen, Aufbauschema

Wie ausgeführt (1.1), werden als Gesetze geschaffene Regelungen, soweit sie mit einfacher Mehrheit des Parlaments erlassen werden können, als einfache Gesetze bezeichnet. Sie stehen im Rang unter den Verfassungsgesetzen (1.3), wobei aber noch Besonderheiten vor allem bei den Grundrechten (5. ff.) gelten.

Die Bindung der einfachen formellen Bundesgesetze an die **verfassungsmäßige Ordnung** (Art. 20 (3) GG) bedeutet **Bindung an das gesamte Grundgesetz**: Entsprechendes gilt über Art. 28 (1) S. 1 GG für die einfachen Landesgesetze (vgl. 2.7, 3.2).

Zum engeren Begriff der verfassungsmäßigen Ordnung in Art. 9 (2), 21 (2) GG - unabänderliche Grundsätze i.S. Art. 79 (3) GG vgl. 6.8.3 i.V. m. 3.2.

Zum dritten ganz weiten Begriff der verfassungsmäßigen Ordnung - alle verfassungsmäßigen (auch einfachen) Gesetze in Art. 2 (1) GG vgl. zu 6.2.2.3.

Zu den Rechtsquellen der Europäischen Gemeinschaften s. 10.3.

Aufbauschema für die Prüfung der Verfassungsmäßigkeit einfacher Gesetze

Die folgenden Ausführungen zu 4. (*und 5.*) können zugleich als **Aufbauschema** für eine Prüfung der Verfassungsmäßigkeit von Vorschriften einfacher Gesetze dienen.

4. Verfassungsmäßigkeit einfacher Gesetze I (formelle Anforderungen; Staats-Strukturprinzipien)

4.1.2 - 4.1.5: Näherer Charakter des einfachen (formellen) Gesetzes
Die Prüfung, ob ein Gesetz abstrakt-generell sein *muss*, ist im Rahmen der Grundrechtsprüfung (5. ff.) sinnvoll.

4.2 Beachtung der Kompetenzvorschriften für einfache Gesetze

4.3 Beachtung der Form- und Verfahrensvorschriften für einfache Gesetze

4.4 Beachtung der Staats-Strukturprinzipien (2.1 ff. außer Einzelgrundsätzen zu 5. - 8.);

5. (- 8.) Materielle Verfassungsmäßigkeit einfacher Gesetze: Grundrechte, Staatsziele (nebst zusammenhängende Einzelgrundsätze der Staats-Strukturprinzipien wie Verhältnismäßigkeit, Vertrauensschutz, Bestimmtheit); *s. Prüfschema vor 5.*

Als **Beispiel** für die Prüfung der Verfassungsmäßigkeit einer gesetzlichen Regelung soll in Anlehnung an die Entscheidung des Bundesverfassungsgerichts (BVerfGE 80, 137 = NJW 1989, 2525) die des § 50 des nordrhein-westfälischen Landschaftsgesetzes 1980 (NRWLandschaftsG 1980) dienen, der wie folgt wiedergegeben wird:

> „Das Reiten im Walde zu Erholungszwecken auf eigene Gefahr ist auf den nach den Vorschriften der Straßenverkehrsordnung als Reitwege gekennzeichneten privaten Straßen und Wege (Reitwege) gestattet. Die nach den Vorschriften dieses Gesetzes gekennzeichneten Wanderwege und Wanderpfade sowie Sport- und Lehrpfade dürfen nicht als Reitwege gekennzeichnet werden. Die Kreise und die kreisfreien Städte können im Einvernehmen mit der unteren Forstbehörde und nach Anhörung der betroffenen Gemeinden Ausnahmen von Satz 1 zulassen und insoweit bestimmen, dass in Gebieten mit regelmäßig nur geringem Reitaufkommen auf die Kennzeichnung von Reitwegen verzichtet wird. In diesen Gebieten ist das Reiten auf allen privaten Straßen und Wege, ausgenommen Wege und Pfade im Sinne des Satzes 2, zulässig. Die Zulassung ist im amtlichen Verkündungsorgan des Kreises oder der kreisfreien Stadt bekanntzugeben. Die Landschaftsbehörden sollen im Zusammenwirken mit den Forstbehörden, den Gemeinden, den Waldbesitzern und den Reiterverbänden für ein ausreichendes und geeignetes Reitwegenetz sorgen. Grundstückseigentümer und Nutzungsberechtigte haben die Kennzeichnung von Reitwegen zu dulden.

Zum ähnlichen **§ 26 (1) des Nieders. Gesetzes über den Wald und die Landschaftsordnung (NWaldLG)** vgl. 1.2, 9.1, 46. Ähnlich nunmehr auch der Sächsische Verfassungsgerichtshof, NuR 1998, 248.

Bei der Prüfung der Verfassungsmäßigkeit eines Gesetzes ist mit der Klärung des **Rechtscharakters** der hoheitlichen Regelung zu beginnen.

4.1.2 Abgrenzende Übersicht über die Arten der zu 4.1.3 - 4.1.5 näher erläuterten parlamentarischen (= formellen) Gesetze

In Anführungszeichen Bezeichnung und Form (nicht Inhalt und Wirkung)

	(unmittelbare) Außenwirkung:		Innenwirkung:	
	abstrakte generelle Regelung*) = Rechtsnorm = Gesetz im materiellen Sinn	Einzelfallregelung*)	abstrakte generelle Regelung*)	Einzelfall-Regelung*)
Parlament als Gesetzgeber	„Gesetz" im formellen (und materiellen) Sinn Normaltyp Gesetz (4.1.3)	„Gesetz" im formellen Sinne ausnahmsweise Einzelfallgesetz (4.1.4)	Gesetz **nur** im formellen Sinn (4.1.5), Rahmengesetz i.e.S., Haushaltsgesetz	

*) Zum Merkmal der **Regelung** s. 1.1 (fehlt bei Zweck-, Aufgaben- und entspr. Zielvorschriften und Definitionen)

Die Analyse ist auf die einzelne Vorschrift zu beziehen, da innerhalb eines Gesamttextes eines „Gesetzes" auch unterschiedliche Rechtsquellentypen enthalten sein können.

Zu der abgrenzenden Gesamtdarstellung aller deutschen Rechtsquellen (auch der Verwaltung) s. 13.5.

4.1.3 Formelle (parlamentarische) und zugleich materielle Gesetze; Eingriffs- und Leistungsgesetze

Das Grundgesetz definiert den Begriff Gesetz nicht. Es geht grundsätzlich davon aus, dass der **parlamentarische Gesetzgeber** (Bundestag, Länderparlamente) Gesetze in einem besonderen Verfahren unter Mitwirkung des Bundesrats zur Erlangung von Geltung erlässt (vgl. 1.1; 2.3.1 und Art. 76 - 79 GG) = **formelle Gesetze** (entweder als verfassungsändernde oder meistens) als einfache Gesetze.

Von den drei in ihrer **materiellen** durch In-Kraft-Treten erreichten Bindungs**wirkung** (1.1) unterschiedlichen Arten formeller Gesetze (als Oberbegriff) - s. 4.1.3 - 4.1.5 - ist die nachstehende der ganz überwiegende **Normaltyp**.

Der **Wirkung** nach regelt **Art. 19 (1) S. 1 GG**: Soweit nach einem Vorbehalt des Grundgesetzes ein Grundrecht durch Gesetz oder aufgrund eines Gesetzes eingeschränkt werden kann (das sind nur die Grundrechte zu 5.2.3 , z.B. Art. 2 (2) GG), muss das Gesetz **allgemein** und nicht nur für den Einzelfall gelten (Prüfung zu 5.2.3). Aber auch bei Einschränkung anderer Grundrechte sowie sonstiger wesentlicher grundlegender Regelungen sollen nach dem Rechtsstaatsprinzip, insbesondere dem Gleichheitssatz Gesetze, die **für Menschen unmittelbar** gelten (auch unmittelbare Rechtswirkung nach außen oder **unmittelbare Außenwirkung** genannt), zum Schutze der Menschen gegen Willkür möglichst **allgemein** sein (Prüfung zu 5.2.3, 8.2). Allgemein (i.w.S.) bedeutet **abstrakt (fallbezogen = für eine unbestimmte Vielzahl von Fällen)** und zusätzlich **generell/allgemein (i.e.S.), also personenbezogen = für eine unbestimmte Vielzahl von Personen (vgl. näher 15.3).

Abstrakt-generelle Regelungen, die öffentlich-rechtlich oder privatrechtlich Pflichten und Rechte für Menschen oder sonstige rechtsfähige Personen (2.2.1) unmittelbar oder nur über konkretisierende Ausführungsakte der Verwaltung (vgl. 11.) begründen, ändern oder aufheben, werden **Rechtsnormen = materielle Gesetze** genannt (1.1; s. Maurer, § 4 Rn 3; 38.3). **Regelungscharakter** haben, wie noch näher auszuführen ist, materielle Gesetze,

– die **in Grundrechte** (und in - diese bestätigende - einfache Gesetze) **eingreifen**, z.B. Gesetze über die Beschränkung von Waldumwandlungen, Reitverbote im Wald, Bestrafung von Wilderern (vgl. 1.1) und
– die neue Rechte begründen (**Leistung**sgesetze, z. B. Sozialhilfe, vgl. 5.2.1, 11.3).
Zu Gesetzesinhalten ohne ausreichenden Regelungscharakter s. 1.1.
Materielle Gesetze darf wegen ihrer Bedeutung grundsätzlich nur ein **parlamentarischer** Gesetzgeber erlassen. Dies ist Ausfluss des Demokratieprinzips und des Rechtsstaatsprinzips (Gewaltenteilung, 2.3). **Rechtsnormen** in Form von Gesetzen als abstrakte und generelle Regelungen **des Parlaments** mit unmittelbarer Wirkung für Menschen u.a. Privatrechtspersonen und kommunale Selbstverwaltungsbereiche sind also **zugleich formelle und materielle Gesetze** (s. 4.1.2); z.B. Vorschriften des Strafgesetzbuchs und des Bürgerlichen Gesetzbuchs.

Insbes. ist der zu 4.1.1 genannte zu prüfende § 50 NRWLandschaftsG 1980 (ähnlich § 26 (1) NWaldLG) eine solche gesetzliche Rechtsnorm (Reitbeschränkungen im Wald). Sie ist nach dem konditionalen Wenn-Dann-Schema (s. 1.2) formuliert. Die Rechtsfolge ist das Verboten- bzw. Erlaubt-Sein des Handelns der Bürger. Für Verbotsverfügungen der Verwaltung oder Ordnungswidrigkeitenbescheide bedarf es zusätzlicher Ermächtigungsgrundlagen als weiterer Rechtsnormen, vgl. 1.1, 11.1, 12.2.

4.1.4 Formelle (parlamentarische) Gesetze als Einzelfallgesetze (Einzelfall-Außenwirkung)

Das Parlament kann auch (außerhalb des genannten Art. 19 (1) S. 1 GG) für bestimmte Grundrechtsarten im wichtigen öffentlichen Interesse liegende (hinreichend bestimmte) Einzelfallregelungen als **Einzelfall- oder Maßnahmegesetze** treffen (4.1.2, **formelle Gesetze, aber nur mit Einzelfall-Außenwirkung**);
z.B. ein Einzelfall-Enteignungsgesetz, das nur die Position der Aktieninhaber der Rheinischen Stahlwerke beschränkte, um in einer Übergangslösung eine beabsichtigte bundeseinheitliche Gesamtregelung zu sichern (BVerfGE 29, 371); s. auch 7.1.3.
Aufgrund des Demokratieprinzips kann, soweit Art. 19 (1) S. 1 GG nicht eingreift (4.1.3), der parlamentarische Gesetzgeber nicht auf den Erlass von abstrakt-generellen Gesetzen, die eine unbestimmte Vielzahl von Fällen mit unmittelbarer Wirkung für Menschen regeln, beschränkt werden, wenn alle Staatsgewalt vom Volke auszugehen hat und das Parlament nach dem Demokratieprinzip die wesentlichen Grundentscheidungen selbst zu treffen hat (2.1). Es darf jedoch den Gleichheitssatz (8.) nicht verletzen.
Die Zulässigkeit von Einzelfallgesetzen ist aufbaumäßig erst zu 5.2.3 bzw. 8.2 zu prüfen.

4.1.5 Formelle Gesetze ohne unmittelbare Außenwirkung (nur formelle Gesetze)

Andererseits erlässt das Parlament nach verfassungsrechtlicher Vorgabe auch Gesetze, die als Rechtssätze nur die ausführenden staatlichen Organe unmittelbar binden bzw. ermächtigen, nicht aber unmittelbar Menschen u.a. Privatrechtspersonen sowie die Selbstverwaltung von Gemeinden u.Ä. Es **fehlt** die **unmittelbare Außenwirkung,** mögen auch zum großen Teil abstrakt-generelle Regelungen umsetzungsbedürftig vorliegen. Insoweit handelt es sich also um formelle Gesetze, die nicht zugleich Gesetze im materiellen Sinn, also Rechtsnormen mit unmittelbarer Außenwirkung, sind, sondern **nur** um **formelle Gesetze**, also Hoheitsakte, die im verfassungsrechtlich vorgeschriebenen parlamentarischen Gesetzgebungsverfahren - also nicht von der Verwaltung - erlassen sind und nur hoheitsinternen Rechtssatzcharakter haben (1.1, 4.1.3).
Hierzu zählen die (abstrakt-generellen) Rahmengesetze (i.e.S.) des Bundes; s. 4.2.3: z.B. §§ 6 - 14 Bundeswaldgesetz (s. 45.1.1), die der Landesgesetzgeber verfeinert und ergänzt in die - dann erst unmittelbar - für die Bürger usw. geltenden Vorschriften umzusetzen hat. Dies trifft insbesondere für die im Beispiel zu 4.1.1 zu prüfende interne Reitverbotsregelung des § 14 BWaldG zu, die durch § 50 NRWLandschaftsG (ähnlich § 26 NWaldLG) mit unmittelbarer Wirkung für Bürger näher ausgeführt worden ist. (s. 4.1.3).
Hierzu gehören aber auch die Gesetze über den jährlichen Haushaltsplan des Bundes bzw. der Länder, die im Wesentlichen nur allgemein Ein- und Ausgabepositionen zu bestimmten Titeln festlegen (s. 4.2.4), und Gesetze über andere wichtige raumbezogene Pläne (z.B. **Nds. Landesraumordnungsprogramm Teil I**, hinsichtlich der Bürger, 39.6, 39.7.2).

Im Folgenden ist mit den „*formellen Gesetzen*" der Oberbegriff für die 3 Arten parlamentarischer Gesetze zu 4.1.3 - 4.1.5 gemeint, während die hier zu 4.1.5 erläuterten formellen Gesetze ohne unmittelbare Außenwirkung **nur formelle Gesetze** mit (hoheitsinternen) Rechtssätzen sind.

(Zu den ähnlich im Allgemeinen nur die Gesetzgeber der Staaten bindenden generellen und abstrakten Regelungen in den Richtlinien des Rates und der Kommission der **Europäischen Gemeinschaften** allerdings als Verwaltungsorgane s. 10.3.3).

4.2   Die Art. 70 - 75, 83 - 90, 105, 108 f. GG als vorrangige Kompetenznormen für den Erlass und (teilweise Exkurs) die Ausführung (einfacher) Bundes- und Landesgesetze

Nicht kompetenzgerecht insbes. nach Art. 70 - 75 erlassene formelle Gesetze (4.1.3 - 4.1.5) sowohl des Bundes als auch der Länder sind bereits aufgrund der in Art. 70 - 75 GG liegenden speziellen Kollisionsregelungen nichtig, so dass die allgemeine Kollisionsregel des Art. 31 GG „Bundesrecht bricht Landesrecht" nicht für Kompetenzüberschreitungen des Landesgesetzgebers gilt (1.3); für Kompetenzverletzungen des Bundesgesetzgebers trifft sie ohnehin nicht zu. Weitere Kompetenzgrenzen ergeben sich aus Art. 83 - 90, 105, 108, 109 GG.

4.2.1   Ausschließliche Gesetzgebungskompetenz des Bundes, Gesetze, Rechtsverordnungen und Satzungen sowie des Landesrechts (Art. 71, 73 GG)

Entgegenstehendes Landesrecht ist schon aus Kompetenzgründen nichtig, z.B. Nr. 1 Auswärtige Angelegenheiten und Verteidigung, Nr. 3 Ein- und Auswanderung, Nr. 6 Luftverkehr, Nr. 6a Bundeseisenbahnen, Art. 105 (1) GG Zölle und Finanzmonopole. Zu den Grenzen BVerfG 19.2.2002, NuR 2005, 808 LS.

4.2.2   Konkurrierende Gesetzgebungskompetenz des Bundes (Art. 72, 74 GG)

Art. 72 (1) GG Im Bereich der konkurrierender Gesetzgebung haben die Länder die Befugnis zur Gesetzgebung *(einschl. Rechtsverordnungen und Satzungen, s. 12. f.),* solange und soweit der Bund von seiner Gesetzgebungszuständigkeit nicht durch Gesetz Gebrauch gemacht hat.

(2) Der Bund hat in diesem Bereich das Gesetzgebungsrecht, wenn und soweit die **Herstellung gleichwertiger Lebensverhältnisse im Bundesgebiet**, *(die sich in erheblicher, das bundesstaatliche Sozialgefüge in beeinträchtigender Weise auseinanderentwickelt haben oder sonst konkret auseinanderentwickeln würden)* oder die **Wahrung der Recht**einheit *(zur Vermeidung von unter Umständen erheblichen Rechtsunsicherheiten und unzumutbaren Behinderungen für den länderübergreifenden Rechtsverkehr, also die Freizügigkeit)* oder der **Wirtschaftseinheit** *(zur Erhaltung der Funktionsfähigkeit, nicht zur Erreichung einer* eine bundesgesetzliche Regelung im gesamtstaatlichen Interesse *er optimalen Funktionsfähigkeit des deutschen Wirtschaftsraums)* **erforderlich** macht. *(Vor 15.11.1994 nur bei Interesse nach bundeseinheitlicher Lösung).*

Vgl. zu obigen *Klammerergänzungen* BVerfGE 106, 62, 135 ff.; 27.7.2004, 2 BvF 2/02. Die Erforderlichkeit fehlt, wenn - nach fehlerhafter Tatsachenermittlung – partikular-differenzierte Regelungen der Länder ausreichen, ohne dass andere zutreffende Erwägungen zur Begründung herangezogen werden können (BVerfGE 106, 62, 150 ff.). Dem Bundesgesetzgeber steht bei der Beurteilung der Voraussetzungen sachbereichsbezogen in einer Gesamtbetrachtung eine Einschätzungsprärogative zu. Eine verfassungsgerichtliche Prüfung ist jedoch hinsichtlich der methodischen Grundlagen und der Schlüssigkeit gegeben. Die Sachverhaltsannahmen für die deutlich offen zu legende oder legbare Prognose müssen sich methodisch auf ein angemessenes und konsequent verfolgtes Prognoseverfahren stützen. Sachfremde Erwägungen dürfen in die Prognose nicht eingeflossen sein (BVerfG aaO).

(3) Durch Bundesgesetz kann bestimmt werden, dass eine bundesrechtliche Regelung, für die eine Erforderlichkeit i.S. des Abs. 2 nicht mehr besteht, durch Landesrecht ersetzt werden kann.

Art. 74 Gegenstände der konkurrierenden Gesetzgebung (1) ... *(auch Zifferntext gekürzt)*
1. das bürgerliche Recht, das Strafrecht, das gerichtliche Verfahren u.a., hier jedoch nicht das Verwaltungsverfahren der Landesverwaltungen (s. 14.1);
4a. das Waffen- und Sprengstoffrecht (vgl. das Waffengesetz zu 58.6);
11. das Recht der Wirtschaft (Bergbau, Industrie, Energiewirtschaft, Handwerk, Gewerbe, Handel u.a.: s. auch 45.1.1 zu den Waldgesetzen; 51.15.2 zur AWZ);
12. das Arbeitsrecht einschl. Betriebsverfassung,
17. die Förderung der land- und forstwirtschaftlichen Erzeugung (48.2 ff., 44.5), die Sicherung der Ernährung, die Ein- und Ausfuhr land- und forstwirtschaftlicher Erzeugnisse;
18. u.a. Grundstücksverkehr (44.6), Bodenrecht (61.), Bauleitplanung (40.);
20. den Schutz u.a. von land- und forstwirtschaftlichem Saat- und Pflanzengut (48.7) und der Pflanzen gegen Krankheiten und Schädlinge (64.2) sowie Tierschutz (58.1);
21. Hochsee- und Küstenschifffahrt (51.15)
22. der Straßenverkehr (Bundesfernstraßen, Landesstraßen s. 44.3, Straßenverkehrsgesetz mit Straßenverkehrsordnung, s. 46.5.5, 37.25.8;
24. Abfallbeseitigung (s. 63.), Luftreinhaltung, Lärmbekämpfung (Immissionsschutz, s. 62.);
25. die Staatshaftung (s. 37.25).

Nach **Art. 125a GG** gilt bis 15.11.1994 erlassenes, mit Art. 74 (1) und 72 (2) GG nicht mehr vereinbares Bundesrecht als Bundesrecht weiter, mit geringer Änderungsmöglichkeit unter Beibehaltung der wesentlichen Elemente durch den Bundesgesetzgeber (BVerfG 9.6.2004, DVBl. 2004, 889; 27.7.2004, 2 BvF 2/02), zu Art. 72 (2) mit kompetenzgerechter Ersetzungsmöglichkeit durch die Länder.

Art. 74a: Besoldung und Versorgung der Beamten und Richter - auch jeweils der Länder.
Art. 105 (2): Steuern, außer den örtlichen Verbrauchs- und Aufwandsteuern (s. 48.12.2; 54.2.10), die bundesgesetzlich geregelten Steuern nicht gleichzusetzen sind. Zur abweichenden Verteilung des Steueraufkommens vgl. **Art. 106** GG, s. auch 7.5.

4.2.3 Ländergesetze verdrängende Rahmenvorschriften (Art. 75 i.V.m. 72 GG)

Art. 75 (1) [1] Der Bund hat das Recht, unter den Voraussetzungen des Art. 72 GG *(s. zu 4.2.2)* Rahmenvorschriften für die Länder zu erlassen über *(nicht wörtlich):*
1. Rechtsverhältnisse der öffentlichen Bediensteten *(Beamtengesetze; s. auch Art. 74 a),*
1a. die allgemeinen Grundsätze des Hochschulwesens,
3. Jagd *(54. ff.),* Naturschutz und Landschaftspflege *(49. ff.; 51.15.2),*
4. Bodenverteilung, Raumordnung *(39., 39.12)* und Wasserhaushalt *(60.)*
(2) Rahmenvorschriften dürfen nur in Ausnahmefällen in Einzelheiten gehende oder unmittelbar geltende Reglungen enthalten.

Die **Rahmen**gesetzgebung des Bundes ist auf inhaltliche Konkretisierung und Gestaltung durch die Länder angelegt. Die Rahmenvorschriften müssen der Ausfüllung durch Landesgesetzgebung fähig und bedürftig sein (BVerfGE u.a. 80, 123, 157). Den Ländern muss ein eigener Bereich politischer Gestaltung von substantiellem Gewicht bleiben (BVerfG 27.7.2004, 2 BvF 2/02). Dazu muss die Rahmengesetzgebung sich in erster Linie nur an den Landesgesetzgeber richten. Ein Ausnahmefall erfordert nach der Neufassung, dass die Rahmenvorschriften in besonderer Weise in quantitativer und qualitativer Beschränkung eine eigenständige gesetzgeberische landesgesetzliche Gestaltung ermöglichen und formell einen erhöhten Rechtfertigungszwang des Bundesgesetzgebers erfordern; Art. 72 (2) kann nicht entsprechend gelten (BVerfG 27.7.2004 2 BvF 2/02; a.A. Rozek, in Mangoldt/Klein/Starck, Das Bonner Grundgesetz, 4. Aufl. 2000, Art. 75 Rn 68). Ein starkes und legitimes Interesse allein genügt nicht (BVerfG aaO und BVerfGE 67, 382, 387). Ein Ausnahmefall liegt vor, wenn zum einen die Rahmenvorschriften ohne die in Einzelheiten gehenden oder unmittelbar geltenden Regelungen verständigerweise nicht erlassen werden könnten, diese also schlechthin unerlässlich sind. Die in Einzelheiten gehenden Vorschriften dürfen zum anderen den kooperativen Charakter des Rahmengesetzes nicht aufheben (BVerfG 27.7.2004, 2 BvF 2/02). In Betonung der Schranken

BVerfG Juniorprofessor 27.7.2004, DVBl. 2004, 133, mit Wiedergabe der abweichenden Meinung von drei Richtern. Vgl. aber auch zu 51.15.2 zur ausschließlichen Wirtschaftszone.
Nach **Art. 125a GG** gilt bis 15.11.1994 erlassenes, mit Art. 75 (1) und 72 (2) GG nicht mehr vereinbares Bundesrecht als Bundesrecht weiter (s. 4.2.2 zu Art. 72 (2), wie dort zu Art. 74 (1) auch für Art. 75 (1)). Vgl. zu unmittelbar für Bürger geltende sowie teilweise detaillierte Vorschriften das Jagdrecht, Waldrecht und Naturschutzrecht; es ist aber auch zu analysieren, inwieweit Regelungen auf der Grundlage konkurrierender Gesetzgebung erlassen sind (Bürgerliches Recht, Wirtschaftsrecht usw.; vgl. auch 4.1.3, 4.1.5, 45.1.1).
Zur **Föderalismusreform** mit Beseitigung der Rahmengesetzgebung: Gegen eine „Herabzonung" z.B. des Naturschutzrechts in die (ausschließlich) eigene Gesetzgebungskompetenz der Länder in der **Föderalismusreform** Koch/Mechel, NuR 2004, 277; Ring, NuL 2004, 494; vgl. auch 2.4. Für eine materiellrechtliche konkurrierende Kompetenz „Umweltrecht" Kloepfer, NuR 2004, 759 m.w.N. Zu strittigen Fragen der **Zukunft** des deutschen Jagdrechts s. Tagungsbericht NuR 2005, 510; NdsJ 1/2006, 32; die stärker durch die Umweltrechtsperspektive geprägten zum Teil kritisch zu sehenden Beiträge von Kloepfer, NuR 2006, 1 (mit näherer Darstellung des Streitstandes, aber nicht alle Argumente zugunsten eines einheitlichen Jagdrechts ausschöpfend oder hinreichend bewertend); Czybulka, NuR 2006, 7.

Zu der Frage der Verfassungsmäßigkeit des zum **Beispiel** zu 4.1.1 genannten zu untersuchenden **§ 50 NRWLandschaftsG (ähnlich § 26 (1) NWaldLG)** ist die Vereinbarkeit mit der weitergeltenden Rahmenvorschrift des § 14 Bundeswaldgesetz (BWaldG) zu prüfen, der lautet:
(1) ¹Das Betreten des Waldes zum Zwecke der Erholung ist gestattet. ²Das Radfahren, Fahren mit Krankenfahrstühlen und das Reiten im Walde ist nur auf Straßen und Wegen gestattet. ³Die Benutzung geschieht auf eigene Gefahr.
(2) ¹Die Länder regeln die Einzelheiten. ²Sie können das Betreten des Waldes aus wichtigem Grund, insbesondere des Forstschutzes, der Wald- und Wildbewirtschaftung, zum Schutze der Waldbesucher oder zur Vermeidung erheblicher Schäden oder zur Wahrung anderer schutzwürdiger Interessen des Waldbesitzers, einschränken und andere Benutzungsarten ganz oder teilweise dem Betreten gleichstellen.
§ 14 BWaldG bietet nach Wortlaut und Entstehungsgeschichte (s. 1.2) als Rahmenvorschrift für den Landesgesetzgeber Spielraum für besondere Regelungen („Einzelheiten"). § 14 (1) S. 2 ist so auszulegen, dass der Landesgesetzgeber das Reiten im Walde nur auf Straßen und Wegen gestatten darf, innerhalb dieses Rahmens aber die Länder die Einzelheiten selbst regeln können. Hiermit ist die Verweisung der Reiter auf besondere Reitwege (und ganzjährig PKW-feste Fahrwege) zum Schutze von Wanderern vereinbar.
(Entsprechendes gilt für das Reiten in der übrigen freien Landschaft hinsichtlich der Rahmenvorschrift des § 56 BNatSchG ebenfalls als Rahmenvorschrift, s. 46.1, 4.2.3).

4.2.4 Bundeskompetenzen für eine Grundsatzgesetzgebung ohne Außenwirkung

Solche Kompetenzen ergeben sich hinsichtlich der Gemeinschaftsaufgabe zur *Verbesserung der Agrarstruktur und des Küstenschutzes* (Art. 91a GG): Förderungsmittel durch den Bund bei Mitfinanzierung durch die Länder, vgl. 48.3.
Nach Art. 109 (3) GG können durch Bundesgesetz für Bund und Länder gemeinsam geltende Grundsätze für das *Haushaltsrecht*, für eine kompetenzgerechte Haushaltswirtschaft und für eine mehrjährige Finanzplanung aufgestellt werden. Zum Haushaltsrecht vgl. 7.6, 11.5.4, 11.6.3.

4.2.5 In den übrigen Fachaufgaben sind die Länder allein gesetzgebungsbefugt (Art. 70 Abs. 1, 105 (2a) GG).

Z.B. Gefahrenabwehrrecht (29.), Fischereirecht (59.). Bundesgesetze sind in diesem Bereich schon wegen fehlender Kompetenz nach Verfassungsrecht nichtig, z.B. das Bundes-Staatshaftungsgesetz vor Schaffung der Bundeskompetenz in Art. 74 Nr. 25 GG (4.2.2).

4.2.6 Gesetzesausführung; Gesetzgebungskompetenzen für Verwaltungsbefugnisse und –zuständigkeiten; Exkurs: weitere Ausführung

Die Ausführung materiellrechtlicher Gesetze kann Ausführungsgesetze, z.B. Ermächtigungen allgemein für die Verwaltung zum Erlass von Verordnungen (12.2.7), Satzungen (13.1), Verwaltungsvorschriften (13.2), Verwaltungsakten (16.) und andere Handlungsformen der

Verwaltung (11.2), aber auch Zuständigkeitsregelungen (Bestimmung der Verwaltungsträger und deren Behörden als Organe. z.B. 17.) und gesetzliche Verfahrensregelungen erfordern. Als Exkurs ist hier schon (vor. 11. ff.) zu erwähnen, dass auch die Ausführungsakte der Verwaltung selbst dazu gehören.

Aus der Generalkompetenzregelung des Art. 30 GG zugunsten der Länder ergibt sich (wegen der speziellen Ausnahmeregelungen der Art. 83 ff. GG, als übrigens einzige Bedeutung), dass die **Länder ihre Landesgesetze selbst ausführen**, Art. 83 GG.

Z.B. durch Erlass gesetzlicher Ermächtigungs- und Zuständigkeitsregelungen im NWaldLG, Nds. Fischereigesetz und im Nds. Gesetz über die öffentliche Sicherheit und Ordnung (29.2 f., 29.3).

Ausnahmsweise führt nur der Bund **Bundesgesetze in bundeseigener Verwaltung** aus (z.B. Verwaltung der Bundeswasserstraßen, des Luftverkehrs, des Eisenbahnverkehrs, der Bundeswehr u.a., Art. 86 - 88 GG). Zur **Vollzugshoheit der Länder** im Bereich der Landeskultur (ohne Naturschutz, strittig, 49.6; zum Begriff BVerwG, NuR 2002, 735; Hönes, NuR 2005, 279) und der Wasserwirtschaft s. Art. 89 GG.

In einigen wenigen Bereichen führen die Länder die Bundesgesetze als **Landesverwaltung im Auftrage des Bundes** durch, Art. 85 GG, z. B. Verwaltung der Bundesautobahnen und Bundesfernstraßen (Art 90 (2) GG) und zum Teil die Finanzverwaltung (Art. 108 (3) GG), also u.a. mit eigener Länderkompetenz zum Erlass von Ermächtigungs- und Zuständigkeitsregelungen. Im Übrigen (und das ist ein großer Bereich, vgl. Art. 83 GG) **führen die Länder die Bundesgesetze als eigene Angelegenheit aus** (Art. 84 (1) GG; **Landeseigenverwaltung hins. Bundesgesetzen**). Nach Art. 84 (1) GG ist der Bund nur für die unmittelbar geltenden Vorschriften zur Regelung der Einrichtung der Behörden (mit allgemeiner Zuständigkeitsregelung, Lerche, in Maunz/Dürig, Art. 84 Rn 25; Gassner, G/B-K, S-R, § 6 Rn 7) und des Verwaltungsverfahrens zuständig. Die Länder können im Übrigen gesetzliche Regelungen über Befugnisse und Zuständigkeiten schaffen.

Z.B. für Teile des Bundesnaturschutzgesetzes im Nds. Naturschutzgesetz. Vgl. hierzu die Problematik des § 6 (1) BNatSchG, der generell staatliche Behörden zur Durchführung vorsieht (49.6).

Art. 56 (1) Nds. Verfassung verlangt für den allgemeinen **Aufbau und die räumliche Gliederung der allgemeinen Landesverwaltung** ein Gesetz. Nach Art. 39 (1) der Nds. Verfassung beschließt aber die Landesregierung über die **Organisation** der öffentlichen Verwaltung, soweit nicht Gesetze die Organisation regeln.

4.3 Verfassungsrechtliche Form- und Verfahrensvorschriften für die Bundes- und Landesgesetzgebung

Bundes- und Landesgesetze sind an die jeweiligen Form- und Verfahrensvorschriften der Verfassung gebunden (Art. 76 - 79 für Bundesgesetze, 2.3.1).

4.4 Bindung der Bundes- und Landesgesetze an die Staats-Strukturprinzipien (soweit sie nicht bei den Grundrechten und Staatszielen zu prüfen sind) s. 5.3.1 ff.

Aus Art. 20 (3) GG ergibt sich auch eine Bindung der (einfachen) Bundes- und Landesgesetze (zur Landesverfassung s. 2.7, 3.2) an die anderen Verfassungsnormen, insbes. die Staats-Strukturbestimmungen. Die Besonderheiten der Grundrechtsgeltung und Realisierung der Staatsziele folgen zu 5. ff. Erst im Zusammenhang mit den Grundrechten (und Staatszielen) erhalten einige besondere Grundsätze des Rechtsstaatsprinzips ihr wichtigstes Anwendungsfeld - auch im Forst- und Umweltbereich (s. 5.3). Insoweit wird zu 4.4 kaum eine Prüfung anfallen.

So auch nicht bei der **Beispielsprüfung des § 50 NRWLandschaftsG** 1980 (4.1.1).

Soweit es um die Frage geht, inwiefern (formelle) Gesetze wegen **unzureichender Verordnungsermächtigung** verfassungswidrig sein können, vgl. 12.5.1, erscheint die Prüfung im Zusammenhang mit der Prüfung der Gesetz- und Verfassungsmäßigkeit einer Verordnung sinnvoll. Zur Verfassungsmäßigkeit von gesetzlichen Ermächtigungsgrundlagen aus Erlass von Einzelakten der Verwaltung (Übersicht 3 f. zu 11.1) s. 16.2, 16.4.

vor 5.: Prüfschema *(im Anschluss an 4.1.1)*	
5.	**Verfassungsbindungen aus Grundrechten u. Staatszielen u.ä. für einfache Gesetze**

5.1 Schutzbereiche der Grundrechte mit subj. öffentlich-rechtlichen Ausübungsrechten
gegenüber Eingriffen: weiter zu **5.2 - 5.4**; *gegenüber Unterlassungen:* weiter zu **5.5 - 5.6**

5.2 Zulässige Schranken und Beschränkungen der Schutzbereiche der Grundrechte durch Verfassung und Gesetze (s. Übersicht 5.2.5)

5.2.1. verfassungsunmittelbare Schranken

5.2.2 Schranken durch (verfassungsmäßige) einfache Gesetze vor allem im öffentlichen Interesse aufgrund allgemeiner Verweisung des GG auf andere Gesetze

5.2.3 Schranken durch (verfassungsmäßige) einfache materielle (und formelle) Gesetze aufgrund ausdrücklichem Gesetzesvorbehalt

5.2.4 Durch Auslegung vom Gesetzgeber zu ermittelnde verfassungsimmanente Schranken

5.3 **Jedoch inhaltliche Verfassungsgrenzen für die Beschränkung von Grundrechten durch Gesetze (Schranken-Schranken)**

5.3.1 Der Grundsatz der *Verhältnismäßigkeit* bezogen auf den Gesetzgeber

5.3.2 Grundsatz der *praktischen Konkordanz* (Kollision eines Grundrechts mit Grundrechten anderer oder anderen Verfassungsgütern)

5.3.3 Wesensgehaltgarantie für Grundrechte (i.V.m.5.5.3)

5.3.4 Rückwirkungsbeschränkungen von Gesetzen (*Vertrauensschutz*, Treu und Glauben)

5.3.5 Inhaltliche *Bestimmtheit* der Gesetze (Rechtssicherheit)

5.4 **Subjektiv-öffentliche Abwehrrechte der Bürger bei verfassungswidrigen Eingriffen des Staates in den Schutzbereich von Grundrechten (auf Beseitigung, Unterlassung)**

5.5 **Durch aktive Förderung mit weitem Ermessen zu erfüllende Schutzpflichten des einfachen Gesetzgebers bezogen auf die Schutzbereiche der Grundrechte (5.1)**

5.5.1 Die Grundrechte als den Staat bindende objektive Wertordnung (Grundrechtsgehalte) mit Schutzpflichten zu erfüllen durch Verwaltungs- und Straf-, aber auch

5.5.2 Zivilrechtsgesetze

5.5.3 Staatliche Pflicht zur Wahrung von Einrichtungsgarantien (z.B. Eigentum)

5.5.4 Staatliche objektiv-rechtliche Pflicht zur Schaffung bzw. Aufrechterhaltung von Organisations- und Verfahrensgarantien (z.B. vorläufiger Rechtsschutz)

5.5.5 **Schutzbereiche der Staatsziele** *nur* **mit Schutzpflichten des Staates**

5.6 **Ausnahmsweise - der grundrechtlichen Schutzpflicht entsprechende - subjektiv öffentliche Leistungs-, Teilhabe- und Teilnahmerechte sowie Verfahrensrechte**

5.6.1 Grundsätzlich keine grundrechtlichen Leistungsansprüche

5.6.2 Ausnahmsweise grundrechtlich gebotene *Leistungsrechte* (nur *Existenzminimum*)

5.6.3 Grundrechtlich abgeleitete *Teilhaberechte* im Rahmen jeweils vorhandener staatlicher Einrichtungen (z.B. Hochschulen, Krankenhäuser)

5.6.4 Grundrechte als *Teilnahmerechte* (auch politische Grundrechte)

5.6.5 *Verfahrensrechtliche* grundrechtliche Leistungsrechte

5.7 **Die grundrechts- und staatszielkonforme Auslegung der Gesetze;**
Wechselwirkung im öffentlichen Interesse eingeschränkter Grundrechte

5.8 **Im Verhältnis der Privatrechtspersonen nur grundrechtsbestimmte Auslegung der Privatrechtsgesetze ("mittelbare Drittwirkung" von Grundrechten)**

5.9 **Die Staatsziele - Sozialstaatsprinzip (Art. 20 GG) und**
- Schutz der natürlichen Lebensgrundlagen (Art. 20a GG)

6. - 8. Die einzelnen Grundrechte (ergänzend zu 5.1 - 5.8)

5. **Grundrechte, Staatsziele, sonstige Verfassungsgüter und öffentliche Rechtsgüter im Verhältnis zueinander und die Verfassungsmäßigkeit von einfachen Gesetzen II**

Vorbemerkung

Grundrechte, Staatsziele u.a. Verfassungsgüter (z.B. Wehrfähigkeit des Staates) sowie andere öffentliche Rechtsgüter (z.B. Jugendschutz) enthalten **Schutzbereiche (Schutzzwecke, 5.1.1 f.)**. Den Schutzbereichen nur der Grundrechte **entsprechen (subjektive) Ausübungsrechte der Menschen** (z.B. Nutzung des Eigentums, freie Entfaltung der Persönlichkeit).

Die Schutzbereiche und -zwecke
– setzen dem Gesetzgeber Grenzen für Eingriffe und Einschränkungen (**5.2 - 5.4**) und
– ermächtigen und verpflichten ihn, mit weitem Ermessen den Schutzbereichen (Schutzzwecken) entsprechende Schutzregelungen durch einfache Gesetze zu schaffen (**5.5 - 5.6**).

Die Schutzbereiche und Schutzziele eines Grundrechts, Staatsziels, öffentlichen Rechtsguts usw. laufen jedoch oft den Schutzzwecken der Grundrechte anderer Personen, öffentlichen Belangen usw. zuwider und erfordern **Einschränkungen der Grundrechte** usw. insbesondere durch den einfachen Gesetzgeber, **Schranken, 5.2.**

Daher ist grundsätzlich bei jeder Prüfung der Verfassungsmäßigkeit eines einfachen Gesetzes, bei der ein Grundrecht oder bürgerbezogenes Staatsziel betroffen ist, zu untersuchen, ob **Einschränkungen oder Eingriffe** im Verhältnis zu dem begünstigten anderen Schutzzweck, also auch anderen Grundrechten, **eng genug und richtig abgewogen** sind (**Schranken-Schranken, 5.3**).
S. zum Beispiel der Reitbeschränkungen zu § 50 NRWLandschaftsG 1980 bei 4.1.1.
In der gesetzlichen Regelung stehen sich u.a. die Grundrechte der freien Entfaltung der Persönlichkeit von Reitern und Wanderern (Art. 2 (1) GG) sowie des Eigentumsschutzes der Waldbesitzer (Art 14 GG) gegenüber, wozu noch der öffentliche Belang: Schutz des Waldes kommt.

Nur die Grundrechte enthalten auch - den Pflichten des Gesetzgebers entsprechende - subjektiv-öffentliche verfassungsrechtliche gegen den Staat gerichtete **Rechte des einzelnen auf Abwehr** (ggf. sich nach Abwägung ergebender) **verfassungswidriger Eingriffe des Staates** (Hauptfunktion der Grundrechte , s. 5.4)

Soweit die Schutzbereiche und -zwecke von **Grundrechten** den Gesetzgeber ermächtigen und verpflichten, mit weitem Ermessen den Schutzbereichen (Schutzzwecken) entsprechende Schutzregelungen durch einfache Gesetze zu schaffen (**5.5)**,
hat der einzelne nur **ganz ausnahmsweise ein auf staatliche Leistung** (aktives Handeln, **5.5**) gerichtetes Recht, konkretisiert durch einfache Gesetze (**5.6**),
nicht bei Staatszielen (**5.5.5**).

Zusammen mit der Prüfung subjektiver Rechte ergeben sich ergänzend zu **4.** die zu 5.1 - 5.4, bzw. 5.5 - 5.6 ausgeführten **Schritte zur Prüfung** eines einfachen Gesetzes bzw. der Unterlassung einer schützenden Gesetzesregelung (vgl. auch Pieroth/Schlink Rdnr 375 ff.).

Zur grundrechtskonformen Auslegung s. **5.7.** Zwischen Personen des Privatrechts gilt nur eine grundrechtsbestimmte Auslegung von unbestimmten Rechtsbegriffen in Privatrechtsgesetzen, **5.8.**
Vgl. zum Folgenden u.a. Pieroth/Schlink, Grundrechte.

5.1. Verfassungstatbestände als Schutzbereiche der Grundrechte und subjektive Ausübungsrechte der Bürger

Eine Prüfung der Verfassungsmäßigkeit der Erfüllung oder Nichterfüllung von grundrechtlichen Schutzpflichten durch Gesetze und/ oder von gesetzlichen Grundrechtseingriffen durch einfache Gesetze setzt voraus, dass der Schutzbereich des jeweils betroffenen Grundrechts als verfassungsrechtlicher Tatbestand ermittelt und dann untersucht wird, ob das Gesetz überhaupt in diesen **Schutzbereich** eingreift.

Die Schutzbereiche der Grundrechte stellen zugleich **Ausübungsrechte** für die Grundrechtsträger dar, die sie nach Richtung und Ausmaß selbständig entfalten können.

Die den Grundrechten zugrundeliegenden Schutzbereiche (z.B. allgemeine Handlungsfreiheit im Rahmen der freien Entfaltung der Persönlichkeit, Art. 2 (1) GG) sind zum großen Teil so allgemein und durch Rechte anderer begrenzt, dass sie vom **(einfachen) Gesetzgeber** näher **zu bestimmen** und dabei sachnotwendig insbes. auch zu **beschränken** sind (5.2).
Z.B. ist das Grundrecht der freien Entfaltung der Persönlichkeit durch das subjektiv-öffentliche Recht zum Betreten des Waldes, bzw. zum Reiten im Walde, vgl. 6.2, 46.6, (partiell) im NWaldLG als einfaches Gesetzesrecht näher bestimmt, aber durch Verbote (z.B. Reiten auf Wanderwegen und mitten durch den Wald, vgl. **Beispiel zu 4.1.1**) auch eingeschränkt.

Das Eigentumsrecht des Art. 14 GG ist ohne gesetzliche Bestimmung und Beschränkung überhaupt nicht ausübbar und schutzfähig (7.1).
Auch soweit der Schutzbereich durch ein einfaches Gesetz konkretisiert ist, besteht er für spätere ändernde Gesetze weiter, kann aber wegen seiner verschiedenen Konkretisierungsmöglichkeiten einfach-gesetzlich erweitert oder eingeschränkt werden.

Z.B. berühren spätere Änderungen des Rechts zum Betreten des Waldes den Schutzbereich des Grundrechts auf freie Entfaltung der Persönlichkeit (allgemeine Handlungsfreiheit nach Art. 2 (1) GG) *nicht*; erst bei Eingriffen in den Schutzbereich sind die Grenzen (5.2, 5.3 Verhältnismäßigkeit usw.) zu beachten.

Die nachfolgende **Übersicht** enthält eine grobe systematische Gliederung der Grundrechte.
Zu den Grundrechten des Grundgesetzes gehören nicht nur die der **Art. 1 - 17**, sondern auch außerhalb des eigentlichen Grundrechtskatalogs die der **Art. 19 (4), 20 (4), 33, 38, 101 - 104**.
Auf den hervorgehobenen Rang des Art. 1 (Schutz der **Menschenwürde**) und der von dieser (auch in der Auslegung, 6.1.1) abhängigen Folgegrundrechte ist hingewiesen worden (2.6).

Ausgehend von dem noch zu erläuternden Art. 1 GG lassen sich die Grundrechte in **Freiheitsrechte (6.)** nebst **Eigentum und Berufsfreiheit (7.)** und in **Gleichheitsrechte (8.) unterteilen** und thematisch (nicht der Wirkung nach) bestimmten Staats-Strukturprinzipien (2.1) zuordnen, wobei sie noch nach speziellen und allgemeinen (letztere sind nachrangig und werden auch Auffangtatbestände genannt, vgl. 1.3, 5.1.2) zu unterscheiden sind.

Die einzelnen Schutztatbestände werden zu 6. - 8. näher erläutert. Im Rahmen der **Fallösung** (Prüfung der Verfassungsmäßigkeit von Gesetzen) müssen an dieser Stelle (bzw. nach 5.1.2) zunächst die maßgebenden Schutztatbestände von 6. - 8. herangezogen werden.

In der **Beispiel**sprüfung zu 4.1.1 ist zu Art. 2 (1) GG auf 6.2 und zu Art. 14 GG auf 7.1 sowie zum Gleichheitssatz auf 8.2 zu verweisen. Zum Schutzbereich des Art. 2 (1) GG gehört wie ausgeführt sogar die allgemeine Handlungsfreiheit (einschl. Reiten).

Übersicht über das System der Grundrechte (einer Person) –**Schutzbereiche**

6.1 Art. 1 Würde des Menschen [1]			
6.6 - 6.11 demokratie- **u. rechtsstaatsbezog-** **ne- Freiheitsrechte**	**rechtsstaatsbezogene- Freiheitsrechte**		**8. rechts- und sozial-** **staatsbezogene** **Gleichheitsrechte**

Art.
5 (1) (2) Meinung
    Presse
8 Versammlung
9 (1) (2) Vereinigung
21 Parteien
	6.3	Art. 2 (2) S.1 Leben,
		Körper
		102 Verbot der
		    Todesstrafe
			5.4, 9.2
			Rechtsschutz-
			garantien
			Art. 19 (4)
			101
			103
				Art.
				33 (1) staatsbürgerliche
				    Rechte
				33 (2) (3) öfftl. Ämter
				38 Wahlrechte (gleich)

38 Wahlrechte+   8.)
17 Petition
	6.4	Art. 2 (2) S.2 /104 Allg. Bewegungs-
		    freiheit
		11 Freizügigkeit
		16 Ausbürgerungsverbot
		16a Asyl
				(Art. 6 (5) nichteheliche
				    Kinder, Staatsziel)

	6.5	Art 4 Glauben und Gewissen		
	6.12	5 (3) Kunst u. Wissenschaft		*3 (1) allg. Gleichheits-* *satz*
	6.13	13 Wohnung (6 (1) Ehe, Familie 6 (2) Erziehung 7 (2) Religionsunterricht) 10 Brief-, Post-, Fernmeldegeheim- nis		
	6.14	20 (4) Widerstandsrecht (Verfass.Gefährdung)		
	6.15	33 (4) (5) hergebrachte Beamtenrechte		
	7.1 **7.2**	14 Eigentum 12 Beruf		
	6.2	*2 (1) allg. Handlungsfreiheit/* *Persönlichkeitsrecht – Auf-* *fangtatbestand [2]*		
	6.1	*1 Würde des Menschen* *Auffangtatbestand [3]*		

Anmerkungen:

[1] Art. 1   füllt zusätzlich inhaltlich, soweit nicht schon enthalten, alle Grundrechte

[2] Art. 2 (1) ist Auffangtatbestand, falls alle anderen Freiheitsgrundrechte nicht zutreffen; praktische Bedeutung, vor allem i.V.m. Art. 1 insbes. allg. Persönlichkeitsrechte.

[3] Art. 1   ist auch letzter Auffangtatbestand eines Grundrechts, falls alle anderen Grundrechte nicht zutreffen (kaum praktische Bedeutung).

Als **spezielle Grundrechte** gehen allgemeinen Grundrechten derselben Person vor

Art. 102	dem 2 (2) S. 1,
104	dem 2 (2) S. 2,
33 (1) (2), 38 (1)	
6 (5), 3 (2), 3 (3)	jeweils dem 3 (1),
6 (1) i.V.m. 3 (2)	dem 14 hins. hälftigem Versorgungsausgleich bei Ehescheidungen,
5 (3)	dem 8 hinsichtlich der geringeren Schranken.

Ggf. schützen mehrere unterschiedlich wirkende Grundrechte eine Person gleichzeitig.

5.2 Zulässige Schranken und Beschränkungen der Schutzbereiche der Grundrechte durch Verfassung und Gesetze

Die Grundrechte können, soweit sie als nicht mit der Würde des Menschen zusammenhängend (2.6) änderbar sind, u.a. durch unmittelbar geltende einfach-gesetzliche Regelungen vor allem im öffentlichen Interesse in noch zu erläuternden Grenzen eingeschränkt werden.
Die Beschränkungsmöglichkeiten lassen sich in 4 verschiedene Arten gliedern, die zum Teil auf mehr als eine Art je Grundrecht zutrifft.
Die nicht für Bürger geltenden **Staatsziele** und **sonstigen Verfassungsgüter** bzw. wichtigen **Rechtsgüter** können ohnehin im Rahmen einer notwendigen Abwägung entgegenstehenden Grundrechten, anderen Staatszielen usw. unterliegen und dann nicht in einfachen Gesetzen realisiert werden, 5.3.

Eine Grundrechtseinschränkung liegt auch vor, wenn ein Gesetz ein Grundrecht inhaltlich näher bestimmt und begrenzt hat und der Gesetzgeber dieses Gesetz unter weiterer Einschränkung des Schutzbereichs des Grundrechts ändert (5.1.1).

Es handelt sich um folgende **4 verschiedenen Arten zulässiger Schranken bzw. Beschränkungen** der Grundrechte (**Übersicht zu 5.2.5**), die **allerdings** wieder durch verfassungsrechtliche **Schranken-Schranken (5.3)** eingeschränkt werden:

5.2.1 Verfassungsunmittelbare Schranken

Einige Grundrechte enthalten bereits **ausdrückliche** verfassungsrechtliche Einschränkungen z.B. Art. 2 (1) GG: die Rechte anderer oder das Sittengesetz; Art. 8 (1) GG: ohne Anmeldung und friedlich ohne Waffen (versammeln). Diese Schranken sind aber jeweils nicht abschließend und/oder so allgemein, dass fast immer weitere Beschränkungsarten gelten.
In der **Beispiel**sprüfung zu 4.1.1 stehen den Rechten der Reiter die der Wanderer und Waldeigentümer notwendig sich gegenseitig begrenzend gegenüber, so dass es näherer gesetzlicher Bestimmung bedarf (s. 5.2.2).

5.2.2 Schranken durch (verfassungsmäßige) einfache Gesetze vor allem im öffentlichen Interesse aufgrund allgemeiner Verweisung des GG auf andere Gesetze

Bestimmte Grundrechte verweisen aber hinsichtlich ihrer Schranken (auch) auf „allgemeine Gesetze" (z.B. Art. 5 (1) (2) GG Meinungsfreiheit) oder auf die verfassungsmäßige Ordnung (alle verfassungsgemäß zustande gekommenen Gesetze, Art. 2 (1) zur freien Entfaltung der Persönlichkeit, vgl. 4.1.1, 6.2.2.3); damit sind also vor allem auch Gesetze im Rang unter Verfassungsgesetzen gemeint. Die Verfassung gestattet somit dem Gesetzgeber, die Grundrechtstatbestände (Schutzbereiche), also höherrangige Rechtsquellen (1.3) zu beschränken, ohne aber die einfachen Gesetze in den Verfassungsrang zu heben und bei dieser Einschränkungsart ohne Pflicht zur Angabe des eingeschränkten Grundrechts.
In der **Beispiel**sprüfung zu 4.1.1 wird Art. 2 (1) GG für die Reiter, aber auch Wanderer (sowie Art. 14. GG für die Waldeigentümer) durch § 50 NRWLandschaftG 1980 (ähnlich § 26 (1) NWaldLG) nach dieser Variante eingeschränkt.

5.2.3 Schranken durch (verfassungsmäßige) einfache materielle (und formelle) Gesetze aufgrund ausdrücklichem Gesetzesvorbehalt

Andere Grundrechte können aufgrund eines Vorbehalts im Grundgesetz nur durch (parlamentarisches) einfaches Gesetz (Vorbehaltsgesetz) eingeschränkt werden, z.B. Recht auf körperliche Unversehrtheit, Art. 2 (2) GG (s. 6.3). Ein dieses Grundrechts einschränkendes parlamentarisches Gesetz muss **„allgemein"** sein (materielles Gesetz, vgl. 4.1.3) und das eingeschränkte Grundrecht unter Angabe des Artikels nennen (Art. 19 (1) GG - Warn- und Besinnungsfunktion).

5.2.4 Durch Auslegung (vom Gesetzgeber) zu ermittelnde verfassungsimmanente Schranken

Bei den Grundrechten der Glaubens- und Gewissensfreiheit (Art. 4 GG), der Kunst- und Wissenschaftsfreiheit (Art. 5 (3) GG) und Art. 1 GG ist keine der drei vorgenannten Einschränkungsmöglichkeiten verfassungsrechtlich vorgesehen. Andererseits können aber andere Grundrechte, Staatsziele oder Verfassungsgüter auch mit diesen Grundrechten kollidieren. Hierbei sind die - prinzipiell gleichrangigen Grundrechte und Verfassungsgüter gegeneinander abzuwägen. Dabei kann sich je nach der Entscheidungssituation ein unterschiedlicher Rang ergeben und ein Ausgleich beider prinzipiell gleichrangigen Arten geboten sein. Aus dem Grundsatz der Einheit der Verfassung (bzw. Rechtsordnung) folgt, dass auch die nicht einfach-gesetzlich einschränkbaren Grundrechte verfassungsimmanente (nicht ausdrücklich erwähnte) Schranken haben müssen.

Auch über diese Einschränkungen im Rahmen der Kollision von Grundrechten mit **Grundrechten anderer, Staatszielen u.a. Verfassungsgütern** muss zumindest durch *einfaches formelles Gesetz* feststellend entschieden werden, sonst wären die Grundrechte ohne (ausreichende) einfache gesetzliche Einschränkungsmöglichkeit schwächer geschützt als die Grundrechte, bei denen ausdrücklich Einschränkungen vorgesehen sind (Pieroth/Schlink Rn 362); der Verwaltung bzw. den Gerichten können diese Entscheidungen nicht überlassen werden (2.1):

Nach dem BVerwG (NuR 1995, 2628 = NJW 1995, 2648) vermag ein eindeutig durch ein einfaches Gesetz wiederholend und präzisierend geregeltes Staatsziel in seiner gewonnenen Bestimmtheit als Verfassungsregelung sogar ein Grundrecht, das nur durch verfassungsrechtliche Kollision eingeschränkt werden kann, im Rahmen einer Abwägung einzuschränken; die einfach-gesetzliche Regelung ist also kein Hindernis für die Annahme eines (konkretisierten) abwägungsfähigen Staatsziels mit Verfassungsrang (s. 5.2.2, 5.9.2, 5.9.3).

Zur Beschränkung der Eingriffsentscheidung im Rahmen verfassungsimmanenter Schranken durch den Grundsatz der **praktischen Konkordanz** s. 5.3.2. Das Bundesverfassungsgericht hat die Einrichtung und ungestörte Funktionsfähigkeit der Bundeswehr als ein (in dem Falle erfolgreich) dem Wehr- und Kriegsdienstverweigerungsrecht befristet entgegensetzbares Verfassungsgut gewertet (BVerfGE 28, 43).

Zu der **Beispiel**prüfung des Reitbeschränkungsgesetzes (4.1.1) in Kollision mit den Rechten der Wanderer und Waldeigentümer s. 5.3.2.

5.2.5 Übersicht über die Grundrechtsschranken

Nur verfassungsimmanente Schranken (5.2.4) sind zu Art. 1, 4, 5 (3) GG) möglich, ergänzend auch bei anderen Grundrechten, soweit nicht schon wie bei Art. 2 (1) oder 2 (2) S. 1 u. 2 GG eine Einschränkung geregelt ist.

Artikel ↓	(5.2.1) ausdrückliche verfassungsunmittelbare Schranken	(5.2.2) Verweis auf andere beschränkende Gesetze ohne Zitierpflicht nach Art. 19 (1)	(5.2.3) Einschränkung durch formelle u. materielle Gesetze mit Zitierpflicht, Art. 19 (1) Gesetzesvorbehalte, 4.1.3 (z.B. § 10 Nds. SOG)
1 Würde			
2 (1) Handlungs-, freiheit, Persönlich keitsrecht	Rechte anderer Sittengesetz	verfassungsmäßige Ordnung = alle verfassungsmäßigen Gesetze	
2 (2) S.1 Leben, Körper (102:Todesstrafe entfällt)			zu Art. 2 (2) formelles Gesetz
104 Freiheit/ Ortsveränderung 2 (2) S. 2 (2) S. 2			formelles Gesetz/ formelles Gesetz
4 (1) (3) Religion *),Gewissen, mit Waffe Kriegsdienst	(nicht Art. 12a)		
5 (1) (2) Meinung, Presse		allg. Gesetze, d.h. soweit nicht gegen die Meinungs- u. Pressefreiheit gerichtet	
5 (3) Kunst, Wissenschaft			
8 (1) (2) Versammlungs- Freiheit	ohne Anmeldung oder Erlaubnis friedlich und ohne Waffen		für Versammlungen unter freiem Himmel Vorbehalt im allg. formelles Gesetz
9 (1) (2) Vereinigungs- freiheit	falls gegen verfassungsmäßige Ordnung (= Kernbestand Art. 79 (3)) u. gegen Völkerverständigung	falls gegen Strafgesetze gerichtet	
9 (3) Koalition wie 9 (1) (2)		wie 9 (1) (2)	
21 Parteien	falls gegen freiheitlich demokratische Grundordnung (= Kernbestand Art. 79 (3))		
11 Freizügigkeit			inhaltlich beschränkter Vorbehalt für formelles Gesetz
13 (2) (3) Wohnung	Durchsuchungen, sonstige Eingriffe zum Teil		sonstige Eingriffe zum Teil durch formelles Gesetz
6 (2) (3) Ehe, Erziehung		notwendige gesetzliche Ausgestaltungen, Art. 6 (2)	formelles Gesetz zu Art. 6 (3); Kind von Eltern trennen
10 Brief-, Post-, Fernmeldegeheimn.			formelles Gesetz
33 (4) (5) Beamte	nur hergebrachte Grundsätze	sonst gesetzliche Regelungen	
20 (4) Widerstandsrecht	wenn andere Abhilfe nicht möglich		
14 Eigentum	Beschränkung, Art. 14 (1) S. 2 und Sozialbindung Art. 14 (2) zugleich inhaltsbestimmend, 7.1	durch Gesetze konkretisierbar, Art. 14 (1) S. 2. Enteignung durch oder aufgrund Gesetz (7.1.5)	
12 Beruf		Berufsausübung durch oder aufgrund Gesetz regelbar	

*) Strittig ist, ob die **Religionsfreiheit** über Art. 140 GG i.V.m. Art. 136 Weimarer Reichsverfassung (nur) einem einfachen Gesetzesvorbehalt unterliegt (BVerfGE 112, 227, 231 ff.) oder nur von einem Rechtsgut mit Verfassungsrang eingeschränkt werden kann (Hain/Unruh, DÖV 2003, 147, 151 zum **Tierschutz**; s. Art. 20a GG zu 5.9.3).

5.3   Inhaltliche Verfassungsgrenzen für die Beschränkung von Grundrechten durch Gesetze (Verhältnismäßigkeit, praktische Konkordanz, Wesensgehaltsgarantie, Vertrauensschutz, Bestimmtheit) - Schranken-Schranken

Es ist zu unterscheiden, ob ein *gleichrangiges* Verfassungsgut (Grundrecht, Staatsziel u.a.) mit einem Grundrecht anderer Personen kollidiert (5.3.2), oder ob ein *nicht* unbedingt verfassungsrangiges öffentliches Interesse einseitig zur Einschränkung eines Grundrechts führen soll (5.3.1). Da das Beispiel der gesetzlichen Reitbeschränkung (zu 4.1.1) erst zu 5.3.2 zutrifft, werden zu 5.3.1 folgende **Gesetzesbeispiele** behandelt:

1. Eine landesgesetzliche Regelung wird erlassen, nach der es Wanderern verboten ist, aus Gründen u.a. der Sicherheit (*Munitionsbelastung*) gesperrte Wälder nicht zu betreten.

2. Eine landesgesetzliche Regelung wird erlassen, nach der *ohne Begründung* Wanderer und Reiter große, nicht besonders schützenswerte Waldgebiete des Landes nicht betreten, insbesondere nicht darin reiten dürfen.

5.3.1   Der Grundsatz der Verhältnismäßigkeit bezogen auf den Gesetzgeber

Der Verfassungsgrundsatz der Verhältnismäßigkeit ist im Grundgesetz nicht ausdrücklich geregelt. Er ergibt sich in seiner wichtigsten Funktion, die **Grundrechte möglichst weitgehend** insbesondere **vor staatlichen Einschränkungen zu schützen,**
– aus den Grundrechten selbst
– aus den Verfassungsregelungen, die staatliche Eingriffe in Grundrechte, insbesondere in die Freiheit, möglichst begrenzen und auch den Wesensgehalt der Grundrechte garantieren (Art. 19 (2) GG, 5.3.3)
– über das Rechtsstaatselement des Art. 1 (3) GG, wonach u.a. der Gesetzgeber an die Grundrechte gebunden ist.
Der Verhältnismäßigkeitsgrundsatz verpflichtet den Staat, vor allem den Gesetzgeber (s. aber auch 10.5.2, 20.1 zur Verwaltung), Grundrechte (und diese gesetzlich bestätigende und bestimmende Gesetze, vgl. 5.1) so wenig wie möglich hoheitlich, insbesondere auch durch einfache Gesetze einzuschränken.
Nach Alexy (in. Gedächtnisschrift Sonnenschein, 2003, S. 772; Theorie der Grundrechte 1985/ 1994, S. 100 ff.) folgt der Verhältnismäßigkeitsgrundsatz aus dem Prinzipiencharakter der Grundrechte: Prinzipien fordern eine möglichst weitgehende Realisierung (Optimierung) sowohl relativ auf die tatsächlichen als auch auf die rechtlichen Möglichkeiten (Einzelheiten in: Theorie der Grundrechte, S. 100 ff.) Näheres auch Grabitz, AöR 98 (1973), 368 ff.: Hirschberg, Der Grundsatz der Verhältnismäßigkeit, Göttingen 1981.

Zur Modifizierung des Verhältnismäßigkeitsgrundsatzes bei einer Kollision von Grundrechten verschiedener Personen s. 5.3.2 f.
Der Verhältnismäßigkeitsgrundsatz gilt auch bei staatlichen Eingriffen in das **Selbstverwaltungsrecht** z.B. der Gemeinden (2.4.2, 11.5.2).

Auch ein **öffentliches Rechtsgut** wie z.B. die *Erhaltung von Natur und Landschaft* kann durch den Verhältnismäßigkeitsgrundsatz einfach-gesetzlich geschützt sein, z.B. durch die Naturschutzgesetze; vgl. auch zu Art. 20a GG 5.9.2.

Der verfassungsrechtliche vor allem grundrechtsschützende Grundsatz der **Verhältnismäßigkeit im weiteren Sinne** setzt einen verfassungsrechtlich zulässigen öffentlich-rechtlichen Eingriff**szweck** voraus (Zu verschiedenen Abstufungen des Zwecks: vernünftige Erwägungen des Gemeinwohls usw. - s. 7.2). Der Verhältnismäßigkeitsgrundsatz besteht aus drei Einzelgrundsätzen:

Bezogen auf den (zulässigen) Zweck des Gesetzes muss das vom Gesetz gewählte Mittel:
- **geeignet**
- **erforderlich und**
- **angemessen (zumutbar, verhältnismäßig im engeren Sinne)**

sein.
Der Gesetzgeber hat allerdings - im Gegensatz zur Verwaltung - , vgl. 20., meistens (s. 5.6.1.1) einen großen Gestaltungs- und Ermessensspielraum, so dass nur erhebliche Verletzungen zur Verfassungswidrigkeit eines Gesetzes führen.

Beim **1. Gesetzesbeispiel** (5.3) ist verfassungsmäßiger Gesetzeszweck, Menschen vor Explosionsgefahren, also Lebensgefahr zu schützen.
Beim **2. Gesetzesbeispiel** (5.3) könnte verfassungsmäßiger Gesetzeszweck sein, Natur und Landschaft sowie jagdbare Tiere zu schützen.

5.3.1.1 Geeignetheit

Nur (gesetzlich geregelte) Mittel, die den erstrebten gesetzlichen Zweck erreichen können, sind geeignet. Insoweit handelt es sich um eine Optimierung relativ auf die tatsächlichen Möglichkeiten (Alexis, aaO Gedächtnisschrift, S. 772). Dem Gesetzgeber wird jedoch ein Einschätzungsspielraum eingeräumt. Verfassungsgerichtlich ist nur zu überprüfen, ob aus nachträglicher Sicht (ex ante) das eingesetzte Mittel „objektiv untauglich" ist (BVerfGE 16, 147, 181) oder „objektiv ungeeignet" (BVerfGE 17, 306, 317) oder „schlechthin ungeeignet" (BVerfGE 19, 119, 127; vgl. auch BVerfG 67, 173; 81, 192).

So das 1. und 2.Gesetzes**beispiel**, wenn Schutzzweck die Erhaltung des Waldes ist.
Zu den Voraussetzungen für den Falknerjagdschein und damit die Beizjagd hatte der Gesetzgeber als Zweck angegeben, den Bestand der für die Falknerei in Betracht kommenden Federwildarten zu erhalten und Missständen bei der Haltung von Greifvögeln zu begegnen und dafür (u.a.) waffentechnische Kenntnisse und Fähigkeiten verlangt. Dieses Erfordernis erscheint bereits für den Zweck ungeeignet (nach Richter/Schuppert, 2. Aufl. 1991, S. 64 f. nicht erforderlich - 5.3.1.2), nach BVerfGE 55, 159 = 5.11.1980, JE V Nr. 52 unklar sogar unangemessen – 5.3.1.3; 55.17.3.

5.3.1.2 Erforderlichkeit

Der Gesetzgeber hat von mehreren geeigneten Mitteln dasjenige auszuwählen, welches den geringst möglichen Eingriff für die Menschen bedeutet (auch Grundsatz „des leichtesten Mittels", „des geringst möglichen Eingriffs" genannt, es können sich dabei auch mehrere etwa gleich am geringsten eingreifende Mittel ergeben; s. Stein/Götz, Staatsrecht, § 18 III b). Auch bei dieser zweiten Stufe handelt es sich um eine Optimierung relativ auf die tatsächlichen Möglichkeiten der geeigneten Mittel (Alexis, aaO Gedächtnisschrift, S. 772). Auch bei diesem zweiten Kriterium der Erforderlichkeit wird der Rechtsprechung des BVerfG ein gewisser Beurteilungs- und Handlungsspielraum zugebilligt (BVerfGE 19, 119, 127; dazu Richter/Schuppert, 2. Aufl. 1991, S. 64; s. auch BVerfG 81, 192 f.).

Z.B. erforderte die Erhebung der Volkszählungsdaten, die Daten mit Personenzuordnung, also nicht anonymisiert, allen Behörden zugänglich zu machen (Volkszählungsgesetz 1983, BVerfGE 65, 1, 41 ff.).
Im **1. Gesetzesbeispiel** (5.3) ist bezogen auf den gesetzlichen Schutzzweck ein milderes Mittel zugunsten der Wanderer jeweils nicht ersichtlich, falls auch Wege nicht sicher genug sind, bzw. nicht eingeschränkt werden können.
Im **2. Gesetzesbeispiel** (5.3) dagegen ist, auch wenn Schutzzweck der Schutz des Waldes und der jagdbaren Tiere wäre, die Regelung offensichtlich nicht das mildeste Mittel und grob fehlerhaft, also verfassungswidrig.

Gesetzesvorschriften, die mit voller Bindung, Eingriffe in Rechte, ggf. mit gleichzeitigem begünstigenden Anspruch anderer vorsehen, **müssen selbst die Verhältnismäßigkeit regeln** (z.B. 3. die Genehmigung von Sperren des Waldes oder der übrigen freien Landschaft nur soweit sie (räumlich und zeitlich) für den jeweiligen Sperrgrund, z.B. Beendigung einer ständigen erheblichen Wildbeunruhigung, **erforderlich** sind, § 31 NWaldLG, 46.11; ggf. Sperren für Mountainbike-Fahrer, nicht aber Fußgänger; Drehkreuze; nicht einen ganzen Wald, sondern nur die Zugangsseite. Bei **Ermessensvorschriften** ist die Verhältnismäßigkeit auch ohne gesetzliche Regelung eine **verfassungsmäßige Schranke.**

5.3.1.3 Angemessenheit des Mittels im Verhältnis zum Zweck (Zumutbarkeit)

Nach dem Grundsatz der **Verhältnismäßigkeit im engeren Sinne** (auch der Angemessenheit) hat der Gesetzgeber die Nachteile des Eingriffs für die Betroffenen abzuwägen mit den Nachteilen eines Verzichts auf die gesetzliche Regelung zugunsten des öffentlichen Wohls. Es ist festzustellen, ob der Eingriff ein **angemessenes Mittel** zur Realisierung des Zwecks ist (BVerfGE 16, 194, 201 f.):
Je stärker der Eingriff, desto wichtiger (gewichtiger und dringlicher) müssen die Interessen des zu realisierenden Gemeinwohls sein (Angemessenheit, auch mit dem Kriterium der „Zumutbarkeit" gleichgesetzt; z.B. Stein/Götz, § 18 III c auch zu BVerfGE 40, 187, 245 ff.; BVerfG 70, 26 f., 30; 81, 194; dazu etwas kritisch Maunz/Zippelius, § 12 III Nr. 6). Alexis (aaO Gedächtnisschrift, S. 772) zieht für die gebotene Abwägung das für Prinzipien (einschließlich Grundrechte; s. 5.3.1) „Abwägungsgesetz" heran: Je höher der Grad der Nichterfüllung oder Beeinträchtigung des einen Prinzips ist, desto größer muss die Wichtigkeit der Erfüllung des anderen sein. Je schwerer ein Eingriff in ein Grundrecht wiegt, desto größer muss die Gewissheit der den Eingriff tragenden Voraussetzungen sein (Alexis aaO, S. 789).
Zu den Besonderheiten einer unterschiedlichen einzelgrundrechtlichen Konkretisierung s. Heintzen, DVBl. 2004, 721 u.a. zu Art. 2 (1), 5 (1) 12, 14 (1) und (2) GG.
Im **1. Gesetzesbeispiel** (5.3) ergibt die Abwägung der Schutzmaßnahme (Lebensgefahr) mit der Einbuße an Handlungsfreiheit eine Zumutbarkeit des Eingriffs in das Grundrecht des Art. 2 (1) GG, zumal Wanderer in andere Wälder ausweichen können.
Im **3. Beispiel** (§ 31 NWaldLG) unterstellt das Gesetz die (nicht erwähnte) Zumutbarkeit.
4. Beispiel: Eine gesetzliche Regelung, dass Kraftfahrzeuge, die verkehrs- und sonst ordnungswidrig im Wald parken, sofort ohne Rücksicht auf entstehende Schäden am Kraftfahrzeug behördlich zu entfernen sind, wäre, auch wenn es kein milderes Mittel der zeitgerechten Entfernung gäbe, in denjenigen Fällen unverhältnismäßig und für den Kfz-Eigentümer nicht zumutbar, in denen nur durch Zerstörung oder erhebliche Beschädigung des (auch wertvollen) KfZ das gesetzwidrige Parken rasch beendet werden kann.

Bei der Prüfung der Verhältnismäßigkeit i.e.S. wird die eigentliche Kollision zwischen dem (nicht verfassungsrangigen) öffentlichen Interesse und dem Grundrecht entschieden.
Dazu, dass an sich nach Güterabwägung unzumutbare (verfassungswidrige) Eingriffe durch die gesetzliche Regelung einer Entschädigung verfassungsmäßig „gemacht" werden können, s. 5.4, 7.1, 27.4.2.

5.3.2 Grundsatz der praktischen Konkordanz (Kollision eines Grundrechts mit Grundrechten anderer oder anderen Verfassungsgütern)

Bei der zu 5.2.4 im Rahmen der verfassungsimmanenten Verfassungsschranken angesprochenen Notwendigkeit einer Kollisionsentscheidung eines Grundrechts mit Grundrechten anderer oder anderen verfassungsrangigen Rechtsgütern reicht der zumindest in den beiden ersten

Stufen einseitig abwehrende oder mildernde Verhältnismäßigkeitsgrundsatz - auch vom Zweck her - nicht aus, wenn er einseitig *nur* in *ein* Grundrecht eingreift. Hier, insbesondere bei der Kollision zweier Grundrechte, gilt der Grundsatz, dass eine Lösung gefunden werden muss, die auf den gegenseitigen Ausgleich ausgerichtet ist, bei der insbesondere beide Grundrechte bzw. Rechtsgüter so wenig wie möglich eingeschränkt, vielmehr im Rahmen einer Abwägung so weit wie möglich verwirklicht werden sollen **(harmonischer Grundrechtsausgleich, praktische Konkordanz)**.
Hier erfordert der übergreifend modifizierte Verhältnismäßigkeitsgrundsatz mit weitem gesetzgeberischen Ermessen, dass schon der gesetzliche **Zweck den Ausgleich mit umfasst**.

Zu dem als **Beispiel zu 4.1.1 genannten Reitbeschränkungsgesetz** ergibt sich (s. zum Folgenden BVerfG NJW 1989, 2527 f.):

Im Rahmen der Vorschrift war die Kollision des Grundrechts der Handlungsfreiheit (Art. 2 (1) GG) der Wanderer und der Reiter und das Eigentumsrecht am Wald (Art. 14 GG) hinsichtlich der bestehenden Kollision zu regeln. Vielmehr muss schon der Zweck der Regelung übergreifend sein, nämlich ausgleichend Gefahren und sonstige Beeinträchtigungen zu vermeiden, welche sich für erholungssuchende Wanderer aus der Begegnung mit Pferden und aus der mit dem Reiten verbundenen Auflockerung des Waldbodens ergeben. Dieser Zweck ist nicht nur als Gemeinwohlbelang, sondern auch nach Art. 2 (1) GG ("Rechte anderer" als Grenzen der Handlungsfreiheit) verfassungsmäßig.

Die in Erfüllung dieses Ziels getroffene Maßnahme besteht darin, die Reiter grundsätzlich auf gekennzeichnete Reitwege zu verweisen (wobei die Behörden ein geeignetes und ausreichendes Reitwegenetz schaffen sollen); nur in Gebieten mit geringem Reitaufkommen können private Straßen und Wege (außer gekennzeichnete Wanderwege und -pfade, Sport- und Lehrpfade) auch ohne Reitwegkennzeichnung als Reitwege zugelassen werden.

Bezogen auf das genannte Ziel ist die Maßnahme der grundsätzlich getrennten Systeme von Wander- und Reitwegen **geeignet**.

Hinsichtlich der **Erforderlichkeit** (mildestes Mittel) bezogen auf den genannten Zweck ist sowohl die Beschränkung der Reiter als auch der Wanderer und der Waldeigentümer mit einzubeziehen, wenngleich hier die Zwecksetzung vor allem die Reiter zu beschränken scheint. Ein milderes Mittel ist, wenn Wanderer und Waldeigentümer (Boden) vor Reitern geschützt werden sollen, nicht ersichtlich. Insbesondere beschränkt es die Reiter nicht zu sehr, dass das Gesetz der planenden Verwaltung im Rahmen von Abwägungsentscheidungen (1.2.7, 12.5.1) überlässt, wie sie im einzelnen das (ausreichende) Reitwegenetz anlegt und dass die Verwaltung Ausnahmen davon, dass nur gekennzeichnete Reitwege zu benutzen sind, nur im Rahmen des Ermessens (also ohne bindenden Anspruch) zulassen kann (vgl. 19.). Der Gesetzgeber vermag solche Einzelheiten selbst nicht zu regeln.

Hinsichtlich der **Verhältnismäßigkeit i.e.S.** ergibt sich in Abwägung des kollidierenden Grundrechts der Handlungsfreiheit und des Eigentums, dass die Regelung für Reiter nicht unzumutbar die Handlungsfreiheit beeinträchtigt. Ein ausreichendes Reitwegenetz und die genannten weitergehenden Ausnahmemöglichkeiten sind eine vertretbare Lösung, zumal auch Reiter bestrebt sein müssen, Konflikte mit Wanderern und Waldeigentümern zu vermeiden.

Auch die niedersächsische Regelung des § 26 NWaldLG (s. 4.1.1, 46.6) wird vom Grundsatz der praktischen Konkordanz, also dem modifizierten Verhältnismäßigkeitsgrundsatz, getragen, zumal danach sogar Fahrwege noch weitergehend den Reitern überlassen sind. Die Ausweisung von Reitwegen (außer Radfahrwegen) durch die Verwaltung ist allerdings nur in einer allgemeinen Verwaltungsvorschrift (s. 13.2), nämlich dem RdErl. des Landwirtschaftsministeriums v. 18.6.2002, Nds. MBl. S. 547, geregelt.

Weitere Beispiele: Kollision
- des Grundrechts von Ehe und Familie, dem Elternrecht, dem (Staatsziel) Recht der nicht ehelichen Kinder und dem staatlichen Erziehungsauftrag (Art. 6 GG, BVerfGE 34, 165)
- des Grundrechts der Gewissensfreiheit (Art. 4 GG) mit dem Verfassungsgut des gesicherten, ungestörten Wehrdienstbetriebs (BVerfGE 28, 244)
- des Grundrechts der Kunstfreiheit (Art. 5 (3) GG) mit dem Staatsziel der Erhaltung der natürlichen Lebensgrundlagen (Art. 20a GG, s. 5.9.2, 5.2.4 oder dem öffentlichen Jugendschutz BVerfG, EuGRZ 1991, 33, 38).

Den durch praktische Konkordanz modifizierten Verhältnismäßigkeitsgrundsatz hat der Gesetzgeber insbesondere auch zu berücksichtigen, wenn er Eingriffe Privater in Privatrechte anderer regelt (insbes. soweit sie gleiche Rechtsgüter wie die Grundrechte betreffen), vgl. z.b. die zum Teil deckungsgleichen privatrechtlichen und strafrechtlichen Rechtfertigungsgründe (34.3), die hinsichtlich ihrer Eingriffsintensität und Schutzfunktion aus Gründen der Rechtseinheit einheitliche Lösungen praktischer Konkordanz darstellen. Zur Sozialpflichtigkeit des Eigentums s. 7.1.
Allerdings wird der Grundsatz der praktischen Konkordanz weniger als Konkretisierung des Grundsatzes der Verhältnismäßigkeit, der auf die gesetzliche Eingriffsgrundlage bezogen ist angesehen, sondern als Alternativmodell, bei dem es auf die Abwägung im Einzelfall ankommt, wobei beide Grundsätze unter einem Oberbegriff zusammengefasst werden könnten (Heintzen, DVBl. 2004, 721. 726).

5.3.3 Wesensgehaltsgarantie für Grundrechte

In keinem Falle darf durch Gesetze der **Wesensgehalt** eines Grundrechts angetastet werden **(Art. 19 (2) GG**, feststehender Wesenskern - unabhängig von überwiegenden Interessen der Allgemeinheit und dem Verhältnismäßigkeitsgrundsatz, also eine absolute Größe bezogen auf das Grundrecht des einzelnen, nicht der Allgemeinheit, Pieroth/Schlink Rn 331). Nur soweit die Grundsätze des Art. 1 GG für Grundrechte gelten, deckt sich der Wesensgehalt mit den unveränderlichen Verfassungsnormen des Art. 79 (3) GG, s. 2., 7.1 (Pieroth/Schlink Rn 332).
In den vorgenannten **Beispielen** (4.1.1, 5.3) ist jeweils die Wesensgehaltsgarantie nicht verletzt.

5.3.4 Rückwirkungsbeschränkungen von Gesetzen (Vertrauensschutz, Art. 20, 103 (2) GG, Treu und Glauben)

Selbst wenn gesetzliche Grundrechtseingriffe an sich zulässig wären, müssen sie, wenn sie rückwirkend grundrechtsbestimmende Gesetze zu Lasten allgemein Betroffener ändern, den **Grundsatz des Vertrauensschutzes** als Unterfall des Grundsatzes der Rechtssicherheit, der zum Rechtsstaatsprinzip gehört (**Art. 20 GG**) gehört, beachten.
Bei der Frage einer zulässigen Rückwirkung von Gesetzen werden in Beachtung des Bertrauensschutzes **echte** und **unechte Rückwirkungen** unterschieden (BVerfGE 11, 139 ff.).
Art. 103 (2) GG verbietet als Spezialregelung die rückwirkende Strafbarkeit und Bestrafung (32.1).
Bei einer **echten Rückwirkung** greift das Gesetz nachträglich ändernd in abgewickelte, der Vergangenheit angehörende Tatbestände ein; bei unechter Rückwirkung wirkt das Gesetz nur auf gegenwärtige, noch nicht abgeschlossene Tatbestände ein (BVerfGE 11, 139, 145; 1. Senat 95, 64 ff., 101, 239, 263; v. Mutius//Nolte, DÖV 2000, 1 ff. Kahl, Die Verwaltung 33/ 2000, S. 29, 33 ff.; Kahl, .NVwZ 2000, 1135 f.; abweichend 2. Senat BVerfGE 72, 200, 241 f.)

Bei der **unechten Rückwirkung** wird lediglich an eine früheren Tatbestand rückangeknüpft; dabei besteht für die gebotene Abwägung kein genereller Vorrang des Vertrauensschutzes vor und der Rechtsicherheit von dem jeweils verfolgten Anliegen für das Gemeinwohl (BVerfG 5.2.2004 – 2 BvR 2029.01, BVerfGE 109, 33; OVG Münster, RdL 2005, 177, 179).
Eine zulässige unechte Rückwirkung liegt zulässig vor, wenn
- die Betroffenen schon im Zeitpunkt, auf den die Rückwirkung bezogen wird, nicht mit dem Bestand der Reglungen rechnen konnten,
- die Rechtslage so unklar und verworren war, dass eine Klärung erwartet werden konnte, oder
- wenn überragende bzw. vorrangige Belange des Gemeinwohls, die dem Prinzip der Rechtssicherheit vorgehen, eine rückwirkende Beseitigung der Normen erfordern (u.a. BVerfGE 13, 261, 272; 88, 384, 404; BVerfG 5.2.2004 – 2 BvR 2029.01, BVerfGE 109, 33).

Ein Vorrang zugunsten des öffentlichen Interesses ergibt sich auch für Bagatellregelungen.
Im Übrigen müssen (ggf.) selbst *verfassungswidrige* Gesetze, die Vertrauensschutz geschaffen haben, aus dem Gesichtspunkt der Rechtssicherheit im Rahmen des Vertrauensschutzes angewendet werden. (Insoweit Vorrang vor dem Grundsatz der Verfassungsmäßigkeit der Gesetze).
Vgl. auch zu 61.2.1.5 und 58.6.3 sowie zum Verwaltungshandeln 20.4.

Z.B. können auch nach o.g. Abwägung nicht wirksam rückwirkend Besoldungsgesetze mit der Folge aufgehoben werden, dass Teile des Gehalts zurückzuzahlen sind. Entsprechendes gilt für rückwirkende Steuererhöhungen (BVerfGE 29, 371).

In dem zu 4.1.1 genannten zu prüfenden **Gesetzesbeispiel des § 50 NRWLandschaftG** (s. auch 5.3.2) ist zwar eine frühere Regelung vor 1975 aufgehoben worden, die das Reiten auf Waldstraßen und -wegen grundsätzlich erlaubten. Davor war aber das Reiten grundsätzlich verboten. Außerdem gab es in der kurzen Geltungszeit der Regelung von 1975 immer wieder Unzuträglichkeiten, so dass die Reiter mit einer Einschränkung rechnen mussten. Ein Vertrauensschutz entfällt also.
Im Übrigen müsste hier selbst bei Vertrauensschutz dieser in einer Abwägung mit den konträren Rechten und öffentlichen Interessen zurücktreten (BVerfG NJW 1989, 2528).

Art. 103 (2) GG verbietet als Spezialregelung dem Staat, die Bewertung des Unrechtsgehalts einer Tat nachträglich zum Nachteil des Täters zu ändern (BVerfG 5.2.2004 – 2 BvR 2029.01, BVerfGE 109, 33). Der Ausschluss einer (erneuten) **Jagdscheinerteilung** als unechte Rückwirkung folgt dagegen aus der Einschätzung des Gesetzgebers, welches Risiko aus der abgeurteilten Straftat jagd- und waffenrechtlich im Gemeinwohlinteresse nicht mehr hingenommen werden kann (OVG Münster, RdL 2005, 177, 179, s. 55.20.1).

Beim **BBodSchG** kommt es auf die differenzierte und teilweise strittige Rechtslage vor Inkrafttreten des BBodSchG zur Zeit der Beendigung der Ablagerungen an (61.2.1.5).

5.3.5 Inhaltliche Bestimmtheit der Gesetze (Rechtssicherheit)

Wie ausgeführt, gehört zum Rechtsstaatsprinzip der Grundsatz der Rechtssicherheit, negativ ausgedrückt der Grundsatz, dass die Rechtsanwendung nicht unsicher sein darf.
Hieraus folgt, dass - vor allem grundrechtsbeschränkende - Gesetze inhaltlich bestimmt sein müssen, d.h. ihren Sinn jeweils eindeutig erkennen lassen müssen.
Gesetzliche Bestimmungen, die auch bei Anwendung der juristischen Auslegungsmethoden (vgl. 1.2) nicht hinreichend klar erkennen lassen, was rechtens ist, sind, allerdings nur bei Überschreitung eines erheblichen Spielraums, also nur in extremen Fällen, nichtig.
In dem **Gesetzesbeispiel des Reitverbots** (4.1.1, 5.3.2, 5.3.4) ist die Regelung hinreichend klar und bestimmt genug, zumal die Ermächtigung für die Verwaltung zur Ausweisung eines ausreichenden Reitwegenetzes verfassungsgemäß ist.

Zum Abschluss der Prüfung des gesetzlichen Reitverbots s. noch bei **8.2 zum Gleichheitssatz**.

5.4   Subjektiv-öffentliche Abwehrrechte bei verfassungswidrigen Eingriffen in den Schutzbereich von Grundrechten

Wie ausgeführt (5.1) setzen die Grundrechte, z.B. insbes. Freiheitsrechte und Eigentum vorhandene grundrechtlich beschriebene Ausübungsrechte der Menschen voraus. Soweit der **Gesetzgeber** verfassungswidrig insbes. unter Verletzung seiner Schutzpflicht in den Schutzbereich von Grundrechten (die Ausübungsrechte) eingreift (vgl. 5.2, 5.3), entstehen als Hauptbedeutung der Grundrechte subjektiv-öffentliche verfassungsrechtliche Abwehrrechte der Grundrechtsträger als **Beseitigungs-** bzw. **Unterlassungsansprüche** (zur Frage grundrechtswidriger Effekte Lindner, DÖV 2004, 765). Dies ergibt insbesondere gegenüber verfassungswidrigen Gesetzen einen verfassungsrechtlichen Rechtsschutz (**Verfassungsbeschwerde, 9.1**). Nach **Art. 19 (4) S. 1** GG steht jedem, der durch die öffentliche Gewalt in seinen **Rechten** verletzt wird, der **Rechtsweg** offen. Diese Rechtsschutzgarantie als **formelles** (verfahrensmäßiges) **Hauptgrundrecht unterstützt** die Realisierung des inhaltlichen Schutzgegenstands der eigentlichen materiellen Grundrechte als **Abwehrrechte**, nach (bestrittener) Auffassung des BVerfG allerdings nicht gegenüber grundrechtsverletzenden parlamentarischen Gesetzen (und der Rechtsprechung); insoweit **schützt Art. 93 GG** (s. 9.); zur Verwaltung s. 12.7, 25., sowie Schmidt-Aßmann in Maunz/Dürig Art. 19 IV Rn 45 ff.
Grundrechtsschutz im **gerichtlichen Rechtsschutz** ist weitgehend auch durch die Gestaltung von **Verfahren** zu bewirken. Die Grundrechte beeinflussen demgemäß nicht nur das gesamte materielle, sondern auch das Verfahrensrecht. Es geht nur um Verfahrensvorschriften, die zum Schutz eines Grundrechts (z.B. Art. 2 (2) GG) (zu) erlassen sind (BVerfGE 53, 30. 65 = NJW 1980, 759; BVerfGE 24, 367, 401 f. = NJW 1969, 309; Rechtsschutzanspruch aus dem intendierten Verwirklichungswillen des materiellen Grundrechts (Tonne, Effektiver Rechtsschutz durch staatliche Gerichte als Forderung des Europ. Gemeinschaftsrechts, 1997, S. 61 f.; Calliess, NVwZ 2006, 1, 4). Nach überwiegender Auffassung enthalten **neben Art. 19 (4) GG die einzelnen Grundrechte** einen **Anspruch auf effektiven gerichtlichen Rechtsschutz** (Calliess, NVwZ 2006, 1, 4; kritisch Papier, in: Isensee/Kirchhof (Hrsg.). Handbuch des Staatsrechts VI, 1989, § 154 Rn 15. Ist das subjektiv öffentliche Recht die Zugangsvoraussetzung zum Rechtschutz, dann müssen diese Grundrechtsauswirkungen mit dem Inhalt des subjektiv öffentliche Rechts bestimmen, wenn dieses den Gerichtszugang eröffnet. Zu den Konsequenzen, die auch den EG-rechtlichen Gerichtszugang erfassen müssten, s. zu 24.1

Zu den Beispielfällen zu 5.3.1:

1.) Eine **gesetzliche** Regelung, nach der Wanderer ein Recht zum Betreten des Waldes haben, es ihnen aber verboten ist, die Forstkultur oder den rechtmäßig (z.B. wegen Munitionsbelastung) gesperrten Wald zu betreten, ist eine rechtmäßige gesetzliche Ausgestaltung und Begrenzung des Art. 2 (1) GG (vgl. 5.2 f.) für die einzelnen jeweils betroffenen Menschen mit seiner - aus „freier Entfaltung seiner Persönlichkeit" entwickelten - allgemeinen Handlungsfreiheit, vgl. 6.2, also ohne Abwehrrecht aus Art. 2 (1) GG (zu den zulässigen Reitbeschränkungen s. das Beispiel zu 4.1.1, 5.3.2).

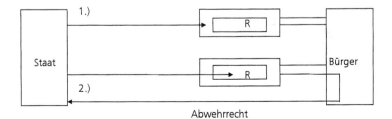

Abwehrrecht

2.) Dagegen verletzt eine gesetzliche Regelung, nach der allgemein Wanderern (oder Reitern) ohne rechtlichen Grund bzw. unverhältnismäßig untersagt werden kann, Wälder zu betreten, die jeweils betroffenen Menschen rechtswidrig in ihrem Grundrecht der Handlungsfreiheit (Art. 2 (1) GG, s. 5.3.1), insbes. mit dem Abwehrrecht, Beseitigung (Nichtigerklärung) der verfassungswidrigen gesetzlichen Regelung (und ggf. auf deren Grundlage erlassenen Ausführungsakte, 12. f., 15., 22.2, 25.) zu verlangen.
Der Eingriff muss nicht *auch* den (nicht eingezeichneten) Kernbereich des Grundrechts (5.3.3, 7.1.6) verletzen, um verfassungswidrig zu sein.

Zur Frage, inwieweit der Gesetzgeber durch Gewährung von **Entschädigungsansprüchen** die Verfassungswidrigkeit von Eingriffen und daher Abwehrrechte der einzelnen Menschen vermeiden kann, vgl. 5.3.1.3, 7.1.6, 7.1.3, 27.4 f.; insbes. Art. 14 (3) GG.
Ähnlich wie ein Grundrecht wird auch das **Selbstverwaltungsrecht** der kommunalen Verbände (Art. 28 (2) GG) und entsprechend das Selbstverwaltungsrecht der anderen juristischen Personen des öffentlichen Rechts abwehrrechtlich geschützt (vgl. 11.5, 5.3.1 am Ende).

5.5   Durch aktive Förderung zu erfüllende Schutzpflichten des einfachen Gesetzgebers bezogen auf die Schutzbereiche der Grundrechte (= objektiv-rechtliche Grundrechtsgehalte)

5.5.1. Schutzpflichten des Gesetzgebers hinsichtlich Verwaltungs- und Strafgesetzen

Das Bundesverfassungsgericht hat in ständiger Rechtsprechung den Grundrechten zugleich eine **objektive Wertordnung** (= objektiv-rechtliche Grundrechtsgehalte) zugewiesen, die als verfassungsrechtliche Grundentscheidung für alle Bereiche des Rechts gilt und Richtlinien und Auftrag für Gesetzgebung (Verwaltung s. 11. und Rechtsprechung s. 9.2, 25.) zur größtmöglichen Verwirklichung gibt („objektiv" bedeutet hier die Pflicht des Staates grundsätzlich ohne entsprechenden Anspruch des Menschen).

Danach hat der Staat, soweit das möglich ist und auch nur im Rahmen eines weiten gesetzgeberischen Ermessens, die Aufgabe, aktiv fördernd die materiell-rechtlichen, organisatorischen, verfahrensmäßigen (vgl. 5.5.4) und finanziellen Voraussetzungen dafür zu schaffen, dass die Menschen die Grundrechte auch tatsächlich wahrnehmen und ausüben können und erhebliche Gefährdungen durch Schaffung von Verwaltungsrechts- und notfalls Strafgesetzen begrenzt werden (grundrechtsfördernde Schutzfunktion des Staates, vgl. Art. 1 (1) S. 2 „schützen"); z. B. Konkretisierung des Art. 2 (1) GG (Handlungsfreiheit, s. 5.1) durch die einfach-gesetzliche Regelung des subjektiv-öffentlichen Rechts zum Betreten des Waldes mit Beschränkungen für Reiter und entsprechenden Duldungspflichten der Waldeigentümer; abschreckende Bestrafungsregelung wegen Wilderei, vgl. 1.1.

Soweit vor allem zur Sicherung der Grundrechte als subjektive Ausübungsrechte staatliche Schutzpflichten bestehen, gilt: Nur bei **gänzlichem Untätigbleiben** oder **offensichtlich verfassungswidrigem oder unbrauchbarem (ungeeigneten oder unzulänglichen) Gesetzeserlass** hat der Gesetzgeber seine objektive Schutzpflicht verletzt (BVerfG NJW 1989, 1271 = BVerfGE 79, 175, 202). Zum Teil genügte dem BVerfG auch eine nicht mehr vertretbare gesetzliche Lösung. Maßgebend für einen etwas geringeren Ermessensspielraum des Gesetzgebers ist der Regelungsgegenstand (BVerfGE 50, 290, 333 m.w.N.). Entscheidend sind der Gefahrengrad und die Bedeutung des Rechtsguts. Bei der **Extrem-Gefährdung des Rechtsguts Leben** durch Abtreibung hat das Bundesverfassungsgericht - in Eingrenzung des gesetzgeberischen Ermessens - als Mindestschutz ein Strafgesetz - wenn auch mit den bekannten Ausnahmeregelungen - verlangt **(„Untermaßverbot"** = kein weniger schützendes Mittel, als Gegensatz und ggf. ausgleichende Begrenzung des Übermaßverbots = Erforderlichkeit i.S. des Verhältnismäßigkeitsgrundsatzes, 5.3.1.2, vgl. auch 6.3). Der Gesetzgeber müsse aufgrund sorgfältiger Tatsachenermittlungen und vertretbarer Einschätzungen und ggf. verlässlicher Prognosen ausreichende Vorkehrungen für einen angemessenen und wirksamen Schutz treffen. BVerfG NJW 1993, 1751 = BVerfGE 88, 203).

Hinsichtlich der Schutzpflichten des Gesetzgebers im **Umweltschutzbereich** ist jedoch das BVerfG bisher nicht von der o.g. Formel des sehr weiten gesetzgeberischen Ermessens (gänzlich unzureichende oder unbrauchbare Gesetze) abgerückt (s. BVerfG NJW 1996, 651, Kammerentscheidung zu den Gesetzgebungsmaßnahmen hinsichtlich der Ozongefahren und die Kritik dazu von Steinberg, NJW 1996, 1985, 1988 f). Die Vorsicht des BVerfG mag i.a. darauf beruhen, dass zu enge Pflichten des Gesetzgebers hinsichtlich des Umweltschutzes (im Gegensatz zum Schutz vor Abtreibungen) den Staat unübersehbar finanziell belasten können, z.B. aus Entschädigungsansprüchen, was mit begrenzten Haushaltsmitteln nicht mehr zu verkraften wäre und die Haushaltshoheit des Parlaments zu sehr einengen würde. Vgl. im Übrigen zu Art. 2 (2) GG (6.3).

Zum **Beispiel** zu 4.1.1: Hinsichtlich der (im Allgemeinen nicht so hoch wie das Recht auf Leben und körperliche Unversehrtheit einzustufende) Handlungsfreiheit für Wanderer und Reiter aber auch hinsichtlich des Eigentumsschutzes (Art. 2 (1), 14 GG) hat der Bundesgesetzgeber durch die Rahmenvorschriften der §§ 14 BWaldG und 28 BNatSchG und der Landesgesetzgeber durch § 50 NRWLandschaftG 1980 (bzw. §§ 23, 26 (1)) grundrechtliche Schutzpflichten zu erfüllen versucht. Da dies nicht ohne Einschränkungen wegen kollidierender Rechte möglich war, ist die Verfassungsmäßigkeit speziell des Landesrechts noch im Folgenden näher zu prüfen.

Auch soweit Schutzpflichten den Staat mit seinen begrenzten Haushaltsmitteln unübersehbar belasten würden, können den Grundrechten also grundsätzlich keine Schutzpflichten entnommen werden, wonach der Gesetzgeber Menschen durch finanzielle Zuwendungen, also staatliche Leistungen, die Ausübung von Rechten (s. 5.1) erst ermöglichen soll. Solche grundrechtlichen Schutzpflichten sind grundsätzlich ausgeschlossen. Den Grundrechten werden daher nur sehr begrenzt insbesondere zur Sicherung des Existenzminimums staatliche finanzielle Leistungspflichten (insbesondere Sozialhilfeleistungen) entnommen, die der einfache Gesetzgeber mit dem o.g. sehr weitem Ermessen zu konkretisieren hat. Insbesondere enthält das Grundgesetz keine sozialen Grundrechte oder (wie ausgeführt) tätigkeits- insbes. leistungsbezogenen Umweltschutzgrundrechte. Statt Grundrechten, die den Staat zu unüberschaubaren finanziellen Leistungen verpflichten, hat das Grundgesetz einige Staatsziele vorgesehen, s. 5.5.5, 5.9. Näheres zu ausnahmsweise leistungsbezogenen Pflichten des Gesetzgebers zu 5.6.2 ff. im Zusammenhang mit den (begrenzten) Rechten. Zur **Beweislastumkehrung** aus dem Schutzzweck des Art. 2 (2) S. 2 GG zugunsten von Leben und Gesundheit für einen Betreiber eines Kernkraftwerks s. 65.5 zu § 19 AtG.

5.5.2 Pflicht zur Schaffung von Schutzgesetzen auch im Zivilrecht

Nach Art. 1 (3) GG binden die Grundrechte die Gesetzgebung, vollziehende Gewalt und Rechtsprechung, also nur den Staat unmittelbar, nicht aber Private in ihrem Handeln im Privatrechtsverhältnis (2.2.1).

Ganz ausnahmsweise regeln Grundrechte selbst eine solche (somit unmittelbare) zivilrechtliche Wirkung: z.B. Art. 9 (3) S. 2 GG - Nichtigkeit von Abreden, die das Koalitionsrecht beeinträchtigen (7.3); Widerstandsrecht auch gegen private Versuche einer Beseitigung der demokratischen Grundordnung, Art. 20 (4) GG (6.14); vgl. auch hinsichtlich des Abgeordnetenschutzes Art. 48 (2) S. 1 GG). Sonst gibt es aber keine unmittelbare Drittwirkung von Grundrechten im Privatrechtsverhältnis.

Das Grundgesetz hat aber wie erwähnt in den Grundrechten eine objektive Wertordnung normiert die, wie zu 5.1.1 ausgeführt, nach der Auffassung des Bundesverfassungsgerichts für den Staat hinsichtlich aller Bereiche des Rechts gilt, also vor allem auch für den Gesetzgeber im Bereich des Zivilrechts.

Aus Art. 1 (3) GG und der auch in Art. 1 (1) S. 2 GG enthaltenen Schutzfunktion der Grundrechte ergibt sich aber u.a. auch die Pflicht und Möglichkeit des (einfachen) Gesetzgebers, über die Privatrechtsgesetze die Beziehungen zwischen den Menschen unter Realisierung der schützenden Grundrechtsinhalte zu beeinflussen.

Z.B. hat er u. a. mit § 823 (1) Bürgerliches Gesetzbuch (BGB) eine Regelung geschaffen, wonach jemand, der vorsätzlich oder fahrlässig (also schuldhaft) als Reiter einem anderen einen Körper- oder Sachschaden zufügt, diesen zu ersetzen hat (s. auch 37.25).

Will der Gesetzgeber im Zivilrechtsbereich die Grundrechte pflichtgemäß realisieren, hat er allerdings dem Grundsatz der Privatrechtsautonomie (Vertragsfreiheit u.ä.) als Teil der Verhaltensfreiheit (Art. 2 (1) GG) besonderen Raum zu lassen. Soweit Zivilrechtsgesetze (als staatliche Akte) eindeutig gegen Grundrechte verstoßen (z. B. gegen Art. 3 (1) (2) GG, vgl. 8.2), sind die Gesetze verfassungswidrig und können für nichtig erklärt werden (vgl. BVerfGE 10, 59, 66 ff. zum Verstoß der früheren Elternrechtsregelung gegen die Gleichheit von Mann und Frau). Zur grundrechtskonformen Auslegung von Privatrechtsnormen vgl. 5.8.

5.5.3 Staatliche Pflicht zur Wahrung von Einrichtungsgarantien

Einige Grundrechte (Art. 5, 6, 14) enthalten zusätzlich objektiv-rechtliche Garantien für bestimmte vom Verfassungsgeber für bedeutsam gehaltene Einrichtungen des öffentlichen, politischen, religiösen und privaten Lebens als Bestandteil der Verfassung. Diese Einrichtungen darf der (einfache) Gesetzgeber nicht in ihrem wesentlichen Bestand ändern oder gar aufheben (diese Garantien bestimmen auch die Wesensgehaltsgarantie der Grundrechte als Schranken-Schranken inhaltlich mit, vgl. 5.3.3):

Private Einrichtungen (= Institutsgarantien):
Art. 5   Presse
Art. 6   Ehe, Familie
Art. 14   Eigentum (7.1.4.1, 7.1.5.2),
Öffentliche Einrichtungen (= institutionelle Garantien):
Art. 21   Parteien
Art. 28 (2) Kommunale Selbstverwaltung (11.5.2)
Art. 33 (5) Beamtentum (hergebrachte Grundsätze, 6.15)
Art. 92   Gerichtsorganisation, Art. 140 Kirchen.

5.5.4 Staatliche objektiv-rechtliche Pflicht zur Schaffung bzw. Aufrechterhaltung von Organisations- und Verfahrensgarantien

Damit (materiell-rechtliche) Grundrechte die inhaltlichen Funktionen auch tatsächlich erfüllen können, müssen sie - ebenfalls als grundsätzlich nur objektiv-rechtliche Pflicht des Staates, insbes. **Gesetzgebers** - organisations- und verfahrensrechtlich, insbesondere durch effektiven Rechtsschutz, abgesichert werden. Dazu genügt nicht, dass das formelle (verfahrensmäßige) Hauptgrundrecht auf Rechtsschutz gegenüber der öffentlichen Gewalt nach Art. 19 (4) GG einfach-gesetzlich durch normale Rechtsmittel (25.) und die verfassungsrechtlichen Rechtsschutzmöglichkeiten (vgl. 9.2) konkretisiert ist (s. 5.4) . Es ist auch gesetzlicher Verfahrensschutz im **Vorfeld** der normalen Rechtsmittel geboten; z.B. Schaffung von rechtlichen Kontrollen mit rechtzeitiger Information schon im Genehmigungsverfahren und nicht erst nach Vorliegen der Genehmigung für umweltgefährdende Anlagen.

Zum Teil sieht das Grundgesetz selbst den Erlass solcher sichernder Verfahrensregelungen vor, um die Effektivität des Grundrechts zu sichern. Z.B.

Art. 4 (3) Gesetz über das Verfahren bei Kriegsdienstverweigerung,

Art. 14 (3) Gesetze über die Enteignung mit Entschädigungsregelung.

Zu den grundrechtlichen Förderpflichten der **Verwaltung** s. 12.5.1.

5.5.5 Schutzbereiche der Staatsziele *nur* mit Schutzpflichten des Staates

Im Gegensatz zu den Grundrechten, die außer subjektiven Ausübungsrechten noch näher zu erläuternde subjektive öffentliche Abwehrrechte der Menschen umfassen, enthalten die

Staatsziele mangels unmittelbarer Außenwirkung keine (unmittelbaren) Rechte (insbesondere Ausübungsrechte) und Pflichten für die Menschen (vgl. 3.1, 4.1.3, 4.1.5). Sie haben aber auch Schutzbereiche (Schutzzwecke) und dienen entweder
- den Menschen und/oder
- allgemeinen öffentlichen Zwecken.

Staatsziele sind inhaltlich noch recht unbestimmt und **verpflichten in erster Linie den Gesetzgeber** mit weitem Ermessen **zur aktiven Verwirklichung und Konkretisierung**, nicht bloß zur Unterlassung von Eingriffen in bereits vorhandene Strukturen.

Staatsziele werden insbesondere statt weiterer Grundrechte vorgesehen, wenn Grundrechte zu unübersehbar hohen Leistungsansprüchen führen würden, die mit den begrenzten staatlichen Haushaltsmitteln nicht zu erfüllen wären. Solche nicht garantierbaren Grundrechte stehen mit dem Wesen der Grundrechte im Widerspruch. Staatsziele sind für solche Regelungen besser geeignet. Sie können durch einfache Gesetze in einer Weise umgesetzt werden, dass die dem Staat entstehenden Kosten überschaubar und vertretbar bleiben. Allerdings stehen die Staatsziele oft im Gegensatz zu anderen ausdrücklich geregelten Staatszielen, Grundrechten oder anderen vom Gesetzgeber laut Verfassung oder sonst als wichtige öffentliche Aufgabe zu berücksichtigenden wichtigen Verfassungsgütern und können im Rahmen einer erforderlichen **Abwägung** (1.2.7) durch den Gesetzgeber anderen Verfassungsgütern unterliegen. Da die Staatsziele sehr allgemein gefasst sind und ein weites gesetzgeberisches Ermessen besteht, ist kaum einmal ein Gesetz wegen Nichtbeachtung eines Staatsziels verfassungswidrig.

Zu den **Staatszielen** zählen
- das bedeutende (unabänderliche) Prinzip der **Sozialstaatlichkeit** (s. 2.1, 5.9.1),
- der **Schutz der natürlichen Lebensgrundlagen** und der **Tierschutz** im Sinne des **Art. 20a GG**, s. 5.9.2 f., 5.2.4.
- Art. 2 (1) der Niedersächsischen (Nds.) Verfassung: „dem Schutz der natürlichen Lebensgrundlagen verpflichteter Rechtsstaat",
- Das Europaziel des Art. 23 GG (Murswiek, in Sachs, GG, Art. 20a Rn 17),
- die Schaffung eines gesamtwirtschaftlichen Gleichgewichts als Daueraufgabe (vgl. Art. 109 (2) GG, sowie 7.4 - 7.6),
- „Jeder Mensch hat das Recht auf Bildung" (Art 4 (1) Nds. Verfassung, s. 6.12),
- „Recht auf Arbeit", für dessen Verwirklichung das Land im Rahmen seiner Kräfte zu sorgen hat (Verfassung von Sachsen-Anhalt, ähnlich Saarland, vgl. VGH Saarlouis, NJW 1996, 383). Einige Regelungen scheinen wie Grundrechte formuliert (z.B. Recht auf Arbeit), sind aber nach Auslegung als Staatsziele erkennbar. Deutlicher Art. 6a Nds. Verfassung: „Das Land wirkt darauf hin, dass jeder Mensch Arbeit finden und dadurch seinen Lebensunterhalt bestreiten kann und dass die Bevölkerung mit angemessenem Wohnraum versorgt ist.
- „Das Land , die Gemeinden und die Landkreise fördern Kunst, Kultur und Sport" (Art. 6 Nds. Verfassung).
- „Tiere werden als Lebewesen geachtet und geschützt" (Art. 6b Nds. Verfassung; Art. 20a GG, 5.9.3).

Auch der Grundrechtskatalog selbst enthält einige Regelungen, die bei genauerer Auslegung nur Staatsziele sind; z.B. Art 6 (5) GG Gleichstellung nicht ehelicher Kinder.

5.6 Ausnahmsweise - einer grundrechtlichen Schutzpflicht entsprechende - subjektiv-öffentliche Leistungs-, Teilhabe- und Teilnahmerechte sowie wichtige Verfahrensrechte

5.6.1 Grundsätzlich keine grundrechtlichen Leistungsrechte

Wie ausgeführt bestehen grundsätzlich keine grundrechtlichen Schutzpflichten des Gesetzgebers, finanzielle Leistungen oder Leistungen mit unübersehbaren finanziellen Belastungen zu erbringen. Aber auch soweit solche Schutzpflichten ganz ausnahmsweise bestehen, hat der Gesetzgeber sie in der Regel mit weitem Ermessen zu erfüllen (5.1.1). Daher gibt es grundsätzlich keine (subjektiven) grundrechtlichen Leistungsrechte (Ansprüche) der Menschen. Insbesondere enthält das Grundgesetz keine sozialen Grundrechte oder Umweltschutzgrundrechte. Es ist ausgeführt, dass Schutzpflichten, die nur durch staatliche Leistungen im Rahmen begrenzter Haushaltsmittel erfüllt werden können, grundsätzlich in **Staatszielen** geregelt sind,

5.6.2 Ausnahmsweise grundrechtlich gebotene Leistungsansprüche

Ausnahmsweise werden jedoch aus Art. 2 (1) (2) stark bestimmt durch Art. 1 (1) (2) GG und i.V.m. dem Sozialstaatsprinzip (5.9.1) entsprechend einer staatlichen Schutzpflicht (5.1) auch originäre Ansprüche der einzelnen Menschen auf Sozialhilfe zur Sicherung des Existenzminimums angenommen, aber nur im Rahmen von einfachen Gesetzen, die hinsichtlich Art und Höhe der Leistungen mit erheblichem Ermessensspielraum zu verwirklichen sind, z. B. Bundessozialhilfegesetz, vgl. 6.1.4. Wegen der Einschränkungen insbesondere haushaltsmäßiger Art wird selbst für diese Fälle der Grundrechtscharakter und damit der grundrechtliche Leistungsanspruch bezweifelt (s. Jarass/Pieroth, Vorb. 7 zu § 1 GG, Art. 1 Rn 8).

5.6.3 Grundrechtlich abgeleitete Teilhaberechte im Rahmen jeweils vorhandener staatlicher Einrichtungen

Teilhaberechte werden nach der Rechtsprechung des Bundesverfassungsgerichts einzelnen Grundrechten (Art. 2, 15, 12) i.V.m. dem Gleichheitssatz und Sozialstaatsprinzip entnommen in Bereichen mit (ggf. örtlichem) staatlichem Monopol (Schul-, Hochschulbereich, Energieversorgung, Verkehrsbetriebe, Tiergarten), aber auch im Sozialbereich, um den Menschen **gleichen Zugang und gleiche Beteiligung** an diesen vorhandenen öffentlichen Einrichtungen zu geben (vgl. z.B. 8.2.1, bei Verwaltungsregelungen 20.3).
(Der hier gebrauchte Begriff Einrichtungen ist wesentlich weiter als der zu 5.5.3 verwendete Begriff der Einrichtungsgarantie, der sich nur auf verfassungsrechtlich geschützte Einrichtungen im Rahmen von Grundrechten bezieht.)
Jedoch hat der Einzelne **keinen Anspruch auf Schaffung** solcher Einrichtungen; daher spricht man nur von abgeleiteten (derivativen bzw. bedingten) Leistungsrechten. Die Aufrechterhaltung der Teilhaberechte steht im übrigen unter dem Vorbehalt des Finanzierbaren und auch sonst Angemessenen.

5.6.4 Grundrechte als Teilnahmerechte (auch politische Grundrechte)

Die politischen Grundrechte gewähren Teilnahmerechte
– insbesondere Art. 33 (1), wonach jeder Deutsche in jedem Lande die gleichen staatsbürgerlichen Rechte und Pflichten hat (vgl. 8.1);
– Art. 33 (5); danach haben Beamte grundrechtsähnliche Ansprüche z.B. allgemein auf Besoldung, Versorgung, aber nur im Rahmen des Wesensgehalts der hergebrachten Grundsätze des Berufsbeamtentums (vgl. 6.15);
– Art. 38 zum Wahlrecht (vgl. 6.10, 8.1);
– Art. 17 (Petitionsrecht, vgl. 6.11);
– Art. 21 (Parteienfreiheit, vgl. 6.9).

5.6.5 Verfahrensrechtliche grundrechtliche Leistungsrechte (Art. 19 (4), 101 (1), 103 GG)

Zum Verfahrensrecht enthält das **GG selbst** zur Sicherung der materiellen Schutzgehalte der Grundrechte und Erfüllung der staatlichen Schutzpflichten sowie die zu 5.4 genannten Abwehrrechts der Menschen, auch folgende Rechte auf staatliche Leistung:
– das genannte **formelle Hauptgrundrecht des Art. 19 (4) GG** mit Rechtsschutzgarantie gegenüber öffentlicher Gewalt (vgl. 5.4);
außerdem folgende justizielle Grundrechte auch gegenüber dem Gesetzgeber:

- Nach **Art. 101 (1)** darf niemand seinem gesetzlichen Richter entzogen werden; Ausnahmegerichte sind unzulässig.
- **Art. 103 (1)** garantiert das **rechtliche Gehör** (mit dem Recht auf Akteneinsicht und volle Information über Ermittlungen) sogar als formeller Leistungsanspruch (s. auch 17.2).
- **Art. 103 (2)** erlaubt eine Bestrafung einer Tat nur, wenn die Strafbarkeit gesetzlich bestimmt war, bevor die Tat begangen wurde; also **keine rückwirkenden Strafgesetze** (vgl. auch 5.3.4, 32.1).
- **Art. 103 (3) verbietet**, jemanden wegen **derselben** Tat entsprechend den allgemeinen Strafgesetzen (dazu gehören nicht die beamtenrechtlichen Disziplinargesetze) **mehrmals zu bestrafen** (vgl. 32.1).

Darüber hinausgehende grundrechtliche Leistungsansprüche der Bürger gegenüber dem **Gesetzgeber** auf Schaffung von Organisations- und Verfahrensgarantien (5.5.4) hat das Bundesverfassungsgericht nur ganz ausnahmsweise anerkannt, nämlich bei ganz erheblichem Versagen des Gesetzgebers. Z.B. hat es aus Art. 5 (3) GG zur Sicherung der Forschungsfreiheit (6.12) an der Universität den Professoren u.ä. eine entsprechende Rechtsposition hergeleitet. Der einzelne Mensch kann - insoweit mangels subjektiv-öffentlichen Rechts - aber **nicht** die jeweilige (objektiv-rechtliche) Pflicht des Staates zur Beachtung der **Einrichtungsgarantie** (5.5.3) mit Erfolg beanspruchen (außer ggf. die Gemeinde und andere Selbstverwaltungskörperschaften nach Art. 28 (2) GG hinsichtlich des Selbstverwaltungsrechts, vgl. 11.5.

Auch die seltenen grundrechtlich bestimmten bzw. abgeleiteten Leistungsrechte müssen in einfach-gesetzlichen Verfahren **gerichtlich durchsetzbar** sein.

Aber auch soweit **nur (objektive) Verpflichtungen** des Gesetzgebers (ohne entsprechende subjektive Menschenrechte) vorliegen, kann jedes Gericht - allerdings nur im Rahmen eines von außen bei ihm anhängig gemachten Verfahrens - durch Vorlage beim Bundesverfassungsgericht (Art. 100 GG) - bzw. jedes Staatsorgan i.S. Art. 93 (1) Nr. 2 GG (vgl. 9.2) auch bei Fehlen von subjektiv-öffentlichen Rechten betroffener Menschen feststellen lassen, das der Gesetzgeber verfassungswidrig seine grundrechtlichen aktiven Schutzpflichten nicht erfüllt hat.

5.7 Die grundrechts- und staatszielkonforme Auslegung der Gesetze; Wechselwirkung eingeschränkter Grundrechte

Bevor eine Verfassungswidrigkeit eines Gesetzes wegen Verletzung von Schutzpflichten aus Grundrechten oder Staatszielen festgestellt wird, ist zu prüfen, ob das Gesetz verfassungskonform ausgelegt werden kann. Aber auch wenn es nicht um die Frage der Verfassungswidrigkeit geht, vermag ggf. eine grundrechtskonforme Auslegung die Wirkung des Grundrechts im Gesetz zu steigern.

5.7.1 Wechselwirkung der im öffentlichen Interesse einfach-gesetzlich beschränkten Grundrechte

Nach der Rechtsprechung des Bundesverfassungsgerichts sind (einfache) gesetzliche Regelungen, die Grundrechte **im öffentlichen Interesse** einschränken, insbesondere im Bereich der Meinungs-, Presse- und Rundfunkfreiheit **im Lichte des eingeschränkten Grundrechts auszulegen** bzw. lückenfüllend zu ergänzen (Wechselwirkungstheorie, BVerfGE 52, 113, 125; vgl. auch 6.2.3, 6.6.4). Dies kommt allerdings **im Ergebnis** einer Auslegung i.S. des **Verhältnismäßigkeitsgrundsatzes** gleich (s. auch Heinitzen, DVBl. 2004, 721, 723 f.).

Diese Lehre ist in einem Fall entwickelt worden, bei dem das strafrechtlich also öffentlich-rechtlich geschützte Interesse am Ehrschutz durch das Grundrecht der Meinungsfreiheit (Art. 5 (1) GG) einschränkend ausgelegt worden ist (vgl. 6.6.4). Streng genommen geht es hier aber bei der Auslegung auch um die Kollision zweier Grundrechte (Ehre als Persönlichkeitsrecht, Art. 2 (1), 6.2) und Meinungsfreiheit. Die Auslegung im Rahmen der Wechselwirkung müsste insoweit eher der praktischen Konkordanz (harmonischer Grundrechtsausgleich, 5.3.2) als der Verhältnismäßigkeit entsprechen, was aber in der Spannweite

der Auslegung im Rahmen der Wechselwirkung liegen dürfte.
Vgl. auch 7.1.7 zur zugleich **sozialpflichtbezogenen Auslegung des Art. 14 GG**.

5.7.2 Staatsziele

Die Staatsziele sind zwar auch bindende Leitlinien für die Auslegung einfacher Gesetze durch Verwaltung und Gerichte. Wegen ihrer allgemeinen Formulierung vermögen sie aber insbes. bei entsprechend konkreten Gesetzen kaum zusätzliche Inhalte für die **Auslegung einfacher Gesetze** hinsichtlich **unbestimmter Rechtsbegriffe** wie z.b. öffentliches Interesse oder Allgemeinwohl zu liefern (1.2). Sie können auch als Belange bei der Anwendung von Vorschriften mit Ermessen oder planerischer Gestaltung einzubeziehen sein (Murswiek, in Sachs, GG, Art. 20a Rn 61). Je nach Inhalt und Zweck der auszulegenden Vorschrift werden sie oft konkurrierenden Grundrechten, anderen Staatszielen usw. im Rahmen der Abwägung der maßgebenden Vorgaben unterliegen oder speziellere gesetzlich konkretisierte Bestimmungen allenfalls betonen können (s. auch 5.9).

5.8. Im Verhältnis der Privatrechtspersonen nur grundrechtsbestimmte Auslegung der Privatrechtsgesetze („mittelbare Drittwirkung" von Grundrechten)

5.8.1 Allgemeines

Die Verwaltung ist bei Erfüllung ihrer *öffentlich-rechtlichen* Aufgaben, selbst wenn es in privatrechtlichen Formen geschieht, nicht nur an die grundrechtsbestimmte Auslegung gebunden, sondern unterliegt auch bei gesetzlichen Freiräumen für ihre hoheitlichen Aufgaben (Rechtsverordnungen, Satzungen usw.) den Verfassungs-, insbes. den Grundrechtsbindungen (vgl. 12.5), und die Gerichte können dies nachprüfen (9., 25.). - Anders ist dies - wegen der Staatsbezogenheit der Grundrechte - im *Privatrechts*verhältnis:
Soweit der Gesetzgeber insbes. wegen der zu beachtenden Privatrechtsautonomie (Art. 2 (1) GG, vor allem der Freiheit, Verträge mit im Allgemeinen beliebigen Inhalt zu schließen) keine - die Schutzpflicht aus den Grundrechten erfüllende - Privatrechtsgesetze (5.5.2) geschaffen hat, gelten die Grundrechte im Verhältnis der Privatrechtspersonen (2.2.1) zueinander (keine unmittelbare Drittwirkung der Grundrechte).

Jedoch wird im Rahmen der verfassungs- und grundrechtskonformen **Auslegung (1.2.5)** auf der Grundlage verfassungsmäßiger Privatrechtsnormen, insbes. des Bürgerlichen Gesetzbuchs (BGB), - eine als **„mittelbare Drittwirkung"** der Grundrechte bezeichnete Wirkung im Verhältnis von Bürger zu Bürger angenommen:

Soweit **unbestimmte Rechtsbegriffe und Generalklauseln** der Privatrechtsgesetze **auszulegen** sind, müssen die Wertentscheidungen der Grundrechte in den Privatrechtsgesetzen beachtet werden. Maßgebend ist dabei das zu erfüllende Schutzbedürfnis der Menschen im Zivilrechtsverhältnis insofern, als
– deren Grundrechte gefährdet werden und
– die Bürger nicht aus eigener Kraft die Gefahr abwehren können.
Diese Auslegungsbindung kann auch als Vermutung gedeutet werden, dass der Gesetzgeber seine Schutzpflichten im Rahmen der vorhandenen Zivilrechtsvorschriften möglichst weitgehend (grundrechtskonform) erfüllen wollte, und hat auch notwendig zugleich subjektiv-rechtliche Auswirkungen im Privatrechtsverhältnis.

5.8.2 Beispiele für auslegungsfähige Begriffe bei gesetzlichen Schadenersatzansprüchen

Ansatzstellen für eine grundrechtskonforme Auslegung sind zum einen die Vorschriften des Bürgerlichen Gesetzbuchs über Schadensersatz bei rechtswidriger Verletzung von Rechten außerhalb von Rechtsgeschäften.

Nach **§ 823 BGB** ist derjenige, der vorsätzlich oder fahrlässig (also zivilrechtlich schuldhaft) das Leben, den Körper, die Gesundheit, die Freiheit, das Eigentum oder ein sonstiges Recht eines anderen **widerrechtlich** verletzt, dem anderen zum Ersatz des daraus entstehenden Schadens verpflichtet (s. auch 5.5.2, 27.6).

Die gleiche Verpflichtung trifft denjenigen, welcher gegen ein **Gesetz** verstößt, das den **Schutz** eines anderen Gesetzes bezweckt.

§ 826 BGB gewährt Schadensersatzansprüche und Unterlassungsansprüche bei **vorsätzlicher sittenwidriger Schädigung.**

Die vorstehende Auslegungsbindung gilt aufgrund des Schutzzwecks der Grundrechte, insbesondere für **privatrechtliche Träger mit gesellschaftlicher Übermacht** (Monopole, Wirtschaftsverbände, Gewerkschaften usw.) wegen der daraus folgenden Schutzbedürftigkeit der Bürger (soweit ein Gesetz nicht schon verfassungswidrig ist, weil eine verfassungskonforme Auslegung nicht möglich ist).

> **Beispiel:** Der Boykottaufruf des großen Springer-Zeitschriftenverlags gegen Zeitschriftenhändler, die die Wochenzeitung „Blinkfüer" vertrieben haben, in der DDR-Hörfunkprogramme abgedruckt wurden, führte zu einem Schadenersatzanspruch des Blinkfüer-Verlags wegen sittenwidriger Schädigung nach dem o. g. § 826 BGB in grundrechtsbestimmter Auslegung. Die Pressefreiheit des Blinkfüer-Verlags war durch den Springer-Verlag missbraucht, da dieser seine Meinung, das DDR-Hörfunkprogramme nicht abzudrucken sind, mit unzulässiger Machtausübung unter Schädigung des (auch grundrechtlich nach Art. 14 GG geschützten) Gewerbebetriebs durchzusetzen begonnen hatte, vgl. BVerfGE 25, 256; 6.6.5.2.

5.8.3 Auslegungsfähige Begriffe bei Vertragsrecht

Ansatzstellen für eine grundrechtskonforme Auslegung gibt es auch im privatrechtlichen Vertragsrecht: Nach der Grundrechtsnorm des **§ 242 BGB** ist insbesondere auch im Vertragsrecht der Schuldner (Verkäufer usw.) verpflichtet, die Leistung so zu bewirken, wie **Treu und Glauben** mit Rücksicht auf die Verkehrssitte es erfordern (vgl. auch 5.3.4, 20.4.2). **§ 138 (1) BGB** regelt: Ein Rechtsgeschäft, das gegen die **guten Sitten** verstößt, ist nichtig.

5.8.4 Privatrechtliche Erledigung privatrechtlicher Geschäfte des öffentlichen Verwaltungsträgers

Bei **privatrechtlichen Hilfsgeschäften** (Anmietung von Diensträumen, Kauf von Büromaterial) und **erwerbswirtschaftlicher Betätigung** (z.B. staatliche Brauerei, Holzverkauf) der öffentlichen Verwaltung (im Gegensatz zur Erledigung öffentlich-rechtlicher Aufgaben in privatrechtlichen Formen, 11.3, 23.4) gilt gleiches wie beim privatrechtlichen Handeln der Bürger, d.h. nur mittelbare Drittwirkung von Grundrechten als Auslegungsrichtlinien, aber wegen der oft besonderen Machtstellung eher mit einschränkender Folge für den Staat (z.B. ggf. staatliche Forstverwaltung bei marktbeherrschender Stellung hinsichtlich Holzverkauf, 23.4.1 f.).

5.9 Die Staatsziele Sozialstaatsprinzip (Art. 20 GG), Schutz der natürlichen Lebensgrundlagen und Tierschutz (Art. 20a GG)

5.9.1 Das Sozialstaatsprinzip (Art. 20 GG)

Das Sozialstaatsprinzip als fundamentales Staatsziel (5.5.5) ist auf den Ausgleich sozialer Gegensätze und die Gewährleistung menschenwürdiger Bedingungen, insbesondere eines Existenzminimums durch den Gesetzgeber gerichtet. Vgl. zum folgenden u.a. Stein, Staatsrecht § 25. Es hat außer der **leistungsbezogenen** Komponente zugunsten der zu Schützenden zu deren Realisierung notwendig auch eine **Eingriffskomponente,** nach der die Rechte insbesondere auch Grundrechte der Begüterten und Mächtigen, nicht nur hinsichtlich Missbrauch, beschränkt werden (**Sozialpflichtigkeit**). Es verpflichtet den **Gesetzgeber** zur Schaffung einer sozialen Ordnung. Auch ist es wichtiges **Auslegungskriterium** (wenn nicht gar Element) für
– das Grundrecht der Menschenwürde (Art. 1 GG, insbes. mit der Pflicht des Gesetzgebers zur Gewährleistung des Existenzminimums durch Grundrechte, 5.5.2, 6.1.2.3)

- vor allem auch den Gleichheitssatz (Art. 3 GG, vgl. 8.) sowie andere Grundrechte und
- die Sozialpflichtigkeit des Eigentums (Art. 14 (1) (2) GG, vgl. 7.1.4), die Meinungsfreiheit usw.
- (sowie Auslegungskriterium für die erlassenen Gesetze, 5.6.2).

Zum Leistungsbereich gehören
vor allem die **Sozialhilfe zur Sicherung des Existenzminimums** im Rahmen von einfachen Gesetzen (Art. 2 (2) i.V.m. Art 1 GG; vgl. 5.5.2) und
als Verpflichtung des Gesetzgebers (ohne grundrechtlichen Anspruch der einzelnen), **öffentliche Einrichtungen** zu schaffen und zu erhalten, die vorbeugend oder abhelfend den einzelnen in **Krisen- und Notsituationen** in sozialer Verteilung der Lebensrisiken schützen im Rahmen einer Solidargemeinschaft für Arbeiter und Angestellte wie

- Arbeitslosenversicherung
- Krankenversicherung (gesetzliche Krankenversicherung, Beamtenbeihilfe)
- Alter (gesetzliche Rentenversicherung - Altersrente)
- Erwerbs- und Arbeitsunfähigkeit (gesetzliche Unfall- bzw. vorgezogene gesetzliche Altersrente)

Solche Regelungen sind vor allem im Sozialgesetzbuch realisiert.

Dem Staat obliegt es auch, ergänzend oder korrigierend zu der privaten Wirtschaftstätigkeit der Bürger und privaten Gesellschaften die Versorgung der Bevölkerung mit allen benötigten wirtschaftlichen, aber auch notwendigen kulturellen Gütern sicherzustellen (**Daseinsvorsorge**), z.B. **Versorgung** mit Strom, Gas, Wasser, aber auch Erholungswald.

Beispiele für **grundrechtsbeschränkende Regelungen** des Gesetzgebers (5.2) zur Realisierung der erforderlichen Sozialleistungen sind: Einschränkung der privatrechtlichen Vertragsfreiheit (6.2.1.3) durch Mieterschutz, Schutz bei Abzahlungsgeschäften, Schutz gegen Wettbewerbsbeschränkungen und marktbeherrschende Unternehmen - ggf. auch des staatlichen Forstwirtschaftsbereichs, Schutz von Arbeitnehmern, insbes. Kündigungsschutz und Tarifvertragsrecht, z.B. hinsichtlich der Waldarbeiter; höhere Besteuerung höherer Einkommen (s. 8.2).

5.9.2 Staatsziel Schutz der natürlichen Lebensgrundlagen (Art. 20a GG)

Art. 20a lautet:

Der Staat schützt auch in Verantwortung für die künftigen Generationen die natürlichen Lebensgrundlagen und die Tiere im Rahmen der verfassungsmäßigen Ordnung durch die Gesetzgebung und nach Maßgabe von Gesetz und Recht durch die vollziehende Gewalt und die Rechtsprechung.

Nach dem Wortlaut, Zweck und der Entstehungsgeschichte handelt es sich bei **Art. 20a Altern. 1** – (im Folgenden **Art. 20a A1**) Schutz der natürlichen Lebensgrundlagen um ein **Staatsziel** mit den zu 5.5.5 genannten allgemeinen Eigenschaften und Wirkungen. Als Staatsziel ist Art. 20a A1 nicht nur ein Programmsatz = unverbindlicher Leitsatz (allg. 1.1, 38.1.1). Vielmehr **bindet** er, wie näher zu erläutern ist, den Staat, und zwar **in erster Linie den Gesetzgeber**, aber begrenzt auch die Verwaltung und Rechtsprechung. Art. 20a A1 steht nicht unter Gesetzesvorbehalt (Murswiek, in Sachs, GG, Art. 20a Rn 60). Art. 20a A 1 wird als – ab 1994 auch positivrechtlich - als Verfassungsprinzip geregelte wichtige (fundamentale, BVerwG NVWZ 1998, 398, 399) **Staatsaufgabe** bewertet, aber darüber hinaus auch als – gesetzlich nicht antastbarer fundamentaler **Staatszweck** Murswiek aaO): Die Legitimation des Staates hänge davon ab, dass er diese Aufgabe in ausreichendem Maße erfüllt. Zu der Wahrung der Integrität gehören die Vermeidung und die Abwehr einer Zerstörung und Beeinträchtigung, aber auch eine Wiederherstellung geschädigter natürlicher Lebensräume und Lebensbedingungen als konkrete Schutzobjekte (Murswiek, in Sachs, GG, Art. 20a Rn 19 mit Hinweis auf die **Vergleichbarkeit** der Lebensgrundlagen **mit den Grundrechten als Abwehrrechten**; insoweit auch Steiger, Grundzüge des Umweltrechts, 2. Aufl. 1997, 02, Rn 15 ff.; Kluth, NuR 1997, 105, 107; s. auch Alexy, Theorie der Grundrechte, S. 403 f.). Art. 20a A1 enthält andererseits aber **keine subjektiven öffentlichen Rechte** für Menschen sowie Naturschutzverbände und ist kein Gesellschaftsziel (z.B. BVerwG NVwZ 1996, 901, 904; NVwZ 1998, 279; 280; NVwZ 1998, 398, 399;

NVwZ 2001, 1148, 1149; Murswiek, in Sachs, GG, Art. 20a Rn 12, 56a, 57, 60, 73: auch nicht bei willkürlicher Verletzung des Art. 3 (1) GG; hierzu a.A. BayVerfGH, BayVBl. 1986, 298, 300). **Neben** den Schutzpflichten des Art. 20a A1 GG stehen uneingeschränkt die staatlichen Umweltschutzpflichten aus dem **Grundrecht** des Art. 2 (2) S. 1 GG, Leben und körperliche Unversehrtheit der Einzelnen vor schädlichen Umwelteinwirkungen zu schützen (Murswiek, in Sachs, GG, Art. 20a Rn 21; vgl. 6.3; zu anderen Rechtsgütern Murswiek aaO; zum Eigentum nach Art. 14 GG Sparwasser/Engel/Voßkuhle, 1/162).

Andererseits können **Grundrechte**, die nur durch Regelungen im Verfassungsrang eingeschränkt werden können (5.2.4, z.B. Kunstfreiheit, Unzulässigkeit kolossaler Steinfiguren aufeinem schützenswerten Bergkamm, 6.12), durch Art. 20a i.V.m. einem einfachen Gesetz, das Art. 20a GG präzisiert, eingeschränkt werden (BVerwG, NuR 1995, 253 f.; s. 6.12; für die Religionsfreiheit BVerwG, NuR 1997, 440).

Art. 20a A1 GG gibt dem **Gesetzgeber** mit der verfassungsmäßigen tätigkeitsbezogenen Aufgabe zugleich das verfassungsmäßig anzustrebende **Ziel einer ausreichenden Wahrung der Integrität** der natürlichen Lebensgrundlagen vor (Murswiek, in Sachs, GG, Art. 20a Rn 17). Wegen der unbestimmten Formulierung hat der Gesetzgeber jedoch hinsichtlich der Wahl der Mittel einen **weiten**, gerichtlich nicht überprüfbaren **Gestaltungsspielraum** (Konkretisierungsspielraum (Steinberg, NJW 1996, 1985, 1991; Murswiek, in Sachs, GG, Art. 20a Rn 17). Die nach Abwägung konkretisierenden Gesetze können dann auch Bürger verpflichten. Die Klausel **„durch die Gesetzgebung"** hebt die „Konkretisierungsprärogative" des Gesetzgebers und zugleich seine besondere Verantwortung für die Konkretisierung des Schutzziels hervor (Murswiek, in Sachs, GG, Art. 20a Rn 60).

Hinsichtlich des **Schutzbereichs** und der **Schutzpflichten** bedeutet der Begriff „natürliche Lebensgrundlagen" (er findet sich konkretisiert auch in § 1 (2) Nr. 2, § 2 (1) Nr. 10 Raumordnungsgesetz (ROG) - 39.2, sowie in § 1 (5) S. 2 BauGB - 40.5) **Umwelt** im Sinne aller Umweltgüter, die Lebensgrundlage für Menschen, Tiere und Pflanzen sind, also nicht nur im Sinne eines ökologischen Existenzminimums (Murswiek, in Sachs, GG, Art. 20a Rn 27; zum Begriff s. 1.1, 38.1.1). „Natürlich" sind auch Lebensgrundlagen, die als Kulturlandschaft vom Menschen verändert sind oder gepflegt werden (z.B. gepflegte Forsten; vgl. Henneke, NuR 1995, 329 m.w.N.; Murswiek, NVwZ 1996, 222, 225; Kloepfer, DVBl. 1996, 73, 76; Steinberg, NJW 1996, 1991); vgl. zum weitreichenden Begriff „Natur", wenngleich auch ohne scharfe Grenze verbunden mit „Landschaft", s. auch zu § 1 BNatSchG (49.2.1); nicht darunter fallen soziale, ökonomische, kulturelle und technische (vom Menschen hervorgebrachte) Lebensgrundlagen (Murswiek, in Sachs, GG, Art. 20a Rn 28 und obige Nachw.). „Lebensgrundlagen" bedeutet alle (natürlichen) Voraussetzungen, von denen das Leben der Menschen, Tiere und Pflanzen abhängt, ohne die das Leben nicht über längere Zeiträume fortbestehen könnte „natürliche Grundlagen der Vitalität" (Murswiek, in Sachs, GG, Art. 20a Rn 29 m.w.N.).

Solche Umweltgüter sind als Bestandteile des Naturhaushalts (s. 38.1.1, „Vor 49.") sowie die Ausformungen in § 1/ §§ 2, 8 BNatSchG und § 1 BWaldG unstreitig

– die Umweltmedien Boden, Wasser, Luft (mit Ozonschicht) und Klima,
– die Biosphäre (wild lebende Tiere und Pflanzen sowie Mikroorganismen),

woraus sich gemäß dem Begriff Naturhaushalt lebenswichtige Wechselwirkungen sowie Wirkungen für die Menschen ergeben.

Der erfasste Artenschutz ist von dem individuellen Tierschutz (s. 5.9.3) zu unterscheiden. Art. 20a GG schützt den Menschen nur über die natürlichen Lebensgrundlagen des Menschen, nicht den Menschen unmittelbar, Elektrosmog, VGH Mannheim 2.3.2004, NuR 2004, 37; 6.3.1.2.

Art. 20a geht wegen der angenommenen bindenden Interpretationswirkung des Art. 1 GG - Würde des Menschen (6.1), nach herrschender Auffassung von einem **anthropozentrischen** Umweltschutz (um des Menschen willen) aus, umfasst aber nach der einen vertretenen Meinung notwendig **im Ergebnis auch** Ziele, die sich aus der gegenteiligen **ökozentrischen** Sicht

(Schutz der Natur um ihrer selbst willen) ergibt. Waechter (NuR 1996, 321, 324 f.) führt Beispiele an, nach denen doch ein spezifischer eigener Schutz von Naturelementen als vorläufig praktische Lösung erforderlich ist und begründet ihn als „mitweltlichen" aus der Leidensfähigkeit der Natur, die in Art. 20a GG mit verwirklicht sein soll; der Schutz soll aber nachrangig gegenüber dem durch den Schutz der Menschenwürde überhöhten menschbezogenen Umweltschutz sein. Die Meinungsunterschiede haben **keine praktische Bedeutung** (Hennecke, NuR 1995, 325, 329; Kloepfer, DVBl. 1996, 73, 76; Murswiek, NuR 1996, 222, 224; in Sachs, GG Rn 26: auch ohne erkennbaren konkreten menschlichen Nutzen ist der Schutz der Umwelt auch von menschlichem Interesse). Die staatliche Pflicht, die natürlichen Lebensgrundlagen zu schützen, besteht **für die jetzige und für die künftigen Generationen**.

Zu **Art und Umfang der Pflichten** insbesondere für den Gesetzgeber ist auszuführen: Der Staat ist verpflichtet, aus Schadstoffbelastungen und sonstigen Eingriffen entstehende **Gefahren einer Schädigung** der natürlichen Lebensgrundlagen **durch Dritte** abzuwehren und **selbst** solche **Schädigungen zu unterlassen**, natürliche Lebensgrundlagen, die ohne menschliches Handeln nicht erhalten bleiben (als bewährte Naturschutzmaßnahme) **zu pflegen** und bereits **eingetretene Schäden zu beseitigen (Wiederherstellung)** (Murswiek, in Sachs, GG, Art. 20a Rn 33 m.w.N.).

Murswiek (aaO Rn 34) nimmt „erst recht" ein **Verbot** des Staates an, indirekt **Umweltbeeinträchtigungen zu fördern, ohne** dass dem **Verursacher**, sondern dem Steuerzahler die **Kosten** auferlegt werden (Verursacherprinzip statt Gemeinlastprinzip als Kostenzurechnungsprinzip; 38.3.1; Murswiek, in Sachs, GG, Art. 20a Rn 34, z.B. indirekt Verbot einer Subvention des Verkehrs mit der Folge von Waldschäden und Gesundheitsschäden, so allgemein auch Koenig. DÖV 1996,943, 944; von h.M. abgelehnt: Kloepfer, Bonner Kommentar 1996, § 20a Rn 36 f.; Scholz, in Maunz/Dürig, Art. 20a Rn 35; Bernsdorff, NuR 1997, 328, 333; Schink, DÖV 1997, 221, 226). Jedenfalls bei unbestimmtem Zusammentreffen mehrerer Immissionen, insbesondere **waldschädigender**, erscheint das Verursacherprinzip zweifelhaft. Schink (aaO) hält für das Waldsterben über das konkurrierende Sozialstaatsprinzip die Lösung im Rahmen des Gemeinlastprinzips (38.3.1.6).für möglicherweise geboten. Murswiek (in Sachs, GG, Art. 20a Rn 65) vertritt eine Verpflichtung des Gesetzgebers, für die durch weiträumige Schadstoffbelastung der Luft hervorgerufenen Waldschäden eine Entschädigungslösung durch einen **Fonds** zu regeln, in den die Verursacher einzahlen. Wegen zwischenstaatlicher Immissionen und des Staatsziels des gesamtwirtschaftlichen Gleichgewichts (Art. 109 (2) GG) ist das Problem eher durch Abwägung als durch eine strikte materielle Pflicht zu lösen (s. auch 38.3.1.1, 38.5.4 mit weiteren Verweisungen, 7.1.4.3, 7.1.4.4, auch aus der Perspektive des Eigentumsschutzes). Hinzuweisen ist allerdings auf Regelungen über EG- und nationale Fördermittel z.B. für das Kalken gegen umweltbedingt versauerten Boden (48.2 f.; s. auch 48.6).

Zur **Schadensverhütung** gehört, Handlungen, die mit Sicherheit oder Wahrscheinlichkeit Umweltgüter schädigen werden, zu vermeiden **(Gefahrenabwehr)**, eine **entsprechende Gefahrenvorsorge** sowie **die Risikovorsorge unterhalb der Gefahrenabwehr** (s. 5.5.4, 29.1; 38.3.1.1 f.; aber keine verfassungsrechtliche Festschreibung dieser u.a. **Umweltprinzipien** (Sommerauer, in v. Münch/Kunig, Art. 20a Rn 13; 39.3). Ein absoluter oder bestmöglicher Schutz ist nicht geboten (Murswiek, Sachs, GG, Art. 20a Rn 36; NVwZ 1996, 222, 226).

Weiter gehört zum Schutzumfang des Art. 20a A1 GG, dass die natürlichen Lebensgrundlagen durch (wirtschaftliche u.a.) Nutzung nicht einer weiteren künftigen Nutzung entzogen werden (Murswiek aaO Rn 12). Durch **aktives staatliches Handeln** des Gesetzgebers ist hinsichtlich der **nachwachsenden** Naturgüter das **Nachhaltigkeitsprinzip** zu realisieren (Einzelheiten zu 38.3.1.3); der geerntete Rohstoff muss in gleicher Menge wieder nachwachsen oder nachwachsen können, was in der Forstwirtschaft schon im Rahmen sogar der Nutzfunktion des Waldes beachtet wird (45.1.3; 45.6); entsprechendes gilt hinsichtlich der Fruchtbarkeit der Böden und der Vermeidung der Überfischung der Meere (Murswiek, in Sachs, GG, Art. 20a Rn 38; s. auch Kloepfer, DVBl. 1996, 73, 78). Auch ist darauf hinzuwirken, dass mit nicht erneuerbaren Naturgütern, z.B. Grund und Boden sowie Bodenschätzen, vor allem Erdöl, Gas, Kohle, sparsam umgegangen wird **(Sparsamkeitsprinzip**, 38.3.1.3). Diese Schutzpflicht ist auch durch das zusätzliche Merkmal „**Verantwortung für die künftigen Generationen**" geprägt.

Waechter (NuR 1996, 321, 326) will aus dieser durch Zukunftsverantwortung geprägten Pflicht mit der Figur des Haushalts (entsprechend dem Gedanken aus dem finanziellen Haushaltsrecht des Art. 115 GG sowie dem Naturhaushalt, s. z.B. zu 45.1.2 und 49.2.3) herleiten, dass bei nicht erneuerbaren Ressourcen funktional adäquater Ersatz für verbrauchte Bestände gewährleistet sein müsse, insbesondere durch Schaffung umwelterhaltender Kreislaufsysteme. Dies wirft die Frage nach dem Schutzniveau auf, die der unbestimmte Wortlaut des Art. 20a GG nicht beantwortet und zunächst jedenfalls einen vollen staatlichen Rückzug aus dem Umweltschutz verbietet (Murswiek, in Sachs, GG, Art. 20a Rn 39 f.).

Aus dem **Schutzziel der Integrität** der natürlichen Lebensgrundlagen folgt die Minimalanforderung, dass alle Güter, die auf Dauer Voraussetzung für **menschliches Leben** sind, erhalten bleiben müssen. Es geht nicht nur um das Leben einer geringen Zahl von Menschen, sondern einer Zahl etwa der heute Lebenden (Murswiek, in Sachs, GG, Art. 20a Rn 41). Für die heimischen (wild lebenden) Tiere und Pflanzen müssen zumindest diejenigen Grundlagen erhalten bleiben oder wieder hergestellt werden, die ihr Überleben als Art unter artgerechten Bedingungen und ohne dauerhafte Schädigungen ermöglicht (Murswiek aaO).

Ein **maximaler** Umweltschutz ist in der vorhandenen Industriegesellschaft offensichtlich **nicht** möglich (Murswiek, in Sachs, GG, Art. 20a Rn 42). Aus der Entstehungsgeschichte des Art. 20a A1 GG folgt, dass Schutzlücken gesehen worden sind und eine **Verbesserung** der bisherigen Umweltsituation angestrebt ist (Murswiek, in Sachs, GG, Art. 20a Rn 43 m.w.N.; s. auch oben zur Wiederherstellung und zur Konkretisierung z.B. in § 1 BNatSchG auch Entwicklung, sowie § 1 BWaldG Waldmehrung).

Erst recht folgt daraus ein allgemeines **Verschlechterungsgebot** des Standes von 1994, gemeint als Verbot einer Verschlechterung insgesamt (Murswiek, in Sachs, GG, Art. 20a Rn 44; FG Frankfurt, NVwZ-RR 1997, 92, 95, bezogen auf die Gesetzesebene; Bernsdorff, NuR 1997, 328, 333; a.A. Tettinger, NuR 1997, 1; zweifelnd Steiger, Grundzüge des Umweltrechts, 2. Aufl. 1997, 02, Rn 94).

Insbesondere ist zu begründen, dass es keine etwa gleich teure, aber weniger in die Naturgüter eingreifende und daher vorzuziehende Alternative gibt (**Vermeidung**; Murswiek, in Sachs, GG, Art. 20a Rn 47).

Bei einem **Ausgleich** (Kompensation) einer nicht vermeidbaren konkreten Verschlechterung ist das Gebot gewahrt (Murswiek aaO; s. 38.3.2.2 zum Kompensationsprinzip).

Bei erneuerbaren Naturgütern führt das Erfordernis der **Nachhaltigkeit** für eine Bestimmung des Schutzumfangs (s.o. und Murswiek aaO Rn 45).

Ungeachtet obiger Kriterien verbleibt den staatlichen Organen hinsichtlich des Schutzumfangs ein erheblicher Gestaltungsspielraum für die Beurteilung, ob eine **Gefahrenabwehr** sowie eine **Risikovorsorge unterhalb der Gefahrenabwehr** geboten ist (anders bei der Grundrechtssituation, s. 6.3). Der Verhältnismäßigkeitsgrundsatz kann nur eine grobe Ausrichtung geben. Eingriffe in die Umweltgüter lassen sich (insbesondere bei Kompensation) eher rechtfertigen als solche in Leib und Leben des Menschen. Je wichtiger das betroffene Umweltgut und je weniger es erneuerbar oder kompensierbar ist, desto geringer muss das Restrisiko sein. Dabei kann die Skala einer nur örtlichen Einbuße bis hin zu einer bundesweiten eine Rolle spielen ggf. mit einer Ermessensreduzierung auf Null (zum Absatz Murswiek, in Sachs, GG, Art. 20a Rn 49 f.).

Nur soweit es um den Bestand der Menschen oder von Tier- und Pflanzenarten geht und der derzeitige Standard (durch Ausgleichsmaßnahmen für unvermeidbare, also verhältnismäßige Eingriffe, s.o. u. 5.3.1) global nicht mehr gehalten werden kann, soll eine echte Minimalbindung gegeben sein. Damit schützt im Rahmen des Art. 20a GG (wie z.B. im Naturschutzrecht) der **Verhältnismäßigkeitsgrundsatz** die Natur vor hoheitlichen Eingriffen ähnlich, wenn auch nicht so stark, wie die Menschen (vgl. 5.3.1; Murswiek NVwZ 1996, 222, 227).

Durch das **Europarecht** (10.2 ff.) kann der staatliche Gestaltungsspielraum für das Maß des Schutzes der natürlichen Lebensgrundlagen weiter eingeschränkt sein. Nach **Art. 174 (2) EGV** ist ein hohes Umweltschutzniveau anzustreben (s. Näheres zu 38.1.2). Richtlinien (z.B. UVP, SUP, s. FFH, 38.7) FFH und

Vogelschutz (s. 51.12) und Verordnungen (z.B. Artenschutzverordnung, 52.1) enthalten sehr differenzierte Schutzregelungen. Soweit aus **Art. 95 EG-Vertrag** (s. 38.1.2.2) ein hohes Umweltschutzniveau anzustreben ist, ergibt sich keine Bindung für das Schutzniveau des Art. 20a GG (Waechter NuR 1996,321, 322). Allgemein auch zum Völkerrecht Epiney, in Mangoldt/Klein, Starck, Das Bonner Grundgesetz, Art. 20a Rn 96 ff.

Bei einem **Konflikt mit entgegenstehenden Verfassungszielen** (Schutzpflichten aus Grundrechten, anderen Staatszielen usw., 1.2.7, 5.5.4., 5.3.2; Verkehrsanlagen, Wohnungsbau usw.) kommt dem Schutz der natürlichen Lebensgrundlagen jedenfalls die Eigenschaft eines Optimierungsgebotes i.e.S. zu. Das heißt, der Schutz ist möglichst im Rahmen vorgenannter Anforderungen neben den konträren Schutzaufgaben zu verwirklichen. Soweit das wegen Unvereinbarkeit nicht möglich ist, wird jedoch von der h.M. eine Gewichtverstärkung in der Abwägung (Optimierungsgebot i.w.S. s. 21.) verneint und ein **prinzipiell gleiches Gewicht** und damit **gleichen Rang** mit anderen Verfassungszielen angenommen, von dem aus bei der einzelnen Gestaltung das konkrete, ggf. viel höhere Gewicht zu ermitteln und dann der Vorrang zu klären ist (Murswiek, in Sachs, GG, Art. 20a Rn 54 f., für die Verwaltung 70 f; NVwZ 1996, 222, 226, 229; s. auch Henneke, NuR 1996, 325, 330; Waechter, NuR 1996, 312, 326; BVerwGE 104, 68, 77; Sparwasser/Engel/Voßkuhle, 1/154 m.w.N.). Die auf Ausgleich gerichtete Gleichrangigkeit wird auch durch die Klausel **„im Rahmen der verfassungsmäßigen Ordnung"** klargestellt (Hoffmann-Riem, Gewerbearchiv 1996, 1, 2). Nur bei existentieller (nicht nur qualitativer und lokaler) Gefährdung der menschlichen Lebensgrundlagen (bindender Minimalschutz, s.o.) vertritt Murswiek (NVwZ 1996, 222, 229) eine zu beachtende Gewichtverstärkung.

Im **Gesetzgebungsverfahren** sollte die Art der Berücksichtigung der Lebensgrundlagen des Art. 20a begründet werden (Murswiek, in Sachs, GG, Art. 20a Rn 76; s. auch Schink, DÖV 1997, 227). Steinberg (NJW 1996, 1985, 1994) entnimmt dem Art. 20a die Pflicht des Gesetzgebers zur Schaffung weiterer **verfahrensrechtlicher Schutzregelungen** oder - **prinzipien** wie „Offenheit und Transparenz; Beteiligungsmöglichkeit der Öffentlichkeit und der Umweltverbände; Publizität; Eröffnung von Revisionsmöglichkeiten"; Schaffung von Standards und Normen (zur schon gesetzlich erfolgten Realisierung s. 38.7 – 38.10, 53.5, 62.2 usw.). Insbesondere ist folgende Vorgehensweise geboten, die teilweise Verwandtschaft zu den Kriterien für die Ausübung des Planungsermessens (21.), allerdings mit dem viel weiteren „Einschätzungs-, Wertungs- und Gestaltungsspielraum" des *Gesetzgebers* aufweist (Steinberg, NJW 1996, 1985, 1991).
(1) Stets sind bei Anlass vor einer Regelung (Maßnahme) Art und Umfang der Gefahr für die natürlichen Lebensgrundlagen vorher zu ermitteln.
(2) Insbesondere im Rahmen einer (möglichst) verlässlich - in Auswertung des erreichbaren Materials - erstellten Prognose sind (möglichst) ausreichende und wirksame Maßnahmen zum Schutz der natürlichen Lebensgrundlagen zu ergreifen.
(3) Die Schutzmaßnahmen müssen bezogen auf den Schutzzweck in ein angemessenes Verhältnis zu den von der - insbesondere die Umwelt beeinträchtigenden - Maßnahme betroffenen öffentlichen und privaten Interessen gebracht werden.
(4) Bei einer Entscheidung aufgrund unsicherer Prognose muss der Gesetzgeber die Erreichung seiner Ziele durch die Maßnahmen kontrollieren und notfalls korrigieren.

Indem Art. 20 (3) GG formuliert, dass die **vollziehende Gewalt** an Gesetz und Recht gebunden ist, stellt er nur klar, dass die **Verwaltung** das Staatsziel nur insoweit zu realisieren hat, als ihr die zu beachtenden Gesetze Freiräume lassen, die ein unmittelbares Einwirken der Verfassung erlaubt (BVerwG 19.12.1997, NVwZ 1998, 1080, 1091 – Anschlusszwang an eine öffentliche Entwässerungsanlage), und zwar auch nur in den o.g. Grenzen, die dem Gesetzgeber vorgegeben sind. Wie zu 16. ff. ausgeführt wird, bestehen solche Freiräume bei konditionalen Ermessensentscheidungen (Wenn – Dann, 1.1), bei Entscheidungen mit planerischem Gestaltungsspielraum (21.) und bei Entscheidungen mit Ermessen im Rahmen nur von Richtlinien (Verwaltungsvorschriften), also gesetzesfrei zu vergebenden Leistungen öffentlicher Förderung (s. z.B. Murswiek, in Sachs, GG, Art. 20a Rn 61). Art. 20a ist demnach keine eigenständige (verfassungs)gesetzliche Ermächtigungsgrundlage für Eingriffe in Freiheit und Eigentum (Murswiek aaO m.w.N.).

Eine **Auslegung im Sinne des Art.** 20a **A1 GG** wird wegen spezialgesetzlicher (auch zulässig eingeschränkter) Konkretisierungen nur eingeschränkte praktische Bedeutung haben. Die Verwaltung und die Gerichte haben aber Art. 20a GG als verfassungsrechtliche Wertentscheidung sowohl bei der Auslegung als auch bei der Anwendung des einfachen Gesetzesrechts im Rahmen von Abwägungen und Ermessensentscheidungen (zahlreiche Nachw. bei VGH Mannheim, 3.9.2002, NuR 2003, 29; s.u.) auch im Verfahren über die sofortige Vollziehbarkeit zu beachten (VGH Mannheim aaO).

Z.B. die Ziele und Grundsätze im Naturschutz- und Waldrecht sowie Raumordnungsrecht. Vgl. allerdings zur eingrenzenden Auslegung einer Verkehrssicherungspflicht für natürlichen Astabbruch OLG Koblenz 1.12.1997, AgrarR 1999, 16. Entgegen der h.M. nimmt Murswiek (in Sachs, GG, Art. 20a Rn 66 f.) an, dass § 5 (1) Nr. 2 BImSchG, der für genehmigungspflichtige Anlagen verlangt, dass Vorsorge gegen schädliche Umwelteinwirkungen zu treffen sind, auch wie folgt auszulegen ist: Umweltbelastungen, die zwar jetzt als unschädlich erscheinen, aber durch Summierung bei künftigen Generationen zu Gesundheitsschäden führen oder die Lebensgrundlagen zerstören, also das Beeinträchtigungsminimierungsgebot überschreiten, sind nach dem Stand der Technik so gering wie möglich zu halten. Vgl. auch BVerwG, NVwZ 1998, 398, 399; Kloepfer, DVBL. 1996,73, 75 f.; Peters, NVwZ 1995, 555 ff.; s. auch 62.2.2)

Zu Abwägungsentscheidungen der Verwaltung (21.) s. schon oben und OVG Münster, NVwZ-RR 1999, 113 f. (Optimierungsgebot ohne prinzipielle Gewichtsverstärkung trotz Betonung; Murswiek, in Sachs, GG, Art. 20a Rn 70 f.; Henneke, NuR 1995, 325, 333 f. mit Nachw. zur a.A.). **Ermessensentscheidungen** aufgrund Ermächtigung in Umweltschutzgesetzen orientieren sich schon am speziellen Gesetzeszweck. Bei anderen Ermächtigungen kommt es auf den Umfang der gesetzlich einzubeziehenden Belange an (Murswiek, in Sachs, GG, Art. 20a Rn 69). In einschlägigen Abwägungs- und Ermessensentscheidungen ist, soweit dies nicht schon aus Spezialrecht folgt, die Frage der Berücksichtigung der Lebensgrundlagen des Art. 20a zu begründen (u.a. Murswiek, in Sachs, GG, Art. 20a Rn 75; s. auch BVerwG, NVwZ 1998, 1080, 1081; VGH Mannheim, NuR 2003, 29 ff.). Art. 20a A 1 GG ist zudem Direktive für die **Regierung**, konkretisierende Gesetzesvorlagen unter Beachtung von europarechtlichen Bindungen zu erarbeiten und für den Erlass gesetzesausführender Rechtsverordnungen (12.) sowie Verwaltungsvorschriften (13.2) zu sorgen (Murswiek, in Sachs, GG, Art. 20a Rn 62).

Die **Rechtsprechung** hat die Gesetzgebung und Verwaltung nur hinsichtlich der Beachtung hinreichend bestimmter materiellrechtlicher Pflichten aus Art. 20a GG zu überprüfen, nicht aber eigenes Ermessen auszuüben (Murswiek, in Sachs, GG, Art. 20a Rn 63). Nur wenn ein Eingriff in Grundrechte bzw. subjektive Rechte vorliegt (solche gewährt Art. 20a selbst nicht, s.o.), kann zugleich die Überprüfung einer Verletzung der Umweltschutzpflicht aus Art. 20a GG erreicht werden. Vgl. auch 6.3.

5.9.3 Staatsziel Tierschutz (Art. 20a GG) *(Text s. zu 5.9.2)*

Durch Gesetz v. 26.7.2002 (BGBl. I S. 2863) ist der **Tierschutz als Staatsziel** mit in **Art. 20a GG** durch den Zusatz hinter „Lebensgrundlage" „und die Tiere" eingefügt (Art. 20a Altern. 2 = Art. 20a A2). Es geht um den Schutz **individueller** Tiere vor nicht artgemäßer Haltung, vermeidbaren Leiden und (nicht unstrittig und auch vom Staatsziel Schutz der natürlichen Lebensgrundlagen für wild lebende Arten erfasst) Zerstörung ihrer Lebensräume (Murswiek, in Sachs, GG, Art. 20a Rn 30 m.w.N.). S. allg. Faber, UPR 2002, 278 ff; Scholz, in Maunz/Dürig, Art. 20a Rn 59 ff. Hinsichtlich der Bewertung der allgemeinen rechtlichen Wirkungen (u.a. ohne subjektive Rechte) kann grundsätzlich auf 5.9.2. zum Umweltschutz verwiesen werden.

Bedeutsam ist, dass Art. 20a A2 als neue verfassungsimmanente Schranke Eingriffe in Grundrechte ohne ausdrücklichen Gesetzesvorbehalt ermöglicht. Der Streit, ob die **Religionsfreiheit** über Art. 140 GG i.V.m. Art. 136 Weimarer Reichsverfassung (nur) einem einfachen Gesetzesvorbehalt unterliegt (BVerfGE 112, 227, 231 ff.) oder nur von einem Rechtsgut mit Verfassungsrang eingeschränkt werden kann (Hain/Unruh, DÖV 2003, 147, 151), hat dadurch beim Tierschutz eine andere Bedeutung erlangt. Zur Frage der Vereinbarkeit des Schächtens als betäubungsloses Schlachten aus zwingend gebotenen religiösen Gründen mit § 4a TierSchG vgl. Hain/Unruh aaO, 147 ff. in dogmatischer Auseinandersetzung mit dem (noch vor Ergänzung des Art. 20a GG ergangenen) Urteil des BVerfG v. 15.1.2002 – 1 BvR 1783/89 und mit Hinweis auf die Urt. des BVerwG v. 15.6.1995 (AgrarR 1996, 58 = NuR 1996, 347) und vom

23.11.2000 (NuR 2001, 515 = JE VII Nr. 57).

Das Staatsziel Tierschutz soll nur ein „ethisches Mindestmaß" an Tierschutz sicherstellen (lassen) (BT-Drucks. 14/8860, 1, 3; s. auch Caspar/Geissen, NVwZ 2002, 913, 914, zugunsten eines tierschutzrechtlichen Verschlechterungsverbots). Der Tierschutz sollte durch Art. 20a nicht über das Schutzniveau des Tierschutzgesetzes mit Einschränkungen für erlaubte Tötungen usw. gehoben, sondern insoweit nur verfassungsrechtlich, aber ohne Vorrang, aufgewertet werden (BT-Drucks. 14/8860, 1, 3). Neben dem Tierschutzgesetz nebst Spezialtierschutzrecht im Jagdrecht kann das Staatsziel insbesondere zur Auslegung unbestimmter Rechtsbegriffe dienen (Murswiek, in Sachs, GG, Art. 20a Rn 51a).

Vgl. auch allgemein zur Bedeutung des Staatsziels für die Landwirtschaft v. Knorre, AgrarR 2002, 378.

6. **Die Würde des Menschen und die einzelnen Freiheitsgrundrechte sowie die Verfassungsmäßigkeit gesetzlicher Beschränkungen**

Grundrechte können **umweltschützend** für den Menschen sein (.z.B. Art. 2 (2) S. 2 GG Schutz von Leben und körperlicher Unversehrtheit und erholungsbezogen die allgemeine Handlungsfreiheit des Art. 2 (1) GG) oder insbesondere in Abwägungen Gegenspieler für Umweltgüter sein; z.B. Eigentum (Art. 14 GG) und Berufsfreiheit (Art. 12 GG) eingeschränkt durch die von Art. 20a GG als Staatsziel erfassten Umweltgüter (5.9.2) etwa durch Naturschutzgebietsbeschränkungen oder immissionsschutzrechtliche Betriebsbeschränkungen, andererseits fördernd für Windkraftanlagen; Kunstfreiheit (Art. 5 (3) GG) ggf. contra Landschaftsschutz (Art. 20a GG). Andere Grundrechte haben mehr flankierende Bedeutung für den Umweltschutz (Meinungs- und Pressefreiheit, Wissenschaftsfreiheit, Art. 5 GG), z.b. für Proteste gegen Umweltverschmutzungen oder –gefährdungen, Entwicklung umweltschonender Fertigungsmethoden oder Abfallverwertung, Technik für die Erzeugung erneuerbarer Energie. Weniger umweltrelevante Grundrechte sind nachfolgend nur kurz erwähnt. Vgl. auch zum internationalen und EG Grundrechtsschutz 10.3.1, 10.4.2.

6.1 **Die Würde des Menschen (Art. 1 GG)**

6.1.1 **Allgemeine Bedeutung der Menschenwürde**

Art. 1 lautet:
(1) Die Würde des Menschen ist unantastbar. Sie zu achten und zu schützen ist Verpflichtung aller staatlichen Gewalt.
(2) Das deutsche Volk bekennt sich darum zu unverletzlichen und unveräußerlichen Menschenrechten als Grundlage jeder menschlichen Gemeinschaft, des Friedens und der Gerechtigkeit in der Welt.
(3) Die nachfolgenden Grundrechte binden Gesetzgebung, vollziehende Gewalt und Rechtsprechung als unmittelbar geltendes Recht."

Die Achtung und der Schutz der Menschenwürde gehören zu den **obersten Verfassungsgrundsätzen**, Wertentscheidungen und staatlichen Schutzaufträgen. Insbesondere stellt die freie menschliche Persönlichkeit den höchsten Rechtswert (= Würde) innerhalb der verfassungsmäßigen Ordnung dar. Sie ist die breitausstrahlende allgemein-inhaltliche Begründung für die einzelnen differenzierten Grundrechte (vgl. "darum" in Art. 1 (2) GG). S. hierzu und zum folgenden Stein, Staatsrecht § 20 I.

Wie ausgeführt ist in Art. 79 (3) GG ausdrücklich eine Änderung der Grundsätze des Artikels 1 ausgeschlossen (**Ewigkeits**klausel); wegen der Ableitung der anderen Grundrechte aus Art. 1 sind aber auch diese, soweit sie die Würde des Menschen mit schützen, in ihrem Wesensgehalt nicht veränderbar (Art. 19 (2) GG, vgl. 2.6, 5.3.3). Ungeachtet des nicht klaren Wortlauts des Art. 1 (1) wird diese Regelung nicht nur als objektiv-rechtliche Schutzpflicht des Staates wie ein Staatsziel (vgl. 5.5), sondern von der herrschenden (nicht unbestrittenen) Meinung als echtes Grundrecht (**Urgrundrecht**), also u.a. mit subjektivem Abwehrrecht (5.4) bewertet.

Diese Qualifikation ist aber kaum praktisch bedeutsam. Denn für die Realisierung des Wertes von Art. 1 passt, wie die Rechtsprechung des Bundesverfassungsgerichts zeigt, fast immer die Rechtsgrundlage eines besonderen Grundrechts, insbesondere des Art. 2 (2) GG (Schutz des Lebens und Körpers, Freiheit der Person) und Art. (2 (1) GG, freie Entfaltung der Persönlichkeit).

Nur soweit die einzelnen Grundrechte als (ausfüllungsfähige) Rechtsgrundlagen nicht zutreffen, auch nicht der allgemeine Auffangtatbestand des Art. 2 (1) - vgl. 4.1, 5.1, 6.2 -, könnte Art. 1 (1) als seltener **letzter** noch allgemeinerer **Auffangtatbestand** eine ganz eigenständige

Grundrechtsbedeutung haben. (Die spezielle Rechtsgrundlage ist vor der allgemeinen anzuwenden, s. 1.3)

Art. 1 GG ist allerdings wertausfüllend bei der **Auslegung** nicht nur der Freiheitsgrundrechte, sondern auch der Gleichheitsrechte sowie des Sozialstaatsprinzips und - soweit über die Grundrechte hinaus noch möglich - des Rechtsstaatsprinzips maßgebend und inhaltsbestimmend mit heranzuziehen.

6.1.2 Grundrechtstatbestand (in der Regel Wertauffüllung anderer Grundrechte)

6.1.2.1 Menschenwürde

Ausgangserkenntnis des Art. 1 ist, dass der Mensch Träger höchster geistig-sittlicher Werte ist und ihm deswegen ein unverlierbarer selbstbestimmter - auch von der Gemeinschaft nicht anzutastender Eigenwert als innerer, aber auch sozialer, Wert zukommt.
Dazu gehört die Selbstbestimmung der im Menschen angelegten Fähigkeiten und Kräfte. Der Mensch als geistig-sittliches Wesen ist darauf angelegt, sich in Selbstbewusstsein und Freiheit selbst zu bestimmen, sich zu gestalten und sich (gemeinverträglich) in der Umwelt auszuwirken. Diesen Wert hat die staatliche Gewalt zu achten und zu schützen, Art. 1 (1). Folgende Schutzinhalte - vgl. 5 - werden - allerdings grundsätzlich über andere Grundrechte realisierbaren - unterschieden:

6.1.2.2 Schutz des allgemeinen Persönlichkeitsrechts (Art. 1 (1) i.V.m. Art. 2(1) GG)

Das aus der Menschenwürde folgende allgemeine Persönlichkeitsrecht hat seine wesentliche Grundlage in Art. 2 (1) GG (s. 6.2.1) mit den vier Schutzrichtungen
- Schutz der vor dem Zugriff der Öffentlichkeit abzuschirmenden Eigensphäre,
- Schutz in der Öffentlichkeitssphäre
- Schutz vor Weitergabe personenbezogener Daten,
- Schutz der persönlichen Ehre und des guten Rufs.
Zur Unvereinbarkeit von (Kriegsspiel)Laserdromen (und entsprechendem Farbpatroneneinsatz) BVerwG 115, 189, bestätigend OVG Münster GewArch 2001, 71; dazu Beaucamp, auch zu EuGH, DVBl. 2004,1476; für die freie Landschaft s. auch 46.1.3.

6.1.2.3 Körperlicher und geistiger Schutz (menschenwürdiges Existenzminimum)

Die körperliche und geistig-seelische Identität und Integrität der Person ist zu achten und zu schützen. Diese Konkretisierung vor allem des Art. 2 (2) S. 1 GG wird zu 6.3.1 erläutert.

Die - das gesetzgeberische Ermessen ausnahmsweise bindende - **Verpflichtung des Staates, ein menschenwürdiges Existenzminimum** zu gewährleisten, ergibt sich auf der Grundlage des Art. 2 (2) S. 1 aus Art. 1 (1) i.V.m. und dem Sozialstaatsprinzip, Art. 20 (1) , s. 5.9.1). Bedürftige sind zu schützen (vgl. auch 6.1.4, 6.3.1.3, zum Gleichheitssatz s. 8.2.1.2).

6.1.3 Unantastbarkeit der Menschenwürde und immanente Grundrechtsbegrenzung

Trotz der Erklärung als "unantastbar" ergeben sich aus der Gemeinschaftsgebundenheit der Grundrechte (Pflege und Förderung des sozialen Zusammenlebens) Grenzen. Bei der Güterabwägung hat allerdings Art. 1 (1) bei maßgebender Anwendung (meistens i.V.m. einem Grundrecht, Art. 2 ff.) grundsätzlich Vorrang vor den damit kollidierenden Schutznormen (z.B. vor dem Grundrecht der Kunstfreiheit hinsichtlich einer anderen Person).
Die Eigenständigkeit der Person, der innerste persönliche Lebensbereich (insbes. die Intim-

sphäre) müssen gewahrt bleiben.

6.1.4 Ganz ausnahmsweise grundrechtliche Leistungsansprüche

Dazu, dass gerade aus dem Gesichtspunkt der Existenzsicherung des Menschen (6.1.2.3) ganz ausnahmsweise auch grundrechtliche Leistungsansprüche angenommen werden, die allerdings der Gesetzgeber näher zu bestimmen hat, vgl. 5.5.1, 5.6.2, 6.3.1.3)

6.1.5 Oberste Auslegungsnorm für erlassene Gesetze

Aber Art. 1 (1) ist **jedenfalls** (auch) **eine oberste Auslegungsnorm für erlassene Gesetze** mit höchstem Wertmaßstab für alles staatliche Handeln auch im Privatrechtsbereich (mittelbare Drittwirkung von Grundrechten, vgl. 5.8)

6.2 Die freie Entfaltung der Persönlichkeit (Art. 2 (1) GG)

(vgl. hierzu auch das Gesetzes**beispiel** zu 4.1.1, 5.1, 5.2.2, 5.3.2, 5.3.4, 5.4, 5.5.1, 9.1 - Reitbeschränkungen)

6.2.1 Schutzbereich (Grundrechtstatbestand)

6.2.1.1 Allgemeines

Art. 2 (1) GG statuiert sehr allgemein: „Jeder hat das Recht auf freie Entfaltung seiner Persönlichkeit". Er trifft als Grundrechtstatbestand stets dann zu, wenn nicht die Tatbestandsvoraussetzungen eines speziellen (benannten) Freiheitsgrundrechts (z.B. Recht auf Freiheit und körperliche Unversehrtheit und Freiheit, Art. 2 (2) GG) vorliegen (Auffangtatbestand des Art. 2 (1) GG im Rahmen eines geschlossenen Systems der Freiheitsgrundrechte, 5.1.2). Hieraus, aber zugleich auch aus dem Zusammenhang mit Art. 1 (1) GG heraus, ergibt sich die Bedeutung des Art. 2 (1) GG als Hauptfreiheitsrecht.
Indem Art. 2 (1) GG festlegt, dass „jede" dieses subjektive öffentliche Recht hat, bezieht er auch jeden Ausländer in Deutschland ein.
Damit greift Art. 2 (1) GG insbesondere auch als Ersatzgrundrecht für Ausländer ein, die von bestimmten Spezialgrundrechten, die ausdrücklich nur Deutschen zustehen, nicht erfasst werden;
z.B. Art. 8 GG: „Alle Deutschen" haben das Recht der Versammlungsfreiheit.

6.2.1.2 Das allgemeine Persönlichkeitsrecht

Art. 2 (1) i.V.m. Art. 1 (1) schützt jedenfalls zweifelsfrei das allgemeine Persönlichkeitsrecht. Die vier bei Art. 1 (1) GG aufgeführten (vgl. 6.1.2.2; zu den im Rahmen der Verhältnismäßigkeit i.e.S. abgestuften Sphären: Intimsphäre, Privatsphäre, Sozialsphäre s. Heintzen, DVBl. 2004, 721, 724 f.) Fallgruppen bedeuten:

(1) Schutz der vor dem Zugriff der Öffentlichkeit abzuschirmenden Eigensphäre.

Schutz der Eigentumssphäre bedeutet den Schutz der Intim-, Privat-, Berufs- und Sozialsphäre (Familie), in der der Einzelne seine Individualität entwickeln und bewahren kann.
Z.B. Verbot heimlicher Tonbandaufnahmen und Verwertung interner Tagebuchaufzeichnungen durch Hoheitsorgane, Verbot eines Lügendetektors oder von Hypnose im   Strafverfahren.

(2) Schutz in der Öffentlichkeitssphäre

Es gehört zum Selbstbestimmungsrecht, wie sich jemand in der Öffentlichkeit darstellen will. Hierzu gehört das Recht am eigenen Namen und Bild sowie am geschriebenen und gesprochenen Wort.

Es umfasst ein Gegendarstellungsrecht, z.b. zu Pressemitteilungen und ein Abwehrrecht dagegen, dass der Person nicht gesagte Äußerungen unterschoben werden (Auslegung des zivilrechtlichen Persönlichkeitsrechts , vgl. 5.7 f.).

(3) Schutz vor Weitergabe personenbezogener Daten

Das Recht der informationellen Selbstbestimmung bedeutet, dass jeder grundsätzlich selbst über die Verwertung seiner persönlichen Daten bestimmt, was bei statistischen Erhebungen, insbesondere Volkszählungen möglichst weitgehend zu beachten ist (Verbot einer umfassenden Registrierung). Krankheitsunterlagen aus Beihilfeabrechnungen dürfen nicht an die personalführende Stelle eines Beamten geleitet werden BVerfGE 65, 1 ff.).

(4) Schutz der persönlichen Ehre und des guten Rufs

Verboten sind bloße Demütigung, Erniedrigung und Bloßstellung von Menschen, grausame und erniedrigende Strafen.

6.2.1.3   Allgemeine Handlungsfreiheit, Vertragsfreiheit

Nach der ständigen Rechtsprechung des Bundesverfassungsgerichts ist über diesen begrenzten herausgehobenen Bereich menschlicher persönlichkeitsbezogener Entfaltungsfreiheit hinaus die weit darüber hinausgehende allgemeine Handlungsfreiheit geschützt, die alle Betätigungsformen umfasst, u.a. auch wirtschaftliche, soweit nicht Art. 9, 12 oder 14 als Sondergrundrechte vorgehen.

Sie ist insbesondere entwickelt worden an der Entscheidung über das (beschränkte) Recht zum Reiten im Walde (vgl. Beispiel zu 4.1.1, 6.2, 9.1); weitere Beispiele: Privatrechtliche Vertrags- und Wettbewerbsfreiheit, Berufsfreiheit jeweils für Ausländer, (vorbehaltlich Ausnahmen); Freiheit vor Steuern und anderen öffentlich-rechtlichen Abgaben (BVerfGE 48, 114 ff., 78, 232 ff.; 7.5, 11.3), aber auch ggf. Füttern von Tieren in öffentlichen Anlagen; flankierend: Recht auf faires rechtsstaatliches Verfahren, z.B. Abwehr eines Bußgeldurteils nach 9-jähriger Verfahrensdauer.

6.2.2   Schrankentrias des Art. 2 (1) GG

Nach Art. 2 (1) 2. Halbs. GG ist das Grundrecht jedoch eingeschränkt, soweit der einzelne Mensch die Rechte anderer verletzt und gegen die verfassungsmäßige Ordnung oder das Sittengesetz verstößt.

(1) Verletzung der Rechte Dritter

Die Handlungsfreiheit darf der einzelne nur soweit nutzen, dass er nicht die Rechte Dritter, - das sind alle nach dem Grundgesetz als schutzwürdig anerkannten subjektiv-öffentlichen oder privaten Rechte -, insbesondere die Grundrechte, verletzt, und somit nicht ein Mehr an Handlungsfreiheit erlangt als seine Mitmenschen (verfassungsrechtliche Chancengleichheit).

(2) Verstoß gegen das Sittengesetz

Eine weitere Einschränkung des Art. 2 (1) GG ist, dass nicht gegen das Sittengesetz, das ist das Anstandsgefühl aller billig und gerecht Denkenden, verstoßen wird.

(3) Verstoß gegen die verfassungsmäßige Ordnung

Unter "verfassungsmäßiger Ordnung" als Schranke für die Entfaltungsfreiheit des Art. 2 (1) GG fallen alle Rechtsnormen, die formell und materiell verfassungsgemäß sind (keine Zitierpflicht nach Art. 19 (1), s. 5.2.3). Dazu gehören u.a. die Wahrung der Kompetenzvorschriften für die Gesetzgebung insbesondere Art. 1, 3, 5 und 19 GG. Durch diese - im Verhältnis zu den anderen Grundrechten sehr weitgehenden Schranken - wird die o.g. sehr weite

Schutzbereich des Art. 2 (1) (allgemeine Handlungsfreiheit) wieder ganz erheblich reduziert.

6.2.3 Eingrenzung der Schranken

Damit eine weite Auslegung der Schrankenregelungen des Art. 2 (1), insbesondere der erheblichen Einschränkungsmöglichkeit durch einfache Gesetze (4.1.3) nicht zur Aushöhlung des allgemeinen Freiheitsrechts führt, scheiden gesetzliche Maßnahmen aus, die **unverhältnismäßig i.w.S.** (5.3.1 mit Beispielen) sind, also

– ungeeignet für den Zweck
– nicht erforderlich für den Zweck (s. das Beispiel zu 5.3.1.3)
– nicht zumutbar (Verhältnismäßigkeit i.e.S.), fehlende Angemessenheit des Mittels zum Zweck; aber im Gegensatz zu unterschiedlich gestuften Sphären des allgemeinen Persönlichkeitsrechts ohne geschützten Kernbereich (Heintzen, DVBl. 2004,721, 724).

Je stärker ein gesetzlicher Eingriff die konkrete Art der Handlungsfreiheit berührt, desto sorgfältiger sind die zu seiner Rechtfertigung vorgebrachten Gründe des öffentlichen Interesses gegen den grundsätzlichen Freiheitsanspruch des Bürgers abzuwägen. Ergeben die Interessen der Allgemeinheit nach **Güterabwägung** keinen Vorrang vor den individuellen Interessen, ist die Schranke unbeachtlich.

Soweit **Grundrechte** verschiedener Berechtigter **selbst kollidieren** (z.B. Fallgruppe unter „Rechte anderer"), ist der Grundsatz der „praktischen Konkordanz" (5.3.2) mit heranzuziehen. Danach sind die beiden kollidierenden Grundrechte so gegeneinander abzuwägen, dass ein harmonischer Grundrechtsausgleich hergestellt wird; insbesondere sollte eine Lösung erzielt werden, nach der beide Rechte möglichst weitgehend verwirklicht werden.

Vgl. hierzu die **Beispiele** zu 5.3.2.

Insbesondere sind Schranken unbeachtlich, wenn der **Wesensgehalt**, also der Kernbereich der personellen Freiheit, angetastet wird (5.3.3): Die Würde des Menschen, insbes. die Intimsphäre und die Eigenständigkeit und Selbstverantwortlichkeit der Person sollen gesichert sein. Dem Bürger muss eine Sphäre privater Lebensgestaltung vorbehalten sein, also ein letzter unantastbarer Bereich menschlicher Freiheit (BVerfGE 6, 32, 40).

6.3 Das Recht auf Leben und körperliche Unversehrtheit (Art. 2 (2) S. 1, 102 GG)

6.3.1 Grundrechtstatbestand

6.3.1.1 Schutz des Lebens, Abschaffung der Todesstrafe - Art. 102 GG; Schutz der körperlichen Unversehrtheit

Geschützt ist das Leben eines jeden Menschen. Dem Staat ist die Entscheidung über das menschliche Leben entzogen.

Hiermit hängt die Abschaffung der Todesstrafe zusammen (Art. 102 GG, der - in Realisierung des Art. 1 GG - allerdings nur objektiv-rechtlich (wie ein Staatsziel 5.5.1) den Gesetzgeber verpflichtet; anders Art. 2 (2) S. 1 GG). Verboten sind i.V.m. Art. 1 GG : Folter, „lebensunwertes" Leben zu vernichten, medizinische oder sonstige Versuche an Menschen durchzuführen, Gentechnologie schrankenlos zu entwickeln und anzuwenden.

Aufgrund des Grundrechtsgehalts bestehen **Schutz-** und **Leistungspflichten** des Staates, insbesondere des Gesetzgebers, gegenüber den einzelnen Menschen und der Gesamtheit aller (vgl. 5.5.1). Der Staat ist verpflichtet, sich schützend und fördernd vor das Leben zu stellen, unbeherrschbare Gefahren zu beseitigen und das Leben auch vor rechtswidrigen Angriffen anderer zu bewahren (s. auch Nachw. bei Sparwasser/Engel/Voßkuhle, 1/157 f. auch zur strittigen Frage, ob Beeinträchtigungen des psychischen Wohlbefindens mit zu schützen sind).

Hierfür hat der Gesetzgeber auch, da es sich um ein verfahrensgeprägtes Grundrecht handelt, **Verfahrensgarantien** zu schaffen (vgl. 5.5.4), z.B. Gestaltung atomrechtlicher

Verfahrensvorschriften, insbesondere in engen Grenzen auch Erlass von Strafrechtsvorschriften (vgl. §§ 211 ff. des Strafgesetzbuchs zu Mord, Totschlag, fahrlässiger Tötung usw.). Der Gesetzgeber verfügt allerdings bei der Erfüllung der objektiv-rechtlichen Schutzpflichten nebst Schaffung von Verfahrensgarantien über einen erheblichen Ermessens- und Prognosespielraum. Erst bei gänzlicher Untätigkeit oder völliger Unzulänglichkeit bzw. sonstiger Ungeeignetheit der Maßnahme hat der Gesetzgeber seine Schutzpflicht verletzt (5.5.1).

Nach der allgemein bedeutsamen Entscheidung des Bundesverfassungsgerichts zum Schwangerschaftsabbruch hat der Lebensschutz der Leibesfrucht grundsätzlich für die gesamte Dauer der Schwangerschaft Vorrang vor dem Selbstbestimmungsrecht der Schwangeren nach Art. 2 (1). Der Staat hat sich umfassend schützend und fördernd vor das Leben und die Menschenwürde des Ungeborenen zu stellen (verfassungsrechtliche Gefahrenabwehr). Bei Extremgefährdung ist als Mindestschutz sogar eine Strafrechtsvorschrift in Grenzen erforderlich, hier bei Abtreibung ab dem 3. Schwangerschaftsmonat **(Untermaßverbot**, kein weniger schützendes Mittel, s. 5.5.1).

Das Grundrecht des Art. 2 (2) S. 1 GG umfasst die gesamte **körperliche, gesundheitliche und seelische Beschaffenheit** des Menschen. Es schützt vor (ungewollten) Beeinträchtigungen, wenn sie über Bagatelleingriffe hinausgehen:
– Schmerzzufügungen oder
– entsprechende Beeinträchtigungen für das Befinden einer Person wie Fluglärm
– Entstellungen des Körpers, Funktionsänderungen u. Substanzeingriffe (Haarschneiden)
– seelische Misshandlung.

Die Schutzpflichten des Gesetzgebers, nur mit weitem Ermessen zu erfüllen (s.u.), sind z.B. realisiert durch die Strafvorschriften über Körperverletzung (§§ 223 ff. des Strafgesetzbuches, s. 33.2.1, mit dem Rechtfertigungsgrund der Einwilligung, vgl. 34.3.6) und durch privatrechtliche Schadensersatzansprüche,
Unterlassungsansprüche und ggf. Beseitigungsansprüche (z.B. § 1004 des Bürgerlichen Gesetzbuchs - BGB, vgl. 37.28.4; s. auch 5.8.2; - §§ 823 ff. BGB) sowie entsprechende zivilrechtliche Vorschriften vorbeugen.

6.3.1.2 Lebens- und gesundheitsschützende Umweltschutzvorschriften; kein Umweltschutzgrundrecht

Insbesondere umfasst Art. 2 (2) S. 1 GG nach der Rechtsprechung des BVerfG einen - allerdings mit sehr weitem **Ermessen** zu erfüllenden - Auftrag der Verfassung an den Gesetzgeber, **lebens- und gesundheitsschützende Umweltschutzvorschriften** zu erlassen. Aufgrund der Verpflichtung des Staates, sich schützend und fördernd vor das Leben und die Gesundheit der Menschen zu stellen, hat er auch (ggf. im Rahmen des Finanzierbaren und kollidierender Rechte) die **Pflicht, für Umweltbedingungen** zu sorgen, die ein Leben ohne gesundheitliche Gefährdung ermöglichen, also Schutz vor Schadstoffen in der Luft, im Erdreich einschl. Grundwasser und in Gewässern sowie - im Zusammenhang mit vorstehenden Schadstoffen, aber auch unabhängig davon - in Nahrungsmitteln. Das BVerfG hat aber insofern (noch) nicht die für den Schwangerschaftsabbruch gefundene stärkere Bindung des Gesetzgebers für ein Untermaßverbot angenommen, sondern sich auf die Formel der für den Schutzzweck gänzlich unzureichenden oder unbrauchbaren Regelung als **Pflichtverletzung** beschränkt (s. 5.5.1). Im Übrigen schützt Art. 2 (2) S. 1 GG (und Art. 14 GG, s. 7.1) nur die Menschen und dadurch begrenzt mittelbar die Natur - und nicht die Natur einschl. Tiere und Pflanzen um ihrer selbst willen. Verletzt ist die Schutzpflicht zumindest, wenn „die öffentliche Gewalt Schutzvorkehrungen entweder überhaupt nicht oder getroffen hat oder offensichtlich die getroffenen Regelungen und Maßnahmen gänzlich ungeeignet oder völlig unzulänglich sind, das Schutzziel zu erreichen" (BVerfGE 79, 125, 202 zum Straßenlärm; BVerfGE 46, 160, 164; 56, 54, 80 f. zum Fluglärm; BVerfG, NJW 1996, 1297 zum Nichtraucherflug). Nur unter ganz besonderen Umständen könnte sich das weite gesetzgeberische Ermessen zur Erfüllung der Schutzpflicht auf eine bestimmte Maßnahme verengen; zum

Straßenlärm BVerfGE 79, 125, 202; zum Nichtraucherflug NJW 1996, 1297; bisher in keinem Fall bejaht; s. außer vorstehenden Entscheidungen auch zur Ozonzerstörung und dem Ozongesetz BVerfG, NJW 1966, 651; kritisch dazu Steinberg, NJW 1996, 1985, 1989; Schlette, JZ 1996, 327, 328 ff.333 f.; Murswiek, Die Verwaltung (Zeitschrift) 33 (2000), 241, 245 ff.; zum Elektrosmog I BVerfG, NJW 1997, 2509. Es besteht keine Pflicht des Staates zur Vorsorge gegen rein hypothetische Gefahren (elektromagnetische Felder; BVerfG Elektrosmog II, 28.2.2002, NuR 2002, 674).

Es ist mit der aus Art. 2 (2) S. 1 GG folgenden Pflicht des Staates zum Schutz der menschlichen Gesundheit vereinbar, dass die Grenzwerte des § 2 der 26. BImSchV keinen Schutz gegen zwar nicht auszuschließende, derzeit wissenschaftlich aber nicht belegbaren Gefährdungen durch sog. athermische (biologische) Wirkungen hochfrequenter elektromagnetischer Felder bieten (BVerfG 28.2.2002, NuR 2002, 674; VGH Mannheim 2.3.2004, NuR 2004, 37).

Durch gesetzlich vorgesehene effektive Prüfungen, frühzeitige Beteiligung und wirksamen Rechtsschutz, als objektive Pflichten zur Schaffung und Aufrechterhaltung von Verfahrensgarantien, sind die Gefahren und Risiken zu mindern (5.5.4).

Konkrete Schutzgesetze, die die Verwaltungsbehörden zu beachten haben, sind z.B. das Bundes-Immissionsschutzgesetz (62.) und das Atomgesetz (65.5).

Daneben ist das **zusätzlich** in das GG aufgenommene **Staatsziel** des **Art. 20a** (Schutz der natürlichen Lebensgrundlagen) bedeutsam (vgl. 5.9.2).

6.3.1.3 Verpflichtung des Staates, ein menschenwürdiges, nicht aber ökologisches Existenzminimum, zu gewährleisten (Art. 1 (1) i.V.m. Art. 2 (2) S. 1 und dem Sozialstaatsprinzip, Art. 20 (1) GG, 5.9.1)

Bedürftige sind körperlich und geistig zu schützen. Soweit erhebliche Gefahren bestehen oder die menschliche Existenz zu sichern ist, kann ganz ausnahmsweise auch eine Bindung des gesetzlichen Ermessens zum Erlass von **Umweltschutzgesetzen** bestehen, vgl. 6.1.2.3. Wegen fehlender verfassungsrechtlicher Anhaltspunkte sind dem Gesetzgeber aber keine Grenzwerte (z.B. Immissionsschutzwerte nach dem BImSchG) als Untermaßverbote (kein geringerer Schutz, 5.5.1) vorgegeben (Sparwasser/Engel/Voßkuhle, 1/160; enger Murswiek, in Sachs, GG, Art. 2 Rn 201, nach den Emissionsminderungen nach Maßgabe des technisch und ökonomisch Möglichen grundsätzlich vorzuschreiben und entsprechende Vorschriften verfassungskonform auszulegen sind).

6.3.2 Schranken des Art. 2 (2) S. 1 GG

Nach Art. 2 (2) S. 3 darf in die vorgenannten Schutzbereiche des Art. 2 (2) S. 1 (Leben und körperliche Unversehrtheit) nur aufgrund eines Gesetzes eingegriffen werden. Gemeint sind Gesetze im formellen (und materiellen) Sinne, also solche des parlamentarischen Gesetzgebers, die in dem vorgeschriebenen Gesetzgebungsverfahren erlassen sind und das eingeschränkte Grundrecht nennen müssen, vgl. 4.1.3, 5.2.3 .

Aus dem Verbot der Todesstrafe (Art. 102 GG) ergibt sich, dass auf den Tod abzielende Eingriffe grundsätzlich unzulässig sind. Ein - in einem Polizeigesetz (nicht Nieders. Gesetz über die öffentliche Sicherheit und Ordnung, vgl. 29.) ausdrücklich vorgesehener oder aufgrund allgemeiner polizeigesetzlicher Ermächtigung u.U. möglicher - gezielter Todesschuss auf einen Verbrecher ist nur gerechtfertigt, wenn allein dadurch der Verbrecher an der Tötung anderer Menschen gehindert wird. (Die auf das Leben bezogene Schutzpflicht des Art. 2 (2) S. 1 hat - nach Abwägung - Vorrang dann vor dem Grundrecht des Verbrechers auf Leben.) Durch Notwehr kann die Tötung eines Menschen gerechtfertigt sein, vgl. 34.3.2.

6.3.3 Grenzen der Schranken des Art. 2 (2) S. 1 GG (5.3.1 ff.)

Eine Grenze für die Schranke ist vor allem der Grundsatz der Verhältnismäßigkeit einschl. Güterabwägungsprinzip insbesondere im Rahmen der Unzumutbarkeitsprüfung (5.3.1).

Z.B. ist die Entnahme von Rückenmarksflüssigkeit eines Beschuldigten zur Verwertung in einem Strafverfahren mit geringer Strafandrohung für verfassungswidrig gehalten worden.

6.3.4 Ganz ausnahmsweise grundrechtliche Leistungsrechte

Grundsätzlich besteht **kein** subjektives öffentliches **Recht** auf Erlass von Schutzgesetzen insbesondere bezogen **auf Umweltschutz oder Lebensschutz.** Nur bei völliger Untätigkeit oder unzulänglicher Gesetzgebung kommt entsprechend der Schutzpflicht (s. 6.3.1.1 f.) ein subjektives Recht auf Tätigwerden des Gesetzgebers (im Rahmen eines verbleibenden Ermessens insbesondere auch von Abwägungen, s. 5.3.2) in Betracht (BVerfG NJW 1988, 1651 = BVerfGE 77, 170). **Finanzielle Leistungsansprüche** der Bürger sind nur ganz ausnahmsweise bei besonderer existentieller Ausnahmesituation und hinreichender Bestimmtheit der Pflicht anzunehmen (z.B. Sozialhilfe für Extremfälle wie Schutz vor Verhungern und Erfrieren, 5.5.2).

6.3.5 Verfassungskonforme Auslegung

Gesetzliche Regelungen über Eingriffe im öffentlichen Interesse (und ggf. auch privaten Interesse eines anderen) sind insbesondere im Lichte der Bedeutung der Grundrechtsgüter Leben und Gesundheit einschränkend auszulegen (Wechselwirkung zwischen Grundrecht und im öffentlichen Interesse einschränkendem Gesetz, vgl. 5.7.1).

6.4 Die körperliche Bewegungsfreiheit der Person (Art. 2 (2) S.2/ 104, 11, 16, 16a GG)

6.4.1 Grundrechtstatbestand

Art. (2) S. 2 GG garantiert mit „unverletzlicher" „Freiheit der Person" nur erhebliche Bindungen der **körperlichen Bewegungsfreiheit,** - während Art. 2 (1) die Entfaltungs- und Betätigungsfreiheit schützt. Geschützt ist das Recht, jeden beliebigen, nahen oder fernen Ort aufzusuchen und jedenfalls nicht durch unmittelbar hoheitlichen Zwang (30.3) gehindert zu werden, einen Ort zu meiden sowie nicht das Gebot zu erhalten, sich zu einem bestimmten Zeitpunkt an einem bestimmten Ort aufzuhalten; nach a.A. auch sonst jeden beliebigen Ort zu meiden (dazu Pieroth/Schlink, Grundrechte Staatsrecht II, 18. Aufl. 2002, Rn 453 ff. mit Nachw. Die Freiheit des Wohnsitzwechsels ist allerdings Schutzbereich des Art. 11 GG als Spezialregelung (vgl. 1.3, 6.4.4). Gegenüber Art. 2 (2) S. 2 ist **Art. 104 GG** – bei an sich gleichem Schutzgehalt - wegen seines qualifizierten Gesetzesvorbehalts als Spezialregelung vorrangig (Pieroth/Schlink aaO Rn 451 f.; s. 6.4.2).

In Verbindung mit Art. 1 (1) GG, 3 (1) und dem Sozialstaatsprinzip (5.9.1) verstößt eine lebenslange Freiheitsstrafe ohne Resozialisierungsmöglichkeit gegen Art. 2 (2) S. 2 GG (BVerfGE 45, 187, 227 f.).

6.4.2 Schranken für die Freiheit der Person und Grenzen der Schranken

Art. 104 GG (1) [1]Die **Freiheit** der Person darf ausdrücklich nur aufgrund eines förmlichen Gesetzes und nur unter Beachtung der darin vorgesehenen Formen (Verfahren) **beschränkt** werden. [2]Festgehaltene Personen dürfen weder seelisch noch körperlich misshandelt werden.

(2) [1]Über die Zulässigkeit und Fortdauer einer **Freiheitsentziehung** *(Einsperren, Festhalten an einem eng umgrenzten Ort als spezieller Fall der Freiheitsbeschränkung)* hat nur der Richter zu entscheiden. [2]Bei jeder nicht auf richterlicher Anordnung beruhenden Freiheitsentziehung ist unverzüglich eine richterliche Entscheidung herbeizuführen. [3]Die Polizei darf aus eigener Machtvollkommenheit niemanden länger als bis zum Ende des Tages nach dem Eingreifen in eigenem Gewahrsam halten. [4]Das Nähere ist gesetzlich zu regeln.

(3) [1]Jeder wegen des Verdachtes einer strafbaren Handlung vorläufig Festgenommene ist spätestens am Tage nach der Festnahme dem Richter vorzuführen, der ihm die Gründe der Festnahme mitzuteilen, ihn zu vernehmen und ihm Gelegenheit zu Einwendungen zu geben hat. [2]Der Richter hat unverzüglich entweder einen mit Gründen versehenen schriftlichen Haftbefehl zu erlassen oder die Freilassung anzuordnen.

(4) Von jeder schriftlichen Entscheidung über die Anordnung der Fortdauer einer Freiheitsentziehung ist unverzüglich ein Angehöriger des Festgehaltenen oder eine Person seines Vertrauens zu benachrichtigen.

Die Vorschriften des Versammlungsgesetzes haben Vorrang vor den Ermächtigungsgrundlagen des allgemeinen Gefahrenabwehrrechts (Nds. SOG; s. zu Art. 8 GG). Nicht nur die Polizei, sondern auch die im Umweltbereich tätigen Feld- und Forsthüter sowie Jagdaufseher mit Hoheitsbefugnissen sind befugt, durch Ge- und Verbote sowie Zwangsmaßnahmen in den Bereich des Art. 104 GG einzugreifen; z.b. vorläufige Festnahme nach § 127 der Strafprozessordnung (StPO), wenn jemand auf frischer Tat betroffen oder verfolgt ist und entweder der Flucht verdächtig ist oder seine Identität nicht sofort festgestellt werden kann (vgl. 31.1.5); z.b. auch gefahrenabwehrrechtliche Befugnisse wie Festhalten zur Identitätsfeststellung, nicht auch Ingewahrsamnahme, aber auch Durchsuchen von Personen und Sachen sowie Sicherstellung von Sachen, allgemein Anwendung von unmittelbarem Zwang (s. 29.2.2, 30.3). Wichtig ist, ob z.B. ein Eingriff nur unter den Oberbegriff der Freiheitsbeschränkung des Art. 104 (1) GG oder aber unter den speziellen Begriff der Freiheitsentziehung mit den strengen Ausnahmevoraussetzungen des Art. 104 (2) – (4) GG fällt. Das Festhalten einer Person (durch Anordnung und/ oder Zwang) an einem eng begrenzten Ort (BVerwGE 62, 325, 327; BGHZ 82, 261, 267) mit jeder Art von Arrest, Gewahrsam, Haft, Freiheitsstrafe und Unterbringung wird der Freiheitsentziehung zugeordnet (Pieroth/Schlink aaO Rn 458 m.w.N.; s. auch 30.3.4 zur gefahrenabwehrrechtlichen Ersatzzwangshaft). Die Freiheitshinderung ist hier der Hauptzweck. Dagegen wird sie wegen des nur begleitenden Charakters als Freiheitsbeschränkung angesehen bei als Handlungszweck zu beurteilenden aufenthaltsbeschränkenden und führungsaufsichtlichen Maßnahmen, Vorladungen und Vorführungen, auch soweit sie zwangsweise durchgesetzt werden (BVerwGE 62, 325, 327; 82, 243, 245; BGHZ 82, 261, 267; BayObLG, DVBl. 1983, 1069). Danach stellen auch das kurzzeitige Festhalten zur Identitätsfeststellung z.B. nach § 13 (2) S. 2 Nds. SOG/ §127 (1) S. 1 StPO, auch noch das kurzzeitige Verbringen im Auto zur Fortsetzung insbesondere der Identifizierung bei der Polizei (entgegen Götz, Allg. Polizei- und Ordnungsrecht, 12. Aufl. Rn. 280) sowie die kurzzeitige Durchsuchung einer Person (§ 22 Nds. SOG) sowie ein sonstiger personenbezogener kurzer unmittelbarer Zwang (§ 69 Nds. SOG) nur Freiheitsbeschränkungen dar (Ruchor, in: Lisken/Denninger, Handbuch des Polizeirechts Rn F 51). Näheres zu 29.2.2.

6.4.3 Schranken-Schranken

Unzulässig ist ein längeres Festhalten als für den rechtlichen Zweck erforderlich.
Die Untersuchungshaft ist bei Fluchtgefahr und Verdunklungsgefahr zugelassen, jedoch ist Verhältnismäßigkeit (i.e.S.) von zu erwartender Strafe und Einschränkung des Freiheitsrechts geboten und eine wesentliche Überschreitung von 6 Monaten bei nicht zügiger Verfahrensdurchführung verfassungswidrig. Allgemein ist das hochrangige individuelle Freiheitsrecht gegenüber der Wirksamkeit einer funktionsfähigen Strafrechtspflege und einer Abschreckung für andere potentielle Täter abzuwägen.

6.4.4 Das Grundrecht der Freizügigkeit (Art. 11 GG); Art. 16, 16a GG

Freizügigkeit i.S. des Art. 11 (1) GG ist das Recht ausdrücklich nur für Deutsche, sich an jedem Ort innerhalb des Bundesgebietes aufzuhalten oder zu wohnen (BVerfGE 2, 266, 273; 80, 137, 150). Art. 11 (2) enthält einen beschränkten Gesetzesvorbehalt (nur innerhalb bestimmter Regelungsbereiche und zur Verfolgung bestimmter Ziele). Grenzen ergeben sich aus rechtlich geschützten Eigentums- und Besitzverhältnissen dies einschränken. Zum begrenzten Recht, den Wald und die übrige freie Landschaft zu betreten (Art. 2 (1) GG; 6.2).

Zum Schutz vor **Ausbürgerung** und **Auslieferung** s. Art. 16 GG. Für Ausländer besteht das **Asylrecht** (Art. 16a) bzw. das Recht der allgemeinen Handlungsfreiheit des Art. 2 (1), vgl. 6.2.1.1.

6.5 Grundrechte zum Schutz von Glauben und Gewissen (Art. 4 GG)

Nur kurz hinzuweisen ist an dieser Stelle wegen des Zusammenhangs mit dem Recht auf freie Entfaltung der Persönlichkeit (Rechtsstaatsprinzip) und ihrer Nähe und z.T. Spezialität zur Meinungsfreiheit (vgl.6.6 ff.) auf

– die Freiheit des Glaubens
– die Freiheit des weltanschaulichen Bekenntnisses und der Religionsausübung, Art. 4 (1) (2)
– die Gewissensfreiheit, zu letzterer das Recht der Kriegsdienstverweigerung (Art. 4 (3) GG)
Vgl. auch Art. 3 (3) und 33 (3) GG mit seinen Benachteiligungsverboten als Ausformungen des Gleichheitssatzes, 8.1.

Zur Frage der Vereinbarkeit des Schächtens als **betäubungslosem Schlachten** aus zwingend gebotenen religiösen Gründen mit Art. 4 GG (und § 4a TierSchG) vgl. Hain/Unruh aaO, 147 ff. in dogmatischer Auseinandersetzung mit dem (noch vor Inkrafttreten der Ergänzung des Art. 20a GG ergangenen) Urteil des BVerfG v. 15.1.2002 – 1 BvR 178389 und mit Hinweis auf die Urt. des BVerwG v. 15.6.1995 (AgrarR 1996, 58 = NuR 1996, 347 und 23.11.2000, NuR 2001, 515 = JE VII Nr. 57).

Gewissensfreiheit bedeutet u.a., dass der Verstoß gegen gesetzliche Vorschriften aus Gewissensgründen (z.b. aus wichtigen Umweltschutzgründen) zwar gesetzwidrig bleibt, aber persönlich gerechtfertigt ist. Sie endet da, wo die Gewissensfreiheit anderer oder andere kollidierende Wertentscheidungen der Verfassung (ggf. gesetzlich näher ausgestaltet) Vorrang haben, aber unter Berücksichtigung der praktischen Konkordanz, vgl. 5.3.2;

6.6 - 6.11 Grundrechte überwiegend aus dem Demokratieprinzip heraus
(vgl. 2.2.3)

6.6 Das Grundrecht der Meinungs-, Informations-, Presse-, Rundfunk-, Filmberichterstattungsfreiheit (Art. 5 (1) - (2) GG)

Meinungsfreiheit als wichtigstes Recht zu Vermeidung von staatlicher Diktatur und Unterdrückung gewährleistet, dass Meinungen gebildet, geäußert, verbreitet und - im Rahmen geistiger Auseinandersetzungen - zur öffentlichen Meinung werden, die für den Gesetzgeber und andere Staatsorgane auch außerhalb des Wahlakts Anlass für volksnahes Handeln, insbes. interessenausgleichende Anpassung ist.
Mit kritischen Äußerungen muss sich u.a. auch die Forstverwaltung insbes. im Zusammenhang mit vermehrten Naturschutzbestrebungen auseinandersetzen, weshalb auf diese Grundrechte näher einzugehen ist.

6.6.1 Das Recht der freien Meinungsäußerung (Art. 5 (1) S. 1, 1. Altern. GG)

> **Fall**: In einem großen städtischen Wald in Niedersachsen wurden in ordentlicher herkömmlicher Forstwirtschaft große alte Laubbäume gefällt, teilweise auch am Waldesrand wegen der Gefahr des Umstürzens bei Sturm.
> Darüber schrieb der Redakteur R in der großen Tageszeitung einen Artikel, in dem er den Leiter des Forstamts, den L persönlich als „den großen Säger" bezeichnete und ihm zu Unrecht vorwarf, Naturschutzbelange zu missachten.
> Darauf erwiderte L in einem Leserbrief: R sei ein beschränkter Mensch, der sich in Forstbelangen nicht auskenne und ihn in blindem Naturschutzbestreben in der Öffentlichkeit verleumden wolle. Die Zeitung sei ganz unzuverlässig. In dem Brief folgten noch sachliche Informationen zum berechtigten Grund für das Fällen der Bäume.
> R stellte darauf Strafantrag wegen Beleidigung.

Es fragt sich, ob die Meinungsäußerung des L noch von dem Grundrecht der **Meinungsfreiheit** gedeckt ist und er deswegen nicht wegen **Beleidigung** (§ 185 Strafgesetzbuch - StGB) zu bestrafen ist (vgl. 6.6.4).

Nach Art. 5 (1) S. 1, 1. Altern. GG hat jeder nicht nur das subjektive (öffentliche) Recht, seine Meinung in Wort, Schrift, Bild usw. zu **äußern**, sondern auch seine Meinung zu **verbreiten**, d.h. bei anderen zu werben, seine Meinung zu übernehmen, nicht jedoch anderen seine Meinung aufzuzwingen.

Nach der Auffassung des Bundesverfassungsgerichts schützt das Grundrecht auch die Tatsachenmitteilung, wenn sie - was normalerweise der Fall ist - Voraussetzung für die Bildung von Meinungen ist; dies liegt nicht vor bei statistischen Erhebungen wie der Volkszählung, ebenso nicht, wenn der einzelne nicht von der Richtigkeit seiner Tatsachenbehauptung überzeugt ist. Liegt eine solche Überzeugung vor, so ist eine objektive Unrichtigkeit der Tatsachenbehauptung unschädlich.

Zur Meinungsfreiheit gehört auch, dass jeder seine eigene - nur wertende, mit Überzeugung verbundene - Meinung verschweigen darf; nicht geschützt ist jedoch das Verschweigen von Tatsachen im Rahmen der allgemeinen Zeugenaussage.

6.6.2 Die Informationsfreiheit (Art. 5 (1) S. 1, 2. Altern. GG)

Das bei staatlichem verfassungswidrigen Eingriff subjektive (öffentliche) Grundrecht, sich aus allgemein zugänglichen Quellen ungehindert zu unterrichten, schützt zusätzlich die Bildung einer eigenen Meinung. Hierzu gehört auch ein Abwehrrecht gegen überhöhte Gebühren oder Steuern für die Informationsbeschaffung (vgl. 12.3). Allgemein zugängliche Quellen sind solche, die technisch geeignet und bestimmt sind, die Allgemeinheit zu informieren (Presse, Rundfunk, Film, öffentliche Bibliothek usw.).

6.6.3 Das Zensurverbot (Art. 5 (1) S. 3 GG)

Das Zensurverbot bezieht sich auf das Verbot einer staatlichen Überprüfung eines meinungsbildenden Textes vor seiner Veröffentlichung (Vorzensur).

6.6.4 Schranken bzw. Bindungen der Meinungsfreiheit (Art. 5 (2) GG)

Nach Art. 5 (2) GG findet u.a. das Grundrecht der Meinungsfreiheit seine Schranken in
– den Vorschriften der allgemeinen Gesetze
– den gesetzlichen Bestimmungen zum Schutze der Jugend und
– dem Recht der persönlichen Ehre.

Hierin liegt eine Abgrenzung zwischen der Freiheitsnorm als Garantie von Individualinteressen und vor allem dem öffentlichen Interesse des Staates, welches wiederum ein gemeinsames Interesse der Staatsbürger darstellt.

Nach herrschender Meinung sind mit „**allgemeinen Gesetzen**" solche gemeint, die sich nach objektiver Wertung nicht gegen die Meinungsfreiheit selbst richten, sondern schwerpunktmäßig die Grenzen eines anderen Schutzgutes regeln und nur nebenbei die Meinungsfreiheit einengen. Z.B. hindert jedes Zutrittsverbot eine Meinungsäußerung an dem verbotenen Ort.
Allgemeine Gesetze sind jedoch nicht solche, die die Meinungsbildung selbst zum Gegenstand haben, wie die - im Zusammenhang mit der Presse- und Rundfunkfreiheit noch zu behandelnden - Presse- und Rundfunkgesetze, die die Meinungsfreiheit nicht beschränken, sondern nur inhaltlich näher gestalten.
Vgl. auch Art. 17 a GG hinsichtlich stärkerer Einschränkung des Rechts der Meinungsfreiheit bei Wehrdienst- und Ersatzdienstleistenden.

Das Problem des Gegensatzes des Schutzes der Ehre (allgemeines Persönlichkeitsrecht, Grundrechte Art. 2 (1)/ Art. 1, vgl. 6.2.1.2) und des Grundrechts der Meinungsfreiheit ist allerdings ein Problem nicht nur
– der Einschränkung des Grundrechts der Meinungsfreiheit im öffentlichen Interesse durch allgemeine Gesetze (Strafgesetz der Beleidigung), sondern auch
– der Kollision zweier Grundrechte, zumal der Ehrschutz in Art. 5 (2) GG ausdrücklich als Schranke genannt ist.
Nach dem Grundsatz der **praktischen Konkordanz** ist bei kollidierenden Grundrechten verschiedener Personen, diejenige **gesetzliche** Lösung verfassungsgemäß, die beiden kollidierenden Grundrechten möglichst weitgehend Raum lässt (vgl. 5.3.2).

Der **Gesetzgeber** hat dieses Problem so gelöst, dass eine Beleidigung als Ehrverletzung stets den gesetzlichen Straftatbestand des § 185 Strafgesetzbuch (StGB) erfüllt, so dass der Ehrschutz durch **Strafrechtsschutz** zum **öffentlichen Interesse** erhoben worden ist.

Jedoch enthält § 193 StGB einen unrechts- und strafausschließenden Rechtfertigungsgrund: Nach § 193 StGB ist eine Beleidigung gerechtfertigt und nicht strafbar, wenn berechtigte Interessen wahrgenommen worden sind und nicht nur aus der Form der Beleidigung oder den Umständen heraus auf eine Beleidigung zu schließen ist (34.3.3.4).

Für die **Auslegung des einfach-gesetzlichen** § 193 StGB hat das Bundesverfassungsgericht die **Wechselwirkungslehre** entwickelt (vgl. 5.7.1).

Nach der Wechselwirkungslehre sind die einfach-gesetzlichen Einschränkungen des Grundrechts der Meinungsfreiheit durch allgemeine Gesetze (und Gesetze zum Schutze der Ehre), insbes. bei Strafgesetzen nicht einseitig zu Lasten des Grundrechts zu bewerten.

Es ist vielmehr eine **„Wechselwirkung"** in dem Sinne anzunehmen, dass umgekehrt die im öffentlichen Interesse bestehenden allgemeinen Gesetze, insbes. Strafgesetze über den Ehrenschutz, einschränkend so **auszulegen** sind, dass sie der Wertsetzung des Grundrechts der Meinungsfreiheit im freiheitlich demokratischen Staat gerecht werden und so ihrerseits wieder eingeschränkt werden müssen.

Der so gedeutete Sinn des Rechtfertigungsgrundes (§ 193 StGB) „im Lichte" des Grundrechts der Meinungsfreiheit als eines demokratischen Grundrechts ergibt, wie schon der **Verhältnismäßigkeitsgrundsatz,** dass die Bindungsnormen des öffentlichen Interesses für den Ehrenschutz, das durch das Grundrecht geschützte Einzelinteresse - hier im Rahmen der Auslegung - nicht mehr als **notwendig** und **zumutbar** (vgl. 5.3.1; Heintzen, DVBl. 2004, 721, 723 f.) eingeschränkt werden dürfen.

Bei der Abwägung im Rahmen des § 193 StGB (berechtigtes Interesse) ist noch zu beachten, dass das Grundrecht der **Meinungsfreiheit** selbst **auch im öffentlichen Interesse** geschützt ist. Die öffentliche Meinungsbildung wird gerade durch das Recht auf individuelle Meinungsäußerung und Bildung zum Funktionieren der freiheitlichen Ordnung gesichert (auch Demokratieprinzip, vgl. 2.3). Allerdings ist auch die Ehre als Persönlichkeitsrecht grundrechtlich geschützt (6.2.1.2 (4)), so dass die Auslegung auch entsprechend der *praktischen Konkordanz* auszurichten ist (5.3.2).

Insgesamt kommt aber der öffentlichen Meinungsfreiheit erhöhter Schutz als öffentliches Interesse zu, wobei jeder Bürger ein Recht auf Teilnahme an der öffentlichen Meinungsbildung und den daraus folgenden weiteren Schutz hat.

Im o. g. Fall hat der Forstamtsleiter L den gesetzlichen Tatbestand einer Beleidigung (§ 185 StGB) gegenüber dem Redakteur erfüllt.

Hinsichtlich des unrechts- und strafausschließenden Rechtfertigungsgrundes des § 193 StGB ist nicht bereits nur aus der Form der Beleidigung oder den Umständen auf eine Beleidigung zu schließen; es fragt sich daher, ob L berechtigte Interessen wahrgenommen hat. Aufgrund vorstehender Ausführungen kommt es darauf an, ob hinsichtlich der Äußerung des L das Grundrecht der freien Meinungsäußerung Vorrang vor dem Recht auf Ehre (Persönlichkeitsrecht) des R hat.

Zum einen hat, wie erläutert, das Grundrecht der Meinungsfreiheit wegen seiner Bedeutung schon erhebliches Gewicht.

Hier kommt noch hinzu, dass R nicht nur sachlich unrichtig bzw. unvollständig berichtet hat, sondern den L selbst objektiv beleidigend öffentlich als „Großen Säger" bezeichnet hat. R hat also den Anlass gegeben, dass L sachlich richtigstellend in ähnlicher Form öffentlich erwidert. Obwohl im Allgemeinen ein Leiter einer Behörde ein stärkeres Maß an Kritik hinzunehmen hat, als ein einzelner Bürger, dürfte nach allem die Äußerung des L noch gerade i. S. des § 193 StGB gerechtfertigt sein. Eine strafgerichtliche Verurteilung des L wegen Beleidigung wäre also nach Art. 5 (1) GG verfassungswidrig.

6.6.5 Die Pressefreiheit (Art. 5 (1) S. 2 GG)

6.6.5.1 Schutztatbestand

Als Träger dieses Grundrechts kommen Verleger, Herausgeber, Redakteure, freie Mitarbeiter u.a. in Betracht.

Die Pressefreiheit schützt: Die Beschaffung von Informationen von unabhängigen Nachrichtenagenturen und durch eigene Korrespondenten (mit dem Recht, die Informanten nicht angeben zu müssen), vor allem die Herstellung, die Vervielfältigung und die Verbreitung usw. aller zum Druck geeigneten Erzeugnisse ohne staatliche Zensur oder sonstige staatliche Beeinflussung.

Die Presse hat u.a. eine öffentliche Aufgabe durch Berichterstattung im politischen Bereich; insoweit dient sie dem Demokratieprinzip mit drei Funktionen:

- verdichtete Informationen verbreiten
- Missstände in Politik, Verwaltung und Gesellschaft aufdecken
- verschiedene Auffassungen zur Auswertung für die Politik zu integrieren und zu vervielfachen.

6.6.5.2 Schranken und deren Beschränkungen

Im Übrigen gelten die gleichen Schranken und Schranken-Schranken wie bei der Meinungsfreiheit (Art. 5 (2) GG, vgl. 6.6.4). Die Pressegesetze sind keine beschränkenden "allgemeinen Gesetze". Die Landespressegesetze beschränken die Informationsbeschaffung gegenüber staatlichen Stellen auf die Beantwortung von Fragen. Auch diese Möglichkeit entfällt, wenn ein überwiegendes öffentliches oder schutzwürdiges privates Interesse entgegensteht.
Die Polizeigesetze stellen zwar allgemeine Gesetze dar; aber zum Wesensgehalt der Pressefreiheit gehört ein Schutz vor polizeilicher Beschränkung.

In dem zu **6.6.1/6.6.4 genannten Fall** kann sich der Redakteur gegenüber einer etwaigen Strafanzeige des L wegen Beleidigung wohl seinerseits auf das Recht der Pressefreiheit und die Wahrnehmung berechtigter Interessen im Rahmen der genannten Auslegung (Wechselwirkung) berufen.

Im Rahmen der auslegungsbestimmten „mittelbaren Drittwirkung" der Grundrechte (5.8) geht die Sozialbindung (Sozialstaatsprinzip, vgl. 5.9.1) bei der Meinungs- und Pressefreiheit allerdings dahin, den Meinungskampf auf geistige Mittel zu beschränken und nicht die wirtschaftliche Macht zur Durchsetzung der Meinungs- und Pressefreiheit missbrauchend gegenüber Konkurrenten u.ä. einzusetzen. Das kann im Rahmen der mittelbaren Drittwirkung von Grundrechten (5.8) durchgesetzt werden.
Hierzu wird auf das zu 5.8.2 genannte Beispiel eines Zeitschriften-Boykotts zur mißbräuchlichen Durchsetzung der Meinungsfreiheit und den daraus erwachsenen Schadensersatzanspruch des betroffenen Verlegers hingewiesen.

6.6.5.3 Zur institutionellen Garantie der Pressefreiheit, vgl. allg. 5.5.3.

6.6.6 Rundfunkfreiheit (Hörfunk und Fernsehen, Art. 5 (1) S. 2 GG)

Auch die Rundfunkfreiheit (geschützt ist - auch als institutionelle Garantie - nicht nur die Freiheit der Berichterstattung) hat funktionell einen entscheidenden Einfluss auf die öffentliche Meinungsbildung. Der Rundfunk darf nicht vom Staat (Bund oder Land) selbst, sondern öffentlich-rechtlich nur von **unabhängigen** rechtsfähigen öffentlichen Rundfunkanstalten betrieben werden (vgl. 11.5.4), daneben von privaten Rundfunkunternehmen.
Zum Verbot der Vorzensur und den allgemeinen Schranken vgl. die entsprechend geltenden Ausführungen zu 6.6.3 - 6.6.5.

6.6.7 Die Filmfreiheit (Art. 5 (1) S. 2 GG)

Die Filmfreiheit - bezogen auf die Berichterstattung - ist von der für die Filme bedeutenderen Kunstfreiheit (Art. 5 (3) GG) abzugrenzen. Inhalt, Schranken und Verbot der Vorzensur entsprechen den Ausführungen zur Presse- und Rundfunkfreiheit.

6.7 Die Versammlungsfreiheit (Art. 8 GG)

Während die Meinungsfreiheit die Freiheit des Gedankenaustauschs zwischen einzelnen bedeutet, schützt die Versammlungsfreiheit die **gemeinsame** Meinungs- und Willensbildung.
Nach **Art. 8 (1) GG** haben (nur) alle Deutschen das Recht, sich ohne Anmeldung oder Erlaubnis friedlich und ohne Waffen zu versammeln (s. aber 6.2.1.1). Gemeint sind nur Zusammenkünfte, die der (politischen oder anderen) Meinungs- und Willensbildung dienen.
Versammlung i.S. von Art. 8 GG ist eine örtliche Zusammenkunft mehrerer Personen zur gemeinschaftlichen auf die Teilhabe an der öffentlichen Meinungsbildung gerichteten Erörterung

oder Kundgebung (BVerfG 26.10.2004, NVwZ 2005, 80). Versammlungen, in denen die Öffentlichkeit wesentlich interessierende Fragen behandelt werden, genießen erhöhten Schutz.

Gesetzliche Beschränkungen der Versammlungsfreiheit sind nur für Versammlungen unter freiem Himmel vorgesehen (Art. 8 (2) GG).

Das Versammlungsgesetz (VersG) regelt nur die öffentlichen Versammlungen, d.h. Versammlungen, an denen im Allgemeinen ein unbeschränkter Personenkreis teilnehmen kann. Für die öffentlichen Versammlungen unter freiem Himmel, ggf. z.b. auf freien Flächen im Wald oder in der übrigen freien Landschaft, sieht § 14 VersG - in zulässiger Einschränkung des Art. 8 (1) GG - eine Anmeldepflicht vor (vgl. 24.2.2); nicht angemeldete Versammlungen können aufgelöst werden (§§ 14, 15 (2) VersG). In verfassungskonformer Auslegung sind jedoch Spontanversammlungen nicht anmeldepflichtig, soweit der mit der Spontanversammlung verfolgte Zweck bei Einhaltung des § 14 VersG nicht erreicht werden könnte (BVerfG 26.10.2004, NVwZ 2005, 80). Erst nach Auflösung der Versammlung nach § 15 (2) VersG bei einer entsprechenden Gefährdung der öffentlichen Sicherheit durch unmissverständliche Verfügung an alle Versammlungsteilnehmer oder nach versammlungsrechtlich begründetem Ausschluss eines Teilnehmers aus der Versammlung kommt (im Rahmen der Verhältnismäßigkeit) ein Platzverweis nach dem allgemeinen Gefahrenabwehrrecht (z.b. Nds. SOG, 29.) in Betracht, an den sich (im Rahmen der Verhältnismäßigkeit zur Durchsetzung) eine Ingewahrsamnahme anschließen kann (s. z.b. auch Kaufmann, Lösung einer Examensklausur, NdsVBl. 2000, 44). Ein Ausschluss von einzelnen Teilnehmern an einer öffentlichen Versammlung unter freiem Himmel ist insbesondere in §§ 18 (3) und (4) VersG vorgesehen, wenn sie die Ordnung der Versammlung gröblich stören. Erst nach einer unmissverständlichen Ausschlussverfügung kann sich insbesondere bei einer Gefahr für die öffentliche Sicherheit oder Ordnung im Rahmen der Verhältnismäßigkeit ein gefahrenabwehrrechtlicher Platzverweis und notfalls zu dessen Durchsetzung eine Ingewahrsamnahme anschließen (BVerfG 26.10.2004, NVwZ 2005, 80, 81). Die Auflösungsvoraussetzungen liegen bei einem friedlichen Verlauf der Demonstration grundsätzlich nicht vor. Versammlungen, die von den Veranstaltern unfriedlich geplant oder durchgeführt werden, können aufgelöst werden. Falls nur ein Teil der Versammelten gewalttätig wird, kann - soweit möglich - die Versammlung von diesen Störern befreit werden, ohne dass die gesamte Versammlung aufzulösen ist.

6.8   Die Vereinigungsfreiheit (Art. 9 (1) (2) GG)

Stärkere Möglichkeiten, Meinungen gegenüber dem Staat ggf. einflussnehmend deutlich zu machen und Demokratie zu verwirklichen, bietet das Handeln in Vereinigungen.

Nach Art. 9 (1) GG haben alle Deutschen das Recht, Vereine und Gesellschaften zu bilden **(Gründungsfreiheit)**; damit ist über den Wortlaut hinaus jede **privatrechtlich** organisierte - persönlich bestimmte - Zusammenarbeit einzelner gemeint, die auf eine gewisse Dauer angelegt ist **(Betätigungsfreiheit)**. Kapitalgesellschaften (Aktiengesellschaft, GmbH, 2.2.1) scheiden aus. Öffentlich-rechtliche Körperschaften, die überwiegend Staatsgewalt unmittelbar ausüben, fallen nicht unter das Grundrecht, anders jedoch z.B. die Kirchen und die Studentenschaften an den Universitäten.

Bindungen der Vereinigungsfreiheit (Art. 9 (2) GG)

Nach Art. 9 (2) GG sind solche Vereinigungen verboten,
- deren Zwecke oder deren Tätigkeit den Strafgesetzen zuwiderlaufen oder
- sich gegen die verfassungsmäßige Ordnung oder
- den Gedanken der Völkerverständigung richten.
Mit Strafgesetzen sind die allgemeinen Strafgesetze gemeint, nicht etwaige Strafgesetze, die bestimmte Vereinigungen verbieten.
Verfassungsmäßige Ordnung ist hier (wie in Art. 18, 21 (2), 28 (2) S. 1, 91 **eng** ausgelegt nur) die freiheitlich demokratische Grundordnung: Das sind die in den **Art. 1 und 20** niedergelegten **Grundsät-**

ze und das **Bundesstaatsprinzip** als unveränderlicher Kernbestand der Verfassung - Art. 79 (3), s. 3.2.
(Zu den beiden weitergehenden Begriffen der verfassungsmäßigen Ordnung
- in Art. 20 (3) Bindung an das gesamte Grundgesetz, vgl. 4.1.1, 4. - 8. und
- in Art. 2 (1) Bindung auch an alle verfassungsmäßigen Gesetze, vgl. 4.1.1, 6.2.2.3).
Das Grundgesetz regelt allerdings nicht die Grenzen der **Betätigungsfreiheit** der Vereinigungen. Hierzu lässt sich feststellen, dass die Vereinigungen alles das dürfen bzw. nicht dürfen, was auch für den einzelnen gilt.

6.9 Die Freiheit der politischen Parteien (Art. 21 GG)

Nach Art. 21 (1) S. 1 GG wirken die Parteien bei der politischen Willensbildung des Volkes mit (**Betätigungsfreiheit**). Anders als die Vereinigungen - einschl. Interessenverbände - i.S. Art. 9 (1) GG nehmen die Parteien breite Interessen wahr und verbinden die außerstaatlichen Teile der Gesellschaft und den Staat.
So sieht das Bundesverfassungsgericht die Parteien
- einerseits als **Träger von Grundrechten** an, die die verfassungswidrige staatliche öffentliche Gewalt abwehren können (Berechtigung auch zur Einlegung von Verfassungsbeschwerden beim Bundesverfassungsgericht)
- andererseits (insbes. Mitwirkung bei Wahlen an der Gesetzgebung im Parlament, bei der Bildung und Kontrolle der Regierung) als **Verfassungsorgane**, die insoweit zur allgemeinen politischen Willensbildung befugt sind.

6.10 Das Wahlrecht (Art. 38 GG)

Das Wahlrecht ist im Wesentlichen ein demokratiebezogenes Grundrecht der allgemeinen, unmittelbaren, freien, geheimen und gleichen Wahl vgl. 5.1, zur *gleichen* Wahl 8.1.
Aus Art. 38 GG hat das Bundesverfassungsgericht ein mögliches, aber nicht bestätigtes Abwehrrecht des Bürgers gegenüber Hoheitsübertragungen auf die drei supranationalen Europäischen Gemeinschaften, wenn der im Rahmen des Art. 79 (3) GG (Ewigkeitsgarantie) geschützte Kern der demokratischen Legitimation von Hoheitsbefugnissen dadurch verletzt ist, dass später die Gemeinschaftsverträge ohne Verfahren u.a. mit Erlass eines neuen deutschen Zustimmungsgesetzes wesentlich geändert werden (10.2.5).

6.11 Das Petitionsrecht (Art. 17 GG)

Jeder hat gegenüber Verletzungen und Vorenthaltungen von Rechten, vor allem Grundrechten, nicht nur die umfassende gerichtliche Rechtsschutzgarantie (Art. 19 (4) GG, vgl. 5.4, 9., 25.).
Unabhängig davon besteht in Konkretisierung des Demokratieprinzips als formalisierte Möglichkeit der Einflussnahme im Einzelfall, aber auch bei allg. Situationen, das Petitionsrecht des Art. 17 GG. Danach hat jeder (außer den Soldaten, Art. 17a GG) das - als subjektives (öffentliches) Recht mit Grundrechtsqualität ausgestattete - formelle Recht, sich einzeln oder in Gemeinschaft schriftlich mit Bitten oder Beschwerden nicht nur an die zuständigen Stellen, sondern auch an die Volksvertretung zu wenden. (vgl. zum Petitionsausschuss des Bundestages Art. 45c GG). Behörden, also auch Umwelt-, einschließlich Forst- und Jagdverwaltungen können mit Petitionen von Bürgern konfrontiert werden.
Die Erledigung einer Petition braucht allerdings nach herrschender Meinung - im Gegensatz zu den echten gerichtlichen Entscheidungen - nicht unbedingt begründet, sondern nur mitgeteilt zu werden.

6.12 Die Freiheit von Kunst und Wissenschaft (Art. 5 (3) GG)

Nach Art. 5 (3) sind Kunst, Wissenschaft, Forschung und Lehre frei. Die Freiheit der Lehre entbindet nicht von der Treue zur Verfassung.
Die **Freiheit der Kunst** (Betätigung, Darbietung, Verbreitung) und der **Wissenschaft** (Forschung und Lehre) ist zum einen ein (**subjektives** öffentliches) Grundrecht für den jeweiligen Ausübenden in Abwehr staatlicher Eingriffe (vgl. 5.4);
zum anderen umfasst Art. 5 (3) - ähnlich wie beim Eigentum und der Presse - eine objektive, das Verhältnis der Bereiche Kunst und Wissenschaft zum Staat regelnde wertentscheidende Grundsatznorm (vgl. 5.5.1).

Bindungen der Freiheit der Kunst und der Wissenschaft durch den Staat bestehen nach Art. 5 (3) nicht. Allerdings werden insoweit verfassungsimmanente Schranken angenommen (vgl. 5.2.4), als die Grundrechte anderer, Staatsziele u.ä. (z.B. Art. 20a GG, 5.9.2, präzisiert durch die Genehmigungsvoraussetzungen des Baugesetzbuchs) zu beachten und durch fallbezogene Abwägung in einen verhältnismäßigen Ausgleich zu bringen sind (praktische Konkordanz, vgl. 5.3.2).

Z.B. wurde das Aufstellen von weitem sichtbarer kolossaler Steinfiguren auf einem schützenswerten Bergkamm wegen der Stützung des einfach-gesetzlichen Bauplanungsrechts auf Art. 20a GG in Einschränkung des Art. 5 (3) GG für unzulässig gehalten (BVerwG, NuR 1995, 253 f., 5.2.4, 5.9.2).

Ein Grundrecht auf Bildung enthält das Grundgesetz nicht. **Art. 4 (1) Nds. Verfassung** sieht insoweit ein "**Recht auf Bildung**" vor, das in Wirklichkeit aber nur eine Staatszielbestimmung ist, vgl. 5.5.4.

6.13 Freiheitsrechte zum Schutz der Privatsphäre (Art. 13, 10 GG)

6.13.1 Art. 13: Die Wohnung ist unverletzlich.

Durchsuchungen darf nur der Richter vornehmen, bei Gefahr im Verzuge auch ein anderes in den Gesetzen vorgesehenes Organ in gesetzlich vorgeschriebener Form, sowie nur zur Abwehr einer gemeinen Gefahr oder einer Lebensgefahr für einzelne Personen oder aufgrund eines Gesetzes auch zur Verhütung dringender Gefahren für die öffentliche Sicherheit und Ordnung mit z.T. genannten Fallgruppen (vgl. 31.3 zur wohl eher theoretischen Möglichkeit für die Jagd- und Forsthoheit bei der Verfolgung begangener Taten, nicht mehr bei der Gefahrenabwehr, s. 29.3.3 f.). Vgl. auch BVerfG 20.2.2001, DVBl. 2001, 637

6.13.2 Art. 10: Kommunikationsgeheimnis

Das Brief-, Post- und Fernmeldegeheimnis ist unverletzlich und darf nur aufgrund eines Gesetzes beschränkt werden.
(Vgl. auch Art. 6 (1) Schutz der Ehe, Art. 6 (2) Erziehungsrecht, Art. 7 (2) Religionsunterricht)

6.14 Widerstandsrecht (Art. 20 (4) GG)

Art. 20 (4) GG enthält das kaum umweltrelevante Recht zum Widerstand gegen jeden (staatliches Organ oder Privaten - insoweit privatrechtliche Befugnis), der es unternimmt, die verfassungsmäßige Ordnung zu beseitigen, wenn andere Hilfe nicht möglich ist; verfassungsmäßige Ordnung i.e.S. des Art. 79 (3) GG, vgl. 4.1.1.

6.15 Rechte aus Berufsbeamtentum und dem Richteramt (Art. 33 (4) (5) GG)

Die Ausübung **hoheitsrechtlicher** Befugnisse ist als ständige Aufgabe in der Regel Angehörigen des **öffentlichen Dienstes** zu **übertragen**, die in einem öffentlich-rechtlichen Dienst- oder Treueverhältnis stehen (Art. 33 (4) GG), vgl. auch 11.9, 15.5. Sie werden insbesondere auch für den hoheitlichen Umweltschutz eingesetzt, daneben teilweise auch Angestellte des öffentlichen Dienstes. Das Recht des öffentlichen Dienstes ist unter Berücksichtigung der **hergebrachten Grundsätze des Berufsbeamtentums** zu regeln (Art. 33 (5) GG), wobei nur der Kernbestand dieser Grundsätze geschützt ist. Hierzu gehört die Sicherung eines angemessenen Lebensunterhalts (Besoldung und Versorgung nach Ruhestand als Alimentation), nicht jedoch z.B. ein Streikrecht der Beamten. Aus den Grundsätzen folgen aber auch Verfassungseinschränkungen (auch) für andere Grundrechte (s. 5.2.5). Es wird diskutiert, ob Beamte nur noch hoheitliche Aufgaben im engeren in Grundrechte eingreifenden Sinn (z.B. Polizei), jedoch nicht mehr (überwiegend) Aufgaben der Leistungsverwaltung (z.B. kommunale Versorgungsbetriebe, Datenerfassung) wahrnehmen sollen, die dann Angestellten des öffentlichen Dienstes (mit Vergütung nach dem Bundesangestelltentarif) zu überlassen wären. Im staatlichen Forstverwaltungsbereich ist neben den Forstwirtschaftsaufgaben zumindest der Forst- und Jagdhoheitsbereich polizeiähnlich (29.3.3 f.).
Zum öffentlichen Dienst gehören auch die **Richter**. Nach Art. 97 GG sind sie unabhängig und nur dem Gesetz unterworfen. Diese Unabhängigkeit ist aber kein eigenständiges Grundrecht, sondern ein unter Art. 33 (5) GG fallender hergebrachter Grundsatz (Jarass/Pieroth Art. 97 Rn 1).

7. Wirtschafts- und Finanzverfassungsrecht; Eigentumsgarantie und Berufsfreiheit und deren verfassungsmäßig mögliche gesetzliche Beschränkungen

7.1 Eigentumsgarantie (Art. 14, 15 GG)

7.1.1 Wirtschaftsverfassung

Wirtschaftsverfassungen werden an den Maßstäben des Kapitalismus und Kommunismus als Extremlösungen gemessen. Art. 14 und 15 GG ergeben eine mittlere Position:
– Eigentum ist gewährleistet, aber nur mit Sozialbindung.
– Sozialisierung (Überführung der Produktionsmittel wie Naturschätze, Grund und Boden in Gemeineigentum) ist nur gegen Entschädigung zulässig (Art. 15, - bisher ohne praktische Bedeutung).

Art. 14 GG
(1)[1]**Das Eigentum und das Erbrecht werden gewährleistet.** [2]**Inhalt und Schranken werden durch die Gesetze bestimmt**
(2) [1]**Eigentum verpflichtet.** [2]**Sein Gebrauch soll zugleich dem Wohle der Allgemeinheit dienen.**
(3) [1]**Eine Enteignung ist nur zum Wohle der Allgemeinheit zulässig.** [2]**Sie darf nur durch ein tatbestandsmäßig näher bestimmtes Gesetz oder aufgrund eines solchen Gesetzes erfolgen, das Art und Ausmaß der Entschädigung regelt.** [3]... [4]...

7.1.2 Schutzbereich für die Gewährleistung des Eigentums

7.1.2.1 Bestandsgarantie und „Inhalt und Schranken" (Bestimmung durch Gesetze)

Art. 14 (1) S. 1 enthält die Bestandsgarantie des Eigentums (und Erbrechts). Aus **Art. 14 (1) S. 2 GG, wonach Inhalt und Schranken des Eigentums durch die Gesetze bestimmt..**
Werden, folgt, dass unter die Bestandsgarantie nur durch einfaches Gesetz geschaffene Rechtspositionen mit Privatnützigkeit und grundsätzlicher Verfügbarkeit sowie mit Vermögenswert gehören (z.B. BVerfGE 52, 1, 30; 53, 257, 268 f.; s. Formen zu 7.1.2.2).
Als Grundrecht schützt Art. 14 GG nur natürliche und juristische Personen des Privatrechts (z.B. BVerfG, DVBl. 1999, 697, 698), auch wenn alleiniger Träger der juristischen Person eine öffentlich-rechtliche Körperschaft ist. Da der (einfache) Gesetzgeber sowohl Inhalt als auch Schranken bestimmen kann, ist Inhalt des Eigentums das **zu einem bestimmten Zeitpunkt** von den einfachen Gesetzen (zum Teil i.V.m. Rechtsverordnungen und Satzungen) als Eigentum Geregelte (BVerfGE 58, 300, 336).
Ändert der Gesetzgeber diesen Inhalt für alle Eigentümer
– begünstigend, so liegt nur eine neue Inhaltsbestimmung vor,
– belastend, so stellt die Inhaltsbestimmung zugleich eine Schrankenbestimmung dar.
Insbesondere muss das Eigentum nach Grenzen und Schranken näher durch Gesetz bestimmt werden (Art. 14 (1) S. 2 GG)
– sowohl in privatrechtlicher als auch (gleichrangig, BVerfG 11.11.2002, NuR 2003, 494)
– in öffentlich-rechtlicher Hinsicht als Konkretisierung der Sozialbindung i. S. des Art. 14 (2) GG, der eine besondere Ausformung des Sozialstaatsprinzips darstellt, vgl. 5.9.1.
Eigentum muss hinsichtlich seines Schutztatbestandes - im Gegensatz zu den typischen Freiheitsrechten (z.B. Meinungsfreiheit) - erst durch einfache Gesetze näher bestimmt werden. Art. 14 schützt Erworbenes, während Art. 12 GG (Berufsfreiheit, s. 7.2) den Erwerb und die Betätigung selbst schützt (Pieroth/Schlink Rn 979).
Auch soweit es um den Eigentumsschutz von **Nutzungsmöglichkeiten** geht, nehmen das BVerfG und die h.M. eine Gesetzesabhängigkeit der Bestandsgarantie an, während ein beachtlicher Teil des Schrifttums insofern eine direkte Wirkung der Bestandsgarantie annimmt, so

dass Einschränkungen verfassungsrechtlich zu rechtfertigen wären (eingehend zugunsten der h.M. mit zahlr. Nachw. auch zu den verschiedenen Auffassungen mit Deutung des BVerfG Appel, NuR 2005, 427 ff.). Eine Nutzungsmöglichkeit fällt nur unter den Schutz der Bestandsgarantie des Art. 14 (1) S. 1 GG, wenn sie durch einfaches Gesetz zugewiesen ist (Appell aaO; zu naturschutzrechtlichen Schutzregelungen s 51.1.7.2.3).

Auf einfachgesetzlicher Ebene regelt § 903 des Bürgerlichen Gesetzbuches (BGB) privatrechtlich weitgehend für das Eigentum, dass der Eigentümer, nur soweit nicht Gesetz oder Rechte anderer entgegenstehen, mit der Sache nach Belieben verfahren und andere von jeder Auswirkung ausschließen kann. Inhaltsbestimmende privatrechtliche Einschränkungen enthalten; z.b. die §§ 904 ff. BGB (räumliche Begrenzung, Notstands- und Nachbarrecht hinsichtlich des Eigentums i.e.S., 37.27 f.). Eine neue gesetzliche Inhaltsbestimmung (ggf. i.V.m. einer Rechtsverordnung oder Satzung), die abstrakt-generell mit unmittelbarer Außenwirkung die bisherige gesetzlich bestimmte Eigentumsposition verkürzt, ist eine Beschränkung (Schrankensetzung) und damit ein Eingriff in den Schutzgegenstand des Art. 14 (1) S. 1; z.b. die Regelung des Wasserhaushaltsgesetzes, dass das Grundwasser entgegen vorheriger Rechtslage nicht zum nutzbaren Grundstückseigentum gehört (BVerfGE 58, 300, 337, vgl. 40.). Inhaltsbestimmende öffentlich-rechtliche Einschränkungen liegen auch in den (jeweils neuen) Erfordernissen einer Bauerlaubnis einschl. den - auch wechselnden - bindenden Vorschriften für die Bebauung und Nutzungsart eines Grundstücks (BVerfGE 35, 263, 276). Die Schutzpflichten des Gesetzgebers ergeben sich aus der Lösung des Spannungsverhältnisses des Eigentums zu dessen Sozialpflichtigkeit (Näheres zu den Schranken-Schranken bei 7.1.4). Zu der eine beschränkte Rechtsposition vorprägende Inhalts- und Schrankenbestimmung in der gesetzlichen Anordnung des § 35 (3) S. 3 BauGB für mögliche Konzentrationsflächen s. 39.4.10. Zum einfach-gesetzlich begrenzten Bestandsschutz (Zaun im Außenbereich) s. Hess.StGH 13.12.2004, NuR 2005, 703.

Inhaltsbestimmende und ggf. beschränkende Gesetze sind insbes. auch i. S. der sozialstaatlichen Sozialbindung (Art. 14 (2) GG) **auszulegen**.

Hinsichtlich der gesetzgeberisch zu erfüllenden **Schutzpflichten** besteht insbes. bei dem nicht ganz so hochrangigen Eigentums-Grundrecht (im Gegensatz zum Lebensschutz) ein sehr weites Ermessen (s. 5.5.1). Für den umweltbedingten Schutz vor **Waldschäden** ist eine Nichterfüllung einer bindenden Schutzpflicht des Gesetzgebers bisher noch nicht vom Bundesverfassungsgericht (NJW 1983, 2931) und dem Bundesgerichtshof (NJW 1988, 478) angenommen worden.

7.1.2.2 Objekte des Eigentumsschutzes

Art. 14 schützt als (von der Inhaltsbestimmung abhängige und nicht unmittelbar von der Bestandsgarantie erfasste 5.1.2.1) **Rechtspositionen** nicht nur das **Eigentum** im zivilrechtlichen Sinne (z.B. einschl. das grundstücksabhängige Jagdrecht, vgl. 54.2), sondern auch (aber ohne den weiten § 903 BGB)

- alle sonstigen **privatrechtlichen dinglichen Rechte** (Nießbrauch, Pfandrechte, wie Grundschuld, Hypothek (37.33, Besitz von Sachen als tatsächliche Sachherrschaft (auch ohne Eigentum, 37.27),
- Jagdausübungsrecht (54.2), Fischereiausübungsrecht (59.2),
- alle vermögensrechtlichen *schuldrechtlichen* Ansprüche (z.B. Kaufpreisforderung, Miet(zins)- /Pacht(zins)forderung (55.8), aber auch Mieterschutz, Gehaltsforderung),
- Urheberrechte,
- das Recht am eingerichteten und ausgeübten Gewerbebetrieb,
- durch eigenverantwortliche Leistung **erworbene** verfestigte vermögensrechtliche **öffentliche** Berechtigungen, deren ersatzlose Entziehung dem Rechtsstaatsprinzip widersprechen würde, z. B. erlangte unwiderrufliche (s. 26.) berufs- und gewerbeberechtliche Bewilligungen oder Genehmigungen und die daraus geschaffene Vermögensposition; Ansprüche aus der Sozialversicherung wie Rente und gesetzliche Krankenversicherung, s. 5.9.1; **nicht aber** wi-

derrufliche Erlaubnisse, der Gemeingebrauch und die Anliegernutzung (24.2.1, 46.5.3.2), Ausweitung von Rechten, wirtschaftliche Chancen,
- durch besonderes Opfer an Leben, Gesundheit, Freiheit oder Eigentum erworbene öffentlich-rechtliche Ausgleichsansprüche (z.b. Kriegsopferversorgung).

Nicht geschützt ist das **Vermögen** als solches, das kein eigenständiges Recht darstellt, so dass insbesondere öffentlich-rechtliche Abgaben (Steuern, Gebühren, Beiträge u.Ä., vgl. 7.5) grundsätzlich nicht in Art. 14 GG eingreifen können, soweit nicht unzulässig eine belastende Rückwirkung geregelt wird, wohl aber in Art. 2 (1) GG, vgl. 6.2. Nicht geschützt ist vor Minderung des Verkehrswertes von Grundflächen als Folge hoheitlicher Maßnahmen (BVerwG, UPR 1996, 388, 389; OVG Lüneburg, NuR 1984, 279, 281).

7.1.3 Sonderfall der Enteignung durch Gesetz oder aufgrund eines Gesetzes

Die Enteignung ist eine spezielle besonders einschneidende Fallgruppe der Eigentumsbeschränkung, die somit von der allgemeinen Inhalts- und Schrankenbestimmung abzugrenzen ist. In teilweiser Abweichung von der Rechtsprechung des Bundesgerichtshofs (BGH) hat das Bundesverfassungsgericht (BVerfG) den Enteignungsbegriff wie folgt bestimmt, wobei in Klammern die überholte Auffassung des BGH angeführt wird:

Enteignung ist
- die vollständige oder teilweise **Entziehung** (nicht schon jede Beeinträchtigung) **vermögenswerter Rechtspositionen** i. S. Art. 14 (1) S. 1 GG
- durch einen **gezielten** (nicht bloß unmittelbaren) **hoheitlichen Rechtsakt** (ein Realakt, vgl. 23.2, reicht nicht), zur Erfüllung bestimmter öffentlicher Aufgaben (BVerfGE 52, 1, 27).

Sie ist u.a. rechtmäßig nur,
- entweder ausnahmsweise unmittelbar durch formelles Gesetz (Einzelfallgesetz, 4.1.4) - Legalenteignung
- oder als Regelfall durch Einzelakt (13.3) aufgrund eines abstrakt-generellen formellen Gesetzes mit unmittelbarer (aber noch vollzugsbedürftiger) Außenwirkung (4.1.3) - Administrativenteignung
- und inhaltlich nur zum Wohle der Allgemeinheit unter Beachtung u.a. des Verhältnismäßigkeitsgrundsatzes (z.B. nach Enteignungsbeschluss Ausführungsanordnung (jeweils als Verwaltungsakt, §§ 22, 23 Nds. Enteignungsgesetz).

Das formelle Gesetz braucht aber jeweils nicht das eingeschränkte Grundrecht zu zitieren (vgl. 5.2.2 f.). Duldungspflichten (Lärm, Abgase) zu Lasten der dem Flugplatz benachbarten Grundstücke bewirken keinen Entzug eigentumsrechtlicher Rechtspositionen (BVerfG 11.11.2003, NuR 2003, 494).

Teilweise Entziehung bedeutet, dass ein Bestandteil des Eigentums, der rechtlich verselbständigt werden kann, herausgelöst wird,
z. B. Belastung des Grundstücks mit einer Grunddienstbarkeit.

Eine nicht gezielte Rechtsentziehung (durch Rechtsakt) wird wohl kaum vorkommen, so dass vor allem die nicht immer leichte Unterscheidung (teilweise) Rechtsentziehung und sonstige Eigentumsbeeinträchtigung bedeutsam ist.

Die Rechtsentziehung selbst darf also nicht abstrakt-generell sein (BVerfGE 25, 367, 401 ff. Pieroth/Schlink Rn 1013), muss also außer durch Verwaltungsakt ggf. auch durch eine individuell wirkende Verordnung oder Satzung angeordnet werden. Die allgemeine (und abstrakte) **gesetzliche** Regelung (4.1.3), dass besonders schützenswerte Biotope unmittelbar kraft Gesetzes ohne konstitutive Verwaltungsregelung beschränkend geschützt sind (51.8), ist keine Enteignung, sondern eine Inhalts- und Schrankenbestimmung des Eigentums.

7.1.4 Schranken-Schranken für die Inhalts- und Schrankenbestimmung durch materielles und im Wesentlichen formelles Gesetz ggf. mit notwendiger Entschädigungsregelung

7.1.4.1 Gesetz ohne Entschädigungspflicht

Bei der (von der konkreten Enteignung zu unterscheidenden) Schrankenbestimmung ist im Rahmen der Schranken-Schranken über die einseitige Anwendung des Verhältnismäßigkeitsgrundsatzes (5.3.1) hinaus die Eigentumsgarantie des Art. 14 (1) in ein **ausgewogenes Verhältnis zu der Sozialpflichtigkeit** einschl. Allgemeinwohlbindung des Art. 14 (2) zu bringen (BVerfGE 52, 1, 29; 87, 114, 138). Diese der praktischen Konkordanz (5.3.2) angenäherte Verhältnismäßigkeit begrenzt schon innerhalb des Grundrechts den sonst innerhalb eines Grundrechts viel weiteren Ermessensspielraum des Gesetzgebers bei der Wahl der Eingriffszwecke (Pieroth/Schlink Rn 997). Dabei gibt es Gewichtsunterschiede je nach Charakter des Eigentumsobjekts und dessen Situationsgebundenheit. Z.B. ist der unvermehrbare knappe Grund und Boden stärker sozialpflichtig (BVerfGE 52, 1, 32; Pieroth/Schlink Rn 999 f.).
Weitere Bindungen des Gesetzgebers folgen aus
– der **Kollision mit Grundrechten anderer** oder **anderen Verfassungsgütern** (praktische Konkordanz, 5.3.2, z.B. Verhältnis des Waldeigentums zu dem Recht zum Betreten des Waldes durch Besucher und zum Reiten im Wald, Art. 2 (1) GG, 5.1; s. Gesetzesbeispiel zu 4.1.1, 5.1.1, 5.3.2), insbes. auch mit dem Gleichheitssatz (8.2),
– der **Garantie** des Eigentums **als Rechtsinstitut** und die auch daraus bestimmbare Wesensgehaltsgarantie des Eigentums (5.5.3, 5.3.3, 7.1.5.2, BVerfGE 58, 300, 348),
– dem **Vertrauensschutz** (5.3.4) und dem **Bestimmtheitsgebot** (5.3.5).

Das Eigentum im weiten Sinne des Zivilrechts in § 903 BGB, wonach der Eigentümer einer Sache nach Belieben mit der Sache verfahren kann, soweit nicht das Gesetz oder Rechte Dritter entgegenstehen, ist, wie ausgeführt (7.1.2.1), nicht identisch mit dem verfassungsrechtlich geschützten privaten Eigentum, das durch Art. 14 (1) S. 2 (2) GG unter Einbeziehung der Sozialpflichtigkeit verfassungsmäßig bestimmt und beschränkt ist.

Verfassungsmäßige Inhalts- und Schrankenbestimmungen des Eigentums, insbesondere als Sozialbindung, lösen **keine Entschädigungs- oder Ausgleichsansprüche** aus. (z.B. Pflicht des Waldeigentümers zur Duldung des Rechts von Besuchern zum Betreten des Waldes i.S. des NWaldLG, vgl. 46; ggf. bei Versagung einer Nassauskiesungs-Erlaubnis, 24.2.4, 60.2; nutzungsbeschränkende Verordnung über Natur- oder Landschaftsschutzgebiet (51.2, 51.4, BGH, NJW 1993, 2095/2605); Hinnahme der Erschießung von streunenden Hunden oder Katzen im Rahmen des § 29 NJagdG, vgl. 29.2.1, 57.3.7. Allgemein zu Eingriffen in die Landwirtschaft Seewald, AUR 2004, 1.
Der Gesetzgeber muss stets auch im Rahmen der Verhältnismäßigkeit den Eingriff durch **Härteklauseln** (vgl. z.B. § 62 Bundesnaturschutzgesetz, 53.6) und **Übergangsregelungen** (Vertrauensschutz) vor einer Verfassungswidrigkeit bewahren (Pieroth/Schlink Rn 1005 mit Nachweisen).

7.1.4.2 Entschädigungsregelung zur Vermeidung einer Verfassungswidrigkeit

Dagegen werden (nach der neuen Rechtsprechung des Bundesverfassungsgerichts) Inhaltsbestimmungen und Beschränkungen des Eigentums (i.w.S.), die ausnahmsweise wegen ihrer übermäßigen Belastungen insbesondere für einzelne Betroffene an sich **unverhältnismäßig** (insbes. unzumutbar), **ungleich** oder **aus anderen Gründen verfassungswidrig** sind, durch einen Anspruch des Inhabers der Rechtsposition auf **entschädigenden (finanziellen) Ausgleich** auf ein zumutbares und gleichheitsbewahrendes Maß reduziert (BVerfGE 58, 300 ff.) - Wertgarantie statt Bestandsgarantie des Eigentums (Pieroth/Schlink Rn 1003).

Allerdings **muss der Gesetzgeber selbst einen solchen Ausgleich vorsehen** (da es um staatliches Geld geht, Heintzen, DVBl. 2004, 721, 724). Anderenfalls ist die gesetzliche Beschränkungsregelung verfassungswidrig.

Z.B. ist eine gesetzliche Regelung, wonach jeder Verlag von jedem Druckwerk 1 Pflichtexemplar jeder Auflage an eine bestimmte öffentliche Bibliothek ohne ausgleichende Entschädigung abzuliefern hat, bei aufwendigen Büchern mit geringer Auflage unverhältnismäßig (unzumutbar). Der Gesetzgeber könnte statt einer Befreiung von einer Ablieferung bei entsprechend wichtigem öffentlichen Zweck auch eine Ablieferungspflicht mit Anspruch auf Ausgleichsentschädigung vorsehen, BVerfGE 58, 137, 150; ausdrückliche Entschädigungsregelungen: § 80 (1) S.1/ § 8 Nds. SOG - polizeiliche Inanspruchnahme eines Notstandspflichtigen mit Vermögenseinbuße und Schadensausgleich, 29.9; § 10 NWaldLG bei (entschädigungspflichtiger) Versagung einer Waldumwandlungsgenehmigung, 45.5.25; § 50 NNatSchG bei sonst unzumutbaren naturschutzrechtlichen Nutzungsbeschränkungen durch Maßnahmen der Verwaltung, 53.3.

Jedoch sind Regelungen, die Inhalt und Schranken des Eigentums bestimmen, mit Art. 14 (1) GG unvereinbar, wenn sie unverhältnismäßige Belastungen des Eigentümers nicht ausschließen und keinerlei Vorkehrungen zur **Vermeidung derartiger Eigentumseinschränkungen** enthalten. **Ausgleichsregelungen**, die den Grundsatz der Verhältnismäßigkeit in besonderen Fällen wahren sollen, sind unzulänglich, wenn sie sich darauf beschränken, dem Betroffenen einen Entschädigungsanspruch in Geld zuzubilligen. Die Bestandsgarantie des Art. 14 (1) S. 1 GG verlangt, dass **in erster Linie** Vorkehrungen getroffen werden, die eine **unverhältnismäßige Belastung des Eigentümers real vermeiden** und (neben der **Verfügungsbefugnis**) die **Privatnützigkeit** des Eigentums so weit wie möglich erhalten. Der Gesetzgeber muss die Voraussetzungen dafür schaffen, dass die Verwaltung bei der Aktualisierung der Eigentumsbeschränkung zugleich über den ggf. erforderlichen Ausgleich zumindest dem Grunde nach entscheiden kann. BVerfG 2.3.1999, NJW 1999, 2877 = DVBl. 1999, 1478 = NuR 1999, 572 = BVerfGE 100, 226. Anders als bei ausgleichsbedürftigen Eingriffen durch **Verwaltungsakt**, wo Klarheit über die rechtzeitige Einlegung vorn Rechtsmitteln bestehen muss, gebietet Art. 14 (1) GG keine gesetzlichen Vorkehrungen dafür, dass **naturschutzrechtliche Schutzgebiete** (durch **Verordnung)** nur unter gleichzeitiger Festsetzung erforderlicher kompensatorischer Maßnahmen für die betroffenen Grundstücke erlassen werden (BVerwG 31.1.2001, NuR 2001, 391, 392 f.; s. 51.1.7.6.1). Zu den Folgerungen aus der Entscheidung des BVerfG Roller, NJW 2001, 1003.

Die Grenzlinie zwischen Entschädigung und Ausschluss einer Entschädigung liegt zwischen der verfassungsmäßigen und verfassungswidrigen Inhalts- und Schrankenbestimmung (vgl. Schema zu 7.1.6). (Sie verläuft nicht mehr - wie nach der bisherigen Rechtsprechung des BGH in nicht mehr zutreffender entsprechender Anwendung des Art. 14 (3) GG - zwischen der entschädigungspflichtigen Enteignung einerseits und der entschädigungslosen Inhalts- und Schrankenbestimmung andererseits.) Jedoch können die folgenden auf die bisherige Abgrenzung ausgerichteten **Theorien** entsprechend auch **zu der sich** aus Art. 14 (1) GG ergebenden **Abgrenzung** der ausgleichspflichtigen von der entschädigungslosen Inhalts- und Schrankenbestimmung verwendet werden. Gesetzlich zu regeln ist eine Entschädigung:

- bei besonders schweren Beeinträchtigungen (Schweretheorie des Bundesverwaltungsgerichts)
- bei Beeinträchtigungen, die dem betroffenen Eigentümer im Vergleich mit anderen Eigentümern in ähnlicher Lage unter **Verstoß gegen den Gleichheitssatz ein besonderes Opfer** auferlegen (sog. Sonderopfertheorie des Bundesgerichtshofs).

Nach der Theorie der **Situationsgebundenheit** kann sich aus der besonderen tatsächlichen Situation, in der sich ein **Grundstück** oder ein Gebiet (z.b. Wald) befindet - etwa in einem Naturschutzgebiet oder in einem Verdichtungsraum (Frankfurt, Hannover) -, die Pflicht ergeben, an sich mögliche (noch nicht verwirklichte und bei vernünftiger Betrachtungsweise auch in Zukunft sich nicht anbietende) Grundstücksnutzungen zu unterlassen (vgl. auch Bartlsperger, DVBl. 2003, 1473);

z.b. einen Wald wegen Sandabbau nicht zu roden einschl. eine schützenswerte diluviale Düne nicht abzubauen, BGH NJW 1993, 2605); ein entsprechendes Nutzungsverbot im Einzelfall bedeutet keine Enteignung, sondern nur eine Sozialbindung des Eigentums ohne Ausgleich; - anders die o.g. Fälle der Entschädigungsregelungen nach § 10 NWaldLG/ § 50 NNatSchG, 45.4.9, 53.3.

Teilweise enthalten diese - von der Rechtsprechung inzwischen auch verbundenen - Theorien ohnehin zu berücksichtigende Verfassungskriterien:

Sonderopfer	- Gleichheitssatz (8.2)
schwere Beeinträchtigung	- ggf. Unverhältnismäßigkeit (Unzumutbarkeit) - (5.3.1.3)
Situationsgebundenheit	- (fehlender) Vertrauensschutz (5.3.4).

Der Gesetzgeber kann allerdings (vorsorglich) Entschädigungen vorsehen, die noch nicht von der Verfassung im Rahmen der Inhalts- und Schrankenbestimmung gefordert sind (z.B. hinsichtlich Verkehrslärm; oder § 52 NNatSchG, 53.3).

Aus dem Wort „zugleich" in **Art. 14 (2) S. 2 GG** ist der steuerliche Halbteilungsgrundsatz als besondere Ausformung der Verhältnismäßigkeit i.e.S. bei der Vermögenssteuer entwickelt worden (BVerfGE 93, 121; Heintzen, DVBl. 2004, 712, 725).

7.1.4.3 Inhalts- und schrankenbestimmende Gesetze , die ohne Entschädigungsregelung die verfassungsrechtlichen Grenzen überschreiten

Inhalts- und schrankenbestimmende Gesetze, die die verfassungsrechtlichen Grenzen
– schon hinsichtlich des Eingriffs und/oder
– hinsichtlich fehlender Entschädigungsregelung
mit weitem Ermessen ganz erheblich überschreiten, sind verfassungswidrig und **nichtig**. Für solche **verfassungswidrigen** Gesetze sind keine gesetzlichen Entschädigungsregelungen für die abstrakt-generell Betroffenen vorgesehen. Wegen der allgemeinen Wirkung liegt kein Sonderopfer vor, das (wie bei den Handlungen der Verwaltung, s. 27.4.3 ff.) eine gewohnheitsrechtliche Entschädigungsgrundlage rechtfertigen könnte. Auch wegen der weitreichenden unübersehbaren finanziellen Folgen und begrenzter Haushaltsmittel muss die sehr gravierende Entschädigungsregelung dem Gesetzgeber selbst vorbehalten bleiben.

Zwar trägt der Staat hinsichtlich der **allgemeinen Waldschäden** durch die Gestaltung des Bundesimmissionsschutzgesetzes (62.) und den danach erteilten Betriebsgenehmigungen sowie durch die Verwaltungsvorschrift TA-Luft, die die Bedingungen für den Kraftfahrzeugverkehr usw. regeln, dazu bei, dass allgemein Waldschäden entstehen. Dabei ist es unerheblich, ob die Waldschäden als rechtswidrige gewollte oder unvorhergesehen nebenbei eingetretene Eingriffsfolgen der Gesetzgebung zu werten sind. Wegen der Unbestimmtheit und Vielzahl der Ursachen und der finanziellen Grenzen des Staates (z.B. Entschädigungen, die an Unternehmen, Kraftfahrer usw. wegen Einstellung von sonst unvermeidbaren Emissionen zu leisten wären oder als Alternative Entschädigung für die geschädigten Waldbesitzer), muss dem Gesetzgeber überlassen bleiben, ob er eine Entschädigungsregelung erlässt (BGH NJW 1988, 478; s. auch 6.3.1.2, 6.3.4).

7.1.4.4 Nichterlass von Gesetzen, die Eigentumsbeschränkungen verhindern können

Noch problematischer sind Entschädigungsansprüche des Staates wegen unterlassener Schutzgesetzgebung.

Z.B. stellt sich auch die Frage, ob der Staat für **Waldschäden** aufgrund der Umweltbelastungen Entschädigungen zu leisten hat, weil er die Schadensursachen nicht durch entsprechende Gesetze unterbunden hat. Es fragt sich also, ob insofern grundrechtliche Schutzpflichten aus Art. 14 verletzt sind.

Geht es um die Frage, ob der **Gesetzgeber** in einem zur Entschädigung verpflichtenden Maße **untätig** geblieben ist, bleibt zu beachten: Soweit die **finanziellen Folgen** über Einzelfälle hinaus **weitgehend** sein können und die **gesetzgeberische Lösung** Varianten zulässt, sind Entschädigungsansprüche aus Verletzung der *Schutzpflicht des Staates aus den Grundrechten (vgl. 5.5.1)* aufgrund des gesetzgeberischen Ermessens bis auf ganz außergewöhnliche Situationen kaum gegeben, auch wenn der Primärrechtsschutz bei den Verwaltungsgerichten (25.) praktisch keine Hilfe bringen kann.

Selbst wenn man die allgemeinen Waldschäden ab einem bestimmten Grad als verfassungsrechtlich nicht mehr hinnehmbar ansieht, kann doch ein (insoweit zuständiges) Zivilgericht (25. Übersicht über die Gerichtsarten) nicht eine fehlende gesetzliche Entschädigungsgrundlage durch eine rechtliche Lösung kompensieren (anders bei Einzelakten, s. 27.4, durch Anwendung des gewohnheitsrechtlich geltenden Aufopferungsanspruchs entsprechend §§ 74, 75 Einl. Allg. Preuß. Landrecht); vgl. zur Aufopferung und Enteignung (auch zum Folgenden) Brüning, JUS 2003, 2.

Bisher konnten der BGH und das BVerfG nicht feststellen, dass der Gesetzgeber eine verfassungsmäßige Pflicht zu Eigentum schützender Gesetzgebung und anderem Handeln in einem Maße verletzt hat, dass Waldeigentümern daraus Entschädigungsansprüche erwachsen sind. Insbesondere kann ein Gericht nicht aus einer Vielfalt von Möglichkeiten für Maßnahmen,

> z.B. Entschädigungsfonds auch mit Beitragspflichten von Immissions-Verursachern, allgemeine Fahr- und Betriebsverbote, zwischenstaatliche Vereinbarungen (10.1),

eine bestimmte Regelung anstelle des Gesetzgebers treffen.

Nur wenn der Gesetzgeber trotz erheblichem Spielraum *offensichtlich den objektiv gebotenen Eigentumsschutz vernachlässigt*, wäre ganz ausnahmsweise an eine verfassungsrechtlich gebotene Entschädigungshaftung des Staates zu denken (vgl. 5.3.1.3). Dies ist aber hinsichtlich einer Waldschädenverursachung nach Auffassung des BVerfG für das Jahr 1983 (NJW 1983, 2931) und des BGH jedenfalls für das Jahr 1987 (NJW 1988, 478) noch nicht der Fall.

7.1.5 Schranken-Schranken der Enteignungsgesetze

7.1.5.1 Wohl der Allgemeinheit, Verhältnismäßigkeit

Nach Art. 14 (3) S. 1 ist eine Enteignung nur **zum Wohle der Allgemeinheit** zulässig (s. 7.1.3), also grundsätzlich nur im öffentlichen Interesse. Dies gilt auch bei Erfüllung staatlicher Aufgaben in privatrechtlicher Form, was nicht bei privatrechtlichen Hilfsgeschäften und Erwerbsverwaltung vorliegt (23.4). Der Gesetzgeber muss das durch die Enteignung erstrebte Wohl präzisieren durch differenzierte materiell- und verfahrensrechtliche Regelungen (BVerfGE 74, 264, 268 = NJW 1987, 1251). **Zugunsten einer Privatperson** darf enteignet werden, wenn sie unmittelbar, aber auch mittelbar öffentliche Aufgaben (mit) erfüllt (BVerfGE 66, 248, 257 – 20.3.1984 - , NJW 1987, 1251;BVerwG 11.7.2002, NuR 2003, 161). Jedoch ist ein Gesetz erforderlich, das den zu verwirklichende Enteignungszweck deutlich umschreibt, die grundlegenden Enteignungsvoraussetzungen und das Verfahren zu ihrer Ermittlung festlegt sowie Vorkehrungen zur Sicherung des verfolgten Gemeinwohls regelt. (NJW 1987, 1251, Boxberg-Urteil: Wald- und Feldenteignungen mit Zwangs-Landtausch für Mercedes-Teststrecke unter Schaffung von Arbeitsplätzen sind vom BauGB und der Unternehmensflurbereinigung nicht gedeckt; 40.9.6; 40.5).

Die vorstehenden Anforderungen ergeben zugleich den verfassungsrechtlich zulässigen Zweck, an dem sich der **Verhältnismäßigkeitsgrundsatz** auszurichten hat (5.3.1). Bei der *Erforderlichkeit* ist zu prüfen, ob nicht mildere Maßnahmen als eine Enteignung ausreichen. Bei der *Angemessenheit* bzw. Zumutbarkeit ist zwischen dem erstrebten Wohl für die Allgemeinheit und dem harten Grundrechtseingriff abzuwägen, wobei die Sozialpflichtigkeit des Eigentums entsprechend zu beachten bleibt (7.1.4.1), aber auch die Frage der Entschädigung einzubeziehen ist.

7.1.5.2 Mit Entschädigungsregelung

Das die Enteignung regelnde **Gesetz** muss jeweils eine Entschädigung nach **Art und Ausmaß** vorsehen - **Junktimklausel**;
vgl. z.B. § 49 Nds. Naturschutzgesetz i.V.m. dem Nds. Enteignungsgesetz, insbes. nach Enteignungsbeschluss Ausführungsanordnung jeweils als Verwaltungsakt (15., 53.2 f., §§ 22, 23 Nds. Enteignungsgesetz:
1. Realisierung von Maßnahmen des Naturschutzes und der Landschaftspflege,
2. besonders geeignete Grundstücke, insbes. Ufer von Seen und Flüssen, für die Erholung in Natur und Landschaft nutzbar machen).
Die Entschädigung ist unter **gerechter Abwägung** der Interessen der Allgemeinheit und der Beteiligten zu bestimmen. Wegen der Höhe der Entschädigung steht im Streitfalle der Rechtsweg vor den ordentlichen Gerichten (also Zivilgerichten) offen. (Art. 14 (3) S. 3, 4 GG). Für den Gesetzgeber genügt bei abstrakt-generellen Gesetzen die Angabe eines gerecht abgewogenen Rahmens für die Entschädigung. (Die Verwaltung muss in diesem Rahmen im *Einzelfall präziser* gerecht abwägen; Pieroth/Schlink Rn 1014; vgl. 27.4.1). Insoweit ist die Angemessenheit und Zumutbarkeit der gesamten gesetzlichen Regelung im Rahmen der Verhältnismäßigkeit zu prüfen. Art. 14 (1) enthält auch eine **Institutsgarantie** allgemein für das Eigentum (5.5.3): Sie hat ihre Bedeutung hauptsächlich bei der Bestimmung der Wesensgehaltsgarantie des Art. 14 (Art. 19 (2), BVerfGE 58, 300, 348, 5.3.3).
Zum **Kernbereich** (Wesensgehalt) des Art. 14 GG gehören nur
– die **Privatnützigkeit** (eine nach Art und Situation mögliche wirtschaftlich sinnvolle Nutzung des Eigentums muss verbleiben) und
– die **grundsätzliche Verfügbarkeit** über den Eigentumsgegenstand (ein Veräußerungsverbot ist nur ganz ausnahmsweise zulässig).

Insbes. bei Regelung der gesetzlichen Entschädigungspflicht für Enteignungen ist der Kernbereich (Wesensgehalt) des Eigentums als Grundrecht noch nicht angetastet. (Wertgarantie statt Bestandsgarantie, s. 7.1.4.2).

7.1.5.3 Ohne Entschädigung

Ohne ausreichende materiellgesetzliche parlamentarisch geschaffene Entschädigungsgrundlage (Junktimklausel) ist das Gesetz verfassungswidrig, und eine Entschädigungspflicht ist für solche Eingriffe grundsätzlich auch nicht gegeben. Verwaltungsakte, die auf solchen Gesetzen beruhen, müssen mit Rechtsmitteln angegriffen werden (25.). Nur soweit das nicht zumutbar oder realisierbar ist, kommt, aber nur bei Vorliegen eines bei einer allgemeinen Gesetzgebung kaum möglichen Sonderopfers, ein Entschädigungsanspruch für eine unabhängig von einer Entschädigungsregelung verfassungsmäßige oder nicht verfassungsmäßige Enteignungsregelung in Betracht.

7.1.6 Schema zur verfassungsmäßigen Inhalts- und Schrankenbestimmung des Eigentums und der Enteignung

Zwei äußere Bereiche, (1), (2): Spielraum des Gesetzgebers für abstrakt-generelle rechtmäßige Bestimmungen von Inhalt und Schranken des Eigentums, zu (2) ggf. zur Vermeidung von Verfassungswidrigkeit verfassungsrechtlich (z.b. Verhältnismäßigkeitsgrundsatz) gebotene gesetzliche Entschädigung;
unmittelbare Grenze zu (3) Spezialeingriff der Enteignung.
Die Grenze zum Kernbestand (4) (mitbestimmt durch die Institutsgarantie) darf weder von Enteignungen (3) noch von Eigentumsbeeinträchtigungen (2) überschritten werden.

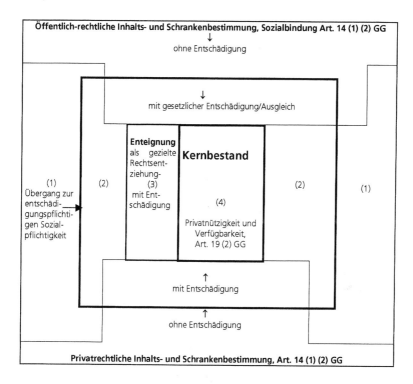

Zur *verfassungswidrigen* Inhalts und Schrankenbestimmung bzw. Enteignung s. 7.1.4.1, 7.1.4.3, 7.1.5.3

7.1.7 Auslegung von Privatgesetzen (Mittelbare Drittwirkung im Privatrechtsverhältnis)

Im Rahmen der **Auslegung** von Privatrechtsgesetzen (mittelbare Drittwirkung der Grundrechte, z. B. von Schadenersatzvorschriften, vgl. 5.8, 6.6.5.2), darf Eigentum als freiheitssicherndes Recht insbes. im Hinblick auf die Sozialpflichtigkeit auch von Privatrechtspersonen nicht als Machtposition freiheitsbeschränkend gegenüber denjenigen mißbraucht werden, die weniger Vermögen haben oder sonst erheblich finanziell bedrängt werden können.

7.2 Freiheit des Berufs (Art. 12 GG)

Art. 12 (1) garantiert das Recht aller Deutschen, Beruf, Arbeitsplatz und Ausbildungsstelle frei zu **wählen**. Die Berufs**ausübung** kann durch Gesetz oder aufgrund eines Gesetzes geregelt werden.
Der Beruf ist typisch sozialbezogen, also nicht auf die Privatsphäre beschränkt; daher ist ein gesetzlich zu regelnder Schutz auch hinsichtlich der Berufs**ausübung** besonders geboten.
Niemand darf zu einer bestimmten Arbeit **gezwungen** werden - außer im Rahmen einer herkömmlichen allgemeinen für alle gleichen Dienstleistungspflicht (Art. 12a zur Wehrdienst- und Zivildienstverpflichtung) oder bei gerichtlich angeordneter Freiheitsentziehung (Art. 12 (2) GG).

Nach der Rechtsprechung des Bundesverfassungsgerichts (Apotheker-Urteil, BVerfGE 7, 377) und Folgeurteile) ergeben sich in Anwendung des Grundsatzes der Verhältnismäßigkeit (5.3.1) je nach dem erforderlichen Grad des Eingriffs in die Freiheit der Berufsausübung aber auch - in Auslegung über den Wortlaut des Art. 12 (1) S. 2 hinaus - der Berufswahl **drei** (wegen des Verhältnismäßigkeitsgrundsatzes i.w.S. unterschiedlich intensiv eingreifende) **Grundrechts-Bindungsstufen (Schranken-Schranken)** für den Gesetzgeber, der innerhalb jeder Stufe eine - höhere allgemeine Einschränkung der inhaltlich jeweils unterschiedlichen Zielvorgabe und den darauf bezogenen 3-teiligen Verhältnismäßigkeitsgrundsatz zu beachten hat (aber jeweils mit weitem Ermessen).

1. Stufe
Ohne Antastung der Berufswahl erlässt der Gesetzgeber, soweit als Zielvorgabe vernünftige Erwägungen des Gemeinwohls es zweckmäßig erscheinen lassen, nur **Ordnungsvorschriften** zur Berufsausübung für Berufstätige, also zur **Vermeidung von Nachteilen und Gefahren für die Allgemeinheit oder zur Förderung eines Berufs.** Verfassungsgemäß sind nur Bindungen im Rahmen des Verhältnismäßigkeitsgrundsatzes, also bezogen auf den Gemeinwohlzweck ein geeignetes, das mildeste und hinsichtlich der Belastung der einzelnen - zumutbares Mittel (vgl. 5.3.1); z.B. u.a. auch für Berufsjäger Regelungen über die Jagdausübung (Sicherheit, Tierschutz u.Ä.).

2. Stufe
Subjektive Zulassungsgarantien für die Aufnahme einer Berufstätigkeit, also Berufs*wahl* (persönliche Qualifikation, Vor- und Ausbildung, z.B. Jagdscheinerfordernis für Berufsjäger) sind **zum Schutz eines vom Gesetzgeber für wichtig gehaltenen Gemeinschaftsguts** gerechtfertigt. Die Rangbewertung des Gesetzgebers kann das Bundesverfassungsgericht nur beanstanden, wenn sie offensichtlich fehlerhaft oder mit der Wertordnung des Grundgesetzes unvereinbar ist.
Nur insoweit müssen in Erfüllung der drei Elemente des Verhältnismäßigkeitsgrundsatzes bezogen auf den vorgenannten Zweck, die subjektiven Zulassungsgarantien geeignet und erforderlich sein (mildestes Mittel) und dürfen nicht außer Verhältnis zum Zweck der - wichtige Gemeinschaftsgüter schützenden - Erfüllung der Berufstätigkeit stehen.

3. Stufe: Objektive Zulassungsvoraussetzungen
Das sind dem Einfluss des einzelnen entzogene Voraussetzungen für die Berufszulassung (Berufswahl).
Z.B. wird die allgemeine Berufszulassung davon abhängig gemacht, dass ein Bedürfnis (Verhinderung einer Überbesetzung des Berufs) besteht.

Da objektive Zulassungsvoraussetzungen die stärkste Art des Grundrechtseingriffs darstellen, sind sie nur zum **Schutz eines überragend wichtigen Gemeinschaftsguts** gerechtfertigt; es muss **höchstwahrscheinlich sein, dass (schwere) Schäden einzutreten** drohen. Auch bezogen auf diesen Zweck müssen (ebenfalls mit weitem gesetzgeberischen Ermessen) alle Verfassungsbestimmungen des Verhältnismäßigkeitsgrundsatzes (Eignung, Erforderlichkeit, Zumutbarkeit) erfüllt sein; z.b. Beschränkung der Zulassung zum gesetzlichen Güterkraftverkehr zum Schutz der für die Allgemeinheit unentbehrlichen Bundesbahn (inzwischen Bahn AG) und der Verkehrssicherheit auf Straßen.
Die Festsetzung absoluter Zulassungszahlen (absoluter Numerus clausus) ist auch nach den Kriterien der dritten Stufe zu beurteilen - i.V.m. dem allgemeinen Gleichheitssatz: statt Recht auf Zulassung nur ein Teilhaberecht, d.h. gleichberechtigte Teilnahme an der Vergabe der Studienplätze, wobei die Vergabe u.a. auf das unbedingt Erforderliche beschränkt sein muss (vgl. 5.5.3, 8.2).

Wegen der Unbestimmtheit der Stufenkriterien zur Konkretisierung des Verhältnismäßigkeit i.e.S. kritisch Heintzen, DVBl. 2004, 721, 724 m.w.N.

7.3 Koalitionsfreiheit (Art. 9 (3) GG)

Nach Art. 9 (3) S. 1 GG ist für jedermann und für alle Berufe gewährleistet, zur Wahrung und Förderung der Arbeits- und Wirtschaftsbedingungen Vereinigungen zu bilden (Koalitionsfreiheit). Abreden, die dieses Recht einschränken und zu behindern suchen sind nichtig, hierauf gerichtete Maßnahmen sind rechtswidrig und mit unmittelbarer Wirkung im Privatrechtsbereich (5.5.2) nichtig (Art. 9 (3) S. 2). Die Koalitionsfreiheit enthält außer der Gründungsfreiheit auch die Betätigungsfreiheit von Vereinigungen zur Wahrung und Förderung der Arbeits- und Wirtschaftsbedingungen mit dem Ziel, **Tarifverträge** über die Arbeitsbedingungen **mit normativem (materiell-gesetzlichem) Charakter** (4.1.3) als Recht für Gewerkschaften und Arbeitgeberverbände abzuschließen. Hiermit verbunden ist die Verpflichtung des Staates, für Tarifverträge als materielle Gesetze, über die Arbeitsbedingungen der Arbeiter und Angestellten den Schutz des Rechts und der Gerichte zu gewähren. (Schutz- und Verfahrensgesetze, vgl. 5.5.1, 5.5.4).
Art. 9 (3) garantiert auch den Arbeitskampf (S. 3) als koalitionsmäßige Betätigung, also Streik und - begrenzt - auch die Aussperrung (so das Bundesverfassungsgericht). Inhalt und Grenzen kann der Gesetzgeber bestimmen, soweit er den Kernbereich nicht antastet, Art. 19 (2).

7.4 Wirtschaftssystem

Die soziale Marktwirtschaft in der derzeitigen Ausgestaltung ist eine nach dem Grundgesetz mögliche Wirtschaftsordnung, nicht die einzige (z.B. möglich sind Sozialisierungen mit Entschädigungen, vgl. 7.1).
Unternehmerrechte nach Art. 2 (1) finden ihre Bindung im Sozialstaatsprinzip (5.9.1), d.h. dürfen nicht zur Rechtfertigung der Unfreiheit insbes. der Arbeitnehmer dienen.
Zur Demokratisierung der Wirtschaft als Teil der Gesellschaft ist das betriebliche Mitbestimmungsrecht über Betriebsräte zumindest als nicht paritätische Mitbestimmung anerkannt.
Art. 109 (2), wonach Bund und Länder bei ihrer Haushaltswirtschaft den Erfordernissen des gesamtwirtschaftlichen Gleichgewichts Rechnung zu tragen haben, ist als **Staatszielbestimmung** (vgl. 5.5.5) gerichtet auf: Stabilität des Preisniveaus, hoher Beschäftigungsstand, außenwirtschaftliches Gleichgewicht und stetiges und angemessenes Wirtschaftswachstum.

7.5 Abgaben (insbes. Steuern)

Die sich für den Staat aus den Schutzpflichten der Grundrechte (5.1), den Staatszielen (einschl. Art. 109 (2), vgl. 5.5.5) und den Staats-Strukturbestimmungen (2.1) usw. ergebenden Pflichten der Verwaltung sind nur insoweit realisierbar, als der Staat über die erforderlichen Finanzmittel verfügt. Hauptsächliche Finanzquelle sind unter dem **Oberbegriff der Abgaben** die **Steuern** (s. zur Gesetzgebungskompetenz 4.2.2, zur Verteilung des Aufkommens Art. 106 GG).

Steuern sind einmalige oder laufende öffentlich-rechtliche Geldleistungen, die keine Gegenleistung für eine besondere Leistung darstellen und Einnahmen für den allgemeinen Finanzbedarf des Bundes, der Länder, der Gemeinden, Landkreise u.ä. erzielen sollen, die zugleich einen Lenkungs- oder i. e. S. Leistungszweck (umwelt-, gesundheitspolitische u.a. soziale Ziele) haben können und von allen zu erbringen sind, die den gesetzlichen Tatbestand der Steuergesetze erfüllen.

Steuern gehören zum Oberbegriff der Abgaben. Von den Steuern zu unterscheiden sind folgende weniger bedeutsamen öffentlich-rechtlichen Einnahmequellen:

- **Gebühren**, die ein öffentlich-rechtliches Entgelt für die Inanspruchnahme einer besonderen Leistung der Verwaltung einschließlich Überlassung der Nutzung knapper Naturgüter darstellen;
- **Beiträge**, die als Gegenleistung für eine öffentlich-rechtliche Leistung der Verwaltung eine Beteiligung an den Kosten (z.B. für die Bereitstellung einer öffentlichen Einrichtung) darstellen;
- **Sonderabgaben:**
  - mit Finanzierungsfunktion: Voraussetzungen:
    - im Zusammenhang mit einer materiell-gesetzlichen Gesetzgebungskompetenz des Bundes oder Landes (Art. 73 ff. GG)
    - Sachzweck , der rechtsgestaltend über bloße Mittelbeschaffung hinaus
    - homogene Gruppe ist abgabenpflichtig
    - besondere Sachnähe des Abgabepflichtigen zu der zu finanzierenden Sachaufgabe;
    - besondere Finanzverantwortung der Abgabenpflichtigen für die Aufgabe
    - gruppennützige Verwendung der Abgabemittel
  - **ohne Finanzierungsfunktion** mehrere Arten mit erleichterten Voraussetzungen, z.B.
    - Beiträge der Forstwirtschaft nach dem betr. Absatzfondsgesetz.
    - Die Ausgleichsabgabe für naturschutzrechtliche Eingriffe in Baden-Württemberg.

Die Abgaben gelten als Vermögensbeschränkungen, nicht als Einschränkungen des Eigentums i.S. von Art. 14 GG (7.1) und als Einschränkung der allgemeinen Handlungsfreiheit (Art. 2 (1) GG, 6.2.2). Hinsichtlich ihrer umweltrechtlichen Bedeutung s. Näheres zu 38.5; 63.3.3.

7.6 Haushaltsrecht

Bund und Länder sind in ihrer Haushaltswirtschaft selbständig und von voneinander unabhängig (Art. 109 (1) GG). Sie haben bei ihrer Haushaltswirtschaft den Erfordernissen des gesamtwirtschaftlichen Gleichgewichts Rechnung zu tragen (Art. 109 (2) GG, Staatsziel, vgl. 7.4, 5.5.5). Nach Maßgabe des nach Art. 109 (3) GG erforderlichen Haushaltsgrundsätzegesetz (Art. 109 (3) GG; 4.2.4) auf Grund der Bundeshaushaltsordnung bzw. der jeweiligen Landeshaushaltsordnung).sind die Einnahmen und Ausgaben von Bund (sowie Ländern, Gemeinden u.ä. öffentlich-rechtliche Körperschaften) getrennt (*Bruttoprinzip*) und *ausgeglichen* sowie *vollständig* für mindestens ein *Jahr* in einem **Haushaltsplan durch das** jeweilige **Parlament** festzulegen (Art. 110 GG), also durch formelles (mangels unmittelbarer Außenwirkung für die Bürger - *Bepackungsverbot* - aber nicht auch materielles) Gesetz, vgl. 4.1.3, 4.1.5. Hier liegt die wichtige auch politische *Steuerungs- und Überwachungsfunktion des Parlaments* gegenüber Regierungen und Verwaltungsbehörden. Vgl. auch 11.5.4, 11.6.3.

8. Die Gleichheitsgrundrechte

8.1 Spezielle Gleichheitsgrundrechte

Da die spezielle Rechtsnorm der allgemeinen Rechtsnorm vorgeht (1.3), ist der allgemeine Gleichheitsgrundsatz des Art. 3 (1) nur hinsichtlich eines Gesetzes (oder eines Akts der Verwaltung oder Rechtsprechung) zu prüfen, wenn kein spezielles genanntes Gleichheitsrecht zutrifft (vgl. 5.1.2); s. zum folgenden Stein, Staatsrecht, § 26.

Die speziellen Gleichheitsgrundrechte nennen für die Realisierung ihres Oberziels, eine Gleichbehandlung zu sichern, tatbestandliche Differenzierungskriterien, die verbieten, daran unterschiedliche Rechtsfolgen zu knüpfen:

Männer und **Frauen** sind gleichberechtigt.
Der Staat fördert die tatsächliche Durchsetzung der Gleichberechtigung von Frauen und Männern und wirkt auf die Beseitigung bestehender Nachteile hin. **Art. 3 (2)**.
Jedoch sind biologische und funktional-arbeitsteilige Differenzierungen zugelassen: z.B. Wehrdienst, Mutterschaftsurlaub.

Niemand darf wegen folgender Merkmale oder Gründe benachteiligt oder bevorzugt werden: Geschlecht, Abstammung, Rasse, Sprache, Heimat, Herkunft, Glaube, Religion, politische Anschauungen; niemand darf wegen seiner Behinderung benachteiligt werden; **Art. 3 (3)**. Dazu im Vergleich zu EG-Richtlinien Richter, NVwZ 2005, 636).

Nichtehelichkeit eines Kindes, **Art. 6 (5)** vor allem als Gesetzgebungsauftrag (also Staatsziel)zur Schaffung von Chancengleichheit.

Art. 33 (1) räumt ohne Differenzierungstatbestand jedem Deutschen in jedem Lande die gleichen staatsbürgerlichen Rechte und Pflichten ein.

Nach **Art. 33 (2) hat** an sich jeder Deutsche Zugang zu jedem öffentlichen Amt. Als Ausnahme sind jedoch die Differenzierungskriterien Eignung, Befähigung und fachlicher Leistung, festgelegt. Insoweit besteht ein ausdrückliches grundrechtliches Differenzierungsgebot.

Art. 33 (3) bestimmt, dass das religiöse Bekenntnis oder die Weltanschauung nicht den Genuß bürgerlicher und staatsbürgerlicher Rechte den Zugang zu öffentlichen Ämtern sowie die im öffentlichen Dienst erworbenen Rechte beeinflussen - bzw. für sie Nachteile bringen darf.

Art. 38 legt ein gleiches (subjektives) Wahlrecht (grundsätzlich auch hinsichtlich des Erfolgswerts der Stimme) fest (vgl. 6.10).

8.2 Allgemeiner Gleichheitsgrundsatz (Art. 3 (1) GG)

Nach Art. 3 (1) GG **"sind alle Menschen vor dem Gesetz gleich"**. In Verbindung mit Art. 1 (3) GG ergeben sich insoweit Schutzpflichten des Gesetzgebers, der Verwaltung (12.5.1, 20.3) und der Gerichte (25.). Mit Gleichheit ist nicht allein die abstrakt-generelle Gesetzes*formulierung* gemeint, sondern die praktische Auswirkung des Gesetzes (BVerfGE 8, 51, 64), wobei die Gleichheit auch i.S. des Sozialstaatsprinzips (5.9.1) auszulegen ist (Stein § 26 III; s. auch 5.7.2). Der allgemeine Gleichheitssatz gilt, soweit nicht die speziellen Gleichheitsgrundrechte zutreffen, er ist also ein Auffangtatbestand (5.1.2).
Der allgemeine Gleichheitsgrundsatz kann nicht bedeuten, dass ohne Rücksicht auf (sonstige) Gründe oder Kriterien als Tatbestandsmerkmale (1.2) alle Menschen die gleichen (vorteilhaften oder nachteiligen) Rechtsfolgen beanspruchen können bzw. hinnehmen müssen.

Jedoch bedürfen Ausnahmen von einer Gleichbehandlung hinreichender sachlicher Gründe.

8.2.1   Bindung der Gesetze (vgl. Stein, § 26 I)

8.2.1.1   Differenzierungskriterien

Das Bundesverfassungsgericht hat den Grundsatz für (materielle) Gesetze wie folgt bestimmt:
- **Wesentlich gleiche Tatbestände (1.2) sind von der Rechtsfolge (1.2) her gleich zu behandeln.**
- **Wesentlich ungleiche Tatbestände dagegen sind Differenzierungskriterien, die auch hinsichtlich der Rechtsfolgen ungleich zu behandeln sind.** (BVerfGE 49, 148, 165). Die Ermittlung exakt gleicher Tatbestände ist insbesondere für eine allgemeine Gesetzgebung nicht realisierbar.

8.2.1.2   Zulässigkeit des Differenzierungsziels

Voraussetzung für eine Annahme von Differenzierungskriterien mit unterschiedlichen Rechtsfolgen ist jedoch ein **Differenzierungsziel**:
- Das Differenzierungsziel muss auf ein verfassungsmäßiges (bzw. auch gesetzmäßiges) öffentliches Interesse gerichtet sein.

Die Differenzierungsziele dürfen z. B. nicht widersprechen, sollen vielmehr dienen
- dem Demokratieprinzip
- dem Rechtsstaatsprinzip (u.a. Wahrung von Rechtssicherheit, insbes. Vertrauensschutz durch gesetzliche Vorschriften, Praktikabilität)
- dem Sozialstaatsprinzip (u.a. Chancengleichheit, Existenzminimum)
- den Freiheitsrechten ggf. i.V.m. Art. 1 (Menschenwürde),
(und zwar jeweils nach Auslegung, inwieweit diese Prinzipien und Rechte miteinander kollidieren und vorrangig bzw. eingeschränkt nebeneinander gelten).
Insbesondere kann aufgrund des Sozialstaatsprinzips die Chancengleichheit und ein Schutz Schwacher als Differenzierungsziele für entsprechende Differenzierungskriterien gesetzlich unterstützt werden.
Z.B. Steuerprogression zu Lasten Besserverdienender;
Wohnungsbauförderung und BAFöG nur innerhalb bestimmter Einkommensgrenzen;
vgl. auch 6.1.2.3, 6.3.1.3 hinsichtlich des Existenzminimums.

Die Ziele dürfen insbesondere nicht privaten Zwecken dienen wie Selbstbegünstigung z.B. der Abgeordneten, der herrschenden Parteien, Angehörigen.

Verstößt insoweit ein Differenzierungsziel gegen die Verfassung, so verstößt auch die Differenzierung nach den betreffenden Kriterien gegen Art. 3 (1) GG, mag sie auch für andere Ziele erheblich sein.

8.2.1.3   Angemessenheit der Differenzierungskriterien im Verhältnis zum Differenzierungsziel (Willkürverbot)

Das Differenzierungskriterium (mit den daran geknüpften unterschiedlichen Rechtsfolgen) muss das Differenzierungsziel angemessen erfüllen. Bei der sonst erforderlichen Abwägung ist aber wegen eines weiten gesetzgeberischen Ermessens nicht unbedingt ein optimales, sondern ein geeignetes Mittel als Rechtsfolge ausreichend (vom Bundesverfassungsgericht

als Willkürverbot bezeichnet, BVerfGE 9, 291 ff., 298).
Ob nach neuerer Rechtsprechung sogar die Erforderlichkeit und Zumutbarkeit als Hauptelemente des Verhältnismäßigkeitsgrundsatzes (5.3.1) vom Bundesverfassungsgericht verlangt werden, was jedenfalls nur für Freiheits- und Eigentumsrechte zwingend ist, bleibt abzuwarten.

Beispiele:

1. Die Tätigkeiten eines Arbeiters (vorwiegend körperliche Tätigkeit z.b. eines Waldarbeiters) und die eines Angestellten (vorwiegend geistige Arbeit) sind mögliche Differenzierungskriterien.
   Eine Ungleichbehandlung hängt jedoch von dem Differenzierungsziel ab:

1.1 Geht es beispielsweise in einem Gesetz um die gerechte steuerliche Berücksichtigung von beruflichen Nebenkosten als Differenzierungsziel, wäre eine Differenzierung nach Arbeitern und Angestellten sachgerecht,
   z.B. mit der Folge einer Steuervergünstigung für den Verschleiß von Arbeitskleidung nur für Arbeiter.

1.2 Handelt es sich dagegen um die Frage, ob
   – Angestellte schon mit 30 Jahren,
   – Arbeiter dagegen erst mit 40 Jahren
   einen erhöhten Kündigungsschutz durch längere Kündigungsfristen haben sollen, ergibt sich:
   – Entweder liegt ein verfassungswidriges Differenzierungsziel vor: Bevorzugte Sicherung der Beschäftigung älterer Angestellter vor der älterer Arbeiter oder, was näher liegt,
   – es ist versucht worden, das Ziel einer angemessenen Sicherung der Beschäftigung älterer Arbeitnehmer mit einem ungeeigneten, eindeutig unangemessenen verfassungswidrigen Differenzierungskriterium Arbeiter - Angestellte - und damit auch verfassungswidrigen Mittel (Rechtsfolge) - zu erreichen. Für eine Stellensuche und Vermittelbarkeit älterer Arbeitnehmer ist es unerheblich, ob der Arbeitnehmer Angestellter oder Arbeiter ist (Verstoß auch gegen das Sozialstaatsprinzip, 5.9.1); vgl. BVerfGE 62, 256.

2. Schon bei den Ausführungen zum Sozialstaatsprinzip ist das Differenzierungskriterium: gering Verdienende - **besser Verdienende** - als zulässig dargestellt worden, soweit es um das verpflichtende allgemeine Differenzierungsziel des Sozialstaatsprinzips geht, für möglichst alle Menschen gleiche materielle Chancen zur Nutzung der Freiheitsrechte zu schaffen. Hiernach ist die - an das Differenzierungskriterium „besser Verdienende" anknüpfende - differenzierende Rechtsfolge, dass besser Verdienende einen höheren Steueranteil ihres Einkommens hinzunehmen haben als schlechter Verdienende (Steuerprogression), mit dem Gleichheitssatz vereinbar.
   Eine andere Frage ist, ob ein zu hoher gesetzlicher Steuersatz zur Erreichung eines genügend hohen Steueraufkommens zur Finanzierung öffentlicher Aufgaben mit dem auch i.S. von Art. 14 GG grundrechtsschützenden (vgl. 5.3.1) Verhältnismäßigkeitsgrundsatz vereinbar ist.

Ein Verstoß gegen Art. 3 (1) GG ist anzunehmen, wenn eine Gruppe von Normadressaten anders als andere Personen behandelt wird, obwohl zwischen beiden Gruppen keine Unterschiede von solchem Gewicht bestehen, dass sie die ungleiche Behandlung rechtfertigen könnten (BVerfG 2.10.1991, NVwZ-RR 1992, 384; 7.10.1980, BVerfGE 55, 72, 88; zur unterschiedlichen Beschränkung der Jagd- und Fischereiausübung durch eine jagdrechtliche bzw. Naturschutzgebiets-Verordnung s. OVG Lüneburg 8.7.2004, RdL 2005, 70, 74 f. = NuR 2005, 70; s. 51.2.5.3

Zur Geltung des Gleichheitssatzes für Einzelakte der Verwaltung s. 20.3.

8.2.2   Auslegung i.S. des Gleichheitssatzes einschl. mittelbare Drittwirkung

Der allgemeine Gleichheitsgrundsatz ist nicht als formale Gleichheit, sondern unter besonderer Beachtung des **Sozialstaatsprinzips materiell auszulegen** (vgl. 5.7.2). Zur sozialen Gleichheit gehört eine größtmögliche Chancengleichheit und ein besonderer Schutz Schwacher. Daher können zur Annäherung an soziale Gleichheit Tatbestände als Differenzierungskriterien im Gesetz ungleich geregelt werden.

Einfache Gesetze sind auch im Sinne des Gleichheitssatzes (einschl. ggf. Differenzierungsgebots) auszulegen. Eine Auslegung der Privatrechtsgesetze im Rahmen der „mittelbaren Drittwirkung" (vgl. 5.8) des Gleichheitsgrundsatzes im Verhältnis der Bürger zueinander widerspricht allerdings grundsätzlich der Privatrechtsautonomie (6.2).

Wo jedoch Monopolstellungen oder marktbeherrschende Positionen einen Schutz der Bürger verlangen, kann sich über eine Auslegung (im Rahmen des Art. 3 (1) GG noch nicht verfassungswidriger, vgl. 8.2.1) zivilgesetzlicher unbestimmter Rechtsbegriffe und Generalklauseln eine mittelbare Drittwirkung des Art. 3 (1) GG (i. V. m. dem Sozialstaatsprinzip) ergeben.

9.   Der verfassungsgerichtliche Rechtsschutz (Art. 93/100 GG)

Zur Überprüfung, ob insbesondere die Verfassungsgrundsätze und Grundrechte und die verfassungsrechtlichen Zuständigkeitsvorschriften durch die Gesetze nicht verletzt, sondern verwirklicht werden, ist insbes. auch gegenüber einem verfassungswidrig handelnden Gesetzgeber ein effektiver verfassungsgerichtlicher Schutz erforderlich. Das gilt insbesondere für den Bürger, aber auch für staatliche Organe im Verhältnis zueinander.
Nachfolgend werden die Möglichkeiten für einen Rechtsschutz durch das Bundesverfassungsgericht kurz dargestellt; zu den Landesverfassungsgerichten vgl. 9.4.

9.1   Verfassungsbeschwerde (Art. 93 (1) Nr. 4a GG, §§ 90 ff. des Bundesverfassungsgerichtsgesetzes - BVerfGG)

Fall: (veränderter Fall zu 4.1.1, 5.1. - 5.5)
Der Vorsitzende V eines niedersächsischen Reitervereins mit zahlreichen eigenen Reitpferden überlegt, ob er gegen die der gesetzlichen Reitbeschränkung von NRW entsprechenden § 26 (1) NWaldLG mit einer Verfassungsbeschwerde vorgehen kann.

9.1.1   Zulässigkeit einer Verfassungsbeschwerde

9.1.1.1   Beschwerdebefugnis eines Grundrechtsberechtigten

- Eine Verfassungsbeschwerde beim Bundesverfassungsgericht ist nur zulässig, wenn
- ein Bürger (oder eine juristische Person des Privatrechts - z.B. ein rechtsfähiger Verein oder eine Aktiengesellschaft, vgl. 2.1) einen Sachverhalt und Gründe angibt, nach denen er persönlich
- durch die **öffentliche Gewalt (alle drei Gewalten im Gegensatz zu Art. 19 (4) GG** in einem Grundrecht (Art. 1 - 17, 19, 20 (4), 33, 38, 101,103, 104 GG (vgl. 5.1, 5.4, 6.-8.) verletzt worden ist (Tun oder Unterlassen). Ob Gesetze des parlamentarischen Gesetzgebers auch unter Art. 19 (4) GG fallen (verneinend das BVerfG), ist unerheblich, da Sonderregelungen in Art. 93 GG enthalten sind.

9.1.1.2   Grundsätzlich erst Erschöpfung des Rechtswegs (Rechtsschutzbedürfnis)

Hält der betroffene Bürger ein formelles, also **parlamentarisches Gesetz** (4.1.2 ff.) **für verfassungswidrig,** ist die Verfassungsbeschwerde grundsätzlich erst zulässig nach Erschöpfung des einfach-gesetzlichen Rechtswegs, der die Rechtsschutzgarantie des Art. 19 (4) GG konkretisiert (vgl. die Rechtswegarten in der Übersicht 1 zu 25.1). So hat der Bürger **gegenüber Verwaltungsakten** (vgl. 13. ff.) zunächst Widerspruch einzulegen. Die entscheidende Widerspruchs**behörde** (vgl. 25.2) muss (wie auch sonst Verwaltungsbehörden) grundsätzlich auch ein als verfassungswidrig erkanntes formelles Gesetz als Ermächtigungsgrundlage anwenden (vgl. 16.4); außer bei unaufschiebbaren Zwängen und offensichtlicher Verfassungswidrigkeit (strittig).
Ist das angerufene Verwaltungs**gericht** der Überzeugung, dass das maßgebende (formelle) Gesetz verfassungswidrig ist, hat es die Entscheidung des Bundesverfassungsgerichts einzuholen (**konkrete Normenkontrolle Art. 100 (1) GG,** vgl. 9.2.).
Ausnahmsweise kann eine **Verfassungsbeschwerde unmittelbar gegen ein formelles Gesetz** (4.1.3) selbst erhoben werden, wenn der Beschwerdeführer darlegt, schon allein durch den Erlass des Gesetzes "unmittelbar und gegenwärtig" in seinen Grundrechten betroffen zu sein, insbesondere wenn
- die Entscheidung von allgemeiner Bedeutung ist oder
- dem Beschwerdeführer durch die vollständigen Rechtsmittelverfahren ein schwerer

und unabwendbarer Nachteil entstünde (§ 90 (2) BVerfGG).

z.B. wenn die Normadressaten bereits sofort zu Entscheidungen gezwungen werden, die nach Durchführung eines Verfahrens durch alle Instanzen nicht mehr korrigierbar sind. (Volkszählung unter Preisgabe von persönlichen Daten, BVerfGE 65, 1, 36 ff.).

Die Zustimmung der Bundesregierung zu einer EG-Richtlinie kann nicht deswegen durch Verfassungsbeschwerde angegriffen werden, weil der Grundrechtsschutz gegen die Richtlinie (s. 10.5) dem EuGH obliegt (BVerfG 16.10.2003, NVwZ 2004, 209).

9.1.1.3   **Form und Frist**

Die Verfassungsbeschwerde ist schriftlich unter Bezeichnung des Grundrechts einzulegen, dessen Verletzung gerügt wird (§§ 23 (1), 92 BVerfGG), und zwar einen Monat nach Zustellung der letztinstanzlichen Entscheidung bzw. ein Jahr nach Erlass des - ausnahmsweise unmittelbar angreifbaren - Gesetzes (§ 93 BVerfGG).

9.1.1.4   **Vorprüfungen** (zur Entlastung des Bundesverfassungsgerichts)
                §§ 93 a - 93 d BVerfGG

Zur Vorprüfung der Zulässigkeit einer Verfassungsbeschwerde vgl. §§ 93a - 93d BVerfGG). Abgesehen von den Fällen mit offensichtlichen Erfolg nimmt der jeweils zuständige Senat nach einer Vorprüfung die Verfassungsbeschwerde nur an,
– wenn mindestens drei Richter der Entscheidung grundsätzliche verfassungsrechtliche Bedeutung beimessen oder
– dem Beschwerdeführer durch die Verweigerung der Sachentscheidung ein besonders schwerer Nachteil entstünde oder die Entscheidung sonst zur Durchsetzung der Rechte angezeigt erscheint.

9.1.2   **Begründetheit einer Verfassungsbeschwerde**

Eine Verfassungsbeschwerde ist begründet, wenn eine **Grundrechtsverletzung** vom Bundesverfassungsgericht festgestellt wird.

Bei der Prüfung einer zulässig behaupteten Grundrechtsverletzung kann das Bundesverfassungsgericht u.U. auch zu prüfen haben, ob ein grundrechtsbeschränkendes Gesetz (z.B. i.S. Art. 2 (1) S. 2) mit **allen Bestimmungen** der Verfassung, nicht nur der betreffenden Grundrechtsbestimmung, vereinbar ist (z.B. Gesetzgebungs-Kompetenzvorschriften, s. 4.2) und allein deswegen die Verfassungsbeschwerde für begründet halten.

Die Entscheidung des Gerichts (rückwirkende Feststellung der Nichtigkeit oder Verfassungsmäßigkeit des Gesetzes) bindet nicht nur die Prozessparteien, sondern alle Staatsorgane hinsichtlich der Entscheidungsformel und der tragenden Entscheidungsgründe.

9.1.3   **Erfolgsaussichten der Verfassungsbeschwerde im Beispielsfall (9.1)**

9.1.3.1   **Zulässigkeit einer Verfassungsbeschwerde**

V könnte geltend machen, in dem Grundrecht auf freie Entfaltung der Persönlichkeit = allgemeine Handlungsfreiheit (Art. 2 (1) GG, vgl. 6.2) durch die öffentliche Gewalt verletzt zu sein. Der dem § 50 NRWLandschaftsG 1980 ähnliche § 26 (1) des Nds. Gesetzes über den Wald und die Landschaftsordnung (NWaldLG) - könnte als gesetzliche Regelung verfassungswidrig in sein Recht eingreifen (z.B. Verletzung des Verhältnismäßigkeitsgrundsatzes bezogen auf Art. 2 (1) oder Gleichheitssatzes.

Bei Verletzung durch ein Gesetz, das durch einen Verwaltungsakt angewendet wurde, ist die Verfassungsbeschwerde erst zulässig, wenn der normale Rechtsweg ausgeschöpft ist: (vgl. 25.). Hier ist es aber dem V nicht zuzumuten, durch Verstöße gegen das Gesetz Verwaltungsakte gegen sich zu erwirken und gegen diese die Rechtsmittel bis zur letzten Instanz voll auszuschöpfen. Eine vorgezogene Verfassungsbeschwerde (vgl. 9.1.1.2) ist daher zulässig.

9.1.3.2 Begründetheit der Verfassungsbeschwerde

Die **gesetzlichen Ge- und Verbote** hinsichtlich des Reitens im Walde und ggf. die **formell-gesetzliche Ermächtigungsgrundlage** zu deren Durchsetzung muss *mit dem Verfassungsrecht* (und anderem höherrangigem Recht) *vereinbar* sein. Bei der Verfassungsbeschwerde führen auch andere Gründe einer Verfassungswidrigkeit als nur **Verletzungen von Grundrechten** einschl. **Verhältnismäßigkeitsgrundsatz** sowie der **weiteren zu 5.3 genannten Grundsätze** zur Begründetheit der Verfassungsbeschwerde, gemäß der Rangfolge zu 1.3 insbesondere auch eine Verletzung
- des Vertragsrechts der Europäischen Gemeinschaften (vgl. 10.3) - entfällt hier, -
- der Verordnungen der Europäischen Gemeinschaften (10.3) - entfällt hier, -
- der Kompetenzvorschriften der Art. 70 ff. GG, 4.2,
- der Form- und Verfahrensvorschriften (Art. 76 ff. GG, 4.3),
- der Staatsziele (insbes. Sozialstaatsprinzip und Schutz der natürlichen Lebensgrundlagen) im Rahmen einer Abwägung (5.9).

Bei Unvereinbarkeit ist das (nichtige) Gesetz im erforderlichen und möglichen Umfang für nichtig zu erklären.

Im Beispielsfall ist die Regelung des § 26 (1) NWaldLG näher zu untersuchen. Danach ist das Reiten nur auf gekennzeichneten Reitwegen oder auf ganzjährig PKW-festen Fahrwegen, ausgenommen gekennzeichnete Radwege, zugelassen, vgl. 46. Zu prüfen ist, ob § 26 (1) NWaldLG verfassungsmäßig und damit gültig ist (4. ff.).

(1) Der zuständige Gesetzgeber (Land oder Bund) muss tätig geworden sein, Art. 71 ff. GG - Bundesstaatsprinzip; insbesondere darf der Landesgesetzgeber nicht durch § 26 (1) NWaldLG Bundesrecht, im vorliegenden Fall § 14 des Bundeswaldgesetzes als zuständigkeits-begrenzendes Rahmengesetz, verletzt haben (vgl. 4.2.3), was nach dem weiten Spielraum des § 14 zu bejahen ist.

(2) Weiter ist zu prüfen, ob durch das gen. Gesetz Art. 2 (1) GG als Grundrecht verletzt ist: Recht auf freie Entfaltung der Persönlichkeit = allgemeine Handlungsfreiheit; vgl. 6.2, sowie 5.1.1 zum Verhältnis des grundrechtsbestimmenden und -beschränkenden einfachen Gesetzes zum Grundrecht selbst.

Im Beispielsfall liegt ein Widerstreit mehrerer Gruppen von Berechtigten hinsichtlich desselben Grundrechts vor, nämlich der Reiter, Fußgänger, Radfahrer, Jagdausübungsberechtigten und Grundeigentümer (die beiden letztgenannten Gruppen können versuchen, Verletzungen der Eigentumsgarantie des Art. 14 GG (vgl. 7.1) geltend zu machen, falls ein ausgedehntes Reiten auch zu entsprechenden Beeinträchtigungen führen würde).

Der Grundrechtschutz des Art. 2 (1) GG ist jedoch beschränkt für Regelungen, nach denen Personen die Rechte anderer verletzen und gegen die verfassungsmäßige Ordnung und das Sittengesetz verstoßen. Das entgegenstehende Gesetz (§ 26 (1)

NWaldLG) ist ein einschränkendes Gesetz i.S. der „verfassungsmäßigen Ordnung", wenn es den Schranken-Schranken, vor allem dem Grundsatz der **Verhältnismäßigkeit** (5.3.1 ff.), entspricht. Es muss also
- einem verfassungsmäßigen Zweck dienen (hier Schutz von Wanderern, Radfahrern, Waldeigentümern, Jagdausübungsberechtigten vor Beeinträchtigungen) und
- eine Regelung vorsehen, die für den Zweck geeignet und erforderlich ist (d. h. mildere Regelungen dürfen nicht möglich sein),
- das Mittel muss im Verhältnis zum Zweck angemessen, insbes. zumutbar sein.
Dabei hat der Gesetzgeber einen erheblichen Spielraum. Er muss aber die Rechte, insbes. Grundrechte der anderen Berechtigten ausgleichend (auch schon bei der Findung des Zwecks der Maßnahme mit einbeziehen (praktische Konkordanz als modifizierte Verhältnismäßigkeit, vgl. 5.3.2). Im Beispielsfall lässt sich auch im Hinblick auf das weite gesetzgeberische Ermessen eine Verfassungswidrigkeit insoweit nicht feststellen und somit auch kein grundrechtliches Abwehrrecht. Zur Vermeidung von Wiederholungen wird auf die entsprechenden Ausführungen zu 5.3.2 verwiesen.
(3) Auch wenn die Reiter zuvor weitergehende Benutzungsbefugnisse gehabt haben sollten, wäre durch die Gesetzesänderung nicht der verfassungsrechtliche **Vertrauensschutz-Grundsatz** gegenüber einer Erklärung des Grundrechts der Handlungsfreiheit bzw. eines konkretisierenden früheren Gesetzes (vgl. auch 5.3.4) verletzt. Auf den Fortbestand einer Waldbenutzungsregelung kann allgemein nicht vertraut werden. Zudem sind keine im Vertrauen auf einen Fortbestand der Rechtslage erkennbare Aufwendungen des Reitervereins getroffen worden, die wegen der Beschränkung auf die genannten Wegearten vergebens und verloren wären.
(4) Auch darf das Gesetz (z.B. NWaldLG) nicht den **Gleichheitssatz** verletzen, (Art. 3 (1) GG vgl. 8.2).
Sowohl das Differenzierungsziel (ausgewogene vertragliche Abgrenzung der Rechte zur Benutzung des Waldes) als auch die Differenzierungskriterien Reiter Wanderer und Waldbesitzer (Wegeschäden) ist sachgerecht. Eine Verfassungswidrigkeit ist - angesichts der vertretbaren Trennung der Reit- und Wanderwege bei gemeinsamer Benutzung der Fahrwege - nicht ersichtlich.

Die Verfassungsbeschwerde würde also als unbegründet scheitern.

9.2   Vorlageverfahren - konkrete Normenkontrolle (Art. 100 i.V.m. 93 (1) Nr. 5 GG)

Ein verfassungswidriges Gesetz ist nichtig und darf nicht angewendet werden. Daher haben auch alle **Gerichte** jedes Gesetz vor seiner Anwendung auf seine Verfassungsmäßigkeit zu überprüfen; wenn sie dabei mit Überzeugung, nicht nur zweifelnd - Vorschriften des Gesetzes für verfassungswidrig (also nicht unbedingt nur grundrechtswidrig) halten, haben sie die betreffende Gesetzesvorschrift dem Bundesverfassungsgericht vorzulegen, und zwar auch bei grundgesetzwidrigem Landesrecht; vgl. 2.7, 3.2, 9.1.1.2, 16.4., 25.

9.3   Abstrakte Normenkontrolle, Organstreitigkeit, Bund-Länder Streitigkeit (Art. 93 (1) Nr. 1 - 4 GG)

9.3.1   Abstrakte Normenkontrolle (Art. 93 (1) Nr. 2 GG)
Nach Art. 93 (1) Nr. 2 GG kann im Rahmen einer abstrakten Normenkontrolle, also einer Überprüfung einer Rechtsquelle des Bundes ohne jede Verbindung mit einem Einzelfall.
jede Rechtsquelle des Bundes, auch einer Rechtsverordnung („Bundesrecht") auf ihre Vereinbarkeit mit dem Grundgesetz überprüft werden,
jede Rechtsquelle des Landes („Landesrecht") zudem wegen Vereinbarkeit mit Bundesrecht (vgl. 2.7, 3.2, 4.2).

Antragsberechtigt sind nur die Bundesregierung, jede Landesregierung oder ein Drittel der Mitglieder des Bundestages.

9.3.2 **Organstreitigkeit innerhalb des Bundes (Art. 93 (1) Nr. 1 GG)**

Bei Streitigkeiten über die Auslegung des GG aus Anlass von Streitigkeiten über den Umfang der Rechte und Pflichten eines obersten Bundesorgans oder ähnlicher Beteiligter entscheidet das BVerfG. Zulässig ist das Organstreitverfahren nur bei einer Verletzung oder unmittelbaren Gefährdung von Rechten oder Pflichten der Beteiligten (§ 63 (1) BVerfGG).
Antragsteller kann jedes oberste Bundesorgan oder entsprechend ausgestattete Organ sein.

9.3.3 **Bund-Länder-Streitigkeit (Art. 93 (1) Nr. 3, 4 GG)**

Das BVerfG entscheidet zudem bei Meinungsverschiedenheiten über Rechte und Pflichten des Bundes und der Länder bei der Ausführung von Bundesrecht durch die Länder und bei der Ausübung der Bundesaufsicht (Nr.3) und, falls kein anderer Rechtsweg gegeben ist, bei anderen öffentlich-rechtlichen Streitigkeiten zwischen Bund und Ländern und zwischen Ländern (Nr.4).
Beteiligte können nur die Regierungen von Bund und Ländern sein (§ 68 BVerfGG).

9.4 **Landesverfassungsgerichtsbarkeit, insbes. Grundrechtsschutz**

Eigene, vor allem mit dem Grundgesetz sich deckende, Grundrechte der Länder (3.2) haben nur dann eine praktische Bedeutung, wenn die Länder insoweit auch eine Verfassungsgerichtsbarkeit zur Überprüfung von Landesgesetzen und Hoheitsakten der Länder vorsehen, was bisher nur vereinzelt geschehen ist (Bayern und Hessen).
Das Land Niedersachsen hat in seiner neuen Verfassung die im Grundgesetz für die Bundesrepublik festgelegten Grundrechte und staatsbürgerlichen Rechte zum Bestandteil seiner neuen Verfassung gemacht und zum unmittelbar geltenden Landesrecht bestimmt (Art. 3). Eine Landesverfassungsbeschwerde gegenüber Grundrechtsverletzungen ist allerdings nicht vorgesehen (Art. 54), so dass nur gegen Verletzungen der Grundrechte des Grundgesetzes beim Bundesverfassungsgericht Verfassungsbeschwerde eingelegt werden kann.
Soweit Entscheidungen eines Landesverfassungsgerichts ein Bundes-Grundrecht beeinträchtigen könnten, hat der Betroffene noch die Möglichkeit, dagegen Verfassungsbeschwerde beim Bundesverfassungsgericht einzulegen (vgl. 9.1).

10. Völkerrecht und zwischenstaatliche Organisationen; Europäische Gemeinschaften (Rechtsquellen)

10.1 Völkerrecht einschließlich zwischenstaatliche Organisationen; Europarat

Das Völkerrecht regelt in erster Linie die Rechtsverhältnisse zwischen verschiedenen Staaten. Es beruht auf Verträgen vor allem zwischen Staaten und der allgemeinen Praxis der Staaten. Es enthält und schafft im Gegensatz zu staatlichem Recht keine unmittelbaren Rechte und Pflichten für die Staatsbürger.

Nach der Sonderregelung des Art. 25 GG sind jedoch die **allgemeinen Regelungen des Völkerrechts** Bestandteil des Bundesrechts, also des innerstaatlichen Rechts sogar mit Vorrang vor den einfachen Gesetzen mit Rechten und Pflichten für die Bürger, allerdings im Rang nach dem Grundgesetz (in Übersicht 1.3 nicht mit aufgenommen). Mit allgemeinen Regelungen des Völkerrechts gemeint sind alle Völkerrechtsnormen, die universell gelten, d.h. von der überwiegenden Mehrheit der Staaten anerkannt werden (z.B. ein im Wesentlichen Kern faires Gerichtsverfahren im Ausland).

Völkerrechtliche Verträge (zweiseitige, multilaterale oder eine zwischenstaatliche Organisation gründende) werden nach Art. 59 (1) S. 2 GG vom Bundespräsidenten unter maßgebender Gegenzeichnung des Bundeskanzlers geschlossen (ratifiziert). Wenn solche Verträge die politischen Beziehungen des Bundes regeln oder sich auf Gegenstände der Bundesgesetzgebungskompetenz beziehen, bedürfen sie der vorherigen Zustimmung des Parlaments und ggf. des Bundesrates wie entsprechende Bundesgesetze (formelle Gesetze, 4.1.3).

Z.B. Gesetz zu dem Übereinkommen über die biologische Vielfalt v. 5.6.1992 (Rio de Janeiro) v. 30.8.1993 (BGBl. II S. 1741).

Von Staaten vereinbarte und damit gegründete **rechtsfähige völkerrechtliche** (zwischenstaatliche, internationale) Organisationen mit eigenen Organen aber ohne eigene Hoheitsbefugnisse gegenüber Privatrechtspersonen sind z.B. die Vereinten Nationen und der viele europäische Staaten umfassende **Europarat**.

Letzterer hat zum **Schutz der Menschenrechte und Grundfreiheiten** die **Europäische Konvention (EMRK)** vom 4.11.1950 geschaffen. Diese enthält Menschenrechte, die im Wesentlichen den Grundrechten des GG entsprechen.

Aufgrund des deutschen Umsetzungsgesetzes nach Art. 59 GG (nicht als allgemeine Regeln des Völkerrechts, Art. 25 GG,) kann sich der einzelne im Falle einer Menschenrechtsverletzung (auch) an die Europäische Kommission (des Europarats) für Menschenrechte wenden; doch ist zur Bestätigung von der Kommission oder einem beteiligten Staat die Entscheidung des Europäischen Gerichtshofs für Menschenrechte (des Europarats) einzuholen bzw. vom Ministerausschuss des Europarats endgültig über die Verletzung zu entscheiden.

Zur Ablösung der Europäischen Kommission für Menschenrechte und des bisherigen Europäischen Gerichtshofs für Menschenrechte ab 3.11.1998 durch den **neuen (ständigen) Europäischen Gerichtshof für Menschenrechte – EGMR -** (vgl. Meyer-Ladewig/Petzold, NJW 1999, 1165).

Zur Frage der Geltung der Europäischen Menschenrechtskonvention für Rechtsakte der drei Gemeinschaften der EU (10.2) vgl. Busse, NJW 2000, 107 sowie mit Gemeinschaftsrechtsrang im Carpenter-Urteil des EuGH v. 11.7.2002 (NVwZ, Beilage 1 2002, 105); Britz, NVwZ 2004, 173. Zu den französischen Zwangs-Jagdvereinen s. 55.6.1. Zur Problematik der Rechtsprechung am Beispiel Schutz der Privatsphäre und Pressefreiheit s. zum Urteil Caroline von Hannover 24.6.2004, DVBl. 2004, 1091, die Anmerkung von Vetter/Warneke, DVBl. 2004, 1226. Mit Urteilen des EGMR müssen sich die deutschen Gerichte gebührend auseinandersetzen, eine absolute Bindung besteht nicht, BVerfG 14.10.2004 – 2 BvR1481/04, DVBl. 2004, 1480.

Dazu Grupp/Stelkens, DVBl. 2005, 133. Zu Frankreich Fromont, DÖV 2005, 1. Die Bindungs-wirkung einer Entscheidung des EGMR erstreckt sich auf alle staatlichen Organe und verpflich-tet diese grundsätzlich, im Rahmen ihrer Zuständigkeit ohne Verstoß gegen den Grundsatz der Bindung an Gesetz und Recht (Art. 20 (3) EGV). Einen fortdauernden Konventionsverstoß zu beenden und einen konventionsgemäßen Zustand herzustellen. Gerichte sind zur Berücksich-tigung eines Urteils, das einen von ihnen bereits entschiedenen Fall betrifft, jedenfalls dann verpflichtet, wenn sie in verfahrensrechtlich zulässiger Weise erneut über den Gegenstand ent-scheiden und dem Urteil ohne materiellen Rechtsverstoß (Verstoß gegen höherrangiges Ge-setz, insbesondere Verfassungsrecht) Rechnung tragen können (BVerfG aaO zu Art. 8 EGMRK; 5.4.2005, DVBl. 2005, 761). Eine Dauer von sieben Jahren für die Entscheidung über eine Verfassungsbeschwerde durch das BVerfG gegen ein Gesetz ist zu lang und verletzt Art. 6 (1) EMRK (EGMR 8.1.2004, NVwZ 2005, 1165)

10.2 - 10.6 Die Europäische Union (EU) mit den Europäischen Gemeinschaften (EGn)

10.2   Die EU insbesondere mit der Europäischen Gemeinschaft i.e.s.- (EG): supranationaler Rechtscharakter, Rechtssubjekte, Organe

10.2.1 Entwicklung und Ziele

Von den rein zwischenstaatlichen (völkerrechtlichen) rechtsfähigen Organisationen sind die rechtsfähigen **supranationalen** Organisationen (oder Gemeinschaften) zu unterscheiden, auch zwischenstaatliche Organisationen (oder Einrichtungen) mit supranationalem Charakter genannt, BVerfG, NJW 1993, 3050. Diese verfügen über Vertragsnormen und begrenzte Hoheitsbefugnisse (Erlass von Rechtsnormen, Verwaltung und Rechtsprechung), die zum Teil unmittelbar für die Bürger und sonstigen Privatrechtspersonen in den Mitgliedstaaten gelten.

Hierzu bildeten sich mit zunächst sechs Mitgliedstaaten die folgenden **Europäischen Gemeinschaften** i.e.s.:
- Die Europäische Gemeinschaft für Kohle und Stahl (**EGKS** = Montanunion) aus dem Jahre 1952, dieser Vertrag ist am 23.7.2002 nach 50 Jahren ausgelaufen,-
- die Europäische Wirtschaftsgemeinschaft (EWG) ab 1958
= Europäische Gemeinschaft (i.e.S) - **EG** - ab 1993 und
- die Europäische Atomgemeinschaft (**EURATOM**) ab 1958 (dazu Schroeder, DVBl. 1995, 322).

Sie basieren auf Gemeinschaftsverträgen (**EGKSV**, EWGV - neu **EGV, EURATOMV = EAGV**). Ihnen ist jeweils ausdrücklich „**Rechtspersönlichkeit**", also **Rechtsfähigkeit** zuerkannt worden (vgl. z.B. Art. 261 EGV). Die Übertragung von Hoheitsrechten im Rahmen des Zustimmungsgesetzes zu dem jeweiligen Gründungsvertrag wurde für die Bundesrepublik Deutschland auf Art. 24 (1) GG gestützt.
Zu den gemeinsamen Organen: Europäisches Parlament und Europäischer Gerichtshof, traten durch den Fusionsvertrag ab 1967 ein gemeinsamer Rat und eine gemeinsame Kommission. Damit sind praktisch - wenn auch noch nicht rechtlich - die drei Gemeinschaften zu einer einzigen Gemeinschaft verschmolzen worden.
Der am 1.11.1993 in Kraft getretene Vertrag über die Gründung der **Europäischen Union** (**EU**), (**Vertrag von Maastricht - EUV**) stellt ausdrücklich eine neue Stufe bei der Verwirklichung einer immer engeren Union der Völker Europas dar. Am 2.10.1997 wurde als Nachbesserung zum EUV, EGV, EGKSV und EAGV der **Vertrag von Amsterdam (AV)** unterzeichnet und später von den 15 Mitgliedstaaten ratifiziert. Im Jahr 2004 ist die EU um weitere 10 Staaten erweitert worden. Ein neuer **EU-Verfassungsvertragsentwurf** s. in Europäische Grundrechtzeitung 2003, 357), ist bisher vom französischen und niederländischen Volk abgelehnt worden muss noch von mehreren anderen Mitgliedstaaten gebilligt werden.

Durch die Schaffung des **Art. 23 GG** wurden die deutschen verfassungsrechtlichen Grundlagen für die weitergehenden Kompetenzübertragungen durch den Maastricht-Vertrag auch hinsichtlich Hoheitsrechten gerechtfertigt. Das Bundesverfassungsgericht (NJW 1993, 3047) hat den deutschen Gründungs- und Übertragungsbeitrag als mit dem Grundgesetz vereinbar beurteilt. Nach Art. 23 (1) GG wirkt die Bundesrepublik Deutschland - auch durch Übertragung von Hoheitsrechten - zur Verwirklichung eines vereinten Europa bei der Entwicklung der Europäischen Union mit demokratischen, rechtsstaatlichen, sozialen und föderativen (bundesstaatlichen) Grundsätzen und dem Grundsatz der Subsidiarität (des Europarechts gegenüber dem nationalen Recht) verpflichtet ist und einen - dem Grundgesetz im Wesentlichen gleichen - Grundrechtsschutz gewährleistet.
Grundlage der EU sind die genannten zwei Europäischen Gemeinschaften (EGn) mit ihrem (Gemeinschafts)Vertragsrecht und ihren Hoheitsbefugnissen, ergänzt durch die mit dem EUV

eingeführten Politiken und Formen der Zusammenarbeit.

Nach dem Einleitungssatz der Präambel des EG-Vertrages sollen nach dem festen Willen der Mitgliedstaaten die Grundlagen für einen immer engeren Zusammenschluss der europäischen Völker geschaffen werden. Entsprechend ist Art. 1 (2) EUV formuliert.

Aufgabe der EU ist es, die Beziehungen zwischen den Mitgliedstaaten sowie zwischen ihren Völkern kohärent (zusammenhängend) und solidarisch zu gestalten, Art. 1 (3) EUV.

Art. 2 EUV regelt die **Ziele der EU** (Ziffern statt fünf Spiegelstrichen hinzugefügt):

1. Förderung des wirtschaftlichen und sozialen Fortschritts und eines hohen Beschäftigungsniveaus sowie die Herbeiführung einer ausgewogenen und nachhaltigen Entwicklung,
1.1 insbes. durch Schaffung eines Raumes ohne Binnengrenzen,
1.2 durch Stärkung des wirtschaftlichen und sozialen Zusammenhalts (nach dem 7. Erwä-
1.3 gungsgrund zur Präambel auch „Stärkung des Umweltschutzes") und
   durch Errichtung einer Wirtschafts- und Währungsunion, die auf längere Sicht auch eine einheitliche Währung nach Maßgabe des EUV umfasst;
2. die Behauptung ihrer Identität auf internationaler Ebene, insbes. durch eine Gemeinsame Außen- und Sicherheitspolitik, nach Maßgabe des Art. 17 EUV auch schrittweise eine gemeinsame Verteidigungspolitik;
3. die Stärkung des Schutzes der Rechte und Interessen der Angehörigen ihrer Mitgliedstaaten durch Einführung einer Unionsbürgerschaft;
4. die Erhaltung und Weiterentwicklung der Union als Raum der Freiheit, der Sicherheit und des Rechts, in dem in Verbindung mit geeigneten Maßnahmen hinsichtlich Kontrollen an den Außengrenzen, das Asyl, die Einwanderung sowie die Verhütung und Bekämpfung der Kriminalität der freie Personenverkehr gewährleistet ist;
5. die volle Wahrung des gemeinschaftlichen Besitzstands (drei Gemeinschaftsverträge) und seine Weiterentwicklung, wobei geprüft wird, inwieweit die durch den EUV eingeführten Politiken und Formen der Zusammenarbeit mit dem Ziel zu revidieren sind, die Wirksamkeit der Mechanismen und Organe sicherzustellen.

Zur fortbestehenden Gemeinschaftsidee auch nach dem Unionsverfassungsentwurf, Kotzur, DÖV 2005, 313.

Die Realisierung dieser Ziele ist in den **Verträgen** sehr unterschiedlich geregelt:
Die genannten für die Vertragsauslegung bedeutsamen Ziele der EU sind **im Rahmen der drei (jetzt zwei) Gemeinschaftsverträge**, wenn auch unterschiedlich in einzelnen Bereichen durch Vertragsbindungen geregelt (supranational bis nur völkerrechtlich; vgl. 10.3); z.B. zu Ziel 1. in Art. 2, 3, 23 ff. EGV; zu Ziel 3 in Art. 17 EGV; zu Ziel 5. i.V.m. Art. 47 EUV in allen drei Gemeinschaftsverträgen, die durch den EUV und den AV noch fortschrittlich verändert worden sind, Art. 8 - 10 EUV.

10.2.2 Rechtscharakter der Europäischen Union und der Europäischen Gemeinschaften

Die Europäische Union (EU) enthält zwar hinsichtlich ihrer (über den Rahmen der drei (jetzt zwei) Europäischen Gemeinschaftsverträge hinausgehenden Bereiche (GASPP, ZJI) im EUV (10.1, 10.2.3) nur Bindungen der Mitgliedstaaten wie bei rein völkerrechtlichen (zwischenstaatlichen) Gemeinschaften (vgl. 10.1, z.B. Vereinte Nationen; vgl. indes zu den Bindungen von Rahmenbeschlüssen zu 10.3.3).
Im Bereich der zwei (vorher drei) für das Umweltrecht erheblichen Gemeinschaftsverträge (EGV, EGKSV bis 23.7.2002, EURATOM) z.T. i.V.m. dem EUV sind aber auch
 — unmittelbar für Bürger geltende Rechtsnormen in den Verträgen (10.3.1 ff.) und

- Ermächtigungsgrundlagen u.a. für den Erlass von Rechtsnormen (Verordnungen) und Einzelakten (Entscheidungen) mit unmittelbarer Wirkung gegenüber Unionsbürgern
- Richtlinien mit mittelbarer Bürgerwirkung, ggf. bei hinreichender Bestimmtheit und nicht fristgerechter Umsetzung durch einen Mitgliedstaat auch mit unmittelbarer Bürgerwirkung (s. 10.3.3)

enthalten, wie sie qualitativ an sich dem staatlichen Recht vorbehalten sind. Dennoch verfügt die EU zusammen mit den Europäischen Gemeinschaften bei weitem nicht über so viele Hoheitsrechte, wie für einen Staat, z.B. Bundesstaat erforderlich wären. Die EG als bedeutendste Europäische Gemeinschaft – auch schon z.Z. der Geltung des EGKSV - im Rahmen der EU ist zur Unterscheidung von den rein zwischenstaatlichen Organisationen (10.1) als **supranationale Gemeinschaft** oder als **Gemeinschaft eigener Art** bezeichnet worden. Umstritten ist, ob das Gemeinschaftsrecht noch (insgesamt) zum Völkerrecht gehört oder schon staatsähnlichen oder zumindest Sondercharakter hat (Näheres bei Streinz, Rn. 107 - 121).

Hinsichtlich der EU selbst enthält allerdings der EUV im Gegensatz zu den Verträgen über die zunächst drei und jetzt zwei (rechtsfähigen) Gemeinschaften keine Regelung der Rechtsfähigkeit. Von der herrschenden Lehre sowie dem Bundesverfassungsgericht wird der **EU** eine **eigene Rechtsfähigkeit versagt** und auf die formal weiterbestehende Rechtsfähigkeit der Europäischen Gemeinschaften verwiesen; nach einer abweichenden Meinung wird jedoch eine begrenzte völkerrechtliche Rechtsfähigkeit angenommen (vgl. 2.2.2; Streinz Rn 121b).

Jedoch enthält insbes. der EUV einige Elemente, die es zumindest **praktisch** erscheinen lassen, die EU als Einheit für das im EUV Geregelte und für die Gemeinschaften mit den durch den EUV teilweise geänderten (nunmehr nur noch zwei) Gemeinschaftsverträgen zu bezeichnen; z.B.:
- Verzahnung wichtiger Ziele mit denen der Gemeinschaftsverträge, Art. 2 EUV,
- einheitlicher institutioneller Rahmen, Art. 3 EUV),
- dieselben Organe, Art. 4, 5 EUV, wobei der Rat sich schon Rat der EU nennt,
- jeder europäische Staat kann beantragen, „Mitglied der Union" zu werden, was eine Aufnahme in nur **eine** Europäische Gemeinschaft (z.B. EG) ausschließt, Art. 49 EUV,
- in Art. 6 (2) EUV Regelung der Grundrechtsbindungen, die im EUV selbst weniger unmittelbare Bedeutung haben als in den Gemeinschaftsverträgen,
- Art. 23 GG wählt die Bezeichnung EU.

Zur Veranschaulichung der Struktur der EU kann man von einer Art Tempelkonstruktion sprechen: die EU mit dem **EUV als Deckplatte** über
- den (zunächst drei, jetzt) **zwei Europäischen Gemeinschaften**, die trotz ihrer rechtlichen Trennung mit den weiterbestehenden Verträgen als eine einzige, und zwar die **1. Säule** bezeichnet werden, und
- die Gemeinsame Außen- und Sicherheitspolitik - **GASP**, Art. 2, 11 – 28, sogenannte **2. Säule**, sowie
- enge **Zusammenarbeit** in den Bereichen **Justiz und Inneres - ZJI**, Art. 2, 29 - 42 - sogenannte **3. Säule**;

s. 10.2.3 u. Streinz, Europarecht, Rdnr. 121a.
Vgl. auch die durch den AV eingefügten Art. 43 - 45 EUV über eine **verstärkte Zusammenarbeit untereinander**,
sowie Art. 46 - 53 EUV **Schlussbestimmungen.**

10.2.3 Schema: Europäische Union (EU) - Europäische Gemeinschaften

nicht rechtsfähige
EU
Die Union beruht auf den Grundsätzen der Freiheit, der Demokratie, der Achtung der Menschenrechte und Grundfreiheiten sowie der Rechtsstaatlichkeit; diese Grundsätze sind allen Mitgliedstaaten gemeinsam (Art. 6 (1) EUV). Die EU achtet die Grundrechte, wie sie in der am 4.11.1950 in Rom unterzeichneten Konvention zum Schutze der Menschenrechte und Grundfreiheiten (10.1) gewährleistet sind und wie sie sich aus den gemeinsamen Verfassungsüberlieferungen der Mitgliedstaaten als allgemeine Grundsätze des Gemeinschaftsrechts ergeben, Art. 5 (2) EUV.
einheitlicher institutioneller Rahmen, gemeinsame Organe, Art. 4, 5 EUV

Ziele im Wirtschafts-, Sozialbereich usw., Rechtsnormen mit zum Teil unmittelbarer Wirkung für Unionsbürger in den Verträgen der 3 Europäischen Gemeinschaften sowie in Verordnungen, Art. 2 EUV: Binnenmarkt, Währungsunion, Unionsbürgerschaft u.a.			zusätzliche Ziele, Art. 2 EUV nur völkerrechtliche Bindungen der Mitgliedstaaten	
EG	**_(EGKS_** _bis_ _23.7.2002)_	**EURA-** **TOM**	**GASP**	**ZJI**
Wirtschaft, Umwelt *)u.a.	**Kohle Stahl**	**Kern-energie**	**Gemeinsame Außen- und Sicherheits-politik**	**Polizeiliche (Innere) und justizielle Zusammen-arbeit in Strafsachen**
EGV i.d.F Art. 8 EUV (vorher Europäische Wirtschaftsgemeinschaft - EWG)	EGKSV i.d.F. Art. 9 EUV	EAGV i.d.F. Art 10 EUV	Art. 11 – 28 EUV	Art. 29 – 42 EUV
1. Säule			**2. Säule**	**3. Säule**

EG und Euratom (vorher auch EGKS) sind trotz gemeinsamer Organe (weiterhin) rechtsfähige „supranationale" Europäische Gemeinschaften mit zum Teil unmittelbar für die Unionsbürger geltenden Rechtsnormen.
Die wohl nicht (oder nur begrenzt völkerrechtlich) rechtsfähige EU hat aber übergreifende verbindliche Elemente, die es zumindest aus praktischen Gründen rechtfertigen, in die EU i.w.S. als Einheit auch die Europäischen Gemeinschaften einzubeziehen.

*) **Art. 2 EGV** hat u.a. zur Aufgabe eine **hohes Maß an Umweltschutz** und die **Verbesserung der Umweltqualität** (dazu 38.1.2.2).

Zum **EU-Verfassungsvertrag – Entwurf i.d.F. von Thessaloniki s. in Europäische Grundrechtszeitung 2003, 357.** Dazu Sommermann, DÖV 2003, 1009.

10.2.4 Organe der EU

Nach Art. 3 EUV verfügt die EU über einen einheitlichen institutionellen Rahmen, der die Kohärenz (Zusammenhang) und Kontinuität der Maßnahmen zur Erreichung der Ziele (ohne Rückschritt) sicherstellt.

In Art. 5 EUV sind als **Organe** der EU die bisherigen und künftigen, vgl. Art. 7 EGV, Organe der zwei (vorher drei) Gemeinschaften genannt:
– das **Europäische Parlament,** Art. 189 ff EGV)
– der **Europäische Rat** i.V.m. Art. 4 EUV Art 202 ff EGV, der sich selbst laut Beschluss inzwischen „Rat der Europäischen Union" nennt,
– die **(Europäische) Kommission,** Art. 212 ff. EGV; nicht zu verwechseln mit der Menschenrechtskommission des Europarats (10.1) und
– der **(Europäische) Gerichtshof (EuGH),** Art. 220 ff. EGV, nicht zu verwechseln mit dem gleichlautenden Gerichtshof des Europarats (10.1),
– der **Rechnungshof** (Art. 246 ff. EGV)
üben ihre Befugnisse i.S. der Verträge zur Gründung der Europäischen Gemeinschaftsverträge einschl. Änderungs- und Ergänzungsverträge einerseits und der EUV andererseits aus.
Zur künftigen **Europäischen Investitionsbank** als sogar rechtsfähigen Person des öffentlichen Rechts vgl. Art. 266 ff. EGV.

Der **Europäische Rat (Rat der Europäischen Union)** besteht aus den Staats- und Regierungschefs der Mitgliedstaaten und dem Präsidenten der Kommission. Er gibt der EU die für ihre Entwicklung erforderlichen Impulse und legt die allgemeinen Zielvorstellungen für diese Entwicklung fest. Art. 4 EUV. Er hat nach den Ermächtigungen der drei Gemeinschaftsverträge wichtige Legislativ- und Exekutiv-Befugnisse.

Die **Kommission** (geleitet von - für 4 Jahre zu berufenden - Kommissionsmitgliedern, der Präsident nur mit Zustimmung des Parlaments (Art. 158 (2) EGV) hat, wenn auch erheblich begrenzter als der Rat, Legislativ- und Exekutivrechte.

Der **Europäische Gerichtshof (EuGH)** entscheidet in den Klageverfahren des Gemeinschaftsrechts gemäß den genannten Europäischen Verträgen (vgl. 10.2.1). Nach Art. 46 EUV ist der EuGH u.a. grundsätzlich nicht hinsichtlich der GASP und Innen- und Sicherheitspolitik zuständig (28.2.2.6). Zur Entlastung des EuGH ist inzwischen als Vorinstanz für einige Verfahren das "*Europäische Gericht*" *(EuG)* geschaffen worden (z.B. im Kartellrecht).

Das **Europäische Parlament** besteht seit 1979 aus jeweils unmittelbar von den Bürgern gewählten Abgeordneten, hatte aber zunächst weiterhin nur die Rechte,
– über den Haushaltsplan der Gemeinschaft zu entscheiden
– über einen Misstrauensantrag gegenüber der Kommission zu entscheiden, Art. 201 EGV.
Durch den EUV und den AV ist das Europäische Parlament jedoch gestärkt worden durch eine **Mitentscheidungs-Kompetenz** hinsichtlich Rechtsakten des Europäischen Rats (Art. 249 (1) EGV ggf. mit Einschaltung eines Vermittlungsausschusses, durch Bezugnahme auf **Art. 251 EGV)** in zusätzlich zu 11 in 23 einzeln aufgezählten Bereichen (z.B. Ermächtigungsgrundlagen hinsichtlich Freizügigkeit der Arbeitnehmer, Gesundheit, Umweltaktionsprogrammen; s. z.B. Art. 175 (1) EGV.
Daneben gibt es noch das **Verfahren** durch Bezugnahme auf Art. 252 EGV), dass das Europäischen Parlament zu Rechtsakten des Europäischen Rats **Stellung nimmt,** s. z.B. Art. 103 EGV; bei Ablehnung des Parlaments mit absoluter Mehrheit kann der Rat allerdings noch einstimmig abweichend entscheiden.

Zum **Anhörung**sverfahren s. z.B. Art. 172.
Hinsichtlich der Arten der Rechtsquellen und deren Abgrenzung zu anderen Handlungsformen
(Rechtshandlungen), vgl. 10.3.

10.3   Rechtsquellen der Europäischen Gemeinschaften: Vertragsrecht, Verordnungen, Richtlinien - in Abgrenzung zu den Entscheidungen (zum Rang s. auch 1.3)

10.3.1   Die Gemeinschaftsverträge als primäres Gemeinschaftsrecht

Die Verträge der Europäischen Gemeinschaften nennt man primäres Gemeinschaftsrecht.
Dieses bindet die Mitgliedstaaten und die Gemeinschaftsorgane, enthält aber zum Teil auch
unmittelbar für die Bürger der Mitgliedstaaten geltendes Gemeinschaftsrecht und garantiert
Grundrechte.
Die Gemeinschaftsverträge (EG, vorher auch EGKS, EURATOM) enthalten zum Teil **unmittelbar** nicht nur für die Mitgliedstaaten, sondern **auch unmittelbar gegenüber Unionsbürger** wirkende abstrakt-generelle Regelungen (Rechtsnormen, ähnlich den formellen und
materiellen Gesetzen, 4.1.2 f., 13.5), zum Teil aber auch den Rahmengesetzen des Bundes
i.e.S. (4.2.3) vergleichbare unmittelbare Bindungen nur der Mitgliedstaaten (s. 4.1.5).
Nach Art. 5 (2) EUV achtet die EU auf die **Grundrechte**, wie sie in der am 4.11.1950 in
Rom unterzeichneten Europäischen Konvention zum Schutze der Menschenrechte und
Grundfreiheiten gewährleistet sind (10.1) und wie sie sich aus den gemeinsamen Verfassungsüberlieferungen der Mitgliedstaaten als allgemeine Grundsätze des Gemeinschaftsrechts ergeben (s. 10.2.3; zum GG vgl. 5.). Zusätzlich ist das allgemeine Diskriminierungsverbot aus Gründen der Staatsangehörigkeit in Art. 12 EGV ausdrücklich geregelt.
Außerdem sind **subjektive öffentliche Rechte** in den sogenannten **Grundfreiheiten** des
EG-Vertrages gegeben (z.B. Art. 25 EGV: keine neuen Zölle oder Abgaben gleicher Wirkung
dürfen von den Mitgliedstaaten geregelt werden; Art. 28 EGV: Verbot mengenmäßiger
staatlicher Einfuhrbeschränkungen; Art. 39 EGV: Freizügigkeit der Arbeitnehmer innerhalb
der Gemeinschaft; Art. 43 EGV: Abbau der Beschränkungen des Niederlassungsrechts und
Art. 49 EGV: freier Dienstleistungsverkehr). Bei Verletzung der subjektiven Rechte sind subjektive öffentliche Abwehransprüche gegeben, vgl. auch 28.2.
Nach Art. 10 (1) EGV **treffen die Mitgliedstaaten** alle geeigneten **Maßnahmen** allgemeiner oder besonderer Art zur Erfüllung der Verpflichtungen, die sich aus diesem vertrag oder
aus Handlungen der Organe der Gemeinschaft ergeben. Sie erleichtern dieser die Erfüllung
ihrer Aufgaben. Nach § 10 (2) EGV **unterlassen** sie alle Maßnahmen, welche die Verwirklichung der Ziele dieses Vertrages gefährden können.
Hinsichtlich der neuen Ziele: Gemeinsame Außen- und Sicherheitspolitik (GASP) und Entwicklung
einer engen Zusammenarbeit in den Bereichen Justiz und Inneres (Art. 2 EUV) binden die Art. 11 - 21
und 29 - 37 EUV nur die Mitgliedstaaten relativ unbestimmt und lediglich völkerrechtlich, d.h. ohne
unmittelbare Geltung für Unionsbürger. Insoweit sind keine vertiefenden Regelungen in den Verträgen der drei Europäischen Gemeinschaften enthalten und schon gar nicht Rechtsnormen mit unmittelbarer Geltung für die Unionsbürger.

10.3.2   Verordnungen des Rates und des Europäischen Parlaments gemeinsam, des Rates oder der Kommission, Art. 249 (1) (2) EGV

Die (ausdrücklich) auf der Grundlage der Gemeinschaftsverträge erlassenen „Verordnungen" des Rates - nach dem neuen Vertrag zum Teil gemeinsam mit dem Europäischen
Parlament, vgl.10.2.4 zu Art. 251 EGV - , bzw. begrenzt die Verordnungen der Kommission, Art. 249 (1) (2) EGV, werden als **sekundäres Gemeinschaftsrecht** bezeichnet. Die
Verordnungen wirken nicht nur für die Mitgliedstaaten, sondern auch die Personen in den
Mitgliedstaaten unmittelbar und räumen ihnen ggf. *subjektive öffentliche Rechte* in Form
von Abwehr- oder Leistungsansprüchen ein (s. vergleichsweise zum GG 5.4, 5.5, 24.). Die
Verordnungen sind ähnlich wie die Rechtsverordnungen des deutschen Rechts abstrakt-

generelle Regelungen mit unmittelbarer Außenwirkung, also Rechtsnormen (Gesetze im materiellen Sinn, 12.1, 13.5) und erfordern Ermächtigungsgrundlagen der Gemeinschaftsverträge, die im Allgemeinen aber nicht so eng gefasst sind wie die nach Art. 80 GG für Rechtsverordnungen erforderlichen (vgl. 12.2). Also braucht eine Verordnung nicht durch Einzelgesetz oder eine generelle Transformationsnorm wie Art. 25 GG, vgl. 10.1, in innerstaatliches Recht umgesetzt zu werden. Sie kann Drittwirkung im Privatrecht haben (EuGH, DVBl. 2002, 1620).

Eine große Flut vor allem von Agrarverordnungen (allerdings weniger im Forstbereich und sonst kaum im Umweltbereich; vgl. als umfangreiches Beispiel die EG-ArtenschutzVO Nr. 338/97 (52.). - Trotz gewisser Zweifel ist angenommen worden, dass der Rat und die Kommission, obwohl sie nicht aus unmittelbar vom Volk bzw. den Völkern gewählten Mitgliedern bestehen, zu dem Erlass von Verordnungen ausreichend legitimiert sind, von der inzwischen erfolgten Stärkung der Kompetenzen des Europäischen Parlaments abgesehen.

10.3.3   Richtlinien des Rates und des Europäischen Parlaments gemeinsam, des Rates oder der Kommission, Art. 249 (1) (3) EGV; Rahmenbeschlüsse des Rats (Art. 34 (2) S. 2 b EUV)

10.3.3.1 Die Richtlinien des Rates, zum Teil gemeinsam mit dem Europäischen Parlament oder der Kommission sind in ihrer rechtlichen Wirkung komplizierter. Art. 249 (3) EGV lautet: „Die Richtlinie ist für jeden Mitgliedstaat, an den sie gerichtet wird, hinsichtlich des zu erreichenden Ziels verbindlich, überlässt jedoch den innerstaatlichen Stellen die Wahl der Form und der Mittel."
Jede Richtlinie erfordert, wie allgemein Rechtssätze (s. zu den Begriffen Rechtsnorm und Rechtssätze 1.1), nicht nur eine Geltung ab Veröffentlichung (Art. 254 (3) EGV) als Verfahrenselement, sondern auch ein, ggf. auch späteres und differenziertes Inkrafttreten, also eine Wirksamkeit als materiellrechtliches Element (Schliesky, DVBl. 2003, 631, 635 f.). Da Richtlinien nicht auch an die Bürger unmittelbar gerichtet sind, binden EG-Richtlinien, jedenfalls soweit der auch gemeinschaftsrechtlich geltende Gesetzesvorbehalt insbesondere für in Bürgerrechte eingreifende Regelungen besteht, die Gesetzgeber der Mitgliedstaaten. Diese haben - europarechtlich frei hinsichtlich der Form und Mittel - die erforderlichen unmittelbar für Bürger geltenden Rechtsnormen (Gesetze, Rechtsverordnungen, Satzungen) zu erlassen. Verordnungen bedürfen jedoch einer an Art. 80 GG ausgerichteten hinreichenden staatlichen Ermächtigungsgrundlage (zutreffend offenbar schon bei der Schutzgebietsverordnung zur Sicherung des Vogelschutzgebiets nach der EG-Vogelschutzrichtlinie in der Leybucht, Säbelschnäbler, s. 51.13.1.1). Interne staatliche Vorschriften wie z.B. die deutschen Verwaltungsvorschriften (auch normkonkretisierende, 13.2) reichen bei Eingriffen in Rechte nicht. Zur TA-Luft s. EuGH 30.5.1991, Rs. C-59/89 — Komm. gegen Deutschland, Slg. 1991, I-2607 Rn 20; 30.5.1991, Rs. C 361/88 — Komm. gegen Deutschland, Slg. I-2567 Rn 17; 62.2.4.7 mit EuGH-Nachw. Zur rechtswidrigen Umsetzung von Gemeinschaftsrecht durch ministerielle Bekanntgabe s. Becker, B., NuR 2003, 1497. Die Richtlinie lässt den Mitgliedstaaten also nur einen Spielraum hinsichtlich der Wahl der Form und Mittel, soweit nicht die inhaltlichen Ziele allgemein sind und weiten Spielraum lassen. Die Umsetzung erfordert **nicht unbedingt eine förmliche und wörtliche Übernahme** ihrer Bestimmungen in eine ausdrückliche spezifische Rechtsvorschrift, sondern kann ihr durch einen allgemeinen rechtlichen Kontext Genüge getan werden, jedoch muss dieser tatsächlich die **vollständige Anwendung der Richtlinie hinreichend klar und bestimmt gewährleisten** (vgl. u. a. Urteile des EuGH 9.4.1987 - Rs. 363/85, Kommission/Italien, Slg. 1987, 1733, Rn 7, 30.5.1991 - Rs. C-361/88, Kommission/Deutschland, Slg. 1991, I-2567, Rn 15; 7.1.2004 - Rs. C-58/02, Kommission/Spanien, Slg. 2004, I-621, Rn 26; 20.10.2005 - Rs. C-6/04 Kommission/ Großbritannien, Rn 21, 26, auch zu in einer Richtlinie gebotenen wesentlichen Überwachungs- und Kontrollpflichten; so auch 10.1.2006 Rs. C 98/03 Kommission/Deutschland, Rn 21, Rn 60). Dabei ist, um den Umfang der den Mitgliedstaaten obliegenden Umsetzungspflicht beurteilen zu können, in jedem Einzelfall die Art der in einer

Richtlinie enthaltenen Vorschrift zu bestimmen, auf die sich die Vertragsverletzungsklage bezieht (EuGH 26.6.2003 Rs. C-233/00, Kommission/Frankreich, Slg. 2003, I-6625, Rn 77; 20.10.2005 RS. C-6/04, Kommission/ Großbritannien, Rn 26).

Die Art, wie die EG-Richtlinien den Gesetzgeber der Mitgliedstaaten binden, ähnelt, von o.g. und nachstehenden Besonderheiten abgesehen, den erst in Landesgesetze zu kleidenden Rahmengesetzen des Bundes nach Art. 75 GG (vgl. 4.1.5, 4.2.3), keinesfalls aber den deutschen nur verwaltungsinternen Richtlinien (z.B. Subventionsrichtlinien) als Unterart der (internen) Verwaltungsvorschriften vergleichbar (13.2, 13.5).

Die Umsetzungsbedürftigkeit der Richtlinien durch staatliche Rechtsetzungsakte erfordert, dass in der Richtlinie eine **Umsetzungsfrist** vorgegeben wird (vor Ablauf der Umsetzungsfrist keine Vorwirkung von EG-Richtlinien, VGH Mannheim, NVwZ 2005, 1098). Vgl. aber zu 10.3.3.3 am Ende.

10.3.3.2 Die Mitgliedstaaten (Gesetzgeber, Verwaltung, Gerichte) haben schon **vor Ablauf der Umsetzungsfrist** die Pflicht, die **Ziele** der Richtlinie nicht zu unterlaufen und durch eigenes Verhalten gleichsam vollendete Tatsachen zu schaffen, welche später die Erfüllung der aus der Beachtung der Richtlinie gemäß Art. 10 (2) (10.3.1) i.V.m. Art 249 (3) EGV erwachsenen Vertragspflichten nicht mehr möglich machen würde – Pflicht zur „Stillhaltung" als sog. **Vorwirkung** einer Richtlinie (EuGH 18.12.1997 – C 19/96 Inter Environnement Wallonie, NVwZ 1998, 385 = EuZW 1998, 167, 170 Nr. 70; dem folgendend BVerwG, 19.5.1998, 4 A 9.97 BAB 20 Südumfahrung Lübeck, NuR 1998, 544). Die Pflicht eines Mitgliedstaats, alle zur Erreichung des durch eine Richtlinie vorgeschriebenen Zieles erforderlichen Maßnahmen zu treffen, ist eine durch Art. 249 (3) EGV und durch die Richtlinie selbst auferlegte zwingende Pflicht. Diese Pflicht, alle allgemeinen oder besonderen Maßnahmen zu treffen, obliegt **allen Trägern öffentlicher Gewalt** in den Mitgliedstaaten einschließlich der Gerichte im Rahmen ihrer Zuständigkeiten (EuGH 7.9.2004 niederländische Herzmuschelfischerei, NuR 2004, 788, Rn 65 mit Bezug auf 24.10.1996 Kraaijeveld u.a., Slg. 1996, I-5463 Rn 55 = NuR 1997, 536). Daher verbietet sich eine „Auslegung und Anwendung des nationalen Rechts in der Weise, dass die Verwirklichung der Ziele der Richtlinie praktisch unmöglich wird." (BVerwG aaO S. 549 offenbar auch für die Zeit vor Fristablauf). Ein Teil der im Wesentlichen vor den Entscheidungen des EuGH und BVerwG vorgelegten Rechtsliteratur lehnt diese Wirkung ganz oder vermittelnd ab; vgl. dazu Nachweise bei Schliesky, DVBl. 2003, 631, 634.

Wenn eine Richtlinie noch nicht anzuwenden ist, kann noch nicht der Anwendungsvorrang des EG-Rechts vor entgegenstehendem nationalen weitergeltenden Recht zutreffen (10.5). Nach Inkrafttreten der Richtlinie sind gemäß Art. 249 (3) EGV vor Fristablauf deren **Ziele** für die staatlichen Organe (einschließlich kommunale Körperschaften und Beliehene, vgl. Jarass, NJW 1991, 2665 ff.), nicht auch der volle Inhalt und ohnehin nicht die Wahl und Form der Mittel, verbindlich (der EuGH, aaO, zieht noch Art. 10 (2) EGV heran).

Zur Sicherstellung dieser innerstaatlichen Bindungswirkung in Deutschland dient Art. 23 (1) GG, der dem Zustimmungsgesetz zum EGV die Wirkung verleiht, dass die Richtlinienziele schon vor Fristablauf Bestandteil als „Recht" der verfassungsmäßigen Ordnung i.S. von Art. 20 (3) Halbs. 2 GG ist (Schliesky, DVBl. 2003, 638, m.w.N., die Ziele bleiben aber weiter auch EG-Recht). Mangels Anwendungsvorrang geht es jedoch nur um eine Abwägungs- und Berücksichtigungsgebot mit einer vom Ausgangspunkt her „Gleichrangigkeit des hinzutretenden Richtlinienziels auf der jeweiligen Ebene, wodurch die Abwägungsfähigkeit im Falle konfligierender Interessen gewahrt bleibt" (Schliesky, DVBl. 2003, 639, unter Hinweis auf die Ähnlichkeit der Abwägungsbedürftigkeit der vorwirkenden EG-Richtlinienziele auf der Ebene der **Gesetzgebung** mit den Staatszielen des GG, 4.4). Je nach Interessenlage können die Richtlinienziele und die Staatsziele in der Abwägung sich unterstützen oder gegeneinanderstehen. Die **Verwaltung** und **Rechtsprechung** haben die Richtlinienziele, nicht die gesamte Richtlinie vorwirkend als öffentliches Interesse im Rahmen der Auslegung unbestimmter Rechtsbegriffe und bei der Ermessensausübung zu berücksichtigen (18.1, 18.2,

19.6, 20.; Schliesky, DVBl. 2003, 639; unter Hinweis auf BGH, BGHZ 138, 55, 64; bei der Abwägung nach § 17 (1) S. 2 FStrG, 44.3.3.3; oder nach § 11 NNatG, 50.8.1, bei der naturschutzrechtlichen Eingriffsregelung). Je dichter der Ablauf der Umsetzungsfrist liegt und je mehr ein Pflichtverstoß des Mitgliedstaats durch konträren Akt einer Nichtumsetzung der Richtlinie droht, desto höher ist das **Gewicht** der Richtlinienziele (Schliesky, DVBl. 2003, 639, auch unter Hinweis auf den Fall des EuGH C 129/96, Slg. 1997, I-7411 ff. und Weiß, DVBl. 1998, 568). Vgl. insbesondere BVerwG zu dem bis zum Fristablauf vorwirkenden Schutz für potenzielle FFH-Gebiete (NuR 1998, 544, mit allgemeinem Hinweis auf EuGH, 20.3.1997, C 24/95, Alcan, Slg. I 1997, S, 1591 Rn 37/42/46). Dazu dürften aber die nachstehenden Einschränkungen insbesondere bei Belastung Privater entsprechend zu beachten sein.

10.3.3.3 **Nach Fristablauf nicht oder nicht richtig umgesetzte Richtlinien,** die inhaltlich unbedingt und bestimmt sind (z.B. EuGH, Slg. 2002, I-6833 Rn 51) entfalten in zu erläuternden Grenzen eine verstärkte Wirksamkeit. Begründet wird dies mit dem Gebot des (einheitlichen) Wirksamwerdens, der Effektivität der Richtlinien als EG-Recht – effet utile, ihrer Verbindlichkeit für die Mitgliedstaaten, und dem sanktionsbestimmten Verbot, eine eigene Pflichtverletzung zu nutzen, estoppel-Prinzip (EuGH Slg. 1982, 53 Rn 22 – 24; Slg. 1996, I-1281 Rn 16; dazu Royla/Lackhoff, DVBl. 1998, 1116; Jarass/Beljin, EuR, 714).

Eine **unmittelbare Richtlinien-Wirkung** besteht jedenfalls darin, dass **staatliches Recht** nicht nur **konform** mit den Zielen, sondern auch mit den übrigen **Inhalten der Richtlinie auszulegen** ist (auch bei Belastung Privater, Jarass/Beljin, EuR 2004, 715, 729, 731).

Soweit nach den folgenden Ausführungen zur Wahrung der Richtlinieninhalte die **Verwaltung** und die sie **überprüfenden Gerichte** tätig werden dürfen und ggf. müssen, haben sie die Inhalte nicht nur - ggf. im Einzelfall mit hohem Gewicht - abzuwägen, sondern strikt zu beachten (so offenbar BVerwG 19.5.1998, NuR 1998, 544, 549; für zumindest einen Anwendungsvorrang Nachweise, s. auch Royla/Lackhoff, DVBl. 1998, 1116, 1119 m.w.N.).

Bei der **unmittelbaren Richtlinien-Wirkung** für Private bestehen näher zu erläuternde Beschränkungen. Soweit trotz fehlender gesetzlicher Umsetzung eine vermittelnde Anwendung durch die Verwaltung in Betracht kommt, soll – ohne Unterschied im Ergebnis - von **mittelbarer Wirkung** gesprochen werden (Gellermann, NuR 1996, 548, 555 ff. m.w.N.).Dies wird aber auch als unmittelbare Wirkung bezeichnet (Jarass/Beljin, EuR 2004, 715, 717). Beim Unterlaufen von Richtlinienzielen **vor Ablauf der Umsetzungsfrist** im Arbeitsrecht (Diskriminierungsverbot älterer Arbeitnehmer durch befristete Verträge) hat der EuGH schon eine unmittelbare Richtlinienwirkung angenommen (Große Kammer, 22.11.2005 – C-144/04, NJW 2005, 3695).

10.3.3.4 Unstreitig können sich unter den genannten Voraussetzungen nicht (ausreichend) umgesetzter Richtlinien jedenfalls **Private** den Behörden (und demnach Gerichten) des Mitgliedstaats gegenüber unmittelbar auf ausschließlich sie (und die anderen betroffenen Privaten) **begünstigende EG-Richtlinien** „berufen" (vertikale Wirkung; Jarass/Beljin, EuR 2004, 714 m.w.N.) „Berufen" eines Bürgers ist nicht als eine Art Einrede aufzufassen, sondern schließt ein von Amts wegen Berücksichtigen ein (Papier, DVBl. 1993, 809, 812 f.). Der EuGH (Großkrotzenburg-Urteil 11.8.1995 – C-431/92 (NuR 1996, 102 ff. = DVBl. 1996, 424 = Slg. 1995 I-02189) verlangt für eine unmittelbare Wirkung nicht, dass die Richtlinie individualschützenden Charakter i.S. der Schutznormlehre (24.1) hat.

Der EuGH (7.9.2004 niederländische Herzmuschelfischerei, NuR 2004, 788,Rn 66 mit Bezug auf 24.10.1996 Kraaijeveld, Rn 56) äußert dazu: Was das **Recht des Einzelnen**, sich auf eine **Richtlinie zu berufen,** und die **nationalen Gerichte,** sie zu berücksichtigen, angeht, wäre es mit der den Richtlinien durch Art. 249 EGV zuerkannten verbindlichen Wirkung unvereinbar, grundsätzlich auszuschließen, dass sich betroffene Personen auf die durch eine Richtlinie auferlegte Verpflichtung berufen können. Insbesondere in Fällen, in denen Gemeinschaftsbehörden die Mitgliedstaaten durch eine Richtlinie zu einem bestimmten Verhalten verpflichten, würde die praktische Wirksamkeit einer solchen Maßnahme abgeschwächt, wenn die begünstigten **Bürger** sich **vor Gericht** hierauf nicht berufen und die nationalen Gerichte nicht als Bestandteil des Gemeinschaftsrecht berücksichtigen könnten, um zu prüfen, ob der **nationale Gesetzgeber** im Rahmen der ihm vorbehaltenen Befugnis, Form und Mittel für die Umsetzung zu wählen, innerhalb des in der Richtlinie vorgesehenen Ermessensspielraums geblieben ist. Das Gleiche gilt, wenn es um die Prüfung der Frage geht, ob sich die **nationale Behörde**, die die angefochtene Maßnahme erlassen hat, bei fehlender Umsetzung der einschlägigen Bestimmung der betreffenden Richtlinie in das nationale Recht in den Grenzen des durch diese Bestimmung eingeräumten Ermessensspielraums gehalten hat (EuGH 7.9.2004 aaO; speziell zu den Ausführungen des EuGH zu Art. 6 (3) FFH-R s. 51.14.2.1). Ein **nationales Gericht** kann also bei der **Untersuchung der Rechtmäßigkeit der Genehmigung** eines Plans oder eines Projekts i.S. Art. 6 (3) FFH-RL prüfen, ob die durch diese Bestimmung gezogenen Grenzen für den Ermessensspielraum der zuständigen nationalen Behörden eingehalten worden sind, auch wenn diese Richtlinie trotz Ablaufs der hierfür gesetzten Frist nicht in das nationale Recht des betreffenden Mitgliedstaats umgesetzt worden ist (EuGH 7.9.2004 niederländische Herzmuschelfischerei, NuR 2004, 788, 791 Rn 69 f.; s. dazu auch Gellermann, NuR 2004, 769, 773).

10.3.3.5 Würden sich jedoch aus einer **unmittelbaren Anwendung der Richtlinie selbst Belastungen (und Nachteile)** nur oder auch **für Private** ergeben, stehen dieser unmittelbaren Anwendung näher zu erläuternde Grenzen und Hindernisse gegenüber (EuGH 7.1.2004, Rs. C 201/02 Wells, NVwZ 2004, 593 Rn 56, s. weitere EuGH-Nachw. sowie zum Schrifttum bei Jarass/Beljin, EuR 2004, 714, 715; Ruffert, in Calliess/Ruffert, Art. 249 Rn 78, 80 – 82 f.). Zu präzisieren ist, wann sich solche Belastungen für Private ergeben.

10.3.3.6 Strafrechtliche und **ordnungswidrigkeitenrechtliche** Sanktionen durch staatliche Gerichte und Ordnungswidrigkeitenbehörden für Verstöße gegen unmittelbar wirkende Richtlinien sind nach den dafür auch gemeinschaftsrechtlich geltenden speziellen Grundsätzen ohne Ausnahme ausgeschlossen (Jarass/Beljin, EuR 2004, 715, 729 f. m.w.N., 736, mit Begründung und Nachw.; 32.1).

10.3.3.7 Die **unmittelbare** Wirkung, verstanden als Wirkung ohne vermittelnde staatliche verwaltungsbehördliche Anwendung (vgl. zu den Begriffe Jarass/Beljin, EuR 2004, 715, 717) gilt grundsätzlich auch **nicht für** die **Richtlinieninhalte**, die - **verwaltungsrechtlich und privatrechtlich** - Private **„vertikal"** belasten (Jarass/Beljin, EuR 2004, 715, 728 -731. m.w.N., Ruffert, in Callies/Ruffert, Art. 249 Rn 86; zu *horizontalen* Rechtsbeziehungen zwischen Privaten s.u. 10.3.3.10). Dies gilt grundsätzlich auch bei zugleich **begünstigender Wirkung anderer Privater** (Jarass/Beljin, EuR 2004, 715, 727 mit Nachw. für abweichende Auffassungen, die sich teilweise mit nachstehenden Ausnahmen decken; s. auch Papier, DVBl. 1993, 809, 812 f.; Royla/Lackhoff, DVBl. 1998, 1116, 1119. Der Unterschied zwischen privatem und öffentlichen Recht hat dabei keine Bedeutung (Jarass/Beljin, EuR 2004, 715, 730).

Jarass/Beljin, EuR 2004, 714, 716, weisen nach, dass für die nähere Deutung der EuGH nicht ganz einheitlich entschieden und in Vorabentscheidungsverfahren (28.2.2.4) teilweise nur Vertragsverletzungen, nicht aber eine unmittelbar belastende Wirkung festgestellt hat.

10.3.3.8 Ausnahmsweise wirkt eine Richtlinie nach dem EuGH in Entscheidungen zur Richtlinie 83/189 über Informationsverfahren **bei wesentlichen Verfahrensfehlern** der Mitgliedstaaten **unmittelbar** gegenüber Privaten mit der **negativen Folge der Nichtanwendung erlassener nationaler Vorschriften;** z.B. mit dem Ergebnis einer Nichtigkeit eines Verwaltungshandelns (oder Vertrages) gemäß allgemeinen nationalen Recht. Hergeleitet wird dies insbesondere aus dem Urteil des EuGH vom 7.1.2004 (Rs. C 201/02 Wells, NVwZ 2004, 593 Rn 56). Darin heißt es: Der Einzelne kann „sich nicht gegenüber einem Mitgliedstaat auf eine Richtlinie berufen, wenn es sich um eine Verpflichtung des Staates handelt, die unmittelbar im Zusammenhang mit der Erfüllung einer anderen Verpflichtung steht, die auf Grund dieser Richtlinie einem Dritten obliegt". Fehlt dieser unmittelbare Zusammenhang, hat die unmittelbare Wirkung „bloße negative Auswirkungen auf die Rechte Dritter" und ist daher akzeptabel (EuGH aaO Rn 57). Vgl. Jarass/Beljin, EuR 2004, 715, 730 i.V.m. 722 - 725. m.w.N.; auch zu den Grenzen dieser Ausnahme.

10.3.3.9 Eine andere Frage ist, ob auch eine **unmittelbare positive Anwendung der Richtlinie** möglich ist, etwa wenn sie (auch) regelt, wie Rechtsbeziehungen zu (oder zwischen) Privaten sich gestalten (Jarass/Beljin, EuR 2004, 715, 730 i.V.m. 722 – 725). Insbesondere das Großkrotzenburg-Urteil des EuGH 11.8.1995 – C-431/92 (NuR 1996, 102 ff. = DVBl. 1996, 424 = Slg. 1995 I-02189) wird so ausgelegt, dass belastende nicht fristgerecht umgesetzte Richtlinien die staatlichen Behörden im Rahmen des nationalen Rechts ermächtigen und verpflichten, belastende Anwendungsakte auch gegenüber Privaten zu erlassen (Jarass/Beljin, EuR 2004, 715, 731 ff., 737). Die durch staatliche hoheitliche Maßnahme angewendete Richtlinie gilt dann für die betreffenden Bürger **mittelbar** (Gellermann, NuR 1996, 548, 555 ff. m.w.N.; nach anderer Terminologie unmittelbar, 10.3.3.3).

Behördliche Pflichten können nicht in unmittelbarem Zusammenhang mit einer in der Richtlinie vorgesehenen Pflicht für einen privaten Dritten stehen; z.B. wenn nach der Richtlinie Pflichten für Private nicht bereits mit ihrer Umsetzung in das nationale Recht entstehen, sondern erst vermittelt durch eine nationale Verwaltungsentscheidung oder ein Verwaltungsverfahren wie der UVP oder durch die Vergabe öffentlicher Aufträge (Jarass/Beljin, EuR 2004, 714, 731–733, 737 mit Hinweis auf EuGH u.a. 7.1.2004 Wells, NVwZ 2004, 593 Rn 57). **Hierzu gehören auch die Regelungen über die erst staatlich erforderliche Auswahl und Ausweisung von Vogelschutzgebieten nach Art. 4 der Vogelschutzrichtlinie (51.12.3)** und Art. 4 der FFH-Richtlinie (51.12.5), **sowie in einem Genehmigungsverfahren anzuwendende Genehmigungsvoraussetzungen einer Richtlinie** (Jarass/Beljin, EuR 2004, 714, 733). Der EuGH (7.1.2004, NVwZ 2004, 593 Rn 51) hat bei Verstoß gegen Richtlinien, die durch staatliche Verwaltungstätigkeit vermittelt werden müssen, die **Pflicht der Behörden aus Art. 10 EGV festgestellt, im Rahmen ihrer Zuständigkeit die rechtswidrigen Folgen zu beheben.** Welche Maßnahmen die Behörde jeweils zu ergreifen hat, richtet sich in den Schranken der Effektivität und Gleichwertigkeit nach den **Möglichkeiten des nationalen Rechts** (EuGH 7.1.2004, NVwZ 2004, 593 Rn 65 – 69; Kraaijeveld, Slg. 1996, I-5403 Rn 57 – 61; Jarass/Beljin, EuR 2004, 715, 734, mit den Beispielen 1., dass bei Erteilung einer Genehmigung ohne vorherige UVP die Genehmigung behördlich zurückzunehmen oder auszusetzen ist oder Schadensersatz geltend zu machen ist; 2., dass, bei richtlinienwidrigen Rechtschutzfristen der Konkurrent gegen einen öffentliche Auftragsvergabe zu Lasten des Auftragnehmers nur klagen kann, wenn das nationale Recht die Möglichkeit der Nichtanwendung eröffnet, EuGH, Slg. 2003, I-1877 Rn 64).

Ist das nationale Recht trotz gebotener verfassungskonformer Auslegung richtlinienwidrig und daher eine gegenüber Privaten (auch) belastende Richtlinienrealisierung nur über vermittelnde Behördenanwendung möglich, so muss das dafür – ggf. auch verfassungskonform ausgelegte - notwendige nationale Anwendungsrecht sich zusätzlich in den Grenzen des auch gemeinschaftsrechtlich geltenden **Grundsatzes des Gesetzesvorbehalts** (16.), also der Erforderlichkeit einer gesetzlichen Ermächtigungsgrundlage und deren Voraussetzungen bei Eingriffen in staatlich begründete Rechte und (einschließlich) Freiheiten halten (Jarass/Beljin, EuR 2004, 715, 734 f.). Auch wenn eine Richtlinie für ein Vorhaben einen Genehmigungstatbestand vorsieht und bis zur Genehmigung die Durchführung des Vorhabens untersagt, erfordert die vermittelnde Behördenanwendung, dass für die Realisierung der EG-Genehmigungsvoraussetzungen ein staatliches Genehmigungsverfahren gesetzlich vorgesehen ist (Jarass/Beljin, EuR 2004, 715, 736). Dagegen wird eine Richtlinienregelung über die öffentliche Auftragsvergabe als begünstigende Regelung angesehen, da sie trotz der Konkurrenzsituation keiner gesetzlichen Ermächtigungsgrundlage für die vermittelnde Behördenanwendung bedarf (Jarass/Beljin, EuR 2004, 715, 735; s. auch 16.3.2). Sind da gegen Privaten zustehende Rechte, die durch die Richtlinie belastet würden, gemeinschafts-rechtlich begründet, ist die Rechtsprechung des EuGH nicht eindeutig. Jarass/Beljin, EuR 2004, 715, 735, meinen dem Urteil des EuGH vom 12.11.1996, Slg. 1996, I-5819, die An-nahme einer nur begrenzten Begünstigung oder aber vorsichtig sogar einer Ersatzermächti-gungsgrundlage durch die Richtlinie selbst entnehmen zu können. Insoweit ist vorerst noch Zurückhaltung geboten.

10.3.3.10 Im **Verhältnis zwischen Privaten** (horizontal) wirkt die Richtlinie **regelmäßig nicht un-mittelbar** (Jarass/Beljin, EuR 2004,714, 721 - 722, 736). Hierzu gehört nicht das Verhältnis von öffentlichen Einrichtungen, die privatrechtlich handeln, zu dann belasteten Privaten (Ja-rass/Beljin, EuR 715, 721, mit EuGH-Nachweisen; Bereitschaftsdienst von Ärzten in öffentli-chen Krankenhäusern, EuGH Slg. 2000, I-79-63, Rn 70). Ausnahmsweise wirkt eine Richtli-nie nach dem EuGH in Entscheidungen zur Richtlinie 83/189 über Informationsverfahren bei wesentlichen Verfahrensfehlern der Mitgliedstaaten auch unmittelbar zwischen Privaten mit der negativen Folge der Nichtanwendung erlassener nationaler Vorschriften (z.B. mit dem Ergebnis der Nichtigkeit eines Vertrages gemäß allgemeinem nationalem Vertragsrecht). (Ja-rass/Beljin, EuR 2004, 715, 722 - 725. m.w.N.; auch zu den Grenzen dieser Ausnahme; s. 10.3.3.6).

10.3.3.11 Der EuGH hat zudem entschieden, dass die Mitgliedstaaten **Staatshaftungsansprüche** zugunsten von Bürgern vorzuhalten haben für den Fall, dass ihnen Schäden entstanden sind, weil ein Mitglied-staat eine sie schützende **EG-Richtlinie nicht umgesetzt** oder in sonstiger Weise gegen Europäi-sches Gemeinschaftsrecht verstoßen hat, ohne dass eine Lösung über eine unmittelbare oder mittel-bare Wirkung der Richtlinie möglich ist (EuGH C 6 und 9/90 Franvovic, Slg. 1991, I 5357, 5415; quali-fizierte EG-Rechtsverletzung, EuGH C 178/94 Dillenkofer, Slg. 1996, / 4845, 4880; vgl. 28.2). Zu Zuständigkeitskonflikten bei der Umsetzung von EG-Richtlinien s. Haslach, DÖV 2004, 12.

10.3.3.12 **Rahmenbeschlüsse des Rats (Art. 34 (2) S. 2 b EUV zur polizeilichen und justiziellen Zusam-menarbeit in Strafsachen** (3. Säule der EU, vgl. Übersicht 10.2.2) werden bei entsprechender Bin-dung in ihrer Wirkung als den EG-Richtlinien gleichartig bewertet, auch hinsichtlich einer Begrenzung der deutschen grundrechtsbezogenen Verfassungskontrolle durch das BVerfG wegen der Vorabent-scheidungsbefugnis des EuGH auch zu den EG-Grundrechten (Art. 6 EUV) und trotz fehlendem Ver-tragsverletzungsverfahren vor dem EuGH (dazu EuGH, NJW 2005, 2839; Masing, NJW 2006, 264 ff. m.w.N. zur Parallelität mit der Richtlinie und zur Befassung des BVerfG mit dem europäischen Haft-befehl; zur Nichtigkeit des Rahmenbeschlusses 2003/80(JI v. 27.1.2003 über den Schutz der Umwelt durch Strafrecht s. EuGH 13.9.2005 – C-176/03, NuR 2006, 97).

10.3.4 **Entscheidungen des Rates und des Europäischen Parlaments gemeinsam, des Rates oder der Kommission**, Art. 249 (1) (4) EGV

Die Entscheidungen sind individuelle Akte unmittelbar gegenüber Mitgliedstaaten und/oder gegenüber den Unionsbürgern selbst. Soweit sie nur an die Mitgliedstaaten gerichtet sind, können sie ausnahmsweise - wie die vorgenannten EG-Richtlinien - die Mitgliedstaaten ver-pflichten, entsprechende Gesetze oder Verwaltungsakte mit unmittelbarer Wirkung gegen-über Bürgern zu erlassen. Die Ausführungen zu den Richtlinien gelten insoweit entspre-chend. Bei unmittelbarer Wirkung für bestimmte Bürgen sind die Entscheidungen in hinrei-chend konkreten Fällen dem deutschen Verwaltungsakt etwa vergleichbar (15., 28.1.

10.3.5 **Empfehlungen und Stellungnahmen des Rates und des Europäischen Parlaments gemeinsam, des Rates oder der Kommission**, Art. 249 (1) (5) EGV

Die Empfehlungen und Stellungnahmen haben keinen verbindlichen Charakter.

Zur Frage einer exekutiven Vollzugsprogrammierung durch **tertiäres Gemeinschaftsrecht** durch Verwaltungsvollzugsregelungen der Kommission ähnlich den deutschen Verwaltungs-vorschriften (13.2) s. Groß, DÖV 2004, 20.

10.4 Bindungen für EG-Verordnungen und EG-Richtlinien durch den EU- und EG-Vertrag

10.4.1 Prinzip der begrenzten Einzelermächtigung, Subsidiaritätsprinzip, Verhältnismäßigkeit

Die Eingrenzung von Kompetenzüberschreitungen bzw. -ausübungen der Gemeinschaftsorgane verweist Art. 2 (2) EUV auf **Art. 5 EGV**:

Art. 5 (1) Die Gemeinschaft wird innerhalb der Grenzen der ihr in diesem Vertrag zugewiesenen Befugnisse und gesetzten Ziele tätig. Insbesondere der Erlass von EG-Verordnungen (sowie ggf. unmittelbar oder mittelbar für Bürger wirkenden Richtlinien oder ausnahmsweise abstrakt-generellen Entscheidungen, vgl. 10.3.3 f.) sowie teilweise der Erlass von Verwaltungsakten (13.5, 15.) ähnelnden Entscheidungen gegenüber Mitgliedstaaten und/oder Bürgern macht eine **begrenzte Einzelermächtigung** erforderlich.

Art. 5 (2) In den Bereichen, die nicht in ihre ausschließliche Zuständigkeit fallen, ist die Gemeinschaft nach dem **Subsidiaritätsprinzip** nur zuständig, sofern und soweit die Ziele der in Betracht gezogenen Maßnahmen auf der Ebene der Mitgliedstaaten nicht voll erreicht werden können und daher wegen ihres Umfangs oder ihrer Wirkungen besser auf Gemeinschaftsebene verwirklicht werden können.

Art. 5 (3) Die Maßnahmen der Gemeinschaft dürfen nicht über das für die Erreichung der Ziele des betr. Vertrages erforderliche Maß hinausgehen (**Verhältnismäßigkeit**; 5.3.1, 20.1, außer der vorausgesetzten Eignung, Stufe 1, ist trotz des zur Stufe 2 tendierenden Wortlauts - mildestes Mittel, auch die Angemessenheitsabwägung der 3. Stufe umfasst (vgl. EuGH 9.11.1005 Rs. 426/93, Slg. 1995 I-3727, Rn 42; 12.11.1996 Rs. C-84/94, Slg. I-5755 Rn 57, nur bis zur 2. Stufe erheblich; 13.5.1997 - Rs C-233/94 Deutschland/ Parlament und Rat, Slg. 1997, I-2405 Rn 54; 2.4.1998 – Rs. C-127/95 Norbrook Laboratories, Slg. 1998, I-1531 Rn 89; 12.3.2002 Rs. C-27.00 und C 122/00 Omega Air u.a., Slg. 2002, I-2569 Rn 62; Generalanwältin Kokott Rs. C-127/02 Herzmuschelfischerei, NuR 2004, 587, 592; s. 51.14.2.4; EuGH 14.4.2005 – Rs C-6/03 Eiterköpfe, NuR 2005, 582, 583, nennt nur Eignung und Erforderlichkeit; 63.4.8).

Ähnlich wie bei der Aufteilung der Gesetzgebung nach dem GG auf Bund und Länder (4.2) ergeben sich Grenzen der Rechtsetzungskompetenzen zwischen den Mitgliedstaaten und der Europäischen Union (10.2). Dabei wird je nach Regelungsdichte des Europarechts ergänzendes nationales Recht zulässig bleiben oder nicht, bei Richtlinien im Allgemeinen ähnlich wie bei den Rahmengesetzen des Bundes (4.1.5, 4.2.3, 10.3.3), die aber nach anderen Gesichtspunkten ausnahmsweise auch unmittelbar für Bürger geltende Rechtsnormen enthalten können. Oft lässt das EG-Recht auch stärker (z.B. die Umwelt) schützendes staatliches Recht zu.

10.4.2 Grundrechte als Gemeinschaftsvertragsrecht

Wie ausgeführt (10.3.1) hat nach Art. 6 (2) EUV als primäres Gemeinschaftsrecht die EU mit ihren Organen die Grundrechte gemäß der Europäischen Menschenrechtskonvention (11.1) und den gemeinsamen Verfassungsüberlieferungen der Mitgliedstaaten (zum GG s. 5.) zu achten. Damit sind jedenfalls im Rahm sondern als zusammenhängendes System. Allerdings verfügt die EG trotz der Stärkung der Mitwirkungsbefugnisse bei dem Erlass von Verordnungen und Richtlinien des Rates bzw. der Kommission nicht über die Kompetenz zum Erlass parlamentarischer Gesetze i.e.S. Trotz des Vorrangs vor staatlichem Recht scheint daher eher der Zusammenhang mit einer Verwaltungsgerichtsbarkeit gegeben. Da noch eine Verzahnung mit dem deutschen verwaltungsgerichtlichen Schutzsystem vorliegt, soll der EG-rechtliche Rechtsschutz auch gegenüber EG-Verordnungen und -Richtlinien zusammenhängend im Anschluss an die deutschen en des durch Art. 79 (3) GG für Verfassungsänderungen zugelassenen Spielraums (vgl. 2. f.) die Verordnungen (und ggf. Richtlinien) der Europäischen Gemeinschaften einer hinreichenden Grundrechtsgeltung unterworfen. Gegen—

über zulässigen Einschränkungen der Grundrechte im öffentlichen Interesse gilt zugunsten der Grundrechtsträger der dreiteilige **Verhältnismäßigkeitsgrundsatz,** Art. 5 (3) EGV, (s. 10.4.1; vgl. im Einzelnen entsprechend bei 5.3.1, 20.1). Vgl. auch 10.1. Zum Grundrechtsschutz durch den EuGH s. Schwarze, NJW 2005, 3459; Skouris, DÖV 2006, 89 mit zahlr. EuGH-Nachweisen. Zum Grundrechtsschutz im Unionsverfassungsentwurf aus EU-Grundrechten verbunden mit einer externen Kontrolle am Maßstab der Europ. Menschenrechtskonvention kritisch Eurpmann-Wittzack, DÖV 2005, 152; insoweit auch kritisch insbesondere hinsichtlich des Grundrecht der „Eigentumsfreiheit" und der Verhältnismäßigkeit Kahl/Görditz, ZUR 2006, 1.

10.4.3   Vertragsverletzungen

Liegt eine **EG-Verordnung** (oder Richtlinie) außerhalb des übertragenen Zuständigkeitsbereichs oder verletzt sie die EU-Grundrechte bzw. den Verhältnismäßigkeitsgrundsatz, kann sie vom EuGH für **nichtig** oder nicht anwendbar erklärt werden (vgl. 28.2 zur Zuständigkeit des EuGH).

10.5   Grundsätzlicher Anwendungs-Vorrang des EG-Rechts vor staatlichem Recht

Das unmittelbar für die Menschen geltende, aber auch die Mitgliedstaaten bindende **Vertragsrecht** der Europäischen Gemeinschaften mit eigenständigem Grundrechtsschutz gegenüber dem Gemeinschaftsrecht im Rahmen der Europäischen Union geht auch mit Wirkung für die staatlichen Behörden und Gerichte dem Bundes- und Landesrecht vor (vgl. Art. 23, 24 GG, 10.3). Wegen Art. 23 GG und angesichts des vom BVerfG allgemein geprüften Vertragswerks dürfte sich die Frage einer Verletzung der unabänderlichen Verfassungsgrundsätze ohnehin nicht stellen (vgl. 1.3).
Im Übrigen hat (außer dem primären auch) das sekundäre Gemeinschaftsrecht vollen Vorrang vor jeder nationalen Rechtsquelle, nach dem EuGH auch vor einer staatlichen Rechtsnorm, die eine EG-Verordnung nur wiederholt. Der EuGH hat aber - auf der Basis eines Vorrangs des Gemeinschaftsrechts nicht die Kompetenz, für nachrangiges widersprechendes staatliches Recht die Nichtigkeitsfolge, also einen Geltungsvorrang vorzusehen (EuGH Rs. 237/82 – Jongeneel Kaas/ Niederlande, Slg. 1984, 483 ff.,500; wenn auch nicht immer einheitlich; vgl. Streinz Rn. 197 f.). Das Bundesverfassungsgericht verneint eine solche für alle Zukunft geltende Nichtigkeit und nimmt an, dass die fehlerhafte staatliche Rechtsnorm nur im gerichtlich zu entscheidenden Einzelfall von Behörden und Gerichten nicht anzuwenden ist (sogen. **Anwendungsvorrang**, vgl.1.3 und Streinz Rn 207); das deutsche Recht sieht also keine Nichtigkeit vor (BVerfGE 73, 339, 374 f., BVerwGE 87, 154, 158 f.; Streinz, Rn 207; Nachweise bei Schliesky, DVBl. 2003, 636 Fußn. 56). Diese für Kollisionen verschiedener Arten von Rechtsquellen ungewöhnliche Lösung ist nach der Entscheidung des BVerfG nötig aber auch ausreichend, u. A. damit nationale Gesetze bei später aufgehobener EG-Verordnung wieder voll anwendbar sind und nicht aufwändig neu erlassen werden müssen und weil beide Rechtssysteme noch nicht soweit aufeinander abgestimmt sind, dass nationale Vorschriften ohne weiteres ganz entfallen könnten. Dennoch ist der Unterschied zum Geltungsvorrang in der Praxis nicht sehr groß.
Soweit also einzelne Mitgliedstaaten Recht in dem auf die EG übertragenen Zuständigkeitsbereich setzen, sind diese Rechtsnormen nicht anwendbar, wenn sie dem Gemeinschaftsvertragsrecht selbst oder bereits erlassenen EG-Verordnungen (zu den EG-Richtlinien s. 10.3.3.) widersprechen (s. 10.5). Mit dem EG-Recht vereinbare ergänzende oder für das Ziel günstigere Regelungen können zulässig sein, ebenso natürlich auch Rechtsnormen, die pflichtgemäß die (ausnahmsweise unmittelbar wirkenden) Richtlinien (doch noch) inhaltlich ausreichend umsetzen.
Trotz der günstigen Grundrechtsgestaltung der EU bzw. EG hält sich das Bundesverfassungsgericht nach dem Maastricht-Urteil (BVerfGE 89, 155 = NJW 1993, 3047) in umstrittener Auffassung unter dem Gesichtspunkt der inhaltlichen Grenzen der Hoheitsübertragung

nach Art. 23 GG (vorher Art. 24 GG) im Rahmen des Art. 79 (3) GG allgemein für befugt, die deutschen Zustimmungsgesetze zu den Gemeinschaftsverträgen entsprechend zu prüfen, falls der EuGH keinen ausreichenden Schutz gewährleistet. Das BVerfG ist dabei aber nicht auf die vertraglichen Bindungen gegenüber den anderen Mitgliedstaaten näher eingegangen. Der EuGH nimmt demgegenüber eine volle Hoheits- und Kompetenzübertragung ohne nationale Prüfungsmöglichkeit an (NJW 1964, S. 2371). - Das BVerfG geht von einer selbst erklärten „Kooperation" mit dem EuGH aus, wenn die Gemeinschaft nicht hinreichend die Grundrechte wahrt. Vgl. auch Jarass/Beljin, NVwZ, 2004, 1.

10.6 EG-rechtlicher Rechtsschutz, Art. 226 ff. EGV (s. 28.2)

Das **EG**-Rechtsschutzsystem
– zugunsten der Durchsetzung des EG-Rechts (s. dazu schon 10.3.3 zu Bürgerbefugnissen)
– gegenüber EG-rechtswidrigem Handeln der Organe der EG
ist nach Art. 226 ff. EGV nicht entsprechend dem deutschen Rechtssystem formal nach einer Verfassungsgerichtsbarkeit und einer Verwaltungsgerichtsbarkeit getrennt ausgestaltet, sondern als zusammenhängendes System. Allerdings verfügt die EG trotz der Stärkung der Mitwirkungsbefugnisse bei dem Erlass von Verordnungen und Richtlinien des Rates bzw. der Kommission nicht über die Kompetenz zum Erlass parlamentarischer Gesetze i.e.S. Trotz des Vorrangs vor staatlichem Recht scheint daher eher der Zusammenhang mit einer Verwaltungsgerichtsbarkeit gegeben. Da noch eine Verzahnung mit dem deutschen verwaltungsgerichtlichen Schutzsystem vorliegt, soll der EG-rechtliche Rechtsschutz auch gegenüber EG-Verordnungen und -Richtlinien zusammenhängend im Anschluss an den deutschen verwaltungsgerichtlichen Rechtsschutz (25.) und die innerstaatliche Durchführung des EG-Verwaltungsrechts (28.1) behandelt werden, s. 28.2. Dort auch Näheres zu den unterschiedlichen Standpunkten des EuGH und des Bundesverfassungsgerichts zur Frage, ob das Bundesverfassungsgericht EG-Rechtsakte auch am Maßstab der Grundrechte des Grundgesetzes überprüfen darf.
Zum **EU**-Rechtsschutz (3. Säule) s. 10.3.3.12.

2. Teil: Allgemeines Verwaltungsrecht

11. Ziele , Wirkung, Formen und Organisation des Verwaltungshandelns

11.1 Einführung (auch Rechtsgebiete)

Das Verwaltungsrecht gehört zum öffentlichen Recht im Gegensatz zum Privatrecht. Aus den verfassungsrechtlichen Vorschriften über die Gesetzgebungskompetenzen (4.2) sowie den verfassungsrechtlichen Bindungen an die Gerichtsorganisation und -zuständigkeiten (vgl. Übersicht 1) ergibt sich folgende grobe - u.a. wegen unterschiedlicher Zuständigkeiten bedeutsame - Einteilung des deutschen (aber auch EG-Rechts, s. 10.) nach Rechtsgebieten - unter Berücksichtigung des zu 1.3 genannten Ranges. Jeweils, vor allem im öffentlichen Recht kann **auch Umweltrecht** enthalten sein.

Übersicht 1: Rechtsgebiete (zur Rangfolge s. 1.3)

ÖFFENTLICHES RECHT					PRIVAT-RECHT
RECHT DER EUROPÄISCHEN GEMEINSCHAFTEN (EG, EURATOM in der EU) (10.2.)					(EU/ EG-Recht trennt nicht)
Verfas-sungsrecht	Verwaltungsrecht		Geldbußen-recht	kein Straf-recht	Privatrecht (deutsche Sicht)
EU/ EG-Ver-trag	EG (und Euratom)-Vertrag (auch Zwangsgelder)		EG-Vertrag (ganz wenig)		EG-Vertrag
	EG-Verordnungen (auch Zwangsgelder), EG-Richtlinien an Mitgliedstaaten, ggf. Bürger, 10.3.3		EG-Verordnungen		EG-Verordnungen (Kaufrecht)
DEUTSCHES RECHT					
Deutsches **BUNDES-Verfassungsrecht** (**GG**); Rang vor einfachem Gesetzesrecht (1.3), = im Wesentlichen deutsches **Staatsrecht**					
Staatsrecht als **einfaches** Gesetzes-recht (z.B. Bun-deswahlge-setz, Parteienge-setz)	Bundes- Verwaltungsrecht (nebst Verwaltungsprozeßrecht)		Bundes-Ord-nungswidrig-keitenrecht (OWiG): Geldbußen	Bundes-Strafrecht (StGB) (nebst Straf-prozessrecht)	(Bundes-) Privatrecht - Zivilrecht = bürgerliches Recht (BGB, u.a.); - Handels- und Gesellschafts-recht, - Arbeitsrecht - u.a. *)
	„normales" Verwaltungs-Recht (z.B. Baugesetz-buch, Bundes-waldgesetz, Bundes-Immissions-schutzgesetz); falls nicht →	Steuerrecht	Sozialrecht (z.B. gesetzli-che Renten- u. Krankenversi-cherung im Sozialgesetz-buch)		
deutsches **LANDES-Verfassungsrecht**					
einfaches Landes-Ge-setzesrecht als **Staatsrecht** (Wahlgesetz)	Landes Verwaltungsrecht		Landes-Ord-nungswidrig-keitenrecht	(Landes-Strafrecht, nur ganz wenig)	(Landes-Privatrecht, nur ganz wenig)
	„normales" Ver-waltungsrecht, (z.B. Nds. Ge-fahrenabwehr-gesetz); falls nicht →	ausnahmswei-se Steuerrecht	ausnahmswei-se Sozialrecht		

*) Die Zivilprozessordnung und das Arbeitsgerichtsgesetz sind jedoch - wie auch generell das Prozessrecht - **öffentliches Recht**

Das deutsche *öffentliche Recht* (s. 2.2) regelt die Beziehungen des Staates und anderer abgeleiteter Hoheitsträger insbes. zum Staatsbürger, die Organisation des Staates sowie die Beziehungen verschiedener Hoheitsträger untereinander.

Öffentliches Recht ist zum einen **vorrangiges Verfassungsrecht (Grundgesetz und Länderverfassungen)** unter anderem mit den Bestimmungen für den Gesetzgeber, aber auch hinsichtlich grundlegender Regelungen für Verwaltung, Regierung und Rechtsprechung. Als **Staatsrecht** wird das Verfassungsrecht im inhaltlichen Sinne bezeichnet, nämlich

- die Gesamtheit der grundlegenden Rechtsnormen über Organisation, Aufbau und Aufgaben des Staates und der obersten Staatsorgane (Art. 20-118 GG) und die
- grundlegenden Rechtsbeziehungen zwischen Staat und Bürgern (Art. 1-19, 20 (4), 33, 38, 101, 103, 104 GG).

Zum anderen ist öffentliches Recht - teilweise überlappend mit Verfassungsrecht - das **Verwaltungsrecht, das Ordnungswidrigkeitenrecht** und das **Strafrecht:**

Das **Verwaltungsrecht** regelt spezifisch die Pflichten und Rechte von Menschen, die im Rahmen von begrenzten Ermächtigungsgrundlagen und vor allem Inhalt und Grenzen der Tätigkeit der Träger der öffentlichen Verwaltung, insbes. die (hoheitliche) Tätigkeit gegenüber Bürgern in erster Linie durch Einzelakte (Verwaltungsakte) aber auch Rechtsnormen realisiert werden müssen bzw. können - und die Verwaltungsorganisation.

Das **allgemeine Verwaltungsrecht,** insbes. Verwaltungsverfahrensrecht, gilt für alle Zweige und Rechtsverhältnisse der Verwaltung.

Das **besondere Verwaltungsrecht** umfasst die zahlreichen Gesetze, die für die verschiedenartigsten Lebensgebiete und Materien erlassen sind und die Verwaltung befähigen, ihren vielseitigen Aufgaben gerecht zu werden (Forst-, Jagd- Naturschutz-, Polizei-, Bau-, Hochschul-, Straßen-, Beamtenrecht usw.).

Z.B. nach § 8 NWaldLG das Verbot, Wald (ohne Genehmigung) unzulässig in eine andere Nutzungsart umzuwandeln, oder

nach § 9 NWaldLG der Anspruch (subjektiv-öffentliches Recht) auf Genehmigung einer Erstaufforstung bei Vorliegen besonderer Voraussetzungen (45.4 f.).

Das **Strafrecht** ist Ausdruck der Strafgewalt des Staates und zugleich seines sittlich-moralischen Anspruchs an die Bürger. Die Nichtachtung der Rechtsnormen als Ausnahmesituation führt zur Bestrafung durch die Strafgerichte als Rechtsprechungsorgane. Am Strafverfahren beteiligt sind jedoch auch die Staatsanwaltschaft und bei der Ermittlung von Straftaten die Hilfsorgane der Staatsanwaltschaft (an sich Verwaltungsorgane wie Polizei, hoheitlich bestätigte Jagdaufseher), vgl. 31.1.

Z.B. Strafbarkeit einer Waldrodung im Naturschutzgebiet (53.10)

Eine besondere Stellung nimmt das **Ordnungswidrigkeitenrecht** ein, das zunächst den Verwaltungsbehörden überlassen ist, hinsichtlich des Rechtswegs jedoch den ordentlichen Gerichten (Amtsgerichten) zugewiesen ist (s. 31.2).

Z.B. ist die verbotene Waldumwandlung mit Bußgeld bedroht.

Zum *Privatrecht* als nicht hoheitlichem Recht zwischen Gleichgeordneten, vor allem Menschen - und zur privatrechtlichen Tätigkeit der Verwaltung, s. *2.2,* 5.8, 11.3, 23.4

Das **Prozessrecht** bezieht sich als **verfahrensmäßiges Recht** (auch **formelles** Recht genannt) auf das jeweilige materielle Recht (z.B. Verwaltungsprozeßrecht auf das Verwaltungsrecht, Zivilprozeßrecht auf das Zivilrecht, Strafermittlungs- und Strafprozeßrecht auf das Strafrecht und gehört zum öffentlichen Recht. Formelles *Recht* im Sinne von Verfahrensrecht besteht grundsätzlich aus formellen und zugleich materiellen *Gesetzen* (*formelle* Gesetze hier im Sinne des Rechtsquellenbegriffs, Rechtsquelle des Parlaments), 4.1.3.

Übersicht 2: Im Verwaltungsrecht zu unterscheiden sind
- die **unmittelbaren gesetzlichen Ge- und Verbote und Berechtigungen für Bürger** von den
- sie realisierenden **gesetzlichen Ermächtigungsgrundlagen**
  - für begrenzte Handlungsbefugnisse (und -pflichten) der **Verwaltung** gegenüber Bürgern und -
  - flankierend für strafrechtliche und ordnungswidrigkeitenrechtliche Sanktionen der **Gerichte** und **Ordnungswidrigkeiten-Verwaltung** und von den
- **Zuständigkeitsregelungen** für Behörden und Gerichte

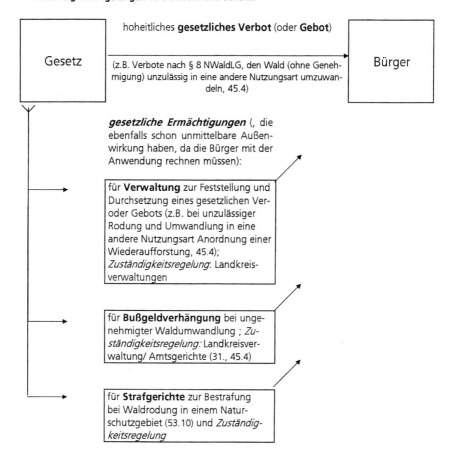

hoheitliches **gesetzliches Verbot** (oder **Gebot**)

Gesetz

(z.B. Verbote nach § 8 NWaldLG, den Wald (ohne Genehmigung) unzulässig in eine andere Nutzungsart umzuwandeln, 45.4)

Bürger

gesetzliche Ermächtigungen (, die ebenfalls schon unmittelbare Außenwirkung haben, da die Bürger mit der Anwendung rechnen müssen):

für **Verwaltung** zur Feststellung und Durchsetzung eines gesetzlichen Ver- oder Gebots (z.B. bei unzulässiger Rodung und Umwandlung in eine andere Nutzungsart Anordnung einer Wiederaufforstung, 45.4); *Zuständigkeitsregelung*: Landkreisverwaltungen

für **Bußgeldverhängung** bei ungenehmigter Waldumwandlung ; *Zuständigkeitsregelung:* Landkreisverwaltung/ Amtsgerichte (31., 45.4)

für **Strafgerichte** zur Bestrafung bei Waldrodung in einem Naturschutzgebiet (53.10) und *Zuständigkeitsregelung*

Übersicht 3: subjektiv-öffentlich-rechtlicher verwaltungsgesetzlicher Anspruch

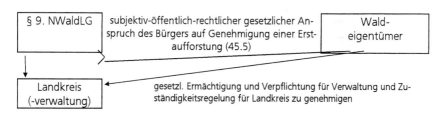

§ 9. NWaldLG

subjektiv-öffentlich-rechtlicher gesetzlicher Anspruch des Bürgers auf Genehmigung einer Erstaufforstung (45.5)

Waldeigentümer

Landkreis (-verwaltung)

gesetzl. Ermächtigung und Verpflichtung für Verwaltung und Zuständigkeitsregelung für Landkreis zu genehmigen

Im Mittelpunkt der folgenden Ausführungen zum allgemeinen Verwaltungsrecht stehen die Handlungsformen der Verwaltung mit den gesetzlichen Grenzen für das Verwaltungshandeln und der Bedeutung des Verwaltungshandelns im Verwaltungsrechtsverhältnis Dazu sind insbesondere zu erläutern.

- die Arten der **Verwaltungsträger als rechtsfähige (juristische) Personen** des öffentlichen Rechts (einschl. Selbstverwaltungskörperschaften, Anstalten und Stiftungen sowie Beliehenen) als Rechts- und Pflichtsubjekte und die Arten ihrer **Organe,** insbesondere die **Behörden** einschließlich Behördenteilen sowie dazugehörenden Organwaltern (Beamten usw.) - im Gegensatz zu den rechtsfähigen Personen des Privatrechts (2.2.1) , s. 11.4 ff.,
- die Verfassungs- und Gesetzesbindungen, also **Rechtmäßigkeitsvoraussetzungen für die Handlungsformen** der Verwaltung (insbes. den Verwaltungsakt) und deren Funktionen (12. ff.)
- die **subjektiven öffentlichen Rechte und Pflichten** der Menschen und juristischen Personen (24.) und der **Verwaltungsrechtsschutz** im Einzelaktbereich (25.), Aufhebung von Verwaltungsakten (26.)
- **Entschädigungs-** und **Schadensersatzansprüche** u.a. Ansprüche im **Verwaltungsrechtsverhältnis** (27.)
- **EG-Verwaltungsrecht** und -**Gerichtsbarkeit** (28.)

Die **Zwangsmittel** insbesondere zur Durchsetzung von Verwaltungsakten gehören zum allgemeinen Verwaltungsrecht. Da sie im Nds. Gefahrenabwehrgesetz (29. f.) geregelt sind, werden sie erst zu 30. erläutert. Erst daran (zu 30.7) können sich Übersichten über verwaltungsrechtliche Rechtsverhältnisse anschließen.

11.2 Übersicht: Handlungsformen der Verwaltung

Zusammenfassend aus der abgrenzenden Darstellung der Rechtsquellen (4.1.2 ff) und ergänzend lassen sich die - im folgenden nach Begriff und Grenzen näher zu erläuternden - Handlungsformen nur der Verwaltung, vorab wie folgt darstellen:

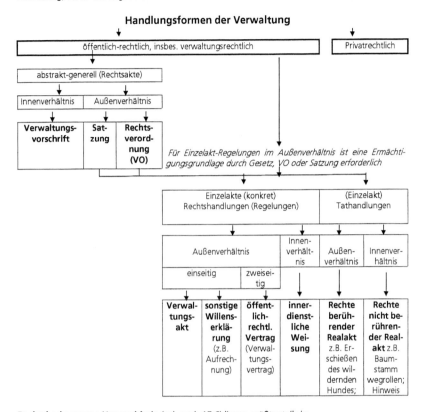

Rechtsbedeutsame Unterschiede (vgl. auch 15.6) liegen größtenteils in

- den Voraussetzungen für den Erlass und den Auswirkungen (u.a. Vorrang der Rechtsverordnungen und
- Satzungen)
- den Rechtsmitteln (Rechtsschutz) gegenüber der jeweiligen Handlungsform
- der Bestandskraft
- der Vollstreckung.

Die Handlungsformen dienen als **unterschiedliche Arten einer Befugnisausübung** der Erfüllung von Rechten und Pflichten **der Verwaltung**, zum großen Teil aber auch zugleich **der Erfüllung subjektiver öffentlicher Rechte der Bürger** (24.2) im Verwaltungsrechtsverhältnis.
Hinzu kommen die Handlungen bzw. Unterlassungen der Bürger in Erfüllung verwaltungsrechtlicher **Pflichten** oder Nutzung verwaltungsrechtlicher Rechte, was im Wesentlichen privatrechtlich geschieht.
Die Gesamtabläufe im **Verwaltungsrechtsverhältnis** einschl. hoheitliche Vollzugsmaßnahmen und Entschädigungsansprüche der Bürger sind zusammenfassend zu 30.7 dargestellt.

11.3 Übersicht: Wirkungsarten, Bindungsgrade und Ziele der Verwaltungstätigkeit (u.a. Eingriffs- und Leistungsverwaltung)

Verwaltung ist - außer Tätigkeit im Rahmen der Verfassung und Gesetze und der begrenzten Handlungsformen - zu einem großen Teil geprägt durch gesetzlichen Ermächtigungsgrundlagen (12.2, 16.)

11.3.1 Handeln der Verwaltung **im öffentlichen Interesse**

11.3.2 hoheitlich = öffentlich-rechtlich mittels der genannten Handlungsformen oder aber ausnahmsweise privat rechtlich (einschl. Verwaltungsprivatrecht als privatrechtliche Leistungsverwaltung) *)

11.3.3 in Rechte **eingreifend oder fördernd** (Rechte oder rechtliche Vorteile schaffend, vgl. 24.3.2)

11.3.4.1 u.**11.3.4.2** Nicht nur in **gebundenen** Grenzen eines gesetzlichen Tatbestands und einer gesetzlichen Rechtsfolge

11.3.4.3 sondern auch als Rechtsetzungsermessen bzw. zum großen Teil als Rechtsfolge eines gesetzlichen Tatbestands Handeln mit **Ermessen**sspielraum und

11.3.4.4 z.T. sogar zukunftsgerichtete **aktive schöpferische Gestaltung** mit Eigeninitiative insbes. zur fördernden und lenkenden Verwirklichung des Sozialstaatsprinzips und der Menschenwürde.

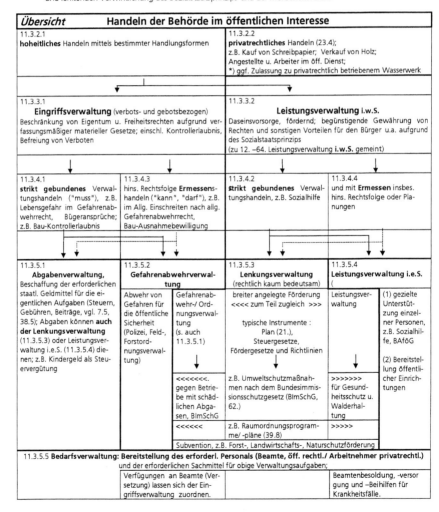

Übersicht	Handeln der Behörde im öffentlichen Interesse		
11.3.2.1 **hoheitliches** Handeln mittels bestimmter Handlungsformen	**11.3.2.2** **privatrechtliches** Handeln (23.4); z.B. Kauf von Schreibpapier; Verkauf von Holz; Angestellte u. Arbeiter im öff. Dienst; *) ggf. Zulassung zu privatrechtlich betriebenem Wasserwerk		

| **11.3.3.1** **Eingriffsverwaltung** (verbots- und gebotsbezogen) Beschränkung von Eigentum u. Freiheitsrechten aufgrund verfassungsmäßiger materieller Gesetze; einschl. Kontrollerlaubnis, Befreiung von Verboten | **11.3.3.2** **Leistungsverwaltung i.w.S.** Daseinsvorsorge, fördernd; begünstigende Gewährung von Rechten und sonstigen Vorteilen für den Bürger u.a. aufgrund des Sozialstaatsprinzips (zu 12. –64. Leistungsverwaltung **i.w.S.** gemeint) | | |

| **11.3.4.1** **strikt gebundenes** Verwaltungshandeln ("muss"), z.B. Lebensgefahr im Gefahrenabwehrrecht, Bügeransprüche; z.B. Bau-Kontrollerlaubnis | **11.3.4.3** hins. Rechtsfolge **Ermessens**handeln ("kann", "darf"), z.B. im Allg. Einschreiten nach allg. Gefahrenabwehrrecht; Bau-Ausnahmebewilligung | **11.3.4.2** **strikt gebundenes** Verwaltungshandeln, z.B. Sozialhilfe | **11.3.4.4** und mit **Ermessen** insbes. hins. Rechtsfolge oder Planungen |

11.3.5.1 **Abgabenverwaltung,** Beschaffung der erforderlichen staatl. Geldmittel für die eigentlichen Aufgaben (Steuern, Gebühren, Beiträge, vgl. 7.5, 38.5); Abgaben können auch **der Lenkungsverwaltung** (11.3.5.3) oder Leistungsverwaltung i.e.S. (11.3.5.4) dienen; z.B. Kindergeld als Steuervergütung	**11.3.5.2** **Gefahrenabwehrverwaltung**		**11.3.5.3** **Lenkungsverwaltung** (rechtlich kaum bedeutsam)	**11.3.5.4** **Leistungsverwaltung i.e.S.** (	
	Abwehr von Gefahren für die öffentliche Sicherheit (Polizei-, Feld-, Forstordnungsverwaltung)	Gefahrenabwehr-/ Ordnungsverwaltung (s. auch 11.3.5.1)	breiter angelegte Förderung <<<< zum Teil zugleich >>> typische Instrumente : Plan (21.), Steuergesetze, Fördergesetze und Richtlinien	Leistungsverwaltung	(1) gezielte Unterstützung einzelner Personen, z.B. Sozialhilfe, BAföG
		<<<<<<<. gegen Betriebe mit schädlichen Abgasen, BImSchG	z.B. Umweltschutzmaßnahmen nach dem Bundesimmissionsschutzgesetz, 62.)	>>>>>>> für Gesundheitsschutz u. Walderhaltung	(2) Bereitstellung öffentlicher Einrichtungen
		<<<<<<	z.B. Raumordnungsprogramme/ -pläne (39.8)	>>>>>	
			Subvention, z.B. Forst-, Landwirtschafts-, Naturschutzförderung		

11.3.5.5 Bedarfsverwaltung: Bereitstellung des erforderl. Personals (Beamte, öff. rechtl./ Arbeitnehmer privatrechtl.) und der erforderlichen Sachmittel für obige Verwaltungsaufgaben;		
	Verfügungen an Beamte (Versetzung) lassen sich der Eingriffsverwaltung zuordnen.	Beamtenbesoldung, -versorgung und –Beihilfen für Krankheitsfälle.

11.4 Übersicht: deutsche rechtsfähige Personen, Verwaltungsträger und deren Organe

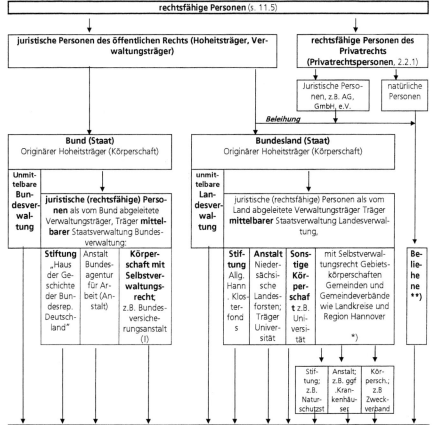

```
                    rechtsfähige Personen (s. 11.5)
                                 │
         ┌───────────────────────┴───────────────────────┐
         ▼                                                 ▼
juristische Personen des öffentlichen Rechts      rechtsfähige Personen des
(Hoheitsträger, Verwaltungsträger)                 Privatrechts
                                                   (Privatrechtspersonen, 2.2.1)
                                                          │
                                          ┌───────────────┴────────────┐
                                          ▼                            ▼
                                  Juristische Perso-            natürliche
                                  nen, z.B. AG,                 Personen
                                  GmbH, e.V.
                              Beleihung
```

| Bund (Staat)
Originärer Hoheitsträger (Körperschaft) | Bundesland (Staat)
Originärer Hoheitsträger (Körperschaft) |

| Unmittelbare Bundesverwaltung | juristische (rechtsfähige) Personen als vom Bund abgeleitete Verwaltungsträger, Träger **mittelbarer** Staatsverwaltung Bundesverwaltung: | unmittelbare Landesverwaltung | juristische (rechtsfähige) Personen als vom Land abgeleitete Verwaltungsträger Träger **mittelbarer** Staatsverwaltung Landesverwaltung, |

| | Stiftung „Haus der Geschichte der Bundesrep. Deutschland" | Anstalt Bundesagentur für Arbeit (Anstalt) | Körperschaft mit Selbstverwaltungsrecht; z.B. Bundesversicherungsanstalt (I) | | Stiftung Allg. Hann. Klosterfonds | Anstalt Niedersächsische Landesforsten; Träger Universität | Sonstige Körperschaft z.B. Universität | mit Selbstverwaltungsrecht Gebietskörperschaften Gemeinden und Gemeindeverbände wie Landkreise und Region Hannover *) | Beliehene **) |

| | | | | | Stiftung; z.B. Naturschutzst | Anstalt; z.B. ggf .Krankenhäuser | Körpersch.; z.B Zweckverband | | |

Jeder Verwaltungsträger hat als **Organe Behörden u.Ä.**, die mit einer gewissen organisatorischen und fachlichen Selbständigkeit ausgestattet sind und im eigenen Namen auftreten können, aber mit Wirkung für den Verwaltungsträger handeln (im Übrigen unterschiedliche Begriffe).

Die Behörden haben unselbständige Teile (Abteilungen, Ämter, Referate bzw. Dezernate, Außenstellen usw.) sowie **Organwalter** (Amtswalter oder Amtsträger, Beamte, öffentliche Angestellte und Arbeiter).

*) Z.B. auch Realverbände (Genossenschaftswald), Jagdgenossenschaften, Forstbetriebsverbände. Zu unterscheiden sind besonders bei den kommunalen Gebietskörperschaften: Aufgaben der **Selbstverwaltung (eigener Wirkungskreis**, 11.5.2, 11.5.4) und weisungsgebundene Aufgaben der **staatlichen Auftragsverwaltung (übertragener Wirkungskreis**,11.5.3).

Die Hoheitsträger können auch (ohne Beleihung) **juristische Personen des Privatrechts** bilden für Aufgaben vorwiegend der Erwerbsverwaltung (11.8), aber auch der Leistungsverwaltung (23.4; Daseinsvorsorge, z.B. GmbH für geplante Krankenhausverwaltung in der Region Hannover); zur nach § 4 (3) ROG den öffentlichen Stellen hinsichtlich Bindungen gleichgestellten juristischen Personen des Privatrechts; s. 45.2.2.1, 45.2.2.5; 39.4.4,

) Die **Beliehenen oder **beliehenen Unternehmer** sind begrenzter Verwaltungsträger (und zugleich Organ/Behörde und bei natürlichen Personen Organwalter) Einzelheiten zu 11.7). Solche sind z.B.
- besonders qualifizierte jagdbehördlich bestätigte Jagdaufseher i.S. § 25 Bundesjagdgesetz (29.3.3),
- der rechtsfähige Technische Überwachungsverein (TÜV e.V.).

11.5   Originäre und abgeleitete Verwaltungsträger, insbesondere Selbstverwaltungsträger mit Selbstverwaltungs- und Auftragsangelegenheiten (eigener und übertragener Wirkungskreis)

11.5.1   Bund und Länder mit originären staatlichen Hoheitsbefugnissen

Wie zu 2.2.2, 2.3 und 11.4 ausgeführt sind der *Bund* und die *Länder* als Staaten (juristische) rechtsfähige Personen des öffentlichen Rechts, die staatliche Aufgaben insbesondere mit hoheitlichen Verwaltungsbefugnissen und eigenen Organen, vor allem den Behörden erfüllen.

11.5.2   Gemeinden und Landkreise als kommunale Gebietskörperschaften und Selbstverwaltungsträger (Art. 28 (2) GG) mit Rechtsaufsicht (eigener Wirkungskreis)

Die **Gemeinden** (auch die Samtgemeinden, § 71 (3) Niedersächsische Gemeindeordnung) und die **Gemeindeverbände (Landkreise** sowie die **Region Hannover,** 47.2, insbes., 47.2.1, 47.2.6 ff., 47.3.6) sind vom Staat **abgeleitete** (und damit demokratisch legitimierte) **rechtsfähige Personen des öffentlichen Rechts,** allerdings nur ausgestattet mit **Verwaltungsbefugnissen** (abgeleitete Verwaltungsträger - mittelbare Staatsverwaltung, vgl. auch Übersicht 11.4.). Wegen ihrer mitgliedsbezogenen, aber bei den Gemeinden örtlich-räumlichen, bei den Landkreise überörtlichen, aber nur regionalen Struktur und Verfassung werden sie **Gebietskörperschaften des öffentlichen Rechts** genannt. Nach Art. 28 (2) S. 1 und 2 GG muss den Gemeinden das Recht gewährleistet sein, **alle** Angelegenheiten der örtlichen Gemeinschaft in eigener Verantwortung im Rahmen der Gesetze zu regeln, desgleichen den Gemeindeverbänden (vor allem Landkreisen) im Rahmen der überörtlichen regionalen Angelegenheiten, im Rahmen ihres gesetzlichen Aufgabenbereichs. Dieses **Selbstverwaltungsrecht** ist ein dem Rechtsstaatsprinzip zuzuordnendes grundrechtsähnliches Recht - „Allzuständigkeit der Gemeinden" - ; z.B. flächenbezogene Bauleitplanung (40.) oder Schaffung öffentlicher Einrichtungen. Die Gewährleistung des Selbstverwaltungsrechts umfasst auch die Grundlagen der finanziellen Eigenverantwortung (Art. 28 (2) S. 3 GG). Daneben haben auch die Landkreise und die Region Hannover das Selbstverwaltungsrecht.

Bei den **Selbstverwaltungsangelegenheiten (eigener Wirkungskreis)** ist noch zu unterscheiden zwischen **freiwilligen und Pflichtaufgaben** bzw. **Kompetenzen** im Bereich der örtlichen bzw. überörtlich- regionalen Selbstverwaltungsangelegenheiten, - je nach dem, ob die Gemeinde oder der Landkreis eine Aufgabe übernehmen kann oder dazu verpflichtet ist. **Freiwillige Aufgaben** sind z. B. Verkehrsbetriebe, sonstige kommunale Einrichtungen wie Freibäder, Krankenhäuser, Sportplätze, Wildparke, Förderung der wirtschaftlichen und gewerblichen Entwicklung, Verwaltung der Gemeindeforsten.
Pflichtaufgaben sind z.B. die Feuerwehr, die Bauleitplanung (Flächennutzungsplan, Bebauungsplan, vgl. 40.), die Landschaftsplanung (49.8.4).
Zum Recht (und ggf. zugleich der Pflicht), **Satzungen** zu erlassen, s. 13.1.

Die Aufsichtsbehörden des Landes haben in Selbstverwaltungsangelegenheiten nur die Kompetenz der **Rechtsaufsicht** (die Anleitung und Kontrolle hinsichtlich der Beachtung aller zu beachtenden bindenden fachlichen Gesetze und Regelungen; s. 11.10).
In das Selbstverwaltungsrecht darf (ähnlich wie in Grundrechte der Menschen) nicht unzulässig durch unmittelbare staatliche Maßnahmen eingegriffen werden (z.B. durch ein Regionales Raumordnungsprogramm, vgl. 39.4). Dennoch bestehen erhebliche gesetzliche Schranken, 5.3.1. Ein Kernbestand des Selbstverwaltungsrechts ist (wie bei den Grundrechten, vgl. 19 (2) GG) geschützt.

11.5.3 (Staatliche) Auftragsverwaltung der kommunalen Verwaltungsträger mit Fachaufsicht (übertragener Wirkungskreis)

Von den örtlichen Selbstverwaltungsangelegenheiten sind (ähnlich wie bei der Landesverwaltung, die Bundesgesetze im Bundesauftrag ausführt, vgl. 12.2.7.3), die überörtlichen Auftragsangelegenheiten - auch Aufgaben **des übertragenen Wirkungskreises** oder Weisungsaufgaben genannt - zu unterscheiden; insoweit handelt die Gemeinde oder der Landkreis ohne eigenes Selbstverwaltungsrecht (im Rahmen von Ermächtigungsgrundlagen (16.) gebunden oder mit pflichtgemäßem Ermessen (18. f.) im Auftrage des jeweiligen Bundeslandes, welches die Aufgaben, also insbesondere die Zuständigkeit (17.) übertragen hat, also fremdverantwortlich. Zur Zuständigkeitsabgrenzung zwischen den Landkreisen und den großen selbständigen Städten sowie kreisfreien Städten s. 17.1.2.

Bei diesen Aufgaben errichtet der Staat auf der Orts- oder Landkreisebene keine eigenen Behörden. Es besteht aber staatliche *Fachaufsicht* (s. 11.10) nur mit verwaltungsinternen Weisungen (13.4): Diese
– enthält die **Rechtsaufsicht** (s. 11.5.1) **und**
– ist zusätzlich auf die **Zweckmäßigkeit** von Maßnahmen oder Unterlassungen gerichtet, die rechtlich im Rahmen eines Verwaltungsspielraums zulässig sind; z.B. im Rahmen der Gefahrenabwehr, nebst hoheitlichem Forst- und Jagdschutz (vgl. 29., 57.4), der Waldumwandlungsentscheidungen u.ä. (45.4) und des Naturschutzes (51.2 ff.).
Dagegen sind Aufsichtsmaßnahmen im Bereich der Selbstverwaltung Verwaltungsakte (13.3, 15.).

11.5.4 Sonstige rechtsfähige Personen des öffentlichen Rechts (Körperschaften als Selbstverwaltungsträger, Anstalten, Stiftungen)

Von den **kommunalen** Gebietskörperschaften mit Selbstverwaltungsrecht zu unterscheiden sind sonstige rechtsfähige Personen des öffentlichen Rechts als Verwaltungsträger, die vom **Bund,** den **Ländern** oder den **Gebietskörperschaften** durch Gesetz oder aufgrund Gesetz bzw. von den Gemeinden oder Landkreisen durch eigenen Hoheitsakt geschaffen worden sind oder werden können.

11.5.4.1 Sonstige rechtsfähige Körperschaften

Öffentlich-rechtliche Körperschaften sind durch staatlichen Hoheitsakt geschaffene, (grundsätzlich) rechtsfähige, *mitgliedschaftlich* verfasste Organisationen des öffentlichen Rechts, die öffentliche Aufgaben in der Regel mit hoheitlichen Mitteln, u.a. der Eingriffsverwaltung oder wenigstens der Leistungsverwaltung, aber ausnahmsweise auch nur privatrechtlich (fiskalisch) unter staatlicher Rechtsaufsicht erfüllen (Maurer, § 23 Rn 37). Die öffentlichen Aufgaben ergeben sich aus gemeinsamen Rechten, Interessen usw. der Mitglieder, wobei freiwillige oder Zwangsmitgliedschaft bestehen kann. Folgende Rechte bzw. Voraussetzungen können die Mitgliedschaft begründen (s. B. Becker, § 15, 1.1, S. 223 ff.):

(1) Eigentum, Besitz, Nutzungsrecht, Jagdausübungsrecht u.ä. Rechte natürlicher oder juristischer Personen des Privatrechts sind Gegenstand der öffentlich zu regelnden Aufgabe **(Realkörperschaften - i.w.S.),** z.B. vom Land Niedersachsen abgeleitet
– Genossenschaften (Realverbände i. S. des nds. Realverbandsgesetzes) mit Genossenschaftswald (§ 3 (5) NWaldLG, vgl. 45.2.2.6),
– Forstbetriebsverbände (§§ 21 ff. Bundeswaldgesetz, vgl. 47.6),
– Jagdgenossenschaften (vgl. 55.6),
– Körperschaften nach dem Flurbereinigungsgesetz (s. 44.5),

- Landwirtschaftskammern (47.2.12).
- Von kommunalen Gebietskörperschaften abgeleitet: Zweckverbände i.S. §§ 1 (1) Nrn. 3 und 4, 7 ff. des Nds. Gesetzes über die kommunale Zusammenarbeit (NKomZG)v. 19.2.2004 (Nds. GVBl. S. 63), allerdings mit Gemeinden, Landkreisen als Pflichtmitglieder; z.B. auch früherer Forstbetriebsverband Pyrmont (s. 45.2.2.3).

(2) Personenbezogene Merkmale oder Ziele sind Gegenstand der zu regelnden öffentlichen Aufgabe **(Personenkörperschaften)**
- vom Bund abgeleitet (vgl. Art. 86, 87 (2) GG): Bundesversicherungsanstalt für Angestellte (Art. 87 (2) GG)), Bundesanstalt für Arbeit (nach Maurer, § 23 Rn 48 rechtsfähige Anstalt), Allgemeine Ortskrankenkassen und Ersatzkassen
- vom Land abgeleitet Universitäten (vgl. Ipsen, NdsVBl. 2002, 257; s. aber u. Teilrechtsfähigkeit; zur Trägerschaft durch Stiftungen (s. § 55 Nds. HochschulGes. und Ipsen NdsVBl. 2000, 240) und
- Landesversicherungsanstalten (!) als Sozialversicherungsträger.

Meistens haben auch die sonstigen die Körperschaften eigene Haushalte mit eigenem Wirtschaftsführungsrecht einschließlich Recht, von den Mitgliedern Beiträge zu erheben, sowie die Eigenschaft als Dienstherren, eigenes Verwaltungspersonal zu haben (Becker, § 15, 1).

In geringer Zahl gibt es auch **teilrechtsfähige Körperschaften** des öffentlichen Rechts, die auch teilweise Verwaltungsträger sind und die außerhalb des Bereichs ihrer Rechtsfähigkeit der Fach- und Dienstaufsicht unterliegen und insoweit nur behördlichen oder bei fehlender Eigenständigkeit nur Verwaltungsstellencharakter haben. Becker (§ 15, 1.1) rechnet die *Universitäten* wegen partieller Fachaufsicht durch das Ministerium nur zu den teilrechtsfähigen Körperschaften. Eindeutig nur teilrechtsfähig sind
- Fakultäten einer Universität (s. Maurer, § 23 Rn 39).

Kirchen sind zwar rechtsfähige öffentlich-rechtliche Körperschaften mit bestimmten Körperschaftsrechten, Art. 140 GG i.V.m. Art. 137 (5) Weimarer Verfassung, aber nicht organisatorisch und funktionell in den Staat eingeordnet (Maurer, § 23 Rn 34). Deren Waldeigentum wird grundsätzlich wie Privateigentum behandelt (s. 45.2.2).

Auch für alle vorgenannten rechtsfähigen Körperschaften des öffentlichen Rechts besteht die (grundrechtsähnliche) **Selbstverwaltungsgarantie** des Art. 28 (2) GG, in Niedersachsen nach Art. 57 Abs. 1 Nds. Verfassung, bei fehlender Landesregelung wegen der gleichartigen Struktur nur entsprechend Art. 28 (2) GG. Auch diese Selbstverwaltungskörperschaften stehen, wenn nicht Besonderheiten vorliegen, nur unter der **Rechtsaufsicht** des Bundes oder des Landes.

11.5.4.2 Rechtsfähige (öffentlich-rechtliche) Anstalten sind durch Gesetz oder aufgrund Gesetz öffentlich-rechtlich zur Entlastung der staatlichen Verwaltung aber auch durch Hoheitsakt der Gemeinden. Landkreis bzw. die Region Hannover geschaffene rechtsfähige Organisationen. Sie erfüllen mit zusammengefassten finanziellen und sachlichen Mitteln und eigenem Verwaltungspersonal begrenzte öffentliche Aufgaben in der Regel öffentlich-rechtlich und ohne feste Mitglieder. Sie haben nur unbestimmte Benutzer, einen mehr technokratischen Charakter (Ipsen, NdsVBl. 2000, 240, 241) und stehen in der Regel unter Fachaufsicht. Wie bei der Körperschaft eine große Vielfalt bei eigener Wirtschaftsführung mit eigenem Wirtschaftsplan und ggf. eigenem Haushalt (s. Becker, § 15, 1.2), z.B.
- vom Bund abgeleitet: Deutsche Bundesbank, Zentraler Fonds zur Absatzförderung der deutschen Landwirtschaft bzw. Forstwirtschaft (s. 47.4), Bundesanstalt für landwirtschaftliche Marktordnung;

- vom Land abgeleitet: ab 2005 die Anstalt Niedersächsische Landesforsten (47.2.10),
- Studentenwerke und
- öffentlich-rechtliche Rundfunkanstalten; Nds. Landesmedienanstalt nur mit Rechtsaufsicht (§§ 38, 53 Nds. Mediengesetz);
- von Landkreisen und Gemeinden abgeleitet: Kreis- und Stadtsparkassen (§ 3 Nds. Sparkassengesetz - NSpG) mit spezifischer Aufsicht (§§ 28 ff. NSpG), jedoch ausnahmsweise ohne hoheitliche Kompetenzen; überwiegend öffentlich-rechtliches Benutzungsverhältnis bei privatrechtlicher Abwicklung der Bankgeschäfte (Maurer, § 23 Rn 53).

Teilrechtsfähige Anstalten sind in einem Teilbereich nur in der Weise zu Verwaltungsentscheidungen befugt, dass der Verwaltungsträger der Anstalt insoweit auch die Fachaufsicht ausüben kann, also volle Rechtsfähigkeit der Anstalt nach außen und teilweise Weisungsgebundenheit im Verhältnis zum Anstaltsträger besteht (im Übrigen s. oben und Becker, § 15, 1.2). Z.B.

- Ausgleichsfonds zur Sicherung des Steinkohleeinsatzes („Kohlepfennig", 38.5.2) und
- bestimmte andere Sondervermögen und Fonds.

11.5.4.3 **Stiftungen** des öffentlichen und privaten Rechts (§§ 80 ff. BGB) sind selten geworden, inzwischen teilweise im Hochschulträgerbereich in Niedersachsen wiederbelebte, rechtsfähige Organisationen zur Verwaltung eines von einem Stifter zweckgebunden übergebenen Bestands an Vermögenswerten (Kapital oder Sachgüter). Die öffentlich-rechtliche Stiftung wird durch Gesetz oder aufgrund eines Gesetzes zur Wahrnehmung öffentlicher Aufgaben mit hoheitlichen Befugnissen errichtet und unterliegt der Rechtsaufsicht (Staatsaufsicht oder Stiftungsaufsicht) eines Verwaltungsträgers. Stiftungen haben Verwaltungspersonal, keine Mitglieder oder Benutzer, sondern allenfalls Nutznießer (Destinatäre), vgl. Maurer § 23 Rn 55. Näheres zum Charakter der Stiftungen bei Ipsen, NdsVBl. 2000, 240, 241 ff.; u.a. keine Selbstverwaltung, auch Bewertung nicht unbedingt altruistisch als Unterfall der öffentlichrechtlichen Anstalt mit Hinweis auf Breuer, Veröffentlichungen der Vereinigung der deutschen Staatsrechtslehrer 44 (1986), 211 m.w.N.).

Z.B., teilweise mit Besonderheiten insbes. hinsichtlich Organen und Aufsicht:

- Allgemeiner Hannoverscher Klosterfonds (47.2.14.1) und
- Braunschweigischer Vereinigter Kloster- und Studienfonds, vgl. (47.2.14.2)
- Bayrischer Naturschutzfonds
- Stiftung hessischer Naturschutz,
- Aufgrund §§ 55 ff. Nds. Hochschulgesetz durch VO der Hochschule Wahl der Stiftung statt weitgehend des Ministeriums als Träger (auch Grundstückseigentümer; z.B. Universität Göttingen; Universität Hildesheim, VO v. 17.12.2002, Nds. GVBl. S. 842; Unterhaltung, Förderung und Rechtsaufsicht der Universität in deren (verbliebener) Eigenschaft als Körperschaft des öffentlichen Rechts. Zu Einzelheiten, auch zur konzernähnlichen Verbindung beider juristischer Personen, Stiftung wie Aufsichtsrat, Ipsen NdsVBl. 2003, 1.

11.5.4.4 Rechtsfähige **Stiftungen** und **Anstalten** sind in den letzten Jahrzehnten manchmal auch zur Umgehung einer normalen, an sich in den üblichen Behördenaufbau gehörenden, Organisationsform gewählt worden (Becker § 15, 1.3). Sie können aber in moderner Wirtschaftsweise unabhängig von einem übergeordneten starren gesetzlichen Haushaltsplan (7.6) mit einem Sondervermögen wie privatwirtschaftliche Betriebe als **Nettobetriebe** („**Eigenbetriebe**" i.w.S.) nach § 26 (1) Bundeshaushaltsordnung/ Landeshaushaltsordnung wirtschaften, so z.B. beim Allg. Hannoverschen Klosterfonds (47.2.14.1). Näheres insoweit wie bei nicht rechtsfähigen Anstalten und Stiftungen zu 11.6.3, 23.4.2.

Im Gegensatz zu den Selbstverwaltungskörperschaften fehlt den **Anstalten und Stiftungen** eine Selbstverwaltung, da sie nicht mitgliedsbezogen sind. Sie haben aber bestimmte Aufgaben **eigenverantwortlich** zu erledigen (Maurer, § 23 Rn 50).

Zu den Beliehenen als Verwaltungsträgern s. 11.7

11.6 Begriff und Aufbau der Behörden der unmittelbaren und mittelbaren Staatsverwaltung

11.6.1 Behörden i.e.S.

Im Rahmen von meist hierarchisch gegliederten Behördensystemen ist der Einfluss des Staates (Bund, Länder als Verwaltungsträger) am stärksten. Bei einer Zwischenschaltung von juristischen Personen des öffentlichen (oder privaten Rechts, 23.4) ist er geringer, wie sich insbesondere an den Handlungs- bzw. Aufsichtsbefugnissen zeigt.
Der **Begriff der Behörde** ist nicht eindeutig.

Generell als Behörde wird eine nicht rechtsfähige in der Regel durch Gesetz geschaffene organisierte Verwaltungseinheit angesehen, die mit einer gewissen Selbständigkeit Verwaltungsentscheidungen in den Grenzen sachlicher und örtlicher Zuständigkeit im eigenen Namen mit Wirkung für den Verwaltungsträger treffen kann, unter dessen (noch näher zu erläuternder) Rechts- und Fachaufsicht sie steht (Becker, § 15 , 2.1.1). Mit anderen Worten ist eine Behörde eine - in den Organismus der Staatsverwaltung eingeordnete - organisatorische Einheit von Personen und sachlichen Mitteln, die mit einer gewissen Selbständigkeit ausgestattet dazu berufen ist, unter öffentlicher Autorität für die Erreichung der Zwecke des Staates oder von ihm geförderter Zwecke tätig zu sein (BVerfGE 10, 20, 48, Erichsen/Martens, Allgemeines Verwaltungsrecht, § 56 Rn 31). Es ist zwischen dem Begriff Behörden i.e.S. und Behörden i.w.S. zu unterscheiden.

Als **Behörden i.e.S.** werden solche bezeichnet, die zum Erlass bindender Verwaltungsentscheidungen befugt sind. Zum Teil wird der Begriff auf die „Hoheitsverwaltung (Eingriffsverwaltung)" beschränkt (Becker, § 15 , 2.1.1). Das mag damit begründet sein, dass Entscheidungen der Leistungsverwaltung auch privatrechtlich organisiert werden können (s. 23.4). Ausgehend aber davon, dass das Verwaltungsverfahrensgesetz (s. 14.1, 15.1) zu einem erheblichen Teil (z.B. Begriff des Verwaltungsakts, Verfahrensgrundsätze) nicht zwischen Entscheidungen der Eingriffsverwaltung und Leistungsverwaltung unterscheidet, wird in den engen funktionalen Begriff der Behörde auch die Befugnis zu hoheitlichen (öffentlichrechtlichen) Entscheidungen im Bereich der Leistungsverwaltung einbezogen (Maurer, § 22 Rn 33). Zu dem an sich **weiten Begriff des § 1 (4) Verwaltungsverfahrensgesetz** aber im Ergebnis engen des § 35 VwVfG s. bei 15.1.
Für den Begriff der Behörde i.e.S. ist unerheblich, ob sie - wie im Regelfall - *auch* noch für jeweils andere Entscheidungs- oder Handlungsarten einschl. privatrechtliche zuständig ist, wie sie wenigstens bei der Behörde i.w.S. erforderlich sind. Zu den Forstämtern s. 46.7

Nicht nur die **originären** Verwaltungsträger sondern auch die **abgeleiteten** Verwaltungsträger (11.5) handeln durch Behörden als **Organe** (z.B. der gewählte Gemeinderat bzw. Kreistag; die Gemeindeverwaltung).

Zu den Sonderformen der Behörden i.e.S. (ggf. mit öffentlich-rechtlichen Befugnissen ausgestattete *nicht rechtsfähige Anstalten, Stiftungen* und selten Körperschaften u.Ä.) s. 11.6.3.

11.6.2 Behörde i.w.S., andere Behördenbegriffe

Behörde i.w.S. ist der weite **organisationsrechtliche** oder **institutionelle** Behördenbegriff, hier abzüglich Behörden i.e.S. verstanden. Hierzu gehört die Befugnis, mit einer gewissen Selbständigkeit nur andere als hoheitliche Verwaltungsentscheidungen treffen oder

sonstige Verwaltungshandlungen vornehmen zu dürfen.
Das sind
- entgegen Becker (§ 15 2.1.1) zwar nicht Verwaltungshandlungen der (noch vom Behördenbegriff i.e.s. erfassten) öffentlich-rechtlichen Leistungsverwaltung,
- aber die privatrechtlichen (verwaltungsprivatrechtliche oder fiskalisch-privatrechtliche, s. 11.8, 15.2, 23.4) insbesondere betriebliche und technische Verwaltungstätigkeiten einschließlich Tätigkeiten selbständiger Forschungsanstalten.
- Zu ihnen gehören bzw. mit ihnen im Wesentlichen gleichgestellt werden können aber auch die Tätigkeiten der nicht mit öffentlich-rechtlichen Befugnissen ausgestatteten *nicht rechtsfähigen Anstalten, Stiftungen und Körperschaften*, ggf. staatlichen (oder kommunalen) *Eigenbetriebe*, verselbstständigten *„Fonds"*, bestimmten *dauerhaft Beauftragten* (z.B. Datenschutzbeauftragten, Tierschutzbeauftragten) u.ä. (Becker, § 15, 2.1.1, Erichsen/Martens., § 56 Rn 31); s. 11.6.3.

Funktional gibt es je nach dem Zweck der gesetzlichen Regelung noch **andere Behördenbegriffe** (s. u.a. Maurer, § 21 Rn 33).); zu dem besonderen Begriff des § 30 NNatSchG (Behörde als Träger öffentlicher Belange bei der Ausweisung von Naturschutzgebieten u.ä. insbes. hinsichtlich der Niedersächsischen Forstämter vgl. 47.2.10.1.

11.6.3   Insbesondere nicht rechtsfähige öffentlich-rechtliche Körperschaften, Anstalten und Stiftungen sowie Fonds, Regie- und Eigenbetriebe

Nicht rechtsfähige öffentlich-rechtliche Körperschaften, Anstalten und Stiftungen jeweils eines Verwaltungsträgers - nur als dessen Organe - sind möglich und zählen, wenn sie eigene Entscheidungsbefugnisse und einen eigenen Personalbestand haben, zu den Behörden i.e.S.; anderenfalls können sie den Behörden i.w.S. (s. 11.6.2) zugeordnet werden. Die nicht rechtsfähigen Anstalten mit einer Selbständigkeit wie Behörden i.w.S. sind insbesondere ein Grundbaustein zur Erfüllung der Leistungsverwaltung und sonstiger schlichter (betrieblicher, nicht hoheitlicher) Verwaltung (Becker, § 15, 2.2). Im Gegensatz zur rechtsfähigen Anstalt können sie auch durch Erlass (Rechtsakt ohne Außenwirkung, 13.2 f.) gebildet werden und unterliegen der Fach- (und Rechts-)aufsicht.

Zu 23.4.2 f. (sowie 47.2.10.4, 47.2.11; 47.2.24 zur Forstverwaltung) näher beschrieben werden
- **Regiebetriebe** als *finanziell stark unselbständige* **nicht rechtsfähige Anstalten** oder
- bei finanzieller Verselbständigung **Eigenbetriebe,**
- *stärker finanziell selbständige* nicht rechtsfähige Anstalten als **Nettobetriebe nach § 18 Haushaltsgrundsätzegesetz, § 26 (1) Bundeshaushaltsordnung/ Landeshaushaltsordnung** (formelle Gesetze).

Beispiele
für nicht rechtsfähige Körperschaften:
- die Ortschaften als Teil der Gemeindeverwaltung (Maurer, § 23 Rn 39) und Anstalten,
- die öffentlichen Schulen und andere Bildungsanstalten, das Nds. Forstliche Bildungszentrum in Münchehof dürfte wohl eine nicht rechtsfähige Anstalt sein (vgl. 47.2.7),
für nichtrechtsfähige Anstalten:
- das Niedersächsische Forstplanungsamt (47.2.10.4),
- die Nieders. Forstliche Versuchsanstalt (47.2.1, 47.2.10.4),
- die Hessische Forsteinrichtungsanstalt.

11.6.4 Behördenaufbau, Behördenteile, Organleihe

In der unmittelbaren **Bundes-** und vor allem **Landesverwaltung** unter Einbeziehung auch von Körperschaften, Anstalten und Stiftungen (mittelbare Landesverwaltung) gibt es im Rahmen der noch zu erläuternden verfassungsrechtlichen Zuständigkeitsgrenzen der Art. 83 ff. GG, jeweils **Hierarchien** mit gestuften erstinstanzlichen oder Aufsichts-Befugnissen (11.10) gegenüber der jeweils nachgeordneten Behörde i.e.S. oder i.w.S. oder ähnliche Organe (Instanzen), z.B. in Niedersachsen (zur den Forst- und Waldbehörden s. 47.2.1 ff.)
 – **Oberste** Verwaltungsbehörden: Ministerien;
 – **Ober**behörden (landesweit): z.B. Landesamt für Straßenbau, bzw. **Mittel**behörden (für Landesteile): Bezirksregierungen, mit Abteilung für Umwelt, Landwirtschaft und Forsten, sind in Niedersachsen seit 2005 abgeschafft; Oberfinanzdirektionen; in Baden-Württemberg Forstdirektionen
 – **untere** Verwaltungsbehörden: Finanzämter; Bundesforstämter; Klosterkammer (Landesbehörde verwaltet Stiftungswald); rechtsfähige Anstalt Niedersächsische Landesforsten einschließlich Nds. Forstämter); Feld- und Forstbehörden der Gemeinden, Waldbehörden der Landkreise, der Region Hannover und der kreisfreien Städte (außer Hannover), jeweils im übertragenen Wirkungskreis dieser rechtsfähige Gebietskörperschaften, 11.5.3.

Dabei wird zwischen Behörden der *allgemeinen* Verwaltung (z.B. mit Bündelung mehrerer Kompetenzen: frühere Bezirksregierungen, Landkreis- und Gemeindeverwaltungen) einerseits und *Sonder*behörden andererseits (z.B. Landesamt für Straßenbau, Anstalt Niedersächsische Landesforsten) unterschieden.
Zu einem Verwaltungsunterbau in der *Bundes*verwaltung s. z.B. Art. 87 (2) und (3) GG.

Fehlt es einer **Verwaltungsstelle** an der organisatorischer **Eigenständigkeit**, so ist keine Behörde oder ein ähnliches Organ (11.6.2), sondern nur **Teil (Abteilung) einer Behörde:** z.B. Abteilungen und Referate/Dezernate der Abteilungen großer Behörden oder in Niedersachsen die Nds. Forstämter und ihre Revierförstereien der Anstalt Niedersächsische Landesforsten, ggf. auch Eigenbetriebe; im Rahmen des übertragenen Wirkungskreises bei der Landkreisverwaltung das Ordnungsamt als Abteilung u.a. auch für Jagdrecht („untere Jagdbehörde") - und die Abteilung für Naturschutzrecht („untere Naturschutzbehörde" und Waldrecht „untere Waldbehörde" jeweils der Landkreisverwaltung als Behörde. Auch ist innerhalb der Behörde „Gemeindeverwaltung" das Ordnungsamt nur eine Abteilung ebenso wie ggf. ein gemeindliches (städtisches) Forstamt.

Insbesondere rechtsfähige Anstalten und Stiftungen können statt durch eigene behördliche Organe auch durch andere Behörden und demnach Personal eines anderen Verwaltungsträgers mit unterschiedlichen Aufsichtsbefugnissen verwaltet werden (**Organleihe**); z.B.
 – der Allgemeine Hannoversche Klosterfonds als Stiftung vor allem durch die Klosterkammer als niedersächsische Landesbehörde aber zugleich Stiftungsorgan mit Landesbeamten und
 – der Braunschweigische Vereinigte Kloster- und Studienfonds als Stiftung durch die Anstalt Niedersächsische Landesforsten ,
(11.5.4, 45.7, 47.2.14.).

11.7 Hoheitlich beliehene private Personen, Beauftragte, beschränkte öffentlich-rechtliche Dienstverhältnisse, Verwaltungshelfer

(Wie ausgeführt (11.4) führen natürliche Personen die Aufgaben der Behörden in erster Linie als **Organ-** oder **Amtswalter** aus (Beamte, Angestellte und Arbeiter des öffentlichen Dienstes; s. im Einzelnen 11.9 und, auch zum Folgenden, Maurer, § 23 Rrn 56 - 65).

Jedoch kann ein begrenzter **Verwaltungsträger** (und damit **zugleich Behörde**, also Or-

gan) ausnahmsweise auch eine natürliche Person oder eine juristische Person des Privatrechts (z.b. Aktiengesellschaft) sein, der von einem Verwaltungsträger (Bund, Land, Gemeinde usw.) hoheitliche Befugnisse durch Gesetz oder auf enger gesetzlicher Grundlage eines Gesetzes zur selbständigen Wahrnehmung im eigenen Namen übertragen worden sind: sogenannte **Beliehene** oder beliehene Unternehmer. Die staatliche Aufsicht kann als Rechts- oder Fachaufsicht geregelt werden. (Widerspruchsbehörde, 25.2, ist nach bestrittener Auffassung die Behörde des beleihenden Verwaltungsträgers; dieser ist auch, eigentlich inkonsequent aber wegen der finanziellen Sicherheit der Verpflichtete bei einer Haftung aus Amtspflichtverletzung des Beliehenen, 27.6). Vgl. Maurer, § 23 Rn 56 - 59.
  z.b. der behördlich bestätigte besonders qualifizierte Jagdaufseher i.S. § 25 Bundesjagdgesetz, 29.3.3, 57.4; der rechtsfähige Technische Überwachungsverein TÜV e.V.
Beauftragte als Personen des Privatrechts sind zwar nicht wie Beliehene (11.7) Verwaltungsträger, haben aber eine der **Behörde i.e.S. oder i.w.S. ähnliche** Selbständigkeit in einem begrenzten öffentlich-rechtlichen Aufgabenbereich und sind im Rahmen einer Fachaufsicht voll den Weisungen der beauftragenden Behörde unterworfen, die auch über Widersprüche entscheidet (Becker, § 15, 2.3.2, S. 245);. -
  z.b. der Waldbrandbeauftragte (NWaldLG, 45.10), der Kreisjägermeister, Feld- und Forsthüter (46.16, 47.2.2).

Auch wer in einem - im Gegensatz zum Beamtenverhältnis - nur **beschränkten öffentlich-rechtlichen Dienstverhältnis** tätig ist, ist kein Verwaltungsträger und keine Behörde, sondern wird *selbständig* partiell hoheitlich tätig, aber nur wie ein Organwalter im Auftrage des Verwaltungsträgers; z.b. der Lehrbeauftragte an einem öffentlichen Lehrinstitut.

Nur eine *unselbständige* öffentlich-rechtliche Hilfsverwaltungstätigkeit im Auftrag und nach Weisung der Behörde und nicht als Verwaltungsträger (und nicht als Behörde) übt der **Verwaltungshelfer** als Person des Privatrechts aus (z.B. Schülerlotse, von der Polizei beauftragter Hilfspolizist; vgl. auch zu den zu beteiligenden Umweltverbänden 38.9.3).

11.8 Einschaltung von Personen des Privatrechts zu privatrechtlichem Verwaltungshandeln

Im Rahmen einer **Inpflichtnahme Privater** werden Personen des Privatrechts zur selbständigen privatrechtlichen Erfüllung öffentlichen Aufgaben herangezogen;
  z.b. Straßenanlieger hinsichtlich ihrer Wegereinigungspflicht, der Immissionsschutzbeauftragte (§ 53 BImSchG, 62.7.4) u.a. Betriebsbeauftragte zur freiwilligen Selbstkontrolle des Betriebs; hierunter fallen die Jagdausübungsberechtigten, die nicht bestätigte Jagdaufseher sind, hinsichtlich der Jagdschutzbefugnisse nach § 29 NJagdG (57.4.1).

Auch können Private durch **privatrechtlichen Vertrag** zur privatrechtlichen Erfüllung hoheitlicher Aufgaben herangezogen werden;
  z.b. ein Abschleppunternehmen, das von der Polizei zur Realisierung der hoheitlichen Ersatzvornahme im Rahmen der Zwangsmittel gegen einen Verursacher einer Gefahr der Verwaltung beauftragt wird (30.).

Vgl. zum Vorstehenden Maurer, § 23 Rn 56 - 65.

Verwaltungsträger können Leistungsverwaltung und betriebliche Verwaltung durch mehr oder weniger kontrollierte **Eigengesellschaften** als juristische Personen des Privatrechts durchführen lassen (und sich über **Behörden** i.e.S. und i.w.S. auch **selbst privatrechtlich betätigen,** privatrechtliche Hilfsgeschäfte, Erwerbsgeschäfte, Leistungsverwaltung als Verwaltungsprivatrecht); s. im einzelnen auch zu den rechtlichen Bindungen 23.4.

11.9 Organwalter (Amtswalter; Beamte , Angestellte, Arbeiter), Amt, Dienstposten, Planstelle

Die für die Behörden (Verwaltungsorgane) handelnden **Beamten** (Nds. Beamtengesetz auf der Grundlage des Beamtenrechtsrahmengesetzes), **Angestellten** (Bundesangestelltentarif) und ggf. **Arbeiter** (Tarifverträge) jeweils im öffentlichen Dienst werden **Organwalter** (oder Amtswalter bzw. Amtsträger) genannt. Sie bekleiden innerhalb einer Behörde ein "Amt" mit besonderen Befugnissen und Pflichten, das nicht zu verwechseln ist mit dem Begriff Amt für eine Behörde (z.b. Finanzamt) oder einem Teil einer Behörde (z.b. Ordnungsamt als Teil der Gemeindeverwaltung, die von den anderen Gemeindeorganen Rat und Verwaltungsausschuss zu unterscheiden ist, vgl. 11.6.4; oder Forstamt innerhalb der Anstalt Niedersächsische Landesforsten, 47.2.10). (Vgl. zum Nachstehenden auch Kümmel, Beamtenrecht in Niedersachsen, Losebl.S., Kommentar § 18 NBG Erl.; Kümmel/Pohl, Besoldungsrecht in Niedersachsen, Losebl.S., Kommentar § 9 LBesG Erl. II 4.)

11.9.1 Beamte

Nach § **18 Bundesbesoldungsgesetz**, der auch für die *Beamten* der Länder und der von diesen abgeleiteten öffentlich-rechtlichen Körperschaften, Anstalten und Stiftungen gilt, sind die *Funktionen* u.a. der Beamten nach den mit ihnen verbundenen Anforderungen sachgerecht zu bewerten und **Ämtern zuzuordnen**. Die Ämter sind nach ihrer Wertigkeit unter Berücksichtigung der gemeinsamen Belange aller Dienstherren den nach **allgemeiner** Bewertung **gesetzlich** festgelegten Besoldungsgruppen (BesGr.) der Bundesbesoldungsordnung (BBesO), ausnahmsweise auch Landesbesoldungsordnung (LBesO), als Grundlage für die Höhe der Grundgehälter und bestimmten **abstrakten Ämtern = Ämtern im status-rechtlichen Sinne** (z.B. höherer Dienst Forstoberrat BesGr. A 14, gehobener Dienst Regierungsamtfrau BesGr. A 11, mittlerer Dienst Regierungssekretär BesGr. A 6) zuzuordnen.

Die **(konkreten)** Tätigkeitsbereiche einer beamteten Person **(Dienstposten**, auch **konkretes Amt im funktionellen Sinne** genannt) sind durch spezielle **Dienstpostenbewertung** einem abstrakten Amt zuzuordnen. Nach § 9 (1) Landesbesoldungsgesetz (LBesG) ist jeder Dienstposten, der mit einem Beamten besetzt ist oder besetzt werden soll, zu bewerten. Nur für einige begrenzte Ämter hat der Gesetzgeber die konkrete Wertigkeit mit einer Zuordnung zu einem (abstrakten) Amt selbst bestimmt, z.B. Präsidentin oder Präsident der Klosterkammer Hannover BesGr. B6 LBesO.

Voraussetzungen dafür, dass Beamte nach den Beamtengesetzen auf bewerteten Dienstposten eingestellt, befördert werden usw. sowie nach Besoldungsrecht auf einem Amt entsprechende Besoldungsansprüche erlangen, ist, dass das **Parlament** auch die betreffende **Planstelle** nach eigener **Stellenbewertung** im gesetzlichen Haushaltsplan, und zwar grundsätzlich in einem **Stellenplan**, bewilligt (§ 17 (5) LHO) und dabei auch über den Bedarf der Planstelle überhaupt entscheidet, z.B. der niedersächsische Landtag für die niedersächsischen Landesbeamten. Nach § 49 der Landeshaushaltsordnung (LHO) darf ein Amt nur zusammen mit der Einweisung in eine besetzbare Planstelle verliehen werden. Gemäß § 9 (2) LBesG sind die Dienstpostenbewertung und die Verteilung der bewilligten Planstellen auf die Dienstposten für jede Behörde auszuweisen.

11.9.2 Angestellte des öffentlichen Dienstes

Nach § 22 (1) des Bundesangestelltentarifs (BAT) richtet sich die Eingruppierung u.a. auch von Angestellten des Landes nach den Tätigkeitsmerkmalen der Vergütungsordnung. Der

Angestellte ist in der Vergütungsgruppe (VergGr.) eingruppiert, deren Tätigkeitsmerkmale (Dienstposten, Arbeitsplatz) die gesamte von ihm nicht nur vorübergehend auszuübende Tätigkeit entspricht (§ 22 (2) S. 1 BAT). Z.B. entspricht ungefähr der BesGr. A 13 BBesO die VergGr. IIa BAT und der BesGr. A11 die VergGr. IVa BAT. Im Haushaltsplan werden die Stellen in **Stellenübersichten** geführt (§ 17 (6) S. 2 LHO).

11.9.3 Arbeiter des öffentlichen Dienstes

Für Arbeiter gelten besondere Tarifverträge, z.B. der Manteltarifvertrag für **Waldarbeiter** der Länder und der Gemeinden (MTW) v. 26.1.1982/ 11.1.1997). Hier folgt die bewertende Zuordnung der Arbeitsplätze zu bestimmten Lohngruppen (W1, W2 usw.). Der MTV ist von den niedersächsischen Gemeinden und den Realverbänden (Genossenschaftswald, 45.2.6) nicht übernommen worden.
Im Haushaltsplan werden die Stellen der Arbeiter in **Bedarfsnachweisen** dargestellt (§ 17 (7) S. 2 LHO).

11.10 Dienstrechtliche und organisatorische Befugnisse; Rechts-, Fach- und Dienstaufsicht über Behörden

Behörden i.e.S. oder i.w.S. o.ä. Organe können unterschiedlich selbständig sein hinsichtlich
– der fachlichen Verwaltungsbefugnisse und -zuständigkeiten,
– der dienstrechtlichen Befugnisse (Besetzung von Dienstposten, Einstellungen, Beförderungen, Umsetzungen in der Behörde, Urlaubserteilung usw.),
– organisatorischer Befugnisse (Ermittlung des Stellenbedarfs, Stellenbewertungen, Aufstellung von Geschäftsordnungen, Geschäftsverteilungsplänen, Anmietung von Dienstgebäuden usw.).

Die **Dienstherrnfähigkeit**, das heißt die Rechte, beamtete Kräfte (§ 3 (1) Nieders. Beamtengesetz) Angestelle und Arbeiter im öffentlichen Dienst zu beschäftigen, haben nur die Verwaltungs*träger*, nicht deren Organe.
Eine *Behörde* i.e.S. oder nur i.w.S. hat normalerweise zumindest einen Teil der **dienstrechtlichen Befugnisse** nach dem nieders. Beamtengesetz (Erteilung von Urlaub, Umsetzung in der Behörde, Genehmigung einer Nebentätigkeit, Ausstellung von Dienstzeugnissen u.ä.) von der obersten Dienstbehörde (Ministerium) übertragen erhalten (vgl. RdErl. v. 15.1.1996, Nds. MBl. 1968) i.d. Fass. v. 22.8.1997 (Nds. MBl. 1285). Daher ist die Behörde Dienstbehörde und der Behördenleiter unmittelbarer **Dienstvorgesetzter** der Beamten, Angestellten und Arbeiter der Behörde. Meistens ist (außer in Niedersachsen) eine andere Dienstbehörde mit bestimmten personalrechtlichen Befugnissen (und der Dienstaufsicht i.e.S.) und jedenfalls eine oberste Dienstbehörde mit dem Minister/der Ministerin als oberstem/r Dienstvorgesetzte/n (und der obersten Dienstaufsicht i.e.S.) übergeordnet (s. z.B. § 3 Bundesbeamtengesetz bzw. Niedersächsisches Beamtengesetz und einschlägige Runderlasse).

Die jeweils nachgeordneten **Behörden** der **unmittelbaren staatlichen Verwaltung** sowie der **Selbstverwaltungskörperschaften in Auftragsangelegenheiten** (11.5.3 f.) unterliegen grundsätzlich einer vollen, mit Weisungsrechten verbundenen staatlichen Aufsicht der, soweit (in Niedersachsen ausnahmsweise) vorhanden, oberen und jedenfalls der obersten übergeordneten Behörde:

– Die **Fachaufsicht** enthält die **Rechtsaufsicht** (die Anleitung und Kontrolle hinsichtlich der Beachtung aller zu beachtenden bindenden fachlichen Gesetze und Regelungen) und ist zusätzlich auf die *Zweckmäßigkeit* von Maßnahmen oder Unterlassungen gerichtet, die rechtlich im Rahmen eines Verwaltungsspielraums zulässig sind (vgl. schon 11.5.3 zur Auftragsverwaltung im Gegensatz zur bloßen Rechtsaufsicht bei den Selbstverwaltungsaufgaben 11.5.2). Zur Fachaufsicht s. auch Groß, DVBl. 2002, 793.

Z.B. ist hinsichtlich der Durchsetzung der hoheitlichen (öffentlich-rechtlichen) Pflichten der Besitzer nach dem NWaldLG für die (unteren) Waldbehörden **Fachaufsichtsbehörde** die **oberste Waldbehörde** (Niedersächsische Ministerium für den ländlichen Raum, Ernährung, Landwirtschaft und Verbraucherschutz, *ML*). **Obere Waldbehörde** waren vor ihrer Abschaffung ab 2005 vier Bezirksregierungen. (Untere) **Waldbehörden** sind die Landkreise, kreisfreien Städte (ohne Hannover) und die Region Hannover (47.2.1, 47.2.5; Besonderheiten zu 47.2.6 ff., 47.3.6).

– Die **Dienstaufsicht i.e.S.** ist die personalrechtliche, u.a. beamtenrechtliche Aufsicht über Pflichterfüllung der Amtswalter im Innenverhältnis zu ihrem Dienstherrn (s. z.B. Wolff/-Bachof Allg. Verwaltungsrecht II 4. Aufl. § 77 II c 6).
Z.B. ist für die Leitung der Anstalt Niedersächsische Landesforsten mit den Niedersächsischen (Landes)Forstämtern oberste **Dienstbehörde** und höherer **Dienstvorgesetzter** das Fachministerium und Dienstvorgesetzter der Verwaltungsrat und für die übrigen Beamten oberste Dienstbehörde und Dienstvorgesetzte sowie höhere Dienstvorgesetzter der Präsident der Anstalt eines Verwaltungsrates steht, s. 47.2.10.3 f.

– Die **Aufsicht** über die vorgenannten **organisatorischen Befugnisse** wird oft einer Dienstaufsicht i.w.S. zugerechnet, weil die übergeordnete organisatorische Gestaltungs- und Aufsichtsbefugnis über Behörden grundsätzlich mit wichtigen dienstrechtlichen Befugnissen und der obersten Dienstaufsicht über die Beamten, Angestellten und Arbeiter der nachgeordneten Behörden verknüpft ist. Sie ist bei unmittelbarer staatlicher Verwaltung nicht nur *Rechts*aufsicht, sondern als *Fach*aufsicht auch auf die *Zweckmäßigkeit* der Maßnahmen gerichtet. Zu der Anstalt Niedersächsische Landesforsten s. 47.2.10.
Z.B. ML vor 2005 über die Niedersächsischen Forstämter.

(Vgl. u.a. Maurer, § 22 Rn 32 ff.; Wolff/Bachof, Allg. Verwaltungsrecht 4. Aufl. § 77 II c 6). Zur Dienstaufsichtsbeschwerde und Fachaufsichtsbeschwerde, die nur Anregungen zum Tätigwerden im Rahmen der Aufsicht, nicht aber echte Rechtsbehelfe sind, vgl. 25.1.

Näheres zur Organisation der Forstverwaltung in Niedersachsen zu 47.2.

11.11 Übersicht: System der Verwaltungsorganisation (im Wesentlichen nach Becker, § 15)

	Die Verfassung bzw. der Verwaltungsträger organisiert die Erledigung von öffentlichen und betrieblichen Verwaltungsaufgaben durch	
	dezentrale Verwaltungsträger mit größerer Selbständigkeit (nur unter Rechtsaufsicht)	**Behörden u.ä.** Organe **eines*)** Verwaltungsträgers (weniger selbstständig, (unter Fach- einschl. Rechtsaufsicht)
öffentlich-rechtlicher Verwaltungsträger↓		**)zentralen (Bund, Land) oder dezentralen*
hoheitliche Entscheidungsbefugnisse (Eingriffsverwaltung, Hoheitsakte der Leistungsverwaltung)	**rechtsfähige kommunale** Körperschaften und **sonstige** rechtsfähige/teilrechtsfähige – Körperschaften – Anstalten – Stiftungen (mit eigener/n Behörde/n i.e.S.) (11.5.1 - 11.5.3)	**Behörden i.e.S.** (11.6.1, 11.6.3) und ausnahmsweise durch nicht rechtsfähige – Anstalten – Stiftungen – Körperschaften Fonds
privat-rechtl Verwaltungsentscheidungen der Leitungsverwaltung und betrieblichen Verwaltung	**rechtsfähige** kommunale Körperschaften und sonstige rechtsfähige/teilrechtsfähige – Körperschaften – Anstalten – Stiftungen (mit eigenen Behörden i.e.S.) (11.5.1 - 11.5.3) einschl. privatrechtl. Hilfs- u. Erwerbsgeschäfte (23.4)	**Behörden i.w.S.** (11.6.2, 11.6.3) und grundsätzlich durch nicht rechtsfähige – Anstalten – Stiftungen – Körperschaften – Fonds (11.6.3) einschl. privatrechtl. Hilfs- u. Erwerbsgeschäfte (23.4)
rechtsfähige Privatrechtsperson ↓		
hoheitliche Entscheidungsbefugnisse (Eingriffsverwaltung, Hoheitsakte der Leistungsverwaltung)	mit Hoheitsbefugnissen **beliehene** Privatrechtspersonen – natürliche Person (Forsthüter) – juristische Person (TÜV e.V.) (zugleich Verwaltungsträger und dessen Organ, Behörde; ggf. aber auch Fachaufsicht) (11.7)	**Beauftragte** (Privatrechtspersonen) mit Hoheits- bzw. Leistungsverwalt.befugnissen wie Behörde i.e.S oder i.w.S. z.B. Waldbrandbeauftragter (11.7) - im Gegensatz zu: *Organwaltern, beschränkten öffentlichen Dienstverhältnissen; Verwaltungshelfern(z.B.* im Einzelfall als Hilfspolizisten oder Schülerlotsen Herangezogene, die voll weisungsgebunden und eher unselbständig in eine Behörde integriert sind)
privat-rechtliche Verwaltungsentscheidungen vor allem der Leistungsverwaltung u. betrieblichen Verwaltung	Aufgabenverlagerung auf eine **Eigengesellschaft** (juristische Person des **Privatrechts**) – volle Anteile bei Verwaltungsträger – Beteiligungsgesellschaft – rein private Anteile und finanziell und personell vom Verwaltungsträger a) ganz oder teilweise abhängig b) unabhängig. (11.8, 23.4)	durch **privatrechtlichen Vertrag** (ggf. auch öffentlich-rechtlichen, aber zivilrechtlich zu erfüllenden Vertrag) Verpflichtung zu begrenzt selbständiger Herstellung von Verwaltungsleistungen – Müllabfuhr, Sonderabfallbeseitigung – Hilfs-/Erwerbsgeschäfte d. Verwaltg. – Ersatzvornahme (Abschleppen) zur Erfüllung von Zwangsmitteln (11.8, 23.4)

12.   Begriff und Rechtmäßigkeitsvoraussetzungen der Rechtsverordnung (Verordnung) mit allgemeinen Verfassungsgrundsätzen für die Verwaltungstätigkeit

Wegen ihres Charakters als Rechtsquelle im Rang nach den formellen (parlamentarischen) Gesetzen (s. 1.3) erläutere ich zunächst die Rechtsverordnung (sowie zu 13.1 die Satzung) und danach wegen ihres abstrakt-generellen Charakters die allgemeine Verwaltungsvorschrift und erst anschließend als Schwerpunkt des Verwaltungshandelns die Einzelakte der Verwaltung, insbes. den Verwaltungsakt. Wegen der Ausrichtung auf praktische Sichtweisen stelle ich nicht die allgemeinen Bindungen und Grundsätze für das Verwaltungshandeln vor die Ausführungen zu den Handlungsformen, sondern erläutere sie bei der Rechtsverordnung mit und bringe bei den anderen Handlungsformen nur noch Besonderheiten. Ich orientiere mich dabei an einem groben Aufbauschema für die Prüfung der Rechtmäßigkeit der Handlungsform.

Aufbauschema für die Prüfung der Rechtmäßigkeit einer Rechtsverordnung (Verfassungs- und Gesetzmäßigkeit)

12.1   Rechtscharakter der allgemeinen Maßnahme
(Behörde handelt, öffentliches Recht, Regelung, abstrakt-generell, unmittelbare Außenwirkung)

12.2   Gesetzliche Ermächtigungsgrundlage (Grundsatz des Gesetzesvorbehalts als Teil des Grundsatzes der Gesetzmäßigkeit der Verwaltung, Art. 80 GG)

12.3   Formelle Rechtmäßigkeitsvoraussetzungen (Grundsatz des Vorrangs des Gesetzes I als Teil des Grundsatzes der Gesetzmäßigkeit der Verwaltung)
Sachlich und örtliche Verbands- und Organzuständigkeit;
Angabe der Ermächtigungsgrundlage in der Verordnung

12.4   Materielle Rechtmäßigkeitsvoraussetzungen der Ermächtigungsgrundlage und anderer materiellgesetzlicher Bindungen (Grundsatz des Vorrangs des Gesetze II als Teil des Grundsatzes der Gesetzmäßigkeit der Verwaltung)

12.5   Verfassungsbedingte Grenzen für das Rechtsetzungsermessen
(Verhältnismäßigkeitsgrundsatz, Gleichheitssatz usw.)

Fall 1: Der niedersächsische Landkreis L verbietet in einer „**Verordnung**" gem. § 35 (4) Nr. 1 NWaldLG zur **Brandverhütung** den Zutritt zu einem besonders trockenen und brandgefährdeten Teil eines großen Kiefernwaldgebiets vom 1.6. - 15.9. eines jeden Jahres. Hiergegen möchte sich der Wanderfreund W der Kreisstadt wenden.

Fall 2: Ein Student der Forstwissenschaft schlägt dem Niedersächsischen Ministerium für den ländlichen Raum, Ernährung, Landwirtschaft und Verbraucherschutz (ML), das auch für Wald-, Jagd- und Feld- und Forstordnung zuständig ist, vor, (nur) auf der Grundlage des NWaldLG (45.) folgende Vorschrift zum Schutz der Tiere jagbarer Arten zu erlassen:
Das **Betreten der Wälder des Weser- und Leineberglands** ist außer für Berechtigte (z.B. Forstverwaltung, Waldeigentümer u.a. Waldnutzungsberechtigte, Jagdausübungsberechtigte) **zwischen 20 und 9 Uhr verboten**. In dieser Zeit sollen sich die Tiere jagbarer Arten von den Störungen erholen, die am Tage durch die Waldbesucher erfolgen.

12.1 Erforderlicher Rechtscharakter einer Rechtsverordnung

Nach Art. 80 (1) S. 1 GG können durch parlamentarische Bundesgesetze (formelle Gesetze 4.1.3) bestimmte Organe der vollziehenden Gewalt (insbesondere Verwaltung), nämlich Bundesregierung, Bundesminister oder Landesregierung - ermächtigt werden, „Rechtsverordnungen" zu erlassen (auch „Verordnungen" genannt). Entsprechend können Landesgesetze gem. Art. 43 (1) S. 1 Nds. Verfassung die Landesregierung, Ministerien und andere Behörden ermächtigen, als Vorschriften im Sinne des Art. 41 Nds. Verfassung auch „Verordnungen" zu erlassen.

Bei den (Rechts)Verordnungen handelt es sich zum einen nach Form und Verfahren einschl. Veröffentlichung um eine - von den formellen Gesetzen abhängige - Rechtsquellenart. Bei der Erfüllung des Verfahrens kann man (entsprechend dem Oberbegriff des formellen Gesetzes, 4.1.3) von **formellen Verordnungen** als **Oberbegriff** sprechen (vgl. in Übersicht 13.5 die *Zeile* zu „Rechtsverordnungen"). Zur ausnahmsweisen Änderung von Verordnungen durch formelle Gesetze mit Rückkehr zum Verordnungsrang als materiellrechtlich untergesetzliche Rechtsnorm s. zu § 47 VwGO 12.9.

Wie bei den formellen Gesetzen müssen zum andern auch Verordnungen, soweit sie die zu 5.2.3 genannten Grundrechte einschränken (ausdrücklicher Gesetzesvorbehalt), **Regelungen** sein, die allgemein sind, d. h. **abstrakt-generell** und mit **unmittelbarer Außenwirkung**, also vor allem unmittelbarer Wirkung für die Menschen und Selbstverwaltungskörperschaften (1.1). Grundsätzlich gilt das insbesondere im Hinblick auf den Gleichheitssatz wie bei den parlamentarischen Gesetzen (4.1.3) auch bei den Verordnungen, soweit sie andere Grundrechte einschränken oder sonst Regelungen für Menschen schaffen. Art. 41 der Nds. Verfassung verlangt ausdrücklich allgemein verbindliche Vorschriften der Staatsgewalt, durch die Rechte oder Pflichten begründet, geändert oder aufgehoben werden. „**Verordnungen" mit abstrakt generellen** Regelungen und **unmittelbarer Außenwirkung** für Personen sind also formelle und zugleich **materielle Rechtsverordnungen** und gehören auch zu dem **anderen Oberbegriff Gesetze im materiellen Sinn** (materielle Gesetze = Rechtsnormen), vgl. die *Spalte* 2 in der Übersicht zu 13.5.

Beispiele für Verordnungen mit Rechtsnormcharakter:

- Straßenverkehrsordnung des zuständigen Bundesministeriums aufgrund des Straßenverkehrsgesetzes;
- Verordnung des zuständigen Bundesministeriums aufgrund § 22 (1) S. 1 BJagdG über die Jagdzeiten bzw. Verordnung des nds. Fachministeriums aufgrund § 22 (1) S. 3, 4 BJagdG und § 26 (1) Nrn. 1 und 2 NJagdG über Sonderbestimmungen für Jagdzeiten;
- Verordnung des Landkreises über die Festsetzung eines Naturschutz- oder Landschaftsschutzgebiets, vgl. 51.2, 51.4;

In dem o. zu 12. genannten **Fall 1** hat der Landkreis das Betretensverbot zur Brandverhütung durch seine Verwaltung als Behörde erlassen, und zwar auf dem Gebiet des öffentlichen Rechts als Regelung für eine unbestimmte Vielzahl von Fällen (abstrakt) für einen größeren räumlichen Bereich (Landkreiswälder) und für eine unbestimmte Zahl von Personen –generell (also nicht für einen Einzelfall) mit unmittelbarer Rechtswirkung nach außen. Er schlägt damit vor, formell und inhaltlich einer Rechtsverordnung als Rechtsnorm erlassen. Vgl. auch 46.15; 4.1.3.

In dem o. zu 12. genannten **Fall 2** schlägt der Student vor, dass eine Behörde auf dem Gebiet des öffentlichen Rechts eine Regelung erlässt für eine unbestimmte Vielzahl von Fällen (abstrakt) für einen größeren räumlichen Bereich und für eine unbestimmte Zahl von Personen –generell (also nicht für einen Einzelfall) mit unmittelbarer Rechtswirkung nach außen. Er schlägt damit den Erlass einer Rechtsnorm durch eine Rechtsverordnung vor.

Wie der parlamentarische Gesetzgeber aufgrund des Demokratieprinzips darf (entsprechend begrenzter) auch die Verwaltung **ausnahmsweise** kraft gesetzlicher Ermächtigung die **Form** und das **Verfahren der Verordnung** für wichtige Regelungen wählen, die inhaltlich

- zwar eine unmittelbare Außenwirkung haben, aber von den **Einzelfallcharakter** wie bei einer Allgemeinverfügung (15.5) **sind (Einzelfallverordnung**, z.B. Erklärung eines Baums zum Naturdenkmal für den Eigentümer, 51.6, jedoch ist wegen der Schutzwirkung auch gegenüber der Allge-

meinheit die Rechtsform der Verordnung vertretbar) oder
- zwar abstrakt-generell sind, aber **keine unmittelbare Außenwirkung** für Personen haben. Diese werden als **nur formelle Rechtsverordnungen** bezeichnet (vgl. auch die Übersicht zu 13.5); z.B. das nds. Landes-Raumordnungsprogramm Teil II in dem Umfang gemäß 39.4.8.

Insbesondere um in einem einheitlichen Rechtsetzungsakt (Artikelgesetz) z.b. bei EG-Rechtsumsetzung nicht nur verschiedene (formelle und materielle) Gesetze sondern auch **Rechtsverordnungen zu ändern**, wählt man auch für die Änderung der Verordnungen auch das **formelle Gesetz**, jedoch mit dem Zusatz, dass die Änderung mit Inkrafttreten **zum einheitlichen Verordnungsrang zurückkehrt** und durch Verordnung geändert werden kann (sog. Entsteinerungsklausel; s. z.B. Sendler, NJW 2001, 2859, 2859 f.; BVerwG 16.1.2003, DVBl. 2003, 804). Durch die angeordnete Rückkehr zum einheitlichen Verordnungsrang und die Änderungsermächtigung wird die formelle Gesetzesqualität vermieden, selbst solange der Verordnungsgeber keine Änderung vorgenommen hat (Sendler, DVBl. 2005, 423 f., gegen Uhle, DVBl. 2004, 1272, 1275). Damit ist gegen eine zum einheitlichen Versorgungsrang zurückgekehrte Regelung die Normenkontrollklage nach § 47 VwGO eröffnet (BVerwG 16.1.2003, DVBl. 2003, 804)

12.2 Erfordernis der formell-gesetzlichen Ermächtigungsgrundlage (Grundsatz des Gesetzesvorbehalts als Teil des Grundsatzes der Gesetzmäßigkeit der Verwaltung)

Schon allgemein aus Art. 20 (3) GG (und Art. 1 (3) GG, wonach die vollziehende Gewalt an Gesetz und Recht gebunden ist, also nicht nur an die Verfassung, sondern auch an alle parlamentarischen Gesetze (Ausfluss des Demokratie- und Rechtsstaatsprinzips), ergibt sich der verfassungsmäßige **Grundsatz der Gesetzmäßigkeit der Verwaltung.** Dieser hat zwei Komponenten:
- den Grundsatz des Vorbehalts des Gesetzes
- den Grundsatz des Vorrangs des Gesetzes
  - formelle Rechtmäßigkeit
  - materielle Rechtmäßigkeit.

Nach dem Verfassungsgrundsatz des Vorbehalts des Gesetzes bedürfen in Rechte eingreifende oder grundsätzlich sonst Rechte beeinflussende Regelungen der Verwaltung einer **verfassungsmäßigen formellen (parlamentarischen) gesetzlichen Ermächtigungsgrundlage** (vgl. auch 2.5, 16. hinsichtlich Einzelakten der Verwaltung und der Gerichte). Gesetzliche *Verbote* (z. B. hinsichtlich Reiten auf Wanderwegen, s. 4.1.1) reichen für eine Rechtfertigung von Verwaltungsmaßnahmen nicht aus.

Begründet wird der Grundsatz mit den verfassungsrechtlich verankerten Prinzipien der parlamentarischen Demokratie und der Rechtsstaatlichkeit sowie dem Schutz der Grundrechte.
Nach dem **Demokratieprinzip muss das** vom Volk gewählte **Parlament** die wesentlichen, vor allem allgemeinverbindlichen, bürgerbezogenen Entscheidungen des Gemeinwesens durch formelle Gesetze treffen: Kompetenzregelung zugunsten des Parlaments, 2.1, 2.3 (BVerfGE 49, 89 = NJW 1965, 414 L; BVerfGE 83, 130 = NJW 1991, 1471; EuGRZ 2003, 621 = NJW 2003, 1193; BVerwG 17.6.2004, NVwZ 2005, 713).
Das **Rechtsstaatsprinzip** fordert, dass die Rechtsbeziehungen zwischen Staat und Bürger vornehmlich durch **allgemeine Gesetze** geregelt werden, so dass das Verwaltungshandeln für die Bürger voraussehbar und berechenbar wird. Art. 19 (1) GG verlangt dies ausdrücklich bei Einschränkungen bestimmter Grundrechte (4.1.3).

Die **Grundrechte** als (insbesondere auch) subjektiv-öffentliche Rechte, vor allem als Abwehrrechte gegenüber (rechtswidrigen) hoheitlichen Maßnahmen auch der Verwaltung (vgl. 5.4.), schützen Freiheit und Eigentum des Menschen (in der Ausübung) umfassend und können nur aufgrund eines Gesetzes beschränkt werden. Dies gilt auch, wenn die Grundrechte schon durch einfache Gesetze näher bestimmt sind und der Gesetzgeber diese Gesetze zu Lasten der Grundrechtsträger zugleich mit Eingriff in den Schutzbereich der Grundrechte ändert (5.1.1, 5.2). Soweit der Gesetzgeber öffentlich-rechtliche und privatrechtliche Rechtspositionen geschaffen oder deren Bildung garantiert hat (vgl. 5.5, 24.), sind für Eingriffe der Verwaltung in diese Rechte aus dem Rechtsstaatsprinzip und dem Grundsatz des Vertrauensschutzes heraus formell-gesetzliche Ermächtigungsgrundlagen erforderlich.

Zur **Bestimmtheit der Ermächtigungsgrundlage** für das Verwaltungshandeln hat sich der Wesentlichkeitsgrundsatz herausgebildet: Wesentlich sind Entscheidungen, die für die Einschränkung oder Verwirklichung der Grundrechte erheblich sind oder die für die Einführung grundlegender riskanter Einrichtungen (z. B. „schneller Brüter") Bedeutung haben.
Je wesentlicher eine Angelegenheit für die Allgemeinheit und/oder den Bürger, insbes. seine Grundrechte und je umstrittener ein Fragenkomplex in der Öffentlichkeit ist, desto höhere Anforderungen werden an den Gesetzgeber gestellt; das heißt, desto präziser und enger muss die gesetzliche Regelung sein (BVerfGE 61, 260, 275). Bei dynamischer Verweisung der Ermächtigungsgrundlage auf das jeweilige EG-Recht kann bei dessen Unbestimmtwerden auch die Verordnungsermächtigung unbestimmt werden (BVerwG 16.9.2004, NVwZ 2005, 337)
So wie es zulässige Eingriffe des Gesetzgebers in Grundrechte gibt, muss es auch eine solche - gesetzlich vorgesehene Eingriffe realisierende - *Eingriffsverwaltung* geben.
Der Verwirklichung insbesondere grundrechtlicher und weitergehender gesetzlicher Leistungsansprüche oder -möglichkeiten muss einer *Leistungsverwaltung* dienen (vgl. auch 11.3).
Von der Wesentlichkeit hängt auch ab, inwieweit der Gesetzgeber der Verwaltung ein **Ermessen** hinsichtlich des „Ob" und „Wie" von Maßnahmen als Rechtsfolgen (19.) oder als **planerisches (finales) Ermessen** (planerische Gestaltungsfreiheit, 1.2., 21) jeweils mit Ermessensbindungen einräumen darf.

12.2.1 Eingriffsverwaltung

Eingriffe in Grundrechte (Freiheit und Eigentum) bzw. auch diese näher bestimmenden oder leistungsmäßig ergänzenden Gesetze durch (obrigkeitliches) hoheitliches Verwaltungshandeln (vgl. 11.3) erfordern stets eine formelle und grundsätzlich materielle Ermächtigungsgrundlage, deren Regelungsdichte sich nach dem Wesentlichkeitsgrundsatz richtet.
Eine Ermächtigungsgrundlage ist nicht allein schon ein gesetzliches *Verbot*, z.B. zum Betreten eines Naturschutzgebiets außerhalb der Wege; zusätzlich muss für die Verwaltung gesetzlich bestimmt genug geregelt werden, ob und wie sie das Verbot **realisieren** darf.

12.2.2 Leistungsverwaltung

Soweit den Bürgern hoheitlich mit subjektiv-öffentlichen Rechten aus Grundrechten i.V.m. mit einfachen Gesetzen Leistungen erbracht werden sollen, ist dies nur mit einem formellen und zugleich materiellen Gesetz, das zugleich eine Ermächtigungsgrundlage für die Verwaltung enthält, möglich. Für Leistungen, auf die kein Anspruch der Bürger bestehen soll, die also mit mehr oder weniger weitem Ermessen zu erbringen sein sollen, wird ein *nur* **formelles Gesetz**, das also nicht zugleich materielles Gesetz (vgl. 4.1.5) ist, für erforderlich und ausreichend gehalten. Es genügt ein Haushaltsgesetz, das ohne unmittelbare Außenwirkung Mittel für bestimmte Leistungszwecke bereitstellt (s. 4.1.5); zur ergänzenden Bedeutung von Verwaltungsvorschriften vgl. 13.2, 13.2.3 u. 16.2.

12.2.3 Geltung für Sonderrechtsverhältnisse

Bei Sonderrechtsverhältnissen (z.B. Beamtenverhältnis, Soldatenverhältnis usw.) sind zwar die Grundrechte etwas stärker eingeschränkt (s. für Beamte bei 6.16). Dennoch sind auch hier im Rahmen der Wesentlichkeit von Eingriffen oder Leistungen formelle und zugleich materielle Gesetze als Ermächtigungsgrundlage erforderlich, vgl. zur Unterscheidung des Grund- und Betriebsverhältnisses 15.5.2.1, 16.3.2.

12.2.4 Geltung für Verwaltungsorganisation

Auch der Aufbau und die Strukturen der Verwaltung sowie die auch die Bürger betreffenden Fragen insbesondere der Zuständigkeit der Behörden, bedürfen im Rahmen der Wesentlichkeitstheorie der gesetzlichen Regelung (institutioneller Gesetzesvorbehalt) mit grundsätzlich nur Ermächtigungen zum Erlass abstrakt-genereller Regelungen; insoweit ist die Organisationsgewalt der Verwaltung begrenzt. Art. 56 (1) Nds. Verfassung verlangt für den allgemeinen Aufbau und die räumliche Gliederung der allgemeinen Landesverwaltung ein Gesetz (4.2.6). Nach Art. 39 (1) der Nds. Verfassung beschließt allerdings, soweit nicht Gesetze oder Verordnungen aufgrund gesetzlicher Ermächtigung die Organisation regeln, die Landesregierung durch verwaltungsinternen Akt über die Organisation der öffentlichen Verwaltung (vgl. zur VollzugsbeamtenVO 29.3.4). Zur Bildung von Behörden und zu anderen Organisationsentscheidungen s. 13.2.5, 15.5.3.

12.2.5 Keine Umgehung durch privatrechtliches Handeln

Die Verwaltung darf nicht fehlende, aber erforderliche Ermächtigungsgrundlagen für ein Handeln im hoheitlichen Bereich durch Ausweichen in das Privatrecht umgehen (23.4.4.3).

12.2.6 Insbesondere Art. 80 GG

Zu dem Grundsatz des Gesetzesvorbehalts als Teil des Grundsatzes der Gesetzmäßigkeit der Verwaltung (9.1.1) enthält für Rechtsverordnungen **Art. 80 (1) GG/** bzw. **Art. 41 (1) S. 2 Nds. Verfassung** jeweils eine Spezialregelung. Insbesondere heißt es zu der erforderlichen Spezialermächtigung für (Rechts)Verordnungen, dass **Inhalt, Zweck und Ausmaß** der erteilten Ermächtigung im parlamentarischen Gesetz zu bestimmen sind (Demokratieprinzip, 2.1, 2.3, s. auch 2.5). Erfüllt das formelle Gesetz diese Voraussetzungen nicht, ist es nichtig, so dass auch eine Verordnung darauf nicht wirksam gestützt werden kann.
Die **inhaltliche** Bindung ergibt sich schon aus dem Demokratieprinzip, wonach das Parlament alle **wesentlichen** Entscheidungen (Grundentscheidungen) vor allem im Bereich des Erlasses von Rechtsnormen selbst zu treffen hat (s.o.).
Das **Ausmaß** der Ermächtigung bedeutet Angabe der Grenzen der Regelungen.
Die Angabe des **Zwecks** (liefert die begrenzenden Ziele für die in jeder Verordnungsermächtigung notwendig mit enthaltene Ermessensausübung, Rechtsnormen zu erlassen (s. auch 5.3.1). Dass das Gewaltenteilungsprinzip durch - mit Ermessensentscheidung mögliche - materielle Gesetze der Verwaltung formal durchbrochen ist, bleibt wegen der Begrenzung der Ermächtigungsgrundlage und weiterer Verfassungsbindungen (s. 12.5) in sinnvollen Grenzen; die Organe der Verwaltung können in Detailfragen flexibler und praxisnäher reagieren.

Im **Fall 1** (zu 12.) ist mit § 35 (4) Nr. 1 NWaldLG eine hinreichend bestimmte spezialgesetzliche Ermächtigungsgrundlage gegeben.

Im **Fall 2** (zu 12.) zielt der Vorschlag des Studenten auf den Erlass einer Rechtsverordnung als Rechtsnorm und materielles Gesetz: Eine solche Regelung ist dem Parlament vorbehalten, oder dieses müsste eine Ermächtigung nach Art. 80 GG, die nach Inhalt, Zweck und Ausmaß hinreichend bestimmt für die Verwaltung erteilen, insbesondere mit Zuständigkeit des Fachministeriums zum Erlass einer Verordnung. Im Nds. Gesetz über den Wald und die Landschaftsordnung (NWaldLG) fehlt eine entsprechende Ermächtigungsgrundlage. *Nach § 55 (1) des Nds. Gesetzes über die öffentliche Sicherheit und Ordnung (Nds. SOG, 29.10) ist u.a. die Verwaltung zur Abwehr abstrakter Gefahren für die öffentliche Sicherheit zum Erlass von Verordnungen ermächtigt.* Im Hinblick auf die speziellen Sperrbefugnisse der Waldbesitzer nach § 31 (1) und (2) NWaldLG für kleine Waldbereiche (46.11) ergibt sich, dass eine Ermächtigungsgrundlage, die nach Inhalt, Zweck und Ausmaß hinreichend bestimmt ist, für eine so große Sperrung nicht vorliegt. Sperrbefugnisse bestimmt das NWaldLG in § 31 teils mit, teils ohne Genehmigung der Waldbehörde vor, u.a. mit Genehmigung im Rahmen der Verhältnismäßigkeit wegen ständiger erheblicher Beunruhigung des Wildes durch Besucher, also für kleinere Waldeinheiten. *Insbesondere hat das NWaldLG abschließende Regelungen getroffen, so dass § 55 Nds. SOG als Ermächtigungsgrundlage nicht zutrifft (s. auch 12.4, 12.5, 29.10).*

12.2.7 Gesetzgebungskompetenz für Verordnungsermächtigungen (s. 4.2.6)

12.2.7.1 Ausführung von Landesgesetzen

Soweit die Länder ihre Landesgesetze selbst ausführen (Art. 83 GG), können sie u.a. Verordnungsermächtigungen für Landesbehörden oder im Rahmen der Auftragsverwaltung für Selbstverwaltungskörperschaften vorsehen; z.B. im Nds. Gesetz über die öffentliche Sicherheit und Ordnung, 29.4.3.6; nds. Verordnung über die Bestimmung von Jagdzeiten auf landesjagdgesetzlicher Grundlage außerhalb der Rahmengesetzgebungskompetenz des Bundes, also des Bundesjagdgesetzes.

12.2.7.2 Soweit ausnahmsweise der Bund **Bundesgesetze in bundeseigener Verwaltung** ausführt (z.b. die Verwaltung der Bundeswasserstraßen, des Luftverkehrs, des Eisenbahnverkehrs, der Bundeswehr u. a., Art. 86 - 88 GG), ist ihm auch die Regelung von Verordnungsermächtigungen zum Erlass von Bundesverordnungen vorbehalten.

12.2.7.3 In den wenigen Bereichen, in denen die Länder die Bundesgesetze als **Landesverwaltung im Auftrage des Bundes** durchführen, Art. 85 GG, z. B. Verwaltung der Bundesautobahnen und Bundesfernstraßen (Art 90 (2) GG) und zum Teil die Finanzverwaltung (Art. 108 (3) GG), gilt folgendes: Die Kompetenzen zum **Erlass von Verordnungen** (als grundsätzlich materielle Gesetze, s.u.) kann der an sich zuständige Bundesgesetzgeber
  – entweder der Bundesverwaltung im Rahmen der Gesetzgebungskompetenzen (4.2) vorbehalten oder
  – den Ländern bzw. den von den Ländern abgeleiteten Körperschaften des öffentlichen Rechts übertragen.
  Die Bundesaufsicht erstreckt sich dann auf die **Gesetzmäßigkeit** und die **Zweckmäßigkeit** der Ausführung **(Fachaufsicht,** die auch die **Rechtsaufsicht** umfasst, s. 11.10).

12.2.7.4 In dem übrigen größten Bereich, in dem **die Länder die Bundesgesetze als eigene Angelegenheit ausführen** (Art. 84 (1) GG; **Landeseigenverwaltung hins. Bundesgesetzen**), kann der Bundesgesetzgeber ebenfalls **Ermächtigungen für den Erlass von Verordnungen** (als grundsätzlich materielle Gesetze, s.u.) schaffen
  – entweder zugunsten der Bundesverwaltung im Rahmen der materiellen Gesetzgebungskompetenzen (4.2; z.b. die (Bundes)Verordnung über Jagdzeiten und die Bundeswildschutzverordnung zum Bundesjagdgesetz) in Ausführung unmittelbar geltender Bundesvorschriften oder
  – zugunsten der Länder bzw. den von den Ländern abgeleiteten Körperschaften usw. des öffentlichen Rechts (mit bloßer Rechtsaufsicht des Bundes).
  Z.B. § 43 (8) S. 4 des Bundesnaturschutzgesetzes hinsichtlich Ausnahmen vom besonderen Schutz für bestimmte wildlebende Tierarten.

12.3 Formelle Rechtmäßigkeitsvoraussetzungen (Grundsatz des Vorrangs des Gesetzes I als Teil des Grundsatzes der Gesetzmäßigkeit der Verwaltung)

12.3.1 Allgemeines auch zum Grundsatz des Vorrangs der Gesetze

Der Grundsatz des Vorrangs des Gesetzes bedeutet Vorrang der Verfassung und formellen einfachen Gesetze - bezogen auf
  – form- und verfahrensrechtliche Bindungen
  – materiellrechtliche Bindungen
vor den Regelungen der Verwaltung.
Der in den Gesetzen geäußerte Staatswille, besonders der in der gesetzlichen Ermächtigungsgrundlage für die Verwaltung, aber auch den weiteren von hier anzuwendenden Gesetzen hat Vorrang vor dem Willen der Exekutivorgane (Verwaltung).
Die höherrangige Rechtsquelle, z. B. die Verfassung, greift ein, wenn das nachrangige Gesetz lückenhaft (oder auslegungsfähig) ist, vgl. 1.2.5, 5.7 f. zur verfassungskonformen Auslegung von Gesetzen insbes. unbestimmter Rechtsbegriffe, - oder z. B. der Verwaltung einen Ermessensspielraum lässt (vgl. 11.3).

Die Vereinbarkeit einer Rechtsquelle mit höherrangigen Rechtsquellen, insbes. die Verfassungsmäßigkeit eines Gesetzes, ist von den Behörden nur bei entsprechenden Zweifeln zu prüfen (Art. 1 (3), 20 (3) GG).

Der Grundsatz des Vorrangs der Gesetze enthält nicht nur eine Bindung der Verwaltung an die inhaltlich materiellen Gesetzesregelungen, sondern auch an die Form- und Verfahrensvorschriften einschließlich Kompetenz- oder Zuständigkeitsvorschriften. Letztere sind aus praktisch-ökonomischen Gesichtspunkten insbesondere vor der materiellgesetzlichen **Ermächtigungsgrundlage** (Gesetzesvorbehalt, 12.2) und weiteren **materiell**gesetzlichen Schranken zu prüfen.

12.3.2 Verbandskompetenz der Verwaltungsträger zum Erlass von Verordnungen

Die sachliche (d.h. aufgabenbezogene) und **örtliche** sowie instanzielle im Rahmen des Behördenaufbaus) **Zuständigkeit eines *Verwaltungsträgers*** z.B. zum Erlass von Rechtsverordnungen wird Verbandskompetenz genannt.

Sind Verordnungsermächtigungen des Bundes oder Landes verfassungsmäßig i.S. Art. 83 ff. GG **geschaffen** (12.2.7), so ist die zusätzliche **Zuständigkeitsregelung** zum Erlass von Verordnungen **für staatliche Behörden - oder Selbstverwaltungskörperschaften** im Rahmen der staatlichen **Auftragsverwaltung** (11.5.3) - erforderlich.

12.3.3 Für den Erlass der Verordnung zuständige Organe, Verfahrensvoraussetzungen

Als Adressat für die Verordnungsermächtigungen zur Ergänzung der **Bundesgesetze** kommen als **Organe** nur die Bundesregierung, ein Bundesministerium oder die Landesregierungen in Betracht. Das (formelle) Gesetz kann eine Weiterübertragung der Verordnungsbefugnis durch Verordnung vorsehen (Art. 80 (1) S. 4 GG).

Art. 43 (1) S. 1 Nds. Verfassung nennt als mögliche zulässige Organe für den Erlass von Rechtsverordnungen die Landesregierung, Ministerien und andere Behörden - mit Weiterübertragungsmöglichkeiten wie zu Art. 80 GG (Art. 43 (2) S. 2 Nds. Verfassung). Der Verordnungserlass gehört nicht zu den Verwaltungskompetenzen im Sinne der Art. 83 ff., sondern den Gesetzgebungskompetenzen, aber bei Bundesgesetzen mit der Möglichkeit der Delegation (Übertragung) vom Bund auf die Länder (4.2).

§ 55 Nds. SOG nennt ausdrücklich die Zuständigkeit der Gemeinden und Landkreise für ihren Bezirk (29.10).

Die Rechtsgrundlage ist in der Verordnung anzugeben (Art. 80 (1) S. 3 GG/ Art. 43 (2) S. 1 Nds. Verfassung).

Bestimmte Bundesverordnungen bedürfen der Zustimmung des Bundesrats (Art. 80 (2) GG) (z.B. die Bundesartenschutzverordnung, s. 52.4), bzw.:

Bundesverordnungen können durch formelles Gesetz der Zustimmung des Bundestages unterworfen werden. Zu der verfassungsrechtlich umstrittenen Art eines Parlamentsvorbehalts s. zu § 48b BImSchG Saurer, NVwZ 2003, 1176; 62.6.1.

Die Ausfertigung und die Verkündung sind Wirksamkeitsvoraussetzungen.

Bundesverordnungen sind - zum Teil wie formelle Gesetze - im Bundesgesetzblatt bzw. im Bundesanzeiger - bzw. Landesverordnungen grundsätzlich im Nds. Gesetz- und Verordnungsblatt (Nds. GVBl.) zu verkünden, Verordnungen eines Landkreises usw. in einem gesonderten Verkündungsblatt o.Ä.

12.4 **Vorliegen der Voraussetzungen der Ermächtigungsgrundlage und sonstiger gesetzlicher und verfassungsmäßiger Bindungen (Grundsatz des Vorrangs des Gesetzes II)**

Die Verordnungen müssen im Rahmen des zu 12.2 genannten **Gesetzesvorbehalts** und des **Vorrangs** der Gesetze (12.3.1)

die Voraussetzungen der Ermächtigungsgrundlage beachten, dürfen also deren Grenzen nicht überschreiten und

haben die sonstigen, insbes. formellen (parlamentarischen) Gesetze zu beachten.

Im **Fall 1** (zu 12.) ist die Voraussetzung des gesetzlichen Tatbestands „in Zeiten besonderer Brandgefahr in besonders brandgefährdeten Gebieten" offenbar erfüllt.

Wollte man in **Fall 2** (12.) den § 55 NGefAG vorsorglich doch als Ermächtigungsgrundlage prüfen, wäre offensichtlich für das gesamte Weser- und Leinebergland keine abstrakte Gefahr als Tatbestandsvoraussetzung des § 55 Nds. SOG (z.B. für das jagdliche Aneignungsrecht, das durch eigene Maßnahmen der Sperrung geschützt werden kann) gegeben (29.10).

12.5 **Schutzpflichten der Verwaltung im Ermessensbereich aus den Grundrechten und Staatszielen und entsprechende begrenzte subjektive öffentliche Rechte**

12.5.1 **Schutzpflichten**

Bei Beachtung von **bindenden** einfachen Gesetzen, die die Grundrechte und sonstige Verfassung nicht verletzen, kann die Verwaltung im Allgemeinen ebenfalls Grundrechte und Staatsziele einschließlich das Staatsziel der Erhaltung der natürlichen Lebensgrundlagen nicht mehr verletzen (zur **verfassungskonformen Auslegung** s. 1.2.5, 5.7 f., 12.8). Beachtet die Verwaltung die einfachen Gesetze nicht, sind die Handlungen der Verwaltung schon wegen dieser Verletzung rechtswidrig und nach einfach-gesetzlichen Vorschriften in Konkretisierung des Art. 19 (4) GG (5.4) anfechtbar.

Nur soweit die Gesetze der Verwaltung einen **Ermessensspielraum** lassen (vgl. 19.), ist die Verwaltung auch unmittelbar den **Verfassungsbindungen**, insbes. auch einem Mindeststandard der Grundrechte (s. 24.3.1) unterworfen. - Wie bei den einzelnen Handlungsformen der Verwaltung näher auszuführen ist, kann der Verwaltung trotz des Grundsatzes der Gesetzmäßigkeit der Verwaltung (12.2 f.) durch die gesetzlichen Ermächtigungsgrundlagen - bzw. teilweise noch freier bei der Leistungsverwaltung - ein mehr oder weniger weiter Ermessensspielraum eingeräumt werden bzw. worden sein, der dann auch noch je Handlungsform der Verwaltung unterschiedlich sein kann. Er ist größer bei den Rechtsquellen (Rechtsverordnung, Satzung und kleiner bei den Einzelakten, 19.; zum Planungsermessen s. 21.). Soweit aber der Verwaltung ein Spielraum bleibt, ist sie insbesondere den verfassungsrechtlichen Grenzen unterworfen. Bei den Grundrechten hat sie wenigstens den Mindeststandard der Schutzpflichten im Rahmen der Schutzbereiche der **Grundrechte** zu berücksichtigen, soweit sie nicht schon gesetzlich bestimmt bzw. eingeschränkt sind. Ggf. müssten auch die Schutzpflichten aus **Staatszielen** nach Abwägung einbezogen werden (5.1.4). Dennoch muss bei dem Erlass von Rechtsquellen der Verwaltung ein Ermessen verbleiben. (Zum Ermessen beim Erlass von *Einzelakten* bei grundrechtlichen Schutzpflichten s. 20.2, 24.)

Dazu, dass die hoheitlichen Verwaltungsträger bei Erfüllung öffentlicher Verwaltungsaufgaben auch dann an die Grundrechte - aber ggf. auch Staatsziele - gebunden sind, wenn sie sich privatrechtlicher Formen bedienen und die Grundrechtsgeltung nicht umgehen können (Verwaltungsprivatrecht), vgl. 12.2.5, 23.4.4.3.

12.5.2   Schranken und Schranken-Schranken

Die Rechtsquellen (und Einzelakte) der Verwaltung können im Rahmen der einfachgesetzlichen Ermächtigungsgrundlagen Grundrechte einschränken (vgl. 5.2): Jedoch gelten besonders für die Verwaltung (vgl. Art: 20 (3), 1 (3) GG) im Rahmen des Ermessensbereichs die wichtigen verfassungsrechtlichen Schranken-Schranken, vor allem (wie beim parlamentarischen Gesetzgeber) der Grundsatz

– **der Verhältnismäßigkeit (5.3.1)**
– **der praktischen Konkordanz (5.3.2)**
– **der Wahrung des Wesensgehalts der Grundrechte** (5.3.3), ggf. mitbestimmt durch eine Institutsgarantie (5.5.3, 7.1.4.1)
– **des Vertrauensschutzes (5.3.4)**
– **der Bestimmtheit (5.3.5).**

Insbesondere gelten die Grundsätze der praktischen Konkordanz nicht nur für den Gesetzgeber selbst (vgl. auch 5.2.4 zum gesetzesimmanenten Vorbehalt), sondern auch für die Bundesregierung, z.b. hinsichtlich Warnungen vor Sekten mit Eingriff in Art. 2 (1) gegenüber Art. 4 (1) GG (BVerwGE 82, 77, 80) und vor Glykol in Weinen bestimmter Abfüllunternehmen, Art. 2 (2) S. 1 GG gegenüber Art. 12 (1)/ 14 GG (BVerwGE 87, 37, 45). Zur Bindung materieller Gesetze an den allgemeinen Gleichheitssatz s. 8.2 (hinsichtlich Einzelakten s. 20.3).

In **Fall 1** (12.) sind offenbar die Ermessensgrenzen, insbesondere der die drei Elemente des Verhältnismäßigkeitsgrundsatzes nicht verletzt.

Im **Fall 2** (12.) wäre auch die im Rahmen der Ermessensentscheidung getroffene Rechtsfolge, ein totales Verbot, alle Wälder im Weser- und Leinebergland zwischen 20 und 9 Uhr zu betreten, nicht das für den Gefahrenabwehrzweck des § 55 Nds. SOG mildeste Mittel, also nicht erforderlich und damit nicht verhältnismäßig. Allenfalls könnten, besonders gestörte und belastete abgegrenzte Gebiete in Betracht kommen (zur nicht passenden Ermächtigungsgrundlage und der nicht hinreichenden abstrakten Gefahr s. schon 12.2, 12.4).

12.6   Rechtsfolgen der Gesetz- bzw. Verfassungswidrigkeit einer Rechtsverordnung

Bei Verletzung der gesetzlichen und ergänzend unmittelbar verfassungsrechtlichen Grenzen (z.B. zulässiger Zweck ist nicht mehr zu erreichen) ist eine Verordnung stets nichtig. Diese ist im Einzelfall von der Verwaltungsbehörde zwar nicht für nichtig erklärbar, aber wegen der Bindung an Gesetz und Recht nicht anzuwenden (OVG Lüneburg 15.10.1999, DVBl. 2000, 212 = NuR 2000, 232). Jedoch müssen nachgeordnete Behörden zunächst der übergeordneten Behörde, die die Verordnung erlassen hat, entsprechend berichten, damit diese Gelegenheit zur Prüfung erhält. Zur verwaltungsgerichtlichen Normenkontrolle s. 12.9. Zu Besonderheiten bei Bebauungsplänen als Satzungen mit gemeindlicher Planungshoheit s. 13.1.5

12.7   Subjektive öffentliche Rechte aus Grundrechten

Da die Grundrechte mit ihren Schutzpflichten sehr weitgehend durch einfache Gesetze näher konkretisiert und begrenzt sind (s. 5.1.3), ggf. mit subjektiv-öffentlichen Rechten und Pflichten, sind auch die **Abwehrrechte** gegenüber grundrechtswidrigem Verwaltungshandeln und desgleichen die verwaltungsgerichtlichen Rechtsschutzmöglichkeiten in Ausführung des Art. 19 (4) GG grundsätzlich einfach-gesetzlich geregelt (5.4, 12.9, 25.). Ergibt sich jedoch aus einem einfachen Gesetz trotz **grundrechtskonformer Auslegung** (5.7.1) **kein** subjektives öffentliches Recht und ist ohne dieses der Mindeststandard eines Grundrechts verletzt, so ist das **Grundrecht selbst anzuwenden** und damit auch ein u.a. **verwaltungsgerichtlich verfolgbarer Abwehranspruch** gegeben (herrsch. Literaturmeinung, s. u.a. bei Wahl, DVBl. 1996, 641, 649). Näheres zu den Einzelakten (24.). Aus Grundrechten begründete **Leistungsansprüche** des Bürgers gegen die Verwaltung sind wohl nur über den Gleichheitssatz möglich (s. 20.3).

12.8 Auslegung

Die verfassungs-, insbes. grundrechts- und staatszielkonforme Auslegung (5.7 f.) gilt auch für die **Verwaltungs**-Rechtsquellen.

12.9 Normenkontrollverfahren hinsichtlich Rechtsverordnungen (und Satzungen), § 47 VwGO

Trotz des grundsätzlich materiell-gesetzlichen Charakters der Verordnungen und Satzungen (13.5) ist nur sekundär der (begrenzte) Verfassungsrechtsweg gegeben (s. auch 9.1.1.2 am Ende; vgl. auch 25.1, Übersicht über die Gerichtsarten). Rechtsschutz unmittelbar gegenüber den Rechtsquellen der Verwaltung ist bereits wie folgt vorrangig in einem besonderen verwaltungsgerichtlichen Verfahren geregelt:

Das Oberverwaltungsgericht (OVG; bzw. in einigen anderen Ländern der Verwaltungsgerichtshof) entscheidet nach § 47 VwGO auf Antrag in einem **verwaltungs**gerichtlichen **Normenkontrollverfahren** über die Gültigkeit (Abs. 5 Rechtswirksamkeit)

1. von Satzungen, die nach den Vorschriften des Baugesetzbuchs (z.B. Bebauungspläne, vgl. 40.10) erlassen worden sind, sowie von Rechtsverordnungen nach § 246 (2) BauGB,
2. von anderen im Rang unter den Landesgesetzen stehenden Rechtsvorschriften, sofern das Landesrecht dies bestimmt. § 7 Nds. Verwaltungsgerichtsgesetz regelt, dass nds. Rechtsverordnungen oder andere im Range unter dem Landesrecht stehende Rechtsvorschriften einbezogen sind. Zu der Wirkung von Flächennutzungsplänen nach § 35 (3) S. 3 BauGB s. 40. Vgl. zu Zielen in Raumordnungsplänen zu § 35 (3) S. 2 Halbs. 1 S.3 und zum Flächennutzungsplan zu § 35 (3) S. 3 BauGB; 39.4.8, 39.4.10, 40.10 (zum hess. Regionalplan s. BVerwG 20.11.2003, DVBl. 2004, 629). Eine durch Gesetz mit Rückkehr zum Verordnungsrang geänderte Verordnung ist eine (nicht formelle, aber) materielle untergesetzliche Rechtsvorschrift i.S. des § 47 (1) Nr. 2 VwGO (BVerwG 16.1.2003, NuR 2003, 613; Sendler, DVBl. 2005, 423; s. 12.1).

Antragsbefugnis (Zulässigkeit des Verfahrens) innerhalb von 2 Jahren nach Bekanntmachung der Rechtsvorschrift:

– Antragsbefugt sind **natürliche oder juristische Personen des Privatrechts**, die geltend machen, durch die Rechtsvorschrift oder deren Anwendung in ihren Rechten (auch Mitwirkungsrechten) verletzt zu sein oder in absehbarer Zeit verletzt zu werden (auch der Pächter eines landwirtschaftlichen Betriebes mit geruchsbelästigender Schweinemast gegen ein geplantes nahes allgemeines Wohnund eines Mischgebiets, OVG Lüneburg 15.1.2004, NuR 2006, 595 m.w.N.; s. auch 62.2.4.7. (zu Bebauungs- und Flächennutzungsplänen s. 40.10, zu Regionalplänen 39.4.10; s. auch 51.1.12).

– Grundsätzlich antragsbefugt ist jede **Gemeinde** wegen Verletzung ihres **Selbstverwaltungsrechts**, insbesondere ihrer Planungshoheit auch nach der jüngsten Fassung des § 47 VwGO sich gegen eine naturschutzrechtliche Verordnung zu wenden, welche ihr Gemeindegebiet erfasst; insoweit ist keine Geringfügigkeitsgrenze nach früherer Rechtsprechung zu beachten. (BVerwG 7.6.2001, NuR 2002, 42, 43; zustimmende Anmerkung von Stüer/ Hermanns, S. 44 f.; a.A. noch z.B. OVG Berlin, UPR 1999, 37). Dass ein beeinträchtigendes Schutzgebiet nur angrenzt, kann auch genügen (OVG Lüneburg, 1997, 203, 204). Vgl. auch 51.1.12.

– Antragsbefugt ist auch jede **Behörde**, die der Regelung beachten muss (z.B. auch eine Baubehörde einer Gemeinde, soweit sie im übertragenen Wirkungskreis betroffen ist, BVerwG, NuR 1990, 268; OVG Lüneburg, NuR 1997, 203, 204; s. auch 51.1.13).

Zum fehlenden **Rechtsschutzbedürfnis** s. BVerwG, UPR 1998, 348, 349.

Bei **Gesetzwidrigkeit** (Ungültigkeit) nach stets gesamter rechtlicher Prüfung der Verordnung usw. auch nach EG-Recht (aber ohne Ordnungswidrigkeitsbestimmungen) erklärt das OVG die betreffende Rechtsnorm **allgemeinverbindlich** (feststellend, vgl. 12.6) für **unwirksam** (nicht nichtig), soweit nicht Ausnahmen geregelt sind; s. z.B. §§ 214, 215 BauGB, auch zum Wirksamwerden durch Nachbesserung (40.7.9, 40.10); eine Feststellung der **Gültigkeit** wirkt nicht nur zwischen den Gerichtsparteien sondern für alle.

Die Rechtsverordnungen (und Satzungen) können **auch (inzident) über eine Anfechtung eines konkretisierenden Verwaltungsakts** im Einzelfall (25.) angegriffen werden. Die Zwei-Jahresfrist gilt nicht; s. auch 12.6. Solange die Parteien keine Mängel geltend machen oder solche offenkundig sind, besteht keine Prüfungspflicht des Gerichts (OVG Saarlouis, NuR 1999, 531). Die Entscheidung einer Nichtanwendbarkeit hat zwar nur Einzelfallwirkung zwischen den Parteien, bewirkt aber faktisch eine generelle Beendigung der Anwendung (vgl. aber weitergehend BVerwG 31.10.2001, NuR 2001, 391, 394, für Naturschutzbehörde zu 51.1.5.4.4).

13. **Begriff und Rechtmäßigkeitsvoraussetzungen der Satzungen (als Rechtsquelle der Selbstverwaltungsträger) und der Verwaltungsvorschriften**

13.1 Satzungen

> **Beispiele:** Eine Gemeinde regelt in einem Bebauungsplan u.a., welches Teilgebiet für Wald oder Wohnsiedlung vorgesehen ist (s. 40.) oder eine Baumschutzsatzung (51.7).

13.1.1 Rechtscharakter einer Satzung im Rahmen der Selbstverwaltung

Die Selbstverwaltungsträger können, was nicht ausdrücklich in der Verfassung steht, ihre eigenen Angelegenheiten durch Rechtsnormen, die als Satzungen bezeichnet werden und ebenfalls zu den Rechtsquellen zählen, regeln. Es handelt sich um einen autonomen, aber nicht originären sondern durch staatliche Übertragung abgeleiteten Erlass von Rechtsnormen. Auch bei den Satzungen ist für den Charakter als Rechtsquelle zunächst maßgebend, ob nach Form, Verfahren und Bezeichnung eine Satzung erlassen ist (formelle Satzung).

Liegt der rechtsstaatlich gebotene **Normalfall** vor, dass die *„Satzung"* **abstrakt-generelle Regelungen mit unmittelbarer Außenwirkung** insbesondere für die Bürger enthält, ist eine formelle und materielle Satzung als **Rechtsnorm (dem Oberbegriff materielle Gesetze** im weiteren Sinne zugehörend) gegeben (vgl. 1.1, 4.1.3, 12.1).

Z.B. außer dem genannten Bebauungsplan, der nach dem Baugesetzbuch des Bundes als Satzung zu ergehen hat (40.): Satzungen über die Benutzung gemeindlicher (öffentlicher) Einrichtungen oder die Promotionsordnungen einer Universität.

Ausnahmsweise kann der formelle Gesetzgeber bestimmen, dass als „Satzungen" form- und verfahrensmäßig erlassene Akte, die inhaltlich zwar abstrakt-generell sind, aber nicht unmittelbar für Bürger gelten, als *nur* **formelle Satzungen** zulässig sind; z. B. Haushaltssatzungen der Gemeinden. Formelle Satzungen könnte der formelle Gesetzgeber ausnahmsweise auch vorsehen für als Satzungen verfahrensmäßig erlassene Akte, die **nur Einzelfallwirkung** haben.

Für den Begriff der Satzung ist es unerheblich, ob sie im Rahmen der freiwilligen oder der Pflichtaufgaben der *Selbstverwaltung* erlassen sind. Da die Selbstverwaltungskörperschaften aber *auch* staatliche Aufgaben zur Erledigung durch Gesetze übertragen erhalten (haben) - **Auftragsverwaltung** (vgl. 11.5.3), können sie *zusätzlich* bei entsprechender spezialgesetzlicher Ermächtigung auch die zu 12. genannten Verordnungsbefugnisse ausüben. Ausnahmsweise regelt der Gesetzgeber, dass solche *Verordnungen* in der Form und dem Verfahren einer *Satzung* zu erlassen sind, z.B. wenn eine Gemeinde oder ein Landkreis eine Regelung zur Abwehr einer abstrakten Gefahr nach § 55 Nds. SOG erlassen will (29.10).
Fehlt die Bezeichnung „Satzung" oder „Rechtsverordnung", ist der zulässige Regelungsgegenstand für die Zuordnung maßgebend, insbesondere die Unterscheidung der Auftrags- und Selbstverwaltungsangelegenheiten.

Wegen der nicht immer einfachen Abgrenzung der Satzung als abstrakt-genereller Regelung (mit Außenwirkung) von dem Verwaltungsakt als Einzelakt (mit unmittelbarer Außenwirkung, 13.3, 15.) bestimmt der Gesetzgeber manchmal die Handlungsart; z. B. ist, wie ausgeführt, der Bebauungsplan als Satzung zu erlassen (vgl. 15.4.5; 40.1).

13.1.2 Grundsätzlich nur allgemeine gesetzliche Ermächtigung

Die Selbstverwaltungsträger benötigen zwar keine Spezialermächtigungen zum Erlass von Satzungen in ihrem Aufgabenbereich. Da aber Grundrechte nur durch mindestens formelle einfache Gesetze eingeschränkt werden können (5.2), unterliegen alle grundrechtseinschränkenden Satzungsregelungen dem Erfordernis der gesetzlichen Ermächtigung (Gesetzesvorbehalt, 12.2; s. Maurer, § 4 Rn 16 f.). Dies gilt z. B. für Satzungen mit Anschluss- und Benutzungszwang der Bürger für kommunale öffentliche Einrichtungen (Müllabfuhr, Strom-, Gas- und Wasserversorgung; BVerwGE 6, 247, 250; s. aber bei Überörtlichkeit VGH Mannheim 18.3.2004, NuR 2004, 668). Der Regelungsbereich für Satzungen ist durch zahlreiche formelle Gesetze (ggf. durch Rechtsverordnungen ergänzt) sehr eingeengt. Das gilt insbesondere für den Erlass einer Satzung über einen Bebauungsplan als gesetzliche Pflichtaufgabe (11.5.2) im Selbstverwaltungsbereich der Gemeinde.

13.1.3 Zuständigkeit, Form- und Verfahrensvorschriften

Von der sich aus dem Aufgabenbereich ergebenden (sachlichen und örtlichen) **Zuständigkeit** der Selbstverwaltungskörperschaften (juristische Personen des öffentlichen Rechts: Körperschaften (mitgliederbezogen) oder Anstalten (benutzerbezogen) oder Stiftungen als **Verbandskompetenz** - ist die **Organzuständigkeit** der juristischen Personen zu unterscheiden (2.2.2):
z. B. ist für die Gemeinde der Gemeinderat und für den Kreis der Kreistag zuständig. Obwohl es sich hier um gewählte Gremien handelt, werden Satzungen als Rechtsnormen nur eines **Verwaltungs**organs (z. B. bei der Gemeinde neben der Gemeindeverwaltung und dem Verwaltungsausschuß) gewertet, nicht eines Gesetzgebungsorgans, da nur abgeleitete Hoheitsbefugnisse vorliegen, 11.5.2. Dennoch dient die Beschlussfassung durch ein gewähltes Gremium mit zu der Rechtfertigung, dass die Selbstverwaltungskörperschaft grundsätzlich keine Spezialermächtigungen zum Erlass von (nicht grundrechtseinschränkenden) Satzungen benötigt.
Die jeweiligen Form- und Verfahrensvorschriften (insbes. zur Verkündung als Wirksamkeitsvoraussetzung) müssen beachtet werden.

13.1.4 Weitere materiell-rechtliche Voraussetzungen und Schranken

Außer den Voraussetzungen einer evtl. gesetzlichen Ermächtigungsgrundlage und weiterer zu beachtender Gesetze (z. B. überörtliche Regelungen für Gemeinden, die aber das (grundrechtsähnliche) Selbstverwaltungsrecht nicht verletzen dürfen, 11.5.2, ist das Ermessen für den Erlass der Satzung als Rechtsnorm bei Grundrechtseingriffen beschränkt, vor allem durch den Grundsatz der Verhältnismäßigkeit, des Vertrauensschutzes und der Bestimmtheit (5.3).

13.1.5 Rechtsfolgen einer Gesetz- und Verfassungswidrigkeit

Zur Nichtigkeit als Rechtsfolge bzw. Nichtanwendbarkeit im Einzelfall s. entsprechend 12.6, zur Unwirksamkeit bis zur Behebung des Fehlers z.B. bei Bauleitplänen s. 40.9.7. Zur begrenzten Nichtanwendbarkeit eines nichtigen Bebauungsplans als Satzung einer Gemeinde mit Planungshoheit durch die Naturschutzbehörde bei Erlass einer Schutzverordnung s. 51.1.5.4.4 (BVerwG 31.1.2001, NuR 2001, 301, 393 f. auch zum Flächennutzungsplan; zur baurechtlichen Veränderungssperre einer Gemeinde ungeachtet deren Planungshoheit, s. 40.9.2.1, auch mit Nachweisen generell zu den städtebaulichen Satzungen; VGH Kassel NuR 1991, 185, 186).

13.1.6 Rechtsschutz gegenüber Satzungen

Wie gegenüber den Rechtsverordnungen (s. 12.9) ist auch gegenüber Satzungen über die ausdrücklich in § 47 VwGO für Bebauungspläne geregelte Zulässigkeit (40.10) hinaus - nach § 7 Nds. Verwaltungsgerichtsgesetz unmittelbar gegenüber sonstigen Satzungen ein Normenkontrollverfahren beim Oberverwaltungsgericht und daneben über die Anfechtung von ausführenden Einzelakten (s. 25.) möglich. S. auch 9.2 zur Verfassungsbeschwerde und 9.3 zur abstrakten Normenkontrolle durch das Bundesverfassungsgericht.

13.2 Verwaltungsvorschriften als abstrakt-generelle Regelungen ohne unmittelbare Außenwirkung

Von den Rechtsverordnungen und Satzungen als Rechtsquellen (in der Regel zugleich materiellen Gesetzen) sind die Verwaltungsvorschriften zu unterscheiden. Unter Verwaltungsvorschriften werden Regelungen zusammengefasst, die auch als Ausführungsbestimmungen (zu einem einfachen Gesetz), Runderlasse, allgemeine oder organisationsregelnde Erlasse, Rundschreiben der Ministerien, Geschäftsordnungen usw. bezeichnet werden.

Verwaltungsvorschriften sind **abstrakt-generelle** Anordnungen (also Regelungen) einer Behörde an nachgeordnete Behörden oder eines Vorgesetzten (meist Behördenleiters) an die nachgeordneten Bediensteten (Maurer § 4 Rn 1; zum folgenden auch Rn 2 ff.). Sie haben jedoch **keine unmittelbare Außenwirkung** und damit keinen Rechtsnormcharakter, wenngleich zum Teil eine mittelbare Außenwirkung anzunehmen ist und zumindest alle Verwaltungsvorschriften Innenwirkung im Verwaltungsbereich haben. Trotz ihrer Allgemeinverbindlichkeit jedenfalls im Innenbereich werden sie nicht in den engeren Begriff der Rechtsquellen einbezogen. Es ergeben sich folgende unterschiedlich zu betrachtenden Arten (vgl. Maurer, § 24 Rn 8 ff.):

13.2.1 Gesetzesauslegende (norminterpretierende) Verwaltungsvorschriften (Auslegungsrichtlinien) und normkonkretisierende Verwaltungsvorschriften

Die **norminterpretierenden** Verwaltungsvorschriften bedürfen keiner besonderen gesetzlichen Ermächtigung, wie formelle Gesetze, Rechtsverordnungen und ggf. Satzungen (s. aber z.B. zur Zuständigkeit 13.2.6). Sie regeln insbesondere den Gehalt von **unbestimmten Rechtsbegriffen** von Rechtsquellen (vgl. 1.2, 18.2, aber auch 18.2.3) als **Auslegungs- und Anwendungshilfe für Behörden**. Sie sollen eine einheitliche Rechtsanwendung insbesondere der unbestimmten Rechtsbegriffe und **sonstigen bindenden Vorschriften** gewährleisten und sind **gerichtlich voll nachprüfbar**; z.B. Ausführungsbestimmungen zum Niedersächsischen Jagdgesetz (Nds. MBl. 2001, 305) oder zum Nds. SOG.
Der Bürger kann sich auf eine gleichmäßige Auslegungspraxis der Verwaltungsvorschriften zusätzlich berufen (20.3). Bei rechtswidrig auslegenden Verwaltungsvorschriften kann jedoch der Gleichheitssatz nicht eingreifen.

Überwiegend wird auch die Zulässigkeit von **normkonkretisierenden Verwaltungsvorschriften** ausnahmsweise angenommen. .Unproblematisch sind Verwaltungsvorschriften die innerhalb der Verwaltung deren Landbewirtschaftungspflichten regeln; vgl. Runderlasse zur ökologischen Bewirtschaftung der nieders. Landeswälder einschließlich Naturwälder in Ausfüllung eines weiten Spielraums der Sonderpflichten des § 15 BWaldG (45.7.7 f.). Normkonkretisierenden Verwaltungsvorschriften können aufgrund gesetzlicher Ermächtigung (nach anderer Auffassung sogar aufgrund originärem Administrativrecht) unbestimmte Rechtsbegriffe bzw. „offene" Tatbestände (offenbar Rechtslücken, 1.2.6) durch abstrakt-generelle Regelungen näher bestimmen (konkretisieren). Das Bundesverwaltungsgericht (BVerwGE Wyhl-Entscheidung 72, 300, 320 f.) hat z.B. die „allgemeine Berechnungsgrundlage für Strahlexposition bei radioaktiven Ableitungen mit der Abluft oder in Oberflächengewässern" (vor Erlass der möglichen Rechtsverordnung) als für die **Behörden und die Verwaltungsgerichte verbindliche**

Regelung bewertet, was im Ergebnis eine **begrenzte Außenwirkung** bedeutet (s. auch Lit.-Nachw. bei Saurer, DÖV 2005, 587, 588 Fußn. 13).. Jedoch müssen für solche bisher seltenen Regelungen Abweichungsmöglichkeiten für die Behörde in atypischen Fällen möglich sein. Vgl. auch zur Rahmen-AbwVwV BVerwGE 107, 338, 340 f:

Die Grenzwerte der TA-Luft und TA-Lärm nach dem Bundes-Immissionsschutzgesetz werden als „antizipierte (vorweggenommene) Sachverständigengutachten" gewertet (BVerwGE 55, 250, 256, s. aber deren Ablehnung durch den EuGH wegen des Erfordernisses mindestens von Verordnungen als Rechtsnomen zur unbestreitbaren Verbindlichkeit Bestimmtheit sowie zur unmittelbaren gerichtlichen Überprüfbarkeit EuGH Urt. v. 30.5.1991 – Rs. C-391/88 Kommission/ Deutschland, Slg.1991, I-2567, 2602 f. – Luftverschmutzung; v. 30.5.1991 – Rs. C-59/89, Slg. 1991, I-2607, 2632; - Luftreinhaltung: Blei; v. 28.2.1991 – Rs. C-131/99 Kommission/Deutschland, Slg. 1991, I-823 -– Grundwasser; v. 17.10.1991 – Rs. 58/89, Slg. I-49/83 – Oberflächenwasser; v. 7.11.1996 – Rs. C-262/95, Slg. I-5729 – Ableitung gefährlicher Stoffe in Gewässer; v. 12.12.1996 – Rs. C-298/95, Slg. 1996, I-6747 – Fisch- und Muschelgewässer; zur TA-Luft s. auch BVerwGE 110, 216, 218; BVerwGE 114, 342, 344 f.; zur TA-Luft und TA-Lärm vgl. auch 62.2.4.7 f. Das BVerwG hat darauf die Zulässigkeit der normkonkretisierenden Verwaltungsvorschrift auf die nicht EG-relevanten Bereiche beschränkt.

Mit Urt. v. 17.6.2004 – 2 C 50.02 (NVwZ 2005, 713 = BVerwGE 121, 103) hat es allerdings die Beihilfevorschriften für Beamte im Krankheitsfall wegen ihrer besonderen Grundrechtsrelevanz auch im besonderen Gewaltverhältnis und daher Wesentlichkeit sowie der deshalb selbst für eine zu wählende Rechts-VO ohne grundlegende Gesetzesregelung unzureichenden Ermächtigungsgrundlage des § 200 BBG mit Auswirkungen ohne Rechtssicherheit nicht nur für die Beamten, sondern auch die Krankenversicherungen als unzulässige normkonkretisierende Verwaltungsvorschrift bewertet. Vgl. im Einzelnen Saurer, DÖV 2005, 587 ff.

Bei der Verfeinerung der Sozialhilfeleistungen hat das BVerwG 25.11.2004- 5 CN 1.03, DÖV 2005, 605, wieder normkonkretisierende Verwaltungsvorschriften akzeptiert, jedoch wegen der unmittelbaren Außenwirkung mit einer vollen, nicht nur selektiven, erläuternden Bekanntgabe.

13.2.2 Ermessensbindende Verwaltungsvorschriften (Ermessensrichtlinien)

Diese bestimmen, wie das Ermessen gesetzlicher Ermessensvorschriften ausgeübt werden soll, damit eine einheitliche Verwaltungspraxis entsteht; z.B. Verwaltungsvorschriften zum Einschreiten gegen illegale landschaftsbeeinträchtigende Bauten im Außenbereich nach der Bauordnung (vgl. 42.1).

Soweit die Gesetze (oder Rechtsverordnungen bzw. Satzungen) nichts anderes ergeben, wird für zulässig gehalten, dass die Verwaltung ohne Ermessensfehler zentral durch regelmäßige Anwendung allgemeine Verwaltungsvorschriften erlässt, also durch **allgemeine Ermessensausübung,** die anwendenden Behörden hinsichtlich der Ermessensausübung bindet. Bei der allgemeinen Ermessensausübung müssen Fehler derselben Arten wie bei der Einzelfall-Ermessensausübung (vgl. 19.6, 20.) vermieden werden. Bei regelmäßiger, der Verfassung und den Gesetzen nicht widersprechender Verwaltungspraxis ergibt sich, allerdings nur über den Gleichheitssatz (8.2) und ggf. den Grundsatz des Vertrauensschutzes (5.3.4), eine Außenwirkung.

13.2.3 Gesetzesvertretende Verwaltungsvorschriften

Fehlen für bestimmte Bereiche ganz oder teilweise die erforderlichen Rechtsnormen (materielle Gesetze), so werden, im Wesentlichen nur bei der **Leistungsverwaltung** (vgl. 12.2.2), bei der Ausnahmen vom Grundsatz des Vorbehalts eines grundsätzlich materiellen und formellen Gesetzes (ggf. i. V. m. Rechtsverordnung/bzw. Satzung) erlaubt sind, gesetzesvertretende Verwaltungsvorschriften für zulässig gehalten, wenn *(einfache) Haushaltsgesetze* vorliegen (nur formelle Gesetze ohne unmittelbare Außenwirkung).

Z. B. hinsichtlich Subventionsrichtlinien, wenn der gesetzliche Rahmen viel zu allgemein ist (16.3.1); insbes. Richtlinien für die Förderung forstwirtschaftlicher Maßnahmen im Land Niedersachsen (48.3; s. auch 20.3); Beihilfen für Beamte in Krankheitsfällen aufgrund § 87 (3) Nr. 1 Nds. Beamtengesetz.

Für die gesetzesvertretenden Verwaltungsvorschriften gelten die Ausführungen zu den ermessenslenkenden Verwaltungsvorschriften entsprechend; jedoch ist der gesetzliche Freiraum hier etwas größer.

13.2.4 Verwaltungsinterne raumbezogene Planungen

Auch für Planungsregelungen der Verwaltung mit verwaltungsinternem Charakter gelten die Bindungen für das Planungsermessen von Rechtsnormen und Verwaltungsakten (vgl. 21.). Trotz anderer Struktur können sie im weiteren Sinne den Verwaltungsvorschriften zugeordnet werden.

Z. B. forstlicher Rahmenplan (45.3); naturschutzrechtlicher Landschaftsplan (49.8).

13.2.5 Organisations- und Dienstvorschriften als Verwaltungsvorschriften

Nach der Vorgabe des Grundgesetzes (Demokratieprinzip) bedürfen *wesentliche* insbesondere in Rechte eingreifende oder grundsätzlich sonst Rechte beeinflussende allgemein verbindliche Regelungen eines parlamentarischen Gesetzes oder doch einer gesetzlichen Verordnungsermächtigung (12.2). Nach Art. 56 (2) der Nds. Verfassung bedürfen der allgemeine Aufbau und die räumliche Gliederung der allgemeinen Landesverwaltung eines Gesetzes. Gemäß Art. 38 Abs. 1 Nds. Verfassung beschließt die Landesregierung über die Organisation der öffentlichen Verwaltung, soweit nicht Gesetze die Organisation regeln (s. auch 15.5.3).

(Bezirks-,) Kreis- und Gemeindeneugliederungen bedürfen daher eines Gesetzes. Dagegen werden in ständiger niedersächsischer Praxis Zuständigkeitsregelungen und Behördenbildungen durch Organisationsakten der Exekutive getroffen. Die Landesregierung hat diese Organisationsbefugnis weitgehend den einzelnen Ministerien auch für ihre nachgeordneten Behörden durch Kabinettsbeschluss (veröffentlicht im Ministerialblatt, also wie eine Verwaltungsvorschrift) übertragen (ebenfalls zum Erlass entsprechender Verwaltungsvorschriften). Es wird erörtert, ob Regelungen der sachlichen Behördenzuständigkeit materielle Rechtsnormen sind und daher als Gesetz zu erlassen sind. In Niedersachsen wird jedoch angenommen, dass nur wesentliche und nicht jede Regelung einer Behördenzuständigkeit eines materiellen Gesetzes (13.5, 12.2) bedarf (vgl. Nedden, in Niedersächsisches Staats- und Verwaltungsrecht, hrsg. v. Faber/Schneider 1985, S. 121 f. mit weiteren Nachweisen; Dronsch, in Korte/Rebe, Verfassung und Verwaltung des Landes Niedersachsen 2. Aufl. 1986, S. 317 ff., insbes. 321 ff. mit Nachweisen auch zur abweichenden Verfassungslösung in anderen Bundesländern.

Unproblematisch ist die Regelung der inneren Verwaltungsorganisation und des Dienstbetriebs von Behörden im Bereich höchstens eines Ministeriums mit nachgeordneten Behörden, insbesondere die Aufbau- und Ablauforganisation, die Aktenbearbeitung, ergänzende Zuständigkeiten, Geschäftsordnungen für nachgeordnete Behörden durch Verwaltungsvorschriften. Sie betreffen ohnehin nur öffentliche Bedienstete, insbesondere Beamte im normalen Betriebsverhältnis. Bei Eingriff in die nicht eingeschränkten Rechte von Beamten im Rahmen des Grundverhältnisses ist ein formelles Gesetz oder eine Rechtsverordnung erforderlich, 12.2.3; s. auch 15.4.5 f.

13.2.6 Zuständigkeiten

Nach **Art. 84 (2), 85 (2), 86 GG** (s. 12.7.2) ist der **Bund** hinsichtlich der **Bundesgesetze** auch für den Erlass von Verwaltungsvorschriften zuständig. Soweit die Länder die Bundesgesetze im Auftrage des Bundes oder als eigene Angelegenheiten ausführen, können aber die Länder ergänzende Verwaltungsvorschriften erlassen.
Hinsichtlich der Landesgesetze erlassen die Länder die Verwaltungsvorschriften.

Die Zuständigkeit beim Bund bzw. Land liegt meistens bei dem jeweiligen Ministerium als oberster Behörde.

Soweit Verwaltungsvorschriften (anstelle von Verordnungen) ein Maß an Konkretisierung enthalten, dass einer Außenwirkung Dritter gleichkommt, ist zwar keine Rechtsvorschrift (Rechtsnorm) mit unmittelbarer Außenwirkung gegeben; jedoch besteht eine Pflicht zur Bekanntmachung im vollen Umfang und eine Normenkontrolle nach § 47 VWGO ist eröffnet (BVerwG 25.11.2004, DVBl. 2005, 766.

13.2.7 Verfassungsmäßige und gesetzliche Grenzen

Die Verwaltungsvorschriften müssen, wie weitgehend schon ausgeführt, alle Rechtsquellen einschließlich Verordnungen und Satzungen beachten, anderenfalls sind sie nichtig.

13.3 Verwaltungsakte, rechtserhebliche Realakte

Da der parlamentarische Gesetzgeber grundsätzlich selbst Rechtsnormen erlässt, und nur ausnahmsweise Einzelfallregelungen mit unmittelbarer Außenwirkung als (zugleich) formelle Gesetze schafft (4.1.4), hat die Verwaltung (vgl. hinsichtlich der Verbandszuständigkeit nach Art. 83 ff. GG grundsätzlich zugunsten der Länder - außer der Ausführung bundeseigener Gesetze durch die Bundesverwaltung, s. 12.2.7) vor allem die noch näher zu erläuternde wichtigste Befugnis und ggf. Pflicht zum Erlass von gesetzesausführenden Einzelakten kraft gesetzlicher Einzelermächtigung, wofür in erster Linie die Handlungsform des **Verwaltungsakts** vorgesehen ist (vgl. 13.5, 15., 16.) oder ggf. ein **entsprechend rechtserheblicher Realakt** (vgl. 23.2). Im Gegensatz zu den genannten Verordnungen und Satzungen der Verwaltung gehört der Verwaltungsakt (und der entsprechende Realakt) nicht zu den Rechtsquellen.

Im Personal- und Organisationsbereich (Beamtenrecht nebst Besoldungs- und Beihilferecht in Krankheitsfällen sowie Beamtenversorgung) hat **auch die Parlaments-** oder **Gerichts**verwaltung solche Kompetenzen, so dass die Parlamente und Gerichte insoweit wie Verwaltungsorgane tätig werden und u. a. Verwaltungsakte erlassen können. Zu den Justizverwaltungsakten s. 14.1.

Führen die Länder die Bundesgesetze im Auftrage des Bundes durch - **Landesverwaltung im Auftrage des Bundes**, Art. 85 GG, z. B. Verwaltung der Bundesautobahnen und Bundesfernstraßen (Art. 90 (2) GG) und zum Teil die Finanzverwaltung (Art. 108 (3) GG), sind grundsätzlich - vorbehaltlich abweichender Bundesgesetze die Länder zum Erlass von Einzelakten (bzw. ggf. zum vorherigen ergänzenden Erlass von gesetzlichen Ermächtigungsgrundlagen, s. 12.2) zuständig. Die Bundesaufsicht erstreckt sich auf die **Gesetzmäßigkeit** und die **Zweckmäßigkeit** der Ausführung (**Fachaufsicht** einschließlich Rechtsaufsicht, s. 11.10). Vgl. im einzelnen Art. 85 GG.

Führen die Länder die Bundesgesetze als eigene Angelegenheit aus (Art. 84 (1) GG, gilt hinsichtlich (Schaffung von Ermächtigungsgrundlagen und) Erlass von Einzelakten entsprechendes; die Bundesregierung übt grundsätzlich aber nur die Aufsicht darüber aus, dass die Länder die Bundesgesetze gemäß dem geltenden Recht ausführen (**nur Rechtsaufsicht,** s. 12.2.7).

13.4 Innerdienstliche Weisungen

Natürlich sind vor allem im Verwaltungsbereich anstelle von Verwaltungsvorschriften (13.2) auch **Einzelfallregelungen** mit bloßer **Innenwirkung** als innerdienstliche Weisungen im Rahmen der Zuständigkeitsregelungen möglich;
z. B. Erlasse der Ministerien in Einzelfällen, dienstliche Anordnungen gegenüber bestimmten Bediensteten (vgl. 15.5).

13.5 Abgrenzende Übersicht über die Arten der Rechtsquellen des Parlaments und der Verwaltung und die anderen Handlungsformen der Verwaltung, 4.1.2 - 4.1.5, 12., 13.

In Anführungszeichen Bezeichnung und Form (nicht Inhalt und Wirkung)

	unmittelbare Außenwirkung:		Innenwirkung:	
	abstrakte generelle Regeung*) = Rechtsnorm = Gesetz im materiellen Sinn ↓	Einzelfallregelung*) ↓	abstrakte generelle Regelung*) ↓	Einzelfall-Regelung *) ↓
Parlament als Gesetzgeber →	„Gesetz" im formellen und materiellen Sinn Normaltyp Gesetz (4.1.3)	„Gesetz" nur im formellen Sinne: ausnahmsweise Einzelfallgesetz (4.1.4)	Ges. **nur** im formellen Sinn (4.1.5), Rahmengesetz i.e.S., Haushaltsgesetz	
Unmittelbare Staatsverwaltung; auch **Auftrags-verwaltung** der mittelbaren **Staats**verwaltung (11.5.3) →	„Rechtsverordnung" („Verordnung") im formellen und materiellen Sinn = Gesetz nur im materiellen Sinn Normaltyp Rechtsverord-nung**)	„Rechtsverordnung"(„Verordnung") nur im formellen Sinn ausnahmsweise Einzelfall-RechtsVO,	nur formelle Rechts-VO: nur Innenwirkung, selten, z.B. im Wes. nds. Landes-Raum-ordn.Programm Teil II	individu-elle (ver-walt.-interne) Weisung an nachge-ordnete Behörden /Beamte
→		gesetzesabhängiger **Verwaltungsakt** **Normaltyp Einzel-akt**	allg. verw.interne Wei-sung: (allg.) Verwal-tungsvorschrift, Richt-linie; forstl. Rahmen-plan; Landschaftsplan	
Selbstverwaltung der **mittelbaren Staatsverwaltung** →	„Satzung" im formellen und materiellen Sinn, (Gesetz nur im materiellen Sinn) Normaltyp Satzung	„Satzung" im formellen Sinn ausnahmsweise Einzelfall-Satzung z.B. Einzelbaum-Schutz	nur formelle Sat-zung: nur Innenwir-kung, z.B. Haushalts-satzung	
→		gesetzesabhängiger **Verwaltungsakt** **Normaltyp Einzelakt**	s.o. allgemeine verw. interne Weisungen	
Rechtsanwender →	Gewohnheitsrecht ungeschriebenes Recht – längere und gleichmäßi-ge Übung und – die Überzeugung der Beteiligten, dass die Ü-bung rechtlich geboten ist; selten, meistens nur lückenfüllend			
„Richterrecht" →	Nur bei Gesetzeslücken: Rechtsprechungsakte, die das Gesetz zweck- und systemgerecht weiterentwickeln (vgl. 1.2.6 sowie Art. 20 (3) GG bei 2.3 u. 27.4.4)			

*) Zum Merkmal der **Regelung** s. 1.1 (Es fehlt bei Zweck-, Aufgaben- und entspr. Zielvorschriften und Definitio-nen; vgl. auch zu 38.3 zum Unterschied von Regeln und Prinzipien)
Die Analyse ist auf die einzelne Vorschrift zu beziehen, da innerhalb eines Gesamttextes eines „Gesetzes", einer „Rechtsverordnung" usw. auch unterschiedliche Rechtsquellentypen enthalten sein können.
) Zur Änderung einer Rechtsverordnung durch formelles Gesetz mit **Rückkehr zum Verordnungsrang s. 12.9.

14. Verwaltungsverfahrensgesetz und Aufbauschema für die Prüfung der Rechtmäßigkeit eines Verwaltungsakts

14.1 Die Handlungsformen der Verwaltung und das Verwaltungsverfahrensgesetz des Bundes (VwVfG)

Für die **Rechtsverordnungen** und **Satzungen** als Rechtsnormen (materielle Gesetze, 12., 13.1) und die **Verwaltungsvorschriften** als generell abstrakte Regelungen grundsätzlich ohne Außenwirkung (13.2) gibt es über verfassungsrechtliche Bindungen hinaus kein Verwaltungsverfahrensgesetz.

Hinsichtlich der wichtigsten (**individuellen**) Handlungsformen der Verwaltung mit Außenwirkung (Einzelakte), nämlich des nachfolgend eingehend zu behandelnden **Verwaltungsakts,** vgl. 15. ff., und des **verwaltungsrechtlichen Vertrags,** vgl. 23.1, enthält das VwVfG einfachgesetzliche (4.1.3) Bestimmungen über die Verfahrensregeln (vgl. 17.) aber auch mit dem Verwaltungsverfahren unmittelbar zusammenhängende materiell-rechtliche Vorschriften, z.B. Ermessensausübung (§ 40). Zur Bedeutung des VwVfG (§§ 72 ff.) für Planfeststellungsverfahren (z.B. Straßenbau) vgl. 43.1 f., 44.

Das **VwVfG** hat seit 1976 zahlreiche Verfahrensgrundsätze ausdrücklich mit dem Ziel der Rechtsvereinheitlichung in Bund und Ländern geregelt. Wegen der begrenzten Gesetzgebungszuständigkeit des Bundes nur für die Ausführung von Bundesgesetzen durch die Bundesverwaltung konnte es hinsichtlich Ausführung von Bundesgesetzen durch die Länder mittels Landesverfahrensgesetzen verdrängt werden. Die Länder dürfen insoweit das Verwaltungsverfahren selbst regeln (§ 1 (1) - (3) VwVfG, Art. 84 (1) bzw. Art. 85 i.V.m. Art. 30 GG, vgl. 17.1). Für die Ausführung von Landesgesetzen gilt das VwVfG ohnehin nicht.

Allerdings haben die Länder grundsätzlich gleichlautende Vorschriften erlassen (z.B. Sachsen-Anhalt). U.a. **Niedersachsen** hat ein eigenes Verwaltungsverfahrensgesetz für die Behörden der unmittelbaren und mittelbaren Landesverwaltung geschaffen, das auf das Bundes-VwVfG in einer bestimmten Fassung (**statische** Verweisung) Bezug nimmt (aktuelle Fassung Art. 1 des Gesetzes v. 12.9.1996 (BGBl. I S. 1354; zuletzt geänd. durch Art. 1 Ges. v. 16.12.2004, Nds. MBl. 634). In Niedersachsen müssen die Vorschriften des (Bundes)VwVfG i.V.m. § 1 des Niedersächsischen VwVfG zitiert werden. Im folgenden werden zur Vereinfachung nur die Vorschriften des Bundes-VwVfG genannt. Die Verwaltungsverfahrensgesetze der Länder Berlin und Rheinland-Pfalz verweisen zulässig auf die jeweilige Fassung des (Bundes-) VwVfG (**dynamische** Verweisung; BVerwG 3.3.2005, DÖV 2005, 745; s. auch Klindt, DVBl. 1998, 173). Das VwVfG gilt im Übrigen nicht für Verwaltungsbereiche, die nicht der Verwaltungsgerichtsbarkeit unterliegen.

für die **Finanzverwaltung**	für die **Sozialverwaltung** (z.B. Sozialhilfe),Rente	für die **gesamte übrige Verwaltung**
Abgabenordnung	Sozialgesetzbuch X	Verwaltungsverfahrensgesetz (VwVfG) nebst Landesverfahrensgesetzen
Finanzgerichtsbarkeit	Sozialgerichtsbarkeit	Verwaltungsgerichtsbarkeit. *)

Amtsgerichte hinsichtlich Rechtsmitteln gegen **behördliche Maßnahmen der Verfolgung von Straftaten** (§§ 23 ff. Einführungsgesetz zum Gerichtsverfassungsgesetz) und von **Ordnungswidrigkeiten** sowie gegen Bußgeldbescheide selbst (§§ 62, 68 OWiG), vgl. 31.1.1, 31.2.1, 36.10)

Für die spezifische **Justizverwaltung (Grundbuchsachen, freiwillige Gerichtsbarkeit)** insbes. den Justizverwaltungsakt gelten §§ 23 ff. des Einführungsgesetzes zum Gerichtsverfassungsgesetz: Ordentliche Gerichtsbarkeit (Amts-, Landgerichte)

*) Für **Entschädigungs-** und **Amtshaftungsansprüche,** (vgl. 27.4, 27.6, 45.4) ausnahmsweise ordentliche Gerichte, § 40 (2) VwGO.

Allerdings sind für die besonderen Rechtsbereiche inhaltlich fast gleiche Vorschriften wie im VwVfG erlassen worden.
Das VwVfG ist auch nicht anwendbar, falls in speziellen Gesetzen Sonderregelungen zum Verwaltungsverfahren enthalten sind; s. z.B. 26.5.4.
Soweit das VwVfG keine Regelungen enthält (z.b. hinsichtlich der **Realakte** als Handlungsform) und auch keine sonstigen spezialgesetzlichen Vorschriften bestehen, gelten passende Vorschriften des Verwaltungsverfahrensgesetzes entsprechend oder allgemeine, von der Rechtsprechung entwickelte Grundsätze (13.5).

14.2 Aufbauschema für die Prüfung der Rechtmäßigkeit eines Verwaltungsakts zu 15. - 22.

Von größter Bedeutung für das Verständnis des Verwaltungsrechts ist die Darstellung der rechtlichen Grenzen des Verwaltungshandelns, insbes. der Ausübung der **Verwaltungsbefugnisse**, die, wenn es auch weniger gebräuchlich ist, auch als *subjektive öffentliche Rechte der Verwaltungsträger - bezeichnet werden können (vgl. 1.1, 3.2.1)*, die aber zum großen Teil auch Verwaltungsaufgaben, also auch **Pflichten** sind.
Die Grenzen für den Erlass von Rechtsverordnungen und Satzungen sowie allgemeinen Verwaltungsvorschriften als Handlungsformen der Verwaltung sind bereits behandelt worden (vgl. 12., 13.).
Hinsichtlich der bedeutsamen Prüfung der Rechtmäßigkeit eines **Verwaltungsaktes** als wichtigste Form des Verwaltungshandelns stelle ich auf den folgenden zwei Seiten zur Erleichterung der **Falllösung** als **roten Faden** und Gliederung für die folgenden Erläuterungen ein - natürlich nicht stets ganz streng anzuwendendes - Aufbauschema voran. Die Prüfungen zu 15., und 16. gehören eng zusammen und können auch in abweichender Reihenfolge vorgenommen werden.

Vor allem die Anfangsprüfung bis 15, aber auch die Prüfung der wichtigsten Grundsätze: Grundsatz der Gesetzmäßigkeit der Verwaltung (16., 18.), - Verhältnismäßigkeitsgrundsatz (20.1), - Grundsatz von Treu und Glauben und Vertrauensschutz (20.4), u.a. - können auch - soweit passend - für **(Rechte oder Pflichten berührende) Realakte** der Verwaltung gelten (vgl. 23.2).

Den zu 14.2 aufgeführten **objektiven** Rechtsbindungen der Verwaltung (Rechtmäßigkeitsvoraussetzungen, vgl. 16. - 22.) entsprechen zum Teil **subjektive öffentliche Rechte der einzelnen Bürger u.a.** Privatrechtspersonen (1.1, 3.1) auf
- Einräumung von Rechten (Leistungsrechte) bzw.
- Abwehr einer Beeinträchtigung von Rechten (5., 5.4, 24.).

Letztere haben insbesondere bei Rechtsbehelfen und Rechtsmitteln vor allem gegenüber rechtswidrigen Verwaltungsakten besondere Bedeutung (vgl. 25.).

Die Erfordernisse des allgemeinen Verwaltungsrechts soll folgender - noch zu ergänzender - **Fall 1 und 2** *schrittweise verdeutlichen:*
   1. Der nieders. Landkreis L stellt fest, dass der private Waldeigentümer E seinen Wald rodet und nimmt an, dass E den Wald in eine landwirtschaftliche Nutzfläche umwandeln will (Waldumwandlung i.S. § 8 NWaldLG). L sendet dem E daher eine „Verfügung", nach der E: - **1.1** das Roden zu unterlassen und - **1.2** die gerodeten Flächen umgehend wieder aufzuforsten hat (**Fall 1 zu 14.2**).
   2. E begehrt demgegenüber vom Landkreis die Genehmigung der Waldumwandlung wegen schwieriger Wirtschaftslage seines land- und forstwirtschaftlichen Betriebs (**Fall 2 zu 14.2.**).

Aufbauschema für die Prüfung der Rechtmäßigkeit eines Verwaltungsakts

15. **Erfüllt die** vorliegende (oder beabsichtigte bzw. beantragte) **Maßnahme den Begriff** eines **Verwaltungsakts** (als **Handlungstyp** oder -form der Verwaltung):
- **Maßnahme einer Behörde** = im Bereich der Verwaltung (nicht der parlamentar. Gesetzgebung, der Rechtsprechung, des Strafrechts, der politischen Regierung),
- **öffentlich-rechtlich/** verwaltungsrechtlich hoheitlich (**nicht privatrechtlich**),
- **Regelung** durch anordnende Willenserklärung Rechtswirkung (nicht Realakt, nicht Verwaltungsvertrag),
- **Einzelfall** (nicht generell-abstrakt wie Rechtsverordnung, Satzung, Verwaltungsvorschrift),
- **unmittelbare Rechtswirkung nach außen** (nicht nur verwaltungsintern: Einzelweisung oder generell abstrakte Verwaltungsvorschrift)?

16. **Ist eine materiell-gesetzliche verwaltungsrechtliche Ermächtigungsgrundlage** zum Erlass eines Verwaltungsakts vorhanden? Eine Ermächtigungsgrundlage ist eine in Gesetz, Rechtsverordnung oder Satzung enthaltene **an die Verwaltung gerichtete** Rechtsnorm zur Durchsetzung von anderen in der Regel verwaltungsrechtlichen Rechtsnomen, die an Bürger als Ge- oder Verbote oder Rechte gerichtet sind (**Grundsatz des Gesetzesvorbehalts** als Ausformung des Demokratie- und Rechtsstaatsprinzips sowie zum Grundrechtsschutz gegenüber der Exekutive).

16.3.1 Bei Leistungsverwaltung (Subventionen) genügt eine nur formell-gesetzliche Grundlage (Haushaltsplan) zuzüglich Verwaltungsvorschrift.
Die vollen Voraussetzungen der Ermächtigungsgrundlage sind erst zu 18. zu prüfen.

16.4 Nur ausnahmsweise bei besonderem Anlass zu prüfen: Ist die Ermächtigungsgrundlage oder das sie vollziehende Recht (z.B. Schutzgebietsverordnung, 51.1.14) **mit höherrangigem Recht vereinbar** (und insbes. kein späteres oder spezielles und damit vorrangiges Recht vorhanden)? (Vgl. 1.3, ggf. verfassungs- oder EG-rechtskonforme Auslegung, 1.2, 5.7).

17. **Ist/Wäre der Verwaltungsakt formell rechtmäßig?**
(= Grundsatz des Vorrangs des Gesetzes I)

17.1 **Zuständigkeit**
- **sachliche:**
  - Verwaltungsträger-Kompetenz (= „Verbandskompetenz") (geregelt vor allem in Gesetz, Rechtsverordnung, Satzung; zu Arten der Verwaltungsträger s. 11.4);
  - Behörden-Zuständigkeit (Organ desselben Verwaltungsträgers)
- **örtliche:** für Verwaltungsträger und dessen Behörde (s. auch § 3 VwVfG)
- **instanzielle:** (vorgesetzte Instanz zuständig; z.B. Widerspruchsbehörde?)

17.2 **Verfahren** (§§ 1 - 8, insbes. 9 - 34, 63 ff., 72 ff. VwVfG)
z.B. Antragserfordernis, Anhörung des Bürgers, Ermittlung von Amts wegen; ggf. Umweltverträglichkeitsprüfung, FFH-Verträglichkeitsprüfung

17.3 f. **Form** (§ 37 (2) - (5) VwVfG), **Begründung** (§ 39 VwVfG)

17.5 Wirksamwerden des Verwaltungsakts durch **Bekanntgabe** (§ 41/§ 43 (1) VwVfG)

18. ff. **Ist/Wäre der Verwaltungsakt materiell rechtmäßig?**
Grundsatz des Gesetzesvorbehalts - hier volle Prüfung - ,
(= Grundsatz des Vorrangs des Gesetzes II)

18.1 - Erfüllt der **Verwaltungsakt** die *Tatbestandsvoraussetzungen* der *konditionalen*
18.2 **Ermächtigungsgrundlage** *(„Wenn")*, ggf. mit besonders nach Verfassungsrecht auszulegenden unbestimmten Rechtsbegriffen, und ist er mit **weiteren** einschlägigen **Rechtsvorschriften vereinbar?** *(zu finalen Ermächtigungsgrundlagen s. 38.12)*
Ggf. sind **„k.o.-Kriterien"** (z.B. bindende Raumordnungsziele; Schranken der FFH-Richtlinie nach Verträglichkeitsprüfung, Schutzgebietsverbote) **vorweg** zu prüfen.

19. ff.	**Rechtsfolgen nach der Ermächtigungsgrundlage („Dann")**
19.1	Falls die Ermächtigungsgrundlage der Behörde (hinsichtlich der Handlungs-Rechtsfolge) **kein Ermessen** einräumt (**gebundener Verwaltungsakt, stets** zu erlassen); ggf. auch bei gebundenen Abwägungsentscheidungen wie der Waldumwandlungsgenehmigung): Sind die **gesetzlichen Voraussetzungen** für die Rechtsfolge beachtet? (Falls noch nicht, ggf. Hilfe für den Adressaten durch Nebenbestimmung, s.u. 22.1) Ist/Wäre der **gebundene** Verwaltungsakt hinreichend **bestimmt** (§ 37 (1) VwVfG) und **nicht** auf ein **unmögliches** Ziel (§ 44 (2) Nr. 4 VwVfG) gerichtet?
19.2 - 19.5	Falls die Ermächtigungsgrundlage der Behörde (hinsichtlich der Handlungs-Rechtsfolge) ein **Ermessen**, einen Verwaltungsakt zu erlassen, einräumt („kann", fast immer bei Ge- und Verbotsanordnungen; ausnahmsweise „soll" = „muss, wenn nicht eine atypische Situation vorliegt):
19.6	**Fehlerfreie Ermessensausübung?**
19.6.1	Keine **Ermessensüberschreitung**? = gesetzliche Grenzen der Ermessensvorschrift hins. Rechtsfolge nicht überschritten? Maßnahme nicht **unbestimmt** (§ 37 (1) VwVfG) und nicht auf ein **unmögliches** Ziel gerichtet (§ 44 (2) Nr. 4 VwVfG)? **verantwortliche Person?** I.V.m. 20.1 **Verhältnismäßigkeit?**
20.1	Grundsatz der **Verhältnismäßigkeit i.w.S.** gewahrt? (i.V.m. 19.6.1): Die in Grundrechte eingreifende **Maßnahme** muss bezogen auf den zu erreichenden **gesetzlichen Zweck** (Erfolg) verhältnismäßig im weiteren Sinn, also **1. geeignet, 2. erforderlich** und **3. angemessen (zumutbar)** sein: **1. Geeignet** ist jede Maßnahme, die den erstrebten gesetzlichen Zweck erreichen kann. **2. Erforderlich (= notwendig)** ist jede Maßnahme, wenn es keine geeignete Maßnahme gibt, die den Betroffenen weniger in seinen (Grund)Rechten beeinträchtigt. **3. Angemessen (zumutbar)** ist jede (erforderliche) Maßnahme nur, wenn sie als Grundrechtseinschränkung nicht außer Verhältnis zu dem nach dem Zweck der Vorschrift angestrebten Erfolg im Einzelfall steht, = **Verhältnismäßigkeit i.e.S.**
20.4	Nur bei Anlass zu prüfen: Ist die Maßnahme nach dem Grundsatz des **Vertrauensschutzes** und dem Grundsatz von **Treu und Glauben** gerechtfertigt (i.V.m. 19.6.1)?
19.6.2	Kein **Ermessensfehlgebrauch** (= kein **Ermessensmissbrauch**)? = bezogen auf den zu ermittelnden gesetzlichen Zweck des Ermessens: Sind alle wesentlichen und keine unsachlichen Gesichtspunkte einbezogen? Ggf. i.V.m. dem Gleichheitssatz (20.3)
20.2	Kein Verstoß gegen die **Wertentscheidungen der Freiheits- und Eigentums-Grundrechte**, die ggf. das **Ermessen auf Null reduzieren** (i.V.m. 5.1/ 19.6.2)
20.3	Kein Verstoß gegen den **Gleichheitssatz** (u.a. i.V.m. 19.6.2 f.)?
19.6.3	Hinsichtlich des **Vorgangs** der Ermessensausübung: Kein **Ermessens-Nichtgebrauch** (= keine **Ermessensunterschreitung**)? = nicht erkennbar Ermessen ausgeübt? (erkennbar strikte Bindung zum Handeln oder Nichthandeln wäre fehlerhaft; s. auch zu 19.6.5)
19.6.4	Falls **keine Ermessensfehler** und **keine Ermessensreduzierung auf Null** (20.2): **eigentliche Ermessensbetätigung:** Ist/Wäre der Verwaltungsakt **zweckmäßig** oder ausnahmsweise eine weniger belastende Maßnahme oder ein Nicht-Handeln?
21.	**(Ggf.:** bei **finalen** Entscheidungen mit **Planungsermessen** s. statt 19.: 21., 38.12)
22.1	Sind **Nebenbestimmungen** (Bedingungen, Auflagen, Befristungen) rechtmäßig, erforderlich usw.? dies ist ggf. schon im Zusammenhang mit bestimmten vorstehenden Gliederungspunkten zu prüfen, z.B. bei 19.1 und 19.6.1.
22.2	**Folgen einer Rechtswidrigkeit** ;VA anfechtbar, ausnahmsweise nichtig (22.)

15.   Verwaltungsakt: Nähere Abgrenzung zu den anderen Handlungsformen der Verwaltung, Funktionen

Übersicht: **Begriff Verwaltungsakt i.S. § 35 Verwaltungsverfahrensgesetz**
(= § 118 Abgabenordnung (Finanzverwaltung) = § 31 Sozialgesetzbuch X)

Verwaltungsakt	kein Verwaltungsakt
15.1 Maßnahme einer **Behörde** (= jede Stelle, die Aufgaben der **öffentlichen Verwaltung** u.a. wie zu 15.5) wahrnimmt, § 1 (4) VwVfG) = **1.** als **Organ eines Verwaltungsträgers**; z.B. Bundesamt für Naturschutz für den Bund; Landwirtschaftsministerium, Landesbetrieb für Wasserwirtschaft Küsten- und Naturschutz für das Land; Landkreisverwaltung u.a. mit Abteilung Waldbehörde für den Landkreis; Gemeindeverwaltung u.a. mit Abteilung Feld- und Forstordnungsbehörde für die Gemeinde, hoheitlich beliehene Privatperson als Behörde und Verwaltungsträger (z.B. TÜV) = **2. inhaltlich Verwaltungstätigkeit**	**1.** Verwaltungsstelle ohne hinreichende Eigenständigkeit oder wenigstens teilweiser Außenwirkung (z.B. Revierförsterei) **2.** Tätigkeit **inhaltlich einer anderen Staatsgewalt durch deren Organ:** – eines parlamentarischen Gesetzgebers durch Gesetzgebung – eines Rechtsprechungsorgans durch Rechtsprechung, Anwendung von Strafrecht – der Regierung durch Regierungsakte politischer Staatsführung
15.2 hoheitliche (Verfügung, Entscheidung oder andere) **Maßnahme** = auf dem Gebiet des **öffentlichen Rechts** (nach 15.1 nur **des Verwaltungsrechts)**	**privatrechtliches** Handeln von **Privatrechtspersonen** (11.4) und **Verwaltungsträgern** (15.2) als – privatrechtliche Hilfsgeschäfte (Kauf Behördeneinrichtung) – privatrechtliche Erwerbsgeschäfte (Holzverkauf der Landesforstverwaltung; Verpachtung eines Eigenjagdbezirks – Verwaltungsprivatrecht (z.B. öffentliche Versorgungseinrichtung für Gas, Wasser, Strom mit privatrechtlicher Zulassung oder als Aktiengesellschaft)

15.3 zur (als) **Regelung**
– Willenserklärung = zum Herbeiführen einer verbindlichen Rechtsfolge
 	
– Haupt-/Teil-/ Endentscheidung
 	
– selbständige Rechtsfolge , ggf. auch bei Teilakt
– Rechtsfolge durch einseitige Willenserklärung nur der Behörde =einseitig entstandene Regelung
– mit Anordnungscharakter
	– **Realakte** (tatsächliches Verwaltungshandeln, schlichtes Verwaltungshandeln)
	 – ohne Erklärung
	  – Rechte berührend (z.B. Erschießen eines wildernden Hundes)
	  – keine Rechte berührend (z.B. Wegnahme eines Astes von der Straße durch Polizei)
	 – nicht auf Rechtsfolge gerichtete Erklärung (z.B. Hinweis, Auskunft)
	– Vorbereitungshandlungen (z.B. Ladung zu Anhörungstermin in Planfeststellungsverfahren)
	– unselbständige Teilakte (z.B. Mitwirkung einer anderen Behörde)
	– Angebot oder Annahme für verwaltungsrechtlichen **Vertrag** (Willenserklärung für zweiseitige Regelung)
	– rechtserhebliche Willenserklärung ohne Anordnungscharakter (z.B. Aufrechnung von Gebühr mit Entschädigung)

15.4 eines **Einzelfalls** einschl. abstrakt-individuelle u. konkret-generelle Regelungen u.a. Allgemeinverfügungen (z.B. veröffentlichte Verfügung zu Hasenfleisch mit Salmonellen an alle Händler eines Gebiets)	**abstrakt-generell** – Rechtsverordnungen (staatliche, übertragener Wirkungskreis; z.B. BrandschutzVO, NaturschutzgebietsVO) – Satzungen (eigener Wirkungskreis = Selbstverwaltung; z.B. Baumschutzsatzung, Bebauungsplan) – Verwaltungsvorschriften (AB NJagdG)
15.5 auf unmittelbare Rechtswirkung nach außen gerichtet (und erreicht diese) Rechte oder Pflichten von Bürgern (ausnahmsweise auch Beamten im Grundverhältnis, z.B. Versetzung), juristischen Personen des Privatrechts, in der Selbstverwaltung betroffene Selbstverwaltungskörperschaften begründend, ändernd, aufhebend, feststellend	**verwaltungsinterne Rechtswirkung** – verwaltungsinterne (innerdienstliche) Weisungen, Einzelerlasse (Betriebsverhältnis; z.B. Weisung des Forstamtsleiters an den Forstinspektor zur Kontrolle einer Waldkultur) – Mitwirkungsakt bei mehrstufigem Verwaltungsakt – Verwaltungsvorschriften, z.B. Runderlasse – verwaltungsinterne Organisationsakte und Planungen

Der Begriff des Verwaltungsakts ist - wenn auch auslegungsbedürftig - näher durch § 35 S. 1 VwVfG bestimmt. „Jede Verfügung, Entscheidung oder andere hoheitliche Maßnahme, die eine Behörde zur Regelung eines Einzelfalls auf dem Gebiet des öffentlichen Rechts trifft und die auf eine unmittelbare Rechtswirkung nach außen gerichtet ist". In der Übersicht auf der Vorseite und im Folgenden ist der weitergehende Wortlaut des § 35 S. 1 VwVfG (= § 31 Sozialgesetzbuch X, § 118 Abgabenordnung, 14.2) auf fünf Begriffselemente konzentriert, die zugleich Merkmale für die Abgrenzung zu den anderen Handlungstypen (genannt auch Handlungsformen) der Verwaltung darstellen. Vgl. zum Folgenden auch insbes. Maurer, § 9 Rn 5 ff.

15.1 Maßnahme einer Behörde; zugleich inhaltliche Begrenzung auf den Sektor der öffentlichen Verwaltung

Zum Begriff der **Behörde** als Organ eines Verwaltungsträgers vgl. 11.6.1.
Dem weiten organisationsrechtlichen Begriff scheint der *Behördenbegriff des § 1 (4) des Verwaltungsverfahrensgesetzes (VwVfG)* nahe zu kommen. Danach ist Behörde jede Stelle, die Aufgaben der öffentlichen Verwaltung wahrnimmt. Nach dem Zweck und der Funktion des VwVfG wird dieser Begriff allerdings, wenn auch nicht unbestritten, eingeengt. Danach ist Behörde i.s. des VwVfG jede Organisationseinheit, die aufgrund wirksamer öffentlich-rechtlicher Zuständigkeitsregelungen als Behörde nach außen in Erscheinung tritt und Aufgaben der öffentlichen Verwaltung zumindest auch nach Maßgabe des öffentlichen Rechts wahrnimmt (Erichsen/Martens, § 11 Rn 9 ff., 12). Die Kompetenz nur zur rechtsetzenden, privatrechtlich-fiskalischen oder nur verwaltungsinternen Tätigkeit reicht nicht (Maurer, § 21 Rn 33).
(Dagegen ist der Behördenbegriff hinsichtlich der *Amtshilfepflicht* des Art. 35 Grundgesetz viel weiter, es gehören sogar die Gerichte dazu, Maurer, § 21 Rn 22, 34).
Zugleich ergibt sich aus „Behörde" **inhaltlich** zum Begriff des Verwaltungsakts: Ein Verwaltungsakt ist **nicht** die typische Tätigkeit
– eines parlamentarischen Gesetzgebers durch Gesetzgebung
– eines Rechtsprechungsorgans durch Rechtsprechung, Anwendung von Strafrecht als anderem Zweig des öffentlichen Rechts
– der Regierung durch Regierungsakte politischer Staatsführung
Behörden als **Organe eines Verwaltungsträgers** sind z.B.: Bundesamt für Naturschutz für den Bund; Landwirtschaftsministerium, Landesbetrieb für Wasserwirtschaft Küsten- und Naturschutz für das Land; Landkreisverwaltung u.a. mit Abteilung Waldbehörde für den Landkreis; Gemeindeverwaltung u.a. mit Abteilung Feld- und Forstordnungsbehörde für die Gemeinde, Anstalt Niedersächsische Landesforsten für die Anstalt, hoheitlich beliehene Privatperson als Behörde und Verwaltungsträger (s. auch 11.6.4).
Im **Beispielsfall 1 u. 2 zu 14.2** (Waldumwandlung) ist jeweils eine Maßnahme der Landkreisverwaltung, also einer Behörde (Organ) gegeben bzw. begehrt (u.a. mit Behördenteil Waldbehörde).

15.2 Auf dem Gebiet des öffentlichen Rechts (hoheitlich) und nicht privatrechtlich (Unterscheidungskriterien)

"... Verfügung, Entscheidung oder andere **hoheitliche** Maßnahmen ... auf dem Gebiete des **öffentlichen Rechts**" in § 35 S. 1 VwVfG kann wegen Identität von „hoheitlich" und „öffentliches Recht" zu „Maßnahmen auf dem Gebiet des öffentlichen Rechts" zusammengefasst werden. Zu 15.1 hat sich bereits ergeben, dass „hoheitlich" und „öffentliches Recht" auf das Verwaltungsrecht beschränkt ist, also z.B. ohne Strafrecht und Prozessrecht sowie Verfassungsrecht für den Gesetzeserlass.

Die Träger der öffentlichen Verwaltung können durch die **Behörden** als Organe - wie die Bürger u.a. rechtsfähige Personen des Privatrechts - untereinander, wenngleich sehr begrenzt **auch privatrechtlich handeln**, um ihre Aufgaben zu erfüllen (vgl. 2.1 f., 2.4, 11.3).
Das **Privatrecht** wird dagegen durch den Grundsatz der **Vertragsfreiheit** (Vertragsautonomie) im Rahmen der privatgesetzlichen Vorschriften beherrscht, durch den sogar die **nicht**

zwingenden privatgesetzlichen Vorschriften **abbedungen** werden können. Es regelt aber auch nichtvertragliche oder nicht rechtsgeschäftliche Rechtsverhältnisse abschließend (**zwingend**), z.b. Schadensersatzansprüche aus Verletzung von Rechtsgütern oder wegen sittenwidriger Schädigung (§§ 823, 826 des Bürgerlichen Gesetzbuchs, vgl. auch 5.8 zur verfassungskonformen Auslegung) im Verhältnis der Bürger zueinander.

Ob die Verwaltung (durch die zuständige Behörde) öffentlich-rechtlich oder privatrechtlich handelt, ist von wesentlicher Bedeutung für die Anwendung von Vorschriften, z.b.

- die **Zulässigkeit von Handlungsformen** (Verwaltungsakt - privatrechtlicher Vertrag),
- den **Rechtsweg** (Verwaltungsrechtsweg, § 40 Verwaltungsgerichtsordnung bzw. Finanz- oder Sozialgerichtsweg - oder aber ordentlicher Rechtsweg), vgl. 14.1, 25.1, 25.3,
- die besondere **Haftung** und **Entschädigung**, **Vollstreckung** ohne Gerichtsurteil u.ä. nur bei öffentlich-rechtlichem Handeln, wie noch auszuführen ist.

Zur Unterscheidung, ob öffentlich-rechtlich oder privatrechtlich (im Sektor Verwaltungsrecht) zu handeln ist oder zu handeln gewesen ist und ggf. ob auch entsprechend gehandelt worden ist, ergibt sich.

15.2.1 Auslegung der bestimmenden Rechtsnormen

Zuweilen bestimmt der Gesetzgeber selbst den Rechtscharakter der zu treffenden Maßnahme; z.b. soll die Ausübung des Vorkaufsrechts nach § 48 des Nds. Naturschutzgesetzes (53.1.3) ausdrücklich Verwaltungsakt sein, sich also vom privatrechtlichen Vorkaufsrecht unterscheiden. Sonst ergibt normalerweise schon das zugrundeliegende Gesetz (vgl. 12.2, 16.), ob ein öffentlich-rechtliches (hoheitliches) oder privatrechtliches Handeln geboten ist. Allerdings können auch verwaltungsrechtliche Gesetze zugleich Privatrechtsvorschriften bzw. -befugnisse enthalten (vgl. § 31 NWaldLG hinsichtlich Waldsperrungen durch Waldeigentümer bei 46.11).

Bestehen nach ersten Auslegungsversuchen (1.2) Zweifel, ob eine Maßnahme einer Behörde auch entsprechend der Gesetzeslage öffentlich-rechtlich oder privatrechtlich zu treffen oder schon getroffen ist, sind die gesetzlichen Bindungen und Befugnisnormen, insbesondere Ermächtigungsgrundlagen (12.2, 16.), vor allem anhand der nachfolgenden sich ergänzenden Kriterien (15.2.1.) zu untersuchen und auszulegen; s. auch 1.2.

15.2.1.1 Dem öffentlichen Interesse dienend

Öffentlich-rechtlich sind die Rechtsnormen, die dem öffentlichen Interesse dienen, - privatrechtlich diejenigen, die dem Individualinteresse dienen (Interessentheorie).
Diese Definition ist unscharf: Viele Rechtsnormen dienen sowohl öffentlichen Interessen als auch Individualinteressen (z.B. Baurechtsvorschriften über den Abstand eines Gebäudes zum Nachbargrundstück, vgl. auch 24.1 zu den Vorschriften über subjektive öffentliche Rechte); umgekehrt dienen zivilrechtliche Vorschriften zum Teil auch dem öffentlichen Interesse, z.B. Rechtsgüterschutz bei unerlaubten Handlungen, vgl. 5.8.

15.2.1.2 Über-Unterordnungs-Verhältnis zu regeln

Öffentliches Recht wird durch das Verhältnis der Über-Unterordnung der Beteiligten gekennzeichnet, das Privatrecht durch das der Gleichordnung (Subordinationstheorie).
Zwar kennt auch das Privatrecht Über-Unterordnung-Verhältnisse (Eltern - Kind, Arbeitgeber - Arbeitnehmer), aber ohne die Zwangsmittel der Verwaltung (15.3.3, 30.). Mit dem Über- und Unterordnungsverhältnis lässt sich im Allgemeinen die obrigkeitlich-hoheitliche Eingriffs- und Leistungsverwaltung erkennen (11.3).
Hiermit nicht so angemessen erklären kann man Maßnahmen nach Handlungstypen, die *schlicht-hoheitliches* Verwaltungshandeln ermöglichen (Willenserklärungen ohne Anordnungs-

charakter, nicht Rechte berührende Realakte, s. 15.3.2.

15.2.1.3 Notwendig ein öffentlich-rechtlicher Hoheitsträger beteiligt

Nach dieser Definition gehören zum öffentlichen Recht alle Rechtsnormen, die auf der einen Seite notwendig ausschließlich den Staat oder einen sonstigen Träger hoheitlicher Gewalt als solchen in seiner Eigenschaft als Hoheitsträger berechtigen oder verpflichten (modifizierte Zuordnungstheorie), wenn sie nicht (wie z.B. der Amtshaftungsanspruch nach § 839 BGB i.V.m. Art34 GG) gesetzlich dem Privatrecht zugeordnet sind. Nur an Privatrechtspersonen gerichtete verwaltungsgesetzliche Ge- und Verbote nehmen an der ergänzenden verwaltungsgesetzlichen Ermächtigung teil, die Befolgung der Ge- und Verbote anzuordnen.
Privatrechtlich sind demgegenüber die für jedermann geltenden Rechtsnormen (einschl. Regelungen zum Verhältnis Eltern - Kind, Arbeitgeber - Arbeitnehmer).

15.2.2 Rechtscharakter der Verwaltungsmaßnahme

Lassen die ausgelegten gesetzlichen Regelungen nur ein öffentlich-rechtliches, speziell verwaltungsrechtliches oder aber nur ein privatrechtliches Handeln der Behörde zu, so ist, wenn die Behörde schon gehandelt hat, noch zu untersuchen, ob die Behörde auch entsprechend der Ermächtigungsgrundlage tätig war. Im Zweifel hat dabei auch der Zusammenhang mit einer gesetzlichen Ermächtigungs- oder Anspruchsgrundlage des öffentlichen Rechts bzw. mit Vorschriften des privaten Rechts Bedeutung.
Aber auch wenn die Behörde rechtlich beide Möglichkeiten hat und bereits gehandelt hat, bleibt festzustellen, ob sie sich öffentlich-rechtlich oder privatrechtlich betätigt hat, wenn die Rechtmäßigkeit ihres Handelns geprüft werden soll. Dann ist auch die Maßnahme der Verwaltung - ggf. auch entsprechend den drei genannten Definitionen - hinsichtlich des nach Wortlaut und Zweck zum Ausdruck gekommenen Willens auszulegen.
Im Allgemeinen ist bei Zuständigkeit einer Behörde für hoheitliche Aufgaben ein Tätigwerden der Behörde in diesem Zuständigkeitsbereich als öffentlich-rechtlich zu werten (BVerwG NJW 1990, 1435, 1436).
Z.B. kann ein Forsthüter als Verwaltungsvollzugsbeamter der Anstalt Niedersächsische Landesforsten gegenüber Personen, die unbefugt Bäume beschädigen, hoheitlich, also öffentlich-rechtlich, nach § 34 Nr. 1 NWaldLG i.V.m. § 11 ff. Nds. SOG vorgehen(29.3.3). Er kann statt dessen auch die allerdings meist schwächeren zivilrechtlichen Befugnisse ausüben. Im Zweifel ist eine getroffene Maßnahme (z.B. ein angeordnetes Verbot) als öffentlich-rechtlich zu bewerten.
Die (zulässigen) privatrechtlichen Maßnahmen der Verwaltung sind:
- privatrechtliche Hilfsgeschäfte
- erwerbswirtschaftliche Betätigung der Verwaltungträger
- jeweils einschließlich Geltendmachung von Eigentums- und Besitzansprüchen
- Wahrnehmung von Leistungsverwaltung (vgl. auch 11.3, 16.3.1) in der Form des Privatrechts (Verwaltungsprivatrecht, 23.4.3; z.B. Wasserwerk mit privatrechtlicher Zulassung oder als juristische Person des Privatrechts wie AG)
- Erfüllung öffentlich-rechtlicher Verpflichtungen zum Erlöschen dieser Verpflichtungen (z.B. Zahlung einer Gebühren- oder Steuerschuld als Überweisung oder Barübereignung; 23.2);
(vgl. 30.7; sowie 23.4 auch zu den öffentlich-rechtlichen Grenzen)
Bei der Benutzung öffentlicher Einrichtungen oder bei Subventionen kann die Verwaltung rechtlich in zwei Stufen (öffentlich-rechtlich und privatrechtlich) vorgehen; vgl. 23.4.4.5.

Im **Beispielsfall 1. u. 2. zu 14.2** sind sowohl das Waldrodungsverbot und Wiederaufforstungsgebot als auch die begehrte Waldumwandlungsgenehmigung *öffentlich-rechtliche* Maßnahmen im Über- und Unterordnungsverhältnis, - und zwar die Genehmigung, weil hoheitlich über die Unbedenklichkeit hinsichtlich öffentlicher Belange zu entscheiden ist.

15.3 Regelung (Abgrenzung zu Realakt, Verwaltungsvertrag und Willenserklärung ohne Anordnungscharakter)

15.3.1 Positive Begriffsbestimmung

„Verfügung, Entscheidung oder ... Maßnahme einer Behörde" „zur *Regelung* ergibt, dass eine **einseitige** Regelung mit **Anordnungscharakte**r bezweckt, und auch vorgenommen sein muss, keine vertragliche Regelung (Maurer § 9 Rn 6; Bonk/Stelkens/Sachs § 35 Rn 45, 64 leiten dies aus „hoheitlich" ab). " Eine einseitige Regelung ist eine **Willenserklärung, die auf Setzung einer (verbindlichen) unmittelbaren Rechtsfolge gerichtet** ist. Sie ist vergleichbar der (empfangsbedürftigen) Willenserklärung im Zivilrecht bei einseitigen Rechtsgeschäften, aber nur von einer Behörde und nur auf dem Gebiete des öffentlichen Rechts zu erlassen (s.o.). *Rechtsfolge* bedeutet, dass (hoheitlich öffentlich-rechtliche oder privatrechtliche) Rechte und/oder Pflichten begründet, geändert oder aufgehoben bzw. verbindlich festgestellt werden. Ausdrücklich gleichgestellt ist die *Regelung der öffentlichen Eigenschaft einer Sache oder ihrer Benutzung durch die Allgemeinheit* (§ 35 VwVfG, s. 15.4).

Im **Beispielsfall 1. u. 2. zu 14.2** (Waldumwandlung - § 8 NWaldLG) sind das behördliche Rodungsverbot und das Wiederaufforstungsgebot eine einseitig auf einen Rechtserfolg gerichtete Willenserklärung der Behörde mit Anordnungscharakter. Das gilt aber auch für die begehrte Genehmigung wegen der hoheitlichen Feststellung der Unbedenklichkeit der Rechtsausübung auch mit Wirkung für Nachbarn u.a.

15.3.2 Keine Regelungen i.S. § 35 VwVfG (*schlicht-hoheitliches* Verwaltungshandeln, *nicht* hoheitlich auf einen *Rechtserfolg* gerichtet, s. Bonk/Stelkens/Sachs § 1 Rn 71, 73):

15.3.2.1 Eine Willenserklärung fehlt (keine Erklärung, oder eine Erklärung, die nicht auf eine (verbindliche) Rechtsfolge gerichtet ist)**:**
(1) **Rein tatsächliche Verwaltungshandlungen** (sog. Realakte, die ohne Erklärung die Rechtssphäre Einzelner berühren, dann ggf. obrigkeitlich, oder nicht berühren) s. 23.2;
z.B. Erschießen eines wildernden Hundes im Wald durch hoheitlich bestätigten Jagdaufseher (57.2.3 i.V.m. 57.4.5); Beseitigung eines Verkehrshindernisses, Anwendung unmittelbaren Zwangs Durchführung einer Ersatzvornahme (30.3.1, 30.3.3, 30.3.5) durch Polizisten; vgl. auch Finger, JuS 2005, 116, gegen die Auffassung einer fiktiven Duldungsanordnung);
Untersuchungsberichte (mit oder ohne Mitteilung);
Die Erfassung eines Schwarzwildbestandes per Hubschrauber durch Wärmebild-Videoaufnahmen als Amtsermittlungsmaßnahme zur Klärung eines Eingreifens nach § 27 BJagdG (VG Würzburg 23.12.2004, JE XVIII Nr. 85.
Hinweise, Belehrungen, Auskünfte (hinsichtlich Eintragung von gesetzlich geschützten Biotopen u.ä. in das Verzeichnis nach § 31 NNatSchG sowie Auskünfte daraus, 51.8,
Tatsachenfeststellungen einschl. Warnungen (z.B. Bekanntgabe des Smog-Alarms, 62.6.1; s. auch 12.5.2); zur Tatsachenmitteilung, die die Rechtsfolgen einer Norm (§ 9 (2) VerpackVO), normumschaltender Verwaltungsakt, herbeiführt s. BVerwG 16.1.2003, DVBl. 2003, 544; Winkler, DVBl. 2003, 1490).
Die Zahlung (Sachleistung) zur Erfüllung einer öffentlich-rechtlichen Verpflichtung (Steuer, Gebühr) geschieht schuldbefreiend **zivilrechtlic**h und nicht (zugleich) durch öffentlich-rechtlichen Realakt (30.7, 14.2).
(2) **Vorbereitungshandlungen, unselbständige Teilakte**
z.B. Ladung zur mündlichen Prüfung oder zur Anhörung in einem Planfeststellungsverfahren; Bewertung einer Einzelleistung, die keine rechtserhebliche Bedeutung bei einer Abschlussprüfung hat; - eine Regelung ist jedoch die behördliche Zusicherung, einen Verwaltungsakt (Baugenehmigung) zu erlassen oder zu unterlassen (§ 37 VwVfG); ebenso die abschließende Teilgenehmigung von Anlagen nach dem Bundesimmissionsschutzgesetz (62.2.2.1).

15.3.2.2 Rechtserhebliche verwaltungsrechtliche Willenserklärungen aber ohne Anordnungscharakter (23.3)
Sie entsprechen der Ausübung der zivilrechtlichen sekundären Gestaltungsrechte;

z.B. -Aufrechnungserklärung, Fristsetzung, Verjährungseinrede, Stundung eines Zahlungsanspruchs, Ausübung eines Zurückbehaltungsrechts.

15.3.2.3 keine einseitige Regelung

- Angebot zum Abschluss eines verwaltungsrechtlichen Vertrages als Willenserklärung,
- ggf. Annahme eines vorgenannten Vertragsangebotes als Willenserklärung (Ergebnis: zweiseitige Regelung vergleichbar dem zivilrechtlichen Vertrag als zweiseitigem Rechtsgeschäft); vgl. 23.1.

15.3.3 Arten von Verwaltungsakten nach dem Regelungsinhalt (s. Maurer, § 9 Rn 44 ff., vgl. auch 11.3)

15.3.3.1 Befehlende Verwaltungsakte

Das sind Ge- und Verbote aufgrund gesetzlich gebundener oder Ermessensentscheidung:, die zu einem Tun, Dulden oder Unterlassen verpflichten; sie können, wenn sie vom Bürger nicht erfüllt werden, bei Bestandskraft oder ggf. vorläufig von der Verwaltung vollstreckt (vollzogen, erzwungen) werden, vgl. 30.;

z.B. obiger **Fall 1 zu 14.2** : Waldrodungsverbot und Gebot der Wiederaufforstung, s. auch 45.4; Gefahrenabwehrverfügungen der Polizei oder der Forsthüter (Forstschutzanordnungen, 29.); Steuer-, Gebühren-, Beitragsbescheide (38.5) - Eingriffsverwaltung.

15.3.3.2 Rechtsgestaltende Verwaltungsakte

Sie begründen, verändern oder beseitigen Rechte und/oder Pflichten in einem **Rechtsverhältnis** und sind bei Begünstigung meist antragsbedingt, also **zustimmungsbedürftig**, um dem Bürger keine Leistung aufzudrängen, ergehen aber (als **gebundene** oder **Ermessensentscheidung**) ohne dessen Mitentscheidung.

z.B. Ernennung zum (Forst-)Beamten mit der Folge u.a. eines gesetzlichen Besoldungsanspruchs und von Dienstpflichten (11.3), Immatrikulation, Exmatrikulation, also **subj. öffentl. Rechte** *und/oder* **Pflichten begründend, ändernd** oder **aufhebend**;

Z.B. mit Anspruch: Erstaufforstungsgenehmigung (**Fall 2 zu 14.2**), Baukontrollerlaubnis (24.2.3), Ausstellung eines Jagdscheins (55.15), Genehmigung des Abschussplans (56.4); mit Ermessen: Baudispens (24.2.4), naturschutzrechtliche Befreiung (53.6) im Rahmen der Eingriffsverwaltung, Rücknahme solcher Erlaubnisse (26.2); auch **privatrechtsgestaltend**; z.B. Anspruchs-Genehmigung Grundstücksverkauf, 44.6; Anspruchs-Zulassung zu einer öffentlichen Einrichtung (Leistungsverwaltung, z.B. Wasserwerk), die auch privatrechtlich organisiert bzw. benutzt werden kann, vgl. 23.4.4; s. auch allgemein Tschentscher, DVBl. 2003, 1424).

15.3.3.3 Feststellende Verwaltungsakte

Durch solche Verwaltungsakte wird eine hinreichend bestimmte, schon kraft Gesetzes gegebene Rechtslage *verbindlich* festgestellt (auch das sind Regelungen), diese kann ggf. auch trotz Rechtswidrigkeit, aber dennoch gegebenem Vertrauensschutz, Rechtsgrundlage von Zahlungen (20.4.1, 23.2, 26.3) sein; Eingriffs- und Leistungsverwaltungsbereich); z.B. Festsetzung der Besoldungsbezüge, die schon nach dem Bundesbesoldungsgesetz feststehen. Ein Ablehnungsbescheid enthält eine (feststellende) Regelung, wenn die begehrte Vornahme des Verwaltungshandelns eine Regelung bedeuten würde (z.B. allgemeine Freistellung von einem Verbot in einer Landschaftsschutzverordnung (51.4.5.6, 51.1.8.1). Eine Bekanntmachung von Tatsachen, die das Wirksamwerden eines Pflichtenverhältnisses auslöst, ist auch ein feststellender Verwaltungsakt (BVerwG 16.1.2003, DVBl. 2003, 544; dazu Winkler, DVBl. 2003, 1487; 63.3.2)

15.3.3.4 Bei einem **Dauerverwaltungsakt** (z.B. Waldbeweidungsverbot) kommt es bei einer verwaltungsgerichtlichen Entscheidung auf den Zeitpunkt der letzten mündlichen Verhandlung an (OVG Lüneburg 2.7.2003, 8 LB 45/01; Felix NVwZ 2003, 385).

15.4 **Einzelfall einschließlich Allgemeinverfügung (Abgrenzung zu Verordnung und Satzung)** (Beispiele in Übersicht 15.4.5 zu A.1 ff.)

15.4.1 **Positive Begriffsbestimmung**

Der Begriff **„Einzelfall"** ist in § 35 S. 1 VwVfG nicht näher definiert. Von dem Gegensatzpaar unbestimmte Vielzahl von Fällen (abstrakt) und unbestimmte Vielzahl von Personen (generell) ist vom Wortlaut her nur die Fall-Komponente genannt. Zweifelsfrei ist ein Einzelfall jedenfalls eine **konkrete Maßnahme** (Sachverhalt, Fallsituation) und zugleich **individuelle** Maßnahme (die einen an eine bestimmte Person oder einen bestimmten Personenkreis richtet (vgl. Übersicht 15.4.5 zu A.1 und **Fall 1** u. **2 zu 14.2** zur Waldumwandlung).

15.4.2 Nach **§ 35 S. 2 Alternative 1 VwVfG** ist ein Verwaltungsakt, also eine Einzelfall-Regelung auch eine solche, die sich an einen nur nach **allgemeinen Merkmalen bestimmten oder bestimmbaren Personenkreis richtet (Altern. 1 einer Allgemeinverfügung)**. Eine **Allgemeinverfügung** i.S. § 35 S. 2 Altern. 1 muss nicht jedem Betroffenen gesondert bekanntgegeben werden, sondern kann – anders als normale Verwaltungsakte – auch dann **öffentlich bekanntgegeben** werden, wenn eine Bekanntgabe an die Betroffenen untunlich ist (§ 41 (3) VwVfG).

Steht bei einem nach allgemeinen Merkmalen bestimmten oder bestimmbaren Personenkreis der **Personenkreis objektiv fest**, und liegt auch ein konkreter Einzelfall vor, ist klar eine Allgemeinverfügung gegeben. Zur Abgrenzung zur Rechtsnorm bei Feststehen des Personenkreises nicht unbedingt ein (bestimmter) Einzelfall, sondern kann ggf. auch den bestimmten Personen gegenüber eine **unbestimmte Vielzahl von Fällen** vorliegen. Vgl. zum Feststehen des Personenkreises Übersicht 15.4.5 zu B.1 - B.3. Vgl. z.B. die Bekanntgabe der Zulassung eines gemeindlichen Brenntages für Pflanzenabfälle (VG Göttingen. NdsVBl. 2003, 60, 61, das das Feststehen der Personen wohl mit genauer Bestimmbarkeit meint, aber auch auf den Anlass einer bestimmten konkreten Situation abstellt).

15.4.3 **Steht** bei einem nach allgemeinen Merkmalen bestimmten oder bestimmbaren Personenkreis der **Personenkreis nicht objektiv fest**, liegt auch eine Allgemeinverfügung nach § 35 S. 2 Altern. 1 VwVfG vor. Jedoch muss in Abgrenzung zur Rechtsnorm ein (bestimmter) **Einzelfall** (also keine unbestimmte Vielzahl von Fällen) vorliegen (Maurer § 9 Rn 32; nach a.A. der Personenkreis muss stets bei Erlass feststehen, was aber durch den bestimmten Einzelfall als konkretem Anlass in aller Regel auch erreicht wird). Wegen des Einzelfallerfordernisses werden eine längere Geltungsdauer und insoweit eine Erweiterung des Personenkreises grundsätzlich ausgeschlossen sein. Auch bei unbestimmtem Personenkreis, also wenn der Personenkreis bei Erlass der Verfügung nicht feststeht, muss somit nicht stets eine Rechtsnorm (Rechtsverordnung, Satzung) anzunehmen sein:
Ist bei Vorliegen eines **konkreten Anlasses** und **konkreter Problemlösung**
- nur eine einzige Handlung auszuführen (vgl. Übersicht 15.4.5 zu C.1), **oder** sind
- mehrere Handlungen auszuführen (vgl. Übersicht 15.4.5 zu C.2),
ist noch jeweils ein (ggf. gebündelter) Einzelfall gegeben, der auch (entsprechend?) § 35 S. 2 Altern. 1 VwVfG zu einer Allgemeinverfügung führt. So weitgehend VGH Mannheim 8.9.2003, NVwZ 2004, 119, für Verhaltenspflichten auf einem eng begrenzten Bereich.
Entsprechendes gilt bei **konkreter Regelung der örtlichen Situation** (vgl. Übersicht 15.4.5 zu C.3).

Ausdrücklich **Allgemeinverfügung (§ 35 S. 2 Altern. 2 u. 3 VwVfG)** und damit auch Einzelfall i.S. § 35 S. 1 VwVfG, ist die **Regelung der öffentlich-rechtlichen Eigenschaft einer Sache** (z.B. Straße für den öffentlichen Verkehr) oder die **Benutzung einer Sache durch die Allgemeinheit (i.w.S. öffentl. Einrichtung)** (vgl. Übersicht 15.4.5 zu C.4.1 u. C.4.2), auch als **dinglicher Verwaltungsakt** gewertet, der eigentlich teilweise in den Bereich der abstrakt-generellen Regelungen hineinragt, s. 15.4.5 zu C.6. Dingliche Verwaltungsakte haben Bedeutung wegen ihrer Wirkung auch für Rechtsnachfolger (s. 29.6.2, 29.7.1.3, 50.1; 61.2.1.5).

15.4.4 Die **übrigen** Fälle mit **unbestimmtem Personenkreis (allgemein/generell)** und **unbestimmter Vielzahl von Fällen** (also insbes. **abstrakter** Anlass bzw. Problemlösung, abstrakte örtliche Situation oder großräumige Regelung oder nicht ohne weitere Verfügung durchführbare Regelung) sind dagegen abstrakt-generell i.S. der **Rechtsnormen**.
Der Gesetzgeber hat es jedoch in der Hand, Zweifel der Einordnung durch Vorgabe der Handlungsart zu beseitigen oder die Verwaltungsbehörden darüber hinaus zum Erlass von Rechtsnormen statt Einzelfallakten (insbes. Allgemeinverfügungen) zu ermächtigen (vgl. Übersicht 15.4.5 zu C.3 und C.9).

15.4.5 Übersicht Abgrenzung Einzelfall (Verwaltungsakt) – abstrakt-generelle Regelung (Rechtsnorm)

Fette Ziffern= = Tabellen ziffern	konkret = Einzelfall i.S. § 35 S.1 VwVfG ist:				abstrakt (= Rechtsnormelement) ist:		
	der Anlass/die Problemlösung; die Handlungs-/ Unterlassungs-Pflicht, bzw. ohne weiteren konkretisierenden Akt zu erfüllen		3. die räumliche (örtliche) Situation (falls nicht 4.)	Regelung 4.1 öffentlich-rechtl. Eigenschaft einer Sache - oder	der Anlass/ die Problemlösung: die Handlungs/ Unterlassungspflicht ist zu erfüllen:		die räumliche Situation, und zwar: 7. unbestimmt 8. begrenzt, aber auf Dauer konkretisierungsbedürftig
	räumlich begrenzt — 1. einmalig zu einem Stichtag	2. mehrmals/ auf Dauer	einmalig/ mehrmals, auf Dauer, nicht konkretisierungsbedürftig	4.2 Benutzung einer Sache (insbes. öff. Einrichtung) durch die Allgemeinheit	5. einmalig, aber (längerer) Geltungszeitraum oder großer räuml. Geltungsbereich	6. mehrmals/ auf Dauer unbestimmte Vielzahl von Fällen (s. aber 4.1, 4.2)	9. Gesetzgeber sieht anstelle Allgemeinvefügung (3., 4.) eine Rechtsnorm vor.
A. für bestimmte Person oder Bestimmten Personenkreis (individuell)	z.B. Handzeichen des Polizisten; Auflösung Einer Versammlung	z.B. Anordnung an Betreiber eines Kühlturms, jedesmal bei Glatteis zu Streuen	im allg. wie A.1, A.2, z.B. Anordnung an mehrere Sägewerksbesitzer, jeweils vorhandenen Müll zu beseitigen	./.	./.	./.	./.
B. für nach allg. Merkmalen bestimmten oder bestimmbaren-Personenkreis (noch **individuell**); Personen stehen bei Erlass ermittelbar fest	Allgemeinverfügung, § 35 S.2 1. Alt. VwVfG; z.B. Anordnung, dass jeder zum Erlasszeitpunkt vorhandene Waldbesitzer eines Landkreises den Wald zu kalken hat	Allg.-Verfügung, § 35 S.2 -1. Alt. VwVfG; z.B. kurzfristiges Salatverkaufsverbot für alle (nicht erweiterbar feststellbaren) Einzelhändler eines bestimmten Gebiets: Anlass: Verseuchung	Allg.Verfügung meist schon nach **B.1, B.2**	./.	./.	./.	./.
C. unbestimmter Personenkreis ohne 2; (**allgemein = generell**): wegen Ereignis in der Zukunft oder Geltungsdauer können Personen zum Erlasszeitpunkt noch unbekannt sein bzw. hinzukommen	insbes. entsprechend § 35 S.2 1. Alt. VwVfG als Allg.Vfg. zu behandeln; z.B. Polizei untersagt durch öffentliche Bekanntgabe eine Demonstration für den folgenden Tag	Allg. Vfg. entspr. 3.2 entspr. § 35 S.2 1.Alt. VwVfG; z.B. kurzfristiges Salatverkaufsverbot für alle Einzelhändler eines Gebiets, aber mit Erweiterungsmöglichkeit der Zahl der Händler: konkreter Anlass: Konkrete Verseuchung; Polizei untersagt Demonstration für 3 aufeinander folgende Termine	entspr. § 35 S.2 1. Alt. Allg.Vfg.; z.B. Polizei untersagt das Betreten *eines* baufälligen Hauses bzw. munitionsbelasteten Waldes;- Verkehrszeichen mit Ge-/Verboten; Planfeststellung, z.B. für neue Straße (nach §§ 74, 69 VwVfG ausdrücklich Allg.Vfg.; s. 34.2, 30.4	Allg.VfG. § 35 S.2 VwVfG: 4.1: 2. Alt.: z.B. Widmung einer Straße für den öff.Verkehr (46.5.3, 24.2.1); 4.2: 3.Alt.: öff.-rechtl. *Benutzungsregelung* für Ordnung in öff. Einrichtung, z.B. Badeanstalt	z.B. Jeder Bundesbürger hat sich einmalig gegen Kinderlähmung impfen zu lassen; einmalige Volkszählungspflicht	z.B. Tiere dürfen nicht unnötig gequält werden (36.14); Regelung für alle Bürger einer Stadt mit Grundbesitz, jeden Winter bei Glatteis zu streuen; Waldbrand-Verhütungsregeln sind zu beachten (Waldbrandschutz-VO, vgl. 45.10)	z.B. 7.Regelung für alle Bürger, baufällige Häuser nie zu betreten (Dauer); 8. Bebauungsplan nach § 10 BauGB, Satzung, vgl. 33.1), durch Baugenehmigung zu konkretisieren; 9. zu **4.1**: Naturdenkmalschutz als Rechtsverordnung zu **4.2**: *grundlegende* Regelung für öff. Einrichtung (Satzung) s. 13.1, 23.4.4

15.5 Auf unmittelbare Rechtswirkung nach außen gerichtet (Abgrenzung zu Verwaltungsvorschrift und innerdienstlicher Weisung)

15.5.1 Positive Begriffsbestimmung

"Auf unmittelbare Rechtswirkung nach außen gerichtet" sind nur solche Regelungen, die nach ihrem objektiven Sinngehalt (wesentliches Indiz dafür ist ihre Ermächtigungsgrundlage, 16.) dazu bestimmt sind, über den *verwaltungsinternen* Bereich *hinaus* Pflichten und Rechte für Bürger oder sonstige außenstehende rechtsfähige Personen zu begründen, zu ändern, aufzuheben oder verbindlich festzustellen.
Sonstige außenstehende rechtsfähige Personen (11.4) sind juristische Personen des Privatrechts und solche anderen juristischen Personen des öffentlichen Rechts als die, deren Organ die erlassende Behörde ist; z.B. Landesbehörde an Bund oder grundsätzlich nur, wenn der **eigene Wirkungskreis** berührt ist (11.5.2 – 11.5.4), an Gemeinden, Landkreise, abgeleitete rechtsfähige Körperschaften, Anstalten und Stiftungen (s. 11.4). Grundsätzlich keine unmittelbare Rechtswirkung nach außen haben z.B. Fachaufsichts-Weisungen, die im Rahmen des übertragenen Wirkungskreises an Gemeinden gerichtet werden. Während Maßnahmen der Rechtsaufsicht, die den Bereich der Selbstverwaltung oder die **Privatrechtstätigkeit** (z.B. Stadtwaldbewirtschaftung) betreffen, unmittelbare Außenwirkung ihnen gegenüber haben.
Es ist keine Frage Begriffs des Verwaltungsakts, sondern der Rechtmäßigkeit eines Verwaltungsakts, ob die Behörde eines Verwaltungsträgers (z.B. Land) auch befugt ist, einen Verwaltungsakt einem anderen Verwaltungsträger (z.B. Bund) gegenüber in dessen hoheitlichen Zuständigkeitsbereich zu erlassen (dazu 19.4, 29.6.2).
Es ergeben sich folgende besonderen Abgrenzungen zu der bloßen Innenwirkung einer dann nur verwaltungsinternen Maßnahme (15.1):

15.5.2 Sonderrechtsverhältnisse

Bei **Sonderrechtsverhältnissen** (vorher als „besondere Gewaltverhältnisse" bezeichnet), sind die rechtlichen Verhältnisse Schüler zur Schule, Student zur Universität, Anstaltsbenutzer zur rechtsfähigen Anstalt, Beamter zur Dienststelle und zu einem Dienstherrn.
Das **Beamtenverhältnis** ist ein öffentlich-rechtliches Dienstverhältnis, während das der Angestellten und Arbeiter im öffentlichen Dienst nur ein privatrechtliches (arbeitsrechtliches) Dienstverhältnis ist,
Beamte können durch eine Weisung
– entweder als Glied der Verwaltungsorganisation betroffen werden, wo sich aus dem Charakter des Verhältnisses eine Einschränkung der geschützten Grundrechtssphäre ergibt, **Betriebsverhältnis genannt** (nur verwaltungsinterne Betroffenheit; innerdienstliche Weisung),
– oder sie werden als selbständige Rechtspersonen in der verbliebenen Grundrechtssphäre betroffen, **Grundverhältnis** genannt (insoweit unmittelbare Außenwirkung).

Also sind insbesondere **normale Weisungen**, die Vorgesetzte bzw. vorgesetzte Behörden den ihnen nachgeordneten **Beamten** dienstlich im Einzelfall (11.5.4, 13.4; oder allgemein, 13.2) erteilen, zwar Rechtsakte, aber nicht auf unmittelbare Außenwirkung gerichtet (13.5)
z.B.: Ein Forstamtsleiter weist einen ihm unterstellten Beamten an, ein Waldstück zu kontrollieren und das Roden eines Waldstücks zu unterlassen.
Die zuständige Dienstbehörde verfügt die **Umsetzung** eines Beamten innerhalb derselben Behörde auf einen anderen Dienstposten, z.B. von einem Revierleiterposten auf den Dienstposten des Büroleiters,
Dagegen berührt der stärkere Eingriff einer Anordnung zur **Versetzung** eines Beamten an eine andere Behörde sein Grundverhältnis und hat unmittelbare Außenwirkung.

15.5.3 Verwaltungsinterne oder unmittelbar nach außen wirkende Organisationsakte

Durch Verfassung oder Gesetz kann für organisatorische Regelungen (also nicht nur organisatorische Realakte) eine Rechtsform vorgesehen sein (Gesetz, Verordnung, Satzung). Insbesondere, wenn keine Rechtsform vorliegt, ist oft schwierig zu beantworten, ob die organisatorische Regelung zugleich eine Außenwirkung für Bürger enthält oder nur ein verwaltungsinterner Organisationsakt ist (außerdem ob er als Einzelakt wirkt oder generell abstrakt ist; z.b. ist für eine Aufhebung eines Gymnasiums und Eingliederung in eine Gesamtschule durch Organisationsakt der Verwaltung eine Außenwirkung anzunehmen, und zwar ein Verwaltungsakt für betroffene Schüler usw. (BVerwG, DVBl. 1979, 354); nicht aber für die Auflösung einer Schulklasse mit Verteilung der Schüler auf andere Klassen (OVG Lüneburg DVBl. 1981, 54; auch z.b. bei Verlegung eines Forstamts mit geringem Besucherverkehr und ohnehin normalerweise nicht ortsnah erforderlicher Lage.

Bei der Schaffung (z.b. Anstalt Niedersächsische Landesforsten) oder Auflösung (z.b. Bezirksregierungen) großer Behörden ist eine Einzelfall-Regelung zu verneinen. Wegen besonderer Betroffenheit von Personen kann hier auch eine Außenwirkung in Betracht kommen, außerdem, wenn kommunale Körperschaften mit ihren Aufgaben betroffen sind. Solche Regelungen werden wegen ihrer vielfältigen Bedeutung meistens als parlamentarisches Gesetz erlassen (z.b. Gesetze zur Modernisierung der Verwaltung in Niedersachsen vom 5.11.2004, Nds. GVBl. 394, u.a. mit der Abschaffung der Bezirksregierungen und der Zusammenfassung der Forstämter in der Anstalt Niedersächsische Landesforsten; 47.2.1 ff., vgl. auch 12.2.4).

15.5.4 Mehrstufiger Verwaltungsakt

Ist die **Zustimmung** einer anderen Verwaltungsbehörde oder ein **„Einvernehmen"** mit dieser Behörde vor Erlass eines Verwaltungsakts erforderlich, handelt es sich zwar um eine die zuständige Behörde bindende und nicht überwindbare Mitwirkung; diese ist dennoch nur verwaltungsintern, also kein gesonderter Verwaltungsakt mit rechtlicher Außenwirkung;
z.b. muss bei einer Entscheidung der Baubehörde über eine Baugenehmigung im gemeindlichen Außenbereich (ohne qualifizierten Bebauungsplan) das verwaltungsinterne Einvernehmen der Gemeinde eingeholt werden (§ 36 BauGB, 41.6/ 41.5). Bei bau- und naturschutzbehördlichen Entscheidungen über eine Waldumwandlung nach Waldrecht ist das Einvernehmen der Waldbehörde erforderlich (§ 8 (2) S. 2 NWaldLG, 45.4.3.6 ff.).

Erst recht nur verwaltungsintern ist es, wenn nur die **Anhörung** einer anderen Behörde oder ein Verwaltungsakt **„im Benehmen"** mit einer anderen Behörde vorgeschrieben ist. Diese hat sich zwar mit den Argumenten in der Stellungnahme dieser Behörde auseinander zu setzen, ist jedoch an deren Stellungnahme nicht gebunden;
z.b. Anhörung („im Benehmen" mit) der Naturschutzbehörde bei Entscheidungen der Abfall-, Bau-, Gewerbe-, Waldbehörde usw. bei Eingriffen in Natur und Landschaft (s. 50.).
Bei der Entscheidung über die Genehmigung einer Waldumwandlung **(Fall 2 zu 14.2)** braucht die Waldbehörde *wald*gesetzlich keine anderen Behörden zu beteiligen. Will aber die Naturschutzbehörde zugleich eine naturschutzrechtliche Ausnahme von einer Schutzgebietsverordnung o.Ä. bewilligen, sollen sich beide Behörden hinsichtlich der Kompensation einvernehmlich abstimmen (§ 8 (4) NWaldLG 45.4.3.14).

15.5.5 Erlasse, Verwaltungsvorschriften

Innerdienstliche Weisungen, z.B. Erlasse der Ministerien, haben nur *Innenwirkung* für die Behörden und
– sind entweder auch abstrakt-generell (**Verwaltungsvorschriften,** vgl. 13.2), oder
– einzelfallbezogene **innerdienstliche Weisungen** (13.4).

15.5.6 Verwaltungsinterne Planungen

Nur verwaltungsinterne verbindliche (und zudem meist auch allgemeine) Planungen (ohne unmittelbare rechtliche Außenwirkung) sind zum großen Teil Landes-Raumordnungsprogramme (diese können nach neuerer Rechtsentwicklung auch generell-abstrakte Regelungen mit unmittelbarer Außenwirkung für Gemeinden und Bürger sein,39.4.8). forstliche Rahmenpläne (vgl. 45.3.2), naturschutzrechtliche Landschaftsrahmenpläne (Landschaftspläne, anders in Nordrhein-Westfalen, und, Grünordnungspläne (vgl. 49.8). Der nähere Rechtscharakter der (verwaltungsinternen Regelungen der Flächennutzungspläne ist allerdings teilweise umstritten, manche nennen sie „hoheitliche Regelungen eigener Art"; vgl. 40.10, 13.2.4, 21.

15.6 Funktionen des Verwaltungsakts

s. auch Maurer § 9 Rn 40 f. und zur Bedeutung im Verwaltungsrechtsverhältnis 30.7

Die begriffliche Unterscheidung der Handlungsform des Verwaltungsakts von den anderen Handlungsformen der Verwaltung (s. 15.1), hat auch wegen der besonderen Funktionen und sich anschließenden Rechtsfolgen praktische Bedeutung:

(1) Der Verwaltungsakt **regelt** (grundsätzlich in Konkretisierung von Rechtsnormen) **verbindlich die** Rechtslage in Einzelfällen **durch** ein **flexibles** (für verschiedenartige Rechtsverhältnisse und Wirkungsarten passendes) **aber rechtlich einheitlich** (auch gegenüber den anderen Handlungsformen) **abgegrenztes Instrument;** befehlend, gestaltend oder feststellend (15.3.3), belastend oder begünstigend, Rechte und Pflichten begründend, ändern, aufhebend (24.2.2 f., 30.7).

(2) Der Verwaltungsakt ist **Gegenstand der Rechtskontrolle** (Art. 19 Abs. 4 Grundgesetz). Wie noch näher auszuführen ist, sind Anfechtungswiderspruch und Anfechtungsklage nicht nur mit Aussicht auf endgültigen, sondern grundsätzlich auch vorläufigen Rechtsschutz möglich (vgl. 25.). Allerdings besteht auch gegenüber den übrigen Handlungsformen der Verwaltung mit unmittelbarer Rechtswirkung nach außen bzw. dem entsprechenden Nichthandeln der Behörden ein - jedoch *anders* geregelter - gerichtlicher Schutz.

(3) **Die Beteiligten sind** förmlich an die Entscheidung gebunden (mit Ausnahmen: Rechtskontrolle, vgl. (2) und Aufhebungsregelungen nach dem VwVfG bei 26.5) zur Schaffung klarer und stabiler Verhältnisse zwischen Staat und Bürger auch zur Bildung von Rechtssicherheit und Vertrauensschutz (20.4).

(4) Der bestandskräftige oder sofort vollziehbare Verwaltungsakt ist **Vollstreckungstitel für die Verwaltung** bei *befehlenden* Verwaltungsakten (Gebote oder Verbote, einschließlich Regelung von Pflichten zur Geld- oder Sachleistung), ohne dass ein Gericht angerufen werden muss (vgl. 30.).

16. Grundsatz des Gesetzesvorbehalts insbes. bei Verwaltungsakten

16.1 Grundsatz der Gesetzmäßigkeit der Verwaltung mit den Grundsätzen des Gesetzesvorbehalts und des Vorrangs des Gesetzes

Der sehr bedeutsame - bereits die materielle Rechtmäßigkeit des Verwaltungshandelns bestimmende (vgl. 12.2) - verfassungsrechtliche Grundsatz der Gesetzmäßigkeit der Verwaltung bindet die Verwaltung bei ihrem öffentlich-rechtlichen Handeln insbesondere auch beim Erlass von Verwaltungsakten an die Regelungen des Gesetzgebers und unterwirft sie damit zugleich der noch näher darzustellenden verwaltungsgerichtlichen Kontrolle mit einem verwaltungsbehördlichen Vorverfahren (14.1, 25.1 ff.; zu Verordnungen, Satzungen und Realakten).
Der Grundsatz enthält zwei gesonderte Grundsätze:
– den **Grundsatz des Vorbehalts des Gesetzes** (Handeln nicht ohne gesetzliche Ermächtigungs- oder Rechtsgrundlage, vgl. schon 12.2)
– den **Grundsatz des Vorrangs des Gesetzes** (Verbot des Verstoßes der Verwaltung gegen vorhandene Gesetze, vgl. schon 12.3.1, 12.4).

16.2 Der Grundsatz des Vorbehalts des Gesetzes erfordert eine materiell-gesetzliche Ermächtigungsgrundlage

Der **Grundsatz des Gesetzesvorbehalts** als Ausformung des Demokratie- und Rechtsstaatsprinzips sowie der Grundrechtsschutz vor Eingriffen in Freiheit und Eigentum einschließlich umfassender Handlungsfreiheit in Art. 2 (1) Grundgesetz, erfordert für solche Eingriffe jeweils eine Ermächtigungsgrundlage für die Verwaltung als Exekutive (s. 12.2). Die gilt nicht nur für Rechtsverordnungen, Satzungen (13.1) sowie z.T. auch Verwaltungsvorschriften (vgl. 13.2.3 f.), sondern vor allem auch für **Verwaltungsakte** und - Bürger mit Außenwirkung in ihrer Rechtssphäre betreffende – (Verwaltungs)Realakte (23.2). Diese Basis benötigen auch verwaltungsrechtliche Verträge (23.1).

Eine **Ermächtigungsgrundlage für einen Verwaltungsakt** ist eine in Gesetz, Rechtsverordnung oder Satzung enthaltene, **an die Verwaltung gerichtete**, Rechtsnorm zur Durchsetzung von anderen in der Regel verwaltungsrechtlichen Rechtsnormen, die an Bürger als Ge- oder Verbote oder Rechte (z.B. auf eine beschränkte Genehmigung) gerichtet sind. Sie ist eine Rechtnorm, weil sie letztlich auch unmittelbar „drohend" den Bürgern gegenüber gilt (1.1). Eingriffe in Freiheit und Eigentum durch obrigkeitlich-hoheitliches individuelles Verwaltungshandeln (vgl. 11.3) sind nur aufgrund deutlich bestimmter Ermächtigung jeweils mit hoher Regelungsdichte zulässig. Jedoch sind auch Ermächtigungen mit unbestimmten Rechtsbegriffen und mit Handlungsermessen (vgl. 18.2 und 19.) nicht ausgeschlossen. Entsprechendes wie hinsichtlich Ermächtigungsgrundlagen für Bürger gilt hinsichtlich Ermächtigungsgrundlagen für Eingriffe in das **Selbstverwaltungsrecht** der Gemeinden u.Ä. (2.4.2, 11.5.2).

Die Ermächtigungsgrundlagen werden auch **Befugnisnormen** genannt und sind von den im Rahmen der formellen Rechtmäßigkeit zu prüfenden Regelungen **zu unterscheiden**, welcher Verwaltungsträger (Bund, Land, Gemeinde usw.) und welche seiner Behörden als Organe **zuständig** sind und welche Verfahrensvoraussetzungen gelten (s. 17.).

Nach dem Aufbauschema (14.2) ist vorab nur festzustellen, von welcher Ermächtigungsgrundlage auszugehen ist, während - aus verfahrensökonomischen Gründen erst nach der formellen Rechtmäßigkeit - die Voraussetzungen der Ermächtigungsgrundlage abschließend im Rahmen der materiellen Rechtmäßigkeit zu prüfen sind, ergänzt durch die Prüfung weiterer materiellrechtliche Voraussetzungen, (inhaltlicher) Vorrang des Gesetzes vgl. 18.

Die Frage, ob und unter welchen Voraussetzungen die Verwaltung (bzw. Behörde) auch **verpflichtet** ist, tätig zu werden, ergibt sich weitgehend auch **aus der Ermächtigungsgrundlage** (Muss-, Soll-, Kannvorschrift, 18 f.). **Aufgabenbestimmungen** (z.B. § 1 Nds. SOG, 29.1) sind **Zweck- und Zielbestimmungen** (wie § 1 BWaldG/ NWaldLG; § 1 BNatSchG/ NNatG45.1, 49.2) für die Auslegung unbestimmter Rechtsbegriffe und als einzubeziehendes Material bei Abwägungen, nennen aber zusätzlich allgemein den aufgabenerfüllenden Verwaltungsbereich.

In dem **Fall 2 zu 14.2** ermächtigt § 8 (1) – (7) NWaldLG die Verwaltung unter näheren Voraussetzungen zur Genehmigung einer Waldumwandlung. Darin liegt zugleich ausdrücklich das eigentumsbeschränkende Verbot für den Waldeigentümer, ohne eine solche Genehmigung (und besonders ohne Vorliegen der Genehmigungsvoraussetzungen) den Wald einer anderen Nutzung zuzuführen (45.4).
Im **Fall 1 (1.2) zu 14.2** steht für die Wiederaufforstungsverfügung die gesetzliche Ermächtigungsgrundlage des § 8 (8) zur Verfügung (45.4).

Zu beachten ist, dass ein **gesetzliches Verbot** (z.B. Reiten auf Wanderwegen, Beschädigen von Bäumen, Wildern) **noch keine Ermächtigungsgrundlage** für einen Verbots**verwaltungsakt** der Polizei, des Forsthüters oder des bestätigten Jagdaufsehers darstellt (s. auch 1.2). Die (bevorstehende oder andauernde) Verletzung solcher gesetzlichen Verbote oder Rechtsgüter kann jedoch eine Gefahr für die öffentliche Sicherheit sein mit der Rechtsfolge, dass die Tatbestandsmerkmale einer Ermächtigungsgrundlage des allgemeinen Rechts der Gefahrenabwehr, z.B. §§ 11 ff. Nds. Gesetz über die öffentliche Sicherheit und Ordnung erfüllt sind, wonach notwendige rechtliche Maßnahmen der Gefahrenabwehr möglich sind, vgl. 29.2. f.
§ 11 Nds. SOG ist auch Ermächtigungsgrundlage für eine Anordnung des Rodungsverbots im **Fall 1 (1.1)**, da das NWaldLG keine Ermächtigungsgrundlage enthält.

16.3 Besonderheiten

16.3.1 Ausnahme für subventionierende Leistungsverwaltung; Gleichheitssatz als Schranke

Fall: Die Landwirtschaftskammer Niedersachsen gewährt Land- und Forstwirtschaftsbetrieben Fördermittel für den ökologischen Waldumbau ohne spezielle materiell-gesetzliche Grundlage, aber aufgrund verwaltungsinterner Förderrichtlinien im Rahmen eines Haushaltsgesetzes. Ist sie gegenüber dem Waldeigentümer A auch zu einer solchen Leistung (im Rahmen vorhandener Mittel) befugt?

Es fragt sich, ob und inwieweit der Gesetzesvorbehalt auch für das **hoheitliche** Handeln der Leistungsverwaltung (vgl. 11.3.) gilt, also eine zugleich formelle und materielle gesetzliche Ermächtigungsgrundlage - ggf. i.V.m. einer (materiellgesetzlichen) Rechtsverordnung oder Satzung (12.1, 13.1.1) - erforderlich ist. Diese Frage ist allerdings für die Leistungsverwaltung weitgehend bedeutungslos geworden, da die meisten Bereiche nach hinsichtlich der Bindung gegenüber den Bürgern inzwischen durch materielles Parlamentsgesetz geregelt sind.
Allerdings ist für **öffentlich-rechtliche Subventionen**, auch wenn Konkurrenzunternehmen sie nicht erhalten, nach der Rechtsprechung (von einem Teil der Rechtslehrer bestritten) **keine materiell-gesetzliche** Grundlage erforderlich. Eine andere parlamentarische Willensäußerung, insbesondere eine Bereitstellung von Förderungsmitteln im **gesetzlichen Haushaltsplan**, reicht aus, obwohl dieser entsprechend den verfassungsrechtlichen Grenzen (4.2.4, 13.5)
- **nur** ein **formelles** und kein materielles Gesetz (keine Rechtsnorm, 1.1, 4.1.5) ist, weil er
- nur generelle Verwendungszwecke nennt, insbes. keine näheren Aussagen über die Vergabebedingungen enthält (keine Regelung),
- keine unmittelbaren Rechtswirkungen für die Bürger entfaltet.
Wenn (ggf. außer einem inhaltlich nur sehr allgemein gehaltenen Gesetz (vgl. 48.2 f.) zur Forstförderung) **zusätzlich** (lediglich) **allgemeine gesetzesvertretende Verwaltungsvorschriften** (13.2.3) erlassen werden, die bei ständiger Anwendung durch den **Gleichheitssatz** eine Bindung der Verwaltung mit unmittelbarer Außenwirkung erlangen (vgl. 20.3 (3)), genügt diese Kombination als Ermächtigungsgrundlage.

Im Beispiels**fall** ist also eine hinreichende prüfbare Ermächtigungsgrundlage für Leistungszusagen durch Verwaltungsakt gegeben; Fortsetzung des Falles zur Bindung der Verwaltung vgl. zu 20.3 zum Ermessen.

16.3.2 Sonderrechtsverhältnisse

Für Sonderrechtsverhältnisse (z.B. Beamtenverhältnis, vgl. 15.5), nur noch von wenigen „besondere Gewaltverhältnisse" genannt, gelten die Grundrechte und zum Schutz gegen verfassungswidrige Eingriffe in die Grundrechte der Gesetzesvorbehalt im Rahmen der Wesentlichkeitstheorie und erfordern ebenfalls gesetzliche Ermächtigungsgrundlagen für Eingriffe in das sogenannte Grundverhältnis. Verwaltungsvorschriften reichen nicht aus. Jedoch müssen nicht stets gesetzliche Ermächtigungsgrundlagen für Verwaltungsakte gegeben sein: Dienstinterne u. ä. Einzeleingriffe sind keine Verwaltungsakte und im sogenannten Betriebsverhältnis auch ohne gesetzliche Ermächtigungsgrundlage hinzunehmen; vgl. 15.5.

16.4 Vereinbarkeit der Ermächtigungsgrundlage mit höherrangigem Recht und gegensätzlichen Hoheitsbefugnissen

Eine einfach-gesetzliche Ermächtigungsgrundlage, bzw. noch stärker eine Rechtsverordnung oder Satzung als Ermächtigungsgrundlage, muss vereinbar sein mit höherrangigem Recht, insbes. Verfassungs- und ggf. EG-Recht (zur Rangordnung vgl. 1.3), vor allem außer dem Bestimmtheitsgebot für die Ermächtigungsgrundlage (16.2) dem Verhältnismäßigkeitsgrundsatz (5.3.1), der Garantie des Wesensgehalts der Grundrechte (5.3.3), dem Gleichheitssatz (8.2) und den Gesetzgebungszuständigkeiten (4.2). Bei Zweifeln hilft meistens eine verfassungskonforme Auslegung u.a. unter Beachtung der o.g. Bindungen sowie der Wertentscheidung der Grundrechte und der allerdings oft gegensätzlichen Staatszielbestimmungen, vgl. 5.1, 5.5., 5.7, 12.8. Grundsätzlich muss eine **Behörde** auch ein als **verfassungswidrig** erkanntes **formelles Gesetz** anwenden, falls nicht die Behörde aufgrund eines Berichts an die Landes- bzw. Bundesregierung erreicht, dass diese eine abstrakte Normenkontrolle beim Bundesverfassungsgericht beantragt (vgl. 9.3). Eine Verfassungs- bzw. Rechtswidrigkeit von **Rechtsverordnungen** und **Satzungen** kann der Bürger sowohl im Rahmen normaler Rechtsmittel (vgl. 25.) als auch durch Normenkontrollklage nach § 47 VwGO geltend machen (vgl. 12.9). Zur Verfassungsbeschwerde und konkreten Normenkontrolle vgl. 9.3.1 f.
Eine andere Frage ist, **welche Ermächtigungsgrundlage** bei inhaltlich **kollidierenden** oder sich **überschneidenden** - an sich gleichrangigen - gesetzlichen Vorschriften gilt. Dies dürfte zunächst im weiten Umweltbereich davon abhängen, ob – wie im Regelfall durchzusetzende Ge- und Verbote kumulativ nebeneinander bestehen oder kraft ausdrücklicher gesetzlicher Regelung oder Spezialität (vgl. 1.3, 29.2) eine Regelung vorgeht (s. z.B. zum jagdrechtlichen Artenschutz 54.7.3). Daran knüpfen die Ermächtigungsgrundlagen für die Durchsetzung der Ge- und Verbote an, wobei Zuständigkeitsbeschränkungen für Fachbehörden (17.1) möglich sind. Im Regelfall können dem Bürger und anderen juristischen Personen gegenüber, soweit es ihre Privatrechtssphäre betrifft, parallele Verwaltungsakte ergehen, soweit für den späteren noch Raum dafür ist (z.B. kann eine unzulässige Waldgerätehütte nicht zweimal abgerissen werden). Aufgrund gleichrangiger Gesetzeskompetenz von Bund und Land (1.3) erlassene Gesetze gelten auch im jeweiligen **Hoheitsbereich der anderen Körperschaft**. Widersprechen jedoch die gesetzlichen Pflichten den Interessen dieses anderen Verwaltungsträgers, so ist eine Abwägung der gegenseitigen Interessen vorzunehmen, die in ihrem Gewicht am Wohl der Allgemeinheit in allen Beziehungen auszurichten sind (BVerwGE 29, 52, 57, 58). Zur pflichtgemäßen Begründung oder Erfüllung solcher gesetzlichen Pflichten aufgrund einer rechtmäßigen Ermächtigungsgrundlage und Zuständigkeitsregelung darf die **Behörde** eines Verwaltungsträgers (z.B. Land) auch durch Verwaltungsakt Anordnungen für den **hoheitlichen Bereich** (Eingriffs- und erst recht Leistungsverwaltung) **eines anderen Verwaltungsträgers** (z.B. des Bundes) treffen, soweit durch die Anordnungen nur in die privatrechtliche, nicht aber die hoheitliche Tätigkeit eingegriffen wird (z.B. durch Verwaltungsakt der Forstbehörde zur Unter-

stellung eines Waldes unter die Forsthoheit des Landes Baden-Württemberg nach altem Recht mit Auslösung normaler waldgesetzlicher Pflichten hinsichtlich eines Waldes, der Bundeswehrverwaltung als Munitionsanstalt und Tarnwald dient, wobei die Pflichten nur privatrechtlich sind und nicht die hoheitliche Bundeswehrtätigkeit berühren, von Sonderreglungen und Gefahr im Verzug (30.4) abgesehen (h.M.; BVerwG 16.1.1968, BVerwGE 29, 52, 56, 58 = DVBl. 1968, 749, 751, erst recht Zwangsmittel, 30., verneinend). Der Gesetzgeber stellt zum Teil solche generellen Abgrenzungsregelungen auf, z.b. § 45 BWaldG hinsichtlich Verteidigungsanlagen im Wald aufgrund des vorgenannten Urteils (s. 57.13).

Besonderheiten der kommunalen usw. Rechts- und Fachaufsicht (11.5.2 – 11.5.4) sind vorrangig zu beachten (OVG Lüneburg, NSt-N (Städtetag) 1995, 67, OVGE 43, 311).

Vgl. ergänzend auch Götz, Allg. Polizei- und Ordnungsrecht, Rn 239 – 246.

Nicht Aufsichtsberechtigte (z.b. Bund) sollten vorab die Aufsichtsbehörden einschalten. Zur privatrechtlichen Erfüllung von Aufgaben der Leistungsverwaltung s. 23.4.1 ff.

17. Formelle Rechtsmäßigkeitsvoraussetzungen für Verwaltungsakte - Grundsatz des Vorrangs des Gesetzes I

Der verfassungsrechtliche Grundsatz des Vorrangs des Gesetzes (vgl. 12.2, 16.1) gilt wie ausgeführt uneingeschränkt und unbedingt für den gesamten Bereich der Verwaltung, also auch hinsichtlich der formellen Rechtmäßigkeitsvoraussetzungen unter anderem nach dem Verwaltungsverfahrensrecht.

17.1 Zuständigkeit (vgl. Übersicht zu 14.2)

Die Zuständigkeit (Kompetenz) des Verwaltungsträgers und der Behörde des zuständigen Verwaltungsträgers muss, wie ausgeführt, gegeben sein
- **sachlich** (aufgabenbezogen), in **Fall 1 u. 2 zu 14.2.** der Landkreis durch die Landkreisverwaltung (§ 8 NWaldLG),
- **örtlich** (z.B. Gemeindegrenzen bzw. im vorgenannten Fall Gebiet des Landkreises; vgl. auch § 3 VwVfG) und
- **instanziell** (anstelle einer unteren Behörde wird eine höhere Behörde tätig z.b. Waldbehörde des Landkreises gegenüber Feld- und Forstordnungsbehörde der Gemeinde bei Widerspruchsbescheidung im Bereich des übertragenen Wirkungskreises (11.5.3; 25.2, 47.2.7);
- **(funktionell**, besondere Zuständigkeiten von Organwaltern, z.B. Behördenleitern *Begriff Verwaltungsakt*, selten)

17.1.1 Abgrenzung der Zuständigkeitsregelung zur Ermächtigungsgrundlage

Eine gesetzliche (vgl. 4.1.3 f., 12.2) **Ermächtigungsgrundlage** (Gesetzesvorbehalt) benötigt die Verwaltung (als Gewalt neben der gesetzgebenden Gewalt) wie ausgeführt unter dem Gesichtspunkt der Gewaltenteilung (und generell des Demokratie- und Rechtsstaatsprinzips), falls Rechte der Einzelnen berührt sind. Wegen dieser inhaltlichen Begrenzung - zugleich in Abgrenzung zur Gesetzgebung - handelt es sich (16.), um eine **materiellrechtliche Schranke** (ergänzt durch den **Gesetzesvorrang**, 18.) für das Verwaltungshandeln. Diese ist deutlich zu unterscheiden von den eigentlichen **Kompetenzvorschriften, -** oder was gleichbedeutend ist, **Zuständigkeitsvorschriften - ,** die regeln, welcher Verwaltungsträger und welche Behörde tätig werden darf, **als** nur **formelle Rechtmäßigkeitsanforderungen** (vgl. 17., 29.3.4).

(Das gegensätzliche Begriffspaar materielle und formelle Rechtmäßigkeit darf nicht mit den kumulativ möglichen Begriffen *formelles und materielles Gesetz*, 13.5, verwechselt werden; vgl. auch 11.1 zum Prozessrecht als formellem Recht: auch Urteile müssen formell und materiell rechtmäßig sein).

Da die Frage, welcher Verwaltungsträger und welche Behörde zuständig ist, für den Bürger in einer unbestimmten (abstrakten) Zahl von Fällen und generell (für eine unbestimmte Vielzahl von Personen) bedeutsam ist (Fahrtkosten, Erreichbarkeit usw.), sind die Zuständigkeitsregelungen grundsätzlich auch als

Rechtsnormen, also materielle Gesetze - und meistens auch als parlamentarische, also formelle Gesetze - zu erlassen (4.1.3).
Auch Rechtsverordnungen oder Satzungen als nur materielle Gesetze der Verwaltung können, wenn sie aufgrund hinreichender Ermächtigungsgrundlage bzw. bei Vereinbarkeit mit höherem Recht wirksam sind (12.2 ff., 13.1.2 ff.), nähere Zuständigkeitsregelungen für den Erlass von Verwaltungsakten enthalten (vgl. 16.). In Niedersachsen besteht (wohl nur innerhalb der Landesverwaltung) kein Gesetzesvorbehalt (BVerwG, 22.1.2004, DVBl. 2004, 649, Leitsatz).

17.1.2 Verbandskompetenz

Sachlich zuständig muss ein **Verwaltungsträger** sein (11.4, auch eine mit Hoheitsaufgaben beliehene Person, 11.7) – Verbandskompetenz.

Vgl. zur Verteilung der Bund – Länder Kompetenzen im Verwaltungsbereich nach Art. 83 ff. GG s. 4.2.6; zur Zuständigkeit zum Verordnungs- und Satzungserlass 12.3.2, 13.1.3. Zum Unterschied der Verbandskompetenz der Selbstverwaltungsträger, insbes. Selbstverwaltungskörperschaften mit Selbstverwaltungsaufgaben und den Aufgaben, also auch der Zuständigkeit des (ihnen staatlich) übertragenen Wirkungskreises (11.5).
Schon gesetzlich kann die Zuständigkeit zum Erlass von Verwaltungsakten übertragen sein; Vgl. z.B. §§ 37 ff. NWaldLG für die Schaffung von Freizeitwegen durch Gemeinden bzw. Landkreisen im Bereich des eigenen Wirkungskreises (46.17) oder nach § 43 NWaldLG für Zuständigkeiten als Waldbehörden und Feld- und Forstordnungsbehörden im übertragenen Wirkungskreis. Aufgelistete Zuständigkeitsregelungen u.a. aufgrund §§ 97 (3) (4), 98 S. 2 Nds GO enthält die (nds.) VO über Zuständigkeiten auf verschiedenen Gebieten der (speziellen) Gefahrenabwehr v. 7.12.2004, Nds. GVBl. 2004, 576 z.B. im Fleischhygiene- und Lebensmittelrecht (58.2. f., Waffenrecht (58.6) sowie aufgrund fachgesetzlicher Ermächtigungsgrundlagen die Allgemeine ZuständigkeitsVO für die Gemeinden und Landkreise zur Ausführung von Bundesrecht (AllgZustVO-Kom) v. 14.12.2004, Nds. GVBl. 2004, 589, z.B. für bestimmte Aufgaben des Tierschutzrechts (58.1), der Bundeswildschutzverordnung und des Forstschädenausgleichsgesetzes (48.11). Vgl. auch ZustVO-Naturschutz v. 9.12.2004, Nds. GVBl. 583.
Nach § 11 (1) S. 1 Nds. Gemeindeordnung (NGO) erfüllen die großen selbständigen Städte neben ihren Aufgaben als kreisangehörige Gemeinden in ihrem Gebiet diejenigen Aufgaben des übertragenen Wirkungskreises, die den Landkreisen obliegen, soweit die Gesetze dies nicht ausdrücklich ausschließen (so z.B. § 43 (7) NWaldLG, 47.2.1, 47.2.23). Gemäß § 11 (1) S. 2 kann die Landesregierung durch Verordnung bestimmen, dass Aufgaben, deren Wahrnehmung durch die großen selbständigen Städte einen unverhältnismäßig großen Verwaltungsaufwand mit sich bringen würde oder aus anderen Gründen unzweckmäßig erscheint, abweichend von Satz 1 durch die Landkreise wahrgenommen werden. Die gleichen Regelungen wie in § 11 (1) S. 1 und 2 NGO enthält § 12 (1) S. 3 und 4 für selbständige Gemeinden (grundsätzlich bei mehr als 30 000 Einwohnern. Aufgrund §§ 11, 12 Nds. Gemeindeordnung Allgemeine VO über die den Landkreisen gegenüber den großen selbständigen Städten und den selbständigen Gemeinden vorbehaltenen Aufgaben des übertragenen Wirkungskreises (AllgVorbehVO) v. 14.12.2004, Nds. GVBl, 587). Solche Vorbehalte bestimmt die VO z.B. für die Durchführung des Nds. Raumordnungsgesetzes (39.), das KrW-/AbfallG und NAbfG (63.), das Bundes-Bodenschutzgesetz (61.) und die Durchführung der VO zur Durchführung des BWaldG v. 8.9.1975 (Nds. GVBl. 310), geänd. durch Art. 3 der VO v. 2.12.1996 (Nds. GVBl. 473), 47.6.

17.1.3 Organ- oder Behördenzuständigkeit

Von der Verbandskompetenz zu unterscheiden ist die Organ- oder Behördenzuständigkeit, die, wie ausgeführt, grundsätzlich auch durch formelles und zugleich materielles Gesetz ggf. i.V.m. einer Rechtsverordnung oder Satzung, in Niedersachsen auch durch Verwaltungsvorschrift (Erlass) auf Behörden als Organe des Verwaltungsträgers übertragen werden. Es wird auch nach **sachlicher, örtlicher und instanzieller** Zuständigkeit unterschieden. Zur Erfüllung durch Behördenteile s.11.6.4) und durch Organwalter (11.9).
Wenn **Behörden**, die für verschiedene Rechtsbereiche zuständig sind, aufgrund unterschiedlicher Rechtsvorschriften ganz oder weitgehend **gleiche Maßnahmen** verfügen können, jedoch von den Pflichtigen nichts Widersprüchliches, Unverhältnismäßiges oder aus anderen Gründen Rechtswidriges verlangt wird, verstoßen die Zuständigkeitsregelungen nicht gegen das Rechtsstaatsprinzip (VGH Kassel 7.2.1996, NuR 1996, 413). Gesetzliche Regelungen enthält z.B. § 43 NWaldLG für die Feld- und Forstordnungsbehörden, Waldbehörden und Feld- und Forsthüter (47.2).

17.2 Verfahrensbindungen des VwVfG

Zum **Geltungsbereich** des VwVfG s. §§ 1, 2.
Nach § 3a (1) VwVfG ist die Übermittlung elektronischer Daten zulässig, soweit der Empfänger hierfür einen Zugang eröffnet. Eine durch Rechtsvorschrift angeordnete Schriftform kann, soweit nicht durch Rechtsvorschrift etwas anderes bestimmt ist, durch die elektronische Form mit qualifizierter elektronischer Signatur ersetzt werden, § 3a (2) VwVfG. Die Behörde hat dem Übersender eines elektronisch ungeeignet übersandten Dokuments unverzüglich über die mangelnde Eignung zu informieren. Auch der Empfänger eines von einer Behörde abgesandten Dokuments kann Nachbesserung in elektronischer oder schriftlicher Form verlangen (§ 3a (3) VwVfG).

§§ 9 bis 34 VwVfG enthalten die allgemeinen Vorschriften für das auf den Erlass eines Verwaltungsakts (bzw. Abschluss eines öffentlich-rechtlichen Vertrages) gerichtete Verwaltungsverfahren, einschließlich Erlass des Verwaltungsakts (s. auch 14.1).
Nach § 10 S. 2 VwVfG ist das **Verwaltungsverfahren** einfach, zweckmäßig und zügig (s. Ziekow, DVBl. 1998, 1101) durchzuführen.
Zu den **Beteiligten,** u.a. auch **Bevollmächtigten** vgl. §§ 11 ff. VwVfG.

Die Behörde hat verfahrensrechtliche Pflichten zu erfüllen, die auch als Pflichten in einem Verwaltungsrechtsverhältnis gewertet werden können, in dessen Mittelpunkt jedoch meistens der Erlass eines Verwaltungsakts steht. Sie
- **ermittelt** - auch zugunsten des Bürgers - **von Amts wegen** (§ 24 VwVfG; s. aber zur Beweislast des Bürgers im Gentechnikrecht 64.4),
- **erteilt Rat und Auskunft,** z.B. Hilfe bei Antragstellung (§ 25 VwVfG), Unterfall von Treu und Glauben (20.4),
- hat vor Erlass eines Verwaltungsakts, der in Rechte eines Beteiligten eingreift, diesen **anzuhören,** soweit nicht eine Ausnahmeregelung besteht (z.B. bei einer großen Zahl von Betroffenen im Rahmen einer Allgemeinverfügung - vgl. 15.4.3 ff., § 28 VwVfG; s. auch 53.5); Ergänzung zum rechtlichen Gehör vor Gericht (Art. 103 (1) GG, 5.5),
- hat dem Bürger **Akteneinsicht** zu gewähren (§ 29 VwVfG, s. auch 53.9),
- darf die zum persönlichen Lebensbereich gehörenden **Geheimnisse** und Berufs- und Geschäftsgeheimnisse **nicht unbefugt offenbaren** (§ 30 VwVfG; darüber hinaus Bindungen nach dem Bundes- und Landesdatenschutzgesetz). Vgl. aber zur Umweltinformation 38.9.1
  In dem **Fall 1 u. 2 zu 14.2** hat der Landkreis L vor Erlass des Rodungsverbots- und der Wiederaufforstungsverfügung bzw. Entscheidung über den Antrag auf Genehmigung der Waldumwandlung von Amts wegen den Sachverhalt näher zu ermitteln und auch den Waldeigentümer zu hören.
Zu Genehmigungsverfahren mit Beschleunigungsgebot s. auch §§ 71 a ff. VwVfG; zu Planfeststellungsverfahren §§ 72 - 78 VwVfG (43.1). Vgl. auch Ziekow, DVBl. 1998, 1101. Für eine dem US-amerikanischen Recht stärker angelehnte Öffentlichkeitsbeteiligung Pünder, NuR 2005, 71; 38.6).

17.3 Form (§ 37 (2) - (5) VwVfG)

Nach § 10 S. 1 VwVfG ist ein Verwaltungsakt nur insoweit an eine bestimmte **Form** gebunden, als besondere Rechtsvorschriften bestehen. Ein Verwaltungsakt kann daher grundsätzlich formfrei, also schriftlich, elektronisch, mündlich oder in anderer Weise (z.B. durch Handzeichen) erlassen werden (§ 37 (2) S. 1). Bei den Außendienstaufgaben z.B. des Forst- und Jagdschutzes wird im Allgemeinen nur die mündliche Form möglich sein. Sonst werden die weitaus meisten Verwaltungsakte schriftlich bzw. elektronisch erlassen, was auch der Rechtsklarheit und -sicherheit dient,
  so in dem **Fall 1** und **2 zu 14.2** hinsichtlich der Waldumwandlung; vgl. auch 18.4.
Automatisiert erstellte Bescheide müssen ausnahmsweise nicht unterschrieben sein bzw. auch nicht die Namenswiedergabe des Behördenleiters, seines Vertreters oder seines Beauftragten enthalten (§ 37 (5) S. 1 VwVfG).

Die Schriftform ist gesetzlich (bzw. elektronisch) vorgeschrieben z.B. für
- die Bestimmung von Freizeitwegen durch gemeindliche Allgemeinverfügung schriftlich ggf. unter Bezugnahme auf die Plankarte, die vorher auszulegen war (§ 37 NWaldLG),
- die Jagdscheinerteilung (§ 15 (1) BJagdG),
- die Ernennung zum (Forst-)Beamten unter Aushändigung einer Urkunde mit genau bestimmtem Wortlaut (§ 7 (2) (3) Nds. Beamtengesetz).

17.4 Begründung (§ 39 VwVfG)

Nach § 39 (1) VwVfG ist ein schriftlicher oder elektronischer sowie ein schriftlich oder elektronisch bestätigter Verwaltungsakt mit einer Begründung zu versehen. In der Begründung sind die wesentlichen tatsächlichen und rechtlichen Gründe mitzuteilen, die die Behörde zu ihrer Entscheidung bewogen haben. Die Begründung von Ermessensentscheidungen soll auch die Gesichtspunkte erkennen lassen, von denen die Behörde bei der Ausübung ihres Ermessens ausgegangen ist (vgl. 19.6.3). *(Auch mündliche Verwaltungsakte sollten begründet werden.)*
Nach § 39 (2) VwVfG bedarf es einer Begründung nicht,
1. soweit die Behörde einem Antrag entspricht oder einer Erklärung folgt und der Verwaltungsakt nicht in die Rechte eines anderen eingreift;
2. soweit dem Adressaten oder sonst Betroffenen die Auffassung der Behörde über die Sach- und Rechtslage bereits bekannt oder auch ohne schriftliche Begründung für ihn ohne weiteres erkennbar ist;
3. wenn die Behörde gleichartige Verwaltungsakte in großer Zahl oder Verwaltungsakte mittels automatischer Einrichtungen erlässt, wenn die Begründung nach den Umständen des Einzelfalles nicht geboten ist;
4. wenn sich dies aus einer Rechtsvorschrift ergibt;
5. wenn eine Allgemeinverfügung (15.4) öffentlich bekanntgegeben wird.

17.5 Wirksamwerden durch Bekanntgabe (§ 41/§ 43 VwVfG)

Nach § **41 (1)** VwVfG ist ein Verwaltungsakt demjenigen Beteiligten **bekannt zu geben**, für den er bestimmt ist oder der von ihm betroffen ist (ggf. z.B. Baunachbar). Ist ein Bevollmächtigter bestellt, so kann die Bekanntgabe ihm gegenüber vorgenommen werden.
Eine Bekanntgabe ist die Eröffnung des Verwaltungsakts mit Wissen und Willen der Behörde, die den Verwaltungsakt erlässt.
Grundsätzlich gilt ein schriftlicher Verwaltungsakt am dritten Tag nach Aufgabe zur Post und ein elektronischer Verwaltungsakt am dritten Tag nach Absendung als bekannt gegeben. Dies gilt nicht, wenn der Verwaltungsakt nicht oder zu einem späteren Zeitpunkt zugegangen ist; im Zweifel muss die Behörde den Zugang des Verwaltungsaktes und den Zeitpunkt des Zugangs beweisen. § 41 (2).
Bei einer Allgemeinverfügung (vgl. 15.4.3, 15.4.5) ist eine (ortsübliche) öffentliche Bekanntgabe möglich (§ 41 (3) S. 2 VwVfG. Einzelheiten zur öffentlichen Bekanntgabe in § 41 (4).

Nach § **43 (1) S. 1** VwVfG **wird** ein Verwaltungsakt demjenigen gegenüber, für den er bestimmt ist oder der von ihm betroffen ist, in dem Zeitpunkt **wirksam**, in dem er ihm bekannt gegeben wird. Er wird mit dem Inhalt wirksam, mit dem er bekannt gegeben wird.
Von der **äußeren** Wirksamkeit des Verwaltungsakts durch Bekanntgabe ist die **innere** Wirksamkeit zu unterscheiden, die die Behörde durch Nebenbestimmungen einschränken kann **(Bedingungen, Befristungen)**, vgl. 22.1.
> **Beispiel**: Die Baugenehmigung wird am 10.12. durch Bekanntgabe erteilt (äußere Wirksamkeit) mit der (aufschiebenden) Bedingung, dass erst ein positives Bodengutachten vorliegen muss (dann erst innere Wirksamkeit).

Zum **Unwirksamwerden** eines Verwaltungsakts s. § 43 (2) VwVfG(22.2), zur **Nichtigkeit** s. § 44 VwVfG (22.3).

18. Materielle Rechtmäßigkeitsvoraussetzung des Tatbestandes der Ermächtigungsgrundlage - Grundsatz des Vorbehalts und des Vorrangs II des Gesetzes

18.1 Tatbestand und Rechtsfolge einer Ermächtigungsgrundlage

Besonders in Ausführung der Grundsätze des Vorbehalts und Vorrangs II des Gesetzes (Teile des Grundsatzes der Gesetzmäßigkeit der Verwaltung) sind die materiellen Rechtmäßigkeitsvoraussetzungen der **Ermächtigungsgrundlage** und ggf. **weitere materielle Rechtsnormen** (z.B. bei Waldrechtsentscheidungen auch nach Naturschutzrecht) zu beachten. Zu vorab zu prüfenden „k.o.-Kriterien" s. 14.2. Bei den Ermächtigungsgrundlagen ist zu unterscheiden:

1. Im **Normalfall** ist die gesetzliche Ermächtigungsgrundlage **konditional** nach dem **Wenn-Dann-Schema** aufgebaut und so anzuwenden (s. 1.1, 1.2.7). Der gesetzliche **Tatbestand** der Ermächtigungsgrundlage umfasst die rechtlichen Voraussetzungen einer Rechtsnorm für das Handeln der Verwaltung. Bei Erfüllung des gesetzlichen Tatbestands der Ermächtigungsgrundlage (18.3) ergibt sich die **Rechtsfolge** der Rechtsnorm (19.).
2. Jede Rechtsnorm kann (muss aber nicht) **unbestimmte Rechtsbegriffe im Tatbestand oder in der Rechtsfolge** (oder bei finaler Planungsentscheidung, s.u. 4. und 21.) enthalten (z.B. „öffentliches Interesse").

2.1 mit voller gerichtlicher Kontrolle = kein Beurteilungsspielraum der Verwaltung **(18.2.1 f.)**	**2.2** nur begrenzte gerichtliche Kontrolle = Beurteilungsspielraum der Verwaltung; z.B. Leistungsbewertung **(18.2.3)**

3. Hinsichtlich der **Rechtsfolge** ergeben sich folgende Unterschiede: Entscheidung

3.1 gebunden (11.3) Wenn ... , dann *„muss"*... **(19.1)**	**3.2 mit Ermessen** (11.3.) Wenn ..., dann *„kann"* ... (enger *„soll"*; **19.2 ff.**)
3.1.1 präventive Verbote mit **Erlaubnis**vorbehalt **(Kontrollerlaubnis**; 24.2.3) mit einem Anspruch bei Vorliegen der Voraussetzungen und voller gerichtlicher Nachprüfung	**3.2.1** repressives Verbot mit **Befreiung**svorbehalt **(Ausnahmebewilligung**, Dispens, 24.2); nur Anspruch auf fehlerfreie Ermessensausübung
3.1.1.1 ohne Abwägung im Tatbestand: z.B. Erteilung einer Baukontrollerlaubnis (NBauO, 42.1) zur Realisierung des Eigentumsrechts	**3.2.1.1 ohne Abwägung im Tatbestand;** z.B. Ausnahme für Beeinträchtigung eines gesetzlichen Biotops , § 28a NNatG (51.8.4)
3.1.1.2 mit Abwägung im Tatbestand: insbes. für die **Zulassung** von Flächennutzungen; z.B. Entscheidung über: die Bauerlaubnis im unbeplanten Außenbereich (41.5); Genehmigung einer Waldumwandlung **(Fall 2 zu 14.2;** 45.4; 21.).	**3.2.1.2 mit Abwägung im Tatbestand:** z.B. § 62 (1) Nr. 2 BNatSchG: Überwiegende Gründe des Allgemeinwohls verlangen eine Befreiung von einem naturschutzrechtlichen Verbot. (53.6, 21.)
3.1.2 Belastende Anordnungen ohne/mit Abwägung; **ausnahmsweise gebunden**; z.B. § 16 (1) S. 1 Infektionsschutzgesetz; § 20 (2) S. 2 BImSchG.	**3.2.2 Belastende Anordnungen** ohne/ mit Abwägung; **Normalfall Ermessen**; z.B. § 31 (4) NWaldLG (45.11), § 11 Nds. SOG (29.4); § 8 (8) NWaldLG allerdings *„soll"* (19.2, 45.4.12.1)

4. Von Wenn-Dann-Rechtsnormen zu unterscheiden sind **Rechtsnormen** (oder Rechtssätze, 1.1), die **planungsbezogenes (final)** auf ein Ziel gerichtetes Handeln der Verwaltung mit **Abwägung** von gegensätzlichen Belangen (Rechtsgütern, Interessen, auch als unbestimmte Rechtsbegriffe formuliert) verlangen. In die Abwägung sind alle erheblichen Belange einzubeziehen und zu gewichten. Jedoch hat die Verwaltung ein **Planungsermessen (planerische Gestaltungsfreiheit).** Daher ist die Entscheidung gerichtlich nur eingeschränkt nachprüfbar (s. **21.**); z.B. für Bebauungsplan (40.), Planfeststellungsbeschluss (43.1).

18.2 Unbestimmte Rechtsbegriffe ohne oder mit Beurteilungsspielraum

18.2.1 Bestimmte und unbestimmte Rechtsbegriffe

Bestimmte und unbestimmte Rechtsbegriffe kommen bei gebundener oder Ermessensentscheidung, aber auch Planungsentscheidungen (s. 18.1) im anzuwendenden Gesetz vor (genauer: bestimmte und unbestimmte gesetzliche Merkmale).
Die einzelnen Rechtsbegriffe einer Rechtsnorm sind meistens **bestimmt**, entweder als tatsächliches Merkmal (Haus) oder als rechtlicher Begriff (Sache, Rechtsfähigkeit).
Unbestimmte Rechtsbegriffe sind inhaltlich vom Gesetzgeber nicht präzise gefasste (mehrdeutige) Merkmale des **Tatbestandes** (selten der Rechtsfolge bei Wenn-Dann-Charakter, aber auch bei Planungsentscheidungs-Charakter) einer gesetzlichen Vorschrift.
z.B. Gemeinwohl, gute Sitten, öffentliche Sicherheit, Belange der Allgemeinheit (§ 8 (6) NWaldLG, Waldumwandlung), ordnungsgemäße Forstwirtschaft, Eignung, Leistung.
Unbestimmte Rechtsbegriffe sind durch Auslegung nach den allgemeinen Auslegungsmethoden zu präzisieren (vgl. 1.2), insbesondere auch **verfassungskonform**, vor allem, da sie auch die Rechtsfolge beeinflussen, unter Einbeziehung der Grundrechtswerte (5.5.1), der Verfassungsgrundsätze wie der **Verhältnismäßigkeit** (5.3.1, 12.5.2, 20.1) und des **Vertrauensschutzes** sowie von **Treu und Glauben** s. 20.3), auch in Abwägung von Staatszielen (5.5.4), bindender rahmengesetzlicher Vorschriften (z.B. BWaldG, BNatSchG, BJagdG) sowie ggf. EG-rechtsfreundlich auszulegen.
Bei den unbestimmten Rechtsbegriffen im Tatbestand ist ein **gegebener Sachverhalt** zu bewerten, wobei Tatbestand und Rechtsfolge nicht immer einfach zu trennen sind. *Z.B.*
1. Die Verwaltungsbehörden ... *können* die *notwendigen* Maßnahmen treffen (Rechtsfolge), um eine Gefahr für die *öffentliche Sicherheit* abzuwehren (Tatbestand), § 11 i.V.m. **§ 2 Nds. SOG; - Wenn - Ermessen**sentscheidung. = **Wenn** eine Gefahr für die öffentliche Sicherheit vorliegt, **dann** können die Verwaltungsbehörden die notwendigen Maßnahmen zur Abwehr der Gefahr treffen (vgl. **Fall 1 zu 14.2**; 29.). - Die unbestimmten Rechtsbegriffe „öffentliche Sicherheit" (im Tatbestand) und „notwendig" (als Rechtsfolge-Merkmal entspricht i.V.m. § 4 Nds. SOG dem Verhältnismäßigkeitsgrundsatz, vgl. 5.3.1, 20.1), schränken den Ermessensspielraum bei der Anwendung der Rechtsfolgeregelung ein, 19.6.
2. Die zuständige Behörde hat die Beseitigung einer Anlage, die ohne die erforderliche Genehmigung nach dem BImSchG errichtet, betrieben oder wesentlich geändert wird, anzuordnen, wenn die Allgemeinheit oder die Nachbarschaft nicht *auf andere Weise* ausreichend geschützt werden kann. = **Wenn** eine Anlage ohne die erforderliche Genehmigung nach dem BImSchG errichtet, betrieben oder wesentlich geändert wird (*Tatbestand*), **dann** *hat* die zuständige Behörde die Beseitigung einer Anlage *anzuordnen*, wenn (auch noch **Rechtsfolge**) die Allgemeinheit oder die Nachbarschaft nicht auf andere Weise (als durch Beseitigung der Anlage) ausreichend geschützt werden kann (Verhältnismäßigkeit); - ausnahmsweise **gebundene** Entscheidung bei Vorliegen der Eingriffsbefugnis, **§ 20 (2) S. 2 BImSchG**, s. 62.
3. Bei der **gebundenen** Entscheidung über die Waldumwandlungsgenehmigung (**Fall 2 zu 14.2**) als Wenn-Dann-Entscheidung, aber mit **planungsbezogener** Abwägung (18.1) sind u.a. „Belange der Allgemeinheit" und „Interessen des Waldeigentümers" gegeneinander abzuwägen und daher die darin liegenden unbestimmten Rechtsbegriffe auszulegen und zu ermitteln (Anforderungen wie beim Planungs*ermessen*, 21., aber mit *voller gerichtlicher Nachprüfung*).

18.2.2 Unbestimmte Rechtsbegriffe ohne Beurteilungsspielraum

Nach der höchstrichterlichen Rechtsprechung können die Verwaltungsgerichte die Ergebnisse der Auslegung eines unbestimmten Rechtsbegriffs grundsätzlich nachprüfen, so dass der Verwaltung kein unkontrollierter Beurteilungsspielraum verbleibt. Die Verwaltung muss dabei befürchten, dass ihr Auslegungsergebnis vom Verwaltungsgericht für falsch gehalten wird, 25. soweit nicht schon Musterentscheidungen insbes. des Bundesverwaltungsgerichts vorliegen.

18.2.3 Unbestimmte Rechtsbegriffe mit Beurteilungsspielraum

Ausnahmsweise hat die Verwaltungsbehörde einen begrenzten **gerichtlich nicht nachprüfbaren** Beurteilungsspielraum (nicht zu verwechseln mit Rechtsfolge-/ bzw. Planungs- „Ermessen", vgl. 18.1), und zwar bei
- Prüfungsentscheidungen (Abitur, Staatsexamen, Leistungsbeurteilung usw.)
- prüfungsähnlichen Entscheidungen im Schulbereich (Versetzung)
- beamtenrechtlichen Beurteilungen
- Wertungsentscheidungen von Ausschüssen, die mit weisungsunabhängigen Sachverständigen bzw. Interessenvertretern besetzt sind (z.B. zur Festlegung ökologischer Bewirtschaftung)
- teilweise bei Prognoseentscheidungen und Risikobewertungen vor allem im Bereich des Umweltrechts (z.B. Vorsorge gegen den Betrieb von Kernkraftwerken, BVerwGE 72, 300, 316 f.; 81, 185, 190 ff.) und Wirtschaftsrechts.

Die zu bewertende Leistung usw. als unbestimmter Rechtsbegriff ist Tatbestandsmerkmal mit der Rechtsfolge einer Benotung oder eines ähnlichen Werturteils. Entscheidet die Verwaltung mit einem solchen Beurteilungsspielraum im Rahmen der gesetzlichen Ermächtigungsgrundlage, muss das Gericht sich darauf beschränken zu prüfen, ob die Behörde
- den anzuwendenden Begriff oder den gesetzlichen Rahmen, in dem sie sich bewegen kann, verkannt hat
- von unzutreffend oder unvollständig ermittelten Tatsachen ausgegangen ist
- die einschlägigen Verfahrensvorschriften nicht eingehalten hat
- allgemein gültige Bewertungsmaßstäbe oder Beurteilungsrichtlinien nicht beachtet hat
- sachfremde Erwägungen angestellt hat oder
- den Gleichheitssatz (vgl. 20.3) verletzt hat
(Schmidt-Aßmann, in Maunz-Dürig, Art. 19 (4) GG Rn 192 mit Rechtsprechungsnachweisen. Die Widerspruchsbehörde kann dagegen im Rahmen des Widerspruchsverfahrens den Begriff neu auslegen, vgl. 25.2).

18.3 Erfüllung der gesetzlichen Voraussetzungen des Tatbestandes

Bei Wenn-Dann-Rechtsnormen müssen bei gebundener aber auch Ermessens-Entscheidung (vgl. 11.3) die Voraussetzungen des gesetzlichen Tatbestands der Ermächtigungsgrundlage (Grundsatz des Vorbehalts und Vorrang des Gesetzes) und weiterer einschlägiger Rechtsnormen erfüllt sein. Sind sie erfüllt, ist bei gebundener Entscheidung die Rechtsfolge von der Rechtsnorm schon bestimmt, soweit nicht noch zusätzliche Bindungen zu beachten sind, und so anzuordnen. Eine solche gebundene Rechtsfolge wird in der Rechtsnorm mit Verben wie „muss", „hat zu" , „darf nicht" formuliert, im Gegensatz zu Ermessensvorschriften („kann", „darf", „ist befugt"), vgl. 19.1 und die Beispiele zu 18.2.1. Ausnahmsweise werden diese Bezeichnungen auch anders im Gesetz verwendet, so dass jede Vorschrift insoweit näher im Zusammenhang und nach dem Zweck der Vorschrift auszulegen ist (vgl. 1.2). Z.B. wird selten „kann" oder „ist befugt" auch für Zuständigkeitsregelungen verwendet und an anderer Gesetzesstelle eine gebundene Entscheidung vorausgesetzt.

19. Entscheidung über die Rechtsfolge (vgl. 18.1)

19.1 Gebundene Entscheidung

Die Verwaltungsbehörde hat bei ihrer Entscheidung im Rahmen einer Ermächtigungsgrundlage (Wenn-Dann-Schema) bei **gebundener** Entscheidung die vorgegebene Rechtsfolge anzuordnen, die aber **nicht unbestimmt (§ 37 (1) VwVfG)** sein darf. Eine Verfügung ist hinreichend bestimmt, wenn der Adressat sein Verhalten danach richten kann und auch eine behördliche Vollstreckung möglich ist (Kopp, VwVfG, § 37 Rn 2a mit Nachweisen). Ein Verwaltungsakt darf **nicht auf ein unmögliches Ziel gerichtet** sein (§ **44 (2) Nr. 4 VwVfG** für objektive Unmöglichkeit).

19.2 Ermessensentscheidung als Entscheidung über die Wahl von Rechtsfolgen; Soll- und Kann-Vorschriften (19.3 - 19.6)

Ist dagegen eine **Ermessens**entscheidung als Rechtsfolge vorgesehen, kann die Verwaltung grundsätzlich zwischen verschiedenen Verhaltensweisen als Rechtsfolgen in rechtlichen Grenzen als Zweckmäßigkeitsentscheidung wählen, vgl. auch 18.1 - 18.3 und als *Beispiel* § 11 Nds. SOG zur Gefahrenabwehr („können...Maßnahmen treffen"); s. hierzu **Fall 1.1 zu 14.2** - Untersagung der Waldrodung und 18.2.1. Für Verwaltungsakte, die in Recht eingreifen, gibt es fast nur Ermächtigungen zu Ermessensentscheidungen.

Ob das Gesetz zu einer Ermessensentscheidung ermächtigt oder zu einer Entscheidung mit strikter Bindung, ist durch Auslegung zu ermitteln.

Ist die Rechtsfolge nach der Rechtsnorm	
zwingend, z.B. „muss", „hat zu", „ist zu", „darf nicht", liegt in der Regel (strikte) Gesetzesbindung vor,	gelockert, z.B. „kann", „darf", „ist befugt", ist in der Regel eine Ermessensvorschrift gegeben,
Muss-Vorschrift	Kann-Vorschrift

Auch eine normale Aussage wie „Die Behörde trifft die notwendigen Maßnahmen ..." bedeutet strikte Bindung.
Bei „darf nur versagt werden, wenn, ..." ist bei Nichtvorliegen der Versagungsgründe bindend positiv zu entscheiden, allerdings auch bei Vorliegen der Versagungsgründe abzulehnen (VG Regensburg, NuR 1991, 444).

Im Gegensatz zu dem Ermessen bei Kann-Vorschriften ist bei der Formulierung "**soll**" in der Rechtsfolgeregelung die Rechtsfolge **in der Regel** zwingend; von ihr darf die Verwaltung nur in Fällen mit **atypischem** Sachverhalt abweichen (also sehr enges Ermessen, u.a. BVerwGE 49, 16, 23), s. z.B. 45.4 zu der Wiederaufforstungs-Verfügung bei ungenehmigter Waldumwandlung (§ 8 (8) NWaldLG) - **Fall 1.2 zu 14.2.**
Das BVerwG (16.6.1997 in DVBl. 1998, 145, 146 mit weiteren Nachweisen sowie Anm. von Schwabe im Anschluss S. 147 auch zur überwiegenden Ablehnung dieser Rechtsprechung) nimmt an, dass sich auch die Auslegung einzelner Kann-Vorschriften nach ihrem Zweck oder i.V.m. anderem Recht (z.B. Haushaltsrecht) ergeben kann, dass sie wie Soll-Vorschriften zu behandeln sind, „**intendiertes Ermessen**". S. dazu 19.6.3.

19.3 Entschließungs- und Auswahlermessen

Beim **Entschließungsermessen** geht es um die Frage, **ob** eingeschritten werden soll (z.b. **kann** die Polizei bei Vorliegen einer Gefahr für die öffentliche Sicherheit eine Maßnahme treffen oder nicht einschreiten).

Das **Auswahlermessen** umfasst die Frage,
– **gegen** wen eingeschritten werden kann (z.b. Auswahl eines von mehreren haftenden Gebührenschuldnern oder Verantwortlichen bei der Gefahrenabwehr).
– **wie** eingeschritten werden kann (Mittel; z.b. Festsetzung von Gebühren in einem Rahmen von 100 bis 1 000 €; Wahl der Art des polizeilichen Eingreifens).

Bei der Fallprüfung lassen sich beide Entscheidungselemente nicht getrennt behandeln.

19.4 Verfassungsrechtliche Rechtfertigung

Ermessensbefugnisse der Verwaltung für Einzelakte werfen die Frage auf, wie die Entscheidungsbefugnisse auf die parlamentarische Gesetzgebung, Verwaltung und Rechtsprechung verteilt werden darf (Gewaltenteilung und Bestimmtheit der Ermächtigungsgrundlage als Grundsätze des Rechtsstaats- bzw. Demokratieprinzips, vgl. 12.2, 16.2).

Ist der Verwaltung ein Ermessen eingeräumt, entscheidet *sie* bei Vorliegen des gesetzlichen Tatbestands über die zweckmäßige Rechtsfolge in gewissem Umfang eigenständig und nicht der Gesetzgeber. Hiermit soll die Einzelfallgerechtigkeit erhöht werden. Dabei hat die Behörde die gesetzliche Zielvorstellung (den Gesetzeszweck) zu berücksichtigen und eine dem Einzelfall angemessene sachgerechte Lösung zu finden, was dem Gesetzgeber praktisch nicht möglich wäre. Dies ist angesichts der nachfolgend (19.5 f.) aufzuzeigenden rechtlichen Grenzen für die Ermessensausübung - trotz Einschränkung des Rechtsschutzes i.S. Art. 19 (4) GG hinsichtlich des verbleibenden Ermessensspielraums - verfassungsrechtlich gerechtfertigt.

19.5 Pflichtgemäßes Ermessen nach dem Zweck der Ermächtigungsgrundlage in gesetzlichen Grenzen (§ 40 VwVfG)

Nach § 40 VwVfG hat die Behörde ein ihr gesetzlich eingeräumtes Ermessen entsprechend dem Zweck der Ermächtigung auszuüben und die gesetzlichen Grenzen des Ermessens bei der Rechtsfolge-Entscheidung einzuhalten (pflichtgemäßes Ermessen). Zunächst muss die Behörde also feststellen
– den gesetzlich (auch in Auslegung nach den Grundrechten und Staatszielen) zu beachtenden Zweck des Handelns mit Ermessensspielraum (z.b. die notwendige Gefahrenabwehr bezogen auf den Zweck der Ermächtigungsgrundlage)
– die für die Entscheidung maßgeblichen Gesichtspunkte (Belange usw.).

Im **Fall 1. zu 14.2** ist gesetzlicher Zweck der Ermächtigung zur Genehmigung der Waldumwandlung die Sicherung des gesetzlichen Verbots der ungenehmigten Waldumwandlung bzw. der Bestandssicherung des Waldes als allgemeines gesetzliches Ziel (§ 1 BWaldG, s. 45.1.3). Hinsichtlich der zahlreichen zu berücksichtigenden Belange s. 45.4.

Die Verwaltung ist hinsichtlich ihrer Ermessensausübung über die verfassungskonforme Auslegung von unbestimmten Rechtsbegriffen hinaus teilweise (anstelle des Gesetzgebers) auch unmittelbar der Verfassung unterworfen (12.5, 18.2.1, 24.3.3.4).
Bei Ermessensfehlern ist die Entscheidung rechtswidrig. Zum (nur) formellen subjektiven Recht der Bürger auf fehlerfreie Ermessensausübung vgl. 24.2.2.
Sind mehrere Entscheidungen ermessensfehlerfrei, so ist deren Auswahl eine Frage der rechtlich unerheblichen *Zweckmäßigkeit* (19.6.4, 25.2.4).
Nachfolgende Arten von Ermessensfehlern (Verletzung von einfachen Gesetzen u.a. Rechtsnormen, s. § 40 VwVfG), aber auch von Verfassungs- und EG-Recht sind zu vermeiden.

19.6 Vermeidung rechtlicher Ermessensfehler

19.6.1 Ermessensüberschreitung

Da § 40 VwVfG als **Ermessensgrenzen** die Grenzen der Ermessensvorschrift und weitere „gesetzliche Grenzen" einbezieht, gehören dazu einfach-gesetzliche Vorschriften oder auch das Verfassungs- oder unmittelbar anwendbare EG-Recht.

19.6.1.1 Bestimmtheit; nicht unmögliches Ziel

Auch als gesetzliche Ermessensgrenze (zu gebundenen Verwaltungsakten s. 19.1) muss ein Verwaltungsakt hinreichend bestimmt sein (Adressat, Ziel und grundsätzlich auch Mittel (**§ 37 (1) VwVfG**). Eine Verfügung ist hinreichend bestimmt, wenn der Adressat sein Verhalten danach richten kann und auch eine behördliche Vollstreckung möglich ist (Kopp, VwVfG, § 37 Rn 2a mit Nachweisen).

Ein Verwaltungsakt darf nicht auf ein unmögliches Ziel gerichtet sein (**§ 44 (2) Nr. 4 VwVfG** für objektive Unmöglichkeit). Z.B. ist ein ausschließlich begünstigender Verwaltungsakt technisch, also tatsächlich, nicht realisierbar. Eine Abrissverfügung ergeht nur an einen Miteigentümer und eine Duldungsverfügung gegenüber dem anderen Miteigentümer fehlt.

19.6.1.2 Beschränkung auf verantwortliche Personen (Adressaten)

Es darf eine gefahrenabwehrrechtliche Verfügung nicht an an eine Person ergehen, bei der die gesetzlich bindenden Voraussetzungen dafür fehlen (§§ 6 - 8 Nds. SOG), vgl. z.B. auch § 4 BBodSchG (61.2.1) .

19.6.1.3 Anwendung des Verhältnismäßigkeitsgrundsatzes

Soweit der dreiteilige Verhältnismäßigkeitsgrundsatz mit unbestimmten und zu bestimmenden Rechtsbegriffen nicht schon einfachgesetzlich in die (erweiterte) Ermächtigungsgrundlage aufgenommen und dann vorrangig anzuwenden ist (s. z.B. § 4 Nds. SOG, 29.7.1 i.V.m. § 11 Nds. SOG „notwendig", 29.4; s. auch schon zu § 8 Nds. SOG 29.6.3, 19.6.1.2; 31 (4) NWaldLG, 46.11), ist er als anzuwendender Verfassungsgrundsatz die praktisch wichtigste Ermessensgrenze (**Einzelheiten zu 20.1;** zum EG-Recht s. 10.4.1).

19.6.1.4 Nähere Rechtsfolgevoraussetzungen der Ermächtigungsgrundlage

In der Ermächtigungsgrundlage kann ein Rahmen für ein Ermessen bestimmt sein: Z.B. erlaubt die Ermächtigungsgrundlage eine Gebühr (11.3) zwischen 50 und 100 Euro, oder ein Zwangsgeld zwischen 3 bis 2000 Euro (30.3.4). Bei Überschreitung handelt die Behörde ermessensfehlerhaft.

19.6.2 Ermessensmissbrauch (= Ermessensfehlgebrauch)

Die Behörde bezieht (z.b. wegen unzureichender Sachverhaltsaufklärung oder Sorgfalt) **nicht alle** vom Gesetzeszweck her maßgebenden **Gesichtspunkte** (vgl. 19.6.1) in ihre Entscheidung ein oder berücksichtigt sie eindeutig zweckwidrig:
Die Behörde lässt sich nicht (ausschließlich) vom Zweck der Ermessensvorschrift leiten, sondern stellt (**auch**) **sachfremde Erwägungen** an (z.B. parteipolitische Rücksichtnahme bei einer Polizeimaßnahme). Vgl. auch zu 20., insbes. 20.3.

19.6.3 Ermessensnichtgebrauch (= Ermessensunterschreitung)

Bei dieser nur vorgangsbezogenen und nicht ergebnisbezogenen Fehlerart macht die Behörde entgegen § 40 VwVfG von dem ihr zustehenden Ermessen im Einzelfall keinen Gebrauch; **z.B.** aus Nachlässigkeit oder weil sie irrtümlich annimmt, sie sei kraft zwingenden Rechts am Handeln gehindert bzw. unbedingt zum Handeln verpflichtet. So, wenn ein Forsthüter annimmt, strikt verpflichtet zu sein, einen in die Waldkultur hineingegangenen Wanderer durch Verwaltungsakt aus dem Wald weisen zu müssen.

Oder wenn in **Fall 1 zu 14.**2 die schriftliche Untersagung der Waldrodung und die Wiederaufforstungsverfügung keinerlei Ermessensbetätigung erkennen lassen würden.

Die Betätigung des Ermessens muss sich aus der schriftlichen bzw. mündlichen Begründung des Verwaltungsakts ergeben (17.4), wobei bei Soll-Vorschriften und Vorschriften mit „intendiertem Ermessen" (19.2) nur das Vorliegen von (atypischen) Ausnahmegründen, nicht der Regelvoraussetzungen zu begründen ist (vgl. BVerwG, DVBl. 1998, 145, Volkmann, DÖV 1996, 282).

19.6.4 Zweckmäßigkeit

Bleibt unter Berücksichtigung auch der nachfolgenden Bindungen des Ermessens zu 20. einschließlich 22.1 mehr als eine Maßnahme oder ein Nichthandeln übrig, so ist die Wahl der Maßnahme oder des Nichthandelns keine Frage der gerichtlich überprüfbaren Rechtmäßigkeit, sondern der nur im Rahmen der Fachaufsicht ggf. kontrollierbaren Zweckmäßigkeit (11.10; s. auch 25.2.4).

Maßnahmen, die auch nach den rechtlichen Grenzen zu 20. von den Bürgern als rechtmäßig hinzunehmen wären(also auch unter Beachtung eines Ermessensmissbrauchs und des Gleichheitssatzes), brauchen im Rahmen von sachlich begründeten Zweckmäßigkeitserwägungen nicht durchgeführt zu werden. Z.B. kann von dem mildesten und zumutbaren Verbotsverwaltungsakt angesehen werden, wenn eine freundliche Ermahnung oder ein Nichthandeln (z.B. bei Überlastung der Behörde durch andere wichtige Pflichten oder wegen eigener Gefährdung des Beamten als Organwalter) sachgerecht ist. Jedoch ist zu beachten, dass das Ermessen pflichtgemäß auszuüben ist, also unter sachgerechter Erfüllung der Aufgaben der Gefahrenabwehr. Zur Ermessensreduzierung auf Null s. 20.2. Die Zweckmäßigkeit im Rahmen des verbliebenen Ermessens darf nicht mit der rechtlichen Schranke der Eignung einer Maßnahme für den gesetzlich vorgesehenen Zweck (1. Stufe des Verhältnismäßigkeitsgrundsatzes, 20.1.1) verwechselt werden. Wegen der Grundrechtsposition ist der Spielraum bei Fragen der Eingriffshandlung größer (Absehen oder nicht geeignete mildere Maßnahmen) als bei Ermächtigungsgrundlagen, die eine Einräumung von Rechten (Ausnahmebewilligungen usw.) im Rahmen des Ermessens vorsehen.

20. Verfassungsrechtliche Bindungen beim Erlass von Ermessensentscheidungen (sowie allgemein bei der Auslegung unbestimmter Rechtsbegriffe)

20.1 Grundsatz der Verhältnismäßigkeit (i.w.S.) und Einzelakte der Verwaltung

Mit Hilfe des (verfassungsmäßigen, teilweise aber auch einfach-gesetzlich wiederholten) Verhältnismäßigkeitsgrundsatzes wird das Spannungsverhältnis zwischen der (einen Verwaltungseingriff ermöglichenden) gesetzlichen Ermächtigungsgrundlage und den (einen Eingriff grundsätzlich verbietenden) Grundrechten aufgelöst: Trotz des gesetzlich vorgesehenen Eingriffs soll das betreffende **Freiheits- oder Eigentumsrecht** des Bürgers möglichst weitgehend erhalten bleiben (vgl. schon 5.3.1; s. auch 19.6.1.3, 21).

Eine Verwaltungs**maßnahme**, die zur Erreichung eines bestimmten **Zwecks** der **gesetzlichen Ermächtigungs-** bzw. Rechtsgrundlage eingesetzt wird, muss verhältnismäßig im weiteren Sinne sein, d.h. bezogen auf den Gesetzeszweck

- geeignet
- erforderlich und
- angemessen (zumutbar).

Da die Gesetze schon selbst dem verfassungsmäßigen Verhältnismäßigkeitsgrundsatz unterliegen (5.3.1), kommt dem Verfassungsgrundsatz der Verhältnismäßigkeit i.w.S. hinsichtlich Verwaltungsakten und -realakten vor allem Bedeutung zu bei **Ermessensentscheidungen, seltener bei der Auslegung unbestimmter Rechtsbegriffe** (18.2.1), die normalerweise Tatbe-

standsmerkmale auch gebundener Verwaltungsentscheidungen sind. Die Ausführungen gelten entsprechend bei einfach-gesetzlich wiederholter Verhältnismäßigkeitsregelung (s. 19.6.1.3, 1.3).
Ausgangspunkt ist die Feststellung des gesetzlichen Zwecks für eine Maßnahme (vgl. auch 19.5), bei Planungsentscheidungen (21.) insbes. auch der gesetzliche bzw. gesetzlich gerechtfertigte Planungszweck.

20.1.1 Eignung für den Normzweck

Das Erfordernis der Geeignetheit liegt bei allen Maßnahmen vor, die den erstrebten gesetzlichen Zweck (ggf. Planungszweck, vgl. 21.) voraussichtlich erreichen oder doch fördern können. Nicht maßgebend ist die Sicht vom späteren Ergebnis her.

20.1.2 Erforderlichkeit (kein milderes Mittel)

Eine Maßnahme (insbesondere der in Rechte eingreifende Verwaltungsakt oder Realakt, 29.1 bzw. die entsprechende Planungsmaßnahme, 21.) ist nur **erforderlich (= notwendig)**, wenn es unter den geeigneten Mitteln kein milderes gibt, bzw. von mehreren (möglichen und) geeigneten Maßnahmen darf nur diejenige gewählt werden, die den Einzelnen (oder die Selbstverwaltungskörperschaft, 11.5.2) und die Allgemeinheit voraussichtlich (mit) am wenigsten beeinträchtigt, einfach-gesetzlich in § 4 (1) Nds. SOG wiederholt (auch Grundsatz des geringsten Eingriffs und Übermaßverbot genannt; z.B. Stein/Götz, §18 III zu b). Insbesondere soll der Bürger hinsichtlich seiner Grundrechte nur belastet werden, soweit und solange das vom Gesetzeszweck her unbedingt geboten ist (§ 4 (3) Nds. SOG). Z.B.
Ein Verwaltungsakt, durch den verfügt wird, stark salmonellenverdächtiges Wildfleisch zu vernichten, ist nicht erforderlich, wenn Salmonellen durch spezifisches Erhitzen (zum Eindosen) als milderes Mittel abgetötet werden können.

Eine für den Gefahrveranlasser mildere Maßnahme kann entfallen, wenn die Allgemeinheit dadurch stärker gefährdet wird.
Z.B. könnte ein im Wald wildernder Hund nach einiger Zeit eingefangen statt gleich getötet werden. Dies entfällt jedoch, wenn der Hund in der Zwischenzeit wahrscheinlich Tiere zerreißen und Wanderer anfallen wird.

20.1.3 Angemessenheit des Mittels zur (Grundrechts)Einbuße (Zumutbarkeit)

Der nach dem Gesetzeszweck durch die Maßnahme angestrebte Erfolg darf nicht (offensichtlich, Götz, Allg. Polizeirecht, Rn 341) außer Verhältnis zu den (grund)rechtlichen Einbußen stehen; der durch die Maßnahme erstrebte Erfolg muss im Verhältnis zur Grundrechtseinbuße angemessen (zumutbar) sein, auch **Verhältnismäßigkeit im engeren Sinne** genannt. Je schärfer das Mittel ist, desto wichtiger muss auch der angestrebte Erfolg sein.
§ 4 (2) Nds. SOG formuliert einfach-gesetzlich: Eine Maßnahme darf nicht zu einem Nachteil führen, der zu dem erstrebten Erfolg erkennbar außer Verhältnis steht.

Uneinheitlich wird der Begriff Übermaßverbot gebraucht: z.B. Stein/Götz, §18 III zu b setzen es mit dem geringsten Eingriff gleich, das BVerfG (18.5.2004, UPR 2005, 23, 25) und das BVerwG (21.1.2005, NVwZ 2006, 581, 584) ordnen es der Angemessenheit zu.

> **Z.B.1.** Ein zu einer Demonstration eilender Mann wird von der Polizei wegen der nur hinreichenden Wahrscheinlichkeit, dass er Schaufensterscheiben einschlagen könnte, zur Beseitigung einer Gefahr für die öffentliche Sicherheit für die Zeit der Demonstration festgenommen (ähnlicher Fall BVerwG 26.2.1974, BVerwGE 45, 51).
> Ist davon auszugehen, dass kein anderes geeignetes Mittel ersichtlich ist, das weniger belastend ist, so ist jedoch die Einschränkung des bedeutsamen Rechtsguts der Freiheit im

Verhältnis zu den genannten - nur wahrscheinlichen - Sachbeschädigungen unangemessen belastend und nicht zumutbar. (Anders, wenn der Mann nach der Lebenserfahrung schwere Schäden, z.B. Körperverletzungen oder gar Totschlag, verursachen würde).

2. Wird nach viertägiger Vorankündigung eines zulässigen Halteverbots das Kfz eines Halters, der diese Verbotsankündigung und das Verbot wegen eines Krankenhausaufenthalts nicht erfuhr, kostenpflichtig abgeschleppt, so ist das Verbot wirksam und die Kostentragungspflicht des Halters angemessen sowie zumutbar (BVerwG 11.12.1996, NJW 1997, 1021).

Auch bei einer **planung**srechtlichen **Abwägungs**entscheidung darf eine Planungsmaßnahme nicht unverhältnismäßig in Rechte, einschl. Selbstverwaltungsrecht (11.5.2) eingreifen;

z.B. unter Würdigung aller Belange und Umstände keine oder nur entschädigungspflichtige Versagung der **Waldumwandlungs-Genehmigung**, wenn der landwirtschaftliche Betrieb sonst aufgegeben werden müsste (ggf. in **Fall 2 zu 14.2**; 27.4, 45.4.8 ff.).

20.2 Ermessensreduzierung auf Null (Verpflichtung zur Gefahrenabwehr bei erheblicher Gefahr für wichtige Rechtsgüter: Freiheits- und Eigentumsgrundrechte oder hohe öffentlich-rechtliche Rechtsgüter)

Ausnahmsweise kann sich die Wahlmöglichkeit der Verwaltung bei der Ermessensausübung auf eine einzige Möglichkeit reduzieren, nämlich dann, wenn nur noch eine Entscheidung ermessensfehlerfrei ist, alle anderen Entscheidungen aber ermessensfehlerhaft wären. Die Behörde ist dann verpflichtet, diese ihr noch verbleibende Entscheidungsmöglichkeit zu wählen. Dies kann sich zugunsten der Bürger insbesondere ergeben aus

– der Verhältnismäßigkeit (Grundrechtsschutz bei unzumutbaren Gefahren)

– dem Gleichheitssatz (Leistungsverwaltung), 20.3.

Im Rahmen der Gefahrenabwehr i.w.S. hat die Verwaltung in der Regel ein Ermessen, ob und wie sie tätig wird.

Beispiel: § 11 des Niedersächsischen Gesetzes über die öffentliche Sicherheit und Ordnung (Nds. SOG) stellt es in das Ermessen der Polizei bzw. der Verwaltung, bei Gefahren einzuschreiten (18.2.1).

Aber bei erheblichen Gefahren für wesentliche Rechtsgüter, insbes. Grundrechte *muss* sie einschreiten (BVerwGE 11, 95, 97; BVerwG, DVBl. 1969, 586 = DÖV 1969, 465) . Dies ergibt sich aus dem **Schutzcharakter der Grundrechtsgehalte**, vor allem der Freiheits- und Eigentums-Grundrechte (vgl. auch 5.5.1, 29.5.2, 24.2.4; zur **Beweislastumkehrung** aus Art. 2 (2) S. 2 GG (Schutz von Leben und Gesundheit) für einen Betreiber eines Kernkraftwerks s. 65.5 zu § 19 AtG). Der Schutzcharakter kann sich i.V.m. dem Verhältnismäßigkeitsgrundsatz i.e.S. (20.1.3) bzw. aus der Notwendigkeit des Schutzes hoher öffentlich-rechtlicher Rechtsgüter (Naturschutz, Bestand des Staates usw.) entfalten.

Allerdings könnte bei Kollision mit anderen durch das Einschreiten sich ergebenden erheblichen Gefahren, z.B. für künftige Fälle, doch ein Ermessensspielraum verbleiben.

So besteht in aller Regel **nicht** einmal bei Lebensgefahr eine objektiv-rechtliche grundrechtliche **Schutzpflicht** der Verwaltung aus Art. 2 (2) GG, eine bestimmte behördliche, insbes. polizeiliche Schutzmaßnahme zu ergreifen, wenn ein **Ermessen** hinsichtlich der staatlichen **Gefahrenabwehr**-Maßnahme auch unter Würdigung von Ermessensbindungen verfassungsrechtlich gerechtfertigt ist, s. auch 5.6.1, 24.;

z.B. kein Anspruch auf Erfüllung der Forderungen für eine Freigabe des entführten todesgefährdeten **Schleyer**, weil erpresserische oder nötigende Forderungen zu erfüllen waren, die mindestens ebenso große Gefahren verursacht hätten (BVerwGE 46, 160).

Keine absolute Pflicht der Polizei zum sofortigen und jederzeitigen Eingreifen gegen eine Hausbesetzung (VG Berlin, NJW 1981, 1748 = DVBl. 1981, 785; Götz, NVwZ 1984, 211, 216; kritisch Schoch, JZ 1994, 755).

20.3 Der Gleichheitssatz: Bindung des Ermessens der Verwaltung; Auslegung

(im Anschluss an 8.2.1; vgl. Stein/Götz § 26 II; s. auch Stelkens/Bonk/Sachs § 40 Rn 48, 51f., 55; v. Mangoldt/Klein/Starck, Kommentar zum Bonner Grundgesetz 3. Aufl., Art. 3 GG Rn 178 ff.; Gubelt in v. Münch/Kunig, Grundgesetz-Kommentar, 4. Aufl. 1992, Art. 3 Rn 12 ff.)

Wenn die Verwaltung voll gesetzlich gebunden oder im Rahmen der Ermessensausübung hinsichtlich Differenzierungskriterien, Differenzierungszielen und/oder dem angemessenen Verhältnis zwischen beiden gesetzliche klare Ermessensgrenzen hat und sie diese gesetzlichen Bindungen durch einen Verwaltungsakt verletzt, ist insoweit wegen des Anwendungsvorrangs des einfachen Gesetzes vor die Verfassung keine Verletzung des Art. 3 (1) GG, sondern nur eine Verletzung des einfachen Gesetzes gegeben. Das Bundesverfassungsgericht nimmt jedoch, was teilweise kritisch gesehen wird, eine Verletzung des Art. 3 GG und damit seine *Prüfungskompetenz* (s. 9.3) in solchen Fällen dennoch dann an, wenn die Gesetzesauslegung -und -anwendung bei verständiger Würdigung der das Grundgesetz beherrschenden Gedanken nicht mehr verständlich sind (s. aber BVerfGE 67, 90, 94). Dies bezieht sich vor allem auf Differenzierungsgebote und -verbote. Im Übrigen gilt: Der verfassungsrechtliche (allg.) **Gleichheitssatz selbst** ist **bei der Ermessensverwaltung unter folgenden Voraussetzungen** mit der Möglichkeit der dann letztlich auch *verfassungsgerichtlichen* Prüfung (s. 9.3, insoweit die praktische Bedeutung) verletzt:

Beispiel: Nach § 21 NWaldLG kann die Waldbehörde ... notwendige Maßnahmen zum Schutz des Waldes ... gegen tierische und pflanzliche Schädlinge treffen und die im Verhältnis zum Nutzen *günstigen* Kosten nach Maßgabe des dem einzelnen entstehenden Vorteils umlegen, wenn die Maßnahmen nur für mehrere Waldbesitzer gemeinsam oder durch den einzelnen Waldbesitzer allein nur mit unverhältnismäßig hohen Kosten durchzuführen sind. Die Waldbehörde richtet eine entsprechende Anordnung, nur an Waldbesitzer mit mehr als 10 ha, weil sie nur große Flächen erfassen will. Die Kleinwaldbesitzer meinen, der allgemeine Gleichheitssatz sei verletzt.

20.3.1 Differenzierungskriterien

(1) **Differenzierungskriterium** der Behörde **im Beispiel** ist die Waldgröße (bis 10 ha, über 10 ha). Weder das Grundgesetz noch § 21 NWaldLG verbieten schon isoliert vom Zweck oder Ziel der Vorschrift dieses Differenzierungskriterium (s. aber u.).

(2) **Kein sachliches** Differenzierungs**kriterium** würde aber offensichtlich vorliegen, wenn das Kriterium persönlich auf den Adressaten ausgerichtet wäre (Zu- oder Abneigung, Verwandtschaft usw.);
z.B. sendet die Behörde belastende Verfügungen nicht an diejenigen Waldbesitzer, die mit dem Sachbearbeiter der Behörde befreundet sind (Ermessensmissbrauch, 19.6.2).

(3) Die Behörde darf, wenn sie ihr gesetzlich eingeräumten Ermessen ständig in gleicher Weise ausgeübt hat, wegen der Wirkung des Art. 3 (1) GG (,,**Selbstbindung der Verwaltung**") ein neues Differenzierungs**kriterium** ohne sachlichen Grund nicht mehr (zusätzlich) heranziehen (s. 20.3.4).

20.3.2 Differenzierungsziel

Daraus, dass der parlamentarische Gesetzgeber die wichtigsten Entscheidungen selbst zu treffen hat (vgl. 16.) und die Verwaltung zumindest bei Eingriffen in Rechte von Bürgern einer gesetzlichen Ermächtigungsgrundlage bedarf, folgt, dass die Verwaltung bzw. das Gericht bei Ermessensentscheidungen den *Zweck* der Entscheidungen der *gesetzlichen Er-*

mächtigungsgrundlage zu entnehmen hat, und zwar insbesondere als (auch verfassungs-rechtlich zulässiges, 8.2.1) Differenzierungsziel. Ein Differenzierungs**ziel**, das die Behörde bei der Ermessensausübung ermittelt, das jedoch dem Gesetz oder Gesetzeszweck widerspricht, verletzt das Grundrecht des Art. 3 (1) GG unmittelbar.

Im obigen **Beispiel** ist Zweck des § 21 NWaldLG, alle Waldbesitzer bei der Schädlings-bekämpfung übergreifend und entsprechend dem Gefahrengrad kostengünstig zu un-terstützen. Hatte auch die Behörde dieses Ziel, wäre sie von einem sachgerechten Diffe-renzierungsziel ausgegangen. Anderenfalls wäre Art. 3 (1) GG (sowie wohl auch die gesetzliche Ermächtigungsgrundlage) verletzt.

20.3.3 Eignung der Differenzierungskriterien im Verhältnis zum Differenzierungsziel

Das von der Behörde gewählte, nicht schon von vornherein (absolut) sachwidrige Differen-zierungskriterium muss für die Realisierung des zulässigen Differenzierungsziels sachgerecht - bzw. angemessen (BVerfGE 51, 1, 24; 81, 208, 224) - sein. Außer der *Eignung* wird darin auch das Erfordernis der *Verhältnismäßigkeit i.e.S.* (20.1.3) gesehen, jedoch mit den Krite-rien: Art der betroffenen Rechtsgüter, Intensität des hoheitlichen Eingriffs bzw. der Leis-tungsvorenthaltung und Grad der ungleichen Behandlung (Gubelt, in v. Münch/Kunig, Grundgesetzkommentar, Art. 3 Rn 29).

Im o.g. **Beispiel** ist, wenn man von dem zulässigen Differenzierungsziel auszugehen hätte, jedenfalls das Differenzierungskriterium bis 10 ha und über 10 ha Wald ungeeig-net. Die Besitzer von bis zu 10 ha sind in ihrem Eigentum, das mit seiner Schutz- und Erholungsfunktion zugleich der Allgemeinheit dient, mindestes ebenso schutzwürdig wie die anderen Waldbesitzer. Entscheidend für eine sachliche Differenzierung ist z.B. der Grad des Schädlingsbefalls und der Zusammenhang einer Gesamtschadensfläche. Die behördliche Maßnahme verstößt daher gegen ein Differenzierungsverbot i. S. des Art. 3 (1) GG.

Rechtlich umstritten ist, ob auch im Rahmen des Gleichheitssatzes der Verhältnismäßigkeits-grundsatz hinsichtlich der *Erforderlichkeit* (= kein geringer belastendes Mittel) gilt; bei Ein-griffen in Eigentum (und Handlungsfreiheit) ist diese Einschränkung jedenfalls in aller Regel schon über die Freiheits- und Eigentumsgrundrechte gesichert (20.1.2);

z.B. wenn durch Verwaltungsakt für alle betroffenen Waldbesitzer unnötig der Einsatz von *doppelt* so viel Schädlingsbekämpfungsmitteln verfügt worden ist als notwendig.

20.3.4 Bindung des Ermessens der Verwaltung als Verpflichtung zur Bewilligung von För-dermitteln

Wenn die Behörde durch eine bestimmte Verwaltungspraxis ihr **gesetzlich eingeräumtes Ermessen** insbesondere bei leistungsbewilligenden Verwaltungsakten in einer bestimmten Richtung gleichmäßig ausübt, ist sie wegen **Art. 3 (1) Grundgesetz** an ihre Praxis auch für die Zukunft gebunden. Diese Selbstbindung der Verwaltung gilt ebenfalls, wenn ministerielle **Verwaltungsvorschriften** vorliegen (nur abstrakt-generelle *interne* Regelungen ohne un-mittelbare Außenwirkung, 13.2, 13.5), die zusammen mit einem Haushaltsgesetz Behörden zum Erlass ebenfalls begünstigender Verwaltungsakte im Rahmen von Ermessensentschei-dungen ermächtigen (s. 16.3.2) und die Behörden durch die Beachtung von Verwaltungsvor-schriften zu erkennen geben, dass sie künftig in der dort beschriebenen Art und Weise ver-fahren wollen. Auch dann dürfen sie wegen ihrer Bindung nicht anders handeln. Der allge-meine Gleichheitssatz des Art. 3 (1) Grundgesetz bewirkt, dass die Verwaltungsvorschrift (bzw. die gleichmäßige Ermessensausübung) auch im Außenverhältnis gegenüber den Bür-gern wie eine (bindende) Rechtsnorm wirkt, vgl. 20.3.1 (3).

Im Beispiel zu 16.3.2: Antrag des A auf Förderung seines Privatwaldes - besteht ein Haushalts-gesetz als nur formelles Gesetz, das solche Förderungsmittel allgemein bereitstellt. Außerdem ist - neben einem ganz allgemein gehaltenen formellen Gesetz - eine Förderungsrichtlinie als Verwaltungsvorschrift erlassen, in der eine Förderung von einer Ermessensentscheidung unter Ausschluss eines Rechtsanspruchs abhängig gemacht wird.

Durch kontinuierliche Anwendung dieser Richtlinie mit an sich nur verwaltungsinterner Wirkung bindet sich die Verwaltung aufgrund des Gleichheitssatzes (Art. 3 (1) GG) dahin, alle Waldbesitzer, für die die gleichen Voraussetzungen bestehen, zu fördern, solange die Mittel reichen.

Die Behörde hat also den A ebenso zu behandeln wie die bisher subventionierten Personen. (Zu dem von der Bindung der Verwaltung zu unterscheidenden zusätzlichen subjektiven öffentlichen Recht für A vgl. 24.2.2).

Von einer bindenden gleichartigen Praxis darf eine Behörde ohne Verletzung des Gleichheitsgrundsatzes in gleicher Form wie zuvor nur abweichen (z.B. Verwaltungsvorschriften durch Verwaltungsvorschriften ändern), wenn

- sachliche, willkürfreie Gründe dafür vorliegen und
- diese neue Praxis dann wieder für alle Fälle gilt.

Vgl. BVerwG, DVBl. 1998, 142, auch zur nur begrenzten Geltung von Vertrauensschutz hinsichtlich Rückwirkung zum Jahresbeginn.

Abwandlung des Beispiels: Irrtümlich hat die Bewilligungsbehörde einem Waldbesitzer (oder einer Mehrzahl) aufgrund von vorherigen Verwaltungsakten ein jeweils zinsloses Darlehen gewährt, obwohl die Voraussetzungen der Förderrichtlinien nicht erfüllt sind.

Der Waldbesitzer B, der die Voraussetzungen auch nicht erfüllt, verlangt im Hinblick auf den Gleichheitssatz (Art. 3 (1) GG) ebenfalls eine Subvention.

Art. 3 (1) Grundgesetz geht nicht soweit, dass die Behörde ihre **rechtswidrige** Praxis wiederholen muss und darf. Insoweit ist der Grundsatz der Bindung der Verwaltung an Gesetz und Recht vorrangig. Eine Gleichheit im Unrecht ist **nicht** garantiert.

Die Verwaltung ist also nicht verpflichtet, B zu fördern.

20.4 Vertrauensschutz-Grundsatz, Grundsatz von Treu und Glauben

20.4.1 Vertrauensschutz

Der Grundsatz des Vertrauensschutzes gehört zum Grundsatz der Rechtssicherheit im Rahmen des Rechtsstaatprinzips (2.5, 5.3.4) als Gegensatz zur materiellen Gerechtigkeit, der grundsätzlich vom Gesetzgeber selbst zu regeln ist. Z.B. dürfen nach § 48 VwVfG rechtswidrige begünstigende Verwaltungsakte bei Vertrauensschutz nicht für die Vergangenheit zurückgenommen werden, u.a. Bescheide über Forst-Fördermittel nach Durchführung der Fördermaßnahmen, vgl.15.6, 16.3.2, 23.4.4.4 f., 26.5, 48.3. Dagegen können durch Beachtung des EG-Rechts nach der Rechtsprechung der EuGH aus gründen der Rechtssicherheit potenzielle Genehmigungsansprüche nach nationalem Recht abgeschnitten werden, da hier nur die Erweiterung des Rechtskreises des Bürgers verhindert werde (EuGH 7.1.2004- Rs. C-201/02 Wells, Rn 55 ff.; s. auch 24.2.3).

20.4.2 Treu und Glauben

Dieser nicht spezifisch verfassungsrechtlich, sondern vor allem zivilrechtlich entwickelte Grundsatz gilt für die gesamte Rechtsordnung, auch im Verwaltungsrecht, zwar wohl nur im einfach-gesetzlichen Rang, aber wirkungsvoll als Spezialregelung (1.3). Seine praktische Bedeutung erstreckt sich auf alle Handlungsformen der Verwaltung einschließlich verfahrensrechtliche Befugnisse (s. auch Giemulla u.a., Rn 157).

20.4.2.1 Verbot des Missbrauchs von Rechtsvorschriften,

Der zweckwidrige Gebrauch einer Rechtsposition kann rechtsmissbräuchlich und dann unzulässig sein (Unterfall von Treu und Glauben). Z.B.

1. Die Versagung, einen Leistungsverwaltungsakt zu erlassen, kann auf eine **Einrede der Verjährung** o.ä. gestützt sein, deren Erhebung **rechtsmissbräuchlich** sein kann (23.3) .
2. Der Erwerb eine sehr kleinen Grundstücksanteils auch durch einen Naturschutzverein (53.3) **nur** zur Erlangung einer formalen Prozessführungsvoraussetzung ist **rechtsmissbräuchlich** (OVG Hamburg 21.11.2005, ZUR 2006, 98, 99; s. auch BVerwG 27.10.2000, DVBl. 2001, 386, 389 = NuR 2001, 216, 221 = NVwZ 2001, 673 = BVerwGE 112, 135, 137; OVG Lüneburg 12.12.2005, ZUR 2006, 94).
3. Wegen **Verwirkung** (Unterfall von Treu und Glauben) kann eine Berechtigung, einen belastenden Verwaltungsakt zu erlassen, vor Ablauf der Widerspruchsfrist nicht mehr geltend gemacht werden, wenn sie längere Zeit hindurch nicht ausgeübt worden ist, obwohl hierfür Veranlassung bestanden hätte. Außerdem musste der Verpflichtete darauf vertrauen dürfen, der Berechtigte werde von seinem Recht keinen Gebrauch mehr machen (insoweit auch Vertrauensschutzelement). Die Verwirkung wirkt kraft Gesetzes bereits vor Ablauf der jeweiligen Verjährungsfrist.
4. Eine Behörde lehnt durch Verwaltungsakt ab, einen Zweitbescheid nach Ablauf der Fristen für das Überprüfen des Erstbescheids zu erlassen (26.2), obwohl dies nach den Umständen des Einzelfalls gegen Treu und Glauben verstößt und daher unerträglich ist (BVerwGE 44, 333, 336).
5. Umweltschützer protestieren in einem Naturschutzgebiet (51.2) , das durch den Bau eines industriellen Großvorhabens zerstört werden soll, indem sie einen Informationsstand aufbauen und Handzettel verteilen. Hiergegen darf die Verwaltung bei einer Ermessensentscheidung nicht ohne weiteres mit der Begründung einschreiten, das Verhalten der Personen sei im Naturschutzgebiet verboten; hierdurch würden die naturschützenden Vorschriften missbraucht. Zumindest müsste ggf. die Behörde anregen, eine Ausnahmegenehmigung oder Befreiung zu beantragen.

20.4.2.2 Das Verbot widersprüchlichen Verhaltens

Die Behörde aber auch der Bürger darf sich nicht mit einer Maßnahme oder einem Begehren in Widerspruch zu einem früheren Handeln setzen.

20.4.2.3 Das Verbot der Ausnutzung einer unredlich erlangten Rechtsstellung

Wartet eine Behörde ohne hinreichenden Grund bis zur Entscheidung über einen Antrag mit Genehmigungsbescheid so lange, bis eine für den Antragsteller ungünstige Rechtsstellung eintritt, dann ist der Bürger nach Treu und Glauben so zu stellen, wie wenn die Behörde über seinen Antrag rechtzeitig und richtig entschieden hätte. - Eine Fristversäumnis gilt nicht, wenn die Behörde den Zugang verhindert oder eine falsche Auskunft gegeben hat (vgl. auch § 25 VwVfG zur Beratungs- und Auskunftspflicht der Behörde 17.2).

20.5 Staatsziele (z.B. Umweltschutz)

Staatsziele wie das der Erhaltung der natürlichen Lebensgrundlagen (s. 5.9) können bei der Abwägung ebenfalls Ermessensentscheidungen beeinflussen.

21.   **Entscheidungen mit Planungsermessen (= planerischer Gestaltungsfreiheit) und andere Abwägungsentscheidungen**

Wie zu 18.1 ausgeführt, sind zu unterscheiden: Ermessensentscheidungen und gebundene Entscheidungen, die jeweils **konditional** nach dem Wenn-Dann-Schema aufgebaut sind, von Planungsentscheidungen (Handlungsformen im Rahmen der Lenkungsverwaltung, vgl. 11.3, vor allem materielle Rechtsnormen, insbes. entsprechende Rechtsverordnungen, Satzungen, z.B. Bebauungspläne, 40.), aber auch verwaltungsinterne allgemeine Planungen (z.B. forstliche Rahmenpläne, 39.8), sowie Planfeststellungsbeschlüsse als Verwaltungsakte in Form von Allgemeinverfügungen (15.4, 43.1 f.). Auch die Planungsentscheidungen benötigen gesetzliche Ermächtigungsgrundlagen und sind **final** auf einen Planungszweck ausgerichtet (z.B. Bau einer Straße, Bebauungsplan einer Gemeinde) - in gesetzlichen Grenzen - besonderem Planungsermessen oder planerischer Gestaltungsfreiheit (s. 18.1). Ihr Kern ist eine Entscheidung mit der Abwägung aller für und gegen die Planung sprechenden öffentlichen und privaten Belange. Aber auch die konditionalen Entscheidungen (entsprechende Verwaltungsakte, Rechtsverordnungen und Satzungen) können **Abwägungsregelungen** enthalten (vgl. zu 18.1).

Zu der konditionalen Entscheidung über eine naturschutzgesetzliche Schutzgebietsverordnung ergibt sich (vgl. 51.1.6.1): Die Unterschutzstellung durch Schutzgebietsverordnung ist keine planerische Entscheidung zur Gestaltung, sondern trotz des in § 2 BNatSchG enthaltenen Abwägungsgebots in erster Linie eine den naturräumlichen Zustand „festschreibende" Entscheidung, die dessen Schutz und Erhaltung dient und hierzu Verbote und Erlaubnisvorbehalte normiert. Bei der Schutzgebietsausweisung geht es um die Kontrolle und insbesondere die Verhinderung schutzzweckwidriger Handlungen und Maßnahmen (VGH Mannheim 11.4.2003, NuR 2003, 627). Die Abwägungsentscheidung ist nicht ohne weiteres vergleichbar mit einer Planungsentscheidung des Fachplanungsrechts, welche sich im Einzelnen nicht gesetzesgebunden an der Zielsatzung des Fachrechts orientiert, als finale planerische Ermessensentscheidung (planerische Gestaltungsfreiheit; 21., 40., 43.1; BVerwG 16.6.1988, NuR 1988, 38). Dagegen knüpft die naturschutzrechtliche Unterschutzstellung von Landschaftsteilen an bestimmte normativ vorgegebene Kriterien und Voraussetzungen, deren Vorliegen die Behörden und ggf. Verwaltungsgerichte zu prüfen haben. Der danach verbleibende Handlungsspielraum ist von der Sachlage her in erster Linie durch eine dem Verhältnismäßigkeitsgrundsatz verpflichtete Würdigung der sich gegenüberstehenden Interessen des Natur – und Landschaftsschutzes (i.w.S.) auf der einen Seite und der Nutzungsinteressen der Grundeigentümer auf der anderen Seite geprägt. Die Naturschutzbehörde hat zu prüfen, ob eine teilweise Preisgabe der gesetzlichen Schutzgüter mit den Zielen des BNatSchG und der entsprechenden landesrechtlichen Regelung und unter Beachtung der Grundsätze der Verhältnismäßigkeit gerechtfertigt ist.

Zur Frage, **ob überhaupt zu handeln** ist oder mit Ermessen gehandelt werden kann, s. zu den konditionalen Verwaltungsakten 18., 19. Bei den konditional zu verstehenden Entscheidungen über **Schutzgebiets- und Schutzobjektsverordnungen** und Satzungen nach § 28 NNatG (51.7) besteht ein Ermessen über das „Ob", das bei hohen gefährdeten Schutzgütern ggf. auf Null reduziert sein kann (51.1.5.6.1)

Hinsichtlich des „**Ob**" der **(finalen) Planungsentscheidungen** ist der Verwaltungsträger aufgrund der erforderlichen gesetzlichen Ermächtigung

–   entweder **gebunden** (z.B. bei Aufstellung eines Bebauungsplans, sobald und soweit es erforderlich ist, vgl. 403 durch Satzung), oder

–   es besteht ein **Entschließungsermessen** (z.B. bei Planfeststellungsbeschlüssen als Verwaltungsakten über den Bau einer Straße, vgl. 44.3 – oder Erlass einer Rechtsverordnung über die Festlegung eines Naturschutzgebiets, vgl. 51.2).

In jedem Falle bedarf es bei den Planungsentscheidungen einer auf die gesetzlichen Ziele ausgerichteten **Planrechtfertigung**, wonach die Planung vernünftigerweise geboten sein muss (s. auch 40.3, 44.3.1). Bei Schutzgebietsverordnungen müssen Schutzwürdigkeit, Schutzbedürftigkeit und rechtfertigender Schutzzweck als Voraussetzungen vorliegen.

Hinsichtlich des **Inhalts (Wie)** der Planungsentscheidung ist, wie ausgeführt, ein **Planungsermessen (planerische Gestaltungsfreiheit)** gegeben. Für dieses gelten vorab *strikte rechtliche Bindungen*, teilweise etwas irreführend Planungsleitsätze genannt (z.B. strikte Ziele der Raumordnung und Landesplanung, vgl. 39.3.2, 39.4.2, für die Bauleitplanung oder für die Planfeststellung, 43.1 f.).

Bei der Vorbereitung und Durchführung der **Abwägung mit** allen einzubeziehenden auch konkurrierenden Belange (z.B. mit Waldnutzung, Naturschutz, Straßenbau, Wohnungssiedlung) sind rechtliche Abwägungsregeln zu beachten. Bei Nichtbeachtung der Regeln liegen - ggf. durch Planerhaltungsregelungen begrenzte - gerichtlich kontrollierbare Rechtsfehler vor.

Da die abzuwägenden Belange im Rahmen der rechtlichen Grenzen einem anderen Belang unterliegen können, sind sie nach festem Sprachgebrauch nur zu „**berücksichtigen**" (s. z.B. Raumordnungsgrundsätze, 39.3.3, 39.4.4). Von diesen Belangen sind die genannten Bindungen zu unterscheiden, die (strikt) zu „beachten" sind (s. z.B. hinreichend bestimmte Raumordnungsziele, s.o.).

Die näher auszuführenden Abwägungsregeln sind für die genannten konditionalen gebundenen oder Ermessensentscheidungen im Wesentlichen gleich, allerdings mit grundsätzlich voller Nachprüfbarkeit durch die Gerichte. Hierzu zählen auch planerisch orientierte, aber stärker einzelfallbezogene grundrechtsbestimmte Entscheidungen über Baugenehmigungen im unbeplanten Außenbereich (41.5). Das trifft auch für Schutzgebietsverordnungen und –satzungen zu. Jedoch kann ein Gericht Zielvorstellungen, Prognosen und Wertungen (Gewicht und Ausgleich), die nicht offensichtlich fehlerhaft oder eindeutig widerlegbar sind, nicht beanstanden; u.a. BVerfG NuR 1988, 188; BVerwGE 25, 1, 16. Die entspricht im Wesentlichen dem planerischen Ermessen.

Das **Bundesverwaltungsgericht** (5.4.1977, BVerwGE 45, 309) nimmt für Planungsentscheidungen (und das muss erst recht für die konditionalen Entscheidungen gelten) einen **Abwägungsfehler** an,
– wenn eine sachgerechte Abwägung überhaupt nicht stattfindet,
– in die Abwägung nicht eingestellt wird, was nach Lage der Dinge in sie eingestellt werden müsste oder
– die Bedeutung der betroffenen Belange im Verhältnis zueinander oder der Ausgleich zwischen ihnen in einer Weise vorgenommen wird, durch die die objektive Gewichtigkeit einzelner Belange völlig verfehlt wird.
(Ggf. sind zusätzliche Planerhaltungsregeln zu beachten, s. z.B. § 214 f. BauGB, 40.9.7)

Positiv für alle Abwägungsbestimmungen lässt sich auch formulieren:
– Es sind alle nach dem Zweck der Abwägungsbestimmung erforderlichen Belange zu ermitteln und in die Abwägung einzustellen, insbesondere auch Abwägungsdirektiven (62.6.2.2).
– Die einzelnen Belange sind zu gewichten, ggf. unter Beachtung von prinzipieller Gewichtsverstärkung, (prinzipiell) gewichtsverstärkendes Optimierungsgebot, s.u.
– Die gewichteten Belange sind mit dem Ziel einer möglichst weitgehenden Verwirklichung untereinander auszugleichen (insoweit sind alle Belange zu optimierende Prinzipien); Realisierung der Eignung und Erforderlichkeit im Rahmen der Verhältnismäßigkeit, bei komplexeren Verhältnissen auch Angemessenheit als Verhältnismäßigkeit i.e.S., Alexis, Theorie der Grundrechte, S. 75 ff.; 21.

Soweit nicht möglich ist, ergibt sich der Vorrang nach dem im Einzelfall ermittelten Gewicht der Belange (unter Beachtung eines evtl. gewichtsverstärkenden Optimierungsgebots, Verhältnismäßigkeit i.e.S.). Danach obsiegt oder unterliegt die beabsichtigte Planung oder Maßnahme, wobei im Einzelfall zu klären ist, ob eine Gleichrangigkeit bereits für ein Obsiegen ausreicht.

Nach der Rechtsliteratur sind (nach Feststellung insbes. der Planrechtfertigung) im Zusammenhang mit der **Abwägung**sentscheidung **Fehler** folgender verfeinerter Arten bei der Ausübung des gebotenen **Planungsermessens** zu vermeiden (vgl. unter Hinweis auf die Rechtsprechung des BVerwG Hoppe, DVBl. 1994, 1033; Wolff/Bachof/Stober, § 31 V; s. auch teilweise kritisch Bartlsperger, DVBl. 1996, 1 ff., Sendler UPR 1995, 41, 44 ff):

(1) Ermittelt wird der Sachverhalt nicht **(Ermittlungsausfall)** bzw. nicht richtig und nicht vollständig **(Ermittlungsdefizit)** hinsichtlich des Planungsziels. Daher oder trotzdem werden **nicht alle** für die Planungsentscheidung **erheblichen** bzw. beachtlichen, mehr als geringwertigen und schutzwürdigen, gegenwärtigen und zukünftigen **Belange** festgestellt und **in die Abwägung einbezogen (Einstellungsdefizit**, z. Teil vergleichbar dem Ermessensmissbrauch; z.b. werden bei Erlass eines Planfeststellungsbeschlusses für eine Straße die Naturschutzbelange nicht als Abwägungsgrundlage mit in die Abwägung einbezogen). Oder es fehlen erforderliche **Alternativen**. Die Pflicht zur Alternativenprüfung folgt aus dem vom Rechtsstaatsprinzip bestimmten Abwägungsgebot (BVerwG 14.2.1975, DVBl. 1975, 713) als wichtigste Schranke der planerischen Gestaltungsfreiheit, Ibler, DVBl. 1989, 639, 641, das auch Inhalt und Reichweite der zu prüfenden Alternativen bestimmt (Spannowsky, UPR 2005, 401, 402, mit Nachw. für Schlarmann; auch für die Raumordnungs- und Bauleitplanung; s. auch 44.3.3.3; Nichtbeachtung sich anbietender und aufdrängender oder eindeutig besserer Alternative ist rechtswidrig, BVerwG 5.10.1990, UPR 1991, 38). Auch muss der Schluss von Prognose-Ausgangstatsachen auf eine Zukunftsentscheidung vertretbar, plausibel und rational sein. Als Fehler entsprechender Arten sind zu vermeiden: **Prognoseausfall, Prognosedefizit**, außerdem eine **Prognoseunschlüssigkeit**.

(2) Es werden **Belange einbezogen**, die **nicht** im Rahmen der Planungsentscheidung **erheblich** (abwägungserheblich) sind **(Einstellungsüberhang/** -überschuss, Fehleinstellung, vergleichbar dem Ermessensmissbrauch bzw. der Ermessensüberschreitung, 19.6.2 f.). Das BVerwG nimmt zu (1) und (2) grundsätzlich eine volle gerichtliche Nachprüfung an (BVerwGE 34, 301, 308; 48, 56, 63 f.).

(3) Die ermittelten und herangezogenen **Belange** werden **nicht richtig** (objektiv) **gewichtet**, d.h. die rechtliche und sonst erhebliche Bedeutung der relevanten Belange wird als Grundlage einer Abwägungsentscheidung nicht erkannt; z.b. wird ein Wald als monotoner Kiefernbestand eingestuft, ohne die durch Naturverjüngung hineingewachsenen Laubbäume und Sträucher und Kräuter und besonders geschützte Tierarten zu berücksichtigen. **(Fehleinschätzung)**; vergleichbar der Ermessensüberschreitung oder dem Ermessensmissbrauch. Der Fehler („völliges Verfehlen") muss sich tatsächlich **ausgewirkt** haben.
In diesem Zusammenhang ist auf den unterschiedlich gebrauchten Begriff des **Optimierungsgebots** hinzuweisen: Nach normalem Sprachgebrauch und der Grundlagenliteratur (z.B. Alexy, Theorie der Grundrechte, 1985/1995, S. 75 ff.; Bartlsberger, DVBl. 1996, 1 ff.) ist jeder Belang ein Prinzip, das möglichst weitgehend in der Abwägung zu berücksichtigen ist (ggf. bei einer Bestimmung mit einer Argumentationslast verbunden, Alexy, aaO, S. 89 f.; zum Gegensatz zu einer Regel s. 1.1, 38.3). Das BVerwG (22.3.1985, BVerwGE 71, 163, 165 = NuR 1985, 320 = NJW 1986, 82; s. 40.5.4, z.B. sparsamer Landverbrauch) hat jedoch für Belange in einzelnen Abwägungsregelungen (auch konditionalen), fast alle nur aus dem Umweltrecht, eine prinzipielle, also vom Einzelfall unabhängige Gewichtsverstärkung angenommen. Insbesondere hat es eine ausdrückliche Formulierung, dass ein Belang möglichst zu verwirklichen ist, nicht nur als Bestätigung eines allgemeinen Optimierungsgebots angesehen (s. zu (4)). Es hat in der Betonung der Optimierung (möglichst zu verwirklichen) zugleich eine ausnahmsweise prinzipielle Gewichtsverstärkung gesehen und bezeichnet diese Steigerung als Optimierungsgebot. Dies kritisiert Bartelsberger (aaO) eingehend als nicht gerechtfertigtes „regelhaftes Optimierungsgebot", das die planerische Gestaltungsfreiheit einschränkt (im Folgenden „gewichtverstärkendes Optimierungsgebot" genannt). Die Rechtsliteratur akzeptiert überwiegend die Rechtsfigur eines „gewichtverstärkende Optimierungsgebot" (vgl. Hoppe, DVBl. 1992, 853 ff., 1994, 1033, 1040; weitere Nachw. bei Bartlsberger, DVBl. 1996, 1, 2 Fußn. 9). Man wird dem Gesetzgeber nicht verwehren können, solche prinzipiellen Gewichtsverstärkungen zu regeln, soweit er auch in pauschaler

Bewertung den Verhältnismäßigkeitsgrundsatz dabei beachten kann. Inwieweit das BVerwG Abwägungsklauseln abschließend und zu Recht als gewichtverstärkende Optimierungsgebote bewertet hat, ist bei den einzelnen Bestimmungen darzulegen (s. z.B. zu § 50 BImSchG 62.7.2; danach hat allerdings das BVerwG § 50 S. 1 BImSchG nur noch als „Abwägungsdirektive" bezeichnet, also der Festlegung eines in die Abwägung einzustellenden Belangs ohne prinzipielle Gewichtverstärkung (s. 62.6.2.2, 62.9.5); zur Verneinung bei § 1 BNatSchG s. 49.2.9; und bei der Abwägung in der naturschutzrechtlichen Eingriffregelung 50.8.1). Zu der Bedeutung der Sollversagungsgründe bei der Waldumwandlung mit Gewichtung als Regelversagungsgründe s. 45.4.6. Zur Bedeutung der gewichtverstärkenden Optimierungsgebote nach Feststellung des prinzipiellen Gewichts beim Ausgleich und in der eigentlichen Abwägung vgl. zu (4) und (5); zu § 1a (2) S. 1 und 2 BauGB 40.5.4).

Alexy (in: Festschrift Sonnenschein, 2001, S. 771 ff.) bringt das Merkmal der prinzipiellen Gewichtverstärkung durch den Begriff des abstrakten Gewichts zum Ausdruck. Er geht vom „Abwägungsgesetz" aus: Je höher der Grad der Nichterfüllung oder Beeinträchtigung eines Prinzips ist, desto größer muss die Wichtigkeit der Erfüllung des anderen sein (aaO S. 772). Dieses ergänzt er: Je schwerer der Eingriff in ein Grundrecht (oder sonstigen Belang) wiegt, desto größer muss die Gewissheit der den Eingriff tragenden Prämissen sein (aaO S. 789).

In Untersuchung der Struktur der Abwägung kommt Alexy (aaO S. 790) zu der **Formel** für das konkrete **Gewicht** (G) eines eingreifenden Belangs (Prinzip P_i) und eines dadurch beeinträchtigten Belangs (Prinzip P_j) (oder umgekehrt) unter Berücksichtigung des jeweiligen abstrakten Gewichts (A_i) der konkreten Größe (C), der Eingriffsintensität (I) und der Sicherheit der Realisierung ($S_{i,j}$):

$$GP_{i,j}C \quad \frac{IP_iC \times GP_iA \times SP_iC}{IP_iC \times GP_iA \times SP_iC}$$

Außer der Multiplikations- und Divisionsform hält Alexy auch eine Additions- und Subtraktionsform für möglich, wenn auch mit geringeren Differenzierungen (aaO S. 783 ff.).
Jedenfalls müsste für jeden Belang zunächst festgestellt werden, ob nur ein prinzipieller Gleichrang oder ein – durch ein gewichtverstärkendes Optimierungsgebot erhöhtes - abstraktes Gewicht vorliegt. Hieran schließt sich eine konkrete Einzelfallbewertung mit entsprechender Steigerung des Wertes an. Ergänzend sind die Eingriffsintensität und die Sicherheit der Realisierung einzubeziehen.

(4) Der **Ausgleich** zwischen den eingestellten kollidierenden Belangen darf nicht gegen den **Verhältnismäßigkeitsgrundsatz** (Eignung, Erforderlichkeit, ggf. auch Verhältnismäßigkeit i.e.S. (19.6.1.3, 20.1) verstoßen (sonst **Disoptimierung**).
Ein **Optimierungsgebot** i.e.S. (s. zu (3): das heißt ein Gebot, möglichst weitgehender Berücksichtigung des Belangs, muss optimierend (mit) erfüllt werden. Zur Beachtung weiterer insbes. grundrechtsschützender Verfassungsbindungen als Ermessensüberschreitungen i.w.S. (19.6.1), vgl. auch 20.2 ff.

(5) Soweit die Belange nicht ausgeglichen werden konnten, muss die **eigentliche Abwägung** nach dem ermittelten Gewicht unter Beachtung einer evtl. Gewichtsverstärkung durch ein gewichtverstärkendes Optimierungsgebot und der Verhältnismäßigkeit i.e.S. vorgenommen werden (sonst **Disproportionalität)**. Dabei kann auch ein gewichtverstärkendes Optimierungsgebot einem höherwertigen konträren Belang unterliegen (zur Lösung bei Gleichrang s.o.).

Wegen des Planungs**ermessens** ist aber eine gerichtliche Kontrolle auf die Frage beschränkt, ob mit der vorgenommenen Abwägung die objektive Gewichtigkeit eines der betroffenen Belange **völlig verfehlt** wird (BVerwGE 56, 283, 289 f.).

(6) Während vorstehende Fehlerarten sowohl vorgangs- wie ergebnisbezogen zu vermeiden sind, muss noch der rein **vorgangsbezogene** Ermessensfehler vermieden werden, dass die vorgeschriebene **Abwägung überhaupt nicht vorgenommen** wird **(Abwägungsunterschreitung**, vergleichbar der Ermessensunterschreitung, 19.6.3); aber daneben oder statt dieser möglich ist der **Abwägungsausfall** (= bewusst auf eine gebotene Abwägung verzichten).

22.　Wirksamkeit und Fehlerhaftigkeit eines Verwaltungsakts

22.1　Wirksamkeit des Verwaltungsakts und Nebenbestimmungen (Bedingungen, Auflagen, Befristungen, Widerrufsvorbehalt; § 36 VwVfG)

22.1.1　Arten der Nebenbestimmungen

Wie zu 17.5 gezeigt, kann ein Verwaltungsakt trotz Bekanntgabe als äußeres Wirksamkeitserfordernis wegen einer Nebenbestimmung noch nicht wirksam sein (innere Wirksamkeit):

Aufschiebende Bedingung: Wirksamwerden erst nach Eintritt der Bedingung, ohne Wirksamkeit auch keine behördliche Durchsetzbarkeit.
Z.B. wird eine Baugenehmigung unter der Bedingung erteilt, dass zuvor noch Einstellplätze für Kraftfahrzeuge geschaffen werden.

Befristung für Wirksamwerden: Erst zu einem bestimmten Datum.
Z.B. soll ab Inkrafttreten eines Änderungsgesetzes ein Verwaltungsakt wirksam werden.

Umgekehrt kann bei einer auflösenden Bedingung oder Befristung für das Wirksambleiben die Wirksamkeit wieder entfallen.
Z.B. wird eine Aufenthaltserlaubnis für ausländische Waldarbeiter nur für die Dauer einer Beschäftigung bzw. bis zu einem bestimmten Termin (etwa befristet vom 1. April. bis 31.März des Folgejahres) erteilt.

Ein Widerrufsvorbehalt gibt der Verwaltungsbehörde die Möglichkeit, bei Eintritt einer vorher angegebenen Bedingung den Verwaltungsakt unter bestimmten Voraussetzungen zu widerrufen (rechtzeitiger Ausschluss von Vertrauen des Bürgers in den Bestand des Verwaltungsakts, 21.1, 26.5).

Die **Auflage** ist eine Nebenbestimmung, die das Wirksamwerden oder Wirksambleiben des Verwaltungsaktes nicht unmittelbar berührt, sondern eine eigene Nebenpflicht für den Begünstigten begründet, die die Verwaltung notfalls auch mit Zwang durchsetzen kann (30.). Eine Regelung einer Nebenpflicht durch Auflage wird als besonderer, grundsätzlich isoliert anfechtbarer Verwaltungsakt angesehen, wenngleich dessen Schicksal vom Bestand des Hauptverwaltungsaktes abhängt.
Beispiel: Z.B.: Genehmigung einer Erstaufforstung mit der Auflage, standortgerechte Baumarten zu wählen (§ 39 (4) NWaldLG, 45.5.23).

Die Bedingung und Befristung haben unmittelbare Folgen für die Wirksamkeit des Verwaltungsaktes. Der Widerrufsvorbehalt und die Auflage bieten (bei Nichterfüllung bzw. Nichtdurchsetzbarkeit) nur (bzw. immerhin auch) die Möglichkeit für die Behörde, den Hauptverwaltungsakt durch besonderen Verwaltungsakt aufzuheben, also unwirksam zu machen (26.).
Statt einer Auflage ist eine Bedingung geregelt, wenn der Behörde die Beachtung der Nebenbestimmung so wichtig erscheint, dass sie die Wirksamkeit des Verwaltungsakts davon abhängig machen will (Maurer, Allg. Verwaltungsrecht, 11. Aufl. §13 Rn 17).

Es ist auch die Figur einer **modifizierenden Auflage** entwickelt worden (BVerwG, DÖV 1974, 380): Wenn eine Auflage nicht eine zusätzliche Leistungspflicht begründet, sondern den Inhalt des Verwaltungsakts, die eigentliche Genehmigung qualitativ verändert, also modifiziert, soll die Auflage nicht isoliert anfechtbar und aufhebbar sein. In Wirklichkeit handelt es sich aber um eine inhaltliche Einschränkung der Veränderung des Verwaltungsakts gegenüber dem Antrag, um eine modifizierende Genehmigung als Hauptentscheidung selbst (Maurer, § 13 Rn 16). In BVerwG, NVwZ 1984, 367, wird eine gesonderte Anfechtung einer Auflage nur angenommen, wenn die Genehmigung (Hauptentscheidung) nach Aufhebung der Auflage mit einem Inhalt bestehen bleiben kann, der der Rechtsordnung entspricht. Zur

Abgrenzung einer *Genehmigungsinhaltsbestimmung* von der Nebenbestimmung im Anlagenzulassungsrecht (62.) durch das Kriterium der Umweltauswirkungen s. Tegethoff, UPR 2003, 416; vgl. auch zur immissionsschutzrechtlichen Genehmigung 62.2.11.

> **Z.B.:** Falls noch nicht alle Voraussetzungen für den Anspruch auf die erforderliche Genehmigung einer Waldumwandlung vorliegen, könnte die Genehmigungsfähigkeit zusätzlich aufgrund einer Kompensationsaufforstung erreicht werden, die in die Abwägung über die Genehmigungsfähigkeit eingestellt wird (s. zu § 8 (6) NWaldLG 45.4.8.2). ggf. auch als Auflage erreicht werden, soweit das für den Zweck des BWaldG/NWaldLG, die Bewaldung des Landes in ihrem Bestand zu sichern (§ 1 BWaldG/NWaldLG), erforderlich ist. Nach hessischem Recht hat das VG Frankfurt (NuR 1990, 330) eine Hauptentscheidung angenommen, der VGH Kassel nur ein einfache Auflage (NuR 1995, 292, 293). Das jeweilige Gesetz ist speziell auszulegen.

22.1.2 Zulässigkeit von Nebenbestimmungen

22.1.2.1 Gebundene Verwaltungsentscheidung (§ 36 (1) (3) VwVfG)

Ein Verwaltungsakt, den die Behörde ohne Ermessensspielraum zu erlassen hat, darf nach § 36 (1) VwVfG mit einer Nebenbestimmung nur versehen werden, wenn sie durch Rechtsvorschrift zugelassen ist oder wenn sie (als milderes Mittel gegenüber einer Ablehnung) sicherstellen soll, dass die gesetzlichen Voraussetzungen des Verwaltungsakts erfüllt werden, und jeweils die Nebenbestimmung nicht dem Zweck des Verwaltungsakts zuwiderläuft (*„Ja, aber"*).

> **Z.B.:** Genehmigung einer Erstaufforstung mit der Auflage, standortgerechte Baumarten zu wählen (§ 39 (4) NWaldLG, 45.5.23). Zur Besonderheit bei der Waldumwandlungsgenehmigung s. 22.1.1, 45.4.8.2 f.).
>
> Unzulässig ist eine Gewerbegenehmigung mit einer Lärmschutzauflage (§ 12 Bundes-Immissionsschutzgesetz, 62.), die so kostenaufwändig ist, dass dadurch praktisch der Gewerbebetrieb selbst untersagt wird (Grundsatz der Verhältnismäßigkeit i.e.S., vgl. 20.1.3).

Ob von der Genehmigung mit Nebenbestimmung statt einer Ablehnung Gebrauch gemacht wird, steht im Ermessen der Behörde, soweit nicht wegen Fehlens nur geringfügiger Voraussetzungen die Verhältnismäßigkeit die Behörde bindet (Hennecke, in Knaack, Kommentar zum VwVfG, § 36, Rn 4.2).

22.1.2.2 Ermessensentscheidung (§ 36 (2) (3) VwVfG)

Bei einer Entscheidung, die im pflichtgemäßen Ermessen der Behörde liegt, also u.U. sogar ganz versagt werden könnte, darf die Behörde grundsätzlich auch mit Nebenbestimmungen positiv entscheiden; sie muss es, wenn dadurch für die positive Hauptentscheidung das Ermessen auf Null reduziert wird (Hennecke, in Knaak, § 36 Rn 43). Die Entscheidungen dürfen jedoch nicht ermessensfehlerhaft sein (vgl. 19.), insbesondere dem Zweck der gesetzlichen Regelung (Ermächtigungsregelung bzw. mit zu beachtender weitergehender Regelungen und dem Hauptverwaltungsakt selbst nicht zuwiderlaufen und dem Grundsatz der Verhältnismäßigkeit (vgl. 20.1) nicht widersprechen,

> **z.B.** Baudispens oder Bewilligung einer Ausnahme (Befreiung) von Verboten einer Verordnung für ein Naturschutzgebiet - jeweils mit Auflage, vgl. 24.2.4, 51.2.

22.1.2.3 Rechtsweg

Nach bestrittener aber maßgeblicher Auffassung des BVerwG ist gegen alle Nebenbestimmungen, nicht nur gegen Auflagen stets die Anfechtungsklage zulässig (vgl. 25.).

Vgl. dazu im Einzelnen z.B. Hennecke in Knaack, § 36 Rn7.1. und 7.2. Soweit jedoch der Hauptverwaltungsakt als Ermessensentscheidung zu treffen ist und die Behörde bei ermessensfehlerfreier Hauptentscheidung, aber Kenntnis von der Rechtswidrigkeit der Nebenbestimmung den Hauptverwaltungsakt nicht oder so nicht erlassen hätte, ist nur eine Verpflichtungsklage zulässig (Maurer, § 12 Rn 2 – 31; s. auch das Beispiel des VG Minden 9.5.2005, AUR 2005, 371 = UPR 2005, 460 LS, 62.2.11).

22.2 Rechtswidrigkeit und Wirksamkeit des Verwaltungsakts

Rechtmäßig ist der Verwaltungsakt, der allen Anforderungen entspricht, die die Rechtsordnung an ihn stellt.

Rechtswidrig (= fehlerhaft) ist ein Verwaltungsakt, wenn er auch nur in einer Beziehung mit dem geltenden Recht nicht im Einklang steht.

Einen Verwaltungsakt mit Schreibfehlern, Rechenfehlern u.ä. **offenbaren Unrichtigkeiten** kann die Behörde jederzeit berichtigen (§ 42 VwVfG).

Nach § 43 (2) VwVfG **bleibt ein Verwaltungsakt wirksam**, solange und soweit er nicht bei Rechtswidrigkeit zurückgenommen (§§ 48, 50 VwVfG, 26.3, 26.5.2, 26.5.3), trotz Rechtmäßigkeit widerrufen (§§ 49, 59 VwVfG, 26.4, 26.5.2, 26.5.4) oder anderweitig aufgehoben (durch Wiederaufgreifen, § 51 VwVfG, 26.5.2; durch das Widerspruchsverfahren, §§ 72, 73 VwGO, 25.1, 25.2, durch Gerichtsurteil, § 113 VwGO, 25.3, 25.4) oder durch Zeitablauf oder auf andere Weise erledigt ist (z.B. auf andere Weise: Wegfall des Regelungssubjekts, oder – objekts, vorläufiger Bescheid (z.B. Bauvorbescheid) durch endgültigen Bescheid (Baugenehmigung); durch Vollziehung nur, wenn der Verwaltungsakt sich in keiner Weise mehr auswirkt, nicht aber bei Verjährung oder Verwirkung; s. Stelkens/Bonk/Leonhardt, 3 43 Rn 196 – 206. Daraus folgt: auch ein **rechtswidriger Verwaltungsakt ist grundsätzlich** wirksam (Verordnungen und Satzungen als **Rechtsnormen** sind **grundsätzlich nichtig**, s. 12.6, 13.1.5, 40.9.7, aber auch zur Planerhaltung).

Aus § 44 (3) VwVfG ergibt sich: Nur ein (wegen erheblicher Rechtswidrigkeit, s. 22.3) **nichtiger Verwaltungsakt ist stets unwirksam.**

Es ist also bei einem (bekanntgegebenen) Verwaltungsakt streng zu unterscheiden zwischen den Begriffspaaren

Verwaltungsakt	rechtmäßig	rechtswidrig
rechtswirksam	Normalfall	anfechtbar/ aufhebbar (vgl. 25., 26.)
rechtsunwirksam	z.B. aufschiebende Bedingung nicht erfüllt; Frist abgelaufen (22.1)	nichtig

22.3 Nichtigkeit des Verwaltungsakts

Ein Verwaltungsakt ist nichtig, also rechtsunwirksam, soweit er an einem **besonders schwerwiegenden** Fehler leidet und dies bei verständiger Würdigung aller in Betracht kommenden Umstände **offensichtlich** ist (§ 44 (1) VwVfG).

Besondere **absolute Nichtigkeitsgründe** nennt § **44 (2)** VwVfG ausdrücklich:

Nr. 1   Schriftlicher Verwaltungsakt lässt Behörde nicht erkennen.

Nr. 3   Bei unbeweglichem Vermögen (Grundstücke, Forst) oder ortsgebundenem Recht oder Rechtsverhältnis ist die örtlich unzuständige Behörde tätig geworden.

Nr. 4   Den Verwaltungsakt kann aus tatsächlichen Gründen *niemand* ausführen; z.B. in Niedersachsen einen tropischen Regenwald anlegen); vgl. auch 19.1, 19.6.1.1bei subjektiver Unmöglichkeit nur Anfechtbarkeit.

Nr.5, 6   Der Verwaltungsakt verlangt die Begehung einer Straftat oder Ordnungswidrigkeit oder einen Verstoß gegen die guten Sitten.

Nr. 2   Eine Urkunde ist entgegen einer Rechtsvorschrift (z.B. bei Berufung in das Beamtenverhältnis) nicht ausgehändigt worden.

§ **44 (3)** VwVfG enthält klarstellend besondere Rechtswidrigkeitsgründe, die **nie Nichtigkeit** auslösen, sondern - wie die übrigen Rechtswidrigkeitsgründe - nur Anfechtbarkeit; z. B. Mitwirkung einer anderen Behörde ist unterblieben, vgl. 15.3, 15.5, 25.

Für die verbleibenden Fälle in **Auslegung** des o.g. § **44 (1)** VwVfG: Fälle **absoluter** (unter allen denkbaren Gesichtspunkten) **sachlicher Unzuständigkeit** (vgl. 17.1)
– offenkundig fehlende Kompetenz der Verwaltung (Gesetzgeber oder Rechtsprechung ist kompetent, Gewaltenteilung, 16.2, 2.3)
– offenkundig fehlende Verbandskompetenz (anderer Verwaltungsträger Bund, Land, Gemeinde usw. ist zuständig, 12.3.1 -12.3.3, 17.1.2)
– offenkundig unzuständige Behörde desselben Verwaltungsträgers (17.1.3), nicht schon, falls die Polizei oder der Forsthüter anstelle der allgemeinen Ordnungsbehörde eine Forstschutzmaßnahme ergreift (vgl. 29.3.2), aber wenn das Forstamt statt des gemeindlichen Ordnungsamts die Aufstellung eines Verkehrszeichens anordnet.

Verfahrensbereich
– (offensichtliche) Parteilichkeit einer mitwirkenden Person
– Handeln in eigener Sache (§ 20 (1) S. 1 Nr. 1 VwVfG)

Ein nichtiger Verwaltungsakt ist unwirksam, d.h.
– ist unverbindlich und darf nicht Grundlage weiterer Rechtshandlungen werden,
– der Bürger muss ihn nicht befolgen, die Behörde darf ihn nicht durchsetzen,
– der Bürger braucht den nichtigen Verwaltungsakt nicht innerhalb bestimmter Rechtsbehelfsfristen (Widerspruch, Klage) anzufechten. Aber es ist dennoch sinnvoll, auch einen nichtigen Verwaltungsakt mit Widerspruch anzugreifen; denn bei einem Irrtum des Bürgers (nur Anfechtbarkeit gegeben) würde die Widerspruchsfrist versäumt (vgl. 25.2).

22.4 Heilung, Rechtsmittelentkräftung, Umdeutung rechtswidriger anfechtbarer (nicht nichtiger) Verwaltungsakte

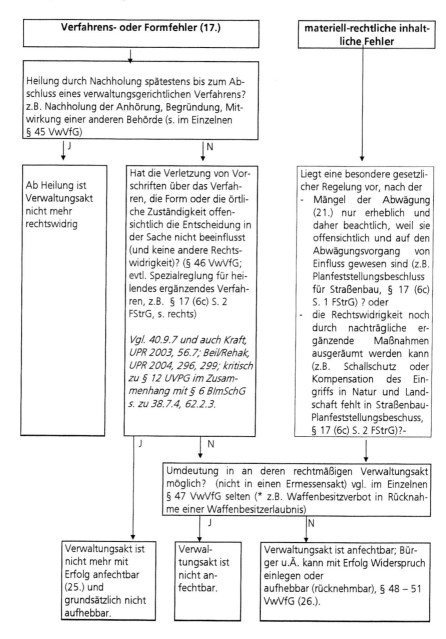

Verfahrens- oder Formfehler (17.)

materiell-rechtliche inhaltliche Fehler

Heilung durch Nachholung spätestens bis zum Abschluss eines verwaltungsgerichtlichen Verfahrens? z.B. Nachholung der Anhörung, Begründung, Mitwirkung einer anderen Behörde (s. im Einzelnen § 45 VwVfG)

J | N

Ab Heilung ist Verwaltungsakt nicht mehr rechtswidrig

Hat die Verletzung von Vorschriften über das Verfahren, die Form oder die örtliche Zuständigkeit offensichtlich die Entscheidung in der Sache nicht beeinflusst (und keine andere Rechtswidrigkeit)? (§ 46 VwVfG; evtl. Spezialreglung für heilendes ergänzendes Verfahren, z.B. § 17 (6c) S. 2 FStrG, s. rechts)

Vgl. 40.9.7 und auch Kraft, UPR 2003, 56.7; Beil/Rehak, UPR 2004, 296, 299; kritisch zu § 12 UVPG im Zusammenhang mit § 6 BImSchG s. zu 38.7.4, 62.2.3.

Liegt eine besondere gesetzlicher Regelung vor, nach der
- Mängel der Abwägung (21.) nur erheblich und daher beachtlich, weil sie offensichtlich und auf den Abwägungsvorgang von Einfluss gewesen sind (z.B. Planfeststellungsbeschluss für Straßenbau, § 17 (6c) S. 1 FStrG) ? oder
- die Rechtswidrigkeit noch durch nachträgliche ergänzende Maßnahmen ausgeräumt werden kann (z.B. Schallschutz oder Kompensation des Eingriffs in Natur und Landschaft fehlt in Straßenbau-Planfeststellungsbeschuss, § 17 (6c) S. 2 FStrG)?-

J | N

Umdeutung in an deren rechtmäßigen Verwaltungsakt möglich? (nicht in einen Ermessensakt) vgl. im Einzelnen § 47 VwVfG selten (* z.B. Waffenbesitzverbot in Rücknahme einer Waffenbesitzerlaubnis)

J | N

Verwaltungsakt ist nicht mehr mit Erfolg anfechtbar (25.) und grundsätzlich nicht aufhebbar.

Verwaltungsakt ist nicht anfechtbar.

Verwaltungsakt ist anfechtbar; Bürger u.Ä. kann mit Erfolg Widerspruch einlegen oder aufhebbar (rücknehmbar), § 48 – 51 VwVfG (26.).

23. Die weiteren wichtigen individuellen Handlungsformen der Verwaltung; Behördenbegriff

23.1 Verwaltungsrechtliche (öffentlich-rechtliche) Verträge (§§ 54 - 61 VwVfG/ § 1 Nds. VwVfG)

Ein solcher Vertrag ist ein Instrument im Rahmen auch des umweltrechtlichen Kooperationsprinzips (38.3.2.4) für die Verwaltungsbehörde, um subordinationsrechtlich insbesondere anstelle des Erlasses eines einseitigen Verwaltungsakts (§ 54 (1) S. 2 VwVfG) oder koordinationsrechtlich ein gegenseitiges Rechtsverhältnis auf dem Gebiete des öffentlichen Rechts zu begründen, aufzuheben und zu ändern, soweit Rechtsvorschriften nicht entgegenstehen, § 54 (1) S. 1 VwVfG.. Zu Schranken hinsichtlich naturschutzrechtlicher Verordnungen s. 49.6.3

subordinationsrechtlicher Vertrag zwischen Verwaltung und Bürger u.a.		koordinationsrechtlicher Vertrag zwischen Verwaltungsträgern
Vergleichsvertrag § 55 VwVfG gegenseitiges Nachgeben bei (teilweiser) Ungewissheit über die Sach- oder Rechtslage	**Austauschvertrag § 56 VwVfG** z.B. Baugenehmigung trotz fehlender Kfz-Einstellplätze gegen Zahlung von 10 000 Euro für den Bau eines Parkhauses (Baudispensvertrag, s. BVerwG, NJW 1980, 1294; 24.2.4); s. auch § 11 BauGB zum städtebaulichen und § 8 BNatSchG zum naturschutzrechtlichen Vertrag (40.9.1.1, 49.6.3).	z.B. Vertrag zwischen Gemeinden über die Unterhaltung des an der Gemeindegrenze verlaufenden Flusses; jedoch *privat*rechtl. Vertrag, falls zwei Forstverwaltungsträger einen Vertrag über die gemeinsame Holzabfuhr schließen

Neben der Schriftform (§ 57 VwVfG) setzt der Grundsatz der Gesetzmäßigkeit der Verwaltung, insbesondere der Verhältnismäßigkeitsgrundsatz, Grenzen für den Abschluss öffentlich-rechtlicher Verträge. Insbesondere müssen dafür die gesetzlichen Voraussetzungen für den Erlass eines Verwaltungsaktes erfüllt sein, auch bei Genehmigungen. Ein spezieller gesetzlich vorgeschriebener Modus ist zu beachten (s. z.B. zu den Schutzgebietsausweisungen durch Verordnung nach §§ 22 ff. BNatSchG/ 24 ff. NNatG mit besonderen Sanktionen; Rengeling/Gellermann, ZG 1991, 317, 324). Der Bürger kann allerdings auf Positionen verzichten, um sein Hauptziel durch Verwaltungsvertrag zu erreichen. Ohne Interessenausgleich ist der Vertrag nicht zulässig (Hoffmann-Riem, AöR 1990, 400). Das im Subventionsrecht entwickelte Schenkungsverbot ist zu beachten (Bonk, in Stelkens/Bonk/Sachs, § 58 Rn 24), auch außerhalb z.B. der Förder-EG VO 1257/1999 (48.2.3) Art. 87 f. EGV über verbotene Beihilfen. Die erforderliche Zustimmung Betroffener und Behörden ist Wirksamkeitsvoraussetzung (§ 58 VwVfG). Zur Kündigung und Vertragsanpassung s. § 60 VwVfG. Rechtswidrige Verträge sind im Allgemeinen nichtig (§ 55/ § 59 (1) Nrn. 3 und 4 VwVfG), insbesondere soweit sich der Vergleich nicht ausdrücklich auf eine ungewisse Rechtslage bezieht, - ggf. aber auch nur kündbar (im Rahmen § 60 VwVfG). Ergänzend gelten Vorschriften des Zivilrechts entsprechend als öffentlich-rechtliche, z.B.: hinsichtlich der Folgen bei Nichterfüllung des Verwaltungsvertrages (zur Auswirkung der Schuldrechtsreform Geis, NVwZ 2002, 385 ff.). Der öffentlich-rechtliche Vertrag ermöglicht nicht selbst eine Vollstreckung der darin enthaltenen Ansprüche wie der Verwaltungsakt (15.3.3, 30.), sondern ist nur dann ohne Einschaltung eines Gerichts vollstreckbar, wenn der Bürger und die Behörde sich der sofortigen Vollstreckung aus dem Vertrag vertraglich unterwerfen, § 61 VwVfG. Zur Vereinbarung einer Vertragsstrafe s. § 62 S. 2 VwVfG.

Zur Nichtigkeit eines öffentlich-rechtlichen Vertrags, in dem sich ein Flughafenbetreiber entgegen seinem Genehmigungsanspruch in einer schriftlichen Erklärung gegenüber der Gemeinde verpflichtet, auf Dauer bauliche Maßnahmen in einem Schonwaldgebiet einer Gemeinde zu unterlassen, um dadurch die erforderlichen Genehmigungen unter einvernehmlicher Mitwirkung der Gemeinde zu erlangen (also einen hinkenden Austauschvertrages), s. VGH Kassel 25.11.2004, NuR 2005, 330 = NVwZ-RR, 2005, 680; 62.6.11). Nichtigkeitsgrund ist, dass dem Flughafenbetreiber ein Rechtsanspruch auf Erteilung auf Erteilung der erforderlichen Genehmigung zugestanden haben soll. Zu recht kritisch gegen die unzureichende Abwägung des VGH sowohl hinsichtlich der Genehmigung der Waldumwandlung (45.4.7.1) als auch der Baugenehmigung nach § 35 (1) (3) BauGB (41.5.1.6) die Anmerkung von Franz (NuR 2005, 334 f.).

Zur Frage der Fortentwicklung der §§ 54 ff. VwVfG für Kooperationsverträge s. Bonk, DVBl. 2004, 141. Ggf. zulässig ist eine Verwaltungsklage, z.B. Verpflichtungsklage, um zu erreichen, dass durch Erteilung der Baugenehmigung als Verwaltungsakt der Vertrag erfüllt wird; bzw. Leistungsklage, um Verurteilung zur Zahlung des vereinbarten Geldes zu erlangen; s. 25.1; die Zahlung in Erfüllung der Vertragspflicht ist aber privatrechtlich, 30.7. Zu **Public Private Partnerships (PPP** = öffentlich-private Partnerschaften – ÖPP) für öff. Aufgaben s. zum „ÖPP-Beschleunigungsgesetz" Uechtritz/Otting, NVwZ 2005, 1105 m.w.N.; Fleckenstein, DVBl. 2006, 75.

23.2 (Verwaltungs)Realakte (vgl. 11.2, 14.1 f., 15.3.3)

Verwaltungsrechtliche Realakte sind **öffentlich-rechtliche Tathandlungen, schlichthoheitliches** Verwaltungshandlungen, die nicht auf einen Rechtserfolg, sondern auf einen tatsächlichen Erfolg gerichtet sind (vgl. 15.3.2.1 insbes. zur Abgrenzung zum Verwaltungsakt mit Beispielen);
insbes. sind bestimmte Vollstreckungs- bzw. Zwangs-Maßnahmen der Verwaltung Realakte, andererseits die *Erfüllung* verwaltungsrechtlicher Geld- und Sachleistungs-Ansprüche (Besoldung, Subvention, Rückzahlungen) zivilrechtliche Rechtsgeschäfte (Überweisung, Bargeld-Übereignung), aber mit der öffentlich-rechtlichen Wirkung des Erlöschens der Ansprüche (15.3.2.1, 23.4.4.6, BVerwG NJW 1984, S. 2114), da das öffentliche Recht solche Erfüllungsformen nicht bereithält.

Falls **Realakte im Ergebnis wie Rechtsakte insbes. Verwaltungsakte für den Bürger bedeutsam sind (Eingriffe in Freiheit und Eigentum i.w.S.**), bedürfen sie ebenfalls einer gesetzlichen Ermächtigungsgrundlage (16.2). Hinsichtlich des Verwaltungsverfahrens gilt das VwVfG nicht, nur evtl. passende Vorschriften sind entsprechend anzuwenden, vgl. 14.1.

	1. Eingriffsverwaltung	2. Leistungsverwaltung schützende Gefahrenabwehr
1. unmittelbar aufgrund Gesetz, falls rechtserheblicher Akt, *gezielt*	*Hoheitlich:* Töten eines tollwütigen Tieres nach § 24 Tierschutzgesetz (58.1) Töten von wildernden Hunden oder Katzen im Wald-Sperrbezirk, § 29 NJagdG, (29.2.1); Unmittelbare Ausführung einer Gefahrenabwehrmaßnahme, ohne Möglichkeit, vorher einen Grundverwaltungsakt und eine Vollstreckungsverfügung zu erlassen (z.B. Fällen eines Baumes, der gefährdend umzustürzen droht; abwesender Eigentümer ist später damit nicht einverstanden, 29.4, 30.4); unmittelbarer Zwang als Zwangsmittel der Gefahrenabwehr (30.3.5) jeweils ohne Entschädigungsansprüche	Öffentl. rechtl. unmittelbare Schädlingsbekämpfungsaktion; Beiseiteräumen eines umgestürzten Baumes als polizeiliche Hilfe bei Abwesenheit des Eigentümers in dessen Interesse ;- Reinigung der Straße durch Verwaltung aufgrund verwaltungsgesetzlicher Pflicht
2. - wie 1. unbeabsichtigt (*ungezielt*) -	im Manöver trifft ein Schuss versehentlich einen Holzhaufen, der in Brand gerät, mit Entschädigungsfolge, 27.4.3; Holzhaufen wird umgestoßen; Lärm durch Polizeischießübungen	versehentliches staatliches öffentlich rechtl. Kalken eines Privatwaldes
Zu 1. - 2.	Fahrt im Dienstwagen im Rahmen öffentlich-rechtlicher Tätigkeit	

Vgl. die Übersicht zu 24.2.4 und das Beispiel zu 27.2.

23.3 Rechtserhebliche verwaltungsrechtliche Willenserklärungen (11.2.)

Diese Erklärungen der Behörde haben keinen Anordnungscharakter, sind also keine Verwaltungsakte (15.3.2.2), aber (anders bei Realakten) auf einen Rechtserfolg gerichtet: z.B. Aufrechnungserklärung, Fristsetzung, Stundung, Verjährungseinrede u.ä. - Nach einer Aufrechnung oder Verjährungseinrede (21.2.1, 27.1) kann ein gesetzlicher öffentl.-rechtl. Zahlungsanspruch des Staates (Gebühr) oder Bürgers (Besoldung) nicht mehr geltend gemacht werden, auch nicht eine bereits durch Verwaltungsakt (Verwaltungsvertrag) festgesetzte Leistung; ein entsprechender neuer Leistungsbescheid als Rückforderungs-Verwaltungsakt wäre nicht mehr rechtmäßig. Die Einrede der Verjährung (bzw. das Berufen auf die Ausschlussfrist) gegenüber dem Begehren, einen begünstigenden Verwaltungsakt zu erlassen, kann **rechtsmissbräuchlich** sein (Unterfall von Treu und Glauben, s. 20.4.2.1).
Die Verwirkung einer Befugnis wegen Treu und Glauben (20.4.2.1) ist von einem **Verzicht**, der nur begrenzt im Verwaltungsrecht zulässig ist, zu unterscheiden.

23.4 Arten und öffentlich-rechtliche Schranken des privatrechtlichen (fiskalischen) und betrieblichen Handelns der Verwaltung

Die Verwaltungsträger bzw. deren Behörden i.e.S. und i.w.S. (11.5. f.) können auf verschiedene Weise in bestimmten öffentlich-rechtlichen Grenzen privatrechtlich handeln (s. 11.8 f.).

23.4.1 Privatrechtliche Hilfsgeschäfte

Privatrechtliche Hilfsgeschäfte dienen (als Teil der Bedarfsverwaltung, 11.3) unmittelbar der Verwaltung dazu, dass der verwaltungsinterne Behördenbetrieb funktionieren kann. Z.B. Kauf eines Dienstgebäudes, Anmietung von Diensträumen, Kauf von Büromaterial. Die Gegenstände, also Sachen, Ansprüche usw. dienen zwar zumeist **unmittelbar** den öffentlichen Zwecken der Verwaltung (und heißen dann zusammengefasst, aber insoweit nicht als einheitliches Objekt für Rechte und Pflichten, **Verwaltungsvermögen**), aber der Erwerbsvorgang und die Nutzung werden durch Privatrecht bestimmt (mit haushaltsrechtlichen, baurechtlichen, abfallrechtlichen, (63.) u.a. öffentlich-rechtlichen Schranken wie für Privatrechtspersonen. Z.B. ergeben sich für die Geltendmachung und Ausübung von Eigentums- oder Besitzansprüchen u.ä. aus vorhandenen und erlangten Gegenständen des Verwaltungsvermögens die Rechtsgrundlagen nach §§ 1004, 903, 859 f. des Bürgerlichen Gesetzbuchs.

Zusätzlich sind über den Auslegungsgrundsatz der **mittelbaren Drittwirkung von Grundrechten** (5.8) sind diese von der öffentlichen Verwaltung nur wie von Bürgern wie folgt zu beachten: Unbestimmte Rechtsbegriffe (vgl. entsprechend 18.2) des Privatrechts, insbesondere in Vorschriften über Schadensersatzansprüche aus unerlaubter Handlung aufgrund Verletzung von Rechtsgütern oder wegen sittenwidriger Schädigung sind gemäß den Wertentscheidungen der Grundrechte auszulegen (Maurer, § 3 Rn 7 u. 10, Stein/Götz § 42 V 8). In diesem Zusammenhang können gegenüber der Verwaltung auch Verwaltungsakte erlassen werden (Eingriffsverfügungen, Genehmigungen, vgl. BVerwG v. 29.8.1961, u.a. in DVBl. 1962, 178, 179 f.), soweit keine gesetzlichen Ausnahmen bestehen (z.B. ggf. keine Genehmigungspflicht für öffentliche Baumaßnahmen wie Errichtung von Dienstgebäuden bei Kontrolle durch das Staatshochbauamt). Zur begrenzten Möglichkeit sogar von Verwaltungsvollstreckung bzw. -zwang s. 30. Vorrangig wären mögliche verwaltungsinterne Aufsichtsentscheidungen der gemeinsamen Aufsichtsbehörde herbeizuführen (11.10).

Auch Handeln im Zusammenhang mit den Rechtsverhältnissen zwischen den Angestellten und Arbeitern im öffentlichen Dienst und dem Dienstherrn sind diesem Gliederungspunkt i.w.S. zuzuordnen (Maurer, § 3 Rdnr, 7); hierfür gelten ergänzend und nachrangig zu den o.g. (4.1, 13.5) formellen und/oder *materiellen Gesetzen Tarifverträge*, die auch Rechtsnormen enthalten (7.3), also ebenfalls materiellen (privatrechtlichen) Gesetzescharakter haben.

23.4.2 Erwerbswirtschaftliche Betätigung der Verwaltung

Der Träger der öffentlichen Verwaltung kann auch - in rechtlichen, umstrittenen Grenzen, zum Teil auf historisch begründeter Basis - selbst als Unternehmer mit der Absicht der Gewinnerzielung am Wirtschaftsleben teilnehmen (**fiskalisches** Handeln), indem er
- entweder in öffentlich-rechtlicher eigener Organisation Betriebe führt (Regiebetriebe oder Eigenbetriebe, 11.6.3) oder
- rechtsfähige Personen des Privatrechts bildet (insbesondere Handelsgesellschaften wie Aktiengesellschaft und GmbH); s. 11.8.

Bei dem **Regiebetrieb** als *finanziell stark unselbständiger* **nicht rechtsfähiger Anstalt** sind die zulässigen Ausgaben und zu erwartenden Einnahmen (wie bei einer Behörde) im

Haushalt des Verwaltungsträgers mit Kapitel und Titel des betreffenden Ministeriums verankert. Häufig werden in dieser Rechtsform noch öffentliche Einrichtungen wie Theater und Museen geführt. Selbständige Leitung und Organisationsgestaltung sind aber bei dieser Form der nicht rechtsfähigen Anstalt möglich (Becker, § 15, 2.2.1, S. 240).

Stärker finanziell selbständig geführt werden können nicht rechtsfähige Anstalten als **Nettobetriebe nach § 18 Haushaltsgrundsätzegesetz, § 26 (1) Bundeshaushaltsordnung/ Landeshaushaltsordnung** (formelle Gesetze). Bei diesen werden die Einnahmen und Ausgaben nur in einem anstaltlichen Wirtschaftsplan aufgestellt und danach vollzogen. Der Wirtschaftsplan ist lediglich eine Anlage zum Haushaltsplan (7.6, 13.5) des Anstaltsträgers. Sieht der Wirtschaftplan Netto-Verluste vor (die Ausgaben übersteigen die Einnahmen), muss der Haushaltsplan des Verwaltungsträgers einen Zuschuss als Ausgabe ausweisen, bei vorgesehenem Netto-Gewinn ist eine entsprechend an den Verwaltungsträger abzuführende Einnahme auszuweisen. Die Haushaltsabrechnung vollzieht sich ebenso netto.
Zusätzlich dürfen diese Nettobetriebe (Anstalten) in ihrem Rechnungswesen von der Haushaltssystematik abweichen und eine kaufmännische Buchführung o.Ä. verwenden. Hierdurch kann finanziell flexibel in einer selbständigen Organisationsform wie in einem privatwirtschaftlichen Betrieb gewirtschaftet werden. Vgl. Becker, § 15, 2.2.1.
Z.B. sieht § 108 (1) (2) Nr. 1/ § 113 der Niedersächsischen Gemeindeordnung (NGO als Gesetz) für Gemeinden die Führung solcher wirtschaftlicher Unternehmen zur Erledigung von Angelegenheiten der örtlichen Gemeinschaft u.a. als „Eigenbetrieb" nach der Eigenbetriebsverordnung im Rahmen von jeweiligen Eigenbetriebssatzungen vor (u.a. für Stadtwerke: Lieferungen von Gas, Wasser und Strom; nach § 107 NWGO auch die Abfallentsorgung im Gebiet einer anderen Gemeinde, OVG Münster 12.10.2004, NVwZ 2005, 1211). Voraussetzung ist nach der NGO u.a. allerdings, dass
1. der öffentliche Zweck das Unternehmen rechtfertigt,
2. die Angemessenheit zur gemeindlichen Leistungsfähigkeit und ihrem Bedarf vorliegt,
3. der Zweck nicht besser und wirtschaftlicher durch einen anderen erfüllt werden kann.
Die Einschränkungen für Einrichtungen der Erholung und des Umweltschutzes, die eine selbständige Wirtschaftsführung nicht ausschließen (§ 110 (2) NGO), betreffen nicht die Betriebsführung städtischer Forsten. Die Eigenbetriebe als wirtschaftliche Unternehmungen der Gemeinde sollen einen Ertrag abwerfen oder doch zumindest ausgabendeckende Einnahmen mit Rücklagebildung bringen (§ 114 NGO). Für die Landkreise gilt Entsprechendes (§ 65 der Nds. Landkreisordnung).
Nettobetriebe (-anstalten) sind z.B.
- der Klosterkammerforstbetrieb für den Allgemeinen Hannoverschen Klosterfonds (47.2.14),
- die Bundesdruckerei.

Für den Erwerb und die Verwaltung des sogenannten **Finanzvermögens** solcher Betriebe (Summe von Rechten und Verpflichtungen), das nur **mittelbar** der öffentlichen Verwaltung dient, sind grundsätzlich die Formen und Ansprüche des Privatrechts einschließlich Handelsrecht und Wettbewerbsrecht im Rahmen privatrechtsgestaltender Verwaltungsgesetze (auch Umweltgesetze u.a. Waldgesetze) maßgebend (Maurer, § 3 Rn 8). Hier ist ebenfalls (wie zu 23.4.1) anzunehmen, dass die Grundrechte nur im Rahmen der mittelbaren Drittwirkung von Grundrechten, also bei der Auslegung von Privatrechtsnormen, begrenzt zu beachten sind. Wie hinsichtlich der privatrechtlichen Hilfsgeschäfte können auch gegenüber der erwerbswirtschaftlich tätigen Verwaltung Verwaltungsakte erlassen werden (Eingriffsverfügungen, Genehmigungen, s. BVerwG 16.1.1968, u.a. in DVBl. 1968, 749, 750), soweit keine gesetzlichen Ausnahmen bestehen (z.B. keine Genehmigungspflicht für Waldumwandlungen und Erstaufforstungen der Landesforstverwaltung, 45.4 f.), ggf. sogar mit Verwaltungsvollstreckung bzw. Zwang durchsetzbar, s. aber zum Vorrang verwaltungsinterner aufsichtsbehördlicher Abhilfemaßnahmen, 23.4.1.

Beispiele: Staatsdomänen, Banken im Gegensatz zu Sparkassen (vgl. 11.5.4), Brauereien, Industrieunternehmen ggf. nur mit Anteilen.

Die **Landesforstverwaltung** o.Ä. (in Niedersachsen über eine rechtsfähige Anstalt) gehört mit dem **Forstbetrieb** auf eigenen Flächen (Verkauf von Holz usw.) u.a. zu der Erwerbsverwaltung, daneben, wenn auch nicht bestimmend, öffentliche Leistungsverwaltung (öffentlich-rechtliche Sonderbindungen aus der Schutz- und Erholungsfunktion des Waldes, privatrechtlich ausgeführt, 23.4) sowie die forsthoheitliche Tätigkeit einschließlich jagdrechtliche Hoheitsaufgaben (s. 29.3, 31.1, 46.16, 47.2.3, 57.4) und als öffentliche Aufgabe mit privatrechtlichen Verträgen rechtlich ausgestaltete Betreuung (vgl. 45.8, 23.4.3).
Zum Betrieb eines **kommunalen Windparks** s. NVwZ 2004, 158.
Zum Rechtsschutz privater Konkurrenten gegen kommunale Wirtschaftsbetätigung Faßbender, DÖV 2005, 89.

23.4.3 Verwaltung nimmt Aufgaben der Leistungsverwaltung in Form des Privatrechts wahr (Verwaltungsprivatrecht) vgl. 11.3 und Maurer, § 3 Rn 9 f., 26

23.4.3.1 Öffentliche Einrichtungen und Subventionen

Die Behörden als Verwaltungsorgane dürfen jedenfalls bei ihren öffentliche Aufgaben im hoheitlichen Bereich der
– Gefahrenabwehr- /Ordnungsverwaltung (29. ff.) - sowie
– Abgabenverwaltung (Steuern, Gebühren, Beiträge, 7.5) und der
– Leistungsverwaltung bei gesetzlicher Regelung nach öffentlichem Recht (z.B. Sozialhilfe)
nicht privatrechtlich entscheiden.

Hinsichtlich der zur Leistungsverwaltung gehörenden **öffentlichen Einrichtungen** (z.B. öffentliche Verkehrsbetriebe, Einrichtungen der Gas-, Wasser-, Stromversorgung, Badeanstalten, Büchereien, Krankenhäuser, Stadthalle für städtische Vereine, Zoo, Wildpark (55.3.3) gilt folgendes:
Soweit die Organisationsform nicht durch Gesetz öffentlich-rechtlich vorgegeben ist, hat der Verwaltungsträger die Wahl, in welcher **Rechtsform** er die öffentliche Einrichtung **organisiert:**
– *öffentlich-rechtlich*, - und zwar ohne eigene Rechtsfähigkeit,
  – entweder ohne gesonderte Wirtschaftsführung in eigener Regie (**Regiebetrieb**, 23.4.2) oder
  – mit gesonderter Wirtschaftsführung (Nettobetrieb bzw. **Eigenbetrieb**) vgl. u.a. § 26 (1) LHO (23.4.2) oder
  – als besondere **juristische Person des öffentlichen Rechts mit gesonderter Wirtschaftsführung** (11.5.4), z.B. als öffentlich-rechtliche Anstalten oder aber
– *privatrechtlich* als juristische, also rechtsfähige Personen des Privatrechts (**Eigengesellschaften**, z.B. Aktiengesellschaft AG), GmbH jeweils für Verkehrsbetriebe (11.8, 11.9), s. auch §§ 108 ff. Niedersächsische Gemeindeordnung; Staatsforstverwaltung in Österreich als AG.

Öffentliche Einrichtung heißt, dass es sich um eine öffentlich-rechtliche oder privatrechtlich organisierte Einrichtung handelt, die der Daseinsvorsorge dient und der Allgemeinheit zugänglich ist und die aufgrund öffentlich-rechtlichem oder privatrechtlichem Zulassungsakt geschaffen ist (anders z.B. als bei dem schon gesetzlich garantierten Zugang zum Wald als öffentlicher Einrichtung i.w.S. im Rahmen der öffentlich-rechtlichen Zweckbindung zugunsten der Erholung, vgl. 46.). Zum Einfluss des EG-Rechts auf die kommunale Daseinsvorsorge s. Schink, DVBl. 2005, 861.

23.4.3.2 Wahl der öffentlich-rechtlichen Organisationsform für eine öffentliche Einrichtung

Ist die **öffentlich-rechtliche Rechtsform** gegeben und
(1) sieht das Gesetz (z.B. die Gemeindeordnung) einen **Anspruch auf Zulassung der Bürger** vor, ist jedenfalls auch jeder Akt der Zulassung von Benutzern öffentlich-rechtlich (durch Verwaltungsakt) vorzusehen.

Die **weitere Abwicklung** der Benutzung kann jedoch wie folgt geregelt werden:
- (1.1) entweder auch öffentlich-rechtlich oder
- (1.2) privatrechtlich (**Zweistufen-Theorie,** Maurer, § 3 Rn 26) -
  z.B. Mietvertrag –trotz öffentlich-rechtlicher Rechtsform und Zulassung - hinsichtlich einer Stadthalle. . Trotz privatrechtlicher Benutzung ist ein Anschluss- und Benutzungszwang nicht ausgeschlossen BVerwG 6.4.2005, UPR 2005, 351, bei Betrieb durch juristische Person des Privatrechts ohne Beteiligung der Kommune aber nur verhältnismäßig, wenn die Kommune hinreichen die Versorgungssicherheit gewährleisten kann).

(2) **Ohne einen öffentlich-rechtlichen gesetzlichen Zulassungsanspruch** hat die Verwaltung die Wahl, ob sie die Zulassung und die weitere Abwicklung öffentlich-rechtlich oder privatrechtlich regelt.
Im Zweifel ist bei öffentlich-rechtlicher Zulassung auch eine öffentlich-rechtliche Abwicklung der weiteren Benutzung anzunehmen.
Grundsätzliche Abgrenzungskriterien sind der Gebrauch folgender Begriffspaare:
„Satzung"   oder „Allgemeine Geschäftsbedingungen"
„Gebühr"   oder „Nutzungsentgelt"
Rechtsbehelfsbelehrung oder keine.

23.4.3.3 Wahl der privatrechtlichen Organisationsform für eine öffentliche Einrichtung

Hat der Verwaltungsträger für eine öffentliche Einrichtung die Privatrechtsform (mit Recht) gewählt, kann er die - ggf. erforderliche - Zulassung und die öffentliche Benutzungsordnung nur noch privatrechtlich regeln.
Besteht jedoch ein allgemeiner öffentlich-rechtlicher *gesetzlicher* Anspruch auf Zulassung zu einer solchen öffentlichen Einrichtung und ist diese privatrechtlich in der Weise organisiert, dass der Verwaltungsträger mindestens mehrheitlich berechtigt ist, so wird ein öffentlich-rechtlicher Verschaffungsanspruch des Benutzungswilligen dahin angenommen, dass der Verwaltungsträger die privatrechtliche Gesellschaft veranlasst, dem Bürger eine privatrechtliche Zulassung zu verschaffen.

Bei der Wahl des Privatrechts im Rahmen der Erfüllung öffentlicher Aufgaben (Verwaltungsprivatrecht) hat die Verwaltung nicht die vollen Möglichkeiten der Privatrechtsautonomie. Die Verwaltung darf sich, soweit sie öffentlich-rechtliche Aufgaben an sich privatrechtlich regeln könnte, nicht ihren öffentlich-rechtlichen Bindungen durch Wahl der Privatrechtsform entziehen. Sie hat insbesondere zu beachten,
- das Erfordernis einer Ermächtigungsgrundlage (12.2, 16.)
- die verwaltungsrechtliche Zuständigkeit (12.3, 17.)
- unmittelbar die Grundrechte, insbesondere den Gleichheitssatz (20.2, 20.3)
- die allg. Verfassungsgrundsätze (Verhältnismäßigkeit, Vertrauensschutz, Treu und Glauben (20.1, 20.4), zumindest die beiden letztgenannten gelten ohnehin im Zivilrecht, s. § 242 BGB).

23.4.3.4 Öffentlich-rechtliche Wirtschaftsförderung (Subvention)

Bei der Förderung Privater mit öffentlichen Mitteln (z.B. Waldumbau) vgl. 16.3.2, ist die Grundentscheidung öffentlich-rechtlich (als Verwaltungsakt) zu treffen, jedoch kann die weitere Abwicklung

- öffentlich-rechtlich als Verwaltungsakt mit weiteren Bedingungen usw. (22., so nach den Nds. Forstförderrichtlinien) oder
- privatrechtlich als „Darlehensvertrag" - Zweistufen-Theorie - (Maurer, § 3 Rn 9 f., 26) geregelt werden.

Bei rein öffentlich-rechtlicher Gestaltung (u.a. auch bei Wirtschaftsförderung im Rahmen eines Gesetzeszwecks) ist umstritten, ob die allgemeinen Wettbewerbsvorschriften des Privatrechts auch für das Handeln der Verwaltungsbehörde gelten oder nur öffentlich-rechtliche Schranken maßgebend sind (z.B. Verhältnismäßigkeitsgrundsatz, vgl. 20.1), insbes. eine existenzbedrohende öffentliche Wirtschaftstätigkeit des Staates als Grenze anzusehen ist. Das Verhältnis einer Förderung aus Gründen der Daseinsvorsorge gegenüber einer wettbewerbsbestimmten unzulässigen Beihilfe nach Art. 86 EGV ist noch teilweise klärungsbedürftig.

23.4.3.5 Übersichten zur verschiedenen rechtlichen Organisation der öffentlichen Einrichtungen und zur Subvention

Öffentliche Einrichtung

A. Organisation		öffentlich-rechtlich	oder >	Privatrechtlich
		z.B. Gemeinde betreibt Wasserwerk: in eigener Regie (Regiebetrieb als nicht rechtsfähige Anstalt, 11.6.3);		z.B. L als Aktiengesellschaft
B. Benutzungs-Verhältnis	**1. Zulassung**	öffentlich-rechtlich *) oder >	privatrechtlich	Privatrechtlich **)
	2. Abwicklung	öffentlich-rechtlich	privatrechtlich ***)	privatrechtlich	Privatrechtlich

*) stets bei öffentlich-rechtlichem Zulassungsanspruch
**) vgl. aber 23.4.3.3: Verschaffungsanspruch
***) **2-Stufentheorie für Benutzungsverhältnis bei privatrechtlicher Abwicklung** (23.4.3.4)

dazu, ob die nds. **Landesforstverwaltung** in der neuen Organisationsform als Landesforstbetrieb in einer rechtsfähigen Anstalt (11.6.3) auch Leistungsverwaltung ausübt, s. 47.2.1 f. Für die Eröffnung des Waldbetretensrechts bedarf es keiner hoheitlichen Zulassung. Die mögliche weitergehende privatrechtliche Zulassung (§ 28 NWaldLG, 46.18) dürfte weniger Gesichtspunkte der Leistungsverwaltung enthalten, sondern zu der Erwerbsverwaltung gehören.
Fraglich ist, ob **Hoheitsakte** einer Behörde eines Verwaltungsträgers in eine privatrechtlich ausgestaltete Leistungsverwaltung eines **anderen Verwaltungsträgers** (wie bei der Erwerbsverwaltung, 23.4.2) durch Verwaltungsakt **eingreifen** dürfen, wenigstens ganz ausnahmsweise I insoweit zu verneinen sein, als wichtige Versorgungsaufgaben (Leistungsverwaltung) nicht oder nicht ausreichend mehr erfüllt werden können (zu Eingriffen in die hoheitliche **Eingriffs**verwaltung eines anderen Verwaltungsträgers s. 16.4 mit Hinweis auf Götz).

Subvention

1. Bewilligung	1. stets öffentlich-rechtlich		
2. Abwicklung	2.1 auch öffentlich-rechtlich durch Verwaltungsakt (z.B. Forstförderung) oder	2.2 privatrechtlich durch Darlehensvertrag, **2-Stufentheorie**	(23.4.3.4)

23.4.3.6 Zum privatrechtlichen Charakter von Geld- und Sachleistungen *in Erfüllung* einer öffentlich-rechtlichen Verpflichtung (bzw. eines entsprechenden Anspruchs) mit der öffentlich-rechtlichen Wirkung, dass der Anspruch erlischt, vgl. auch 30.7.

24. Subjektive öffentliche Rechte zum Erreichen oder zur Abwehr von Verwaltungs- und Realakten

24.1 Allgemeiner Begriff der subjektiven öffentlichen Rechte als Einräumungs-/Leistungs- und Abwehrrechte und EG-Rechtsanforderungen

24.1.1 Schutznormtheorie

Ein gegen einen Hoheitsträger (2.2. 13.1.1 f.) gerichtetes subjektives *öffentliches* Recht (vgl. 1.1, **5.4**, 5.6.2 ff.) ist im Bereich der öffentlichen Verwaltung ein gegenüber dem Verwaltungsträger durchsetzbares Recht des Bürgers (oder der juristischen Personen des Privatrechts sowie der Selbstverwaltungskörperschaften hinsichtlich ihres Selbstverwaltungsrechts), kraft öffentlichen Rechts vom Hoheitsträger ein bestimmtes Verhalten (Tun, auch Geld- oder Sachleistung, oder Unterlassen), ggf. zu verlangen (im Gegensatz zu den subjektiven Rechten im *Privatrecht*sverhältnis, vgl. auch 2.2.1). Die Durchsetzung mit Rechtsmitteln gehört zwar nicht zum Begriff des subjektiv-öffentlichen Rechts, sie eröffnet aber grundsätzlich diese Befugnis (vgl. 5.4 zu Art. 19 (4) GG, u. 25.).

Da der Staat durch das Verwaltungsrecht besonders das öffentliche Interesse zu fördern hat, begründet nicht jede im objektiven einfach-gesetzlichen Verwaltungsrecht enthaltene Rechtspflicht der Verwaltungsträger (wie auch noch nicht die Schutzpflichten der Grundrechte, 5.1.3) auch ein entsprechendes subjektives öffentliches Recht der einzelnen Menschen.

Eine Rechtsnorm enthält nur dann ein **subjektives öffentliches Recht**, wenn sie für die Verwaltung zwingend ist und **nicht nur dem öffentlichen, sondern - zumindest auch - dem Interesse einzelner** (allgemein bestimmter, entsprechend betroffener) **Bürger zu dienen bestimmt ist (Schutznormtheorie**, vgl. auch 15.2.1.1).

Ergeben sich aus einer Rechtsvorschrift bloße Bürgervorteile anderer Art, die nicht gesetzlich gewollt sind, liegen keine subjektiven öffentlichen Rechte vor, sondern nur rechtlich unerhebliche Rechtsreflexe.

Die **einfachen Gesetze** konkretisieren **in Erfüllung objektiver Schutzpflichten** insbes. **aus den Grundrechten und Staatszielen,**

- welche subjektiven Rechte schon ohne ausführende Einzelakte der Verwaltung den Menschen zustehen (z.B. Recht zum Betreten des Waldes),
- welche subjektiv-öffentlichen Ansprüche auf Einräumung von Rechtspositionen bestehen (z.B. Recht auf Erstaufforstungsgenehmigung für den Waldeigentümer),
- welche unmittelbar durch einfaches Gesetz oder aufgrund eines einfachen Gesetzes durch Verwaltungsakt oder Realakt erlangten subjektiv-öffentlichen Rechte oder privatrechtliche Rechte bei hoheitlicher Verletzung Abwehransprüche auslösen, die zunächst im einfachgesetzlich geregelten Verwaltungs-Klageverfahren verfolgt werden können (vgl. 25., 5.4).

Allgemein ist ein subjektives öffentliches Recht
- entweder ein öffentliches Recht gegenüber einem Hoheitsträger **auf Einräumung** einer öffentlich-rechtlichen oder zivilrechtlichen Rechtsposition vor allem durch begünstigenden *Verwaltungsakt* (24.2) oder **auf Leistung** (zu erfüllen mittels *Realakt bzw. privatrechtlich*, vgl. 23.2, 24.2.6, 24.2.8) oder
- ein **öffentliches Abwehrrecht**, das sich ergibt, wenn ein Verwaltungsträger hoheitlich ein vorhandenes (öffentliches oder privates) Recht eines Menschen oder einer anderen rechtsfähigen Privatperson oder Selbstverwaltungskörperschaft rechtswidrig behindert, beeinträchtigt oder entzieht - und zwar vor allem durch belastenden *Verwaltungsakt oder belastenden Realakt*. Das Abwehrrecht kann insbesondere gerichtet sein auf Aufhebung eines Verwaltungsakts (26.), auf Folgenbeseitigung (meist durch Realakt, vgl. 23.2) bzw. auf Erstattung (27.2 sowie 27.1) - bzw. auf Unterlassung (27.3) oder - bei nicht zumutbar realisierbarer Anfechtung eines Verwaltungsakts - auf Entschädigung. Vgl. 27.4.

24.1.2 Weitergehende Vorgaben des EG-Rechts

Im Gegensatz zu dem auf den subjektiven öffentlichen Rechten beruhenden Klagezugang (**Verletztenklage** des deutschen Rechts, ausgehend von der Schutznormtheorie) steht in Europa die **Interessentenklage** z.B. des französischen Rechts. Bei dieser genügt für die Klagebefugnis die Geltendmachung eines lediglich faktischen Interesses, das sich nicht notwendig von den Interessen größerer Bevölkerungskreise oder der Allgemeinheit unterscheiden muss (Wegener, Rechte des Einzelnen: die Interessentenklage im europ. Umweltrecht, 1998, S. 17 ff; Calliess, NVwZ 2006, 1, 2 f.). Mit der Interessentenklage kann vor allem die Kontrolle **der objektiven** Rechtmäßigkeit des Verwaltungshandelns erreicht werden (Classen, Die Europäisierung der Verwaltungsgerichtsbarkeit, 1996, S. 57 m.w.N.; Calliess, NVwZ 2006, 1, 2).

EG-rechtlich stellt sich die Frage, wie das EG-Vertragsrecht, die EG-Verordnungen und vor allem die umsetzungs- und konkretisierungsbedürftigen Richtlinien bei Verletzung oder Nichtumsetzung durch staatliches Recht durch eine staatliche Klagebefugnis Einzelner vor den staatlichen Gerichten durchgesetzt werden können (dazu Krämer, in: Lübbe-Wolf (Hrsg.), Der Vollzug des europäischen Umweltrechts, 1996, S. 7, 14 ff.). Der EuGH stand zunächst vor Defiziten beim Vollzug von Gemeinschaftsrecht zur Erreichung der Wettbewerbsgleichheit, bei den späteren Richtlinien geht es insbesondere um den Vollzug von Umweltrecht. Allgemein für die Umsetzung von Richtlinien (10.3.3) verlangt der EuGH von den Mitgliedstaaten diejenige Form, die am besten für die Gewährleistung der praktischen Wirksamkeit der Richtlinien geeignet ist (Effektivitätsprinzip; EuGH – Royer / Belgien, seit Slg. 1976, 497, 717). Zudem sind Anforderungen an Rechtsklarheit und Rechtssicherheit zu erfüllen (Rs. 102/79 – Kommission / Belgien, Slg. 1980, 473). Dadurch sollen die Begünstigten von ihren Rechten Kenntnis erhalten und diese vor den nationalen Gerichten geltend machen können, soweit die Richtlinie Ansprüche Einzelner begründen soll (Rechtsschutzprinzip; EuGH - Kommission / Deutschland, Slg. 1991, I-825, 867 = NVwZ 1991, 973). Im Gegensatz zur deutschen VwGO (25.) genügen der Hinweis auf den Schutzzweck der Richtlinie (Ruffert, Subjektive öffentliche Rechte im Umweltrecht der EG – unter besonderer Berücksichtigung ihrer prozessualen Durchsetzung, 1996, S. 243 ff.; Wegener, Rechte des Einzelnen: die Interessentenklage im europ. Umweltrecht, 1998, S. 46 ff., 158 ff.; Ruthig, BayVBl 1997, 289, 293; Schoch, NVwZ 1999, 457, 464). Insbesondere reichen die bei der Auslegung ermittelten Schutzgüter wie Volksgesundheit, Schutz des Menschen und menschliche Gesundheit, um ein subjektives Recht zu begründen (EuGH – Kommission / Deutschland, Slg. 1991, I-4983, 5023 = NVwZ 1992, 459; EuGH 30.5.1991, Rs. C-59/89, Slg. 1991, I-2607, 2631 = NVwZ 1991, 868 Rn 19; EuGH 30.5.1991, Rs. C 361/88 – Kommission / Deutschland, Slg. 1991, I-2567, 2601 = NVwZ 1991, 866 Rn 16). Der Schutz der menschlichen Gesundheit genügt, wenn durch die Überschreitung von Grenzwerten der Luftreinhaltung Gefahren für die menschliche Gesundheit drohen (EuGH 30.5.1991, Rs. C-59/89, Slg. 1991, I-2607, 2631; EuGH 30.5.1991, Rs. C 361/88 – Kommission / Deutschland, Slg. 1991, I-2567, 2601 = NVwZ 1991, 866 Rn 16; so auch EuGH – Kommission / Deutschland, Slg. 1991, I-4983, 5023, NVwZ 1992, 459). Schon eine pauschalierte Interessen- und Interessentenbeschränkung kann den Rechtsschutz hinsichtlich der vorsorgeorientierten Grenzwertbestimmung eröffnen (Nachw. Ruffert, Wegener, Ruthig, Schoch, s.o., bei Calliess, NVwZ 2006, 1, 3). Für den EuGH (Nachw. wie vorstehend) kommt es für ein **gemeinschaftsrechtliches subjektives öffentliches Recht** nicht auf die Ermittlung auch von Individualinteressen an; maßgebend ist nur, welche einzelnen öffentlichen Interessen von personenbezogenem Rechtsgutcharakter der Rechtssatz bzw. die Rechtsnorm (1.1) schützt und ob das Interesse des Einzelnen von dem „Sektor" des betreffenden öffentlichen Interesses gedeckt ist (Calliess, NVwZ 2006, 1, 3). Zusätzlich muss es **möglich** sein, dass das personenbezogene öffentliche **Rechtsgut gefährdet** ist, z.B. die menschliche Gesundheit durch eine mögliche Überschreitung von Grenzwerten (Calliess, NVwZ 2006, 1, 3). Auf die (nicht unbestrittene) Unterscheidung im deutschen Recht von Gefahrenabwehr (wahrscheinlicher Schadenseintritt, 29.4) und Gefahrenvorsorge (29.1 mit

Nachw. zum BImSchG, z.B. § 5 (1) S. 1 Nr. 2) kommt es nicht an (Ruffert, Subjektive öffentliche Rechte im Umweltrecht der EG – unter besonderer Berücksichtigung ihrer prozessualen Durchsetzung, 1996, S. 93 ff., 239 ff.; Wegener, Rechte des Einzelnen: die Interessentenklage im europ. Umweltrecht, 1998, S. 185 ff.; Schoch, NVwZ 1999, 457, 464; Calliess, NVwZ 2006, 1, 3). Der Einzelne ist **individuell berechtigt**, wenn er (nicht aber z.b. nur sein Nachbar) infolge der Missachtung der einschlägigen Rechtsnorm **tatsächliche Nachteile in seinen geschützten Individualinteressen zu erwarten** hat (Calliess, NVwZ 2006, 1, 3: Individualisierung von Interessen einer Gesamtheit als Subjektivierung im Gegensatz zur deutschen Schutznormlehre i.e.S.; Winter, NVwZ 1999, 467, 470; Schoch, aaO). Insoweit soll Vollzugsdefiziten insbesondere des EG-Umweltrecht durch eine dezentrale Vollzugskontrolle des Gemeinschaftsrechts begegnet werden (Calliess, NVwZ 2006, 1, 3; s. auch Albin, Die Vollzugskontrolle im europ. Umweltrecht, 1999; und 28.1.3). Es ergibt sich nach o.g. Voraussetzungen, „dass klagbare subjektive Rechte einzelner Gemeinschaftsbürger zur Abwehr von Umweltbeeinträchtigungen immer schon dann entstehen, wenn die Vorschrift nach ihrem objektiven Regelungsgehalt, insbesondere infolge ihre nach objektiven Kriterien zu ermittelnden Schutzzwecks, dem normativen Ausgleich widerstreitender Interessen im mehrseitigen Rechtsverhältnis zwischen Behörde, Umweltbelaster und Belasteten dient." (Calliess, NVwZ 2006, 1, 3).

Nicht eindeutig ist die Rechtsprechung des EuGH zur Frage, ob nur wegen nicht fristgerechter Umsetzung **unmittelbar wirkende Richtlinienbestimmungen** der vorgenannten allgemeinen Normvollziehungsanspruch zugunsten eines vom Bürger geltend gemachten berechtigten Interesses besteht oder **auch nach staatlicher Umsetzung** mit Begründung individueller Rechte gegeben ist (EuGH – Becker / FA Münster;, Slg. 1982, 53 = NJW 1982, 499 Rn 25; EuGH Abfallrahmenrichtlinie, Slg. 1994, I-483 Rn 14; für die enge Auffassung Ruffert, Subjektive öffentliche Rechte im Umweltrecht der EG – unter besonderer Berücksichtigung ihrer prozessualen Durchsetzung, 1996, S. 166 ff., 220 ff., 295 ff.; ähnlich Faßbender, Die Umsetzung von Standards in der EG, 2001, S. 121 f.). Ganz überwiegend wird jedoch die Rechtsprechung des EuGH i.S. einer unterschiedslosen Geltung des genannten allgemeinen Normvollziehungsanspruchs durch Interessentenklagebefugnis gedeutet (Calliess, NVwZ 2006, 1, 3).

24.1.3 Erweiterung der Schutznormtheorie oder des § 42 (2) VwGO

Das EG-Recht erfordert eine entsprechende Verbesserung des Zugangs zu den Gerichten über die Schutznormtheorie i.e.S. hinaus (Wegener aaO, S. 178 ff., 225 ff., 245 ff.; Schoch aaO S. 461 ff.; Kokott, Die Verwaltung 1998, 335, 348 ff.; Calliess, NVwZ 2006, 1, 3 m.w.N.; unterscheidend: von Danwitz, DÖV 1996, 481, 484 ff.; a.A. Triatafyllou, DÖV 1997, 192, 195 ff.). Zu den Anforderungen einer die Aarhus-Konvention umsetzenden KlagerechtsRL s.38.6

Eine mögliche Konsequenz für die zu erweiternde Klagebefugnisse nach deutschem Recht wäre eine Erweiterung der Klagebefugnis nach § 42 (2) VwGO (Der Kläger muss geltend machen, durch den Verwaltungsakt oder dessen Ablehnung in seinen Rechten (subjektives Recht) beeinträchtigt zu sein; 25.3/ 25.2.3). Z.B. Abweichend von Satz 1 ist eine Klage auch dann zulässig, wenn der Kläger eine Beeinträchtigung von Interessen geltend macht, deren Verteidigung ihm durch Normen des Gemeinschaftsrechts ermöglicht ist. (Wegener, Rechte des Einzelnen: die Interessentenklage im europ. Umweltrecht, 1998, S. 295 f.; Winter, NVwZ 1999, 467, 473: „Der Kläger muss (faktisch) in einem Interesse beeinträchtigt sein, das rechtlich von der angerufenen Rechtsnorm geschützt wird." (vgl. Calliess, NVwZ 2006, 1, 4).

Nach einem anderen Ansatz hilft die verfassungsrechtlich begründete Vermehrung subjektiver öffentlicher Rechte über die Grundrechtsbetroffenheit (Calliess, NVwZ 2006, 1, 4 m.w.N. und eingehender Untersuchung verschiedner Auffassungen, wie folgt).

- Nach der ganz überwiegend vertretenen verwaltungsrechtlichen **Adressatentheorie** ist ein Recht auf Durchsetzung der **objektiven** Gesetzmäßigkeit auf den Adressatenkreis einer

Maßnahme mit Eingriff (zumindest) in die allgemeine Handlungsfreiheit des Art. 2 (1) GG (6.2) beschränkt. Drittbetroffene können sich zur Durchsetzung der **objektiven** Gesetzmäßigkeit nicht auf die aus Art. 2 (1) GG folgenden Rechte berufen (z.b. Hufen, Die Verwaltung 1999, 519, 252ff; Wahl/Schütz, in: Schoch/Schmidt-Aßmann/Pietzner, VwGO I, § 42 (2) Rn 48 ff., 70); für sie ist eine **subjektiv-rechtliche** Betroffenheit i.S. der o.g. Schutznormtheorie erforderlich.

Im Rahmen der Schutznormtheorie sind verschiedene Auslegungskriterien entwickelt worden:
- Es kommt auf die Funktion des subjektiv-öffentlichen Rechts an (Scherzberg, DVBl. 1988, 129, 132).
- Es ist ein Gesamtbewertung der jeweiligen Rechtsbeziehungen unter Berücksichtigung grundrechtlicher Positionen und der konkreten Sachstrukturen vorzunehmen (Bauer, in: Heckmann/Meßerschmidt (Hrsg.), Gegenwartsfragen des öff. Rechts, 1988, 849, 854; kritisch: Huber Konkurrenzschutz im Verwaltungsrecht: Schutzanspruch und Rechtsschutz bei Lenkungs- und Verteilungsentscheidungen der öff. Verwaltung, 1991, S. 166 ff.
- In Auslegung objektiver Regelungsstrukturen sind subjektive öffentliche Rechte gegeben, wenn der nachbarliche Interessenkonflikt hinsichtlich Zuordnung, Verträglichkeit und Abstimmung benachbarter Nutzung geregelt und in einen Ausgleich gebracht ist (Breuer, DVBl. 1986, 849, 854; Dirnberger, Recht auf Naturgenuss und Eingriffsregelung, 1991, S. 75 ff.).

Für eine Erweiterung der subjektiven öffentlichen Rechte wird vertreten:
- Generell sollen die Grundrechte an die Stelle subjektiver öffentlicher Rechte treten (Zuleeg, DVBl. 1976, 509. 514; ähnlich Bernhardt, JZ 1963, 302, 305 f.).
- Aus Art. 1 (3) und 19 (4) GG entstehen subjektive öffentliche Rechte bei jeder tatsächlichen konkreten Betroffenheit des Einzelnen in Individualbegünstigungen, die durch die Rechtsordnung objektiv eingeräumt werden (Lorenz, Der Rechtsschutz des Bürgers und die Rechtsweggarantie, 1973, S. 51 ff.; ähnlich Hufen, Die Verwaltung 1999,519, 534 ff.).
- Nach der Theorie der faktischen Betroffenheit ist für Adressaten und Drittbetroffene allein entscheidend, ob sie in ihren Grundrechten, insbesondere dem Art. 2 (1) GG als Auffanggrundrecht, in irgendeiner Weise faktisch betroffen sind (Bernhardt, JZ 1963, 302, 305 f. Gallwas, Faktische Beeinträchtigungen im Berech der Grundrechte; Zuleeg, DVBl. 1976, 509, 514).

Nach den letztgenannten Erweiterungs-Auffassungen würde durch das so erweiterte oder obsolete subjektive öffentliche Recht eine **Popularklage** eröffnet die mit Art. 19 (4) GG nicht vereinbar wäre (Schmidt-Aßmann, in: Maunz/Dürig (Hrsg.), GG III, Art. 19 (4) Rn 116 ff.), was einen rechtlich und praktisch bedenklichen **allgemeinen Gesetzesvollziehungsanspruch** bedeuten würde (Calliess, NVwZ 2006, 1, 5). Nach dem Rechtsstaatsprinzip hat der Gesetzgeber (und nicht die Justiz) die kollidierenden grundrechtlich geschützten Interessen eines mehrseitigen Verfassungsrechtsverhältnisses (Hoheitsträger, Begünstigte, Belastete) zum Ausgleich zu bringen und den Zugang zu den Gerichten mit **effektivem Rechtsschutz** (5.4) zu vermitteln (Wahl, DVBl. 1996, 641, 644 ff.). Wegen des **Anwendungsvorrangs der einfachen Gesetze** (1.3) sind insoweit die (konkretisierten) **Grundrechte selbst** und die aus ihnen erwachsenden Abwehr- und ganz ausnahmsweise Leistungsrechte (5.4 f.) nicht anzuwenden. Auf diese muss die Verwaltung nur zurückgreifen, soweit das Gesetz **grundrechtskonform auszulegen** ist oder eine **Gesetzeslücke** besteht; wegen der grundsätzlich geringen Bestimmtheit der Grundrechte ist nur deren Mindeststandard maßgebend (s. 12.7). Jedoch sind grundrechtsschützende Grundsätze wie der Verhältnismäßigkeitsgrundsatz (18.2, 19.6.1.3, 20.1) bei Gesetzeslücken bzw. Ermessensspielraum voll anzuwenden. Wie zu 5.4 ausgeführt, kommt auch dem aus den Schutzpflichten der Grundrechten folgenden verfahrensrechtlichen Anspruch auf effektiven Rechtsschutz allgemeine und somit ergänzende Bedeutung zu.

Andererseits würde bei ausschließlicher Gesetzesabhängigkeit des subjektiven öffentlichen Rechts – auch mit grundrechtsschutzpflicht-konformer Auslegung (Ramsauer, AöR 111,(1986), 502, 513 ff.) und Lückenergänzung (Wahl, DVBl. 1986, 641, 642, 644 ff.) durch Verwaltung und Gerichte - die **Bindung** des primär pflichtigen **Gesetzgebers an die Grundrechte** und **Vollzugsanforderungen des EG-Rechts** nicht hinreichend gewahrt. Grundrechte mit ihrer Schutzpflicht sind nicht nur, wenn ein Gesetz objektiv betrachtet einem grundrechtlichen Schutzgut nützt, zwingend drittschützend. Grundrechte geben, wenn sich keine oder keine ausreichenden drittschutzeröffnende Regelungen ermitteln lassen, dem **Grundrechtsträger** wenigstens einen **Anspruch auf** den (versäumten) **Erlass oder Nachbesserungsakt schützender Rechtsnormen** gegenüber dem grundrechtsgebundenen Gesetzgeber (Calliess, NVwZ 2006, 1, 5). Der Schutzbereich der grundrechtlichen Schutzpflicht grenzt also letztlich Allgemeininteressen von subjektiv-öffentliche Rechte begründende - Individualinteressen ab (Dirnberger aaO, S. 185 ff.; Calliess aaO). Ein subjektives öffentliches Recht ist im gesamten Bereich grundrechtlicher Schutzpflichten vorgeformt (Calliess, NVwZ 2006, 1, 5). Drohen im mehrseitigen Rechtsverhältnis private Übergriffe in grundrechtlich geschützte Rechtsgüter als Überschneidung von Freiheitsrechten , entsteht für den Drittbetroffenen ein subjektives öffentliches Recht mit Gerichtzugang (Calliess aaO S. 5 f.). Fehlt - eine nach der Grundrechtsschutzpflicht gebotenen drittschützende gesetzliche Regelung oder steht der Wortlaut und die klare sonstige schutzpflichtkonforme Auslegung einem Drittschutz entgegen, hat das Gericht das Verfahren auszusetzen und die Entscheidung des BVerfG nach Art. 100 GG einzuholen (9.1.1.2). Unterlässt das Gericht die Vorlage, kann der Betroffene Verfassungsbeschwerde erheben (Calliess, NVwZ 2006, 1, 5; s. 9.1) Der Gesetzgeber hat aber, wie die Waldschadensproblematik zeigt (38.3.1.1, 38.5.4, 5.9.2) teilweise einen weiten materiellrechtlichen Ermessensspielraum, schützend tätig zu werden. Anders kann es aber bei der Umsetzung näher bestimmter materiellrechtlicher Pflichten des EG-Rechts sein.

24.1.4 Eignung der Erweiterung für die Erfüllung der Vorgaben des EG-Rechts

Folgt man der vorgenannten Auffassung über den grundrechtlich geprägten erweiterten Begriff des subjektiven öffentlichen Rechts, fragt sich, ob dieser der Auffassung des EuGH über den staatlichen Rechtsschutz für umgesetztes und angewendetes EG-Recht, insbesondere EG-Richtlinien (10.3.3), entspricht (Zum Rechtsschutz gegenüber EG-Rechtsakten selbst s. 28.2.).

Beim deutschen EG-Vollzugsrecht genügt, wie sich ergeben hat, nicht der Begriff des subjektiven öffentlichen Rechts i.S. der reinen Schutznormtheorie. Jedoch ist der o.g. grundrechtlich geprägte **erweiterte Begriff des subjektiven öffentlichen Rechts** dafür **geeignet** (Calliess, NVwZ 2006, 1, 6; für Grundrechtsanknüpfung auch Ruthig, BayVBl 1997, 289, 295 ff.; Schenke, Verwaltungsprozessrecht, 9. Aufl.2004, Rn 531 c; wohl auch Kokott, Die Verwaltung 1998, 335, 356 ff.). Die genannten öffentlichen Schutzgüter mit personalem Bezug entsprechen den **grundrechtlichen Schutzinhalten** von Eigentum und Gesundheit mit objektivem Regelungsgehalt im mehrseitigen konfliktbestimmten (Verfassungs-)Rechtsverhältnis, die ggf. das nicht ausreichende einfache Gesetzesrecht überlagern. Der Gesetzgeber muss Vorschriften erlassen haben, die – in Auslegung der EG-Richtlinie einschließlich der Erwägungsgründe - zumindest objektiv auch dem Schutz des betreffenden grundrechtlichen Schutzguts dienen. Dann erfolgt über die grundrechtlichen Schutzpflichten eine „Versubjektivierung" der relevanten gesetzlichen Regelungen". „Mit Blick auf den Vorrang des Gemeinschaftsrechts ist diese Versubjektivierung freilich im Sinne der vorstehend skizzierten funktionalen Subjektivierung determiniert. In der Folge sind die Anforderungen an den individualschützenden Gehalt sowohl der Richtlinienvorschrift als auch der in ihrer Umsetzung ergangenen Regelung sowie an die personelle und räumliche Individualisierung betroffener Interessen im Sinne der dargestellten gemeinschaftsrechtlichen Vorgaben erheblich zu lockern bzw. auszuweiten " (Calliess, NVwZ 2006, 1, 6). Dazu dient eine gemeinschafts-, insbesondere **richtlinienkonforme Auslegung** desjenigen staatlichen Rechts, das nach ergänzender **materiell-rechtlicher Anforderung**

- bei wenig spezifizierten Normen der EG-Richtlinie keine weitere Konkretisierung vornehmen muss oder
- die gebotene Konkretisierung der EG-Richtlinie vorgenommen hat und nur einen geringen Auslegungsbedarf hat (Calliess aaO).

Es genügt jedoch **nicht** eine richtlinienkonforme Auslegung desjenigen staatlichen Rechts, das wegen der Regelung **unbestimmter Rechtsbegriffe** auf eine Auslegung durch das detaillierte Richtlinienrecht verweisen soll (Calliess, NVwZ 2006, 1, 6; Wegener aaO S. 295 ff.; a.A. Ruffert, aaO S. 313 f.). In diesem Fall muss der staatliche Gesetzgeber die individualrechtsbegründenden EG-Vorschriften entweder durch Schaffung subjektiver Rechte für den jeweiligen Einzelfall oder durch die generelle Anerkennung ihrer Klagbarkeit umsetzen (Calliess, NVwZ 2006, 1, 6; Pernice, EuR 1994, 325, 340; Ruffert aaO S. 295 ff.). Bei fehlender oder fehlerhafter Umsetzung haben die staatlichen Behörden und Gerichte nach Art. 10 EGV die Vorgaben des EG-Rechts im Rahmen einer gemeinschaftskonformen Auslegung nicht nur prozessual, sondern auch materiell zu beachten (Calliess, aaO).

Somit ist zur Erfüllung der Vorgaben des EG-Rechts die deutsche Schutznormtheorie i.e.S. entweder in Richtung einer Interessentenklage auszuweiten. Oder der Individualrechtsschutz ist auf andere Weise hinsichtlich der Betroffenheit zu verbessern, z.B. durch Erweiterung des § 42 (2) VwGO, wonach klagebefugt derjenige sein müsste, der in einem tatsächlichen Interesse beeinträchtigt wird, das zu den Interessen gehört, die von der streitentscheidenden Norm (rechtlich) geschützt sind (Calliess, NVwZ 2006, 1, 6; 24.1.1). Materiellrechtlich sind konkrete Umsetzungsnomen zur effektiven Durchsetzung des EG-Rechts erforderlich (Calliess, NVwZ 2006, 1, 6). Zu den Schlussfolgerungen, die Calliess für die kritische Bewertung der Urteile deutscher Gerichte zu der Umsetzung der vor Feinstaub schützenden EG-Richtlinie zieht, s. 62.7.8.4, 62.7.5.11. Dort auch zu Krohn, ZUR 2005, 371 ff.

24.2 Formen der Sicherung des öffentlichen Interesses gegenüber der Ausübung bzw. Erweiterung von subjektiven Rechten

Im Spannungsverhältnis zwischen einer Ausübung bzw. Einräumung von subjektiv-öffentlichen und privaten Rechten und dem öffentlichen Interesse gibt es Abstufungen zwischen unbeschränkter allgemeiner Handlungserlaubnis bis hin zu geringen oder größeren Handlungsverboten und –geboten, jeweils mit abgestuften gesetzlich vorgesehenen Formen für Kontrollmaßnahmen für die Ausübung bzw. Einräumung von subjektiv-öffentlichen und privaten Rechten.

24.2.1 Allgemeine Erlaubnis mit gesetzlichem Vorbehalt für behördliches Verbot oder mit gesetzlicher Ermächtigung für behördliche Kontrollen einer Überschreitung allgemeiner Erlaubnisse

24.2.1.1 Subjektive **Ausübungsrechte** ergeben sich fast ausschließlich aus **einfachen Gesetzen,** die entsprechende Grundrechtsgehalte und Schutzpflichten umgesetzt haben (z.B. die Handlungsfreiheit als öffentliches Recht zum Begehen des Waldes und der übrigen freien Landschaft u.a. auf Wegen, das Eigentum für begrenzte privatrechtliche Befugnisse zum Sperren des Waldes und der übrigen freien Landschaft). Die Ausübung öffentlicher oder privater Rechte (insbes. Grundrechte mit Abwehrrechten gegenüber rechtswidrigen hoheitlichen Eingriffen) kann ohne Anzeige-, Anmelde- oder Pflicht zur Beantragung einer Genehmigung oder sonstigen Zulassung gesetzlich erlaubt sein. Im Zusammenhang mit der Überprüfung möglicher gesetzlicher Schranken kann aber die behördliche Überprüfung erlaubter Handlungen in Betracht kommen (z.B. ob ein Weg naturschutzrechtlich gesperrt ist).

24.2.1.2 In einer ersten inhaltlichen Beschränkung kann auch ein allgemein erlaubtes Handeln unter dem **Vorbehalt** stehen, dass die Behörde im Einzelfall bei Vorliegen **besondere Verbotsvoraussetzungen** insbes. durch belastenden Verwaltungsakt Verbote, Beseitigungs- und Wiederherstellungsmaßnahmen anordnet.

Z.B. private Versammlungen in *geschlossenen* Räumen sind grundsätzlich zulässig, können aber im Einzelfall nach § 5 Versammlungsgesetz bei bestimmten gesetzlichen Voraussetzungen verboten werden (vgl. auch 6.7).

24.2.1.3 Handlungen können aber auch ohne Anzeige-, Anmelde- oder Erlaubnispflicht durch Verbote der Überschreitung von **Grenzwerten** (Flächengröße, Immissionswerte, Qualitäts-, Produkt- und Verhaltensnormen) beschränkt sein, was im Einzelfall über gesetzliche Ermächtigungsgrundlagen behördlich kontrolliert werden und Verbots-, Beseitigungs- und Wiederherstellungsverfügungen ermöglicht; z.B.

- (anzeige- und genehmigungsfreier) **Bau eines Gartenhäuschens** mit geringem Volumen, Überprüfung nach materiellem Baurecht;
- **genehmigungsfreie** Fälle einer privatrechtlichen **Waldumwandlung** oder **Erstaufforstung** (s. § 8 (2), § 9 (2) NWaldLG; 45.4.3; 45.5.4 ff.), vgl. zur Genehmigungspflicht 24.2.3, 45.4 f., Fall zu 14.2;
- öffentliches **Recht zum Betreten des Waldes** und der übrigen freien Landschaft (vgl. 46.5) in den gesetzlichen Grenzen insbes. der §§ 23 ff. NWaldLG;
- insbesondere in Fällen, in denen der Waldeigentümer ohne Pflicht zur Einholung der öffentlich-rechtlichen Genehmigung des Landkreises privatrechtlich **Verbote und Sperren** für das betreten des Waldes durch Besucher aussprechen kann, ist die Waldbehörde öffentlich-rechtlich befugt, bei Verletzung der Sperrvoraussetzungen die Sperrungen aufzuheben, insbesondere Zäune und Schilder entfernen zu lassen (§ 31 (4) NWaldLG);
- das unmittelbar durch allgemeine Widmungen (vgl. 15.4.5, 44.1, 46.5.3) von Straßen zum **Gemeingebrauch** allen zustehende öffentliche Recht, diese Straßen ohne besondere Zulassung, aber nur im Rahmen der Vorschriften zu nutzen (wobei jedoch Straßen wieder entwidmet werden dürfen); auch soweit die Widmung einer Straße den Straßenanliegern einen sogen. **gesteigerten** Gemeingebrauch als subjektiv-öffentliches Recht einräumt, bedarf es keiner Erlaubnis (und ist sogar die Entwidmung ohne weitere Zufahrt usw. beschränkt), vgl. auch 46.5.3 und 24.2.4 zur Sondernutzung;
- § 22 BImSchG (62.3.1).

24.2.1.4 Schließlich können **Handlungen grundsätzlich** allgemein **verboten** sein, jedoch **selbst allgemeine Freistellungen** enthalten; z.B. Freistellung von einem gesetzlichen Verbot oder Verordnungsverbot in der naturschutzrechtlichen Schutzgebietsverordnung (51.).

24.2.2 Anzeige- bzw. Anmeldpflicht mit Verbotsvorbehalt

24.2.2.1 Bei dem **Anzeige**vorbehalt beginnt erst mit der *Anzeige* die Ausübungsberechtigung; durch die Anzeige wird der Behörde die Möglichkeit gegeben, bei Vorliegen der Voraussetzungen die (begonnene) Ausübung öffentlich-rechtlich zu verbieten; z.B.

- Übungen mit Wasserbenutzungen, die unmittelbar der Abwehr von Gefahren für die öffentliche Sicherheit dienen, sind vorher der Wasserbehörde anzuzeigen (s. 60.2.1.3).

24.2.2.2 Bei dem **Anmelde**vorbehalt darf mit dem Vorhaben erst nach einer Frist für die Behörde zur Prüfung der Unterlagen begonnen werden; z.B.:

- Eine vorherige Anmeldepflicht besteht für private **Versammlungen unter freiem Himmel** spätestens 48 Stunden vor Bekanntgabe (§ 14 Versammlungsgesetz). Spricht die Behörde bis dann auch bei Vorliegen der Verbotsvoraussetzungen nicht rechtzeitig ein Verbot aus (Kannregelung), ist kein Ausübungshindernis gegeben.
- Auch ein (privatrechtlicher) **Jagdpachtvertrag** muss „angezeigt" werden mit der Möglichkeit einer behördlichen Beanstandung; da aber der Pächter die Jagd grundsätzlich nicht vor Ablauf von 3 Wochen nach der „Anzeige" ausüben darf (§ 12 (1) (4) S. 1 BJagdG), liegt ein Anmeldevorbehalt vor.

- **Kahlschläge** von mehr als 1 ha sind ebenfalls „anzuzeigen", aber Anmeldepflichten (Frist zwei Monate; § 12 (1) (2) NWaldLG; s. 45.6.12.1).
- Anzeige einer **Anlagenänderung** nach § 15 BImSchG; 62.2.14.

24.2.3 Präventives Verbot mit Erlaubnisvorbehalt (Kontrollerlaubnis)

Bei einer Kontrollerlaubnis macht der Gesetzgeber eine bestimmte öffentlich- oder privatrechtliche Rechtsausübung vorsorglich von einer öffentlich-rechtlichen Erlaubnis abhängig, obwohl er die Ausübung gar nicht generell verbieten, sondern nur Missbräuche verhindern will.
Das Erlaubniserfordernis dient dann nur dazu, dass die Verwaltung - präventiv - kontrollieren kann, ob das vom Bürger beabsichtigte Verhalten (Vorhaben) im Einzelfall gegen Rechtsvorschriften verstößt.

Ergibt die Kontrolle die **Rechtmäßigkeit** des beabsichtigten Verhaltens, ist das an sich schon gegebene Recht auf Nutzung des Rechts (z.B. des Eigentums, bzw. der Handlungsfreiheit) betätigt, und der Bürger hat einen **Anspruch** auf die Erlaubnis (24.2.4). Grundstücksbezogene Realkonzessionen werden von personenbezogenen Personalkonzessionen unterschieden (Halama/Stüer, NVwZ 2003, 127, 130). **Beispiele:**
1. Bauerlaubnis bei Vorliegen der gesetzlichen Voraussetzungen des Baugesetzbuchs (BauGB) und der Nds. Bauordnung (NBauO; 42.1);
   Erstaufforstungsgenehmigung (45.5.3) und (unter sehr engen Voraussetzungen) Waldumwandlungsgenehmigung (45.4); mit Anspruch ausgestattete Voraussetzungen für die Erteilung einer Ausnahme von einem Verbot einer naturschutzrechtlichen Schutzverordnung (51.1.8). Der Waldeigentümer muss beim Landkreis eine Genehmigung einholen, wenn er unter bestimmten Voraussetzungen (wegen ständiger Beunruhigung des Wildes durch Besucher, zur ausreichenden Bejagung des Schalenwildes, zur Verhütung von Schäden durch Wild auf Straßen und Nachbargrundstücken den Wald und Flächen in der übrigen freien Landschaft) unter Einschränkung des Rechts zum Betreten oder anderweitigem Benutzen sperren will (§ 31 (3) (2) Nrn. 6 bis 8 und S. 2 NWaldLG, 46.11).
2. Industrieanlagengenehmigung, §§ 4, 6 BImSchG, 62.2.1), i.V.m. § 31 (1) KrW-/AbfG für Müllverbrennungsanlagen; § 49 (1) KrW-/AbfG (abfallrechtliche Transportgenehmigung).

Eine **Ablehnung** ist nicht nur formell die Ablehnung eines begünstigenden Verwaltungsakts, also eines zusätzlichen rechtlichen Vorteils, sondern bei Rechtswidrigkeit auch inhaltlich ein Eingriff in die grundrechtlich geschützten privaten Rechte Eigentum oder Freiheit (z. B. in das Eigentum bei Ablehnung einer Baugenehmigung, eigentlich auch mit grundrechtlichem Abwehrrecht, 24.2.4, 24.3.3.4 Beispiel 2, soweit nicht eine einfach-gesetzliche Regelung mit Anwendungsvorrang besteht); daher:
- enge Voraussetzungen für die Ablehnung (strikte gesetzliche Bindung, ggf. Auflagen),
- die Behörde muss die Ablehnungsvoraussetzungen beweisen,
- die Ablehnung trotz Vorliegens der Voraussetzungen führt zu einer Entschädigung wegen des Eingriffs in das Eigentum (vgl. 27.4; Maurer, § 9 Rn 52 f.).
Abweichend nimmt der EuGH an, dass nur eine Erweiterung des Rechtskreises des Bürgers verhindert werde, wenn durch die Beachtung des Gemeinschaftsrechts aus Gründen der Rechtssicherheit potenzielle Genehmigungsansprüche nach nationalem Recht abgeschnitten werden (s. zu 20.4.1).
Führt der Bürger ein Vorhaben **ohne die Kontrollerlaubnis aus** (z.B. formelle Rechtswidrigkeit des Bauens), darf die Behörde die **Einstellung** des Vorhabens anordnen (materielle Rechtmäßigkeit des Verwaltungsakts); z.B. nach der speziellen Ermächtigungsgrundlage des

§ 89 NBauO bis ggf. die Erlaubnis erteilt wird (42.2). Ist keine spezielle Ermächtigungsgrundlage für die Einstellung vorhanden, hilft die allgemeine Ermächtigungsgrundlage des Gefahrenabwehrrechts (§ 11 Nds. SOG, 29.); z.B. in Fall 1 zu 14.2 zur (nachträglich nicht mehr genehmigungsfähigen) Waldumwandlung (45.4.3.1).

Eine **Beseitigung** eines ungenehmigten Bauvorhabens (nach § 89 NBauO) darf die Behörde aber nur anordnen, wenn die Kontrolle ergibt, dass die Voraussetzungen, unter denen der Bürger einen Anspruch auf die Kontrollerlaubnis hat, nicht vorliegen (materielle Rechtswidrigkeit des Bauens: Bauplanungsrecht, BauGB, vgl. 41.; Baugefahrenabwehrrecht, NBauO, 42.). Hinsichtlich eines ungenehmigten und entgegen materiellem Recht errichteten Zaunes kann die Waldbehörde eine Beseitigungsverfügung nach der speziellen Grundlage des § 31 (4) NWaldLG erlassen (46.11.9). Zur Besonderheit der **nachträglich nicht genehmigungsfähigen Waldumwandlung** s. 45.4.3.1 und der Grundlage für eine Wiederherstellungsverfügung nach § 8 (8) NWaldLG 45.4.12.1.

24.2.4 Repressives Verbot mit Befreiungsvorbehalt (Ausnahmebewilligung, Dispens)

Ein repressives Verbot mit Befreiungsvorbehalt liegt vor, wenn der Gesetzgeber generell ein bestimmtes Verhalten als sozial schädlich oder sozial unerwünscht verbietet, aber zulässt, dass in besonders gelagerten Ausnahmefällen im Rahmen einer **Ermessensentscheidung** auf Antrag eine Befreiung von dem Verbot erteilt wird, also eine an sich nicht schon gegebene rechtliche Vergünstigung gewährt wird.

Selbst wenn die Voraussetzungen des Befreiungstatbestandes vorliegen und die Befreiung als Rechtsfolge nicht ermessensfehlerhaft wäre, hat der Bürger **keinen Anspruch** auf die Befreiung. Dient die Vorschrift **auch dem Interesse einzelner Bürger**, so haben diese jedoch einen **Anspruch auf fehlerfreie Ermessensausübung** (24.2.2; 20.2), anderenfalls aber keinen solchen Anspruch (Maurer, § 9 Rn 55; Sparwasser/Engel/Voßkuhle, 2/69) auch wenig günstig formelles subjektives öffentliches Recht genannt) unter Einbeziehung grundrechtlicher Schutzpflichten (20.2).
Es wird nicht lediglich der Rechtskreis des Bürgers (z.B. Grundrechte wie Eigentum und einfachgesetzliche Ansprüche) bestätigt, sondern über den grundsätzlich **sozial unerwünschten** (insbes. auch sozialpflichtigen) Bereich hinaus erweitert, soweit nicht die Angemessenheitsabwägung im Rahmen der Verhältnismäßigkeit eine Ausnahmebewilligung gebiete (Maurer aaO). Die Befreiung wird nach wohl noch h.M. als „gesetzgeberische Wohltat" bezeichnet, wie die im Ermessen stehende Erteilung einer Konzession oder Beamtenernennung. Nach vordringender zutreffender Ansicht wird - im Gegensatz zur Kontrollerlaubnis – bei der Ausnahmebewilligung nur der Behörde ermöglicht, die Abwehr einer Gefährlichkeit eines Handelns für Rechtsgüter mit Ermessensspielraum, also größerem Spielraum zu konkretisieren; dies kann entweder nicht - oder aber auch - im Interesse der betroffenen Personen geregelt sein (Sparwasser/Engel/Voßkuhle, 2/69 m.w.N.).
Im Umweltrecht wird zudem die Rechtsfigur einer **Teilhabebewilligung** erwogen. Deren Erteilung soll im Ermessen der Behörde stehen, ohne dass die Nutzung der Umweltgüter als sozial unerwünscht einzustufen wäre (Appel, DVBl. 1995, 399, 407; Murswiek DVBl. 1994, 77, 81 f.; Sparwasser/Engel/Vosskuhle, 2/70). Gegen die Auffassung Steinbergs (NJW 1996, 1985, 1993), die Kontrollerlaubnis statt einer Ausnahmebewilligung sei mit dem Schutz der natürlichen Lebensgrundlagen nicht vereinbar, Murswiek, in Sachs, GG, Art. 20a Rn 65a).

Führt der Bürger sein Vorhaben **ohne die erforderliche Befreiung durch**, darf die Behörde das Vorhaben gefahrenabwehrrechtlich (vgl. 29.4.3) verbieten, was eine materiellrechtlich rechtmäßige Ablehnung einer öffentlich-rechtlichen Vergünstigung (mit privatrechtlicher Nutzungsmöglichkeit) ohne rechtswidrigen Eingriff in Eigentum und Freiheit darstellt; auch darf die

Behörde die Beseitigung aller Folgen des Vorhabens anordnen (vgl. zu 24.2.3; s. zu 24.2.3 f. auch Maurer m.w.N., § 9 Rn 50 ff.).

Beispiele:

1. Baudispens zur Vermeidung einer offenbar nicht beabsichtigten Härte im Einzelfall unter Würdigung nachbarlicher und öffentlicher Interessen, § 31 (2) des Baugesetzbuchs (41.2.1), § 86 der Nds. Bauordnung (42.1), jeweils auch im Interesse einzelner Bürger.
2. Erteilung einer Erlaubnis zur Sondernutzung einer öffentlichen Straße (z.B. Kioskbetrieb), zu unterscheiden vom zum gesteigerten Gemeingebrauch der Anlieger einer straßengesetzlich allgemein gewidmeten öffentlichen Straße, vgl. 24.2.1.3, 46.5.3.
3. Befreiung von einem naturschutzrechtlichen Verbot (u.a. § 62 BNatSchG, § 53 NNatSchG, s. 53.6; hinsichtlich der Härteklausel auch dem Interesse einzelner Bürger, Abs. 1 Nr.1 a, nicht jedoch Abs.1 Nr. 2, wonach nur überwiegende Gründe des Gemeinwohls die Befreiung erfordern, also kein Anspruch auf fehlerfreie Ermessensausübung besteht; Sparwasser/Engel/Voßkuhle, 2/69).
4. Erteilung einer wasserrechtlichen Erlaubnis oder Bewilligung (z.B. Entnahme von Kies aus einem oberirdischen Gewässer, § 3 (1) Nr. 3 / §§ 2 (1), 6 – 8 WHG, 60.2). Im Hinblick auf die in § 6 WHG aufgeführten Versagungsgründe wird angenommen, dass die Erteilung nicht auch im privaten Interesse erfolgt (BGHZ 84, 230, 233; a.A. Sparwasser/Engel/Voßkuhle, 2/69 Fußn. 150 m.w.N.).
5. Plangenehmigung für Mülldeponie, § 31 (3) KrW-/AbfG (63.7.1).
6. Entscheidung der Polizei, ob sie zum Schutz von Rechtsgütern einzelner Menschen einschreitet, und Entscheidung der Gemeinde, ob sie für eine Versammlung unter freiem Himmel einen öffentlichen Platz zur Verfügung stellt (einfach-gesetzliche Förderung des Grundrechts der Versammlungsfreiheit, vgl. 5.5.1), jeweils auch im privaten Interesse.

Ein subjektives öffentliches **Recht** sogar **auf Erlass eines begünstigenden Verwaltungsakts** liegt bei einer solchen - auch im Interesse einzelner Personen bestehenden Ermessensvorschrift - nur dann vor, wenn ausnahmsweise im Einzelfall das **Ermessen auf Null reduziert ist**, also nur eine einzige Maßnahme rechtmäßig ist (vgl. 20.2, auch zum ausnahmsweisen Anspruch auf polizeiliches Einschreiten).

Durch Selbstbindung des Ermessens der Verwaltung, z. B. bei ständiger Anwendung der Subventions-Richtlinien entsteht aufgrund des **Gleichheitsgrundsatzes** (Art. 3 (1) GG) aus einem Anspruch auf fehlerfreie Ermessensausübung ein Leistungsanspruch im Rahmen der vorhandenen Mittel (vgl. 20.3).

24.2.5 Ausnahmslose gesetzliche Verbote ggf. mit Entschädigung

Gesetzliche materiellrechtliche Verbote, die nicht durch gesetzliche Freistellungen oder behördliche Ausnahme- oder Befreiungsentscheidungen durchbrochen sind, gibt es wohl kaum. Für § 23 (2) BNatSchG (s. Sparwasser/Engel/Voßkuhle, 2/59). Für § 24 (2) NNatG könnte dies nur insoweit zutreffen, als die Schutzgebietsverordnung keine Ausnahme oder Befreiung vorsieht; jedoch ist immer zusätzlich § 53 NNatG für eine Befreiung zu prüfen (24.2.4., 53.6). Sind Ausnahmen schon in der Abwägungsentscheidung ausreichend verarbeitet, bedarf es keiner Befreiungsregelung mehr (z.B. §§ 8, 9 NWaldLG, 24.2.3). Entschädigungsreglungen verhelfen zur Verhältnismäßigkeit (s. z.B. § 10 NWaldLG, § 51 NNatG).

24.2.6 Erfüllung durch begünstigenden Verwaltungsakt, -realakt oder privatrechtlich

Ein **Verwaltungsakt**, der **aufgrund** eines subjektiv-öffentlichen Rechts oder nur eines subjektiven Rechts auf fehlerfreie Ermessensausübung oder nur objektiv pflichtgemäßen Ermessens ein **Recht** oder einen rechtlichen Vorteil **begründet** oder bestätigt, ist **begünstigend** (§ 48 (1) S. 2 VwVfG). Es muss also durch ihn ein subjektives öffentliches oder privates Recht, zumindest

als ein *von der Rechtsordnung anerkannter* schutzwürdiger Individualvorteil (vgl. 24.1), begründet oder bestätigt sein (ggf. einschließlich Aufhebung eines belastenden Verwaltungsakts, vgl. 26.5); eine nur tatsächliche Begünstigung genügt nicht.
Begünstigende Verwaltungsakte können zu erlassen sein
- **auf Antrag**, s. Beispiele für Kontrollerlaubnisse und Ausnahmebewilligungen, 24.2.3 f.,
- **von Amts wegen** (z.B. zu beanspruchender Besoldungsfestsetzungsbescheid, vgl. auch 19.6.3).
Die Erfüllung ist ggf. auch durch **Verwaltungs-Realakt** oder privatrechtlich möglich, z.B. begünstigendes Sichern eines Geländes durch Polizei oder als voller Anspruch, z. B. durch tatsächliche Nothilfe bei Lebensgefahr (24.2.4).

24.2.7 Übersicht subjektiv-öffentliche Rechte, materielle Verbote und deren Sicherungen

materiell-rechtlich ↓	Ohne Anzeige-, Anmelde und Zulassungsantrag: Ermächtigung 1.zur Überprüfung, ob Verbotsvoraussetzungen erfüllt und ggf. 2. zu Verbots-, Beseitigungs- und Wiederherstellungs-Verwalt.-akten; 24.2.1	1.Anzeige-pflicht ohne Beginnhindernis; 2. bei Verbotserfüllung Ermächtigung für behördliches Einschreiten (wie links); 24.2.2	1. Anmelde-pflicht mit Frist für Beginn; 2. bei Verbotserfüllung Ermächtigung für behördliches Einschreiten (wie links); 24.2.2	1. Kontrollerlaubnis; auf Antrag Prüfung, ob die Erlaubnisgrenzen überschritten sind: 2. Genehmigung (Anspruch) oder Versagung; 24.2.3	1. Ausnahmebewilligung/ Dispens: auf Antrag Prüfung, ob im Rahmen eines Ermessens von Verbotsvoraussetzungen abgesehen werden kann 2. oder nicht; 24.2.4
Allgemeine (gesetzliche) Handlungserlaubnis	Prüfung führt zu keinem Einschreiten	./.	./.	./.	./.
Allgemeine Handlungserlaubnis mit gesetzlichem Vorbehalt für ein Verbot unter besond. Vorraussetzungen	Versammlungen in geschlossenen Räumen erlaubt, aber unter besond. Voraussetzungen Verbotsvorbehalt für Verwaltung, z.B. § 5 Versammlungsgesetz	Übungen mit Wasserbenutzungen kann unter besond. Voraussetzungen untersagt werden	./.	./.	./.
Allgemeine Handlungserlaubnis mit Verbotsvoraussetzungen	Genehmigungsfreie Erstaufforstung (§ 9 (2) NWaldLG) oder Waldumwandlung (§ 8 (2) NWaldLG); Sperrvoraussetzungen für Wald ohne Genehmigungspflicht, § 31 (4) NWaldLG; Betretensrechte, §§ 23 ff. NWaldLG		§ 12 Versammlungsgesetz: Bis 24 Std. vor Beginn können Versammlungen im Freien unter besond. Voraussetzungen untersagt werden Kahlschläge § 12(1) (2) NWaldLG	Genehmigungspflichtige Erstaufforstung (§ 9 (2) NWaldLG), Waldumwandlung (§ 8 (1) NWaldLG) oder Waldsperrung § 31 (4) NWaldLG	./.
Allgemeines Handlungsverbot mit allgemeinen Ausnahmen	Allg. Freistellungen schon in der Rechtsnorm; z.B. Freistellungen von Verboten in naturschutzgesetzlicher Verordnung (51.)			Anspruch auf Erteilung einer Ausnahme von einem allgemeinen Verbot einer Schutzgebietsverordnung (51:)	Mit Ermessen Erteilung einer Befreiung von einem allgem. Verbot einer Schutzgebietsverordnung § 53 NNatG (1), nach Nr. 1 a Anspruch auf fehlerfreie Ermessensausübung; nicht nach (1) Nr. 2

24.2.8 Erweiterte Übersicht über öffentlich-rechtliche Kontrollerlaubnisse und Ausnahmebewilligungen sowie entsprechende Realakte (s. auch Wolff/Bachof/Stober § 43)

Subjektive öffentl. Rechte von Privatrechts-Personen (11.4) auf Einräumung eines öffentlichen oder privaten Rechts (oder rechtlichen Vorteils bzw. einer Begünstigung) vgl. auch 30.7					
1. aufgrund gesetzl. **Bindung** zum Handeln		2. in gesetzlicher Vorschrift nur **Ermessen** zum Handeln			
1.1 Anspruch auf Erlass eines begünstigenden **Verwaltungsakts (VA)**	**1.2 Vorschrift** nur im öffentl. Interesse: **nur Rechtsreflex,** kein Anspruch auf Erlass eines begünstigenden VA;	2.1 nur **Ermessen,** einen **begünstigenden** *Verwaltungsakt* zu erlassen			
		2.1.1 auch im Interesse des Einzelnen		2.1.2 **nur** im öffentl. **Interesse** (Rechtsreflex)	
(1) **Kontrollerlaubnisse** (24.2.3) (rechtsgestaltende VAe, 15.3.3.2); z.B. Erstaufforstungsgenehmigung, Baugenehmigung bei Vorliegen der gesetzlichen Voraussetzungen = (2) **einfachgesetzlicher** oder **verfassungsrechtlicher Leistungsanspruch,** Anspruch auf rechtl. Teilhabe (z.B. Zulassung zu öff. Einrichtungen; Sozialhilfe), vgl. 5.5; (3) Besoldungsbescheid, Bewilligung von BAföG **(feststellende gebundene VAe,** 15.3.3.2)	z.B. naturschutzrechtliche Artenschutzverbote (52.); nicht nachbarschützende Vorschriften des BauGB (41.) und der NBauO (42.1)	2.1.1.1 bei *Ermessensreduzierung auf Null,*20.2, (subj. öff.) Anspruch auf Erlass eines begünstigenden VA z.B. (1) auf polizeiliches Einschreiten bei unmittelbarer Gefahr für wichtige Rechtsgüter (Lebensgefahr) des A durch Anordnung genüber dem Gefährdenden G; (2) ggf. Anspruch auf Subvention auch ohne gesetzl. Regelung; Gleichheitssatz i.V.m. Verwaltungsvorschriften bei ständiger Praxis als Selbstbindung der Behörde (20.3)	2.1.1.2 (Destination) nur *Anspruch* auf Ausübung eines fehlerfreien Ermessens (24.2.4) z.B. (1) wie links (1), die Gefahr ist aber nicht unmittelbar und sehr erheblich; z.B. unbefugt im Wald parkendes Auto zu entfernen (29.4); (2) Härte-Befreiung von einem Verbot einer NaturschutzgebietsVO, 24.2.4, 53.6; (3). Baudispens; (4) erneute Entscheidung (§ 48 VwVfG, 26.2); (5) Subvention (wie links zu (2), noch ohne Selbstbindung	*Nicht* einmal Anspruch auf fehlerfreie Ermessensausübung (24.2.4) z.B. (1) wenn jemand verlangt, gegen den weiter entfernt wohnenden Nachbarn bau-, rechtlich z.B. nach § 86 NBauO einzuschreiten (42.2); (2) Befreiung von einem NaturschutzgebietsVOs-Verbot nur aus überwiegendem öffentlichen Interesse (24.2.4, 53.6);	
1.3 Anspruch auf begünstigenden *(Verwaltungs)***Realakt**	**1.4 Vorschrift** nur im öffentlichen Interesse; **nur Rechtsreflex, kein Anspruch** auf einen begünstigenden (Verwaltungs)**Realakt**	2.2 nur **Ermessen** der Verwaltung, einen **begünstigenden** *(Verwaltungs)***Realakt** vorzunehmen			
		2.2.1 *auch* im Interesse des Einzelnen		2.2.2 *nur* im öffentl. Interesse	
z.B. (1) Abfuhr von Müll, Straßenreinigung (bei öffentl. rechtl. Organisation); (2) Folgenbeseitigung nach Rücknahme eines rechtswidrigen Verwaltungsakts (s. auch 23.2, 27.2)	z.B. Nichtbefolgung einer BeseitigungsAO zu 1.2 kein Anspruch eines Dritten auf Erfüllung einer angenommenen Pflicht zur Ersatzvornahme	2.2.1.1 Ermessensreduzierung auf Null, wie 2.1.1.1 z.B. wie zu 2.1.1.1 (1) aber Gefährdender G ist abwesend und ein Sprengsatz ist zu entschärfen	2.2.1.2 normales Ermessen, wie 2.1.2 z.B. wie zu 2.1.1.2, (1), aber G ist abwesend (Abschleppen als Ersatzvornahme, unmittelbare Ausführung (30.4, 30.6)	nicht einmal Anspruch auf fehlerfreie Ermessensausübung z.B. polizeiliches Entfernen eines Autos aus einem Naturschutzgebiet	

24.3 Subjektive öffentliche Abwehrrechte bei hoheitlicher Beeinträchtigung subjektiver öffentlicher oder privater Rechte

24.3.1 Abwehrrechte

Hoheitliche Eingriffe in Schutzbereiche der Grundrechte lösen an sich grundrechtliche Abwehransprüche aus (5.4). Da jedoch die Schutzgehalte der Grundrechte im Allgemeinen unmittelbar durch einfache Gesetze oder aufgrund einfacher Gesetze in subjektive öffentliche und private Rechte umgesetzt sind, sind zur Abwehr rechtswidriger Eingriffe der Verwaltung nicht die Grundrechte selbst anzuwenden. Jedoch ist eine grundrechtskonforme Auslegung des einfachen Gesetzes geboten (5.7). Soweit das Gesetz eine Lücke hat, kann und muss unmittelbar auf die Grundrechte zurückgegriffen werden, weil sie jedoch in aller Regel nicht konkret genug sind, nur auf den grundrechtlichen Mindeststandard (s. 24.3.3.4). Insoweit ergibt sich Verwaltungsrechtsschutz und notfalls Verfassungsgerichtsschutz (25., 9.1). Die Eingriffe können Verwaltungsakte oder (z.B. als polizeiliche Maßnahmen in Abwesenheit der Betroffenen, 30.4) Verwaltungs-Realakte sein (s. 24.1).

Subjektive (öffentliche oder private) hoheitlich verletzbare, abwehrfähige Rechte			
1.1 unmittelbar aus einfachem Gesetz	**1.2 notfalls unmittelbar aus Grundrechten**	**1.3 aus gebundenem Verwaltungsakt**	**1.4 aus Ermessensverwaltungsakt**
z.B. aus Recht zum Betreten des Waldes (46.) oder aus Eigentum (§§ 903 ff. BGB)	z.B. Eigentum ausnahmsweise unmittelbar aus Art. 14 GG (Abwehrrechte, 7.1, 27.4)	z.B. aus Baukontrollerlaubnis; Erstaufforstungsgenehmigung (24.2.3, 42.1; 45.5)	z.B. aus Baudispens (24.2.4); aus Härte-Befreiung von Verbot in Naturschutzgebiets-VO (24.2.4; 53.6)

24.3.2 Belastende Verwaltungsakte

Die Feststellung beeinträchtigungsfähiger *Rechtspositionen* ist bei Adressaten von belastenden Verwaltungsakten wegen ihrer individuellen Rechtsbetroffenheit unproblematisch - im Gegensatz zu der Frage, ob auch eine *Rechtsverletzung* vorliegt.

Ein **belastender** Verwaltungsakt greift - gebunden oder in aller Regel als Ermessensentscheidung (18. f.) - in subjektive öffentliche oder private Rechte (einschl. rechtlich geschützter Individualinteressen) ein; dies kann - auch hinsichtlich Grundrechten - rechtmäßig oder rechtswidrig geschehen.

Dabei sind als **Eingriffe**, die ggf. subjektiv-öffentliche Abwehrrechte auslösen, zu unterscheiden (vgl. Übersicht 27.7):
– ein unmittelbarer Eingriff durch Gebot oder Verbot in verfassungsmäßige Rechte wie Freiheit und Eigentum und/oder in unmittelbare einfach-gesetzliche Berechtigungen, z.B. Polizeiverfügungen mit Eingriff in die Handlungsfreiheit - oder das Recht zum Betreten des Waldes - durch Gebote und Verbote oder
– in sonstige durch gebundenen oder Ermessens-Verwaltungsakt (z.B. Beamtenernennung) geschaffene öffentliche und gestaltete (15.3.2) private Rechte; insbesondere Aufhebung eines (rechtmäßigen oder rechtswidrigen) begünstigenden Verwaltungsakts (z. B. Bauerlaubnis) als Rechtsposition (zu den Voraussetzungen vgl. 26.3 f.) oder
– Ablehnung eines begünstigenden Verwaltungsakts (dann kann ggf. nicht nur der belastende Verwaltungsakt abgewehrt (aufgehoben), sondern auch Erfüllung des subjektiv-öffentlichen Einräumungsrechts verlangt werden (24.2).
  Auch ein dieselbe Person teilweise begünstigender und teilweise belastender Verwaltungsakt ist möglich; auch durch teilweise Ablehnung eines begünstigenden Verwaltungsakts; z.B.
  1. ein beantragtes Wohngeld wird nur teilweise bewilligt;
  2. beim Einschreiten zum Schutz einer Person verfügt die Polizei, eine Tür aufzubrechen.

24.3.3   Begünstigende Verwaltungsakte mit drittbelastender Wirkung
sind ebenfalls möglich.

24.3.3.1 Diese verschaffen dem Adressaten ein Recht, **greifen** aber auch **in die Rechtsposition** mindestens **einer anderen,** vom Verwaltungsakt nicht angesprochenen **Person ein;** z.B. - Baugenehmigung zugunsten des Bauherrn beeinträchtigt dessen Nachbarn.

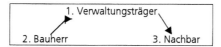

Z.B. auch Verlust des Trauf- und Deckungsschutzes eines Waldes bei einer Waldumwandlungsgenehmigung für den Nachbarn. Die Feststellung von Rechtspositionen und damit eventuell von Abwehrrechten nicht gezielt betroffener Dritter ist, wenn ausdrückliche Vorschriften fehlen, nicht immer einfach (verneint für Eigentümer Gesichtspunkt der Feuergefahr, wenn ein Pächter für Ergänzungsbauten Genehmigung beantragt (VGH München 6.6.2005, UPR 2005, 393). Anerkannte Naturschutzvereine hinsichtlich Naturschutzbelangen bei Planfeststellungsbeschlüssen (OVG Schleswig 18.7.2005, NuR 2006, 65, 53.5.2.)

24.3.3.2 Eine solche Rechtsposition kann sich auch aus dem Ergebnis einer verfassungs-, insbesondere **grundrechtskonformen Auslegung** (vgl. 1.2, 5.7.1, 18.2.1) einer einfach-gesetzlichen Rechtsvorschrift ergeben, dass eine **individuelle Begünstigung** oder Interessenunterstützung (ggf. neben einem öffentlichen Zweck) **bezweckt** ist, **z.B.** die nachbarschützende Wirkung der bauordnungsrechtlichen Grenzabstands-Vorschriften, 24.1.

24.3.3.3 Insbesondere besteht (nach der Rechtsprechung) gegenüber einer Baugenehmigung, die auf - im öffentlichen Interesse bestehenden - Bauplanungsvorschriften beruht (§§ 30, 31, 34, 35 Baugesetzbuch und Baunutzungsverordnung), ein (dem Baugesetzbuch zu entnehmendes, vgl. 41.2 ff.) objektiv-rechtliches **Gebot der Rücksichtnahme** auf die Interessen Dritter (vor allem der Nachbarn des Bauwilligen); dieses Gebot wird (in **verfassungskonformer Auslegung**) sogar zu einem **subjektiv**-öffentlichen Abwehrrecht, wenn die Nachbarn wegen der gegebenen Umstände „**handgreiflich**", d.h. individuell und stark (qualifiziert) betroffen sind und bei Abwägung mit den Interessen des Bauwilligen letztere zurückzustehen haben (41.2.2; vergleichbar der praktischen Konkordanz als Sonderfall des Verhältnismäßigkeitsgrundsatzes, vgl. 5.3.2, 5.3.1, 20.1, auf einfach-gesetzlicher Ebene).

24.3.3.4 Fehlt ausnahmsweise ein einfach-gesetzliches subjektives öffentliches oder privates Recht, kommt ggf. **lückenfüllend** (1.2) die Beeinträchtigung zumindest des Mindeststandards des **Eigentumsgrundrechts** (Art. 14 GG) selbst in Betracht; nach dem Bundesverwaltungsgericht muss die hoheitliche Beeinträchtigung dann einen schweren und unerträglichen Eingriff in die vorgegebene Grundstückssituation des Nachbarn darstellen (praktische Konkordanz als Sonderfall der Verhältnismäßigkeit i. e. S., vgl. 20.1.3), damit ein subjektiv-öffentliches Abwehrrecht bejaht werden kann. Zum Baurecht s. 41.2.2.

Z.B.: hat der VGH München (BayVBl 1994, 406) einen Anspruch auf Erhöhung der Zulassung des Rehwildabschusses durch Verwaltungsakt (56.4) um 50 v.H. für den Grundstückseigentümer angenommen, der nicht Jagdausübungsberechtigter ist, wenn sonst durch Verbiss von jungen Bäumen das Waldgrundstück so stark geschädigt wird, dass eine schwere und unerträgliche Beeinträchtigung des Eigentums anzunehmen ist, soweit sich dieses Ergebnis nicht in verfassungskonformer Auslegung des § 21 (1) S. 1 BJagdG entnehmen lässt (so aber das BVerwG NuR 1996, 32); ggf. auch Zulassung eines nur im Außenbereich zulässigen (privilegierten) Betriebs, der für die benachbarte Land- oder Forstwirtschaft erhebliche Schäden herbeiführt (41.5).

Auch der bei Erteilung einer Ausnahmebewilligung (24.2.4) beeinträchtigte Nachbar hat nur einen Anspruch auf fehlerfreie Ermessensausübung; jedoch wirkt sich seine Rechtsposition auf die Stärke der Ermessensgrenzen insbes. beim Verhältnismäßigkeitsgrundsatz besonders aus.

25. Verwaltungsrechtsschutz (Einzelakte)

25.1 Rechtswegzuweisung des Art. 19 (4) S. 2 GG, Gerichtsarten, Übersicht Verwaltungsrechtsschutz nach der Verwaltungsgerichtsordnung (VwGO)

Wie zu 5.4 ausgeführt, garantiert Art. 19 (4) S. 1 GG als formelles Hauptgrundrecht jedem, der durch die öffentliche Gewalt in seinen Rechten verletzt wird, den Rechtsweg. **Öffentliche Gewalt** i.S. Art. 19 (4) GG ist jedenfalls **die der Exekutive, insbes. Verwaltung**. Die Gerichte fallen nur im Rahmen der **Justizverwaltungsakte** (z.B. Grundbuchsachen, vgl. 14.1) unter Art. 19 (4) S. 1. Im Übrigen sieht das GG schon durch die Regelung über die obersten Bundesgerichte (Art. 92, 94, 95 GG) vor, dass Entscheidungen auch der erstinstanzlichen und oberinstanzlichen Gerichte der Länder, insbes. Strafgerichte höchstrichterlich überprüft werden können.

Übersicht 1: Die Gerichtsarten nach dem GG (Art. 92, 95 GG)

Gegenstand (materiell) ➡	Verwaltungsprozess (Verwaltungsrecht)			Strafprozess (Strafrecht)	Zivilprozess (Privatrecht)		Verfassungsprozess -/recht
	öffentliches Recht			öffentliches Recht	ohne Arbeitsrecht	Arbeitsrecht	öffentliches Recht
Gerichtszweig (organisatorisch) ➡	(allgemeine) Verwaltungsgerichtsbarkeit	Finanzgerichtsbarkeit	Sozialgerichtsbarkeit	ordentliche Gerichtsbarkeit		Arbeitsgerichtsbarkeit	Verfassungsgerichtsbarkeit
↑	Bundesverwaltungsgericht	Bundesfinanzhof	Bundessozialgericht	Bundesgerichtshof		Bundesarbeitsgericht	Bundesverfassungsgericht
	Oberverwalt.-gericht/ Verw. gerichtshof	----	Landessozialgericht	Oberlandesgerichte		Landesarbeitsgericht	Landesverfassungsgericht
	Verwaltungsgerichte	Finanzgerichte	Sozialgerichte	Landgerichte		Arbeitsgerichte	----
				Amtsgerichte (+ Bußgeldbescheid)			
verwaltungsbehördliches Vorverfahren ➡	Widerspruchsverfahren	Einspruchsverfahren	Widerspruchsverfahren	Verwaltungs-, Straf-, Bußgeldermittlungsakte, Bußgeldbescheide	Justizverwaltungsakte		

Art. 19 (4) S. 2 GG präzisiert allerdings noch, dass dann, wenn **gegenüber Akten der Exekutivgewalt keine andere Rechtsweg-Zuständigkeit begründet ist, der ordentliche Rechtsweg** (Amtsgericht, Landgerichte) gegeben ist.

§ 40 (1) S. 1 der Verwaltungsgerichtsordnung begründet für öffentliche Rechtsstreitigkeiten nicht verfassungsrechtlicher (und nicht strafrechtlicher oder bußgeldrechtlicher) Art als Spezialregelung den **Verwaltungsrechtsweg** (Verwaltungsgerichte), vgl. 12.9, 25.

Entscheidungen der Verwaltung, zumindest Verwaltungsakte (15.) sind grundsätzlich erst nach einem erfolglosen verwaltungsbehördlichen Vorverfahren (Widerspruchsverfahren, bzw. im Finanzbereich Einspruchsverfahren) bei den Verwaltungs-, Sozial- oder Finanzgerichten anfechtbar (vgl. 14.1, 25.1; s. aber Einschränkungen für Niedersachsen zu 25.2.3).

Verwaltungsrechtliche Ansprüche (z.B. Erstattungs- und Schadensersatzansprüche, 27. f.) sind zum Teil auf dem ordentlichen Rechtsweg zu verfolgen, vgl. z.B. Art. 34 S. 3 GG zum Amtshaftungsanspruch (37.25.4). Hinsichtlich der Straf-, Ordnungswidrigkeiten- und Zivilprozessverfahren vgl. vorstehende Übersicht.

- Wird ein subjektiv-öffentliches (verwaltungsrechtliches) Einräumungs-/Leistungsrecht (24.2) nicht erfüllt oder
- hoheitlich ein öffentl. oder privates Recht mit der Folge eines öffentl. rechtl. Abwehranspruchs verwaltungsrechtlich-hoheitlich beeinträchtigt (24.3),
kommt (24.1) zu dem subjektiv-öffentlichen Recht des Bürgers (oder der Gemeinde oder Landkreis im Selbstverwaltungsbereich, vgl. 11.5.2) die Befugnis hinzu,
- bei Angreifen oder Erstreben eines Verwaltungsakts vorab mit einem Widerspruch
- (sonst) stets mit einer Klage (Verwaltungsgericht) sein Recht auch durchzusetzen.

Übersicht 2: Widerspruch und Klagearten nach der Verwaltungsgerichtsordnung (VwGO) *in Niedersachsen weitgehend ohne Widerspruchsverfahren bis 2009*

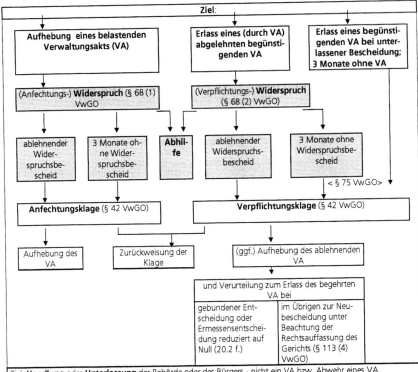

Ziel: **Handlung** oder **Unterlassung** der Behörde oder des Bürgers - nicht ein VA bzw. Abwehr eines VA, sondern Leistung, Abwehr einschl. Unterlassung eines **Realakts** begehrt, vgl. 15.3, 23.2, 24.1, 27.3, 30.7.2; auch **öffentlich–rechtlicher Erstattungs-** bzw. **Folgenbeseitigungsanspruch**, 27.1 f.; s. auch 62.7.8.2: Klageart: *Leistungsklage* (ohne vorherigen Widerspruch) (§ 113 VwGO; Klagebefugnis entspr.. § 42 (2) VwGO); für Entschädigungs- u. Amtshaftungsansprüche i.S. 27.4, 37.25.4 ordentlicher Rechtsweg, Zivilgerichte (s.o. 25.1)

Ziel: **Feststellung** - eines Rechtsverhältnisses (falls nicht die Anfechtungs-, Verpflichtungs-, oder Leistungsklage zulässig bzw. noch realisierbar ist) oder der Nichtigkeit eines VA (22.3); ggf. als Basis für Entschädigungs-/Amtshaftungsansprüche, 27.4, 37.25 Klageart: *Feststellungsklage* (ohne vorherigen Widerspruch) (§ 43 VwGO)

Ziel: **Nichtigerklärung** einer **Rechtsverordnung** bzw. **Satzung**; - *Normenkontrollverfahren* (Oberverwaltungsgericht) § 47 VwGO, vgl. 12.9; aber auch im Rahmen o.g. Klagearten als Vorabkontrolle

Keine Rechtsbehelfe oder Rechtsmittel: **Dienstaufsichtsbeschwerde** (Vorwurf dienstlichen Fehlverhaltens eines Mitarbeiters, Beantwortung durch Behördenleiter; **Fachaufsichtsbeschwerde** (fachliche Kritik, Beantwortung durch Aufsichtsbehörde, s.11.10)

25.2 Widerspruch - Wirkung, Zulässigkeit, Verfahren (§§ 68 - 75 VwGO)

Das Widerspruchsverfahren soll dem Bürger die Möglichkeit geben, dass
- ein Verwaltungsakt im Verwaltungsbereich nochmals auf Recht- und Zweckmäßigkeit hin überprüft wird (Anfechtungswiderspruch), z.B. **Fall 1 zu 14.2**,
- er einen begehrten Verwaltungsakt erreicht (Verpflichtungswiderspruch), **Fall 2 zu 14.2**.

Das Widerspruchsverfahren ist einerseits ein Verwaltungsverfahren, da die Verwaltung selbst zu entscheiden hat. Andererseits stellt es zugleich ein verwaltungsgerichtliches Vorverfahren dar, weil es grundsätzlich (s. 25.4) eine Zulässigkeitsvoraussetzung insbesondere für eine Anfechtungsklage darstellt und daher in der Verwaltungsgerichtsordnung (VwGO) geregelt ist (vgl. 25.3).

Durch § 8a S. 1 des Nds. Ausführungsgesetzes zur VwGO i.d.F. von Art. 2 des Gesetzes zur Modernisierung der Verwaltung in Niedersachsen vom 5.11.2004, Nds. GVBl. 394, ist, ermächtigt durch § 68 (1) S. 2 Altern. 1 (2) ein Widerspruch gegen Verwaltungsakte und Erlass abgelehnter Verwaltungsakte für die Zeit von 2005 bis Ende 2009 abgeschafft worden mit nur folgenden Ausnahmen zu Verwaltungsakten: 3. a) des Baugesetzbuchs und der Niedersächsischen Bauordnung (41., 42.), b) des Bundes-Immissionsschutzgesetzes (62.), c) des Kreislaufwirtschafts- und Abfallgesetzes, Rechtsvorschriften der Europäischen Gemeinschaft zum Abfallrecht, des Abfallverbringungsgesetzes und des Nds. Abfallgesetzes (63.), d) des Bundes-Bodenschutzgesetzes und des Niedersächsischen Bodenschutzgesetzes (61.), der den Naturschutz und die Landschaftspflege betreffenden Rechtsvorschriften der Europäischen Gemeinschaft und des Bundes sowie des Landes Niedersachsen (49. – 53.), f) des Wasserhaushaltsgesetzes und des Niedersächsischen Wassergesetzes (60.), g) des Chemikalien- und des Sprengstoffgesetzes, h) des Geräte- und Produktsicherungsgesetzes i) ..., sowie der auf den Gesetzen zu a) bis i) beruhenden Verordnungen und kommunalen Satzungen dienen. Nach § 8a S. 2 jeweils einschließlich Vollstreckungs- und Kostenentscheidungen. Übergangsregelung für vor 2005 erlassene oder unterlassene Verwaltungsakte in § 8b.

Das Widerspruchsverfahren ist zudem allgemein in einer Reihe von Ausnahmesituationen entbehrlich, u.a. falls ein Verwaltungsakt von einer obersten Bundes- oder Landesbehörde erlassen wird (§ 68 (1) S. 2 Alternative 2), ein Abhilfe- oder Widerspruchsbescheid erstmalig eine Beschwer enthält (68 (1) S. 2 Alternative 3) oder eine Behörde innerhalb von 3 Monaten nicht entschieden hat (§§ 68 (1) S. 2 (2), 75 VwGO, 25.1). Zur grundsätzlichen Notwendigkeit eines Widerspruchsverfahrens bei einem rechtswidrigen Eingriffsakt vor Zulässigkeit eines Entschädigungsanspruchs vgl. 27.4.3.

25.2.1 Rechtsbehelfsbelehrung

Zur Sicherstellung des (verbliebenen) Widerspruchsverfahrens gegenüber erlassenen Verwaltungsakten ist ein Verwaltungsakt mit einer Rechtsbehelfsbelehrung zu versehen (§§ 70, 58 VwGO), vgl. 25.2.7: Z.B. Gegen diesen Bescheid (Verwaltungsakt) kann innerhalb eines Monats nach Bekanntgabe Widerspruch erhoben werden. Der Widerspruch ist bei (Name der den Verwaltungsakt erlassenden Behörde mit Anschrift) schriftlich oder zur Niederschrift einzulegen.

25.2.2 Aufschiebende Wirkung und sofortige Vollziehbarkeit

Ein wirksamer **belastender** Verwaltungsakt, gegen den der Betroffene keinen Rechtsbehelf eingelegt hat, ist auch vor Ablauf der Rechtsbehelfsfrist vollziehbar (vollstreckbar), soweit nicht durch den Vollzug unzulässig vollendete Tatsachen geschaffen werden. Ein Widerspruch bzw. eine Anfechtungsklage gegen einen – auch einen Dritten begünstigenden - Verwaltungsakt schiebt die Wirkung und damit die Vollziehbarkeit (Vollstreckbarkeit, vgl. 30.3.1 f.) des Verwaltungsakts bis zum (erfolglosen) Abschluss des Widerspruchsverfahrens bzw. des Klageverfahrens - also bis zur Unanfechtbarkeit des Verwaltungsakts - auf (§ 80 (1), § 80b VwGO); dies gilt nicht, wenn kein Verwaltungsakt, kein Gesichtspunkt für eine denkbare Rechtsverletzung oder eine Bestandskraft wegen Ablauf der Rechtsbehelfsfrist, also praktisch eine klare Unzulässigkeit des Rechtsbehelfs vorliegt (s. Puttler im Nomos-Kommentar zur VwGO m.w.N.).

Die aufschiebende Wirkung nach § 80 (2) VwGO entfällt nur
1. bei der Anforderung von öffentlichen Abgaben (Steuern, Gebühren, Beiträge, vgl. 11.3) und Kosten,
2. bei unaufschiebbaren Anordnungen und Maßnahmen von Polizeivollzugsbeamten,
3. in anderen durch Bundesgesetz vorgesehenen Fällen,

4. in Fällen, in denen die sofortige Vollziehung (Vollziehbarkeit und damit Wirkung als Grundlage u.a. für Vollstreckungsakte) im öffentlichen Interesse oder im überwiegenden Interesse eines Beteiligten **von** derjenigen **Behörde besonders angeordnet** wird, die den Verwaltungsakt erlassen oder über den Widerspruch zu entscheiden hat.
Grundsätzlich mit besonderer schriftlicher Begründung, falls nicht konkrete Gefahr im Verzug ist (s. zur Begründung § 80 (3); bei begünstigenden Verwaltungsakten mit zugleich belastender Wirkung für eine andere Person nach 80 a (1) Nr. 1 (2) VwGO; im Forst- und Jagdschutz - Außendienst - ist in der Regel bei Erlass des Verwaltungsakts, spätestens nach Widerspruchseinlegung die sofortige Vollziehung zu erklären, als Basis für die Durchsetzung von Verwaltungsakten, aber auch zu deren Durchsetzung (s. 30.3.1, 30.3.2).
Ein wegen fehlender Widerspruchsbefugnis (25.2.3) offensichtlich unzulässiger Widerspruch entfaltet keine aufschiebende Wirkung (VGH Mannheim 12.12.1996, NVwZ 1997, 905).
Bei Vorliegen bestimmter Voraussetzungen kann der Bürger durch Antrag bei der Behörde (§ 80a (1) Nr. 2) und auch vor Erhebung der Anfechtungsklage beim Verwaltungsgericht die aufschiebende Wirkung (wieder) herstellen lassen (§§ 80 (5) - (8), 80 a (1) Nr. 2 (3) VwGO).

25.2.3 Zulässigkeit des Widerspruchs

Soweit Widerspruch nicht landesgesetzlich ausgeschlossen:

1. **Einlegung bei Behörde**, die den Bescheid erlassen hat - oder über den Widerspruch zu entscheiden hat, vgl. 25.2.5 (§ 70 (1) S.1, 2 VwGO) (kann auch bei 6. geprüft werden).

2. **Öffentlich-rechtliche** Verwaltungsangelegenheit (§ 68/§ 40 (1) VwGO)

3. **Gegenstand (Statthaftigkeit)** § 68
ein Verwaltungsakt
eine Ablehnung eines Antrags auf Erlass eines Verwaltungsakts (durch Verwaltungsakt)

4. **Widerspruchsbefugnis**
Entsprechend § 42 (2) VwGO ist ein Widerspruch nur zulässig, wenn der Widerspruchsführer geltend macht, d.h. die Möglichkeit durch Tatsachenangaben aufzeigt, (selbst) durch den Verwaltungsakt oder dessen Ablehnung (Verpflichtungswiderspruch) - bzw. die beamtenrechtliche Maßnahme - in seinen Rechten (subjektives Recht) beeinträchtigt zu sein (vgl. 24.1).
z.B.: Adressat eines belastenden Verwaltungsakts
Beeinträchtigung des E durch die Baugenehmigung zugunsten seines Nachbarn
des Unternehmers U , falls sein Konkurrent durch eine staatliche Subvention begünstigt wird.

5. **Frist** (vgl. Rechtsbehelfstext zu 25.2.7)
Bei ordnungsgemäßer Rechtsbehelfsbelehrung innerhalb eines Monats (§ 70 (1) VwGO) anderenfalls innerhalb eines Jahres nach behördlicher Bekanntgabe des Verwaltungsakts (ggf. Ablehnungsbescheid).
Bei fehlender oder fehlerhafter Rechtsbehelfsbelehrung ist also der Verwaltungsakt nicht rechtswidrig, sondern es ist nur die Widerspruchsfrist auf ein Jahr erweitert (§§ 70 (2), 58 (2) VwGO).
Bei Fristversäumnis ohne Verschulden u.U. Wiedereinsetzung in den vorigen Stand (vgl. § 60 (1) - (4)/70 (2) VwGO).
Bei Verwaltungsakten mit Wirkung für eine weitere beschwerte Person (vgl. 24.3.3, z.B. Baunachbar) beginnt für sie der Lauf einer angemessenen Frist mit dem Zeitpunkt der sicheren Kenntnisnahme oder sicheren Möglichkeit der Kenntnisnahme durch diese Person.

6. **Form**
Schriftlich oder zur Niederschrift der Behörde (vgl. in dieser Übersicht zu 1.).
Eine ausdrückliche Bezeichnung als Widerspruch ist nicht erforderlich, nur Erkennbarkeit, dass Absender mit einer bestimmten Verwaltungsmaßnahme nicht zufrieden ist und deren Aufhebung oder Änderung erstrebt.

7. **Ggf. Rechtsschutzbedürfnis**, wie bei 25.3

Bei **Unzulässigkeit** ist ein Widerspruch als unzulässig zurückzuweisen (25.2.3, 25.2.5).
Nach § 70 (1) VwGO/ § 3a VwVfG ist ein **elektronischer Widerspruch** nur bei qualifizierter elektronischer Signatur und entsprechender Zugangseröffnung durch die Behörde zulässig (Kintz, NVwZ 2004, 1429). Den mit einfacher E-Mail übermittelten Widerspruch kann die Widerspruchsbehörde als nicht formgerecht und daher unzulässig zurückweisen. Sie kann aber grundsätzlich auch in der Sache entscheiden, wenn sie keine Zweifel an der Identität des Widerspruchsführers hat und keine Anhaltspunkte für eine Verfälschung gegeben sind (Kintz aaO).
Bei **Zulässigkeit** eines Widerspruchs ist dessen Begründetheit zu prüfen. Zur aufschiebenden Wirkung des Widerspruchs s. 25.2.2.

25.2.4 Begründetheit des Widerspruchs

- Der Widerspruch ist **begründet,** wenn (trotz eventuell nachgeschobener Gründe) der angefochtene Verwaltungsakt bzw. seine Ablehnung oder Unterlassung
- **rechtswidrig** ist, **vgl. Aufbauschema zu 14.2.** (mit Besonderheiten bei Ermessensentscheidungen)
- und den Widerspruchsführer in seinen **Rechten verletzt** (Folge: subjektiv-öffentlicher Abwehranspruch (vgl. 5.4, 24.1, 24.3) oder
- bei einer Ermessensentscheidung: nach erneuter Sicht der Ausgangsbehörde bzw. der Widerspruchsbehörde (vgl. 25.2.5) zwar rechtmäßig, aber **nicht zweckmäßig** ist (vgl. 19.6.4, 25.2.6).

25.2.5 Für Entscheidung zuständige Behörde

25.2.5.1 Zunächst prüft die **Behörde, die den Verwaltungsakt erlassen hat** (Ausgangsbehörde).
  - Hält sie den Widerspruch für begründet, hilft sie ihm ab: **Abhilfebescheid,** § 72 VwGO.
  - Hält sie den Widerspruch nicht für zulässig (25.2.3) oder nicht begründet,
gilt:

| Im **Normalfall** (§ 73 (1) Nr. 1 VwGO) leitet sie ihn weiter an die (instanziell) *nächsthöhere Behörde* (Widerspruchsbehörde), z.B. Gemeindeverwaltung an Landkreisverwaltung (übertragener Wirkungskreis, 11.5.2). | Ist die **nächst höhere Behörde** eine oberste Landes- oder Bundesbehörde (*Ministerium*), ist die Ausgangsbehörde auch Widerspruchsbehörde (z.B. Waldbehörde des Landkreises statt Fachministerium), und zwar entsprechend der Geschäftsordnung eine vorgesetzte Kraft oder eine andere Sachbearbeitungskraft der Widerspruchsbehörde. |

Bei **Beliehenen** (11.7) ist nach bestrittener Auffassung Widerspruchsbehörde die Behörde des beleihenden Verwaltungsträgers, der auch, eigentlich inkonsequent aber wegen der finanziellen Sicherheit der - vom Handeln Beliehener betroffener - Bürger bei einer Amtspflichtverletzung des Beliehenen haftet (37.25.4). Vgl. Maurer, § 23 Rn 56 - 59.

25.2.5.2 Die **Widerspruchsbehörde** (bzw. die zuständige Amtsperson der Ausgangsbehörde) prüft den Verwaltungsakt noch einmal unter allen Gesichtspunkten.
  - Hält sie den Widerspruch für zulässig und rechtlich begründet oder bei fehlerfreier Ermessensentscheidung für unzweckmäßig (19.6, 19.6.4, 25.2.4), hebt sie den Verwaltungsakt durch Widerspruchsbescheid auf oder ändert ihn.
  - Hält sie den Widerspruch für unzulässig oder für unbegründet, weist sie den Widerspruch durch Widerspruchsbescheid zurück.

25.2.6 Formulierungen

25.2.6.1 Prüfung der Erfolgsaussichten eines Widerspruchs (Fallbearbeitung)

Einleitungssatz: „Der Widerspruch hat Erfolg, wenn er zulässig und begründet ist."
Zulässigkeitsprüfung ...
Begründetheitsprüfung ...
Einleitungssatz:
„Der Widerspruch ist begründet, wenn der Verwaltungsakt rechtswidrig ist und den Widerspruchsführer in seinen (öffentlichen oder privaten) Rechten verletzt."

Bei Ermessensverwaltungsakten zusätzlich:
"Der Widerspruch ist darüber hinaus auch begründet, wenn der Verwaltungsakt unzweckmäßig ist und den Widerspruchsführer beeinträchtigt."

25.2.6.2 Widerspruchsbescheid

"Ihren Widerspruch vom ... gegen ... weise ich hiermit (kostenpflichtig) zurück."

(Kurzer Sachverhalt)
"Ihr Widerspruch ist zwar zulässig, aber nicht begründet.
Die Versagung der Genehmigung ... ist nicht rechtswidrig.
(Gründe)
Der Verwaltungsakt verletzt daher nicht Ihre Rechte."

Bei Ermessensverwaltungsakt:
"Der Verwaltungsakt ist auch nicht unzweckmäßig und beeinträchtigt Sie auch insoweit nicht."

25.2.7 Kostenentscheidung, Begründung, Rechtsbehelfsbelehrung (§§ 73 (3) VwGO)

Ein Widerspruchsbescheid ist zu begründen. Er muss auch bestimmen, wer die Kosten des Verfahrens trägt. Außerdem ist er mit einer Rechtsbehelfsbelehrung zu versehen, z.B. hinsichtlich der Anfechtungsklage:

„Gegen den (die) ... *(Bescheid, Verfügung, Anordnung oder Entscheidung)* der ... *(Bezeichnung und Anschrift der Behörde, die den ursprünglichen Verwaltungsakt erlassen hat)* vom ... *(Datum und Geschäfts-Zeichen)* kann innerhalb eines Monats nach Zustellung dieses Widerspruchsbescheides Klage beim Verwaltungsgericht ... in ... *(Anschrift des nach § 52 VwGO örtlich zuständigen Verwaltungsgerichts)* schriftlich oder zur Niederschrift des Urkundsbeamten der Geschäftsstelle erhoben werden. Die Frist bleibt nur gewahrt, wenn die Klage innerhalb des genannten Zeitraums beim Gericht eingegangen ist. Die Klage wäre gegen die Jagdbehörde zu richten, die den Abschussplan festgesetzt hat."

Zu etwaigen Folgeansprüchen aus einer Aufhebung eines Verwaltungsakts, vgl. 27.1 ff.

25.3 Prüfschema Anfechtungsklage (keine Überprüfung der Zweckmäßigkeit)
Die Klage hat Erfolg, wenn sie zulässig und begründet ist.

1.	**Zulässigkeit der Anfechtungsklage**
1.1	Zulässigkeit des **Verwaltungsrechtswegs** § 40 (1) VwGO
1.1.1	Öffentlich-rechtliche (nicht privatrechtliche) Streitigkeit
1.1.2	nicht verfassungsrechtlicher Art (d.h. es dürfen keine Verfassungsorgane über Verfassungsrecht streiten), vgl. 9.
1.1.3	keine besondere Zuweisung des Rechtsstreits an andere Gerichte (Strafgerichte)
1.2	Richtige **Klageart** § 42 (1) VwGO (d.h. Klagebegehren muss auf volle oder teilweise Aufhebung eines Verwaltungsakts (VA) gerichtet sein, § 35 VwVfG)
1.3	**Klagebefugnis** § 42 (2) VwGO Möglichkeit der Verletzung eines subjektiven Rechts des Klägers
1.3.1	Möglichkeit eines subjektiven Rechts des Klägers?
1.3.2	Möglichkeit der Verletzung? Hier wird nur die Möglichkeit untersucht. Ob tatsächlich ein subjektives Recht des Klägers verletzt ist, wird in der Begründetheitsprüfung geprüft (s. 25.2.3; 24.1.1).
1.4	**Vorverfahren** durchgeführt (§ 68 VwGO) (= Widerspruchsverfahren)
1.5	**Klagefrist** eingehalten (1 Monat seit Zustellung des Widerspruchsbescheids, §§ 74, 57 VwGO) bzw. Untätigkeit der Widerspruchsbehörde grundsätzlich drei Monate seit Einlegung des Widerspruchs, § 75 VwGO (insbes. Erleichterung nach § 14a BImSchG); fehlt die Rechtsbehelfsbelehrung , ist der Widerspruch ein Jahr zulässig
1.6	Allgemeines **Rechtsschutzinteresse** (entspr. §§ 43, 57, 113 (1) S. 4 VwGO) (liegt vor, wenn der Kläger nicht auf andere Weise als durch Klage sein Ziel schneller, einfacher, billiger oder sicherer erreichen könnte; die Klage darf nicht unnötig sein, nicht unnützen und unlauteren Zwecken dienen.)
2.	**Begründetheit der Anfechtungsklage** Einleitungssatz: "Die Anfechtungsklage ist begründet, wenn der VA rechtswidrig ist und den Kläger in seinen subjektiven Rechten verletzt, § 113 (1) 1 VwGO."
2.1	**Rechtmäßigkeit/Rechtswidrigkeit des VA** (Aufbauschema zu 14.2, insbes. hins. Ermessensentscheidungen auch: Prüfung rechtlicher Ermessensfehler, vgl. 19.6)
2.2	**Verletzung eines subjektiven Rechts des Klägers**
2.2.1	Bestehen eines subjektiven Rechts
2.2.2	Verletzung mit der Folge des subjektiv-öffentlichen Abwehrrechts: Aufhebung des VA bzw.: auf fehlerfreie Ermessensausübung (vgl. 24.3.3) (zu bejahen, wenn der rechtswidrige VA das subjektive Recht beeinträchtigt) hinsichtlich Folgeansprüchen vgl. 27.1 ff.

Zur **Verfassungsbeschwerde** auch gegen Verwaltungsakte nach voll ausgeschöpftem Verwaltungsrechtsweg s. 9.1, zur **konkreten Normenkontrolle** 9.2.

25.4 Prüfschema Verpflichtungsklage
(Einleitung:) Die Klage hat Erfolg, wenn sie zulässig und begründet ist.

1.   **Zulässigkeit der Verpflichtungsklage, § 68 (2) (1) VwGO**

1.1   **Verwaltungsrechtsweg**, 40 (1) VwGO
1.1.1   öffentlich-rechtliche Streitigkeit
1.1.2   nicht verfassungsrechtlicher Art (9.)
1.1.3   keine Zuweisung an anderes Gericht

1.2   Richtige **Klageart**
    § 42(1) VwGO: Erlass eines abgelehnten oder unterlassenen VA begehrt

1.3   **Klagebefugnis**, § 42 (2)
    Möglichkeit der Verletzung eines subjektiv-öffentlichen Rechts des Klägers durch
    die Ablehnung/Unterlassung des VA (s. 25.2.3; 24.1.1)
1.3.1   Möglichkeit eines subjektiven Rechts des Klägers (bei Verpflichtungsklage präzise: Möglichkeit eines Anspruchs des Klägers)?
1.3.2   Möglichkeit der Verletzung?

1.4   **Vorverfahren** (= Widerspruchsverfahren; entbehrlich, falls 3 Monate keine Entscheidung über den Antrag durch Verwaltungsakt vorliegt, § 75 VwGO

1.5   **Klagefrist** (§ 74 (2) VwGO; bei Ablehnung eines Verwaltungsakts wie bei Anfechtungsklage) oder drei Monate keine Erstentscheidung (§ 75 VwGO).

1.6   Allgemeines **Rechtsschutzbedürfnis** (= allg. Rechtsschutzinteresse)
    (Dies liegt vor, wenn der Kläger nicht auf andere Weise als durch Klage sein Ziel schneller, einfacher oder billiger erreichen könnte.)

2.   **Begründetheit der Verpflichtungsklage**
(1) Die Verpflichtungsklage ist begründet, wenn die Ablehnung bzw. Unterlassung des VA rechtswidrig und der Kläger dadurch in seinen Rechten verletzt ist, § 113 (4) 1 VwGO.
(2) Dies ist der Fall, wenn der Kläger einen Anspruch auf den VA hat.
(3) Anspruchsgrundlage könnte sein: § ...
    (Anspruchsgrundlage = Rechtsnorm, die als Rechtsfolge gewährt, was der Bürger beantragt hat und die ein subjektives öffentliches Recht des Bürgers begründet.)
(4) Gültigkeit der Rechtsnorm.

2.1   **Rechtmäßigkeit/Rechtswidrigkeit** der Ablehnung bzw. Unterlassung des VA einschl. Prüfung von Ermessensfehlern (wenn man diese Rechtsnorm zugrunde legt) vgl. Aufbauschema zu 14.2.

2.2   Verletzung eines **subjektiven öffentlichen Rechts** des Klägers
2.2.1   Gewährt die unter 2. (3) geprüfte Rechtsnorm wirklich dem Kläger ein subjekiv-öffentliches Recht = einen öffentlich-rechtlichen Leistungsanspruch? Oder ein subjektiv-öffentliches Recht auf fehlerfreie Ermessensausübung (vgl. 24.2.2)?
2.2.2   Verletzung (zu bejahen, wenn die Norm einen solchen Anspruch gewährt, der rechtswidrig einschl. Ermessensfehler nicht erfüllt worden ist.)

Zur **Verfassungsbeschwerde** nach voll ausgeschöpftem Verwaltungsrechtsweg s. 9.1, zur **konkreten Normenkontrolle** 9.2.

26. Rechtsbeständigkeit und Aufhebung (wirksamer) Verwaltungsakte

Vorbemerkung: Unanfechtbarkeit und Aufhebung

Wenn die Frist für einen Rechtsbehelf gegen einen wirksamen Verwaltungsakt verstreicht, ohne dass der Betroffene einen Rechtsbehelf nach der Verwaltungsgerichtsordnung einlegt, wird der Verwaltungsakt für den Bürger unanfechtbar (= formell bestandskräftig).
Wichtige Konsequenz ist: Der Bürger bleibt an den Verwaltungsakt gebunden, selbst wenn der Verwaltungsakt rechtswidrig ist. Legt der Bürger (verspätet) Widerspruch ein, kann die Behörde diesen somit als unzulässig zurückweisen (25.2.3).

Nach **§ 42 VwVfG** i.V.m. § 1 Nds. VwVfG bleibt ein Verwaltungsakt solange in Kraft, bis er aufgehoben oder geändert wird oder sich erledigt hat.

Um Härten abzumildern, die in der Unanfechtbarkeit eines Verwaltungsaktes liegen können, aber auch der Verwaltung eine eigenständige Korrektur vor allem rechtswidriger Verwaltungsakte u.U. zu ermöglichen, regelt das Verwaltungsverfahrensgesetz i.V.m. § 1 Nds. VwVfG
– einen Anspruch auf Wiederaufgreifen des Verfahrens zur **Aufhebung** oder **Änderung** eines **unanfechtbaren belastenden** VA durch Zweitbescheid **(§ 51 VwVfG)**, s. 26.1,
– eine im **Ermessen der Verwaltungsbehörde stehende Entscheidung** hinsichtlich **eines unanfechtbaren (bzw. vom Bürger (noch) nicht angefochtenen)** VA über
  – die **Aufhebung als Rücknahme eines belastenden** (26.2) oder **begünstigenden** (26.3) VA nach den Voraussetzungen des § 48 VwVfG) und
  – die **Aufhebung als Widerruf eines belastenden** (26.2) oder **begünstigenden** (26.4) VA nach den Voraussetzungen des § 49 VwVfG.

Aufhebung eines VA nach allg. Verwaltungsverfahrensrecht

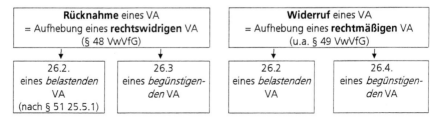

Rücknahme eines VA = Aufhebung eines **rechtswidrigen** VA (§ 48 VwVfG)		**Widerruf** eines VA = Aufhebung eines **rechtmäßigen** VA (u.a. § 49 VwVfG)	
26.2. eines *belastenden* VA (nach § 51 25.5.1)	26.3 eines *begünstigen-den* VA	26.2 eines *belastenden* VA	26.4. eines *begünstigen-den* VA

Rücknahme ist die Aufhebung eines **rechtswidrigen** belastenden (§ 48 (1) S. 1 VwVfG, s. 26.2) oder begünstigenden Verwaltungsakts durch begünstigenden oder belastenden Verwaltungsakt der Behörde (vgl. 24.2.3, 24.3.2).
Widerruf ist die Aufhebung eines **rechtmäßigen** belastenden (s. 26.2) oder begünstigenden (26.4) Verwaltungsakts durch begünstigenden oder belastenden Verwaltungsakt der Behörde (vgl. 24.2.3 f., 24.3.2).
Zu etwaigen Folgeansprüchen aus der Aufhebung von Verwaltungsakten, vgl. 27.1 ff.

26.1 Nach Unanfechtbarkeit eines Verwaltungsakts Anspruch auf Wiederaufgreifen des Verwaltungsverfahrens durch Zweitbescheid (§ 51 VwVfG)

Ist der Verwaltungsakt bereits unanfechtbar, hat der Bürger nur, wenn die Zulässigkeitsvoraussetzungen des § 51 VwVfG vorliegen, auf Antrag einen **Anspruch,** dass die Behörde über die **Aufhebung** oder **Änderung** des (ihn belastenden) Verwaltungsakts **in einem Zweitbescheid neu entscheidet**.

Es handelt sich also um einen Anspruch auf eine neue ändernde oder bestätigende Sachentscheidung, die dann wiederum mit Rechtsbehelfen (Widerspruch, Anfechtungs- oder Verpflichtungsklage) angreifbar ist.
Erkennt die Behörde den Verwaltungsakt als rechtswidrig, muss sie ihn aufheben, hält sie ihn für rechtmäßig, muss sie einen neuen ablehnenden Bescheid (Verwaltungsakt) erteilen.

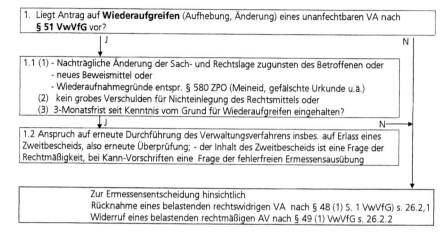

1. Liegt Antrag auf **Wiederaufgreifen** (Aufhebung, Änderung) eines unanfechtbaren VA nach § 51 VwVfG vor?

J   N

1.1 (1) - Nachträgliche Änderung der Sach- und Rechtslage zugunsten des Betroffenen oder
  - neues Beweismittel oder
  - Wiederaufnahmegründe entspr. § 580 ZPO (Meineid, gefälschte Urkunde u.ä.)
 (2) kein grobes Verschulden für Nichteinlegung des Rechtsmittels oder
 (3) 3-Monatsfrist seit Kenntnis vom Grund für Wiederaufgreifen eingehalten?

J   N

1.2 Anspruch auf erneute Durchführung des Verwaltungsverfahrens insbes. auf Erlass eines Zweitbescheids, also erneute Überprüfung; - der Inhalt des Zweitbescheids ist eine Frage der Rechtmäßigkeit, bei Kann-Vorschriften eine Frage der fehlerfreien Ermessensausübung

Zur Ermessensentscheidung hinsichtlich
Rücknahme eines belastenden rechtswidrigen VA nach § 48 (1) S. 1 VwVfG s. 26.2,1
Widerruf eines belastenden rechtmäßigen AV nach § 49 (1) VwVfG s. 26.2.2

26.2 Aufhebung eines <u>belastenden</u> VA (§ 48 (1) S. 1, § 49 (1) VwVfG)

26.2.1 Rücknahme eines belastenden rechtswidrigen Verwaltungsakts (§ 48 (1) VwVfG)

Auch wenn die Zulässigkeitsvoraussetzungen des § 51 VwVfG nicht vorliegen, kann die Behörde auf Antrag oder ohne Antrag prüfen, ob sie sich erneut mit dem (anfechtbaren oder) unanfechtbaren Verwaltungsakt befassen will. (= Wiederaufgreifen im Ermessen der Behörde, aber Anspruch des beantragenden Bürgers auf fehlerfreie Ermessensausübung, 24.2.2) vgl. 26.2.
Nach § 48 (1) S. 1 VwVfG kann die Behörde einen rechtswidrigen Verwaltungsakt (auch vor Ablauf der Rechtsbehelfsfrist, falls kein Rechtsbehelf eingelegt ist oder bei Unanfechtbarkeit) ganz oder teilweise mit Wirkung für die Zukunft oder Vergangenheit zurücknehmen.

26.2.2 Widerruf eines belastenden rechtmäßigen Verwaltungsakts (§ 49 (1) VwVfG)

Ein **rechtmäßiger nicht begünstigender** Verwaltungsakt, kann, auch wenn er unanfechtbar geworden ist, ganz oder teilweise mit Wirkung für die Zukunft widerrufen werden, außer wenn ein Verwaltungsakt gleichen Inhalts erneut erlassen werden müsste oder aus anderen Gründen ein Widerruf unzulässig ist. § 49 (1) VwVfG. (Ermessen, nur Anspruch des Bürgers auf eine fehlerfreie Ermessensausübung hinsichtlich des Wiederaufgreifens).

Zu 26.2 Aufhebung eines <u>belastenden</u> ggf. unanfechtbaren VA nach §§ 48 (1) S. 1, 49 (1) /§ 1 Nds. VwVfG

(Im Anschluss an die Prüfung zu § 51 VwVfG) Prüfung einer **Aufhebung nach § 48 (1) S. 1 /§ 49 (1) VwVfG**

↓

Nach Unanfechtbarkeit eines belastenden VA hat Bürger nur einen Anspruch darauf, dass die Behörde auf Antrag ihr Ermessen fehlerfrei dahin ausübt, ob sie eine neue Sachentscheidung treffen will und dabei prüft, ob sie den belastenden VA nach § 48 (1) S. 1 /§ 49 (1) VwVfG aufheben kann (subjektives öff. **Recht auf fehlerfreie Ermessensausübung**; Wiederaufgreifen im weiteren Sinne).
Unabhängig von einem Antrag hat aber die Behörde ein eigenes Entschließungsermessen, den VA ggf. nach § 48/§ 49 VwVfG aufzuheben.

2.1 Der **belastende VA** ist **rechtswidrig**: Zu prüfen ist die **Rücknahme** des (rechtswidrigen) VA nach § 48 (1) S.1 VwVfG	**2.2** Der **nicht begünstigende belastende VA** ist **rechtmäßig**: Zu prüfen ist der **Widerruf** des (ursprünglich) rechtmäßigen VA nach § 49 (1) VwVfG

2.1.1 Wäre Rücknahme nur *begünstigend* (ersatzlose Rücknahme oder weniger belastende Neubescheidung):

Gesetzmäßigkeit hat Vorrang vor Rechtssicherheit, dass der VA bestehen bleibt; rückwirkender Rücknahmebescheid daher im Rahmen der Ermessensentscheidung möglich.

2.1.2 Wäre Rücknahme (auch) *belastend*, weil noch stärkere Belastung eintritt:
auch hier Vorrang der Gesetzmäßigkeit; grundsätzlich ist ein Vertrauen nicht geschützt, dass ein stärker belastender VA erlassen wird (strittig); zumindest ist u.a. im Rahmen der Ermessensentscheidung die Verhältnismäßigkeit zu prüfen
(ggf. weitere Belastung nur für die Zukunft).

2.2.1 Müsste ein VA mit gleichem Inhalt erlassen werden? (s. 22.4)

J   N

2.2.2 kein Widerruf	**2.2.3** Widerruf „aus anderen Gründen" (nach Sinn u. Zweck des Gesetzes) zulässig?

N   J

2.2.5 Widerruf im Rahmen einer Ermessensentscheidung nur mit Wirkung für die Zukunft mit schriftlichem Bescheid/ Rechtsbehelfsbelehrung. Dürfte der VA wegen Änderung der Sach- und Rechtslage nicht mehr erlassen werden, Pflicht zum Widerruf (Maurer, § 11 Rn 52).

2.2.4 kein Widerruf

Rücknahmebescheid jeweils mit Rechtsbehelfsbelehrung

26.3 Rücknahme eines rechtswidrigen <u>begünstigenden</u> ggf. unanfechtbaren VA (§ 48 (1) (2), § 50 VwVfG)

Nach **§ 48 (1) S. 2** VwGO darf ein Verwaltungsakt, der ein **Recht oder einen rechtlich erheblichen Vorteil begründet oder bestätigt (*begünstigender* Verwaltungsakt)**, nur unter den Einschränkungen des § 48 (2) bis (4) VwVfG zurückgenommen werden.
Erfolgt eine Aufhebung im Rahmen eines Widerspruchs oder einer Anfechtungsklage, gilt § 48 (1) S. 2, (2) - (4) nicht, **§ 50 VwVfG**.

26.3.1 Ausschlussgründe für die Rücknahme eines rechtswidrigen begünstigenden VA, der eine einmalige oder lfd. Geldleistung oder teilbare Sachleistung gewährt, § 48 (2) (4)

Gesetzlicher Tatbestand: rechtswidriger begünstigender VA, der eine einmalige oder lfd. Geldleistung oder eine teilbare Sachleistung gewährt (§ 48 (1) S. 2 (2))

Rücknahmeausschließender Vertrauensschutz (§ 48 (2) S 1 S. 3) ?
Hat der Bürger

1.1 nicht auf den Bestand des VA **vertraut** (§48 (2) S.-1)oder (§ 48 (2) S. 3)

1.2 den VA durch arglistige Täuschung, Drohung oder Bestechung erwirkt oder

1.3 den VA durch Angaben erwirkt, die in wesentlicher Beziehung unrichtig oder unvollständig waren oder

1.4 die Rechtswidrigkeit des VA gekannt oder infolge grober Fahrlässigkeit nicht gekannt (Ausschluss ab Kenntnis- oder grob fahrlässiger Unkenntnis) oder

1.5 einen ausdrücklichen Vorbehalt zur Rücknahme des VA und zur Rückforderung erhalten (§ 36 VwVfG)?

N ↓ | **J** ↓

Das **Vertrauen** auf den Bestand des Verwaltungsakts ist **in der Regel** schutzwürdig, wenn der Begünstigte die **gewährten Leistungen verbraucht** hat (ohne Vermögenszuwachs oder Schuldentilgung) oder eine **Vermögensdisposition getroffen** hat, die er nicht oder nur unter unzumutbaren Nachteilen rückgängig machen kann, was regelmäßig anzunehmen ist (§ **48 (2) S. 2**).

In der **Regel** Möglichkeit **voller rückwirkender Rücknahme** (§ **48 (2) S. 4**)

Es ist festzustellen, ob andere Gründe für und gegen einen Vertrauensschutz vorliegen. Die Gründe für Vertrauensschutz (Rechtssicherheit) bezogen auf den Verwaltungsakt) und für das öffentliche Interesse an einer Rücknahme (Gesetzmäßigkeit) sind gegeneinander **abzuwägen**. Ergebnis (§ **48 (2) S. 1**)

Nach BVerwG, (DVBl. 1998, 145 f.): Liegen keine besonderen Gründe für abweichendes Ergebnis bei folgender Abwägung vor, entfällt die Begründung wegen Selbstverständlichkeit.

Rechtsfolge: **voller Vertrauensschutz, keine** Rücknahmemöglichkeit

kein (oder teilweiser) **Vertrauensschutz**, volle (oder teilweise) Rücknahmemöglichkeit

Ermessensentscheidung, ob andere (also nicht für oder gegen Vertrauensschutz sprechende) Gründe (z.B. Alter, finanzielle Verhältnisse) dennoch erlauben, ganz oder teilweise von einer Rücknahme abzusehen, und zwar unter Abwägung mit den obigen Gründen für bzw. gegen Vertrauensschutz.
Rechtsfolge:

keine Rücknahme nach § 48 (2) VwVfG

volle oder teilweise Rücknahme rückwirkend oder für die Zukunft nach § 48 (2) VwVfG

Ausschluss der Rücknahmebefugnis, wenn Behörde vor mehr als **einem Jahr** von den Rücknahmetatsachen Kenntnis erlangt hat, § 48 (4) VwVfG (außer zu 1.2 der Übersicht).
Zur **Rückforderung** von Leistungen nach Rücknahme s. 27.1.

26.3.2 **§ 48 (3) S. 1 und 2 VwVfG:** Soweit es sich um einen **Verwaltungsakt** handelt, der **nicht Geldleistung(en)** oder **teilbare Sachleistungen** gewährt oder als Leistung vorsieht, ist bei einer Rücknahme - auf Antrag des Betroffenen - der **Vermögensnachteil auszugleichen,** der wegen seines tatsächlich gegebenen Vertrauens sowie wegen der Schutzwürdigkeit des Vertrauens entsprechend § 48 (2) S. 3 in den Bestand des Verwaltungsakts erlitten ist, nach § 48 (3) S. 3 nur in Höhe des Vertauens in den Bestand des Verwaltungsakts und Festsetzung durch die Behörde, § 48 (3) S. 4);

> z.b. bei rechtmäßiger Rücknahme einer rechtswidrigen Baugenehmigung mit Abriss eines Neubaus
> oder einer rechtswidrigen Erstaufforstungsgenehmigung nach Entstehung von Kosten.

Ausschlussfrist 1 Jahr nach Information durch die Behörde, § 48 (4) S. 5.

26.3.3 **Ein begünstigender Verwaltungsakt mit drittbelastender Wirkung**
(vgl. 24.3.3, 25.2.3)

> Beispiele:
> 1. Baugenehmigung zugunsten des Bauherrn B beeinträchtigt dessen Nachbarn;
> 2. staatliche Subvention an Unternehmer U beeinträchtigt dessen Konkurrenten K.

(Dazu, dass der belastete Dritte Widerspruch (und Anfechtungsklage) gegen den rechtswidrigen Verwaltungsakt einlegen kann, vgl. 25.2.3.)

Die Behörde kann einen solchen Verwaltungsakt bei Rechtswidrigkeit auch außerhalb eines Rechtsbehelfsverfahrens zurücknehmen, muss dabei aber immer beachten, dass es sich um einen Verwaltungsakt handelt, der nicht nur den Dritten belastet, sondern auch den Adressaten begünstigt, so dass die Vertrauensschutzregelungen insgesamt gelten.

> Im Beispiel 1 ist bei Rücknahme trotz Vertrauensschutz auf Antrag Entschädigung zu leisten (§ 48 (3) VwVfG); vgl. 27.4.1 f.

26.4. **Widerruf eines (rechtmäßigen) begünstigenden ggf. unanfechtbaren Verwaltungsakts, § 49 (2) und (3) VwVfG**

26.4.1 **Subventionswiderruf (§ 49 (3) VwVfG)**

§ 49 (3) S. 1 VwVfG als (vorrangige) Spezialregelung zu § 49 (2) VwVfG bestimmt:
Ein rechtmäßiger Verwaltungsakt, der **eine einmalige oder laufende Geldleistung** oder eine **teilbare Sachleistung** zur Erfüllung eines bestimmten Zwecks gewährt oder hierfür Voraussetzung ist, auch, nachdem er unanfechtbar geworden ist (Tatbestand), kann ganz oder teilweise mit Wirkung für die *Vergangenheit* widerrufen werden (Rechtsfolge-Ermessen), wenn (Tatbestand)
1. die Leistung nicht, nicht alsbald nach der Erbringung oder nicht mehr für den in dem Verwaltungsakt bestimmten Zweck verwendet wird oder
2. mit dem Verwaltungsakt eine Auflage verbunden ist und der Begünstigte diese Auflage nicht oder nicht innerhalb der ihm gesetzten Frist erfüllt hat.
Die Jahresfrist des § 48 (4) VwVfG (26.3.1) gilt entsprechend, § 49 (3) S. 2.

Zum sich daraus ergebenden besonderen öffentlich-rechtlichen Erstattungsanspruch des § 49a VwVfG s. 27.1.

26.4.2 Widerruf eines (rechtmäßigen) begünstigenden ggf. unanfechtbaren Verwaltungsakts nach §§ 49 (2) (4), 50 VwVfG (keine Geldleistung oder teilbare Sachleistung)

Außer nach einer Spezialregelung (z.B. des vorrangigen § 49 (3) VwVfG, 26.4.1) gilt **§ 49 (2) S. 1:**

Wenn ein **rechtmäßiger** und **begünstigender** Verwaltungsakt vorliegt, auch nachdem er unanfechtbar geworden ist (aber nicht, wenn die Aufhebung im Rahmen eines Widerspruchs oder einer Anfechtungsklage erfolgt, § 50 VwVfG) und **wenn**

1.	**Tatbestandsvoraussetzungen**
1.1	der Widerruf **nach Rechtsvorschrift** *zugelassen* oder durch **Verwaltungsakt** *vorbehalten* ist oder
1.2	der VA mit einer *Auflage* verbunden ist, und der Begünstigte diese *nicht* innerhalb der ihm gesetzten Frist *erfüllt* hat oder
1.3	die Behörde aufgrund *nachträglich eingetretener* Tatsachen berechtigt wäre, den VA nicht zu erlassen, und ohne den Widerruf das **öffentliche Interesse gefährdet** wäre oder
1.4	die Behörde **aufgrund einer** *geänderten Rechtsvorschrift* berechtigt wäre, den Verwaltungsakt nicht zu erlassen, und – der Begünstigte von der Vergünstigung **noch keinen Gebrauch** gemacht oder – aufgrund des VA noch **keine Leistungen empfangen** hat, und ohne den Widerruf würde das **öffentliche Interesse gefährdet** oder
1.5	der Widerruf dazu dient, *schwere Nachteile für das Gemeinwohl zu verhüten* oder zu beseitigen,
2.	**Rechtsfolge**
2.1	kann die Behörde den VA ganz oder teilweise mit Wirkung für die Zukunft widerrufen § 49 (2).
2.2	Der Widerruf ist ganz oder teilweise nur zulässig mit Wirkung für die Zukunft oder ggf. zu einem späteren Termin (§ 49 (2) (4) VwVfG) durch schriftlichen Bescheid mit Rechtsbehelfsbelehrung (z.B. Rückforderung von Subventionsmitteln ohne Zinsgewinne). zu *1.3 - 1.5* kann nur gegen – von der Behörde festzusetzenden *Entschädigung* (auf Antrag) widerrufen werden (§ 49 (6) VwVfG.
3.	Der Widerruf ist ausgeschlossen, wenn die Behörde vor **mehr als einem Jahr** von den Widerrufstatsachen Kenntnis erlangt hat, § 49 (2) S. 2/ § 48 (4) VwVfG.

Zum eventuellen Erstattungs-/Rückforderungsanspruch vgl. 27.1.

Vgl. auch die entsprechende Spezialregelung des **§ 21 Bundesimmissionsschutzgesetzes** hinsichtlich des Widerrufs von gewerblichen Genehmigungen (62.2.20).
Neben der Spezialregelung des **§ 45 WaffG** für Rücknahme und Widerruf von Jagderlaubnissen kann ggf. § 49 (2) S. 1 Nr. 4 und allenfalls ganz ausnahmsweise Nr. 5 VwVfG anwendbar sein (58.6.3).

27. **Verwaltungsrechtliche Rückabwicklungs-, Unterlassungs-, Entschädigungs- und Schadensersatzansprüche; Verwaltungsrechtsverhältnisse**

Bei Aufhebung eines Verwaltungsakts (25. f.) oder Leistung ohne rechtlichen Grund, muss die rechtmäßige Ausgangssituation wiederhergestellt oder, falls nicht möglich, ein Entschädigungs- oder Schadensersatzanspruch zur Verfügung stehen, vgl. auch 30.7.

27.1 Öffentlich-rechtlicher Erstattungsanspruch

Der allgemeine öffentlich-rechtliche Erstattungsanspruch wird begründet mit dem Gedanken der Gesetzmäßigkeit der Verwaltung, dass derjenige, der einen Vermögensvorteil zu Lasten eines anderen ohne gesetzliche Grundlage (bzw. ohne Verwaltungsakt) oder bei späterem Wegfall der Rechtsgrundlage (insbes. Verwaltungsakt) oder sonst ohne rechtlichen Grund (z.B. durch Realakt) erlangt, den Vorteil dem unmittelbar Benachteiligten zu erstatten hat. Der Anspruch entspricht damit nach Zweck und Ausgestaltung dem Anspruch aus ungerechtfertigter Bereicherung nach §§ 812 ff. BGB, die ergänzend entsprechend heranzuziehen sind. Teilweise nimmt der Gesetzgeber sogar auf sie ausdrücklich Bezug. Eine öffentlich-rechtliche Geschäftsführung ohne Auftrag stellt einen rechtlichen Grund dar (BVerwG 6.9.1988, BVerwGE 80, 170 ff.; 27.6; s. auch 57.3). Dem Rückforderungsanspruch kann insbes. Vertrauensschutz, Treu und Glauben entgegenstehen (20.4).

Außer staatlichen Geldleistungen Beispiele, die je nach Sachlage auch vorrangig unter nachstehende gesetzliche Regelungen fallen können:

1. Eine Übereignung auf den Bürger oder eine Enteignung von dessen Grundstück ist nach Aufhebung des zugrunde liegenden Verwaltungsakts oder bei Fehlen eines solchen rückgängig zu machen.
2. Gesetzwidrige Nutzung eines Naturguts (38.5.1).
3. Die Behörde hat nach Aufhebung des gestaltenden Gebührenbescheides oder bei Fehlen eines Gebührenbescheides erlangte Gebühren (11.3, 7.5) zurückzuerstatten.

§ 49a VwVfG sieht einen Erstattungsanspruch für alle Fälle der rückwirkenden Unwirksamkeit eines Verwaltungsakts (26.3, 26.4) vor, unabhängig davon, ob es sich um einen Zuwendungsbescheid nach § 49 (3) VwVfG handelt (26.4.1):

Soweit ein Verwaltungsakt mit Wirkung für die Vergangenheit zurückgenommen oder widerrufen worden oder infolge Eintritts einer auflösenden Bedingung unwirksam geworden ist, sind bereits erbrachte Leitungen zu erstatten. Die zu erstattende Leistung ist durch schriftlichen Verwaltungsakt (Leistungsbescheid) festzusetzen, § 49a (1) VwVfG.

Für den Umfang der Erstattung mit Ausnahme der Verzinsung gelten die Vorschriften des BGB über die Herausgabe einer ungerechtfertigten Bereicherung entsprechend. Auf den Wegfall der Bereicherung kann sich der Begünstigte nicht berufen, soweit er die Umstände kannte oder infolge grober Fahrlässigkeit nicht kannte, die zur Rücknahme oder zum Widerruf oder zur Unwirksamkeit des Verwaltungsaktes geführt haben. § 49a (2).

Der zu erstattende Betrag ist vom Eintritt der Unwirksamkeit des Verwaltungsakts an mit 3 v.H. über dem jeweiligen Diskontsatz der Deutschen Bundesbank jährlich zu **verzinsen**. Von der Geltendmachung des Zinsanspruchs kann insbesondere dann abgesehen werden, wenn der Begünstigte die Umstände, die zur Rücknahme, zum Widerruf oder zur Unwirksamkeit des Verwaltungsaktes geführt haben, nicht zu vertreten hat (oder z.B. der Verwaltungsaufwand nicht im Verhältnis zum Nutzen steht) und den zu erstattenden Betrag innerhalb der von der Behörde festgesetzten Frist leistet. § 49a (3).

Wird eine Geldleistung nicht alsbald nach der Auszahlung für den (im Verwaltungsakt) bestimmten Zweck verwendet, so können für die Zeit bis zur zweckentsprechenden Verwendung Zinsen nach Abs. 3 S. 1 verlangt werden. Nach § 49 (3) Nr. 1 kann der Verwaltungsakt auch aufgehoben werden. § 49a (4).

Zum Teil bestehen auch schon länger **Sonderregelungen** (z.B. § 12 Bundesbesoldungsgesetz, § 52 Beamtenversorgungsgesetz) hinsichtlich zuviel gezahlter Besoldung oder Beamtenversorgung, entweder von vornherein ohne Rechtsgrundlage (entgegen dem Bewilligungsrecht und ohne feststellenden oder gestaltenden Bewilligungsbescheid als Verwaltungsakt) oder nach Aufhebung des zugrunde liegenden rechtswidrigen Bewilligungsbescheides. Während Besoldungs- und Versorgungsanprüche entsprechend § 197 BGB in 4 Jahren verjähren, verjährt der allgemeine öffentlich-rechtliche Erstattungsanspruch wie der privatrechtliche Bereicherungsanspruch erst in 30 Jahren (vgl. auch 23.3 u.a. zur Verwirkung).

Zur Erfüllung des Erstattungs- bzw. Rückforderungsanspruchs insbes. durch privatrechtliche Geldleistung mit verwaltungsrechtlicher Erfüllungswirkung (Erlöschen der verwaltungsrechtlichen Verpflichtung bzw. Forderung) s. 15.3.2.1, 23.4.4.6, 30.7.

27.2 Folgenbeseitigungsanspruch

Wenn ein *rechtswidrig* eingreifender Verwaltungsakt zurückzunehmen war (24.3.2, 26.3, 30.7.2; vgl. auch VG Koblenz 26.5.2004, JE I Nr. 104 zu 57.3) oder ein sonstiges rechtswidriges hoheitliches Handeln der Verwaltung (z.B. Realakt) vorliegt (23.2), kann, soweit insbes. wegen fehlendem Vermögenszuwachs (fehlender „Bereicherung") nicht ein öffentlich-rechtlicher Erstattungsanspruch besteht (27.1) ein öffentlich-rechtlicher Folgenbeseitigungsanspruch in Betracht kommen (materiell-rechtlicher Anspruch des Bürgers gegen die öffentliche Verwaltung, 24.1) auf die - noch mögliche - Beseitigung der durch den rechtswidrigen Akt geschaffenen Folgen. Hergeleitet wird der Folgenbeseitigungsanspruch vor allem aus dem öffentlich-rechtlichen Abwehranspruch hoheitlich beeinträchtigter Grundrechte (5.4, 24.1, 24.3), aber auch dem Grundsatz der Gesetzmäßigkeit der Verwaltung insbesondere mit dem Grundsatz des Gesetzesvorbehalts sowie aus der Rechtsschutzgarantie des Art. 19 (4) Grundgesetz und aus den entsprechend anzuwendenden privatrechtlichen Abwehransprüchen aus Eigentum und Besitz (§§ 1004, 862 BGB). Es gibt auch ausdrückliche einfach-gesetzliche Regelungen des Folgenbeseitigungsanspruchs.
(Erfüllung des Anspruchs meist durch verwaltungsrechtlichen Realakt, vgl. 23.2, s. auch 30.7.2).

Beispiele:
1. Bei Aufhebung einer - wegen Wildereigefahr verfügten - Beschlagnahme oder Sicherstellungsverfügung (die Gegenstände gelangen dann nicht in den Haushalt der Verwaltung) besteht ein Anspruch des Eigentümers auf Rückgabe der sichergestellten Sache (Spezialregelung, z. B. § 26 Nds. SOG, vgl. 29.2.2). Entsprechendes gilt bei nichtigem oder fehlendem Verwaltungsakt.
2. Bei rechtswidriger Überbauung eines Privatgrundstücks mit einer zu breiten Straße ist diese wieder bis zur vorgesehenen öffentlichen Verkehrsfläche zu entfernen.

Gegenstand eines öffentlich-rechtlichen Folgenbeseitigungsanspruchs sind nicht alle rechtswidrigen Folgen hoheitlichen Verwaltungshandelns, sondern nur solche, auf deren Eintritt die Amtshandlung gerichtet war oder die durch das Verwaltungshandeln adäquat ausgelöst worden sind; verneint für Überschwemmungsschäden auf landwirtschaftlich genutzten Grundflächen, die ein von einem Wasserverband in einem Gewässer 3. Ordnung errichteter Sohlsturz auslösen soll (BVerwG 31.3.2004, AUR 2005, 67).
Ein Folgenbeseitigungsanspruch **entfällt**, wenn die Wiederherstellung für den verpflichteten Rechtsträger unzumutbar ist (BVerwG 12.7.2004, NVwZ 2004, 15.11).

Zum **privatrechtlichen Beseitigungs**(- und Unterlassungs)**anspruch des Eigentümers** nach **§ 1004 BGB** s. 37.28.4.

27.3 Öffentlich-rechtliche Unterlassungsansprüche

Zu dem insbesondere grundrechtlichen aber auch sonstigen öffentlich-rechtlichen Abwehranspruch (vgl. 5.4, 24.1, 24.3, 30.7) gehört der (vorbeugende) Unterlassungsanspruch gegenüber künftigen öffentlich-rechtlichen Beeinträchtigungen von Rechten (z.B. Eigentum gem. Art. 14 GG).

Z.B. Abwehr wiederholter rechtswidriger Beeinträchtigungen eines Privatwaldes durch Manöver.

Erst wenn der öffentlich-rechtliche Erstattungsanspruch, der ohnehin zukunftsgerichtete Unterlassungsanspruch und der Folgenbeseitigungsanspruch nicht realisierbar sind, kommen nur noch die Entschädigungsansprüche (vgl. 27.4) bzw. ggf. der Amtshaftungsanspruch (vgl. 37.25.4) bei Vorliegen der Voraussetzungen in Betracht, soweit nicht gesetzlich etwas anderes geregelt ist. Dagegen kann der zukunftsgerichtete Unterlassungsanspruch auch neben den anderen vorgenannten Ansprüchen bestehen.

**27.4   Entschädigungsansprüche wegen Enteignung und unzumutbarer bzw.
ungleicher Sozialbindung des Eigentums aufgrund Verwaltungshandelns**

Entschädigungsansprüche aus (parlamentarisch) gesetzlichem Handeln sind zu **7.1** dargestellt. Unter **Verwaltungshandeln** sind der **Rechtsakt** (11.2), in erster Linie der Verwaltungsakt (15.), ggf. auch die Rechtsverordnung oder Satzung, insbes. bei konkreter oder begrenzter allgemeiner Wirkung (12.,13.1) und der rechtserhebliche **Realakt** (23.2) zu verste-
hen (s. hierzu und zum folgenden Maurer, § 25).

27.4.1   Enteignungsentschädigung

27.4.1.1 Wird eine **Enteignung als Rechtsentziehung durch Rechtsakt** im Rahmen des Art 14 GG
(7.1.2.2, 7.1.3, 7.1.5) aufgrund eines **verfassungsmäßigen Enteignungsgesetzes** mit angemessener gesetzlicher Entschädigungsregelung realisiert (z.B. § 49 Nds. Naturschutzgesetz, s. 53.3), steht die Entschädigung zu und muss im Einzelfall angemessen (gerecht) abgewogen sein.

27.4.1.2 Ist ein **Enteignungs-Rechtsakt, insbes. Verwaltungsakt rechtswidrig**, weil ein verfassungswidriges Enteignungsgesetz oder gar keine gesetzliche Ermächtigungsgrundlage vorliegt oder ist ein verfassungsmäßiges Enteignungsgesetz fehlerhaft angewendet worden
und ein Schaden (nicht unbedingt schuldhaft, s. 37.25.4) entstanden, muss, wenn für solche
Fälle der Rechtswidrigkeit keine besondere gesetzliche Entschädigungsregelung gegeben ist,
vor Geltendmachung einer Entschädigung der gegen den Verwaltungsakt gegebene **Verwaltungsrechtsweg (Primärrechtsschutz, Anfechtungswiderspruch und -klage)** ausgeschöpft werden.
Ist der Primärrechtsschutz erfolglos gewesen oder nicht zumutbar, ist die erforderliche und
geeignete Entschädigungsgrundlage, nicht (mehr) Art. 14 (3) GG in entsprechender Anwendung (BVerfG; 7.1), sondern nach dem BGH der gewohnheitsrechtlich weitergeltende
allgemeine aus besonderer **Aufopferung** für das allgemeine Wohl gegebene **Anspruch** aus
entsprechender Anwendung der §§ 74, 75 Einleitung zum allg. preuß. Landrecht in seiner
richterrechtlichen Ausprägung durch die Figur des *„enteignungsgleichen Eingriffs"* -
abgeleitet von Art. 14 (1) GG, aber nur im Range eines einfachen Gesetzes (1.3), ggf.
durchsetzbar vor den **ordentlichen Gerichten**, vgl. Art. 14 (3) bzw. § 40 (2) S. 1 VwGO.

**27.4.2   Rechtmäßige entschädigungspflichtige Eigentumsbeschränkung durch Verwal-
tungshandeln bei Vorliegen einer gesetzlichen Entschädigungsgrundlage**

Liegt nach den näheren zu 7.1.4 genannten Voraussetzungen eine rechtmäßige entschädigungspflichtige Inhalts- und Schrankenbestimmung des Eigentums als **ungezielte Eigen-
tumsentziehung durch Rechtsakt** oder eine **(gezielte oder ungezielte) Eigentumsbeeinträchtigung durch Rechtsakt oder Realakt** vor, für die jeweils eine gesetzliche Entschädigungsregelung vorhanden ist, so ist ein entstandener Schaden hiernach zu entschädigen. Als Rechtsakte der Verwaltung reichen insbesondere auch Rechtsverordnungen oder
Satzungen bei einer Wirkung für einen begrenzten Personenkreis aus.

Z.B. hat das Bundesverwaltungsgericht (NJW 1993, 2949, 2950 ff.) für die Nutzungsbeschränkungen in der Festsetzung eines Naturschutzgebietes durch Rechtsverordnung
auf der Grundlage des Naturschutzgesetzes, obwohl es sich um ein materielles Gesetz
handelt, eine zulässige hinreichende Konkretisierung für das Entstehen des gesetzlichen
Entschädigungsanspruchs gesehen.

Solche Ansprüche können (so das Bundesverwaltungsgericht) **verwaltungsgerichtlich** verfolgt werden; denn § 40 (2) S. 1 VwGO („Aufopferung für das allgemeine Wohl" GG, 27.4.3.2, 27.4.4.2) liegt nicht vor, weil eine eigentumsrechtliche Frage des Art. 14 (1) S. 2 gegeben ist. Die für die Entschädigung erforderlichen „wesentlichen Nutzungsbeschränkungen" sind nicht gegeben, z.b. wenn für die beabsichtigte Freizeitnutzung noch nichts realisiert bzw. vorbestimmt war (Situationsgebundenheit des Eigentums, s. 7.1.4.2, anders, wenn sich die ausgeschlossenen Nutzungsmöglichkeiten nach Lage der Dinge objektiv anbieten oder aufdrängen oder schon realisiert worden sind).
(Zu dem differenzierten § 50 Nds. Naturschutzgesetz s. 53.3)

27.4.3 Aufgrund rechtmäßigem Verwaltungshandeln unbeabsichtigte rechtswidrige Eigentumsbeeinträchtigung als Nebenwirkung

Wenn im Rahmen rechtmäßigen Verwaltungshandelns als unbeabsichtigte unmittelbare Nebenfolge, also **nicht gezielter Rechtsakt oder (gezielter oder ungezielter) Rechtsakt oder Realakt**, vgl. 23.2, rechtswidrig (nicht unbedingt schuldhaft, 37.25.4) Schäden eintreten, fragt sich, ob Entschädigungsansprüche entstehen.

27.4.3.1 Gesetzliche Entschädigungsregelung vorhanden

Ist ein Entschädigungsanspruch für solche Eingriffe gesetzlich geregelt, ist auch danach zu entschädigen (vgl. 7.1.5, 7.1.4.2), oder ggf. (auch) Primärrechtsschutz zu wählen.

Z.B. sind ungewollte Manöverschäden (versehentliches Inbrandsetzen eines Holzhaufens durch abirrenden Schuss als Realakt, 23.2) nach §§ 20 ff. Bundesleistungsgesetz zu entschädigen (BGHZ 37, 44).

27.4.3.2 Ohne spezielle gesetzliche Entschädigungsregelung" („enteignender Eingriff")

Soweit eine an sich rechtmäßige Maßnahme (Verwaltungsakt, Realakt usw.) mit unbeabsichtigter rechtswidriger Nebenfolge vorliegt, aber (im Gegensatz zu 27.4.3.1) keine gesetzliche Entschädigungsregelung für die ungewollte Nebenfolge vorhanden ist, sind vor Geltendmachung einer Entschädigung - im Rahmen des Vorrangs des Primärrechtsschutzes - mögliche und zumutbare Rechtsbehelfe des Verwaltungsrechtswegs gegen die Maßnahme auszuschöpfen (Widerspruch, Anfechtungs-, Verpflichtungs-, Leistungsklage, z.B. hinsichtlich Folgenbeseitigung). Sonst entfällt entsprechend § 254 BGB der Entschädigungsanspruch.

Ist der Primärschutz nicht möglich oder nicht erfolgversprechend und erbringt der Geschädigte mit dem Schaden ein Sonderopfer im Verhältnis zur Allgemeinheit, ist sekundär die erforderliche und geeignete Entschädigungsgrundlage nach dem BGH der gewohnheitsrechtlich weitergeltende **allgemeine Aufopferungsanspruch** aus entsprechender Anwendung der §§ 74, 75 Einleitung zum allg. preuß. Landrecht in seiner richterrechtlichen Ausprägung durch die Figur des **„enteignenden Eingriffs"** - abgeleitet von Art. 14 (1) GG, aber im Range eines einfachen Gesetzes (1.3, ggf. verfolgbar auf dem ordentlichen Rechtsweg, vgl. 25.1).
Da Art. 14 (3) GG - nicht (mehr) entsprechend als Anspruchsgrundlage anwendbar und der Enteignungsbegriff auf gezielte Rechtsentziehungen beschränkt ist (7.1), passt die Bezeichnung „enteignungsgleich" eigentlich nicht (mehr).

Z.B. für den zu 27.4.3.1 genannten Manöverschaden ohne gesetzliche Entschädigungsregelung; - falls ohne Aussicht auf Verhinderung primär durch Rechtsmittel: Immissionen einer Kläranlage (BGHZ 91, 20) oder Fluglärm (BGH, DVBl. 1993, 1089) jeweils für die betroffenen Bewohner; Gewerbebeeinträchtigung durch Straßenbau.

27.4.4 Rechtswidriges Verwaltungshandeln als Eigentumsentziehung bzw. (unmittelbare) Eigentumsbeeinträchtigungen

Ist eine ungezielte Rechtsentziehung (Rechtsakt) oder eine (gezielte oder ungezielte) Rechtsbeeinträchtigung (durch Rechtsakt oder Realakt) rechtswidrig, weil
– keine oder eine verfassungswidrige gesetzliche Ermächtigung gegeben ist oder
– eine verfassungsmäßige Ermächtigungsgrundlage vorliegt, aber durch Verwaltungsakt oder Realakt rechtswidrig angewendet wird (nicht unbedingt schuldhaft wie bei der Amtshaftung, 37.25.4), stellt sich bei Entstehung von Schäden als Haupt- oder (27.4.3) Nebenfolgen die Frage einer Entschädigung wegen entstandener Schäden.

27.4.4.1 Gesetzlicher Entschädigungsgrundlage auch für rechtswidrige Eingriffe

Liegt jeweils für die Entschädigung der Schäden aus dem rechtswidrigen eingreifenden Verwaltungshandeln eine gesetzliche Entschädigungsgrundlage ausdrücklich vor, so ist danach zu entschädigen, - falls nicht Widerspruch, Anfechtungs-, Leistungsklage u.a. Rechtsmittel des Primärrechtsschutzes zulässig sind und gewählt werden.

Z.B. bei Schäden aus rechtswidrigen polizeilichen Maßnahmen, § 80 (1) S. 2 Nds. SOG (29.9); vgl. auch zur mit Kosten verbundenen Anordnung, sich an der einer Impfaktion gegen die Wildschweinepest zu beteiligen, VG Koblenz 26.5.2004, JE I Nr. 104; 57.3).

27.4.4.2 Ohne spezielle gesetzliche Entschädigungsgrundlage für rechtswidrige Eigentumsentziehung bzw. (unmittelbare) -beeinträchtigung („enteignungsgleicher Eingriff")

Ist jeweils für die Entschädigung schädigender Folgen des rechtswidrigen eingreifenden Verwaltungshandelns keine gesetzliche Entschädigungsgrundlage vorhanden, muss der Geschädigte gegen den Eingriff vorrangig Rechtsmittel des Primärrechtsschutzes einlegen (Widerspruch, Anfechtungs-, Leistungsklage u.a. auf Folgenbeseitigung usw. im Rahmen des Verwaltungsrechtsschutzes, s. 25.), wenn ein Entschädigungsanspruch nicht entsprechend § 254 BGB verloren gehen soll. Vgl. auch zur mit Kosten verbundenen Anordnung, sich an der einer Impfaktion gegen die Wildschweinepest zu beteiligen, VG Koblenz 26.5.2004, JE I Nr. 104; 57.3).
Erst wenn solche Rechtsmittel nicht mehr möglich sind, keine Abhilfe bringen können oder nicht zumutbar sind, stellt sich die Frage einer Entschädigung (Grundsatz des Vorrangs des primären Rechtsschutzes vor dem sekundären; keine freie Wahl zwischen Anfechtung und Entschädigung!). Kommt danach ein Rechtsmittel des Primärrechtsschutzes nicht in Betracht, ist nur unter folgenden Voraussetzungen ein Entschädigungsanspruch gegeben: Es muss ein Sonderopfer des Geschädigten im Verhältnis zur Allgemeinheit vorliegen (ein begrenzter, überschaubarer Personenkreis muss betroffen sein). Dann ist der (auch zu 27.4.3.2 genannte) gewohnheitsrechtliche Aufopferungsanspruch entsprechend §§ 74, 75 Einl. Allg. Preuß. Landrecht Anspruchsgrundlage.
Der BGH bezeichnet solche Eingriffe als "**enteignungsgleichen Eingriff**". Der Begriff „enteignungsgleich" ist irreführend: Nach dem BVerfG, das nur gezielte Maßnahmen mit Rechtsentzug als Enteignung anerkennt (27.4.1), liegt insoweit nur eine entschädigungspflichtige Inhalts- und Schrankenbestimmung (Art. 14 (1) S. 2 GG) vor:

> **Z.B.** Fälle ohne Entschädigung einer unzumutbaren Beeinträchtigung durch rechtswidrige naturschutzrechtliche Maßnahmen vor Erlass des § 50 Nds. Naturschutzgesetz (BGHZ 90, 17/29), vgl. 27.4.2, 53.3.1.

Zum Handeln oder Unterlassen des **Gesetzgebers** s. 7.1.

27.4.5 Übersicht: Entschädigungsansprüche aus Eigentumseingriffen der Verwaltung

1. gezielte Eigentums-entziehung = (ganz/teilweise) **Rechts-entziehung durch Rechtsakt** (Verwaltungsakt, ggf. Verordnung/Satzung) = **Enteignung** (VA);	2. entschädig.pflichtige, ungezielte Eigentumsent-ziehung **(Rechtsakt)** oder (gezielte oder ungezielte sonstige) **Eigentums-beeinträchtigung (Rechts-akt oder Realakt)** = **Inhalts- u. Schrankenbe-stimmung,**(Art. 14(1)(2) GG)	3. nicht entschädigungs-pflichtige **Eigentumsentziehung oder -beeinträchtigung** = **Inhalts- u. Schranken-bestimmung**, Art. 14 (1) (2) GG; z.B. Nassaus-kiesungsversagung, 27.4.2

		2.1 gezielte Eigentums-beeinträchtigung als Folge eines Rechtsakts oder (gezielten) Real-akts **(ausgleichspflichtige Inhaltsbestimmung)**	2.2 aufgrund rechtmäßigem Rechtsakt oder Realakt Eigentumsbeeinträchtigung als unbeabsichtigte unmittel-bare rechtswidrige (Neben-)Folge **("enteignender Eingriff")**
aufgrund verfas-sungsmäßi-gem mat. Eingriffs-gesetz mit gesetzl-Entschädi-gungsrege-lung für Hauptfolgen	**recht-mäßiges Verwal-tungshan-deln**	(27.4.1.1) rechtmäßige Enteignung, Entschädigung gem. Art. 14 (3) GG nur bei (er-forderl.) spezieller gesetzl. Entschädigungsregelung; - z.B. für Seeufer-Enteig-nung nach § 49 NNatG (53.3)	(27.4.2) auch für diese recht-mäßigen Eingriffe Ent-schädigung nur aufgrund erforderl. gesetzl. Entschädi-gungsregelung; z.B.Pflicht-exemplar, §§ 8/80 Nds. SOG (29.9), naturschutzrechtl. Nutzungsbeschränkung § 50 NNatG (53.3.1)	(27.4.3.1) rechtmäßiger Ein-griff mit Entschädigung-nur aufgrund - des auf (rechtswidrige) Neben-folge (allg.) bezogenen **Entschädigungsge-setzes**; z.B. für Manöverschäden das Bundesleistungsgesetz
				(27.4.3.2) keine gesetzl. Ent-schädigungsregelung für: **"enteignenden Eingriff":** möglicher und zumutbarer Primärrechtsschutz (s. unten) ist grds. vorrangig; erst dann (BGH) bei Sonderopfer (s. un-ten) **allgemeiner Aufopferungsanspruch;** z.B. begrenzte Kläranlagen- oder Fluglärm-Immissionen Gewerbebeeinträchtigung durch Straßenbau
aufgrund ver-fassungswid-rigem Gesetz (z.B. weil Ent-schädigungs-regelung fehlt)	**rechtswid-riges Ver-waltungs-handeln**	27.4.1.2 (27.4.4.1) **Liegt** für solchen rechtswidrigen Verwaltungs-Eingriff eine **Entschädigungsregelung nach Spezialgesetz vor, ist danach zu entschädigen** (z.B. § 80 Nds. SOG, 29.9); es. Können auch noch mögliche Rechtsmittel des Primärrechtsschutzes (s. unten) gegen den Bescheid eingelegt werden.	
		Fehlt für einen solchen rechtswidrigen Verwaltungseingriff **ein Entschädig.gesetz,** **"enteignungsgleicher Eingriff"**(BGH), sind vorrangig mögliche und zumutbare Rechtsmittel des Primärrechtsschutzes (Widerspruch, Anfechtungs- bzw. Verpflichtungsklage, Leistungsklage z.B. zur Folgenbeseitigung, - Verwal-tungsrechtsschutz) auszuschöpfen; im Übrigen nur bei Eigentumseinbußen mit Ausnahmecharakter für wenige (Sonderopfer), **allg. Aufopferungsanspruch** gewohnheitsrechtl. entspr. §§ 74, 75 Einl. Allg. Preuß. Landrecht (ggf. mit nachrangigem Sekundärrechtsschutz, ordentl. Gerichte, zu verfolgen)	
oder bei feh-lendem Ge-setz		(27.4.1.2) Z.B. Wohl der Allgemeinheit fehlt, Art. 14 (3) GG	(27.4.4.2) Z.B. naturschutzrechtl. Nutzungsbeschränkung vor Erlass des § 50 NNatG (s.o.) u.a auch bei Sonderopferwirkung einer Rechtsverordnung/Satzung

27.5 Entschädigungsanspruch aus Aufopferung von Leben, Gesundheit u Ä.

Dieser ist gewohnheitsrechtlich mit verfassungsrechtlichem Rang anerkannt mit den Voraussetzungen
- hoheitlicher (unmittelbarer nicht unbedingt gezielter) rechtmäßiger Eingriff
- in nicht vermögenswerte Rechte (Leben, Gesundheit, körperliche Unversehrtheit, Bewegungsfreiheit)
- Sonderopfer des Betroffenen im Vergleich zu anderen.

Sind solche Eingriffe rechtswidrig, werden sie als sog. aufopferungsgleiche Eingriffe entschädigt.

Zur Zuweisung zum ordentlichen Rechtsweg vgl. § 40 (2) VwGO (25.1).

Spezialregelungen wie § 80 (1) i.V.m. § 81 (2) Nds. SOG bei rechtmäßiger oder rechtswidriger Ingewahrsamnahme einer Person durch die Polizei gehen dem allgemeinen Aufopferungsanspruch vor, vgl. 29.9.

27.6 Schadensersatzansprüche aus verwaltungsrechtlichen Schuldverhältnissen; Aufwendungsersatz aus öffentlich-rechtlicher Geschäftsführung ohne Auftrag

Schadensersatzansprüche ergeben sich

- aus **Leistungs- und Benutzungsverhältnissen im Bereich der Daseinsvorsorge** (Leistungsverwaltung, z.b. bei Nichtlieferung oder mangelhaften Lieferung von Strom, Wasser und Gas) bei öffentlich-rechtlichem Benutzungsverhältnis, 23.4.3, in entsprechender Anwendung der privatrechtlichen Vorschriften, also auch mit **Verschulden** (§§ 275 ff. BGB) auch mit Haftung des Verwaltungsträgers für von ihm beauftragte Privatunternehmen entsprechend § 278 BGB.
- Ähnliches gilt bei öffentlich-rechtlichem **Verwahrungs**verhältnis,
- im **beamten**rechtlichen Verhältnis (11.3),
- bei der Subvention (11.3, 23.4.3.5).

Aus **öffentlich-rechtlicher Geschäftsführung ohne Auftrag** entsprechend § 677 BGB kann ein öffentlich-rechtlicher Erstattungsanspruch auf Ersatz der Aufwendungen entsprechend §§ 683 S. 1, 670 BGB zustehen (27.6). Dazu muss jemand ein fremdes Geschäft, das auch im eigenen Interesse verfolgt sein kann, gemäß dem wirklichen (oder mutmaßlichen) Willen des Geschäftsherrn führen (BVerwG 6.9.1988, BVerwGE 80, 170 ff.); z.b. Aufwendungen für die Teilnahme an einer Aktion der Schwarzwildimpfung gegen Schweinepest nur auf Aufforderung, **nicht auf Anordnung** von oder aufgrund Vertrag mit der zuständigen Behörde oder aufgrund **sonstiger Verpflichtung** (VG Koblenz 26.5.2004, JE I Nr. 104) Eine Notsituation muss nicht vorliegen (BVerwG aaO; in der Literatur strittig). Erstattet wird neben Fahrtkosten und Auslagen die Zeitaufwendung nur, wenn die Geschäftsführung in die berufliche oder gewerbliche Tätigkeit des Geschäftsführers fällt, nicht bei einer als Hobby betriebenen Jagd (BGH 15.12.1975, BGHZ 65, 128ff.). Die Geschäftsführung schafft einen Rechtsgrund, so dass zusätzlich ein öffentlich-rechtlichen Erstattungsanspruch entfällt (BVerwG aaO; VG Koblenz aaO; 27.1).

27.7 Übersicht: Eingriffsverwaltung und subjektiv-öffentliche Abwehrrechte (zu 24.3)
gerichtet auf Unterlassung oder Beseitigung einer Beeinträchtigung oder Entziehung von subjektiven öffentlichen und privaten Rechten

Vorhandene **subjektive (öffentliche oder private) Rechte**			
1.1 unmittelbar aus einfachem Gesetzesrecht	**1.2 notfalls unmittelbar aus Grundrechten**	**1.3 aus gebundenem Verwaltungsakt**	**1.4 aus Ermessensverwaltungsakt**
z.B. aus Recht zum Betreten des Waldes (46.) oder aus Eigentum (§§ 903 ff. BGB)	**z.B. Eigentum ausnahmsweise unmittelbar aus Art. 14 GG (Abwehrrechte, 7.1, 27.4)**	z.B. aus Baukontrollerlaubnis; **Erstaufforstungsgenehmigung** (24.2.3, 42.1; 45.5)	**z.B. aus Baudispens** (Ausnahmebewilligung) (24.2.4); aus Härte-Befreiung von Verbot in NaturschutzgebietsVO (24.2.4; 53.6)
Rechtmäßige Eingriffe in das Recht nur aufgrund Gesetzes - gebunden oder hinsichtlich des Ob und Wie mit Ermessen (das ggf. auf Null reduziert ist), unter Wahrung der verfassungsmäßigen Schranken wie - Verhältnismäßigkeit (insbes. Zumutbarkeit), unter Berücksichtigung der besonderen Bedeutung von Grundrechten u.ä. Rechtspositionen, aber auch des Grades der Erfordernisse des öffentlichen Wohls (überragende Interessen des Gemeinwohls, wichtige öffentliche Interessen u.a.) - Vertrauensschutz, Treu und Glauben im Übrigen (vgl. 20., 26.4), z.B.			
zulässiges rechtseinschränkendes Verbot, den Wald zu betreten (46.)	Tötung eines streunenden Hundes durch bes. qualifizierten bestätigten Jagdaufseher (§ 29 NJagdG) (27.4.2, 29.2.1, 57.3.6)	Rücknahme einer rechtswidrigen Baukontrollerlaubnis ohne Vertrauensschutzgründe u.ä (24.2.3, 26..3)	Rücknahme einer rechtswidrigen Bau-Ausnahmebewilligung ohne Vertrauensschutzgründe u.ä. (24.2.4, 26..3)
Ein ggf. **verfassungswidriger Eingriff** kann insbes. zur Vermeidung einer Unzumutbarkeit nur **durch** eine gesetzlich zustehende **Entschädigung verfassungsmäßig**, also rechtmäßig werden, (vgl. 27.4), so dass jedenfalls kein Abwehrrecht entsteht, z.B.			
	Enteignung oder Beschränkung zu Naturschutzzwecken (§ 49 Nds. Naturschutzgesetz) (53.2.)	Rücknahme einer rechtswidrigen gebundenen Baukontrollerlaubnis/Erstaufforstungsgenehmigung trotz Vertrauensschutz (26..3)	Rücknahme einer rechtswidrigen Ermessens-Bauausnahmebewilligung/ naturschutzrechtlichen Befreiung trotz Vertrauensschutz (26..3)
sonst bei den verbleibenden **rechtswidrigen** Eingriffen: subj.-öff.-rechtl.**Abwehrrechte**, z.B.			
- bei rechtswidrigem Verbot, das Recht zum Betreten des Waldes nicht auszuüben (46.); - bei rechtswidriger Störung des Gemeingebrauchs (46.2)	bei schwerem und unerträglichem Eingriff in die Grundstückssituation des Nachbarn durch Baugenehmigung, die im Rahmen - eines gebundenen oder - eines Ermessens-Verwaltungsakts ergangen sein kann (24.3.3.4)	bei rechtswidriger Aufhebung einer (bestehenden) Baukontrollerlaubnis (24.2.3, 26..3)/ Erstaufforstungsgenehmigung	bei wegen Vertrauensschutz rechtswidriger Aufhebung einer nur durch Ermessensentscheidung erreichten (24.2.4, 26..3) - Bau-Ausnahmebewilligung - naturschutzrechtl. Befreiung, - Sondernutzung einer öffentlichen Straße, z.B. Kiosk-Betrieb (24.2.3, 26..3)
Das subj.-öff. Abwehrrecht kann gerichtet sein 1. auf **Aufhebung eines belastenden Verwaltungsakts** (ggf. Widerspruch und Anfechtungsklage, vgl. 25.1 - 25.3, 26.2, 26.3, 26..2), 2. ggf. mit **Folgeansprüchen**, gerichtet auf **öffentlich-rechtl. Erstattung** (27.1) bzw. **Folgenbeseitigung** (27.2) - oder bei rechtswidrigem **Realakt** ggf. nur die letztgenannte Anspruchsart (vgl. auch 23.2) - ggf. ein **Unterlassungsanspruch** (27.3) - jeweils verwaltungsrechtliche **Leistungsklage** (25.1).			
Ansonsten kommt nur ein **Entschädigungsanspruch** in Betracht (27.4, 29.9 usw.); ggf. Durchsetzung durch Klage vor den ordentlichen Gerichten (25.1).			

28. Innerstaatliche Anwendung des EG-Rechts in den Mitgliedstaaten; Rechtsschutz gegen EG-Rechtsakte

28.1 Verwaltung

Das Recht der Europäischen Gemeinschaft (EG) (sowie Euratom unter dem Dach der EU, 10.2.3) ist zu einem großen Teil – im Rahmen von Einzelermächtigungen, Subsidiarität und Verhältnismäßigkeit (10.4.1), Rechtssicherheit (20.4.1, 24.2.3) Wirtschaftsverwaltungs- und Umweltrecht, enthält aber auch Zivilrecht.

– Es besteht zum einen aus unmittelbar für die Einzelnen geltenden EG-Gemeinschaftsvertragsrecht, Verordnungen und ggf. nicht rechtzeitig umgesetzten bestimmten EG-Richtlinien. Es kann dennoch durch das Recht der Mitgliedstaaten ggf. mit noch günstigeren Regelungen z.b. für den Umweltschutz überlagert werden oder noch zu ergänzen sein.

– Zum anderen besteht es aus Regelungen, die erst noch durch staatliche, also auch deutsche Gesetze (ggf. auch im Schutzziel verbessernd) umzusetzen und zu ergänzen sind. Es handelt sich um Gemeinschaftsrecht, das nur die Mitgliedstaaten, nicht aber schon die Bürger unmittelbar bindet: Teile des Gemeinschaftsvertragsrechts, EG-Richtlinien und seltener ggf. EG-Entscheidungen, 10.3.

An diesen Geltungsunterschied der EG-Rechtsquellen knüpft die Anwendung des Verwaltungsrechts (Verwaltungshandeln) einschließlich Sanktionen, auch strafrechtlicher, ordnungswidrigkeiten- und verwaltungsrechtlicher Art an. Entsprechend wird unterschieden nach
(1) direkter Durchführung („Vollzug") des unmittelbar geltenden Gemeinschaftsrechts (vor allem durch EG-Kommission), 28.1.1,
(2) mitgliedstaatliche (indirekte) Durchführung („Vollzug") des unmittelbar geltenden Gemeinschaftsrechts, und kooperative Durchführung („Vollzug") - geteilte Zuständigkeit der Kommission und der staatlichen Organe zu (1) - (3), 28.1.2,
(3) mitgliedstaatliche (indirekte) Durchführung („Vollzug") des mittelbar über umsetzende staatliche Rechtsnormen geltenden Gemeinschaftsrechts (vor allem EG-Richtlinien), 28.1.3,
Da der aus EG-Sicht gebrauchte weite Begriff „Vollzug" vom deutschen Verwaltungsrecht abweicht (s. 30.3.1), wird er nachfolgend möglichst vermieden. Vgl. zum Folgenden u.a. Pernice/Kadelbach, DVBl. 1996, 1100, 1102 ff., Streinz, Rn 468 ff. Speziell zum Umweltrecht s. 38.1.2, insbes. Calliess, Online B. Nr. 1, S. 17 ff.; 24.1.3.

Generell haben alle deutschen Hoheitsorgane das EG-Recht gemeinschaftsrechtsfreundlich auszulegen (1.2.5). Allgemein zum Verhältnis der Verwaltungsverfahren s. Wahl, DVBl. 2003, 1285. Vgl. auch Jarass/Beljin, NVwZ, 2004, 1. Eingehende Analyse der europäisierten Verwaltungsverfahren Sydow, JuS 2005, 97 und 202, auch zur Bedeutungsabnahme der Differenzierung nach Handlungsformen). Vgl. auch Schmidt-Aßmann, EuR 1996, 270 und Nachw. bei Kahl/Gärditz, NuR 2005, 555 Fußn. 1 ff., mit Analyse des komplexen Verfahrens der FFH-Gebietsfestsetzung und Prüfung der Rechtschutzmöglichkeiten (51.12. ff.; 28.2).

28.1.1 Direkte Durchführung des (unmittelbar geltenden) Gemeinschaftsrechts durch die EG-Kommission

Der nur in geringem Umfang zugelassene direkte Vollzug ist Verwaltungshandeln der Kommission aufgrund Ermächtigung des EG-Vertrags oder einer EG-Verordnung zum Erlass von **individuellen** Akten - Entscheidungen, § 249 (4) EGV, die unmittelbar geltendes Gemeinschaftsrecht anwenden und dem Typ nach den **deutschen Verwaltungsakten ähneln**. Das EG-Recht enthält entsprechende Ermächtigungsgrundlagen und Zuständigkeitsvorschriften zugunsten der Kommission.

Z.B. kann die Kommission selbst Lizenzen für die Verwendung von FCKW (allerdings nur im Einvernehmen mit den Mitgliedstaaten) erteilen (ggf. mit Rechtsbehelfsentscheidung des Rates der EG); EG-VO Nr. 3093/94, ABl. 1994 Nr. L 333/1, vgl. Pernice/Kadelbach, DVBl. 1996, 1102 Fußn. 21. Nach dem Recht des Verbots wettbewerbsbeschränkender Vereinbarungen, Art. 81 EGV, und des Missbrauchs einer marktbeherrschenden Stellung, Art. 82 EGV hat die Kommission aufgrund von EG-Verordnungen

Verwaltungskompetenzen; sie kann Zuwiderhandlungen feststellen und Entscheidungen zur Abhilfe treffen sowie Zwangsgelder und Geldbußen verhängen, Art. 85 (2) EGV nebst EG-Verordnungen, s. Pernice/Kadelbach, DVBl. 1996, 1100, 1103; vgl. auch 28.1.6.

Im Übrigen sind Entscheidungen des Rates und der Kommission, die solche Zahlungen auferlegen, vollstreckbare Titel, die allerdings nach den Vorschriften des Zivilprozesses des jeweiligen Staates zu vollstrecken sind, Art. 256 EGV, also nicht im Rahmen des Verwaltungszwanges, s. 30.

Für die Entscheidungen der Kommission gelten die **Form- und Verfahrensvorschriften** und materiellrechtliche Grundsätze des EG-Vertragsrechts (z.B. nach § 253 EGV die Begründungspflicht; s. auch § 254 EGV zur Veröffentlichung und Bekanntgabe) und jeweils spezifische Verordnungsregelungen im Wettbewerbsrecht sowie vom EuGH allmählich entwickelter Rechtsgrundsätze wie Rechte auf Information, Akteneinsicht, Gehör, aber auch Geheimnisschutz, die Ermittlung des Sachverhalts von Amts wegen, Recht auf faires Verfahren (Pernice/Kadelbach, DVBl. 1996, 1103 mit Nachweisen), - allgemeines Verwaltungsrecht (Streinz, Rn 478), s. entsprechend zum VwVfG zu 17.

Soweit auf der Ebene des Verwaltungshandelns materiellrechtlich auch die Grundrechte einschließlich Grundfreiheitsrechte (s. 10.3.1) erheblich sind (zumindest bei Auslegung und Ermessen, s. 18 f.), sind die EG-Grundrechte maßgebend (nach Auffassung des BVerfG ggf. stärkerer Grundrechtsschutz des GG, s. 28.2.6). Auch die Selbstbindung der Verwaltung (vgl. 20.3 zu Art. 3 GG) gilt (Pernice/Kadelbach, DVBl. 1996, 1103).

Zu beachten ist aber, dass es noch kein systematisches und annähernd vollständiges allgemeines EG-Verwaltungsrecht gibt.

28.1.2. Mitgliedstaatliche Durchführung des (unmittelbar geltenden) Gemeinschaftsrechts (indirekter Vollzug - Unterfall unmittelbarer Vollzug); Kooperative Durchführung

Beim „indirekten Vollzug" des unmittelbar für die Einzelnen geltenden Gemeinschaftsrechts hat zwar die EG die Befugnis, das Verwaltungsverfahren zu regeln. Sie hat dies jedoch nur punktuell genutzt, ergänzt durch Grundsätze des EGV und aus der Rechtsprechung des EuGH, z.B. Effizienzgebot und Differenzierungsverbot, so dass im Übrigen gemäß der Unterstützungsverpflichtung aus Art. 10 EGV mehr oder weniger ergänzendes staatliches Verfahrensrecht gilt (Pernice/Kadelbach, DVBl. 1996, 1100, 1103, Streinz, Rn 479 - 48.8). Dies trifft u.a. für die EG-Agrarmarkt-Verordnungen zu (die allerdings nicht den Forstsektor mit umfassen, s. 47.1), die ausschließlich von staatlichen Behörden zu vollziehen sind und kaum Verfahrensregelungen enthalten, was zu Problemen auf beiden Rechtsebenen führt.

Direkter Vollzug durch die Kommission kann mit indirektem Vollzug der Behörden der Mitgliedstaaten verbunden sein, was als kooperativer Vollzug bezeichnet wird (Pernice/Kadelbach, DVBl. 1996, 1100, 1111, mit Hinweis insbes. auf das Verfahren bei rechtswidrigen Beihilfen (Subventionen) i.S. Art. 87, 88 EGV und den ggf. parallelem Rechtsweg).

Beide Arten brauchen nicht ganz getrennt zu werden.

Staatliches Recht gilt meistens für: Voraussetzungen für die Aufhebung von Verwaltungsakten und Rückforderung von Subventionen (s. 26.), Ausschlussfristen, Billigkeitsentscheidungen und Verwaltungsgebühren (s. Pernice/Kadelbach, DVBl. 1996, 1104 mit Nachw.).

Materiellrechtlich gelten entsprechend dem deutschen Recht
- der Grundsatz der **Rechtmäßigkeit der Verwaltung** (s. entsprechend 12.2 f., 16.)
- die Bindung an die EG-Grundrechte (s. aber zur Auffassung des BVerfG 10.5),
- der Verhältnismäßigkeitsgrundsatz (s. 10.4.2, 12.5.2, 20.1),
- der Grundsatz der Rechtssicherheit; der dazugehörende Grundsatz des Vertrauensschutzes (s. 12.5.2, 20.4) ist jedoch wegen des vergleichsweise stärkeren Abwägungsgewichts zugunsten der effektiven Durchsetzung des Gemeinschaftsrechts eingeschränkter wirksam,

(vgl. Nachweise bei Pernice/Kadelbach, DVBl. 1996, 1100, 1105).
Zum Ausschluss des Vertrauensschutzes bei einer Rücknahme nach § 48 VwVfG (und Rückforderung) einer rechtswidrig gewährten Beihilfe s. EuGH, Rechtssache Alcan, NJW 1998, 47 = DVBl. 1998, 287; kritisch dazu Scholz, DVBl. 1998, 261; andererseits zum grundsätzlichen Ausschluss einer erneuten Überprüfung eines bestandskräftig gewordenen Verwaltungsakts , wenn sich die Unvereinbarkeit mit EG-recht herausstellt, BVerwG 15.3.2005, DÖV 2005, 651.
Durch die EG-VO des Rates Nr. 3508/92 (ABl. 1992 Nr. L 355/1), zuletzt geändert durch EG-VO Nr. 1036/1999 (ABl. 1999 Nr. L 127/4) über Tier- und Flächenprämien ist ein (aufwändiges) integriertes Verwaltungs- und Kontrollsystem (InVeKos) eingeführt, mit Durchführungsbestimmungen in der EG-VO der Kommission Nr. 3887/92 (ABl. 1992 Nr. L 391/36, zuletzt geändert durch EG-VO Nr. 2801/1999 (ABl. 1999 Nr. L 340/29); vgl. Deiring, RdL 1998, 141, Günther, AgrarR 1998, 361.
Die Zuständigkeitsabgrenzungen zwischen Bund und Ländern nach Art. 83 ff. GG (s. 12.2.7) gelten mangels ausdrücklicher Regelung entsprechend (1.2.6; Streinz, Rn 471).

28.1.3 Mitgliedstaatliche Durchführung des nur mittelbar geltenden Gemeinschaftsrechts (indirekter Vollzug - Unterfall mittelbarer Vollzug)

Bei Umsetzung von EG-Richtlinien oder entsprechenden EG-Entscheidungen in staatliches Recht zur Angleichung des Rechts der Mitgliedstaaten haben diese auch umfassendere und differenziertere, zum Teil nicht zur staatlichen Rechtssytematik passende Verfahrensregelungen mit umzusetzen, die von den staatlichen Behörden zu beachten sind. Bedeutsam sind vor allem die integrativen Verfahrenslösungen der Richtlinien u.a. über die Umweltverträglichkeitsprüfung, die Umweltinformation und das Umweltaudit-Verfahren (s. 38.7 - 38.10). Die allgemeinen Gemeinschafts-Rechtsgrundsätze als Mindeststandard gelten (Streinz, Rn 489). Das Gebot der Rechtsvereinheitlichung zur gleichmäßigen Durchsetzung des EG-Rechts kann zu einer abweichenden Geltung von staatlichen Vorschriften des allgemeinen Verwaltungsrechts führen, z.b. hinsichtlich der Rücknahme von Subventionsbescheiden und der Rückforderung der Subvention; auch ist tendenziell die Heilungsmöglichkeit für Verfahrensfehler beschränkter als in § 46 VwVfG (s. 22.4).

Der Grundsatz einer optimalen Durchsetzung des Gemeinschaftsrechts wird sogar durch eine weite Einräumung von Klagebefugnissen und damit im Ergebnis subjektiv-öffentlichen Rechten unterstützt (24.1.2 ff.). Demgegenüber haben nach deutschem Recht die subjektiv-öffentlichen Rechte den Selbstzweck des Schutzes der grundsätzlich über einfache Gesetze konkretisierten Grundrechte und setzen Rechtsnormen voraus, die auch im Individualinteresse erlassen sind (Schutznormlehre; 24.1.1; s. Schmidt-Aßmann, DVBl. 1993, 924, 934; v. Danwitz, DÖV 1996, 481, 484, 487). Schon nicht erfüllte unmittelbar geltende EG-Vorschriften sollen für EG-Klagebefugnisse ausreichen. Durch die Möglichkeit, einzelne entsprechende Rechte i.w.S. geltend zu machen, hat die unmittelbare Wirkung nicht rechtzeitig umgesetzter, hinreichend bestimmter und allgemein bürgerbegünstigender Richtlinien (s. 10.3.3) auch die wichtige Funktion, dieses an sich indirekt geltende Recht im Bereich des säumigen Mitgliedstaates im Gemeinschaftsinteresse durchzusetzen. Diesem Ziel dient auch die Entscheidungspraxis des EuGH, deutsche Verwaltungsvorschriften (s. 13.2) in Ergänzung von Gesetzen, die EG-Richtlinien umsetzen, als EG-rechtlich unzureichend zu beurteilen; die vorgenannte weite Rechtsverwirklichung der EG-Bürger zur Durchsetzung des EG-Richtlinienrechts verlangt mindestens Rechtsverordnungen als Rechtsnormen mit Außenwirkung (v. Danwitz, DÖV 1996, 481, 483; Pernice/Kadelbach, DVBl. 1996, 1100, 1108 f.; zum Urteil des EuGH zur TA-Luft s. Rechtsprechungssammlung 1991 I, 2567, 2602; vgl. 62.2.1.1). Triantafyllou (DÖV 1997, 192, 195 - 197) nennt allerdings Beispiele, bei denen auch der EuGH auf die Schutznormlehre abstellt. Dennoch ist das deutsche Prozessrecht, besser noch das **subjektive öffentliche Recht** (über die Anforderungen des Art. 19 (4) GG hinaus) zu erweitern (z.B. Schmidt-Aßmann, DVBl. 1993, 924, 934; Näheres zu 24.1.2 ff.).

Umgekehrt erscheinen, weil der Bestand des EG-Rechts stärker gesichert werden soll, die Abwehrrechte der Einzelnen gegen belastende EG-Akte schwächer ausgestattet als im deutschen Recht (s. 25.; v. Danwitz, DÖV 1996, 481, 486), z.B. nicht grundsätzliche Anerkennung der Allgemeinverfügung (15.4), wenngleich Triantafyllou auch hierzu Annäherungstendenzen aufzeigt (DÖV 1997, 192, 199). Hinsichtlich der Grundrechtsgeltung kann auf 28.1.2 verwiesen werden.

Zu benannten Stellen **privater** Vollzugsinstanzen eines europäischen Verwaltungsrechts im Bereich der Produktsicherheit s. Merten, DVBl. 2004, 1211.

28.1.4   Transnationale Verwaltungsbindungen

Bei beiden Formen des indirekten Vollzugs kann das EG-Recht mangels einheitlicher zentraler Verfahrensvorschriften die Mitgliedstaaten verpflichten, die Zulassung von Waren und Leistungen und hinreichend gleiche Berufsabschlüsse durch andere Mitgliedstaaten im eigenen Staatsbereich, also entsprechende Verwaltungsakte anzuerkennen (vgl. dazu Schmidt-Aßmann, DVBl. 1993, 924, 934 f., Pernice/Kadelbach, DVBl. 1996, 1100, 1109). Die Regelung des Artenschutzrechts enthält solche Elemente (s. z.B. 52.9.4).

28.1.5   Sanktionen als Vollzugselemente

Sanktionen sind bei Pflichtverletzungen erlaubte Durchführungsmaßnahmen mit spezifischer finanzieller oder wirtschaftlicher Belastung, teils verwaltungsrechtlich bzw. bußgeldrechtlich und zu einem geringen Teil strafrechtlich, z.b. auch im EG-Agrarmarktbereich, wohl auch hinsichtlich Verwaltungssanktionen im Bereich der Umweltpolitik, Art. 175 EGV (s. hinsichtlich der vielfältigen Sanktionsarten Pernice/Kadelbach, DVBl. 1996, 1100, 1112 f. mit Nachweisen, sowie 30.7, 38.1, 48.7.11, 52.10.5). Ggf. ist ergänzendes staatliches Recht erforderlich.

Fehler der zuständigen staatlichen Vollzugsbehörden in ihrem Ermessensbereich sind nach staatlichem Recht zu behandeln, im Übrigen gilt bei EG-rechtlicher Grundlage auch EG-Recht (Pernice/Kadelbach, DVBl. 1996, 1113).

28.2   Rechtsschutz hinsichtlich der Gültigkeit und der Anwendbarkeit von EG-Recht, insbes. der Rechtshandlungen der Europäischen Gemeinschaften

28.2.0   Allgemeines zu Rechtsprechungskompetenz des EuGH

Wie zu 10.5 angekündigt, soll der Rechtsschutz zugunsten der Durchsetzung, aber auch zur Überprüfung von EG-Recht gemeinsam sowohl anlässlich der Überprüfung von Einzelakten als auch von Rechtsquellen im Zusammenhang erläutert werden. Allgemein zum Verhältnis des staatlichen Verwaltungsprozessrechts vgl. Götz, DVBl. 2002, 1; Wahl, DVBl. 2003, 1285. Vgl. auch Jarass/Beljin, NVwZ, 2004, 1; zur „Europäisierung" des deutschen Verwaltungsprozessrechts Ehlers, DVBl. 2004, 1441. Zum diffizilen Zusammenspiel von EG- und Staats-Rechtsschutz im europäischen Kontrollverbund am Beispiel der FFH-Gebietsfestsetzungen s. Kahl/Gärditz, NuR 2005, 555; s. dazu im Zusammenhang 51.12. ff.

Der EuGH und das Europäische Gericht erster Instanz (EuG) sichern nach Art. 220 EGV im Rahmen ihrer jeweiligen Zuständigkeiten die Wahrung des Rechts bei der Auslegung und Anwendung des Vertrags. Art. 220 EGV weist dem EuGH innerhalb der EG die Rolle einer dritten Gewalt zur Kontrolle der Legislative und Exekutive zu (Pernice, EuR 1996, 27; Calliess, NJW 2005, 929). Dabei hat der EuGH die Rolle eines Verfassungs-, Verwaltungs-, Zivil-, Arbeits-, Steuer-, Sozial- und (eher potenziell) Strafgerichts (Calliess, NJW 2005, 929 m.w.N.).

Für Auslegung des EGV gelten grundsätzlich auch die in den Rechtsordnungen der Mitgliedstaaten angewandten Auslegungsmethoden (Pernice/Mayer, in: Grabitz/Hilf, Das Recht der EU, Loseblatt., Art. 220 Rn 42; s. auch 1.2). Aus den Erfordernissen des EG-Rechts können sich jedoch Bedeutung und Gewichtung verschieben (Kühling/Lith, EuR 2003, 371, 375).

Wegen des dynamischen Charakters der EG ist die Auslegung nach dem Vertragszweck und den Vertragszielen (teleologische Interpretation) besonders bedeutsam (Oppermann, Europarecht, 2. Aufl. 1999, 685). Hiermit im engen Zusammenhang steht der Auslegungsgrundsatz des effet utile, der nützlichen Wirkung einer Norm. Er ergibt sich aus ständig weiterzuentwickelnden Integrationsziel der supranationalen EG (Pernice/Mayer, in: Grabitz/Hilf, Das Recht der EU, Loseblatts., Art. 220 Rn 46; Calliess, NJW 2005, 929; rein quantitativ, nicht aber bei der wichtigen Kompetenz der **Rechtsfortbildung durch Lückenschließung**, hat aber die Wortlausauslegung neben der Verweisung auf frühere Rechtsprechung durchaus wohl mehr Bedeutung; Dederichs, EuR 2004, 345, 347). **„Wahrung des Rechts"** in Art. 220 EGV bedeutet, dass der EuGH auch ungeschriebene Normen der EG und ungeschriebene Grundsätze der Verfassungtraditionen der Mitgliedstaaten als allgemeine Gemeinschaftsrechtsgrundsätze und Gemeinschaftsgewohnheitsrecht in einen somit möglichst umfassenden Rechtsschutz einbezieht (EuGH, Slg. 1986, 1339 Rn 23; Calliess, NJW 2005, 929, 930). Der dynamisch evolutive Integrationsansatz der EU berechtigt und – ggf. – fordert auf, vom Vertrag nicht gewollte Lücken oder sogar Unterschreitungen des Integrationsauftrages zu sanktionieren, die sich durch Untätigkeit der Gemeinschaftsorgane und er Mitgliedstaaten ergeben (Calliess, NJW 2005, 929; s. auch Ukrow, Richterliche Rechtsfortbildung durch den EuGH, 1995, 139 ff.). Die Rechtsfortbildung soll sich horizontal nicht am Gewaltenteilungsprinzip, sondern im Rahmen eines institutionellen Gleichgewichts der Gemeinschaftsorgane und vertikal im Verhältnis zu den Mitgliedstaaten im Rahmen der begrenzten Einzelermächtigung durch den EGV bewegen (Calliess, NJW 2005, 929, 930). Calliess, NJW 2005, 929, 930 f.) führt Beispiele vertikaler und horizontaler Rechtsfortbildung durch den EuGH an und äußert sich kritisch dazu, dass der EuGH seine Methodik der Auslegung bzw. Rechtsfortbildung nicht offenlegt (auch auf S. 933 mit Hinweis auf die Anlehnung an das französische Recht, das die Rechtsfortbildung der Auslegung und Anwendung zuordnet.

Der EuGH hat seine teleologische Auslegung insbesondere auf den Einleitungssatz der Präambel des EG-Vertrages gestützt. Danach sollen nach dem festen Willen der Mitgliedstaaten die Grundlagen für einen immer engeren Zusammenschluss der europäischen Völker geschaffen werden; entsprechend ist Art. 1 (2) EUV formuliert (Calliess, NJW 2005, 929, 932; 10..2.1). Auch zieht er Rats-Zielvorstellungen nach Art. 4 EGV heran. Hilfsweise stellt der EuGH in Rechtsvergleichung auch im Hinblick auf Art. 6 (2) EUV, Art. 288 (2) EGV auf gemeinsame mitgliedstaatliche Grundsätze (Grundrechte). Der EuGH hat auch die Analogie zur Lückenfüllung verwendet, meist zur Kompetenzstärkung der EG (s. Nachw. bei Calliess, NJW 2005, 929, 932). Zulässig und notwendig ist bei hinreichender Begründung die Schließung einer „echten" Lücke; eine gesetzesvertretende Rechtsfortbildung ist nur ausnahmsweise zur Verhinderung einer Rechtsverweigerung und bei gewisser Dringlichkeit zulässig. Eine gesetzeskorrigierende Rechtsfortbildung (auch bei bewusst gelassenen Lücken) sowie einen Rechtsfortbildung als politische Gestaltung sind unzulässig. Calliess, NJW 2005, 929, 932 f. Der EuGH hat die rechtsfortbildende Entscheidung hinsichtlich der maßgebenden Rechts- und Rechtserkenntnisquellen nachvollziehbar darzulegen und besonders zu begründen (Hummer/Obwexer, EuZW 1997, 295, 300; Müller/Christensen, Juristische Methodik II, 2003, 432 f.; Calliess, NJW 2005, 929, 932) Der sensibler gewordenen Frage der Zuständigkeitsbegrenzung der Mitgliedstaaten müsse der EuGH sich bei der Frage der vertikalen Rechtsfortbildung künftig mit entsprechender Sensibilität und ggf. Zurückhaltung nähern (Calliess, NJW 2005, 929, 933). Wichtig ist der Dialog mit den nationalen Gerichten (s.u. zu Art. 234 EGV). Insbesondere für den Dialog wichtig ist eine angemessene Begründung. Diese setze eine Methodik voraus, die auf Transparenz, Systemadäquanz und Rechtsvergleich ausgerichtet ist (Calliess, NJW 2005, 929, 933, mit näherer Ausführung).

28.2.1   Rechtsschutz zugunsten des EG-Vertragsrechts

28.2.1.1 Hat nach Auffassung der **Kommission** ein **Mitgliedstaat gegen eine Verpflichtung aus dem EG-Vertrag** verstoßen, so gibt sie eine mit Gründen versehene Stellungnahme hierzu ab; sie hat dem Staat zuvor Gelegenheit zur Äußerung zu geben, **Art. 226 (1) EGV**. Es kommen Verstöße gegen EG-Vertragsrecht, EG-Verordnungen, -Richtlinien und –Entscheidungen in Betracht.

Nach **Art. 226 (2) EGV** kann die **Kommission, wenn der Staat** dieser Stellungnahme **nicht** innerhalb der von der Kommission gesetzten Frist **nachkommt**, den EuGH anrufen **(Aufsichtsklage)**.

Z.B. wegen nicht (vollständiger Umsetzung der FFH- oder Vogelschutzrichtlinie (s. 51.12.; 51.13.1).

Art. 228 EGV

(1) **Stellt der Gerichtshof fest,** dass ein Mitgliedstaat gegen eine Verpflichtung aus diesem **Vertrag verstoßen** hat, so **hat** dieser **Staat die Maßnahmen zu ergreifen,** die sich aus dem Urteil des Gerichtshofes ergeben.

(2) Hat nach Auffassung der **Kommission** der betreffende Mitgliedstaat diese Maßnahmen **nicht ergriffen,** so gibt sie, nachdem sie ihm Gelegenheit zur Äußerung gegeben hat, eine mit Gründen versehene Stellungnahme ab, in der sie aufführt, in welchen Punkten der betreffende Mitgliedstaat dem Urteil des Gerichtshofes nicht nachgekommen ist.

(3) Hat der betreffende Mitgliedstaat die Maßnahmen, die sich aus dem Urteil des Gerichtshofes ergeben, nicht innerhalb der von der Kommission gesetzten Frist getroffen, so kann die Kommission den Gerichtshof anrufen. Hierbei benennt sie die Höhe des von dem betreffenden Mitgliedstaat zu zahlenden Pauschalbetrags oder Zwangsgelds, die sie den Umständen nach für angemessen hält.

(4) Stellt der Gerichtshof fest, dass der betreffende Mitgliedstaat seinem Urteil nicht nachgekommen ist, so kann er die Zahlung eines Pauschalbetrags oder Zwangsgelds verhängen.

(5) Dieses Verfahren lässt den Artikel 227 unberührt.

Artikel 229 EGV

Aufgrund dieses Vertrags vom Europäischen Parlament und vom Rat gemeinsam sowie vom Rat erlassene **Verordnungen** können hinsichtlich der darin vorgesehenen **Zwangsmaßnahmen** dem Gerichtshof eine Zuständigkeit übertragen, welche die Befugnis zu unbeschränkter Ermessensnachprüfung und zur Änderung oder Verhängung solcher Maßnahmen umfasst.

Eine zwangsweise Durchsetzung außer zu den Kosten ist im EGV grundsätzlich nicht vorgesehen.

28.2.1.2 Sind **deutsche** Rechtsnormen **mit** (für rechtmäßig gehaltenem) unmittelbar geltendem **EG-Recht unvereinbar,** ohne dass die deutschen Verwaltungsbehörden das beachtet haben, bestehen unabhängig von dem Anwendungsvorrang des unmittelbar für einzelne und Behörden geltenden EG-Vertragsrechts, -Verordnungsrechts und ggf. -Richtlinienrechts die **nach deutschem Recht gegebenen Rechtsschutzmöglichkeiten** (hinsichtlich formeller Gesetze vgl. 9.2, 9.3; hinsichtlich Rechtsverordnungen und Satzungen s. 12.9, 13.2.6, ggf. über Einzelakte, s. 25.1).

28.2.1.3 Nach **Art. 227 (1) EGV** kann **jeder Mitgliedstaat den EuGH anrufen,** wenn nach seiner Auffassung ein **anderer Mitgliedstaat** gegen eine Verpflichtung aus dem EGV **verstoßen** hat (unter Beteiligung der Kommission und nach deren fristgerechter Stellungnahme), also auch gegen Verpflichtungen aus EG-Verordnungen und –Richtlinien; Art. 227 (2) – (4) EGV).

28.2.2 Rechtsschutz gegenüber EG-Rechtsakten

28.2.2.1 Artikel 230 (1) (2) (5) EGV

(1) Der **Gerichtshof überwacht die Rechtmäßigkeit der gemeinsamen Handlungen des Europäischen Parlaments und des Rates sowie der Handlungen des Rates, der Kommission und der EZB,** soweit es sich nicht um Empfehlungen oder Stellungnahmen handelt, und der Handlungen des Europäischen Parlaments mit Rechtswirkung gegenüber

Dritten.

(2) Zu diesem Zweck ist der Gerichtshof für **Klagen** zuständig, die ein **Mitgliedstaat** *(vertreten durch die Regierung)* **das Europäische Parlament, der Rat oder die Kommission** wegen Unzuständigkeit, Verletzung wesentlicher Formvorschriften, Verletzung dieses Vertrags oder einer bei seiner Durchführung anzuwendenden Rechtsnorm oder wegen Ermessensmissbrauchs *(vgl. entsprechend zum deutschen Verwaltungsrecht 12., 13.1, 17. - 19.)* erhebt.

(5) Die in diesem Artikel vorgesehenen Klagen sind binnen zwei Monaten zu erheben: diese Frist läuft je nach Lage des Falles von der Bekanntgabe der betreffenden Handlung, ihrer Mitteilung an den Kläger oder in Ermangelung dessen von dem Zeitpunkt an, zu dem der Kläger von dieser Handlung Kenntnis erlangt hat

Diese sogen. (Verbands- bzw.) **Organklage** ist im Wesentlichen deutschen Verfassungsklagen (vgl. 9.) vergleichbar, die Nichtigkeitsgründe gleichen praktisch den deutschen Gründen für eine verwaltungsrechtliche Anfechtungsklage (vgl. 12.9, 13.2.6, 25.3).

Z.B. kann die deutsche Bundesregierung gegen den Rat der EU wegen Erlass einer Verordnung klagen, die gegen den Verhältnismäßigkeitsgrundsatz verstößt. Zur indirekten Klagebefugnis eines Bundeslandes beim EuGH über einem Antrag des Bundesrats s. Kirchhof, DÖV 2004, 893.

Bei begründeter Organklage erklärt der EuGH die angefochtene Rechtshandlung in dem rechtswidrigen Umfang, insbesondere auch Verordnungswirkungen für **nichtig, Art. 231 (1) (2) EGV.**

28.2.2.2 Unter denselben Voraussetzungen wie bei der vorstehenden Organklage (Art. 230 (2) (5) EGV) können nach **Art 230 (4) EGV EG-Bürger** sowie die **juristischen Personen des privaten und öffentlichen Rechts** (z.B. auch die deutschen Bundesländer und die Gemeinden) **gegen** die **an sie ergangenen** *(individuellen)* **Entscheidungen** *(der Kommission, 10.3.4)* sowie **gegen** diejenigen **Entscheidungen** Klage erheben, die, obwohl sie als „**Verordnung**"(10.3.2) oder eine **an eine andere Person gerichtete „Entscheidung**" (10.3.4) ergangen sind, sie **unmittelbar und individuell** betreffen.

Auch hier erklärt der EuGH bei Rechtswidrigkeit die Nichtigkeit des individuellen Akts **(Art. 231 (1) (2) EGV).**

Die **1. und 3. Variante** entsprechen der zugleich formellen und materiellen Entscheidung dem Betroffensein durch einen Verwaltungsakt als unmittelbare Einzelfallentscheidung. Bei der Klage gegen eine individuell wirkende „**Entscheidung**", gerichtet an den Kläger selbst oder an eine andere Person kann auch die Überprüfung einer ggf. maßgebenden EG-**Verordnung** erreicht werden, **Art. 241 EGV.**

Die **2. Variante der formellen Verordnung (VO)** bedarf einer näheren Betrachtung. Für diese gibt es drei Untervarianten (s. dazu auch Lenz/Staeglich, NVwZ 2004, 1421, 1422 f.). Entsprechendes wie bei der EG-VO gilt auch hinsichtlich einer für Bürger, Gemeinden unmittelbar wirkenden EG-**Richtlinie** (10.3.3; EuG, Beschluss des Präsidenten des Gerichts vom 5.7.2005 – T-117/05 R (ZUR 2005, 589 m.w.N. auch als Auffassung des EuGH). Zur nur mittelbaren Wirkung der Bestimmung von Gebieten von gemeinschaftlicher Bedeutung durch die Kommission s. 51.12.6 und nicht rechtzeitig umgesetzter Richtlinien (FFH, Vogelschutz 51.12.8, 51 13.1).

2.1 Trotz Bezeichnung als Verordnung (Richtlinie) liegt nur ein Bündel von Einzelfallentscheidungen vor (vergleichsweise deutsche formelle VO mit Einzelfallwirkung, 12.1, 13.5, rangmäßig eher dem formellen Gesetz mit Einzelfallwirkung, 4.1.4).

2.2 Die „**VO**" („Richtlinie") hat allgemeine Wirkung, betrifft aber bestimmte Personen unmittelbar und individuell, was von den Klägern nachzuweisen ist. Ein Rechtsakt hat allgemeine Wirkung, wenn er für objektiv bestimmte Sachverhalte gilt und Rechtswirkungen gegenüber allgemein und abstrakt umschriebenen Personengruppen erzeugt (EuGH aaO m.w.N.), sich generell-abstrakt an eine unbestimmte Gesamtheit von Personen richtet. Jedoch kann nicht ausgeschlossen werden, dass eine Bestimmung, obwohl sie ihrer Art und Tragweite nach allgemeiner Natur ist, eine natürliche oder juristische Person unmittelbar

und individuell betrifft (EuGH 18.5.1994 Rs. C-309/89 – Codorniu/Rat, Slg 1994, I-1853 Rn 19; 22.11.2001 Rs. C-451/98. Antillean Rice Mills/Rat, Slg 2001, I-8949, Rn 46). Ein Einzelner ist nur **unmittelbar** betroffen, wenn sich die beanstandete Gemeinschaftsmaßnahme unmittelbar auf sein Rechtsstellung auswirkt und ihren Adressaten, die mit der Durchführung betraut sind, keinerlei Ermessen lässt, diese Durchführung vielmehr rein automatisch erfolgt, ohne dass dabei zwischengeschaltete Vorschriften angewendet werden (EuGH 5.5.1998 Rs C-386/96 P – Dreyfus/Kommission, Slg. 1998, I-2309 Rn 43 f.; verneint, zumindest ernsthaft bezweifelt, wegen noch umzusetzender Festlegung eines Gebiets von gemeinschaftlicher Bedeutung durch **Entscheidung** der Kommission (nach der FFH-RL; s.u.) eine unmittelbare Betroffenheit der Eigentümer u.ä. durch die Festlegung, bejaht das EuG aber für die Gemeinde (EuG, Beschluss des Präsidenten des Gerichts vom 5.7.2005 – T-117/05 R, ZUR 2005, 589, 591 m.w.N. Eine **individuelle** Betroffenheit besteht nach der „Plaumann-Formel" des EuGH (Slg. 1963, 211, 238; z.B. auch NJW 2004, 2006 Jégo Queré & Cie SA): Wer nicht Adressat einer Entscheidung ist, kann nur dann geltend machen, von ihr individuell betroffen zu sein, wenn die Entscheidung ihn wegen bestimmter persönlicher Eigenschaften oder besonderer, ihn aus dem Kreis aller übrigen Personen heraushebenden Umstände berührt und ihn daher in ähnlicher Weise individualisiert wie den Adressaten (vom EuG aaO, ZUR 2005, 589. 591, für die Gemeinde durch die Festlegung des Gebiets von gemeinschaftlicher Bedeutung durch **Entscheidung** der Kommission verneint, zumindest ernsthaft bezweifelt; kritisch - im Hinblick insbesondere auf den aus den allgemeinen Rechtsgrundsätzen ableitbaren Grundsatz auf effektiven Rechtsschutz (EuGH 25.7.2002 RS. C-50/00 P – Union des PerqueniosAgricultres/Rat, Slg. 2002, I-66-77 Rn 39) - Schlacke, ZUR 2005, 592; s. auch 51.12.6; zur **Dringlichkeit** für die Zulässigkeit einer **einstweiligen** Entscheidung s.u. zu Art. 242 EGV).
So (unmittelbar und individuell) betroffen durch eine VO können auch Personen sein, denen beim Erlass der VO bestimmte Verfahrensrechte eingeräumt sind wie z.B. Mitwirkungs-, Informations- und Anhörungsrechte (EuGH Slg. 1984, 1005 Rn 11 Allied Corporation; Slg. I-2501 Rn 13, 16 Extramer Industrie; Slg. 2002, I-6677 Rn 36 Union de. P. A).
Der EuGH hat damit einen – zunächst abgelehnten - Doppelcharakter von materieller VO und Einzelfallmaßnahme anerkannt.
2.3 Die generell-abstrakte „VO" wirkt unmittelbar und individuell, weil sie in wohlerworbene vorher vorhandene Rechte eines begrenzten Personenkreises (z.B. aus Vertrag oder in ein Markenzeichen) eingreift (EuGH z.B. Slg. 1990, I-2477 Softimport).

Die Nichtigkeitsklage nach Art. 230 (4) EGV ähnelt somit erweitert der deutschen Anfechtungsklage gegen Verwaltungsakte (vgl. 25.3). Demgegenüber kann gegen deutsche Verordnungen u.Ä. *unmittelbar* mit dem verwaltungsgerichtlichen Normenkontrollverfahren (§ 37 VwGO) vorgegangen werden, nicht nur gegen formelle konkrete oder individuelle, sondern auch – wie normalerweise - abstrakt-generelle; die Unterscheidung hat daher hier geringe Bedeutung. Allerdings ist eine Klage, die von mehreren Klägern erhoben wird, bereits dann zulässig, wenn nur einer von ihnen klagebefugt ist, ohne dass auch die Klagebefugnis der anderen Kläger zu prüfen ist (EuGH 24.3.1993 Rs. C-113/90 – CIRFS u.a./Kommission, Slg. 1993, I-1125, Rn 30 f.).
Kritisch wird beurteilt, dass, bestätigt durch den EuGH (NJW 2004, 2006) die Nichtigkeitsklage nicht auch gegen diejenigen unmittelbar (also ohne weiteren Ausführungsakt) wirkenden generell-abstrakten EG-VOn eröffnet ist, die keine individuelle Wirkung haben (Nachw. bei Lenz/Staeglich, NVwZ 2004, 1421, 1422; diese betonen, dass der auch gegenüber Gemeinschaftsrechtsakten gebotene effektive Rechtsschutz gemäß Art. 6, 10, 240 EGV ergänzend von den Mitgliedstaaten zu gewährleisten ist. Hierfür kommt bei konkretem Anlass eine **Klage** nach § 43 VwGO auf **Feststellung** in Betracht, dass bestimmte Gebots- oder Verbotswirkungen einer EG-VO (OVG Münster, NuR 2003, 706, 707) für den Kläger nicht gelten Lenz/Staeglich, NVwZ 2004, 1421, 1424 ff. Die entsprechend geltende Klagezulässigkeit des

§ 42 (2) VwGO (25.3) nach der auch individuell gedachten Schutznorm ist europarechtlich zu erweitern (Einzelheiten Lenz/Staeglich, NVwZ 2004, 1421, 1427). Das angerufene deutsche Gericht hat bei Zweifel an der Gültigkeit der VO das Verfahren entsprechend § 94 VwGO auszusetzen und die Vorabentscheidung des EuGH nach Art. 234 (1) b EGV einzuholen (28.2.2.4; zu einem verfassungsrechtlichen Schutz bei einer Verweigerung von solchem Rechtsschutz Lenz/Staeglich, NVwZ 2004, 1421, 1428; diese auch zu einem einstweiligen Rechtsschutz durch das deutsche Gericht nach § 123 VwGO – entsprechend Art. 242 f. EGV).

Vgl. zum Individualrechtsschutz auch Mayer, DVBl. 2004, 606.

28.2.2.3 Nach frühestens vier Monaten gemeinschaftsrechtlich **pflichtwidriger Untätigkeit von Parlament, Rat oder Kommission** können die vorgenannten klagebefugten Mitgliedstaaten und anderen Gemeinschaftsorgane auch eine **Untätigkeitsklage** beim EuGH erheben **(Art. 232 (1) (2) EGV).**

Art. 232 (3) EGV: Jede **natürliche** oder **juristische Person** kann nach Maßgabe der Absätze 1 und 2 vor dem Gerichtshof Beschwerde darüber führen, dass ein **Organ** der Gemeinschaft es **unterlassen** hat, einen anderen Akt als eine Empfehlung oder eine Stellungnahme an sie zu richten.

28.2.2.4 Nach § 234 (1) EGV *können* die **staatlichen Gerichte** (s. 25.1), wenn sie **Zweifel hinsichtlich der Auslegung des Gemeinschaftsvertragsrechts** oder **der Auslegung und im Übrigen der Gültigkeit der Rechtshandlungen**, insbes. auch Rechtsetzungsakte **der Gemeinschaftsorgane** haben, also wenn sie die Entscheidung über die Frage für erforderlich, das heißt, *entscheidungserheblich*, halten, im Rahmen von Prozessen hinsichtlich staatlicher Ausführungsakte (Verwaltungsakte; Rechtsverordnungen usw.) die Vorabentscheidung des EuGH zu den Fragen zum Gemeinschaftsrecht einholen, Art. 234 (2) EGV.

Letztinstanzliche Gerichte (1. Übersicht zu 25.1) *müssen* es, Art. 234 (3) EGV. Der EuGH (Rechtsprechungssammlung I 1987, 4199) hat jedoch entschieden, dass sogar jedes staatliche Gericht, das einen entscheidungserheblichen EG-Rechtsakt für gemeinschaftsrechtswidrig hält, dies als Frage dem EuGH nach Art. 234 EGV vorlegen *muss* (Streinz, Rn 562). Bei Eilverfahren mit summarischer Prüfung besteht keine Vorlagepflicht (Ehricke, in: Streinz, EUV/EGV, Art. 234 Rn 67). Die Entscheidung des EuGH ist zwar nur für den Einzelfall maßgebend, hat aber praktisch weitergehende Wirkung. Ein staatliches Gericht darf nicht das EG-Recht unangewendet lassen, weil es sonst gegen das Gebot des GG, den gesetzlichen Richter i.S. Art. 101 GG (hier der EuGH) zu beachten, verstoßen würde (BVerfG 22.10.86, DVBl. 1987, 231). Dies kann durch Verfassungsbeschwerde beim BVerfG geltend gemacht werden (BVerfGE 73, 339).

Haben dagegen nationale Gesetzgeber oder Behörden vorgenannte Zweifel, so müssen sie sich auf eine gemeinschaftsrechtsfreundliche Auslegung beschränken und von der Gültigkeit und Anwendbarkeit der EG-Rechtshandlungen ausgehen, soweit sie nicht wie die Bundesregierung direkt nach § 230 (1) - (3) EGV klagebefugt sind (s. 28.2.2.1).

Beispiel für eine Vorlageentscheidung des EuGH (Art. 234 EGV)

E erhält einen Verwaltungsakt einer deutschen Behörde, nach dem er aufgrund einer EG-VO des Rates (10.3.2) nur erstklassiges forstliches Pflanzgut (EG-Standard) erwerben dürfe.

↓

E legt hiergegen Widerspruch bei der Verwaltungsbehörde ein - mit der Begründung, die EG-VO verstoße u.a. gegen den Verhältnismäßigkeitsgrundsatz, Art. 5 (3) EGV, s. 28.1.

↓

Die Verwaltungsbehörde muss die EG-VO anwenden und erlässt einen ablehnenden Widerspruchsbescheid.

↓

Hiergegen erhebt E Anfechtungsklage beim Verwaltungsgericht.

↓

Hält das Verwaltungsgericht die EG-VO für rechtmäßig, braucht sie die Frage der Gültigkeit der VO nicht dem EuGH zur Vorabentscheidung vorzulegen.

↓

Legt es wegen EG-rechtlichen Zweifeln selbst oder das Oberverwaltungsgericht oder das Bundesverwaltungsgericht dem EuGH die Frage nach Art. 234 EGV vor (zumindest das Bundesverwaltungsgericht ist dazu verpflichtet), entscheidet der EuGH über diese Vorfrage.

↓

Beurteilt der EuGH die VO als EG-rechtswidrig, erklärt er die VO (nur) im betreffenden Einzelfall für ungültig.

↓

Diese Einzelfallentscheidung wird aber der Rat, zur Vermeidung weiterer Vorabentscheidungen zum Anlass nehmen, die VO zu ändern oder aufzuheben.

Wird eine o.g. Frage in einem schwebenden Verfahren bei einem einzelstaatlichen Gericht gestellt, dessen Entscheidungen selbst nicht mehr mit Rechtsmitteln des innerstaatlichen Rechts angefochten werden können, so ist dieses Gericht zur Anrufung des EuGH verpflichtet, Art. 234 (4) EGV.
Vgl. auch von Danwitz, DVBl. 1998, 421.

28.2.2.5 Kommt es in einem **Rechtsstreit beim EuGH** insbes. **hinsichtlich eines individuellen EG-Akts** auf die **Geltung einer abstrakt-generellen EG-Verordnung** als Ermächtigungsgrundlage an, kann der einzelne auch deren Unanwendbarkeit mit Wirkung für den Einzelfall (Streinz, Rn. 573) vor dem EuGH mit geltend machen, **Art. 241 EGV**; der EuGH hat aber auch schon von Amts wegen die Nichtigkeitsgründe (besser Anfechtungsgründe) einer Verordnung mit zu prüfen (Streinz, Rn 571). Art. 241 EGV ist zur Erreichung eines effektiven Rechtsschutzes auch auf andere EG-Akte als Verordnungen anzuwenden, falls sie sonst nicht nach Art. 230 (4) EGV (28.2.2.1) von Bürgern angegriffen werden können (Streinz, Rn 572).

28.2.2.6 **Art. 242 EGV: Klagen** bei dem **EuGH** haben *(im allgemeinen Gegensatz zum deutschen Verwaltungsprozess, 25.2.2)* **keine aufschiebende Wirkung, V**. Der Gerichtshof kann jedoch, wenn er es den Umständen nach für nötig hält, die Durchführung der angefochtenen Handlung aussetzen. **Artikel 243 EGV:** Der Gerichtshof kann in den bei ihm anhängigen Sachen die erforderlichen einstweiligen Anordnungen treffen.
Nach Art. 104 § 2 der Verfahrensordnung müssen Anträge auf einstweilige Anordnungen den Streitgegenstand bezeichnen und die Umstände anführen, aus denen sich die **Dringlichkeit** ergibt; ferner ist (zusätzlich) die Notwendigkeit der beantragten Anordnung in tatsächlicher und rechtlicher Hinsicht glaubhaft zu machen (EuG, Beschluss des Präsidenten des

Gerichts vom 5.7.2005 – T-117/05 R (ZUR 2005, 589 m.w.N.). Auch darf die Klage in der Hauptsache nicht offensichtlich unzulässig sein; sie muss dem ersten Anschein nach zulässig sein (EuGH aaO m.w.N.; vgl. zu Art. 230 (4) EGV). Die Dringlichkeit eines Antrags auf einstweilige Anordnung beurteilt sich nach der Notwendigkeit, vorläufigen Rechtsschutz zu gewähren, damit der Antragsteller, wie er zu beweisen hat, keinen sonst zumindest wahrscheinlichen schweren und nicht wieder gutzumachenden (irreparablen) Schaden erleidet; vage und nur hypothetische Gefahren und ein nur künftiges, ungewisses und zufallsabhängiges Risiko (z.b. allgemein hinsichtlich der Planungshoheit einer Gemeinde) genügen nicht; ein Verlust von Arbeitsplätzen betrifft nicht den Antragsteller, ein wirtschaftlicher Schaden, der ersetzt werden kann ist nicht irreparabel (EuG, Beschluss des Präsidenten des Gerichts vom 5.7.2005 – T-117/05 R, ZUR 2005, 589, 591 m.w.N.).

28.2.2.7 Für die Mitgliedstaaten bzw. deren Gericht ist die Überprüfung mit Befugnis zur Nichtigerklärung von Gemeinschaftsrechtsakten (Verwerfungskompetenz) in den Gemeinschaftsverträgen nicht vorgesehen. Art. 19 (4) GG (vgl. 5.4) gilt nicht für die Hoheitsakte der EG. Der EuGH geht (mit viel Unterstützung in der Rechtsliteratur) davon aus, dass die Mitgliedstaaten durch die Kompetenzübertragung (entsprechend dem absoluten Vorrang des Gemeinschaftsrechts, 1.3, 10.5) eine solche gerichtliche Befugnis nicht haben.

Demgegenüber will das Bundesverfassungsgericht, nur solange, wie generell Grundrechte wirksam durch den Europäischen Gerichtshof der EG geschützt werden, wovon er zur Zeit ausgeht, das Europäische Gemeinschaftsrecht nicht (mehr) am Maßstab der Grundrechte des Grundgesetzes messen. Von einer zwischenzeitlich angenommenen und neuerdings wieder als Kooperationsverhältnis bezeichneten Prüfungskompetenz hat das Bundesverfassungsgericht bisher keinen Gebrauch gemacht bzw. machen müssen (Maastricht-Urteil, BVerfGE 89, 155 = NJW 1993, 3047).

Das Bundesverfassungsgericht sieht sogar seine Zuständigkeit hinsichtlich der Frage gegeben, ob das Gemeinschaftsrecht und die Rechtsprechung des EuGH dazu die insbesondere auch durch die Subsidiarität beschränkten Grenzen der übertragenen Hoheitsbefugnisse überschritten haben, und zwar anhand der Überprüfung der deutschen Zustimmungsgesetze zu den Gemeinschaftsverträgen einschließlich EUV (BVerfGE 89, 155 ff. = NJW 1993, 3047 mit weiteren Nachweisen).

Dabei ist auf die für das einheitliche Funktionieren der Europäischen Union bedenkliche Regelung des **Art. 46 EUV** hinzuweisen, wonach der EuGH außer hinsichtlich der Schlussbestimmungen, Art. 46 bis 53 EUV, auch hinsichtlich der grundlegenden Art. 1 bis 6 EUV und der neuen - allerdings mehr völkerrechtlich gestalteten - Art. 11 ff. und 29 ff. GASP, Justiz und Inneres (vgl. 10.2.3) nicht zuständig ist. Dies mag vielleicht in Sorge um eine zu sehr die Gemeinschaftsentwicklung vorantreibende Rechtsprechung entstanden sein. Vgl. aber 10.3.3.12 zur Vorab-Entscheidungskompetenz des EuGH hinsichtlich Rahmenbeschlüssen des Rats zur polizeilichen und justiziellen Zusammenarbeit in Strafsachen.

28.2.2.8 Bei Entstehung eines Schadens (ggf. auch durch eine Rechtsquelle) ist über **Art. 235 i.V.m. Art. 288 (2) EGV** eine **Amtshaftungsklage** zulässig.

Die Mitgliedstaaten haben **Staatshaftungsansprüche** zugunsten von Bürgern vorzuhalten für den Fall, dass ihnen Schäden entstanden sind, weil ein Mitgliedstaat eine sie schützende EG-Richtlinie nicht umgesetzt oder in sonstiger Weise gegen Europäisches Gemeinschaftsrecht verstoßen hat, ohne dass eine Lösung über eine unmittelbare oder mittelbare Wirkung der Richtlinie möglich ist (EuGH C 6 und 9/90 Franvovic, Slg. 1991, I 5357, 5415; qualifizierte EG-Rechtsverletzung, EuGH C 178/94 Dillenkofer, Slg. 1996, / 4845, 4880). In Betracht kommt ein Verstoß des Gesetzgebers, der Verwaltung oder eines Gerichts, sofern die verletzte Gemeinschaftsnorm bezweckt, dem Einzelnen Rechte zu verleihen, der Verstoß hinreichend qualifiziert ist und zwischen diesem Verstoß und den dem Einzelnen entstandenen Schaden ein unmittelbarer Zusammenhang besteht (EuGH 30.9.2003 C-224/01 – Köbler, NJW 2003, 3539 Rn 30, 31 m.w.N.; BGHZ 134, 30; 146, 153, 158 f.; 2.12.2004, DVBl. 2005, 371 f. = DÖV 2005, 384). Zu der Problematik einer Haftungsprüfung auch für Entscheidungen letztinstanzlicher Gerichte s. Schöndorf-Haubold, JuS 2006, 112: Die Fassung des § 839 (2) S. 1 BGB – Richterspruchprivileg-Ausnahmen – sei nicht weit genug. Eine Realisierung über die Verfassungsbeschwerde sei nicht unproblematisch. Durch die Vorlagemöglichkeit an den EuGH bekomme dieser eine Letztentscheidungskompetenz.

Auch bei der Geltendmachung eines gemeinschaftsrechtlichen Staatshaftungsanspruchs richtet sich die haftungsrechtliche Verantwortlichkeit nach Art. 34 GG. Der Bund, der gemeinschaftsrechtlich verpflichtet ist, den Ersatz des durch einen Verstoß gegen das EG-Recht entstandenen Schaden sicherzustellen, ist innerstaatlich nur dann Schuldner eines gemeinschaftsrechtlichen Staatshaftungsanspruchs, wenn ihn zugleich die Verantwortlichkeit nach Art. 34 S. 1 GG trifft (BGH aaO; s. 37.25.4). Ein Schadensersatzanspruch eines Bürgers wegen nicht rechtzeitiger Umsetzung der EG-Richtlinien (10.3.3) ist somit über den ordentlichen deutschen Rechtsweg (25.1 Übersicht 1) zu verfolgen.

3. Teil: Allgemeines Gefahrenabwehrrecht, Zwangsmittel

29. **Allgemeines Gefahrenabwehrrecht (Nds. Gesetz über die öffentliche Sicherheit und Ordnung - Nds. SOG)**

29.1 **Aufgaben, Geltungsbereich, Übersicht**

Das allgemeine Gefahrenabwehrrecht hat **große Bedeutung in allen Rechtsbereichen**, auch im Umweltrecht, insbesondere darin, die Verwaltung zu ermächtigen, diejenigen Rechtsgüter vor Verletzung (als Schaden für die öffentliche Sicherheit) zu schützen, die durch Ge- oder Verbote oder Duldungspflichten als Rechtsnormen in anderen speziellen (fachlichen) Gesetzen geschützt sind, z.B. durch

- ein verwaltungsgesetzliches und ordnungswidrigkeitenrechtliches Verbot, nach Waldrecht eine Waldfläche nicht ungenehmigt in eine Ackerfläche u.Ä. umzuwandeln,
- ein strafrechtliches Verbot, Wald in einem Naturschutzgebiet umzuwandeln,
- ein privatrechtliches und strafrechtliches Verbot, einen Baumbestand als Holzeigentum zu stehlen.

Mangels Gesetzgebungskompetenz des Bundes (vgl. Art. 74 ff. Grundgesetz, 4.2) sind die Länder für den Erlass von allgemeinen Gefahrenabwehrgesetzen grundsätzlich zuständig. Nur ausnahmsweise besteht eine Gesetzgebungskompetenz des Bundes für die allgemeine Gefahrenabwehr, z.B. für den Bundesgrenzschutz.

In Niedersachsen hat ab 1.6.1994 anstelle des Niedersächsischen Gesetzes über die öffentliche Sicherheit und Ordnung (Nds. SOG) das **Niedersächsische Gefahrenabwehrgesetz (NGefAG)** vom 13.4.**1994** (Nds. GVBl. 1994, S. 173) i.d. Fass. v. 20.2.1998 (Nds. GVBl. 1998, S. 101 mit Änderungen gegolten. Mit Änd. Ges. v. 11.12.2003 (Nds. GVBl. S 418) ist **wieder die Bezeichnung „Niedersächsisches Gesetz über die öffentliche Sicherheit und Ordnung (Nds. SOG)"** eingeführt worden, ohne dass sich praktisch für die in dem vorliegenden Werk behandelten Bereiche inhaltlich etwas wesentlich ändert (Fass. 19.1.2005 (Nds. GVBl. 9; zu § 33a BVerfG 27.7.2005 (Nds. GVBl. 294).

Als Verwaltungsvorschriften sind die Ausführungsbestimmungen noch zum NGefAG **(AB NGefAG,** Nds. MBl. 1998, 1078) ergangen.

§ 1 Nds. SOG Aufgaben der Verwaltungsbehörden und der Polizei

(1) ¹Die Verwaltungsbehörden und die Polizei haben gemeinsam die Aufgabe der Gefahrenabwehr. ²Sie treffen hierbei auch Vorkehrungen, um künftige Gefahren abwehren zu können. ³Die Polizei hat im Rahmen ihrer Aufgabe nach Satz 1 insbesondere auch für die Verfolgung von Straftaten vorzusorgen und Straftaten zu verhüten.

(2) ¹Die Polizei wird in Fällendes Absatzes 1 Satz 1 tätig, soweit die Gefahrenabwehr durch die Verwaltungsbehörden nicht oder nicht rechtzeitig möglich erscheint. ²Verwaltungsbehörden und Polizei unterrichten sich gegenseitig, soweit dies zur Gefahrenabwehr erforderlich ist.

(3) Der Schutz privater Rechte obliegt den Verwaltungsbehörden und der Polizei nach diesem Gesetz nur dann, wenn gerichtlicher Schutz nicht rechtzeitig zu erlangen ist und ohne verwaltungsbehördliche oder polizeiliche Hilfe die Verwirklichung des Rechts vereitelt oder wesentlich erschwert werden würde.

(4) Die Polizei leistet anderen Behörden Vollzugshilfe (§§ 51 bis 53).

(5) Die Polizei hat ferner die Aufgaben zu erfüllen, die ihr durch andere Rechtsvorschriften übertragen sind.

Spezielle (fachliche) Verwaltungsgesetze beginnen meistens mit Vorschriften über **Aufgaben** bzw. **Ziele** oder den **Gesetzeszweck** (z.B. Zweck des Bundeswaldgesetzes in dessen § 1, s. 45.1.3, Ziele des Bundesnaturschutzgesetzes in dessen § 1, s. 49.2). Solche Bestimmungen sind noch keine Rechtsnormen oder näher bindende Rahmenvorschriften zum Erlass von Rechtsnormen durch den Landesgesetzgeber. Sie dienen in erster Linie als **Auslegungshilfe** für die Rechtsnormen und rahmengesetzlichen Vorschriften der Waldgesetze und Naturschutzgesetze (1.2.3). Die Aufgabenvorschrift des § 1 **Nds. SOG** ist insofern komplexer, als sie nicht nur in Abs. 1 Aufgaben des Gesetzes allgemein nennt. Sie verknüpft damit auch schon eine grobe Zuständigkeitsverbindung und -aufteilung zwischen den **„Verwaltungsbehörden"** (die nach § 97 zuständigen Verwaltungsbehörden sowie für sie die Verwaltungsvollzugsbeamtinnen und Verwaltungsvollzugsbeamten (§ 50), **§ 2 Nr. 7**; *(s. 29.3)*.) und der **„Polizei"** (die Polizeibehörden (§ 87 (1) sowie für die Polizeibeamtinnen und Polizeibeamten, **§ 2 Nr. 5**), so dass hier der Begriff Verwaltungsbehörden **spezifisch** eingeschränkt verwendet wird. Im Umweltrecht ist der **Vorsorgeaspekt** schon europarechtlich und in Spezialgesetzen realisiert (s. auch 38.3 sowie z.B. §§ 1 (2), 5 (1) S. 1 Nr. 2, §§ 7, 17 (3), 23 (1) S. 1, § 33 (1) BImSchG, 62.1.1, 62.2.2, 62.2.4, 62.2.26, 62.3.2, 62.5.2) und dürfte über § 1 Nds. SOG weniger unterstützt werden.

§ 2 Nds. SOG enthält weitere **Begriffsbestimmungen,** die denjenigen Rechtsnormen des Nds. SOG dienen, die solche Begriffe enthalten und nachfolgend oder bei den einzelnen Rechtsnormen aufgeführt sind

§ 2 Nr. 1 a) Gefahr: eine konkrete Gefahr, das heißt eine Sachlage bei der im einzelnen Fall die hinreichende Wahrscheinlichkeit besteht, dass in absehbarer Zeit ein Schaden für die öffentliche Sicherheit oder Ordnung eintreten wird; (s. zu 29.4.1).

Nr. 2 b) gegenwärtige Gefahr (s. 30.4, 29.6.3);

c) erhebliche Gefahr (s. 29.6.3)

d) Gefahr für Leib und Leben: eine Gefahr, bei der eine nicht ganz leichte Körperverletzung oder der Tod einzutreten droht;

Nr. 2 abstrakte Gefahr: eine nach allgemeiner Lebenserfahrung oder den Erkenntnissen fachkundiger Stellen mögliche Sachlage, die im Fall ihres Eintritts eine Gefahr (Nummer 1) darstellt (s. 20.10).

Nr. 3 Maßnahme: Verordnungen, Verwaltungsakte und andere Eingriffe (s. 29.2);

Nr. 4 Gefahr im Verzuge: eine Sachlager, bei der ein Schaden eintreten würde, wenn nicht an Stelle der zuständigen Behörde oder Person eine andere Behörde oder Person tätig wird;

Nr. 5 Polizei: s. 29.3.2;

Nr. 6 Polizeibeamtin oder Polizeibeamter: s. 29.3.2 ;

Nr. 7 Verwaltungsbehörde: s. 29.3.2

Nr. 8 Verwaltungsvollzugsbeamtinnen oder Verwaltungsvollzugsbeamte: s. § 50;

Nr. 9 Straftat: eine den Tatbestand eines Strafgesetzes verwirklichende rechtswidrige Tat;

Nr. 10 Straftat von erheblicher Bedeutung ... *(Aufzählung nicht abgedruckt)*

Nr. 11 Kontakt- oder Begleitperson ...

§ 3 Nds. SOG Geltungsbereich

(1) ¹Die Vorschriften dieses Gesetzes finden Anwendung bei

1. der Erfüllung von Aufgaben der Gefahrenabwehr (§ 1 Abs. 1 bis 4),

2. der Erfüllung anderer der Polizei übertragenen Aufgaben (§ 1 Abs. 5).

²Vorschriften des Bundes- oder Landesrechts, in denen die Gefahrenabwehr oder die anderen Aufgaben besonders geregelt werden, gehen diesem Gesetz vor. ³Soweit die besonderen Vorschriften keine abschließenden Regelungen enthalten, ist dieses Gesetz ergänzend anzuwenden.

(2) Bei der Erforschung und Verfolgung von Straftaten und Ordnungswidrigkeiten finden die Vorschriften in § 16 (4) *(Anwendung des Gesetzes über die Entschädigung von Zeugen und Sachverständigen)* **über die Entschädigung von Personen und in den §§ 72 bis 79 über die Art und Weise der Anwendung unmittelbaren Zwangs Anwendung, soweit die Strafprozessordnung keine abschließenden Regelungen enthält.** *(s. 30.3.5 f., 31.)*

Das Nds. SOG bietet in erster Linie das Instrumentarium, um insbesondere Rechtsgüter, die im Rahmen der **öffentlichen Sicherheit** (§ 2 Nr. 1 a Nds. SOG) durch Ge- und Verbote des besonderen Verwaltungs-, Straf- und Ordnungswidrigkeitenrechts geschützt sind, soweit keine fachgesetzlichen Ermächtigungsgrundlagen vorliegen vor Verletzungen bzw. dem Fortdauern von Verletzungen zu bewahren. Als Beispiel für eine fachgesetzlich abschließende Regelung s. § 17 BBodSchG (Vorsorge; 61.4.1). In den Grenzen des genannten § 1 (3) sind auch private Rechte geschützt. Die im Gesetz vor dem Nds. SOG neben der öffentlichen Sicherheit wieder genannte **öffentliche Ordnung** als Gesamtheit der ungeschriebenen Regeln (keine Rechtsnormen) für das Verhalten des Einzelnen in der Öffentlichkeit, deren Beachtung nach den jeweils herrschenden Anschauungen als unerlässliche Voraussetzung eines geordneten staatsbürgerlichen Zusammenlebens betrachtet wird, **spielt** als ohnehin umstrittenes Rechtsgut (Götz, Allg. Polizei- und Ordnungsrecht, 13. Aufl., Rn 122 ff., im Folgenden nur mit „Rn") im intensiv normierten Umweltrecht praktisch **kaum eine Rolle** und wird im Folgenden neben „Sicherheit" nur erwähnt, wenn es darauf ankommt.

Von der Gefahrenabwehr, die Rechtsgüter vor Verletzungen schützen soll, zu unterscheiden ist die Verfolgung von **begangenen Straftaten** bzw. **Ordnungswidrigkeiten** nach Ermächtigungen der Strafprozessordnung bzw. spezieller Fachgesetze (31.). Diese bezieht sich grundsätzlich nur auf schon erfolgte Rechtsgutverletzungen. Dagegen gehören Maßnahmen zur **Verhinderung** von Ordnungswidrigkeiten und Straftaten zur **Gefahrenabwehr.**

Auf den 1. Teil (§§ 1 bis 3) folgen im 2. Teil allgemeine Vorschriften über Verhältnismäßigkeit (§ 4, 29.7.1), Ermessen (§ 5, 29.5, 29.8.1), als Verantwortliche in Anspruch zu nehmende Personen (§§ 6 – 9, 29.6), Einschränkung von Grundrechten (§ 10, 5.2) an, die nachfolgend entsprechend dem Fallaufbau eingeordnet zu erläutern sind.

29.2 Gesetzliche Ermächtigungsgrundlagen zum Erlass insbesondere von Verwaltungsakten und Verwaltungs-Realakten

Die entscheidenden Instrumente des allgemeinen Gefahrenabwehrrechts sind die **gesetzlichen Ermächtigungsgrundlagen** (16.) für hoheitliche Maßnahmen, mit denen die Erfüllung gesetzlicher Pflichten der Bürger und anderer Rechtspersonen angeordnet und notfalls erzwungen werden sollen (§§ 12 ff., 55, 64 ff. Nds. SOG; Eingriffsverwaltung, 11.3).

Die Verwaltung i.w.S., also hier noch nicht auch gemäß der Zuständigkeit differenziert nach Polizei und (sonstigen) Verwaltungsbehörden kann mit pflichtgemäßem Ermessen zur Gefahrenabwehr - bei Fehlen spezialgesetzlicher Ermächtigungen - nach **Ermächtigungsgrundlagen des Nds. SOG** Maßnahmen treffen. Nach **§ 2 Nr. 3 Nds. SOG** sind solche **Maßnahmen**

– **Verordnungen** (weniger häufig zur Abwehr abstrakter Gefahren, § 55, 29.10),
– **Verwaltungsakte** als Anordnungen zum Handeln oder Unterlassen (z.B. Anordnung an den Halter, einen verbotswidrig im Wald parkenden Wagen zu entfernen, 29.2.2; zur Abgrenzung zu einem Appell BGH 22.1.1998, DÖV 1998, 429, 430 f.) und
– **andere Eingriffe** (vor allem **in Rechte eingreifende Realakte;** z.B. Durchsuchen einer Sache eines Abwesenden, Anwendung der Zwangsmittel Ersatzvornahme und unmittelbarer Zwang).
  – Bei Nichterfüllung oder Nichtbeachtung eines Verwaltungsakts können nach Androhung (auch ein Verwaltungsakt) **Zwangsmaßnahmen (Vollstreckungsmaßnahmen,** durch Realakt oder eine Zwangsgeldfestsetzung als Verwaltungsakt) durchgeführt werden (z.B. nach vergeblicher Anordnung an den Halter, den Wagen aus dem Wald zu entfernen und nach entsprechender Androhung als Ersatzvornahme Auftrag an ein Unternehmen, den Wagen abzuschleppen (30.3.3).
  – In Eilfällen können ohne vorherigen Erlass eines Verwaltungsaktes - bei Abwesenheit eines Pflichtigen - Maßnahmen **unmittelbar ausgeführt werden,** Realakt (z.B. umgestürzten Baum wegräumen, unmittelbarer Abschleppauftrag ohne vorherige oder gleichzeitige Bekanntgabe an den Halter, vgl. 30.3.3 sowie 29.4 und 30.4).

Eine gesetzliche **Ermächtigungsgrundlage** ist erforderlich, wenn die Verwaltung – hier gemeint generell als Exekutive - mit unmittelbarer rechtlicher Außenwirkung durch **Verordnung, Verwaltungsakt** oder **Realakt, der in Rechte eingreift,** tätig werden will (12.2, 16.). Eine Ermächtigungsgrundlage ist **zu unterscheiden** von der zusätzlich erforderlichen **Regelung über die Zuständigkeit** des Verwaltungsträgers und seiner Behörde als Organ; z.B. Waldbehörde, Gemeindeverwaltung mit Ordnungsamt, Polizeibehörde; vgl. 12.3, 17.1.

Manchmal ist eine **Ermächtigungsgrundlage mit einer Vorschrift über die** (sachliche) **Zuständigkeit gekoppelt.** So kann mitgeregelt sein:

– sogar die Behörden- und (damit) die Verbandkompetenz (z.B. Bundesministerium für Umwelt, dann auch örtliche Zuständigkeit),
– nur die Verbandkompetenz (z.B. Landkreis);
– eine funktionale Behördenangabe (z.B. Bauaufsichtsbehörde, untere und oberste Naturschutzbehörde oder Waldbehörde, ohne Angabe des Verwaltungsträgers; auch §§ 11 ff. Nds. SOG unterscheiden (wie § 1 Nds. SOG) nur grob zwischen Polizei und (sonstigen) Verwaltungsbehörden. Allerdings finden sich hinten in den Gesetzen nähere Bestimmungen über die sachliche und örtliche Zuständigkeit; s. 29.3 und §§ 100 – 104 Nds. SOG.

29.2.1 Spezialgesetzliche Ermächtigung außerhalb des allgemeinen Gefahrenabwehrrechts

Ehe Ermächtigungsgrundlagen des **Nds. SOG** für den Erlass eines **Verwaltungsakts** oder **Verwal-**

tungsrealakts heranzuziehen und zu prüfen sind, ist zu klären, ob in dem betreffenden **Fachgesetz** (Waldgesetz, Naturschutzgesetz, Jagdgesetz usw.) eine spezielle, und damit vorrangige (1.2; § 3 (1) S. 2 Nds. SOG) Ermächtigungsgrundlage für die Verwaltung (hier noch ohne Zuständigkeitsdifferenzierung gemeint) vorliegt. Zur Entlastung des Textumfangs der Fachgesetze enthalten diese nur begrenzt eigene **spezielle Ermächtigungsgrundlagen** dafür, zum Schutz von Rechtsgütern, die in dem Gesetz durch Verbote und Gebote geschützt werden, im Rahmen der **speziellen Gefahrenabwehr** Anordnungen zu treffen. Andere Gesetze nehmen klarstellend hinsichtlich der Erfüllung ausdrücklich auf Ermächtigungsgrundlagen des Nds. SOG als allgemeines Gefahrenabwehrrecht Bezug. Die meisten Gesetze überlassen die Realisierung ohne eine solche Bezugnahme den Ermächtigungsgrundlagen des Nds. SOG (vgl. oben § 3 (1) S. 3). Z.B.:

Für eine Wiederaufforstungsverfügung **bei einer ungenehmigten Waldumwandlung** ist die spezielle Ermächtigungsgrundlage des **§ 8 (8) NWaldLG** als „Soll"-Regelung (nebst Zuständigkeitsregelung allgemein zugunsten der Waldbehörde gegeben, s. 16.3.1, Fall 1 zu 14.2 - und 45.4. Im NWaldLG sind jedoch textentlastend Zwangsbefugnisse (Vollstreckungsbefugnisse) nicht geregelt. Diese lassen sich daher als ergänzende Ermächtigungsgrundlagen dem Nds. SOG entnehmen. Nach **§ 31 (4) NWaldLG** kann die Verwaltung Anordnungen gegenüber dem Waldeigentümer treffen, falls dieser **gesetzwidrig den Wald sperrt.**

Gegenüber Waldbesuchern enthält das **NWaldLG** überhaupt **keine** Ermächtigungsgrundlagen für die Verwaltung hinsichtlich Maßnahmen der Gefahrenabwehr im Wald und in der übrigen freien Landschaft. Die §§ 23 ff. NWaldLG regeln insoweit nur **gesetzliche** Handlungsverbote und Grundlagen für den Erlass von Bußgeldbescheiden (vgl. 47.2, 1.2). Für Maßnahmen der behördlichen **Gefahrenabwehr** ist voll auf die **Ermächtigungs**grundlagen des **Nds. SOG** zurückzugreifen (z.B. wenn ein Reiter entgegen dem Verbot des § 26 NWaldLG auf einem schmalen Wanderweg durch den Wald (weiter) reiten will). Begrifflich ist die **waldgesetzliche Gefahrenabwehr** unterteilt

– in die gegenüber den waldbewirtschaftenden Waldeigentümern (und -besitzern) nebst erstaufforstenden Landwirten; für diese Gefahrenabwehr wird auch die Bezeichnung **„Forstaufsicht"** gebraucht wird, obwohl die Bezeichnung Aufsicht vor allem für die Kontrolle der Behörden gegenüber nachgeordneten Behörden oder Verwaltungsträgern verwendet wird, s. 11.10, 12.6.1 f. und

– in die gegenüber Besuchern des Waldes und ergänzend der übrigen freien Landschaft, auch - wie die Behördenbezeichnung (§ 43 (2) NWaldLG) ergibt – **„Feld- und Forstordnung"** genannt. Die Bezeichnung „Forstschutz" ist ungünstig, da auch die Schädlingsbekämpfung des Waldbesitzers so genannt wird.

§ 63 NNatG ist eine allgemeine Ermächtigungsgrundlage für die Einhaltung der Naturschutzvorschriften; sie wird jedoch ausdrücklich durch flankierende Ermächtigungsgrundlagen des Nds. SOG ergänzt (53.9). Vgl. auch **§§ 9, 10 BBodSchG** (61.2.6 f.).

Weitergehend wegen der teilweise mit enthaltenen **besonderen Zwangsbefugnisse** ist die (spezielle) Ermächtigungsgrundlage des **§ 29 (1) NJagdG** (57.4.5). Danach dürfen für (hoheitlich) bestätigte besonders qualifizierte Jagdaufseher Personen, die in einem Jagdbezirk unberechtigt jagen oder sonst gegen jagdrechtliche Vorschriften verstoßen oder außerhalb der zum allgemeinen Gebrauch bestimmten Wege zur Jagd ausgerüstet angetroffen werden, anhalten, ihnen gefangenes Wild, Schussu. sonstige Waffen, Jagd- und Fanggeräte, Hund und Frettchen abnehmen und ihre Person feststellen sowie unter bestimmten Voraussetzungen wildernde Hunde und Katzen im Jagdbezirk töten; vgl. auch 29.3.3, 57.3.7.

29.2.2 Spezialermächtigungen des allgemeinen Gefahrenabwehrrechts zum Erlass von Standardmaßnahmen (§§ 12 - 29 Nds. SOG)

Das Nds. SOG enthält folgende **Ermächtigungsgrundlagen** (Befugnisse) im Rahmen der Gefahrenabwehr zu Standardmaßnahmen **(Verwaltungsakte, ggf. auch Verwaltungsrealakte;** insbesondere gekoppelt mit der Angabe der allgemeinen **Zuständigkeit** der Polizei und Verwaltungsbehörden). In der folgenden Übersicht sind hier vorab diejenigen **Ermächtigungsgrundlagen fett** gedruckt, für die die **Feld- und Forsthüter** (hoheitlicher Feld- und Forstschutz, 46.16, 29.3.3) sowie praktisch auch die besonders qualifizierten **bestätigten Jagdaufseher** (hoheitlicher Jagdschutz) im Rahmen der **Standardmaßnahmen (§§ 12 – 29)** zuständig sind (s. 57.1, 29.3.4):

– **Befragungs- und Auskunftspflicht (§ 12 Nds. SOG)**
– **Identitätsfeststellungen (§ 13 Nds. SOG)**

- Errichtung von Kontrollstellen durch die Polizei zur Verhütung bestimmter Straftatbestände (§ 14 Nds. SOG)
- Erkennungsdienstliche Maßnahmen (§ 15 Nds. SOG)
- Vorladung (§ 16 Nds. SOG)
- **Platzverweisung (§ 17 Nds. SOG)**
- In Gewahrsam nehmen (§ 18 Nds. SOG)
- **Durchsuchung einer Person (§ 22 Nds. SOG)**
- **Durchsuchung von Sachen (§ 23 Nds. SOG)**
- Betreten und Durchsuchen von Wohnungen (§ 24 Nds. SOG)
- **Sicherstellung von Sachen (§ 26 Nds. SOG).**
  (Außerdem *außerhalb der Standardmaßnahmen*
- **die allgemeine Ermächtigung (§ 11 Nds. SOG) und**
- **die Ermächtigungsgrundlagen für Zwangsmittel (§§ 64 ff., 70, 74 Nds. SOG)**

Übersicht über den Inhalt der Standardbefugnisse für die Gefahrenabwehr im Wald und in der übrigen freien Landschaft (Feld- und Forsthüter, hoheitlicher Jagdschutz)

Jede in Betracht kommende **Ermächtigungsgrundlage** ist **gesondert** getrennt nach Tatbestand und Rechtsfolge **durchzuprüfen.** Zur Frage, inwieweit nach den Ermächtigungsgrundlagen neben Verwaltungsakten auch spezielle Maßnahmen des **unmittelbaren Zwangs** als Realakte oder aber die allgemeinen Ermächtigungsgrundlagen für den unmittelbaren Zwang (30.3.5) in Betracht kommen, s. u. nach § 26 Nds. SOG. Dazu allgemein Heintzen, DÖV 2005, 1042.

§ 12 Nds. SOG Befragungs- und Auskunftspflicht

(1) Die Verwaltungsbehörden und die Polizei dürfen jede Person befragen, von der Angaben erwartet werden können, die für die Erfüllung einer bestimmten Aufgabe nach § 1 *(29.1)* **erforderlich sind.**

(2) Die befragte Person ist zur Auskunft über Familienname, Vorname, Tag und Ort der Geburt, Anschrift der Hauptwohnung und Staatsangehörigkeit verpflichtet, wenn dies für die Erfüllung der Aufgabe erforderlich ist.

(3) Kommt die befragte Person sogar aufgrund der §§ 6 bis 8 *(29.6)* **für eine gegen sie zu richtende Maßnahme in Betracht, so ist sie zur Auskunft in der Sache verpflichtet, wenn die Angaben zur Abwehr der Gefahr oder für die weitere Aufklärung des Sachverhalts erforderlich sind.**

(4)[1] Eine zur Auskunft verpflichtete Person darf zum Zweck der Befragung kurzzeitig angehalten werden. [2]Die Vorschriften der Strafprozessordnung über verbotene Vernehmungsmethoden (§ 136a) gelten entsprechend.

(5) [1]Die zu befragende Person ist auf Verlangen auf die Rechtsgrundlage ihrer Auskunftspflicht oder die Freiwilligkeit ihrer Auskunft hinzuweisen und über ihr Auskunftsrecht nach § 16 des Niedersächsischen Datenschutzgesetzes zu unterrichten *(Auskünfte über gespeicherte oder festgehaltene Daten zu erhalten).* **[2]In den Fällen der §§ 52 bis 55 der Strafprozessordnung** *(z.B. aus persönlichen oder beruflichen Gründen, u.a. Rechtsanwalt)* **darf die Auskunft zur Sache verweigert werden, es sei denn, sie ist für die Abwehr einer Gefahr für Leib, Leben oder ähnlich schutzwürdige Belange erforderlich. [3]Werden im Fall des Satzes 2 Auskünfte erteilt, so dürfen diese nur für Zwecke der Gefahrenabwehr verwendet werden.**

(6) Die Polizei kann zur Vorsorge **für die** Verfolgung **oder zur** Verhütung von Straftaten **von** erheblicher Bedeutung mit internationalem **Bezug jede im öffentlichen Verkehrsraum angetroffene Person kurzzeitig anhalten, befragen und verlangen, dass mitgeführte Ausweispapiere zur Prüfung ausgehändigt werden, sowie mitgeführte Sachen in Augenschein nehmen.**

§ 13 Nds. SOG Identitätsfeststellung, Prüfung von Berechtigungsscheinen

(1) Die Verwaltungsbehörde oder die Polizei können die Identität einer Person feststellen,
1. **wenn dies zur Abwehr einer Gefahr erforderlich ist** *(vgl. 29.4.1),*
2. **wenn sie sich an einem Ort aufhält, von dem Tatsachen die Annahme rechtfertigen, dass** dort ... *(„verrufener Ort", für Umweltrecht nicht erheblich)* oder

3. **wenn sie sich in einer Verkehrs- oder Versorgungsanlage oder –einrichtung, einem öffentlichen Verkehrsmittel ... aufhält und ...** *(bei Verdacht der Begehung von Straftaten),* 4.

(2) **¹Die Verwaltungsbehörden und die Polizei können zur Feststellung der Identität die erforderlichen Maßnahmen treffen, insbesondere die betroffene Person anhalten, sie nach ihren Personalien befragen und verlangen, dass sie mitgeführte Ausweispapiere zur Prüfung aushändigt. ²Die Person kann festgehalten werden, wenn die Identität auf andere Weise nicht oder nur unter erheblichen Schwierigkeiten festgestellt werden kann.** *(Ergänzend §§ 21, 22 (1) (3))*

(3) **Wer verpflichtet ist, einen Berechtigungsschein mit sich zu führen, hat diesen auf Verlangen den Verwaltungsbehörden und der Polizei zur Prüfung auszuhändigen.**

Daten zur Identifizierung (§ 13 (1) (2) sind Vor-, Familien- und Geburtsname, Geburtstag und –ort, Beruf, Wohnort und Wohnanschrift sowie Staatsangehörigkeit (Börenz/Franke, § 13 NGefAG Erl. 3), für Feld- und Forsthüter sowie bestätigte Jagdaufseher mit Hoheitsbefugnissen könnten nach dem Zweck der Maßnahme, wohl nur Abwehr einer konkreten Gefahr, im Rahmen der Verhältnismäßigkeit auch weniger Daten in Betracht kommen. Die Befugnis zu verlangen, mitgeführte Ausweispapiere (z.B. Personalausweis, ggf. Führerschein) bzw. nach § 13 (3) Berechtigungsscheine (z.B. Jagdschein, Waffenschein, hoheitliche Bestätigung als Jagdaufseher) zur Prüfung auszuhändigen, begründet nicht die Pflicht, solche mitzuführen. Diese ergibt sich aus speziellem Recht (Straßenverkehrszulassungsordnung, Jagdrecht). Vgl. auch Nr. 13.2 AB NGefAG.

Eine Anordnung nach der Standardermächtigung des § 13 (2) S. 1 NGefAG, insbesondere **anzuhalten,** die **Personalien anzugeben** und **Ausweise** sowie **Berechtigungsscheine vorzuzeigen,** erfüllen alle Merkmale des Verwaltungsakts.

Das **Festhalten** zur Identitätsfeststellung nach § 13 (2) S. 2 Nds. SOG ist als von der Ingewahrsamnahme nach § 18 Nds. SOG zu trennender eigenständiger Fall eines kurzfristigen Freiheitsentzugs geregelt (allg. Götz, Rn 296). Die rechtliche Beurteilung dieser Standardmaßnahme soll im Zusammenhang mit weiteren, auf tatsächliche Handlungen, insbesondere Zwang mit und ohne Widerstand nachfolgend behandelt werden.

Geteilt sind **allgemein zu den mit Zwang verbundenen Standardmaßnahmen** (§§ 13 ff. Nds. SOG) die Auffassungen zu den Fragen,
a) ob diese Standardmaßnahmen und Maßnahmen der Anwendung von allgemeinem unmittelbaren Zwang (§ 69 Nds. SOG) Verwaltungsakte oder Verwaltungsrealakte sind sowie
b) welche Zwangsmaßnahmen von den Ermächtigungen zu Standardmaßnahmen gedeckt sind und welche Zwangsmaßnahmen nur nach den Voraussetzungen der allgemeinen Ermächtigung zur Anwendung unmittelbaren Zwangs zulässig sind.

a) Das BVerwG hat in einer frühen Entscheidung (9.2.1967, BVerwGE 26, 161) zur Anwendung von allgemeinem unmittelbaren Zwang geurteilt, dass ein Schlag mit dem Polizeiknüppel entgegen dem äußeren Erscheinungsbild kein Realakt, sondern eine konkludente (schlüssige) Duldungsverfügung neben dem tatsächlichen Geschehen sei. Diese Meinung wird auch für Standardmaßnahmen mit Anwendung von Zwang vertreten für das Festhalten nach § 13 (2) S. 2 Nds. SOG, die Ingewahrsamnahme nach § 18 Nds SOG, das Durchsuchen von Personen und Sachen sowie die Sicherstellung von Sachen nach §§ 22, 23, 26 Nds. SOG (Götz, Rn 278; VG Bremen, NVwZ 1989, 895; VG Frankfurt, NVwZ 1994, 720, 721; Habermehl, Polizei- und Ordnungsrecht 2. Aufl. 1993, Rn 528; Schenke, Polizei- und Ordnungsrecht 3. Aufl. 2004, Rn. 115 f.).

Nach **anderer** zunehmender **Auffassung** liegen bei Standardmaßnahmen insbesondere mit Zwangsanwendung **Verwaltungsrealakte vor.** Für die Annahme eines konkludenten Verwaltungsakts fehlt es jeweils an dem **Merkmal der Willenserklärung** mit Anordnungscharakter, die eine Rechtsfolge hervorruft, also an einer Regelung (Begründung und Nachweise bei Finger, JuS 2005, 116, 117). Die Rechtsfolge müsste darin bestehen, ein Recht oder eine Pflicht zu begründen, zu ändern, aufzuheben oder verbindlich festzustellen (ähnlich BVerwGE 77, 268, 271; DÖV 1992, 970, 971: rechtliche Auswirkungen auf geschützte Rechtspositionen). Eine zu weiten Auslegung des Verwaltungsaktbegriffs wäre schon jeder Eingriff in eine rechtlich geschützte Position ein Verwaltungsakt (Pietzner, Verwaltungsarchiv 84 (1993), 261, 273; Krause, Rechtsformen des Verwaltungshandelns, 1974, S. 131 f.). Dies sei im Hinblick darauf nicht mehr geboten, dass inzwischen auch gegen in Rechte eingreifende Verwaltungsrealakte ein hinreichender Rechtsschutz besteht (Feststellungsklage nach § 43 VwGO, s. zu § 19 Nds. SOG). Für die

Annahme eines **Realakts** Drews/Vogel/Wacke/Martens, Gefahrenabwehr, 9. Aufl. 1986, S. 216 ff.; OVG Bremen (gegen VG Bremen), NVwZ 1990, 1188; Möller/Wilhelm, Allg. Polizei- und Ordnungsrecht, 5. Aufl. 2003, Rn 276; Ruchor, in: Lisken/Denninger, Handbuch des Polizeirechts Rn F 51; Schmitt-Kammler, NRWVBl. 1995, 166; Wolfgang/Hendricks/Merz, Polizei- und Ordnungsrecht, 2. Aufl. 2004, Rn 119; Kaufmann, Lösung einer Examensklausur, NdsVBl. 2000, 44. Die Auffassung, dass § 13 (2) S. 2 zu einer tatsächlichen Maßnahme, also einem Realakt ermächtigt, dürfte gegenüber der gekünstelt und gezwungenen (Drews/Vogel/Wacke/Martens aaO, S. 217; Reck, JuS 1970, 113; Schmidt-Kammler, NRWVBl. 1995, 166; Schwabe, NJW 1983, 369, 371) sowie vom Rechtsschutz her nicht erforderlichen (s.o.) Maßnahme einer konkludenten Duldungsverfügung als Verwaltungsakt grundsätzlich den Vorzug erhalten. Eine Duldungsverfügung i.s. des Begriffs des Verwaltungsakts müsste noch die Möglichkeit einer Entscheidung über die Befolgung oder Nichtbefolgung enthalten. Bei unmittelbarem Zwang (speziell nach § 13 (2) S. 2 oder allgemein nach § 69 Nds. SOG fehlt es an einer solchen Möglichkeit.

b) Nach beiden vorgenannten Auffassungen wird die Frage unterschiedlich beantwortet, inwieweit **Zwangsmaßnahmen von den Ermächtigungen zu Standardmaßnahmen gedeckt** sind und welche Zwangsmaßnahmen nur nach den Voraussetzungen der allgemeinen Ermächtigung zur Anwendung unmittelbaren Zwangs zulässig sind.

Auch auf der Grundlage, dass die Ermächtigungen zu Standardmaßnahmen konkludente Duldungsverfügungen umfassen, wird zum einen angenommen, dass die eigentliche Zwangsmaßnahme sich nach den verfahrensmäßig schärferen Voraussetzungen für den allgemeinen unmittelbaren Zwang (§ 69 Nds. SOG) zu richten hat (Götz, Rn 278), wobei die Anwendung dann ein Verwaltungsrealakt ist (Maurer, § 20 Rn 24; strittig; zur Ingewahrsamnahme Habermehl, Polizei- und Ordnungsrecht, 2. Aufl. 1993, Rn 513, 530). Nach anderer vom Gesetzeswortlaut gestützten Auffassung umfassen die Standardmaßnahmen auch bestimmte Zwangsmaßnahmen (im Begleitung eines konkludenten Duldungsverwaltungsakts oder nach a.A. hier bevorzugter Auffassung nur als Verwaltungsrealakt; s. zu a). Zutreffend wird aber ausnahmsweise, soweit der **Widerstand** einer Person **zu brechen** ist (z.B. durch Polizeigriff), die Ermächtigungsgrundlage für den allgemeinen unmittelbaren Zwang (§ 69 Nds. SOG; 40.3.5) herangezogen (Wolfgang/Hendricks/Merz, Polizei- und Ordnungsrecht in NRW, 2. Aufl. 2004, Rn 194; Schmitt-Kammler, NRWVBl. 1995 166, 169 f.; Lemke, VwVR, 1997, 79; für die Generalklausel (§ 11 Nds. SOG) als Grundlage für eine durch allgemeinen unmittelbaren Zwang zu vollstreckende Begleitverfügung Habermehl, Polizei- und Ordnungsrecht, 2. Aufl. 1993, Rn 514). Nach der Auffassung, dass die Standardmaßnahmen keinen Duldungsverwaltungsakt enthalten, kommt beim Brechen von Widerstand nur das „gekürzte Verfahren" der unmittelbaren Ausführung (§ 64 (2) Nds. SOG; 30.4) in Betracht (Pieroth/Schlink/Kniesel, Polizei- und Ordnungsrecht, 2. Aufl. 2004, § 20 Rn 36; Finger, JuS 2005, 116, 119). Vgl. zu den einzelnen Standardmaßnahmen Finger, JuS 2005, 116, 118 f.

Allerdings würde das **kurzzeitige Festhalten** zur Identitätsfeststellung **nach § 13 (2) S. 2 Nds. SOG** wohl stets ein zu brechenden Widerstand voraussetzen (weggehen oder weglaufen wollen, sich anderweitig weigern). Daher würde es kaum einen Anwendungsfall des § 13 (2) S. 2 als Realakt geben (anders nach der abzulehnenden Auffassung einer konkludenten Duldungsverfügung, die auf § 13 (2) S.2 sich stützen sei und mit dem allgemeinem unmittelbaren Zwang als Realakt durchgesetzt werden könnte; s. zu a). In diesen – auch Feld- und Forsthüter oder bestätigte Jagdaufseher mit Hoheitsbefugnissen betreffenden - Fällen ist aber keine Freiheitsentziehung (so aber allg. Götz, Rn 296), sondern nur eine Freiheitsbeschränkung i.S. von Art. 2 (2) S. 2/ 104 GG anzunehmen (s. 6.4.2). Denn die freiheitshindernde Maßnahme ist nur Nebenzweck der Identifizierung, während sie bei der Ingewahrsamnahme Hauptzweck und damit Freiheitsentziehung ist (s. z.B. Ruchor, in: Lisken/Denninger, Handbuch des Polizeirechts Rn F 51). Insoweit ist § 13 (2) S. 2 die einzige (spezielle) Ermächtigungsgrundlage und nicht die Regelung über den unmittelbaren Zwang (allein oder ergänzend) anzuwenden. Allerdings ist, soweit ohne Zweckverfehlung möglich, aus Gründen der Verhältnismäßigkeit vorher die Verfügung zu erlassen, freiwillig die Personalien anzugeben. Bei Vergeblichkeit wäre ein Festhalten durch vorherige Anordnung (Verwaltungsakt) oder zumindest Information anzukündigen.

Allgemein wird angenommen, dass unter das kurzfristige Festhalten als Freiheitsbeschränkung auch das Verbringen zur Polizei zur Identifizierung gehört (sog. Sistierung; Ruchor aaO; Clerck/Schmidt, Polizei- und Ordnungsbehördengesetz, Stand 2004, § 10 Er. 2; BVerwGE 62, 325, 327; 82, 243, 245; BGHZ 82, 261, 267; BayObLG, DVBl. 1983, 1069; a.A. Götz, Rn 280; missverständlich Saipa, Komm. zum Nds. SOG § 13 Rn 9 „Freiheitsbeschränkung", dennoch Anwendung § 19). Hiervon sollten aber Feld- und Forsthüter sowie Jagdaufseher mit Hoheitsbefugnissen – auch aus Gründen der eigenen Sicherheit – möglichst keinen Gebrauch machen und sich, bei entsprechender Bedeutung der Gefahr darauf beschränken, die Polizei herbeizurufen.

Auch ein **Durchsuchen** einer Person oder von Sachen sowie die **Sicherstellung** von Sachen (§§ 22, 23, 26 Nds. SOG) sind nur Freiheitsbeschränkungen.
Folgt man dieser Auffassung, könnte eine Rechtswidrigkeit der tatsächlichen ggf. mit Zwang verbundenen Maßnahme nur von dem Verwaltungsgericht festgestellt werden (s.u. zu § 19 Nds. SOG).

§ 17 Nds. SOG Platzverweisung

(1) ¹Die Verwaltungsbehörden und die Polizei können zur Abwehr einer Gefahr *(vgl. 29.4.1)* **jede Person vorübergehend von einem Ort verweisen oder ihr vorübergehend das Betreten eines Ortes verbieten. ²Betrifft eine Maßnahme nach Satz 1 eine Wohnung ... ³Die Platzverweisung kann ferner gegen eine Person angeordnet werden, die den Einsatz der Feuerwehr oder von Hilfs- und Rettungsdiensten behindert.**

(2) ¹Rechtfertigen Tatsachen die Annahme, dass eine Person in einem bestimmten örtlichen Bereich eine Straftat begehen wird, so kann ihr für eine bestimmte Zeit verboten werden, diesen Bereich zu betreten oder sich dort aufzuhalten, es sei denn, sie hat dort ihre Wohnung. ²Örtlicher Bereich im Sinne des Satzes 1 ist ein Ort oder ein Gebiet innerhalb einer Gemeinde oder auch ein gesamtes Gemeindegebiet. ³Die Platzverweisung nach Satz 1 ist zeitlich und örtlich auf den zur Verhütung der Strafe erforderlichen Umfang zu beschränken. ⁴Die Vorschriften des Versammlungsrechts bleiben unberührt.

Notwendig ist eine vorherige Verfügung einer möglichen Versammlungsauflösung (OLG Celle 7.3.2005, NVwZ-RR 2005, 543 zur Ingewahrsamnahme) oder eines Anschlusses einzelner Teilnehmer nach dem VersG, s. 6.7, Art. 8 GG).

§ 18 Nds. SOG regelt die Voraussetzungen für die Verwaltungsbehörden oder Polizei, eine Person in **Gewahrsam** zu nehmen.

Mangels Zuständigkeit der Feld- und Forsthüter, Fischereiaufseher und (praktisch) der mit Hoheitsbefugnissen ausgestatteten bestätigten Jagdaufseher wird von einem Abdruck angesehen. Vgl. vorab bei § 13 Nds. SOG die allgemeinen Ausführungen zum Rechtscharakter (auch) der Ingewahrsamnahme und der Anwendung von unmittelbarem Zwang beim Brechen von Widerstand nach § 69 Nds. SOG (30.3.5) mit den strengeren Voraussetzungen.
Nach einer am Wortlaut der Ermächtigungsgrundlage des § 18 Nds. SOG für die Standardmaßnahme orientierten Auffassung umfasst diese auch den typischerweise oder untrennbar mit der Standardmaßnahme verbundenen Zwang (das schlichte Festhalten der Person, das Anfassen am Arm, das Geleiten in die Gewahrsamseinrichtung und das Einsperren darin; Pieroth/Schlink/Kniesel, Polizei- und Ordnungsrecht, 2. Aufl. 2004, § 17 Rn 32; Schmitt-Kammler, NRWVBl. 1995, 166, 168 f.; Wolff/Bachof/Stober, VerwR II , 6. Aufl. 2000, § 64 Rn 104 f.; Berger, Regelungsimmanente Vollzugselemente bei den sogen. Standardmaßnahmen im nordrhein-westfälischen Polizeigesetz 2001, S. 150; Finger, JuS 2005, 116, 118). Zum Rechtscharakter der Standardmaßnahme mit Zwang und der Abgrenzung zu den Maßnahmen des allgemeinen unmittelbaren Zwangs (§ 69 Nds. SOG) s. zu § 13 (2) S. 2 Nds. SOG. Notwendig ist eine vorherige Verfügung einer möglichen Versammlungsauflösung (OLG Celle 7.3.2005, NVwZ-RR 2005, 543). Vgl. auch VGH Mannheim 27.9.2005, NVwZ-RR 2005, 540 = NuR 2006, 111.

§ 19 (1) Nds. SOG ¹Kommt es aufgrund einer Maßnahme nach § 13 (2) *(Festhalten)* ... oder § 18 *(Ingewahrsamnahme)* zu einer <u>Freiheitsentziehung</u>, so haben die Verwaltungsbehörden oder die Polizei unverzüglich eine <u>richterliche Entscheidung</u> über die Zulässigkeit und Fortdauer der Freiheitsentziehung zu beantragen. ²Der Herbeiführung der richterlichen Entscheidung bedarf es nicht, wenn anzunehmen ist, dass die Entscheidung erst nach Wegfall des Grundes der Maßnahme ergehen wird. (2) – (4) ...

Zu § 13 Nds. SOG ist ausgeführt, dass bei kurzfristiger Identitätsfeststellung mit Festhalten (ggf. auch Verbringen zur Polizei) und ggf. Durchsuchen für die Gefahrenabwehr im Feld- und Forstordnungs- sowie Jagdbereich **keine Freiheitsentziehung** vorliegt und daher die strengen Regelungen der §§ 19 – 22 Nds. SOG (bzw. schon Art 104 (2) GG; 6.4.2) nicht anzuwenden sind. Eine Rechtswidrigkeit des (wohl stets schon erledigten) Verwaltungsrealakts könnte durch Feststellungsklage nach § 43 VwGO beim Verwaltungsgericht verfolgt werden (Finger, JuS 2005, 116, 120). Nach der abweichenden Auffassung, dass die zwangsweisen Standardmaßnahmen einen konkludenten Verwaltungsakt enthielten (s. zu § 13 nds. SOG) wäre hinsichtlich des erledigten Verwaltungsakts nach h.M. eine Fortsetzungsfeststellungsklage entsprechend § 113 (1) S. 4 VwGO oder (s. Fechner, NVwZ 2000121 m.w.N.) eine Feststellungsklage entsprechend § 43 VwGO zulässig (Finger, 116, 120).

§ 19 (2) regelt das Recht der festgehaltenen Person, auch nach Beendigung der Freiheitsentziehung innerhalb eines Monats die Prüfung der Rechtmäßigkeit der Freiheitsentziehung beim Amtsgericht zu beantragen (Ermächtigung zur Abweichung von der grundsätzlichen Zuständigkeit der Verwaltungsgerichte in § 40 (1) S. 2 VwGO; Verfahren nach dem nds. Gesetz über die freiwillige Gerichtsbarkeit; s. im Einzelnen § 19 (3) – (5) Nds. SOG). Nimmt man für kurze widerstandbrechende Maßnahmen (Identifizierung und/oder Durchsuchung vor Ort nur eine Freiheitsbeschränkung und keine Freiheitsentziehung an (s. zu § 13 (2) S. 2 Nds. SOG und Art. 104 GG, 6.4.2), so wäre ausnahmsweise die Zuständigkeit des Verwaltungsgerichts für die Feststellung einer evtl. Rechtswidrigkeit gegeben. Vgl. allgemein hierzu und zu anderen Länderregelungen nebst Rechtsprechung Finger, JuS 2005, 116, 119.

§ 20 (1) ¹Wird eine Person aufgrund des § 13 (2) ... oder § 18 festgehalten, so ist ihr unverzüglich der Grund bekannt zu geben. ²Sie ist über die ihr zustehenden Rechtsbehelfe zu belehren. Weitere Einzelheiten in §§ 20 (2) – (4), 21 Nds. SOG.

§ 22 Nds. SOG Durchsuchung von Personen

(1) Die Verwaltungsbehörden und die Polizei können eine Person durchsuchen, wenn
1. **sie nach diesem Gesetz (s. § 13 Identitätsfeststellung) oder anderen Rechtsvorschriften festgehalten werden kann,**
2. **Tatsachen die Annahme rechtfertigen, dass sie Sachen mit sich führt, die sichergestellt werden dürfen *(§ 26),***
3. **sie sich erkennbar in einem die Willensbestimmung ausschließenden Zustand oder sonst in hilfloser Lage befindet,**
4. **... *("verrufener Ort", § 13 (1) Nr. 2),***
5. **... *(in Objekt i.S. § 13 (1) Nr. 3)*.**

(2) Die Verwaltungsbehörden und die Polizei können eine Person, deren Identität nach diesem Gesetz *(§13)* oder anderen Rechtsvorschriften festgestellt werden soll ... , nach Waffen, anderen gefährlichen Werkzeugen und Explosivmitteln durchsuchen, wenn dies nach den Umständen zum Schutz gegen eine Gefahr für Leib und Leben erforderlich ist.

(3) Personen dürfen nur von Personen gleichen Geschlechts, Ärztinnen oder Ärzten durchsucht werden; dies gilt nicht, wenn die sofortige Durchsuchung zum Schutz gegen eine Gefahr für Leib oder Leben erforderlich ist.

Ein Fall des § 22 (1) Nr. 1 könnte vorliegen, wenn ein Revierleiter im Landeswald einen Mann trifft, der verdächtig ist, als Brandstifter den Wald anzuzünden und in seinen Taschen wahrscheinlich brandverursachende Gegenstände hat. Nach den allgemeinen Ausführungen zu § 13 (2) S. 2 Nds. SOG ist auch die eigentliche Durchsuchung ein Realakt und kein Verwaltungsakt (strittig). Sobald jedoch Gewaltanwendung zur Brechung eines Widerstands erforderlich ist, kommt nur die Ermächtigungsgrundlage des § 69 NGefAG für unmittelbaren Zwang in Betracht (s. auch Finger, JuS 2005, 116, 119 f.).

§ 23 Nds. SOG Durchsuchung von Sachen

(1) Die Verwaltungsbehörden und die Polizei können (außer in den Fällen des § 13) eine Sache durchsuchen, wenn
1. **sie von einer Person mitgeführt wird, die nach § 22 durchsucht werden darf,**
2. **...**
3. **Tatsachen die Annahme rechtfertigen, dass sich in ihr *(z. B. Auto, Rucksack)* eine andere Sache befindet, die sichergestellt werden darf *(vgl. § 26)*,**
4. **– 6. ...**

(2) Bei der Durchsuchung von Sachen hat die Person, die die tatsächliche Gewalt innehat, das Recht, anwesend zu sein. ²Ist sie abwesend, so ist, wenn möglich, ihre Vertretung oder eine andere Person hinzuzuziehen. ³Der Person, die die tatsächliche Gewalt innehat, ist auf Verlangen eine Bescheinigung über die Durchsuchung und ihren Grund zu erteilen.

Nach den allgemeinen Ausführungen zu § 13 (2) S. 2 ist auch die eigentliche Durchsuchung ein Verwaltungsrealakt und kein Verwaltungsakt. Sobald jedoch die Zerstörung oder Funktionsfähigkeit einer Sache erforderlich ist, kommt nur die Ermächtigungsgrundlage des § 69 NGefAG für unmittelbaren Zwang in Betracht (Pieroth/Schlink/Kniesel, Polizei- und Ordnungsrecht, 2. Aufl. 2004, § 19 Rn 14; Finger, JuS 2005, 116, 119 f.).

§ 26 Nds. SOG Sicherstellung von Sachen

Die Verwaltungsbehörden und die Polizei können eine Sache sicherstellen,
1. **um eine gegenwärtige Gefahr abzuwehren,**
2. **um die Eigentümerin und den Eigentümer oder die Person, die rechtmäßig die tatsächliche Gewalt innehat, vor Verlust oder Beschädigung einer Sache zu schützen oder**
3. **wenn sie von einer Person mitgeführt wird, die nach diesem Gesetz oder anderen Rechtsvorschriften festgehalten wird, und sie oder ein anderer die Sache verwenden kann, um a) sich zu töten oder zu verletzen, b) Leben oder Gesundheit anderer zu schädigen, c) fremde Sachen zu beschädigen oder d) die Flucht zu ermöglichen oder zu erleichtern.**

Nach den allgemeinen Ausführungen zu § 13 (2) S. 2, § 18 ist auch die eigentliche Sicherstellung ein Realakt und kein Verwaltungsakt (strittig). Sobald jedoch Gewaltanwendung zur Brechung eines Widerstands erforderlich ist, kommt nur die Ermächtigungsgrundlage des § 69 NGefAG für unmittelbaren Zwang in Betracht (s. auch Finger, JuS 2005, 116, 118, 119. Zur Abgrenzung zur unmittelbaren Ausführung einer Ersatzvornahme beim Abschleppen eines verkehrswidrig parkenden Kfz s. 30.4 und Schneider/Schroeder, NdsVBl. 2001, 299. Zur Zulässigkeit bei nicht verschließbarem Fenster eines Kfz VGH München 16.1.2001, NJW 2001, 1960. Zur Zulässigkeit, auch Zumutbarkeit der Sicherstellung eines gestohlenen und beschädigten Kfz VGH Kassel 18.5.1999, NJW 1999, 3793.
Die Standardbefugnisse erlauben den Erlass von Verwaltungsakten (Anordnungen, die zu befolgen sind), zugleich auch die Vornahme von in Rechte eingreifenden Realakten (z.B. Durchsuchen, Festhalten zur Identitätsfeststellung, § 13). Dazu allgemein Heintzen, DÖV 2005, 1042.

Zur **Verwahrung, Verwertung** insbes. verderblicher und der **Herausgabe sichergestellter Sachen** vgl. **§§ 27 - 29 Nds. SOG.**
§§ 30 - 49 Nds. SOG regeln Befugnisse und Pflichten hinsichtlich der Verarbeitung persönlicher Daten.

29.2.3 Allgemeine Ermächtigungsgrundlage des allgemeinen Gefahrenabwehrrechts (Generalklausel - § 11 Nds. SOG)

Fehlen (außer spezialgesetzlichen Ermächtigungsgrundlagen, vgl. 29.2.1) auch die Voraussetzungen vorgenannter vorrangiger (1.3) spezieller Ermächtigungsgrundlagen (Standardbefugnisse) der §§ 12 ff. Nds. SOG oder reichen die im Nds. SOG vorgesehenen Maßnahmen nicht aus, kommt die **allgemeine Ermächtigungsgrundlage** (1.3) des § 11 Nds. SOG in Betracht. Sie ist völlig getrennt von den Standardbefugnissen zu untersuchen.

§ 11 Nds. SOG
Die Verwaltungsbehörden und die Polizei können die notwendigen Maßnahmen treffen, um eine Gefahr abzuwehren, soweit nicht die Vorschriften des Dritten Teils *(§§ 12 bis 29 Nds. SOG)* die Befugnisse der Verwaltungsbehörden und der Polizei besonders regeln.

In **Wenn-Dann-Form** (**Tatbestand** *und* **Rechtsfolge**) ohne den selbstverständlichen „soweit"-Halbsatz und ohne „Zuständigkeitsbeimischung"; „Gefahr" etwas ergänzt, s. § 2 Nr. 1 a, 29.1:
Wenn eine Gefahr *für die öffentliche Sicherheit* vorliegt,
dann kann die *Verwaltung* die notwendigen Maßnahmen treffen, um die Gefahr abzuwehren.

Die Nennung der „Verwaltungsbehörden" und der „Polizei" sind eigentlich nicht Bestandteil einer Ermächtigungsgrundlage, sondern schon erste allgemeine **Zuständigkeitsregelungen**, die aber noch nicht die Verwaltungsträger und näheren Behördenarten erkennen lassen (vgl. im Einzelnen 29.4; s. auch schon 16.3.1, 18.2.1, 19.1). Da § 11 im 3. Teil, die allgemeinen **Zwangsmittel**-Ermächtigungen der §§ 64 - 79 Nds. SOG aber im 6. Teil des Nds. SOG geregelt sind, dürfen Maßnahmen nach § 11 keine Zwangsmittel sein. (Zu diesem vgl. 30.3. ff.).

29.3 **Zuständigkeit der Verwaltungs- und Polizeibehörden (§§ 97 – 101 Nds. SOG), gleichgestellter Jagdaufseher sowie der Feld- und Forsthüter als Verwaltungsvollzugsbeamte**

29.3.1 **Übersicht zu den formellen Rechtmäßigkeitsvoraussetzungen**

Hinsichtlich der jeweils gefundenen Ermächtigungsgrundlage für die Verwaltung allgemein ist hinsichtlich der ergänzenden Zuständigkeits- und der formellen Rechtmäßigkeitsvoraussetzungen zunächst auf die zu 17. und 14.2 genannten Erfordernisse zu verweisen.

Zuständigkeit
- **sachliche** (Aufgabe der Gefahrenabwehr) für einen Verwaltungsträger und eines seiner Organe (Behörden), s. auch 29.2, 29.3.2,
- **örtliche** (zu schützender Bezirk (vgl. § 100 Nds. SOG, 29.3.2); ggf. fachgesetzliche Sonderregelung; Verwaltungsbehörde: in anderem Bezirk auch bei Gefahr im Verzuge, zur Fortsetzung einer im eigenen Bezirk begonnenen Maßnahme oder mit Zustimmung der zuständigen Behörde; Polizei noch weitergehend,
- **instanzielle** (anstelle einer sachlich und örtlich zuständigen Behörde entscheidet die übergeordnete Behörde z.B. als Widerspruchsbehörde).
Verfahren, Form, Begründung, Bekanntgabe.

Bei Vorliegen einer **Ermächtigungsgrundlage** (29.2) ist u.a. stets auch die dafür passende vollständige sachliche **Zuständigkeits**regelung zu suchen.

Z.B. regelt ergänzend zu dem zu 29.2.1 genannten § 31 (4) NWaldLG § 43 (1) NWaldLG, dass der Landkreis bzw. die kreisfreie Stadt als Verwaltungsträger, nach der Nieders. Gemeindeordnung durch die Landkreisverwaltung oder Stadtverwaltung als Organ und Behörde, die betreffenden Anordnungen aussprechen darf.

29.3.2 **Normale Zuständigkeit (für Befugnisse nach § 11 Nds. SOG und die Standardbefugnissen nach §§ 12 ff.); §§ 97 – 101 Nds. SOG**

§ 97 Sachliche Zuständigkeit der Verwaltungsbehörden

(1) Zuständige Verwaltungsbehörden für Aufgaben der Gefahrenabwehr sind die Gemeinden, soweit für diese Aufgaben keine besondere Zuständigkeitsregelung besteht.
(2) Für die zur Einhaltung von Vorschriften des Bundes- oder Landesrechts notwendigen Maßnahmen der Gefahrenabwehr ist die Behörde zuständig, der nach der jeweiligen Rechtsvorschrift die Aufgabenerfüllung im Übrigen obliegt, soweit keine andere Zuständigkeitsregelung besteht.
(3) Das Ministerium für Inneres und Sport wird ermächtigt, im Einvernehmen mit dem Fachministerium durch Verordnung die Zuständigkeit für bestimmte Aufgaben im Sinne des Absatzes 1
1. den Landkreisen, kreisfreien Städten, großen selbständigen Städten und selbständigen Gemeinden,
2. den Landkreisen, kreisfreien und großen selbständigen Städten,
3. den Landkreisen und kreisfreien Städten der
4. sonstigen Behörden
zu übertragen, wenn die Wahrnehmung dieser Aufgaben durch die Gemeinden einen unverhältnismäßigen Verwaltungsaufwand mit sich bringen würde oder aus anderen Gründen unzweckmäßig wäre.
(4) Das Ministerium für Inneres und Sport *(MI)* wird ermächtigt, im Einvernehmen mit dem Fachministerium durch Verordnung die Zuständigkeit für bestimmte Aufgaben im Sinne des Absatzes 1 den Polizeibehörden oder einzelnen Polizeibehörden zu übertragen, wenn dies zur sachgerechten Erfüllung der Aufgaben erforderlich ist.

(5) Die Landesregierung wird ermächtigt, durch Verordnung einem Ministerium die Zuständigkeit für bestimmte Aufgaben im Sinne des Absatzes 1 zu übertragen, wenn es sich um Aufgaben handelt, die ihrem Wesen nach nur von einer obersten Landesbehörde wahrgenommen werden können. **(6)** Den Gemeinden und Landkreisen obliegen die Aufgaben nach Absatz 1 im übertragenen Wirkungskreis.

Die Ermächtigungsgrundlagen der §§ 11 ff. Nds. SOG nennen die **Verwaltungsbehörden** und die **Polizei** in noch sehr allgemeiner Abgrenzung. **Nach § 1 (1) S. 1 Nds. SOG** haben die *Verwaltungsbehörden und die Polizei gemeinsam* die Aufgabe der Gefahrenabwehr. Die *Polizei* wird im Rahmen der Gefahrenabwehr tätig, soweit die Gefahrenabwehr durch die *Verwaltungsbehörde nicht oder nicht rechtzeitig* möglich erscheint (§ 1 (2) S. 1 Nds. SOG, vgl. 29.1). Die **Polizei** definiert **§ 2 Nr. 6 Nds. SOG:** die Polizeibehörden (§ 87 Abs. 1) (also das Landeskriminalamt, Zentrale Polizeidirektion, den Polizeidirektionen Braunschweig, Göttingen, Hannover, Lüneburg, Oldenburg und Osnabrück (§§ 87 (1), 90 (1), Fachaufsicht MI (§ 94) und der anzupassenden PolZustVO 31.8.1994, Nds. GVBl. 446, geänd. 16.10.1995, Nds GVBl. 327) sowie für sie (als Amtswalter, 11.9) **Polizeibeamtinnen und Polizeibeamte (§ 2 Nr. 6)** und den **Hilfspolizeibeamtinnen und Hilfspolizeibeamten (§ 95)** mit begrenzt übertragenen Befugnissen (nicht Jagd- und Feld- und Forstschutz). **Verwaltungsbehörde** ist nach **§ 2 Nr. 7 Nds. SOG: die nach § 97 Nds. SOG** zuständigen allgemeinen oder **besonderen Verwaltungsbehörden** sowie (s. 29.3.4) für sie die **Verwaltungsvollzugsbeamtinnen** und **Verwaltungsvollzugsbeamten.** Das sind nach **§ 2 Nr. 8 Nds. SOG: im Dienst einer Verwaltungsbehörde stehende oder sonst von ihr weisungsabhängige Personen, die allgemein oder im Einzelfall zum Vollzug von Aufgaben der Gefahrenabwehr durch Bestellung ermächtigt sind.** Nach § 50 (1) vollziehen die Verwaltungsbehörden ihre Aufgaben grundsätzlich selbst. Hierzu haben sie nach Maßgabe des § 50 (2) Verwaltungsvollzugsbeamte für die relevanten Ermächtigungsgrundlagen des Nds. SOG zu bestellen (Nds. Verwaltungsvollzugsbeamtenverordnung - VollzBeaVO v. 13.3.1995 (Nds. GVBl. 60), zuletzt geänd. 11.5.2001 (Nds. GVBl. 307), grundsätzlich Außendienst. Nach deren § 1 sind u.a. Verwaltungsvollzugsbeamte zu bestellen für die Bauaufsicht, Tierschutz, Fischereiaufsicht, Gewässeraufsicht, Abfallentsorgung, Immissionsschutz, Bodenschutz, Gentechnik. Zu den Feld- und Forsthütern s. 29.3.4, zu den mit Hoheitsbefugnissen bestätigten Jagdaufsehern, 29.3.3.

Zu **fachgesetzlich** geregelten Zuständigkeiten der Landkreise und kreisfreien Städte (und der Region Hannover) als Waldbehörden nach dem NWaldLG, s. z.B. §§ 8 ff., § 43 (1) NWaldLG.; vgl. als aufgelistete Zuständigkeitsregelungen u.a. aufgrund §§ 97 (3) (4), § 98 S. 2 Nds. SOG die (nds.) VO über Zuständigkeiten auf verschiedenen Gebieten der (speziellen) Gefahrenabwehr v. 7.12.2004, Nds. GVBl. 2004, 575, z.B. wie im Fleischhygiene-, Lebensmittelrecht (58.2. f.), Waffenrecht (58.6). Vgl. auch 17.1.2.

§ 98 Nds. SOG regelt die **Aufsicht** über die Verwaltungsbehörden **(Fachaufsichtsbehörden)**

[1]Bei der Wahrnehmung der Aufgaben nach § 97 führen die Fachaufsicht
1. über die kreisangehörigen Gemeinden mit Ausnahme der großen selbständigen Städte die Landkreise und die Fachministerien,
2. über die Landkreise, kreisfreien Städte und großen selbständigen Städte sowie über die Polizeibehörden und die sonstigen Verwaltungsbehörden die Fachministerien. [2]Im Bereich seiner Zuständigkeit kann das Ministerium für Inneres und Sport durch Verordnung die Aufsicht auf andere Stellen übertragen, soweit dies zur sachgerechten Erfüllung der Aufgaben erforderlich ist. [3]In diesem Fall wird das Ministerium oberste Aufsichtsbehörde.

Nach **§ 99 Nds. SOG** haben Verwaltungsbehörden sicherzustellen, dass die Aufgaben der Gefahrenabwehr auch **außerhalb der Dienstzeit** wahrgenommen werden.

§ 100 Nds. SOG <u>örtliche Zuständigkeit</u> *und außerordentliche Zuständigkeit als Spezialregelung zu § 3 VwVfG (14.2, 17.1):*
   (1) [1]Die Zuständigkeit der Verwaltungsbehörden und der Polizeibehörden ist grundsätzlich auf ihren Bezirk beschränkt. [2]Örtlich zuständig ist die Behörde, in deren Bezirk die zu schützenden Interessen verletzt oder gefährdet werden. [3]Wird eine Gefahr, die sich in an

deren Bezirken auswirkt, von einer Person verursacht, so ist auch die Behörde zuständig, in deren Bezirk die Person wohnt, sich aufhält oder ihren Sitz hat.

(2) ¹Die Polizeidirektionen werden ermächtigt, durch Verordnung Flächen, die weder Gemeindegebiet noch gemeindefreies Gebiet im Sinne des § 16 Abs. 3 der Niedersächsischen Gemeindeordnung sind, dem Bezirk einer Gemeinde zuzuweisen. ²Bei den kreisangehörigen Gemeinden erweitert sich damit auch der Bezirk des Landkreises.

§ 100 (3) (4) enthält Regelungen für zusätzlich erforderliche Maßnahmen in anderen Bezirken, § 100 (6) begrenzt landesweite Zuständigkeiten der Polizeibeamtinnen und Polizeibeamten.

Nach § 101 (2) Nds. SOG sind sachlich zuständige Verwaltungsbehörden für (normale, allgemeine) Aufgaben aufgrund dieses Gesetzes und für Aufgaben der Gefahrenabwehr aufgrund anderer Rechtsvorschriften *(vgl. 29.2)* die Gemeinden (insbesondere das Ordnungsamt als Teil der Gemeindeverwaltungs-Behörde, vgl. 17.1.3), falls für diese Aufgaben keine besondere Zuständigkeitsregelung zugunsten anderer Behörden (Verwaltungsträger) besteht.

29.3.3   Hoheitlich bestätigte besonders qualifizierte Jagdaufseher als der Polizei gleichgestellt (vgl. 57.4)

Sachliche Zuständigkeit als **Jagdbehörden** nach dem NJagG und zuständige Behörden im Sinne des BJagdG sind die Landkreise und kreisfreien Städte (Aufgabe des übertragenen Wirkungskreises), für den Landeswald die Anstalt Niedersächsische Landesforsten (durch das jeweilige Niedersächsische Forstamt); zur örtlichen Zuständigkeit s. 29.3.2.

Nach § 25 (2) BJagdG obliegt der volle Jagdschutz in einem Jagdbezirk als **Außendienst** neben den öffentlichen Stellen den behördlich **bestätigten Jagdaufsehern**; nur soweit sie **Revierjäger (Berufsjäger)** oder **forstlich ausgebildet (besonders qualifiziert)** sind, haben sie die **Rechte und Pflichten von Polizeibeamten** (und sind, wie die allermeisten Polizeibeamten, Hilfsbeamte der Staatsanwaltschaft, 31.1).

– **Besonders qualifizierte hoheitlich bestätigte** Jagdaufseher sind aufgrund RdErl. d. ML v. 20.5.2002 (Nds. MBl. S. 449; s. 47.2.27, 57.4.10) hinsichtlich der Jagdschutzbefugnisse die örtlich zuständigen Beamten sowie forstlicher Ausbildung jeweils die mit verpachteten Eigenjagdbezirke der Anstalt Niedersächsische Landesforsten des Landes (aufgeteilt nach Forstämtern), der Stiftungen (aufgeteilt nach Forstämtern der Klosterkammer mit ihrem Forstbetrieb), des Bundes, der Landkreise und Gemeinden. Mit forstlicher Ausbildung gemeint sind fachkundige Personen i.S. von § 15 (3) S. 2 NWaldLG, wer einen für die Zulassung in den Vorbereitungsdienst erforderlichen Hochschulabschluss erworben hat. Das sind je Forstamt u.Ä. nach der Funktionsbezeichnung (vgl. im Einzelnen 29.3.4 (2), 47.2):
   1. die Forstamtsleiterin bzw. der Forstamtsleiter (FoAL),
   2. die Forstamtsdezernentin bzw. der Forstamtsdezernent (FoAD)
   3. die Büroleiterin bzw. der Büroleiter des Forstamtes (BL) bei forstlicher Ausbildung,
   4. die Forstbetriebsbeamtinnen und –beamten
       – die Revierleiterin bzw. der Revierleiter (RL)
       – die Revierassistentin bzw. der Revierassistent (RA)
       – die Funktionsbeamtin bzw. der Funktionsbeamte (FB):
       – bei forstlicher Ausbildung auch Angestellte;
   Bei Zuständigkeit für mehrere Forstämter gilt dies nur in dem nicht verpachteten Eigenjagdbezirk. Aufgrund der **Erlassregelung** als **allgemeine Bestätigung** der obersten Aufsichtsbehörde bedarf es keiner Bestätigung einzelner Bediensteter, weder durch die Anstalt Niedersächsische Landesforsten, die Klosterkammer, das Forstamt des Bundes nach § 36 NJagdG, noch durch den Landkreis bzw. die kreisfreie Stadt (Landkreise, Gemeinden), die über solche Bediensteten verfügen.
– Durch die untere Jagdbehörde auf Antrag **einzeln zu bestätigen** sind für die entsprechenden Jagdschutzzuständigkeiten die **besonders qualifizierten** Jagdaufseher bei den **Eigenjagdbezirken von Privatrechtspersonen und Realverbänden mit Genossenschaftswald** (§ 3 (5) NWaldLG), **gemeinschaftlichen Jagdbezirken, gepachteten Jagdbezirken des Landes, Bundes, der Landkreise** und Gemeinden; bei Privatpersonen als hoheitliche Beleihung (11.7).
Obwohl die besonders qualifizierten allgemein oder im Einzelfall bestätigten Jagdaufseher **keine Verwaltungsvollzugsbeamten** (§ 50 Nds. SOG), sondern (partiell) **der Polizei Gleichgestellte** sind, kommen für sie praktisch von den **Ermächtigungsgrundlagen** der §§ 11 ff., §§ 64 ff. (§ 55) Nds.

nur diejenigen in Betracht, für die die Forsthüter als Vollzugsbeamte zuständig sind, vgl. 29.2.2, Anfang, Fettdruck und 29.3.4, zu den Zwangsmitteln (§§ 64 ff.) s. auch 30.3.

Zum begrenzten hoheitlichen **Jagdschutz nach** der speziellen (und daher gegenüber §§ 11 ff. NGefAG vorrangigen) Ermächtigungsgrundlage des **§ 29 (1) NJagdG** befugt sind (vgl. 29.2.1, 57.4) nur die zu (1) genannten **besonders qualifizierten** bestätigten Jagdaufseher auch hinsichtlich der Privatwälder u.Ä.

Dagegen können die Befugnisse des § 29 (1) NJagdG (ohne Beleihung mit Hoheitsbefugnissen) lediglich **privatrechtlich** ausüben (57.4, 57.4.10)

– die **(nur) qualifizierten bestätigten Jagdaufseher**, die nicht Revierjäger (Berufsjäger) oder forstlich ausgebildet sind, aber einen Lehrgang mit o.g. Nachweis bei der unteren Jagdbehörde vorweisen können und

– die **Jagdausübungsberechtigten** (mit Jagdschein), die sich, insbesondere falls sie als Grundeigentümer keinen Jagdschein haben, auch angestellter Jäger bedienen können und auch nach § 29 (2) **NJagdG** Jagdgästen die Tötung von wildernden Hunden und Katzen im Jagdbezirk nach § 29 (1) Nr. 2 NJagdG übertragen können.

Die zukunftsbezogene Gefahrenabwehr ist von der **vergangenheitsbezogenen Verfolgung von Straftaten und Ordnungswidrigkeiten zu unterscheiden.**

Inwieweit nach § 25 (2) BJagdG die besonders qualifizierten bestätigten Jagdaufseher auch strafrechtliche und ordnungswidrigkeitenrechtliche Ermittlungs- und Verfolgungsbefugnisse haben, vgl. zu 31.1 und 31.2 sowie in der Übersicht zu 31.3.

29.3.4   Feld- und Forsthüter als Verwaltungsvollzugsbeamte

Zur sachlichen Zuständigkeit für Aufgaben der Gefahrenabwehr der **Waldbehörden** und **Feld- und Forstordnungsbehörden** als besondere Verwaltungsbehörden s. §§ 36 S. 1, 43 NWaldLG, 46.16, 47.2 und allgemein 29.3.2. Jedoch sind nach § 43 (3) S. 1 NWaldLG **im Landeswald und im Stiftungswald für Außendienstaufgaben die Anstalt Niedersächsische Landesforsten und die Klosterkammer zuständig.** [2]**Diese Aufgaben einschließlich der Aufgaben der Forsthüterinnen und Forsthüter nach § 36 Satz 2 können nur fachkundige Personen im Sinne des § 15 Abs. 3 Satz 2 wahrnehmen**

Zu den **Verwaltungsvollzugsbeamten**, allgemein (§ 2 Nr. 8, § 50 VollzBeaVO), den Verwaltungsbehörden zugeordnet, s. 29.3.2. Nach § 50 (1) S. 2 (2) Nds. SOG haben die Verwaltungsbehörden für die Vollzugsaufgaben **(Außendienst**, nicht Schreibtischtätigkeit) nach Maßgabe einer Verordnung Vollzugsbeamte zu bestellen. § 1 VollzBeaVO nennt bestimmte spezialgesetzliche Aufgabenbereiche, in denen Verwaltungsbehörden der Gefahrenabwehr Verwaltungsvollzugsbeamte zu bestellen haben (29.3.2).

Andererseits ist bereits (vorrangig) in einigen Fachgesetzen die Bestellung von Verwaltungsvollzugsbeamten vorgesehen. Dies trifft für die Gefahrenabwehr im Wald und in der übrigen freien Landschaft im Rahmen der Aufgaben des **NWaldLG** (§§ 23 ff.) zu (vgl. 46.16, 47.2). Nach **§ 36** obliegen auch **allen Feld- und Forsthütern** die Aufgaben der Gefahrenabwehr im Bereich der Feld- und Forstordnung. **Sie sind Verwaltungsvollzugsbeamte** (§ 50 Nds. SOG). Damit haben sie Befugnisse des Nds. SOG für Verwaltungsvollzugsbeamte (auch für nicht beamtete), außer denen nach §§ 14 – 16, 18 und 24 (§ 36 S.2 und 3 NWaldLG). Vgl. die **fettgedruckten §§-Angaben für die** nach § 50 (2) Nr. 1, 4 Nds. SOG gem. §§ 3, 4 VollzBeaVO eröffneten Ermächtigungsgrundlagen in der Übersicht zu 29.2.2;** dazu auch 46.16; RdErl. d. ML v.20.5.2002. Nds. MBl. S. 449; 47.2.27; 57.4.10.

Nach § 43 (2) NWaldLG können die Gemeinden für **Privatwälder** einschließlich **Genossenschaftswälder** sowie sonstige (nicht im § 43 (3) NWaldLG genannte) Wälder juristischer Personen des öffentlichen Rechts und die übrige freie Landschaft (vgl. 45.2.3, 46.3) **Feld- und Forsthüter bestellen**, und zwar ungeachtet des wie eine Pflichtnorm erscheinenden § 43 (2) S. 2 bei besonderem Bedarf (z.B. wenn polizeiliche Hilfe allgemein nicht reicht, etwa bei starkem Erholungsverkehr), schriftlich durch Verwaltungsakt - unter Aushändigung eines Dienstausweises; vgl. auch § 43 (2) S. 3 und 4. Berufene Privatpersonen sind nicht mehr wie nach früherem Recht mit Hoheitsaufgaben Beliehene, sondern nur Beauftragte (vgl. 11.7).

§ 2 VollzBeaVO, wonach Verwaltungsvollzugsbeamte Personen sein sollen, die zu der Körperschaft der Behörde (Land, Landkreis, Gemeinde) oder bei einer anderen öffentlich-rechtlichen Körperschaft in einem **Beamten-** oder **Dienstverhältnis** (Angestellte) stehen, ausnahmsweise auch andere (also Privat-)Personen, wenn eine sachgerechte Aufgabenerfüllung gewährleistet ist, konnte in § 43 (2) NWaldLG eingearbeitet werden.

Nach § **43 (3) NWaldLG sind** bereits **kraft Gesetzes Forsthüterinnen** und **Forsthüter** (also ohne Bestellung durch die Gemeinden) im **Landeswald** (der Anstalt Niedersächsische Landesforsten), des Allgemeinen Hannoverschen Klosterfonds und des Braunschweigischen Vereinigten Kloster- und Studienfonds gemäß Verweisung auf § 15 (3) S. 2 NWaldLG im Ergebnis
1. die Forstbeamtinnen und Forstbeamten des höheren und des gehobenen Dienstes
2. die Büroleiterinnen und Büroleiter mit forstlicher Ausbildung sowie
3. entsprechende Angestellte.

Beamte entsprechend den Funktionsbezeichnungen:
1. die **Forstamtsleiter/innen** (FoAL) und deren ständige Revierassistenten/innen (= **Forstamtsdezernenten/innen,** FoAD, funktionale Zuständigkeit und/oder Zuständigkeit für Sonderaufgaben der Forstamtsleitung) höherer Beamtendienst
2. die **Forstbetriebsbeamten/innen** (gehobener Beamtendienst)
3. der **Büroleiter/die Büroleiterin** des Forstamts (gehobener Dienst).

Zu 2. Die **Forstbetriebsbeamten/innen** sind
- der Revierleiter/die Revierleiterin (RL), die eine Revierförsterei leiten (und in ganz wenigen Ausnahmen bei den Bundesforstämtern Beamte des mittleren Forstdienstes, Forstwartei),
- der Revierassistent/die Revierassistentin (RA), die im Bereich eines Forstamts wechselnde Aufgaben allgemeiner und/oder besonderer Art des Außen- oder Innendienstes mit funktionaler oder regionaler Zuständigkeit wahrnehmen,
- Funktionsbeamter/Funktionsbeamtin (FB), der/die auf dafür eingerichteten Dienstposten bestimmte Aufgaben ggf. für mehrere Forstämter oder Revierförstereien zusammengefasst auf Dauer wahrnehmen und funktional zuständig sind.

Zu 3. Ein/e **Büroleiter/Büroleiterin** (BL) leitet ein Forstamtsbüro, normalerweise im Beamtenstatus des gehobenen Forstdienstes, in besonderen Fällen als Angestellte/r.

Von den Funktionsbezeichnungen sind die Amtsbezeichnungen der o.g. Beamten/innen mit entsprechender Besoldungsgruppe des Bundesbesoldungsgesetzes zu unterscheiden:

1. **Forstamtsleiter/in** je nach Größe und Bedeutung des Forstamtes:
   - Forstdirektor/in A 15
   - Forstoberrat/Forstoberrätin A 14
   Forstamtsdezernenten/innen: Forstrat/Forsträtin A 13

2. Die **Forstbetriebsbeamten/innen** des gehobenen Dienstes:
   - Forstoberamtsrat/-rätin A 13
   - Forstamtsrat/rätin A 12
   - Forstamtmann/Forstamtfrau A 11
   - Forstoberinspektor/in A 10
   - Forstinspektor/in A 9

3. Zugleich möglich für
   Büroleiter/innen je nach
   Bedeutung des Forstamts.

Es ergibt sich hier die etwas ungewöhnliche Regelung für **den Staatswald**, dass den Behörden für ihre Beamten hinsichtlich **Außendienstaufgaben** die erforderlichen Ermächtigungsgrundlagen zur Verfügung stehen, **nicht** jedoch auch hinsichtlich **Innendienstaufgaben** i.S. **von „Schreibtischtätigkeit".** Die Gemeinden als Feld- und Forstordnungsbehörden haben dagegen auch Innendienstaufgaben der Gefahrenabwehr, und zwar auch für den Bereich des Staatswaldes (§ 43 (2) NWaldLG).

Wie nochmals zu betonen ist, sind **zu unterscheiden**
- die zu 29.2.2 f. genannten **Ermächtigungsgrundlagen** der §§ 11, 12 (1) - (5), 13, 17, 18, 22, 23, 24, 26 ff. (64 ff., 70, 74) Nds. SOG für die Verwaltung allgemein
- von den hier erläuterten **ergänzenden Zuständigkeitsregelungen** für bestimmte Verwaltungsträger und deren Behörden nach §§ 50 Nds. SOG, 3 VollzBeaVO/ § 36 NWaldLG im Rahmen der Außendiensttätigkeit.

Von der **zukunfts**gerichteten **Gefahrenabwehr** sind die auf **abgeschlossene Straftaten** oder **Ordnungswidrigkeiten** bezogenen verschiedenen **Ermittlungs- und Verfolgungsbefugnisse** zu unterscheiden. Inwieweit Feld- und Forsthüter auch insoweit (begrenzter) zuständig sind, s. zu 29.1, 31.1, 31.2 und der vergleichenden Übersicht 31.3.

Beispiele:

1. Forsthüter F als Forstamtsleiter der Anstalt Niedersächsische Landesforsten hält es für wahrscheinlich, dass der Unbefugte U einen wertvollen Baum umsägen will, ohne dass es aber schon zu einem strafrechtlich erheblichen Versuch (36.6) einer Sachbeschädigung (§ 303 StGB, 46.14.2) gekommen ist: Es sind nur Maßnahmen der Gefahrenabwehr (29.4.2, 29.4.3) zulässig.

2. Wie 1., aber U hat den Baum schon umgesägt. Da die Straftat beendet ist und keine weitere Gefahr für die öffentliche Sicherheit besteht, stellt sich für F nur die Frage einer zulässigen strafrechtlichen Verfolgung (für Forsthüter das Festnahmerecht für Jedermann nach § 127 (1) S. 1 StPO und die Strafanzeige, vgl. 31.).

3. Wie 1., aber U hat einen Baum umgesägt und will gerade den nächsten umsägen. Zumindest ist schon eine vollendete Sachbeschädigung begangen, zugleich besteht die Gefahr, dass U den nächsten Baum umsägt. Es liegen also sowohl die Voraussetzungen für eine Strafverfolgung als auch für Gefahrenabwehrmaßnahmen vor. Die Zulässigkeitsvorschriften für die Maßnahmen sind damit unterschiedlich, wenngleich sie und die Maßnahmen selbst sich zum Teil decken können.

29.4 **Gefahr als materielle Tatbestandsvoraussetzung von Ermächtigungsgrundlagen des Nds. SOG**

Verwaltungsbehörden haben grundsätzlich erst einen gefahrenabwehrenden Verwaltungsakt als Anordnung zu erlassen, ehe sie - bei Nichtbefolgung und Vollziehbarkeit (vgl. 25.2.2) - Zwangsmittel (30.) anwenden dürfen. Nur in Eilfällen können sie, einschließlich ihre *Verwaltungsvollzugsbeamten* oder die *Polizei* (vgl. 29.3.2) ohne vorherigen Erlass eines Verwaltungsakts Zwangsmittel anwenden (**unmittelbare Ausführung**, auch unmittelbarer Vollzug genannt), entweder als Vollstreckung (Zwang) gegen den Willen des Pflichtigen oder mit dessen ausdrücklicher oder zu vermutender Zustimmung, vgl. § 64 (2) Nds. SOG, 30.4. Auch in diesen Fällen müssen jedoch die Voraussetzungen zum Erlass eines grundlegenden Verwaltungsaktes („Grundverwaltungsakts"), insbesondere die materiellrechtlichen Voraussetzungen des § 11 Nds. SOG (bzw. vorrangig der Spezialregelung) erfüllt sein.

§ 11 Nds. SOG
Die Verwaltungsbehörden und die Polizei können die notwendigen Maßnahmen treffen, um eine Gefahr abzuwehren, soweit nicht die Vorschriften des Dritten Teils *(insbes. §§ 12 bis 29 Nds. SOG)* **die Befugnisse der Verwaltungsbehörden und der Polizei besonders regeln.**

In **Wenn-Dann** Form (*Tatbestand* und **Rechtsfolge**) ohne den selbstverständlichen „soweit"-Halbsatz und „Zuständigkeitsbeimischung"; „Gefahr" etwas ergänzt, s.u. § 2 Nr. 1 a:
Wenn eine Gefahr *für die öffentliche Sicherheit* **vorliegt,**
dann kann die *Verwaltung* **die notwendigen Maßnahmen treffen, um die Gefahr abzuwehren.**

(Vgl. zum Folgenden insbes. auch Giemulla/Jaworsky/Müller-Uri Rn 663 ff.)

29.4.1 **Gefahr (konkrete i.S. von § 11 und im Allgemeinen auch §§ 12 ff. Nds. SOG)**

Der **Begriff Gefahr** ist ein sehr wichtiges Tatbestandsmerkmal nicht nur bei der Ermächtigungsgrundlage des § 11, sondern auch den Ermächtigungsgrundlagen für die speziellen und daher vorrangigen Standardmaßnahmen (s. 29.2.2 und 29.2.3).

§ 2 Nr. 1 a Nds. SOG definiert „**Gefahr**": **eine konkrete Gefahr, das heißt eine Sachlage, bei der im einzelnen Fall die hinreichende Wahrscheinlichkeit besteht, dass in absehbarer Zeit ein Schaden für die öffentliche Sicherheit und Ordnung eintreten wird.**
Die Merkmale bedürfen der Erläuterung.

29.4.2 **Öffentliche Sicherheit (geschützte Rechtsgüter)**

Der **Begriff „öffentliche Sicherheit"** umfasst, wie zum Teil § 2 Nr. 1 c Nds. SOG (gegenwärtige Gefahr) ergibt (s. 29.6.3), zumindest den Schutz folgender (gefährdeter) Rechtsgüter als Bestandteile der Rechtsordnung, vgl. auch 29.1:

(1) öffentlich-rechtliche Rechtsgüter, die geschützt sind durch
- **verwaltungsrechtliche Verbots, Gebots- und Duldungsvorschriften;** (z.B. Verbote, Wald vor ungenehmigter Umwandlung in eine andere Nutzungsart umzuwandeln, § 8 NWaldLG, auf dem Wanderweg zu reiten (§ 26 (1) NWaldLG), Bäume und Sträucher im Wald zu beschädigen (§ 33 NWaldLG) oder ein streng oder besonders geschütztes wild lebendes Tier zu töten (§ 42 BNatSchG; Gebot, Schädlingsbekämpfung zum Forstschutz vorzunehmen (§ 13 (2) NWaldLG), Duldung von Pflege- und Entwicklungsmaßnahmen in einem Naturschutzgebiet (§ 29 NNatG) oder des Besuchs von Wald und übriger freier

Landschaft (§ 23 ff. NWaldLG); ggf. auch zugleich *subjektive private oder öffentliche Rechte* schützend (24.; z.B. Baumeigentum oder Recht zum Betreten des Waldes, §§ 23 ff. NWaldLG);

- **Strafvorschriften,** teilweise ergänzend zu verwaltungsrechtlichen Rechtsnormen oder privatrechtlichen Rechten wie Eigentum, (z.B. Waldrodung in Naturschutzgebiet, § 329 (3) StGB, 53.10; Verbote einer Zerstörung von fremden Bäumen als Sachbeschädigung (§ 303 StGB), Wilderei (§ 293 StGB), Diebstahl (§ 242 StGB).

- **Ordnungswidrigkeitenvorschriften,** teilweise ergänzend zu verwaltungsrechtlichen Rechtsnormen wie bei Verletzung von Verboten, ungenehmigt Wald in eine andere Nutzungsart umzuwandeln, unzulässig auf nicht zum Reiten zugelassenen Wegen zu reiten, Sträucher und Bäume zu beschädigen (§ 42 NWaldLG), ggf. auch zugleich subjektiv-öffentliche oder private Rechte wie Eigentum schützend.

- in der In Straf- bzw. Bußgeldermächtigung sind zugleich entsprechenden Ver- und Gebote für Bürger enthalten (s. zu 29.6.1).

(2) private (privatrechtliche) Rechtsgüter

z.B. Leben, Gesundheit, Freiheit, Persönlichkeit, Namen, Ehre, Eigentum, Aneignungsrecht im Rahmen des Jagdausübungsrechts, Besitz, aber auch Vermögen,
- die schon in großem Umfang **grundrechtlich geschützten Rechte** sind,
- die zumindest **zivilrechtliche Ausübungsrechte** (z.B. §§ 858 ff. BGB, 903 ff. BGB, Besitz, Eigentum) mit **Abwehransprüchen** (z.B. bei Eigentumsstörung, § 1004 BGB, 37.28) und **Schadensersatzanspruchsvorschriften** (§§ 823 ff. BGB, s. 37.25) sind, wie oben ausgeführt, ggf. **auch** zum großen Teil **durch Straf- oder Ordnungswidrigkeitenvorschriften im öffentlichen Interesse** geschützt (z.B. Sachbeschädigung, Diebstahl, Wilderei).

Der Schutz privater Rechte obliegt der Polizei und den Verwaltungsbehörden nach dem Nds. SOG nur dann, wenn *gerichtlicher Schutz nicht rechtzeitig zu erlangen* ist und wenn *ohne polizeiliche* oder *verwaltungsbehördliche Hilfe* die Verwirklichung des *Rechts vereitelt* oder *wesentlich erschwert* würde (Subsidiarität, § 1 (3) Nds. SOG, vgl. 29.1, 5.7, 20.2).

(3) der Bestand des Staates (und der sonstigen Träger der Staatsgewalt) und seiner Einrichtungen (dieser Bereich des Rechtsguts öffentliche Sicherheit ist zum aller größten Teil schon durch ein dichtes Netz gesetzlicher Regelungen zu (1) und (2) abgedeckt und im Umweltrecht sowie Forst- und Landwirtschaftsrecht und Jagdrecht wohl ohne praktische Bedeutung.

Neben „Sicherheit" hat „Ordnung", wie sich beim NGefAG zeigte, praktisch **keine** eigenständige Bedeutung, wenn man von einer Betonung absieht; s. 29.1.

29.4.3 Hinreichende Schadenswahrscheinlichkeit

29.4.3.1 Schaden; Ausmaß des möglichen Schadens im Verhältnis zur Wahrscheinlichkeit des Schadenseintritts

Der **Schaden,** dessen Eintritt hinreichend wahrscheinlich sein muss, ist bei einer *nicht unerheblichen* Beeinträchtigung des Rechtsguts, also, wie gezeigt, fast immer auch bei einer Verletzung einer schützenden öffentlich-rechtlichen Ge- oder Verbotsvorschrift gegeben; geringere Beeinträchtigungen, z.B. Belästigungen reichen nicht.

Wann **hinreichende Wahrscheinlichkeit** für einen Schaden **in absehbarer Zeit** (unbestimmter Rechtsbegriff, 18.2) gegeben ist, hängt von dem Ausmaß des möglichen Schadens im Verhältnis zu dem Grad der Wahrscheinlichkeit des Schadenseintritts ab. Bei Gefahr des Eintritts eines Schadens für ein sehr bedeutsames Rechtsgut (z.B. Lebensgefahr) oder eines sonst sehr großen Schadens reicht eine geringe Wahrscheinlichkeit für das Eintreten des Schadens, während bei der Gefahr eines geringen Schadens (z.B. eine normale Sachbeschädigung) eine deutliche Wahrscheinlichkeit für den Schadenseintritt erforderlich ist (umgekehrt proportional; verfassungskonforme Auslegung unter Beachtung der Verhältnismäßigkeit i.e.S. = Zumutbarkeit, 5.7, 20.1.3).

Beispiel: Ein Steilhang könnte bei sehr starken Regenfällen in nächster, nicht genau vorhersehbarer Zeit auf eine Siedlung abrutschen, Gebäude beschädigen und Menschen gefährden. Trotz der geringen Wahrscheinlichkeit des Schadenseintritts in nächster Zeit ist wegen der hohen bedrohten Rechtsgüter noch eine für den Gefahrenbegriff hinreichende Wahrscheinlichkeit für den Schadenseintritt in absehbarer Zeit gegeben. Vgl. auch 61.1 zu § 4 (3) BBodSchG/ § 8 BBodSchV.

29.4.3.2 Objektive Betrachtungsweise für Schadensprognose

Eine Gefahr i.S. des § 11 Nds. SOG liegt nur vor, wenn sich aus der **Sicht des Handelnden** (Polizei-/Vollzugsbeamter, Forsthüter, bestätigter Jagdaufseher) - also grundsätzlich aus der Betrachtung im Augenblick des Einschreitens - auch bei einer **objektiven Prognose** (die Sicht verständiger Polizeibeamter, Forsthüter usw.) die **Wahrscheinlichkeit des Schadenseintritts** ergibt. Im Augenblick des Einschreitens muss also - die objektive Richtigkeit des Tatsachenbildes, das sich dem Beamten zeigt, unterstellt - eine Gefährdung des Rechtsguts wahrscheinlich sein. Dann liegt eine Gefahr vor.

Beispiel: Pirscht ein als Wilderer erkennbarer Mann mit vorgehaltener Jagdwaffe unbefugt im Landeswald und sieht ihn ein staatlicher Forstrevierleiter, so liegt auch aus der vorherigen Sicht verständiger bestätigter Jagdaufseher eindeutig eine hinreichende Wahrscheinlichkeit mindestens für den Eintritt einer strafbaren Wilderei (mit Verletzung des Jagdausübungsrechts des Landes) zumindest durch Nachstellen bei Antreffen von Wild vor; ein Wanderer will in eine Forstkultur (Waldkultur) eintreten, ein Waldbesitzer seinen Wald zur Umwandlung in einen Acker roden. Zur Entlastung einer noch nicht erkennbaren Pflichtwidrigkeit s. 61.1 zu § 4 (3) BBodSchG.

Für die Einbeziehung einer behördlichen Organisationsverantwortung Gromitsaris, DVBl. 2005, 535.

Es genügt, dass ein schon **eingetretener Schaden sich fortsetzt**; dann ist meistens sogar schon mit Sicherheit ein (weiterer) Schaden zu erwarten und eine Gefahr gegeben.

Beispiele: Die waldumwandelnde Rodung hat schon begonnen und ist zu stoppen; ein Reiter reitet unter Verletzung eines verwaltungsgesetzlichen Verbots weiter auf einem Wanderweg und wird zugleich seine für die Zukunft zu verhindernde Ordnungswidrigkeit fortsetzen.

Zur **zeitlichen Komponente** der Gefahr insbesondere im Umweltrecht s. Röhrig, DVBl. 2000, 1658.

29.4.3.3 Gefahrenverdacht

Keine Gefahr, sondern nur ein Gefahrenverdacht liegt unter folgenden Voraussetzungen vor: Der Behörde ist (in objektiver Prognose zutreffend) bewusst, dass ihr Tatsachenbild möglicherweise nicht vollständig bzw. unrichtig ist. Ob wirklich eine Gefahr (zumindest eine hinreichende Wahrscheinlichkeit für einen Schadenseintritt) gegeben ist, kann die Behörde erst durch einen sogenannten Gefahrenerforschungseingriff klären. Von der h.M. wird in Auslegung des Gesetzeszwecks angenommen, dass die Ermächtigungsgrundlage, die eine Gefahr (mindestens Wahrscheinlichkeit des Schadenseintritts in absehbarer Zeit) vorsieht, auch Ermächtigungsgrundlage bei einem Gefahrenverdacht (also nur bei einem möglichen Schadenseintritt) ist, jedoch nur mit folgender Einschränkung im Rahmen des Verhältnismäßigkeitsgrundsatzes in Beschränkung des Ermessens (Gefahrenvorsorge, zur Jagdscheinentziehung OVG Münster 27.12.2004, RdL 2005, 177, 179; s. auch zu abw. Ansichten Kniesel, DÖV 1997, 905, 907 f.). Es sind **nur Maßnahmen rechtmäßig, die Aufklärung über das Bestehen und den Umfang der Gefahrenlage geben.**

Beispiel: Bei nur *möglicherweise* verseuchtem Hasenfleisch, also noch keiner hinreichenden Wahrscheinlichkeit für Schädigungen, kommen nur Stichproben oder eine Sicherstellung in Betracht. Wenn nach Untersuchung von Stichproben die Verseuchung im Rahmen der Gefahrerforschung nachgewiesen ist, liegt eine hinreichende Wahrscheinlichkeit für die Gefahr des Eintritts von Gesundheitsschädigungen vor. Diese rechtfertigt die Anordnung, das Fleisch zu vernichten oder, falls z.B. für Tierfutter ausreichend, durch starkes Erhitzen keimfrei zu machen, nur insoweit ist die Erforderlichkeit als milderes Mittel gegeben (20.1.2).

29.4.3.4 Anscheinsgefahr

Bereits als Gefahr i. S. des § 11 Nds. SOG zu bewerten ist eine Anscheinsgefahr, das ist ein Sachverhalt, der sich nach den Anhaltspunkten dem objektiven Betrachter (vor einem Eingreifen) bereits als gefährlich darstellt, es in Wirklichkeit aber nicht ist (s. auch VGH Mannheim, NVwZ-RR 1991, 24, 25; 61.2.1.3). Der Eingriff ist grundsätzlich nicht pflichtwidrig, solange sich die Fehlerhaftigkeit des Tatsachenbildes nicht herausstellt.

Beispiel: Der mit Hoheitsbefugnissen bestätigte Jagdaufseher J erblickt in der Dämmerung eine Person in Jagdkleidung, die nach seinem Eindruck ein Gewehr auf ihn anlegt, welches aber in Wirklichkeit nur ein Spielzeuggewehr ist. Auch ein besonnener Jagdaufseher anstelle des J hätte die Wahrscheinlichkeit einer echten Lebensbedrohung annehmen müssen. (Zur Frage der strafrechtlichen Putativnotwehr s. 35.3).

29.4.3.5 Scheingefahr (Putativgefahr)

Eine Putativgefahr - und damit keine Gefahr i. S. § 11 Nds. SOG - liegt vor, wenn sich der Sachverhalt dem objektiven Betrachter nicht als gefährlich darstellt, der Beamte u.Ä. aber in selbstverschuldetem Irrtum (leichtfertig) eine Gefahr annimmt.

Beispiel: Der mit Hoheitsbefugnissen bestätigte Jagdaufseher J sieht im Gebüsch eine dunkle Gestalt mit einem länglichen Gegenstand in der Hand, den sie in seine Richtung hin hochhebt. F meint, ein Wilderer wolle auf ihn schießen. Er schießt den Menschen zur Abwehr nieder und verletzt ihn schwer. In Wirklichkeit wollte ein Wanderer nur seinen Regenschirm aufspannen, was bei einiger Sorgfalt erkennbar gewesen wäre.
Ein besonnener Jagdaufseher anstelle des J hätte in dieser Situation eine wirkliche Wahrscheinlichkeit für einen Schadenseintritt und damit eine Gefahr nicht angenommen (vgl. auch 35.3 zur *strafrechtlichen* Putativnotwehr).

29.4.3.6 Konkrete Gefahr im Gegensatz zur abstrakten Gefahr (Rechtsverordnung)

Für den Erlass eines Verwaltungsakts mit Gebots- oder Verbotscharakter muss eine **konkrete** Gefahr, also eine Gefahr für einen **Einzelfall** vorliegen (29.4.1, dazu 15.4.4). Zur **abstrakten** Gefahr, die ggf. den Erlass einer Rechtsverordnung ermöglicht, s. **29.10**.

29.5 - 29.8 Ermessensentscheidung als Rechtsfolge nebst Grenzen, vgl. 19.

29.5 Vorbemerkung: Entschließungsermessen und Auswahlermessen

Ist der **Tatbestand** für eine gefahrenabwehrrechtliche Maßnahme insbes. **nach § 11 Nds. SOG** erfüllt, **können** als **Rechtsfolge** die Polizei und die Verwaltungsbehörden die notwendigen Maßnahmen treffen, um die Gefahr abzuwehren.
Auch hinsichtlich der **besonderen Standardbefugnisse (§§ 12 ff. Nds. SOG**, z.B. Identitätsfeststellung, Platzverweisung, vgl. 29.2.2) sind „Kann"-Vorschriften gegeben.
Es handelt sich also jeweils um Ermessensentscheidungen, und zwar haben die Behörden in den gesetzlichen Ermessensgrenzen pflichtgemäß, d.h. am Vorschriftenzweck ausgerichtet (§ 40 VwVfG bei 19.4, 19.5) zu entscheiden, ob und wie sie eingreifen **(Opportunitätsprinzip; s. § 5 (1) Nds. SOG** zu 29.8).

Demgegenüber ist die Polizei auf dem Gebiet der **Strafverfolgung** (§ 163 (1) Strafprozessordnung) zum Einschreiten verpflichtet **(Legalitätsprinzip**, was im Zusammenhang mit dem Strafrecht näher ausgeführt wird, 31.1).

Bei Maßnahmen nach §§ 11 Nds. SOG ist vor allem Folgendes zu beachten:

29.4 **Ermittlung** oder Feststellung **von Maßnahmen**, die noch wie folgt auf ihre Rechtmäßigkeit und Zweckmäßigkeit zu prüfen sind;
29.6 Feststellung der rechtlich ausschließlich **möglichen Verantwortlichen** bzw. **sonstigen** in Anspruch zu Nehmenden; die Vorschriften dafür (insbes. **§§ 6 - 8 Nds. SOG)** sind **Ermessensschranken** (Schoch, JuS 1994, 667, 850 f.; v. Mutius, Jura 1983, 70; ungenau: Vorgabe der Richtung auf den Adressaten, z.B. di Fabio, Jura 1996, 568; nach a.A. soll die Notstandsverantwortlichkeit (§ 8)

eine gesonderte Ermächtigungsgrundlage sein (Kniesel, DÖV 1997,905 ff.), was hier abgelehnt wird.

29.7 Prüfung von weiteren Ermessensschranken bezogen auf nur jeweils einen Verantwortlichen, u.a. §§ 4, 5 Nds. SOG;

29.7.1 Allgemeine Vermeidung einer Ermessensüberschreitung, §§ 4, 5 (1) Nds. SOG:

29.7.1.1 Bestimmtheit, Möglichkeit,

29.7.1.2 Verhältnismäßigkeit: für den Vorschriftenzweck (z.B. Gefahrenabwehr) **geeignete-Mittel, das den Betroffenen am geringsten belastende Mittel,**
das nur **angemessene und zumutbare Mittel,**

29.7.1.3 f. Zumutbarkeit bei Zustandsverantwortlichkeit u.a.;

29.7.2 Prüfung einer **Ermessensreduzierung auf Null;**

29.7.3 f. Vermeidung von **Ermessensmissbrauch** und **Ermessensnichtgebrauch;**

29.7.5 Grenzen des Entschließungsermessen (ob ohne Willkür überhaupt einzugreifen ist);

29.7.6 Grenzen des Auswahlermessens bei mehreren Mitteln.

29.8 Wer von mehreren Verantwortlichen (mehrere Verhaltensverantwortliche, mehrere Zustandsverantwortliche, Verhaltens- und Zustandsverantwortlicher) darf und kann in Anspruch genommen werden (auch Schranken entsprechend 29.7)

Die Ermessensfehler, die den Verwaltungsakt rechtswidrig machen können, gelten für das Entschließungsermessen und das Auswahlermessen. Da das „Ob" des Eingreifens meistens vom Vorhandensein von Adressaten und Mitteln abhängt (s. auch Götz, Rn 349), werden die Ermessensfehlerarten (29.6, 29.7) nachfolgend nicht streng nach Entschließungs- und Auswahlermessen getrennt dargestellt. Insoweit ist auch bei der einzelnen Fallprüfung eine Verbindung beider Gesichtspunkte möglich und sinnvoll (anders bei der Zeckmäßigkeitsprüfung, 29.7.5).

29.6   Personen, die von einer Gefahrenabwehrmaßnahme in Anspruch genommen werden dürfen (Verantwortliche nach §§ 6 – 8 Nds. SOG oder vorrangigem Spezialrecht)

Kommt eine Gefahrenabwehrmaßnahme nach Erfüllung des gesetzlichen Tatbestandes einer der Ermächtigungsgrundlagen in Betracht, können mögliche Maßnahmen sehr davon abhängen, wem gegenüber eine solche Maßnahme überhaupt zulässig ist.
Die rechtlichen Voraussetzungen dafür, welche Personen als **Verantwortliche** durch eine Maßnahme der Gefahrenabwehr nur in Anspruch genommen werden dürfen, also nach § 11 i.V.m. §§ 6 bis 8 und speziell in § 12 ff. für Standardmaßnahmen, sind **rechtliche Grenzen für das** nach § 5 Nds. SOG pflichtgemäß auszuübende, also am Gefahrenabwehrzweck auszurichtende, **Entschließungs- und Auswahlermessen** (29.5, 29.7.1, zum Teil strittig).

Die zuständige Verwaltungsbehörde oder Polizei darf im Rahmen einer Gefahrenabwehr nach § 11 bzw. §§ 12 ff. Nds. SOG grundsätzlich nach dem Nds. SOG, soweit nicht fachspezialgesetzliche Regelungen bestehen, nur folgende Personen als **Verantwortliche** in Anspruch nehmen (die häufig gebrauchte Bezeichnung **„Störer"** ist **zu eng, „Haftung" ist irreführend,** Götz, Rn 191):
– den Verhaltensverantwortlichen (§ 6),
– den Zustandsverantwortlichen (§ 7),
– ausnahmsweise, insbes. wenn die Behörde nicht selbst oder durch Beauftragte die Gefahr abwehren kann, im Notstand eine nicht verantwortliche Person (§ 8),
– vorrangig andere Personen als Verantwortliche gemäß den speziellen Standermächtigungen der §§ 12 ff. Nds. SOG (Götz, Rn 194; s. auch § 9 Nds. SOG zu 29.6.4) oder Spezialrecht.

Normalerweise enthält das **Fachgesetz mit Ver- und Gebotsvorschriften Pflichtenregelungen** insbesondere **für Bürger;** z.B. den Wald nicht in eine andere Nutzungsart umzuwandeln (§ 8 (1) – (6 NWaldLG), Grundwasser nicht zu verunreinigen (§ 34 WHG, 60.13), schädliche Bodenveränderungen nicht eintreten zu lassen (§ 4 (1) BBodSchG), nicht die Waldkultur zu betreten (§ 23 (2) NWaldLG). Bei bevorstehender Verletzung dieser Pflichten besteht zugleich noch die Pflicht, die Verletzung zu unterlassen bzw. bei Geboten pflichtgemäß tätig zu werden. Ist eine Verletzung schon eingetreten und wirkt sie als Gefährdung fort, so enthalten **einige Fachgesetze Regelungen für Gefahrenbeseitigungen** (Störungsbeseitigungen, **teilweise zugleich mit einer speziellen Ermächtigungsgrundlage für die Gefahrenbeseitigung** und einer darin vorausgesetzten personenbezogenen Gefahrenbeseitigungspflicht; z.B. für eine Wieder- bzw. Kompensationsaufforstung nach unzulässiger Waldumwandlung (§ 8 (8) NWaldLG, 45.4.12); s. auch die Bodenschutzpflichten des § 4 (2) und (3) BBodSchG i.V.m. der Ermächtigungsgrundlage des § 10 BBodSchG (61.2, 61.2.7); vgl. auch die Ermächtigungsgrundlagen zur Beseitigung unzulässiger Landschaftssperrungen (§ 31 (4) NWaldLG, 46.11) und naturschutzrechtlicher Pflichtverletzungen (§ 63 NNatG, 53.9). Auch regelt § 1 (1) NBauO allgemein als Gefahrenabwehr-Grundpflichten des Bürgers, dass bauliche Anlagen so beschaffen sein müssen, dass die öffentliche Sicherheit (usw.) nicht gefährdet wird; ähnlich § 5 BImSchG für Anlagen i.S. des BImSchG (62.2; s. auch zum teilweise weitergehenden Spezialrecht Götz, Rn 193, 208; z.B. zu: § 15 (2) Versammlungsgesetz und § 29 (1) S. 2 LuftVG (vgl. auch29.2.1) als bereichsbezogene Ermächtigungsgrundlagen mit zusätzlichem Erfordernis für eine Bestimmung der Verantwortlichkeit (mit Rechtsprechungsnachweisen). Das Fachrecht entfaltet so zum Teil mehr oder weniger umfangreiche Sperrwirkungen für das allgemeine Gefahrenabwehrrecht (zum BBodSchG s. 61.2.1.5, 61.2.1.13, 61.3.3, auch hinsichtlich der in Anspruch zu nehmenden Personen).

Meistens **fehlen aber im Fachrecht** über die primären Gebots- und Verbotspflichten hinausgehende ausdrückliche **zusätzliche Beseitigungspflichten** und fachgesetzliche **behördliche Gefahrenbeseitigungsermächtigungen**, und zwar schon aus gesetzesökonomischen Gesichtspunkten. Dann steht das **allgemeine Gefahrenabwehrrecht** bereit vor allem mit der allgemeinen Ermächtigungsgrundlage für eine Gefahrenbeseitigung (Generalklausel, § 11 i.V.m. den Vorschriften über die Verantwortlichkeit (§§ 6, 7 und weitergehend § 8 Nds. SOG). Der Gefahrenbegriff ist dann wegen (weiter) bevorstehender Verletzung von Bürgerpflichten aufgrund spezieller oder allgemeiner Ver- oder Gebotsnormen des Verwaltungsrechts, Strafrechts, Ordnungswidrigkeitenrechts oder ausnahmsweise des Privatrechts erfüllt (z.B. Verletzung des Betretensverbots). Die Ermächtigungsgrundlagen des allgemeinen Gefahrenabwehrrechts i.V.m. den Regelungen über die Verantwortlichkeit enthalten zugleich die im Fachrecht fehlenden zusätzlichen Gefahrenbeseitigungspflichten mit Präzisierung des Adressatenkreises (z.B. ggf. die Ermächtigung, auch Aufsichtspflichtige von Kindern unter 14 Jahren, die die Betretensrechte (weiter) verletzen, einzubeziehen; s. zu § 6 (2) Nds. SOG). Inwieweit das allgemeine Gefahrenabwehrrecht, insbesondere die §§ 6, 7 Nds. SOG mangels Fachrecht solche ergänzenden Pflichtenregelungen enthalten, ist im Einzelnen zu diesen Bestimmungen zu erläutern.

Somit ist stets erst das **spezielle Fachgesetz** dahin **zu untersuchen**, ob und inwieweit es eigene Pflichtenregelungen und Ermächtigungsgrundlagen mit oder ohne volle Verantwortlichkeitsregelungen enthält. Bleibt danach Raum für das allgemeine Gefahrenabwehrrecht, ist insbesondere im Einzelnen zu prüfen, inwiefern das allgemeine Gefahrenabwehrrecht ggf. nach Auslegung der Maßnahme die Verantwortlichkeit bestimmt.

Zur Verantwortlichkeit auch von **Hoheitsträgern** im privatrechtlichen Handlungsbereich, nicht aber auch des eigenen hoheitlichen Handlungsbereichs s. 16.4, 45.7.6; BVerwGE 29, 52, 56 ff. = DVBl. 1968, 749; 17.6.2001, NuR 2003, 691, 693; OVG Schleswig 26.5.1999, NVwZ 2000, 1196; OVG Lüneburg 20.12.2001 7 L 5659/98; VG Cottbus 9.9.2004, NuR 2005, 199, 202 f.; Götz, Rn 238 – 246, der für mehr Zuständigkeit der Ordnungsbehörden und für eine Zuständigkeit zum Schutz des anderen Hoheitsträgers eintritt.

29.6.1 Verhaltensverantwortliche, § 6 Nds. SOG

§ 6 (1) Verursacht eine Person eine Gefahr, so sind die Maßnahmen gegen sie zu richten.

(2) ¹Ist die Person noch nicht 14 Jahre alt, so können die Maßnahmen auch gegen die Person gerichtet werden, die zur Aufsicht über sie verpflichtet ist. ²Ist für die Person eine Betreuerin oder ein Betreuer bestellt, so können die Maßnahmen im Rahmen ihres oder seines Aufgabenkreises auch gegen die Betreuerin oder den Betreuer gerichtet werden.

(3) Verursacht eine Person, die zu einer Verrichtung bestellt ist, die Gefahr in Ausführung der Verrichtung, so können Maßnahmen auch gegen denjenigen gerichtet werden, der die andere Person zu der Verrichtung bestellt hat.

Zum Vorrang von speziellem Fachrecht und den speziellen Standardermächtigungen hinsichtlich der Verantwortlichkeit s. zu 29.6.

29.6.1.1 Ursächlich nach § 6 (1) ist nach herrschender Meinung und Praxis nur ein Verhalten, das selbst **unmittelbar die Gefahr hervorruft.** Wer nur entferntere, mittelbare Bedingungen setzt, ist für sein Verhalten nicht nach § 6 (1) verantwortlich (nur Veranlasser), auch wenn ohne das Verhalten die Gefahr nicht eingetreten wäre (vgl. 33.2 zur Kausalität bei der Straftat) oder wenn es generell zur Herbeiführung der Gefahr geeignet ist (so im Zivilrecht, vgl. 37.25.1.1 – 1.2); vgl. z.B. Börenz/Franke, § 6 Erl. 4; Götz, Rn 195. **Verursachen** einer Gefahr i.S. des Abs. 1 **ist möglich durch**
- positives Tun (z.B. Blockieren des Straßenverkehrs, Reiten auf dem Wanderweg, Absperren eines Waldes, obwohl Wanderer zu dulden sind) oder
- Unterlassen, wenn nach öffentlichem Recht eine Verpflichtung zum Handeln besteht (OVG Münster, DVBl. 1979, 735; Götz, Rn 213; z.B. Streuen bei Glatteis, Waldschädlingsbekämpfung),
- einen persönlichen Zustand (z.B. volltrunken auf der Straße liegen; Götz, Rn 210).
Auch privatrechtliche Pflichten wie die allgemeine Verkehrssicherungspflicht (z.B. Streuen bei Glatteis) werden bei Erfüllung des Gefahrenbegriffs durch §§1. 2, 6 (1) Nds. SOG zur öffentlich-rechtlichen Gefahrvermeidungspflicht.
Unmittelbar ist grundsätzlich nur die letzte Ursache. Als wertende Ausnahme von der Unmittelbarkeit verursacht eine Gefahr auch, wer durch sein Verhalten eine Situation gewollt herbeiführt, in der zwangsläufig von Dritten eine Gefahr ausgeht **(Zweckveranlasser).** Durch sein Einwirken werden andere gezielt oder bezweckt zu Handlungen veranlasst, die erst (unmittelbar) die Gefahr verursachen (vgl. auch Götz, Rn 201; Muckel, DÖV 1998, 18, nimmt dagegen sogar eine normale Verhaltensverantwortlichkeit an).

   Beispiel: Ein Manager einer Rockgruppe lässt die Band zur Steigerung des Plattenverkaufs in einer Freilichtveranstaltung im Wald bewusst so provozierend auftreten, dass, wie er aus Erfahrung annehmen muss, die Fans vor Begeisterung die angrenzenden naturgeschützten Bepflanzungen zerstören.

Zur streitigen Frage einer Zulässigkeit der Zweckveranlassung im Versammlungsrecht (Provokation einer gewalttätigen Gegendemonstration), auf die es bei Naheliegen eines milderen Mittels nicht ankommt, BVerfG 1.9.2000, NVwZ 2000, 1406.
Die Inanspruchnahme nach § 6 Abs. 1 ist stets zulässig **ohne Rücksicht auf Verschulden** (s. 29.6), **Alter** und **Einsichtsfähigkeit.** Eine juristischen Person (OVG Münster, NVwZ-RR 1994, 386) oder Personenhandelsgesellschaft (VGH Mannheim, VBlBW 1993, 298) hat für das Verhalten ihrer verfassungsmäßigen Vertreter einzustehen (s. 29.8.4).

Im Allgemeinen wird es sich bei einer verursachten Gefahr insbesondere im Umweltrecht um eine rechtswidrige Gefahrverursachung handeln (Götz, Rn 198). Stets nur auf rechtswidrige Verursachung abstellen, so z.B. Pietzcker, DVBl. 1984, 457, 458, ist in den Fällen problematisch, in denen keine verhaltenssteuernde Norm vorhanden ist (Götz aaO); auch das Kriterium eines nicht sozial adäquaten Verhaltens ist unergiebig (Götz aaO). Das Kriterium der Unmittelbarkeit der Verursachung in Abgrenzung zur mittelbaren Verursachung konkretisiert bei einer Kette von Verursachern zuverlässig und praktikabel die notwendige Bewertung von Pflichtwidrigkeit und Risikozurechnung (Götz, Rn 199). Dieses Kriterium hat zur Folge, dass gegen einen Störer als unmittelbaren Verursacher und nicht gegen den durch ihn Gestörten als bloßen Veranlasser (nicht Zweckveranlasser) vorgegangen wird; z.B. wenn eine friedlich begonnene Demonstration (6.7) durch Gewalttätigkeit anderer gestört wird (Götz, Rn 200 mit Rechtsprechungsnachweisen). Beim Zweckveranlasser genügt dagegen die objektiv bezweckte Störung; unerheblich ist, ob er diese Störung subjektiv nicht gewollt (Götz Rn 202) bzw. sie nicht in Kauf genommen hat. Es kommt letztlich nicht auf den Begriff „Zweckveranlasser" an, sondern auf einen engen Wirkungs- und Verantwortungszusammenhang (Götz Rn 206). Mag daher zwar das eigentliche Handeln für sich allein nicht rechtswidrig sein, sondern der Störenden, so sind doch die erkannten bei anderen veranlassten Gefahren für Leben, Gesundheit, Eigentum, Vermeidung von Verkehrsbehinderungen einem Veranstalter, Werbenden usw. bezogen auf den Zweck der Gefahrenabwehr im Rahmen öffentlich-rechtlicher Verpflichtung als unmittelbar ursächlich zuzuordnen (Götz Rn 205 f., m.w.N. auch zu einer engeren Auffassung). Vgl. auch die Unterscheidung von Götz (Rn 209) einer langjährig betriebenen, aber der Verkehrsentwicklung nicht mehr genügenden Tankstelle (zweckhaft auf den Betrieb der Tankstelle gerichtet und daher ursächlich) von einem an einer Straßenkreuzung durch Hecke und Baum sichtbehindernden Garten. Eine Verhaltensverantwortlichkeit für ein Abschleppen wegen Unterlassung einer Behördenanzeige über eine KfZ-Veräußerung verneint das OVG Hamburg 18.2.2000, NJW 2000, 1600.

29.6.1.2 Die **Aufsichtspflicht** nach Abs. **2** begründet eine Verantwortlichkeit, die neben die Verantwortlichkeit der zu beaufsichtigenden Person tritt. Sie kann sich ergeben aus Gesetz, Vertrag oder vorangegangenem Tun wie tatsächlicher Übernahme der Aufsicht. Aufsichtspflichtige sind danach z.B. Pfleger, Heimleiter, Verwandte, Bekannte, Börenz/Franke, § 6 Erl. 5.

Beispiel zu Abs. 2: Ein nicht 14 Jahre altes Kind spielt wiederholt auf gefährlicher Baustelle oder im Wald während des Holzeinschlags.

29.6.1.3 Abs. **3** knüpft an die **zusätzliche Haftung des Geschäftsherrn oder Auftraggebers** in § 831 BGB an (37.25.1.4). Die verursachende Person muss in einem gewissen Abhängigkeitsverhältnis zur Verrichtung von Tätigkeiten bestellt, insbesondere weisungsgebunden sein und die Gefahr **in Ausführung** der Verrichtung, nicht **nur gelegentlich** der Verrichtung, verursacht haben. Der allgemeine oder besondere Auftrag zur Verrichtung ist einer unmittelbaren Verursachung gleichgestellt. Bei Weisungsgebundener Verrichtung kommen in Betracht: Dienst- und Arbeits-, Beamten-, Ausbildungs-, Lehr- und Volontärverhältnisse, ggf. auch Werkverträge, aber auch Gefälligkeitsverhältnisse (Börenz/Franke, § 6 Erl. 5). Im Gegensatz zur zivilrechtlichen Haftung für den Verrichtungsgehilfen nach § 831 BGB (37.25.1.4) wird der Geschäftsherr oder Auftrageber nicht von der gefahrenabwehrrechtlichen Haftung frei, wenn er bei der Auswahl, Anleitung und Überwachung des Verrichtungsgehilfen die (im Verkehr) erforderliche Sorgfalt angewendet hat **(keine Exkulpationsmöglichkeit).**

Beispiel: Wenn ein Lkw-Fahrer eines Bauunternehmers weisungswidrig den Bauschutt in den Wald kippt, so kann auch der Bauunternehmer für seinen Verrichtungsgehilfen ohne Entlastungsmöglichkeit herangezogen werden, weil das gesetzwidrige Verhalten des Fahrers sich **im Rahmen der Verrichtung** hält (er soll den Schutt beseitigen, wenn auch ordnungsgemäß). Unerheblich ist (im Gegensatz zu § 831 BGB), ob der Unternehmer nachweisen kann, den Fahrer sorgfältig ausgewählt und überwacht zu haben.

Wenn der Fahrer aber den Auftrag **zum Anlass** nimmt, im Wald ein Reh zu wildern und dieses durch Anzünden eines Lagerfeuers im ausgetrockneten Wald zu braten, so haftet der Unternehmer für diese außerhalb der vertraglichen Verrichtung liegenden Handlungen nicht (s. Giemulla/Jaworsky/Müller-Uri, Verwaltungsrecht, Rn 705).

Vgl. auch Rechtsprechungsnachweise bei Götz, Rn 212 (OVG Lüneburg, MDR 1958, 950; OVG Münster, DVBl. 1964, 683 – Haftung einer Mineralölfirma für Fahrer eines Tanklastwagens; OVG Münster, DVBl. 1973, 924 – Haftung für Arbeitnehmer, die teerhaltige Abfälle in einen Grundwassersee kippen; OVG Münster, DVBl. 1979, 735; VGH Mannheim, NJW 1993, 1543.

29.6.1.4 Die Verantwortlichkeit nach § 7 wegen einer von einer Sache ausgehenden Gefahr **schließt nicht** die aus einer Handlung folgende eine **Verhaltensverantwortlichkeit** einer Person **aus**, selbst wenn sie die Sache nicht nutzen darf (BVerwG, NVwZ 1990, 474; Götz, Rn 215). Auch wenn eine Verantwortlichkeit nach § 7 beendet ist, besteht die Verhaltensverantwortlichkeit z.B. für einen verkauften Betrieb mit Grundstück grundsätzlich fort (Götz, Rn 215, 216 „Ewigkeitshaftung", 228). Jedoch ist die Pflicht, dafür zu sorgen, das von der Sache keine Gefahren ausgehen, mit der Zustandsverantwortlichkeit identisch, die gesondert (z.B. in § 7 Nds. SOG, 29.6.) grundsätzlich mit Beendigung nach Wegfall der tatsächlichen Sachherrschaft oder des Eigentums geregelt ist und kann daher nicht auch eine Verhaltensverantwortlichkeit begründen, zumal diese eine „Ewigkeits"-Verantwortlichkeit darstellt (Würtenberger/Heckmann/Riggert, PolR BadW.4. Aufl. 1999, Rn 294 m.w.N.; Götz, Rn 214). Entgegen VGH München, BayVBl. 1996, 438 (Felssturzfall) und OVG Münster, DVBl. 1971, 628, ist daher nicht einmal eine solche Verhaltensverantwortlichkeit des Eigentümers zu erwägen (Götz, Rn 214). Vgl. hierzu den instruktiven Beispielsfall von Götz (Rn 213a) zur Verantwortlichkeit für ein Autowrack:

Die Polizei lässt ein entdecktes PKW-Wrack, aus dem Benzin und Öl ausläuft mangels sofort heranziehbarem Verantwortlichen wegschaffen und verschrotten (unmittelbare Ausführung, 30.4) und ermittelt den den verantwortliche Person für die Kostenerstattung wie folgt: A als früherer Eigentümer hat den PKW vor 4 Jahren an B veräußert. B behauptet, den Wagen vor 3 Jahren an eine namentlich nicht bekannte Person weiterveräußert zu haben: Da A das Fahrzeug nicht unter Verletzung von § 16 StVZO veräußert hat, ist er nicht handlungsverantwortlich (und wegen Übertragung des Eigentums und der tatsächlichen Sachherrschaft auch nicht zustandverantwortlich) für en PKW als Sache. Dass B die behauptete Weiterübertragung entgegen § 27 (3) S. 1 StVZO nicht angezeigt hat, ist für das Entstehen der Gefahr nicht ursächlich, macht ihn also nicht verhaltensverantwortlich VGH

Kassel. DÖV 1999, 918; OVG Bautzen, NJW 1997, 2253; a.A. VGH Mannheim, DÖV 1996, 1055). Jedoch kann eine Zustandsverantwortlichkeit (29.6.2) des B angenommen, wenn seine Weiterveräußerung unbewiesen bleibt (OVG Hamburg, NJW 2000, 2600).

Eine **Verjährung** der Verhaltensverantwortlichkeit in 30 Jahren analog § 195 BGB ist entgegen vereinzelt vertretener Auffassung **abzulehnen** (VGH Mannheim, UPR 1996, 239 = ZUR 1996, 214; OVG Münster, DVBl. 1997, 570 = NVwZ 1997, 507; Götz Rn 216 m.w.N.). Ein Verdachtsverantwortlicher, dessen Verdacht nachträglich ausgeräumt ist, hätte einen Entschädigungsanspruch (OVG Münster 14.6.2000, DÖV 2001, 215) und kann auch bei unmittelbarer Ausführung, 30.4, nicht zu den Kosten herangezogen werden. Zur Personenauswahl s. 29.8.

29.6.1.5 Insbesondere im Zusammenhang vor allem mit vor Inkrafttreten des BBodSchG am 1.3.1999 verursachen Altlasten, stellt sich die Frage, ob die speziellen Untersuchungs- und Sanierungspflichten als spezielles Gefahrenabwehrrecht eine **unzulässige echte Rückwirkung** darstellen, die eine Verhaltensverantwortlichkeit nach dem neuen Recht ausschließen. Die Frage ergibt sich getrennt für **dieselbe Person** und (61.2.1.6) ggf. auch für deren **Gesamtrechtsnachfolger**.
Nach der Rechtsprechung des BVerfG sind echte und unechte Rückwirkungen zu unterscheiden (BVerfGE 11, 139 ff.; s. auch zum neuen Waffenrecht 58.6.3). Bei einer echten Rückwirkung greift das Gesetz nachträglich ändernd in abgewickelte, der Vergangenheit angehörende Tatbestände ein; bei unechter Rückwirkung wirkt das Gesetz nur auf gegenwärtige, **noch nicht abgeschlossene Tatbestände** ein (BVerfGE 11, 139, 145; 1. Senat 95, 64 ff., 101, 239, 263; v. Mutius/Nolte, DÖV 2000, 1 ff. Kahl, Die Verwaltung 33/ 2000, S. 29, 33 ff. ders. NVwZ 2000, 1135 f.; abweichend der nicht für das BBodSchG zuständige 2. Senat BVerfGE 72, 200, 241 f;). Danach kommt es auf die Rechtslage für vor Inkrafttreten des neuen Rechts an (z.B. des BBodSchG zur Zeit der Beendigung der Ablagerungen, die zu Altlasten geführt haben; Sparwasser/Engel/Voßkuhle 9/214). Für rechtlich nicht abgeschlossene Tatbestände ist es erforderlich, dass nach früherem Recht eine gesetzliche, insbesondere öffentlich-rechtliche Pflicht der Person bestanden hat und von ihr verletzt worden ist (Peine, NuR 2005, 152, 153 m.w.N.; Becker, DVBl. 1991, 353 ff.; s. auch Peine, DVBl. 1980, 941, 948; Pietzcker, DVBl. 1984, 457, 459), deren Verletzung nach früherem Recht (als Rechtswidrigkeit) in die neue Rechtslage hinein angedauert hat. Diese fortdauernde Gefahr musste auch nach einer behördlichen Ermächtigungsgrundlage beseitigt werden dürfen, die schon nach altem Recht den erforderlichen Umfang des neuen Rechts gehabt hat. Dabei genügt es, wenn nach früherem Recht ein spezialgesetzliches Ver- oder Gebot (weiter) verletzt worden ist, jedoch als Ermächtigungsgrundlage für die Verwaltung nur die allgemeine Ermächtigungsgrundlage (Generalklausel) des allgemeinen Gefahrenabwehrrechts zur Verfügung gestanden hat und nach neuen Recht sowohl die Personenpflicht als auch die Ermächtigungsgrundlage wie in §§ 4 (3), 10 BBodSchG spezialrechtlich geregelt sind. Nicht so klar für die zweiteilige Komponente nach früherem Recht ist die Bezeichnung **materielle Polizeipflicht**. Sie wird auch in dem Zusammenhang gebraucht, dass sie für eine **abstrakte Polizeipflicht steht**. Das heißt, die Pflicht muss nicht schon (nach früherem Recht) durch einen an die Person gerichteten Verwaltungsakt auf entsprechender gesetzlicher Grundlage konkretisiert sein (so schon OVG Lüneburg 7.1.1993, NJW 1993, 1671; 30.3.1997, NJW 1998, 398, 399; 7.3.1997, NJW 1997, 97, 98; zustimmend K. Schmidt, NJW 1993, 2833, 2835; Götz, Rn 216). Insbesondere hat z.B. das OVG Lüneburg 21.4.2004, NuR 2004, 687, für das BBodSchG; und zum NAbfG (21.4.2004, NuR 2004. 684) die fortwirkende unerlaubte Verletzung der Personenpflicht des § 202 des Preuß. Wassergesetzes von 1914 für ausreichend gehalten: Ein Grundstückseigentümer ist nicht befugt, Stoffe in den Boden einzubringen oder einzuleiten, durch die das unterirdische Wasser ... zum Nachteil anderer verunreinigt wird. Die Verletzung der Pflicht war nach dem Preuß. Polizeiverwaltungsgesetz (PrPVG) eine Störung der öffentlichen Sicherheit (Nachw. bei OVG Lüneburg, 21.4.2004, NuR 2004, 687, 688), die sogar als materielle Polizeipflicht ausdrücklich in § 18 PrPVG geregelt war: „Maßnahmen durch das polizeiwidrige Verhalten von Personen und den Zustand von Sachen sind gegen diejenigen zu richten, die für das polizeimäßige Verhalten oder den polizeiwidrigen Zustand verantwortlich (polizeipflichtig) sind". Die Adressaten-Voraussetzungen für eine Gefahrenabwehranordnung wären über die allgemeine Ermächtigungsgrundlage (Generalklausel) eröffnet (OVG Lüneburg aaO; Peine, NuR 2005, 152, 153). Auch den heutigen Polizeigesetzen liegt eine (solche) materielle Polizeipflicht weiterhin als Maßnahmenvoraussetzung zugrunde, wie die §§ 6, 7 Nds. SOG über die Verantwortlichkeit derselben Person regeln (OVG Lüneburg aaO; Götz, Rn 192; Schenke, Polizei- und Ordnungsrecht, 2. Aufl. 2003, Rn 228; Saipa, NGefAG, Stand 2003, Vorbem. §§ 6 – 8 Rn 1). Das BBodSchG als Fachgesetz hat diese

Polizeipflicht (Gefahrenabwehrpflicht) präzisiert und in § 4 (1) BBodSchG deutlich zum Ausdruck gebracht (OVG Lüneburg aaO; Peine, DVBl. 1990, 733, 736; Tettinger, Bes. Verwaltungsrecht, 7. Aufl. 2004, Rn 528; OVG Münster 24.2.1989, DVBl. 1989, 1009; vgl. auch BVerwG, NVwZ 2004, 1125 ff. = DVBl. 2004, 1032 ff.; s. zu Besonderheiten auch 61.2.1.1). § 4 (3) BBodSchG hat die Pflicht fachgesetzlich weiter präzisiert (s. auch 61.2.1.5; 61.1.3 zu Nr. 2 zur Frage weitergehender Pflichten des BBodSchG).

29.6.1.6 Eine für die vorgenannte fortgesetzte Bindung jedenfalls ausreichende **Identität** oder ausreichende **Teilidentität** von Personen ist in folgenden Fällen gegeben:

Die **Bundesrepublik Deutschland** ist teilidentisch mit dem **Deutschen Reich** (BVerfG 31.7.1973, BVerfGE 36, 1, 16; 21.10.1987, BVerfGE 77, 137, 154 ff.; OVG Lüneburg, NuR 2005, 687, 689; Peine, NuR 2005, 151, 155, zu Altlasten aus Kampfmittelproduktion).

Juristische Personen des Privatrechts können sich jedenfalls nicht durch Organisationsentscheidungen wie z.B. **Umwandlung, Verschmelzung, Spaltung, Vermögensübertragung und Formwechsel** ihrer **Identität** und damit ihrer Verhaltensverantwortlichkeit entziehen (zur Umwandlung OVG Münster, UPR 1984, 279, 280; VGH München ZfW 1989, 147; VG Köln, NVwZ 1994, 927; Götz 248; zum BBodSchG s. § 4 (3) S. 1 Altern. 2, 61.2.1.5). Ist die juristische Person endgültig ohne Nachfolge oder „Neufolge" **aufgelöst (liquidiert)**, sind die **Personen der Organe** und **leitenden Personen** Verhaltensverantwortliche (Becker, UPR 2004, 1, 4; vgl. auch 29.8.4; 61.2.1.6).

Die wichtige Frage einer <u>**Gesamtrechtsnachfolge in die Verhaltensverantwortlichkeit ist umstritten**</u>. Nach überwiegender Auffassung zum allgemeinen Gefahrenabwehrrecht kann eine öffentlich-rechtliche Verpflichtung bzw. Verantwortlichkeit **nicht allein schon aufgrund abstrakter Verantwortlichkeit als materielle Polizeipflicht** durch eine zivilrechtliche **Gesamtrechtsnachfolge** übergehen. Vielmehr bedarf es für eine solche **Gesamtrechtsnachfolge** einer **gesetzlichen Regelung**, die **durch einen Verwaltungsakt** (der jedenfalls bei Verhaltensbezogenheit auf eine Sache **dinglich wirkt) konkretisiert** wird. (s. zum Unterschied 29.6.1.5); BVerwG, DÖV 1971, 640 = NJW 1971, 1624; VGH München, BayVBl. 1983, 21; VGH Mannheim, BRS 32 Nr. 180; OVG Koblenz, NVwZ 1985, 413; Peine, DVBl. 1980, 148, und in: Fluck, KrW-/Abf/ BodSchR, Einl. BBodSchG II Rn 36 B; Erichsen, VVDStRL 35, 170, 207; Papier, DVBl. 1985, 873, 878; NVwZ 1986, 256, 262; Götz, Rn 247 f.; Sparwasser/Engel/Voßkuhle 9/215; VGH Mannheim 11.12.2000, NuR 2001, 460 m.w.N.; 3.9.2002, NuR 2003, 29, 32; 4.8.1995, NVwZ 1996, 1036, 1037; **a.A.** für eine Gesamtrechtsnachfolge bei nur abstrakter Pflicht Würtenberger u.a., Polizeirecht in Bad.-Württ., Rn 176; Stadie, DVBl.-1990, S. 505; Schlabach/Simon; Becker, UPR 2004, 1, 4, s. auch zu 61.2.1.5). Wegen der strittigen und aufwändig zu klärenden Frage der Gesamtrechtsnachfolge eines Verhaltensverantwortlichen bei nur abstrakter oder materieller Pflicht, hat der VGH Mannheim die Heranziehung des Zustandsverantwortlichen für richtig befunden (15.10.1999, NVwZ 2000, 1199). Vgl. auch die eingehende Begründung von **Eschenbach** gegen die Verwendung der Lehre von einer abstrakten oder materiellen Polizeipflicht, soweit sie einer nach ihrem eigentlichen Erforderniss einer Ausweitung des Kreises der Verantwortlichen dienen soll, NdsVBl. 1998, 1 ff. Der **Grundsatz des Gesetzesvorbehalts** (s. 16.) verlangt eine hinreichend bestimmte Pflichtenregelung. Diese enthält das Nds. SOG insoweit nicht. Sie kann (entgegen Saipa, NGefAG/ Nds. SOG, §§ 6 – 8 Rn 8; Schlabach/Simon, NVwZ 1992, 143, 145; Martensen, DVBl. 1996, 286, 287) auch nicht durch Analogie der in einer Gesamtschau herangezogenen §§ 1, 6, 7 und 11 Nds. SOG begründet werden (Eschenbach aaO). Strittig, aber wohl zulässig, ist zwar die Möglichkeit einer begrenzten Analogie auch zu Lasten des Bürgers im Verwaltungsrecht (Jarass/Pieroth, GG, Art. 20 Rn 28; weit. Nachw. bei Eschenbach, NdsVBl. 1998, 3 Fußn. 32; Ipsen, NGefAG, Rn 141 für nur in einer Übergangszeit zulässige Analogie). Die Normierung von behördlichen Eingriffsbefugnissen im Nds. SOG dürfte aber wohl schon ein abschließendes System bilden (Eschenbach, NdsVBl. 1998, 1, 3). Selbst wenn man eine Lücke annehmen würde, stünde das einfachgesetzliche detaillierte System dem entgegen, insbesondere auch einer entsprechenden (analogen) Erweiterung der Verantwortlichen (Eschenbach, NdsVBl. 1998, 1, 3 f.). Das Gefahrenabwehrrecht setzt vor allem in Spezialgesetzen enthaltene hinreichend bestimmte Ge- und Verbote voraus, die es durchsetzen soll. Anders muss das Straf- und Ordnungswidrigkeitenrecht nicht unbedingt auf Ge- und Verbotspflichtregelungen Bezug nehmen. Vielmehr kann wegen der Spezialität die jeweilige Straf- oder Bußgeldmächtigung so ausgelegt werden, dass darin auch ein entsprechendes Ge- oder Verbot enthalten ist (Martensen, DVBl. 1996, 286, 288; insoweit a.A. Eschenbach, NdsVBl. 1998, 1, 4 Fußn.).

41; s. auch 1.1); strafrechtliche Ge- und Verbote begründen auch eine entsprechende Gefahrenab-wehrpflicht. Soweit die Regelungen der §§ 6 – 8 und die §§ 12 ff. Nds. SOG eine ergänzende mate-riell-rechtliche Wirkung haben, die sich noch nicht aus dem Spezialrecht ergibt, ist dies gesetzlich ge-deckt und abschließend. Die Nichterfassung einer **Gesamtrechtsnachfolge durch Erbschaft** ist hin-zunehmen. Wie z.B. § 4 (3) S. 1 BBodSchG zeigt, wird die Regelung einer erweiterten Verantwort-lichkeit dem Spezialrecht überlassen (61.2.1.5). Danach sei auch die Auffassung nicht haltbar, aus dem System des allg. Gefahrenabwehrrechts, insbesondere aus der bloßen Gefahrenvorsorgeaufgabe der Polizei (§ 1 (1) S. 2 und 3 Nds. SOG, 29.1) eine allgemeinen Personenpflicht zur Vermeidung von Gefahren (Gefahrenvorsorge) über das fachgesetzliche Spezialrecht hinaus herzuleiten (Eschenbach, NdsVBl. 1998, 1, 5; zu Götz, Rn 192).

Insbesondere nicht nur bei einer Erbschaft, auch bei einer **gesellschaftsrechtlichen, handelsrechtli-chen** oder **sonstigen privatrechtlichen Gesamtrechtsnachfolge** ist strittig und eher abzulehnen, ob die privatrechtlichen Regelungen auch gefahrenabwehrrechtlich gelten (Becker, UPR 2004, 1, 4, wenn auch zur juristischen Person ausgeführt).

29.6.2 Zustandsverantwortliche, § 7 Nds. SOG

29.6.2.1 § 7 (1) Geht <u>von</u> einem <u>Tier</u> oder einer <u>Sache eine Gefahr</u> aus, so sind die Maßnah-men gegen die Person zu richten, die die tatsächliche Gewalt innehat.

Entgegen der Überschrift geht es nicht „irgendwie" um den Zustand der Sache, sondern um die **un-mittelbare** Gefahr, die von einer Sache (sowie einem Tier) ausgeht (Börenz/Franke, § 7 Erl. 1; s. zu § 6). Die Sache selbst kann in Ordnung sein, gefährdet aber, wenn sie z.B. als Verkehrshindernis auf der Straße liegt (Götz, Rn 214). Die Inanspruchnahme erfordert **kein Verschulden** der Verantwortli-chen, ähnelt insoweit also einer Gefährdungshaftung (wie z.B. die Halterhaftung nach dem StVG), ist aber enger (Götz, Rn 223).

Stets verantwortliche Inhaber der tatsächlichen Gewalt können sein: der Eigentümer (s. aber auch § 7 (2)), Nießbraucher, Pächter, Mieter, Leiher, Verwahrer. Auch der Besitzdiener, obwohl er zivilrechtlich kein unmittelbarer Besitzer ist, kann die tatsächliche Gewalt innehaben; z.B. der Arbeitnehmer, der das Firmenfahrzeug zu fahren hat (Götz, Rn 218), also unabhängig von seiner etwaigen Verhaltens-verantwortlichkeit. Auch der Halter eines KfZ hat in der Regel die tatsächliche Gewalt über das Fahr-zeug (OVG Koblenz, DÖV 1986,483 = NJW 1986, 1369; VGH Kassel, NVwZ 1988, 655; Götz, Rn 218, mit Hinweis auf die Kostenpflicht beim Abschleppen im Wege der Ersatzvornahme, 30.3.3). Bei Wei-tergabe des Wagens an einen anderen besteht die gesonderte Eigentümerhaftung nach § 7 (2).

Z.B. verantwortlich ist ein Eigentümer bei unmittelbarem Besitz oder einem Landpächter, wenn ein Baum von einem Grundstück auf die Straße zu stürzen droht; die Verantwortlichkeit auch für unvorherge-sehene Naturereignisse: Steinschlag; BVerwG 31.7.1998, NJW 1999, 231; nach VGH München 26.9.1995, NuR 1997, 559, bei Unterlassen von Sicherungsmaßnahmen ggf. auch Verhaltensverant-wortlichkeit; Bestreiten des Eigentums muss die Eigentumsfrage im Zivilrechtsweg geklärt werden, VGH München NuR 2003, 695.

Es haftet nicht jemand, der durch den **rechtmäßigen Zustand** seiner Sache **lediglich** einen **Anlass** für den gefahrbringenden Zustand seiner Sache setzt.

Beispiel: Ein Teich, der nicht fest zugefroren ist, wird von Kindern trotz eines Verbotsschildes betreten (keine Zweckveranlassung, s. entsprechend zu § 6 Nds. SOG).

Zur Frage der **Beendigung** bzw. des Beginns der **tatsächlichen Gewalt** sowie einer **Gesamt-** und **Einzelrechtsnachfolge** s. im Zusammenhang mit § 7 (2) zu 29.6.2.2.

29.6.2.2 § 7 (2) ¹Maßnahmen können auch gegen eine Person gerichtet werden, die Eigen-tümerin oder Eigentümer oder sonst an der Sache berechtigt ist. ²Dies gilt nicht, wenn die tatsächliche Gewalt ohne den Willen der in Satz 1 genannten Person aus-geübt wird.

Nach § 7 (2) kann **neben dem Inhaber der tatsächlichen Gewalt** der nicht die tatsächliche Gewalt ausübende **Eigentümer** verantwortlich sein. Wird z.B. ein Baumstamm von einem Wanderer auf den Wirtschaftsweg gerollt und ist der nach § 6 (1) verantwortliche Wanderer verschwunden, so sind nach § 7 (1) auch der unmittelbare Besitzer des Baumstammes und, falls nicht mit ihm identisch, nach § 7

(2) der Eigentümer als nur mittelbarer Besitzer (37.28.3) verantwortlich. Jedoch kann eine Inanspruchnahme ggf. an der Eignung (Verhältnismäßigkeit, Stufe 1, einschließlich Unmöglichkeit scheitern (Götz, Rn 219a; 29.7.1.1). Neben dem Eigentümer ist ein sonst an der Sache Berechtigter der **Nießbraucher, nicht** aber der **Erbbauberechtigte** (VGH Mannheim 15.5.1997, NuR 1998, 325; Götz, Rn 219). Jeder **Miteigentümer** oder **Gesamthandeigentümer** (z.B. Miterbe in Erbengemeinschaft) ist selbständig verantwortlich (Götz, Rn 252; zur Personenauswahl s. 29.8.2).

Hat der Eigentümer sein Kfz an einen anderen weggegeben, der das Kfz an einen „Unbekannten" weitergegeben hat, wird die tatsächliche Gewalt nicht **ohne den Willen** des Eigentümers ausgeübt (OVG Hamburg, NJW 1992, 1909; NJW 2000, 2469; Götz, Rn 213a; vgl. 29.6.1.4). Ohne den Willen des Eigentümers wird die tatsächliche Gewalt dagegen nach Diebstahl, hoheitlicher Beschlagnahme, Zwangsverwaltung, Insolvenz usw. ausgeübt. Nach h.M. lebt die Eigentümer-Verantwortlichkeit wieder auf, wenn der Dritte die tatsächliche Gewalt nicht mehr ausübt, z.B. der Autodieb das Auto irgendwo stehen lässt (OVG Koblenz, DÖV 1989, 173; a.A. VG Hannover, DAR 1976, 167), zumal sich der Eigentümer nicht durch Eigentumsaufgabe (Dereliktion, § 928 oder § 958 BGB) der Verantwortlichkeit entledigen kann; s. § 7 (3) Nds. SOG. Zur Beendigung der Zustandsverantwortlichkeit für ein Grundstück mit Eintragung des neuen Eigentümers im Grundbuch s. VGH Mannheim, NVwZ 1996, 1006 ff. = DÖV 1996, 1057; vgl. auch zu 61.2.1.12.

Nach h.M. geht im Sinne von § 7 (2) i.V.m. § 7 (1) auch dann eine **Gefahr von der Sache selbst aus**, wenn zugleich die Verletzung einer Verhaltenspflicht vorliegt (29.6.1.4); z.B. wenn ein Kfz verkehrsbehindernd unter Verletzung eines Verkehrszeichens (Verwaltungsakt, 15.4.5) von wem auch immer geparkt ist (Verantwortlichkeit des Eigentümers und Halters neben der Verhaltensverantwortlichkeit des Fahrers; Kottmann, DÖV 1983, 493, 496; VGH München, NVwZ 1987, 912; Götz, Rn 229).
Soweit aber nur ein Verstoß gegen eine Verhaltensnorm unterbunden werden soll (z.B. gegen eine Strafrechtsbestimmung), liegt nicht eine Zustandsverantwortlichkeit, sondern nur eine Verhaltensverantwortlichkeit vor (Götz, Rn 229; kritisch Samper, BayVBl. 1983, 333).
Vgl. auch **Beispiele** von Götz **zu § 7 (1)** und **(2):**
– Rn 230 zur Landes-BauO (42.1).
– Rn 231 zur Verhaltensverantwortlichkeit einer Straßenbaufirma mit Kostenfolge dafür, dass Öl aus einem Fass, das ein Dritter auf dem Grundstück umgeworfen hat, auf eine Nachbarfläche fließt und eine Boden- und Grundwasserverunreinigung droht (Fall des VGH Kassel, DÖV 1994, 172; s. aber BVerwG 10.7.1998, NJW 1998,1582 = DÖV 1998, 968, zu einer landesrechtlichen Vermieterverantwortlichkeit). Bei einer Ersatzvornahme (30.3.3) wären die Kosten auch nur bei Verantwortlichkeit vom Eigentümer zu tragen. Allerdings scheidet eine Zustandsverantwortlichkeit der Straßenbaufirma aus: Die Gefahr besteht auf dem Nachbargrundstück und das Ölfass ist zur Zeit der Vornahme der behördlichen Maßnahme leer also nicht mehr gefährlich und das Öl hat sich unter Eigentumsverlust mit dem Boden des Nachbargrundstücks vermischt. Jedoch besteht eine Verhaltensverantwortlichkeit wegen Verletzung der Pflicht, das offene Ölfass vor dem Zugriff Dritter zu sichern.
– Rn 232: Ähnlich ist für Sicherungsmaßnahmen eines Flughafens keine Zustandsverantwortlichkeit gegeben (der Flughafen selbst gefährdet nicht), sondern die Verhaltensverantwortlichkeit aus dem Betrieb des Flughafens ist einschlägig (BVerwG DVBl. 1986, 1626 = NJW 1986, 1626; nunmehr Spezialregelung des § 19b LuftVG, 62.6.11).
Die **Verantwortlichkeit des Inhabers der tatsächlichen Gewalt** (§ 7 (1) bzw. **des Eigentümers** und Gleichgestellten (§ 7 (2) **endet** (im Gegensatz zu seiner ggf. zusätzlichen Verhaltensverantwortlichkeit nach § 6 (1), Götz, Rn 225; 29.6.1.4) mit der Aufgabe der tatsächlichen Gewalt durch Rückgabe des unmittelbaren Besitzes an den Eigentümer oder Übertragung vom Eigentümer oder anderen unmittelbaren Besitzer auf einen Nachfolgebesitzer (neue tatsächliche Gewaltinhaber bzw. mit der Übertragung des Eigentums (und der tatsächlichen Gewalt). **Maßgeblich** für die Frage einer Entstehung der Verantwortlichkeit oder deren Beendigung ist nicht schon der Zeitpunkt der Entstehung der Gefahr (Schoch. JuS 1994, 935), sondern erst der **Zeitpunkt** der behördlichen Entscheidung (OVG Hamburg, DÖV 1983, 1016), bei einem Widerspruchsverfahren, das Wirksamwerden der Widerspruchsentscheidung (VGH Mannheim, DVBl. 1990, 1046; Götz, Rn 225).

Eine **Gesamt-** oder **Einzelrechtsnachfolge** in die materielle **abstrakte** Zustandsverantwortlichkeit ist

ausgeschlossen (z.B. Götz, Rn 247 f.). In der Praxis hat sich **jedoch** die Auffassung durchgesetzt, dass auch die auf die Zustandsverantwortlichkeit und auf die baurechtliche Bauherrenverantwortlichkeit gestützten **bauaufsichtlichen Verfügungen**, insbesondere Baubeseitigungsverfügungen und Nutzungsverbote den Gesamt- und den Einzelrechtsnachfolger binden. Sie müssen auf einer **gesetzlichen Regelung beruhen und dingliche, die abstrakte Polizeipflicht konkretisierende Verwaltungsakte sein** (BVerwG, DÖV 1971, 640 = NJW 1971, 1624; OVG Saarlouis, BRS 22 Nr. 215; VGH München, BayVBl. 1983, 21; VGH Mannheim, BRS 32 Nr. 180; OVG Koblenz, NVwZ 1985, 431; Götz, Rn 248; a.A. VGH Kassel, DVBl. 1977, 255 = NJW 1976, 1919; Würtenberger u.a. aaO Rn 175; Schenke, aaO Rn 188; Schoch, JZ 1994, 1031). Dies gilt insbesondere beim strikten Anlagen- und Grundstücksbezug wie im Bau-, Berg- und Immissionsschutzrecht (OVG Münster, OVGE 21, 193; DVBl. 1973, 226); zur **naturschutzrechtlichen** Ordnungsverfügung s. VGH Mannheim, NVwZ 1992, 192 und entsprechend zu 50.2). Es darf bei der durchzusetzenden Pflicht nicht auf die Person des Adressaten ankommen (Götz , Rn 249 – 251). Zu den Voraussetzungen für einen Ausschluss der Zustandsverantwortlichkeit für die Gefahrenbeseitigung und damit für die Gefahrbeseitigungskosten einer Ersatzvornahme, wenn der Firmenübernahme mit Namensänderung nach § 25 (1) Handelsgesetzbuch erst nach der Ersatzvornahme erfolgte, s. VGH Mannheim 5.10.2001, RdL 2002, 185.

29.6.2.3 **§ 7 (3) Geht die Gefahr von einer <u>herrenlosen Sache</u> aus, so können die Maßnahmen gegen diejenigen Personen gerichtet werden, die das Eigentum an der Sache aufgegeben haben.**

Ein Eigentümer soll sich nicht zu Lasten der Allgemeinheit der Verantwortlichkeit für sein Eigentum durch Aufgabe des Eigentums (Dereliktion, 37.31.6) entledigen können (Börenz/Franke, § 7 Erl. 5; vgl. auch zu dem vorrangigen § 4 (3) S. 4 Halbs. 2 BBodSchG 61.2.1.7). Z.B: Ein Autowrack wird unter Aufgabe des Eigentums im Wald abgestellt (s. andere Fallgestaltung 29.6.1.49. Dagegen besteht keine Haftung des Jagdausübungsberechtigten für herrenloses Wild (s. 54.2.5).
Nicht mehr kritisch dazu, dass eine Entlassung aus der Verantwortlichkeit durch Eigentumsaufgabe entgegen früher nicht unbestrittener h.M. ausgeschlossen worden ist, Götz, Rn 226.

29.6.2.4 **Regelungen**, die den eigentlich **Zustandsverantwortlichen** i.S. von **§ 7 (1) – (3) entlasten**, sind zu beachten. Z.B. eine spezielle Regelung über die Wegereinigungspflicht, ggf. auch vertraglich, § 52 (4) S. 4 NStrG (46.5.3.2; Börenz/Franke, § 7 Erl. 6).

Nach **§ 27 (1) S. 1 KrW-/AbfG**, der nach § 11 Nds. SOG durchzusetzen ist, dürfen **Abfälle** zum Zwecke der Beseitigung nur in den dafür zugelassenen Anlagen oder Einrichtungen ... **abgelagert** werden *(63.5).* Eine der gerechten Lastenverteilung entsprechende Freistellung enthält § 10 NAbfG:

1. **§ 10 (1) Nds. Abfallgesetz** (vgl. 63.3.12): **Abfälle, die im Wald oder der übrigen freien Landschaft verbotswidrig lagern, sind von dem öffentlich-rechtlichen Entsorgungsträger** *(Landkreis, Region Hannover, kreisfreie Stadt u.a. große Städte wie Göttingen, falls nicht ein Zweckverband (13.1.2) zuständig ist)* zur weiteren Entsorgung auf eigene Kosten aufzusammeln oder unentgeltlich zu übernehmen, wenn
2. **Maßnahmen gegen die** *(verhaltens)*verursachende **Person nicht hinreichend erfolgversprechend erscheinen,**
3. **keine andere Person aufgrund eines bestehenden Rechtsverhältnisses verpflichtet ist,** (hierzu zählt eine konkrete Vereinbarung, z.B. in einem Pachtvertrag, die ausdrücklich auf Abfallbeseitigung bezogen ist, nicht eine Zustandsverantwortlichkeit des Grundstückseigentümers i.S. von § 7 Nds. SOG, oder gar die Notstandspflicht nach § 8 Nds. SOG; aber) **und**
4. **die Abfälle nach Art und Menge das Wohl der Allgemeinheit beeinträchtigen.**
    (2) Gesetzliche oder aufgrund eines Gesetzes oder einer anderen Rechtsvorschrift begründete Unterhaltungs-, Verkehrssicherungs- und Reinigungspflichten bleiben unberührt.

(Dazu 46.5.3.2, 46.11.2 zu Nr. 3, 63.3.10)

29.6.3 **Inanspruchnahme nichtverantwortlicher Personen (Notstandspflichtige), § 8 Nds. SOG**

§ 8 (1) Die Verwaltungsbehörden und die Polizei können Maßnahmen gegen andere Personen als die nach § 6 oder 7 Verantwortlichen richten, wenn

1. eine <u>gegenwärtige erhebliche Gefahr</u> abzuwehren ist,
2. Maßnahmen gegen die nach § 6 oder § 7 Verantwortlichen nicht oder nicht recht-zeitig möglich sind oder keinen Erfolg versprechen,
3. die <u>Verwaltungsbehörde</u> oder die <u>Polizei</u> die Gefahr nicht oder <u>nicht rechtzeitig</u> selbst oder durch Beauftragte <u>abwehren</u> kann und
4. die Personen <u>ohne erhebliche eigene Gefährdung</u> und ohne <u>Verletzung höherwer-tiger Pflichten</u> in Anspruch genommen werden können.

(2) Die Maßnahmen nach Absatz 2 dürfen nur aufrechterhalten werden, solange die Abwehr der Gefahr nicht auf andere Weise möglich ist.

Ist jemand nach dem Brandschutz- oder Katastrophenschutzrecht oder zur Vermeidung der Straftat der **unterlassenen Hilfeleistung** (bei Unglücksfällen oder gemeiner Gefahr oder Not § 323c StGB, 36.4; Götz, Rn 263) zur helfenden Gefahrenabwehr oder nach Sondervorschriften (s. 29.6.2) ver-pflichtet, gehen diese Pflichten auch für Anordnungen der Polizei u.ä. vor und sind keine Notstands-pflicht i.s. des § 8; die Voraussetzungen zur Verhältnismäßigkeit sind aber identisch. Für § 8 verblei-ben vor allem nur Fälle des Eingriffs in Versammlungen und Obdachloseneinweisungen (Götz, Rn 263).
Eine <u>erhebliche Gefahr</u> ist nach § 2 Nr. 1 c (§ 8 (1) Nr. 1) Nds. SOG eine Gefahr für ein bedeut-sames Rechtsgut, wie Bestand des Staates, Leben, Gesundheit, Freiheit, nicht unwesentliche Vermögenswerte sowie andere strafrechtlich geschützte Güter.
Zur Definition der **gegenwärtigen Gefahr** (§ 2 Nr. 1 b) s. zu 30.4.
§ 8 (1) Nr. 4 präzisiert die dritte Stufe des Verhältnismäßigkeitsgrundsatzes (Angemessenheit und Zumutbarkeit, 20.1.3). Die Stufen 1 und 2, Eignung und mildeste Mittel der Maßnahme für den Zweck, sind vorab zu beachten, Absatz 2 spricht die zweite Stufe speziell an. Einem Verhaltens- und Zustandsverantwortlichen kann natürlich eine Belastung bis zu einer höheren Zumutbarkeitsschwelle zugemutet werden. Zur evtl. Entschädigung s. 29.9; bei § 323c StGB mit spezieller Grundlage.

29.6.4   Inanspruchnahme anderer Personen nach §§ 12 ff. i.V.m. § 9 Nds. SOG

§ 9 Nds. SOG Soweit die Vorschriften des Dritten Teils *(§§ 11 - 49)* Maßnahmen auch gegen andere Personen zulassen, finden die §§ 6 bis 8 keine Anwendung.

Insbesondere Sonderregelungen in den Standardermächtigungen der §§ 12 ff. wie z.B. § 13 (1) Nr. 2 und 3. Dies ist zu. 29.6. mitbehandelt.

29.7   Prüfung von weiteren Ermessensschranken, einschließlich Verhältnismäßigkeit be-zogen auf nur einen Verantwortlichen, u.a. §§ 4, 5 Nds. SOG
(s. 19.6, 20.; Maurer § 7 Rn 19 ff.; Götz, Rn 347 ff.)

29.7.1   Allgemeine Vermeidung einer Ermessensüberschreitung, §§ 4, 5 (1) Nds. SOG

29.7.1.1   Allgemeines, § 5 (1) Nds. SOG

§ 5 (1) Nds. SOG Die Verwaltungsbehörden und die Polizei treffen ihre Maßnahmen nach pflichtgemäßem Ermessen.

§ 5 (1) bestätigt und präzisiert die in den Ermächtigungsgrundlagen der §§ 11 ff. Nds. SOG vorge-zeichnete Ermessensbefugnis (**Opportunitätsprinzip**). Die Behörden (und die Polizei) haben in den **gesetzlichen Ermessensgrenzen** (29.6 0 29.8) und pflichtgemäß, d.h. am Vorschriftenzweck ausge-richtet (§ 40 VwVfG bei 19.4 - 19.6) zu entscheiden, ob (und wie) sie eingreifen.
Eine Rechtswidrigkeit wegen **Ermessensüberschreitung** würde bei Verletzung ausdrücklicher be-sonderer gesetzlicher Ermessensschranken und verfassungsmäßiger Grenzen gegeben sein.
Wie allgemein auch bei gesetzlich gebundenen Entscheidungen muss die zu treffende oder getroffene Maßnahme **bestimmt** genug sein (so allgemein § 37 (1) VwVfG/ § 1 Nds VwVfG; vgl. 19.6.1.1).

29.7.1.2 Verhältnismäßigkeit i.w.S., § 4 Nds. SOG

Die wichtigste Schranke enthält § 4 Nds. SOG i.V.m. § 37 (1) VwVfG:

§ 4 Nds. SOG
(1) Von mehreren <u>möglichen</u> und <u>geeigneten</u> Maßnahmen hat die Verwaltungsbehörde oder die Polizei diejenige zu treffen, die den Einzelnen und die Allgemeinheit voraussichtlich <u>am wenigsten beeinträchtigt</u> *(Erforderlichkeit)*.
(2) Eine Maßnahme darf nicht zu einem Nachteil führen, der zu dem erstrebten Erfolg erkennbar außer Verhältnis steht *(Angemessenheit, Zumutbarkeit)*.
(3) Eine Maßnahme ist nur solange zulässig, bis ihr Zweck erreicht ist oder sich
zeigt, dass er nicht erreicht werden kann *(Erforderlichkeit und Eignung)*.

Für Ermessensentscheidungen nach dem Nds. SOG hat der Gesetzgeber den schon als Verfassungsrecht für Ermessensentscheidungen geltenden **dreiteiligen Verhältnismäßigkeitsgrundsatz** i.w.S.
ausdrücklich auch einfachgesetzlich geregelt (1. Eignung, 2. kein milderes Mittel, 3. Angemessen-
heit/Zumutbarkeit).

Die Maßnahme muss zunächst **rechtlich** und **tatsächlich möglich** sein (§ 4 (1) Nds. SOG).
Die **tatsächliche Möglichkeit** ist ein Unterfall des **ersten Prüfungserfordernisses**, dass die Maßnahme auch für den gesetzlichen Zweck (bei § 11 Nds. SOG die Abwehr der Gefahr) **geeignet** sein
muss (zur auch in § 4 (1) genannten Eignung s. 20.1.1). Der Adressat muss auch privatrechtlich zur
Ausführung befugt sein (Götz, Rn 252). Vgl. auch zu 29.6.2 zu einer Abbruchsverfügung bei Mit- o-
der Gesamthandeigentümern.

Jedenfalls bezogen auf mehrere geeignete Maßnahmen derselben Person gegenüber darf es im **zweiten Prüfungsschritt** tatsächlich **keine mildere Maßnahme** als die gewählte geben (Erforderlichkeit,
§ 4 (1); 20.1.2). Dies ist sowohl im Verhältnis zur grundrechtlich geschützten Rechtsposition des in
Anspruch Genommenen als auch der Allgemeinheit zu prüfen, wobei nicht nur betroffene Dritte,
sondern auch (meist ohnehin gesetzlich geschützte) Belange der Allgemeinheit einbezogen sind. Zur
Personenauswahl bei mehr als einem möglichen Verantwortlichen s. 29.8.2

§ 4 (3) begrenzt die Erforderlichkeit **zeitlich** und regelt in der zweiten Variante den Wegfall sogar
der Eignung.

In der **dritten Prüfungsstufe** ist nach § 4 (2) abzuwägen, ob der Eingriff in die Grundrechtsposition
(und ggf. auch Belange der Allgemeinheit) **angemessen**, insbesondere für den Betroffenen **zumutbar** ist. Es ist abzuwägen, ob die Wahrnehmung eines Grundrechts einen so hohen Stellenwert hat,
dass der Anspruch der Gesellschaft auf Sicherheit im Rahmen des Grundsatzes der Verhältnismäßigkeit (Zumutbarkeit), des **Vertrauensschutzes** und der **Sozialstaatlichkeit**, vgl. 19.6, 20, dahinter zu-
rückzutreten hat, z.B. das Freiheitsrecht gegenüber einer nur hinreichenden Gefahr einer Sachbeschädigung. Die Abwehr einer Lebensgefahr ist aber nicht geboten, wenn dadurch noch größere künftige
Gefahren hervorgerufen werden (Schleyer-Fall, 20.2).

29.7.1.3 Zur zumutbaren Zustandsverantwortlichkeit des Eigentümers, § 7 (1) (2) Nds. SOG

Insbesondere die **Grenzen einer (zumutbaren) Zustandsverantwortlichkeit** im Hinblick auf die
Kostenfrage sind umstritten gewesen (s. Ausführungen von Götz, 12. Aufl. 1995, Rn 221 ff. mit
Nachw. zur nicht einheitlichen Literatur und Rechtsprechung; u.a. BVerwG, NVwZ 1991, 475; VGH
München, NVwZ 1986, 945): Sie sind für den **Grundstückseigentümer als Zustandverantwortli-
chen i.S. von § 7 (1) und (2) Nds. SOG durch das BVerfG** (16.2.2000, NuR 2000, 567 = BVerfGE
101, 102, 1) weitgehend **geklärt** (zur Zumutbarkeit s. auch schon BVerfGE 58, 137, 148; s. auch
Götz (13. Aufl.) Rn 221 ff.). Die Entscheidung des BVerfG von 2000 betrifft Grundstücksaltlasten nach
der Rechtslage vor dem 1.3.1999, dem Inkrafttreten des BBodSchG (61.1.0.1), ist aber insbesondere
auch für die Beurteilung der Spezialregelungen des BBodSchG entsprechend verwendbar. Vgl. dort
auch zum - über den Bodenschutz zu verwirklichenden - Schutz des Grundwassers, das nie zum

Grundstückseigentum gehört (s. auch schon VGH Mannheim, NVwZ 1983, 294; VGH Kassel, DÖV 1987, 260; UPR 1986, 116; VGH Hamburg 17.5.2000, NuR 2001, 94). Danach haftet der **Eigentümer als** Zustandsverantwortlicher i.s. von § 4 (3) BBodSchG **nicht** (wie eigentlich nach § 24 BBodSchG, 61.1., 61.5.4) **mit seinem gesamten Vermögen**, sondern im Rahmen verfassungskonformer, an Art. 14 GG und der Verhältnismäßigkeit i.e.s. ausgerichteter Auslegung grundsätzlich nur mit dem **Wert des sanierten (wertgesteigerten) Grundstücks** (dazu Sachs, JuS 2000, 1219 f.; Lepsius, JZ 2001, 22; Müggenburg, NVwZ 2001, 39 ff.; Erbguth/Stollmann, DVBl. 2001, 601, 603 f.; Knopp, DÖV 2001, 441, 450 ff.; Sparwasser/Engel/Voßkuhle 9/200 ff.; kritisch Bickel, NJW 2000, 2562 f.; Knoche, Gewerbearchiv 2000, 448, 451 ff.). Dies weicht ab von der vorher im allgemeinen Gefahrenabwehrrecht bestehenden h.M. und der Entscheidung des VGH Mannheim als Vorinstanz sowie des BGH (BGHZ 126, 219 = NuR 1994, 364; NJW 1989, 2541, 2542) und gilt auch für die zu 29.6.2.2 erläuterte **Rechtsnachfolge** (Nachw. s. auch **BVerfG**).

Der Insolvenzverwalter kann nach § 4 (3) S. 1 BBodSchG als Inhaber der tatsächlichen Gewalt für die Sanierung von massezugehörigen Grundstücken herangezogen werden, die bereits vor Eröffnung des Insolvenzverfahrens kontaminiert waren, und zwar als Masseverbindlichkeit i.S. von § 55 (1) Nr. 1 Insolvenzordnung (InsO) (BVerwG 23.9.2004, NVwZ 2004, 1505). Hat der Insolvenzverwalter die kontaminierten Grundstücke aus der Masse freigegeben, darf er nicht mehr nach § 4 (3) S. 1 BBodSchG für deren Sanierung in Anspruch genommen werden; ebenso wenig ist § 3 (4) S. 4 Halbs. 2 BBodSchG (s.u.) entsprechend anwendbar (BVerwG 23.9.2004, NVwZ 2004, 1505). Ziel des § 4 (3) (i.V.m. § 24 BBodSchG) ist, eine effektive Gefahrenabwehr (29.7.6) auch durch den Eigentümer des Grundstücks als Herrn einer Sache sicherzustellen.

Weiter ergibt sich aus der Entscheidung des **BVerfG**: Der **Eigentümer** hat regelmäßig die – durch Sachherrschaft vermittelte - tatsächliche und rechtliche **Möglichkeit, auf die Sache** und damit auch auf die Gefahrenquelle für die Allgemeinheit **einzuwirken** (BVerfG, NuR 2000, 567, 570). Er kann auch den **Nutzen aus der Sache ziehen** (BVerfG aaO). Bei der Auslegung des Art. 14 GG im Rahmen der Verhältnismäßigkeit ist auch im Rahmen der Gemeinwohlbindung des Eigentums die staatliche Schutzpflicht nach Art. 2 (2) S. 1 GG für Leben und Gesundheit und das Staatsziel der Erhaltung der natürlichen Lebensgrundlagen des Art. 20a GG zu berücksichtigen (BVerfG, NuR 2000, 567, 570).

Bei der Abwägung ist für die Verantwortlichkeit des Eigentümers die **fehlende Ursächlichkeit** (Zutun) **und Schuld kein Hindernis** für die Sanierungspflicht, insbesondere in Fällen mit zugleich **privatem Interesse** des Eigentürners (Nutzungsermöglichung bzw. Steigerung des Nutzungswertes und Verkehrswertes; BVerfG aaO). Es muss auch **nicht in jedem Fall eine Entschädigung** wegen eingriffsbedingter Nachteile gewährt werden (BVerfG aaO).

Im Rahmen der Verhältnismäßigkeit, insbesondere - nach Abwägung mit Gemeinwohlbelangen - der Zumutbarkeit, ergeben sich aber hinsichtlich der Kostenbelastung insbesondere durch den Eigentümer durch eine Sanierungsmaßnahme Einschränkungen. Zur Bestimmung der Grenze dessen, was einem Eigentümer hiernach an Belastungen zugemutet werden darf, kann als **Anhaltspunkt** das Verhältnis des finanziellen Aufwands zu dem Verkehrswert nach Durchführung der Sanierung dienen. Denn in dem Verkehrswert spiegeln sich auch ohne eigene Mitwirkung und Leistung entstandene Vorteile wie planungs- und marktbedingte Steigerungen des Grundstückswerts (BVerfG aaO). Wird der Verkehrswert von den Kosten überschritten, entfallen in der Regel das Interesse des Eigentümers an einem künftigen privatnützigen Gebrauch des Grundstücks und ein kostendeckender Verkauf (BVerfG aaO). Der Anhaltspunkt einer Belastungsgrenze bis zum Grundstücksverkehrwert nach Sanierung wird zur verbindlichen Grenze, wenn die Gefahr aus **Naturereignissen**, aus der **Allgemeinheit zuzurechnenden Ursachen** oder von **nicht nutzungsberechtigten Dritten** - als Risiken losgelöst von der Sachherrschaft und der Verantwortungssphäre - herrührt (BVerfG, NuR 2000, 567, 571).

Eine Belastungsgrenze bis zur Höhe des Verkehrswertes ist auch nur zumutbar, wenn das zu sanierende Grundstück den **wesentlichen Teil des Vermögens** des Pflichtigen bildet und die Grundlage seiner privaten Lebensführung einschließlich der seiner Familie darstellt (BVerfG aaO). In solchen Fällen tritt die Aufgabe der Eigentumsgarantie, dem Träger einen Freiheitsraum im vermögensrechtlichen Bereich zu sichern und ihm damit eine eigenverantwortliche Gestaltung des Lebens zu ermöglichen, in den Vordergrund (u.a. BVerfGE 83, 201, 208). Die Zumutbarkeitsgrenze kann überschritten sein, wenn der Eigentümer eines Eigenheims unter Berücksichtigung seiner wirtschaftlichen Lage das Grundstück nicht mehr halten kann (BVerfG, NuR 2000, 567, 771).

Andererseits kann eine Kostenbelastung, die den Verkehrswert des sanierten Grundstücks übersteigt, zumutbar sein, wenn der Eigentümer das Risiko der entstandenen Gefahr **bewusst in Kauf genommen** hat und auch damit die Schutzwürdigkeit in der Abwägung mindert (BVerfG aaO; wohl gemeint ein Für-Möglich-Halten und Inkaufnehmen, 33.3.2.3, 33.3.3). Beispiele: Der Eigentümer hat ein Grundstück in Kenntnis von dessen Vorbelastung erworben (so auch BVerwG 14.12.1990, NVZ 1991, 475, auch bei daraus herleitbaren erkannten Tatsachen); er lässt zu, dass sein Grundstück risikoreich z.B. zum Betrieb einer Deponie oder zur Auskiesung mit anschließender Verfüllung genutzt wird (BVerfG aaO).

Aber auch schon dann, wenn und soweit Risikoumstände beim Erwerb eines Grundstücks oder bei der Nutzungsgewährung an Dritte zwar erkennbar waren, oder im Verlauf der Nutzung hätten erkannt werden können, der Eigentümer davor aber **fahrlässig** die Augen verschlossen hat, kann je nach dem Grad der Fahrlässigkeit eine Zumutbarkeit der Belastung über den Grundstückswert hinaus rechtfertigen (BVerfG aaO; zur Frage des gutgläubigen Erwerbs s. auch VG Frankfurt/M., NuR 1999, 711). Die Zumutbarkeit kann ferner dadurch beeinflusst werden, ob der Eigentümer Vorteile aus dem Risiko – etwa durch einen reduzierten Kaufpreis oder eine erhöhten Pachtzins – erzielt hat (BVerfG aaO). Die vorgenannte Fahrlässigkeit (vorwerfbare Unkenntnis) mit verschiedenen Abstufungen kann für einen gerechten und verhältnismäßigen Ausgleich nicht mit dem Handeln in positiver Kenntnis gleichgesetzt werden (BVerfG aaO; gegen BVerwG 14.12.1990, NuR 1991, 280).

In Fällen, in denen eine Kostenbelastung über den Verkehrswert an sich zumutbar ist, kann sich **nicht auf die gesamte wirtschaftliche Leistungsfähigkeit** des Eigentümers erstrecken (BVerfG, NuR 2000, 567, 571). Mit dem Vermögen, das in keinem rechtlichen und tatsächlichen Zusammenhang mit dem sanierungsbedürftigen Grundstück steht, kann er nicht zumutbar haften (BVerfG aaO). Dagegen kann es zumutbar sein, Vermögen zur Sanierung einzusetzen, das mit dem sanierungsbedürftigen Grundstück eine funktionale Einheit darstellt, etwa wenn dieses Bestandteil eines land- und forstwirtschaftlichen Betriebs oder sonstigen Unternehmens ist (BVerfG aaO, insbesondere für Grundvermögen, das mit dem sanierungsbedürftigen Grundstück eine solche Einheit bildet). Aber auch insoweit ist eine Zumutbarkeitsabwägung geboten. Wird aufgrund der mit der Sanierung verbundenen Kostenbelastung die **Fortführung des Unternehmens oder Betriebs gefährdet**, so ist die darin liegende faktische Enteignung mit entsprechendem Gewicht bei der Zumutbarkeitsabwägung zu berücksichtigen (BVerfG aaO). Die völlige oder ersatzlose Beseitigung einer Rechtsposition kann im Rahmen der Inhalts- und Schrankenbestimmung jedoch nur unter besonderen Voraussetzungen in Betracht kommen (BVerfG 83, 201, 212 f. = NuR 1991, 421, 422; NuR 2000, 567, 571).

Eine danach unverhältnismäßige Beschränkung der Privatnützigkeit einer durch Art. 14 (1) GG geschützten vermögenswerten Position wird nicht dadurch verhältnismäßig, dass der Eigentümer sie aufgrund seines sonstigen Vermögens ausgleichen und ertragen kann (BVerfG NuR 2000, 567, 571). Solange der Gesetzgeber, dem es nach Art. 14 (1) S. 2 GG obliegt, Inhalt und Schranken des Eigentums zu bestimmen, die Grenzen der Zustandsverantwortlichkeit nicht näher regelt, haben die Behörden und Gerichte durch Auslegung und Anwendung das Maß des nach Art. 14 (1) S. 2 und (2) GG Zulässigen einzuhalten. Die Verhältnismäßigkeitsabwägung muss sich ausschließlich auf die durch die Zustandsverantwortlichkeit gestützte Altlastensanierung beziehen (BVerfG aaO). Die Verwaltung muss bei der Sanierungsentscheidung auch über die Begrenzung der Kostenbelastung des Zustandsverantwortlichen entscheiden (BVerfGE 100, 226, 246 = NuR 1999, 572, 575; NuR 2000, 567, 571). Denn der durch eine kostenbelastende Sanierungsentscheidung belastete Eigentümer muss erst den Verwaltungsrechtsweg ausschöpfen und kann nicht gleich eine Entschädigung anstreben. Dazu muss er die Höhe der Kostenlast der Verfügung entnehmen können oder durch einen Vorbehalt einer (erst später möglichen) Kostenentscheidung noch später Gelegenheit zur Anfechtung erhalten (BVerfG NuR 2000, 567, 771 f.; s. auch 27.4.3.2). Dazu, dass eine **voll vom Land getragene juristische Person** des Privatrechts mangels Grundrechtsschutz den Zumutbarschranken nicht unterliegt, aber wegen unentgeltlicher Grundstücksübernahme in Kenntnis der Belastung eine Verantwortlichkeit auch über den Grundstückswert hinaus bestünde, s. VG Cottbus 9.9.2004, NuR 2005, 199, 203 f.

29.7.1.4 Zur Zustandsverantwortlichkeit (sonstiger) Inhaber der tatsächlichen Gewalt, § 7 (1) Nds. SOG

Nach Schäling (NVwZ 2004, 543) können die **Zumutbarkeitskriterien** des BVerfG nicht auf den **Inhaber** der **tatsächlichen Gewalt** als Zustandsverantwortlichen i.S. von § 7 (1) Nds. SOG übertragen werden, aber eigene Kriterien für eine ebenfalls gegebene Schutzwürdigkeit im Rahmen einer **ähnlichen Zumutbarkeitsabwägung** (29.6.3) sind zu entwickeln.

29.7.2 Ermessensreduzierung auf Null

Als rechtliche Grenze kann schon allein beim Entschließungsermessen eine **Ermessensreduzierung**

auf Null (vgl. 20.2) zu beachten sein:

Eine Eingriffspflicht durch Verwaltungsakt (und ein entsprechendes subjektives öffentliches Recht, vgl. 24.2.2) ergibt sich bei

- einer Gefahr für ein hochrangiges Rechtsgut (Leben, Gesundheit, Freiheit) - als qualitatives Element und

- einer hohen Gefahrenintensität, d. h. es muss ein erheblicher Schaden für das Rechtsgut zu erwarten sein - also quantitatives Element. Erheblich ist auch die Unmöglichkeit des Betroffenen, sich selbst zu schützen.

Damit muss aber nicht schon geklärt sein, **wer von mehreren Verantwortlichen** in Anspruch genommen werden darf und kann (vgl. dazu 29.8).

29.7.3 Ermessensmissbrauch (Ermessensfehlgebrauch)

Zunächst bezogen auf nur einen einzelnen Verantwortlichen darf zur Vermeidung eines Ermessensmissbrauchs (19.6.2) die Entscheidung nicht oder nicht hinreichend ausschließlich am Gesetzeszweck orientiert sein. Insbesondere müssen alle - bezogen auf den Gesetzeszweck - wesentlichen Gesichtspunkte in die Entscheidung einbezogen werden; u.a., wenn nicht alle Mittel festgestellt worden sind, obwohl einer oder mehrere leicht feststellbar waren; oder wenn in die Ermessensentscheidung sind Gesichtspunkte eingeflossen sind, die bezogen auf den Gesetzeszweck unsachlich oder unbeachtlich sind;

z.B. Nichteinbeziehen eines an sich gebotenen Mittels nur, weil der Verantwortliche ein Bekannter des Entscheidenden ist bzw. Einschreiten, weil der Adressat unsympathisch ist. Zur Auswahl unter mehreren Verantwortlichen s. 20.8.1.4.

Im Rahmen der Ermessensschranken ist auch eine Verletzung des **Gleichheitssatzes** zu vermeiden (20.3; zur Personenauswahl s. 29.8.1.4).

Der Gleichheitssatz ist aber nicht stets verletzt, wenn eine Behörde in Vergleichsfällen nicht eingeschritten ist, außer wenn es der Art des Einschreitens an jedem System fehlt, für die Art des Vorgehens auch in zeitlicher Hinsicht keine einleuchtenden Gründe sprechen und daher Willkür und Fehlen eines rechtfertigenden Grundes anzunehmen ist (OVG Lüneburg, BRS 55 Nr. 200 m.w.N.; Götz, Rn 352). Statt eines flächendeckenden Vorgehens kann ggf. auch ein Vorgehen in Einzelfällen gerechtfertigt sein (BVerwG, DÖV 1992,748 = UPR 1992, 195).

29.7.4 Ermessensnichtgebrauch (Ermessensunterschreitung)

Beim Entschließungsermessen kann der Ermessensnichtgebrauch oft allein unabhängig davon geprüft werden, ob Zusammenhänge einer Inanspruchnahme von Personen und der Wahl der Mittel geprüft werden.

Beim Ermessensnichtgebrauch (19.6.3) glaubt die Behörde irrig oder aus Nachlässigkeit,

- nicht handeln zu dürfen, also nicht eine Ermessensentscheidung treffen zu können (z.B. sie meint, nicht zuständig zu sein),

- bzw. umgekehrt mit einer einzigen rechtmäßigen Maßnahme zum Handeln ohne Ermessensspielraum verpflichtet zu sein; sie übersieht, dass auch ein Nichthandeln oder eine andere Maßnahme als Ermessensentscheidung in Betracht zu ziehen ist.

Wenn eine Behörde nicht oder nicht voll einer verantwortlichen Person gegenüber einschreitet, muss sie dafür hinreichende sachliche Gründe insbesondere des öffentlichen Interesses haben; ein grundloses Nichttätigwerden verletzt willkürlich die Aufgabe der Gefahrenabwehr (Götz, Rn 351, 353).

29.7.5 Rechtliche Grenzen des Entschließungsermessens

Bleibt nach Prüfung der Ermessensgrenzen noch ein Ermessen, also auch keine Ermessensreduzierung auf Null (29.7.2), besteht dennoch kein voller Spielraum, statt einer der mehrerer rechtlich nicht ausgeschlossener Maßnahmen, auch untätig zu bleiben. § 1 i.V.m. § 5 (1) weist den Behörden die Gefahrenabwehr als Aufgabe, also auch als Pflicht zu. Wenn die Behörde nicht, noch nicht, oder nicht so eingreift, bedarf sie dazu immer zureichender Gründe des öffentlichen Interesses (Götz, Rn 351):
Sachgemäße Gründe für Nichteinschreiten durch Verwaltungsakt oder eingreifender Realakt:

- Die Intensität der (an sich gegebenen) Gefahr ist nur gering (Bagatell-Gefahr);

- es bestehen mehrere Gefahren gleichzeitig, aber die Behörde hat nicht genug Personal, um gegen alle Gefahren einzuschreiten, sondern nur gegen die intensivste(n) Gefahr(en);
- die Gefahr kann einfacher ohne Verwaltungsakt erledigt werden, z.b. durch gutes Zureden oder freundliches Schreiben.

Die Beschränkung auf eine Belehrung, Auskunft, einen Rat oder Hinweis sind rechtlich nicht etwa mildere Mittel, 29.7.1.1, außer vielleicht ggf., wenn ein Verwaltungsakt eine Schikane wäre, 20.4.2.1. Grundlose Untätigkeit wäre aber eine willkürliche Verletzung der Gefahrenabwehraufgabe (Götz aaO), eine Art negativer Ermessensmissbrauch (29.7.3), ggf. auch Nichtausübung eines Ermessens (29.7.4). Würde von der Inanspruchnahme eines Verantwortlichen im Rahmen des Ermessens (Zweckmäßigkeit) abgesehen, könnte dies zur Verpflichtung eines etwa gleichrangig Verantwortlichen führen oder diese Verpflichtung nicht hindern (s. zu diesem Verhältnis 29.8). Es darf aber nicht dazu führen, dass ein bindend nachrangig Betroffener (s. 29.8) herangezogen wird.

29.7.6 Ermessensentscheidung gegenüber einem Verantwortlichen bei mehreren zulässigen Mitteln, § 5 (1) (2) Nds. SOG

§ 5 (2) Nds. SOG Kommen zur Gefahrenabwehr rechtlich noch mehrere Mittel in Betracht, so genügt es, wenn eines davon bestimmt wird; dem Betroffenen ist auf Antrag zu gestatten, ein anderes ebenso wirksames Mittel anzuwenden, sofern die Allgemeinheit dadurch nicht stärker beeinträchtigt wird.

Kommt nur ein Verantwortlicher in Betracht (vgl. 29.6), ohne dass zu 29.6 und 29.7 genannte gerichtlich überprüfbaren Arten von Ermessensfehlern vorliegen und nicht von einem Einschreiten abgesehen werden kann und soll (29.7.5) und sind für **mehrere zulässige Mittel etwa gleichgewichtige oder einleuchtende sachliche Gründe** gegeben, handelt es sich bei der Auswahl insoweit nur noch um eine **Zweckmäßigkeit**sentscheidung nach § 5 (1), die gerichtlich nicht nachprüfbar ist. Die Zweckmäßigkeit einer rechtmäßigen Maßnahme ist nur innerhalb der Verwaltung insbesondere im Widerspruchsverfahren zu überprüfen (s. § 68 VwGO; 19.6.4, 25.2.6.2). Sachlicher **Auswahlgrund** ist insbesondere der wichtige Grund der **Effektivität** der Gefahrenabwehr, nach dem die **Gefahr am schnellsten, nachhaltigsten und mit der (danach) geringst möglichen Eingriffsintensität** zu beseitigen ist; s. auch zur Mehrheit von Verhaltensverantwortlichen 29.8.1.3.

Soweit neben einem bestimmten Mittel dem Betroffenen eingeräumt wird, ein **ebenso wirksames anderes Mittel** nach § 5 (2) anzubieten, was unter Wahrung der Verhältnismäßigkeit mehr Freiheit belässt, ist nicht von einer unbestimmten Regelung auszugehen. Z.B. Ersatzaufforstungsmaßnahme, die die Auswahl einer standortgerechten Baumart dem Betroffenen überlässt (45.4.8.5).

29.8 Schranken und Möglichkeiten für das Auswahlermessen hinsichtlich verantwortlicher Personen (Recht- und Zweckmäßigkeit)

29.8.1 Allgemeine Schranken

Kommen mehrere Personen (auch Unternehmen) nach einer für jeden Einzelnen isolierten rechtlicher Prüfung als Verantwortliche für eine Gefahrenabwehrmaßnahme in Betracht (vgl. 29.6, 29.7), ist zu klären, ob aus dem Verhältnis der Verantwortlichen zueinander für die Heranziehung einzelner Verantwortlicher rechtliche Ermessensschranken bestehen und welche Regeln insoweit für eine Zweckmäßigkeit anwendbar sind.

29.8.1.1 Schranken zur **Vermeidung einer Ermessensüberschreitung** könnten **vorrangige besondere gesetzliche Reglungen** sein, gegen welchen der typisierten Verhaltensverantwortlichen im Rahmen der Recht- und Zweckmäßigkeit vorgegangen werden darf und kann. Das allgemeine Gefahrenabwehrrecht (§§ 6, 7 Nds SOG) und meistens entsprechend das Fachrecht (z.B. § 4 (3) BBodSchG, 61.2.1.3 ff.) bestimmen nicht ausdrücklich eine rechtlich verbindliche Reihenfolge oder andere Vorranggründe für eine volle oder teilweise Inanspruchnahme der verschiedenen im Gesetz aufgeführten Gruppen von Verantwortlichen oder innerhalb derselben Gruppe (s. z.B. Gornig/Hokema, JuS 2002, 21, 22). Es wird versucht, durch Auslegung Regeln zu ermitteln, denen andererseits als zu pauschal widersprochen wird (vgl. z.B. m.w.N. Becker, UPR 2004, 1 ff.; Gornig/Hokema, JuS 2002, 21, 22 ff.; andererseits Götz, Rn 253).

Der **Verhältnismäßigkeitsgrundsatz** könnte sich als **Ermessensüberschreitung** nach der Prüfung zu 29.7.1 wohl nur noch in der zweiten Stufe auswirken. Das festgestellte **Mittel** bei einem Verantwortlichen als **weniger eingreifend** (geringeres Mittel, 20.1.2) als bei einem anderen Verantwortlichen erweisen, soweit es nicht vorrangige Kollisionsregeln gibt.

29.8.1.2 Besteht wegen der **Schwere und Unmittelbarkeit der Gefahr** eine **Ermessensreduzierung auf Null** (29.7.2), dürfte dies für alle Verantwortlichen zutreffen, so dass die Auswahlentscheidung nach anderen Kriterien gefunden werden muss.

29.8.1.3 Soweit nicht schon vorgenannte oder spezielle gesetzliche Ermessensschranken vorliegen, ist auch, bei der Frage, welcher der Verantwortlichen in Anspruch zu nehmen ist, **Richtschnur: Bei welchem Verantwortlichen ist aus dem Zweck der Gefahrenabwehraufgabe** heraus die **Gefahr am effektivsten**, das heißt **schnellsten, nachhaltigsten und** (wie zur Verhältnismäßigkeit schon festgestellt) **mit der geringst möglichen Eingriffsintensität** zu beseitigen? Vgl-29.7.6, 29.7.1.3. Kriterien sind insbesondere
– die Greifbarkeit des Störers,
– die örtliche Nähe zur Gefahrenquelle (Gornik/Hokema (NVwZ 2002, 21, 23),
– eine leichte Einwirkungsmöglichkeit auf die Gefahrenquelle, insbesondere die zivilrechtliche Nutzungs- und Verfügungsbefugnis (BVerwG, NVwZ 1990, 474, 475),
– die wirtschaftliche und persönliche Leistungsfähigkeit des Heranzuziehenden (VGH Mannheim, NVwZ 1990, 179, 180; OVG Münster, OVGE 19, 101, 104),
– für eine Akzeptanz der größte Nutznießer aus der Beseitigung der Gefahr.
Hierzu kann es aber rechtliche Schranken geben oder hieraus könnten Schranken abgeleitet werden.

29.8.1.4 Im Rahmen der Ermessensschranke des **Ermessensmissbrauchs** (s. 29.7.3) ist auch eine Verletzung des **Gleichheitssatzes** im Verhältnis von Verantwortlichen zueinander zu vermeiden (20.3).
Wie zu 29.7.1.3 ausgeführt, kommt der Effektivität der Gefahrenabwehr (29.8.1.3) im Zusammenhang mit einer Pflicht zur **Willkürvermeidung** auch rechtliche Bedeutung zu.

So wird übergreifend für alle Konstellationen angenommen, dass das behördliche Auswahlermessen zwischen Verantwortlichen sich **auf Null reduzieren** kann, wenn die **zivilrechtliche Letztverantwortlichkeit** eines der Verantwortlichen offensichtlich und eindeutig ist und das Interesse an effektiver und schneller Gefahrenabwehr durch eine solche Beschränkung nicht gefährdet wird (VGH München 20. Senat 13.5.1986, NuR 1987, 80; 6.6.1997, NuR 1998, 101; OVG Lüneburg 10.6.1989, NVwZ 1990, 786, 787; 7.3.1997, NJW 1998, 97, 98 f.; BVerwG 24.8.1989, NVwZ 1990, 474, 475; VGH Mannheim 8.2.1993, VBlBW 1993, 287, 301 f.; VGH Kassel 24.8.1994, UPR 1995, 198; OVG Schleswig 14.7.1995, NuR 1996, 162; Schlabach, VBlBW 1996, 41, 43 f.; Hipp/Rech/Purian, BBodSchG, 2000, Rn 412). **Gegen** diese Auffassung entschied der 22. Senat des VGH München 15.9.2000, NuR 2001, 409, 410, in einem auch für das allgemeine Gefahrenabwehrrecht relevanten Fall zum BBodSchG (61.2.1.13): Die Voraussetzungen seien praktisch nicht erfüllbar, wie sich auch in allen Einzelfällen der vorgenannten Gerichtsentscheidungen zeigt. Gerade bei kostenträchtigen Gefahrenabwehrmaßnahmen kann jeder auch zivilrechtlich in Betracht Kommende seine Verantwortlichkeit mit nicht ohne Weiteres widerlegbaren Gründen bestreiten. Selbst im Zivilrecht lässt sich nicht von einer internen Schuldnerausgleichspflicht auf einen bestimmte Gläubigeranspruch schließen (§ 421 S. 1 BGB). Das gilt auch für Fälle einer Rechtsnachfolge, Schuldübernahme (§§ 414, 415 BGB), Garantenhaftung sowie handels- oder gesellschaftsrechtliche Einstandspflicht. Die Trennung der Regelungen über externe und interne Verantwortlichkeit wegen eines unterschiedlichen Interessenkonflikts gilt auch für die öffentlich- rechtliche Verantwortlichkeit, insbesondere auch für das BBodSchG (§ 24 (1) und (2); VGH München, NuR 2001, 409, 410, für die Unerheblichkeit eines vertraglichen Gewährleistungsausschlusses als Vertrag zu Lasten einer öffentlich-rechtlichen Befugnis aus Verhaltensverantwortlichkeit). Zustimmend Gornig/ Hokema, JuS 2002, 21 ff. Nur wenn deutliche Anhaltspunkte dafür fehlen, wer die Gefahr am effektivsten beseitigen kann, sollen störerbezogene Kriterien zur Vermeidung von Ermessensfehlern zu berücksichtigen sein (Gornig/ Hokema aaO).

Wenn die Behörde überhaupt nicht berücksichtigt, dass mehrere Störer in Anspruch genommen werden können (VGH Mannheim, NVwZ 1990, 179 f.) oder ihre eigene Mitverantwortlichkeit übersieht (Gornig/Hokema), handelt sie ermessensmissbräuchlich, 29.7.3; s. auch 29.8.1.5.

Der Grundsatz einer effektiven Gefahrenabwehr und seiner einzelnen Kriterien im Spannungsverhältnis zu **persönlichen Kriterien** wie die Kostenfrage, wirtschaftliche Leistungsfähigkeit des Verantwortlichen und einer **gerechten Lastenverteilung** (aus Art. 3 (1) GG, Würtenberger/Heckmann/Riggert, Polizeirecht in Bad.-Württ., 33. Aufl. 1997, Rn 328) kann unterschiedliche Bedeutung haben je nach dem, ob es sich um eine rein verhaltensbezogene oder eine (auch) grundstücksbezogene Verantwortlichkeit handelt, ob die Gefahr schwerwiegend, mittel oder von geringer Bedeutung ist, ob die Gefahr unmittelbar bevorsteht oder erst in absehbarer Zeit eintritt oder schon eingetreten ist, aber die eigentlichen Schäden erst später eintreten werden (Bodenverunreinigung und spätere Grundwasserschädigung). **Je schneller entschieden** werden muss, desto **geringer** fallen die Anforderungen an die **Tatsachenermittlungen** aus (Gornig/ Hokema, JuS 2002, 21, 23). Der erforderliche geringste Eingriff wird im Allgemeinen durch den internen meistens zivilrechtlichen Ausgleich ausreichend gewährleistet (vgl. aber auch § 14 (2) BBodSchG; s. 29.8.5). Auf der anderen Seite kann im Rahmen eines Vergleichs der Verantwortlichen auch von Bedeutung sein, wer den **größten Nutzen** aus der Gefahrenbeseitigung zieht oder wer mit **geringerer Belastung** in Anspruch genommen werden kann (milderes Mittel, Verhältnismäßigkeit Stufe 2) und ob gewisse Ermittlungen zu der internen Verantwortlichkeit auch zur Vermeidung späterer Prozesse der Verantwortlichen gegeneinander geboten sind. Soweit keine vorrangigen Rechtsschranken bestehen, ist zumindest das **Gebot einer sachlichen Entscheidung** nach obigen Kriterien **zur Willkürvermeidung** einzuhalten (s. 29.7.3).

Würde von der Inanspruchnahme eines Verantwortlichen im Rahmen des Ermessens (Zweckmäßigkeit) abgesehen, könnte dies zur Verpflichtung eines etwa gleichrangig Verantwortlichen führen oder diese Verpflichtung nicht hindern und bedarf der sachlichen Begründung. Es darf aber nicht dazu führen, dass ein bindend nachrangig Betroffener (s. 29.8) herangezogen wird.

29.8.1.5 Zur (weiteren) Vermeidung einer **Ermessensunterschreitung** (29.7.4) muss das Ermessen bei der Auswahlentscheidung auf alle in Betracht kommenden Verantwortlichen erstreckt werden.

29.8.2 Mehrheit von Verhaltensverantwortlichen

Allgemeine Richtschnur bei mehreren Verhaltensverantwortlichen (nach Eingrenzung zu 29.6.1, 29.7) ist aus dem Zweck der Gefahrenabwehraufgabe heraus im Allgemeinen die Zielrichtung, in erster Linie denjenigen vorrangig heranzuziehen, der **bei gleicher zu erwartender Effektivität** die Gefahr mit dem geringsten Aufwand (Götz, Rn 252) bzw. die Gefahr am schnellsten, nachhaltigsten und mit der geringst möglichen Eingriffsintensität beseitigen kann (vgl. die Kriterien zu 29.8.1.3).

Dach kann die Behörde grundsätzlich, wenn nach rechtlicher Prüfung mehrere Verhaltensverantwortliche verblieben sind, die die **Gefahr** (unmittelbar oder als Zweckveranlasser) **gemeinschaftlich verursacht** haben, im Rahmen zweckmäßiger Ermessensbetätigung gegen jeden einzelnen Verhaltensverantwortlichen allein oder gegen mehrere oder – nach dem Rechtsgedanken des § 830 (1) S. 1 BGB gegen alle Verantwortliche einschreiten, mit dem Internausgleich wie bei der Gesamtschuldnerschaft (Becker, UPR 2004, 1, 6). Das trifft grundsätzlich auch für **unabhängig von einander verursachte Schäden** (h.M.; Becker, UPR 2004, 1, 5). Jochum (NVwZ 2003, 526) nennt sie die „Nicht-So-Störer". Z.B. bei umweltrechtlich gefährdenden Summations- und Distanzschäden (61.2.1.1, 61.2.7, 61.4.3) mit weiterer Schadensprognose (Becker, UPR 2004, 1, 5). Eine anteilige Verantwortlichkeit entfällt grundsätzlich. Der Verhältnismäßigkeitsgrundsatz, insbesondere der erforderliche geringste Eingriff wird im Allgemeinen durch den internen, meistens zivilrechtlichen Ausgleich ausreichend gewährleistet, wie das auch entsprechend im Zivilrecht nach §§ 830, 840 BGB gelöst ist (Gornik/Hokema, JuS 2002, 21, 22 m.w.N.). Ist jedoch bei unabhängig voneinander Handelnden der jeweilige Teilbetrag klar und hinreichend bestimmt (ohne übermäßigen Aufwand) ermittelbar, sind die Abwehranordnungen hierauf zu richten, damit das Verursachungsprinzip nicht verletzt wird, (Becker, UPR 2004, 1, 5 auch Fußn 50). Jedoch ist noch nicht geklärt, ob dazu eine gesetzliche Ermächtigungsgrundlage erforderlich ist (Becker aaO). Der Grad der Verursachung ist vorbehaltlich des Verhältnismäßigkeitsgrundsatzes grundsätzlich unerheblich (VGH Mannheim, 3.9.2002, NVwZ-RR, 2003, 105). Zum Internausgleich s. 29.8.5.

Bei Verletzungen von Landschaftsbetretensverboten (46.) werden alle Gefährdende heranzuziehen sein, ggf. auch Aufsichtspflichtige, z.B. für Kinder. Wenn, wie im Umweltrecht häufig, das Verhalten zu einer Gefahr aufgrund des Zustands eines Grundstücks geführt hat, kommt das Verhältnis zum Zustandsverantwortlichen hinzu (s. 29.8.4).

Eine ermessensfehlerfreie Maßnahme ist nicht nur sachgemäß und zweckmäßig, wenn sie gegen den **zeitlich letzten** Verantwortlichen ergeht, wenn dies der effektiveren Gefahrenbeseitigung dient (Becker, UPR 2004, 1, 5). Zur Freistellung des Waldeigentümers durch § 10 NAbfG s. 29.6.4. Laden mehrere Personen unzulässig Müll auf einer Fläche in einem Wald ab, ergibt sich: Wer durch eigenes Verhalten (Abfallablagerung) bewirkt, dass auch nicht mehr unterscheidbar andere dort Abfall ablagern, kann für die volle Beseitigung in Anspruch genommen werden (VGH München 22.9.2003, UPR 2004, 37).

Der **gewillkürte gesellschaftsrechtliche oder handelsrechtliche Gesamtrechtsnachfolger** einer handlungsverantwortlichen juristischen Person ist selbst Handlungsverantwortlicher (Becker, UPR 2004, 1, 6). Zur Übernahme aller Rechte gehört auch die Übernahm aller – abstrakten (strittig) und konkreten - Pflichten (Becker aaO). Bei Bösgläubigkeit (z.B. Kenntnis von Altlasten), haftet der gesellschaftsrechtliche oder handelsrechtliche Gesamtrechtsnachfolger vorrangig vor einem zusätzlich vorhandenen natürlichen Handlungsverantwortlichen (Becker aaO; 29.6.1.6).

Der **Personensorgeverpflichtete** (29.6.1.6) ist nachrangig gegenüber dem Verhaltensverantwortlichen heranzuziehen (Becker, UPR 2004, 1, 7).

29.8.3 Mehrheit von Zustandsverantwortlichen

Auch wenn von mehreren Personen jeder rechtlich auch nach Anwendung des Verhältnismäßigkeitsgrundsatzes zulässig (ohne maßgebenden Handlungsverantwortlichen, 29.8.2, 29.8.4) als Zustandverantwortlicher in Anspruch genommen werden könnte, ist von dem Effektivitätsgrundsatz auszugehen, der insbesondere durch die Verhältnismäßigkeit und den Gleichheitssatz beschränkt sein kann (29.8.1).

Sind mehrere **Einzeleigentümer unabhängig voneinander** verantwortlich, so gilt Entsprechendes wie bei den selbständig handelnden Verhaltensverantwortlichen (29.8.2; Rechtsgedanke des § 420 BGB mit Ausgleich wie zu 29.8.5; Becker, UPR 2004, 1, 6 mit Hinweis auf die Schwierigkeit der Begründung).

Ist eine **Bruchteilsgemeinschaft (alle sind Miteigentümer,** 37.27) zustandsverantwortlich, kann mit sachlicher Begründung statt aller oder einiger auch nur einer der Miteigentümer in Anspruch genommen werden (Becker, UPR 2004, 1, 6, mit dem Ausnahmebeispiel, dass nur von einer einzigen Eigentumswohnung auf dem Grundstück eine Gefahr ausgeht). Müsste nicht in ein Verwaltungsrecht, sondern in die Substanz der Sache eingegriffen werden, z.B. durch eine Abrissverfügung eines Gebäudes, sind alle Mithandeigentümer in Anspruch zu nehmen; zumindest einer muss voll in Anspruch genommen werden und die übrigen eine Duldungsverfügung erhalten (Götz aaO). Wird insgesamt nur einer herangezogen, so ist nach der Rechtsprechung der Verwaltungsakt nicht wegen Unmöglichkeit rechtswidrig oder gar nichtig, sondern nur nicht vollziehbar (BVerwGE 40, 101, 103; Götz aaO; Frage des geeigneten Mittels, vgl. auch 29.7.1.1).

Geht die Störung vom **Gesamthandseigentum** (z.B. Gesellschaft des bürgerlichen Rechts, Miterbengemeinschaft, 37.27) aus, sollten alle Gesamthandseigentümer herangezogen werden, soweit die Effektivität des Vollzugs oder mangelnde Bestimmtheit und Klarheit der Verfügung dem nicht entgegenstehen (vgl. im Übrigen wie zu den Miteigentümern); Gesamthandseigentümer schulden Geldforderungen ohnehin gesamtschuldnerisch (Becker, UPR 2004, 1, 6).

Ist sowohl der **Eigentümer als auch** der **davon verschiedene Inhaber der tatsächlichen Gewalt** (z.B. Pächter) zustandsverantwortlich, gilt Folgendes: Bei anlagenbezogenen Gefahren ist in der Regel schon gesetzlich der Inhaber der tatsächlichen Gewalt vorrangig heranzuziehen (Becker, UPR 2004, 1, 6). Aber auch in den übrigen Fällen ist der Inhaber der tatsächlichen Gewalt zuerst in Anspruch zu nehmen, da er schon dem verursachenden Handlungsverantwortlichen sehr nahe kommt und die dazu genannten Grundsätze entsprechend gelten können (Becker, aaO; s. auch den Fall des VG Cottbus 9.9.2004, NuR 2005, 199). Der Inhaber der tatsächlichen Gewalt (z.B. Mieter) wird vor allem auch eher die Gefahr beseitigen können als der im Ausland lebende Eigentümer. Allerdings kann der Eigentümer unter Umständen bei Duldung oder Unterlassen gefährlicher und störender Anlagen seines Besitzers zum Verhaltensverantwortlichen werden (Becker aaO). Soweit aber die Abwehrmaßnahmen in die Rechte des Eigentümers eingreifen würden und dieser die (vertraglich nicht vorgesehene) Zustimmung nicht erteilt, ist der zustandspflichtige Eigentümer zu verpflichten, allein (Becker aaO) oder, falls als Duldungsverfügung ausreichend, neben dem Inhaber der tatsächlichen Gewalt.

Auch der das **Eigentum aufgebende Eigentümer** (§ 928 bzw. § 958 BGB; s. 29.6.2) kann außer nach der Spezialregelung des § 4 (6) BBodSchG (61.2.1.13) auch z.B. nach § 7 (3) Nds. SOG herangezogen werden (29.6.2). Dieser ist bei Gutgläubigkeit des neuen Eigentümers vorrangig heranzuziehen, zumal er in aller Regel wegen der Gefahrenlage das Grundstück aufgegeben hat (Becker, UPR 2004, 1, 6 f.). Sind beide bösgläubig, so kann jeder von beiden nach den Grundsätzen der Mittäter bei Bruchteilseigentum oder aber gemeinsam ("gesamthänderisch") herangezogen werden (Becker aaO).

29.8.4   Mindestens ein Zustands- und ein anderer Verhaltensverantwortlicher

Soweit lediglich die Bindungen des Verhältnismäßigkeitsgrundsatzes die Auswahlentscheidung nicht festlegen, besteht ein Auswahlermessen, das nicht durch Grundsätze weiter einzuschränken ist (Götz, Rn 253). Selbst wenn ein Handlungsverantwortlicher zugleich Zustandsverantwortlicher ist, soll er deswegen nicht vorrangig heranzuziehen sein (a.A. VGH München, BRS 32, Nr. 179). Es soll auch nicht der Grundsatz gelten, dass stets der Handlungsverantwortliche vor dem Zustandsverantwortlichen heranzuziehen ist. Es muss also nach dieser Auffassung nicht in jedem Fall eine Nachrangigkeit der Zustandshaftung gelten, wonach eine Inanspruchnahme nur dann ermessensfehlerfrei wäre, wenn der Verursacher der Gefahr nicht (mehr) vorhanden oder zur Beseitigung der Gefahr außer Stande wäre (BVerfG NuR 2000, 567, 570; noch strittig). Dies hängt insbesondere von der strittigen Frage ab, ob nach Auslegung der Regelungen über die Verantwortlichkeit eine **effektive**, insbesondere schnelle und nachhaltige Gefahrenbeseitigung bestimmt, wer beim Zusammentreffen mindestens eines Zustandsverantwortlichen und eines für die Sache nicht verantwortlichen Verhaltensverantwortlichen in Anspruch zu nehmen ist (Götz, Rn 253; s. auch Giemulla/Jaworsky/Müller-Uri, Verwaltungsrecht Rn 764 – 770; Jochum, NVwZ 2003, 527) oder ob andere Erfolgsgebote bedeutsam sind, nach denen der Handlungsverantwortliche doch vor dem mit ihm nicht identischen Zustandsverantwortlichen heranzuziehen ist (s. Becker, UPR 2004, 1, 2, auch mit Hinweis auf Lepsius, „a.a,O."S. 237 f.).

Dem Grundsatz der Effektivität kann insbesondere das aus dem allgemeinen Gleichheitssatz folgende **Gebot gerechter Lastenverteilung** im **Verhältnis** insbesondere zwischen einem **zustandsverantwortlichen** Grundstückseigentümer u.Ä. **und** einem von außen in das Grundstück einwirkenden **Handlungsverantwortlichen** widersprechen (Götz, Rn 256) (Götz, Rn 256, mit dem Beispiel vor Inkrafttreten des BBodSchG, dass von einem umgestürzten Tanklastzug Öl auf das Nachbargrundstück fließt und das Grundwasser bedroht). Die Störereinwirkung auf den „Gestörten" soll in solchen Fällen „bei der Ermessensentscheidung erheblich ins Gewicht fallen", erst recht bei sofortigem Vollzug hinsichtlich der Kostenerstattung (Götz, Rn 256). Die Anwendung des Gleichheitssatzes (29.7.3) soll danach nicht absolut sein, sondern sich – wohl als Regelfall – aus einer Abwägung ergeben. (Auch wenn die Abwägung negativ ausfällt, wird im Rahmen der Zweckmäßigkeit, s. 29.8.2.3, z.B. wegen Rechtsmittel des Grundstückseigentümers, der zahlungsfähige Handlungsverantwortliche vorrangig herangezogen werden können. Vgl. auch zur Inanspruchnahme des Handlungsverantwortlichen für eine Sanierung eines fremden von ihm belasteten Bodens vor Inkrafttreten des BBodSchG VGH Mannheim. DÖV 19990, 344 = NVwZ 1990, 781; Götz, Rn 258). Kein Rechtsfehler wird angenommen, wenn der Zustandsverantwortliche herangezogen wird, weil der Handlungsverantwortliche nicht eindeutig feststeht (VGH Mannheim, DVBl. 1990, 1046).

Effektivitätsgebote können jedenfalls keine materielle Verantwortlichkeit über die gesetzlichen Gründe hinaus begründen (Becker aaO).

Becker erläutert, dass im gesamten Recht, insbesondere **Umweltrecht, meistens** nur der Verursacher als Handlungsverantwortlicher heranzuziehen ist (UPR 2004, 1, 2 f. mit Nachw. zum Wasserrecht und Hinweis auf Art. 174 (2) EGV, 38.1.2). Bei der ähnlich wie §§ 6 – 8 SOG, wenn auch etwas differenzierter, aufgebauten Pflichtenregelung des § 4 (3) BBodSchG versucht er (aaO) aus der Reihenfolge der Gründe für eine Verantwortlichkeit (zuerst ist die Handlungsverantwortlichkeit genannt), aus dem Gerechtigkeitsgebot und der weiten umweltrechtlichen Bedeutung des Verursacherprinzips in vielen Vorschriften einen Vorrang des Verursacherprinzips herzuleiten, mit gleichem Ergebnis auch für das allgemeine Gefahrenabwehrrecht. Da eine an sich nicht gefahrvolle Sache nur durch einen Verursacher selbst oder in ihrem Energiezustand verändert werden könne, sei die Verursacherhaftung logisch vorrangig; der Eigentümer ist Opfer und nicht Störer (Becker, UPR 2004, 1, 3). Ist kein Handlungsverantwortlicher oder Rechtsnachfolger vorhanden, so haftet die Sache für ihren Zustand (nur) wie ein Verursacher, das heißt (wie das BVerfG festgestellt hat, s. 29.7.1.3) lediglich mit dem Wert des Grundstücks als Opfergrenze und im Übrigen die Allgemeinheit als Solidargemeinschaft nach dem Gemeinlastprinzip (Becker aaO). Das gilt auch bei Gefährdung durch höhere Gewalt (z.B. Naturereignisse bis hin zu dem Aufprall eines einem Meteoriten mit schädigenden Stoffen (Becker, UPR 2004, 1, 3, der aber in extremen Fällen auch ein volles Einstehen der Solidargemeinschaft für geboten hält; a.A. Lepsius, aaO, 252 f., 261 ff.).

Grundsätzlich kommt also der Inanspruchnahme **Vorrang des Verhaltensverantwortlichen vor dem Zustandsverantwortlichen** zu (Vogel/Martens, Gefahrenabwehr usw., 9. Aufl. 1986; Hinweis von Becker auf den „Hauptstrom" der OVG und VGH" a.A. VGH Mannheim 30.10.1990, DVBl. 1990, 1046; 25.10.1999, NuR 2000, 333; VGH München 22.3.2001, BayVBl. 2002, 470; Jochum, NVwZ 2003, 527). Für einzelne Fallgruppen gilt Folgendes:

Häufig wird, wenn **der Handlungsverantwortliche als Verursacher <u>finanziell</u> nicht in der Lage ist, die Gefahr zu beseitigen,** der Zustandsverantwortliche in Anspruch genommen (vgl. bei Becker, UPR 2004, 1, 4). Demgegenüber wird es für notwendig gehalten, selbst bei anfänglicher finanzieller Unmöglichkeit die Verpflichtung des Verursachers mit Androhung der Ersatzvornahme für den Fall der Nichtbefolgung auszusprechen und dieses Zwangsmittel selbst oder durch ein beauftragtes Unternehmen anzuwenden (zu vollziehen, 30.3.3); der Zustandsverantwortliche muss dieses nur (ggf. kraft Duldungsverfügung) dulden, ist aber kein Ersatzverantwortlicher zugunsten der Solidargemeinschaft (Becker, UPR 2004, 1, 4; a.A VGH Kassel, 20.3.1986, DÖV 1987, 260; 21.5.1997, NVwZ 1998, 747 - hinsichtlich des beim Handlungsverantwortlichen ausfallenden Restes; VGH München 13.5.1986,

BayVBl. 1986, 590; VGH Mannheim 30.1.1990, DVBl. 1990,1046; Vogel/Martens aaO, S. 305, 320).

Gleich ist die Rechtslage zu beurteilen, wenn der **Verursacher tatsächlich nicht in der Lage ist, die Gefahr zu beseitigen** (Becker, UPR 2004, 1, 4; strittig wie beim finanziellen Unvermögen).

Ist der **Verursacher rechtlich nicht in der Lage, die Gefahr zu beseitigen** (z.B. schuldrechtlich als Mieter oder Pächter oder dinglich-sachenrechtliche Hindernisse wegen Eingriff in das Eigentum) wird auch grundsätzlich eine Inanspruchnahme des Eigentümers für zulässig gehalten. Auch dem wider-spricht, aber differenzierend, Becker (UPR 2004, 1.4). Die öffentlich-rechtliche Inanspruchnahme kann nicht durch vertragsrechtliche Hemmnisse gehindert werden (Becker aaO). Allerdings kann aus-nahmsweise eine Vereinbarung zwischen dem Verursacher und dem Eigentümer über eine Übernah-me der Einstandspflicht des Verursachers das Auswahlermessen zu Lasten des Eigentümers bei Wah-rung der Effektivität erweitern, nicht aber zur Übertragung der öffentlich-rechtlichen Verhaltensver-antwortlichkeit führen (OVG Lüneburg 7.3.1997, NVwZ 2000, 119; Becker aaO mit dem Hinweis auch auf den Altlastenkauf). In den übrigen Fällen bleibt es bei einer Inanspruchnahme der Verhaltensver-antwortlichen allein, jedenfalls wenn der Eigentümer zustimmt, was er im Regelfall wegen des Nut-zens für ihn tun wird. Ist der Eigentümer nicht einverstanden, kommt eine Duldungsverfügung ihm gegenüber in Betracht (Becker aaO). Wird allerdings die Substanz des Eigentums betroffen, ist unmit-telbar der Eigentümer heranzuziehen (zu den Grenzen s. 29.6.2), der dann einen Ausgleichsanspruch gegen den Verursacher erlangt , z.B. nach § 24 (2) BBodSchG (Becker aaO).

Der Verursacher kann aber auch **in einem engen wirtschaftlichen Rechtsverhältnis zum Eigen-tümer stehen und wird mit dessen Eigentum erwerbswirtschaftlich tätig** (z.B. als unternehme-rischer Pächter; Becker, UPR 2004, 1, 4). Liegen beim Verursacher ernstliche Hindernisse für eine ef-fektive Gefahrenabwehr vor, kann der Eigentümer in Anspruch genommen werden (BVerwG 10.7.1998, DÖV 1998, 968).; Becker aaO). Er ist selbst verhaltensverantwortlich, wenn er die gefähr-dende Tätigkeit duldet, sie nicht abstellen lässt oder sie sogar als Ziel nutzt (Becker aaO; VGH Mün-chen 26.7.1991, NVwZ 1991, 905 zu einem Wurftaubenschießstand).

Ist der **Verursacher eine juristische Person des Privatrechts** (GmbH, AG usw.), und **existiert die-se Person nicht mehr**, ist nach der **Art des Erlöschens** zu unterscheiden; dabei ist ein Formwechsel (z.B. Wechsel des Firmennamen) kein Erlöschen (Becker, UPR 2004, 1, 4 f.):
- Bei einer **Umwandlung i.S. des Umwandlungsgesetzes** ist das Umwandlungsrecht auch für die öffentlich-rechtliche Inanspruchnahme maßgebend (Becker aaO; 29.6.1).
- Bei einer **gesellschaftsrechtlichen handelsrechtlichen** oder **sonstigen privatrechtlichen Ge-samtrechtsnachfolge** ist **strittig**, ob die privatrechtlichen Regelungen auch gefahrenabwehr-rechtlich gelten (29.6.1.5 mit Nachw.; Spezialregelung § 4 (3) BBodSchG, 61.2.1.5).
- Ist die juristische Person endgültig ohne Nachfolge oder „Neufolge" **aufgelöst (liquidiert)**, sind die **Personen der Organe** und **leitenden Personen** Verhaltensverantwortliche und heranzuzie-hen (Becker, UPR 2004, 1, 4; 29.6.1.6).

Ist der Verursacher eine natürliche Person, die nicht greifbar ist, weil sie **verschwunden** ist, kann nicht der Eigentümer ersatzweise in Anspruch genommen werden (VGH München3.7.1996, BayVBl. 1997, 87, 88, Vogel/Martens, aaO, S. 305; Becker, UPR 2004,1, 5; auch nicht als Notstands-pflichtiger mit Entschädigungsanspruch, 29.6.3). Vgl. auch OVG Hamburg 17.5.2000, NuR 2001, 94, zur Heranziehung des Eigentümers, wenn ein Verhaltensverantwortlicher nicht ohne unangemessenen und unzumutbaren Verwaltungsaufwand, insbesondere nach Einstellung des staatsanwaltlichen Ver-fahrens gefunden werden kann und der Grundeigentümer durch Vermietung zu gewerblichen Zwe-cken zu einer Sanierungsbedürftigkeit mit Kosten von 10 v.H. des Grundstückswerts beigetragen hat.

Ist der Verursacher eine natürliche Person, die nicht greifbar ist, weil sie **verstorben** ist, ist auch die Frage einer Gesamtrechtsnachfolge strittig (29.6.1.5; Becker; UPR 2004, 1, 5). Auch hier soll die Opferrolle des Eigentümers entlastend nach vorstehenden Grundsätzen zu beachten sein (Becker aaO).

Die betont den Eigentümer schonende Bewertung Beckers ist mit geprägt durch Spezialregelungen des grundstücksbezogenen Umweltrechts, insbesondere des BBodSchG, sowie durch die sehr hohen Sanierungskosten bei Altlasten, bei denen meistens auch kein schnelles Handeln erforderlich ist. Die Rechtsentwicklung erscheint hier im Fluss und bedeutet leider Rechtsunsicherheit mit gerichtlichen Klärungen oft nur im Einzelfall.

Anders ist die Lage bei **beweglichen Sachen** und **geringer Kostenbelastung**. So kann für das Abschleppen rechtswidrig geparkter Fahrzeuge die Polizei - anstelle des erst mit Aufwand zu ermittelnden Fahrers - über das Kennzeichen als effektiver und ohne Verstoß gegen den Verhältnismäßigkeitsgrundsatz (29.7.1.1) den Halter heranziehen (Götz Rn 255; VG Freiburg, NJW 2000, 2603). Weist der Halter aber unverzüglich auf den Fahrer mit Adresse hin, ist in der Regel dieser in Anspruch zu nehmen (OVG Koblenz, NJW 1986, 1369; OVG Bremen, DAR 1986, 159).

Zu den besonderen Adressaten der Standardmaßnahmen s. §§ 12 ff. Nds. SOG (29.6.4).

Soweit Personen **einstandspflichtig** sind für eine juristische Person als Eigentümerin (s. speziell § 4 (3) BBodSchG, 61.2.1.6), hat die Verursacherverantwortlichkeit Vorrang (Becker, UPR 2004, 1, 7).

29.8.5   Interner Ausgleich zwischen Verantwortlichen

Soweit zulässig einer von mehreren Verantwortlichen voll zur Gefahrenabwehr herangezogen wird und die vollen Kosten tragen muss, stellt sich die Frage eines Lastenausgleichs unter den Verantwortlichen. Dazu fehlt im Nds. SOG eine Regelung (auch bei der unmittelbaren Ausführung. 30.4; so auch in den meisten anderen Ländern; Götz Rn 260). Es ist eine Gesetzeslücke anzunehmen, die in Erfüllung des Prinzips der gerechten Lastenverteilung (29.8.1.4) nach einer Auffassung im Schrifttum durch **entsprechende Anwendung** (Analogie) des **Gesamtschuldnerausgleichs** nach § 426 (1) und (2) BGB zu füllen ist (u.a. VGH München, BayVBl. 1989, 467, 470; Kloepfer/Thull, DVBl. 1989, 1121; Schoch, JZ 1994, 1029; Gornik/Hokema, Jus 2002, 21, 23). Der **BGH** hat dies jedoch **abgelehnt** (NJW 1981, 2457 = DÖV 1981, 843 f.) und auf eine interne Lösung durch das **BGB** verwiesen (NJW 1987, 187; weitere Nachw. zu 61.5.8). Dies wird kritisiert, weil grundsätzlich keine bürgerlich-rechtlichen Ansprüche aus Vertrag, unerlaubter Handlung (37.25), Geschäftsführung ohne Auftrag und unerlaubter Handlung bestehen (61.5.8). Das kann aber wegen Überforderung nicht die Behörde aus dem Gesichtspunkt der gerechten Lastenverteilung verpflichten, selbst eine entsprechende Kostenaufteilung vorzunehmen (VGH München, NVwZ 1989, 681; Götz, Rn 260; strittig). Sind mehrere Verantwortliche nur für einen Teil der Gefahrensituation verantwortlich, z.B. auf getrennten Grundflächen, so sind sie jedenfalls keine Gesamtschuldner (Götz aaO). Vgl. aber zu der ab 1.3.1999 aus dem allgemeinen Gefahrenabwehrrecht in das **BBodSchG** überführten Altlastenregelung, mit ausdrücklicher Anwendung des § 426 BGB nach § 24 (2) BBodSchG (61.5.8; s. auch Götz, Rn 233a).

29.9   Entschädigungs- und Ausgleichsansprüche, §§ 80 ff. Nds. SOG

Das Nds. SOG enthält zu einem großen Teil Entschädigungsansprüche zur Vermeidung einer unzumutbar eingreifenden Sozialbindung des Eigentums im weiten Sinne des Art. 14 (1) GG (vgl. 27.4.2) oder Aufopferung von Leben, Gesundheit u.a. *(vgl. 27.5).*

§ 80 Nds. SOG Zum Schadensersatz verpflichtende Tatbestände

(1) [1]Erleidet eine Person infolge rechtmäßiger Inanspruchnahme nach § 8 *(als Notstandspflichtiger, 29.6.3)* **einen Schaden, so ist ihr ein angemessener Ausgleich zu gewähren. [2]Das Gleiche gilt, wenn eine Person durch eine rechtswidrige Maßnahme der Verwaltungsbehörde oder der Polizei einen Schaden erleidet.**

(2) Der Anspruch ist auch Personen zu gewähren, die mit Zustimmung der Verwaltungsbehörde oder der Polizei bei der Erfüllung von Aufgaben der Verwaltungsbehörde oder der Polizei freiwillig mitgewirkt oder Sachen zur Verfügung gestellt haben und dadurch einen Schaden erlitten haben.

(3) Weitergehende Ersatzansprüche, insbesondere aus Amtspflichtverletzung *(37.25.4)* **bleiben unberührt.**

Zur lediglich nachrangigen Geltung der §§ 80, 81 Nds. SOG gegenüber speziellen Entschädigungsvorschriften s. auch BGH, NJW 1998, 544 (z.B. zu § 323c StGB, 29.6.4). Zur Nichtanwendung bei einer Anordnung zur Teilnahme an einer Impfaktion zur Bekämpfung der (Wild)Schweinepest s. 57.3 (VG Koblenz 26.5.2004, JE I Nr. 104).

Zu Inhalt, Art und Umfang des Schadensausgleichs s. **§ 81**; grundsätzlich nur hinsichtlich Vermögensschaden, entgangenem Gewinn, falls bei unbilliger Härte geboten, bei Körperverletzung auch „Schmerzensgeld"; Leistung in Geld.

§ 85 Nds. SOG Rückgriff gegen Verantwortliche

(1)[1]**Die nach § 84 ausgleichspflichtige Körperschaft ausgleichspflichtige Verwaltungsträger** *(§ 84 Anstellungskörperschaft der Person, die die Maßnahme getroffen hat; die Behörde ist nur dessen Organ, 11.4)* **kann von den nach § 6 oder § 7 Verantwortlichen Ersatz ihrer Aufwendungen verlangen, wenn sie auf grund des § 80 (1) Satz 1 oder Abs. 2 einen Ausgleich gewährt hat.** [2]**Die zu erstattende Leistung ist durch Leistungsbescheid festzusetzen.**

(2) Sind mehrere Personen nebeneinander verantwortlich, so haften sie gesamtschuldnerisch.

Also schuldet jeder die gesamte Summe, aber durch Leistung einer Person werden alle frei. Entsprechend § 428 BGB kann jedoch im Innenverhältnis meistens ein in Anspruch genommener Zustandsverantwortlicher (z.B. Waldeigentümer; Kfz-Halter) seinerseits Erstattung von einem Verhaltensverantwortlichen (z.B. Person, die Baumstämme auf den Weg gerollt hat) verlangen.

29.10   Maßnahmen als Rechtsverordnung bei abstrakter Gefahr, §§ 55 – 63 Nds. SOG

Liegt für den Erlass einer **Rechtsverordnung** keine **spezialgesetzliche** nach Inhalt, Zweck und Ausmaß bestimmte **Ermächtigungsgrundlage** (Art. 80 GG, 12.2) vor (z.B. § 35 NWaldLG gegen Waldbrandgefahr; s. zur Handlungsform 11.2, 13.5, § 33 (3) NWaldLG, 46.15, 46.13) oder ist ein Rechtsbereich nach - nicht immer leichter Auslegung - nicht abschließend spezialgesetzlich geregelt (z.B. das Immissionsschutzrecht, 62.), kommt **nach § 55 (1) Nds. SOG** der Erlass einer Rechtsverordnung schon bei Vorliegen einer **abstrakten Gefahr** in Betracht.

Beispiele: 1. Die VO des ML im Einvernehmen mit dem MI über die Genehmigungspflicht für Veranstaltungen mit Kraftfahrzeugen in der freien Natur und Landschaft v. 23.1.1990 (Nds. GVBl. 43), außerhalb dem öffentlichen Verkehr gewidmeter Straßen und außerhalb naturschutzrechtlicher Schutzgebiete, z.B. Moto-Cross-Rennen, Stock-Car-Rennen einschließlich Training; hierfür enthalten das NWaldLG und NNatG keine Verordnungsermächtigung und haben insoweit auch keine abschließende Regelung getroffen. Solche Wettkämpfe bedeuten eine abstrakte Gefahr, dass Natur und Landschaft, insbesondere die Leistungsfähigkeit des Naturhaushalts, das Landschaftsbild und der Erholungswert erheblich, insbesondere nachhaltig beeinträchtigt und Besucher geschädigt sowie Wege beschädigt und Jagdausübungsrechte erheblich beeinträchtigt werden (46.8.2).
2. Verbot für das Füttern verwilderter Haustauben auch aus anderen als seuchenrechtlichen Gründen (Vermeidung von Schmutz und Beschädigungen, OVG Lüneburg, NuR 1997, 610; Tierschutz steht nicht entgegen, 58.1).
3. Zur Zulässigkeit des Verbot im Gemeindebereich für das **Füttern von Enten und Schwänen in Grün- und Erholungsanlagen und an Seen** wegen Gesundheitsgefahren, die durch Ungeziefer im Gefieder der Schwäne und Enten, durch deren Kot und - durch Futterreste erzeugte - dichte Rattenpopulation hervorgerufen werden können, schon wegen fehlender Erforderlichkeit selbst in der Winterzeit (Zehren vom angemästeten Fettpolster), auch wegen des nach Verhältnismäßigkeitsabwägung (20.1.3) dann vorrangigen Grundrechts auf Leben und körperliche Unversehrtheit (Art. 2 (2) S. 1 GG) vor dem Staatsziel des Tierschutzes (Art. 20a GG, 5.9.3) und § 1 S. 1 TierSchG, 58.1); mit Ausnahmeregelung für starke Frostperioden bei hoher Schneelage zur Sicherstellung des gering notwendigen Erhaltungsfutters am **Flussufer** (Neckar) – s. VGH Mannheim 9.2.2005, NuR 2006, 40; nur Eilverfahren.
4. Dagegen ist fraglich, ob Regelungen über eine Waldsperrung bei Wildbeunruhigungen nicht schon durch § 31 NWaldLG hinreichend abgedeckt ist.
5. Bei wesentlichen Regelungen (Beschränkungen für das Halten gefährlicher Hunde) ist ein Gesetz erforderlich (s. 58.1).

Als **sachlich zuständig** nennt **§ 55 in Nr. 1** die Gemeinden für ihren Bezirk oder für Teile ihres Bezirks, in **Nr. 2** die Landkreise (und Region Hannover) für ihren Bezirk oder für Teile des Bezirks (beide nach den für den Satzungserlass geltenden Vorschriften, § 55 (2)) und in **Nr. 3** die Polizeidirektionen für ihren Bezirk oder für Teile des Bezirks, an denen mehr als eine Gemeinde beteiligt ist, **Nr. 4.** das Innenministerium und im Einvernehmen mit ihm das Fachministerium für das Land (Beispiel 1) oder Teile des Landes an denen mehr als eine Polizeidirektion beteiligt ist. Besondere, teils über Art. 80 GG hinausgehende Formerfordernisse sind zu erfüllen **(§ 58).**

Nach § **2 Nr.** 2 ist eine <u>abstrakte Gefahr</u> eine **nach allgemeiner Lebenserfahrung oder den Erkenntnissen fachkundiger Stellen mögliche Sachlage, die im Fall ihres Eintritts eine Gefahr** (i.S. § 2 Nr. 1, s. 29.4) **darstellt.**

Weitere **inhaltliche Grenzen** für den im pflichtgemäßen Ermessen („werden ermächtigt"; § 5 (1))liegenden Verordnungserlass als Maßnahmen (§ 2 Nr. 3 zu 29.2) sind insbesondere die Vorschriften über die hinreichende **Bestimmtheit (§ 57)**, die Begrenzung der **Verantwortlichen** (§§ 6 – 8; 29.6), die dreiteilige **Verhältnismäßigkeit** (§§ 4, 5; 20.1) und die Einbeziehung aller erheblichen Belange in die Abwägung zur Vermeidung von Abwägungsfehlern, ähnlich dem Ermessensmissbrauch. Zur Regelung von Ordnungswidrigkeiten ist auf § 59 Bezug zu nehmen. Außerkrafttreten spätestens nach 20 Jahren **(§ 61)**. Zur Änderung und Aufhebung von Verordnungen durch Fachbehörden s. § 62. Zu Auswirkungen von **Gebietsänderungen** und von **Behördenneubildungen** s. § 63.

30. **Verwaltungsvollstreckung einschl.** Erzwingung von Handlungen nach dem Gefahrenabwehrrecht auch für gleichgestellte Jagdaufseher und Feld- und Forsthüter

30.1 **Begriff, Rechtsgrundlage**

Verwaltungsvollstreckung ist die zwangsweise Durchsetzung verwaltungsrechtlicher Ansprüche, Gebote, Verbote oder Duldungspflichten durch die Behörde, die diese Ansprüche geltend zu machen oder diese Ge- oder Verbote durchzusetzen berechtigt ist.

Rechtsgrundlagen hierfür ergeben sich aus folgenden Gesetzen:
- hinsichtlich Leistungsbescheiden (Verwaltungsakte - VA) hinsichtlich **Geldforderungen** der Bundesverwaltung aus dem Verwaltungsvollstreckungsgesetz des Bundes (VwVG) und der Landesverwaltung aus dem **NVwVG (30.2)**;
- hinsichtlich der Erzwingung von **Handlungen, Duldungen und Unterlassungen** – auch über die Gefahrenabwehr hinausgehend, gelten **die Zwangsmittel der §§ 64 - 79 Nds. SOG (30.3 – 30.6)**.

30.2 **Vollstreckung von Geldforderungen**

Zu vollstreckende Geldforderungen können z.b. Ansprüche sein auf:
- Öffentliche Abgaben (Steuern, Beiträge, Gebühren, z.B. Wasserpfennig, s. 38.5, 7.5, 11.3),
- Rückzahlung von ohne rechtlichen Grund erlangten Besoldungs- oder Versorgungsbezügen oder Forstsubventionen, vgl. 27.1;
- Erstattung der Kosten aus einer Ersatzvornahme, vgl. 30.3.3;
- Beitreibung von Zwangsgeld, s. 30.3.4.

Voraussetzungen für eine Vollstreckung (§§ 1, 3 VwVG/ §§ 1, 3, 4 Nds. VwVG):
- Ein vollstreckbarer Leistungsbescheid muss vorliegen. Das ist ein
- auf eine Geldforderung gerichteter Verwaltungsakt,
- der unanfechtbar (vgl. 26.1) oder
- für den die sofortige Vollziehung (besser: Vollziehbarkeit oder Vollstreckbarkeit, vgl. 30.3) i.S. § 80 VwGO gesetzlich vorgesehen bzw. im Einzelfall angeordnet worden ist (vgl. 25.2.2).
- Die Leistung muss fällig sein:
- Eine Woche seit Bekanntgabe des Leistungsbescheides - oder bei späterer Fälligkeit nach Fälligkeit muss verstrichen sein.
- In der Regel soll der Schuldner mit einer Zahlungsfrist von einer weiteren Woche besonders gemahnt werden.

30.3 **Erzwingung von durch Verwaltungsakt angeordneten Handlungen, Duldungen oder Unterlassungen, §§ 64 –79 Nds. SOG**

30.3.1 **Allgemeines**

Fall (wie Fall 2.1 zu 30.4): Der Polizeibeamte P ordnet A gegenüber an, den von seinem Grundstück auf die Straße gestürzten Baum sofort zu entfernen. A weigert sich. Was kann P veranlassen?

§ 64 Nds. SOG Zulässigkeit, Zuständigkeit, Wirkung von Rechtsbehelfen
(1) Der Verwaltungsakt, der auf die Vornahme einer Handlung oder auf Duldung oder Unterlassung gerichtet ist, kann mit Zwangsmitteln *(s. § 65 (1))* **durchgesetzt werden, wenn er unanfechtbar ist oder wenn ein Rechtsbehelf keine aufschiebende Wirkung hat.**

Zur Unanfechtbarkeit s. 25.2.2, 26. § 80 (2) Nrn. 1 - 4 VwGO enthält die Gründe für eine sofortige Vollziehbarkeit eines **Verwaltungsakts** (Nr. 4 verlangt eine besondere Anordnung der sofortigen Vollziehung). Wenn der sofort vollziehbare Verwaltungsakt durch einen zulässigen Widerspruch angefochten ist oder noch angefochten werden kann, hat der Widerspruch ausnahmsweise keine aufschiebende Wirkung (s. 25.2.2, 30.3.2). Ein solcher sofort vollziehbarer „Grundverwaltungsakt" kann also mit **Zwangsmitteln** durchgesetzt werden (Vollstreckung). Dies hat Bedeutung für einen großen Bereich der Eingriffsverwaltung. Strittig ist, ob der Verwaltungsakt auch rechtmäßig sein muss (Schoch, JuS 1995, 504, 507). Die Prüfung der Rechtmäßigkeit eines Zwangsmittels beginnt mit der Ermächtigungsgrundlage für das jeweilige Zwangsmittel (§ 65 ff. i.V.m. § 64 (1) Nds. SOG).

Nach § **64 (2) kann** ein Zwangsmittel bei gegenwärtiger Gefahr u.a. Voraussetzungen auch **ohne vorherigen Grundverwaltungsakt** als **unmittelbare Ausführung** angewendet werden, s. gesondert **30.**4; dort auch dazu, dass ein amtliches Verkehrsschild (Verbot, Gebot) ein Verwaltungsakt ist.

§ 64 (3) ¹**Für die Anwendung von Zwangsmitteln ist die Verwaltungs- oder Polizeibehörde zuständig, die für den Erlass des Verwaltungsaktes zuständig ist.** ²**Soweit Verwaltungsakte von obersten Landesbehörden oder von besonderen Verwaltungsbehörden erlassen werden, wird das Innenministerium ermächtigt, im Einvernehmen mit dem Fachministerium durch Verordnung die Zuständigkeit abweichend zu regeln.**

Zur Zuständigkeit s. allgemein 29.3, zu den Feld- und Forsthütern sowie besonders qualifizierten bestätigten Jagdaufsehern vgl. auch 30.3.8 mit Besonderheiten. Der Begriff *„Vollzug"* bei Verwaltungsvollzugsbeamten (Außendienst, 29.3.4) umfasst weiter als Zwang (= Vollstreckung) auch den Erlass des Grundverwaltungsakts selbst.

§ 64 (4) ¹**Rechtsbehelfe gegen die Androhung oder Festsetzung von Zwangsmitteln haben keine aufschiebende Wirkung.** ²**§ 80 Abs. 4 bis 8 der Verwaltungsgerichtsordnung ist entsprechend anzuwenden.**

Zur aufschiebenden Wirkung des Widerspruchs s. 25.2.2, 30.3.1. Die Androhung eines Zwangsmittels (§ 65 (2) Nds. SOG) ist Verwaltungsakt. Die mit „Festsetzung" auch gemeinte Anwendung eines Zwangsmittels (ohne Zwangsgeldfestsetzung) ist ein in Rechte eingreifender Realakt (23.2) und kein Verwaltungsakt (Maurer, §20 Rn 24; Ipsen, Nds. Gefahrenabwehrrecht, 1995, Rn 514; strittig). Da gegen Realakte kein Widerspruch zulässig ist, muss auch nicht dessen aufschiebende Wirkung ausgeschlossen werden.

§ 65 Zwangsmittel

(1) Zwangsmittel sind
- **Ersatzvornahme (§ 66)** *(30.3.3),*
- **Zwangsgeld (§ 67)** *(30.3.4; § 68 für Ersatzzwangshaft ohne praktische Bedeutung),*
- **unmittelbarer Zwang** *(30.3.5; und §§ 71 – 79).*

30.3.2 Androhung der Zwangsmittel, §§ 65 (2), 70 Nds. SOG

§ 65 Nds. SOG (2) Sie *(Die Zwangsmittel)* sind nach Maßgabe der **§§ 70 und 74 anzudrohen.**

Die notwendig vorherige Androhung ist ein **gesonderter Verwaltungsakt** vor der Zwangsmittelanwendung (§ 65 (2), 30.3.2). Vgl. zu § 64 (1) Nds. SOG.

§ 70 Androhung des Zwangsmittels

(1) ¹**Zwangsmittel sind möglichst schriftlich anzudrohen.** ²**Der betroffenen Person ist in der Androhung zur Erfüllung der Verpflichtung eine angemessene Frist zu setzen; eine Frist braucht nicht bestimmt zu werden, wenn eine Duldung oder Unterlassung erzwungen werden soll** *(s. 30.3.4 zum Zwangsgeld).* ³**Von der Androhung kann abgesehen werden, wenn die Umstände sie nicht zulassen, insbesondere, wenn die sofortige Anwendung des Zwangsmittels zur Abwehr einer gegenwärtigen Gefahr notwendig ist.**

Diese Androhung ist ein Verwaltungsakt, 30.3.1.

(2) ¹**Die Androhung kann mit dem Verwaltungsakt verbunden werden, durch den die Handlung, Duldung oder Unterlassung aufgegeben wird.** ²**Sie soll mit ihm verbunden werden, wenn ein Rechtsbehelf keine aufschiebende Wirkung hat.**

Die **Verbindung** dient der Vermeidung von Verzögerungen., vgl. dazu 25.2.2). Fehlen für den Grundverwaltungsakt die Gründe für eine gesetzliche sofortige Vollziehbarkeit nach § 80 (2) Nrn. 1 - 3 VwGO, ermöglicht erst die **Anordnung der sofortigen Vollziehung** i.S. § 80 (2) Nr. 4 VwGO von ihr unbedingt zu unterscheidenden Vollstreckungsmaßnahmen der Anwendung von Zwangsmitteln. Dagegen ist nach § 64 (4) **Nds. SOG** (Spezialregung zu § 80 VwGO die **sofortige Vollziehbarkeit** für die **Androhung und Anwendung** des Zwangsmittels gegeben, insbesondere auch bei der unmittelbaren Ausführung (30.4), die keinen vorherigen vollziehbaren Verwaltungsakt erfordert.

§ 70 (3) ¹**Die Androhung muss sich auf bestimmte Zwangsmittel beziehen.** ²**Werden mehrere Zwangsmittel angedroht, so ist anzugeben, in welcher Reihenfolge sie angewendet werden sollen.**

§ 70 (4) Wird eine Ersatzvornahme angedroht, so sollen in der Androhung die voraussichtlichen Kosten angegeben werden.
§ 70 (5) Das Zwangsgeld ist in bestimmter Höhe anzudrohen.
§ 70 (6) Für die Androhung unmittelbaren Zwangs gilt § 74 Nds. SOG ergänzend *(s. 30.3.5)*.

30.3.3 Ersatzvornahme, § 66 Nds. SOG

§ 66 (1) ¹Wird die Verpflichtung, eine Handlung vorzunehmen, deren Vornahme durch eine andere Person möglich ist (vertretbare Handlung), so kann die Verwaltungsbehörde oder die Polizei auf Kosten der betroffenen Person die Handlung selbst ausführen oder eine andere Person mit der Ausführung beauftragen. ²Für die zusätzlich zur Ausführung erforderlichen Amtshandlungen werden Gebühren und Auslagen nach den Vorschriften des Niedersächsischen Verwaltungskostengesetzes erhoben.

Eine Durchführung der Ersatzvornahme durch die Polizei oder Verwaltungsbehörde („Selbstvornahme") ist zulässig; zur Abgrenzung zum unmittelbaren Zwang gegen Sachen zur Ereichung einer unvertretbaren Handlung, Unterlassung oder Duldung s. 33.3.5. Die Ersatzvornahme stellt im Verhältnis **zum Pflichtigen** einen (hoheitlichen) **Verwaltungs-Realakt** dar, der die Voraussetzungen des § 66 i.Vm. § 64 (1) erfüllen und ermessensfehlerfrei, insbes. verhältnismäßig sein muss. (s. auch 30.3.7). Ist von der Behörde ein **Unternehmen** mit der Durchführung beauftragt, so entsteht bei Annahme ein **privatrechtlicher Vertrag**. Zum Pflichtigen steht das beauftragte Unternehmen in keiner vertraglichen Beziehung. Zum Fall zu 30.3.1 s. zu 30.4 am Ende.

§ 66 (2) ¹Es kann bestimmt werden, dass die betroffene Person die voraussichtlichen Kosten im Voraus zu zahlen hat. ²Werden die Kosten der Ersatzvornahme nicht fristgerecht gezahlt, so können sie im Verwaltungszwangsverfahren beigetrieben werden. ³Eine Beitreibung unterbleibt, wenn die gebotene Handlung ausgeführt wird.

Die Kosten der Ersatzvornahme sind im Falle des Satzes 2 durch Leistungsbescheid (Verwaltungsakt) geltend zu machen und gemäß nach dem Nds. VwVG zu vollstrecken (30.2).
Beispiele für Ersatzvornahmen, bei denen die **Beauftragung eines Unternehmens** in Betracht kommt: Obiger Baum-Fall (30.3.1 und 30.4 zu 2.1); Verpflichtung zur Straßenreinigung; das Abschleppen eines verbotswidrig parkenden Kraftfahrzeugs. (s. auch 30.4).

30.3.4 Zwangsgeld, Ersatzzwangshaft, §§ 67, 68 Nds. SOG

§ 67 (1) ¹Das Zwangsgeld wird auf mindestens 5 und auf höchstens 50 000 Euro schriftlich festgesetzt. ²Bei seiner Bemessung ist auch das wirtschaftliche Interesse der betroffenen Person an der Nichtbefolgung des Verwaltungsakts zu berücksichtigen.
(2) ¹Mit der Festsetzung des Zwangsgeldes ist der betroffenen Person eine angemessene Frist zur Zahlung einzuräumen. ²Eine Beitreibung unterbleibt, wenn die gebotene Handlung ausgeführt oder die zu duldende Maßnahme gestattet wird.

Ein (angedrohtes, § 65 (2)) Zwangsgeld kann durch Verwaltungsakt zur Durchsetzung der Pflicht festgesetzt werden,
- **vertretbare** (s. 30.3.3) **oder unvertretbare** Handlungen vorzunehmen (nach einer Androhung mit Fristsetzung, 30.3.2, kann die Festsetzung nur nach nicht fristgerechter Erfüllung der Androhungsfrist erfolgen; z.B. Nachfrist zur Einberufung zum Wehrdienst wird nicht beachtet),
- sowie **Duldungen** hinzunehmen oder Verbotsverletzungen zu **unterlassen** (hier Androhung ohne Fristsetzung, 30.3.2; z.B. Verpflichtung, naturschutzrechtliche Pflegemaßnahmen zu dulden, 51.11.2; unterlassen, Forstkulturen zu betreten und zu beschädigen, 46.3).

Ob eine Ersatzvornahme oder eine Zwangsgeldandrohung in Betracht kommt, bestimmt sich auch nach dem Verhältnismäßigkeitsgrundsatz (insbesondere Erforderlichkeit, s. 20.1, 30.3.8) und z.B. im Rahmen pflichtgemäßen Ermessens danach, ob hohe Kosten der Ersatzvornahme schwierig beizutreiben sind. **Beigetrieben** wird das Zwangsgeld nach den Regeln über die Vollstreckung öffentlicher Geldforderungen (vgl. 30.2, und entsprechend zu 30.3.3). Die Zwangsgeldmaßnahme kann bis zur Erfüllung der Verpflichtung wiederholt werden.

Nach **§ 68 Nds. SOG** kann bei Uneinbringlichkeit des Geldes kann, was kaum praktische Bedeutung hat, ggf. **Ersatzzwangshaft** durch Entscheidung des Amtsgerichts auf Antrag der Verwaltungsbehörde oder der Polizei angeordnet werden (s. auch Art. 104 (2) GG).

30.3.5 Unmittelbarer Zwang, § 69, §§ 71 - 74 Nds. SOG

§ 69 Unmittelbarer Zwang

(1) Unmittelbarer Zwang ist die Einwirkung auf Personen oder Sachen durch körperliche Gewalt, Hilfsmittel und durch Waffen.

Er dient vor allem zur Durchsetzung unvertretbarer Handlungen, Duldungen oder Unterlassungen

(2) Körperliche Gewalt ist jede unmittelbare körperliche Einwirkung auf Personen oder Sachen *(z.B. Abdrängen, Wegführen am Arm; Vorkehrung am PKW, um Weiterfahrt zu verhindern)*

(3) Hilfsmittel der körperlichen Gewalt sind insbesondere Fesseln,... Diensthunde, Dienstfahrzeuge.

(4) Als Waffen sind Schlagstock, Pistole, Revolver, Gewehr und Maschinenpistole zugelassen.

Zum Schusswaffengebrauch s. 30.3.6;

zum Bundesgrenzschutz **§ 69 (5)**, nicht abgedruckt)

(6) Die Verwaltungsbehörden oder die Polizei können unmittelbaren Zwang anwenden, wenn andere Zwangsmittel nicht in Betracht kommen oder keinen Erfolg versprechen.

(7) Unmittelbarer Zwang zur Abgabe einer Erklärung ist ausgeschlossen.

Insoweit kommt nur Zwangsgeld in Betracht (30.3.4).

Zur **Zuständigkeit (§ 69 (8) Nds. SOG)** s. zu 30.3.8, zur **Androhung § 70** s. 30.3.2 und u. § 74..

§ 71 Rechtliche Grundlagen

(1) Für die Art und Weise der Anwendung des unmittelbaren Zwangs gelten die §§ 72 bis 79 Nds. SOG und, soweit sich aus diesen nichts Abweichendes ergibt, die übrigen Vorschriften des Nds. SOG.

(2) Die zivil- und strafrechtlichen Wirkungen nach den Vorschriften über Notwehr und Notstand *(34.2. f.)* **bleiben unberührt.**

Diese wirken aber nicht hinsichtlich der engeren verwaltungsgesetzlichen Schranken des Nds. SOG rechtfertigend.

Zum umweltrechtlich wenig praktischen Handeln auf Anordnung s. **§ 72 Bds. SOG.**

Zur Pflicht, Verletzten nach Anwendung unmittelbaren Zwangs Hilfe zu leisten, s. **§ 73 Nds. SOG.**

§ 74 (1) [1]**Unmittelbarer Zwang ist vor seiner Anwendung anzudrohen** *(Verwaltungsakt; Ergänzung zu § 70; 30.3.2;).* [2]**Von der Androhung kann abgesehen werden, wenn die Umstände sie nicht zulassen, insbesondere wenn die sofortige Anwendung des Zwangsmittels zur Abwehr einer gegenwärtigen Gefahr notwendig ist.** [3]**Als Androhung eines Schusswaffengebrauchs gilt auch die Abgabe eines Warnschusses.**

Die Anwendung selbst ist Verwaltungs-Realakt (30.3.1; strittig).

§ 74 (2) Schusswaffen und besondere Waffen dürfen nur dann ohne Androhung gebraucht werden, wenn dies zur Abwehr einer gegenwärtigen Gefahr für Leib und Leben notwendig ist.

(3) *Androhung von* **Schusswaffengebrauch gegenüber einer Menschenmenge.**

(4) Der Einsatz von technischen Sperren und der Einsatz von Dienstpferden brauchen nicht angedroht zu werden.

§ 75 Nds. SOG Eine Person, die nach diesem Gesetz oder anderen Rechtsvorschriften festgehalten wird, darf gefesselt werden, wenn Tatsachen die Annahme rechtfertigen, dass sie
1. **Personen angreifen, Widerstand leisten oder Sachen beschädigen wird,**
2. **fliehen wird oder befreit werden soll oder**
3. **sich töten oder verletzen wird.**

30.3.6 Ausübung Unmittelbaren Zwangs mit Schusswaffen, §§ 76 - 79 Nds. SOG

§ 76 Nds. SOG Allgemeine Vorschriften für den Schusswaffengebrauch *(nur Polizei, 30.3.8)*

(1) Schusswaffen dürfen nur gebraucht werden, wenn andere Maßnahmen des unmittelbaren Zwangs erfolglos angewandt sind oder offensichtlich keinen Erfolg versprechen. Gegen Personen ist ihr Gebrauch nur zulässig, wenn der Zweck nicht durch Schusswaffengebrauch gegenüber Sachen erreicht werden kann (Ausprägung des Verhältnismäßigkeitsgrundsatzes).

(2) Schusswaffen dürfen gegenüber Personen nur gebraucht werden, um sie angriffs- oder fluchtunfähig zu machen.

(3) [1]Gegen Personen, die dem äußeren Eindruck nach noch nicht 14 Jahre alt sind, dürfen Schusswaffen nicht gebraucht werden. [2]Dies gilt nicht, wenn der Schusswaffengebrauch das einzige Mittel zur Abwehr einer gegenwärtigen Gefahr für Leib und Leben ist.

(4) [1]Der Schusswaffengebrauch ist unzulässig, wenn für die Beamtin oder den Beamten erkennbar Unbeteiligte mit hoher Wahrscheinlichkeit gefährdet werden. [2]Dies gilt nicht, wenn der Schusswaffengebrauch das einzige Mittel zur Abwehr einer gegenwärtigen Lebensgefahr ist.

§ 77 Nds. SOG Schusswaffengebrauch gegen Personen *(nur Polizei)*

(1) Schusswaffen dürfen gegen Personen nur gebraucht werden,

1. um *(von sich oder einer anderen Person)* eine gegenwärtige Gefahr für Leib und Leben abzuwehren,
2. um die unmittelbar bevorstehende Begehung oder Fortsetzung eines Verbrechen oder eines Vergehens unter Anwendung oder Mitführung von Schusswaffen oder Explosivmitteln zu verhindern,
3. um eine Person anzuhalten, die sich der Festnahme oder Identitätsfeststellung durch Flucht zu entziehen versucht - *bei dringendem Tatverdacht* - sonst wie zu 2.,
4. zur Vereitelung der Flucht oder zur Ergreifung einer Person, die in amtlichem Gewahrsam zu halten oder ihm zuzuführen ist ... *,unter näheren Voraussetzungen auch für Jugendliche in Abs. 2,*
5. *zur Verhinderung einer gewaltsamen Befreiung* .....

Die verwaltungsrechtliche Befugnisregelung des Nds. SOG ist also **enger als das strafrechtliche und zivilrechtliche Notwehrrecht**, vgl. 34.3.2.

Zum Schusswaffengebrauch gegen Personen in einer **Menschenmenge** s. § 78 Nds. SOG, zu **besonderen Waffen** § 79 Nds. SOG.

30.3.7 Verhältnismäßigkeit bei der Wahl des Zwangsmittels

Bei der Wahl der (überhaupt zulässigen) Zwangsmittel - im Rahmen der Zuständigkeiten - ist der in § 4 einfachgesetzlich geregelte Verfassungsgrundsatz der Verhältnismäßigkeit (vgl. 19.6.1.3, 20.1) besonders zu beachten. Bei gleicher Eignung mehrerer Zwangsmittel gilt nach dem Grundsatz der Erforderlichkeit im Allgemeinen bei **vertretbaren** Handlungen im Allgemeinen folgende Reihenfolge:

1. Ersatzvornahme durch Behörde
2. Ersatzvornahme durch Dritten
3. Zwangsgeld (ohne Ersatzzwangshaft)
4. unmittelbarer Zwang (nicht Erklärungsabgabe); s. dazu § 69 (6) und (7)
5. Ersatzzwangshaft.

Bei **unvertretbaren** Handlungen entfallen die ersten beiden Maßnahmen;
z.B. Jemand ist verwaltungsrechtlich verpflichtet, eine Sache herauszugeben, und eine Zwangsgeldfestsetzung war vergebens. Dann ist gegenüber einer Ersatzzwangshaft der unmittelbare Zwang weniger belastend und damit erforderlich.

Bei der (Eignung und) Erforderlichkeit (mildestes Mittel) ist Maßstab nur die schnelle und effektive Gefahrenabwehr, nicht auch eine Abwägung z.B. mit dem öffentlichen Interesse an der Vermeidung einer negativen Vorbildwirkung für andere(Generalprävention); s. 30.4.

30.3.8   Zuständigkeiten zur Anwendung von Zwangsmitteln

Forsthüter und **Feldhüter** sind in dem nach Art und Ausmaß für den Forstschutz erforderlichen Umfang nach § 36 NWaldLG/§ 3 S. 2/§ 4 (1) der VollzBeaVO/ i.V.m. § 43 (2) bis (4) NWaldLG (29.3.4) berechtigt, **alle** *Zwangsmittel* nach §§ 64 bis 75 Nds. SOG anzuwenden, somit von vornherein nicht die Befugnisse nach §§ 76 ff. Nds. SOG, also nicht unmittelbaren Zwangs mittels *Schuss*waffen anzuwenden. Nach § **69 (8) S. 1 Nds. SOG** dürfen die mit polizeilichen Befugnissen betrauten Personen **unmittelbaren Zwang** nur dann anwenden, wenn sie hierzu „**ermächtigt**" sind (zuständig gemacht). Zuständig für die Ermächtigung sind das Innenministerium im Einvernehmen mit dem Fachministerium oder die von ihnen bestimmten Stellen, § 69 (8) S. 3 Nds. SOG. Die **VollzBeaVO** als Ermächtigungsregelung **schließt** durch § 3 S. 3 *generell* die Anwendung von **Waffen** (also auch Schlagstock, 30.3.5) als Zwangsmittel **aus**. Es bleibt nur die Anwendung anderer Zwangsmittel in den Grenzen besonderer Verhältnismäßigkeit.

Die **besonders qualifizierten bestätigten Jagdaufseher** haben in Angelegenheiten des Jagdschutzes nach § 25 (2) BJagdG die **Rechte und Pflichten der Polizei** (s. 29.3.3). Sie haben bei der Anwendung **unmittelbaren Zwangs** die ihnen durch Landesrecht eingeräumten Befugnisse. Danach werden ihnen nach dem Nds. SOG die Zwangsbefugnisse der **Ersatzvornahme** und des **Zwangsgeldes**, das allerdings im Außendienst ohne praktische Bedeutung ist, unmittelbar durch § 25 (2) S. 1 BJagdG zugewiesen.

Dagegen überlässt § 25 Abs. 2 S. 2 BJagdG die Regelung der Befugnisse bei der Anwendung des **unmittelbaren Zwangs** der landesrechtlichen Regelung. Eine solche landesrechtliche Bestimmung lässt sich dem § **69 (8) S. 2 Nds. SOG** entnehmen. Danach dürfen die besonders qualifizierten bestätigten Jagdaufseherinnen und Jagdaufseher zum Gebrauch von Waffen (§ 69 (4) Nds. SOG) „ermächtigt" (zuständig gemacht) werden. Diese „Ermächtigung" setzt, wie grundsätzlich auch § 25 (2) S. 2 BJagdG, voraus, dass die sachliche Zuständigkeit zur Anwendung unmittelbaren Zwangs **mit Ausnahme des Einsatzes von Waffen** gegeben ist und es nur hinsichtlich des Waffen**gebrauchs** noch einer zusätzlichen Regelung bedarf. Eine Regelung über eine sachliche Zuständigkeit zur Anwendung von Waffen bei der Ausübung unmittelbaren Zwangs liegt allerdings nicht vor.

Alle **Forsthüter** bzw. **Feldhüter** und bestätigten **Jagdaufseher** haben jedoch das strafrechtliche, ordnungswidrigkeitenrechtliche und zivilrechtliche **Notwehr**recht (einschließlich Nothilferecht sowie **Notstand**srecht, § 71 (2) Nds. SOG) als Rechtfertigungsgrund. § **71 (2) Nds. SOG**, der nur die allgemeine Rechtslage bestätigt, erlaubt u.a. eine notwendige und nicht ganz unangemessene Abwehr eines gegenwärtigen rechtswidrigen Angriffs, notfalls als letztes Mittel auch die Verteidigung mit einer Schusswaffe. Z.B. zur Abwehr einer unmittelbaren Lebensbedrohung durch einen Wilderer.

30.4   Unmittelbare Ausführung (ohne vorherige Anordnung)

Fall 1: Ein Auto parkt verkehrsgefährdend bei Abwesenheit des Fahrers und Halters.

§ 64 (2)[1]**Zwangsmittel können ohne vorausgehenden Verwaltungsakt angewendet werden** *(unmittelbare Ausführung)*, **wenn dies**
1. **zur Abwehr einer** gegenwärtigen **Gefahr** *(nach § 2 Nr. 1 b Nds. SOG eine Gefahr, bei der die Einwirkung des schädigenden Ereignisses bereits begonnen hat oder bei der diese Einwirkung unmittelbar oder in allernächster Zeit mit einer an Sicherheit grenzenden Wahrscheinlichkeit bevorsteht)*, **insbesondere weil Maßnahmen gegen Personen nach §§ 6 bis 8 nicht oder nicht rechtzeitig möglich sind oder keinen Erfolg versprechen, oder**
2. **zur Durchsetzung gerichtlich angeordneter Maßnahmen, die der Verwaltungsbehörde oder der Polizei obliegen,**
erforderlich ist und die Verwaltungsbehörde oder die Polizei hierbei innerhalb ihrer Befugnisse handelt. [2]**Die betroffene Person ist zu benachrichtigen.** [3]**In den Fällen des Satzes 1 Nr. 1 kann das Zwangsmittel der Ersatzvornahme auch gegen eine nach § 7** *(Zustandsverantwortlichkeit)* verantwortliche **juristische Person des öffentlichen Rechts angewendet werden, sofern diese dadurch an der Erfüllung ihrer öffentlichen Aufgaben gehindert wird.**

§ 64 (2) Nds. SOG modifiziert die Voraussetzungen der Ermächtigungsgrundlage für das jeweilige Zwangsmittel. Der Anwendung des Zwangsmittels muss hier **nicht**

1. wie nach § 64 (1) Nds. SOG ein **Verwaltungsakt vorausgehen,** der auf Vornahme einer Handlung, oder auf Duldung oder Unterlassung gerichtet und insbesondere unanfechtbar bzw. ohne aufschiebende Wirkung eines Rechtsbehelfs ist *(z.B. Anordnung, den Wagen wegzufahren),* und
2. vorher das Zwangsmittel angedroht werden (§ 70 (1) S. 3 Nds. SOG).

Ein **Verkehrsverbotsschild** (z.B. für Parkverbot) ist nach h.M. ein **Verwaltungsakt** und keine Rechtsverordnung (15.4.5; BVerwGE 59, 221, 224; BVerwG, NJW 1997, 1921, 1022). Die Frist für das Schild wird bereits mit dem Aufstellen in Gang gesetzt (§§ 39 (1) (2) a, 45 (4) StVO), ohne dass es auf das Erfordernis der Kenntnisnahme ankommt, so dass nach einem Jahr eine Anfechtbarkeit entfällt (BVerwG 102, 316, 318 f.; VGH Kassel, NJW 12998, 2057) und ohnehin in entsprechender Anwendung des § 80 (2) S. 1 Nr. 2 ein Rechtsbehelf keine aufschiebende Wirkung hat (BVerwG NVwZ 1988, 623, 624).

Mit der Feststellung der zu prüfenden **Ermächtigungsgrundlage** (für die **Ersatzvornahme** §§ 65 (1) Nr. 1, 66 Nds. SOG und für den **unmittelbaren Zwang** § 65 (1) Nr. 3 bzw. §§ 69, 71 ff. Nds. SOG) jeweils i.V.m. § 64 (2) Nds. SOG ist zu beginnen. Das verwaltungsaktabhängige Zwangsmittel des Zwangsgeldes scheidet hier aus. Die unmittelbare Ausführung der Anwendung der Ersatzvornahme bzw. der unmittelbaren Gewalt ist wie schon die Ersatzvornahme bei Anwesenheit des Verantwortlichen ein Verwaltungs-**Realakt** (30.3.3, 30.3.5, Maurer, § 20 Rn 26).

Vorliegen müssen die **formellen Rechtmäßigkeitsvoraussetzungen:** Die **Zuständigkeit** ergibt sich aus **§ 64 (3)** S. 1 (30.3.1): Für die Anwendung von Zwangsmitteln ist die Verwaltungs- oder Polizeibehörde **zuständig, die für** den Erlass des Verwaltungsaktes zuständig ist (wäre). Eine (ohnehin nur für Verwaltungsakte nach § 28 i.V.m. § 9 VwVfG erforderliche) Anhörung entfällt.

Materiellrechtliche Rechtmäßigkeitsvoraussetzungen des gesetzlichen **Tatbestands** für die unmittelbare Ausführung des Zwangsmittels sind:
Zum einen muss nach § 64 (2) S. 1 das Handeln innerhalb der Befugnisse liegen, also der materiellrechtlichen **Rechtmäßigkeitsvoraussetzungen** der Ermächtigungsgrundlage und anderer öffentlich-rechtlicher Vorschriften **für den** fiktiven **Grundverwaltungsakt**
Zutreffen müssen zum anderen die materiellrechtlichen Voraussetzungen für **das Zwangsmittel selbst** (z.B. nach § 66 (1) S. 1 Nds. SOG die Vertretbarkeit für die Ersatzvornahme) und nach § 64 (2) Nds. SOG eine **gegenwärtige Gefahr** i.S. von § 2 Nr. 1 b Nds. SOG (s.o.). Eine konkrete Gefährdung aufgrund der andauernden oder bevorstehenden Verletzung der Schutzvorschrift (z.B. Parkverbot) muss nicht vorliegen, eine abstrakte Gefährdung genügt.

Im Rahmen der **Rechtsfolge** sind, wie bei jedem Zwangsmittel auch bei Anwesenheit des Verantwortlichen, bei der **Ermessensentscheidung,** auch die drei **Ermessensfehlerarten** Ermessensüberschreitung, Ermessenmissbrauch und Ermessensunterschreitung **zu vermeiden.** Der zur Verhinderung eines Ermessensüberschreitung insbesondere zu beachtende Grundsatz der Verhältnismäßigkeit ist hinsichtlich der zweiten Stufe der **Erforderlichkeit** für die Abwehr der gegenwärtigen Gefahr in § 64 (2) S. 1 Nr. 1 **ausdrücklich** genannt, zum Teil präzisiert durch den Nebensatz „insbesondere wenn Maßnahmen gegen (rechtzeitig erreichbare) Personen nach §§ 6 bis 8 nicht oder **nicht rechtzeitig möglich** sind oder **keinen Erfolg** versprechen". Wie auch dieser Nebensatz zeigt, ist vor der Prüfung des mildesten Mittels festzustellen, welche Mittel für die Abwehr der gegenwärtigen Gefahr überhaupt geeignet sind. Die dritte Stufe des Verhältnismäßigkeitsgrundsatzes, die Angemessenheit ist natürlich auch zu untersuchen (s. 20.1). Maßstab ist eine schnelle und effektive Gefahrenbeseitigung, nicht auch ein besonderes öffentliches Interesse an einer Generalprävention wie z.B. für das Freihalten von Behindertenparkplätzen (Schneider/Schröder, NdsVBl. 2001, 299; strittig).

Von einem hoheitlichen **Abschleppen** als **unmittelbare Ausführung einer Ersatzvornahme** ist die **Sicherstellung** nach **§ 26 Nr. 1 Nds. SOG mit der Kostenfolge aus § 29 (3) Nds. SOG** zu unterscheiden. Eine Sicherstellung liegt vor, wenn bezweckt ist, ein öffentlich-rechtliches Verwahrungsverhältnis über die sicherzustellende Sache (z.B. auf dem Polizeihof oder bei der Abschleppfirma) zu begründen und damit dem Berechtigten und anderen Personen die tatsächliche Verfügungsmacht vorläufig oder endgültig zu entziehen (Kottmann, DÖV 1983, 499; Schneider/Schroeder, NdsVBl. 2001, 299, 300). Dies liegt nicht vor, wenn das Kfz lediglich innerhalb der öffentlichen Verkehrsflächen versetzt wird und das Fahrzeug nicht in Gewahrsam genommen wird (OVG Lüneburg, NdsVBl. 1994, 60;

Schneider/Schroeder aaO; Götz, Rn 313, auch mit Nachw. zur a.A.; abweichend umgekehrt für weitergehende Sicherstellung Waechter, Polizei- und Ordnungsrecht, 2000, Rn 716; Schwabe, NJW 1983, 369, 371)
Hinsichtlich der Voraussetzungen für das **Abschleppen** eines verkehrswidrig parkenden Fahrzeugs sind hinsichtlich der Verhältnismäßigkeit Zweifel entstanden. Das Hinterlassen einer Angabe von Handy-Nr. und Adresse am KfZ soll nicht dafür genügen, dass die Polizei den Verantwortlichen anzurufen und dessen Eintreffen fünf Minuten vor einem Abschleppauftrag abzuwarten hat (milderes Mittel); vielmehr ist dann schon ein sofortiger (kostenpflichtigen) Abschleppauftrag erforderlich; anders Schwabe, DVBl. 2002, 1561 f. Vielmehr müsste ein solcher Handy-Zettel auch frisch datiert sein und die genaue Angabe enthalten, wo der Fahrer sich aufhält, damit die Polizei abschätzen kann, ob eine Wegfahrt in fünf Minuten möglich ist (nach Schwabe, aaO S. 1562 weltfremd) und insoweit als schärferes Mittel gegenüber der erbetenen und möglichen Maßnahme; jedoch so in Bestätigung des OVG Hamburg (14.8.2001, NVwZ 2001, 3647) BVerwG (18.2.2002, DVBl. 2002, 1560, 1561 = DÖV 2003, 81 = NdsVBl. 2003, 52; unter Bezugnahme auf das Urteil vor der Handy-Zeit vom 6.7.1983 - 7 B 182/82, Buchholz 442.151 § 13 StVO Nr. 3 und mit Hinweis auf regelmäßig schon ungewisse Erfolgsaussichten und nicht abzusehende Verzögerungen; Hinweis des OVG Hamburg auch auf BVerwG, NJW 1990, 931; VGH Kassel, NVwZ-RR 1999, 23, 25; OVG Koblenz, NVwZ-RR 1991, 28; NJW 1999, 3573, 3574; OVG Hamburg, NJW 2001, 168, 169; 22.2.2005, NJW 2005, 2247 mit Hinweis auf BVerwG, NJW 2002, 2122). Kritisch im Hinblick auf die zweite Stufe der Verhältnismäßigkeit, sowie zu dem Gesichtspunkt einer speziellen allgemeinen Prävention (negative Vorbildfunktion) gegenüber Falschparkern als nicht gefahrenabwehrrechtlich, sondern nur straf- und bußgeldrechtlich erheblich (Schwabe, DVBl. 2002, 1561, 1562; OVG Bremen, DAR 1985, 127, 128; so im Ergebnis auch Schneider/Schroeder, NdsVBl. 2001, 299, 302). Im Einzelfall kann eine Verpflichtung zu einem Nachforschungsversuch bestehen, bei bestimmter Anschrift im unmittelbaren Nahbereich des Abstellortes mit erkennbar aktueller Erreichbarkeit des Fahrers; nicht aber bei einem für eine Vielzahl von Situationen passenden Hinweis; für die Polizei genügen aber nicht allein generalpräventive (allgemein abschreckende) Gesichtspunkte (OVG Hamburg 22.2.2005, NJW 2005, 2247).
Liegt kein milderes Mittel vor, so ist ein Abschleppen angemessen und zumutbar; insbesondere bei Behinderungen und Belästigungen von Verkehrsteilnehmern, wie z.B. beim Verstellen des gesamten Bürgersteiges, einem kleineren Hineinragen des Fahrzeuges in die Fahrbahn, bei Funktionsbeeinträchtigungen einer Fußgängerzone oder beim rechtswidrigen Parken auf einem Schwerbehindertenparkplatz, auf Feuerwehranfahrzonen oder auf einem Busparkplatz, dieses in der Regel sogar ohne konkrete Behinderung (OVG Münster 24.9.1998, DÖV 1999, 305), beim Parken vor einer Bordsteinabsenkung, wodurch zumindest für Kinderwagen und Rollstühle der Zugang zu einem Fußweg blockiert wird; auch ein Abschleppen zur Verhinderung von Straftaten ist zulässig (BVerwG 3.7.2002, DVBl. 2002, 1560, 1561).

In solchen Fällen einer Abwesenheit des Verantwortlichen (oder bei Halter und Fahrer als getrennte Personen der Verantwortlichen) sind außer der vorherigen Androhung eines Zwangsmittels auch **nicht** speziell die Festsetzung eines **Zwangsgeldes** als Verwaltungsakt (30.3.4) zur Gefahrbeseitigung (rechtzeitig) möglich und geeignet.

Die erforderliche **(nachträgliche) Benachrichtigung** des Betroffenen (§ 64 (2)) ist nicht als Verwaltungsakt zu beurteilen (keine Regelung), soweit nicht ausnahmsweise ausdrücklich der Wille, ein Grundverwaltungsakt als feststellenden Verwaltungsakt nachzuholen, erkennbar ist oder die Regelung getroffen wird, wer von mehreren möglichen Verantwortlichen die Kosten zu tragen hat.
Die **unmittelbare Ausführung** geht *über* den Begriff der (verfahrensmäßig verkürzten) *Vollstreckung (Zwang)* insoweit *hinaus*, als sie auch Fälle betrifft, die in Übereinstimmung mit dem tatsächlichen oder der mutmaßlichen Willen des Betroffenen unmittelbar (ebenfalls hoheitlich als per Saldo begünstigender Verwaltungs-Realakt) durchgeführt werden, wenngleich die Kosten z.B. einer Ersatzvornahme belastend sind (vgl. 33.2, 29.4).

Fall 2.1 (ähnlich wie zu 30.3.1): Ein von einem Privatgrundstück aus umgestürzter Baum blockiert den Gehweg. Wegen der Eilbedürftigkeit ordnet der zuständige Polizeibeamte P dem Eigentümer E gegenüber an, den Baum sofort zu beseitigen. Als der Eigentümer sich weigert, droht P die Beauftragung eines Unternehmens mit ungefährer Kostenangabe an. Da E sich weiter weigert, beauftragt P, da die Polizei selbst nicht zur Abhilfe in der Lage ist, sogleich ein preisgünstiges Unternehmen mit der Beseitigung des Baumes.
Hier wird der mündlich auf der Grundlage des § 11 Nds. SOG erlassene Grundverwaltungsakt,

der als unaufschiebbare Maßnahme der Polizei sofort vollziehbar ist (§ 80 (2) nr. 2 VwGO), nach gebotener Androhung (auch ein Verwaltungsakt) durch die Anwendung des Zwangsmittels der Ersatzvornahme nach der Ermächtigungsgrundlage des § 66 i.V.m. § 64 (1) Nds. SOG als Verwaltungs-Realakt unter Vermeidung von Ermessensfehlern (u.a. Verhältnismäßigkeit) durchgesetzt. (Rechtbeziehungen wie in Fall 1)

Fall 2.2: Wie 2.1, jedoch ist E nicht erreichbar, und der Polizeibeamte lässt wegen der gegenwärtigen Gefahr für andere Verkehrsteilnehmer den Baum sogleich entfernen.

Für die Rechtmäßigkeit der Ersatzvornahme nach der Ermächtigungsgrundlage des § 66 steht nicht die Voraussetzung des § 64 (1) zur Verfügung (kein vorheriger Verwaltungsakt). Von der Androhung konnte nach § 70 (1) S. 3 abgesehen werden.

Hier kann § 66 jedoch durch die Voraussetzungen für eine **unmittelbare Ausführung** des Zwangsmittels der **Ersatzvornahme** ohne vorherigen Grundverwaltungsakt gestützt werden. Eine gegenwärtige Gefahr liegt vor und Maßnahmen gegen andere Verantwortliche einschließlich Polizei sind nicht rechtzeitig möglich. Die Voraussetzungen für den Erlass eines **Grundverwaltungsakts** wären bei Anwesenheit des E erfüllt gewesen. Hinsichtlich der **Ersatzmaßnahme selbst** ist auch eine ausdrückliche Ermessensentscheidung hinsichtlich des Ob und des Wie der Maßnahme nötig, unter Einbeziehung aller wesentlichen Gesichtspunkte und Vermeidung unsachlicher Gesichtspunkte (Ermessensmissbrauch), und das Ermessen darf nicht überschritten werden, einschließlich Beachtung des Verhältnismäßigkeitsgrundsatzes. Alles ist im vorliegenden Fall gegeben.

Im **Fall 1** (am Anfang von 30.4) kann ein Polizeibeamter oder (im Wald und der übrigen freien Landschaft der Feld- und/oder Forsthüter bei Anordnung der sofortigen Vollziehung, § 80 (2) Nr.4 VwGO) die Gemeindeverwaltung (Abteilung Ordnungsamt) veranlassen, dass das Auto über den Abschluss eines privatrechtlichen Vertrages mit einem Abschleppunternehmen im Rahmen der Anwendung einer Ersatzvornahme als Verwaltungs-Realakt abgeschleppt wird. Die Voraussetzungen der Ermächtigungsgrundlage des § 66 i.V.m. § 64 (2) sind ohne Ermessensfehler erfüllt. Das Abschleppen geschieht im Verhältnis der Vertragsparteien zueinander auf der Grundlage eines privatrechtlichen Vertrages und ist als dessen Erfüllung ein auch besitzrechtlich gerechtfertigter privatrechtlicher Realakt. Zwischen dem Abschleppunternehmen und dem Autohalter entstehen keine vertraglichen Rechtsbeziehungen. Im Verhältnis zwischen der Verwaltungsbehörde (Gemeinde) und dem Autohalter ist auch wegen dessen Duldungspflicht der Realakt verwaltungsrechtlich und bringt die Gefahrenbeseitigungspflicht nach § 7 Nds. SOG, festgestellt durch Verwaltungsakt, durch Erfüllung zum Erlöschen, vgl. auch 30.7.1. Zu den Kosten s. 30.3.3.

Zur unmittelbaren Ausführung einer **Ersatzvornahme gegenüber** zustandsverantwortlichen (29.6.2) **juristischen Personen des öffentlichen Rechts** (§ 64 (2) S. 3) s. 16.4.

30.5 Rechtsbehelfe

Unabhängig vom Vorliegen eines vollstreckbaren (Grund-)Verwaltungsakts (vgl. 30.3.1) kann der Betroffene gegen die einzelnen Vollstreckungsmaßnahmen Rechtsbehelfe einlegen, insbesondere gegen die Verwaltungsakte der **Androhung** und einer **Zwangsgeld-Festsetzung Widerspruch** einlegen, aber ohne (jedenfalls i.S. von § 80 (2) Nr. 4 VwGO, s. 25.2.2, 30.3.2) aufschiebende Wirkung. Ein bereits unanfechtbar gewordener vollstreckbarer Grund-Verwaltungsakt bzw. unanfechtbar gewordene Vollstreckungs-Verwaltungsakte können nicht zusammen mit einem nachfolgenden Vollstreckungsakt angegriffen werden (außer bei Nichtigkeit des vorangegangenen Verwaltungsakts).

Ist die Vollstreckung schon durchgeführt, kommt, wenn der **Realakt** der **Anwendung** eines Zwangsmittels als unmittelbare Ausführung rechtswidrig ist, in Betracht:
– eine verwaltungsgerichtliche Leistungsklage zur Durchführung eines Folgenbeseitigungsanspruchs (vgl. 25.1, 27.2); bzw. Geltendmachung eines Schadensausgleichs (vgl. 29.9), bzw.
– eine auf Schadensersatz gerichtete Amtshaftungsklage (37.25.4, ordentlicher Rechtsweg).

30.6   Übersicht: Gefahrenabwehrmaßnahmen und Verwaltungszwang

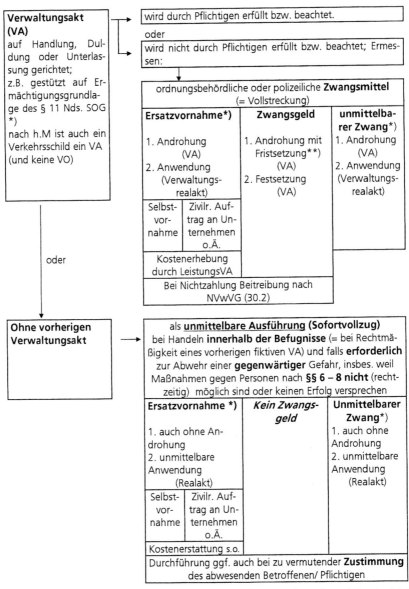

| **Verwaltungsakt (VA)** auf Handlung, Duldung oder Unterlassung gerichtet; z.B. gestützt auf Ermächtigungsgrundlage des § 11 Nds. SOG *) nach h.M ist auch ein Verkehrsschild ein VA (und keine VO) | → | wird durch Pflichtigen erfüllt bzw. beachtet. |

oder

wird nicht durch Pflichtigen erfüllt bzw. beachtet; Ermessen:

ordnungsbehördliche oder polizeiliche **Zwangsmittel** (= Vollstreckung)

Ersatzvornahme*)	**Zwangsgeld**	**unmittelbarer Zwang*)**
1. Androhung (VA) 2. Anwendung (Verwaltungsrealakt)	1. Androhung mit Fristsetzung**) (VA) 2. Festsetzung (VA)	1. Androhung (VA) 2. Anwendung (Verwaltungsrealakt)

| Selbstvornahme | Zivilr. Auftrag an Unternehmen o.Ä. | | |

| Kostenerhebung durch LeistungsVA | | |
| Bei Nichtzahlung Beitreibung nach NVwVG (30.2) | | |

oder

| **Ohne vorherigen Verwaltungsakt** | → | als **unmittelbare Ausführung (Sofortvollzug)** bei Handeln **innerhalb der Befugnisse** (= bei Rechtmäßigkeit eines vorherigen fiktiven VA) und falls **erforderlich** zur Abwehr einer **gegenwärtiger** Gefahr, insbes. weil Maßnahmen gegen Personen nach §§ 6 – 8 **nicht** (rechtzeitig) möglich sind oder keinen Erfolg versprechen |

Ersatzvornahme *)	***Kein Zwangsgeld***	**Unmittelbarer Zwang*)**
1. auch ohne Androhung 2. unmittelbare Anwendung (Realakt)		1. auch ohne Androhung 2. unmittelbare Anwendung (Realakt)

| Selbstvornahme | Zivilr. Auftrag an Unternehmen o.Ä. | | |

Kostenerstattung s.o.

Durchführung ggf. auch bei zu vermutender **Zustimmung** des abwesenden Betroffenen/ Pflichtigen

*) Liegen Außendienstaufgaben vor, ist **Verwaltungsvollzug** gegeben, also ggf. Zuständigkeit der Feld- und Forsthüter bzw. bestätigten besonders qualifizierten Jagdaufseher im Rahmen des Feld- und Forst- bzw. Jagdschutzes (Gefahrenabwehr).

) Bei der **Zwangsgeldandrohung entfällt bei Duldungs- und Unterlassungspflichten ausnahmsweise die sonst erforderliche Fristsetzung.

30.7 Zusammenfassende Übersichten: (deutsche) Eingriffs- und Leistungsverwaltung im Verwaltungsrechtsverhältnis (Einzelheiten s.o.)

VA = Verwaltungsakt, **VrV** = verwaltungsrechtlicher Vertrag, **Realakt**, **Vw** = Verwaltung (Behörde)

Die durch Verwaltungshandlung konkretisierten Rechtsbeziehungen zwischen Verwaltung und Bürger werden **Verwaltungsrechtsverhältnis** genannt (s. auch 11.2). Außer kürzeren und begrenzten können durch rechtsgestaltenden VA (z.B. Ernennung zum Beamten) auch eine Vielzahl zu erfüllender Rechte und Pflichten begründet werden. Ggf. bei unzumutbar hartem Eingriff oder Nichterfüllung: Entschädigungs- oder Schadenersatzansprüche.
Zu Besonderheiten der Durchführung von EG-Recht s. 28.1.

30.7.1 Rechtmäßige belastende Eingriffsverwaltung

verw.-rechtl. materiell-**gesetzliche** (4.1.3 f., 4.5, 12., 13.1) rechtsbeschränkende **Pflicht des Bürgers zum Handeln,** einschl. Leisten von Geld oder Sachen – oder zum **Unterlassen** oder Dulden; z.B. bei Glatteis streuen, Gebühr oder Steuern zahlen (11.3), Forstkultur nicht betreten (46.), Wald im Naturschutzgebiet oder Biotop nicht bewirtschaften, aber ggf. Pflege dulden (51.)					
konkret **ohne VA** (14., 15.) vom Bürger zu erfüllen; z.B. Hund nicht im Wald wildern lassen, bei Glatteis streuen			erst **aufgrund bestehender gesetzlicher Ermächtigungsgrundlage** (16. ff)		
Bürger **erfüllt** die Verpflichtung ↓	Bürger **erfüllt** die Verpflichtung **nicht:** dann bei gesetzlicher **Ermächtigungsgrundlage:**		↓		
	Vw-Realakt (z.B. wildernden Hund schießen)	Verpflichtender **VA** (z.B. Polizeiverfügung: Straße streuen!)	durch **VA** *festzustellen* (15.3.3) gebunden	durch **VA** zu *gestalten* (15.3.3) gebunden | mit Ermessen	ggf. durch **VrV** festzusetzen (23.1)
	Vw-Realakt ist rechtmäßig als „unmittelbare Ausführung" ggf. auch ohne Grund-VA bei Abwesenheit des Pflichtigen	Belastender VA ist rechtmäßig (14. ff.): |(ggf. noch nach Realisierung durch weiteren VA | z.B. Enteignungs- Ausführungsanordnung, 27.4.1):			VrV insoweit rechtmäßig ↓
Privatrechtlich (wie Spalte 4) bzw. durch Unterlassen oder Duldung ↓	(30.4), z.B. Auto aus dem Wald abschleppen lassen ↓	*Rechtsgeschäft:* Überweisung, Übereignung, z.B. Gebühren, Steuern, Grundstücksübereignung ↓	**Bürger erfüllt** pflichtgemäß den VA/ (VrV): **Privatrechtlich durch** *Realakt:* z.B. Baum von Straße wegräumen/ *Unterlassen,* (Betreten der Forstkultur) *Dulden* (Waldbesucher)	**Bürger erfüllt** pflichtwidrig den VA nicht: dann: **verw.-rechtliche Zwangsmittel** (30.2 ff.) durch **VA** androhen und dann durch verw. rechtl. **Realakt** anwenden; z.B. Auto aus Wald abschleppen lassen: Ersatzvornahme	**Bürger erfüllt** den VrV nicht: im allg. ist **Verwaltungs-Gerichtsurteil** für Vollstreckung erforderlich (23.2). ggf. ohne Androhung unmittelbar durch verw.-rechtl. **Realakt** anwenden, z.B. unmittelbare Ausführung (30.4, s. links)
				ggf. **Bußgeld** (31.2) bzw. **Bestrafung** (31.1.) jeweils mit Nebenfolgen wie Einziehung von Gegenständen ↓	
Wäre der Eingriff an sich unzumutbar (unverhältnismäßig i.e.S.) und damit rechtswidrig, so wird durch einen **verwaltungsrechtlichen Entschädigungsanspruch** des Bürgers gemäß gesetzl. Grundlage insoweit eine Rechtswidrigkeit vermieden. (ausgleichspflichtiger Eigentumseingriff mit gesetzlicher Entschädigungsregelung, 7.1.4, 27.4.1 f.);					
Leistet Vw die Entschädigung *nicht* (ggf. nach Festsetzung - privatrechtlich, mit Erlöschen der öff.-rechtl. Verpflichtung), dann öff.-rechtl. **Leistungsklage** des Bürgers meist vor den ordentlichen Gerichten (25.1)					

30.7.2 Rechtswidrige belastende Eingriffsverwaltung mit Rückabwicklung

VA = Verwaltungsakt, **VrV** = Verwaltungsrechtl. Vertrag, (Verwaltungs)**Realakt, Vw** = Verwaltung

Im Rahmen der Eingriffsverwaltung leistet Bürger Geld, bewegliche Sachen, Grundstück		Bürger büßt aufgrund von Zwangsmitteln oder ähnlichen Verwaltungsmaßnahmen Geld, bewegliche Sachen, Grundstück ein	Im Rahmen der Eingriffsverwaltung erbringt Bürger eine nicht rückgängig zu machende Leistung		Durch unmittelbare Ausführung o.Ä. - oder durch Zwangsmittel greift Vw in nicht rückgängig zu machender Weise in Rechte des Bürgers ein
ohne unmittelbare gesetzliche Pflicht und ohne VA oder Realakt z.B. versehentliche Gebührenzahlung	aufgrund **nichtigem VA**; oder aufgrund **rechtswidrigem anfechtbaren VA**, falls VA aufgrund Widerspruch/ Anfechtungsklage/ nach § 51 VwVfG/ nach § 48 VwVfG (25., 26.) **aufgehoben** worden ist; z.B. Gebührenzahlung nach Bescheidaufhebung; Grundstücksübereignung nach Aufhebung eines Planfeststellungsbeschlusses	aufgrund rechtswidrigem **Zwangsmittel (Realakt**, s. 30.2 ff.) ggf. aufgrund eines nichtigen VA oder eines rechtswidrigen und aufgehobenen (s. links) VA; z.B. Vollstreckung eines rechtswidrigen Gebührenbescheids, 30. bzw. aufgrund eines - einem Zwangsmittel **ähnlichen** – Verwaltungsakts (29.2); z.B. Beschlagnahme einer Jagdausrüstung einer irrig als Wilderer angenommenen Person	**ohne** unmittelbare gesetzliche Pflicht und ohne VA oder Realakt; z.B. Reinigung einer öffentlichen Straße	aufgrund **nichtigem VA**; oder aufgrund **rechtswidrigem anfechtbaren VA**, falls VA aufgrund Widerspruch/ Anfechtungsklage/nach § 51 VwVfG/nach § 48 VwVfG (25., 26.) **aufgehoben** worden ist; z.B. rechtswidriger Bescheid über Straßenreinigungspflicht	aufgrund eines rechtswidrigen **Realakts** (z.B. Töten eines **Jagdhundes im Wald**), insbes. **Zwangsmittels** (s. 30.3 f.); z.B. Umsägen eines Baumes in Abwesenheit des Eigentümers, ohne dass die angenommene Gefahr des Umstürzens bestand; ggf. aufgrund eines nichtigen VA oder eines rechtswidrigen und aufgehobenen (s. links) VA; **Z.B.** wie oben, aber nicht nach erfüllter rechtswidriger und daher aufgehobener Verfügung; bzw. aufgrund eines einem Zwangsmittel **ähnlichen** Verwaltungsakts ; z.B. Festhalten, Ingewahrsamnahme nach Nds. SOG, Folge: Verdienstausfall, s. 29.2 oder eines Realakts mit Nebenwirkung; z.B. Wald-Manöverschäden
Grundsätzlich **öffentlich-rechtlicher Erstattungsanspruch** gegen Verwaltungsträger (27.1); auf Übereignung (Geld), Rückübereignung (bewegliche Sachen, Grundstücke), Rückgabe (Besitz), falls nicht Folgenbeseitigungsanspruch, Geldüberweisung		**Folgenbeseitigungsanspruch** (27.2) **z.B.** Rückgabe beschlagnahmter Sachen	da von Vw nicht verlangt, nicht ohne weiteres **Entschädigung** oder Vergütung		grundsätzlich **Anspruch auf Entschädigung** (27.4) bzw. u.a. bei Verschulden auf **Schadensersatz** (27.6)
bei Nichterfüllung Leistungsklage gegen Verwaltung vor den Verwaltungsgerichten (25.1)			ggf. Leistungsklage		bei **Nichterfüllung Klage** gegen Verwaltung vor den ordentlichen Gerichten (25.1)
ggf. auch **Unterlassung**sklage des Bürgers vor den Verwaltungsgerichten (27.3, 25.1)					

Hat **Vw** **rechtswidrig zu viel** im Rahmen der Eingriffsverwaltung **erstattet** (z.B. Gebühren)

öffentlich-rechtlicher Erstattungsanspruch der Verwaltung (27.1; s. u.a. § 49a Nds. VwVfG, 26.5.4.1) ggf. nach Aufhebung eines rechtswidrigen VA, 26.5.3

leistet Bürger nicht (privatrechtlich, s.o.),

Leistungsbescheid (VA) der Vw;

bei Nichtleistung **Zwangsmittel (VA und Realakt)**, 30.2 f.

30.7.3 Leistungsverwaltung, begünstigende Eingriffsverwaltung
VA = Verwaltungsakt, **VrV** = verwaltungsrechtl. Vertrag **Realakt, Vw** = Verwaltung

Kraft materiellen Gesetzes (12.2, 13.1, 16.) Ermächtigung zur Einräumung von Rechten bzw. zur Erbringung von Leistungen				**Keine gesetzliche Ermächtigungsgrundlage zur Einräumung von Rechten bzw. Erbringung v. Leistungen**	
als bindende verw.rechtl. Verpflichtung der Vw (18., 19.1);		in pflichtgemäßer **Ermessensausübung** der Vw (19.);			
Recht des Bürgers auf subj.-öffentl. Einräumung, Leistung (5.6.2 f., 24.2),		subj. öffentl. Recht d. Bürgers auf fehlerfreie Ermessensausübung (24.2.2, 24.2.4), z.B. schützendes gefahrenabwehrrechtliches Eingreifen,			
besteht, **ohne dass VA** zu erlassen ist, z.B. Recht auf Zulassung zu einer öff. Einrichtung (bei privatrechtl. Zulassungsregelung, 23.4.4) ↓	ist erst durch **VA** *festzustellen,* nur den Anspruch bestätigend (Besoldung) oder *gestaltend,* z.B. Baukontrollerlaubnis, die zugleich Erfüllung des Anspruchs darstellt (24.2.2, 24.2.3); Zulassung zu einer öff. Einrichtung bei öffentlich-rechtl. Zulassungsregelung (23.4.4)	bei **Ermessensreduzierung auf null** (20.3) Anspruch auf *gestaltenden* **VA,** z.B. bei hohem Rechtsgut u. dringender Gefahr; im Zusammenhang mit Art. 3 GG Anspruch auf positiven Subventionsbewilligungsbescheid (trotz Verwaltungsvorschrift)	durch *gestaltenden* VA *festsetzen,* z.B. normale Gefahrenabwehrhilfe; Ausnahmebewilligung (24.2.4; z.B. naturschutzrechtliche);	subjektive Einräumungsrechte können rechtswidrig gesetzt sein im Übrigen wie links; z.B. Subventions-Bewilligungsbescheid ↓	**ohne erforderlichen** oder nicht erforderlichen VA (bzw. VrV) oder aufgrund nichtigem VA, also rechtswidrig, z.B. als Subventionszahlung, ↓ ↓
durch privatrechtliche Zulassung	= **rechtmäßiger begünstigende VA (evtl. VrV)**			= **rechtswidriger anfechtbarer begünstigender VA**	↓
Notfalls zivilrechtl. Zulassungsklage	Erlässt Vw den VA nicht, Verpflichtungswiderspruch und ggf. Verpflichtungsklage des Bürgers.				
Vw erfüllt, soweit noch erforderlich, rechtmäßig das subj. öff. Leistungsrecht, wobei die Pflicht erlischt, **privatrechtlich,** z.B. Strom- und Wasserlieferung durch öffentliche Einrichtung bei privatrechtl. Zulassungsregelung, Zahlung von Besoldung, Subvention usw. aufgrund des VA; 23.4.4.4 f.; bzw. durch verw.-rechtlichen **Realakt,** z.B. Strom- und Wasserlieferung durch öffentliche Einrichtung bei öffentlich-rechtl. Zulassungs- und Benutzungsregelung (VA); ggf. auch ohne vorherigen VA: Polizei sichert ein gefährliches Gelände ab.				**Vw hat** aufgrund (rechtswidrigem) anfechtbaren) **VA Leistungen erbracht** durch	hat Vw Leistungen erbracht
				verw.-rechtl. **Realakt** (öff.-rechtliche Waldschutzmaßnahme, polizeiliche Hilfsmaßnahme)	privatrechtliche Zahlung (Subvention, Besoldung) ↓
				nicht Geld oder teilbare Sachleistung: als Ermessensentscheidung bei nicht hinreichendem Vertrauensschutz	bei Geld- oder teilbarer Sachleistung u. an fehlendem Vertrauensschutz: als Ermessensentscheidung: **Aufhebung des VA** durch VA (26.5.3)
Erfüllt Vw nach vergeblicher Leistungsaufforderung rechtswidrig **nicht** das subj. öff. Leistungsrecht:				**Aufhebung des VA durch VA**	
zivilrechtl. Leistungsklage des Bürgers (ggf. auf Leistung der öffentlichen Einrichtung)	verw.-rechtl. **Leistungsklage** des Bürgers (25.1) Z.B. - auf helfendes Einschreiten zur Gefahrenabwehr, u.a. zur Durchsetzung einer schützenden Verfügung gegenüber anderer Person oder - auf unmittelbare Ausführung ohne vorherigen VA (zugleich Eingriffsverwaltung)			aber bei Vertrauensschutz **Anspruch** des Bürgers auf **Entschädigung,** § 48 (3) VwVfG (26.5.4)	falls nicht Vertrauensschutz, Billigkeit u.Ä.: öff.-rechtlicher **Rückforderungs-Anspruch** der Vw = öffentl.-rechtl. Erstattungsanspruch (s. 27.1)	**Rückforderungs-Anspruch** der Vw wie nebenstehend (Grenzen s. 27.1)
Bei Beeinträchtigung oder Nichterfüllung des Rechts durch Verwaltung ggf. **Entschädigungs-** oder (bei Verschulden) **Schadensersatzanspruch** des Bürgers (27.4, 27.6 f.)				- **Leistungsklage** des Bürgers	bei **Nichtleistung** des Bürgers auch gleich: Leistungsbescheid **(VA)** bei weiterer Nichtleistung Zwangsmittel **(VA und Realakt),** 30.2 bei Erschleichung von Leistungen: Bußgeldbescheid bzw. **Bestrafung,** 36.

4. Teil: Grundzüge des Straf- und Ordnungswidrigkeiten- und Bürgerlichen Rechts

31. - 36. Straf- und Ordnungswidrigkeitenrecht

31. Maßnahmen der Verfolgung von Straftaten und Ordnungswidrigkeiten

31.1 Verfolgung von Straftaten

31.1.1 Abgrenzung

Fall: Der staatliche Forstrevierleiter F sieht in seinem Forst einen Mann, der (unbefugt)
1. einem Reh nachstellt. bzw.
2. einen Baum umsägt.

F überlegt, was zu tun ist.

Von der **Gefahrenabwehr**, die auch die **Verhinderung** von Straftaten umfasst (29.1) ist die **Verfolgung**, insbes. Ermittlung begangener Straftaten (Begriff s. 30.4) - und Ordnungswidrigkeiten (vgl. 31.2, 36.10) zu unterscheiden.
Sie richtet sich - wie auch das eigentliche strafgerichtliche Verfahren nach der **Strafprozeßordnung (StPO)** als **formellem Strafrecht** (vgl. 11.1 vor Übersicht 2) und erfordert bei Eingriffen in die Rechte von Menschen u.a. durch die ermittelnden Verwaltungsbehörden **Ermächtigungsgrundlagen** (Art. 20 GG, vgl. 2.5) **für sogen. Justizverwaltungsakte** nach §§ 23 ff. des Einführungsgesetzes zum Gerichtsverfassungsgesetz (EGGVG), also nicht nach dem Verwaltungsverfahrensgesetz. Für Rechtsmittel gegen Justizverwaltungsakte sind die ordentlichen Gerichte zuständig (vgl. 14.1, 4.2.2, konkurrierende Gesetzgebung des Bundes, Art. 74 Nr. 1 GG).

Demgegenüber regeln die Rechtsnormen des **Strafgesetzbuchs als materielles Strafrecht** (11.1), welche Handlungen allgemein **Straftaten** sind und wann die Strafgesetze als Ermächtigungsgrundlagen des Staates für die Verurteilung durch Strafgerichte (ordentliche Gerichte, vgl. 11.1 Übersicht 1) gelten, s. 32. ff.

Im vorgenannten **Fall 1. Variante** kommt es darauf an, ob
- nur eine schon begangene Straftat (Wilderei durch Nachstellen) verfolgt werden soll
- und nicht nur bei Fortbestehen einer Gefahr (Fangen und Töten des Rehs als weitergehende Wildereitatbestände) auch Gefahrenabwehr in Betracht kommt.

31.1.2 Leitende Strafverfolgungsbefugnisse sowie -pflichten der Staatsanwaltschaft

Die Anzeige einer Straftat und der ggf. erforderliche Strafantrag können der Staatsanwaltschaft, der Polizei und den Amtsgerichten mündlich oder schriftlich übermittelt werden (§ 158 StPO).
Der Staatsanwaltschaft obliegen die leitenden Aufgaben der Strafverfolgung. Die Staatsanwaltschaft ist grundsätzlich verpflichtet, wegen aller verfolgbaren Straftaten bei Verdacht im Rahmen erforderlicher Ermächtigungsgrundlagen den Sachverhalt zu erforschen (§ 160 StPO) und dabei auch Auskünfte von Behörden einzuholen bzw. - wie auszuführen ist - die Polizei oder andere Behörden ermitteln zu lassen (§ 161 StPO) - **Legalitätsprinzip** - im Gegensatz zum gefahrenabwehrrechtlichen Opportunitätsprinzip = Entschließungsermessen, vgl. 29.5.1).
Für wichtige Ermittlungs- und Verfolgungs-Entscheidungen ist ausnahmsweise das Strafge-

richt zuständig, z.B. bei Haft, § 111StPO.

Die Staatsanwaltschaft hat bei genügendem Anlass, also sofern zureichende tatsächliche Anhaltspunkte vorliegen, öffentlich Klage beim zuständigen Strafgericht zu erheben.

Bei Vergehen mit geringer Schuld und **fehlendem öffentlichen Interesse** an der Strafverfolgung **kann** die Staatsanwaltschaft, teilweise mit Zustimmung des zuständigen Strafgerichts, **von der Verfolgung absehen** (§ 153 StPO, vgl. auch die weiteren Ausnahmegründe nach §§ 153a ff. StPO).

Näher zu erläutern ist, inwieweit - neben der Staatsanwaltschaft - Behörden bzw. Organwalter (Amtswalter, s. 11.9) des Forst- und Jagdschutzbereichs sachliche Strafermittlungsbefugnisse und -pflichten haben. Vgl. hierzu auch die Übersicht zu 31.3.

31.1.3 Befugnisse der besonders qualifizierten bestätigten Jagdaufseher wie für Polizei

(1) Gleichstellung

Nach § 25 (2) BJagdG haben die **besonders qualifizierten bestätigten Jagdaufseher, die** entweder **Berufsjäger (Revierjäger)** oder **forstlich ausgebildet** sein müssen, grundsätzlich nur innerhalb ihres Dienst-Jagdbezirks in Angelegenheiten des Jagdschutzes die **Rechte und Pflichten von Polizeibeamten** (29.3.3) und sind (wie auch die allermeisten Polizeibeamten) **Ermittlungspersonen der Staatsanwaltschaft.**

- **Besonders qualifizierte** bestätigte Jagdaufseher sind nach dem RdErl. d. ML v. 20.5.2002 (Nds. MBl. S. 449; 57.4.10) hinsichtlich der strafrechtlichen Jagdschutzbefugnisse die örtlich zuständigen **Beamtinnen und Beamten sowie Angestellten mit forstlicher Ausbildung** jeweils der nicht verpachteten Eigenjagdbezirke des **Landes, der Klosterforsten, des Bundes, der Landkreise und Gemeinden.** Damit sind gemeint: Forstamtsleiter, Forstamtsdezernenten, Forstbetriebsbeamte (Revierleiter, Revierassistenten, Funktionsbeamte - aber nur, soweit für ein einziges Forstamt zuständig) und Büroleiter, bei forstlicher Ausbildung auch Angestellte (s. im Einzelnen 29.3.3, 57.4.10). Aufgrund der allgemeinen Erlassregelung der obersten Aufsichtsbehörde bedarf es keiner Bestätigung einzelner Bediensteter, sei es durch das Forstamt nach § 37 NJagdG (Bund, Land), sei es durch den Landkreis bzw. die kreisfreie Stadt oder Region Hannover, die über solche Bediensteten verfügen.

- Durch die untere Jagdbehörde **einzeln zu bestätigen** sind nach dem gen. RdErl. für die entsprechenden Jagdschutzzuständigkeiten die Jagdaufseher bei den **Eigenjagdbezirken von Privatrechtspersonen** und Realverbänden mit Genossenschaftswald (§ 3 (5) NWaldLG), **gemeinschaftlichen Jagdbezirken, gepachteten Jagdbezirken des Landes, Bundes** und der **Kommunen**; bei Privatpersonen als hoheitliche Beleihung (11.7).

Es handelt sich um folgende **Ermächtigungsgrundlagen und Zuständigkeiten (zusammengefasst: Befugnisse)** sowie Pflichten der Polizei und damit auch der besonders qualifizierten bestätigten Jagdaufseher:

(2) Weisungsgebundene Ermittlungsbefugnisse (§ 161 StPO)

Wie ausgeführt (31.1.2) kann die Staatsanwaltschaft die Polizei nach § 161 StPO u.a. zu den Ermittlungsakten anweisen (**§ 161 StPO**).

(3) Eigenständige Erforschung (Recht des ersten Zugriff (§ 163 StPO)

Nach **§ 163 StPO** haben ausdrücklich die Behörden und Beamten des Polizeidienstes auch eigenständig Straftaten zu erforschen und alle **keinen Aufschub gestattenden** Anordnungen zu treffen, um die Verdunklung der Sache zu verhüten **(Recht des ersten Zugriffs)**. Die Behörden und Beamten des Polizeidienstes übersenden ihre Verhandlungen ohne Verzug der Staatsanwaltschaft. Erscheint die beschleunigte Vornahme richterlicher Untersuchungen erforderlich, so kann die Übersendung unmittelbar an das Amtsgericht erfolgen. Wenn - bei Fehlen einer Weisung der Staatsanwaltschaft - die Polizeibeamten begründet nicht selbst nach § 163 StPO ermitteln wollen, sind sie zumindest zur Strafanzeige verpflichtet, da sie - wie die Staatsanwaltschaft (31.1.2) - kein Ermessen haben, die Straftat nicht zu verfolgen **(Legalitätsprinzip)**.

(4) Normale Ermächtigungsgrundlagen

Für beide vorgenannten allgemeinen Ermittlungsbefugnisse und -pflichten enthält die StPO folgende Ermächtigungsgrundlagen für zulässig in Rechte eingreifende (normale) hoheitliche Ermittlungsbefugnisse (von Amtswaltern, die **nicht** unbedingt auch die Funktion der Ermittlungspersonen der Staatsanwaltschaft mit besonderen Befugnissen haben müssen):

- **§ 163a (1) (4) (5) StPO:** Der Beschuldigte ist zu **vernehmen**, ggf. auch Zeugen. Bei der ersten Vernehmung des Beschuldigten ist ihm zu eröffnen, welche Tat ihm zur Last gelegt wird. Er ist darauf hinzuweisen, dass es ihm nach dem Gesetz frei stehe, sich zu der Beschuldigung zu äußern oder nicht zur Sache auszusagen und jederzeit, auch schon vor seiner Vernehmung, einen von ihm zu wählenden Verteidiger zu befragen (s. im Einzelnen § 136 und hinsichtlich verbotener Vernehmungsmethoden § 136a StPO) Bei der Vernehmung von Zeugen sind § 52 (3), 55 (2) und § 81c i.V.m. § 52 (3) und § 136a StPO anzuwenden (u.a. Belehrung über das Zeugnisverweigerungsrecht bestimmter Angehöriger, Verwandter und Verschwägerter einschließlich gesetzlicher Vertreter und bei Selbstbelastung).
- **§ 163b (1) StPO** Ist jemand einer Straftat verdächtig, so können (Zuständigkeit, nicht Ermessensregelung) die Polizeibeamten die **zur Feststellung** seiner **Identität** erforderlichen Maßnahmen treffen (mit vorgenannter Belehrungspflicht). Der Verdächtige darf **festgehalten** werden, wenn die Identität nicht oder nur unter erheblichen Schwierigkeiten festgestellt werden kann. Unter den Voraussetzungen des vorigen Satzes zulässig sind auch die **Durchsuchung** der **Person des Verdächtigen** und der von ihm **mitgeführten Sachen** (auch seines Kraftwagens und (was auch für besonders qualifizierte bestätigte Jagdaufseher entfällt) die Durchführung erkennungsdienstlicher Maßnahmen.
- **§ 127 (1) S. 2 StPO:** Die Feststellung der Identität einer Person durch die Staatsanwaltschaft oder die Beamten des Polizeidienstes bestimmt sich nach § 163b Abs. 1.
- **§ 127 (2)** Die Staatsanwaltschaft und die Beamten des Polizeidienstes sind **bei Gefahr im Verzug** auch dann zur vorläufigen Festnahme befugt, wenn die Voraussetzungen eines Haftbefehls (insbesondere bei Flucht- und Verdunklungsgefahr) oder einen Unterbringungsbefehl (psychiatrische Klinik oder Entziehungskur) vorliegen.
- **§ 127 (3) StPO** Ist eine Straftat nur auf Antrag verfolgbar, so ist die vorläufige Festnahme auch dann zulässig, wenn ein Antrag noch nicht gestellt ist. Dies gilt entsprechend, wenn eine Straftat nur mit Ermächtigung oder auf Strafverlangen verfolgbar ist.
- **§ 163b (2) StPO:** Wenn und soweit dies zur Aufklärung einer Straftat geboten ist, kann nach Angabe des Gegenstands der Untersuchung und ggf. des Beschuldigten auch die Identität einer Person festgestellt werden, die einer **Straftat** *nicht* verdächtig ist. Zum Festhalten ist er nur befugt, wenn es zur Bedeutung der Sache nicht außer Verhältnis

- steht; durchsuchen darf er nicht gegen den Willen der betroffenen Person. Eine zur Identifizierung festgehaltene Person darf in keinem Fall länger als zur Identifizierung unerlässlich (maximal 12 Stunden) festgehalten werden, § 163c StPO mit weiteren Pflichten. Die besonders qualifizierten bestätigten Jagdaufseher haben grundsätzlich, wenn die Identität nicht sogleich festgestellt werden kann, im Rahmen der Verhältnismäßigkeit festgehaltene Personen sofort zur Polizei zu bringen.

- § 164 StPO ermächtigt den Leiter einer Ermittlungstätigkeit, Personen festzunehmen, die die Ermittlungstätigkeit von Straftaten vorsätzlich stören oder sich seinen mit Zuständigkeit getroffenen Anordnungen widersetzen, bis zur Beendigung der Amtsverrichtung, jedoch nicht über den nächst folgenden Tag hinaus, dies wird für die besonders qualifizierten Jagdaufseher nicht in Betracht kommen.

Die Befugnisse dieser bestätigten Jagdaufseher sind beschränkt auf den Jagdbezirk, soweit nicht Täter über den Jagdbezirk oder die Amtsgrenzen hinaus zu verfolgen sind.

Im eingangs genannten **Fall 1** hat der Revierleiter als besonders qualifizierter bestätigter Jagdaufseher im Zusammenhang mit den eigenständigen Ermittlungsbefugnissen zumindest die vorgenannte Anzeigepflicht.

31.1.4 Besondere Befugnisse als Ermittlungspersonen der Staatsanwaltschaft für Polizei und besonders qualifizierte bestätigte Jagdaufseher

(1) Gleichstellung

Nach § 152 (1) (Bundes) Gerichtsverfassungsgesetz - GVG - sind die Ermittlungspersonen der Staatsanwaltschaft in dieser Eigenschaft verpflichtet, den **Anordnungen** der Staatsanwaltschaft ihres Bezirks und den diesen vorgesetzten Beamten **Folge zu leisten**. § 152 (2) GVG - enthält für die Länderregierungen die Ermächtigung, durch Rechtsverordnung die Beamten- und Angestelltengruppen mit der Funktion als Ermittlungspersonen der Staatsanwaltschaft zu bezeichnen. Nach § 1 S. 1 Nr. 2 der **Verordnung über die Ermittlungspersonen der Staatsanwaltschaft** vom 2.10.1997, Nds. GVBl. S. 423, geänd. 25.1.2005 (Nds. GVBl. S 46) sind in Niedersachsen ähnlich wie in den anderen Bundesländern zum einen Polizeibeamte vom Polizeimeister (vorher Hauptwachtmeister) bis zum 1. Kriminalhauptkommissar (zusätzlich zu ihren anderen Funktionen) solche Ermittlungspersonen. Wie ausgeführt, sind schon nach § 161 S. 2 StPO die Beamten und Behörden des Polizeidienstes verpflichtet, dem Ersuchen oder Auftrag der Staatsanwaltschaft Folge zu leisten. § 152 GVG bestätigt diese Pflicht über das Ermittlungsverfahren hinaus für das gesamte Strafverfahren.

Schon unmittelbar **nach § 25 (2) BJagdG** (also unabhängig von der genannten VO) sind alle diejenigen von der Jagdbehörde (bei Privatpersonen durch Beleihung mit Hoheitsaufgaben, 11.7) **bestätigten Jagdaufseher** in Niedersachsen, die **Berufsjäger (Revierjäger)** oder **forstlich ausgebildet** sind, in ihrem Jagdbezirk in Angelegenheiten des Jagdschutzes Ermittlungspersonen der Staatsanwaltschaft.

(2) Besondere Ermächtigungsgrundlagen für Ermittlungspersonen-Befugnisse

Die StPO enthält **nur für die Ermittlungspersonen** der Staatsanwaltschaft im Rahmen ihrer Aufgaben und grundsätzlich ihres Bezirkes noch u.a. folgende **Einzelbefugnisse zur Anordnung und ggf. eigenen Durchführung** (jeweils unter besonderer Beachtung des Verhältnismäßigkeits-Grundsatzes); insoweit können die Ermittlungspersonen aber auch angewiesen werden.

- **Beschlagnahme** (von Beweismittel-Gegenständen), § 94 StPO, falls wegen Gefahr im Verzug die richterliche Anordnung zu spät käme (§ 98 StPO mit Ausnahmen); innerhalb von 3 Tagen vom Amtsgericht zu bestätigen;
- **Notveräußerungsrecht** bei verderblicher beschlagnahmter Sachen (§ 111 L StPO);
- **Durchsuchen** der Wohnung und anderer Räume des Verdächtigen sowie seiner Person und der ihm gehörenden Sachen zu seiner Ergreifung oder zur vermutlich erfolgreichen Auffindung von Beweismitteln (§ 102 StPO) oder ggf. unter engeren Voraussetzungen für vorgenannte Zwecke Durchsuchung bei einer anderen Person (§ 103 StPO), falls die richterliche Anordnung wegen Gefahr im Verzug zu spät käme (§ 105 (1) StPO), unter Beteiligung eines Gemeindebeamten oder zweier Gemeindemitglieder; Durchsicht von Papieren jedoch grundsätzlich nur durch Staatsanwaltschaft, - vgl. auch §§ 111b ff. StPO zur Beschlagnahme bei Verfall oder Einziehung insbes. von beweglichen Sachen; z.b. Ablieferung von Tatwerkzeugen, § 111c StPO; vgl. auch 57.5.2.

Die eigenständigen Ermittlungsrechte und -pflichten der besonders qualifizierten bestätigten Jagdaufseher nach § 163 StPO bleiben unberührt; zumindest besteht die Pflicht zur Strafanzeige bei der Staatsanwaltschaft bzw., falls weitere Ermittlungen notwendig sind (Regelfall, z.b. Überprüfung von angegebenen Personalien), bei der Polizei (Legalitätsprinzip).

Die genannten Ermittlungspersonen sollten hinsichtlich der Ausübung der o.g. Sonderbefugnisse, insbes. beim ersten Zugriff (31.1.3 (3)), im Rahmen der Verhältnismäßigkeit sehr **zurückhaltend** sein und frühzeitig Kontakt mit der Polizei und Staatsanwaltschaft aufnehmen.

Im eingangs genannten **Fall 1** dürften eine Identitätsfeststellung nach 31.1.3 und eine Anzeige bei der Polizei ausreichen.

31.1.5 **Zuständigkeit der Forstbetriebsbeamten i.e.S. (gehobener Dienst) im Forstschutz**

Unter den Forsthütern sind nur die **Forstbetriebsbeamten i.e.S. (gehobener Dienst**, 31.1.3) sogar **weisungsgebundene Ermittlungspersonen** nach § 152 GVG i.V.m. § 1 S. 1 Nr. 3 der o.g. Verordnung über die Ermittlungspersonen der Staatsanwaltschaft mit den besonderen - zu 31.1.4 (2) genannten - eigenen Anordnungs- und Durchführungsbefugnissen. Indem sie nach § 152 (1) StPO verpflichtet sind, den Anordnungen der Staatsanwaltschaft Folge zu leisten und weil sie als Ermittlungspersonen sogar ausdrücklich die zu 31.1.4 (2) genannten Sonderbefugnisse haben, kann sich aus den Bestimmungen nur der Sinn ergeben, dass die normalen Verpflichtungen und insoweit auch Befugnisse vorausgesetzt und gemeint sind, dass die Staatsanwaltschaft alle im Rahmen des § 161 StPO zulässigen Anordnungen erteilen darf, also auch hinsichtlich Vernehmungen, Identitätsfeststellungen, ggf. mit Festhalten und Durchsuchen von Personen und Sachen. (Z.B. wenn Unbefugte Bäume umsägen, **Fall** zu 31.1.1).

Ein eigenes Ermittlungsrecht nach § **163 StPO** haben sie aber **nicht**.

31.1.6 **Forst- und Feldhüter (außer Forstbetriebsbeamte) nicht der Polizei gleichgestellt, nur Jedermannsrecht**

Die Forst- und Feldhüter (29.3.4) außer den genannten Forstbetriebsbeamten, also insbesondere *Forstamtsleiter, Forstamtsdezernenten und Büroleiter*, die Forsthüter und Verwaltungsvollzugsbeamte im Rahmen der *Gefahrenabwehr* sind, gehören im **Forst**bereich nicht zu den Ermittlungspersonen der Staatsanwaltschaft, so dass auch nicht (erst recht) die Befugnisse abgeleitet werden könne, dass ihnen die Staatsanwaltschaft alle im Rahmen des § 161 StPO zulässigen Anordnungen erteilen darf, also auch hinsichtlich Vernehmungen, Identitätsfeststellungen, ggf. mit Festhalten und Durchsuchen von Personen und Sachen.

Sie haben – wie alle Forsthüter - auch *nicht* die Ermittlungs-Befugnisse der Polizeibeamten nach § 163 StPO (vgl. 31.1.3) und sind natürlich auch nicht zu Ermittlungspersonen der Staatsanwaltschaft mit den Sonderkompetenzen bestimmt worden.

Die Forst- und Feldhüter haben daher nur ein im Rahmen ihrer Aufgabe pflichtgemäßes Ermessen, der Polizei oder Staatsanwaltschaft eine **Strafanzeige** zu übermitteln (§ 158 StPO). Hinsichtlich der **vorläufigen Festnahmen** gilt für sie das, was **jedermann**, also auch allen Forstbediensteten einschließlich solchen der Privatforsten nach **(§ 127 (1) S. 1 StPO)** bei der Strafverfolgung zusteht:

> **Wird jemand auf frischer Tat betroffen oder verfolgt, so ist, wenn er der Flucht verdächtig ist oder seine Identität nicht sofort festgestellt werden kann, jedermann befugt, den Täter auch ohne richterliche Anordnung vorläufig festzunehmen.**

31.2. Verfolgung von Ordnungswidrigkeiten

31.2.1 (Leitende) Verfolgungsbefugnisse der Verwaltungsbehörde (meistens Landkreis oder Gemeinde)

Die Verfahrensvorschriften, insbesondere *Ermächtigungsgrundlagen* (wie 16.) für in Rechte eingreifende Ermittlungen der StPO gelten nach § 46 (1) des Gesetzes über Ordnungswidrigkeiten (OWiG) entsprechend, aber

ohne das Recht der Festnahme bei Vorliegen der Voraussetzungen für einen Haftbefehl (§§ 127 (2) StPO, 112 ff. StPO, 31.1.3 (4)) und *ohne das Jedermannsrecht der vorläufigen Festnahme* (§ 46 (3) OWiG, 31.1.5), so dass insoweit jede Zuständigkeit entfällt. Jedoch gilt die Ermächtigungsgrundlage zum Festhalten zur Identitätsfeststellung (§ 163b (1) S. 2 StPO).

Nach §§ 35 ff. i.V.m. § 47 (1) OWiG ist für die - im **pflichtgemäßen Ermessen** liegende - Verfolgung und Ahndung von Ordnungswidrigkeiten (**Opportunitätsprinzip**), soweit nicht Spezialregelungen in §§ 2 – 6 bestehen, grundsätzlich die auch insbesondere für den Erlass von Verwaltungsakten zuständige **Verwaltungsbehörde** sachlich **zuständig** (Regelzuständigkeit; meistens Landkreis oder Gemeinde mit entsprechender örtlicher Zuständigkeit; vgl. die Nds. ZuständigkeitsVO zum OWiG v. (ZustVO-Owi 29.8.2005 (Nds. GVBl. S. 276, z.B. nach § 1 die Gemeinde grundsätzlich für Ordnungswidrigkeiten nach § 42 NWaldLG, s. aber 47.2). Sonderzuständigkeiten bestehen zu § 65 (1) Nr. 1 – 4 BNatSchG (außer Nationalpark u.Ä.), § 18 TierSchG, § 41 NJagdG, § 62 BImSchG, § 62 Nr. 10 KrW-/AbfG, § 46 (2) nr. 3 und 4 NAbfG, § 14 Abfallverbringungsgesetz. Die Befugnisse entsprechen weitgehend denen der Staatsanwaltschaft beim Strafverfahren (§ 46 (2) OWiG). Zu den Rechtsmitteln auch gegen die nachfolgenden Verwaltungsakte anderer Behörden, vgl. 31.1.1, Tabelle zu 14.1, 25.1 Übersicht 1.

31.2.2 Ermächtigungsgrundlagen und Zuständigkeiten der besonders qualifizierten bestätigten Jagdaufseher wie für Polizei

(1) Zuständigkeit der Polizei

Nach § 25 (2) BJagdG sind, wie ausgeführt, der Polizei hinsichtlich des Jagdschutzes gleichgestellt diejenigen bestätigten **Jagdaufseher**, die Berufs- oder Revierjäger oder forstlich ausgebildet sind (besonders qualifizierte bestätigte Jagdaufseher), einschließlich entsprechende Forstbeamte und -angestellte, vgl. 31.1.3 (1).

(2) Weisungsgebundene Ermittlungsbefugnisse

Nach §§ 53, 46 OWiG kann entsprechend § 161 StPO die zuständige Behörde die Polizeibeamten und genannten bestätigten Jagdaufseher zu Ermittlungen gemäß den oben zu 31.1.3 (2) (3) genannten Ermächtigungsgrundlagen im Jagdschutz anweisen.

(3) Eigenständige Ermittlungsbefugnisse

Daneben haben nach § 53 (1) OWiG die Behörden und Beamten des Polizeidienstes und bestätigten Jagdaufseher auch eigenständig (Recht des ersten Zugriffs) nach pflichtgemäßem Ermessen Ordnungswidrigkeiten zu erforschen und dabei alle unaufschiebbaren Anordnungen zu treffen, um die Verdunklung der Sache zu verhüten (vergleichbar § 163 StPO, s. 31.1.3. (3)) sowie die Ergebnisse der Verwaltungsbehörde mitzuteilen.

Z.B.: Für die Verfolgung und Ahndung der Ordnungswidrigkeiten nach § 41 NJagdG sind die Landkreise zuständig (§ 3 Nr. 4 nds. ZustVO-Owi). Soweit sie im Rahmen einer Ermächtigungsgrundlage entsprechend § 161 StPO der Forstverwaltungsbehörde gegenüber einen **Ermittlungsauftrag** erteilt haben, teilt die Forstbehörde die Ermittlungsergebnisse dem Landkreis mit, der dann über die Frage weiterer Ermittlungen und die Festsetzung von Bußgeldern entscheidet.

Bei einer Zuwiderhandlung nach § 41 NJagdG kann die zuständige Forstverwaltung im Rahmen des **ersten Zugriffs** auch ohne Weisung selbst ermitteln - mit den zu 31.1 (3) genannten Befugnissen (anzupassen: § 3 Nr. 4 nds. ZustVO-Owi).

31.2.3 Besondere Befugnisse als Ermittlungspersonen der Staatsanwaltschaft für Polizei und besonders qualifizierte bestätigte Jagdaufseher wie für Polizei

Nur diejenigen Beamten des **Polizeidienstes** - bzw. über § 25 (2) BJagdG die oben zu 31.1.3 (1) genannten besonders qualifizierten bestätigten **Jagdaufseher -** , die jeweils Ermittlungspersonen der Staatsanwaltschaft sind (§ 46 (1) OWiG, § 152 des GVG), können im **Jagdschutzbereich** auch - nach den Grenzen der für sie geltenden Vorschriften der StPO (§§ 80 ff., s. 31.1.4) eingeschränkt durch § 46 OWiG - u.a. anordnen und auch durchführen:

– Durchsuchungen

– Beschlagnahmen (ohne Postsendungen und Telegramme), Notveräußerungen

unter besonderer Beachtung des Verhältnismäßigkeitsgrundsatzes und mit ganz besonderer Zurückhaltung im Rahmen der Verhältnismäßigkeit.

31.2.4 Forsthüter als Forstbetriebsbeamte (Land, Bund) wie Polizei

Obwohl auch die Forstbetriebsbeamten (31.1.3) des Landes und Bundes nicht ausdrücklich den Polizeibeamten gleichgestellt sind, wird die Auffassung vertreten, dass sie, weil sie

– Ermittlungspersonen der Staatsanwaltschaft sind (§ 1 S. 1 Nr. 3a der gen. Ermittlungspersonen-VO) und

– polizeiliche Befugnisse der Gefahrenabwehr haben,

unter den weiten Begriff der Behörden und Beamten des Polizeidienstes fallen. Also sind sie Ermittlungspersonen der Ordnungswidrigkeitenbehörde nach § 53 StPO, mit Ermittlungspflichten auf Weisung vergleichbar § 161 StPO sowie eigenständigen, ganz vorsichtig zu gebrauchenden Anordnungs- und Durchführungsbefugnissen; sie haben somit nach § 53 (1) OWiG auch ein eigenes Ermittlungsrecht (vergleichbar § 163 StPO).

31.2.5 Forst- und Feldhüter (außer Forstbetriebsbeamte - Land, Bund) nicht der Polizei gleichgestellt

Alle anderen Forst- und Feldhüter im Forst- und Feldhüterbereich sind bei der Ordnungswidrigkeitenverfolgung nicht der Polizei und den genannten Jagdaufsehern gleichgestellt. Sie haben nach § 46 (3) OWiG nicht einmal das Jedermannsrecht des § 127 (1) S. 1 StPO für vorläufige Festnahmen bei Fluchtgefahr oder Identifizierung (31.2.1). Aber bei entsprechender Bedeutung der Tat sollten die Forsthüter Anzeige bei der zuständigen Verwaltungsbehörde erstatten.

31.3 Übersichten Gefahrenabwehr, Straf- und Ordnungswidrigkeitenverfolgung
31.3.1 Übersicht: - Forsthüter

	Gefahrenabwehr	Strafverfolgung	Ordnungswidrigkeitenverfolgung
	Feld- und Forsthüter (alle)	Forsthüter nur Forstbetriebsbeamte (Land, Bund)	Forsthüter nur Forstbetriebsbeamte (Land, Bund)
1. normale Befugnisse ↓	§ 36//§ 43 NWaldLG selbständig nach **Nds. SOG**	§36/ § 43 NWaldLG nur auf Weisung der Staatsanwaltschaft (§ 161 StPO)	§ 36/§ 43 NWaldLG auf Weisung der Verwaltungsbehörde (§ 53 (1) OWiG entspr. § 161 StPO oder selbständig (erster Zugriff, § 53 (1) OWiG entspr. § 163 StPO)
Vernehmungen	u.a. § 12 Nds. SOG ggf. auch anhalten	§ 163a (1) (4) (5) StPO	§ 46 (1) OWiG/ entspr. § 163a (4) (5) StPO
Identifikation	§ 13 Nds. SOG ggf. verbunden mit *) #)	entspr. § 127 (1) S. 2/ § 163 b (1) S. 3 StPO ##) (alle anderen Forsthüter: haben nur das Jedermannsrecht, § 127 (2) S. 1 StPO)	entspr. § 53 (1)/§ 46 (1) OWiG/§ 163 b StPO ##); kein Jedermannsrecht bei der Ordnungswidrigkeitenverfolgung
Erkennungsdienst	(§ 14 Nds. SOG nur Polizei)		
Platzverweisung	§ 17 Nds. SOG		
Festhalten, vorläufige Festnahme	*) §§ 13 (2), 20 Nds. SOG Festhalten,	##) entspr. § 127 (1) S. 2/§ 163 b (1) S. 2, 163c / § 127 (2) StPO jeweils festhalten u. ggf. Person und Sachen durchsuchen (alle anderen Forsthüter: haben nur das Jedermannsrecht der vorläufigen Festnahme, § 127 (2) S. 1 StPO)	##) entspr. § 53 (1)/§ 46 (1) (3) OWiG/§ 163 b (1) S.2 (2) StPO zur Identitätsfeststellung; kein Jedermannsrecht
Gewahrsamnahme,	(§ 18 Nds. SOG nur Polizei)		
2. Besondere Befugnisse nach Nds. SOG und als Ermittlungspersonen der Staatsanwaltschaft bzw. Verwaltungsbehörde (OWiG) ↓	Feld- und Forsthüter, Nds. SOG	als **Forsthüter** nur Forst**betriebs**beamte (Lqnd, Bund) und nur auf Weisung, § 152 GVG, VO über Ermittlungspersonen der Staatsanwaltschaft	nur Forst**betriebs**beamte (Land, Bund) ↓ (wie links)
Durchsuchung von Personen	§ 22 Nds. SOG, #) § 13(2) Nds. SOG	§§ 102, 103/ § 105 StPO **)(s. auch o.)	entsprechend §§ 102, 103/ § 105 StPO **) (s. auch o.)
Durchsuchung von Sachen	§ 23 Nds. SOG, #) § 13(2) Nds. SOG		
Betreten und Durchsuchen von Wohnungen			
Sicherstellung/ Beschlagnahme von Sachen	Sicherstellung, § 26 Nds. SOG	Beschlagnahme § 94/ § 98/ §§ 111b ff. StPO **)	Beschlagnahme entsprechend § 94/ § 98 StPO **)
geheime bildl. u. akustische Aufzeichnung		§ 100c/§ 100d/§ 100 StPO **)	entspr. § 100c StPO **)
3. sonstige Befugnisse	Generalklausel des § 11 Nds. SOG	**) nur ganz ausnahmsweise bei Gefahr im Verzug, bei Ordnungswidrigkeiten im Rahmen der Verhältnismäßigkeit noch enger	
	Zwangsmittel, §§ 64 ff. Nds. SOG, 3		

31.3.2 Übersicht: Gefahrenabwehr, Straf- u. Ordnungswidrigkeitenverfolgung - Jagdaufsicht

	Gefahrenabwehr	Strafverfolgung	Ordnungswidrigkeitenverfol-gung
	Berufsjäger/ forstlich ausgebildet als **besonders qualifizierte mit Hoheitsbefugnissen bestätigte Jagdaufseher**; einschließlich beamtete und angestellte Forstamtskräfte forstlich ausgebildet		
1. normale Befugnisse ↓	(fast) wie Polizei, § 25 (2) BJagdG	wie Polizei, § 25 (2) BJagdG	wie Polizei, § 25 (2) BJagdG
	selbständig nach **Nds. SOG**	auf Weisung der Staatsanwalt-schaft (§ 161 StPO) oder selbstän-dig (erster Zugriff, § 163 StPO)	auf Weisung der Verwaltungsbe-hörde (§ 53 (1) OWiG entspr. § 161 StPO oder selbständig (erster Zugriff, § 53 (1) OWiG entspr. § 163 StPO)
Vernehmungen	u.a. § 12 Nds. SOG ggf. auch anhalten	§ 163a (1) (4) (5) StPO	§ 46 (1) OWiG/ entspr. § 163a (4) (5) StPO
Identifikation	§ 13 Nds. SOG ggf. verbunden mit *) #)	entspr. § 127 (1) S. 2/ § 163 b (1) S. 3 StPO ##); daneben: das Je-dermannsrecht der vorläufigen Festnahme, § 127 (2) S. 1 StPO)	entspr. § 53 (1)/§ 46 (1) OWiG/§ 163 b StPO ##); kein Jedermannsrecht bei der Ordnungswidrigkeitenverfolgung
Erkennungs-dienst	(§ 14 Nds. SOG nur Polizei)		
Platzverweisung	§ 17 Nds. SOG		
Festhalten, vor-läufige Festnah-me	*) §§ 13 (2), 20 Nds. SOG Festhalten,	##) entspr. § 127 (1) S. 2/§ 163 b (1) S.2, 163c / § 127 (2) StPO jeweils festhalten u. ggf. Person und Sachen durchsuchen; daneben: besteht das Jedermanns-recht der vorläufigen Festnahme, § 127 (2) S. 1 StPO)	##) entspr. § 53 (1)/§ 46 (1) (3) OWiG/§ 163 b StPO S.2 (2) StPO zur Identitätsfeststellung; kein Jedermannsrecht bei der Ordnungswidrigkeitenverfolgung
Gewahrsam-nahme,	*)§§ 18, 20 Nds. SOG Gewahrsam (theoretisch)		
2. Besondere Befugnisse nach Nds. SOG und **als Ermitt-lungspersonen** der Staatsan-waltschaft bzw. Verwaltungsbe-hörde (OWiG)	besonders qualifizier-te bestätigte Jagd-aufseher, Nds. SOG	besonders qualifizierte bestätigte **Jagdaufseher** (s.o.) auf Weisung der Staatsanwaltschaft, § 152 GVG/161 StPO oder eigenes An-ordnungsrecht, § 163 StPO	besonders qualifizierte bestätigte Jagdaufseher wie links über § 46 OWiG (auf Weisung der Verwal-tungsbehörde oder eigenes An-ordnungsrecht über § 53 (2) O-WiG)
Durchsuchung von Personen	§ 22 Nds. SOG, #) § 13 (2) Nds. SOG	§§ 102, 103/ § 105 StPO **) (s. auch o.)	Entsprechend §§ 102, 103/ § 105 StPO **) (s. auch o.)
Durchsuchung von Sachen	§ 23 Nds. SOG, #) § 13 (2) Nds. SOG		
Betreten und Durchsuchen von Wohnungen	§ 24 Nds. SOG		
Sicherstellung/ Beschlagnahme von Sachen	Sicherstellung, § 26 Nds. SOG .	Beschlagnahme § 94/ § 98/ §§ 111b ff. StPO **)	Beschlagnahme entsprechend § 94/ § 98 StPO **)
geheime bildl. u. akustische Auf-zeichnung		§ 100 c/§ 100 d/§ 100 StPO **)	Entspr. § 100 c StPO **)
3. sonstige Befugnisse	Generalklausel des § 11 Nds. SOG	**)** nur ganz ausnahmsweise bei Gefahr im Verzug, bei Ordnungs-widrigkeiten im Rahmen der Verhältnismäßigkeit noch enger	
	Zwangsmittel, §§ 64 ff. Nds. SOG		

32. - 36 Materielles allgemeines Strafrecht, zu 36. auch Ordnungswidrigkeitenrecht

32.   Straftaten, Strafgesetze; Aufbauschema

32.1.   Straftaten, Strafgesetze als Ermächtigungsgrundlagen (auch Art. 103 (2) (3) GG), Strafgesetzbuch

Straftaten sind Handlungen die
– als Verletzung von Verboten oder Geboten nach dem Strafgesetzbuch (Hauptstrafrecht) oder strafrechtlichen Nebengesetzen (Nebenstrafrecht - z.b. Bundesjagdgesetz, Tierschutzgesetz)
– als Rechtsfolge mit Strafe oder Maßregeln der Sicherung und Besserung bedroht sind (Entscheidung durch Strafgerichte, 25.1 Übersicht 1).

Unter Einbeziehung der Rechtsfolgen werden durch die Anwendung der Strafrechtsnormen die Grundrechte Handlungsfreiheit, Art. 2 (1) GG (6.2) und insbes. Freiheit der Ortsveränderung, Art. 2 (2) und 104 GG (6.4) und ggf. Eigentum, Art. 14 GG (7.1) beschränkt. Angesichts der einschneidenden Wirkungen einer Bestrafung als hoheitlichem Eingriff durch Gerichte gilt der strenge Gesetzesvorbehalt (2.5): **Keine Strafe ohne vorheriges Gesetz!** (§ 1 StGB = **Art. 103 (2) Grundgesetz**, 5.6.5; zur Einfuhr von Elfenbeinstoßzähnen s. BVerfG 27.7.1992, NuR 1993, 194; 55.20.1). Rechtslücken im Strafrecht dürfen nicht durch Analogie geschlossen werden (s. 1.2.6). Fällt das dem Betroffenen vorgeworfene Verhalten nicht unter den erkennbaren Wortsinn der Bußgeldvorschriften (und erst recht Strafvorschriften), so würde eine Ahndung eine **verbotene Analogie** zu Ungunsten des Betroffenen darstellen und gegen das Bestimmtheitsgebot (Art. 103 (2) GG) verstoßen (OLG Braunschweig, NuR 2005, 63). Grundsätzlich ist ein formelles und zugleich materielles Gesetz (4.1.3) erforderlich. Allerdings können schon **verwaltungs- oder zivilgesetzliche Verbote oder Gebote** vorliegen und die *Strafrechtsnormen darauf Bezug* nehmen (vgl. z.B. § 38 BJagdG mit Bezugnahme auf die Elterntier-SchutzVO, 56.7) und die Androhung der Rechtsfolge regeln. Bei entspr. formell-gesetzlicher Ermächtigung (Art. 80 GG, 12.2) kann auch eine sogen. **Blankettstrafnorm**, die die Bestrafung als Rechtsfolge regelt, hinsichtlich des Straftatbestandes eine **Rechtsverordnung** (materielles Gesetz) vorsehen, die dann aber auf die Blankettstrafnorm Bezug nehmen muss. Im Merkmal „vorherig" steckt der Verfassungsgrundsatz des Vertrauensschutzes als Sonderfall des Grundsatzes der Rechtssicherheit und auch des Staats-Strukturprinzips der Rechtsstaatlichkeit (s. 5.3.4). **Art. 103 (3) GG verbietet**, wegen **derselben Tat mehrmals** zu bestrafen. Vgl. 5.6.5.

Nach Art. 74 Nr. 1 GG besteht für das Strafrecht die **konkurrierende Gesetzgebungskompetenz** des Bundes (vgl. 4.2.2). Gemäß Art. 4 (4) (5) des Einführungsgesetzes zum Strafgesetzbuch sind jedoch hinsichtlich bestimmter nicht so bedeutender Straftaten bestimmte Strafvorschriften der Länder z.B. zum Schutze von Feld und Forst möglich. Vgl. auch § 42 BJagdG, wonach die Länder Straf- (und Bußgeld-) Bestimmungen für Verstöße gegen die von ihnen erlassenen Vorschriften treffen können (vgl. 57.7, 47.1).

Das **Strafgesetzbuch (StGB)** als Hauptrechtsquelle des Strafrechts ist gegliedert
– in einen allgemeinen und in einen besonderen Teil.
Bei der Lösung praktischer Fälle ist jeweils mit einer konkreten Strafvorschrift des **besonderen Teils** zu beginnen (z.B. § 223 StGB - Körperverletzung, vgl. die Übersicht zu 36.13) oder eines strafrechtlichen Nebengesetzes (z. B. § 38 Bundesjagdgesetz u. a. Verletzung der Vorschriften über die Schonzeit).

Die Vorschriften des **allgemeinen Teils** des StGB - aber auch vereinzelt anderer Rechtsgebiete (z.B. sehr begrenzt das Bürgerliche Gesetzbuch) ergänzen, präzisieren und bestimmen die Voraussetzungen für die Erfüllung des Straftatbestands (i.w.S., s. 33.) und der Rechtsfolgen der einzelnen Strafvorschriften; dabei ist der allgemeine Teil überwiegend nicht so gegliedert, wie es der Fallaufbau erfordert, sondern so, wie sich allgemeinere Themenbereiche zusammenfassen lassen.

32.2 Aufbauschema für vorsätzliche vollendete Begehung (Tun) von Erfolgsdelikten
(einschließlich konkreten Gefährdungsdelikten - vgl. 36.2, Tätigkeitsdelikten vgl. 36.3)

1. u. 2. **Voraussetzungen für das Vorliegen einer Straftat**

1. **Tatbestandsmäßigkeit im weiteren Sinn** (§§ 1 - 12, 14 - 21 StGB)

1.1 **Tatbestandsmäßigkeit im engeren Sinne (33.)**
Handlung im strafrechtlichen Sinn (nur bei Zweifeln zu prüfen und zu erwähnen)

1.1.1 **Objektive Tatbestandsmerkmale** (einschl. Verursachung bei Erfolgsdelikten: sehr weit jede Bedingung, ohne die der Erfolg entfiele)

1.1.2 **Vorsatz** Wissen und Wollen (auch Fürmöglichhalten und Inkaufnehmen) aller objektiven Tatbestandsmerkmale = **subjektive Tatbestandsmerkmale**
(sonst, falls strafbar: Fahrlässigkeit zu prüfen, vgl. Schema zu 36.5)

1.1.3 Im besonderen gesetzlichen Tatbestand ausdrücklich vorgesehene **nur subjektive Tatbestandsvoraussetzungen** (z. B. Zueignungsabsicht bei Diebstahl, § 242 StGB)

1.2 **Rechtswidrigkeit** (34.) ist bei Vorliegen der Tatbestandsmäßigkeit i.e.S. erfüllt. Jedoch: Selten zusätzliche Rechtswidrigkeitsmerkmale zu prüfen (s. z.B. § 240 (2) StGB Nötigung).
Rechtfertigungsgründe, z.B. Notwehr, Notstand - §§ 32, 34 StGB, schließen die Rechtswidrigkeit aus. *(2 2 8 B G B) (9 0 4 B G B)*

1.3 **Schuld** (35.)
1.3.1 Schuldfähigkeit (35.1)
(entfällt bei Kindern unter 14 Jahren und Geisteskranken)
1.3.2 Spezielle Schuldmerkmale – 35.1a (z.B. niedrige Beweggründe)
1.3.3 Kein schuldausschließender Irrtum über die tatsächlichen Voraussetzungen eines Erlaubnistatbestands (eines Rechtfertigungsgrundes) - 35.4
1.3.4 Unrechtsbewusstsein (kein oder ein vermeidbarer Verbotsirrtum) hins. Unrechtsnorm oder rechtlichen Bestand und Grenzen eines Rechtfertigungsgrundes (35.2 f.)
1.3.5 Fehlen von Schuldausschließungsgründen (35.5)

2. **Weitere Voraussetzungen oder Hindernisse für Strafen** u.a. (35.6)

2.1 Ggf. objektive Strafbarkeitsbedingungen (z.B. rechtswidrige, aber wegen Vollrausch schuldunfähig verursachte Straftat bei Vollrauschtat, vgl. 35.1 Beisp. 5)
2.2 Strafausschließungsgründe (Rücktritt vom Versuch, § 24 StGB, vgl. 36.6.5; Indemnität, §§ 36, 37 StGB)
2.3 Verfolgungshindernisse
– ggf. erforderlicher Strafantrag fehlt (§§ 77 - 77c StGB, § 294 StGB)
– Verfolgungsverjährung als Strafhindernis (§§ 78 - 78c StGB)
– Immunität (Art. 46 Grundgesetz)

3. **Strafen u.a. Rechtsfolgen** (36.11)

3.1 **Strafe** bzw. Ausnahmen davon (§§ 12, 36, 37, 38 - 43, 46 - 60 StGB)
3.2 **Nebenstrafen**: Fahrverbot, § 44 StGB; Verfall § 73 StGB; Einziehung von Gegenständen: §§ 74 - 76a, § 295 StGB, § 40 BJagdG; Jagdscheinentziehung, § 41 BJagdG; Verbot der Jagdausübung, § 41a StGB (Näheres zu 36.11)
3.3 **Nebenfolge** (Verlust der Amtsfähigkeit u. des aktiven und passiven Wahlrechts, § 45 StGB)
3.4 **Maßregeln der Besserung und Sicherung** (§§ 61 - 72 StGB)

Zum abweichenden Aufbau bei Amtshaftungsansprüchen und zivilrechtlichen Ansprüchen aus unerlaubter Handlung vgl. 37.25.

33. - 35. **Strafbarkeit von Handlungen - Musterfallgruppe:**
Vorsätzliche Begehung (Tun) von Erfolgsdelikten

(weitgehend auch für andere Arten von Straftaten, vgl. Übersicht zu 36.9, maßgebend)

Während im Verwaltungs- oder Zivilrecht eine konditional aufgebaute Rechtsnorm nur aus gesetzlichem Tatbestand und Rechtsfolge besteht, vgl. 1.2, 18.1, ist beim Strafrecht der **Tatbestand im weiteren Sinne (i.w.S.)**, unter den tatsächliche Handlungen zu subsumieren sind (1.2.7), **aufgeteilt in**
- den Tatbestand i.e.s.,
- die Rechtswidrigkeit,
- die Schuld und
- ggf. weitere Voraussetzungen oder Hindernisse für Strafen.

33. **Tatbestandsmäßigkeit (i. e. S.)**

33.1 **Handlung im strafrechtlichen Sinn**

Nur eine solche Handlung kommt für eine Überprüfung, ob sie strafbar ist, in Betracht, die vom menschlichen Willen beherrscht ist oder beherrscht werden kann und in der Außenwelt etwas verändert oder verändern kann. Diese Voraussetzung ist nicht ausdrücklich in der Strafrechtsnormen formuliert, sondern ergibt sich durch Auslegung.

Keine Handlung in diesem strafrechtlichen Sinn liegt daher vor bei
- Reflexbewegungen (z. B. im Schlaf)
- instinktiven Schreckreaktionen
- einem Verhalten aufgrund unwiderstehlicher Gewalt (jemand wird umgestoßen)
- einer Verrichtung im Hypnosezustand.

Jedoch ist eine Handlung im strafrechtlichen Sinne gegeben bei
- automatisierter Handlung (z. B. Bremsen beim Autofahren)
- impulsiven Handlungen (z. B. Affekt- oder Kurzschlussreaktionen);
- ggf. auch bei passivem Nichtstun (Unterlassungsdelikt, § 13 StGB vgl. u.).

Die Frage, ob eine Handlung vorliegt, ist nur bei besonderem Veranlassung durch den Sachverhalt zu prüfen.

33.2 **Vorliegen der objektiven Tatbestandsmerkmale und ggf. der Kausalität**

33.2.1 **Objektive Tatbestandsmerkmale**

Objektive Tatbestandsmerkmale sind diejenigen Umstände des äußeren Erscheinungsbildes der Tat, die sich nach dem Wortlaut oder aufgrund weiterer Auslegung (vgl. 1.2) aus der Strafrechtsnorm ergeben. Hiervon sind als innere (subjektive) Tatbestandsmerkmale der Vorsatz bezogen auf die objektiven Tatbestandsmerkmale (33.3) und ggf. zusätzlich *nur* subjektive Tatbestandsmerkmale, d. h. ohne Bezug auf objektive Tatbestandsmerkmale (vgl. 33.4) zu unterscheiden.

Beispiel 1: Diebstahl (§ 242 StGB)
A nimmt Zaunlatten vom Zaun des Forstamts mit, um sie für seinen Garten zu verwenden.

Objektive Tatbestandsmerkmale:
Wer einem anderen eine fremde bewegliche Sache ... wegnimmt, wird ...

(1) **Sache**:
Sachen im strafrechtlichen Sinn sind alle körperlichen Gegenstände, also auch Zaunlatten.

(2) **beweglich:**
beweglich im strafrechtlichen Sinn sind Sachen, die von ihrem bisherigen Ort fortgeschafft werden können; also auch Latten eines Zaunes. (weitergehend als der zivilrechtliche Begriff, wo Zaunlatten eines im Boden befestigten Zaunes wesentliche Bestandteile des Grundstücks als unbewegliche Sache sind).

(3) **fremd:**
fremd ist eine Sache, die im Eigentum eines anderen als des Täters steht; hier des Verwaltungsträgers (herrenlose Sachen (u.a. auch wilde Tiere) und Sachen im Alleineigentum des Täters sind nicht fremd in diesem Sinne).

(4) **Wegnahme** ("einem anderen ... wegnimmt"):
Wegnahme ist der Bruch fremden und die Begründung neuen nicht notwendig eigenen Gewahrsams.
Gewahrsam ist die vom Herrschaftswillen getragene tatsächliche Sachherrschaft (maßgeblich: Verkehrsanschauung).
Gewahrsamsbruch ist die Aufhebung der tatsächlichen Sachherrschaft des bisherigen Gewahrsamsinhabers ohne oder gegen dessen Willen.
(nicht bei Einwilligung, vgl. auch 34.3.6).

Der objektive Tatbestand des § 242 StGB ist also auch hinsichtlich der Wegnahme erfüllt.
(Zu der von § 242 zusätzlich verlangten Absicht, sich oder einem anderen die Sache rechtswidrig zuzueignen, als **subjektives** Tatbestandsmerkmal, vgl. 33.4, 34.1.)

Beispiel 2:
A fängt ein junges Reh, um es mit nach Hause zu nehmen. Ist der objektive Tatbestand der **Wilderei § 292 (1) StGB** erfüllt?

> „Wer unter Verletzung fremden Jagdrechts oder Jagdausübungsrechts
> 1. dem Wild nachstellt, es fängt, ..., wird..."

(1) **Wild:**
Der Begriff ergibt sich zum einen durch systematische Auslegung (vgl. 1.2) unter Bezugnahme auf die gesetzliche Definition des § 1 (1) S. 1 Bundesjagdgesetz: **Wildlebende** Tiere, die dem Jagdrecht unterliegen. Die Tierarten, die dem Jagdrecht unterliegen, sind aufgezählt in § 2 Bundesjagdgesetz (und z.B. in § 5 NJagdG). Bei teleologischer Auslegung des § 292 StGB, also Auslegung nach dem Zweck der Vorschrift, das Aneignungsrecht des Jagdberechtigten zu wahren (vgl. auch das Tatbestandsmerkmal "unter Verletzung fremden Jagdrechts"), können nur **herrenlose** (in niemandes Eigentum stehende) Tiere taugliches Tatobjekt einer Jagdwilderei sein. Das Reh ist also Wild.

(2) **„fängt"** (ein Tier in seine Gewalt bringen) ist erfüllt (desgleichen „nachstellt").

(3) **Verletzung fremden Jagdrechts oder Jagdausübungsrechts**
Jagdrecht: Der Begriff ergibt sich durch systematische Auslegung unter Bezugnahme auf § 1 (1) BJagdG: Jagdrecht ist die ausschließliche Befugnis, auf einem bestimmten Gebiet wildlebende Tiere, die dem Jagdrecht unterliegen und herrenlos sind (Wild), zu hegen, auf sie die Jagd auszuüben und sie sich anzueignen, entsprechendes gilt für das **Jagdausübungsrecht** (54.).
Fremd ist das Jagdrecht, wenn es einem anderen als dem Täter eingeräumt ist. **Verletzung** ist der Verstoß gegen fremdes Jagdrecht. Die Voraussetzungen sind Im vorliegenden Fall erfüllt, so dass der obj. Tatbestand des § 292 (1) StGB insgesamt mit der Alternative "fängt" (sowie „nachstellt") gegeben ist.

Beispiel 3: Körperverletzung (§ 223 StGB)

Jagdgast J ärgert sich über den Forstamtsleiter F, ohrfeigt ihn und spuckt auf dessen Hund. Objektive Tatbestandsmäßigkeit des Verhaltens des J nach § 223 StGB?

> „Wer eine andere Person körperlich misshandelt oder an der Gesundheit schädigt, wird ...

(1) **eine andere Person** (gemeint: Menschen): liegt nicht vor bei Selbstverletzung oder Misshandlung von Tieren, daher Spucken auf Hund keine Körperverletzung. Der Forstamtsleiter ist aber eine anderere Person i.S. § 223.

(2) **körperliches Misshandeln**
ist eine üble, unangemessene Behandlung, die eine erhebliche Beeinträchtigung des körperlichen Wohlbefindens bewirkt. Das liegt bei einer Ohrfeige vor.
Oder:

(3) **Gesundheitsschädigung** ist eine Erzeugung oder Steigerung einer Krankheit (entfällt hier).

33.2.2   Kausalität bei Erfolgsdelikten

Erfolgsdelikte im Gegensatz zu den Tätigkeitsdelikten verlangen, dass eine Handlung ein Rechtsgut verletzt

z.B. muss zur Annahme eines (vollendeten) Mordes oder Totschlages ein beigebrachtes Gift auch den Tod eines anderen verursacht haben).

Die Handbewegung des Jagdgastes J im vorgenannten Beispielsfall 2 muss tatsächlich zu einer Ohrfeige (Körperverletzung) geführt haben;

im vorgenannten Beispielsfall 3: der Griff zu den Zaunlatten zur Wegnahme.

Demgegenüber genügt bei **Tätigkeitsdelikten** (vgl. 36.3) die bloße Ausführung ohne Rücksicht darauf, ob die Tat eine negative Wirkung hat.

z.B. reicht die Leistung eines Meineids (§ 154 StGB), selbst wenn die Lüge sich nicht auswirkt.

Zu der Frage, ob sich bei Erfolgsdelikten der Erfolg aufgrund einer vom Täter gesetzten Ursache ergibt, ist folgendes zu beachten:

Beispiel 1:
M schießt im Wald auf T und verletzt ihn lebensgefährlich. In das Krankenhaus gebracht, fällt T so unglücklich von der Trage, dass er sich das Genick bricht.

Objektive Tatbestandsmäßigkeit des Verhaltens der E nach §§ 211, 212 StGB?

(1) Totschlagshandlung und
(2) Tod des Opfers liegen vor.
(3) Fraglich ist jedoch die Kausalität (=Ursächlichkeit) zwischen Handlung und Erfolg.

Ursächlich im Sinne des Strafrechts ist jede Handlung bzw. Bedingung, ohne die der konkrete Erfolg nicht eingetreten wäre (conditio sine qua non) - Äquivalenztheorie ("Jede Handlung, die nicht hinweggedacht werden kann, ohne dass der konkrete Erfolg entfiele").

Im vorliegenden Beispielsfall 1 liegt die Kausalität vor, denn ohne die Schussverletzung wäre T nicht ins Krankenhaus gebracht worden und von der Trage gefallen und gestorben.

Beispiel 2:
M schießt auf T, ohne Wissen des M schießt aber auch zugleich der N auf T. Bei der Obduktion wird festgestellt, dass nur beide Schüsse gemeinsam tödlich waren. Einer allein hätte nicht genügt.

Eine Handlung (Bedingung) ist laut vorstehender Formel auch dann ursächlich im strafrechtlichen Sinn, wenn sie nur **in Ergänzung** zu bzw. **im Zusammenhang** mit einer anderen Handlung (mit alleiniger Teilursächlichkeit) den Erfolg herbeigeführt hat, wie im vorliegenden Beispiel.

Beispiel 3:
M und N schießen gleichzeitig, ohne voneinander zu wissen, auf T - mit jeweils für dessen Tod ausreichender Wirkung.

Nicht entscheidend ist, dass (gem. obiger Formel) jede Handlung allein (**alternativ**) hinweggedacht werden kann, ohne dass der Erfolg entfiele.
Maßgebend ist, dass **zusammen** beide Handlungen nicht hinweggedacht werden können, ohne dass der Erfolg entfiele. Das reicht für eine Kausalität im strafrechtlichen Sinne aus, wie im vorliegenden Beispiel.

Beispiel 4:
E mischt M eine tödliche Giftmenge ins Essen. Beim Verdauungsspaziergang wird M von X erschossen.

Bei einer Unterbrechung des Kausalzusammenhangs (sogen. überholende Kausalität), wenn also die erste Kausalreihe durch das Dazwischentreten anderer unabhängiger Tatsachen nicht mehr zum Zuge kommt und die Handlung nicht zum Erfolg beiträgt, ist der Erfolg nicht mehr ursächlich im strafrechtlichen Sinn. - So im letzten Beispiel.

Beispiel 5: Jagdwilderei: z.T. Tätigkeitsdelikt (vgl. 36.3), z.T. Erfolgsdelikt

W legt im Jagdbezirk des Grundstückseigentümers J Schlingen, um Rehe zu fangen.

Zu prüfen ist, ob der **objektive Tatbestand** der Jagdwilderei vorliegt, § 292 (1) StGB: Wer unter Verletzung fremden Jagdrechts oder Jagdausübungsrechts 1. dem Wild nachstellt, es fängt, erlegt oder sich oder einem Dritten zueignet, wird ...

(1) **Wild**: (ist erfüllt , vgl. Beispiel 2 zu 33.2.1, 1.2).
(2)
– **1.Altern.: nachstellen:**
Jede Handlung, die unmittelbar - wenn auch erfolglos -auf das Fangen, Erlegen oder Sichzueignen des lebenden Wildes gerichtet ist. Danach stellt § 292 StGB insoweit kein Erfolgsdelikt dar, sondern ein Tätigkeitsdelikt. Das ist im Beispiel erfüllt. Die Kausalität ist nicht zu prüfen.
Nicht genügen würde, dass der Täter sich mit Schlingen zum fremden Jagdbezirk begibt, ohne es betreten zu haben (nur straflose Vorbereitungshandlung; der Versuch ist ohnehin nicht strafbar, § 23 StGB).

– **2. Altern.: oder fangen:**
(insoweit Erfolgsdelikt); entfällt im Beispiel; s. Beispiel 2 zu 33.2.1.

– **3. Altern.: oder erlegen:**
erlegen ist jede, auch eine nicht weidmännische Art des Tötens (Erfolgsdelikt; entfällt im Beispiel).

– **4. oder sich** (oder einem Dritten) **zueignen:**
Sichzueignen ist Gewahrsamsbegründung mit Zueignungswillen. Das Sichzueignen enthält ein objektives Element (= Gewahrsamsbegründung) *und ein subjektives* (= Zueignungswillen).

Es ist deshalb nur teilweise ein objektives Tatbestandsmerkmal, teilweise aber (vgl. 33.3, 33.4) ein **subjektives** Tatbestandsmerkmal.

(Erfolgsdelikt; (2) entfällt im Beispiel)

(3) Verletzung fremden Jagdrechts: (oder Jagdausübungsrechts) s.o. zu Beispiel 2 (33.2.1)

Dieses Merkmal ist Im vorliegenden Fall erfüllt, sodass der obj. Tatbestand insgesamt mit der Alternative „nachstellen" erfüllt ist.

Dazu, dass es sich bei „Verletzung fremden Jagdrechts" (bzw. „Verletzung fremden Jagdausübungsrechts") in § 292 (1) StGB um ein objektives, und zwar normatives (vgl. 33.3.1), **Tatbestandsmerkmal**, und nicht etwa um ein *Rechtswidrigkeitsmerkmal* handelt, vgl. 34.2. Erst bei Erfüllung dieses Tatbestandsmerkmals liegt normalerweise eine Unrechts-handlung vor. Gleiches gilt z.b. bei „unbefugt" wählen in § 107a StGB.

Dagegen liegt z.b. bei „unbefugt" ein fremdes Geheimnis, das z.B. einem Arzt oder Rechts-anwalt anvertraut ist, offenbaren (§ 203 StGB) kein Tatbestandsmerkmal, sondern ein Rechtswidrigkeitsmerkmal vor, weil das Offenbaren eines solchen Geheimnisses schon nor-malerweise Unrecht ist und nur ausnahmsweise bei einer Sonderbefugnis gerechtfertigt ist (s. 34.2).

33.3 Vorsatz

Es fragt sich, inwieweit auch subjektive (innere) Elemente zum Tatbestand i.e.S. gehören, insbesondere der Vorsatz.
Der Vorsatz ist im Gesetz nicht definiert. Nur folgendes ist geregelt:

Nach **§ 15 StGB** ist nur ein vorsätzliches Handeln strafbar, wenn nicht das einzelne Gesetz (auch oder nur) fahrlässiges Handeln ausdrücklich mit Strafe bedroht (vgl. die Körperverlet-zung nach § 223 StGB und die fahrlässige Ausführung nach § 230 StGB). Insoweit gehört Vorsatz auch ohne besondere Erwähnung bei einer Strafbestimmung.

Gemäß **§ 16 (1) StGB** handelt derjenige, der bei Begehung der Tat einen Umstand nicht kennt, der zum gesetzlichen Tatbestand gehört (Tatbestandsirrtum, 33.3.5), nicht vorsätzlich (evtl. fahrlässig, falls die fahrlässige Begehung ausdrücklich strafbar ist - vgl. 36.5).

Der Vorsatz wird der Tatbestandsmäßigkeit i.e.S. zugerechnet. Zu wenigen Gesinnungs-merkmalen als speziellen Schuldmerkmalen s. 35.1a.

Der Vorsatz besteht aus einem **Wissens-** und einem **Willenselement**.

33.3.1 Wissen der objektiven Tatbestandsmerkmale

Für die Erfüllung des Vorsatzes ist zum einen erforderlich, dass der Täter die einzelnen ob-jektiven Tatbestandsmerkmale (i.e.S.) bei Begehung der Tat kennt, bei Erfolgsdelikten vor-ausschauend auch die Folgen der Tat (vgl. die Beispiele zu 33.2). Man könnte daher auch die **auf die objektiven Tatbestandsmerkmale bezogenen Wissensmerkmale als subjektive Tatbestandsmerkmale** bezeichnen.

Begrifflich klar als Gegenstand des **Wissens** sind deskriptive (beschreibende) objektive Tatbestandsmerkmale, z.B. sinnlich wahrnehmbare Gegenstände und Vorgänge (Mensch, Töten).

Bei den schwerer bestimmbaren **normativen (ausfüllungsbedürftigen) objektiven Tatbestandsmerkmalen** (ähnlich wie die unbestimmten Rechtsbegriffe des Verwaltungsrechts) braucht der Täter bei der Tat die juristische Definition nicht **gekannt** zu haben, es genügt eine Parallelwertung in der Laiensphäre (**Parallelbeurteilung im Täterbewusstsein).**

Z.B. **weiß** ein Wilderer, dass er nicht in weidmännischer Weise (§ 292 (2) StGB) jagt, (vgl. 56.1), wenn er Wild mit Scheinwerfern blendet, auch dann, wenn er nicht weiß, dass eine solche Art der Jagdausübung Tatbestandsmerkmal für eine Strafverschärfung ist.

Vgl. auch § 292 (1) StGB "unter Verletzung fremden Jagdrechts oder Jagdausübungsrechts" jeweils als objektives Tatbestandsmerkmal; 33.2.1 Beispiel 2 und 5, s. auch 34.2.

– Das Wissen als Vorsatzelement ist stets gegeben, wenn der Täter **sicher den Eintritt** der Tatbestandsverwirklichung kennt. Einige Straftatbestände verlangen ausdrücklich ein sicheres Wissen (z.B. falsche Verdächtigung, § 164 StGB „wider besseres Wissen"; s. auch § 226 (2) StGB „wissentlich schwere Körperverletzung"und § 258 StGB Strafvereitelung „(absichtlich oder) wissentlich".
– Bei den meisten Vorsatz-Straftatbeständen genügt jedoch eine die **erkannte (einfache) Möglichkeit** der Verwirklichung des Tatbestands. Der Täter muss die Verwirklichung nur ernstlich für möglich halten;
– Erst recht genügt die sogar schon als *wahrscheinlich* erkannte *Möglichkeit* der Tatbestandsverwirklichung (höherer Grad der Möglichkeit).

33.3.2 Das Wollen der Verwirklichung der Tatbestandsmerkmale

Stets, also auch wenn der Täter die sichere Tatbestandsverwirklichung kennt (33.3.1), ergeben sich zur Erfüllung des Vorsatzes zusätzlich Anforderungen an den Täterwillen.

Hierbei sind folgende Willens-Grade getrennt zu betrachten (Die Begriffe werden im Schrifttum nicht einheitlich gebraucht):

33.3.2.1 Unmittelbarer Vorsatz (= Absicht als Willensmerkmal = direkter Vorsatz I)

Einige Straftatbestände verlangen, dass der Täter (die Handlung bzw.) den Handlungserfolg bezweckt, wobei eine der vorgenannten Kenntnisarten (33.3.1) zusätzlich erforderlich aber auch ausreichend ist.
Z.B.: Beabsichtigte schwere Körperverletzung, § 226 (2) StGB (u.a. Verlust des Sehvermögens auf einem Auge ; auch wenn der Täter es wegen der Entfernung nur für möglich hält, ein Auge seines Opfers zu treffen, genügt der eindeutige Zweck (die Absicht); wenn er trifft, liegt eine vollendete *vorsätzliche* Tat vor.

Eine Absicht ist bei den meisten Straftatbeständen nicht erforderlich.
Z.B.: Ein Jäger will einem persönlichen Feind einen Denkzettel verpassen und schießt ihm *gezielt* in die Hand (§ 224 Nr. 2 StGB gefährliche Körperverletzung; bei § 224 Nr. 2 StGB würde auch eine der beiden nachgenannten Vorsatzarten ausreichen).

33.3.2.2   Mittelbarer Vorsatz (= direkter Vorsatz II)

Der Täter bezweckt etwas Strafbares (33.3.2.1) oder nicht Strafbares, will aber auch etwas, was er *nicht bezweckt, aber* als notwendige Folge oder unvermeidliche Nebenwirkung seiner *gewollten* Handlung ansieht. Zusätzlich erforderlich für die Nebenfolge ist demnach das Wissensmerkmal *sicheres Wissen*, das von den zu 33.3.1 genannten Strafvorschriften verlangt wird.

    Z.B.: A will den B für die Durchführung einer Straftat gewinnen und vereitelt, wie § 258 StGB verlangt, „wissentlich" dessen Bestrafung wegen einer anderen Tat.

Erst recht sind solche Taten strafbar, wenn neben dem erforderlichen sicheren Wissen (33.3.1) sogar die Absicht (z.B. einer falschen Verdächtigung, § 164 StGB) vorliegt.

Nur bei wenigen Strafvorschriften ist mittelbarer Vorsatz erforderlich, bei den allermeisten reicht der nachfolgend beschriebene „bedingte Vorsatz" aus.

33.3.2.3   „Bedingter Vorsatz" (dolus eventualis) in Abgrenzung zur bewussten Fahrlässigkeit

Fall:
1. Ein Jäger will seinem auf dem Fahrrad herankommenden persönlichen Feind erschrecken und auf die Klingel seines Fahrrads schießen. Er trifft jedoch, was er für möglich hält, die Hand des Radfahrers.
2. Ein ertappter Wilderer will den Förster, der ihn zur Rede stellt, nur *so* niederschlagen, dass der Förster ihn nicht verfolgen und der Bestrafung zuführen kann; er hält es aber für möglich, dass er den Förster beim Niederschlagen tödlich verletzt, sagt sich aber: „Na wenn schon, ich muss der Strafe entgehen!"

Vorsatz ist bei den allermeisten Straftatbeständen auch unter folgenden Voraussetzungen gegeben:

Der Täter **sieht (Wissenselement**, 33.3.1) den Eintritt des Erfolgs
– als wahrscheinlich oder
– nur als **möglich** und nicht ganz fernliegend an,

und als **Willenselement** nimmt er die **Verwirklichung des Erfolgs zustimmend (billigend) in Kauf :** "Na wenn schon!";
"Mag es so oder so kommen, ich handle dennoch!".

Vertraut der Täter dagegen darauf, dass der als möglich erkannte Erfolg nicht eintreten werde ("Es wird schon gutgehen!"),
liegt nur eine bewusste Fahrlässigkeit vor, soweit die weiteren noch zu erläuternden Voraussetzungen dafür gegeben sind (36.5).

Die Bezeichnungen bedingter Vorsatz oder dolus eventualis für diese Vorsatzart sind irreführend, da der **Handlungswille unbedingt** sein muss und demgemäß der Eintritt des Erfolgs nicht von einer vom Täter beeinflussbaren Bedingung abhängt; da der Täter den **Erfolg nur als möglich eintretbar erkannt** haben muss, ist insoweit lediglich das Wissenselement eingeschränkt.

Zum Fall 1 (Klingel-Schuss):
Der Jäger hat den obj. Tatbestand des § 224 (1) Nr. 2 StGB (schwere Körperverletzung) durch den Schuss in die Hand des Radfahrers erfüllt.
Hinsichtlich des Wissenselements ist nur angegeben, dass der Jäger es für möglich hielt, statt der Klingel die Hand seines Feindes zu treffen.
Die Handverletzung wird dem Jäger unerwünscht gewesen sein. Aber je nach Sachverhalt ist zu unterscheiden:

- Hat der Jäger *nicht* darauf *vertraut*, dass er die Klingel nicht aber die Hand treffen würde und dennoch seinen Zweck verfolgt, den Radfahrer zu erschrecken, ist ihm die Verletzung der Hand letztlich gleichgültig gewesen, er hat sie zustimmend in Kauf genommen, so dass er unbedingten Tatwillen hatte und (mit Möglichkeitswissen) eine vorsätzliche gefährliche Körperverletzung (§ 224 (1) Nr. 2 StGB) begangen hat.

- Hat der Jäger dagegen (trotz der erkannten Möglichkeit, auch die Hand zu treffen,) darauf *vertraut*, als guter Schütze die Klingel, nicht aber die Hand zu treffen, so ist der Tatwille nicht gegeben und der Vorsatz ausgeschlossen; es könnte (bewusste) fahrlässige Körperverletzung (§ 229 StGB) in Betracht kommen (36.5).

Zum Fall 2:
Hier ist der Zweck auf eine Straftat gerichtet (Körperverletzung). Den Erfolg der anderen qualifizierten Straftat (Totschlag oder evtl. Mord) hält er für möglich und vertraut nicht auf den Nichteintritt, vielmehr ist ihm der Eintritt gleichgültig, so dass auch ein bedingt vorsätzliches Tötungsdelikt anzunehmen ist.

„Bedingter" Vorsatz (im obigen Sinne von Möglichkeitswissen) genügt also grundsätzlich auch bei schwersten Delikten:

Z.B.: Ein Waldeigentümer W zündet den Wald an, um die Versicherungssumme für das gut versicherte wertvolle Holz zu erhalten, obwohl er es für möglich hält, dass in einem Haus im Wald (ohne Telefonanschluß) ein behinderter Mann den Brand nicht überleben wird (mittelbarer Vorsatz).

Auch hinsichtlich des Wissenselements genügt für den notwendig mit Bereicherungsabsicht begangenen *Versicherungsbetrug* (§ 263 S(1) (3) Nr. 5tGB), dass der Täter den bezweckten Erfolg nur für möglich hält.
Hinsichtlich der *Brandstiftung* und der *Tötung* (§§ 306 - 308, 211 f. StGB) ist keine Absicht und auch kein sicheres Wissen (mittelbarer Vorsatz) erforderlich; es genügt, dass der Täter die (ggf. unerwünschten) Nebenfolge nur für möglich hält und durch Inkaufnehmen oder Gleichgültigkeit, was den (negativen) Handlungserfolg anbetrifft, auch den nötigen Verwirklichungswillen hat. Hinsichtlich der Tötung reicht auch das Für-Möglich-Halten als Wissenselement, wenn das Willenselement (Inkaufnehmen u.ä.) gegeben ist.

33.3.3 Übersicht: Vorsatz als Wissen und Wollen der Tat

Wollen		Wissen		
		Der Täter hat die Tatbestands-Verwirklichung		
		als **sicher** erkannt	als **wahrscheinlich** erkannt	(ernsthaft) für **möglich** gehalten
		↓	↓	↓
Der Täter hat die Tatbestands-Verwirklichung **unmittelbar bezweckt** (Absicht) ——→		unmittelbarer Vorsatz (direkter Vorsatz I, 33.3.2.1)	unmittelbarer Vorsatz	
der unmittelbare Zweck des Täters ist auf einen strafbaren (s.o.) oder **nicht** strafbaren	**gewollt** (wegen Kenntnis des sicheren Eintritts	mittelbarer Vorsatz (direkter Vorsatz II) (33.3.2.2) seltene Straftatbestände	——	
Zweck gerichtet, aber der Täter hat eine **andere strafbare (Neben)Folge** ——→	**zustimmend in Kauf genommen** (= gewollt)	——	„bedingter" Vorsatz (dolus eventualis) (33.3.2.3)	
	nicht gebilligt; **auf Nichteintritt vertraut**	——	bewusste Fahrlässigkeit zu prüfen (33.3.2.3, 36.5)	

De allermeisten Strafvorschriften verlangen nur (mindestens) den bedingten Vorsatz.
Einige Strafvorschriften verlangen jedoch
- Absicht (unmittelbarer Vorsatz) oder
- sicheres Wissen in Verbindung mit dem Handlungswillen als mittelbaren Vorsatz.

33.3.4   Hinsichtlich besonders schwerer strafverschärfender Folge kein Vorsatz erforderlich

Knüpft das Gesetz an eine besonders schwere Folge der sonst vorsätzlichen Tat eine schwerere Strafe, so braucht (nur) hinsichtlich dieser Folge kein Vorsatz gegeben zu sein, es genügt Fahrlässigkeit (36.5.).

- § 226 (1) StGB schwere Körperverletzung (Verlust von Gliedern, Sinnesorganen u.a. als Folge einer vorsätzlichen Körperverletzung nach § 223 StGB/§ 224 StGB); i.V.m. mindestens einfacher Fahrlässigkeit, bzw. fahrlässige Todesfolge (§ 226 StGB)
- § 226 (2) StGB wie § 226 (1), jedoch muss die Folge wenigstens **wissentlich** verursacht sein, wie § 226 (1) (besonders schwere Körperverletzung).
- Falls die schwere Folge beabsichtigt ist, liegt insoweit der für § 226 (2) StGB erforderliche unmittelbare Vorsatz vor, vgl. 33.3.2.1 (ebenfalls besonders schwere Körperverletzung).

33.3.5   Vorsatzausschließender Irrtum über das Vorliegen eines objektiven Tatbestandsmerkmals

Wie der schon zu 33.3 genannte § 16 (1) StGB ergibt, schließt ein Irrtum über ein objektives Tatbestandsmerkmal das *Wissen* und damit den Vorsatz aus; z.B. Irrtum, fremdes Jagdrecht oder Jagdausübungsrecht i.S. § 292 (1) StGB zu verletzen (vgl. 33.2.2 Beispiel 5; 35.2.1).

33.3.6   Irrige Annahme von Merkmalen eines milderen Tatbestands

Nimmt der Täter bei Begehung der Tat irrig Umstände an, die den Tatbestand eines milderen Gesetzes verwirklichen würden, so hat er nur den objektiven Tatbestand des milderen Gesetzes vorsätzlich begangen (§ 16 (2) StGB).

Z.B.: Jemand tötet einen Menschen, weil er an dessen ausdrückliches und ernstliches Verlangen fest geglaubt hat: Irrtümliche Annahme des § 216 StGB ist beachtlich (vorsätzliche Tötung auf Verlangen); ein Totschlagsvorsatz (§ 212 StGB) ist nicht anzunehmen.

33.3.7   Irrtum über das Objekt der Tat

Bei bloßer Verwechslung der Identität des tatbestandsmäßig gleichen Objekts der Tat (z.B. Mensch) ist der Vorsatz nicht ausgeschlossen.

Z.B.: Der Jäger verletzt in der Dunkelheit den allein anwesenden X, statt - wie gewollt - seinen persönlichen Feind.

Verwechselt dagegen ein Täter ein Objekt, das zu einem gesetzlichen Tatbestand gehört, mit einem nicht zum Tatbestand gehörenden Objekt, liegt eine Artverwechslung vor, die den Vorsatz ausschließt. Gleiches gilt für andere - bezogen auf Merkmale des objektiven Tatbestands - erhebliche Abweichungen.

Z.B.: Ein Jäger glaubt, auf ein Stück Wild zu schießen, schießt jedoch auf einen Jungen, der als Treiber in den Kessel geraten ist.
Eine vorsätzliche Tötung oder Körperverletzung ist ausgeschlossen;
bei verschuldetem Irrtum (Sorgfaltspflichtverletzung) liegt aber eine fahrlässige Tötung oder Körperverletzung vor.

33.3.8 Irrtum über den Kausalverlauf

Den Kausalverlauf braucht der Täter nur in seinen wesentlichen Zügen vorauszusehen. **Unerhebliche Abweichungen** von dem vorgestellten Verlauf schließen den Vorsatz nicht aus (Abweichungen, die innerhalb der Grenzen der allgemeinen Lebenserfahrung voraussehbar sind und keine andere Bewertung der Tat rechtfertigen).

Z.B.:
1. Die Bombe des Terroristen trifft (*durchaus vorhersehbar*) statt den (erkannten) Politiker einen Begleiter.
2. Der Wilderer will einen bestimmten Hirsch schießen, trifft jedoch einen danebenstehenden anderen.

Die Tat zu 1. u. 2 konnte nur zur Verwirklichung eines anderen gleichartigen Objekts führen.
3. Der Täter glaubt, sein Opfer schon getötet zu haben, wirft es ins Wasser, wo es, da es nur bewusstlos ist, erst ertrinkt.

Eine **erhebliche**, den Vorsatz ausschließende **Abweichung** des Kausalverlaufs ist jedoch gegeben, falls eine abweichende Folge bei dem **gleichen** oder einem **anderen Tatbestand zufällig** eintritt.

Beispiel 1:
A schießt mit Tötungsvorsatz (Totschlag) auf B; C gerät *ganz unvorhersehbar* in die Schusslinie und wird getötet (gleiches Tatbestandsmerkmal Mensch).
Es liegt kein vollendeter vorsätzlicher Totschlag vor; ggf. fahrlässige Tötung (vgl. 36.5) i. V. m. versuchtem Totschlag (vgl. 36.6).

Beispiel 2:
A will dem B mit einem Stein die Fensterscheibe einwerfen, trifft aber (nur), was er für nicht möglich gehalten hat, den davorstehenden B und verletzt ihn.

Die Abweichung des Erfolges vom Plan ist erheblich. Der objektive Tatbestand der Körperverletzung (§ 223 StGB) ist zwar erfüllt, jedoch entfällt der Vorsatz; ggf. kommt fahrlässige Körperverletzung in Betracht (§ 229 StGB), vgl. 36.5.

Die (gewollte) Sachbeschädigung (§ 303 (1) StGB) ist nicht eingetreten, so dass schon der objektive Tatbestand nicht erfüllt ist. Hier kommt jedoch, da nach § 303 (2)/§ 23 (1) StGB ausdrücklich auch der Versuch strafbar ist, versuchte Sachbeschädigung in Betracht (§§ 22 - 24 StGB), vgl. 36.6.

33.4 (Nur) Subjektive Tatbestandsmerkmale (i.e.S.)

Einige besondere Strafvorschriften enthalten ausdrücklich bestimmte subjektive Merkmale, die sich **nicht** wie der Vorsatz **auf objektive** Tatbestandsmerkmale beziehen.

Wie das **Beispiel 1 zu 33.2.1** gezeigt hat, verlangt der Tatbestand des **Diebstahls** (§ 242 StGB) außer dem objektiven Tatbestand, der u.a. nur einen Gewahrsamsbruch verlangt, die **Absicht** der (rechtswidrigen) **Zueignung**.

Zueignungsabsicht ist die Absicht, das Opfer auf Dauer zu enteignen oder sich oder einem anderen die Sache zumindest vorübergehend anzueignen.

In dem Beispiel nimmt der Täter die Latten des Zaunes des Forstamts mit, um sie für seinen Garten (wie ein Eigentümer) zu verwenden.

- Die Absicht der rechtswidrigen Zueignung (Diebstahl, § 242 StGB),
- die Anwendung von Gewalt oder Drohung, um sich oder einem Dritten zu Unrecht zu bereichern (**Erpressung, § 253 StGB**),

sind subjektive Merkmale, die jeweils keine Erreichung der Absicht (vgl. 33.3.2.1) als entsprechendes objektives Tatbestandsmerkmal erfordern. Sie sind also keine Vorsatzelemente, da der Vorsatz auf die einzelnen objektiven Tatbestandsmerkmale einschließlich Kausaltität hinsichtlich eines Handlungserfolgs gerichtet sein muss (33.2.1, 33.3.1), sondern **nur** subjektive Tatbestandsmerkmale (man spricht von einer **überschießenden Innentendenz**).

Vgl. auch **§ 263 StGB- Betrug**: Wer in der Absicht, sich oder einem Dritten einen rechtswidrigen Vermögensvorteil zu verschaffen, falsche Tatsachen vorspiegelt oder wahre Tatsachen unterdrückt (Täuschung) und dadurch einen Irrtum erregt oder unterhält und hierdurch das Vermögen eines anderen schädigt, ...
Spezialregelung des § 264 StGB: Subvention durch falsche Angaben.

Weitere **Beispiele zur Zueignungsabsicht** (§ 242 StGB):

1. A entwendet den VW des B, macht eine Spritztour und stellt den Wagen
   - wieder an die alte Stelle - keine Zueignungsabsicht
   - wie geplant an irgendeiner Stelle zum beliebigen Zugriff - Diebstahl.
   Vgl. aber § 248 b StGB mit dem objektiven Tatbestand des unbefugten Gebrauchs eines Kraftfahrzeugs oder Fahrrads,
   ohne dass zusätzlich eine Zueignungsabsicht als (nur) subjektives Tatbestandsmerkmal erforderlich ist.

2. Beim Verlassen einer Gaststätte setzt ein zerstreuter Jagdgast versehentlich einen fremden Hut auf und geht.
   Ist der Tatbestand des § 242 StGB erfüllt?
   - Handlung im strafrechtlichen Sinne: ja;
   - *objektive Tatbestandsmerkmale:*
     - fremde bewegliche Sache: ja
     - Wegnahme: ja
   - *Vorsatz:* Kenntnis fehlt, eine fremde bewegliche Sache wegzunehmen.
   - *(nur) subjektives Tatbestandsmerkmal: Absicht* der rechtswidrigen Zueignung: ist auch nicht erfüllt.

Vgl. auch § 211 StGB Tötung eines Menschen u.a. **aus Mordlust**.

34.   Rechtswidrigkeit

34.1   Bei Tatbestandsmäßigkeit i.e.S. vorbehaltlich 34.2, 34.3 auch Rechtswidrigkeit

Ist bei einer Handlung im strafrechtlichen Sinn (33.1) der (objektive und subjektive) Tatbestand i.e.S. erfüllt (33.2 - 33.4), ist grundsätzlich auch die Rechtswidrigkeit (normalerweise Unrecht) der Handlung gegeben.

Die Rechtswidrigkeit der Tat fehlt jedoch, wenn ein ausnahmsweise erforderliches Rechtswidrigkeitsmerkmal nicht vorliegt, oder wird wieder ausgeschlossen, wenn Rechtfertigungsgründe vorliegen (34.3).

34.2   Ausnahmsweise: Rechtswidrigkeitsmerkmale in Strafvorschrift

Z.B.: Ein Forstamtsleiter hält einen Wilderer fest, um seine Tasche zu öffnen.

In **seltenen** Strafvorschriften ist allerdings eine besondere Prüfung von **Rechtswidrigkeitsmerkmalen** vorgesehen
(z.B. § 203 StGB "Wer **unbefugt** ein Geheimnis offenbart").

Diese Merkmale sind von den **normativen Tatbestandsmerkmalen** zu unterscheiden, die den **normalen** Charakter der Unrechtshandlung prägen;
z.B. als objektive Tatbestandsmerkmale
"unter Verletzung fremden Jagdrechts oder Jagdausübungsrechts" in § 292 StGB, vgl. 33.2.1 Beispiel 2, 33.3.1, 35.2), *"unbefugt"* wählen in § 107a StGB, da Wählen (normalerweise) noch kein Unrecht ist;
und als subjektives Tatbestandsmerkmal (i.e.S.) die
Absicht rechtswidriger Zueignung in § 242 StGB (Diebstahl), vgl. 33.2.1, 33.4; *„rechtswidrig"* ist hier auf die Verletzung der (zivilrechtlichen) Eigentumsordnung und nicht auf den gesamten Diebstahls-Tatbestand i.e.S. bezogen. Ebenso bei der Absicht in § 263 StGB (Betrug), sich oder einem anderen einen *rechtswidrigen* Vermögensvorteil zu verschaffen. Auch *„zu Unrecht* bereichern" in § 253 StGB (Erpressung)
Zumeist bestätigen die **Rechtswidrigkeitsmerkmale** nur, **ohne zusätzliche Anforderungen** zu enthalten, dass das Unrecht gegeben ist und nur bei Vorliegen von normalen Rechtfertigungsgründen (35.3) entfällt.

Anders bei den speziellen Rechtswidrigkeitsmerkmalen einer Strafbestimmung, die **zusätzliche** (gegenüber dem erfüllten gesetzlichen Tatbestand i.e.S. auf der Rechtswidrigkeitsebene einschränkend wirkende) **Anforderungen** enthält, so dass **deren Nichtvorliegen wie spezifische Rechtfertigungsgründe** unrechtsausschließend wirken. (Die praktische Bedeutung des Unterschieds der Rechtswidrigkeitsmerkmale zu den Tatbestandsmerkmalen ergibt sich beim Rechtsirrtum, vgl. 35.2 f.):

Beispiele für Rechtswidrigkeitsmerkmale:
1. *Unbefugt* ein Geheimnis offenbaren (§ 203 StGB, s.o.);
2. **§ 240 StGB (Nötigung)** verlangt eine besondere Prüfung der Rechtswidrigkeit:
    (1) Wer einen anderen *rechtswidrig* mit Gewalt oder mit Drohung mit einem empfindlichen Übel zu einer Handlung, Duldung oder Unterlassung nötigt, wird ... .
    (2) *Rechtswidrig* ist die Tat, wenn kein Rechtfertigungsgrund vorliegt (34.3) und *(hier liegt die zusätzliche Einengung einer Rechtswidrigkeit)* die Anwendung der Gewalt oder die Androhung des Übels zu dem angestrebten Zweck als verwerflich anzusehen ist. *Vgl. obiges Beispiel mit Ausschluss des Rechtswidrigkeitsmerkmals.*
    Vgl. insoweit auch die entsprechende Regelung bei **§ 253 StGB** (Erpressung).

34.3 Rechtfertigungsgründe

34.3.1 Allgemeines

Ein Rechtfertigungsgrund schließt die Rechtswidrigkeit, also die Erfüllung des (ggf. durch zusätzliche Rechtswidrigkeitsmerkmale begrenzten) Unrechts und damit die Strafbarkeit einer tatbestandsmäßigen (i.e.S.) Handlung aus, eine Schuld ist nicht mehr zu prüfen.

Rechtfertigungsgründe sind entweder im Strafgesetzbuch selbst oder in anderen Gesetzen (BGB, öffentliches Recht wie Ordnungs- und Polizeigesetze, Feld- und Forstordnungsgesetze, StPO) geregelt.
Nach dem Grundsatz der Einheit der Rechtsordnung gelten Rechtfertigungsgründe anderer Rechtsgebiete als des Strafrechts (Zivilrecht, Verwaltungsrecht) insbesondere auch im Strafrecht. Jedoch können für das *verwaltungsrechtliche* Handeln der Amtswalter engere Bindungen bestehen - als für die Amtswalter *strafrechtlich* gegeben sind (s. 30.3.5), 34.3.2, 34.3.7.2).

Im Hinblick darauf, dass **Rechtfertigungsgründe** auch Tatmerkmale enthalten, dies jedoch begünstigende sind, spricht man insoweit auch von **Erlaubnistatbestandsmerkmalen** im Gegensatz zu den (objektiven und subjektiven) *Tatbestandsmerkmalen* der Straftat selbst, die man als (normale) *Unrechtstatbestandsmerkmale* bezeichnen kann. **Von beiden** sind **Merkmale zu unterscheiden**, die das **Verbotensein** betreffen, vgl. 35.2.

34.3.2 Notwehr (§ 32 StGB)

Nach § 32 (1) StGB (§ 227 (1) BGB) ist eine Handlung nicht rechtswidrig, die durch Notwehr geboten ist. Nach § 32 (2) StGB (§ 227 (2) BGB) ist Notwehr die - den Tatbestand i.e.S. einer Straftat erfüllende - Verteidigung, die erforderlich ist, um einen gegenwärtigen rechtswidrigen Angriff
– von sich oder
– einem anderen (Nothilfe)
abzuwenden.
Hier ist der Grundsatz verwirklicht, dass das Recht (insbesondere ein bedrohtes subjektives Recht, *Schutzprinzip*) dem Unrecht nicht zu weichen braucht. Der Verteidiger soll aber auch die vom Angreifer verletzte Rechtsordnung schützen dürfen (*Rechtsbewahrungsprinzip*) Lenckner, in Schönke/Schröder, § 32 Rn 1, Bockelmann/Volk, S. 89).

(1) **Angriff**
ist jede von einem Menschen drohende Verletzung rechtlich geschützter Güter oder Interessen des Verteidigers oder (Nothilfe) eines anderen Menschen oder einer juristischen Person (z.B Leben, Gesundheit, Ehre, Eigentum, Besitz, subj. öffentl. Rechte, jedoch nicht hoheitliche Rechtspositionen, falls nicht ausnahmsweise die Staatsgewalt selbst tatsächlich an der Notwehr gehindert ist, BGHSt 63, 220);
z.B.: A holt zum Schlag gegen B aus: drohende Körperverletzung als zivil- und strafrechtlich erfasste Rechtsgutverletzung;
bei gewaltsamer „Ausleihe" eines Buchs (ohne Nötigung) ist, was ausreicht, nur der Besitz als ein zivilrechtlich geschütztes Rechtsgut bedroht: verbotene Eigenmacht gegenüber dem Besitzer, 34.3.4.

(2) **Gegenwärtig**
ist der Angriff, der - nach objektiver Sachlage, nicht subjektiver Vorstellung des Angegriffenen, unmittelbar bevorsteht, begonnen hat oder noch fortdauert, nicht aber,
wenn er bereits beendet ist,
z.B. - durch endgültige Aufgabe
- bei Fehlschlag
- durch vollständige Ausführung.
Ein gegenwärtiger Angriff des Wilderers auf den Förster ist schon gegeben, wenn
ersterer auf Anruf seine Waffe nicht ablegt. Die Flucht des Diebes mit dem Die-
besgut (bzw. Wilderers mit Wild) genügt noch, nicht jedoch das Entdecken des
Diebes am nächsten Tag mit der Beute. Die Flucht des Wilderers ohne Wild aber
mit Schusswaffe genügt, da die Gefahr (noch) gegeben ist.

(3) **Rechtswidrig**
ist jeder Angriff, der objektiv dem Recht zuwiderläuft und nicht seinerseits durch einen
Rechtfertigungsgrund als Erlaubnissatz gedeckt ist.
Z.B. darf derjenige, der durch rechtswidriges Handeln (versuchte Körperverletzung)
eine (zivil- und/oder strafrechtliche) Notwehr (Abwehrschlag des Angegriffenen)
verursacht hat, nicht seinerseits mit (zivil- und) strafrechtlicher Notwehr dagegen
angehen, sondern muss die Notwehr dulden.

Der Angriff braucht nicht schuldhaft (35.), insbes. absichtlich, vorsätzlich oder fahrlässig
zu sein. Daher kann auch ein Angriff von Kindern unter 14 Jahren oder Geisteskranken
rechtswidrig sein.

(4) **Verteidigung mit dem Willen, den Angriff abzuwenden,**
liegt nur vor, wenn mit der objektiven Handlung auch die Abwendung des Angriffs
bezweckt ist (Verteidigungswille, ein der Absicht (s. 33.3.2.1) vergleichbares (aber positives) subjektives Element).

(5) **Erforderlich**
ist diejenige Verteidigungshandlung, die eine sofortige Beendigung des Angriffs mit
Sicherheit erwarten lässt und die endgültige Beseitigung der Gefahr am besten gewährleistet.
Maßgebend ist, wie ein besonnener Dritter in der Lage des Angegriffenen z.Z. des Angriffs die objektiv erkennbaren Umstände beurteilt hätte.

Verglichen mit dem Grundsatz der Verhältnismäßigkeit auch in seiner Ausformung für
Grundrechtskollisionen durch den Grundsatz der praktischen Konkordanz (vgl. 5.3.1,
5.3.2) muss Abwehr im oben genannten Sinn sein
– geeignet und
– erforderlich (von mehreren zur Verfügung stehenden gleich wirksamen Mitteln hat
der Verteidiger dasjenige zur o.g. Gefahrenbeseitigung zu wählen, das den geringsten Schaden anrichtet;

z.B.: Abwehr des unbewaffneten Wilderers ggf. nur mit Stock oder Messer, statt
mit einer Schusswaffe.

Nach § 32 (1) ist nur die Tat, die durch Notwehr **geboten** ist, nicht rechtswidrig. Zum Teil wird angenommen, dass das Merkmal „geboten" neben „erforderlich" keine eigenständige Bedeutung hat.

Aber auch wenn geboten und erforderlich als identisch zu werten wären, wird von einer verbreiteten Rechtsprechung und Literatur angenommen, dass trotz des Grundsatzes, dass das Recht dem Unrecht nicht zu weichen hat, Verteidigungen, die eindeutig **rechtsmissbräuchlich** sind (Teil des Verfassungsgrundsatzes von **Treu und Glauben**, 20.4, aber auch in § 242 BGB enthalten), keine erforderliche Verteidigung sind.

Geht man allerdings in verfassungskonformer Interpretation davon aus, dass der Gesetzgeber hier auch einen Widerstreit von Eingriffen Privater in Grundrechte zu lösen hat, könnte insoweit eine verfassungskonforme Auslegung auch am Grundsatz der **praktischen Konkordanz** als Sonderform des **Grundsatzes der Verhältnismäßigkeit i.e.S. (Zumutbarkeit)** auszurichten sein (s.o. sowie 5.3.2); dann ergibt sich: Das o.g. Schutz- und Rechtsbewahrungsprinzip behält zwar erhebliches Gewicht, da der rechtswidrig Angreifende seine Rechtsgüter der zumindest möglichen Verteidigungshandlung opfert. Jedoch (im Ergebnis wie bei der Argumentation mit Rechtsmissbrauch) muss
- in **krassen** Fällen eines Verhältnisses von **geringer Intensität des Angriffs** und geringer Notwendigkeit einer wirksamen Verteidigung und/oder
- in **krassen** Fällen eines Verhältnisses von **geringem Wert** des zu verteidigenden Rechtsguts und hohem Wert des durch die Verteidigung verletzten Rechtsguts des Angreifers
die Erforderlichkeit (und oder das Gebotensein) der Verteidigung, und damit die rechtfertigende Notwehr, verneint werden (s. mit Nachweisen für die unterschiedlichen Meinungen: Spendel, in Jescheck/Ruß/Willms, Leipziger Kommentar, § 32 Rn 254 ff., Bockelmann/Volk S. 95; Bay. Oberstes Landesgericht, NJW 1965, 163: Wanderer wurden mit Schießandrohung von privatem Weg, der aber als Wanderweg auf der Karte gekennzeichnet ist, am Weitergehen gehindert: Nötigung , nicht gerechtfertigt durch Besitzwehr (34.3.4), die hinsichtlich der Erforderlichkeit der Notwehr entspricht).

Z.B.: Ein behinderter Obstgartenbesitzer schießt auf einen jugendlichen, in einen Kirschbaum gekletterten Obstdieb und verletzt ihn; die gefährliche Körperverletzung des Verteidigers ist nicht durch Notwehr gerechtfertigt (§ 223a StGB). Hier ist zwar der durch den Angriff zu befürchtende Schaden ohne Verteidigung unabwendbar, da aber wegen des **krassen** bzw. unerträglichen **Missverhältnisses** zwischen dem durch den Angriff zwar stark gefährdeten, aber geringwertigen Rechtsgut Eigentum am Obst und dem durch wirksame Verteidigung dem Rechtsgut Leib und Gesundheit des jugendlichen Angreifers zugefügten Schaden die Verteidigung rechtsmissbräuchlich bzw. nicht geboten ist.

Insbes. ist es ausnahmsweise auch nicht unzumutbar bzw. wäre rechtsmissbräuchlich,
- dem Angriff
  - eines pöbelnden Volltrunkenen
  - schuldlos handelnder Kinder oder Geisteskranker
  nicht auszuweichen, wenn dies ohne weiteres möglich und *nicht schimpflich* wäre, (geringe Gefahr und damit geringe Bewertung des Angriffs im Verhältnis zu den Folgen der Verteidigung), -
- sich gegenüber einem selbst provozierten Angriff zu verteidigen (Rechtsmissbrauch).

Nach allerdings bestrittener Auffassung wird angenommen, dass Polizei**beamte** (und entsprechend auch Feld- und Forsthüter und besonders bestätige Jagdaufseher, 29.3.3) auch dann vom (gebotenen) strafrechtlichen Notwehrrecht gedeckt sind, wenn die Handlung nicht durch das **Verwaltungsrecht** (insbesondere den dort *strikt* geltenden Verhältnismäßigkeitsgrundsatz) gerechtfertigt ist (Bockelmann/Volk, S. 95; 34.3.7.2).

34.3.3 Der rechtfertigende Notstand

34.3.3.1 Abwehr gegenüber gefährdender Sache (einschl. Tier) - § 228 BGB - Sachwehr/defensiver Notstand

Wer, um eine durch eine *fremde* Sache drohende Gefahr für ein **Rechtsgut** von sich oder einem anderen abzuwenden, die Sache beschädigt oder zerstört, handelt nicht rechtswidrig (widerrechtlich),

wenn die Beschädigung oder die Zerstörung zur Abwendung der Gefahr **erforderlich** ist und

der **Schaden nicht außer Verhältnis zu der Gefahr** steht; der Schaden darf also höher als die Gefahr sein, nur nicht unverhältnismäßig höher.

Bei § 228 BGB ist also auch die genannte Verhältnismäßigkeit i.e.S. vom Verteidiger stets zu wahren.

Z.B. Harte Schläge zur Abwehr eines - ohne Einwirkung eines Menschen angreifenden Hundes (für Tiere entsprechend geltende Sachbeschädigung nach § 303 StGB) sind gerechtfertigt.

Ein tollwütiger Fuchs und ein angreifender Keiler sind herrenlos und eigentlich keine *fremden* Tiere. Sie dürften daher eigentlich nicht wie *fremde* Sachen zu bewerten sein, deren Tötung im fremden Jagdbezirk als tatbestandsmäßige (i.e.S.) Jagdwilderei nicht nach § 228 BGB gerechtfertigt. Eigentlich käme nur rechtfertigender Notstand im Sinne des § 34 StGB in Betracht. In zulässiger den Täter begünstigender Auslegung wird jedoch von der herrschenden Meinung § 228 BGB für anwendbar gehalten (Palandt, § 228 Rn 3, 5).

Ein auf einen Menschen gehetzter Hund ist keine angreifende *Sache (auch nicht entsprechend)* sondern ein Werkzeug des Hundebesitzers und darf im weitergehenden Rahmen der Notwehr (vgl. 34.3.2) abgewehrt werden.

34.3.3.2 Gefahrenabwehr durch schädigende Einwirkung auf eine unbeteiligte Sache (§ 904 BGB - Sacheingriff/Agressiv-Notstand)

Wenn die Einwirkung auf eine fremde Sache zur Abwehr einer gegenwärtigen Gefahr für ein Rechtsgut notwendig ist und der drohende Schaden gegenüber dem aus der Einwirkung dem Eigentümer entstehenden **Schaden unverhältnismäßig groß** ist, darf der Eigentümer der Sache die Einwirkung eines anderen,

die im eigenen Interesse oder zur Hilfe für andere erfolgt, auf die Sache nicht verbieten (aber zivilrechtlicher Schadensersatzanspruch).

Z.B:

1. Ein geparktes Auto rollt auf abschüssiger Straße auf Kinder zu. Der Passant P wirft geistesgegenwärtig ein fremdes neues Moped vor den PKW und stoppt diesen unter Beschädigung des PKW und des Mopeds. - Die Beschädigung des Pkw ist rechtfertigende Sachwehr nach § 228 BGB (34.3.3.1). Die Beschädigung des Mopeds stellt einen rechtfertigenden Sacheingriff nach 904 BGB dar.

2. Zur Bekämpfung eines Waldbrands darf im privaten Nachbarwald ein Wundstreifen angelegt werden. Die Sachbeschädigung nach § 303 StGB ist gerechtfertigt.

34.3.3.3 Rechtfertigender Notstand des § 34 StGB

Treffen die vorgenannten speziellen Notstandsfälle nicht zu, so kann die allgemeine Notstandsregelung des § 34 StGB insbes. im Rahmen einer *individualethischen* Güterabwägung und zusätzlich einer *sozialethischen* Abwägung rechtfertigend eingreifen:

Z.B. wenn ein Feuerwehrmann beim Löschen eines Waldbrandes die Kleidung eines Waldwanderers beschädigt (gerechtfertigte Sachbeschädigung).

Wer in einer gegenwärtigen, (nach objektivem Urteil anzunehmenden) Gefahr für Leben, Leib, Freiheit, Ehre, Eigentum, Jagdaneignungsrecht oder ein anderes Rechtsgut durch eine Tat den Straftatbestand i.e.s. erfüllt, um die Gefahr von sich oder einem anderen (Nothilfe) - subjektives Element - abzuwenden, handelt nicht rechtswidrig, wenn
(1) die Gefahr nicht anders abwendbar ist (geeignet und erforderlich i.s. Verhältnismäßigkeit im Rahmen auch praktischer Konkordanz, vgl. 5.3.1 f., 20.1)
(2) bei Abwägung der widerstreitenden *Interessen*,
   – namentlich der betroffenen Rechtsgüter und
   – des Grades der ihnen drohenden Gefahren
   das geschützte Interesse das beeinträchtigte wesentlich übersteigt (Verhältnismäßigkeit i.e.s. hier bezogen auf die *individualethische Güterabwägung*, 5.3.1., 20.1, 34.3.8 im Rahmen praktischer Konkordanz, vgl. 5.3.2);
   z.B. ist das Handeln eines Arztes, der allein einem Schwerkranken sofortige Hilfe bringen kann, aber nur, indem er sein Auto im Zustand alkoholbedingter Fahruntüchtigkeit selbst fährt, also unter Verletzung des § 316 StGB, gerechtfertigt. Anders, wenn ein Taxi zur Fahrt oder ein Kollege zur Notbehandlung zur Verfügung steht (Bockelmann/Volk S.99);
(3) die Tat ein angemessenes Mittel ist, die Gefahr abzuwenden (Verhältnismäßigkeit i.e.S, hier bezogen auf *sozialethische* Wertungen),
   z.B. darf der Täter als Polizist nicht die Gefahr als zumutbar hinzunehmen oder die Gefahr selbst verursacht haben.

Beide Entscheidungen über die Verhältnismäßigkeit sind getrennt (nach anderer Auffassung in verbundener Abwägung, Bockelmann/Volk, S. 100) zu treffen.

34.3.3.4 Rechtfertigende Wahrnehmung berechtigter Interessen
Zu diesem Rechtfertigungsgrund bei den Beleidigungsdelikten vgl. § 193 StGB (6.6.4)

34.3.4 Besitzwehr (§ 859 (1) BGB), Besitzkehr (§ 859 (2) (3) BGB)

Verbotene Eigenmacht begeht, wer einem Besitzer ohne dessen Willen den Besitz entzieht oder ihn im Besitze stört, sofern nicht das Gesetz die Entziehung oder Störung gestattet (§ 858 BGB),

z.B. Vermieter von Waldbaumaschinen nimmt diese vertragswidrig (nicht in Zueignungsabsicht) dem Mieter weg.

Ein - auch die tatsächliche Sachherrschaft **innehabender** zum **Besitz** berechtigter - Eigentümer, Mieter, Pächter, Nießbraucher darf sich verbotener Eigenmacht mit Gewalt **erwehren** (Besitzwehr, § 858 (1) BGB), weitergehend als das Notwehrrecht, 34.3.2): Dass obrigkeitliche Hilfe nicht zu erlangen ist, wird nicht verlangt. Aber die Erforderlichkeit ist zu beachten (5.3.1, Palandt/u.a., Kommentar Bürgerliches Gesetzbuch § 859 Rn 2 BGB).

Eine mittels verbotener Eigenmacht weggenommene **bewegliche Sache** darf der Besitzer dem auf frischer Tat betroffenen oder verfolgten Täter mit **Gewalt wieder abnehmen** (Besitzkehr, § 859 (2) BGB). Eine dabei tatbestandsmäßig i.e.S. erfolgte Nötigung wäre also gerechtfertigt.

Bei Entziehung des Besitzes an einem Grundstück durch verbotene Eigenmacht darf sich der Besitzer sofort nach Entziehung des Besitzes des **Grundstücks** durch Verdrängung des Täters **wieder bemächtigen**, (Besitzkehr, § 859 (3) BGB).

34.3.5 Rechtfertigende Selbsthilfe zur Vermeidung eines zivilrechtlichen Anspruchsverlusts (§§ 229, 230 BGB)

Besteht die Gefahr, dass ein zivilrechtlicher Anspruch ohne sofortiges Eingreifen vereitelt oder wesentlich erschwert wird, weil obrigkeitliche Hilfe nicht rechtzeitig zu erlangen ist, darf ganz ausnahmsweise der Anspruchsberechtigte zum Zweck der (z.b. eine Nötigung) rechtfertigenden Selbsthilfe

- eine Sache wegnehmen, zerstören oder beschädigen oder
- einen Verpflichteten, welcher der Flucht verdächtig ist,
  - (vorläufig) festnehmen bzw.
  - zur Duldung einer geschuldeten Handlung zwingen (§ 229 BGB).

Z.B.: Ein Holzverkäufer sieht, dass das ihm noch nicht übereignete und übergebene Holz erneut verkauft worden ist und gerade abtransportiert werden soll, ohne dass die Polizei erreichbar ist.

Die Selbsthilfe darf nicht weitergehen, als zur Abwendung der Gefahr erforderlich ist (§ 230 (1) BGB; vgl. auch die Grenzen des § 230 (2) - (4) BGB); Verhältnismäßigkeit i.e.S. ist nicht ausdrücklich erwähnt; aber der geschützte Anspruch darf nicht außer Verhältnis zur Schädigung des Schuldners stehen.

34.3.6 Handeln aufgrund einer Einwilligung oder mutmaßlichen Einwilligung des Betroffenen

Die Einwilligung oder mutmaßliche Einwilligung ist ein gewohnheitsrechtlich (13.5) anerkannter *Rechtfertigungsgrund*.

Z.B. Zahnarztbehandlung; Operation eines bewusstlosen Verkehrsopfers.

Die Einwilligung darf nicht gegen ein Gesetz (z.B. § 216 StGB - Tötung auf Verlangen, vgl. auch 33.3.6) oder gegen die guten Sitten verstoßen (haben), vgl. z.B. Körperverletzung nach § 228 StGB. Sie rechtfertigt nicht bei aus öffentlichem Interesse mangelnder Dispositionsbefugnis des Geschützten (bei Tötungsdelikten).

Bei Taten wie Hausfriedensbruch (§ 123 StGB), Freiheitsberaubung (§ 239 (1) StGB), Nötigung (§ 240 StGB), Erpressung (§ 253 StGB), Diebstahl (§ 242 StGB), schließt nach dem Zweck der Vorschrift das Einverständnis des Betroffenen bereits die *Tatbestandsmäßigkeit* (i.e.S.) der Handlung aus.

34.3.7 Rechtfertigungsgründe für Handeln im öffentlichen Interesse

34.3.7.1 Für jedermann: Vorläufiges Festnahmerecht nach § 127 (1) StPO (vgl. 31.1.5)

Z.B. sind Nötigung, § 240 StGB, vgl. 34.2, ggf. auch Freiheitsberaubung nach § 239 StGB insoweit gerechtfertigt.

34.3.7.2   Für öffentliche Bedienstete mit Hoheitsbefugnissen

Diese haben außer den vorgenannten Rechtfertigungsgründen (s. 34.3.2, 34.3.3.3) im Verwaltungsrecht selbst enthaltene, auch strafrechtlich entlastende verwaltungsrechtliche Rechtfertigungsgründe.

Z.B. dürfen die Polizei- und die Vollzugsbeamten der Ordnungsverwaltung sowie Forsthüter und bestätigte Jagdaufseher, die Berufsjäger oder forstlich ausgebildet sind, grundrechtlich und zugleich strafrechtlich geschützte Rechtsgüter im Rahmen von gesetzlichen Ermächtigungsgrundlagen verletzen; u.a. durch Eingriffe aufgrund der allgemeinen polizeilichen Generalklausel (§ 11 Nds. SOG) bzw. der polizeilichen Standardmaßnahmen (§§ 12 ff. Nds. SOG, vgl. 29.3, Festnahme, unmittelbarer Zwang).
Wenn ein Forsthüter den angreifenden Mann, der wertvolle Holzstämme stehlen will, anschießt und ihn dadurch kampfunfähig macht, ist seine Tat nicht nur als Notwehr, sondern auch kraft verwaltungsrechtlicher Ermächtigung (Nds. SOG) hinsichtlich des Straftatbestands der gefährlichen Körperverletzung nach § 224 StGB gerechtfertigt (s. aber zu Unterschieden 31.1.5 f.).Maßnahmen des Jagdschutzes nach dem BJagdG/NJagdG (29.3.3, 57.3):
Befugnis aller bestätigten Jagdaufseher, Personen, die unberechtigt im Jagdbezirk jagen, anzuhalten, ihnen gefangenes Wild, Schuss- und sonstige Waffen, Jagdgeräte und Hunde abzunehmen und ihre Person festzustellen
(Die tatbestandsmäßig erfüllte Nötigung nach § 240 StGB ist gerechtfertigt).
Sie können unter bestimmten Umständen Hunde und Katzen im Jagdbezirk töten (Die darin tatbestandsmäßig liegende Sachbeschädigung nach § 303 StGB ist gerechtfertigt). § 29 (1) NJagdG.

Vgl. auch die Berechtigungen im Zusammenhang mit der Verfolgung von Straftaten (31.1 und Ordnungswidrigkeiten, 31.2). Der (evtl. sogar materiell rechtswidrige) dienstliche Befehl rechtfertigt die Tat, falls die aufgetragene Tätigkeit keine Straftat (oder Ordnungswidrigkeit) darstellt.

34.3.8   Schutzziele der Rechtfertigungsgründe und Verhältnismäßigkeit i.e.S.

Der im Verfassungsrang stehende Verhältnismäßigkeitsgrundsatz (5.3.1) bindet den Gesetzgeber auch beim Erlass von Strafrechtsnormen. Das gilt auch für die Rechtfertigungsgründe, die stärker die Lösung von Kollisionen verschiedener widerstreitender (Grund)Rechte betreffen. Für sie gilt der Grundsatz, dass Kollisionen von Grundrechten vom Gesetzgeber so gelöst werden sollen, dass die widerstreitenden Rechte möglichst weitgehend verwirklicht bleiben (praktische Konkordanz, 5.3.2).

Bezogen auf den Verhältnismäßigkeitsgrundsatz im weiteren Sinne ist bei den strafrechtlich erheblichen Rechtfertigungsgründen
– die Eignung und
– die Erforderlichkeit
der Schutzmaßnahme im Allgemeinen gefordert.

Gleiches gilt - wenn auch nicht in der Schärfe wie im Verwaltungsrecht - auch für den Grundsatz der Verhältnismäßigkeit i.e.S.,
jedoch sind unterschiedliche Wertungen für die Mittel-Zweck-Relation schon grob vorgegeben, insbesondere je nach dem, inwieweit das durch die Abwehr oder Schutzmaßnahme bedrohte Gut bzw. sein Träger die Gefahr (ggf. rechtswidrig) verursacht hat oder nicht, wie sich aus folgendem ergibt:

34.3.8.1   Notwehr (§ 32 StGB)

Soweit es hier nicht auf Rechtsmissbrauch ankommt (vgl. 34.3.2):

Bei der Notwehr (einschl. Nothilfe) wiegt das Unrecht des Täters so stark, dass die Wirksamkeit der Verteidigung im Verhältnis zu der Intensität des Angriffs großes Gewicht hat, jedoch das Verhältnis der Gefahr für das angegriffene Gut zur Gefahr für das Gut, das durch die Verteidigung geschädigt wird, grundsätzlich unerheblich ist, es sei denn, das geschützte Rechtsgut ist krass bzw. unerträglich geringwertiger.

34.3.8.2   Sachwehr (Defensiv-Notstand, § 228 BGB)

Eine gefahrbringende Sache wird beschädigt oder zerstört. Bei der Sachwehr darf ebenfalls (der durch) die Gefahr (drohende Schaden) kleiner sein als der Abwehrschaden, aber letzterer darf nicht außer Verhältnis zu der Gefahr (dem drohenden Schaden) stehen.

34.3.8.3   Besitzwehr, Besitzkehr (§ 859 BGB) und Selbsthilfe zur Anspruchssicherung (§ 229 BGB)

erfordern - zumindest bei dem Versuch der Erfüllungsvereitelung durch den Schuldner - nur, dass das zu sichernde Rechtsgut - bzw. der zu sichernde Anspruch nicht unverhältnismäßig kleiner ist als die Schädigung durch die Sicherung.

34.3.8.4   Rechtfertigender Notstand (§ 34 StGB)

Eine Gefahr für ein Rechtsgut wird durch Verletzung eines anderen Rechtsguts abgewendet.
Bei dem rechtfertigenden Notstand muss anders als bei den vorherigen Rechtfertigungsgründen das geschützte Interesse (auch unter Abwägung der Rechtsgüter) das - in der Regel nicht rechtswidrig gefahrbringende beeinträchtigte Interesse wesentlich übersteigen und die Hinnahme der Gefahr (z.B. wegen Polizisten-Funktion oder Verursachung der Gefahr) nicht zumutbar sein.

34.3.8.5   Sacheingriff (Aggressiv-Notstand, § 904 BGB)

Eine Gefahr für ein Rechtsgut wird durch Einwirkung auf eine unbeteiligte Sache abgewendet.
Bei dem Aggressiv-Notstand muss naturgemäß der drohende Schaden gegenüber dem aus der Einwirkung dem Eigentümer entstehenden Schaden unverhältnismäßig groß sein. Außerdem entsteht ein Schadensersatzanspruch des Eigentümers der geschützten (zunächst) unbeteiligten Sache.

34.3.8.6   Rechtfertigungsgründe für Handeln im öffentlichen Interesse

Erlaubt das vorläufige Festnahmerecht für jedermann (§ 127 (1) StPO) wegen des Gewichts der Unrechtstat konkrete Eingriffsmaßnahmen, so hängen die Eingriffsbefugnisse der öffentlichen Bediensteten im Rahmen der Verhältnismäßigkeit im engeren Sinne auch davon ab, ob der mit einem Eingriff zu Belastende oder dessen Sache die Notwendigkeit des Eingriffs veranlasst hat oder nicht (vgl. z.B. §§ 4 - 8 Nds. SOG und zu 29., 31.1).
Ggf. bei Notstandshaftung Schadensausgleich (z.B. nach § 8/§ 80 Nds. SOG, vgl. 29.9).

35.   Schuld und andere Voraussetzungen für eine Strafe

Schuld im Sinne des Strafrechts bedeutet, dass dem Täter persönlich die Tat vorzuwerfen ist. Wie ausgeführt darf ohne (Nachweis der) Schuld keine Strafe verhängt werden.

35.1   Schuldfähigkeit

Die Schuld entfällt (Schuldunfähigkeit) insbesondere
- bei noch nicht 14 Jahre alten Kindern (§ 19 StGB)
- bei Jugendlichen (14 - 18 Jahren), es sei denn, sie sind nach ihrer geistigen und sittlichen Entwicklung reif genug, das Unrecht der Tat einzusehen und nach dieser Einsicht zu handeln (§ 3 Jugendgerichtsgesetz)
- bei Personen, die bei Begehung der Tat
  - wegen einer krankhaften seelischen Störung (z.b. Psychose, Volltrunkenheit)
  - wegen einer tiefgreifenden Bewusstseinsstörung (hochgradigem Affektzustand,
  - Schlaftrunkenheit)
  - wegen Schwachsinns (Störungen auf intellektuellem Gebiet) oder
  - wegen einer anderen seelischen Abartigkeit (Psychopathien, Triebanomalien wie Stehltrieb, ggf. Neurosen)

unfähig sind,
- **das Unrecht der Tat einzusehen** oder
- **nach dieser Einsicht zu handeln** (§ 20 StGB).

Beispiele:
1. Ein Händler erschlägt im **Vollrausch** seinen Konkurrenten. Erst **nachdem** er **volltrunken** war, hat er sich zu der Tat **entschlossen**. Ein tatbestandsmäßig i.e.S. - ggf. auch vorsätzlicher - und rechtswidrig begangener Totschlag (§ 212 StGB, evtl. Mord, § 211 StGB) liegt vor, ist aber wegen Schuldunfähigkeit entschuldigt ; vgl aber Beispiel 5.
2. Ist die Fähigkeit des Täters, (nur bei Vorsatz hinsichtlich der objektiven Tatbestandsmerkmale) das Unrecht der Tat einzusehen oder nach dieser Einsicht zu handeln, wegen eines starken Rausches (oder anderer in § 20 StGB genannter Gründe) **erheblich vermindert**, bleibt die Tat schuldhaft (, und lediglich die Strafe kann nach § 49 (1) StGB gemildert werden - vgl. 36.11.2).
3. Hat sich im Beispiel zu 1. der Händler die Tat **schon** im **nüchternen** Zustand **vorgenommen** und sich erst dann, z.B. um sich Mut zu machen, voll betrunken, ist die Schuldfähigkeit nicht ausgeschlossen. Der Täter hat **vorsätzlich die Ursache im schuldfähigen Zustand gesetzt** (= actio libera in causa; BGH JR 1997, 391); Ausnahmen aber bei Straßenverkehrsgefährdung und Trunkenheitsfahrt; BGH St 42, 235).
4. Jemand, der weiß, dass er bei Trunkenheit meistens seinen Jagdgast verprügelt und sich dennoch voll betrinkt, ohne an die Folge zu denken und diese zu wollen, dass er seinen Jagdgast verprügeln könnte, was dann aber geschieht, hat im schuldfähigen Zustand eine freie **Ursache** für eine **fahrlässige** Körperverletzung gesetzt (§ 229 StGB), so dass für die fahrlässige Begehungsart die Schuldfähigkeit wegen actio libera in causa nicht ausgeschlossen ist (vgl. 36.5).
5. Hat der Täter jedoch vor der Tat weder vorsätzlich noch fahrlässig die Ursache für die tatbestandsmäßige und rechtswidrige Tat gesetzt (z.B. Trunkenheitsfahrt), kommt als Straftat das **vorsätzliche** oder **fahrlässige alkoholbedingte Versetzen in** einen (Voll)Rausch in Betracht, § 323a StGB, falls er im Vollrausch eine rechtswidrige Tat (hier Trunkenheitsfahrt, § 316 StGB) vorsätzlich (oder fahrlässig) im

schuldunfähigen Zustand begangen hat (objektive Strafbarkeitsbedingung, vgl. 32.2 zu 2.1, 35.6).

35.1a Spezielle Schuldmerkmale

Merkmale, die unmittelbar und ausschließlich den in der Tat zum Ausdruck kommenden Gesinnungswert näher charakterisieren (z. B. „niedrige Beweggründe", § 211 StGB, „Böswilligkeit", § 225 StGB, „Rücksichtslosigkeit", § 315c StGB) sind im Gegensatz zu „heimtückisch" und „grausam" (§ 211 StGB) keine Merkmale subjektiven Tatbestandsmerkmale (Vorsatz), also kein Handlungsunrecht, sondern spezielle Schuldmerkmale, deren der Täter sich (nur) bewusst gewesen sein muss.

35.2 Unrechtsbewusstsein hinsichtlich der Strafnorm (kein oder ein vermeidbarer Verbotsirrtum, § 17 StGB)

35.2.1 Vom **Irrtum über ein Tatbestandsmerkmal, § 16 StGB,** ist der **Verbotsirrtum** zu unterscheiden:
Wie zu 33.3, 33.3.5 ausgeführt, kann ein Täter über das Vorliegen oder Nichtvorliegen eines Tatbestandsmerkmals (i.e.S.) irren, und zwar

(1) über **Tatsachenmerkmale**, z.B. dem Wilde nachstellen (§ 292 (1) StGB), vgl. bei 33.2.2 Beispiel 5) oder über

(2) ein **Wertungsmerkmal**: z.B. er weiß nicht, dass er fremdes Jagdrecht verletzt (§ 292 (1) StGB, vgl. bei 33.2.1 Beispiel 2, 33.3.1):

(2.1) Er glaubt, in *tatsächlicher* Hinsicht irrend, im eigenen Revier zu jagen oder
(2.2) er glaubt, *rechtlich* bzw. *wertungsmäßig* irrend, kein fremdes Aneignungsrecht zu verletzen;

z.B.: Ein Lehrer findet auf einem Waldweg eine Abwurfstange. Er nimmt sie für den Biologieunterricht mit. Der Jagdaufseher zeigt ihn wegen Wilderei an. Der Lehrer ist empört, er habe angenommen, dass jedermann gefundene Abwurfstangen mitnehmen kann, besonders für Unterrichtszwecke (, er sei doch kein Wilderer).

Auch abgetrennte Teile wie Abwurfstangen unterliegen dem "fremden Jagdrecht oder Jagdausübungsrecht" i.S. § 292 (1) Nr. 2 StGB :„Wer unter Verletzung fremden Jagdrechts oder Jagdausübungsrechts ... 2. eine Sache, die dem Jagdrecht unterliegt, sich oder einem Dritten zueignet, beschädigt oder zerstört". Der Lehrer kannte jedoch das fremde Jagdrecht bzw. Jagdausübungsrecht an der Abwurfstange als Tatbestandsmerkmal auch laienhaft nicht (33.3.1).

In allen vorgenannten Fällen liegt, wie zu 33.3 erläutert, ein **Tatbestandsirrtum** vor, auch im letztgenannten Fall. Daher ist der - hinsichtlich des **objektiven Tatbestandsmerkmals** erforderliche - **Vorsatz, also die subjektive Tatbestandsmäßigkeit i.e.S. ausgeschlossen.**

35.2.2 Anders ist es beim **Verbotsirrtum, § 17** StGB, bei dem es um die Frage des Unrechtsbewusstseins geht.

Normalerweise **weiß** ein Täter, der den objektiven Tatbestand vorsätzlich erfüllt hat, auch, dass er (vorbehaltlich von Rechtfertigungsgründen und ggf. einer Schuldunfähigkeit) Un-

recht begangen hat, also etwas **Verbotenes getan** hat (oder etwas **Gebotenes** bei einer Unterlassungstat **unterlassen** hat).

Das Unrechtsbewusstsein liegt (ähnlich wie beim Vorsatz) auch schon vor, wenn der Täter es nur für **möglich** hält, Unrecht zu tun, dies aber in Kauf nimmt. Aber der Täter kann sich auch über das Unrecht, also die Rechtswidrigkeit, d.h. die **Einsicht, Unrecht zu tun (Verbotsirrtum) geirrt** haben (z.B. Farbsprühen auf Wände, § 303 StGB; Schutzzeit für für Rehwild-Elterntiere, deren Jungtiere noch nicht allein lebensfähig sind. § 38 BJagdG. Bei einem Verbotsirrtum irrt der Täter über die Existenz, Gültigkeit oder den Geltungsbereich einer Verbotsnorm, insbesondere

(1) Der Täter kennt die Verbotsnorm nicht (z.B. hat er von einem neuen Gesetz nichts erfahren)
(2) Der Täter kennt die Verbotsnorm zwar, hält sie aber wegen Verfassungswidrigkeit für ungültig (§ 218 StGB: die Bestrafung des Schwangerschaftsabbruchs verstoße gegen die Handlungsfreiheit des Art. 2 (1) sowie gegen Art. 2 (2) S. 2 Grundgesetz)
(3) Der Täter kennt die Verbotsnorm, legt aber insbes. ihre normativen Begriffe falsch aus. Z.B. § 153 StGB: "Wer vor Gericht ... falsch aussagt": Der Täter weiß, dass er hinsichtlich seiner Personalien die Unwahrheit sagt (Vorsatz), denkt aber, die Wahrheitspflicht bezieht sich nicht auf die Angaben zu seinen Personalien.

Nach § 17 StGB handelt der Täter bei Verbotsirrtum nur dann ohne Schuld, wenn der Verbotsirrtum unvermeidbar war.

Konnte der Täter den Verbotsirrtum **vermeiden**, so bleibt die Schuld hinsichtlich der **vorsätzlichen** Tat erhalten, nicht etwa wird das Verhalten nur als fahrlässige schuldhafte Tat gewertet.

Vermeidbar ist der Verbotsirrtum, wenn der Täter sich unter Anspannung seines Gewissens durch Nachdenken oder Erkundigung Gewissheit hätte verschaffen sollen und können (es ist höhere Sorgfalt gefordert als bei Fahrlässigkeit, vgl. 36.5). Bei einer solchen Vermeidbarkeit **kann die Strafe** nach § 49 (1) StGB **gemildert** werden (36.3, 36.11.2).

Insbesondere reicht die Kenntnis eines **verwaltungsrechtlichen Verbots**. Unerheblich ist, ob der Täter sich - außer über das Verbotensein - auch **über die Strafbarkeit** einer Handlung geirrt hat.

35.3 Kein oder ein vermeidbarer Irrtum über die rechtliche Existenz eines Rechtfertigungsgrundes - Erlaubnisirrtum

Der Täter kann allerdings auch rechtlich irrend annehmen, dass ein Rechtfertigungsgrund vorliegt, wobei sich der Irrtum beziehen kann auf

(1) die normalen Rechtfertigungsgründe wie Notwehr und Notstand oder
(2) die besonderen Rechtswidrigkeitsmerkmale;

auf den Unterschied der **Tatbestandsmerkmale** zu den besonderen **Rechtswidrigkeitsmerkmalen** ist oben (35.2) näher hingewiesen worden:
z.B. ist das Merkmal "unbefugt" in § 107a StGB: "Wer unbefugt wählt" ein Tatbestandsmerkmal, weil Wählen normalerweise noch kein Unrecht ist.

Dagegen ist das Merkmal "unbefugt" in § 203 (1) StGB: "Wer unbefugt ein fremdes Geheimnis ... offenbart", ein Rechtswidrigkeitsmerkmal,
da das Offenbaren fremder Geheimnisse schon allein normalerweise Unrecht ist.
Dem Wild nachstellen ist normalerweise noch kein Unrecht, sondern erst, wenn es unter Verletzung fremden Jagdrechts geschieht, so dass letzteres auch objektives Tatbe-

standsmerkmal ist, vgl. 33.2.2, 35.2.1.
Dagegen ist die Verwerflichkeit der Nötigung in § 240 (2) StGB ein echtes Rechtswidrigkeitsmerkmal, vgl. 34.2.

Nimmt der Täter in **irriger rechtlicher Wertung** das Vorliegen eines **Rechtfertigungsgrund**es an, oder irrt er in rechtlicher Wertung über ein **besonderes Rechtswidrigkeitsmerkmal**, indem er dessen Nichtvorliegen annimmt, weiß der Täter, dass er an sich etwas normalerweise Verbotenes tut, glaubt aber in rechtlichem Irrtum, ausnahmsweise etwas Erlaubtes zu tun; hierunter fällt insbesondere der Irrtum über den rechtlichen Bestand und die Grenzen eines Rechtfertigungsgrundes oder besonderen Rechtswidrigkeitsmerkmals;

> **z.B.** nimmt er ein Züchtigungsrecht gegenüber einem fremden Kind irrig an oder glaubt - über die rechtliche Bedeutung der Befugnis irrend - , befugt ein Geheimnis zu offenbaren.

Der Irrtum in der rechtlichen Wertung über eine Erlaubnisnorm als angenommenen Rechtfertigungsgrund oder angenommenes Nichtvorliegen eines besonderen Rechtswidrigkeitsmerkmals wird **wie ein Verbotsirrtum (, der sich auf das normale Unrecht bezieht)** (vgl. 35.2) behandelt.
Das heißt, die **Tat bleibt rechtswidrig**, da kein Rechtfertigungsgrund vorliegt.

Jedoch ist ausnahmsweise **bei Unvermeidbarkeit** des Erlaubnisirrtums die **Schuld ausgeschlossen**. Bei Vermeidbarkeit des Erlaubnisirrtums kann die Strafe gemildert werden.

35.4 **Irrtum über das tatsächliche Vorliegen der Merkmale eines Rechtfertigungsgrundes (Erlaubnistatbestandsirrtum) voll schuldausschließend**

Nimmt der Täter aber **irrig eine Sachlage** an, die (bei Vorliegen) seine Handlung **rechtfertigen** würde wegen

(1) Erfüllung eines normalen Rechtfertigungsgrundes (z.B. Notwehr), 34.3 oder
(2) Nichtvorliegen eines besonderen Rechtswidrigkeitsmerkmals, z.B. bei Nötigung die Verwerflichkeit, vgl. 34.2,

so hat er sich jedenfalls **nicht über ein Tatbestandsmerkmal geirrt,** und somit ist für seine Tat **nicht** der Vorsatz gem. **§ 16 StGB** (vgl. 35.2.1) ausgeschlossen.

Da sich die Handlung des Täters andererseits aber auf eine zutreffend gewertete rechtliche Basis (sowohl hinsichtlich des normalen Unrechts, als auch hinsichtlich eines Rechtfertigungsgrundes) bezieht, liegt **auch kein Verbotsirrtum** i.S. § 17 StGB (35.2) **bzw. kein Erlaubnisirrtum** (35.3) vor.

Da der Täter eine Sachlage verkennt, wenngleich eine, die nur als Rechtfertigungsgrund das Unrecht, aber nicht den Vorsatz, ausschließen würde, ist **§ 16 StGB nur begrenzt entsprechend anzuwenden**, und zwar mit der Einschränkung, dass zwar **nicht der Vorsatz, aber stets die (Vorsatz)Schuld ausgeschlossen** ist, also (im Gegensatz zum Verbots- und Erlaubnisirrtum) **auch bei Vermeidbarkeit des Irrtums**.

Beispiel: Ein Jäger sieht im Gebüsch eine dunkle Gestalt mit einem länglichen Gegenstand in der Hand. Nach Anruf hebt die Gestalt den Gegenstand hoch. Der Jäger meint, ein Wilderer wolle auf ihn schießen und schießt den Menschen (in vermeintlicher Notwehr) nieder und verletzt ihn schwer. In Wirklichkeit wollte ein Wanderer nur einen Regenschirm aufspannen.
Der Täter hat hinsichtlich der gefährlichen Körperverletzung des § 224 StGB die objektiven Tatbestandsmerkmale erfüllt und vorsätzlich sowie rechtswidrig (keine echte Notwehrlage) gehandelt.

Jedoch nahm er irrig einen Notwehr-Sachverhalt an (**Putativnotwehr**), so dass ein schuldausschließender Irrtum über Merkmale eines Rechtfertigungsgrundes vorliegt. Vgl. auch 29.4.3.4 f. zur Anscheins- und Scheingefahr.

Da es hier um die Prüfung von Tatsachen geht, ist diese Irrtumsart vor dem Verbots- und Erlaubnisirrtum zu prüfen.

35.5 Fehlen von Entschuldigungsgründen (Schuldausschließungsgründen i.e.S.)

35.5.1 Schuldausschließender Notstand (§ 35 (1) StGB)
Vergleich mit § 34 StGB:

§ 34 Rechtfertigender Notstand	§ 35 Schuldausschließender Notstand
	§ 35 (1) S. 1
Wer in einer gegenwärtigen Gefahr für Leben, Leib oder Freiheit	
Ehre, Eigentum oder ein anderes Rechtsgut	--
eine tatbestandsmäßige (i.e.S.) Tat begeht,	eine (tatbestandsmäßige i.e.S. und) **rechtswidrige** Tat begeht (kein Rechtfertigungsgrund vorhanden),
um die Gefahr von sich	
oder einem anderen abzuwenden,	, einem Angehörigen oder einer anderen ihm nahestehenden Person abzuwenden,
handelt nicht rechtswidrig,	handelt nicht schuldhaft,
falls die Gefahr nicht anders abwendbar ist (Erforderlichkeit i.S. Verhältnismäßigkeit)	
und wenn bei der Abwägung der widerstreitenden Interessen, namentlich der betroffenen Rechtsgüter und des Grades der ihnen drohenden Gefahren das geschützte Interesse das beeinträchtigte wesentlich überwiegt. Dies gilt jedoch nur, soweit die Tat ein angemessenes Mittel ist, die Gefahr abzuwenden.	**§ 35 (1) S. 2 Halbs. 1** **Dies gilt nicht**, soweit dem Täter nach den Umständen, namentlich weil er die Gefahr selbst verursacht hat oder er nicht in einem besonderen Rechtsverhältnis stand *(Soldat, Polizeibeamter, Seemann, Feuerwehrmann, Arzt, Krankenpfleger),* **zugemutet** werden konnte, die Gefahr hinzunehmen.
	§35 (1) S. 2 Halbs. 2 Wenn der Täter nicht mit Rücksicht auf ein besonderes *(zumutbarkeitsbegründendes)* Rechtsverhältnis die Gefahr hinzunehmen hatte, kann die Strafe nach § 49 (1) gemildert werden (vgl. 36.3, 36.11.2). *(zu § 35 (2) Putativnotstand s. 35.5.3)*

Beispiele:
1. Ein in einen tiefen See gefallener Nichtschwimmer stößt einen andern auch hineingefallenen Nichtschwimmer von der Holzplanke, die nur einen zu tragen vermag. Da er den Tatbestand einer Totschlagshandlung ohne Rechtfertigungsgrund (keine Notwehr) erfüllt, ist er nach § 35 StGB (nur) *entschuldigt*. (Dagegen hat der andere Nichtschwimmer seinerseits sogar ein *rechtfertigendes* Notwehrrecht (34.3.2), wenn er den rechtswidrig Angreifenden abwehrt und zurückstößt, so dass dieser ertrinkt.).

2. Wer eine Segelpartie veranstaltet und nicht genug Rettungsmittel an Bord genommen hat, ist nicht entschuldigt, wenn er den letzten Rettungsring nimmt, so dass ein anderer ertrinken muss.

35.5.2 Nötigungsnotstand, § 35 (1)

Ein schuldausschließender **Notstand** i.S. **§ 35 (1) StGB** liegt auch vor, wenn der Täter durch (nicht selbst verursachte bzw. pflichtgemäß zu duldende) Gewalt oder Drohung eines anderen, die eine gegenwärtige nicht anders **abwendbare Gefahr für Leben, Leib oder Freiheit** i.S. § 35 bedeutet, zu einer rechtswidrigen Tat gezwungen wird (Ausnahmen für Berufsgruppen usw. wie zu 35.4.1).

> **Z.B.** Jemandem wird eine Ermordung angedroht, wenn er nicht einen trockenen Wald anzündet, in dem sich Menschen befinden, die beim Brand voraussichtlich umkommen würden (Nötigung, vgl. 35.2), und er darauf den Wald mit Todesfolge für einen Menschen anzündet. (Anders bei Androhung nur einer Tracht Prügel)

35.5.3 Putativ-Notstand (§ 35 (2) StGB)

Nimmt der Täter irrtümlich eine Notstandssituation i.S. des Schuldausschließungsgrunds **§ 35 StGB** an (z.B. A stößt den B vom Brett, um nicht zu ertrinken, das Brett hätte jedoch beide getragen) und ist der Irrtum

- **unvermeidbar**, so ist die rechtswidrige Tat entschuldigt.
- **vermeidbar**, so bleibt die Tat schuldhaft, jedoch ist die Strafe nach § 49 (1) StGB zu mildern (wie beim Verbotsirrtum (§ 17 StGB, vgl. 35.2), zum **Unterschied zur Putativnotwehr** bzw. zum **Putativnotstand** i.S. **§ 34 StGB**, vgl. 35.4).

35.5.4 Notwehr-Exzess (§ 33 StGB)

Nach herrschender Meinung ist auch der Täter, der, rechtswidrig angegriffen, die Grenzen der Notwehr, d.h. das Maß des zur Abwehr des Angriffs Erforderlichen aus Verwirrung, Furcht oder Schrecken (nicht etwa aus Wut, Hass oder Kampfeseifer) überschreitet, entschuldigt. Bei einem noch nicht begonnenen oder schon beendeten Angriff ist der Exzess nicht entschuldigend.

35.6 Weitere Voraussetzungen und Hindernisse für eine Strafe

Unabhängig von der Schuld bestehen noch weitere Voraussetzungen und Hindernisse für die Strafbarkeit einer schuldhaften Handlung als Rechtsfolge. Hierzu kann auf das Aufbauschema zu 32.2 verwiesen werden:
- **objektive Strafbarkeitsbedingungen**, z.B. (falls sich der Täter vorsätzlich (oder fahrlässig) in einen Vollrausch versetzt und deswegen in Schuldunfähigkeit (vgl. 35.1) eine Straftat begangen hat
- **Fehlen von Strafausschließungsgründen** (strafbefreiender Rücktritt vom Versuch)
- **Strafverfolgungsvoraussetzungen** (*Antrag*, z.B. bei: Wilderei von Angehörigen oder nur begrenzt örtlich zur Jagd Befugten, § 294 StGB; Beleidigung § 194 StGB; *Verjährung* u.a.).

Bei Vorliegen der Voraussetzungen und Nichtvorliegen der Hindernisse, wäre der Tatbestand i.w.S. erfüllt, sodass sich (ggf. über 36.8) die **Fortsetzung bei 37. hinsichtlich der Rechtsfolgen der strafbaren Handlung** ergibt.

Die **nachfolgend aufgezeigten Arten der Straftaten** werden zunächst auch ausschließlich hinsichtlich der Voraussetzungen einer Strafbarkeit (Tatbestandsmäßigkeit (i.e.S.), Rechtswidrigkeit, Schuld und weitere Voraussetzungen und Hindernisse für Strafe), soweit das noch erwähnenswert ist, dargestellt. Die Erläuterung der Rechtsfolgen bei 37. ist für alle Begehungsarten gleich.

36.   Weitere Delikts- und Begehungsarten; Ordnungswidrigkeiten; Rechtsfolgen

36.1   Begehung eines Erfolgsdelikts durch Unterlassen (unechtes Unterlassungsdelikt, § 13 StGB)

Fall: Ein Kraftfahrer, der einen Fußgänger fahrlässig durch Überfahren lebensgefährlich verletzt, lässt ihn hilflos liegen und sterben.

Wer es unterlässt, einen Erfolg abzuwenden, der zum Tatbestand eines Verbots-Strafgesetzes gehört, ist nur dann strafbar, wenn er rechtlich dafür einzustehen hat, dass der Erfolg nicht eintritt, unechtes Unterlassungsdelikt, im gen. Fall Totschlag durch Unterlassen.
Zum *echten* Unterlassungsdelikt vgl. 36.4.

Aufbau des unechten Unterlassungsdelikts

1.   Tatbestandsmäßigkeit (i.e.S.)
1.1   Ist der Erfolg eingetreten?
1.2   Hat der Täter die Rettungshandlung trotz Rettungsmöglichkeit unterlassen?
1.3   War das Unterlassen ursächlich für den Erfolg? Wäre bei Vornahme der unterlassenen Handlung der Erfolg mit an Sicherheit grenzender Wahrscheinlichkeit entfallen?
1.4   Hatte der Täter eine Garantenstellung mit der Pflicht, den Erfolg abzuwenden (§ 13)?
1.5   Vorsatz
1.5.1   Kenntnis der objektiven Tatbestandsmerkmale
1.5.2   Zumindest die Erkenntnis, dass die Erfolgsabwendung möglich ist
1.5.3   Die Entscheidung, statt tätig zu werden, nichts zu tun
1.5.4   Kenntnis der Umstände, die objektiv die Garantenstellung begründen.
2.   Rechtswidrigkeit: Rechtfertigungsgründe sind kaum praktisch, ggf. Notstand i.S. § 34 StGB und Einwilligung
3.   Schuld
3.1   Schuldfähigkeit
3.2   Unrechtsbewusstsein: Gebotskenntnis ist erforderlich.
    Gebotsirrtum, z.B. Nichterkennen der aus der Garantenstellung folgenden Garantenpflicht, ist nur bei Vermeidbarkeit entschuldigt.
3.3   Schuldausschließungsgründe (z.B. Notstand i.S. § 35 StGB).

Zu 1.2: Verlangt der Straftatbestand eine bestimmte Erfolgsverursachung (z.B. beim Betrug, § 263 StGB: Irrtum hervorrufen), ist Schweigen als Unterlassen, einen schon bestehenden Irrtum aufzuklären, nicht ausreichend (letzter Halbnebensatz des § 13 (1) StGB).

Zu 1.4 Die **Garantenpflicht** können begründen:
- enge Gemeinschaften (Familie, eheähnliche Lebensgemeinschaft, nicht schon Freundschaft, Vereinsbruderschaft)
- Gefahrengemeinschaften (gemeinsam in Gefahr begeben - Gruppe von Bergwanderern bei schwieriger Bergtour, nicht zufällig in Gefahr Geratene: Passagiere beim Schiffbruch)
- eine faktische (nicht unbedingt vertragsmäßige) Übernahme des Schutzes der bedrohten Rechtsgüter
    (z.B. der Arzt, der einen Kranken in Behandlung hat, muss alles zur Versorgung und Heilung tun, was dazu nötig ist und in seiner Macht steht; auch ein eingelieferter bewusstloser Patient ist geschützt.)
- Eigentum, Besitz u.a. hinsichtlich Räumlichkeiten (Wohnung, Fahrzeug, Betrieb; z.B. muss man einem aufgenommenen Gast bei schwerwiegenden Gefahren zur Seite stehen).

- Stellung als Eltern, Erzieher, Vorgesetzter gegenüber unterstellten Personen (Forstamt)
- (Mit)Verursachung der drohenden Gefahr eines Schadens; so liegt es im Eingangsfall; der Kraftfahrer ist wegen einer vorsätzliche Tötung durch Unterlassen strafbar, falls der Verletzte noch zu retten gewesen wäre (falls nicht, Tötungsversuch, vgl. 36.6).
- Aber auch eine erlaubte Gefahrenquelle wie der Hausbau schafft eine Verkehrssicherungspflicht und damit eine Garantenpflicht.

Die Strafe für ein unechtes Unterlassungsdelikt kann nach § 49 (1) StGB gemildert werden (§ 13 (2) StGB).

36.2   Konkrete Gefährdungsdelikte (vgl. Aufbauschema 32.2)

Bei bestimmten Straftatbeständen bedarf es keiner Verletzung des geschützten Rechtsguts, sondern es genügt dessen konkrete Gefährdung.
Die Handlung hat die Tendenz, die Gefahr hervorzurufen (Kausalität für Gefahr).

Z.B. § 315c (1) Nr. 1 StGB: Wer im Straßenverkehr ein Fahrzeug führt, obwohl er infolge des Genusses alkoholischer Getränke oder anderer berauschender Mittel oder infolge geistiger oder körperlicher Mängel nicht in der Lage ist, das Fahrzeug sicher zu führen und dadurch Leib oder Leben eines anderen oder fremde Sachen von bedeutendem Wert gefährdet, wird ... .

Die Gefahr ist Tatbestandsmerkmal.
Der Vorsatz des Täters muss sich (auch) auf die Umstände, aus denen die Gefahr entsteht, erstrecken (bedingter Vorsatz reicht).
Den Eintritt der Gefahr kennt er, falls er den Schadenseintritt als möglich oder wahrscheinlich erkannt hat.

Vgl. auch § 306f StGB: Hervorrufen insbes. einer Waldbrandgefahr (47.1.3.8, 46.15.2).
§ 315 b (1) Nr. 2 StGB: Sicherheit des Straßenverkehrs beeinträchtigen, indem Hindernisse im Straßenverkehr bereitet werden.

36.3   (Schlichte) Tätigkeitsdelikte

Bei den schlichten Tätigkeitsdelikten ist
- weder ein Erfolg (vgl. 33.2.2, 36.1)
- noch eine konkrete Gefährdung (vgl. 36.2)
Voraussetzung; also kein Kausalitätserfordernis; im übrigen gilt das Aufbauschema zu 32.2

Die Handlung ist als solche unter Strafe gestellt.

Z.B. abstrakte Gefährdungsdelikte: § 316 StGB (Trunkenheitsfahrt); Wilderei, § 292 (1) erste Alternative „dem Wilde nachstellen", vgl. 33.2.2 Beispiel 5; Aussagedelikte, §§ 153 ff., z.B. Meineid., § 154 StGB.

Nach § 316 StGB (abstraktes Gefährdungsdelikt) genügt es, wenn jemand vorsätzlich im Verkehr (§§ 315 - 315d StGB) ein Fahrzeug führt, obwohl er infolge des Genusses alkoholischer Getränke oder anderer berauschender Mittel nicht in der Lage ist, das Fahrzeug sicher zu führen (vgl. 35.1, Beispiel 4 f.).

Im Gegensatz zu § 315c (1) Nr. 1 StGB (vgl. 36.2) braucht der Trunkenheitsfahrer also keine andere Person gefährdet zu haben.
(Glaubt der Täter, jemanden zu gefährden, so liegt strafbarer Versuch des § 315c (1) Nr. 1 (2) StGB vor, s. 36.2).

36.4   Echte Unterlassungsdelikte

Hier wird nicht ein strafrechtliches Verbot, durch pflichtwidriges Unterlassen, einen Erfolg herbeizuführen, verletzt (vgl. 36.1),
auch nicht ein Handlungsverbot (vgl. 36.3),
sondern nur ein strafbewehrtes (folgenloses) **Gebot**.

Z.B.
1. Wer bei Unglücksfällen oder gemeiner Gefahr oder Not nicht Hilfe leistet, obwohl dies erforderlich und der Person den Umständen nach zuzumuten war, insbes. ohne erhebliche eigene Gefahr und ohne Verletzung anderer wichtiger Pflichten, wird ... (§ 323c StGB).
2. Nichtanzeige drohender schwerer Verbrechen, jedoch Ausnahmen für Geistliche und z.T. für Angehörige, Rechtsanwälte, Ärzte, vgl. §§ 138, 139 StGB.

Besonderheiten zu 1.
- eine Unzumutbarkeit des Handelns schließt den Tatbestand (i.e.S.) bereits aus (z.B. beim Riskieren des eigenen Lebens)
- die Rechtswidrigkeit ist (u.a.) ausgeschlossen, wenn eine andere höhere oder gleichbedeutende Pflicht zu erfüllen ist.
  z.B. ein Schwerverletzter und ein Leichtverletzter (bzw. zwei Schwerverletzte) sind zu retten, aber Hilfe i.S. § 323c StGB ist nur für eine Person möglich, so dass die Unterlassung hinsichtlich der anderen Person gerechtfertigt ist.
- Allgemein zum Vorsatz: Der Täter muss die Situation erkannt haben, die sein Tätigwerden erfordert, er braucht nicht das Unterlassen besonders gewollt (Entschluss) haben.
- Allgemein zur Schuld: Nur ein vermeidbarer Gebotsirrtum schließt die Schuld aus; sonst ggf. nur Minderung des Schuldvorwurfs.

36.5 Fahrlässigkeitsdelikte

Die fahrlässige Verwirklichung eines objektiven Straftatbestandes ist (neben der vorsätzlichen) nur dann strafbar, wenn das Gesetz (Strafvorschrift) dies ausdrücklich vorsieht, § 15 StGB.

36.5.1 Aufbauschema für die Voraussetzungen einer fahrlässigen Begehung

1.	**Tatbestandsmäßigkeit i.w.S.**
1.1	**Tatbestandsmäßigkeit i.e.S.**
1.1.1	Handlung (nicht nur Reflex u.ä.)
1.1.2	**Objektive Tatbestandsmerkmale**; einschließlich Erfolg (z.B. Körperverletzung)
1.1.3	Bei Erfolgsdelikten: Der **Erfolg** muss objektiv als nach der Lebenserfahrung generell geeignete Folge **voraussehbar** gewesen sein (diese Kausalität entspricht im Wesentlichen der Kausalität i.s. der Adäquanz ; weitergehende Kausalität für Erfolgsdelikte mit Vorsatz, vgl. 33.2.2).
1.1.4	**Außerachtlassung der *objektiv* nach dem Schutzzweck der Vorschrift erforderlichen Sorgfalt** (meistens die im Verkehr erforderliche Sorgfalt i.s. auch von § 276 BGB)
1.1.5	Bei Erfolgsdelikten: bei Erfüllung der objektiven Sorgfaltspflicht müsste der Erfolg **vermieden** worden sein.
1.2	**Rechtswidrigkeit** nur durch Rechtfertigungsgründe ausgeschlossen
1.3	**Schuld**
1.3.1	Schuldfähigkeit (35.1)
1.3.2	***Subjektive Sorgfaltspflichtverletzung*** (Im Zivilrecht, § 276 (2) BGB, nur *objektive* Sorgfaltspflichtverletzung)
1.3.2.1	Der Täter hat den Eintritt des Erfolgs für möglich gehalten ***(bewusste Fahrlässigkeit)*:** Dem Täter muss es persönlich (subjektiv) möglich gewesen sein, die objektiv erforderliche Sorgfalt aufzubringen und dadurch den Erfolg zu vermeiden.
1.3.2.2	Der Täter hat den Eintritt des Erfolgs trotz 1.1.3 nicht für möglich gehalten ***(unbewusste Fahrlässigkeit)*:** Der Täter muss das Risiko hinsichtlich des Eintritts des Erfolgs verkannt haben, es muss ihm u.a. angesichts seiner Fähigkeiten und für ihn erkennbaren persönlichen Pflichten aber möglich gewesen sein, die objektiv erforderliche Sorgfalt dafür aufzubringen, den Erfolg als möglich zu erkennen und zu vermeiden; anderenfalls ist er entschuldigt. Ggf. bestehen Informationspflichten bei riskanten Berufen und Tätigkeiten (Arzt, Techniker usw.).
1.3.3	Verbotsirrtum, Zumutbarkeit
1.3.3.1	*Bewusste* Fahrlässigkeit: Unrechtsbewusstsein oder vermeidbarer Verbotsirrtum; rechtmäßiges Verhalten muss zumutbar sein
1.3.3.2	*Unbewusste* Fahrlässigkeit: Es muss zumutbar sein, das Risiko nicht zu verkennen (und sorgfältig zu handeln sowie ggf. einen Verbotsirrtum zu vermeiden),
1.3.4	Andere Schuldausschließungsgründe
2. u. 3.	Wie Schema zu 32.2.

Zu obigem Schema 1.1.4: Die **objektive Sorgfaltspflicht hat** als Leitbild einen gewissenhaften und besonnenen Menschen und ergibt sich z.T. aus Unfallverhütungsvorschriften, Lebens- und Arzneimittelrecht, den allgemein anerkannten Regeln der

Technik, dem Straßenverkehrsgesetz, der Straßenverkehrsordnung und der Straßenverkehrszulassungsordnung, den Jagdregeln usw. Sorgfaltswidrig handelt z.B. im Risikobereich gefährlicher Betriebe (Eisenbahn, Flugverkehr, Autofahren u.ä.) erst, wer das Risiko über das erlaubte Maß hinaus erhöht, wie Autofahren mit überhöhter Geschwindigkeit.

Z.B.

1. Fährt ein Lastwagenfahrer mit zu geringem Abstand an einem ordnungsgemäß fahrenden Radfahrer vorbei und bringt diesen mit tödlicher Folge zu Fall, so ist diese Folge objektiv voraussehbar, eine objektive Pflichtverletzung liegt vor, und die Pflichtverletzung ist generell für eine solche Folge geeignet, also wäre ohne Pflichtverletzung der Tod nicht eingetreten; der Tatbestand der fahrlässigen Tötung (§ 222 StGB) ist erfüllt.

2. Wäre im gleichen Fall der Radfahrer wegen nicht erkennbarer Trunkenheit auch unter den Lastwagen geraten und getötet worden, wenn der Fahrer den Sicherheitsabstand eingehalten hätte, wäre die Tötung keine zurechenbare Folge der Sorgfaltspflichtverletzung.

Zu Schema 1.3.2. Kenntnisstand des Täters hinsichtlich des Erfolgs

Nach der subjektiven Sicht des Täters ist tatbestandsmäßig unerheblich, ob er

1.3.2.1 den Erfolg seines Handelns für den Erfolg bei Vornahme für möglich gehalten, aber bei Umsetzung des Handlungswillens darauf vertraut hat, dass der Erfolg nicht eintritt (bewusste Fahrlässigkeit, vgl. 33.3.2.3)	1.3.2.2 der Handlung nicht vorausgesehen hat (unbewusste Fahrlässigkeit).

Zu Schema 1.2: Die Rechtswidrigkeit kann wie bei vorsätzlicher Begehung durch Rechtfertigungsgründe ausgeschlossen sein, soweit sie auch für fahrlässige Taten passen.
Z.B. Ein Verteidiger will einen Warnschuss abgeben und trifft den Angreifer versehentlich in das Bein. Falls diese Folge noch im Bereich des Erforderlichen liegt, Rechtfertigung nach § 32 StGB.

Zu 1.3.2:
Einige Strafvorschriften verlangen **Leichtfertigkeit** (ähnlich der **groben Fahrlässigkeit** , s. §§ 300 (1), 521, 599, 680, 932 BGB) als gesteigertes Maß an Fahrlässigkeit:
z.B. bei Angriffen auf den Luft- und Seeverkehr, § 316c (1) (2) StGB, Raub mit Todesfolge (§ 251 StGB: leichtfertige Verursachung des Todes eines Menschen) als Folge einer vorsätzlichen Tat, § 330a (62.9.15).

Zu 1.3.3.1: Jedoch ist die bewusst fahrlässige Erfolgsverursachung entschuldigt, wenn dem Täter rechtmäßiges (pflichtgemäßes) Verhalten zwar möglich, aber nicht zuzumuten ist (nicht nur bei Notstand i.S. § 35 StGB).

Z.B. wenn ein Fahrer eine Weisung seines Arbeitgebers nicht beachtet hätte, mit einem unsicheren Lastwagen zu fahren, hätte er den Verlust des Arbeitsplatzes zu erwarten. Fährt er dennoch und verletzt er (fahrlässig) einen Menschen, ist er ggf. entschuldigt.

Zu 1.3.3.2: Der **unbewusst fahrlässig** handelnde Täter ist auch entschuldigt, wenn es ihm nicht zuzumuten ist, trotz seiner Fähigkeit, das Risiko seiner Handlung zu erkennen und pflichtgemäß sorgfältig zu handeln, die erforderliche Sorgfalt aufzubringen (z.B. wegen höherrangiger Gefahren).

36.5.2 **Erfolgsqualifizierte Delikte** hinsichtlich vorsätzlicher Straftaten mit besonderer fahrlässig herbeigeführter Folge: vgl. 33.3.4.

36.5.3 **Fahrlässige (Erfolgs)Begehung durch Unterlassen**

Auch bei der fahrlässigen Begehung durch Unterlassen sind (wie bei der vorsätzlichen, vgl. 36.1) erforderlich:
– Eine auf Erfolgsabwendung zielende Handlung wird erwartet,
– die dem Täter möglich ist und
– hinsichtlich der er als Garant für die Erfolgsabwendung verpflichtet ist.

Bewußte Fahrlässigkeit:
z.B. Ein Arzt erkennt, dass ein schwerkranker Patient in das Krankenhaus gebracht werden muss, veranlasst dies aber nicht im unbegründeten Vertrauen darauf, dass er selbst die Krankheit heilen könne; der Patient stirbt deswegen.

Bei **unbewusster** Fahrlässigkeit genügt es, dass der Täter aus Mangel an Sorgfalt der besonderen Pflicht zum Eingreifen, wenn auch unbewusst, nicht nachgekommen ist, obwohl er ihr zumutbar hätte nachkommen können.
Z.B.: Der Bahnwärter vergisst, dass ein Sonderzug gemeldet worden ist, und unterlässt deshalb die Schließung der Bahnschranken.

36.5.4 **Fahrlässiges konkretes Gefährdungsdelikt**

Z.B.: § 315c (1) Nr. 1 (3) Nr. 2 StGB: Wer fahrlässig im Straßenverkehr ein Fahrzeug fährt, obwohl er
– infolge des Genusses alkoholischer Getränke oder anderer berauschender Mittel
– oder infolge körperlicher oder geistiger Mängel
nicht in der Lage ist, das Fahrzeug sicher zu führen und dadurch fahrlässig Leib oder Leben eines anderen oder fremde Sachen von bedeutendem Wert gefährdet.
Vgl. auch § 306f (1) (Herbeiführen einer Waldbrandgefahr, 36.2).

(Andere Tatbestände kombinieren eine vorsätzliche Tat mit einer fahrlässig verursachten Gefährdung, z.B. § 315c (3) Nr. 1 StGB)

36.5.5 **Fahrlässig verletztes Tätigkeitsdelikt**

Z.B. § 163 StGB: Fahrlässiger Falscheid, falsche Versicherung an Eides Statt; § 316 (2) StGB: Fahrlässige Trunkenheit im Verkehr (als abstraktes Gefährdungsdelikt, vgl. 36.3., 35.1 Beispiel 4).

36.5.6 **Fahrlässige echte Unterlassung**

Z.B. § 138 StGB: Wer die Anzeige eines schweren Verbrechens i.S. § 138 (1) StGB leichtfertig (vgl. 36.5.1) unterlässt, obwohl er von dem Vorhaben oder der Ausführung der rechtswidrigen Tat glaubhaft erfahren hat.

36.6 Versuch

Nach § 23 StGB ist der Versuch eines Verbrechens stets strafbar, der Versuch eines Vergehens nur dann, wenn das Gesetz es (für den einzelnen Straftatbestand) ausdrücklich bestimmt.

Verbrechen sind rechtswidrige Taten, die in der besonderen Strafvorschrift im Mindestmaß mit einer Freiheitsstrafe von einem Jahr und mehr bedroht sind z.B. Mord, § 211 StGB; Totschlag, § 212 StGB).

Vergehen sind rechtswidrige Taten, die im Mindestmaß mit einer geringeren Freiheitsstrafe oder die mit Geldstrafe bedroht sind (z. B. Körperverletzung, § 223 StGB). - § 12 (1) (2) StGB.

36.6.1 Nicht vollendete Tat (objektive Tatbestandsmerkmale)

Negative Voraussetzung für einen strafbaren Versuch ist, dass die Tat nicht vollendet ist; also darf der objektive Tatbestand der Strafrechtsnorm nicht ganz verwirklicht sein.

> **Z.B.:** Dem D gelingt es nicht, bestimmte wertvolle Baumstämme des E auf seinen Wagen zu laden und aus dem Wald heimlich und unberechtigt abzutransportieren, so dass keine Wegnahme im Sinne des § 242 (1) und (2) StGB (Diebstahl) vorliegt (vgl. 33.2.1 Beispiel 1).

36.6.2 Vorsatz, subjektive Tatbestandsmerkmale und unmittelbares Ansetzen zur Tat

Gemäß § 22 StGB versucht eine Straftat, wer nach seiner Vorstellung von der Tat zur Verwirklichung des Tatbestandes unmittelbar ansetzt. Das ist im vorgenannten Fall zu bejahen.

Wer sich eine Tatbestandsverwirklichung vorstellt, kennt die Tat und bei Erfolgsdelikten - ihre Folgen oder hält sie für möglich.
Wer zur Verwirklichung dennoch ansetzt, will die Tat - und ggf. den Erfolg - unbedingt.

Danach kann Versuch nur bei Vorsatz begangen werden, wobei bedingter Vorsatz genügt (vgl. 33.3, insbes. 33.3.2.3),
bewusste oder unbewusste Fahrlässigkeit reicht nicht aus.

> **Z.B.:** Der Täter muss es wissen oder für möglich halten, dass im Panzerschrank Geldscheine oder Wertsachen verschlossen sind, die er wegnehmen will.

Außerdem müssen bereits die - evtl. erforderlichen - nur subjektiven Tatbestandsmerkmale erfüllt sein.
(Zueignungsabsicht beim Diebstahl, Bereicherungsabsicht beim Betrug, vgl. 33.4).

> **Z.B.:** Der Versuch, fremde Baumstämme wegzunehmen, muss von der Absicht getragen sein, sich die fremden beweglichen Sachen rechtswidrig zuzueignen.

Das **unmittelbare Ansetzen** zur Tat ist abzugrenzen von der straflosen Vorbereitung. Es besteht in einem Verhalten des Täters, das nach **seiner Vorstellung**
- bei ungestörtem Fortgang unmittelbar zur vollständigen Tatbestandserfüllung führt oder
- in unmittelbarem räumlichen oder zeitlichen Zusammenhang mit ihr steht.

Der Täter sagt sich: „Jetzt geht es los."

36.6.3 (Grundsätzlich strafbarer) Untauglicher Versuch

Hätte die - als unmittelbar verwirklicht gewollte - Tat nicht zum Erfolg führen bzw. zur Ausführung kommen können, weil ein objektives Tatbestandsmerkmal nicht erfüllbar war, liegen jedoch Vorsatz und ggf. die subjektiven Tatbestandsmerkmale vor (untauglicher Versuch), so ist dennoch ein schuldhafter Versuch gegeben, soweit die Schuld nicht aus anderen Gründen ausgeschlossen ist (Schuldfähigkeit, Unrechtsbewusstsein, Erlaubnistatbestandsirrtum, Erlaubnisirrtum, Entschuldigungsgründe, vgl. 35.1 - 35.4, 32.2).

> **Z.B.** Der Täter drückt mit Tötungswillen den Abzug seines Gewehres ab, das er jedoch versehentlich nicht geladen hat.

Eine solche Tat ist von der Unrechtsbewertung her nicht günstiger zu bewerten als eine Tat, bei der der Täter mit geladenem Gewehr sein Opfer verfehlt.

Das Schuldprinzip (krimineller Willen) wird insoweit weder
- durch die fehlende volle Tatbestandsverwirklichung noch
- durch die vor der Tat schon fehlende Möglichkeit der Realisierung
eingeschränkt.

Hat allerdings der Täter aus grobem Unverstand verkannt, dass der Versuch
- nach Art des Gegenstands, an dem oder
- des Mittels, mit dem
die Tat begangen werden sollte, überhaupt nicht zur Vollendung führen konnte, so **kann** das Gericht (hinsichtlich des schuldhaften Versuchs) von **Strafe absehen** oder die Strafe nach seinem Ermessen **mildern** (§ 23 (3) StGB, vgl. 36.11.2).

> **Z.B.** Versuch, dicke Baumstämme mit bloßen Händen auf einen Wagen zu laden oder einen Tresor mit einem Knallfrosch zu knacken.

36.6.4 (Straffreies) Wahndelikt

Tut jemand etwas, was
- nicht in Wirklichkeit nach den Strafgesetzen,
- sondern nur in seiner Einbildung
mit Strafe bedroht ist, so liegt kein schuldhafter Versuch vor, sondern ein schuld- und damit straffreies Wahndelikt.

> **Z.B.:** Jemand glaubt, ein strafbarer Diebstahl liege auch vor, wenn die Zueignungsabsicht fehlt, insbesondere wenn jemand einem anderen ein gebrauchtes Buch wegnimmt, das er nicht behalten, sondern nach dem Durchlesen dem Eigentümer wieder zurückgeben will. Diebstahl ohne Zueignungsabsicht (subjektives Tatbestandsmerkmal) ist jedoch nicht strafbar (vgl. 33.4), es liegt nur zivilrechtlich verbotene Eigenmacht vor (vgl. 34.3.4); wer glaubt, eine solche bloße verbotene Eigenmacht sei strafbar, begeht nur den Versuch eines straflosen Wahndelikts.

36.6.5   **Strafbefreiender Rücktritt vom Versuch eines einzigen Täters (§ 24 (1) StGB)**

Versuch ist allgemein das Ansetzen zur Tatbestandsverwirklichung nach dem Täterplan (36.6.1 f.).

Zu unterscheiden ist
– der Rücktritt des Täters vom unbeendeten Versuch von
– der Verhinderung der Vollendung nach beendetem Versuch durch den Täter.

Unbeendet ist der Versuch zu (1), solange der Täter glaubt, zur Herbeiführung des strafbaren Erfolgs bzw. der (sonstigen) Verwirklichung des gesetzlichen Straftatbestands noch weiteres tun zu müssen.

Beendet ist der Versuch zu (1), wenn die Tat zwar noch nicht tatbestandsmäßig vollendet ist, der Täter jedoch nach seiner Meinung z.Z. der Rücktrittssituation so viel getan hat, dass er das Weitere (z.B. den sicheren oder möglichen Erfolgseintritt) dem natürlichen Lauf der Dinge überlassen kann, - bzw. der Erfolg nicht mehr erreicht werden kann.

36.6.5.1   **Strafbefreiender Rücktritt vom unbeendeten Versuch**

geschieht durch schlichte freiwillige Aufgabe der weiteren Tatausführung;

z.B.
1. Der Täter schießt nach einem Fehlschuss nicht noch einmal auf sein Opfer.
2. Anders, wenn der erste Schuss schon entgegen der Annahme des Täters tödlich war (vollendete Tat, gar kein Versuch).

36.6.5.2   **Strafbefreiender Rücktritt vom beendeten Versuch**

erfordert, dass der Täter durch eigene freiwillige Tätigkeit die Vollendung der Tat verhindert.
Wird die Tat jedoch bereits ohne Zutun des rücktrittswilligen Täters nicht vollendet, so genügt das freiwillige und ernsthafte Bemühen des Täters, die Vollendung zu verhindern.

Z.B.
1. Der mit Tötungsvorsatz Angeschossene, der offensichtlich zu verbluten droht, wird von einem anderen als dem Täter rechtzeitig in das Krankenhaus gebracht und gerettet; der Täter wollte gleiches tun, kam aber mit seinem Auto etwas zu spät (versuchter Totschlag straffrei, nicht aber vollendete schwere Körperverletzung).
2. Anders, wenn der Täter selbst den Angeschossenen in die Klinik bringt, wo dieser jedoch nicht mehr gerettet werden kann (Vollendeter Totschlag); sowie, wenn der Täter es physisch nicht schafft, Baumstämme auf seinen Wagen zu laden (fehlgeschlagener Versuch).

36.6.6   Strafbefreiender Rücktritt vom Versuch (mehrere Tatbeteiligte, § 24 (2) StGB)

Sind an der Tat mehrere beteiligt (vgl. 36.8), so wird wegen Versuchs nicht bestraft, wer freiwillig die Vollendung verhindert; hier ist aktives Tun auch in Bezug auf die anderen Tatbeteiligten erforderlich.
Wird die Tat ohne Zutun des Täters
(1) *nicht* vollendet oder
(2) *unabhängig* von seinem früheren Tatbeitrag *begangen*,
so genügt das freiwillige und ernsthafte Bemühen des Täters, auch gegenüber den anderen Beteiligten - die Vollendung der Tat zu verhindern.

Z.B. Zu (2) Der Zurücktretende nimmt dem Mittäter die Waffe ab, dieser besorgt sich jedoch ohne Hinderungsmöglichkeit des Zurücktretenden eine andere Waffe und führt die Tat aus.

36.6.7   Strafmilderung

Der Versuch kann milder bestraft werden als die vollendete Tat, § 23 (2)/§ 49 (1) StGB (vgl. 36.11.2).

36.7.   Unternehmensdelikte, strafbare Vorbereitungshandlungen

36.7.1   Unternehmensdelikte

Bei den (bisher nicht erwähnten) Unternehmensdelikten ist ausnahmsweise der Versuch bereits als vollendeter Straftatbestand geregelt, wobei aber auch die Vollendung strafbar ist, § 11 (1) Nr. 6 StGB.
Z.B. § 316c StGB: Wer, um ein ziviles Luftfahrzeug oder Schiff oder dessen an Bord befindliche Ladung zu zerstören oder zu beschädigen (, Schusswaffen gebraucht oder) es **unternimmt**, eine Explosion oder einen Brand herbeizuführen, wird ...;
vgl. auch §§ 357, 81, 82 StGB.

Die Vergünstigungen bei einer versuchten Straftat (bei Rücktritt Straffreiheit, sonst Strafmilderung möglich) können daher auch für nicht erfolgreiche Unternehmensdelikte (wegen ihrer gesetzlichen Wertung als vollendete Straftat) nicht gelten.

36.7.2   Strafbare Vorbereitungshandlungen

Bei ausnahmsweise unter Strafe gestellten Vorbereitungshandlungen liegt sogar eine vollendete Straftat vor, wenn nicht einmal ein Versuchsstadium bezogen auf den unerwünschten, allerdings nicht zum Tatbestand gehörenden, Handlungserfolg gegeben ist.
Z.B. § 83 StGB: Vorbereitung eines hochverräterischen Unternehmens;
§ 149 StGB: Vorbereitung der Fälschung von Geld und Wertzeichen.

Rücktritt wegen Versuchs und Strafmilderung sind, da sogar die Vorstufe des Versuchs als Vollendung gilt, erst recht **nicht** möglich.

Zur versuchten Anstiftung zu einem Verbrechen - strafbare Vorbereitungshandlung (§§ 30, 31 StGB) - vgl.36.8.4.

36.8   Täterschaft und Teilnahme

Außer einer
- unmittelbaren Alleintäterschaft und
- mittelbaren Alleintäterschaft

kommen als Beteiligung mehrerer an der Tat noch in Betracht:
- Mittäterschaft
- Nebentäterschaft
- Teilnahme
  - Anstiftung
  - Beihilfe.

36.8.1   Alleintäterschaft (§ 25 (1) StGB)

36.8.1.1   **Unmittelbarer Alleintäter** ist, wer die Straftat selbst begeht (§ 25 (1) StGB), unabhängig von fremdem Rat und fremder Hilfe.
Nach der Rechtsprechung muss der Täter jedoch die Tat auch als eigene und nicht als fremde wollen; zusätzlich wird zunehmend auch die Tatherrschaft gefordert, die von der Lehre als entscheidendes Merkmal angesehen wird.

Z.B. wurde nicht als Täter (sondern nur als Gehilfe) bestraft, wer auf genaue Anweisung höchster ausländischer Regierungsstellen widerstrebend zwei Menschen mit einer Giftgaspistole getötet hatte.

36.8.1.2   (Vorsätzlich handelnder) **mittelbarer Alleintäter** ist, wer als Täter im Hintergrund steuernd - eine Person als Werkzeug benutzt, die nicht selbst **tatbestandsmäßig, rechtwidrig** oder **schuldhaft** handelt, also:

1. die ausführende Person verwirklicht nicht den objektiven Straftatbestand (obiges Beispiel, 36.8.1.1 oder z.B. Selbsttötung oder -schädigung auf Druck oder anderweitiger Tatherrschaft des Täters im Hintergrund) oder
2. bei der ausführenden Person fehlt der Vorsatz (z.B. nur bewusst fahrlässige Tat)
3. die ausführende Person verwirklicht nicht die (ggf. von der Strafrechtsnorm geforderten) subjektiven Tatbestandsmerkmale (z.B. fehlt die Zueignungsabsicht bei Wegnahme einer fremden Sache, die die als Werkzeug benutzte Person - ohne wie ein Eigentümer zu verfügen - nicht sich selbst sondern einem anderen geben will),
4. die ausführende Person hat im Gegensatz zum mittelbaren Täter einen Rechtfertigungsgrund oder

bei der ausführenden Person

1. liegen Schuldausschließungsgründe vor
2. liegt unvermeidbarer Verbotsirrtum vor
3. sind Entschuldigungsgründe gegeben.

Ausgeschlossen ist mittelbare Täterschaft, wenn der Täter die Tat persönlich ("eigenhändig") ausführen muss (z.B. Meineid, § 154 StGB; Inzest, § 173 StGB).

36.8.2   Mittäterschaft (§ 25 (2) StGB)

Begehen mehrere eine Straftat gemeinschaftlich, indem jeder mit Täterwillen an der Ausführung der Tat mitwirkt, die Tat als eigene will, so wird jeder als Täter bestraft (Mittäter); eine verabredete Rollenverteilung in bewusstem und gewolltem Zusammenwirken muss vorliegen.

36.8.3   Nebentäterschaft

Haben verschiedene Täter ohne ein verabredetes Zusammenwirken die maßgebenden Bedingungen (Ursachen) für die Tat (den Taterfolg) gesetzt, so liegt Nebentäterschaft vor.

Z.B.
1. Organisatoren für den Massenmord während des 2. Weltkrieges (Schreibtischtäter) neben den Tätern in den Lagern.
2. Fahrlässigkeitsdelikte.

36.8.4   Teilnahme (Anstiftung, Beihilfe §§ 26, 27 StGB)

Nach § 26 StGB wird als **Anstifter** gleich einem Täter bestraft, wer vorsätzlich einen anderen zu dessen vorsätzlich begangener rechtswidriger Tat bestimmt hat.

Nach § 27 StGB wird als **Gehilfe** bestraft, wer vorsätzlich einem anderen zu dessen vorsätzlich begangener rechtswidriger Tat Hilfe geleistet hat.

Kausalität der Teilnahmehandlung und
Abhängigkeit der Teilnahmehandlung von einer - allerdings rechtswidrigen und vorsätzlichen, nicht jedoch unbedingt auch schuldhaften Haupttat - Akzessorietät - sind erforderlich; Der Anstifter darf nicht - wie der mittelbare Täter - Tatherrschaft besitzen.

Nur die Strafe für den Gehilfen des Täters ist nach § 49 (1) StGB zu mildern (36.11.2); bei Fehlen besonderer *persönlicher* Merkmale (§ 14 (1) StGB: besondere persönliche Eigenschaften, Verhältnisse oder Umstände) auch die Strafe des **Anstifters** (§ 28 StGB).

> **Z.B.** Niedrige Beweggründe als persönliches Merkmal bei Mord - im Gegensatz zu Heimtücke, Grausamkeit oder gemeingefährliche Mittel als tatbezogene Merkmale der Mordtat. (§ 211 StGB).

Anstiftung und Beihilfe zum (entgegen dem Plan nur) **versuchten Delikt** sind strafbar; liegt dies nicht vor (Subsidiarität, vgl. 36.11.3 zu 3.1.1), ist nur der **Versuch der Anstiftung** (nicht der Beihilfe) zu einem Verbrechen als selbständige Vorbereitungshandlung strafbar (§ 30 StGB), jedoch mit

- freiwilliger Rücktrittsmöglichkeit nach den Voraussetzung des § 31 StGB (ähnlich wie § 24 (2) StGB, vgl. 36.6.5.2; 36.7.2) und
- Strafmilderung.

36.9 Übersicht über die Arten der strafbaren Handlungen

	Tun (Begehungsdelikte)			Unterlassen
Vorsätzliche Erfolgsdelikte, vollendete →			33. – 35 **Erfolgsdelikte** vorsätzliche Körperverletzung § 223 StGB	36.1 **Erfolgsdelikte/** unechte Unterlassungsdelikte
		36.2 **Konkrete Gefährdungsdelikte,** vorsätzliche Straßenverkehrsgefährdung § 315c (1)Nr.1 StGB		
	36.3 **Tätigkeitsdelikte,** Meineid § 153 StGB, Trunkenheitsfahrt § 316 StGB (abstr. Gefährdungsdelikt)			36.4 **Tätigkeits**delikte durch Unterlassen (echte Unterlassungsdelikte), Unterlassene Hilfeleistung § 323c StGB
Vorsätzliche Tat und fahrlässige Folge →			33.3.4 **Erfolgsqualifizierte Delikte;** Vorsätzliche Körperverletzung mit fahrlässige Todesfolge § 226 StGB	Entspr. 36.1. Erfolgsqualifizierte Delikte, auch durch Unterlassen möglich
Fahrlässige →			36.5.1 *Erfolgs*delikte, fahrlässige Tötung, § 229 StGB	36.5.2 Auch fahrlässige *Erfolgs*delikte als unechte Unterlassungsdelikte möglich
		36.5.3 *Konkrete Gefährdungsdelikte* nur bei bewusster Fahrlässigkeit fahrläss. Straßenverkehrsgefährdung § 315c (1) Nr. 1 Nr. 2 StGB		
	36.5.4 *Tätigkeits*delikte, fahrlässige Trunkenheitsfahrt § 316 (2) StGB			36.5.5 *Tätigkeits*delikte (Fahrlässige echte Unterlassungsdelikte), Nichtanzeige eines Verbrechens § 138 (3) StGB
Vorsätzliche nicht vollendete →	36.6 o.g. Tat: ggf. strafbarer **Versuch** #)			nicht bei echten Unterlassungsdelikten
Vorsätzlicher Versuch, falls strafbar, gilt als vollendete Tat →	36.7.1 **Unternehmensdelikte,** Verleitung eines Untergebenen zu einer Straftat § 357 StGB; §§ 81, 82 StGB			
Vorsätzliche Vorbereitung gilt als voll endete Tat	36.7.2 Strafbare **Vorbereitungshandlungen**, Geldfälschung § 149 StGB			

Nur hinsichtlich vorsätzlich vollendeter oder nicht vollendeter (versuchter) Taten einer Person ist **Mittäterschaft, Anstiftung** oder **Beihilfe** möglich (36.8.2, 36.8.4)

#) Versuchte Anstiftung (nicht Beihilfe) zum Verbrechen ist als Vorbereitungshandlung strafbar.

36.10 Allgemeines materielles Ordnungswidrigkeitenrecht

Beispiel: Privatwaldeigentümer E will einen Teil seines Waldes zur (nicht genehmigten) Errichtung von Wochenendhäusern roden.

36.10.1 Ordnungswidrigkeit, Sinn der Geldbuße, Rechtsgrundlagen

Eine **Ordnungswidrigkeit** ist nach § 1 des (Bundes-)Gesetzes über Ordnungswidrigkeiten (OWiG, Art. 76 Nr. 1 GG konkurrierende Gesetzgebung) eine (rechtswidrige und vorwerfbare = schuldhafte) Handlung, die den Tatbestand (i.w.S.) eines gültigen materiellen Gesetzes (4.1.3, 12., 13.1, 13.5) verwirklicht, das als **Ermächtigungsgrundlage** (vgl. 2.5) die Ahndung mit einer Geldbuße zulässt.

Einzelne Ordnungswidrigkeiten-Rechtsnormen kann der Landesgesetzgeber bei Zusammenhang mit dessen Kompetenzen zur Verwaltungsgesetzgebung erlassen (z.B. § 42 NWaldLG, vgl. 47.2).

Mit der Verhängung der Kriminalstrafe ist ein ehrenrühriges autoritatives Unwerturteil über eine Verhaltensweise des Täters verbunden, die elementare Werte der Gemeinschaft verletzt. Die Festsetzung einer Geldbuße bei einer Ordnungswidrigkeit wird lediglich als nachdrückliche Pflichtenmahnung angesehen.

Während als Verfahrensvorschriften (§§ 35 - 108 OWiG) die der Strafprozeßordnung zum Teil entsprechend gelten (vgl. 31.2), sind die allgemeinen Vorschriften des materiellen Ordnungswidrigkeitenrechts eigenständig im allgemeinen Teil des Ordnungswidrigkeitengesetzes geregelt (§§ 1 bis 34); sie entsprechen jedoch zum aller größten Teil denen des allgemeinen Teils des Strafgesetzbuchs einschl. Aufbauschema (vgl. 32.2) und weiterer Einzelheiten, so dass hierauf Bezug genommen werden kann. Nur folgendes sei erläutert:

36.10.2 Zur Tatbestandsmäßigkeit (i.e.S.)

Nach § 9 OWiG muss sich ein Vertreter (z.B. Organ einer juristischen Person, gesetzlicher **Vertreter**) oder ein vom Betriebsleiter mit der Leitung oder verantwortungsvollen Tätigkeit für den Betrieb Beauftragter persönliche Merkmale des Vertretenen bzw. des Betriebsleiters zurechnen lassen.

Nach § 30 OWiG kann aber auch als Nebenfolge (36.10.12) gegen die **juristische Person** selbst eine Geldbuße festgesetzt werden, wenn vertretungsberechtigte Mitglieder eine Ordnungswidrigkeit begangen haben.

Außer vorsätzlich kann eine Ordnungswidrigkeit fahrlässig nur dann begangen werden, wenn das Gesetz fahrlässiges Handeln ausdrücklich mit Geldbuße bedroht (§ 10 OWiG); z.B. bei unbefugtem Betreten einer Forstkultur u.ä. (§ 42 NWaldLG, 47.2).

Das Fehlen einer behördlichen Erlaubnis, welche grundsätzlich zu gewähren ist, stellt bei einem missachteten präventiven Verbot mit Erlaubnisvorbehalt (Kontrollerlaubnis, vgl. 24.4.3 insbes. zur Bauerlaubnis) meistens ein objektives Tatbestandsmerkmal einer entsprechenden Ordnungswidrigkeit dar; im allgemeinen gilt dies aber auch für eine Ordnungswidrigkeit aufgrund Fehlens einer Ausnahmebewilligung (Dispens, 24.4.4) .

Z.B.: Nach § 42 (1) NWaldLG handelt ordnungswidrig, wer vorsätzlich oder fahrlässig entgegen § 8 NWaldLG Wald ohne Genehmigung in eine andere Nutzungsart umwandelt oder ihn zu diesem Zweck abtreibt (vgl. 45.4, Kontrollerlaubnis).

Vgl. auch § 91 (1) Nr. 1 Nds. Bauordnung: Bauen ohne die erforderliche Baugenehmigung, ggf. ohne erforderlichen Baudispens (24.4.4).

36.10.3 Zur Rechtswidrigkeit

§§ 15, 16 OWiG entsprechen §§ 32, 34 StGB, hinsichtlich der allgemeinen Rechtfertigungsgründe vgl. auch im Übrigen 35.

Amts- und Sonderrechte von Amtsinhabern rechtfertigen ggf. (vgl. 35.3.7.2).

Z.B. Befreiung von Vorschriften der Straßenverkehrsordnung für Bundeswehr, Feuerwehr, Polizei, falls zur Erfüllung hoheitlicher Aufgaben dringend erforderlich.

Vgl. auch § 42 (3) Nr. 13 NWaldLG: Wer ohne (privatrechtliche!) Erlaubnis des Grundeigentümers oder Nutzungsberechtigten ein Feuer anzündet: Da Feueranzünden im Wald grundsätzlich schon Unrecht ist, dürfte es sich hier ausnahmsweise bei "ohne Erlaubnis" um ein Rechtswidrigkeitsmerkmal handeln. Gleiches gilt für „unbefugt" z.B. in § 42 (2) NWaldLG u.a. Betreten von Forstkulturen, vgl. 47.2.

36.10.4 Zur Schuld

Zur Schuldfähigkeit: § 12 OWiG entspricht §§ 19, 20 StGB/ Jugendgerichtsgesetz (35.1);

zum Verbotsirrtum: vgl. 11 (2) OWiG, 35.2.2; und zum Irrtum über den rechtliche(n) Bestand und die Grenzen von Rechtfertigungsgründen (35.3, 36.10.3).

Zum Irrtum über Tatumstände von Rechtfertigungsgründen (vermeidbarer Erlaubnisirrtum), die stets die Schuld ausschließen, vgl. entspr. 35.4; 36.10.2.

36.10.5 Beteiligung, Verjährung

Während das Strafrecht zwischen Täterschaft und Teilnahme (Anstiftung, Beihilfe) unterscheidet (vgl. 36.8.4), gibt es nach § 14 OWiG nur die Täterschaft, wenn sich mehrere an einer Ordnungswidrigkeit beteiligen, und zwar unabhängig davon, ob nur bei einem Beteiligten besondere persönliche Merkmale vorliegen. Der Vorsatz des Beteiligten muss außer auf den Bußgeldtatbestand auch auf den eigenen Tatbeitrag gerichtet sein.

Verjährung: je nach Höhe der Bußgeldandrohung zwischen drei Monaten und drei Jahren, vgl. § 31 OWiG.

36.11 Rechtsfolgen einer Straftat

36.11.1 Arten der Rechtsfolgen

Die Rechtsfolgen aus der Verletzung eines Strafrechtstatbestandes (i.e.s. ohne Schuldausschluß) sind in ihren Arten schon beim Aufbauschema zu 32.2 grob aufgezählt. Die nachstehende Übersicht verdeutlicht noch stärker die Struktur und den Sinn der Rechtsfolgen: Der Sinn und Zweck der Strafe ist umstritten:
- Strafe zur Vergeltung von Schuld, Repression (Übelzufügung zwecks Übelausgleich)
- Strafe zur Vorbeugung gegen künftige Kriminalität (Prävention)
  - Spezialprävention (Bewahrung des straffällig Gewordenen vor Rückfall
  - Generalprävention (Abschreckung möglicher anderer Täter).
- Das Gesetz verbindet beide Theorien miteinander

Übersicht über die Rechtsfolgen der Straftat

Zweispurigkeit				
Strafen Antwort auf die Schuld des Täters (Repression, teilweise auch Prävention)			**Maßregeln der Besserung und Sicherung** §§ 63 - 72 StGB Antwort auf die Sozialgefährlichkeit des Täters; Spezialprävention, aber auch mit repressiven und allgemein präventiven Wirkungen	
Hauptstrafen §§ 38 - 43	**Nebenstrafen**	**Nebenfolgen**	**mit Freiheitsentziehung,** §§ 63 - 67g StGB	**ohne Freiheitsentziehung**
Freiheitsstrafe (1 Monat bis 15 Jahre oder lebenslang, § 38 StGB) **Geldstrafe** (5 – 360 Tagessätze), § 40 StGB **Jugendstrafe.** §§ 17 ff. JGG	Fahrverbot, § 44 StGB; Verfall § 73 StGB; Einziehung: von Gegenständen: §§ 74 - 76a , § 295 StGB, 57.1.2.2; § 40 BJagdG, 57.14.3.1; (ggf,. auch ohne Schuld, § 74 (3) StGB, ggf. auch bei Fremdeigentum, § 74a ; insoweit Maßregel) Jagdscheinentziehung, § 41 BJagdG, 57.17.3.2 Verbot der Jagdausübung, § 41aStGB, 57.17.3.3	z.B. Verlust der Wählbarkeit, §§ 45 - 45b StGB; Bekanntgabe der Verurteilung bei falscher Verdächtigung u. Beleidigung, §§ 165, 200 StGB	Unterbringung in - psychiatrischem Krankenhaus , § 63 StGB - Entziehungsanstalt, § 64 StGB - der Sicherungsverwahrung, § 66 StGB)	Führungsaufsicht mit Bewährungshelfer, §§ 68 - 68g StGB) Entziehung der Fahrerlaubnis, §§ 69 - 69b StGB) Berufsverbot, §§ 70 - 70b StGB

36.11.2 Strafbemessung

Die Schuld des Täters ist Grundlage für die Bemessung der Strafe (§ 46 (1) StGB), wobei § 46 (2) besondere Umstände für abwägungspflichtig hält (Beweggründe, Gesinnung, Maß der Pflichtwidrigkeit, Art der Ausführung, Vorleben, Verhalten nach der Tat - z.B. Bemühung um Wiedergutmachung).
Z.B. sind die Fälle nicht weidgerechten Jagens bei der Wilderei oder gewerbs- oder gewohnheitsmäßige Wilderei (§ 292 (2) (3) StGB, vgl. 57.3.1) Strafverschärfungsgründe und nicht Tatbestandsmerkmale; Kenntnis ist auch hier erforderlich, aber wohl nur ein unvermeidbarer Irrtum dürfte den erhöhten Strafrahmen ausschließen.

Eine kurze Freiheitsstrafe soll nur in Ausnahmefällen verhängt werden (§ 47 StGB). Besondere einzelgesetzlich vorgeschriebene oder zugelassene Milderungsgründe führen nach § 49 (1) StGB zur Verbesserung des Strafrahmens.

36.11.3 Strafbemessung bei mehreren Gesetzesverletzungen (Handlungen bzw. Straftatbeständen im weiteren Sinne)

	1.1 **Tateinheit** (Handlungseinheit) 1.1.1 *Eine* **Handlung**; im natürlich ausgelegten Sinne, 1.1.2 Fortsetzungszusammenhang grundsätzlich **nicht** (mehr): zeitlich und räumlich getrennte Tatbestandsverwirklichungen mit einheitlichem Gesamtvorsatz für das ganze Geschehen	1.2 **Tatmehrheit** (Handlungsmehrheit) *mehr* als eine Handlung im natürlich ausgelegten Sinne
2. Verletzung nur **eines** Straftatbestandes		
2.1 nur **einmal**	2.1.1 Ein Schlag auf einen Menschen als Körperverletzung § 223 StGB. Eine Bombe mit einem Toten als ein Totschlag.	

2.2 **mehrmals**	2.2.1 Gleichartige **Ideal**konkurrenz
	
	zu 1.1.1:
	    Eine Tracht Prügel = **1 x** Körperverletzung
	    Eine Bombe, 5 Tote = **1 x** Totschlag
	
	zu 1.1.2:
	(Einbruchdiebstahl in urlaubsbedingt leerstehender Villa plangemäß in Raten bisher:
	= *ein* Einbruchsdiebstahl (§ 243 (1) Nr. 1 StGB) nach früherem Recht in Fortsetzungszusammenhang; nach geltendem Recht aber mehrere Handlungen)
		2.2.2 Bei getrennten Handlungen **getrennte** Bewertung als gleichartige **Real**konkurrenz, vgl. u. z.B. immer wieder mal ohne Gesamtplan einen Schlag auf einen Menschen; Täter tötet in fünf Bombenanschlägen je einen Menschen.

Fortsetzung	1.1 **Tateinheit** (Handlungseinheit) 1.1.1 *Eine* **Handlung**; im natürlich ausgelegten Sinne, 1.1.2 Fortsetzungszusammenhang grundsätzlich **nicht** (mehr): zeitlich und räumlich getrennte Tatbestandsverwirklichungen mit einheitlichem Gesamtvorsatz für das ganze Geschehen.	1.2 **Tatmehrheit** (Handlungsmehrheit) *mehr* als eine Handlung im natürlich ausgelegten Sinne		
3. Verletzung nur **verschiede-** **ner** Straftat- bestandes		
3.1 **Gesetzes-** **einheit** („Gesetzes- konkurrenz")	3.1.1 **Spezialität** (vgl. auch 5.10): Das spezielle Gesetz geht vor; z.B. Raub (§ 249 StGB) im Verhältnis zu Nötigung (§ 240 StGB) und Diebstahl (§ 242 StGB) **Subsidiarität** Das subsidiäre Gesetz ist nicht anzuwenden; z.B. bei Diebstahl eines Autos (§ 242 StGB) ist der unbefugte Gebrauch eines Fahrzeugs (§ 248b StGB) subsidiär; desgleichen Automatenmissbrauch (§ 265a StGB) im Verhältnis zu Diebstahl und Erschleichung freien/r Eintritts/Beförderung (§ 265a StGB) zu Betrug (§ 263 StGB) **Konsumtion:** Zur Verwirklichung eines Straftatbestandes gehört regelmäßig auch die Erfüllung eines od. mehrerer anderer; z.B. straflose Nachtat: Dieb veräußert gestohlene Sache, realisiert, also erst die Zueignungsabsicht, dennoch keine Unterschlagung (§ 246 StGB, mitbestrafte Vortat, z.B. keine Bestrafung wegen Herbeiführung einer Brandgefahr (§ 306f StGB) bei vorsätzlicher oder fahrlässiger Brandstiftung (§§ 306, 306d StGB).	3.1.2 (Die nebenstehenden "Vergünstigungen" der Gesetzeseinheit gelten jeweils nur innerhalb derselben Handlung)
3.2 **Geset-** **zesmehrheit**	3.2.1 **Ungleichartige Idealkonkurrenz** Zu bilden ist nur eine Strafe aus dem Gesetz, das die schärfste Strafe androht, aber keine mildere als die anderen Gesetze es zulassen (§ 52 (1) (2) StGB), z.B. Anspucken = Beleidigung (§ 185 StGB) und Körperverletzung (§ 223 StGB).	3.2.2 **Ungleichartige Realkonkurrenz:** Zu bilden ist aus den verwirkten Einzelstrafen eine Gesamtstrafe durch Erhöhung der verwirkten höchsten Strafe (vgl. im Einzelnen §§ 53-55 StGB); z.B. Wilderei und Diebstahl(bei getrennten Taten).

36.11.3 Strafaussetzung zur Bewährung, Straferlass, §§ 56 - 58 StGB
Verwarnung mit Strafvorbehalt, §§ 59 - 59c StGB, **Absehen von Strafe**, § 60 StGB.

36.12 Rechtsfolgen einer Ordnungswidrigkeit

Falls keine Verwarnung (§ 56 (1) OWiG):

Geldbuße	Nebenfolgen
gegen den Betroffenen in Höhe von 5 bis 1.000 Euro, falls nicht bes. ges. Regelung (§ 17 OWiG); bei *Tateinheit* eine Geldbuße nach der schärfsten Vorschrift (§ 19 OWiG), bei *Tatmehrheit* (anders als nach dem StGB, vgl. 36.11) mehrere Geldbußen (§ 20 OWiG), Beim Zusammentreffen von Straftat und Ordnungswidrigkeit nur Anwendung des Strafgesetzes; vgl. § 21 OWiG	1. Fahrverbot bei grober und beharrlicher Verletzung der Pflichten eines Kfz-Fahrers (§ 25 StVG), 2. Einziehung (§§ 22 ff. OWiG, § 40/§ 39 (1) Nr. 5 (2) Nr. 2, 3, 5 BJagdG),vgl. 57.6.1, 3. Geldbuße gegen juristische Personen und Personenvereinigungen (§ 30 OWiG), 4. Abführung des Mehrerlöses (§ 8 ff. Wirtschaftsstrafgesetz), 5. Verbot der Jagdausübung wegen grober und beharrlicher Verletzung der Pflichten bei der Jagdausübung (§ 41a/§ 39 BJagdG, u.a. vgl. 57.11, 6. Verfall von Vermögensvorteilen (§ 29a OWiG).

Ein **Einspruch** gegen einen Bußgeldbescheid ist (innerhalb von 14 Tagen ab Zustellung) zulässig.
Einlegung bei Verwaltungsbehörde, die die Geldbuße festgesetzt hat, § 67 (1) OWiG.
Ggf. stellt die Behörde die Unzulässigkeit des Einspruchs fest (§ 69 (1); anderenfalls nimmt die Verwaltungsbehörde den Bußgeldbescheid nicht zurück (§ 69 (2) S. 1 OWiG) und übersendet die Akten der Staatsanwaltschaft (§ 69 (3) OWiG); falls diese das Verfahren nicht einstellt, übergibt sie die Akten dem Richter am Amtsgericht, (§ 69 (4) OWiG); der entscheidet durch
- **Urteil** (§ 71 StPO) auf
  - Festsetzung einer Geldbuße
  - Anordnung einer Nebenfolge
  - Freispruch oder
- **Einstellung** des Verfahrens durch Beschluss (§ 72 OWiG).

Falls keine Rechtsbeschwerde gegenGeldbuße oder schon frühere Rechtskraft, Vollstreckung der Bußgeld**entscheidung (§§ 91 ff. OWiG/StPO).**

36.13 Übersicht über die angeführten Straftatbestände

§ 107a **StGB** unbefugt wählen - 34.2, 35.3
§§ 113, 114 StGB Widerstand gegen die Staatsgewalt - 57.4.7, 57.17.3.2
§ 123 StGB Hausfriedensbruch - 34.3.6, 47.1.6
§ 132 StGB Amtsanmaßung – 47.1.6
§§ 138, 139 Nichtanzeige drohender schwerer Verbrechen - 36.4, 36.5.6
§ 149 StGB Vorbereitung der Geldfälschung - 36.7.2
§ 153 StGB uneidliche gerichtliche u.ä. Aussage - 35.2.2
§ 154 StGB Meineid 36.3
§ 163 StGB fahrlässiger Falscheid - 36.5.5
§ 164 StGB falsche Verdächtigung - 33.3.1, 33.3.2.2
§ 171 StGB mittelbare Falschbeurkundung 53.10.2.2; 52.10
§ 185 StGB Beleidigung - 6.6.1, 6.6.4, 6.6.5.2, 34.3.3.4, 36.11.3
§ 203 StGB unbefugt ein fremdes Geheimnis offenbaren - 34.2, 35.3
§§ 211, 212 Mord, Totschlag 33.2.2, 35.1, 35.1a, 35.5.1, 36.1, 36.6
§ 216 StGB Tötung auf Verlangen - 34.3.6
§ 222 StGB fahrlässige Tötung - 36.5.1.
§ 223 StGB (vorsätzliche) - Körperverletzung 33.2.1, 33.3, 33.3.4, 33.3.8, 34.3.2
    36.11.3, 57.17.3.2
§ 224 gefährliche Körperverletzung - 33.3.2.1, 33.3.2.3, 33.3.4, 34.3.2, 34.3.7.2
    35.4, 57.17.3.2, 57.17.3.3
§ 224 StGB schwere Körperverletzung, leicht fahrlässige Folge - vgl. 33.3.4, 57.17.3.2
§ 225 StGB Misshandlung von Schutzbefohlenen 35.1a
§ 226 (1) besonders schwere Körperverletzung, wissentlich verursachte schwere Folge
    57.17.3.2
§ 226 (2) wie vor, aber beabsichtigte schwere Folge - vgl. 33.3.2.1, 33.3.4, 57.17.3.2,
§ 227 Körperverletzung mit Todesfolge - 57.17.3.2
§ 229 StGB fahrlässige Körperverletzung - 33.3.2.3, 33.3.8, 35.1
§ 239 Freiheitsberaubung - 34.3.6, 34.3.7.1, 57.17.3.2
§ 240 StGB Nötigung - 34.2, 34.3.6, 34.3.7.1, 34.3.7.2,35.3, 35.4,
    57.17.3.2
§ 242 StGB Diebstahl - 33.2.1, 33.4, 34.2, 34.3.6, 36.6.1, 36.6.4, 36.11.3, 47.1.3.4,
    47.1.4
§ 243 (1) Nr. 1 - Besonders schwerer Diebstahl 36.11.3
§ 246 StGB Unterschlagung - 36.11.3, 47.1.4
§ 248a Diebstahl und Unterschlagung geringwertiger Sachen 47.1.4
§ 248b StGB unbefugtes Fahren eines Fahrzeugs - 30.6.4, 36.11.3
§ 249/ § 251 StGB Raub /mit Todesfolge - 36.5.1, 36.11.3
§ 253 StGB Erpressung - 33.4, 34.2, 34.3.6
§ 258 StGB Strafvereitelung - 33.3.1, 33.3.2.2
§ 263 StGB Betrug - 33.3.2.3, 33.4, 36.1, 36.11.3, 47.1.6
§ 264 StGB Subventionsbetrug – 48.3
§ 266 StGB Untreue – 47.1.4
§ 267 (§§ 268 - 281, 348) StGB - Urkundenfälschung – 47.1.3.5, 47.1.6
§ 271 StGB mittelbare Falschbeurkundung – 47.1.6
§ 274 StGB Urkundenunterdrückung u.a. – 47.1.3.4
§ 292 (§§ 294, 295) StGB Jagdwilderei - 1.2, 33.2.1, 33.2.2, 33.3.1, 33.3.5, 34.2, 34.3.2
    34.3.3.3, 35.2.1, 35.6, 36.3, 36.11.3, 57.2, 57.17.3.3.2
§ 293 (§ 294) StGB Fischwilderei - 59.2, 59.11
§ 303 StGB Sachbeschädigung - 33.3.8, 34.3.3.1 f., 34.3.7.2, 47.1.3.2, 47.1.3.4
§ 304 StGB Beschädigung Naturdenkmal - 47.1.3.2, 51.6.5.2,
§§ 306, 306a, 306b, 306d StGB Brandstiftung - 33.3.2.3, 36.11.3, 47.1.3.8

§ 306f StGB Herbeiführen einer Brandgefahr - 36.2, 36.5.4, 36.11.3, 47.1.3.8
§ 313 StGB Herbeiführung einer Überschwemmung 47.1.3.7
§ 315b StGB Eingriffe in Straßenverkehr - 36.2
§ 315c Straßenverkehrsgefährdung (Alkohol usw.) – 35.1, 35.1a, 36.2, 36.3, 36.5.4
§ 316 StGB Trunkenheitsfahrt - 34.3.3.3, 35.1, 36.3, 36.5.5
§ 316c StGB Unternehmensdelikt Explosionsgefahr - 36.7.1
§ 318 StGB Beschädigung wichtiger Anlagen
§ 323a StGB (sich in einen(Vollrausch (versetzen) - 35.1, 35.6
§ 323c unterlassene Hilfeleistung - 36.3
§ 324 StGB Gewässerverunreinigung - 60.17.1
§ 324a StGB Bodenverunreinigung - 60.17.1 (61. u.a.)
§§ 325, 325a StGB Umweltstraftat aus Betrieb einer Anlage - 62.8
§ 326 StGB Abfall-Umweltstraftat - 63.10
§ 329 StGB Umweltgefährdung Wasser oder Heilquellenschutzgebiet - 60.17,1, andere Ge
    biete 53.10.1
§ 330 StGB besonders schwere Fälle einer Umweltstraftat - 53.10.1, 60.17.1, 62.8, 63.10
§ 330a StGB schwere Gefährdung durch Freisetzen von Giften - 63.10
§ 330b StGB tätige Reue bei bestimmten Umweltdelikten - 62.8
§ 331 StGB Vorteilsannahme als einfache passive Bestechung – 47.1.6
§ 332 StGB Vorteilsannahme unter Dienstpflichtverletzung, schwere passive Bestechung -
    47.1.6
§ 333 StGB Vorteilsgewährung als einfache aktive Bestechung – 47.1.6
§ 334 StGB Vorteilsgewährung für Dienstpflichtverletzung, schwere aktive Bestechung -
    47.1.6
§ 335 StGB Unterlassen einer Diensthandlung – 47.1.6
§ 340 StGB Körperverletzung im Amt –47.1.6

§ 38 **BJagdG** Schonzeit für ganzjährig zu schonendes Wild, revierbezogene Abschussverbote
    - 35.2,57.2.1, *57.17.1*
    (§§ 40, 41, 41a BJagdG zur Einziehung von Gegenständen, Entziehung des Jagdscheins
    und Verbot der Jagdausübung als Nebenfolgen 57.17.3)
§ 66 **BNatSchG** Verletzung Schutzvorschriften für bestimmte Pflanzen- u. Tierarten -
    53.10.2.2; 52.10
§ 39 **Pflanzenschutzgesetz** - 64.2
§ 17 **TierSchG** - 58.1
§§ 51, 52 **Waffengesetz** 58.6.3

37. **Auszüge aus dem Bürgerlichen Recht** (voller Inhalt in der 1. und 2. Auflage)

37.25 **Gesetzliche Schadensersatzansprüche aus unerlaubter Handlung und schuldhafter Verletzung einer hoheitlichen oder privatrechtlichen Amtspflicht (Amtshaftung), §§ 823 ff.**

Die Ansprüche Geschädigter aus schuldhaftem öffentlich-rechtlichen oder privatrechtlichen Handeln von Bediensteten der öffentlichen Verwaltung ist kompliziert. Auch wegen der Bedeutung einer Haftung z.b. im Privatwaldbereich ist zum Gesamtverständnis das System der Schadensersatzansprüche wegen unerlaubter Handlung zu erläutern.

Zu unterscheiden sind
- die allgemeinen **privatrechtlichen Ansprüche aus unerlaubter Handlung** nach **§ 823 (1) (37.25.1.1), § 823 (2) (37.25.1.2)** und **§ 826 BGB (37.25.1.3)** für eigenes Handeln oder Unterlassen,
- ergänzt durch die **Ansprüche gegen den Geschäfts- oder Dienstherrn für das rechtswidrige Schädigen eines Verrichtungsgehilfen (§ 831 BGB, 37.25.1.4)**,
- oder die **Haftung für** ein schadensersatzpflichtiges Handeln (z.b. nach § 823 (1) BGB) eines **Organs** einer juristischen Person - des privaten Rechts **i.V.m. § 31 BGB** oder - des öffentlichen Rechts (i.V.m. **§§ 31 BGB, § 89 BGB**), s. **37.25.1.5,**
- insbesondere danach **Haftung** für ein **Organisationsverschulden** (wichtig, falls kein Anspruch nach § 831 BGB besteht, aber auch daneben), s. **37.25.1.6,**
- die spezielle **Amtshaftung von Beamten (37.25.2.1)** wegen schuldhafter Verletzung einer **privatrechtlichen Amtspflicht (nur) nach § 839 BGB**, nicht Art. 34 GG (Regelfall im Forstbereich!), aber ggf. Verweis auf die **Haftung des Amtsträgers (37.25.2.2)**,
- die Haftung aus Verletzung der **privatrechtlichen Verkehrssicherungspflicht**, s. **37.25.1.1, *37.25.3* und 48.4.5** und
- die spezielle **Amtshaftung der juristischen Person des öffentlichen Rechts** für eine schuldhafte Verletzung einer **hoheitlichen (öffentlich-rechtlichen) Amtspflicht** eines Beamten, öffentlichen Angestellten oder öffentlichen Arbeiters nach § 839 BGB i.V.m. Art. 34 S. 1 GG **(37.25.4)**, u.a. auch bei ausnahmsweise gesetzlich hoheitlich zu erfüllender Verkehrssicherungspflicht z.b. nach dem Nds. Straßengesetz **(48.2.2).**
- Zu den Haftungsansprüchen als **Rechtsfolgen** bei Erfüllung des Tatbestands im weiteren Sinne (z.B. **Geldersatz, Schmerzensgeld,** Anrechnung eines **Mitverschulden**) s. 37.25.1.1, **37.25.5.**
- **Zum** ergänzenden Unterlassungs-/Beseitigungsanspruch nach § 1004 BGB s. 37.25.6),
- zur **Tierhalterhaftung 37.25.7,**
- zur **Gefährdungshaftung** nach dem StVG 37.25.8.
- Vgl. auch die **Übersichten** zu **37.25.9**

37.25.1 Ansprüche aus dem privatrechtlichen Handeln einer natürlichen nicht beamteten Person, §§ 823, 826, 831 bzw. §§ 89, 31

Z.B. Der a) allein arbeitende private Waldeigentümer N - bzw. der Bedienstete B b) eines privaten Waldbesitzers c) einer privaten Wald-GmbH oder d) eines Niedersächsischen Forstamts (des Landes, nicht beamtet)
verletzt beim Abtransport eines Baumstamms einen Waldbesucher.

37.25.1.1 Haftung einer handelnden natürlichen Person, auch Bedienstete nach § 823 (1) BGB

Zu a) bis d) kann ein Schadensersatzanspruch des P gegen N bzw. B nach **§ 823 (1) BGB** wegen (privatrechtlich) **unerlaubter Handlung** in Betracht kommen, auch Deliktshaftung genannt und zu unterscheiden von einer strafbaren Handlung; z. B. der Körperverletzung.

§ **823 (1) BGB**: Wer vorsätzlich oder fahrlässig das Leben, den Körper, die Gesundheit, die Freiheit, das Eigentum oder ein sonstiges Recht eines anderen widerrechtlich verletzt, ist dem anderen zum Ersatz des daraus entstehenden Schadens verpflichtet.

Die Prüfungsreihenfolge richtet sich - wie so oft bei Vorschriften - nicht nach der Reihenfolge der einzelnen **Tatbestandsmerkmale im weiteren Sinn (1) bis (4)** der Vorschrift:

(1) Tatbestand im engeren Sinn (1.1) und (1.2)

(1.1) Verletzt sein (durch eine Handlung (oder z.b. bei einer Verkehrssicherungspflicht durch eine Unterlassung, vgl. 37.25.3) muss das Leben, der **Körper**, die Gesundheit, die Freiheit oder ein **sonstiges** (dem Eigentum ähnliches) **Recht** (dingliche Rechte, jagdliches Aneignungsrecht nach § 958 BGB, auch der berechtigte unmittelbare Besitz, das Recht am eingerichteten und ausgeübten Gewerbebetrieb, das allgemeine Persönlichkeitsrecht, nicht aber schuldrechtliche Ansprüche und das Vermögen, auch nicht das Recht zum Betreten des Waldes (vgl. 46.).

Beschädigen von Bäumen und Sträuchern ist wegen §§ 93, 94 BGB eine Verletzung des Grundeigentums (Gehölzwertermittlung für Wiederbepflanzungsstandard im Vergleich zum Minderwert des Grundstücks (§ 251 (2) S. 1 BGB nach Methode Koch; Kosten für die Entfernung zerstörter Gehölze sind dem Schäden hinzuzurechnen. Auch Bedienstete als Arbeitnehmer scheiden bei unmittelbarer Schädigung (Schädigung im Rahmen des Handlungsablaufs selbst) für eine Haftung nicht aus (Otto/Schwarze, Die Haftung des Arbeitnehmers, 3. Aufl. 1998).

(1.2) Die Handlung (oder das Unterlassen) muss **ursächlich** für die Verletzung gewesen sein: Das ist sie, wenn die Handlung generell geeignet ist, die Schadensfolge herbeizuführen (adäquate Kausalität).

Bei Unterlassungs-Verursachung und Abgrenzung zu nur mittelbar verursachten Verletzungen muss, um nicht zu einer zu weiten Unrechtsvermutung zu kommen, auch eine besondere Garantenpflicht verletzt sein; zur **Verkehrssicherungspflicht** s. 37.25.3, 48.4.5).

(2) Rechtswidrigkeit: Bei Erfüllung des Tatbestands ist die Widerrechtlichkeit = Rechtswidrigkeit „indiziert". Das heißt, die Handlung ist **widerrechtlich (rechtswidrig)**, wenn keine Rechtfertigungsgründe für die Handlung vorliegen wie Notwehr, Notstand, Einwilligung, wie bei einer tatbestandsmäßigen Straftat, s. 34.3).

(3) Schuld: Entgegen der Reihenfolge im Gesetzestext („Wer vorsätzlich oder fahrlässig das Leben ... eines anderen widerrechtlich verletzt, ...") ist erst nach Feststellung der verursachten Verletzung und der Widerrechtlichkeit der Handlung das **Verschulden** zu prüfen. § 276 (2) BGB definiert, dass fahrlässig handelt, wer die (objektiv) im Verkehr erforderliche Sorgfalt außer acht lässt.

Vorsatz ist nicht definiert: Wissen und Wollen (der Tatbestandsmerkmale einschließlich) des Erfolgs (des Schadens, nicht nur der Handlung) sowie (anders als im Strafrecht auch der Rechtswidrigkeit (also des Unrechts, vgl. 33.3); abweichend vom Strafrecht ist Vorsatz unbestritten Schuldmerkmal und schließt der Verbotsirrtum stets den Vorsatz (die Schuld) aus, nicht nur bei Unvermeidbarkeit des Irrtums (vgl. 35.2).

Fahrlässigkeit: Obwohl Schuldmerkmal: Außerachtlassung der (*objektiv*) im Verkehr erforderlichen (nicht nur üblichen) Sorgfalt (§ 276 (2) BGB). **Objektiv** heißt: Es kommt auf die Pflichten der jeweiligen Schuldverhältnisse oder Verkehrskreise an. Ein Jäger muss das Jagdrecht, Waffenrecht usw. beherrschen.

Im Beispielsfall hätte B das Holz sorgfältig unter Beachtung von Waldbesuchern transportieren müssen.

Ein Kraftfahrer muss u.a. die Straßenverkehrsordnung beherrschen; Jugendlichkeit und hohes Alter können aber berücksichtigt werden. In diesem Rahmen ist erforderlich:

– der Haftungstatbestand muss (objektiv) voraussehbar gewesen sein,

– der Schädiger konnte und musste (objektiv) den schädigenden Erfolg vermeiden;

– zur Unterlassung bei Verletzung der Verkehrssicherung s. 37.25.3.

Demgegenüber beim *Strafrecht zusätzliche persönliche Schuldmerkmale*, vgl. 36.5.

(4) Rechtsfolge (37.25.5):

(4.1) Zur **Art des Schadensersatzes** bei Vorliegen der Voraussetzungen des Tatbestands (i.w.S.), s. insbes. **§ 249 ff. BGB** zum **Geldersatz** und **§ 253 BGB Schmerzensgeld,**

(4.2) zur vollen oder teilweisen **Anrechnung von Mitverschulden s. § 254 Abs. 1 BGB.**

(4.3) Allerdings hat ein **Arbeitnehmer** gegen seinen Arbeitgeber einen **Haftungsfreistellungsanspruch:** Nicht nur bei gefahrengeneigter Arbeit, sondern bei allen Arbeiten, die durch den Betrieb veranlasst sind und aufgrund eines Arbeitsverhältnisses geleistet werden, kann er bei leichtester Fahrlässigkeit volle Freistellung, bei grober keine, sonst eine anteilige Freistellung in Abwägung des Betriebsrisikos und seines Verschuldens als Arbeitnehmer entsprechend § 254 Abs. 1 BGB verlangen (BAG, Großer Senat, NJW 1993, 1772, NJW 1995, 210 und BGH, NJW 1994, 856).

Bei Angestellten und Arbeitern des **öffentlichen Dienstes**, die z.B. nach dem Bundesangestelltentarif oder dem Manteltarifvertrag für Waldarbeiter der Länder und der Gemeinden die Berechtigungsvoraussetzungen erfüllen, ist die Haftungsfreistellung bei jeder Art von leichter Fahrlässigkeit gegeben, da auch insoweit der Bedienstete aufgrund der einzelvertraglichen Regelung wie bei Beamten dem Dienstherrn gegenüber nicht regresspflichtig ist.

37.25.1.2 Haftung einer handelnden natürlichen Person, auch Bedienstete nach § 823 (2) BGB

Daneben oder allein kann auch eine Haftung nach **§ 823 (2) BGB** in Betracht kommen: Wer **gegen** ein den **Schutz eines anderen bezweckendes Gesetz** verstößt, ist ebenfalls dem anderen zum Ersatz des daraus entstehenden Schadens verpflichtet. Ein solches Schutzgesetz kann auch vorliegen, wenn es die Allgemeinheit, aber auch den einzelnen schützen will. Der Geschädigte muss durch die Norm vor der Zufügung eines Schadens geschützt sein. Ist eine solches Schutzgesetz eine Strafrechtsnorm (z.B. fahrlässige Körperverletzung, wie oben, oder Wilderei), so muss die Handlung tatbestandsmäßig, rechtswidrig und schuldhaft im Sinne des Strafrechts sein, vgl. 32.2, 33.ff. Entsprechendes gilt für eine Ordnungswidrigkeitenvorschrift.

Weitere Beispiele: Verkehrsvorschriften der StVO, Eigentumsrechte gegenüber dem Nachbarn in § 906 ff. (37.28.1). Die gesetzliche Regelung über das Betreten des Waldes stellt allerdings kein den Schutz eines anderen bezweckendes Gesetz i.S. § 823 (2) BGB dar.

37.25.1.3 Haftung einer handelnden natürlichen Person, auch Bedienstete nach § 826 BGB

Nach **§ 826 BGB** ist zum Schadensersatz verpflichtet, wer in einer **gegen die guten Sitten verstoßenden** Weise einem andern **vorsätzlich Schaden zufügt** (vgl. 5.8.2).

37.25.1.4 Haftung des „Geschäftsherrn" (oder des für ihn Übernehmenden) für einen rechtswidrig handelnden Verrichtungsgehilfen mit Entlastungsbeweis (§ 831 BGB)

Daneben könnte der Anstellungsträger als juristische Person des öffentlichen Rechts für einen dienstlich-privatrechtlich handelnden Angestellten oder Arbeiter als **Verrichtungsgehilfen** nach § 831 BGB haften.

§ 831 BGB:

(1) ¹**Wer** einen andern **zu einer Verrichtung bestellt**, ist dem anderen zum Ersatze des Schadens verpflichtet, den der andere in Ausführung der Verrichtung einem Dritten widerrechtlich zufügt. ²Die Ersatzpflicht tritt nicht ein, wenn

– der Geschäftsherr bei der Auswahl der bestellten Person und, sofern er Vorrichtungen oder Gerätschaften zu beschaffen oder die Ausführung oder Verrichtung zu leiten hat,

- bei der Beschaffung oder der Leitung die im Verkehr erforderliche Sorgfalt beobachtet oder
- der Schaden auch bei Anwendung dieser Sorgfalt entstanden sein würde.

(2) Die gleiche Verantwortlichkeit trifft denjenigen, welcher **für den Geschäftsherrn** die Besorgung eines der im (1) S. 2 bezeichneten Geschäfte durch Vertrag übernimmt.

Verrichtungsgehilfe ist, wer gegenüber dem Geschäftsherrn weisungsgebunden mit Eingliederung in den Betrieb u.ä. ist (Medicus, Bürgerliches Recht 16. Auf. 1995, Rn 81). Die Abgrenzung zu einem Organ in einer Behörde oder einem öffentlich-rechtlichen Betrieb ist nicht einfach zu ziehen (s.u.). Die Beamten und Angestellten des öffentlichen Dienstes sind zwar weisungsgebunden, haben aber auch eigenständige Befugnisse auch mit Außenwirkung.
    Im Beispielsfall ist B als Verrichtungsgehilfe anzusehen.

Voraussetzung für die Haftung nach § 831 BGB ist, dass ein tatbestandsmäßiges und widerrechtliches Verhalten des Verrichtungsgehilfen in Ausführung der Verrichtung (nicht nur gelegentlich, vgl. Beispiel zu 29.6.1) insbesondere nach § 823 (1), § 823 (2), § 826 BGB zu einer Schädigung eines anderen geführt hat; Verschulden, also eine volle eigene Haftung des Verrichtungsgehilfen, ist nicht erforderlich.
    Bei Vorliegen der Voraussetzung wird ein **Verschulden des Geschäftsherrn vermutet.** Er kann jedoch den in (1) S. 2 genannten alternativen **Entlastungsbeweis** für sorgfältige Auswahl, Anleitung und Kontrolle führen.
    Kann im Beispiel das Land Niedersachsen - Landesforstverwaltung - ausnahmsweise den Entlastungsbeweis nicht erbringen, würde es neben B haften (Zahlung nur einmal). Rückgriff (Regress) wie bei Beamten nur bei grober Fahrlässigkeit (s. §14 des Tarifrechts, z.B. Bundes-Angestelltentarif - BAT).

37.25.1.5 Haftung einer juristischen Person des privaten oder öffentlichen Rechts für ein Organ nach § 31 oder §§ 31, 89 BGB

Nach **§ 31 BGB** ist der **rechtsfähige Verein** für den Schaden verantwortlich, den das Organ durch eine in Ausführung der ihm zustehenden Verrichtungen begangene, zum Schadensersatz verpflichtende Handlung einem Dritten zufügt. **§ 31 BGB** ist für andere juristische Personen des Privatrechts **(GmbH, Aktiengesellschaft, eingetragene Genossenschaft)** entsprechend anwendbar.
    Nach **§ 89 (1) BGB** findet § 31 BGB auf den Fiskus (privatrechtliches Handeln des Bundes oder eines Landes, sowie auf die Körperschaften, Stiftungen und Anstalten des öffentlichen Rechts, also **juristische Personen des öffentlichen Rechts,** Anwendung.

Voraussetzung ist, dass die Voraussetzungen für eine eigene Haftung des Organs vorliegen. Also muss z.B. ein nach § 823 (1), § 823 (2) oder § 826 BGB BGB tatbestandsmäßiges, widerrechtliches und schuldhaftes Verhalten des Organs in Ausführung der Verrichtung (nicht nur gelegentlich, vgl. Beispiel zu 37.25.1) zu einer Schädigung eines anderen geführt haben.
    Die Stellung eines **Organs** liegt vor, wenn durch allgemeine Betriebsregelung oder Handhabung bedeutsame, wesensmäßige Funktionen der Person zur selbständigen, eigenverantwortlichen Erfüllung zugewiesen sind, wenn also die Person die juristische Person auf diese Weise repräsentiert (BGH NJW 1972, 334 f.; z.B. Forstamtsleiter und hinsichtlich eines großen Teils der Funktionen der Revierleiter). Da das Handeln des Organs wie das Handeln der juristischen Person gewertet wird, ist **kein Entlastungsbeweis** möglich.
    Wie ausgeführt, ist im Beispielsfall B kein Organ, sondern nur Verrichtungsgehilfe des Landes Niedersachsen.

37.25.1.6 Haftung natürlicher und juristischer Personen für ein Organsisationsverschulden nach § 823 (1) BGB

(1) Die Regelung des § 831 BGB, nach der der **Geschäftsherr** den Entlastungsbeweis führen kann, ist unbefriedigend, insbesondere wenn der Verrichtungsgehilfe nicht zahlungsfähig ist. Daher kann der Geschädigte einen Haftungsanspruch allein (oder neben dem anderen Anspruch aus § 831 BGB) auch deswegen haben, weil der **Geschäftsherr** es unterlassen hat, seine **Organisationspflicht** zu erfüllen, das heißt, den Ablauf der Betriebsvorgänge und die Tätigkeit des Personals durch geeignete organisatorische Vorkehrungen so einzurichten und zu überwachen, wie das zur Vermeidung von Schädigungen Dritter nach der Sachlage geboten ist (s. z.B. Kötz, Deliktrecht, 8. Aufl. 1998). Die Organisationspflichten sind **strenger als die Kontrollpflichten nach § 831 (1) BGB** (Auswahl, Anleitung, Kontrolle; Medicus, Bürgerliches Recht, 18. Aufl. 1998, Rn 814) und damit von großer Bedeutung.

(2) Anspruchsgrundlage ist bei einem **Geschäftsherrn als natürliche Person** (z.B. privater Waldeigentümer) wegen eigenen Verschuldens (objektive Sorgfaltspflichtverletzung) unmittelbar **§ 823 (1) BGB**.

(3) Handelt es sich um eine **juristischen Person des Privatrechts**, haftet diese für das Handeln ihres verfassungsmäßigen Vertreters (Organs) nach § 823 (1) **i.V.m. § 31 BGB** (37.25.1.5), handelt es s ich um eine **juristische Person des öffentlichen Rechts** (z.B. Bund, Land - Forstverwaltung), haftet diese für ihr privatrechtlich handelndes nicht beamtetes Organ nach § 823 (1) **i.V.m. §§ 31, 89** BGB.
Ein erleichterter Entlastungsbeweis wie bei § 831 BGB ist jeweils nicht möglich.

Z.B. wenn eine Dienstanweisung oder Belehrungsregelung für Waldarbeiter nicht eine erforderliche Regelung darüber enthält, wie bestimmte Holzerntemaschinen zu benutzen sind, um Schäden für Waldbesucher, parkende Autos, Wege usw. zu vermeiden.

(4) Bei einem Organisationsverschulden des **Geschäftsführers** einer **natürlichen Person des Privatrechts als Geschäftsherr** (z.B. Waldeigentümer) passt allerdings nicht § 31 BGB. Daher wird entweder § 831 BGB entsprechend angewandt, nach anderer Ansicht § 31 BGB entsprechend.

(5) Nach der Lehre bzw. Rechtsprechung haftet neben dem Geschäftsherrn **auch der Geschäftsführer** persönlich nach § 823 (1) BGB.
Auch dem verantwortlichen Verfasser der Dienstanweisung bzw. dem angestellten Amtsleiter obliegt jeweils als Organ des Landes persönlich auch eine eigene Verkehrssicherungspflicht mit der Folge eigener Haftung insbesondere bei Zahlungsunfähigkeit der juristischen Person (s. z.B. zur GmbH BGHZ 109, 297; NJW 1996, 1535) auch im Außenverhältnis zu den Straßenbenutzern. Dagegen führt Kötz, Deliktsrecht, 8. Auflage, Rn 293, an, dass dies ein unübersehbares Haftungsrisiko darstellt; verpflichtet soll der Geschäftsführer nur sein, wenn er einen Dritten durch eigenes Tun geschädigt hat oder die Möglichkeit einer Schädigung er kannt hat, aber fahrlässig (s.u.) nicht dagegen eingeschritten ist. Vorsorglich empfiehlt sich also eine Haftpflichtversicherung, am besten eine des Geschäftsherrn, der auch seine Organe und Verrichtungsgehilfen mit schützt.

37.25.2 Ansprüche bei dienstlich-privatrechtlich handelnden Beamten im engen beamtenrechtlichen Sinn, § 839 (1) BGB

37.25.2.1 Haftung des Beamten

Beispiel wie zu 37.25.1, aber ein Revierleiter (Forstoberinspektor) handelt.

Verletzt ein *Beamter* **vorsätzlich oder fahrlässig** die ihm einem Dritten gegenüber obliegende Amtspflicht, so hat er dem Dritten den daraus entstehenden **Schaden zu ersetzen**, § 839 (1) S.1 BGB (s. auch 37.25.3 zur Verkehrssicherung). Diese Anspruchsgrundlage geht als **Spezialregelung** denen nach §§ 823 (1) und (2) und wohl auch § 826 BGB (s. 37.25.1.3) vor.

Tatbestand i.e.S. (1) - (5)

(1) Ein **Beamter im engen beamtenrechtlichen Sinn** haftet, wenn er privatrechtlich für den Dienstherrn tätig wird, bei Vorsatz und Fahrlässigkeit (Verschulden) selbst nach § 839 BGB (also keine Haftungsüberleitung nach Art. 34 GG auf die Körperschaft).

(2) **Amtspflicht** ist die Pflicht, die sich aus dem Amtsverhältnis zwischen Amtswalter und Verwaltungsträger ergibt (ggf. auch aus Verwaltungsvorschriften oder innerdienstlichen Weisungen). Es kann auch eine privatrechtliche Verkehrssicherungspflicht sein (s. 37.25.3.2).

(3) **gegenüber Dritten obliegend** (§ 839 (1) BGB), d.h. die Amtspflicht muss dem Vorschriftenzweck oder der Tätigkeit nach (zumindest auch) den Schutz des Dritten (Anspruchstellers) hinsichtlich der betroffenen Rechtsgüter bezwecken, bei Ermessensvorschrift Verletzung des Anspruchs auf fehlerfreie Ermessensausübung; zur Ermessensreduzierung auf Null hinsichtlich polizeilicher Hilfe vgl. 20.2.

(4) **Verletzung der Amtspflicht** (§ 839 (1) BGB) bedeutet objektiv unrichtige Sachbehandlung = Rechtswidrigkeit, die ggf. durch Rechtfertigungsgründe ausgeschlossen sein kann, vgl. §§ 227 - 230, 859, 904 BGB, § 127 StPO usw. wie beim Strafrecht, s. 34. Verletzung nicht nur „bei Gelegenheit"; dies liegt z.B. nicht vor, wenn ein Forsthüter beim Kontrollgang privat motiviert einen unsympathischen Jagdgast schlägt. Im Beispielsfall zu 37.25.1 ist eine auch Waldbesuchern gegenüber bestehende Amtspflicht verletzt.

(5) Durch die Amtspflichtverletzung muss als generell geeignete Folge (Adäquanz als **Kausalität**) ein **Schaden** entstanden sein (§ 839 (1) BGB).

(6) Die **Rechtswidrigkeit** (Widerrechtlichkeit) ist nur ausgeschlossen, wenn Rechtfertigungsgründe vorliegen (vgl. 34.).

(7) **Verschulden** (als vorwerfbares Handeln eines Zurechnungsfähigen) nach § 839 (1)/ § 276 BGB: bei Vorsatz oder Fahrlässigkeit (Begriffe s. zu 37.25.1.1). Schuldhaft muss nur die Amtspflichtverletzung sein, nicht der Schaden.

(8) Zur **Rechtsfolge §§ 249 ff. BGB** sowie der Anrechnung von **Mitverschulden** nach § 254 BGB s. 37.25.1.1 (4), 37.25.5).

(9) Nach § 839 (1) S. 2 BGB kann der Beamte, wenn ihm nur **Fahrlässigkeit** zur Last fällt, nur dann in Anspruch genommen werden, wenn der Verletzte nicht auf andere Weise Ersatz zu erlangen vermag (**Subsidiaritätsklausel, Verweisungsprivileg,** s. 37.25.4.1). Solche anderen Ersatzansprüche des Verletzten sind z.B. ggf. Ansprüche gegen den Dienstherrn

- nach 831 BGB für Beamte als Verrichtungsgehilfen mit evtl. Entlastungsbeweis,
- nach § 823 (1) bzw. § 839 (1) S. 1 BGB i.V.m. § 31/ § 89 BGB für einen Beamten mit Organfunktion.
Greift ausnahmsweise nicht das Verweisungsprivileg, ist die Haftungsfreistellungspflicht des Dienstherrn als juristischer Person des öffentlichen Rechts (37.25.1.1 (4.3)) immer bei leichter Fahrlässigkeit gegeben, da insoweit auch der Dienstherr keinen Regressanspruch hat.
- oder ggf. nach **§ 839 (1)** i.V.m. **§§ 31, 89** für (schuldhaftes) Handeln von Beamten mit Organstellung (37.25.1.4; z.B. schon eines Forstoberinspektors, der das Fällen eines Baumes leitet, Verkehrsrechtssammlung 56, 247). Nach BGHZ 5, 321, 326 und Maurer, § 25 Rn 58 ohne Begründung nach § 823 BGB (i.V.m. §§ 31, 89 BGB).

37.25.2.2 Haftung des Anstellungsträgers

(1) **Zusätzlich** haftet die **juristische Person des öffentlichen Rechts,** wie schon zu 37.25.2.1 angegeben,
- (wie die privaten Unternehmen) **nach § 831 (1) BGB** für einen rechtswidrig, nicht unbedingt schuldhaft privatrechtlich handelnden beamteten Verrichtungsgehilfen, soweit sie nicht nachweisen kann, dass sie bei der Auswahl der bestellten Person und ggf. bei der Beschaffung von Gerätschaften sowie der Leitung der Ausführung die im Verkehr erforderliche Sorgfalt beobachtet hat oder wenn der Schaden auch bei Anwendung dieser Sorgfalt entstanden wäre (Entlastungsbeweis, Exkulpation);
- oder ggf. nach **§ 839 (1)** i.V.m. **§§ 31, 89** für (schuldhaftes) Handeln von Beamten mit Organstellung (37.25.1.4; z.B. schon eines Forstoberinspektors, der das Fällen eines Baumes leitet, Verkehrsrechtssammlung 56, 247). Nach BGHZ 5, 321, 326 und Maurer, § 25 Rn 58 ohne Begründung nach § 823 BGB (i.V.m. §§ 31, 89 BGB).

(2) Zu den **Rechtsfolgen** s. 37.25.1.1 (4), 37.25.5

(3) Zwar kann, wie ausgeführt, der Beamte den Geschädigten auf die (nach § 831 BGB nicht immer gegebene) Haftung seines Dienstherrn zur Abwehr einer Schadensersatzverpflichtung nach § 839 BGB (1) bei Fahrlässigkeit (nicht auch Vorsatz) gemäß dem **Verweisungsprivileg des § 839 (1) S. 2 BGB** (37.25.2.2.1) verweisen. Jedoch kann die Körperschaft den Beamten bei vorsätzlicher oder grob fahrlässiger Amtspflichtverletzung in **Regress** nehmen. § 86 Nds. Beamtengesetz (nicht nach Art 34 S.2 GG, der nur hoheitliches Handeln erfasst) schließt einen Regress nur wegen einfacher Fahrlässigkeit bei zivilrechtlicher Tätigkeit aus.

37.25.3 Verletzung der privatrechtlichen Verkehrssicherungspflicht, § 823 bzw. § 839 (1) i.V.m. §§ 31, 89 oder § 831 BGB

37.25.3.1 Mögliche Anspruchsgrundlagen

Werden das Leben, der Körper, die Gesundheit usw. im **Privatrechtsbereich** dadurch vorsätzlich oder fahrlässig verletzt, dass jemand **nicht handelt,** also ein Handeln **unterlässt,** passt § 823 (1) BGB vom Wortlaut her nicht. Diese Vorschrift ist aber für anwendbar erklärt, wenn eine **natürliche Person eine für sie bestehende** Verkehrssicherungspflicht verletzt (37.25.3.2). Nach einer vertretenen Auffassung ist die Verkehrspflicht der Oberbegriff, dem als wichtigste Spezialgruppe im Rahmen nur der Grundstückssicherung die Verkehrssicherungspflicht angehört; daneben besteht z.B. eine Haftung für bewegliche Gegenstände oder Produkte im Rahmen der sonstigen Verkehrspflicht (vgl. Bar, JuS 1988, 169 f.). Nach anderer Auffassung wird aber die Bezeichnung Verkehrssicherungspflicht umfassend gebraucht (z.B. Medicus, § 25 Rn 641); dem soll hier gefolgt werden. Bei der Verkehrssicherungspflicht handelt es sich um eine **zivilrechtliche** Ebene der Gefahrenabwehr (Schutz zivilrechtlicher Güter

im Gleichordnungsverhältnis). Das **öffentlich-rechtliche** Gefahrenabwehrrecht dient dagegen viel umfassender der hoheitlichen Gefahrenabwehr im öffentlichen Interesse, wenngleich auch private Schutzgüter wie Leib, Leben, Eigentum dazugehören, allerdings ist der Schutz privater Rechte nur erfasst, wenn gerichtlicher Schutz nicht rechtzeitig zu erlangen ist
Im Zusammenhang mit der Frage, **wer** überhaupt verkehrssicherungspflichtig ist, ergibt sich auch, inwieweit **Bedienstete** nach § 823 (1) BGB selbst im Rahmen einer Diensterfüllung haften oder eine persönliche Organisationsverpflichtung mit eigener Haftung im Rahmen der Verkehrssicherungspflicht haben, und inwieweit dafür auch der Geschäftsherr haftet.

- nach **§ 831 (1) BGB** bei Angestellten und Arbeitern, bei Beamten über § 839 (1) BGB, als weisungsgebundenen Verrichtungsgehilfen (mit erleichterter Möglichkeit eines Entlastungsbeweises) haftet, 37.25.1.4, 37.25.3.2 (1.5) und
- nach § 823 (1) (oder bei Beamten § 839 (1)) i.V.m. **§ 31 bzw. §§ 31, 89 BGB** unmittelbar haftet, insbesondere bei Organisationsverschulden seiner Organe.

Deswegen werden diese Anspruchsgrundlagen im Zusammenhang mit der näheren Erläuterung der allgemeinen Verkehrssicherungspflicht nach § 823 (1) BGB präzisiert (**37.25.3.2**).
Auch ist eine gesetzliche Regelung zulässig, nach der die Verkehrssicherungspflicht **öffentlich-rechtlich zu erfüllen ist** (z.B. bei öffentlichen Straßen im Sinne des Straßenrechts in Niedersachsen, s. 48.2, so dass hier ein Amtshaftungsanspruch nach **§ 839 BGB/ Art. 34 GG** zu prüfen ist, 37.25.4). Zur Verkehrssicherungspflicht auf öffentlichen Straßen nach der Rechtsprechung des BGH s. Rinne, NVwZ 2003, 9.
Die **Verkehrssicherungspflicht im Zusammenhang mit den Betretensrechten des Waldes und der übrigen freien Landschaft** ist wegen rechtlicher Besonderheiten im Zusammenhang mit § 14 BWaldG/ § 56 BNatSchG/ § 30 NWaldLG zu 46.10 (in Band II) dargestellt (dazu auch demnächst Agena in NuR wohl Ende 2003).

Wird eine Verkehrssicherungspflicht in einem besonderen Schutzgesetz geregelt, kann auch eine Haftung aus **§ 823 (2) BGB** in Betracht kommen (**37.25.3.4**).
Zur Verkehrssicherungspflicht gehört auch die Produzentenhaftung (nach § 823 (1) BGB), soweit nicht das **Produkthaftungsgesetz** (**PHG**) eingreift (vgl. dazu Kloepfer, Umweltrecht, 2. Aufl. Rn 209 ff., Medicus, Rn 650 insbesondere auch zu dem geringeren Haftungsumfang und mit Rechtsprechungsbeispielen auch zur Frage der Beweislastumkehr); das Gesetz gilt nach § 2 S.2 PHG nicht für unbearbeitete Produkte aus Landwirtschaft, Fischerei und Jagd.

37.25.3.2 Allgemeine Verkehrssicherungspflicht und Haftungsgrundlagen nach § 823 (1) (bzw. § 839 (1)) ggf. i.V.m. § 31 oder §§ 31, 89 BGB oder nach § 831 (1) BGB

(1) **Wer eine Gefahrenquelle für andere schafft, unterhält oder in seinem Verfügungsbereich duldet,** muss die **Vorkehrungen** treffen, die **erforderlich** und **zumutbar** sind, um Gefahren insbesondere für voraussehbare oder wahrscheinliche Schäden hinsichtlich nach § 823 (1) BGB geschützte Rechtsgüter nicht wirksam werden zu lassen (<u>allgemeine</u> <u>Verkehrssicherungspflicht</u>; Medicus, Bürgerliches Recht Rn 654; Palandt/Thomas, BGB, 62. Aufl. § 823 Rn58 m..N.). Zu vermeiden sind solche Schädigungen anderer, die sich bei einer bestimmungsgemäßen oder nicht ganz fern liegenden bestimmungswidrigen Benutzung der gefahrenträchtigen Sache ergeben kann (Palandt/Thomas, BGB, 62. Aufl. § 823 Rn 58 m.w.N.). Art und Umfang der zu treffenden Vorkehrungen zur Schadensverhütung hängen ab von einer Abwägung der tatsächlichen Gegebenheiten wie Erreichbarkeit und Zustand des betreffenden Gefahrenbereichs, des gefährdeten Rechtsguts, des Gefahrengrades (Wahrscheinlichkeit des Schadenseintritts) den vernünftigen, legitimen Sicherheitserwartungen des gefährdeten Personenkreises und dem Selbstschutz nach dem Stand der Erfahrung und dem Urteil eines verständigen Menschen einerseits sowie der finanziellen Leistungsfähigkeit des Pflichtigen, insbesondere der finanziellen, personellen und organisatorischen **Zumutbarkeit,** den erforderlichen Sicherungsaufwand zu tragen (BGH 21.11.1963, NJW 1964, 814, 816; 21.2.1972, NJW 1972, 903, 904; Verhältnismäßigkeit,

insbesondere abwägende Angemessenheit, 20.1).

(2) Verkehrssicherungspflichtig für ein Grundstück oder eine bewegliche Sache ist der **Eigentümer** oder **Nutzungsberechtigte**. Das sind z.B. nebeneinander Eigentümer und Mieter eines Wohnhauses hinsichtlich der Gehwegsicherung wegen Glatteis. Eine **juristische Person des Privatrechts** müsste insoweit selbst verkehrssicherungspflichtig sein. Da die juristische Person aber nicht selbst mit Verschulden handeln kann, könnte eine Haftung i.V.m. § 31 BGB in Betracht kommen. Diese setzt aber eine zum Schadensersatz verpflichtende *Handlung* ihres **Organs** voraus; eine solche Außenhaftung bei Verletzung einer Verkehrssicherungspflicht ist aber nach dem Vereins- und Gesellschaftsrecht normalerweise nicht vorgesehen, vgl. (7) 37.25.1.6 (5) . In Erweiterung des Wortlauts des § 31 BGB soll aber dennoch eine eigenständige Haftung der juristischen Person selbst - bei Verletzung ihrer gesetzlichen Verkehrssicherungspflicht durch ein Organ (wie nach dem Recht vor Inkrafttreten des BGB) - gegeben sein (Medicus, Zeitschrift für Gewerberecht 1988, 570, 576 f.). Für **juristische Personen des öffentlichen Rechts** würde dies i.V.m. §§ 31, 89 BGB gelten.

Die Verkehrssicherungspflicht für eine Straße mit ihren Verkehrsteilnehmern insbesondere als Pflicht zum Schutz vor auf die Straße stürzenden geschwächten Bäumen bestimmt sich z.B. danach, ob vom Wald (Waldbesitzer) oder der Straße selbst (Straßenbäume der Straßenverwaltung z.B. des Landes) eine Gefahr ausgeht oder eine doppelte sich überschneidende Pflicht vorliegt, weil Baumteile des Waldes in den Straßenraum hineinragen (Klose/Orf § 14 Rn 44d, Orf, NZV 1997, 204).

(3) Nur wie folgt sind **neben dem Eigentümer usw.** gegenüber Dritten auch **Gehilfen,** z.B. **weisungsgebundene Bedienstete,** selbst verkehrssicherungspflichtig (z.B. ggf. der angestellte Hauswart, Waldarbeiter oder Straßenwärter) und haften nach § 823 (1) BGB (weisungsgebundene Beamte nach § 839 (1) BGB) mit Haftungsverweisung auf den Dienstherrn):

Der BGH scheint begrenzt die **unmittelbar mit der Erfüllung der Verkehrssicherungspflichten betrauten** Gehilfen in die eigenständig Verkehrssicherungspflichtigen einzubeziehen (BGH, VersR 1964, 942, 943 f. für den Bauleiter, VersR 1982, 576 f. für den Bauführer, VersR 1973, 836, 838 f. und 11.12.1984, NJW 1985, 1078 (Garantenstellung auch durch Übernahme nach Rohbaufertigstellung; für den Polier, vgl. Otto/Schwarze, aaO Rn 460 mit weiteren Nachweisen in Fußn. 18.). Im Falle eines Wachmannes hat er jedoch auf die fehlende Selbständigkeit der Berufsausübung abgestellt (BGH, NJW 1987, 2510). In der Rechtsliteratur werden unterschiedliche Meinungen vertreten.

Soweit es um Produkterstellung und Leistungserbringungen für Dritte geht, lässt sich eine Verkehrssicherungspflicht des Arbeitnehmers nicht generell annehmen. Jedoch sind besondere eigene Verkehrssicherungspflichten zu bejahen, die sich im Zusammenhang mit der Arbeitsleistung bei allgemeinen Gefahren aus der Eröffnung und Unterhaltung eines Verkehrs oder einer Teilnahme an einem bestehenden Verkehr ergeben (z.B. als Kraftfahrer, Führer einer Holzerntemaschine, Bauarbeiter auf einer Baustelle), insbesondere wenn der Bedienstete aus vorangegangenem Tun eine Gefahrenquelle geschaffen hat; z.B. Entfernung einer Schutzeinrichtung, ohne sie wieder anzubringen, Sicherung einer kleinen übersichtlichen Baustelle, Tätigkeit eines Schwimmmeisters (Otto/Schwarze, aaO Rn 465). Jedoch genügt im Einzelfall auch schon die **konkrete Gefährlichkeit und Schadensnähe** der Tätigkeit des Arbeitnehmers. Diese Abgrenzung deckt sich zugleich mit dem Kriterium der unmittelbaren in Abgrenzung zu der nur mittelbaren Schadensverursachung (s. 37.25.1.1), z.B. brandgefährdende Schweißarbeiten, soweit ein Brand nicht einer anderen Ursache zuzurechnen ist (z.B. einer anderen Person oder höherer Naturgewalt). Vgl. Otto/Schwarze, aaO Rn 466.

Wenn die **Verkehrssicherungspflicht** auf einen Bediensteten oder ein Unternehmen als eigene mit Wirkung für Dritte **übertragen** wird, bedarf es einer zuverlässig sichernden ausdrücklichen eindeutigen Vereinbarung (BGB 4.6.1996, NuR 1996, 2646); danach genügt eine nur faktische Übertragung; ein unwirksamer Vertrag nicht (a.A. Otto/Schwarze aaO Rn 467). Ein beauftragter Dritter hat jedenfalls dann eine eigene Verkehrssicherungspflicht, wenn er selbst den Verkehr gefährdet und er den primär Sicherungspflichtigen nicht darüber aufgeklärt hat, dass er entgegen der sicheren Annahme die Pflicht nicht erfüllt, so dass der primär Sicherungspflichtige nicht selbst tätig werden konnte (Medicus Rn 658). Insbesondere wird die Verkehrssicherungspflicht wirksam in bestimmtem Umfang übertragen, wenn - auch nach der *Erwartung* der zu schützenden Dritten - ihnen gegenüber eine solche Pflicht besteht und sie daher für die Verletzung dieser Pflicht selbst haften müssen (Ulmer, JZ 1969, 163, 171, z.b. Reinigungs- und Wartungsunternehmen, Geschäftsführer eines Eigentümers mit einem Unternehmen).

Eine wirksame Übertragung auf Arbeitnehmer ist jedenfalls gegeben, wenn der Arbeitnehmer einen atypisch **weiten Entscheidungsspielraum** mit **eigener Gefahrenbeherrschungsaufgabe** hat und insoweit nicht überfordert oder unzuverlässig ist (Otto/Schwarze, aaO Rn 467). Wer eine Gefahrenquelle beherrscht, muss das ihm Zumutbare tun, um die Weiterentwicklung der Gefahr zu einer Verletzungsfolge zu vermeiden (Larenz/Canaris, Schuldrecht II, 2, 13. Aufl. 1994, S. 408; zustimmend Medicus, Zeitschrift für Gewerberecht 1998, 570, 572).

Im Rahmen einer wirksamen Übertragung entsteht für den Übernehmenden eine eigene Verkehrssicherungspflicht (Medicus, Rn 658, z.B. Forstrevierleiter).

(4) Mit der Übertragung **beschränkt** sich im Allgemeinen zugleich die **Haftung des eigentlich Verkehrssicherungspflichtigen**, z.B. Eigentümers, in eine Pflicht zu sorgfältiger **Auswahl** des Übernehmenden, dessen **Anleitung** und **Kontrolle**, die in regelmäßigen Abständen wahrzunehmen ist (BGH NJW-RR 1989, 394; OLG Düsseldorf, NJW 1992, 2972, Medicus, Rn 656).

Es wird aber angenommen, dass auch der Eigentümer usw. dann trotz o.g. Übertragung voll nach § 823 Abs. 1 BGB im Rahmen einer Auswahl-, Organisations- und Überwachungspflicht haftet, wenn der zur Erfüllung gegenüber Dritten vertraglich von ihm Verpflichtete die **Pflicht nicht** (auch nicht ausreichend und nicht regelmäßig) **erfüllt** (u.a. BGH 4.6.1996, NJW 1996, 2646). Dies ist bedeutsam bei Zahlungsunfähigkeit des Übernehmers (Kötz, aaO, Rn 239 mit weiteren Literaturnachweisen).

Gesetzlich kann aber auch die **volle** Verkehrssicherungspflicht auf andere übertragen werden.

Nach den Ausführungen zur Gehilfenhaftung ist ein **angestellter Forst-Revierleiter** (oder forstlich Ausgebildeter, angestellt von einem unkundigen Landwirt) jedenfalls wegen der konkreten Gefährlichkeit (der Folgen bei Pflichtverletzung im Rahmen von Kontrollen von Bäumen in Straßennähe) und damit Schadensnähe der Tätigkeit, aber auch wegen des weiten Entscheidungsspielraums auch persönlich verkehrssicherungspflichtig, was den Schutz von Straßen vor umfallenden Waldbäumen anbetrifft. Beauftragt er oder sein übergeordneter Leiter (privates Unternehmen oder Forstamt im Rahmen der privatrechtlich zu erfüllenden Aufgabe) einen Waldarbeiter, wird er zwar nicht den nötigen Entscheidungsspielraum haben; aber die konkrete Gefährlichkeit und Schadensnähe der Tätigkeit liegt auch bei ihm vor.

Lässt allerdings eine **Gemeinde** *nach besonderer gesetzlicher Regelung* in Rheinland-Pfalz den forstlichen Revierdienst durch staatliche Revierbeamte durchführen, hat die Gemeinde keinen Gehilfen mit einer Verkehrssicherungspflicht gegenüber Dritten bestellt, sondern bleibt selbst verkehrssicherungspflichtig (BGH, VersR 1989, 477).

Allgemein wird ein **Straßenwärter der Landesstraßenverwaltung**, der privatrechtlich Straßenbäume auf ihre Verkehrssicherheit zu prüfen hat, nur einen Spielraum haben, soweit seine zu erwartenden Kenntnisse und Anweisungen reichen. Aber auch bei *seiner* Tätigkeit wird die konkrete Gefährlichkeit und Schadensnähe zu bejahen sein. (Zur Schadensfreistellungs-Pflicht des Arbeitgebers s. 26.6.1.1).

(5) Bei Entstehung einer eigenen Verkehrssicherungspflicht für den weisungsgebundenen Gehilfen könnte eine Haftung des Geschäftsherrn (natürliche Person, juristische Person des privaten oder öffentlichen Rechts) für ihn als **Verrichtungsgehilfen** nach § 831 **(1)** BGB in Betracht kommen. Diese hat jedoch wegen der erleichterten haftungsausschließenden Beweismöglichkeit für sorgfältige Auswahl, Anleitung und Kontrolle des Gehilfen wenig praktische Bedeutung. Die zu (4) genannten Anleitungs- und Kontrollpflichten sind strenger und erlauben nicht den vereinfachten Entlastungsbeweis. Zudem ist die Haftung wegen Organisationsverschuldens stärker (6).

(6) **Betriebe, insbesondere Großbetriebe** einer natürlichen Person oder der juristischen Personen des privaten oder öffentlichen Rechts wie z.B. einer privatrechtlich organisierten Straßenverwaltung oder der Forstverwaltung des Landes Niedersachsen, haben eine **Organisationspflicht**. Sie müssen so organisiert sein, dass die Erfüllung der Verkehrssicherungspflicht letztlich durch eine Person kontrolliert wird (**s.o. 37.25.1.6**; Medicus, Rn 656). Das schließt nicht aus, dass die hauptverantwortliche Person (z.B. bei einer Landesverwaltung der im Ministerium Verantwortliche; ggf. mehrere) eine grundlegende Dienstanweisung nicht abschließend erstellt, sondern es einem nachgeordneten, aber auch leitenden Organ (z.B. Chef einer unteren Behörde) überlässt, ergänzende allgemeine Anweisungen zu geben.
Verletzen die für die Organisation zuständigen Organe die dem Betrieb gegenüber Dritten obliegende Verkehrssicherungspflicht, ergibt sich die Haftung des Geschäftsherrn wie folgt aus § 823 (1) BGB (vgl. 37.25.1.6):
– bei einer juristischen Person des Privatrechts i.V.m. § 31 BGB,
– bei einer juristischen Person des öffentlichen Rechts i.V.m. §§ 31, 89 BGB
(§ 31 jeweils erweitert ausgelegt, falls das Organ nicht persönlich haftet, s. (2) und (7),
– bei einer natürlichen Person als Geschäftsherrn entsprechend § 831 (1) BGB, a.A. entsprechend § 31 BGB (§ 831 BGB nur entsprechend, weil der Geschäftsführer kein Verrichtungsgehilfe ist, § 31 BGB nur entsprechend, weil er kein Organ einer juristischen Person ist).
Z.B. muss eine Dienstanweisung des Ministeriums oder zumindest eine Belehrungsregelung des Straßenbauamts für Straßenwärter einer Landesstraßenverwaltung, die privatrechtlich die Verkehrssicherungspflicht auf den Bundes- und Landesstraßen zu erfüllen haben, die Regelung enthalten, dass Straßenbäume bis zum Stammfuß auch dann zu untersuchen sind, wenn erst Gras, Krautbewuchs und Straßenschmutz zu entfernen sind (BGB, NJW 1965, 815, s. 48.4.5.2).

Ist eine Organisationsmaßnahme, insbesondere das System der Dienstanweisungen unzureichend (**Organisationsverschulden**), ist die Haftung der juristischen Person daraus besonders dann wichtig, wenn
– mangels allgemeiner Regelung in einer Dienstanweisung u.ä. keine *eigene* (erkennbare) Verkehrssicherungspflicht des im Außendienst Tätigen (und seiner Kollegen) besteht;
– eine Haftung nach § 831 (1) BGB wegen eines auch Dritten gegenüber verkehrssicherungspflichtigen Verrichtungsgehilfen z.B. wegen eines leichteren Entlastungsbeweises des Geschäftsherrn entfällt (37.25.3.2.5);
(wie beim Organisationsverschulden bei aktivem Handeln, s. 37.25.1.6).

(7) Nach der Rechtsprechung des BGH hat im Allgemeinen auch ein solcher für die Organisation verantwortlicher **Geschäftsführer** oder ein ähnliches **Organ** z.B. einer GmbH auch eine eigene Verkehrssicherungspflicht mit der Folge eigener Haftung nach § 823 (1) BGB, was insbesondere bei Zahlungsunfähigkeit der juristischen Person bedeutsam ist (BGHZ 109, 297; NJW 1996, 1535; dagegen Medicus, Zeitschrift für Gewerberecht 1998, 570, 577 ff., u.a. weil dies mit der gewollten Konstruktion einer juristischen Person mit beschränkter Haftung nicht vereinbar ist; Kötz Rn 293, der dies als unübersehbares Haftungsrisiko ansieht, s.

37.25.1.6.). Dennoch ist wegen der Rechtsprechung Vorsicht für solche Geschäftsführer geboten (Haftpflichtversicherung!).

(8) Pflichten zur Abwendung von möglichen Schäden ergeben sich nicht nur aus der **Eröffnung** und **Unterhaltung** eines **Verkehrs**, sondern auch aus **Einwirkungen** auf den Verkehr (z.B. Bauarbeiten mit Schutzpflichten für Verkehrsteilnehmer), aber auch z.b. Teilnahme am Straßenverkehr mit Pflichtenhandlungen nach der Straßenverkehrsordnung (StVO, s. 48.3; Medicus, Rn 648 f.).
Da die Erläuterung wichtiger Bereiche der **allgemeinen Verkehrssicherungspflichten** Kenntnisse des Straßen- und Wegerechts sowie des Rechts zum Gehen, Fahren und Reiten in der freien Landschaft voraussetzen, ist zur **wesentlichen Vertiefung** der Fälle einer Verkehrssicherungspflicht auf **46.10** zu verweisen.
Dort wird folgendes **Beispiel** näher ausgeführt:
Ein Baum stürzt bei Sturm auf die angrenzende Straße. Eine Verkehrssicherungspflicht (des Waldbesitzers, seines Geschäftsführers oder Bediensteten) kann hier in den Grenzen obiger Ausführungen mit Schutzwirkung für einen geschädigten Straßenbenutzer verletzt sein.

(9) Ist das **Organ** einer juristischen Person des **öffentlichen Rechts** als **Beamter** privatrechtlich für die Erfüllung oder Organisation der Verkehrssicherungspflicht zuständig und hat es diese Pflicht
– als eigene gegenüber Dritten auszuführen (s. 37.25.1.6 (5)), müsste mit dem gleichen Ergebnis Anspruchsgrundlage **§ 839 (1) S. 1 (i.V.m. §§ 31, 89) BGB** sein (s. 37.25.2.2); der Beamte kann die eigene Haftung gegenüber Dritten abwehren, und zwar nach § 839 (1) S. 2 BGB auf die Haftung der juristischen Person verweisen;
– nicht (auch) als eigene auszuführen, wird **§ 839 (1) entsprechend** anzuwenden sein **(i.V.m. §§ 31, 89) BGB.**
Handelt es sich um kein Organ, sondern nur um einen (weisungsgebundenen) **Verrichtungsgehilfen** als **Beamten** und hat dieser die privatrechtlich zu erfüllende Verkehrssicherungspflicht
– nicht als eigene gegenüber Dritten auszuführen, passt § 831 (1) BGB nicht (§§ 31, 89 ohnehin nicht),
– als eigene gegenüber Dritten auszuführen, kann zwar § 831 (1) BGB i.V.m. § 839 (1) BGB Haftungsgrundlage für die juristische Person sein, wegen der Möglichkeit des einfachen Entlastungsbeweises (Auswahl, Anleitung, Kontrolle), wird aber die daneben mögliche Haftung aus Organisationsverschulden mit strengerer Pflicht zur Auswahl, Anleitung und Kontrolle praktisch bedeutsamer sein (s. (6), falls Beamte die Organe sind); der Verrichtungsgehilfe als Beamter kann die eigene Haftung gegenüber Dritten abwehren, und zwar nach § 839 (1) S. 2 BGB auf die Haftung der juristischen Person verweisen.

(10) Ausnahmsweise kann der Gesetzgeber die Verkehrssicherungspflicht ganz oder zum größten Teil als **öffentlich-rechtliche** (hoheitliche) ausgestalten. Sie ist dann insoweit eine Amtspflicht; z.B. geschehen bei der Erfüllung der Verkehrssicherungspflicht bei öffentlichen gewidmeten Straßen sowie dem hoheitlichen Jagd- und Forstschutz (57.4, 46.16), während die meiste sonstige forstliche oder jagdliche Tätigkeit zivilrechtlicher Natur ist, wobei es hier aber nicht um Handlungshaftung geht, sondern um Unterlassungshaftung bei Bestehen besonderer Garantenpflichten zum Handeln. (Vgl. auch Kose/Orf, § 14 Rn 42, 44 - 44c). Bei hoheitlicher Pflicht ergeben sich die Anspruchsgrundlagen nicht aus § 823 (1) BGB, sondern als Amtshaftung aus § 839/ Art. 34 GG (s. 37.25.4).
Beispiel wie oben, nur handelt es sich um einen Baum, der noch zum gewidmeten Bereich einer Bundes- oder Landesstraße gehört.

37.25.3.3 Prüfungsschema für Ansprüche aus verletzter privatrechtlicher Verkehrssicherungspflicht (§ 823 (1) BGB u.a.)

Zu (1.1) bis (1.4) **Tatbestandsmäßigkeit (i.e.S.)**; vgl. Raab, JuS 2002, 1041 ff.)

(1.1) Ermittlung der **Anspruchsgrundlage** im Zusammenhang mit der Feststellung einer (eigenen) Verkehrssicherungspflicht gegenüber Dritten, in der Regel § 823 (1) BGB. Bei der Haftung einer juristischen Person für ein pflichtverletzendes Organ (insbesondere Organisationsverschulden): i.V.m. § 31 BGB bzw. §§ 31, 89 BGB oder seltener für einen Dritten als verkehrssicherungspflichtigen Verrichtungsgehilfen § 831 (1) BGB mit erleichtertem Entlastungsbeweis.
Weitere Einzelheiten s. zu 37.25.3.2 (z.b. auch zu § 839 (1) ohne Art. 34 GG).

(1.2) Eines der **Schutzgüter** oder ein sonstiges Recht jeweils des § 823 (1) BGB muss **verletzt** oder beschädigt worden sein.

(1.3) Die **Verkehrssicherungspflicht** muss gemäß nachträglicher Betrachtung **verletzt** sein **(Verletzung der äußeren Sorgfalt** Im Elektrobrand-Fall (BGH, 11.6.1999, NJW 1999, 2896 = VersR 199, 1139) hat der BGH einen Anspruch analog § 906 (2) S. 1 BGB hinsichtlich des Substanzverlustes bejaht, s. BGH 23.4.1986, NJW 1986, 2758 und 31.5.1994, NJW 1994, 2232 m.w.N.

(1.4) Durch diese Verletzung muss der Pflichtige im Allgemeinen
 - als nicht ganz unwahrscheinliche Folge (**adäquate Verursachung**)
 - als im **Schutzbereich** der betr. Verkehrssicherungspflicht liegende Folge oder
 - nicht als Folge eines **allgemeinen Lebensrisikos**
eines der Schutzgüter oder ein sonstiges Recht jeweils des § 823 (1) BGB verletzt oder beschädigt haben **(haftungsbegründende Kausalität)**.

(2) Aus der Pflichtverletzung und dem nach (4) verursachten Schaden folgt, dass auch die **Rechtswidrigkeit** gegeben (indiziert) ist, wenn nicht Rechtfertigungsgründe (34.) vorliegen (Beweislast des Schädigers; von Raab aaO S. 1048 schon vor der Kausalität zu prüfen).

(3) Im Gegensatz zur objektiven Verkehrspflichtverletzung hat der Schädiger (bei Delikts(Schuld)fähigkeit, § 827 f. BGB) aus Sicht vor dem zu erwartenden Handeln (ex ante) bei dem **Verschulden** in der Form der Fahrlässigkeit **(Verletzung der inneren Sorgfalt)** zu beweisen, aus welchen subjektiven Gründen (z.B. wegen schwerer Krankheit entschuldigend) ausnahmsweise (ggf. entgegen dem Beweis des ersten Anscheins) die Verkehrssicherungspflicht objektiv nicht erfüllt worden ist. (Medicus Rn 659; nötig ist die Erkennbarkeit der Pflicht und der Möglichkeit der betr. Rechtsgutsverletzung, s. BGH 23.4.1986, NJW 1986, 2758 und 31.5.1994, NJW 1994, 2232 m.w.N.; OLG Celle 11.9.1996, NLW 19997, 533; Raab aaO). Zur schuldhaften Verletzung der Verkehrssicherungspflicht gehört, dass jemand einen Schaden nicht verhütet bzw. abgewendet hat, obwohl ihm wegen der Schaffung oder (und) Beherrschung des Risikos ein (sicherndes) Tätigwerden möglich war (OLG Köln, 21.1.1988, AgrarR 1988, 352) und ihm dies bei Beachtung der erforderlichen Sorgfalt erkennbar gewesen wäre (Agena, NuR 2005, 223, mit Hinweis auf Geiger, Haftpflichtprozess, 24. Aufl. 2004, § 14 Rn 11)

(4) **Rechtsfolgen: Schadensersatz** nach § 249 BGB, **Schmerzensgeld** nach § 253 BGB Prüfung des **Mitverschuldens** nach § 254 BGB (37.25.1.1 (4.); hat der Geschädigte den Schaden durch mangelnde Sorgfalt oder Aufmerksamkeit mit verursacht oder es unterlas-

sen, ihn zu mindern, ist wegen Mitverschulden die Haftung entsprechend geringer (BGHZ 34, 255, 263).

Haftungsfreistellung des Arbeitnehmers bei leichter Fahrlässigkeit, 37.25.1.1 (4.3).

37.25.3.4 Haftung nach § 823 (2) BGB

Wird ein die Verkehrssicherung regelndes Schutzgesetz im Sinne des § 823 (2) BGB verletzt, ist abweichend von § 823 (1) BGB die Rechtswidrigkeit allein schon bei Verletzung des Schutzgesetzes gegeben (ohne den Schadenserfolg), an die die Haftung anknüpft (Medicus, Rn 655, fraglich: Gleichstellung der höchstrichterlichen Rechtsprechung mit Schutzgesetzen).

37.25.4 Amtshaftungsanspruch bei hoheitlich handelnden Beamten, Angestellten und Arbeitern im öffentlichen Dienst (§ 839 (1) S. 1 BGB i.V.m. Art. 34 S. 1 GG)

§ 839 (1) BGB: Verletzt ein *Beamter* **vorsätzlich** oder **fahrlässig** die ihm einem Dritten gegenüber obliegende Amtspflicht, so hat er dem Dritten den daraus entstehenden **Schaden zu ersetzen.**
Art. 34 S. 1 GG ergänzt und modifiziert diese Regelung zum größten Teil:
Verletzt jemand in Ausübung eines ihm anvertrauten öffentlichen Amtes die ihm einem Dritten gegenüber obliegende Amtspflicht, so trifft die Verantwortlichkeit grundsätzlich den **Staat oder die Körperschaft,** in deren Dienst er steht.

Gründe für die Haftungsübernahme durch den Staat u.a. Hoheitsträger

– Da sich Folgen aus rechtswidrigem Handeln der Amtswalter (Amtsträger) ergeben können, die sich durch den nach Art 19 (4) GG garantierten Rechtsschutz nicht beheben lassen, erfordert der insbes. grundrechtsschützende Grundsatz der Gesetzmäßigkeit der Verwaltung (Rechtsstaatsprinzip), dass der Hoheitsträger wenigstens für schuldhaftes Handeln o.g. Art dem Bürger gegenüber Schadensersatz, nicht nur Entschädigung, zu leisten hat. Entsprechendes gilt bei Unterlassen, wenn eine Rechtspflicht zum Handeln auch gerade dem Bürger gegenüber besteht.
– Der Staat (bzw. ein abgeleiteter Verwaltungträger) ist ein leistungsfähiger Schuldner.
– Die Einsatzbereitschaft der Beamten wird gestärkt.

Neben dem Amtshaftungsanspruch entfallen Ansprüche aus §§ 823 ff., 831, 31/89 BGB gegen denselben Hoheitsträger, nicht aber die Halter-Gefährdungshaftung nach § 7 StVG (37.25.5).

Es ergibt sich folgende Prüfungsreihenfolge:

37.25.4.1 Tatbestandsvoraussetzungen

(1) **„Jemand"** (Art. 34 S. 1 GG) ist begrifflich weiter als „Beamter". Daher sind über den engen beamtenrechtlichen Begriff hinaus *Beamte im weiteren haftungsrechtlichen Sinn* des § 839 (1) S. 1 BGB i.V.m. Art 34 S.1 GG z.B. auch Angestellte und Arbeiter im öffentlichen Dienst, soweit ihnen von dem Verwaltungträger ein **öffentliches Amt, also ein öffentlich-rechtlicher Tätigkeitsbereich übertragen** worden ist; ebenso gehören mit öffentlichen Aufgaben Beliehene (BGH NJW 1973, 458), öffentlich-rechtlich Beauftragte oder Verwaltungshelfer und wohl auch Personen mit beschränktem öffentlichen Dienstverhältnis dazu, nicht jedoch die Inpflichtgenommenen (11.7, 11.11), - alle Amtswalter, in der Rechtsprechung auch Amtsträger genannt.

(2) **„in Ausübung"** eines öffentlichen Amtes (Art. 34 S. 1 GG), bedeutet: nicht nur „bei Gelegenheit" und liegt z.B. nicht vor, wenn ein Forsthüter beim Kontrollgang privat motiviert einen unsympathischen Jagdgast schlägt; auch nicht bei unbefugter Benutzung eines Dienstwagens (einer „Schwarzfahrt") durch einen Beamten mit Schadensfolge für einen Dritten, es sei denn, dass der Beamte gerade die dienstliche Pflicht hatte, eine missbräuchliche und schadenbringende Benutzung zu verhindern (BGH, NJW 1994, 660). Die Aufgabe der Erfüllung der öffentlich-rechtlichen Verkehrssicherungspflicht hinsichtlich öffentlicher Straßen geschieht in Ausübung eines öffentlichen Amtes auch bezüglich der Standsicherheit von

Straßenbäumen (48.2; BGHZ 123, 102; dazu auch BGH 4.3.2004, UPR 2004, 262; 46.10).

(3) **Amtspflicht** (Art. 34 S. 1 GG/§ 839 (1) BGB) ist die Pflicht, die sich aus dem Amtsverhältnis zwischen Amtswalter und Hoheitsträger ergibt (ggf. auch aus Verwaltungsvorschriften oder innerdienstlichen Weisungen); nach 37.25.3.1 ggf. auch eine Verkehrsicherungspflicht; s. (2); 46.10.

(4) **gegenüber Dritten obliegend** (Art. 34 S. 1 GG/§ 839 (1) BGB), d.h. die Amtspflicht muss dem Vorschriftenzweck oder der Tätigkeit nach (zumindest auch) den Schutz des Dritten (Anspruchstellers) hinsichtlich der betroffenen Rechtsgüter bezwecken, bei Ermessensvorschrift Verletzung des Anspruchs auf fehlerfreie Ermessensausübung; zur Ermessensreduzierung auf Null hinsichtlich polizeilicher Hilfe vgl. 20.2.

(5) **Verletzung der Amtspflicht** (Art. 34 S. 1 GG/§ 839 (1) BGB) bedeutet objektiv rechtswidrige oder sonst unrichtige Sachbehandlung. Die Amtspflichten sind durch die auf dem Dienstposten zu beachtenden Vorschriften bestimmt. Dazu gehört auch die Pflicht, sich bei der Amtsausübung aller Eingriffe in fremde Rechte zu enthalten, die (auch) eine unerlaubte Handlung im Sinne des BGB (§§ 823 ff.) darstellen (BGH NJW 1994,1950).

(6) Durch die Amtspflichtverletzung muss als generell geeignete Folge (Adäquanz als **Kausalität**) ein **Schaden** (jeder Vermögensschaden genügt) entstanden sein (§ 839 (1) BGB). Wäre durch pflichtgemäßes Handeln bei normalem Verlauf der Schaden vermieden (ggf. Auffassung des Gerichts)? Bei einem Unterlassen, z.B. Verkehrsicherungspflicht zu erfüllen, müsste der Schaden mit an Sicherheit grenzender Wahrscheinlichkeit vermieden worden sein (BGH NVwZ 1994, 823; BGH 4.3.2004, UPR 2004,262, lässt wegen fehlender Kausalität die Frage einer Verletzung der Verkehrssicherungspflicht bei der Prüfung von Straßenbäumen offen; s. 46.10.2.1).

(7) Die bei Verletzung der Amtspflicht grundsätzlich anzunehmende **Rechtswidrigkeit** (Widerrechtlichkeit) ist nur ausgeschlossen, wenn sie durch **Rechtfertigungsgründe** ausgeschlossen ist, vgl. §§ 227 - 230, 859, 904 BGB, § 127 StPO usw. wie beim Strafrecht, s. 34.

(8) **Verschulden** (als vorwerfbares Handeln eines Zurechnungsfähigen) nach § 839 (1)/ § 276 BGB: bei **Vorsatz** oder **Fahrlässigkeit**. (Begriffe s. vorab *zu 37.25.1.1*). Schuldhaft muss nur die Amtspflichtverletzung sein, nicht auch die Herbeiführung des Schadens.
Vorsatz liegt vor, wenn ein Amtsträger sich bewusst über die verletzte Amtspflicht hinwegsetzt. Er muss die Tatsachen kennen, aus denen sich die Pflichtverletzung objektiv ergibt und wissen, dass er dagegen verstößt. Zumindest muss er die Möglichkeit eines solchen Verstoßes billigend in Kauf nehmen (BGHZ 120, 176 = NJW 1993, 1529; „bedingter" Vorsatz, s. 33.3.2.3).
Fahrlässigkeit: Ob eine Sorgfaltspflichtverletzung vorliegt, richtet sich nach den durchschnittlich auf dem Dienstposten/Arbeitsplatz erforderlichen Kenntnissen und Fähigkeiten (pflichtgetreuer Durchschnittsbeamter, Schlick/Rinne, NVwZ 1997, 1171, 1173). Ein objektiver Rechtsirrtum ist dann nicht schuldhaft, wenn ohne Vorliegen einer gesicherten Rechtsprechung eine vertretbare Rechtsauffassung zugrunde gelegt wird, die später obergerichtlich nicht bestätigt wird (BGH NJW 1993, 530).

(9) Zu den **Anspruchsfolgen** aus §§ 249 ff., 253 BGB sowie zur Anrechnung eines Mitverschuldens s. 37.25.5

(Ein **fehlerhafter Urteilsspruch** löst eine Haftung nur aus, wenn die Pflichtverletzung eine (schuldhafte) Straftat darstellt, § 839 (2) S. 1 BGB, Richterspruchprivileg; ein Erlass eines fehlerhaften formellen **Gesetzes** auch **nicht,** evtl. aber einer **Rechtsverordnung** oder **Satzung.**)
Bei **Mitverschulden** des Verletzten durch **Rechtsmittelversäumung** tritt die Ersatzpflicht nicht ein (§ 839 (3) BGB).

37.25.4.2 Schadensersatzanspruch gegen die Anstellungskörperschaft als Rechtsfolge; Regress

(1) Bei Vorliegen der Haftungsvoraussetzungen und Nichtvorliegen der Haftungsbeschränkungen haftet der **Staat oder die Körperschaft**, in deren Dienst die Beamte, Angestellte oder Arbeiter steht. Mit Körperschaften sind alle abgeleiteten deutschen juristischen Personen des **öffentlichen Rechts**, also auch Anstalten und Stiftungen (11.5.2, 11.5.4), gemeint, **nicht aber Beliehene**, die zwar Verwaltungsträger sind, aber rechtsfähige Personen des Privatrechts (11.7; z.B. Forsthüter für den Privatwald; Maurer § 25 Rn40 - 43).
Diejenige **juristische Person des öffentlichen Rechts** (s. Art. 34 S. 1 GG) hat Schadensersatz zu leisten, die dem Amtsinhaber das Amt bzw. die betreffenden Aufgaben, bei dessen Ausübung er pflichtwidrig gehandelt hat, **anvertraut hat** (Amtsübertragungstheorie oder Anvertrauenstheorie); dies ist in der Regel die Anstellungs-Körperschaft; bei Beliehenen (z.B. Forsthütern) ist es die beleihende Körperschaft, da Beliehene zwar Verwaltungsträger, aber keine Körperschaft oder andere juristischen Person des öffentlichen Rechts sind (s. 11.7).

(2) **Haftungsbeschränkungen:** Fällt dem Beamten nur Fahrlässigkeit zur Last, so kann er nur in Anspruch genommen werden, wenn der Verletzte nicht auf andere Weise Ersatz zu erlangen vermag, § 839 (1) S. 2 BGB **Subsidiaritätsklausel (Verweisungsprivileg** zur Stärkung der Entschlusskraft der Beamten durch Beschränkung des Haftungsrisikos). Wegen unmittelbaren Haftung der juristischen Person des öffentlichen Rechts nach Art. 34 S. 1 GG hat diese Schutzklausel *zugunsten des Beamten (i.w.S)* ihre Bedeutung verloren. Auf das Verweisungsprivileg kann sich aber *auch der* **Hoheitsträger** zur Abwehr seiner Haftung nach Art. 34 S. 1 GG berufen. So kann der Hoheitsträger eigentlich auf einen privaten Mitschädiger verweisen. Die Klausel ist jedoch durch die Rechtsprechung immer mehr eingeengt worden. So darf die Verweisung nicht wegen Schwierigkeiten der Realisierung unzumutbar sein (BGH NJW-RR 1995, 248). Auch kann sich wegen des Grundsatzes der haftungsrechtlichen **Gleichbehandlung aller Verkehrsteilnehmer** der Verwaltungsträger nicht auf das Verweisungsprivileg zu Lasten einer Haftpflichtversicherung des Beamten berufen, wenn dieser bei Ausführung seiner hoheitlichen Aufgabe am allgemeinen Straßenverkehr teilnimmt und schuldhaft einen Verkehrsunfall verursacht (BGHZ 85, 225 = NJW 1983, 1667); anders bei Inanspruchnahme von Sonderrechten nach § 35 StVO (Polizeibeamte mit Blaulicht usw.). Aus demselben Grund entfällt das Verweisungsprivileg, wenn ein Beamter durch Verletzung der ihm hoheitlich obliegenden **Verkehrssicherungspflicht** einen Unfall verursacht. Hier besteht der enge Zusammenhang zu der allgemeinen privatrechtlichen Verkehrssicherungspflicht (BGHZ 75, 134 = NJW 1979, 2043). Gehört die Tätigkeit dagegen (wie die erwähnten Fahrten nach § 35 StVO) *ausschließlich* zum hoheitlichen Pflichtenkreis des Beamten, weist sie alle Merkmale hoheitlichen Handelns auf und lässt sie sich aus diesem Bereich nicht ausgliedern, kann sich der Hoheitsträger auf das Verweisungsprivileg z.B. Verweisung auf die Haftpflichtversicherung des Beamten berufen (BGHZ 85, 225 s.o.). Keine Verweisungsmöglichkeit gilt auch bei einer Straßenverkehrssicherungspflicht, die nicht nur gegenüber Verkehrsteilnehmern, sondern auch gegenüber Eigentümern von Anliegergrundstücken besteht, um sie vor umstürzenden Straßenbäumen zu schützen (BGHZ 123, 102= NJW 1993,

2612, s. auch 46.10). Hat eine Gemeinde die ihr obliegende Straßenreinigungspflicht (auch bei Schnee- und Eisglätte) durch Satzung den Eigentümern der anliegenden Grundstücke auferlegt und ein Amtsträger (Beamter) die ihm als hoheitliche Aufgabe obliegende Pflicht verletzt, die Einhaltung der Räum- und Streupflicht zu überwachen, kann sich die Gemeinde für diesen bestehen gebliebenen Teil der Verkehrssicherungspflicht aus Gleichbehandlungsgründen auch nicht auf das Haftungsprivileg berufen, auch nicht, obwohl der Gemeinde auch die hoheitliche Abwehr von Gefahren für die Wegbenutzer obliegt (BGHZ 118, 368 = NJW 1992, 2476). Auch auf Sozialversicherungsansprüche kann der Staat nicht verweisen (BGHZ 62, 380 bzw. 394; 70,4).

(3) Allerdings hat der Verwaltungsträger bei **Vorsatz** oder **grober Fahrlässigkeit** des Beamten gegen diesen einen **Regressanspruch** (Art 34 S. 2 des GG i.V.m. den Beamtengesetzen, z.B. § 86 Nds. Beamtengesetz).
Nach Art. 34 S. 3 GG/§ 40 (2) VwGO gilt ausnahmsweise für die **Schadensersatz- und Regressansprüche** der **ordentliche Rechtsweg** (25.1).

37.25.5 Art des Schadensersatzes zu §§ 823 ff., 839 BGB ggf. i.V.m. Art. 34 GG; Mitverschulden

Als Rechtsfolge des Vorliegens der Voraussetzungen der Schadensersatzansprüche Schadensersatz zu §§ 823 ff. und § 839 BGB mit oder ohne Art. 34 GG ergibt sich folgender Schadensersatz: Nach **§ 249 S. 1 BGB** hat derjenige, der zum Schadensersatz verpflichtet ist, den Zustand herzustellen, der bestehen würde, wenn der zum Ersatze verpflichtende Umstand nicht eingetreten wäre. Diese Naturalrestitution wird meistens nicht möglich sein. Nach **§ 249 S. 2 BGB** kann der Gläubiger, wenn wegen Verletzung einer Person oder Beschädigung einer Sache Schadensersatz zu leisten ist, statt der Herstellung den dazu erforderlichen Geldbetrag verlangen.

Gemäß **§ 253 Abs. 2 BGB** kann bei Körperverletzung der Verletzte auch wegen des Schadens, der nicht Vermögensschaden ist, eine billige Entschädigung in Geld verlangen, - **Schmerzensgeld**.

Nach **§ 254 Abs. 1 BGB** kann sich die Schadensquote ermäßigen: Hat bei der Entstehung des Schadens ein Verschulden des Beschädigten mitgewirkt, so hängt die Verpflichtung zum Ersatz sowie der Umfang des zu ersetzenden Schadens von den Umständen, insbesondere davon ab, inwieweit der Schaden vorwiegend von dem einen oder anderen Teile verursacht worden ist.
Der Schadenersatzanspruch kann (ohne Doppelleistungen) **neben** den zu 27.1 ff. genannten anderen Erstattungsansprüchen und **Entschädigungsansprüchen** (27.4) bestehen; letztere verlangen kein Verschulden und die Entschädigung kann hinter vollem Wertausgleich zurückbleiben; sie umfasst kein Schmerzensgeld.

37.25.6 Unterlassungs-/Beseitigungsanspruch nach § 1004 BGB

Neben einem Schadensersatzanspruch aus unerlaubter Handlung kann ein Unterlassungs-/Beseitigungsanspruch nach § 1004 BGB, vgl. 37.28.4., hinsichtlich Eigentumsbeschränkungen vorliegen; ein solcher Unterlassungsanspruch wird auch entsprechend für andere absolute (auch nach § 823 (1) BGB bzw. § 831 oder §31/§ 89 BGB geschützte) Rechte wie Leben, Gesundheit, allgemeines Persönlichkeitsrecht angewendet, aber z.B. nicht, wenn der Waldbesitzer das öffentliche Recht des Waldbesuchers zum Betreten des Waldes rechtswidrig hindert vgl. 46.11.

37.25.7 Tierhalterhaftung, §§ 833, 834 BGB

Ansprüche nach § 833 BGB

[1]Wird durch ein Tier ein Mensch getötet oder der Körper oder die Gesundheit beschädigt, so ist derjenige, welcher das **Tier hält**, verpflichtet, dem Verletzten den daraus entstehenden Schaden zu ersetzen. [2]Die Ersatzpflicht tritt **nicht** ein, wenn der Schaden durch ein **Haustier** verursacht wird, das dem **Berufe, der Erwerbstätigkeit oder dem Unterhalte des Tierhalters zu dienen bestimmt** ist, und entweder

- der Tierhalter bei der Beaufsichtigung des Tieres die **erforderliche Sorgfalt** beobachtet
- oder der Schaden **auch bei Anwendung dieser Sorgfalt entstanden** sein würde.

Der Schaden muss jeweils durch ein in der tierischen Natur des Tieres entsprechendes unberechenbares Verhalten entstanden sein (entfällt, wenn eine Pferd nur wegen Anwesenheit eines Hundes scheut und die Reiterin abwirft, AG Daun 3 C 292/02, Pirsch 15/2004, 29).

Zu prüfen ist auch jeweils, wer Halter ist. Nach der Rechtsprechung erlischt die Tierhaltereigenschaft nicht, wenn das Tier zur Verwahrung und Ausbildung einer anderen Person übergeben wird. Die Beziehung zu der Wirtschafts- und Haushaltssphäre des Halters darf nicht gänzlich aufgehoben worden sein. Ein Haftungsausschluss kann vereinbart werden.

Bei der Tierhalterhaftung nach § 833 S. 1 kommt es nicht auf ein Verschulden an (**Gefährdungshaftung**). Das trifft für eine Haltung aus Liebhaberei zu. (Luxustier).

Der *Jagdhund des Jagdgastes* wird als Liebhaberei gewertet. Zur Leistungspflicht (außer Schmerzensgeld) der gesetzlichen Unfallversicherung, wenn die Person, die den Hund des Nachbarn aus Gefälligkeit ausführt, durch plötzliches Loslaufen des Hundes (OLG Stuttgart, 2 U 213/01, Pirsch 2/2003, S. 23). Zu einem durch einen Hund verletzten Tierarzt s. OLG Hamm, 6U 14/02, Pirsch 2004, 20/31. Die typische Tiergefahr eines Hundes verwirklicht sich dadurch, dass er unbeirrt einer Spur folgt und sich nur durch das Einwirken des Hundeführers abbringen ließe (AG Euskirchen 9.12.2003, JE XI Nr. 121). Zu einem Jagdhund, der nach Verfolgung eines Fuchses in ein Abwasserrohr mit Schaden für den Nachbarn befreit werden musste, mit Hinweis auf ein Eintreten der Jagdhaftpflichtversicherung für den ersatzpflichtigen Hundehalter, AG Stadthagen 27.10.2004, WuH 2/2005, 104. Zur begrenzten Haftung bei Schäden von aus einem Tiergehege ("Wildgehege"; 51.12) ausgebrochenen Rotwild auf einem Freizeitgrundstück im Außenbereich s. OLG Koblenz 10.8.2004 – 10 U 1321/03, erl. durch v. Pückler, WuH 3/2006, 102.

Anders ist es bei einem **Berufs-** oder **Erwerbszwecken dienenden Haustier** (z.B. Pferdezucht; Traber; Pferdevermieter). Dann haftet der Tierhalter wegen vermuteten Verschuldens, das er aber entkräften kann (**§ 133 S. 2 BGB**). z.B. der Jagdhund des Jagdaufsehers oder Forstbeamten (Mantel I, S. 135). Dass sich ein Reitschüler bewusst einer Gefahr aussetzt, schließt die Tierhalterhaftung nicht aus.

Ein **Mitverschulden** entsprechend § 254 BGB ist jeweils zu prüfen;

> z.B. voller Haftungsausschluss bei Betreten eines Hauses trotz defekter Klingel und zu erwartender Anwesenheit von zwei bissigen Hunden (OLG München 5.10.2000 – 14 U 1010/99 bestätigt durch BGH 26.10.2001 – VI ZR 420/00 (WuH 6/2003, S. 70). Jogger, der mit unverminderter Geschwindigkeit auf einen Hund zuläuft und mit ihm zusammenstößt, OLG Koblenz 5 U 27/03, Pirsch 15/2004, 29.

Ansprüche nach § 834 S. 1 BGB:

[1]Wer für denjenigen, welcher ein Tier hält, die Führung der Aufsicht über das Tier durch Vertrag übernimmt, ist für den Schaden verantwortlich, den das Tier einem Dritten in der im § 833 BGB bezeichneten Weise zufügt. [2]Die Verantwortlichkeit tritt nicht ein, wenn bei der Führung der Aufsicht die im Verkehr erforderliche Sorgfalt beobachtet oder wenn der Schaden auch bei Anwendung dieser Sorgfalt entstanden sein würde (also Entlastungsbeweis möglich).

> Z.B. sind Stallburschen oder angestellte Reitlehrer, die nur auf Anweisung handeln, nicht solche Aufsichtführenden. Selbständige allgemeine Gewalt über das Tier ist erforderlich, ausdrücklich positiv entschieden für Pensionspferdehaltung ggf. mit Reitschülerausbildung verbunden.

37.25.8 Gefährdungshaftung des Halters eines Kraftfahrzeugs, § 7 StVG, Haftung des Führers nach § 18 StVG

Während der Amtshaftungsanspruch sowie die Ansprüche aus unerlaubter Handlung ein schuldhaftes Handeln des Pflichtigen erfordern, haftet daneben der Fahrzeughalter, also ohne dass andere Anspruchsgrundlagen ausgeschlossen sind (§ 16 StVG) nach **§ 7 StVG** wie folgt ohne Verschulden (Gefährdungshaftung):
(1) Wird bei dem Betrieb eines Kraftfahrzeugs ein Mensch getötet, der Körper oder die Gesundheit eines Menschen verletzt oder eine Sache beschädigt, so ist der Halter des Fahrzeugs verpflichtet, dem Verletzten den daraus entstehenden Schaden zu ersetzen. *(nach § 253 BGB auch Schmerzensgeld)*
(2) ¹Die Ersatzpflicht ist ausgeschlossen, wenn der Unfall durch ein unabwendbares Ereignis verursacht wird, das weder auf einen Fehler in der Beschaffenheit des Fahrzeugs noch auf einem Versagen seiner Verrichtungen beruht. ²Als unabwendbar gilt ein Ereignis insbesondere dann, wenn es auf das Verhalten des Verletzten oder eines nicht bei dem Betrieb beschäftigten Dritten oder eines Tieres zurückzuführen ist und sowohl der Halter als auch der Führer des Fahrzeugs jede nach den Umständen des Falles gebotene Sorgfalt beobachtet hat.
(3) ¹Benutzt jemand das Fahrzeug ohne Wissen und Willen des Fahrzeughalters, so ist er an Stelle des Halters zum Ersatz des Schadens verpflichtet; daneben bleibt der Halter zum Ersatz des Schadens verpflichtet, wenn die Benutzung des Fahrzeugs durch sein Verschulden ermöglicht worden ist. ²Satz 1 findet keine Anwendung, wenn der Benutzer vom Fahrzeughalter für den Betrieb des Fahrzeugs angestellt ist oder wenn ihm das Fahrzeug vom Halter überlassen worden ist.
Nach **§ 8 StVG** gelten die Vorschriften des § 7 nicht, wenn der Unfall durch ein Fahrzeug verursacht wurde, das auf ebener Bahn mit keiner höheren Geschwindigkeit als 20 Kilometer in der Stunde fahren kann oder wenn der Verletzte bei dem Betrieb des Kraftfahrzeugs tätig war. Nach **§ 8a StVG** wird für mitgenommene geschädigte Personen (Insassen) nur bei gewerbsmäßiger Beförderung nach § 7 gehaftet (anders nach § 823 (1) und (2) BGB).

§ 9 StVG hat bei der Entstehung des Schadens ein Verschulden des Verletzten mitgewirkt, so finden die Vorschriften des § 254 BGB (über die Einschränkung der Haftung entsprechend dem Anteil der Verursachung) Anwendung, bei Beschädigung von Sachen kommt es auf das Verschulden desjenigen an, der die tatsächliche Gewalt über die Sache ausübt.
Bei Tötung auch Erstattung von verlorengegangenem von Dritten zu beanspruchenden Unterhalt (§ 10 StVG), bei Körperverletzung auch von Verlusten aus dauernder oder zeitweiser Erwerbsunfähigkeit (§ 11 StVG), jeweils Geldrente (§ 13 StVG).

Haftungsgrenzen **(§ 12 (1) StVG)**:
1. bei Tötung oder Verletzung eines Menschen nur bis zu 600 000 € einmalig oder bis zu einem Rentenbetrag von 36 000 € jährlich,
2. bei Tötung oder Verletzung mehrerer Menschen durch dasselbe Ereignis nur insgesamt 3 000 000 € einmalig oder bis zu einem Rentenbetrag von jährlich 180 000 €.
3. bei Beschädigung einer oder mehrerer Sachen bis 300 000 €.

Verjährungsfrist 3 Jahre **(§ 14 StVG/§ 852 (1) BGB)**, Verlust der Ansprüche, falls nicht innerhalb von 2 Monaten nach Kenntniserlangung dem Erstattungspflichtigen den Unfall ohne begründeten Entschuldigungsgrund anzeigt **(§ 15 StVG)**.
Zur Ausgleichspflicht mehrerer Haftpflichtiger einschließlich Tierhalterhaftung nach dem Anteil der Verursachung s. **§ 17 StVG**.

Haftung des Führers eine Kraftfahrzeugs, § 18 StVG
Nach **§ 18 (1) StVG** ist bei Vorliegen der Voraussetzungen des § 7 (1) StVG auch der **Führer** des Kraftfahrzeugs nach den Vorschriften der §§ 8 bis 15 StVG, außer, wenn der Schaden nicht durch ein **Verschulden** des Führers verursacht worden ist. Daneben ggf. Haftung nach §§ 823 ff. BGB u.a. entsprechend § 16 StVG, bei mehreren Haftpflichtigen entsprechend § 17 StVG (§ 18 (2) (3) StVG).

37.25.9 Übersichten: Anspruchsgrundlagen bzw. Haftung aus unerlaubter Handlung/-Amtspflichtverletzung sowie Verkehrssicherungspflicht (zu 37.25.1 - 37.25.4)

37.25.9.1- Übersicht 1: Unerlaubte Handlung, Amtshaftung (ohne Verkehrssicherungspflicht)

Beispiel: Ein Bediensteter (B bzw. F) fährt während des Dienstes leicht fahrlässig gegen den PKW des A. Dieser hat folgende Ansprüche wegen Schädigung durch (aktives) Handeln (ohne §§ 823 (2), 826 BGB)

Gegenüber A **Haftender** ↓	Angestellter/Arbeiter		Beamter (Forstamt/Straßenbauamt)	
	Waldarbeiter / Hilfsangestellter B	Forstbetriebsleiter/ Forstamtsleiter/ Revierleiter F	Forstamtsleiter/Revierleiter /Leiter Straßenbaubehörde F	voll weisungsgeb., z.b. einfacher Dienst, Straßenwärter B
Privatrechtlich	1	2	3	4
Bediensteter Von N, P oder Ö, s.u.	§ 823 (1) BGB (rechtswidrig und schuldhaft) #)	auch nach § 823 (1) ; (neben B nach § 831 (2) BGB für Verrichtungsgehilfen, nach § 823 (1) BGB bei eigenem Organisationsverschulden; #)	Haftung nach § 839 (1) S. 1 BGB: dies entfällt aber nach S. 2, falls A auch Anspruch gegen jur. Person des öff. Rechts hat (s.u.) (auch bei Fahrt des B)	
und/oder natürl. Person N beschäftigt (als Chef) F und/oder B	Falls Verrichtungsgehilfe B nach § 823 (1) BGB u.ä. mindestens rechtswidrig schädigt, haftet N, P oder Ö für ihn nach **§ 831 (1)** BGB, falls er/sie nicht beweist: für B - einen Rechtfertigungsgrund oder - das Fehlen von Vorsatz und Fahrlässigkeit - oder - eigene richtige Auswahl, Anleitung und Überwachung; daneben Organisationsverschulden: zu N: § 823 (1), zu P, Ö: . §§ 823 (1)/ 31, 89 BGB.*)	in weiter Auslegung § 831 (1) BGB, s. links (a.A.: entsprechend § 31 BGB)	--	--
und/oder juristische Person d. Privatrechts P		§ 823 (1) i.V.m. § 31 BGB Organhaftung; ggf. auch für Organisationsverschulden	--	--
und/oder juristische Person d. öff. Rechts Ö		§ 823 (1) i.V.m. §§ 31, 89 BGB Organhaftung; ggf. auch für Organisationsverschulden *)	§ 839 (1) S. 1?) i.V.m. §§ 31, 89 BGB Organhaftung; ggf. auch für Orgs.Verschulden; im Allgem. keine Verweisung auf anderen Pflichtigen. *)	§ 831(1) BGB für Verricht.gehilfen; Entlastungsbeweis möglich; daneben ggf. für Organisationsverschulden nach § 823 (1) s. Spalte 1/ § 839 (1) Spalte 3*)
hoheitlich				
Bediensteter von Ö	keine Haftung *)	keine Haftung *)	keine Haftung *)	keine Haftung *)
Juristische Person d. öff. Rechts Ö	§ 839 BGB i.V.m. Art. 34 GG	§ 839 BGB i.V.m. Art. 34 GG	§ 839 BGB i.V.m. Art. 34 GG; im Allgem. keine Verweisung auf anderen Pflichtigen	§ 839 BGB i.V.m. Art. 34 GG; im Allgem. keine Verweisung auf anderen Pflichtigen

#) aber Freistellungsanspruch des Arbeitnehmers gegen Arbeitgeber bei leichter Fahrlässigkeit
***)** bei Beamten, Angestellten und Arbeitern des öffentlichen Dienstes Regress nur bei Vorsatz und grober Fahrlässigkeit (Art. 34 S. 2 GG, BAT, MTV)

37.25.9.2 Übersicht 2: Verkehrssicherungspflicht

Beispiel: Der Bedienstete B oder F sichert nicht einen Baum, der für ihn erkennbar umzustürzen droht; kurz danach wird A vom umstürzenden Baum schwer verletzt. Schädigung durch Verletzung der Verkehrssicherungspflicht (durch Unterlassen); hoheitliche Verkehrssicherungspflicht (**VSP**) nur kraft Gesetzes z.B. bei Straßenbaubehörden. (ohne §§ 823 (2), 826 BGB)

Gegenüber A *Haftender*	Angestellter/Arbeiter		Beamter (Forstamt/Straßenbauamt)	
	Waldarbeiter / Hilfsangestellter B	Forstbetriebsleiter/ Forstamtsleiter/ Revierleiter F	Forstamtsleiter/Revierleiter /Leiter Straßenbaubehörde F	voll weisungsgeb., z.B. einfacher Dienst, Straßenwärter B
Privatrechtlich	1	2	3	4
Bediensteter Von N, P oder Ö (s.u.)	falls trotz Weisungsgebundenheit *eigene* VSP des B auch gegenüber Dritten, Haftung nach § 823 (1) BGB; *) , daraus schon bei Widerrechtlichkeit:	bei eig. VSP Haftung n. § 823 (1); (neben VSP B keine eigene VSP; aber nach BGH eigene aHaftung bei Organisationsschulden nach § 823 (1) BGB; a.A. nur bei eigenem gefährdenden Tun oder Kenntnis von der Möglichkeit davon. *)	s. links Spalte 2 jedoch auf der Grundlage von § 839 BGB; Haftung entfällt aber , falls A auch Anspruch gegen jur. Person des öff. Rechts hat (s.u.). (wie oben auch neben VSP B)	s. links Spalte 1./. aber auf der Grundlage von § 839 BGB; Haftung entfällt aber , falls A auch Anspruch gegen jur. Person des öff. Rechts hat (s.u.).
und/oder **natürl. Person N beschäftigt (als Chef)**	neben § 831 (1) § 823 (1) BGB: weitergehende Auswahl-, Anleitungs- u. Kontrollpflicht, auch falls B keine *eigene* VSP zu erfüllen hat	§ 831 (1) BGB entfällt; § 823 (1) BGB; wie links, egal ob F *eigene* VSP zu erfüllen hat	--	--
Und/oder **juristische Person d. Privatrechts P**	neben § 831(1) § 823 (1) BGB wie oben i.V.m. § 31 BGB	§ 823 (1) BGB; wie oben i.V.m. § 31 BGB	--	--
und/oder **juristische Person d. öff. Rechts Ö**	neben § 831 BGB § 823 (1) BGB wie oben i.V.m. §§ 31, 89 BGB*)	§ 823 (1) BGB; wie oben i.V.m. §§ 31, 89 BGB*)	Organisationsverschulden: *eigene* VSP (F) § 839 (1), keine eigene: entsprechend, i.V.m. §§ 31, 89 BGB; s. Spalte 2*); keine Verweisung auf anderen Pflichtigen	eig. VSP: § 831 (1); daneben (i.V.m. § 839 (1) S. 1 BGB): Organisationsverschulden: *eigene* VSP (F) § 839 (1), keine eigene: entsprechend, i.V.m. §§ 31, 89 BGB. *)
hoheitlich				
Bediensteter von Ö	keine Haftung *)	keine Haftung *)	keine Haftung *)	keine Haftung *)
Juristische Person d. öff. Rechts	§ 839 BGB i.V.m. Art. 34 GG	§ 839 BGB i.V.m. Art. 34 GG	§ 839 BGB i.V.m. Art. 34 GG; keine Verweisung auf anderen Pflichtigen	§ 839 BGB i.V.m. Art. 34 GG; keine Verweisung auf anderen Pflichtigen

*) aber Freistellungsanspruch des Arbeitnehmers gegen Arbeitgeber bei leichter Fahrlässigkeit
*) bei Beamten, Angestellten und Arbeitern des öffentlichen Dienstes Regress nur bei Vorsatz und grober Fahrlässigkeit (Art. 34 S. 2 GG, BAT, MTV)

37.25.10 Unfallverhütungsvorschrift der Gartenbau-Berufsgenossenschaft Forsten 4.3 (VSG 4.3) vom 1. Januar 2000 - UVV Forst

Inhalt
§ 1 Beschäftigung allgemein
§ 2 Beschäftigungsbeschränkungen
§ 3 Allgemeines Verhalten
§ 4 Arbeiten mit Motorsägen
§ 5 Fällung und Aufarbeitung
§ 6 Aufarbeitung von Windwürfen und gebrochenem Holz
§ 7 Besteigen von Bäumen, Arbeiten am stehenden Stamm und in der Baumkrone
§ 8 Holzrücken
§ 9 Holzbeförderung in Riesen und Loiten
§ 10 Ordnungswidrigkeiten
§ 11 Inkrafttreten
Anlagen 1 - 4

---

§ 1 Beschäftigung im Allgemeinen

(1) Der Unternehmer darf Versicherte mit gefährlichen Forstarbeiten nur beschäftigen, wenn festgestellt ist, dass keine körperlichen oder geistigen Mängel vorliegen, durch die sie sich selbst oder andere Versicherte besonderen Gefahren aussetzen.

Durchführungsanweisung

1. *Bezüglich der Übertragung von Pflichten des Unternehmers auf andere Versicherte wird auf die Unfallverhütungsvorschrift „Allgemeine Vorschriften für Sicherheit und Gesundheitsschutz" (VSG 1.1) verwiesen.*
2. *Gefährliche Forstarbeiten sind insbesondere*
   - *Arbeiten mit Motorsägen oder Freischneidegeräten,*
   - *Aufarbeitung von Windwürfen, Wind- oder Schneebruch,*
   - *Besteigen von Bäumen,*
   - *Umgang mit gefährlichen Arbeitsstoffen,*
   - *Holzrücken mit Seilwinden.*

Bezüglich des Umgangs mit gefährlichen Arbeitsstoffen wird auf die Unfallverhütungsvorschrift „Gefahrstoffe" (VSG 4.5) verwiesen.

(2) Bei Einstellung von ständig beschäftigten Arbeitnehmern muss die Feststellung nach Abs. 1 ärztlich bescheinigt sein. Gilt die ärztliche Feststellung nur für eine bestimmte Frist, so muss vor Ablauf dieser Frist die ärztliche Untersuchung wiederholt werden.

Durchführungsanweisung

1. *Als ständig Beschäftigter gilt ein Waldarbeiter, der mehr als 4 Monate im Forstwirtschaftsjahr beschäftigt ist.*
2. *Ein Unternehmer wird nicht Arbeitnehmer im Sinne dieses Absatzes, wenn er in Nachbarschaftshilfe einem anderen Unternehmer eine Arbeit zu erledigen hilft oder als Unternehmer Hand- und Spanndienste für die Gemeinde versieht. Das gleiche gilt für Unternehmer, die als Mitglieder einer Waldbesitzer-Gemeinschaft, einer Erzeuger-Gemeinschaft, eines Maschinenringes oder eines ähnlichen Zusammenschlusses arbeiten.*
3. *Auf die Unfallverhütungsvorschrift „Sicherheitstechnische und arbeitsmedizinische Betreuung und spezielle arbeitsmedizinische Vorsorge bei besonderer Gesundheitsgefährdung am Arbeitsplatz" (VSG 1.2) wird verwiesen.*

§ 2 Beschäftigungsbeschränkungen

(1) Versicherte unter 18 Jahren dürfen nicht mit dem Bedienen von Motorsägen, Freischneidegeräten sowie mit Seilarbeiten beschäftigt werden.

(2) Abs. 1 gilt nicht für die Beschäftigung von Versicherten über 16 Jahre, soweit dies zur Erreichung des Ausbildungszieles erforderlich ist und der Schutz durch die Aufsicht eines Fachkundigen gewährleistet ist.

(3) Versicherte unter 16 Jahre dürfen ohne Aufsicht eines Fachkundigen auch nicht beschäftigt werden mit
- *dem Fällen ohne Motorsäge sowie der Aufarbeitung und Bringung von Bäumen,*
- *Hilfsarbeiten im übrigen Hauungsbetrieb.*

Durchführungsanweisung
Zu Hilfsarbeiten im übrigen Hauungsbetrieb gehören z. B. das Entasten und das Ablängen.

(4) Der Unternehmer darf Versicherte nicht mit Arbeiten beschäftigen, die über ihre Leistungsfähigkeit hinausgehen.

§ 3 Allgemeines Verhalten

(1) Die Versicherten haben sich so zu verhalten, dass ihre Sicherheit und die ihrer Mitarbeiter gewährleistet ist. Sie haben insbesondere
- *bei der Arbeit für einen sicheren Stand zu sorgen,*
- *Maschinen, Geräte und Werkzeuge fachgerecht zu handhaben, instand zu setzen, zu transportieren und abzustellen,*
- *bei allen Arbeiten mit Maschinen, Geräten und Werkzeugen einen ausreichenden Abstand zu anderen Personen einzuhalten,*
- *darauf zu achten, dass bei Fällarbeiten mit der Motorsäge keine Eisenkeile verwendet werden,*
- *darauf zu achten, dass beim Spalten Eisen nicht mit Eisen getrieben wird.*

Durchführungsanweisung
Die Forderung ist als erfüllt anzusehen, wenn z. B.
- *auf dem Wege von und zur Arbeitsstelle alle schneidenden und spitzen Werkzeuge und Geräte mit einer Schutzhülle versehen sind und so transportiert werden, dass niemand gefährdet wird,*
- *die einschlägigen Hinweise und Betriebsanweisungen bei der Arbeit sowie bei Wartungs- und Reparaturarbeiten beachtet werden,*
- *nicht benötigte Maschinen und Geräte so abgestellt werden, dass niemand gefährdet wird,*
- *Maschinen nicht bei laufendem Motor instand gesetzt oder gewartet werden, es sei denn, dass die Arbeiten bei laufendem Motor durchgeführt werden müssen (z. B. Vergasereinstellung),*
- *eingeklemmte Gegenstände nicht bei laufendem Motor entfernt werden und das Reinigen schneidender Maschinenteile nur mit entsprechendem Werkzeug vorgenommen wird,*
- *sich bei Arbeiten mit der Motorsäge oder dem Freischneidegerät keine weiteren Personen im Schwenkbereich aufhalten,*
- *die erforderliche persönliche Schutzausrüstung getragen wird. Auf VSG 1.1 „Allgemeine Vorschriften für Sicherheit und Gesundheitsschutz" § 14 wird verwiesen.*

(2) Wenn an Hängen eine Gefährdung durch Abrutschen oder Abrollen besteht, dürfen Versicherte erst dann entasten, entrinden oder einschneiden, wenn der Stamm oder die Stammteile gesichert sind. Dabei darf an Hängen
- *nur von der Bergseite her gearbeitet werden,*
- *nur untereinander gearbeitet werden, wenn die Arbeitsstellen so weit seitlich versetzt sind, dass tiefer arbeitende Personen durch herabfallendes oder rollendes Material nicht gefährdet werden.*

(3) Der Unternehmer hat dafür zu sorgen, dass Alleinarbeit mit der Motorsäge oder der Seilwinde oder das Besteigen von Bäumen ohne ständige Ruf-, Sicht- oder sonstige Verbindung mit einer anderen Person, die in der Lage ist, in Notfällen Erste Hilfe zu leisten, nicht durchgeführt wird. Alleinarbeit ist in bäuerlichen Betrieben ausnahmsweise zulässig, wenn die ständige Verbindung aufgrund betrieblicher oder technischer Gegebenheiten nicht zu gewährleisten ist, aber andere geeignete sicherheitstechnische Vorkehrungen getroffen sind.

Durchführungsanweisung

1. *Rufverbindungen sind auch Funk- oder Fernsprechverbindungen sowie akustische Signale, die vorher vereinbart wurden und nicht mit anderen Signalen oder Geräuschen verwechselt werden können.*
2. *Zu den anderen geeigneten sicherheitstechnischen Vorkehrungen gehören in jedem Falle*
   - *eine entsprechende fachliche Ausbildung und Fachkunde,*
   - *eine angemessene technische Ausrüstung einschl. Körperschutzausrüstung,*
   - *eine Mitteilung vor Arbeitsbeginn über Arbeitsort, Art der Tätigkeit, Arbeitsweg und Zeitpunkt der voraussichtlichen Rückkehr,*
   - *eine regelmäßig wiederkehrende Kontrolle des Arbeitsplatzes durch eine andere Person.*

§ 4 Arbeiten mit Motorsägen

(1) Die Versicherten haben Motorsägen mit Verbrennungsmotor beim Anwerfen sicher abzustützen und festzuhalten. Dabei dürfen Kettenschienen und Sägeketten keine Berührung mit anderen Gegenständen haben.

Durchführungsanweisung

Beim Anwerfen der Motorsäge sind insbesondere das Gewicht und die Konstruktion der Maschine sowie die Bodenverhältnisse zu beachten.

(2) Beim Entasten mit Motorsägen ist die Maschine möglichst abzustützen. Nur wenn die Arbeitweise es erfordert, darf im Umlenkbereich der Sägekette an der Spitze der Führungsschiene gesägt werden.

Durchführungsanweisung

1. *Als Arbeitsweisen, die ein Sägen im Umlenkbereich der Sägekette an der Spitze der Führungsschiene erfordern, gelten z. B. Stechschnitte bei unter Spannung stehenden Bäumen oder Ästen.*
2. *Bezüglich weiterer Vorschriften für den Betrieb von Motorsägen wird auf die Unfallverhütungsvorschrift „Technische Arbeitsmittel" (VSG 3.1) verwiesen.*

(3) Für Arbeiten mit der Motorsäge hat der Unternehmer persönliche Schutzausrüstung, bestehend aus Schutzhelm, Gehörschutz, Gesichtsschutz, Handschutz, Schnittschutzhose und Schutzschuhe mit Schnittschutz, zur Verfügung zu stellen.

Durchführungsanweisung

Auf Anlage 4 zu VSG 1.1 wird verwiesen.

(4) Die Versicherten haben die für Arbeiten mit der Motorsäge zur Verfügung gestellte persönliche Schutzausrüstung zu benutzen.

§ 5 Fällung und Aufarbeitung

(1) Der Unternehmer hat dafür zu sorgen, dass Fällarbeiten nur bei Tageslicht und nicht bei Sichtbehinderung oder starkem Wind ausgeführt werden; an Steilhängen, bei Glatteis, bei gefrorenem oder bereiftem Boden dürfen Fällarbeiten nur ausgeführt werden, wenn ein sicherer Stand gewährleistet ist.

Durchführungsanweisung

1. *Sichtbehinderung kann vorliegen, wenn im Fallbereich Einzelheiten nicht mehr zu erkennen sind, z. B. bei Nebel, Regen, Schneetreiben, Rauch oder Dämmerungslicht..*
2. *Zur Fällung gehört auch das Roden von Bäumen.*

(2) Der Unternehmer hat dafür zu sorgen, dass mit Fällarbeiten erst begonnen wird, wenn sichergestellt ist, dass

- **sich im Fallbereich nur die mit dem Fällen beschäftigten Personen aufhalten,**
- **hindernisfreie Rückweichen für jeden mit der Fällarbeiten Beschäftigten festgelegt oder angelegt sind,**
- **der Arbeitsplatz am Stamm frei von Hindernissen ist und den mit der Fallarbeit Beschäftigten einen sicheren Stand gewährt.**

Durchführungsanweisung

1. *Der Fallbereich ist die Kreisfläche mit einem Halbmesser von mindestens der zweifachen Baumlänge um den zu fällenden Baum.*
2. *Rückweichen sind hindernisfreie Ausweichmöglichkeiten oder Fluchtwege, die im allgemeinen nach schräg rückwärts verlaufen.*

(2a) Ist während der Fällarbeiten die Anwesenheit weiterer Personen im Fallbereich ausnahmsweise erforderlich, so hat der Unternehmer im Einzelfall zusätzliche Maßnahmen zum Schutz dieser Personen zu treffen.

Durchführungsanweisung

1. *Die Anwesenheit weiterer Personen kann z. B. für die Aus- und Fortbildung erforderlich werden.*
2. *Zusätzliche Schutzmaßnahmen sind z. B. Beschränkung der Personenzahl, Bestellung einer besonderen, fachkundigen Aufsichtsperson, zusätzliche Rückweichen und Freiräume in Abhängigkeit von der Personenzahl, besondere Unterweisung der anwesenden Personen, Seilsicherung des zu fällenden Baumes.*

(3) Versicherte dürfen bei Arbeiten mit Motorsägen Eisenkeile nicht verwenden. Bei Verwendung eines Fällhebels ist durch besondere Schnittführung sicherzustellen, dass die Motorsägenkette den Fällhebel nicht berührt.

(4) Beim Fällen von Bäumen ist ein Fallkerb anzulegen oder eine andere fachgerechte Falltechnik anzuwenden. Vor dem Fällschnitt hat der Sägenführer ein Warnzeichen zu geben. Wenn der Baum fällt, müssen die mit dem Fällen beschäftigten Versicherten unter Beobachtung der Baumkronen auf die Rückweiche zurücktreten und warten, bis der Baum liegt und die benachbarten Kronen ausgeschwungen haben. Unter hängengebliebenen Ästen darf nicht gearbeitet werden.

Durchführungsanweisung

1. *Der Fallkerb wird im Allgemeinen hergestellt durch folgende Schnitte:*
   - *einen rechtwinklig zur Fällrichtung angesetzten und waagrecht verlaufenden Schnitt (Fallkerbsohle) von 1/5 bis 1/3 des Stammdurchmessers,*
   - *einen Schnitt, der in einem Winkel von etwa 30 bis 45° zum Sohlenschnitt von oben geführt genau die beiden Endpunkte des Fallkerbsohlenschnittes trifft (Fallkerbdach).*
   Der waagrechte Fällschnitt verläuft mindestens 3 cm über der Fallkerbsohle und ist so zu führen, dass eine Bruchleiste von mindestens 1/10 des Stammdurchmessers verbleibt (s. Abb. 1 in der Anlage).
2. *Andere fachgerechte Falltechniken sind z. B.*
   – der Schrägschnitt im Schwachholz,
   – der versetzte Schnitt bei seilwindenunterstützten Holzernteverfahren, siehe Abb. 2 der Anlage.
3. *Ein Warnzeichen ist z. B. der Ruf „Achtung! Baum fällt!"*

(5) Jeder Baum muss vollständig zu Fall gebracht sein, bevor mit dem Fällen des nächsten Baumes begonnen wird. Das gilt nicht für dichte Schwachholzbestände sowie in besonderen Fällen für seilwindenunterstützte Holzernteverfahren. Hängengebliebene Bäume sind unverzüglich und fachgerecht zu Fall zu bringen. Ist dies nicht möglich, ist der Gefahrenbereich zu kennzeichnen, notfalls abzusperren. Das gleiche gilt für angehauene, angerodete und angesägte Bäume.

Durchführungsanweisung

1. *Bestände sind in sicherheitstechnischer Hinsicht als dicht anzusehen, wenn die vorgegebene Schlagordnung in der Regel nur mit Fallhilfen, z.B. Seilwinde, Fällheber, Fällhebelkarre, Schubstange, eingehalten werden kann oder der zu fällende Baum in jeder Richtung aufgehalten wird.*
2. *Der besondere Fall liegt in der Regel nur im dichten Schwachholz vor.*
3. *Bei seilwindenunterstützten Holzernteverfahren werden die Bäume zur Einhaltung der vorgesehenen Fallrichtung in der Regel durch Seilzug zu Fall gebracht und vorgezogen. Hierbei werden in dichten Baumbeständen die Bäume verfahrensbedingt teilweise kurzfristig angelehnt. Zum fachgerechten Zufallbringen angelehnter Bäume gehört, dass*
   - *der gefällte und angelehnte Baum angehängt und vorgezogen wird, bevor mit dem Fällschnitt am nächsten Baum begonnen wird,*

- nur der mit dem Anhängen Beschäftigte die Winde steuert.
4. *Fachgerechte Maßnahmen zum Zufallbringen hängengebliebener Bäume sind u.a.*
   - *das Abdrehen mit dem Wendehaken oder Sappi, jedoch so, dass der Wendehebel nach Möglichkeit gezogen wird,*
   - *das Anheben des Stammfußes mit Hebebäumen oder Sappi über das Hindernis,*
   - *das Abziehen des hängengebliebenen Baumes mit Seilwinden oder Greifzug (s. auch § 8 Abs. 5).*
5. *Gefahrbereich ist im Allgemeinen der Fallbereich des hängengebliebenen und des aufhaltenden Baumes (s. Abb. 3 der Anlage).*

(6) Hängengebliebene Bäume dürfen nicht durch Besteigen, Abhauen oder Absägen hindernder Äste, Fällen des aufhaltenden Baumes oder Darüberwerfen eines weiteren Baumes zu Fall gebracht werden. Das Zufallbringen hängengebliebener Bäume durch stückweises Absägen ist – ausgenommen in dichten Schwachholzbeständen – nicht zulässig.

(7) Der Unternehmer hat dafür zu sorgen, dass das Zufallbringen von Bäumen nur mit Seilwinde oder Seilzug erfolgt. Das Seil ist vor Beginn der Fäll- oder Rodearbeit am Baum zu befestigen. Die Seillänge muss so gewählt werden, dass sich die Winde oder der Seilzug außerhalb des Gefahrenbereichs befindet.

Durchführungsanweisung
1. *Bezüglich des Rodens von Obstbäumen wird auf VSG 4.2 „Gartenbau, Obstbau und Parkanlagen" verwiesen.*
2. *Gefahrbereich ist im allgemeinen der Fallbereich gemäß § 5 (2) DA Nr. 1.*

(8) Beim Entasten mit der Axt hat der Versicherte seinen Standplatz so zu wählen, dass zwischen ihm und dem zu entfernenden Ast der Stamm liegt, es sei denn, dass der Versicherte an Hängen oder an starken und hochliegenden Stämmen seine Arbeit in dieser Weise nicht ausführen kann.

(9) Befinden sich im Fallbereich Freileitungen, hat der Unternehmer dafür zu sorgen, dass Fällarbeiten nur nach Absprache mit dem Betreiber der Leitungen durchgeführt werden.

§ 6 Aufarbeitung von Windwürfen und gebrochenem Holz

Vor Beginn der Aufarbeitung von Windwürfen, von gebrochenem oder unter Spannung stehendem Holz ist der Ablauf der Arbeiten vom Unternehmer festzulegen. Hochliegende Bäume dürfen außer zum Befestigen von Seilen nicht bestiegen werden. Bei Beginn der Arbeit am Baum sind zunächst gefährliche Spannungen fachgerecht zu beseitigen. Überhängende oder aufrecht stehende Wurzelteller sind vor dem Abtrennen so zu sichern, dass sie nicht wegrollen und nicht zum Stamm hin kippen können.

Durchführungsanweisung
1. *Spannungen im Holz können z. B. entstehen durch Schneedruck, Eisdruck, Rauhreif und gegenseitige Überlagerung von gebrochenem und gestürztem Holz.*
2. *Gefährliche Spannungen können z. B. fachgerecht dadurch beseitigt werden, dass die Bäume weggeräumt und spannungsfrei abgelegt werden. Unter Spannung stehende Baumteile können von der Druckzone herangeschnitten und anschließend z. B. durch versetzten Schnitt, durch Schrägschnitt oder durch Stechschnitt durchtrennt werden.*
3. *Die Sicherung überhängender oder aufrecht stehender Wurzelteller gegen Kippen oder Wegrollen kann dadurch erfolgen, dass die Wurzelteller mit Drahtseilen gehalten oder gleichwertig so abgesichert werden, dass der Motorsägenführer, der den Teller abtrennt, und andere nicht gefährdet werden. Zur Sicherung des Wurzeltellers gehört auch, dass sich der Motorsägenführer vor dem Abtrennen davon überzeugt, dass sich niemand hinter dem Wurzelteller aufhält, und dass der Wurzelteller nach dem Abtrennen des Stammes möglichst zurückgeklappt wird.*

§ 7 Besteigen von Bäumen, Arbeiten am stehenden Stamm und in der Baumkrone

(1) Versicherte dürfen Bäume nur bei ausreichenden Lichtverhältnissen und nur mit betriebssicherem Gerät besteigen. Bei Sichtbehinderung oder bei gefahrbringenden Witterungseinflüssen ist das Besteigen von Bäumen unzulässig. Bei Arbeiten und beim Steigen an astfreien Stammpartien sind Sicherheitsgeschirre zu benutzen.

Durchführungsanweisung

1. *Sichtbehinderung kann z. B. eintreten durch Regen, Nebel, Schneetreiben, Rauch.*
2. *Gefahrbringende Witterungseinflüsse sind z. B. starker Wind, Raureif, Schneebelag, Eisanhang, starker Regen oder Schneefall.*
3. *Hinsichtlich der geeigneten Schutzausrüstung gegen Absturz wird auf die Anlage 4 der Unfallverhütungsvorschrift VSG 1.1 verwiesen.*

(2) Im Fallbereich von Ästen dürfen sich nur die mit dem Schneidvorgang beschäftigten Personen aufhalten.

§ 8 Holzrücken

(1) Der Unternehmer hat dafür zu sorgen, dass Fahrzeuge, die zum Rücken verwendet werden, entsprechend ihrem Einsatz ausgerüstet sind.

(2) Der Fahrzeugführer hat dafür zu sorgen, dass Rücklast und Geschwindigkeit so gewählt werden, dass das Fahrzeug unter Berücksichtigung seiner Bauart und Beschaffenheit sowie der Neigung des Geländes und der Bodenbeschaffenheit nicht umstürzen kann und seine Lenk- und Bremsfähigkeit gewährleistet bleiben.

(3) Die Seilzugarbeit darf nur vom Fahrersitz aus vorgenommen werden, sofern die Winde keine gefahrlose Fernbedienung hat und nicht von anderer Stelle des Schleppers gefahrlos bedient werden kann. Der Windenführer muss den Arbeitsvorgang beobachten.

Durchführungsanweisung

Bezüglich der zusätzlichen Bestimmungen für den Betrieb von Winden, Hub- und Zuggeräten wird auf die Unfallverhütungsvorschrift „Technische Arbeitsmittel" (VSG 3.1) und auf die „Richtlinien für Funkfernsteuerungsanlagen von Seilwinden für die Land- und Forstwirtschaft" des Bundesverbandes der landw. Berufsgenossenschaften verwiesen.

§ 9 Holzbeförderung in Riesen und Loiten

(1) Der Unternehmer hat dafür zu sorgen, dass Riesen und Loiten so anzulegen sind, dass Stämme nicht aus der Bahn geschleudert werden können. Bei stärkerem Gefälle sind ausreichende Bremsvorrichtungen (Wölfe) oder Bremsstrecken einzubauen.

Durchführungsanweisung

Die Anforderungen von Satz 1 sind als erfüllt anzusehen, wenn in Krümmungen die Bahn überhöht wird oder entsprechend hohe Seitenwände vorhanden sind.

(4) Beim Rücken mit Seilwinden ist die Seilwinde so aufzustellen, dass ihre Stellung durch die Zuglast nicht verändert werden kann. Der Betätigungsstand darf nicht im Gefahrbereich der Rücklast liegen. Der Windenführer muss den Arbeitsvorgang beobachten.

(5) Bei der Seilarbeit dürfen sich die Versicherten nicht neben der gezogenen Last, zwischen Last und ziehender Winde sowie im Gefahrwinkel zwischen Winde, Umlenkung und Last aufhalten. Bei Verwendung von Funkfernsteuerung ist es zulässig, dass die mit dem Rücken beschäftigte Person in Höhe des Seilanschlags neben dem Baumstamm mitgeht. Schadhafte Seile dürfen nicht verwendet werden. Spulhilfe mit einer Hand ist nicht zulässig.

(6) Beim Rücken (Schleifen) mit Zugtieren dürfen Versicherte nicht neben der Rückenlast gehen.

(7) Versicherte dürfen Handarbeiten beim Rücken nur mit Hilfsmitteln ausführen.

Durchführungsanweisung
Hilfsmittel sind z. B. Rückezangen, Floßhaken, Wendehaken und Sappi.

(8) Wird Holz durch mehrere Versicherte gemeinsam getragen, so gibt der Letzte das Zeichen zum Aufheben und Abwerfen. Die Last muss einheitlich auf der rechten oder linken Schulter, am Hang nur auf der Talseite, getragen werden. Das Abwerfen über den Kopf ist unzulässig.

(9) Versicherte dürfen Stamm- oder Schichtholz nur rollen, schießenlassen und treiben, wenn sichergestellt ist, dass niemand gefährdet werden kann.

§ 10 Ordnungswidrigkeiten

(1) Ordnungswidrig im Sinne des § 209 Abs. 1 Nr. 1 Siebtes Buch Sozialgesetzbuch (SGB VII) handelt, wer vorsätzlich oder fahrlässig § 1 Abs. 2, § 2 Abs. 1 oder 3, § 3 Abs. 2 oder Abs. 3 Satz 1, § 4 Abs. 1, 3 oder 4, § 5 Abs. 2, 5 Satz 1, 3 bis 5, Abs. 6, 7 oder 9, § 6 Satz 4, § 7 Abs. 1 Satz 3 oder Abs. 2, § 8 Abs. 5 Satz 1, 3, 4 oder Abs. 6 oder § 9 Abs. 2 zuwiderhandelt.

(2) Versicherte dürfen Riesen und Loiten während der Bringung nicht begehen. Diese Holzbringungsanlagen dürfen jeweils nur mit einem Stamm beschickt werden; dies gilt nicht für Holzabschnitte bis zu 3 m Länge.

Durchführungsanweisung
Bezüglich des Betriebs von Holzbringungsanlagen wird auf die Unfallverhütungsvorschrift „Technische Arbeitsmittel" (VSG 3.1) verwiesen.

§ 11 Inkrafttreten
Diese Unfallverhütungsvorschrift tritt am 9. Februar 1999 in Kraft. Gleichzeitig tritt die Unfallverhütungsvorschrift „Forsten" (UVV 4.3) vom 1. Januar 1985 außer Kraft.

Erläuterung:

Eine **grob fahrlässige** oder gar **vorsätzliche Verletzung der UVV** (als autonomes Recht der Unfallversicherungsträger, § 15 Sozialgesetzbuch VII) durch einen mit Waldarbeit (nach dem Tarifvertrag für Waldarbeiter) Beschäftigten bedeutet im Allgemeinen, dass auch ein dadurch entstandener Schaden eines anderen oder eigener Schaden zumindest grob fahrlässig verursacht ist. Der Arbeitgeber braucht ihn dann im Allgemeinen nicht von der Haftung gegenüber dem anderen Geschädigten freizustellen bzw. dem selbst Geschädigten den Lohn nach dem Lohnfortzahlungsgesetz (oder entsprechendem Tarifvertrag) nicht (befristet) weiterzuzahlen. Der Geschädigte muss sich um Leistungen aus der gesetzlichen Unfallversicherung (Verletztengeld, §§ 45 ff. SGB VII) bemühen. Hat der Arbeitgeber doch (ohne rechtlichen Grund) Lohn fortgezahlt, kann er einen ggf. tarifvertraglich übergegangenen Anspruch des Schädigers gegen den Unfallversicherungsträger geltend machen bzw. entsprechende Abtretung verlangen.

Zur **UVV Jagd** s. 55.9.10.

Anlage 1 UVV Forst

Fälltechnik in seilwindenunterstützten Holzernteverfahren

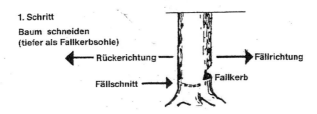

1. Schritt

Baum schneiden
(tiefer als Fallkerbsohle)

◄─── Rückerichtung ─── Fällrichtung ►

Fällschnitt ───► Fallkerb

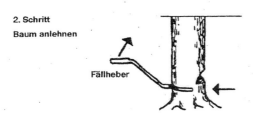

2. Schritt

Baum anlehnen

Fällheber

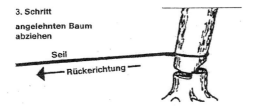

3. Schritt

angelehnten Baum
abziehen

Seil

◄─── Rückerichtung ───

Anlage 3

zu § 5, Abs. 5, Satz 3, Ziffer 2

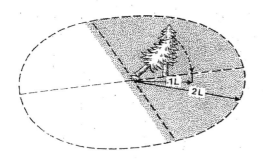

1 L

2 L

Anlage 2 UVV Forst

zu § 5, Abs. 7

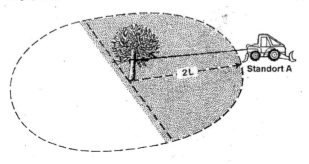

Standort A

zu § 5, Abs. 7
(umgelenkter Zug)

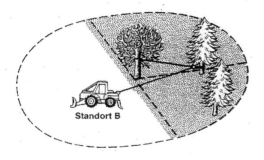

Standort B

Anlage 4 UVV Forst

Regelfälltechnik

Abbildung zur Durchführungsanweisung zu § 5, Abs. 4

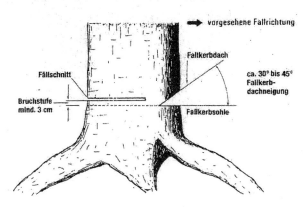

vorgesehene Fallrichtung

Fallkerbdach

Fällschnitt

ca. 30° bis 45°
Fallkerb-
dachneigung

Bruchstufe
mind. 3 cm

Fallkerbsohle

Bruchleiste (mind. 1/10 des Stammdurchmessers)

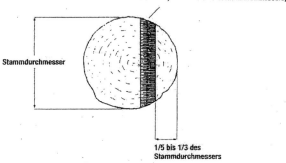

Stammdurchmesser

1/5 bis 1/3 des
Stammdurchmessers

37.27   Arten des Eigentums

Das Eigentum ist das umfassendste Herrschaftsrecht an einer Sache. Der Eigentümer kann gemäß § 903 BGB mit der Sache nach Belieben verfahren und andere von jeder Einwirkung ausschließen, allerdings nur, soweit nicht das Gesetz (öffentlich-rechtliche oder privatrechtliche Rechtsnormen) oder Rechte anderer entgegenstehen. Vgl. zu Art. 14 GG 7.1 und 27.4, zu §§ 904 ff. BGB und zum Nachbarrecht 37.28.2.

Folgende **Arten des Eigentums** werden unterschieden:

1. **Alleineigentum**: ist gegeben, wenn eine einzige natürliche oder juristische Person Eigentümer einer Sache ist.
Beispiel: Der Grundeigentümer E oder das Land Niedersachsen (juristische Person des öffentlichen Rechts) ist alleiniger Eigentümer seiner Wälder.

2. **Miteigentum nach Bruchteilen**: Jedem von mindestens zwei Miteigentümern steht ein ideeller Anteil an der ganzen Sache zu (§§ 1008 ff BGB), über den er frei verfügen kann; es gilt nämlich für die Gemeinschaft unter den Miteigentümern die Regelung der §§ 741 – 758 , also auch § 747 S. 1 BGB. Über die Sache im Ganzen können die Miteigentümer (natürlich) nur gemeinschaftlich verfügen (§ 747 BGB). Zum **Teileigentum** am Grenzbaum s. 37.28.2.
Beispiel: Zwei Studenten erwerben gemeinsam ein Lehrbuch, das an sie beide übereignet wird. Der Grundeigentümer E kann natürlich auch seiner Ehefrau (und sich) ein Miteigentum zur Hälfte einräumen.

3. **Gesamthandseigentum**: Eigentum mehrerer an einer Sache, ohne dass die Teilhaber bestimmte, frei verfügbare Anteile (wie beim Miteigentum) haben. Vielmehr kann nur die Gemeinschaft zur „gesamten Hand" verfügen und zwar nicht etwa über bestimmte Anteile am Eigentum (die es gar nicht gibt), sondern nur über die ganze Sache.
Beispiele: Gesellschaft des BGB (§§ 705 – 740), offene Handelsgesellschaft (OHG, §§ 105 ff. des Handelsgesetzbuchs), eheliche Gütergemeinschaft (§§ 1415 ff), Erbengemeinschaft (§§ 2032 BGB), nicht rechtsfähiger Verein (§ 54 BGB).
Gesamthandseigentum kann **nur in den gesetzlich bestimmten Fällen** entstehen und lässt sich nicht etwa darüber hinaus durch rechtsgeschäftliche Vereinbarung bilden.

4. Das **Wohnungseigentum** ist eine Sonderform des Eigentums: (Wohnungseigentumsgesetz).

Wie ausgeführt können **Besitz** und Eigentum bei verschiedenen Personen liegen. Für das Eigentum an Grundstücken und an beweglichen Sachen bestehen teilweise unterschiedliche Regelungen. Insbesondere gibt es besondere Rechte an Grundstücken (allgemeine Regelungen in §§ 873 bis 902, Eigentum an Grundstücken §§ 925 bis 928 BGB); vgl. auch 37.26.2.

Davon, ob jemand Eigentümer geblieben oder geworden ist, hängen unterschiedliche Ansprüche ab; z. B. noch nicht erfüllte schuldrechtliche Ansprüche auf Übereignung aus Kaufvertrag, schuldrechtliche Ansprüche wegen rechtsgrundloser Übereignung (ungerechtfertigter Bereicherung z. B. bei unwirksamem schuldrechtlichen Kaufvertrag), §§ 812 ff., Schadensersatzansprüche wegen schuldhafter Eigentumsschädigung als unerlaubte Handlung nach § 823, Herausgabeanspruch des zum Besitz berechtigten Eigentümers nach § 985, Unterlassungsanspruch des Eigentümers nach § 1004 BGB bei Beeinträchtigung des Eigentums.

37.28   Sachen, §§ 90, 100, BGB Privatrechtliches Nachbarrecht und Grundstücksschutzrecht, §§ 903 ff. BGB, Nds. Nachbarrechtsgesetz

Wie zu 7.1.2.1 ausgeführt regeln §§ 903 ff. BGB einen wichtigen Teil der privatrechtlichen Inhaltsbestimmung, vor allem auch nachbarrechtlich, einer **Sache**, insbesondere eines Grundstücks, ergänzt durch das **Niedersächsische Nachbarrechtsgesetz (NNachbarRG)**.

37.28.1   Sachen, Bestandteile, Zubehör, Nutzungen , Früchte, §§ 90 – 100

Nach **§ 90 BGB** sind **Sachen** im Sinne des BGB nur körperliche Gegenstände. Nach § 90a BGB sind Tiere keine Sachen. Sie werden durch besondere Gesetze geschützt. Auf sie sind die für Sachen geltenden Vorschriften entsprechend anzuwenden, soweit nicht etwas anderes bestimmt ist. Zum Eigentumserwerb s. § 873 BGB (Grundstücke) und §§ 932 ff. BGB (bewegliche Sachen).

Bestandteile einer Sache, die voneinander nicht getrennt werden können, ohne dass der eine oder andere zerstört oder in seinem Wesen verändert wird (**wesentliche Bestandteile**), können nicht Gegenstand besonderer Rechte sein, **§ 93 BGB**.

§ 94 BGB
(1) Zu den wesentlichen Bestandteilen eines **Grundstücks** gehören die mit Grund und Boden fest verbundenen Sachen, insbesondere **Gebäude** sowie die **Erzeugnisse** des Grundstücks, solange sie mit dem Boden zusammenhängen. **Samen** wird mit dem Aussäen, eine Pflanze mit dem **Einpflanzen** wesentlicher Bestandteil des Grundstücks.
Z.B. können Bäume auf dem Stamm, also vor dem Fällen, (zwar schuldrechtlich verkauft, aber) nicht gesondert übereignet werden (37.30.5).
(2) Zu den wesentlichen Bestandteilen eines **Gebäudes** gehören die **zur Herstellung** des Gebäudes **eingefügten Sachen.**

§ 95 BGB
(1) Zu den Bestandteilen eines Grundstücks gehören solche Sachen **nicht**, die **nur zu einem vorübergehenden Zweck** mit dem Grund und Boden **verbunden** sind. Das Gleiche gilt von einem Gebäude oder Werk, das in Ausübung eines Rechtes an einem fremden Grundstück von dem berechtigten mit dem Grundstück verbunden worden ist.
(2) Sachen, die nur zu einem vorübergehenden Zweck in ein Gebäude **eingefügt** sind, gehören nicht zu den Bestandteilen des Grundstücks.
z.B. können Forstpflanzen in einer Forstkultur für Vertriebszwecke schon vor Entnahme übereignet werden.

Nach **§ 96 BGB** gelten **Rechte**, die mit dem Eigentum an einem Grundstück verbunden sind, als **Bestandteile** des Grundstücks.

§ 97 BGB Zubehör
(1) Zubehör sind bewegliche Sachen, die **ohne Bestandteil** der Hauptsache zu sein, dem **wirtschaftlichen Zwecke der Hauptsache zu dienen bestimmt** sind und zu ihr in einem dieser Bestimmung entsprechenden räumlichen Verhältnisse stehen. Eine Sache ist nicht Zubehör, wenn sie im Verkehr nicht als Zubehör anzusehen ist.
(2) Die vorübergehende Benutzung einer Sache für den wirtschaftlichen Zweck einer anderen begründet nicht die Zubehöreigenschaft. Die vorübergehende Trennung eines Zubehörstücks von der Hauptsache hebt die Zubehöreigenschaft nicht auf.

§ 98 BGB Nr. 2 BGB bestimmt die Gegenstände, die dem wirtschaftlichen Zweck eines Landgutes (auch Forstwirtschaft) als der Hauptsache zu dienen bestimmt sind (Geräte, Vieh, Erzeugnisse, Dünger).

§ 99 BGB Früchte
(zum Eigentumserwerb s. §§ 953 ff BGB, 52.3.2)
(1) Früchte einer **Sache** sind die Erzeugnisse der Sache und die sonstige Ausbeute, welche aus der Sache ihrer Bestimmung gemäß gewonnen wird.
z.B. der geschlagene Baumstamm (37.30.5).
(2) Früchte eines **Rechts** sind die Erträge, welche das Recht seiner Bestimmung gemäß gewährt, insbesondere bei einem Recht auf Gewinnung von Bodenbestandteilen die gewonnenen Bestandteile.
Z.B. vom Nießbraucher oder Pächter gewonnene land- oder forstwirtschaftliche Erzeugnisse, die Jagdbeute des Jagdpächters.
(3) Früchte sind auch **Erträge**, welche eine Sache oder ein Recht vermöge eines Rechtsverhältnisses gewährt.
Z.B. Mietzins aus Vermietung eines Teils des Forstgebäudes.

§ 100 BGB Nutzungen
Nutzungen sind die Früchte einer Sache oder eines Rechts sowie die Vorteile, welche der Gebrauch der Sache oder des Rechts gewährt.

37.28.2 Privatrechtliches Nachbarrecht, §§ 903 – 923 BGB

Übersicht, auch zum Nds. Nachbarrechtsgesetz

1	2	3
Unmittelbare gesetzliche Pflichten des Eigentümers A (bzw. **Grund**eigentümers G) in **Einschränkung** des § 903 BGB mit entsprechenden Ansprüchen des Grundstücksnachbarn B (Nachbarrecht) oder einer anderer Person P	**bei Verletzung** der §§ 904 ff. usw. Anspruch B/P spezieller oder § 903/ **§ 1004 (1) S. 2 (2) BGB**	**zu Spalte 1: Schadensersatz (SchE)/ -ausgleich (SchAu)** des Pflichtigen; **sonst §§ 823 ff. BGB**
§ 904 S. 1 BGB Duldungspflicht bei „Aggressiv"-Notstand gegenüber Sachen durch A: Recht der P, um andere Gefahr abzuwehren	ggf. Notwehr, § 227 BGB	§ 904 S. 2 BGB SchE ohne Verschulden
§ 228 Defensiv-Notstand (A gegenüber „angreifender" Sache des P)	ggf. Notwehr, § 227 BGB	SchE bei Verschulden
§ 905 BGB Duldung von Einwirkungen in größerer Höhe oder Tiefe G gegenüber P		
§ 906 BGB Duldung des G: unwesentlich beeinträchtigende Immissionen des B, oder wesentliche aber ortsübliche oder unzumutbar abstellbare	Unterlassung unzulässiger Immissionen, § 1004	bei ortsüblichen und unzumutbar abstellbaren sowie Unzumutbarkeit für Nachbarn, § 906 (2) S. 2 SchAu; bei Rechtswidrigkeit ggf. § 906 (2) S. 2 BGB analog (s. 37.28.4).
§ 907 BGB gefahrdrohende Anlagen: Beseitigungspflicht des G		
§ 908 BGB drohender Gebäudeeinsturz: Gefahrabwendungspflicht des G	§ 1004 Beseitigung von Steinen und Unterlassung	
§ 909 BGB Vertiefungsverbot für G bei Stützverlust oder anderweitige Befestigung, auch Wald Grenzabstände von G einzuhalten.	§ 1004 Beseitigung u. Unterlassung	
§ 910 BGB Überhang von Zweigen, Durchwuchs von Wurzeln. Abschneidepflicht des G	Selbsthilferecht des B, auch alternativ § 1004 gegen G	
§ 917 f. BGB Notwegduldung des G	§ 1004 Verbot	
§ 26 S. 1 NNachbarRG Bodenerhöhung, Grenzabstand von G einzuhalten	§ 1004 Beseitigung	
§ 50 NNachbarRG Grenzabstand für Bäume und Sträucher	§ 51 Zurückschneiden	
§ 58 NNachbarRG Grenzabstand für Wälder	§ 59 Beseitigung (Zurückschneiden)	
§ 61 f. NNachbarRG Abstand für Gebäude im Außenbereich		

§ 903 BGB Befugnisse des Eigentümers [1]Der Eigentümer einer **Sache** kann, soweit nicht das Gesetz oder Rechte Dritter entgegenstehen, mit der Sache nach Belieben verfahren und andere von jeder Einwirkung ausschließen. [2]Der Eigentümer eines Tieres hat bei der Ausübung seiner Befugnisse die besonderen Vorschriften zum Schutz der Tiere zu beachten.

§ 903 regelt als Grundsatz die **Befugnisse des Eigentümers**, die in privat- (und öffentlich-)rechtlicher Inhalts- und Schrankenbestimmung des Eigentums nach Art. 14 GG begrenzt werden. Zur strittigen

Frage, ob auch die Erholungs- (und Schutz)funktion des Waldes noch zum Eigentum gehören, s. Gassner, NuR 1983, 114 gegen OVG Münster, NuR 1983, 122 = AgrarR 1982, 272 ff. Durch natürliche Umwandlung von Dünenland in Meeresstrand geht das Eigentum (öffentlich-rechtlich beschränkt) nicht verloren (OVG Schleswig 9.4.2003, AUR 2004, 134.

Die §§ **904 ff.** BGB enthalten Einschränkungen des Eigentumsrechts, desgleichen das spezielle Landesnachbarrecht, das jedoch durch öffentliches Recht (BImSchG, Naturschutz-recht, Waldrecht usw.) wiederum eingeschränkt oder kanalisiert wird.
Zur Pflicht zur Duldung von Einwirkungen im Rahmen einer Notstandsbehebung nach **§ 904 BGB** s. 34.3.3 (auch § 228 BGB) als Rechtfertigungsgründe für den Notstandsberechtig-ten. Zur Entschädigung s. 37.28.6.

§ 905 BGB Begrenzung des Eigentums
[1]Das Recht des Eigentümers eines Grundstücks erstreckt sich auf den **Raum über der Ober-fläche** und auf den **Erdkörper unter der Oberfläche.** [2]Der Eigentümer kann jedoch Ein-wirkungen nicht verbieten, die in solcher Höhe oder Tiefe vorgenommen werden, dass er an der Ausschließung kein Interesse hat.
Nach dem Nassauskiesungsurteil des BVerfG zum Wasserhaushaltsgesetz gehört das **Grundwasser nicht** zum geschützten Eigentum (7.1.2.1).

Zum nachbarrechtlichen Haftungssystem der §§ **906 ff., 1004** BGB s. Neuner, JuS 2005, 487.

§ 906 BGB Zuführung unwägbarer Stoffe (= Imponderabilien):
(1) [1]Der **Eigentümer** eines Grundstücks kann die Zuführung von **Gasen, Dämpfen, Gerü-chen, Rauch, Ruß, Wärme, Geräusch, Erschütterungen und ähnliche von einem an-derem Grundstück** ausgehende Einwirkungen **insoweit nicht verbieten,** als die Einwir-kung die Benutzung seines Grundstücks **nicht oder nur unwesentlich beeinträchtigt.** [2]Eine unwesentliche Beeinträchtigung liegt in der Regel vor, wenn die in **Gesetzen** oder Rechtsverordnungen festgelegten **Grenz - oder Richtwerte** von den nach diesen Vorschrif-ten ermittelten und bewerteten Einwirkungen nicht überschritten werden. [3]Gleiches gilt für Werte in allgemeinen Verwaltungsvorschriften, die nach § 48 des **Bundes-Immissions-schutzgesetzes** erlassen worden sind und den Stand der Technik wiedergeben .
(2)[1]Das Gleiche gilt insoweit, als eine **wesentliche Beeinträchtigung** durch eine **ortsüb-liche Benutzung** des anderen Grundstücks herbeigeführt wird und **nicht** durch Maßnah-men **verhindert** werden kann, die **Benutzern** dieser Art **wirtschaftlich zumutbar** sind. [2]Hat der Eigentümer hiernach eine Einwirkung zu dulden, so kann er von dem Benutzer des anderen Grundstücks einen angemessenen **Ausgleich in Geld** verlangen, wenn die Einwir-kung eine ortsübliche Benutzung seines Grundstücks oder dessen Ertrag über das **zumutba-re** Maß **hinaus** beeinträchtigt.
(3) Die Zuführung durch eine besondere Leitung ist unzulässig.
§ 906 ist die einzige wichtige Regelung des BGB für den **privatrechtlichen Immissions-schutz** und damit Umweltschutz. In den gegenseitigen nachbarlichen Grundstücksbeziehungen als **rechtmäßig** hingenommen werden müssen unwesentliche Beeinträchtigungen oder wesentliche, die ortsüblich sind oder nicht zumutbar abstellbar sind, bei für den Nachbarn unzumutbaren Einwirkungen gegen (verschuldensunabhängigen) angemessenen Ausgleich in Geld (nicht vollen Schadensersatz) durch den jeweiligen Grundstückseigentümer.

§ 906 (1) und (2) BGB normiert – in Einschränkung des Ausschließungsrechts der §§ 903, 1004 BGB **Duldungspflichten** für Immissionen im Nachbarverhältnis. Vgl. **Übersicht zu §§ 1004, 906** zu 37.28.4). Im Rahmen des § 906 (1) besteht bei **nur unwesentlicher** Beeinträchtigung *weder ein Abwehranspruch nach § 1004 BGB* noch ein Ausgleichsanspruch nach § 906 (2) S. 2. Bei we-sentlicher, aber nicht ortsüblicher Beeinträchtigung kann nach § **1004 BGB** unter dessen weiteren Voraussetzungen ein Abwehranspruch bestehen. Ist auch eine **Ortsüblichkeit** gegeben, kommt

vorrangig ein Abwehranspruch nach § **1004 BGB** in Betracht. Soweit dieser **nicht vorliegt oder nicht zu verfolgen** ist, liegt nur unter den Voraussetzungen des § **906 (2) S. 2** insbesondere bei für den Nachbarn **unzumutbaren** Einwirkungen ein verschuldensunabhängiger Ausgleichsanspruch vor. Diese Störerhaftung besteht **neben** ggf. erfüllten Ansprüchen aus einer **Gefahrdungs- oder Deliktshaftung** (§§ 823 ff. BGB; BGHZ 155, 99 = NJW 2003, 2377 Wasserrohrbruch zur analogen Anwendung des § 806 (2) S. 2, s. 37.28.5). Der Anspruch aus § **906 (2) S. 2** ist jedoch **ausgeschlossen**, wenn **spezialgesetzliche** Regelungen den konkreten Tatbestand abschließend regeln (BGHZ 72, 289, 295 = NJW 1979, 164 – Grundstücksvertiefung; BGHZ 142, 227 = NJW 1999, 3633 = DVBl. 1999, 1506 = NVwZ 2000, 110 – durch Öltankanlage Grundwasserbeeinträchtigung, Spezialregelung des § 22 (2) WHG; 60.5.5; vgl. zu 37.28.5; Wenzel, NJW 2005, 214, 244). Durch einen Planfeststellungsbeschluss mit Beteiligung der Grundstücksnachbarn werden nach §§ 74 (2) S. 3, 75 (2) S. 4 VwVfG auch hinsichtlich § 906 (2) S. 2 Sperrwirkungen erzielt (BGH 10.12.2004 – V ZR 72/04 zum Fluglärm, UPR 2005, 145 = NuR 2005, 487, 62.6.8); ggf. Ausnahme, soweit die im Planfeststellungsverfahren zu Gebote stehenden Möglichkeiten dem berechtigten Interesse des Grundstücksnachbarn nicht genügen; Wenzel, NJW 2005, 241, 244.

Zu einem Ausgleichsanspruch **in analoger** (entsprechender) **Anwendung** § **906 (2) S. 2** (er setzt einen **nicht mehr realisierbaren Anspruch aus § 1004 BGB** (1) voraus) s. 37.28.5 i.V.m. 37.28.4.

Berechtigt und **verpflichtet** aus § **906 (2) S. 2** können **Eigentümer** und **Besitzer** sein, nicht auch Mieter untereinander (BGH, NJW 2004, 775), jedoch auch Wohnungseigentümer untereinander (Wenzel, NJW 2005, 241, 244).

Benannte Immissionen i.S. des § **906 (1) S.1** können insbesondere hervorgerufen werden durch einen gewerblichen Betrieb (Zementwerk, BGHZ 62, 186 = NJW 1974, 987; Steinbruch, BGHZ 66, 70 = NJW 1976, 797; eine Schweinemästerei, MDR 19.5.1967 – V ZR 139/66; BGHZ 67, 252 = BGHZ 70, 102 = NJW 1977, 146; 30.10.1998, NuR 1999, 295); Ziegelei BGHZ 70, 102 = NJW 1978, 419) oder durch Sportanlagen (Tennisplatz, BGH, NJW 1983, 751); zum Rockkonzert BGH 26.9.2003, ZUR 2004, 100; zum Froschlärm s. BGH, 20.11.1992, BGHZ 120, 239 = NJW 1993, 925; zu Hundegebell s. Pirsch 5/1999, 78; zum Einsatz von zu schweren Maschinen bei Kanalbauarbeiten mit der Folge einer Ausbauchung der benachbarten Kellerwand OLG Koblenz 27.5.1999, NVwZ 2000, 1081. **Ähnliche Einwirkungen** sind z.B. Bienenflug (BGHZ 117, 110 = NJW 1992, 1389), elektromagnetische Felder (Mobilfunk, BGH 13.2.2004, NJW 2004, 317 = NUR 2004, 480 = UPR 2004, 229), Staub (BGHZ 62, 186 = NJW 1974, 987), Laub, Blüten, Nadeln und Zapfen (BGH, NJW 2004, 1037; AG Brakel, NuR 1981, 108; OLG Karlsruhe 9.3.1983, RdL 1984, 233; OLG Frankfurt 14.7.1988, NJW 1988, 2618 zur Beeinträchtigung durch von drei Pappeln ausgehendem Zuflug von Laub, Nadeln, Samen, Früchten und Zweigen, Samenflug; so a (OLG Düsseldorf, 6.7.1988, NuR 1989, 322; 29.6.1994, NJW-RR 1995, 1231; Brieftaubenhaltung (neben Geräuschverursachung; Überfliegen, Staub- und Kotverunreinigung (OLG Oldenburg, 10.6.1999, RdL 2000, 147), **gentechnischer** Freilandversuch (OLG Stuttgart 24.8.1999, NuR 2000, 357). Zur Steuerung der Einträge von gentechnischveränderten Organismen und zu § 36a GenTG s.u. Der Eigentümer (oder Besitzer) des störenden Grundstücks muss die Immissionen zumindest mittelbar durch Handlungen oder Unterlassungen herbeigeführt haben (z.B. durch Pflanzen eines Baumes oder Ansiedlung von Fröschen), Naturereignisse genügen nicht (OLG Schleswig, NuR 1984, 103, für Ackerdisteln).

Für die erleichterte Annahme einer **unwesentlichen Beeinträchtigung** enthält § **906 (1) S. 2 und** 3 **die Beweiswürdigungsregel** mit Indizcharakter. Es dürfen **nicht überschritten** werden: die **in Gesetzen** oder **Rechtsverordnungen festgelegten Grenz** - oder **Richtwerte** von den nach diesen Vorschriften ermittelten und bewerteten Einwirkungen oder die Werte in allgemeinen Verwaltungsvorschriften, die nach § 48 des **Bundes-Immissionsschutzgesetzes** erlassen worden sind und den Stand der Technik wiedergeben (z.B. TA-Lärm, TA-Luft; s. 62.2). Zu Mobilfunkanlagen s. BGH 13.2.2004, NJW 2004, 1317 = NuR 2004. 480 = UPR 2004, 229; zu Windkraftanlagen BGH 8.10.2004, Neue Zeitschrift für Mietrecht 2004, 957 = NuR 2005, 350: Beruft sich der Störer darauf, dass die in der TA-Lärm festgesetzten Grenz- und Richtwerte eingehalten seien, so dass nach § 906 (1) S. 2, 3 BGB von einer nur unwesentlichen Beeinträchtigung auszugehen sei, so sind bei den ermittelten Lärmpegel kein Messabschlag zu machen, wie er nach Nr. 6.9 der TA-Lärm für Überwachungsmessungen vorgesehen ist. Nur wenn ohne diesen Abschlag die Immissionen diesen Grenzwert einhalten, besteht eine gesicherte Grundlage dafür, dass dem Störer die sich aus § 906 (1) S. 2, 3 BGB ergebende Beweiserleichterung zugebilligt werden kann. Im Einzelfall kann zu § 906 (2) S. 2 etwas anderes nach dem objektiven Standard eines verständigen Durchschnittsmenschen nachgewiesen werden (BGHZ 148, 261 = NJW 2001, 3119; Wenzel, NJW 2005, 241, 244 m.w.N.; dieser auch zum Folgenden); z.b. hinsichtlich Auswirkungen auf das Eigentum (sprengungsbedingte Erschütterungen, BGH, NJW 1999, 1029); Art des Lärms (BGHZ 121, 248, 255 - Jugendzeltplatz), Regelmäßigkeit, Frequenz, Impulshaftigkeit und Störungszeit (BGH 6.7.2001 - Hammerschmiede, BGHZ 148, 261 = NJW 2001, 3119 - = DVBl. 2001, 1837), die konkrete Beschaffenheit und tatsächliche Zweckbestimmung des beeinträchtigten Grundstücks (BGHZ 140, 1, 5 = NJW 1999, 356 - Schweinemästerei). Den insoweit erbrachten Beweis einer Grenzwerteinhaltung kann und muss der beeinträchtigte Grundstücksnachbar entkräften (BGHZ 140, 1, 5 = NJW 1999, 356 – Schweinemästerei); bei Erfolg muss der Störer die Unwesentlichkeit beweisen (BGH, 13.2.2004, NJW 2004, 1317 = NuR 2004, 480 = UPR 2004, 229 – Mobilfunkanlage; Wenzel, NJW 2005, 241, 244). Ist ein **Planfeststellungsbeschluss nach §§ 8, 9, 10 LuftVG** durchgeführt worden oder eine Planfeststellung (mit Rechtsschutz entsprechend § 75 (2) VwVfG) nach § 71 LuftVG fingiert, kommt **zivil**rechtlicher Entschädigungsanspruch nach § 906 (2) S. 2 BGB wegen Lärmbelästigungen grundsätzlich nicht in Betracht (BGH 10.12.2004, UPR 2005, 145 = NuR 2005, 487). Die Sperrwirkung der Regelungen des Planfeststellungsverfahrens gilt nicht nur für den Anspruch auf Erstattung der Kosten für passive Schallschutzmaßnahmen, sondern auch für Ansprüche auf Ausgleich eines verbleibenden Minderwerts des Grundstücks (BGH aaO). Bei der Beurteilung, ob Fluglärm eine wesentliche Beeinträchtigung i.S. des § 906 (2) S. 1 BGB darstellt, ist das Gericht auf die Würdigung aller die Lärmimmissionen charakterisierenden Umstände angewiesen. Die Vorschriften des FluglärmG, der TA-Lärm und er 16. BImSchV sind keine Normen i.S. des § 906 (1) S. 2 und 3 BGB; von den dort geregelten Grenzwerten geht daher keine Indizwirkung aus; sie können aber bei der Gesamtwürdigung als Entscheidungshilfe berücksichtigt werden (BGH 10.12.2004, UPR 2005, 145 ff.). Vgl. 62.6.11.

Werden die **Grenz- oder Richtwerte überschritten**, ist nach der Rechtsprechung eine Beweiswürdigungsregel mit Indizcharakter zugunsten einer wesentlichen Beeinträchtigung gegeben. Dieser gegenüber kann und muss der Emittent die Unwesentlichkeit beweisen (BGHZ 111, 63, 67 = NJW 1990, 2465 – Volksfest; BGHZ 120, 239, 256 f. = NJW 1993, 925 - Froschlärm; BGHZ 121, 248, 251 = NJW 1993, 1656 - Jugendzeltplatz). Von einem Rockkonzert (Open Air) ausgehende Lärmimmissionen, die die Richtlinien der LAI-Hinweise überschreiten, können im Rahmen einer Einzelfallbewertung unwesentlich sein, wenn es sich um eine Veranstaltung von kommunaler Bedeutung handelt, die nur an einem Tag des Jahres stattfindet und weitgehend die einzige in der Umgebung bleibt; dies gilt in aller Regel nur bis Mitternacht (BGH 26.9.2003, NJW 2003, 3699 = ZUR 2004, 100).

Die Doppelgleisigkeit von privat-rechtlichem und öffentlich-rechtlichem Umweltschutz ist nur begrenzt entschärft. Der Abwehranspruch nach § 1004 BGB besteht nur, soweit er nicht **nach § 14 BImSchG** für eine Anlagengenehmigung **ausgeschlossen** ist (vgl. dazu 62.2.12)

Bei Verneinung der Unwesentlichkeit ist das Anspruchsmerkmal des § **906 (2) S. 2 BGG** „wesentliche Beeinträchtigung" gegeben (beim ggf. vorab auszuschöpfenden § 1004 BGB heißt es nur „beeinträchtigt")

Nach § **36a (1) GenTG** stellen die Übertragung von Eigenschaften eines Organismus, die auf gentechnischen Arbeiten beruhen, oder sonstige Einträge von gentechnisch veränderten Organismen eine **wesentliche Beeinträchtigung im Sinne von § 906 des Bürgerlichen Gesetzbuchs** dar. Einzelheiten auch zur weiteren Anspruchs s. zu 64.4; Kohler, NuR 2005, 566; Arnold, NuR 2006, 15.

Ortsüblich i.S. von § **906 (2) S. 1** BGB ist eine Nutzung des wesentlich beeinträchtigenden Grundstücks, wenn in der Umgebung (im Vergleichsgebiet) eine Mehrzahl von Grundstücken nach Art, Maß und Umfang einigermaßen oder annähernd gleich genutzt wird (Für die Ortsüblichkeit allgemein i.S. von § 906 (2) S. 1 muss die Mehrheit der Grundstücke im Vergleichsgebiet nach Art, Maß und Umfang mit annähernd gleich beeinträchtigender Wirkung auf andere Grundstücke genutzt werden (BGHZ 38, 61, 62; 97, 97, 105, 111; 117, 110, 113; 120, 239, 260; Wenzel, NJW 2005, 241, 245)BGHZ 120, 239, 260 – Froschlärm; Wenzel, NJW 2005, 241, 245). Die Kriterien dafür sind nicht endgültig festgelegt, sondern ergeben sich aus den Erfordernissen der wirtschaftlichen Entwicklung, den Fortschritten des Verkehrs, und der Technik, sowie nach den Anschauungen der beteiligten Bevölkerungskreise (Wenzel, NJW 2005, 241, 245). Die Abgrenzung des Vergleichsgebiets soll der tatrichterlichen Würdigung unterliegen (örtliches Teilgebiet oder gesamtes Gemeindegebiet; Wenzel aaO). Die Ortsüblichkeit könnte aber auch durch ein einzelnes überwiegend wirkendes Unternehmen bestimmt werden (Rindermastanlage, BGH, NJW 2001, 3054, 3055; Schmelzofenfabrik, BGH, NJW 1955, 19). Zur Zulässigkeit eines einmaligen Rockkonzerts in einem Gebiet bis Mitternacht BGH 26.9.2003, UPR 2004, 31 = ZUR 2004, 100. Diese Regeln gelten auch für von § 906 (1) S. 2 und 3 nicht erfasste Richtwerte der LAI-Hinweise oder Freizeitlärm-Richtlinie (NVwZ 1997, 469) und für die Richtwerte in den Geruchsimmissionsrichtlinien der Länder (BGH, NJW 2001, 3054, 3055 f. – Rindermästerei; Wenzel, NJW 2005, 241, 244; s. auch LG Paderborn 19.2.1998, RdL 1998, 395). Ein Bebauungsplan schon wegen seiner Konkretisierungsbedürftigkeit und eine auf seiner Grundlage ergangene Baugenehmigung entscheiden zwar nicht auch über die zivilrechtliche Duldungspflicht (Wenzel, NJW 2005, 241, 245). Dennoch ist eine rechtmäßige Baugenehmigung auf der Grundlage eines wirksamen Bebauungsplans bei zutreffender Immissionsprognose ein Mittel zur Beurteilung der konkreten Ortsüblichkeit (BGHZ 140, 140, 1, 5 = NJW 1999, 356 Schweinemästerei; Hagen, NVwZ 1991, 817, 819, 823; Wenzel, NJW 2005, 241, 245). Fraglich ist, ob umgekehrt das Fehlen einer Baugenehmigung eine Vermutung für eine Ortsunüblichkeit darstellt (Wenzel aaO m.w.N., zweifelnd gegenüber BGH 30.10.1989, BGHZ 140, 1, 9 = NJW 1999, 356 = NuR 1999, 296 – Schweinemästerei, selbst wenn die maßgebende tatsächliche Lage erheblich von der im Bebauungsplan festgesetzten baulichen Nutzung abweicht). Eine Änderung der Art und Weise der Nutzung im Rahmen allgemein geübter Benutzung ist auch bei störender Nachbarwirkung ortsüblich (BGH 19.5.1967, MDR 9/1967 Nr. 39). Zur Ortsüblichkeit bei Einwirkungen aus gentechnisch veränderten Organismen s. **§ 36a (3) GentG** (64.4).

Eine **wirtschaftliche Zumutbarkeit** für Verhinderungsmaßnahmen (§ 906 (2) S. 1 BGB) muss zumutbar sein. Die **Zumutbarkeit** ist grundsätzlich eine Verhältnismäßigkeit i.e.s., hier nach einem gemischt subjektiv-objektiven Maßstab, also bezogen auf einen Durchschnittsbetrieb der betreffenden Branche (s. z.B. Palandt/Bassenge, § 906 Rn 29). Die wirtschaftliche Zumutbarkeit ist hinsichtlich wesentlicher Beeinträchtigungen durch gentechnisch veränderte Organismen bei ortsübliche Benutzung bei Einhaltung der guten fachlichen Praxis i.S. von § 16b (2) und (3) GenTG erfüllt (§ 36a (2) GenTG (64.4).

Bei zu duldender Beeinträchtigung und wenn die (ortsübliche) Benutzung des Grundstücks oder dessen Ertrag **über das zumutbare Maß hinaus beeinträchtigt**, besteht nach § **906 (2) S. 2 BGB** der **Anspruch auf Ausgleich** in Geld, nicht vollen Schadensersatz. Für die Zumutbarkeit maßgebend ist das Empfinden eines durchschnittlichen (nicht des betroffenen) Benutzers des Grundstücks in seiner örtlichen Beschaffenheit, Ausgestaltung und Zweckbestimmung (BGHZ 49, 148, 153; Palandt/Bassenge, § 906 Rn 32) in einer Billigkeitsabwägung im Einzelfall (BGH aaO; zur Gentechnik kritisch Dolde, ZRP 2005, 25, 26 f.; s. 64.4).

Die **situationsbezogene Vorbelastung des gestörten Grundstücks** ist einzubeziehen (BGHZ 121, 248, 251 -= NJW 1993, 1636 - Jugendzeltplatz; BGHZ 140, 1, 6 = NJW 1999, 356 – Schweinemästerei; BGHZ 148, 261 = JJW 2001, 3119, 3120 – Hammerschmiede; OVG Lüneburg 30.7.1999, RdL 1999, 258). Für die Zuordnung des Grundes zur Wesentlichkeit und gegen die Auffassungen einer Zuordnung zur Ortsüblichkeit oder zum nachbarlichen Gemeinschaftsverhältnis Wenzel, NJW 2005, 241, 245 m.w.N. Wer sich in der Nähe eines als vorbelastet erkannten oder grob fahrlässig nicht erkannten Gebiets ansiedelt, kann sich im Allgemeinen nicht auf die Wesentlichkeit der Immissionen berufen (Prinzip der gegenseitigen Rücksichtnahme im nachbarlichen Gemeinschaftsverhältnis). Soweit jedoch die Schwelle zur Unzumutbarkeit z.B. durch Gesundheitsgefährdung trotz Ausschöpfung von eigenen Minimierungsmaßnahmen überschritten wird, muss auch der Betreiber der Immissionsquelle Rücksicht nehmen und Maßnahmen für die Erreichung einer Zumutbarkeit der Immissionen ergreifen (Wenzel, NJW 2005, 245 f., unter Hinweis auf BGH, Hammerschmiede-Fall und die Rechtsprechung des BVerwG zu § 2 (2) der 18. BImSchV (62.3.2.5;zu Sportanlagenlärm; BVerwGE 81, 197 = NJW 1989, 1291) zum Konfliktlösungsmodell nach dem Prinzip der praktischen Konkordanz (5.3.2). Das **Rücksichtnahmegebot** werde so zur Klammer im öffentlich-rechtlichen und privatrechtlichen Nachbarrecht, ohne dass sich beides deckt (Wenzel aaO; a.A. Quaas, in Festgabe 50 Jahre BVerwG, 2003, 37, 51; die Frage, welche Bedeutung ein fehlender Vertrauensschutz hat, bleibt klärungsbedürftig.

Eine **Grunddienstbarkeit** (§ 1018 BGB, 37.33.2), nach der der jeweilige Eigentümer des dienenden Grundstücks entschädigungslos alle Einwirkungen aus dem Betrieb der auf dem herrschenden Grundstück errichteten und betriebenen baulichen und sonstigen, insbesondere immissionsrechtlich genehmigungspflichtigen Anlagen **duldet**, auch wenn sich diese Einwirkungen künftig ihrem Umfang nach oder durch eine Änderung des Betriebs und der hierbei angewandten Verfahren ändern, kann zulässiger Inhalt einer Eintragung im Grundbuch sein. Ein umfassender Verzicht auf die Ausübung von Rechten wahrt den Bestimmtheitsgrundsatz (BayObLG 15.4.2004, UPR 2005, 72; dazu Spiegels, UPR 2005, 61).

§ 907 Gefahrdrohende Anlagen

(1) Der Eigentümer eines Grundstücks kann verlangen, dass auf den **Nachbargrundstücken nicht Anlagen** hergestellt oder gehalten werden, von denen mit Sicherheit vorauszusehen ist, dass ihr Bestand oder ihre Benutzung eine **unzulässige Einwirkung** *(im Sinne des § 906)* auf sein Grundstück zur Folge hat. Genügt eine Anlage *(z.b. Dungstätte)* den **landesgesetzlichen Vorschriften**, die einen bestimmten **Abstand von der Grenze** oder sonstige Schutzmaßregeln vorschreiben *(z.b. Grenzabstand)* , so kann die Beseitigung der Anlage erst verlangt werden, wenn die unzulässige Einwirkung tatsächlich hervortritt *(bei Widerspruch zum Landesrecht auch bei Ortsüblichkeit Abwehranspruch nach § 1004 BGB).*

(2) Bäume und Sträucher gehören nicht zu den Anlagen im Sinne dieser Vorschriften.

§ 908 BGB Drohender Gebäudeeinsturz

Droht einem Grundstück die Gefahr, dass es durch den Einsturz eines Gebäudes oder eines anderen Werkes, das mit einem Nachbargrundstück verbunden ist, oder durch die Ablösung von Teilen des Gebäudes oder des Werkes beschädigt wird, so kann der Eigentümer von demjenigen, welcher nach dem § 836 Abs. 1 oder den §§ 837, 838 BGB für den eintretenden Schaden verantwortlich sein würde, verlangen, dass er die zur Abwendung der Gefahr erforderliche Vorkehrung trifft.

§ 909 BGB Vertiefung

Ein Grundstück darf nicht in der Weise vertieft werden, dass der Boden des Nachbargrundstücks die erforderliche **Stütze verliert**, es sei denn, dass für eine genügende anderweitige Befestigung gesorgt ist.

§ 910 BGB Überhang

(1) [1]Der Eigentümer (oder Erbbauberechtigte) eines Grundstücks kann **Wurzeln** eines **Baumes** oder eines **Strauches**, die von einem Nachbargrundstück eingedrungen sind, abschneiden und behalten. [2]Das gleiche gilt von **herüberragenden Zweigen**, wenn der Eigentümer dem Besitzer des Nachbargrundstücks eine angemessene **Frist** zur Beseitigung bestimmt hat und die Beseitigung nicht innerhalb der Frist erfolgt.

(2) Dem Eigentümer steht das Recht **nicht** zu, **wenn** die Wurzeln oder die Zweige die Benutzung des Grundstücks **nicht beeinträchtigen**.

§ 910 enthält ein **Selbsthilferecht** des Grundstücksnachbarn. Dies gilt jedoch außer in Fällen des Defensiv-Notstandes nicht für das Abschneiden auf dem fremden Grundstück, selbst wenn dies gärtnerisch richtig ist (LG Bielefeld, NJW 1960, 678 Lehmann, Kommentar zum Nds. Nachbarrechtsgesetz § 910 Anm. 7b). §§ 50, 52, 58 NNachbarRG regeln nur den Abstand zum Stamm, nicht zu den Zweigen. Ist die Grenze für die Stamm-Entfernung nach §§ 50 ff. nicht zu beanstanden, ist dadurch nicht auch das Zurückschneiderecht nach § 910 BGB ausgeschlossen (LG Osnabrück19.10.1989, NuR 1991, 298/ OLG Oldenburg 11.7.1990, NuR 1991, 299).

Alternativ zum Selbsthilferecht nach § 910 BGB besteht gegen den Eigentümer ein Beseitigungsanspruch aus § 1004 BGB und an öffentlichen Straßen ein weitergehender öffentlich-rechtlicher Anspruch aus § 31 (2) NStrG s. BGH 23.2.1973, BGHZ 60, 235, 241 ff. – NJW 1973, 703 - Birke; 8.6.1979, AgrarR 1979, 279 NJW 1979, 2515; s. 37.28.4. Vgl. auch zur Kostentragung aus § 812 BGB Breloer, AFZ/Der Wald 2001, 930.

Wird bei der Beseitigung von Baumwurzeln, die vom Gehweg aus in die Abwasserleitung eines angrenzenden Grundstücks eingedrungen sind und diese verstopft haben, die Leitung zerstört, so hat der Störer auf seine Kosten die Wurzeln zu entfernen und eine neue Abwasserleitung zu verlegen. Hilft der Eigentümer selbst nach § 910 BGB ab, so kann er Kostenerstattung nach § 812 BGB verlangen (BGH 7.3.1986, NJW 1986, 264; 8.6.1979, AgrarR 1979, 279 = NuR 1979, 165). Vgl. auch zu § 910 (und § 1004, § 906) mit Berücksichtigung landschaftsrechtlicher Verbote und des Nds. Nachbarrechtsgesetzes LG Osnabrück

10.10.1989, NuR 1991, 298.

§ 911 BGB (Hinüberfall)
Früchte *(§ 99, 37.28.1)*, die von einem Baum oder Strauch **auf ein Nachbargrundstück** hinüberfallen, gelten als Früchte dieses Grundstücks. Diese Vorschrift findet keine Anwendung, wenn das Nachbargrundstück dem öffentlichen Gebrauche dient *(auch tatsächlich öffentliche, nicht aber gesperrte Privatwege, Lehmann aaO § 911 BGB, Anm. 3)*. Nutzungen sind nach § 100 *(37.28.1.)* die Früchte einer Sache oder eines Rechts sowie die Vorteile, welche der Gebrauch der Sache oder des Rechts gewährt.

§ 917 BGB Notweg
(1) [1]Fehlt einem Grundstück die zur ordnungsgemäßen Benutzung notwendige Verbindung mit einem öffentlichen Wege, so kann der Eigentümer von den Nachbarn verlangen, dass sie bis zur Hebung des Mangels die Benutzung ihrer Grundstücke zur Herstellung der erforderlichen Verbindung dulden. (Notfalls Richtung und Umfang durch Gerichtsentscheid).
(2) [1]Die Nachbarn, über deren Grundstücke der Notweg führt, sind durch eine Geldrente zu entschädigen. [2]Die Vorschriften des § 912 (2) S. 2 und §§ 913, 914 finden entsprechende Anwendung.

§ 918 BGB Ausschluss des Notwegrechts
(1) Die Verpflichtung zur Duldung des Notwegs tritt nicht ein, wenn die bisherige Verbindung des Grundstücks mit dem öffentlichen Weg durch eine willkürliche Handlung des Eigentümers aufgehoben wird. (2) *Zum Grundstücks(teil) verkauf mit Erwerberduldungspflicht.*

§ 919 BGB Grenzabmarkung, § 920 BGB Grenzverwirrung

§ 921 BGB gemeinschaftliche Benutzung von **Grenzanlagen** (Mauer, Grenzgraben usw.).

§ 923 BGB Grenzbaum
(1) Steht auf der Grenze ein Baum *(bzw. Strauch (4))*, so gebühren die Früchte und, wenn der Baum gefällt wird, auch der Baum den Nachbarn zu gleichen Teilen.
(2) [1]Jeder der Nachbarn kann die Beseitigung des Baumes *(Strauchs)* verlangen.
Außer bei unersetzbarem Grenzzeichen, S. 4, und (vorbehaltlich des Baumschutzrechts); mit hälftigen Kosten, falls nicht der andere auf sein Recht mit Eigentumsverlust verzichtet (S. 2, 3); keine Selbsthilfe.

Ein Baum ist ein Grenzbaum, wenn sein Stamm dort, wo er aus dem Boden heraustritt, von der Grundstücksgrenze durchschnitten wird. (BGH 2.7.2004, NuR 2005, 13, m.w.N. = UPR 2005, 26). Jedem Grundeigentümer gehört (vor dem Fällen) der Teil des Grenzbaumes, der sich auf seinem Grundstück befindet (vertikal geteiltes Eigentum, nicht Miteigentum; BGH aaO auch mit Nachw. zur a.A.).Jeder Grundstückseigentümer ist für den ihm gehörenden Teil des Grenzbaumes in demselben Umfang verkehrssicherungspflichtig wie für einen vollständig auf seinem Grundstück stehenden Baum (BGH aaO). Verletzt jeder Nachbar die ihm hinsichtlich des Grenzbaumes obliegende Verkehrssicherungspflicht, ist für den ihnen daraus entstandenen Schaden eine Haftungsverteilung nach § 254 BGB vorzunehmen (BGH aaO).
Zur Definition und zu haftungsrechtlichen Konsequenzen Dujesiefken/ Günther, AUR 2004, 201.
Zu Konflikten mit Bäumen an der Grenze Otto, UPR 2005, 60.

37.28.3 Niedersächsisches Nachbarrechtsgesetz (NNachbarRG)

Das niedersächsische Nachbarrechtsgesetz (NNachbarRG) ist auch **Privatrecht** und beruht auf der Grundlage des **Art. 124 EGBGB**, wonach durch Landesgesetz das Grundeigentum zugunsten des Nachbarn (Grundstückseigentümer oder Erbbauberechtigter) noch anderen Beschränkungen als den im BGB bestimmten unterworfen werden kann. Die Regelungen sind fast ausschließlich dispositiv. Abweichende Vereinbarungen - praktisch außer zur Verjährung - sind möglich. Die Rechte aus den §§ 906, 910 und 1004 BGB werden durch das Nachbarrechtsgesetz nicht berührt, soweit sie nicht auf Beseitigung der Anpflanzung gerichtet sind (Louis, B2, § 12 Rn 142). Öffentliches Recht (Naturschutzrecht, auch Baurecht) bleibt unberührt. §§ 6 - 15 Nachbarwand, §§ 16 - 22 Grenzwand, §§ 27 bis 37 Einfriedung, §§ 36 - 44 wasserrechtliches Nachbarrecht.

§ 26 S. 1 NNachbarRG Bodenerhöhung

Wer den Boden eines Grundstücks über die Oberfläche des Nachbargrundstücks erhöht, muss einen solchen **Grenzabstand** einhalten oder solche Vorkehrungen treffen, dass eine **Schädigung des Nachbargrundstücks ausgeschlossen** ist. Z.B. Terrassen mit Böschungen oder Stützmauern, Dämme, auch Straßendämme, künstliche Hügel. Eine vorübergehende Aufschüttung ist eine Lagerung, keine Bodenerhöhung (Lehmann aaO § 26 Erl. 3, strittig). Vgl. auch 41. f. zur baulichen Anlage und Baugenehmigungspflicht.

§ 50 NNachbarRG: Grenzabstände für Bäume und Sträucher außer Wald

(1) bis zu 1,25 m Höhe 0,25 cm Abstand,
bis zu 2 m Höhe 0,50 m Abstand,
bis zu 3 m Höhe 0,75 m Abstand
bis zu 5 m Höhe 1,25 m Abstand
bis zu 15 m Höhe 3,00 m Abstand (im Außenbereich 1,25 m, **§ 52 (2)**),
über 15 m Höhe 8,00 m Abstand (im Außenbereich 1,25 m, **§ 52 (2)**), -
nach **§ 51** jeweils ab Stamm-Mitte vom Erdboden aus gemessen.
(2) Dies gilt auch für lebende Hecken, falls keine Grenzhecke nach § 30 und für natürlich gewachsene Pflanzen (ohne menschliches Zutun).
Nach **§ 52 (1) Ausnahmen** für
1. Anpflanzungen hinter einer Wand oder einer undurchsichtigen Einfriedung, wenn sie diese nicht überragen,
2. Anpflanzungen an den Grenzen von öffentlichen Straßen (s. zu § 58) und zu Gewässern.
3. Anpflanzungen auf öffentlichen Straßen und auf Uferböschungen
(mit dem Recht, das **Zurückschneiden** zu verlangen, **§§ 53 - 55** mit Verfristungs- und Übergangsausnahmen; s. auch zu 37.28.4): Bei **Ersatzanpflanzungen** sind nach **§ 56** die in § 50, 52 Abstände einzuhalten; jedoch dürfen in geschlossenen Anlagen einzelne Bäume oder Sträucher nachgepflanzt werden und zur Höhe der übrigen heranwachsen.

§ 58 NNachbarRG Grenzabstände für Waldungen

(1) In Waldungen sind von den Nachbargrundstücken mit Ausnahme von Ödland, öffentlichen Straßen und Gewässern und anderen Waldungen folgende **Abstände** einzuhalten:
  mit Gehölzen bis zu 2 m Höhe 1m,
  mit Gehölzen bis zu 4 m Höhe 2m,
  mit Gehölzen über 4 m Höhe 8 m.
(2) Werden Waldungen verjüngt, die bei Inkrafttreten dieses Gesetzes vorhanden sind, so genügt für die neuen Gehölze über 4 m Höhe der bisherige Grenzabstand derartiger Gehölze, jedoch ist mit ihnen mindestens 4 m Grenzabstand einzuhalten.
(3) Insbesondere die §§ 51 (Ausnahmen), 56 (Nachpflanzen) sind entsprechend anzuwenden.

Der große Normalabstand für Waldungen von 8 m ist **wegen** des großen Schattenwurfs sowie Entzugs von Wasser und Nährstoffen durch eine geschlossene Waldfront begründet (Lehmann, aaO § 58 Erl. 1).

Der Begriff **Waldung** ist wegen der unterschiedlichen Zielsetzung der Waldgesetze (Walderhaltung und -mehrung) enger als der der Waldgesetze, die später als das (den Ausgleich der Nachbarinteressen bezweckende) am 1.1.1968 geltende NNachbarRG in Kraft getreten sind (Lehmann, aaO Erl. 1a, 13; LG Verden, Urt. v. 8.4.1975 – Nds. Rpfl. 1975, 272: fünf Meter Breite reichen nicht). Vom natürlichen Sprachgebrauch ist auszugehen (erforderlich sind eine nicht unbedeutende Fläche und Breite, nicht nur Baumreihen). Der geringe Abstand von 1,25 m für Windschutzanpflanzungen nach § 52 (2) ist vom Landwirtschaftsministerium gewünscht worden, damit Windschutzanpflanzungen mit diesem geringen Grenzabstand in der Feldmark zulässig sein sollten, die demnach kleiner als Waldungen (Feldgehölze) sind (Lehmann aaO). Andererseits müssten Parkanlagen, die mit Wohngebäuden verbunden sind oder innerhalb von Wohnsiedlungen liegen, bei Nachbarwirkungen wie ein Wald mit zur Waldung gehören. Auch eine Hecke am Waldrand zählt dazu (Lehmann aaO Erl. 3). § 58 muss auch für Naturverjüngungen gelten (Lehmann aaO Erl. 4). Vgl. aber zum Nachbarschutz § 8.NWaldLG (45.4).

Da es frühere Grenzregelungen nicht gab, wirkt die **Bestandswahrung** des § 58 (2) praktisch für alle am 1.1.1968 vorhandenen Waldungen (Lehmann aaO Erl. 6, 7).

Bei (ggf. zulässiger) Nutzung von **Ödland** als landwirtschaftliche Fläche entfällt für zukünftige Waldpflanzungen und Naturverjüngungen diese Ausnahme (Lehmann aaO Erl. 8a).

Mit **öffentlicher Straße** sind nur Straßen im Sinne des NStrG, also gewidmete o.ä. Straßen gemeint. Privatwege, offenbar auch tatsächlich öffentliche Fahrwege, gehören demnach nicht dazu, so dass die Abstände einzuhalten sind (Lehmann aaO Erl. 8b, Pardey, Nieders. Nachbarrechtsgesetz, Kommentar 1999 § 52 Erl. 1.2, weil das Grundstück jederzeit anders genutzt werden könne. Aus dem unterschiedlichen Wortlaut des § 58 gegenüber § 52 (1) Nr. 2 wird entnommen, dass auch Ansprüche eines auf der anderen Seite eines **schmalen** öffentlichen Weges liegenden Nachbarn nicht ausgeschlossen sein sollten. Dabei sei der Abstand von der waldzugewandten Seite des Weges aus zu messen, nicht von der anderen Wegseite an der landwirtschaftlichen Fläche (Lehmann aaO Erl. 8b unter Hinweis auf die abweichende Auffassung von Lange, der das für treuwidrig hält. Vgl. auch u. zu § 1004 BGB. Der nicht im NWG (60.) für die weitere Ausnahme (wegen öffentlich-rechtlicher Regelung) verwendete Begriff des **öffentlichen Gewässers** bedeutet alle natürlichen fließenden Gewässer, Seen, Teiche und Talsperren, außer Gräben und künstlichen Teichen; ganz schmale Gewässer sollen (wie schmale Wege) nicht den Abstand verkürzen (Lehmann aaO Erl.- 8c). **Schneisen** zwischen Waldgrundstücken verschiedener Eigentümer sind nicht im NNachbarRG geregelt.

§ 59 NNachbarRG Beseitigungsanspruch

(1) Gehölze, die entgegen § 58 nicht den Mindestabstand von 1 m haben, oder über die zulässige Höhe hinauswachsen, sind auf Verlangen des Nachbarn zu beseitigen.

(2) Der Anspruch auf Beseitigung ist ausgeschlossen,

wenn die Gehölze bei Inkrafttreten dieses Gesetzes rechtmäßig vorhanden waren,

wenn nach Inkrafttreten dieses Gesetzes gepflanzte Gehölze über die zulässige Höhe hinauswachsen und der Nachbar nicht spätestens in dem fünften darauffolgenden Kalenderjahr Klage auf Beseitigung erhebt.

Zurückschneiden statt **Beseitigung** (auch bei Naturverjüngung) hat bei der Forstwirtschaft keinen Sinn, wäre aber ausreichend (Lehmann aaO § 59 Erl. 1 f.).

Zur **Besitzstandswahrung** (auch für Naturverjüngungen begonnen vor dem 1.1.1968) s. Lehmann aaO § 59 Erl. 3 ff.

§ 60 NNachbarRG Bei der **Bewirtschaftung von Wald** hat der Waldbesitzer (45.2.2) auf die Bewirtschaftung benachbarter Waldgrundstücke Rücksicht zu nehmen, soweit dies im Rahmen ordnungsgemäßer Forstwirtschaft ohne unbillige Härte möglich ist.

Hinsichtlich der Bewirtschaftung soll der große Spielraum des NWaldLG für eine ordnungsgemäße Forstwirtschaft im Nachbarinteresse eingeschränkt werden, bei Kahlschlägen ggf. mit Aufschub; eine unbillige Härte wird bei besonderer finanzieller Bedrängnis angenommen (Lehmann aaO § 60 Erl. 1, 2).

§ 61 (1) NNachbarRG [1]Bei der **Errichtung oder Erhöhung eines Gebäudes im Außenbereich** *(§ 35 (1) BauGB)* ist von landwirtschaftlich oder gärtnerisch genutzten Grundstücken ein Abstand von mindestens 2 m einzuhalten. [2]Ist das Gebäude höher als 4 m, so muss der Grenzabstand eines jeden Bauteils mindestens halb so groß sein wie die Höhe über dem Punkt der Grenzlinie, der diesem Bauteil am nächsten liegt. [3]In den Freiraum hineinragende Teile sind bei allenfalls zu erwartenden geringfügigen Beeinträchtigungen vom Nachbarn zu bewilligen **(2).** *Zur Verfristung s. § 62.*

37.28.4 Privatrechtliche Beseitigungs- und Unterlassungsansprüche bei Eigentumsbeeinträchtigung ohne Besitzentziehung nach § 1004 BGB

Die §§ 907 (1), 908, 923, BGB, 53 - 55, 59 NNachbarRG enthalten Ansprüche auf Beseitigung bestimmter Störungen (unabhängig vom „Verlangen"). Soweit solche speziellen Anspruchsgrundlagen nicht vorhanden sind oder Duldungspflichten insbesondere nach § 906 BGB (37.38.2) bestehen, hat der Eigentümer zur Durchsetzung der nachbarlichen Rechtspflichten den (allgemeinen) **Beseitigungs- und Unterlassungsanspruch** nach § **1004 BGB** (s. auch 37.25.6):

(1) [1]**Wird das Eigentum auf andere Weise als durch Entziehung oder Vorenthaltung des Besitzes (§ 858 BGB) beeinträchtigt, so kann der Eigentümer von dem Störer die Beseitigung der Beeinträchtigung verlangen.** [2]**Sind weitere Beeinträchtigungen zu besorgen, so kann der Eigentümer auf Unterlassung klagen.**

(2) Der Anspruch ist ausgeschlossen, wenn der Eigentümer zur Duldung verpflichtet ist.

Übersicht Ansprüche aus §§ 1004, 906 BGB

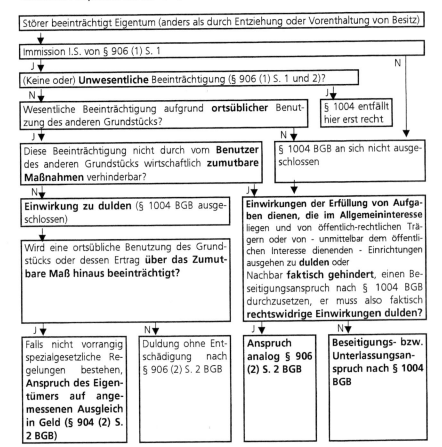

Störer beeinträchtigt Eigentum (anders als durch Entziehung oder Vorenthaltung von Besitz)
↓
Immission I.S. von § 906 (1) S. 1
J ↓   N
(Keine oder) **Unwesentliche** Beeinträchtigung (§ 906 (1) S. 1 und 2)?
N ↓   J ↓

| Wesentliche Beeinträchtigung aufgrund **ortsüblicher** Benutzung des anderen Grundstücks? | § 1004 entfällt hier erst recht |

J ↓   N ↓

| Diese Beeinträchtigung nicht durch vom **Benutzer** des anderen Grundstücks wirtschaftlich **zumutbare Maßnahmen** verhinderbar? | § 1004 BGB an sich nicht ausgeschlossen |

N ↓   J ↓

| **Einwirkung zu dulden** (§ 1004 BGB ausgeschlossen)

↓

Wird eine ortsübliche Benutzung des Grundstücks oder dessen Ertrag **über das Zumutbare Maß hinaus beeinträchtigt?** | **Einwirkungen der Erfüllung von Aufgaben dienen, die im Allgemeininteresse** liegen und von öffentlich-rechtlichen Trägern oder von - unmittelbar dem öffentlichen Interesse dienenden - Einrichtungen ausgehen zu **dulden** oder Nachbar **faktisch gehindert**, einen Beseitigungsanspruch nach § 1004 BGB durchzusetzen, er muss also faktisch **rechtswidrige Einwirkungen dulden?** |

J ↓   N ↓   J ↓   N ↓

| Falls nicht vorrangig spezialgesetzliche Regelungen bestehen, **Anspruch des Eigentümers auf angemessenen Ausgleich in Geld (§ 904 (2) S. 2 BGB)** | Duldung ohne Entschädigung nach § 906 (2) S. 2 BGB | **Anspruch analog § 906 (2) S. 2 BGB** | **Beseitigungs- bzw. Unterlassungsanspruch nach § 1004 BGB** |

Der **Begriff des Störers** i.S. des § 1004 (1) S. 1 BGB als Verantwortlicher für die Eigentumsbeeinträchtigungen (ohne Besitzentziehung – oder Vorenthaltung; so ist im Folgenden der Begriff der Beeinträchtigung gemeint) ist nicht näher definiert und höchst umstritten (s. Herrmann, JuS 1994, 273 ff.; Wenzel, Vorsitzender des maßgebenden 5. Senats des BGH, NJW 2005, 241 ff.).

Im Vordergrund der Ermittlung des Störerbegriffs stehen Beeinträchtigungen, die vom **Nachbargrundstück** ausgehen. Der Eigentümer (bzw. auch nachfolgend mitgemeint der unmittelbare Besitzer, Herrmann, NJW 1997, 153, 155) kommt unter weiteren Voraussetzungen für eine Störereigenschaft in Betracht. Eigentum allein reicht für eine Verantwortlichkeit für eine Beeinträchtigung nicht aus. Da die Kosten für Einfriedung eines Gemüsegartens zur Abwehr von Rehwild vom Jagdpächter schon mangels Störereigenschaft nach § 1004 nicht zu tragen sind, konnte das AG Bückeburg offen lassen, ob für das Jagdausübungsrecht eine dem Eigentümer oder Besitzer vergleichbare Rechtsstellung anzunehmen ist (1.4.2003, 30c 64/03, JE IX Nr. 135; 54.2.6; s. auch 54.4.8).

Unterschieden wird bei Beeinträchtigungen durch einen **Verhaltenstörer** zwischen dem **Tätigkeits-** oder **Handlungsstörer** und dem **Unterlassensstörer** sowie bei beiden **jeweils** noch der **unmittelbare** und **mittelbare Störer** (Wenzel, NJW 2005, 241). In allen vier Fallgruppen muss die Beeinträchtigung adäquat kausal verursacht sein (s. z.B. Wenzel, NJW 2005, 241 mit den Beispielen: Baumwurzeln dringen in das Nachbargrundstück ein, 7.3.1986, BGHZ 97, 231 = NJW 1986, 2640 - Abwasserleitung; BGHZ 106, 142 = NJW 1989, 1932; BGHZ 135, 235 = NJW 1997, 2234; BGH, NJW 1991, 2826; BGH 8.12.1999, NuR 2000, 352 = UPR 2000, 141, Beseitigungspflicht aus § 1004 wie Schadensersatzpflicht i.S. der Haftpflichtversicherung); für konkreten Nachweis einer Beeinträchtigung und nicht nur abstrakter Gefährdung VG Hannover 25.3.1988, AgrarR 1989, 52; Froschlärm von einem angelegten Teich (BGHZ 120, 239, 254 = NJW 1993, 925; für eine weitergehende Kausalität als nicht hinwegzudenkende Folge Herrmann, NJW 1997, 153, 155). Beim gefahrenabwehrrechtlichen Zustandsstörer (29.6.2; Grundstückszustand) ist die öffentlich-rechtliche Verpflichtung wegen des öffentlichen Sicherheitsinteresses stärker sozialpflichtig (Pardey, Nds. Nachbarrechtsgesetz, Kommentar 1999, § 1004 Erl. 2.2).

Wer durch **positives Tun** in generell geeigneter Weise (adäquat kausal) das Eigentum eines anderen beeinträchtigt, ist **unmittelbarer Tätigkeits-** oder **Handlungsstörer**. Das gilt auch, wenn er die Beeinträchtigung durch einen Dritten oder durch Naturkräfte adäquat verursacht hat (Wenzel aaO). Vgl. zum Gefahrenabwehrrecht 29.6.1. Z.B. Beim Überlaufen von Jagdhunden bei einer Stöber- oder Drückjagd in den Eigenjagdbezirk des Nachbarn (54.2.1); BGHZ 49, 340, 347 = NJW 1968, 1281; zu ausgebrochenen Rindern LG Göttingen – 6 S 3/01, Pirsch 19, 2002, S. 36. Der Eigentümer nicht hoheitlich-straßenrechtlich gewidmeter Wege ist nicht verpflichtet, gewerblich angebotene, begleitete Geländeausritte, da sie wegen gewerblicher Ermittlung vom Grundrecht auf Genuss der Naturschönheiten erfasst sind, einschränkungslos und unentgeltlich zu dulden (BayObLG 28.5.2004, NuR 2005, 205; so auch für das nds. Betretensrecht, 46.1.3).

Nach einer vom BGH inzwischen aufgegebenen Auffassung sollte der Eigentümer für eine Beeinträchtigung verantwortlich sein, wenn diese mindestens mittelbar (also erst recht unmittelbar) auf den **Willen des Eigentümers** zurückgeht. Zu einer auf dem Willen eines Eigentümers beruhenden Anlage und Unterhaltung eines Gartenteichs, der die Bedingungen, die besondere Gefahrenquelle, dafür geschaffen hat, dass sich dort Frösche ansiedeln, die **Froschlärm** erzeugen, s. BGH 20.11.1992, NJW 1993, 925 ff. = BGHZ 120, 239, 254; vgl. auch 52.6.5.2; 37.28.5; die Verantwortlichkeit wegen Froschlärms, der auf einem künstlich angelegten schon mit der Gefahr der **Froschlärmerzeugung** angelegten Teich entsteht danach noch nur bei naturschutzgesetzlicher Befreiungsmöglichkeit; für fehlende Befreiungsmöglichkeit offengelassen; s. aber zu 37.28.5; das OVG Lüneburg 11.4.1996, NJW 1996, 3225, hielt noch eine naturschutzrechtliche Befreiung von einer Baumschutzsatzung für einen Abwehranspruch wegen fehlender Standfestigkeit für erforderlich und auf Nachbarantrag für zulässig; 51.7; ebenso VGH Mannheim 8.7.1998, NJW 1999, 2914, zum Froschlärm. Das überholte Willensmerkmal erscheint auch beim BGH 23.4.1993, NJW 1993, 1855 = AgrarR 1994, 24 = NuR 1994, 48 = BGHZ 122, 283 - **Baumsturz** durch Orkan. Wiebke; BGH 7.7.1995, NJW 1995, 2633 = UPR 1996, 68 m.w.N. – Wollläuse-Fall). Kritisch (u.a.) zu diesem Willensmerkmal äußerte sich Herrmann (NJW 1997, 153: auf die Beeinträchtigung kann sich das Merkmal als Vorsatz nicht beziehen; bezogen auf das Verhalten, das zur Beeinträchtigung führt, würde es reine Kausalität bedeuten) und veranlasste den BGH zur Abkehr von dem Willensmerkmal (Wenzel, NJW 2005, 241). Die Störereigenschaft eines Grundstückseigentümers entfällt solange nicht, wie er mit Erfolg eine Ausnahmegenehmigung für die Beseitigung der Störungsquelle beantragen kann; wird die Befreiungsmöglichkeit vom Zivilgericht bejaht, muss in den Tenor einer eventuellen Verurteilung der Vorbehalt einer Ausnahmegenehmigung aufgenommen werden, auch wenn das nicht im Klagantrag enthalten ist (Bestätigung von BGHZ 120, 239, 246 ff., 254, durch BGH 26.11.2004, NuR 2005, 552; danach bei Folgen aus unterbliebenem Baumschnitt keine Rechtfertigung durch das gegenseitige Rücksichtnahmegebot über die Spezialregelung der §§ 906, 910 (1) S. 2 BGB hinaus, was nur bei dringend gebotenem billigen Ausgleich in betracht kommen könnte).

Der Tatbestand des **§ 1004 (1) BGB** ist aber weiter nach dem **nicht erfüllt**, wenn die Beeinträchtigung - von dem Nachbargrundstück aus - **ausschließlich auf Naturkräfte** zurückgeht (z.B. Abfluss von Oberflächenwasser, BGHZ 114, 183, 187 = NJW 1991, 2770; Windbruch eines (gesunden) Baumes (BGHZ 122, 283, 285 = NJW 1993, 1855 - Baumsturz durch Orkan Wiebke; Wenzel, NJW 2005, 241).

Bei dem Begriff des **mittelbaren Störers** bedarf es über die adäquate Kausalität hinaus einer **wertenden Zurechung** (Armbrüster, NJW 2003, 3087, 3088.; Wenzel, NJW 2005, 241); von Fall zu Fall (BGH 7.7.1995, NJW 1995, 1833 = NuR 1995, 576 = UPR 1996, 68; kritisch Herrmann, NJW 1997, 153, 154). Durch Naturereignisse ausgelöste Störungen sind dem Eigentümer eines Grundstücks nur dann zuzurechnen, wenn er sie **durch eigene Handlungen ermöglicht** hat oder wenn die Beeinträchtigung durch **pflichtwidriges Unterlassen** herbeigeführt worden ist (BGH 23.4.1993 aaO m.w.N.).

Für ein nur allgemeines Risiko kann der Grundeigentümer nach Sinn und Zweck der nachbarrechtlichen Regelung des Nutzungskonflikts nicht verantwortlich gemacht werden (Wenzel, NJW 2005, 241). Für die Zurechnung einer Beeinträchtigung ist erforderlich, dass der vom Eigentümer geschaffene oder geduldete Zustand eine konkrete Gefahrenquelle für das Nachbargrundstück gebildet hat (so auch Palandt/Bassenge, 62. Aufl. § 1004 Rn 24).

Das bloße **Anpflanzen und Aufziehen von Bäumen** begründet eine solche Gefahrenlage regelmäßig noch **nicht**. Dass auch dann bei Naturkatastrophen Schäden nicht auszuschließen sind, ändert daran nichts. Denn derartige ganz ungewöhnlich, von außen hinzutretende Ereignisse sind normalerweise nicht zu erwarten; vor ihrem Eintritt geht von den auf dem Grundstück angepflanzten Bäumen, die gegenüber normalen Einwirkungen der Naturkräfte hinreichend widerstandsfähig sind, keine ernsthafte Gefahr für das Nachbargrundstück aus. Eine Verantwortlichkeit im Rahmen des § 1004 (1) BGB kann den Grundstückseigentümer erst dann treffen, wenn ihm unterhaltene **Bäume infolge Krankheit oder Überalterung** diese Widerstandskraft eingebüßt haben (BGH 23.4.1993, NJW 1993, 1855 = AgrarR 1994, 24 = NuR 1994, 48 = BGHZ 122, 283, 285; 21.3.2003, NuR 2003, 643).

Der BGH hat daher eine Verantwortlichkeit nach § 1004 (1) BGB abgelehnt, wenn ein **Baum bei Sturm** (Orkan Stärke 9 - 10) nachbarschädigend umstürzt, wenn der Baum gegenüber normalen Einwirkungen der Naturkräfte hinreichend widerstandsfähig gewesen ist; das Anpflanzen und die Aufzucht widerstandsfähiger Bäume bildet keine konkrete Gefahrenquelle für das Nachbargrundstück und Sturmschäden sind bei gesunden Bäumen normalerweise nicht zu erwarten (BGH 23.4.1993, AgrarR 1994, 24 = NuR 1994, 48 = BGHZ 122, 283, 285). Keine Verantwortung hat auch der Oberlieger eines von jeher landwirtschaftlich ordnungsgemäß betriebenen abschüssigen Grundstücks, von dem **Regenwasser auf das niedriger liegende Nachbargrundstück** fließt (BGHZ 114, 187). Dabei kommt es auf die normale landwirtschaftliche Nutzung (bestimmungsgemäß betrieben) und die natürliche Eigenart des Grundstücks an (BGH aaO; Wenzel, NJW 2005, 241).

Nach der Entscheidung des BGH im **Wollläuse-Fall** (BGH 7.7.1995, NJW 1995, 1833 = NuR 1995, 576 = UPR 1996, besteht auch keine Verantwortung des Grundstückseigentümers für das Risiko des Schädlingsbefalls, weil dieses allgemein alle Grundstückseigentümer als allgemeines Risiko betrifft; hier wenn von einer gepflanzten Lärche aus Baumschädlinge (Wollläuse) die Kiefer des Nachbarn befallen (zum überholten Willensmerkmal s.o.). Dies gilt besonders, wenn die ursprüngliche Entstehung der ersten **Quelle schwer nachzuweisen** ist; anders ist es, wenn durch besondere Nutzung der Ungezieferbefall begünstigt worden ist. Bei einer **gesetzlichen Pflichtenregelung** wie bei der ausdrücklichen Selbsthilferegelung des § 910 BGB für Schäden von in die Abwasserleitung eingedrungenen Baumwurzeln, den Überhang von Zweigen und das Eindringen von Wurzeln. Nachbarrechtlich genügt das Einhalten des nachbarrechtlichen Grenzabstandes; zudem sind Bäume und Sträucher nach § 907 (2) keine Anlagen i.S. des § 907 BGB (37.28.3).

Da auch keine rechtliche Pflicht zum Spritzen von Schädlingsbekämpfungsmitteln besteht, ist auch keine Garantenstellung (wie sie auch bei der Verkehrssicherungspflicht erforderlich ist) gegeben und daher **nicht** mit der Folge eines **pflichtwidrigen Unterlassens** verletzt (BGH, NJW 1995, 2633 = UPR 1996, 68). Auch ist noch nicht das Gebot gegenseitiger **nachbarlicher Rücksichtnahme** (BGH, NJW 1991, 2826) mit den strengen Ausnahmevoraussetzungen für billigen Ausgleich widerstreitender Interessen verletzt (BGH, NJW 1995, 2633).
Herrmann kritisiert eingehend die Entscheidung im Wollläusefall (NJW 1997, 153 f.). Ein Kernpunkt ist, dass der BGH auch in seiner früheren Rechtsprechung wesentlich auf die Kausalität durch **positives Tun** abstellt und daher Schwierigkeiten hat, seine unterschiedlichen Ergebnisse zu rechtfertigen (einerseits Oberflächenwasserabfluss, das Pflanzen eines - gesund gebliebenen - später bei Orkan umgestürzten oder eines später mit Wollläusen befallenen Baumes und andererseits Teichanlegen mit Froschlärmerzeugung sowie Eindringen von Wurzeln in die Kanalisation (BGHZ 97, 231, 234 f. = NJW 1986, 2640) oder unter die Wegebetonplatten des Nachbargrundstücks (s. BGH 28.11.2003, NuR 2004, 336 = UPR 2004, 227). Auch eine **Rechtsnachfolge** ist damit nicht zu lösen (zur Rechtsnachfolge im Nachbarverhältnis s. Pardey, RdL 2001, 57). Herrmann (aaO) nimmt eine Verantwortlichkeit an, wenn eine Sicherungspflicht besteht, die nach der Verkehrsauffassung zur ordnungsgemäßen Instandhaltung gehört und bei Nichterfüllung kausal für die Störung sein muss; außerdem darf die Störung nicht ortsüblich sein (§ 906 (2) S. 2 BGB), nicht nur mit unzumutbarem Aufwand behebbar und vom Nachbarn nicht zu dulden sein.
Keinen Abwehranspruch (als Grundlage für einen Ersatzanspruch entsprechend § 906 (2) S. 2 BGB, s. 37.28.5) hat das **OLG Düsseldorf** (29.6.1994, NJW-RR 1995, 1231) im Ergebnis angenommen für **Samenflug von einem verwilderten Grundstück**, der auf dem Nachbargrundstück zu - Erikakulturen schädigenden - Sämlingen führte (kritisch zur Begründung Herrmann, NJW 1997, 156); zu **Gülle-Immissionen auf Rosenkulturen** s. OLG Düsseldorf, NJW-RR 1995, 1482 und kritisch dazu Herrmann, NJW 1997, 157, auch zur Unterscheidung des Ersatzes von Schäden als Substanzverletzungen gegenüber der Beseitigung von Beeinträchtigungen i.S. des § 1004 BGB.
Diese Entscheidung des BGH hat das **OLG Düsseldorf** (15.1.2002, NuR 2003, 316) in dem Fall herangezogen, in dem eine (wohl äußerlich gesunde) **Silberweide bei einem Sturm der Stärke 7 - 8**, dem ein gesunder Baum stand gehalten hätte, auf das Dach des Nachbarn **stürzte**. Es hat eine Störereigenschaft nach § **1004 BGB** bejaht. Da im o.g. Wiebke-Fall des BGH (BGHZ 122, 283, 285 = NuR 1994, 48) ein Katastrophen-Orkan geherrscht habe, sei - anders auch als beim allgemeinen Risiko im Wollläuse-Fall - im vorliegenden Fall auch unter Berücksichtigung von Billigkeitsgründen ebenfalls ein Anspruch analog § 906 (2) S. 2 BGB gegeben. Diesem Urteil widerspricht mit Recht Otto in der Anmerkung (NuR 2003, 317). Die Voraussetzung ist nicht gegeben, dass ein Abwehranspruch des Nachbarn aus § 1004 vorliegt (vgl. Roth, JuS 2001, 1161, 1164; Otto aaO und ergänzend u. zu § 906 (2) S. 2 analog). Nicht zurechenbar sind Natureinwirkungen, das ist hier der Unterschied zu einer überwachungsbedürftigen und -fähigen technischen Anlage, denen alle Grundstücke aufgrund der natürlichen Eigenart von Anpflanzungen aller Art ausgesetzt sind und für die keine konkrete Gefahrenquelle geschaffen werden konnte (BGH u.a. 23.4.1993, AgrarR 1994, 24, s.o.; Palandt/Bassenge, 62. Aufl. § 1004 Rn 24). Da jeder Baum betroffen sein kann, ohne dass ein Zeitpunkt bestimmbar wäre, liegt keine konkrete Gefahr vor, sondern nur eine Vorsorgesituation, die selbst bei Einhaltung der nachbargesetzlichen Grenzen Anlass sein kann, auf das Pflanzen von Bäumen zu verzichten oder sie vorsorglich frühzeitig zu fällen, was bei Geltung einer Baumschutzsatzung nur möglich wäre, wenn eine Ausnahme oder Befreiung vom Fällverbot erlangt würde (s. Otto aaO). Voraussetzung dürfte mindestens sein, dass ein Baum Anzeichen für eine Gefährlichkeit aufweist, die nähere Kontrollen und ggf. weitergehende Sicherungsmaßnahmen erfordern, wie bei Ansprüchen aus verletzter Verkehrssicherungspflicht, die zusätzlich aber Verschulden erfordern.

Der **BGH** (16.2.2001, NJW-RR 2001, 1208) hat einem Winzer, der durch **Mehltau**, der von dem nicht mehr bewirtschafteten Weinberg des Nachbarn sich schädigend auf seinen Weinberg ausbreitete, einen Schadensersatzanspruch sowohl nach § 823 (1) BGB als auch nach § 823 (2) i.V.m. § 1004 BGB als Schutzgesetz verneint. Der BGH geht zwar weiter von dem Grundsatz aus, dass Beeinträchtigungen, die ausschließlich auf Naturkräfte zurückzuführen sind, abwehrfähig sind. Er trägt jedoch der Kritik von Herrmann insofern Rechnung, dass auch in diesen Fällen unter dem Gesichtspunkt des **pflichtwidrigen Unterlassens** eine Störung in Betracht kommen kann (s. auch Wenzel. NJW 2005, 241, 242). Die Unterhaltung eines Weinbergs ist keine Schaffung einer Gefahrenquelle und ruft keine Verkehrssicherungspflicht hervor (s. auch 37.28.5). Es muss sich aus der Art der Nutzung des Grundstücks, von dem die Störung ausgeht, eine Sicherungspflicht, also eine Pflicht zur Verhinderung möglicher Beeinträchtigungen ergeben. Das entfällt hier, weil anderenfalls der landwirtschaftlichen Nutzung zu enge Grenzen gesetzt würden. Insofern gilt für natürliche Immissionen nichts anderes als für Immissionen aufgrund eines technischen Defekts (BGH 14.11.2003, NuR 2004, 270, 272 = ZUR 2004, 179 = RdL 2004, 76, mit Bezug auf BGH 30.5.2003, NJW 2003, 2377, Wasserrohrbruch; zum Mehltau s. zuvor abweichend OLG Koblenz 27.10.1999. NuR 2000, 413 = AgrarR 2000, 337).

Ob eine **(objektive) Sicherungspflicht** besteht, ist nach der Verkehrsauffassung und den Konfliktlösungsregeln der §§ 903 ff. BGB (37.28.2) danach zu beurteilen, ob sich die Art der Nutzung im Rahmen ordnungsgemäßer Bewirtschaftung hält, auch wenn hierdurch nachteilige Wirkungen auf das Nachbargrundstück ausgehen können (Wenzel, NJW 2005, 241, 242). Es kommt auch auf die **Wesentlichkeit,** die **Ortsüblichkeit** und die **Zumutbarkeit von** Vorkehrungen an (Wenzel aaO). Danach ist vom BGH eine Pflicht zum vorbeugenden Einsatz von Schädlingsbekämpfungsmitteln im **Wollläuse-** und **Mehltau**-Fall auch aus Gründen des Naturschutzes und der unternehmerischen Entscheidungsfreiheit verneint, dagegen die Zuführung chemischer Unkrautvernichtungsmittel **(Pestizide)** durch **Niederschlagswasser** (BGHZ 90, 255, 267 = NJW 1974, 2207) als Störung angesehen worden. Eine Sicherungspflicht lässt sich aus § 910 (1) S. 1 BGB herleiten, der den § 1004 BGB nicht ausschließt und gegen Einwirkungen von grenzüberschreitenden **Baumwurzeln auf Abwasserrohre** (BGHZ 97, 231 = NJW 1986, 2640; BGH, NJW 1995, 395, 396), eine **Garage** (BGH, NJW 2004, 1035 – Druckstempel) oder den **Zugangsweg** des Nachbarn (BGH, NJW 2004, 603 – Betonplatte/Baumwurzel). Dringen die Baumwurzeln nicht über die Nachbargrenze, trocknen ihre Saugwirkung jedoch die Bodenschicht unter dem benachbarten Haus aus und entstehen dadurch **Setzungsschäden,** so löst die objektive Gefährdungslage eine Sicherungspflicht bei wertender Betrachtung erst in dem Zeitpunkt aus, in dem die Gefahr für die Standsicherheit des Nachbarhauses konkret erkennbar wird (BGH, NJW 2004, 1035 – Druckstempel). Denn das Anpflanzen von Bäumen allein schafft im Regelfall noch keine Gefahrenquelle (BGHZ 122, 283, 285 s.o.), sondern ist ordnungsgemäße Nutzung (Wenzel, NJW 2005, 241, 242). Daher entsteht eine Pflicht, einen Baum vor dem Umstürzen auf das Nachbargrundstück zu sichern, erst, wenn eine Gefährdung objektiv erkennbar wird. Störer ist somit auch , wer einen Baum unterhält, der allein wegen seines Alters umzustürzen droht (BGH, NJW 2003, 1732) oder erkennbar Zeichen fehlender Standfestigkeit aufweist, wobei dann in der Regel auch die verschuldensabhängige Haftung wegen Verletzung der Verkehrssicherungspflicht aus § 823 (1) BGB gegeben ist (vgl. zu den Baumkontrollen und Pflegemaßnahmen 46.10; s. auch 37.25) und § 1004 BGB praktisch bedeutungslos macht (Wenzel, NJW 2005, 241, 242).

Es kommt darauf an, ob der Störer durch eigene Handlungen eine Gefahrenlage geschaffen hat, die sich später verwirklicht: Die Schutzpflicht muss sich trotz naturschutzrechtlich genehmigter **Rodungsmaßnahmen** auf das Maß beschränken, das für die **Standsicherheit der geschützten Bäume** ungefährlich bleibt (s. BGH 17.9.2004, NJW 2004, 3701, 3702 = UPR 2005, 28 = ZUR 2005, 86 = RdL 2005, 19 = AUR 2005, 70); zum Ausgleichsanspruch auch als späterer Beeinträchtigung analog § 906 (2) S. 2 BGB s. 37.28.5).

Naturschutzrechtliche Bindungen (z.B. Fäll- oder Stutzverbot für einen Baum) schließen Ansprüche aus § 1004 BGB und auf Aufwendungsersatz aus (LG Aschaffenburg, NuR 1987, 284; OLG Düsseldorf, NJW 1989, 1807; LG Hannover, AgrarR 1989, 52; OLG Köln, UPR 1998, 194, 195; Anm. Otto, UPR 1998, 187). Umgekehrt kann der Eigentümer eines Grundstücks, auf dem sich durch eine Baumschutzsatzung unter Schutz gestellte Bäume befinden, ungeachtet des öffentlich-rechtlichen Charakters der Regelung gemäß § 1004 vom Nachbarn die Unterlassung von Baumaßnahmen verlangen, die die Bäume beeinträchtigen (OLG Köln 3.9.2003, NuR 2004, 627). Die vom BGH (NJW 1993, 925 – Froschlärm) offen gelassene Frage, ob eine Störereigenschaft dadurch entfällt, dass öffentlich-rechtliche Gründe des Natur-, insbesondere Artenschutzes keine Abhilfe bringen dürfen, soll nach Wenzel (NJW 2005, 241, 242) dahin zu beantworten sein, dass die Störereigenschaft nicht entfällt (vgl. auch 37.28.5).

Der BGH (14.11.2003, NuR 2004, 270, 272 = NJW 2004, 1037) hat weiter entschieden: Maßgebend für eine Pflicht nach Prüfung im Einzelfall sind die **Konfliktlösungsregelungen des öffentlichen und privaten Nachbarrechts** sowie die **Art der Nutzung** der benachbarten Grundstücke und die vorbeugende Beherrschbarkeit der Störung sowie die Einhaltung einer ordnungsgemäßen Bewirtschaftung. Für das Abfallen von **Laub, Nadeln, Blüten und Zapfen auf ein Nachbargrundstück** als ähnliche Einwirkungen i.S. des § 906 (1) S. 1 BGB kommt es für eine Störereigenschaft i.S. des § 1004 BGB nicht darauf an, ob der Baum natürlich entstanden oder angepflanzt ist, wie § 907 (2) BGB er gibt. Entscheidend ist, ob der Bewuchs mit seiner natürlichen Emission ordnungsgemäßer Grundstücksbewirtschaftung und dem das Nachbarrecht bestimmenden Grundsatz der Rücksichtnahme entspricht. Es kann ggf. offen bleiben, ob schon das Anpflanzen von Kiefern als Waldbäume in einem Wohngebiet der gebotenen Rücksichtnahme widerspricht. Störer i.S. des § 1004 BGB ist aber, wer durch Überwuchs von zwei Kiefern ohne Zurückschneiden die einschlägigen Bestimmungen über den Grenzabstand nicht einhält.

Hinsichtlich der an ein Wohnhaus unter einer Betonplatte vordringenden Nässe scheitert ein Abwehranspruch aus § 1004 BGB an einer **nachbarrechtlichen** Position (BGH 12.11.1999, NJW-RR 2000, 537). Die nicht ordnungsgemäße Bewirtschaftung und damit Störereigenschaft gilt auch, wenn die fünfjährige **Ausschlussfrist** des § 54 (2) **NNachbarRG** (37.28.3) für die Klage gegen Verletzung der Grenzabstände für Bewuchs verstrichen ist (BGH, NuR 2004, 270, 272); insbesondere auch, wenn die Schub- und Druckkraft auch gegen das benachbarte Bauwerk drückt (BGH, NJW 2004, 1035). Die Fristen des Landesnachbarrechts gelten nur zugunsten, nicht zu Lasten des Nachbarn und wirken sich nicht gegenüber dem Anspruch aus § 1004 BGB (Wenzel, NJW 2005, 241, 242). Das gilt auch bei mittelbar veranlasster Störung durch Dritte (BGHZ 144, 200, 203 = NJW 2000, 2901).

Der **BGH** (11.6.1999, NJW 1999, 2896 = VersR 1999, 1139) hat in einem Fall, in dem ein **Brand** seinen Ausgang in einem technischen **Defekt an elektrischen Leitungen** des benachbarten Hausgrundstücks genommen hatte, die Verantwortlichkeit des Nachbarn bejaht: Maßgebend ist, ob aus dem nachbarrechtlichen Gemeinschaftsverhältnis nach den Wertungskriterien des gesetzlichen Nachbarrechts eine Handlungspflicht besteht, der Nachbar also zurechenbar den störenden Zustand herbeigeführt hat oder unterhält (Wenzel, NJW 2005, 241, 242). Die Verantwortlichkeit ist (maßgebend) in der **Sphäre des Eigentümers** entstanden, da ein ursprünglich nicht gefahrenträchtiger Zustand infolge natürlicher Entwicklung, etwa durch Alter und Verschleiß, zu einer Gefahr wird, auf die der Eigentümer hätte Einfluss nehmen können. Dann steht der Eigentümer dem Schaden aus Sachgründen näher als der Betroffene. Eine Störung ist auch das Eindringen von Wasser infolge eines **Wasserrohrbruchs** (BGHZ 166, 99 = NJW 2003, 2377; BGH, Wertpapiermitteilungen, 1985, 1041). Zum Beseitigungsanspruch nach § 1004 BGB gegen einen Erzeuger von gefährlichem Abfall (Farben, Lösungsmittel u.Ä. bis zur Entsorgung oder Wiederaufbereitung OLG Dresden 24.4.1995, NVwZ 1995, 934. Zum Anspruch des privaten Grundstückseigentümers auf Beseitigung einer über sein Grundstück führenden schadhaften öffentlichen (schlicht hoheitlichen, 23.4.3) Abwasserleitung unter dem Vorbehalt der bestandskräftigen naturschutzrechtlichen Gestattungen entsprechend § 1004 (1) S. 1 BGB s. VGH München 7.10.2004, NuR 2005, 543).

Kritisch zu der Rechtsprechung des BGH hinsichtlich der sich insbesondere aus dem Landes-Nachbarrecht nicht ergebenden Ausnahmen hinsichtlich des nachbarlichen Gemeinschaftsverhältnisses als Ausformung von Treu und Glauben i.S. von § 242 BGB Otto, NuR 2005, 173.

Nach **§ 1004 (1) S. 2 BGB** kann, wenn **keine Duldungspflicht** besteht (§ 1004 (2), s. insbes. zu § 906 BGB) u.a. beansprucht werden:
1. die **Beseitigung** von herübergefallenen Gebäudeteilen (**§ 908 BGB**), die Beseitigung von Bodenvertiefungsfolgen und die Unterlassung unzulässiger Bodenvertiefung (**§ 909 BGB**),
2. zu **unterlassen**, ein privates Grundstück .außerhalb der freien Landschaft oder im zulässig gesperrten Bereich der freien Landschaft (46.11) zu betreten (gehen, Rad fahren, reiten), falls auch kein Notwegerecht besteht (**§§ 917, 918 BGB**),
3. die **Beseitigung** unzulässig dichter Gebäude (**§ 61 f. NNachbarRG**).

Der **Beseitigungsanspruch** nach § 1004 (1) S. 1 BGB umfasst nicht nur die isolierte Beseitigung der Störungsquelle, sondern auch die anschließende Wiederherstellung des in seiner Benutzbarkeit beeinträchtigten Grundstückszustands (Wiederbenutzbarkeitstheorie, Wenzel, NJW 2005, 241, 243 mit Hinweis auf M. Wolf; hinsichtlich einer Bodenkontamination auf dem Nachbargrundstück BGH 4.2.2005, UPR 2005, 227 = NuR 2005, 490 = RdL 2005, 130). Zu reparieren sind: vom Nachbargrundstück aus durch Baumwurzeln zerstörte Abwasserleitungen (BGHZ 97, 231, 236; NJW 1995, 395, 396), ein Tennisplatzbelag (18.4.1997 BGHZ 135, 235 = NJW 1997, 2234; zur Literaturkritik und zur entsprechenden Anwendung des § 867 S. 2 BGB Vollkommer, NJW 1999, 3539; BGH, NJW-RR 2003, 953 für Fernwärmeleitung), eine Betonplatte (BGH, NJW 2004, 603) - neben dem Entfernen der Wurzeln. Ist der Boden durch eingedrungene Stoffe (Öl u.a.) verunreinigt, kann der gestörte Nachbar bei Nichttrennbarkeit der Stoffe vom Boden die Entfernung des gesamten kontaminierten Bodens verlangen (BGH 1.12.1995, NJW 1996, 845). Nähere Rechtfertigung des Anspruchsumfangs in Abgrenzung zum Ersatz des Substanzschadens, bei partieller Überlappung mit einem insoweit daneben bestehenden (verschuldensabhängigen) Schadensersatzanspruch nach § 823 (1) BGB (bei Wenzel, NJW 2005, 241, 243).

Der Anspruch auf **Beseitigung überhängender Zweige und durchgewachsener Wurzeln** bei erheblicher Beeinträchtigung mit Beweislast für den Beanspruchenden besteht neben dem (leichter auch rechtlich realisierbaren) Selbsthilferecht **aus § 910 BGB** gegen Entschädigung nach § 812 BGB (BGH NJW 1986, 2640; s. dazu 37.28.2; BGH NJW 1973, 701, 8.6.1979, AgrarR 1979, 279; 28.11.2003, NuR 2004, 336 = UPR 2004, 227; Lehmann aaO § 1004 Anm. 2). Außerdem hat der Straßenbaulastträger nach Straßenrecht, z.B. § 31 (2) NStrG, einen Anspruch gegenüber dem benachbarten Grundbesitzer, unzulässige Anpflanzungen zu beseitigen oder die Beseitigung zu dulden (dazu auch BGH 8.6.1979, AgrarR 1979, 279 für den Eigentümer eines an eine Landesstraße grenzenden Waldes mit verkehrsbehinderndem Überwuchs; s. auch LG Aachen, AgrarR 2001, 85).

Dagegen fehlt es im Allgemeinen an der erheblichen Beeinträchtigung, wenn die Stämme eines angrenzenden Waldes den zulässigen Abstand haben, aber Zweige über die Grenze reichen (Lehmann aaO, § 1004 Anm. 2c); für unmittelbar an der Grenze stehende Waldbäume könnte Bestandsschutz in Betracht kommen.

§ 254 BGB (Mitverschulden) ist im Rahmen des Beseitigungsanspruchs nach § 1004 (1) S. 1 entsprechend anwendbar (BGH NJW 1995, 395, 396; 18.4.1997, NJW 1997, 2234 zum von Pappelwurzeln zerstörten Tennisplatzbelag; dazu Vollkommer, NJW 1999, 3539).

§ 1004 BGB wird übrigens nach h.M. als **Schutzgesetz** angesehen, bei dessen Verletzung ein Schadensersatzanspruch aus **§ 823 (2) BGB** in Betracht kommt (z.B. bei Einkommensverluste eines Landwirts wegen unterlassenem Rückschnitt, LG Aachen, 21.4.1999, AgrarR 2001, 85; BGH 16.2.2001, NJW-RR 2001, 1208; dazu Roth aaO; s. 37.25.3.4, ggf. neben einem Anspruch aus § 823 (1) BGB).

37.28.5 Nachbarrechtlicher Ausgleichsanspruch analog § 906 (2) S. 2 BGB

Ein nachbarrechtlicher Ausgleichsanspruch wird **in entsprechender (analoger)** Anwendung des **§ 906 (2) S. 2 BGB** unter Beachtung der Verhältnismäßigkeit vom BGH für verschiedene Fallgruppen angenommen.

Im Anschluss an das Reichsgericht (Nachw. bei Wenzel, NJW 2005, 241, 246) hat der BGH einen solchen Anspruch angenommen, wenn ein Abwehranspruch nach § 1004 BGB ausgeschlossen ist, der zur Einstellung des Betriebes oder einer Anlage führen würde, wenn die störenden **Einwirkungen der Erfüllung von Aufgaben dienen, die im Allgemeininteresse** liegen und von öffentlich-rechtlichen Trägern oder von - unmittelbar dem öffentlichen Interesse dienenden - Einrichtungen ausgehen (BGHZ 48, 98, 104 = NJW 1967, 1857 – Autobahn; BGHZ 60, 119, 122 = NJW 1973, 508 – Hochspannungsleitung; BGHZ 91, 20, 23 = Kläranlage; BGHZ 144, 200 = NJW 2000, 2901 – Drogenhilfezentrum; BGH, NJW 1960, 2335 – Omnibushaltestelle; NJW 1980, 770 – Mülldeponie; vgl. auch Hagen, in: Festschrift für Lange, 1992, S. 483, 494; AcP 202 (2002), 996, 997).

Eine Pflicht zu Duldung im öffentlichen Interesse kann sich auch aus öffentlich-rechtlichen **naturinsbesondere artenschutzrechtlichen Bindungen** ergeben (Wenzel, NJW 2005, 241, 246). Es handelt sich um Fälle, in denen der Nachbar eine Einwirkung auf das Grundstück nicht nach § 1004 BGB abwehren darf, weil dem Störer die zur Beseitigung erforderliche öffentlich-rechtliche Genehmigung (einschließlich Befreiung, 53.6) bestandskräftig versagt worden ist. Es genügt auch, dass die Genehmigung zu versagen wäre, was das Zivilgericht als Vorfrage selbständig zu prüfen hat (BGHZ 120, 239, 246, NJW 1993, 925). Für den duldungspflichtigen Nachbarn entsteht ein Ausgleichsanspruch analog § 906 (2) S. 2 BGB. Der Störer muss dann ggf. die versagende Behörde in Anspruch nehmen (Wenzel, NJW 2005, 241, 246). Ein solcher Entschädigungsanspruch (53.3.1, nach § 50 NNatG) könnte aber ggf. an der situationsgebundenen Sozialpflichtigkeit oder wegen eigener vorangegangener Veranlassung scheitern. Im Froschlärm-Fall hat der BGH (BGHZ 120, 239, 252 = NJW 1993, 925) den Ausgleichsanspruch des beeinträchtigten Nachbarn noch versagt, weil die Anlage des Teiches als störende Handlung den Zielsetzungen des Naturschutzes entsprochen hat. Der BGH hat jedoch im Teilrodungsfall (die Ausnahmeerlaubnis der Naturschutzbehörde zur Teilrodung führte zur Standunsicherheit der restlichen, dann auf das Nachbargrundstück umgestürzten Bäume) einem Ausgleichsanspruch allgemein zugeneigt; denn Naturschutz dürfe nicht auf Kosten des Nachbarn betrieben werden (BGH NJW 2004, 3701). Der Anspruch wurde aber in dem Fall ausgeschlossen, weil die störende Handlung (Teilroden) nicht dem Naturschutz diente (s. auch Wenzel, NJW 2005, 241, 246).

In diesem Teilrodungsfall konnte ein Abwehranspruch auf die Einschränkung der erlaubten **Rodungsmaßnahmen** auf das Maß gerichtet sein, das für die **Standsicherheit der geschützten Bäume** ungefährlich blieb (BGH 17.9.2004, NJW 2004, 3701, 3702 = RdL 2005, 19). Grundlage des Ausgleichsanspruchs kann aber auch die Beeinträchtigung sein, die nach Abschluss der Rodungsarbeiten von den als naturschutzrechtlich als besonders geschützte Bestandteile ausgewiesenen, ihrer Standfestigkeit beraubten Bäumen ausging; das gilt unabhängig davon, ob die Voraussetzungen für eine **naturschutzrechtliche Befreiung** für ein Fällen der Bäume hätten geschaffen werden können (BGH 17.9.2004, NuR 2004, 3701, 3702). Der Anspruch analog § 906 (2) S. 2 BGB („zivilrechtlicher Aufopferungsanspruch") ist dadurch gekennzeichnet, dass der Abwehranspruch (oder seine volle Durchsetzung) an Vorgaben des öffentlichen Rechts oder Interessen scheitert. Geht jedoch der Schutz der erforderlichen Befreiung zu Lasten des Grundeigentümers und des Nachbarn, ist insbesondere die Abhilfe nicht auf Förderung des Naturschutzes gerichtet (Schaffung eines Teiches mit der Folge der Froschlärmerzeugung), sondern auf die durch Rodung bewirkte Aufhebung des Windschutzes für die stehen bleibenden Bäume; dann steht jedenfalls einer Entschädigung analog § 906 (2) S. 2 BGB nichts entgegen (BGH 17.9.2004, NJW 2004, 3701, 3702 f.).

Landesrechtliche nachbarrechtliche Ausschlussfristen schließen dagegen den Abwehranspruch nach § 1004 BGB nicht aus (37.28.4), so dass keine entschädigungspflichtige Duldungspflicht entsteht (BGH, NJW 2004, 1035 – Druckstempel; Wenzel, NJW 2005, 241, 246: a. auch Otto, RdL 2005, 6). Bei rechtlichem Ausschluss für das Zurückschneiden kann, jedenfalls soweit der gesetzlich vorgeschriebene Grenzabstand unterschritten wird, ein nachbarrechtlicher Ausgleichsanspruch entsprechend § 906 (2) S. 2 BGB wegen erhöhtem Reinigungsaufwand infolge des **Abfallens von Nadeln und Zapfen** (noch Feinimmissionen i.S. von § 906 (1) S. 1) zustehen (BGH 14.11.2003, NuR 2004, 270, 272 = RdL 2004, 76).

Auch wenn der Nachbar **faktisch gehindert** ist, einen Beseitigungsanspruch nach § 1004 BGB durchzusetzen, er also faktisch **rechtswidrige Einwirkungen dulden** muss, entsteht anstelle des Beseitigungsanspruchs aus § 1004 BGB ein Entschädigungsanspruch analog § 906 (2) S. 2 BGB (BGHZ 72, 289, 293 = NJW 1979, 164; BGHZ 75, 375 = NJW 1983, 872).

Ein nachbarrechtlicher Ausgleichsanspruch in analoger Anwendung des § 906 (2) S. 1 BGB kommt für den Grundstückseigentümer in Betracht, wenn von einem Grundstück im Rahmen privatwirtschaftlicher Benutzung Einwirkungen auf ein anderes Grundstück ausgehen, die das zumutbare Maß einer entschädigungslos hinzunehmenden Beeinträchtigung übersteigen, sofern der betroffene Eigentümer aus besonderen tatsächlichen (oder rechtlichen, s.o.) Gründen gehindert war, die Einwirkungen nach § 1004 (1) BGB (im Rahmen des gebotenen Primärrechtsschutzes) zu unterbinden (Elektrobrand-Fall, BGH, 11.6.1999, NJW 1999, 2896 = VersR 1999, 1139; 17.9.2004, NJW 2004, 3701 = NuR 2005, 133 m.w.N. s.u.; BGH 21.3.2003, NuR 2003, 643 = AgrarR 2003, 255, in einem Fall, in dem kein Hindernis dafür bestand, einer **Baumgefahr** entgegenzutreten, m.w.N.; der BGH hat aber in dem Einzelfall eine Verletzung der Verkehrssicherungspflicht bejaht). Auch im Urteil v. 8.10.2004, AUR 2005, 410, hat der BGH den Eigentümer, der auf seinem Grundstück einen Baum unterhält, der infolge seines Alters auf das Grundstück stürzen kann, als Störer i.S. von § 1004 (1) BGB eingestuft und auch durch Naturereignisse ausgelöste Störungen dem Eigentümer zugerechnet, wenn sich aus der Art der Nutzung des Grundstücks eine Sicherungspflicht ergibt. Insoweit hat der BGH aaO neben einem Anspruch aus § 823 (1) BGB) einen Anspruch analog § 906 (2) S. 2 BGB angenommen, wenn von einem Grundstück im Rahmen seiner privatwirtschaftlichen Benutzung Einwirkungen auf ein anderes Grundstück ausgehen, die das zumutbare Maß einer entschädigungslos hinzunehmenden Beeinträchtigung übersteigen, sofern der davon betroffene Eigentümer aus besonderen Gründen gehindert war, diese Einwirkungen gemäß § 1004 (1) BGB rechtzeitig zu unterbinden; z.B. bei nicht rechtzeitige Erkennbarkeit der Gefahr als faktischem Duldungszwang. Der nachbarrechtliche Ausgleichsanspruch tritt dann an die Stelle des nicht realisierbaren primären Abwehranspruchs aus § 1004 (1) BGB.

Da § 906 (2) S. 2 BGB eine rechtmäßige Duldungspflicht des Nachbarn voraussetzt (s. 37.28.4), ist für die rechtswidrige Einwirkung nur die analoge Anwendung dieser Vorschrift möglich; z.B. bei fehlender Ortsüblichkeit der wesentlichen Beeinträchtigung oder bei deren zumutbarer Abstellmöglichkeit, § 906 (2) S. 1 BGB. Der rechtswidrig Beeinträchtigte darf nicht schlechter gestellt werden als der rechtmäßig Beeinträchtigte (Roth, Der bürgerlich-rechtliche Aufopferungsanspruch, 2001, S. 16; Wenzel, NJW 2005, 241, 246). Danach kann ein Betroffener auch einen Ausgleichsanspruch haben, wenn er die abzuwehrende **Gefahr nicht rechtzeitig erkannt hat und auch nicht erkennen konnte** (BGHZ 66, 70, 74 = NJW 1976, 797; BGHZ 90, 255, 262 = NJW 1984, 2207; BGHZ 111, 158, 162 = NJW 1990, 1919; NJW 1999, 1029 – Sprengungen; Wenzel aaO). Auch bei **bloßer Erkennbarkeit einer Gefährdung** ist es aufgrund des nachbarlichen Rücksichtnahmegebots dem Betroffenen, der dem Nachbarn seine Bedenken vergeblich mitgeteilt hat, nicht zuzumuten, mit Prozessrisiko eine Abwehrklage nach § 1004 BGB zu erheben. Ihm muss auch analog § 906 (2) S. 2 BGB ein Ausgleichsanspruch zustehen (Wenzel, NJW 2005, 241, 246). Droht aber offensichtlich die **Gefahr einer Beeinträchtigung**, so ist trotz vergeblichem Hinweis der Nachbar nicht tatsächlich an einer Abwehrklage nach § 1004 BGB gehindert, sondern dazu nach dem Rechtsgedanken des § 254 BGB sogar verpflichtet; ein Ausgleichsanspruch entfällt (Wenzel, NJW 2005, 241, 246).

Es gibt auch Beeinträchtigungen, die allgemein nach § 1004 BGB abwehrfähig sind, aber auch im Einzelfall **faktisch nicht** abgewehrt werden können und die keine Einwirkungen gemäß § 906 BGB sind. Insoweit werden sowohl die weiteren Einwirkungsarten als auch die nur faktische Abwehrhinderung nach § 1004 BGB für einen Ausgleichsanspruch (somit doppelt) analog nach § 906 (2) S. 2 BGB einbezogen (Wenzel, NJW 2005, 241, 246). Die Duldungsvoraussetzungen der Ortsüblichkeit und wirtschaftlichen Zumutbarkeit müssen nicht vorliegen (Wenzel aaO).

Ein solcher Ausgleichsanspruch kann sich nach dem **Regelungsplan des Gesetzgebers** für die **nachbarliche Interessenabwägung** z.B. bei Beeinträchtigung aus einer faktisch nicht mehr nach § 1004 BGB abwehrfähigen **Vertiefung** i.S. von **§ 909 BGB** (37.28.2) ergeben.

Gleiches gilt für Einwirkungen durch **übergreifende Wurzeln** (BGHZ 97, 231, 234 f. = NJW 1986, 2640; 28.11.2003, NuR 2004, 336 = UPR 2004, 227; dies ist hier aber neben dem Beseitigungsanspruch nach § 1004 BGB nicht relevant; s. 37.28.4) und für **Grobimmissionen** wie z.B. Gesteinsbrocken (BGHZ 28, 225 = NJW 1959, 97; verwitterte Felsen VGH München 26.9.1995, NuR 1997, 559 –

ggf. Handlungs- und Zustandshaftung nach dem öffentlich-rechtlichen Gefahrenabwehrrecht; 29.), Bleischrot (BGHZ 106, 142, 144 = NJW 1990, 110), Wasser (BGH, WM 1985, 1041); BGHZ 155, 99 = NJW 2003, 2377 - Wasserrohrbruch), Baumsturz (BGH, NJW 2004, 3701, 3702 – Teilrodung; BGH 21.3.2003, NJW 2003, 2377 = NuR 2003, 643).

Entgegen Roth (Der bürgerlich-rechtliche Aufopferungsanspruch, 201, S. 15 f.) handelt es sich in den „technischen Unfallschadensfällen" **nicht** um einen Übergang zu dem ganz anderen Anspruchsgrund der **Gefährdungshaftung** (Wenzel, NJW 2005, 241 f.). Neben einem Anspruch analog aus § 906 BGB kann ein Anspruch aus Gefährdungshaftung (§ 2 S. 2 Haftpflichtgesetz, z.B. bei einem Rohrbruch der gemeindlichen Wasserleitung) und als Verschuldenshaftung aus § 823 BGB in Betracht kommen (Wenzel, NJW 2005, 241, 247).

Grundsätzlich können **immaterielle** und **negative Einwirkungen** nicht abgewehrt werden und sind damit nicht von § 906 BGB erfasst (Wenzel, NJW 2005, 2141, 247). Insoweit geht es nur um Handlungen auf dem eigenen Grundstück, die lediglich das ästhetische und sittliche Empfinden des Nachbarn verletzen oder den Verkehrswert des Nachbargrundstücks mindern und bei denen sich der Eigentümer in den räumlichen Grenzen des eigenen Grundstücks hält (BGHZ 88, 344, 351 = NJW 1984, 729; BGHZ 95, 307 = NJW 1985, 282; Wenzel aaO). Jedoch ist ausnahmsweise der Erbauer eines Hochhauses aus dem nachbarrechtlichen Gemeinschaftsverhältnis verpflichtet, den durch das Hochhaus verhinderten Funk- und Fernsehempfang durch Errichtung einer eigenen Fernsehantenne auf dem Hochhaus oder den Anschluss an eine Hochhausantenne zu gestatten (BGHZ 88, 344, 351 = NJW 1984, 729). Auch hat ein Winzer gegen den Bauherrn eines Bahntunnels einen Ausgleichsanspruch, wenn die Errichtung eines Damms den Abfluss kalter Luft aus dem Weinberg verhindert und die Rebstöcke erfrieren (BGH 113, 384 = NJW 1991, 1671; zur Zugangsbeschränkung wegen ordnungsbehördlich angeordneter Sicherungsmaßnahmen s. BGHZ 62, 361 = NJW 1974, 1869 – Drogerie; zur Ansammlung von Drogensüchtigen und -dealern vor einem Drogenhilfezentrum BGHZ 144, 200 = NJW 2000, 2901). Der Nachbar braucht negative Immissionen nicht in stärkerem Umfang entschädigungslos hinzunehmen als positive Immissionen (Entschädigung analog § 906 (2) S. 2 BGB bei Unzumutbarkeit, Wenzel, NJW 2005, 241, 247). Der Entzug der Standsicherheit des Nachbargebäudes durch die Wassersaugkraft von Baumwurzeln ist nicht anders zu behandeln als die Beschädigung durch übergreifende drückende Wurzeln (BGH 28.11.2003, NuR 2004, 336 = UPR 2004, 227). Die Stufe des Rechtsmissbrauchs muss nicht erreicht sein; das nachbarliche Gemeinschaftsverhältnis braucht nicht zur Begründung herangezogen zu werden (Wenzel, NJW 2005, 241, 247). Zur Abwehr von (nachbarbeleidigenden) Frustzwergen s. AG Grünstadt, NJW 1995, 889). Ein Abwehranspruch aus § 1004 entfällt aus Gründen des nachbarlichen Gemeinschaftsverhältnisses (Rücksichtnahmegebot) nur ausnahmsweise aus zwingenden Gründen; nicht bei Nichtnutzung des Grundstücks, BGH 17.121999, AgrarR 2000, 310. Zur Steuerung des § 36a GenTG s. 64.4 und Kohler, NuR 2005, 566.

Fehlen die Voraussetzungen des (nicht realisierbaren) § 1004 (1) BGB, kommt auch ein Ausgleichsanspruch analog § 906 (2) S. 2 BGB nicht in Betracht kommt. Zum Urteil im Silberweide-Fall des OLG Düsseldorf (15.1.2002, NuR 2003, 316) wird nicht nur das Fehlen der Voraussetzungen des § 1004 (1) BGB kritisiert, sondern auch hilfsweise, dass der Nachbar nicht gehindert war, von diesem Anspruch Gebrauch zu machen (vgl. Roth, JuS 2001, 1161, 1164; Otto aaO; gegen Otto: Gebhardt, Anm. NuR 2003, 643).

Der Anspruch ist **verschuldensunabhängig** und (wie die Entschädigung bei einer Eigentumsbeschränkung, 27.4) nur auf angemessenen **Ausgleich**, nicht auf vollen Schadensersatz gerichtet. Im Elektrobrand-Fall (BGH, 11.6.1999, NJW 1999, 2896 = VersR 1999, 1139) hat der BGH einen Anspruch analog § 906 (2) S. 2 BGB hinsichtlich des Substanzverlustes bejaht.

Bei Vorliegen von **Schadensersatzansprüchen aus § 823 (1) oder (2) BGB** sind vom BGH zunächst Ansprüche aus § 906 (2) S. 2 BGB analog als nachrangig (subsidiär) ausgeschlossen worden (BGHZ 120, 239, 249 = NJW 1993, 925 - Froschlärm; Roth, JuS 2001, 1161, 1164). Der BGH hat aber später (17.9.2004, NJW 2004, 3701 = NuR 2005, 133, dem OLG Düsseldorf als Vorinstanz im Ergebnis folgend) Ansprüche aus § 906 (2) S. 2 BGB analog unabhängig von Ansprüchen aus § 823 BGB und anderen Ansprüchen für möglich gehalten, soweit nicht gesetzlich ausdrücklich etwas anders geregelt ist, z.B. für eine Öltankanlage, BGHZ 142, 227, 236). Roth (JuS 2001, 1161) kritisierte zuvor, dass der BGH in dem Mehltaufall (anders 12.11.1999, NJW-RR 2000, 537) einen evtl. **Anspruch** entsprechend § 906 (2) S. 2 BGB nicht ausdrücklich geprüft hat. Roth weist auch darauf hin, dass eine Rechtswidrigkeit (nach a.A. Tatbestandsmäßigkeit) eines verschuldensabhängigen **Anspruchs** gemäß § **823 (1)** wegen Eigentumsschädigung nur ausgeschlossen ist, wenn die Rechtmäßigkeitsvoraussetzungen des § 906 (2) S. 2 BGB (Ortsüblichkeit der wesentlichen Beeinträchtigung oder Unzumutbarkeit einer Abstellung der wesentlichen Beeinträchtigung) angenommen werden könnten (Hinweis auf BGHZ 90, 235, 238; 113, 384, 390).

37.28.6 Spezielle privatrechtliche gesetzliche Schadensersatz- und Ausgleichsansprüche, §§ 904 S. 2, § 228 S. 2 BGB

Spezielle privatrechtliche **Schadensersatzansprüche** sind in § **904 S.2** (ohne Verschulden) und § 228 S. 2 (bei Verschulden der Gefahr) - vgl. 37.28.1, 34.3.3. Im Übrigen kommen die **allgemeinen** privatrechtlichen Schadensersatzansprüche aus **unerlaubter Handlung (§§ 823 ff. BGB)** in Betracht, s. 37.25, zur **Verkehrssicherungspflicht** auch die Haftungsregelung des NWaldLG.

37.28.7 Eigentümeranspruch auf Herausgabe des Eigentums, § 985 BGB

Nach § 985 BGB kann der Eigentümer von dem Besitzer die Herausgabe der Sache verlangen. Nach § 986 BGB kann der Besitzer die Herausgabe der Sache verweigern, wenn er oder der mittelbare Besitzer (37.26.3) dem Eigentümer zum Besitz berechtigt ist.
Zum Rückbehaltungsrecht eines Tierarztes an einem Pflegehund, wenn die Rechnung des Tierarztes nicht bezahlt ist, s. AG Bad Homburg 2C 1180/01 (1), Pirsch 2004, 20/31.

(37.29 – 37.32 nicht mehr abgedruckt)

37.33 Beschränkte dingliche Rechte, §§ 1018 – 1258 BGB

37.33.1 Wesen, Inhalt, Arten der beschränkten dinglichen Rechte

Neben dem dinglichen Vollrecht ist die rechtsgeschäftliche Begründung bestimmter (aber nicht über die ausdrücklich vom Gesetz zugelassenen Möglichkeiten – Typenzwang – hinaus) beschränkter dinglicher Rechte möglich. Inhaber (= Gläubiger) eines solchen beschränkten dinglichen Rechts ist (also) nicht der Eigentümer der Sache, sondern ein anderer. Dessen Recht an der Sache schränkt mithin das Recht des Eigentümers ein. Dieser hat daher mit Entstehung des beschränkten dinglichen Rechts einen bestimmten Teil seines Vollrechts verloren und erhält diesen Teil (automatisch) erst dann zurück, wenn das beschränkte dingliche Recht erlischt.

Je nachdem, in welcher Beziehung das dingliche Vollrecht (Eigentum) eingeschränkt worden ist, lassen sich bei den beschränkten dinglichen Rechten unterscheiden:

1. **Nutzungsrechte** (Dienstbarkeiten, nämlich Grunddienstbarkeiten, Nießbrauch an beweglichen Sachen und Grundstücken, beschränkte persönliche Dienstbarkeiten; Reallasten; ferner - hier nicht zu behandeln – Erbbaurecht und Dauerwohnrecht).

2. **Verwertungsrechte** (Pfandrecht an beweglichen Sachen; Grundpfandrechte)

3. **Erwerbsrechte** (dingliches Vorkaufsrecht)

37.33.2 Einzelne beschränkte dingliche Rechte

1. an beweglichen Sachen

1.1 Das **Pfandrecht** (§§ 1204 – 1258 BGB) ist ein dingliches Recht an einer zum unmittelbaren Besitz überlassenen Sache, das den Gläubiger berechtigt, Befriedigung für eine Forderung aus der Sache zu suchen; die verpfändete Sache haftet also als Faustpfand zur Sicherung der Forderung (Verwertungsrecht). Davon ist die **Pfändung** im Rahmen der Zwangsvollstreckung zu unterscheiden.
Nach § 1227 finden die Vorschriften der §§ 985 ff. BGB (Herausgabeanspruch) entsprechende Anwendung (37.32).

1.2 **Nießbrauch** (§§ 1030 – 1067 BGB): Eine Sache kann in der Weise belastet werden, dass derjenige, zu dessen Gunsten die Belastung erfolgt, berechtigt ist, die Nutzungen der Sache zu ziehen (bei beweglichen Sachen seltener als bei Grundstücken); Nutzungsrecht.
Nach § 1065 finden die Vorschriften der §§ 985 ff. BGB (Herausgabeanspruch) entsprechende Anwendung (37.32).

2. an Grundstücken:

2.1 **Grunddienstbarkeit** (§§ 1018 – 1029 BGB): Ein Grundstuck kann zugunsten des jeweiligen Eigentümers eines anderen Grundstücks in der Weise belastet werden, dass dieser das Grundstück in einzelner Beziehung benutzen darf (Beispiel: Wegerecht), dass auf dem Grundstück gewisse Handlungen nicht vorgenommen werden dürfen (Beispiel: Bebauungsbeschränkungen, damit die Aussicht erhalten bleibt), oder dass die Ausübung eines Rechts ausgeschlossen ist (Beispiel: Verzicht auf Kappungsanspruch hinsichtlich grenznaher Bepflanzung); Nutzungsrecht. Vgl. auch zur Sicherung des Verzichts auf Rechte aus § 906 BGB 37.28.2.

2.2 **Nießbrauch,** wie oben 1.2 Nutzungsrecht.

2.3 **Beschränkte persönliche Dienstbarkeit** (§§ 1090 – 1093 BGB): Inhalt wie oben 2 a, jedoch nur zugunsten einer bestimmten Person.

2.4 **Reallast** (§§ 1105 – 1112 BGB): Gläubiger kann wiederkehrende Leistungen aus dem Grundstück fordern (Beispiel: Altbauer erhält bei Hofübergabe Recht auf Sachleistungen und Taschengeld, d. h. Altenteil-Nutzungsrecht.

2.5 **Grundpfandrechte** sind 2.5.1 **Hypotheken**
             2.5.2 **Grundschulden**
             2.5.3 **Rentenschulden**.

zu 2.5.1 **Hypotheken** (§§ 1113 – 1190 BGB): Eine Hypothek ist die dingliche Belastung eines Grundstücks zur Sicherung einer Geldforderung.

zu 2.5.2 **Grundschulden** (§§ 1191 – 1198 BGB): Eine Grundschuld ist eine Grundstücksbelastung, wonach eine bestimmte Geldsumme aus dem Grundstück an den Gläubiger zu zahlen ist. Sie unterscheidet sich von der Hypothek also dadurch, dass die Abhängigkeit von der Forderung fehlt.

zu 2.5.3 **Rentenschulden** (§§ 1199 – 1203 BGB): Unterart der Grundschuld, die in der Weise bestellt wird, dass in regelmäßig wiederkehrenden Terminen eine bestimmte Geldsumme aus dem Grundstück zu zahlen ist.

Den (drei) Grundpfandrechten ist mithin gemeinsam, dass der Gläubiger die Zahlung einer bestimmten Geldsumme aus dem Grundstück verlangen kann. Ihr Bestehen führt zu einer dinglichen Belastung des Grundstücks derart, dass das Grundstück für diese Forderung haftet; notfalls kann die Zwangsvollstreckung in das Grundstück betrieben werden. Es sind also Verwertungsrechte. Ihre wirtschaftliche Bedeutung ist groß, denn sie sind ein wichtiges Mittel zur Kreditbeschaffung.

Dingliches Vorkaufsrecht (§§ 1094 – 1104): Zugunsten des Vorkaufsberechtigten ist das Grundstück belastet mit der Wirkung, dass der Vorkaufsberechtigte in jeden beliebigen Kaufvertrag über das Grundstück als Käufer eintreten kann (wenn er will).

> Beispiel: Der Eigentümer eines Grundstücks, welches er verpachtet hat, räumt dem Pächter ein Vorkaufsrecht für alle Verkaufsfälle während der Pachtdauer ein. Schließt der Eigentümer mit einem Dritten einen Kaufvertrag, so muss er dem Berechtigten von dem Vertragsinhalt unverzüglich Mitteilung machen (§ 469 Abs. 1).

Das Vorkaufsrecht kann sodann bis zum Ablauf von zwei Monaten nach Empfang der Mitteilung ausgeübt werden (§ 469 Abs. 2), anderenfalls erlischt es. Mit der Ausübung des Vorkaufsrechts kommt der Kauf zwischen dem Grundstückseigentümer und dem Vorkaufsberechtigten zu den selben Bedingungen zustande, die mit dem Dritten vereinbart waren. Gegenüber einem bloß **schuldrechtlichen Vorkaufsrecht** (§§ 463 - 473) ist bei einem dinglichen Vorkaufsrecht dessen Beachtung (durch die Eintragung im Grundbuch) sichergestellt.

zu 2. **Alle beschränkten dinglichen Rechte** an Grundstücken werden im **Grundbuch** eingetragen. Dadurch ist ihre sichere Beachtung in jedem Fall gewährleistet. Die Belastung haftet an dem Grundstück, das heißt z. B. für eine Grundschuld, dass sie bei einem Eigentümerwechsel nicht untergeht, sondern dass das Grundstück weiterhin voll haftet. Wer ein Grundstück erwerben will, muss sich also zunächst über etwa bestehende beschränkte dingliche Rechte, die sämtlich im Grundbuch eingetragen sind, Aufschluss verschaffen. Denn sämtliche Belastungen gelten auch gegen ihn.

5. Teil: Allgemeines Umweltrecht

38. Allgemeines Umweltrecht

38.1 Begriffe und Rechtsquellen des allgemeinen Umweltrechts

38.1.1 Begriffe

Die **Umwelt** als Gegenstand des Umweltrechts wird nicht ganz einheitlich definiert: Sie besteht aus **Umweltgütern (Medien)**. Diese sind im Begriff des **Naturhaushalts** enthalten. § 1 (1) Nr. 15 des deutschen Chemaliengesetzes (64.3) formuliert ihn als „Wasser, Luft und Boden sowie die Beziehungen unter ihnen einerseits und zu allen Lebewesen andererseits." § 10 (1) Nr. 1 des neuen Bundesnaturschutzgesetzes (49.7.1) als „seine Bestandteile Boden, Wasser, Luft, Klima, Tiere und Pflanzen sowie das Wirkungsgefüge zwischen ihnen". **Ergänzend** in Umsetzung von EG-Recht heißt es in § 2 (1) S. 2 UVPG (38.7.2) zur zu prüfenden Umwelt:
1. Menschen, einschließlich der menschlichen Gesundheit, Tiere und Pflanzen und die biologische Vielfalt,
2. Boden, Wasser, Luft, Klima und Landschaft,
3. Kulturgüter und sonstige Sachgüter sowie
4. die Wechselwirkungen zwischen den vorgenannten Schutzgütern.
Vgl. auch Art. 20a GG speziell zu den „natürlichen Lebensgrundlagen" (5.9.2, 38.1.2.3). Die biotischen Medien Pflanzen und Tiere sind erfasst: als Arten in Populationen, als Bestandteile von Lebensgemeinschaften (Biozönosen) sowie von Ökosystemen, von Landschaften und der Ökosphäre mit der Biosphäre (vgl. die **Organisationsebenen** auf der Folgeseite). Ökosysteme sind die wichtigen funktionellen Einheiten, in denen die energetischen, stofflichen und informatorischen Wechselwirkungen bestehen. (OVG Münster, NuR 1985; Louis B2 § 1 Rn 9 mit Schema; z.B. Wald).

Als **Umweltrecht** wird hier das Recht verstanden, das die genannten Umweltgüter einschließlich Mitmenschen vor ungünstigen ökologischen Einwirkungen vor allem des Menschen gefahrbeseitigend, schadenbeseitigend und vorsorgend gegen Gefahren und Risiken durch Regelungen über Grenzen der Belastbarkeit **schützt** (ähnlich Sparwasser/Engel/Vosskuhle 1/13 und 1/8). Der Begriff Umweltrecht ergibt sich in seinem inhaltlichen Umfang aus der Summe aller schützenden Rechtsbestimmungen und hat daher keine eigenständige rechtliche Bedeutung. Zur Unterscheidung der Umweltgesetze nach Schutzrichtung und Umfang s. 38.2.

Umweltrecht deckt sich teilweise als spezielles Naturschutzrecht mit dem **Nutzungsrecht** wie z.B. **Wald-** und **Forstrecht** sowie **Jagdrecht**, die zusätzliche Nutzungeregelungen enthalten, welche wegen des Zusammenhangs mit erläutert werden sollen. Als **Forst** wird ein regelrecht bewirtschafteter, fest abgegrenzter Wald bezeichnet, s. z.B. Der große Brockhaus 1954, Stichwort Forst, bzw. 19. Aufl. 1988: Wirtschaftswald, der Produktion von Rohstoffen, insbesondere Holz ... dient. Als **Wald** wird dagegen eher allgemein das vom Menschen unberührte typische Ökosystem bezeichnet (Der große Brockhaus 19. Aufl. 1994, s. auch Klose/Orf, § 2 Rn 2). Das deutsche Recht verwendet die Begriffe im Allgemeinen aber gleichbedeutend. Gemäß den Bezeichnungen „Bundeswaldgesetz" und „Niedersächsisches Gesetz über den Wald und die Landschaftsordnung" setze ich schwerpunktmäßig die Bezeichnung **Waldrecht** als Oberbegriff. Als **Forstrecht** verstehe ich schwerpunktmäßig das spezielle im öffentlichen Interesse geregelte Recht der **Bewirtschaftung** des Waldes. Verbreitet ist noch die Bezeichnung „Forstrecht" als Oberbegriff (s. z.B. Klose/Orf, Forstrecht; Vorbemerkung vor 1.). Zu den weiteren zahlreichen zunehmend auch internationalen und vor allem europäischen **Schutzregelungen** für das **Wasser**, den **Boden**, die **Luft**, das **Klima**, die **Pflanzen** und **Tiere** sowie die **Mitmenschen**, auch bei nur partieller Umweltrechtsrelevanz s. im Inhaltsverzeichnis.

Ökologische einschließlich biologische Grundbegriffe und Rechtsbegriffe im System

---

Aufbau der ökologischen Organisationsebenen

Individuum (Organismus), biotisch

Population (eine biologisch oder geographisch abgegrenzte Zahl von Individuen, § 10 (2) Nr. 4 BNatSchG, s. 49.7.1); eine sich selbst erhaltende Gemeinschaft wild lebender Tiere oder Pflanzen **einer bestimmten Art** (mehr als ein Paar) innerhalb eines bestimmten Raums als Habitat = Lebensstätte = Lebensraum (jeweils) von Individuen einer Art.

Lebensgemeinschaft (Biozönose; aus verschiedenen Populationen) mit ihrem Biotop (= Biozönosen-Lebensraum);

ein Biotop umfasst meistens mehrere Habitate; ein Habitat kann aber auch (mit Rang darüber) mehrere Biotope umfassen.[1] Die Lebensgemeinschaft ist der biotische Anteil[2] vom:

natürlichen Ökosystem:

im Allgemeinen eine Bezugsgröße für den **Naturhaushalt**: Das sind **biotische** Komponenten (Tiere, Pflanzen u.a. Organismen) und **abiotische** Komponenten (Boden, Wasser, Luft, Klima) in Wechselwirkung (Wirkungsgefüge zwischen ihnen) (räumlich = **Ökotop**);

ein **anthropogenes Ökosystem** ist vom Menschen durch Nutzung mehr oder weniger beeinflusst und ohne dessen Eingreifen oft nicht beständig oder entwicklungsfähig.

Landschaft als Komplex von Ökosystemen (Natur- und Nutz-Landschaft)

Gesellschaft–Umwelt–System (geo-soziales System)
Wechselwirkungen zwischen dem natürlichen System, der Nutzung und dem sozioökonomischen System

Ökosphäre (Biosphäre verbunden mit den abiotischen Sphären
(Litho-, Hydro- und Atmosphäre, diese einschließlich Klima) als Gesamtheit aller Ökosysteme der Erdrinde

---

Zum vorstehenden System vgl. z.B. Gassner, Das Recht der Landschaft, 1995, S. 14 f. mit Hinweis auf Haber, Erfahrungen und Erkenntnisse der Lehre und Forschung in Landschaftsökologie, in Festschrift für Wolfgang Haber; Müller, H.J., Ökologie 2.Aufl. Jena 1991, S. 15 ff.; 251. ff., 349 ff.

[1] Haupt/Martens/Pretscher, NuR 2003, 722, 723 mit Hinweis auf Plachter/Bernotat/ Müssner/Riecken, Entwicklung und Festlegung von Methodenstandards im Naturschutz 2002, S.115.
[2] Müller, H.J., Ökologie 2.Aufl. Jena 1991.

Da sich die Rangfolge vom kleinsten Element (Organismus, Individuum) über die Population einer Art (Habitat) und die Lebensgemeinschaft verschiedener Arten (Biotop) hin höher zum Ökosystem besser definitorisch entwickeln lässt, ist in der vorstehenden Übersicht die umgekehrte Reihenfolge als üblich gewählt worden.
Der Begriff **Art** (eines Individuums und einer Population) ist - vorbehaltlich von Unterarten - die unterste Klassifizierungsstufe **(Taxon)** innerhalb eines Systems (Stamm, Klasse, Ordnung, Familie, Gattung Art, Unterart (zum Beispiel für den Seeadler s. „Vor 49."; zu weiteren Zwischenstufen und Beispielen s. zu 52.2; vgl. auch Übersichten zu 52.4.4): Zu den Begriffen Population, Lebensgemeinschaft, Habitat, Lebensstätte, Lebensgemeinschaft, Biotop s. vor 49.

38.1.2 Allgemeine übergeordnete Rechtsquellen des Umweltrechts, insbesondere Völkerrecht, EG-Vertrag und Grundgesetz

38.1.2.1 Völkerrecht

Als nur die Staaten bindende **Völkerrechtsquellen** (10.1) gibt es umweltschützende **völkergewohnheitsrechtliche Grundsätze (Prinzipien)** sowie **internationales Vertragsrecht:**
– den Grundsatz der guten Nachbarschaft (Art. 74 UN-Charta) und
– den Grundsatz der (nur) beschränkten territorialen Souveränität und Integrität.
Danach darf grundsätzlich ein Staat auf seinem Territorium keine Handlungen dulden, zulassen oder vornehmen, die sich auf dem Territorium eines anderen Staates in erheblicher und dort ortsunüblicher Weise auf Rechte und Rechtsgüter schädigend auswirken oder auswirken können; z.B. im Trail-Smelter-Fall: kanadische Luftverunreinigungen aus einer Zink- und Bleischmelze, die erhebliche Schäden für die Landwirtschaft auf US-amerikanischer Seite verursachten; s. Sparwasser/Engel/Voßkuhle 1/82.

Außerdem gibt es spezielle völkerrechtliche Umweltschutzverträge wie z.B. das Washingtoner Artenschutzübereinkommen (s. 52.1).
Die **2. UN-Umweltkonferenz in Rio de Janeiro von 1992** brachte das **Rahmenübereinkommen der UN über Klimaveränderungen** (62.0.2) und die **Deklaration zur nachhaltigen Entwicklung (Rio-Deklaration,** s. zu 38.3.1.3) sowie die sie konkretisierende **Agenda 21** sowie eine vor allem von vielen Industriestaaten unterzeichnete Rahmenkonvention zum Klimaschutz und mit anderen Unterzeichnerstaaten zur Artenvielfalt (49.2.4, 49.4.2.6). Anstelle einer Waldschutz-Konvention kam allerdings nur eine Walddeklaration hinsichtlich Schutz, Erhaltung und ökologischer Bewirtschaftung aller Arten von Wäldern zustande (s. Sparwasser/Engel/Voßkuhle 1/67). Die **Rio-Deklaration** enthält **Grundsätze (Prinzipien),** die für sich allein allerdings völkerrechtlich nicht verbindlich sind und als „soft-law" (Calliess, DVBl. 1998, 559, 561) nicht mit den Grundsätzen als verbindliche Abwägungsbelange zu verwechseln sind, z.B. §§ 1 BNatSchG, 2 ROG; s. 38.3).
Grundsatz 1 der Rio-Deklaration betont das Recht der Menschen auf ein gesundes und produktives Leben im Einklang mit der Natur. Nach **Grundsatz 3** der Rio-Deklaration muss das Recht auf Entwicklung so erfüllt werden, dass den Entwicklungs- und Umweltbedürfnissen heutiger und künftiger Generationen in gerechter Weise entsprochen wird („intergenerational equity"). Nach **Grundsatz 4** soll, um ein **„sustainable development"** (eine **nachhaltige Entwicklung**) zu gewährleisten, der Umweltschutz integraler Bestandteil des Entwicklungsprozesses sein und nicht von diesem getrennt betrachtet werden (vgl. zum Nachhaltigkeitsprinzip 38.3.1.3, 38.3.2.1). **Grundsatz 17** fordert mit näheren Formulierungen die Staaten auf, bei potenziell umweltgefährdenden Vorhaben nationale Umweltverträglichkeitsprüfungen durchzuführen (vgl. 38.7). Nach **Grundsatz 15** sind die Staaten gehalten, im Rahmen ihrer Möglichkeiten weitgehend den Vorsorgegrundsatz (38.3.1.2) anzuwenden. Ein Mangel an vollständiger Gewissheit darf kein Grund dafür sein, kostenwirksame Maßnahmen zur Vermeidung von Umweltverschlechterungen aufzuschieben, falls schwerwiegende oder bleibende Schäden drohen. **Grundsatz 16** greift das Verursacher-Prinzip auf (s. 38.3.1.4).
Zum Weltgipfel über nachhaltige Entwicklung in Johannesburg s. Wolff, NuR 2003, 137: Für die Weiterentwicklung der Umweltprinzipien Vorsorge, Nachhaltigkeit und Verursacher hat sich nichts Wesentliches ergeben.

Zu weiteren Übereinkommen zur Vermeidung von Luftverunreinigungen und Klimabeeinträchtigungen, z.B. Kyoto-Protokoll zur Reduzierung von Treibhausgasen, das sich auch auf dem Grundsatz der nachhaltigen Entwicklung der Rio-Deklaration aufbaut (Kreuter/Kirchhof, DVBl. 2005, 1152, 1560), s. 62.0.2.1.

38.1.2.2 EG-Recht

Bedeutsam ist das gegenüber dem deutschen Recht vorrangige **Umweltschutzrecht der EG:** Das EG-Vertragsrecht enthält allerdings kaum inhaltliche Aussagen, sondern ist vor allem wegen seiner Ermächtigungsgrundlagen zum Erlass von EG-Verordnungen und -Richtlinien wichtig. **Art. 2 EGV** zählt zu den **Aufgaben** eine nachhaltige Entwicklung des Wirtschaftslebens und ein **hohes Maß an Umweltschutz und Verbesserung der Umweltqualität.**

Nach **Art. 3 (1) L) EGV** umfasst die Tätigkeit der EG nach Maßgabe des EGV unter zahlreichen anderen Politiken eine Politik auf dem Gebiet der Umwelt. **Art. 6** (alt 3c) **EGV** ist eine **„Querschnittsklausel"** innerhalb der **Grundsätze** der Art. 1 - 16 EGV und lautet: **„Die Erfordernisse des Umweltschutzes müssen bei der Festlegung und Durchführung der** (zahlreichen) **in Art. 3 genannten Gemeinschaftspolitiken und -maßnahmen insbesondere zur Förderung einer nachhaltigen Entwicklung einbezogen werden."** (s. 38.3.1.3). In Verbindung damit steht Art. 174 (2) UAbs. 1 EGV als spezielles Umweltrecht (s. dazu Calliess, DVBl. 1998, 559; Hilf/Pache, NJW 1998, 705, 708).

Art. 174 (alt 130r) **EGV**
(1) Die Umweltpolitik der Gemeinschaft trägt zur Verfolgung der nachstehenden **Ziele** bei:
– Erhaltung und Schutz der Umwelt sowie Verbesserung ihrer Qualität;
– Schutz der menschlichen Gesundheit;
– umsichtige und rationale Verwendung der natürlichen Ressourcen;
– Förderung von Maßnahmen auf internationaler Ebene zur Bewältigung regionaler und globaler Umweltprobleme.
(2) UAbs. 1 ¹Die Umweltpolitik der Gemeinschaft zielt unter Berücksichtigung der unterschiedlichen Gegebenheiten in den einzelnen Regionen der Gemeinschaft auf ein hohes Schutzniveau ab. ²Sie beruht auf den **Grundsätzen** der **Vorsorge** und **Vorbeugung** *(Risikovorsorge, 38.3.1.2; z.B. auch 64.4),* auf dem Grundsatz, **Umweltbeeinträchtigungen** mit Vorrang **an ihrem Ursprung** zu bekämpfen, sowie auf dem **Verursacherprinzip** *(s. 38.3.1.4).*
UAbs. 2 Im Hinblick hierauf umfassen die den Erfordernissen des Umweltschutzes entsprechenden Harmonisierungsmaßnahmen ggf. eine Schutzklausel, mit der die Mitgliedstaaten ermächtigt werden, aus nicht wirtschaftlich bedingten umweltpolitischen Gründen vorläufige Maßnahmen zu treffen, die einem gemeinschaftlichen Kontrollverfahren unterliegen.
(3) Bei der Erarbeitung ihrer Umweltpolitik berücksichtigt die Gemeinschaft
– die verfügbaren wissenschaftlichen und technischen Daten;
– die Umweltbedingungen in den einzelnen Regionen der Gemeinschaft;
– die Vorteile und die Belastung aufgrund des Tätigwerdens bzw. eines Nichttätigwerdens;
– die wirtschaftliche und soziale Entwicklung der Gemeinschaft insgesamt sowie die ausgewogene Entwicklung ihrer Regionen.
(4) UAbs. 1 Die Gemeinschaft und die Mitgliedstaaten arbeiten im Rahmen ihrer jeweiligen Befugnisse mit dritten Ländern und den zuständigen internationalen Organisationen zusammen. Die Einzelheiten der Zusammenarbeit der Gemeinschaft können Gegenstand von Abkommen zwischen dieser und den betreffenden dritten Parteien sein, die nach Artikel 300 ausgehandelt und geschlossen werden.
UAbs. 2 Unterabsatz 1 berührt nicht die Zuständigkeit der Mitgliedstaaten, in internationalen Gremien zu verhandeln und internationale Abkommen zu schließen.

Art. 175 (alt 130s) **EGV**
(1) Der Rat beschließt gemäß dem Verfahren des Artikels 251 und nach Anhörung des Wirtschafts- und Sozialausschusses sowie des Ausschusses für die Regionen über das Tätigwerden der Gemeinschaft zur Erreichung der in Artikel 174 genannten Ziele *(mit qualifizierter Mehrheit unter Mitentscheidung des Europäischen Parlaments insbesondere durch Richtlinien; s. auch 10.2.4).*

(2) UAbs. 1 EGV Abweichend von dem Beschlussverfahren des Absatzes 1 und unbeschadet des Artikels 95 erlässt der Rat auf Vorschlag der Kommission nach Anhörung des Europäischen Parlaments, des Wirtschafts- und Sozialausschusses sowie des Ausschusses der Regionen **einstimmig**
a) Vorschriften überwiegend steuerlicher Art,
b) Maßnahmen die
  – die Raumordnung berühren,
  – die mengenmäßige Bewirtschaftung der Wasserressourcen berühren oder die Verfügbarkeit dieser Ressourcen mittelbar oder unmittelbar betreffen,
  – die Bodennutzung mit Ausnahme der Abfallbewirtschaftung berühren;
c) Maßnahmen, welche die Wahl eines Mitgliedstaats zwischen verschiedenen Energiequellen und die allgemeine Struktur seiner Energieversorgung erheblich berühren.
UAbs. 2 Der Rat kann nach dem Verfahren des Unterabsatzes 1 festlegen, in welchen der in diesem Absatz genannten Bereiche mit qualifizierter Mehrheit beschlossen wird.

Art. 176 (alt Art. 130 t) EGV ¹Die Schutzmaßnahmen, die aufgrund des Artikels 175 getroffen werden, hindern die einzelnen Mitgliedstaaten nicht daran, verstärkte Schutzmaßnahmen beizubehalten oder zu ergreifen. ²Die betreffenden Maßnahmen müssen mit diesem Vertrag vereinbar sein. ³Sie werden der Kommission notifiziert.

Art. 251 EGV
(1) Wird in diesem Vertrag hinsichtlich der Annahme eines Rechtsakts auf diesen Artikel Bezug genommen, so gilt das nachstehende Verfahren.
(2) Die Kommission unterbreitet dem Europäischen Parlament und dem Rat einen Vorschlag.
Nach Stellungnahme des Europäischen Parlaments verfährt der Rat mit qualifizierter Mehrheit wie folgt:
– Billigt er alle in der Stellungnahme des Europäischen Parlaments enthaltenen Abänderungen, so kann er den vorgeschlagenen Rechtsakt in der abgeänderten Fassung erlassen;
– schlägt das Europäische Parlament keine Abänderungen vor, so kann er den vorgeschlagenen Rechtsakt erlassen;
– anderenfalls legt er einen gemeinsamen Standpunkt fest und übermittelt ihn dem Europäischen Parlament. Der Rat unterrichtet das Europäische Parlament in allen Einzelheiten über die Gründe, aus denen er seinen gemeinsamen Standpunkt festgelegt hat. Die Kommission unterrichtet das Europäische Parlament in allen Einzelheiten über ihren Standpunkt.
Hat das Europäische Parlament binnen drei Monaten nach der Übermittlung
a) den gemeinsamen Standpunkt gebilligt oder keinen Beschluss gefasst, so gilt der betreffende Rechtsakt als entsprechend diesem gemeinsamen Standpunkt erlassen;
b) den gemeinsamen Standpunkt mit der absoluten Mehrheit seiner Mitglieder abgelehnt, so gilt der vorgeschlagene Rechtsakt als nicht erlassen;
c) mit der absoluten Mehrheit seiner Mitglieder Abänderungen an dem gemeinsamen Standpunkt vorgeschlagen, so wird die abgeänderte Fassung dem Rat und der Kommission zugeleitet; die Kommission gibt eine Stellungnahme zu diesen Abänderungen ab.
(3) ¹Billigt der Rat mit qualifizierter Mehrheit binnen drei Monaten nach Eingang der Abänderungen des Europäischen Parlaments alle diese Abänderungen, so gilt der betreffende Rechtsakt als in der so abgeänderten Fassung des gemeinsamen Standpunkts erlassen; zu denen die Kommission eine ablehnende Stellungnahme abgegeben hat, beschließt der Rat jedoch einstimmig. ²Billigt der Rat nicht alle Abänderungen, so beruft der Präsident des Rates im Einvernehmen mit dem Präsidenten des Europäischen Parlaments binnen sechs Wochen den Vermittlungsausschuss ein.
(4) ¹Der Vermittlungsausschuss, der aus den Mitgliedern des Rates oder deren Vertretern und ebenso vielen Vertretern des Europäischen Parlaments besteht, hat die Aufgabe, mit der qualifizierten Mehrheit der Mitglieder des Rates oder deren Vertretern und der Mehrheit der Vertreter des Europäischen Parlaments eine Einigung über einen gemeinsamen Entwurf zu erzielen. ²Die Kommission nimmt an den Arbeiten des Vermittlungsausschusses teil und ergreift alle erforderlichen Initiativen, um auf eine Annäherung der Standpunkte des Europäischen Parlaments und des Rates hinzuwirken. ³Der Vermittlungsausschuss befasst sich hierbei mit dem gemeinsamen Standpunkt auf der Grundlage der vom Europäischen Parlament vorgeschlagenen Abänderungen.

(5) [1]Billigt der Vermittlungsausschuss binnen sechs Wochen nach seiner Einberufung einen gemeinsamen Entwurf, so verfügen das Europäische Parlament und der Rat ab dieser Billigung über eine Frist von sechs Wochen, um den betreffenden Rechtsakt entsprechend dem gemeinsamen Entwurf zu erlassen, wobei im Europäischen Parlament die absolute Mehrheit der abgegebenen Stimmen und im Rat die qualifizierte Mehrheit erforderlich ist. [2]Nimmt eines der beiden Organe den vorgeschlagenen Rechtsakt nicht innerhalb dieser Frist an, so gilt er als nicht erlassen.

(6) Billigt der Vermittlungsausschuss keinen gemeinsamen Entwurf, so gilt der vorgeschlagene Rechtsakt als nicht erlassen.

(7) Die in diesem Artikel genannten Fristen von drei Monaten bzw. sechs Wochen werden auf Initiative des Europäischen Parlaments oder des Rates um höchstens einen Monat bzw. zwei Wochen verlängert.

Zur **Auslegung der Art. 174 ff. EGV** zur Ermittlung der Kompetenzen der EG im Umweltrecht s. insbes. Calliess, Die Kompetenzen der Europäischen Union im Umweltschutz, Göttingen, On-line-Beiträge zum Europarecht, Nr. 1 S. 1 ff.= in überarb. Fass. in ZUR, Sonderheft 2003, 129, im Folgenden zit. Calliess, Online B. Nr. 1, mit zahlr. Nachw. Für die **Risikovorsorge** i.S. von Art. 174 (2) EGV genügt dem EuGH (5.5.1998 – Rs. C-157/96- National Farmers Union. Slg. 1998 I-2211, 2259; 5.5.1998 – Rs. C-180/96 – Vereinigtes Königreich/ Kommission, Slg. 1998, I-2265, 2298) auch unter Hinweis aus das Ziel eines hohen Schutzniveaus, dass das Vorliegen und der Umfang von Gefahren für die menschliche Gesundheit ungewiss ist; dann können die Organe Schutzmaßnahmen treffen, ohne abwarten zu müssen, dass das Vorliegen und die Größe dieser Gefahren klar dargelegt wird. Es muss aufgrund einer objektiven Bewertung berechtigter Grund für die **Besorgnis** bestehen, dass die **nur möglichen** Gefahren für die Umwelt von und Gesundheit von Menschen, Tieren oder Pflanzen nicht hinnehmbar oder mit dem hohem Schutzniveau der Gemeinschaft unvereinbar sein können (EU-Kommission, Mitteilung über die Anwendbarkeit des Vorsorgeprinzips, KOM(2000) 1 endg. V. 2.2.2000). Der EuG (11.9.2002 – RS. T-13/99 – Pfizer Animal Health/ Rat, Slg. 2002, II-3305, Rn 139 ff., 321) vertritt dabei einen zweistufigen Entscheidungsprozess für eine Vorsorgemaßnahme: Zunächst ist eine wissenschaftliche Risikobewertung einzuholen; in dem entscheidenden politischen Teil („Risikomanagement") könne sich die öffentliche Stelle nach einer sorgfältigen Analyse und Abwägung mit eigener Verantwortung über die wissenschaftlichen Schlussfolgerungen hinwegsetzen und z.B. ein Produkt verbieten (s. auch EuGH 9.9.2003 – Rs. C-236/01 – Monsanto, Slg. 2003, I-1ff.; dazu Caliess/Korte, DÖV 2006, 10, 11, auch zu zum Teil noch am deutschen Gefahrenbegriff orientierter abweichender Auffassung im Schrifttum; zu dem für die Vorsorge nach Art. 174 (2) EGV zu engen Gefahrenbegriff der Wahrscheinlichkeitsprognose für den Schadenseintritt statt der Möglichkeitsprognose, insbesondere der Ungewissheit und damit Besorgnis möglicher Umweltbeeinträchtigungen s. auch 29.4; 38.3.1.1 f.). Damit verbunden ist eine **Beweislastumkehr** (Caliess/Korte, DÖV 2006, 10, 12 mit zahlr. Nachw.). Dieses Erfordernis einer Beweislastumkehr greift ein, wenn die wissenschaftlichen Beweise nicht ausreichen, keine eindeutigen Schlüsse zulassen oder unklar sind, jedoch aufgrund einer vorläufigen und objektiven wissenschaftlichen Risikobewertung Anlass zur abstrakten Besorgnis besteht mit zeitlicher Vorverlagerung des zulässigen staatlichen Eingriffszeitpunkts (Caliess/Korte, DÖV 2006, 10, 12 m.w.N., mit dem Beispiel von zulässigen gesetzlichen Gefährlichkeitsvermutungen bis zum Beweis des Gegenteils der wirtschaftlich Interessierten auch wegen der Möglichkeit eigener Forschung im Bereich der Grünen Gentechnik mit potenziell gefährlichen Verfahren und Produkten; s. 64.4). Die Gefährlichkeitsvermutung erlaubt auch, solchen Unternehmen die haftungsrechtliche Verantwortung aufzuerlegen (Caliess/Korte, DÖV 2006, 10, 12). Sind Tatsachen ermittelt und angeführt, aus denen begründete Anzeichen für mögliche Risiken und Gefährdungslagen ergeben, so hat der Risikoverursacher wegen der Beherrschbarkeit seiner Einflusssphäre und seiner Sachnähe Tatsachen zur Erschütterung der Gefährlichkeitsvermutung darzulegen und im Sinne einer begründeten Wahrscheinlichkeit, aus rechtsstaatlichen Gründen nicht im Sinne einer Schädigungsunmöglichkeit, zu beweisen (Caliess/Korte, DÖV 2006, 10, 12; auch mit Hinweis auf das im Ergebnis richtige Urteil des VGH Kassel 6.11.1989, NJW 1990, 336, 336 ff., vor Erlass des Gentechnikgesetzes; und zum europäischen Verwaltungsverbund; s. 64.4).

Art. 175 (1) UAbs. 1 EGV ist die Kompetenzgrundlage für ein Tätigwerden der Gemeinschaft **zur Verwirklichung der Ziele des Art. 174 EGV** in der Regel nur mit erforderlicher Ratsmehrheit, für die politisch sensiblen Bereiche des Art. 174 (2) EGV jedoch mit erforderlicher Einstimmigkeit des Ratsbeschlusses. **Art. 175 (2) EGV** ist **keine selbständige Rechtsgrundlage**, sondern schwerpunktmäßig auch auf die Erreichung der in Art. 174 EGV genannten Ziele gerichtet (EuGH, Slg. 2001, I-779 = NVwZ 2001, 1389; Calliess, in Calliess/Ruffert, EUV/EGV, 2. Aufl. 2002, Art. 175 Rn. 18; Faßbender, NVwZ 2005, 1128 m.w.N.).

Die **Ausnahmen des Art. 175 (2) EGV** sind nach EuGH und h.M. im Schrifttum im Zweifel gemäß der allgemein für die EG-Vertragsauslegung geltenden „effet util" Auslegung eng auszulegen (EuGH 30.1.2001, Rs. C 36/98 – Spanien/Rat, Slg. 2001, I-779, Rn 46, 49 ff. = ZUR 2001, 271, 272; Calliess, Online B. Nr. 1, 4 m.w.N.). Der EuGH erkennt dennoch die Sensibilität der Maßnahmen für die Mitglied-staaten an. Für die Ausnahmebereiche hat die Gemeinschaft außerhalb der Umweltpolitik entweder kei-ne Kompetenz oder der Rat muss einstimmig beschließen. Dass der Rat nach Art. 175 (2) UAbs. 2 EGV einstimmig beschließen kann, in den Ausnahmebereichen dennoch nur mit qualifizierter Mehrheit, ist praktisch bedeutungslos (Calliess, Online B. Nr. 1, 4).

Mit Vorschriften überwiegend steuerlicher Art sind nur Steuern im engeren Sinne gemeint, mit dem Schwerpunkt der umweltpolitischen Maßnahmen auf der Besteuerung (Calliess, Online B. Nr. 1, 4 f. mit Begründung). Die sonstigen Abgaben (s. 38.5.1) fallen demnach unter Art. 175 (1) EGV. Nach dem nicht unbestrittenen Schrifttum ist eine Regelung über die steuerliche Förderung abgasarmer PKW nicht ü-berwiegend steuerlicher Art (Nachw. Calliess, Online B. Nr. 1, 5, und Hinweis auf den gescheiterten Richtlinienentwurf zur Einführung einer Steuer auf Kohlendioxidemissionen und Energie).

Der Meinungsstreit, ob für die Ausnahmen des Art. 175 (2) dieser selbst oder Art. 175 (1) EGV die Kom-petenzgrundlage ist, hat wegen des gleichen Ergebnisses keine praktische Bedeutung (Calliess, Online B. Nr. 1, 5). Der Begriff „Raumordnung" bezieht sich auf raumplanerisch motivierte Regelungen innerhalb des Mitgliedsstaats und schließt – laut englischer Fassung – auch die Stadt- und Gemeindeplanung ein (Calliess, Online B. Nr. 1, 6). Damit überschneidet sich der Begriff mit dem der Bodenordnung. Dieser be-trifft nur die Begrenzung von Art und Ausmaß der konkreten Inanspruchnahme von Boden, also der Bauleitplanung, und muss auch nur berührt sein (Auswirkungen am Rande genügen für das Einstimmig-keitserfordernis, Calliess, Online B. Nr. 1, 6; 40.4). Da die SUP-RL auch die Raumordnung berührt, bedarf es – im Gegensatz zur Rechtslage vor dem Vertrag von Nizza mit schwerpunktmäßigem Betroffensein - eines einstimmigen Beschlusses (Calliess, Online B. Nr. 1, 5). Entsprechendes gilt für die IVU-RL (38.8; 62.0.3). Die Herausnahme der Abfallbewirtschaftung aus der Bodennutzung bedeutet bei Zielerfüllung i.S. von Art. 174 qualifizierte Mehrheit für das gesamte Abfallrecht einschließlich Anlage von Deponien (Calliess, Online B. Nr. 1, 6). Kritisch zu der Ausweitung des Einstimmigkeitsprinzips wegen Widerspruchs zu den Gemeinschaftszielen und der Funktionsfähigkeit einer auf 25 bzw. 27 Staaten erweiterten Ge-meinschaft Calliess, Online B. Nr. 1, 6 f. m.w.N.

Schon nach dem EuGH (RS. C 30.1.2001, Rs. C 36/98 – Spanien/Rat), Slg. 2001, I-779. = ZUR 2001, 271, 272) erfasst die „**Bewirtschaftung der Wasserressourcen** nur Maßnahmen zur Regelung einer Bewirtschaftung begrenzter Ressourcen unter quantitativen Aspekten nicht aber auch Maßnahmen zur Verbesserung und zum Schutz der Qualität dieser Ressourcen. Art. 175 (2) b EGV Fass. Nizza hat diese Definition mit dem Begriff „**mengenmäßige** Bewirtschaftung der Wasserressourcen" und „Verfügbar-keit dieser Ressourcen" übernommen (Nachw. Calliess, Online B. Nr. 1, 7 Fußn. 25, 26). Regelungen zur Begrenzung der Schadstoffbelastung wie in der **Wasserrahmenrichtlinie 2000/60/EG – WRRL** (ABl. L 327/1) und der **Grundwasserschutz-Richtlinie** 80/86/EWG (ABl. 1980 L 20/43) (60.1.1) sind daher gemäß 175 (1) EGV mit qualifizierter Mehrheit des Rates bei Mitentscheidung des Eur. Parlaments mög-lich.

Auch der hochsensible Bereich der **Art und Weise der Energieversorgung** ist vom Einstimmigkeitser-fordernis erfasst. Immerhin ist er insoweit mit erheblichem Eingriffsumfang in die staatliche energiepoliti-sche Handlungsfreiheit in die EG-Kompetenz einbezogen (Calliess, Online B. Nr. 1, 7 m.w.N.).

Die **Umweltaußenkompetenz** der EG ist nach dem EuGH (kraft Sachzusammenhangs (implied powers-Lehre) in Art. 175 EGV mit enthalten. (EuGH 31.3.1971, Rs.22/70 – Kommission/Rat – AETR, Slg. 1971, 263; EuGH, Gutachten zum Cartagena-Protokoll 2/00 v. 6.12.2001, Slg. 2001, I-9713, Rn 42 ff; Calliess, Online B. Nr. 1, 8 mit näheren Ausführungen und zahlr. Nachw.; gegen Herrmann, NVwZ 2002, 1168, 1169; vgl. auch Steyrer, ZUR 2005, 343).

Die Kompetenznorm des **Art. 175 EGV** ist gegen die des Art. 95 (alt 100a) **EGV** abzugrenzen:

Art. 95 (1) (2) EGV ermächtigt den Rat der EG (EU), ebenfalls mit qualifizierter Mehrheit und unter Mit-entscheidung des Europäischen Parlaments, Art. 251 (alt 189b, s. 10.2.4) **Umweltschutzrecht im Zu-sammenhang mit der Beseitigung von Wettbewerbsverzerrungen** (möglichst mit hohem Schutz-niveau) durch Richtlinien (10.3.3) zu erlassen, außer für Bestimmungen über Steuern, die Freizügigkeit und die Rechte und Interessen der Arbeitnehmer. Die Kommission bei ihren Vorschlägen - und der Rat und das Europäische Parlament bei ihren Befugnissen - gehen insbesondere beim **Umweltschutz** von einem **hohen Schutzniveau** aus und berücksichtigen dabei insbesondere alle auf wissenschaftliche Er-kenntnisse gestützten neuen Entwicklungen, **Art. 95 (3) EGV**. Kritisch zum Abstellen der Kommission hinsichtlich der bei Werbung für regionale Produkte nur auf das Funktionieren des Binnenmarktes (Art.

28 EGV) und nicht auch auf Belange des Umwelt-, Gesundheits-, und Verbraucherschutzes Karpenstein/Werres, ZUR 2006, 63.

Die **Abgrenzung des Art. 175 EGV zu Art. 95 EGV** ist vom EuGH (29.3.1990 Rs. 62/88 – Griechenland/Rat, Slg. 1990, I-1527 Rn 19; 11.6.1991, Rs. C 300/89 – Titan-Oxid- Richtlinie, Slg. 1991, I-2867 Rn 10 ff.; 17.3.1993 – Rs. C 155/91 – Kommission/Rat, Slg.1993, I-939 Rn 7; 28.6.1994, Rs. 187/93 – Eur. Parl./Rat, Slg. 1994, I-2857, Rn 17; u.a. Ruffert, Jura 1994, 635, 640, 642 präzisiert worden) Für die Abgrenzung des Art. 175 EGV zu Art. 95 EGV *und anderen umweltrechtlichen Kompetenzen* ist maßgeblich an den materiellen Regelungsgehalt bzw. die Sachnähe sowie die erkennbaren Zielsetzungen des Rechtsakts anzuknüpfen und daraus der Schwerpunkt objektiv zu ermitteln (Calliess, Online B. Nr. 1, 10 f.). Danach ist ein Rechtsakt, der „spezifisch" oder „hauptsächlich" Maßnahmen im Umweltbereich zum Gegenstand hat und sich nur „beiläufig" bzw. „mittelbar" auf andere Politikfelder der Gemeinschaft auswirkt, nur auf Art. 175 EGV zu stützen. Sind jedoch die genannten Kriterien „gleichermaßen wesentlich", müssen die Gemeinschaftsorgane den Rechtsakt nach beiden Kompetenzgrundlagen erlassen. Eine doppelte Kompetenzgrundlage ist jedoch ausgeschlossen, wenn die Rechtsetzungsverfahren – insbesondere hinsichtlich der Beteiligungsrechte des Eur. Parlaments, aber auch des Ausschusses der Regionen, nicht miteinander vereinbar sind (Calliess, Online B. Nr. 1, 11); dann gilt nur Art. 95 EGV (trotz geringerer Kompetenz des Eur. Parlaments).

Die Kriterien sind vom EuGH zur Agrarpolitik gemäß Art. 43 EGV zu den Verordnungen über den Schutz des Waldes (48.2) bestätigt worden (EuGH 25.2.1999, Verb. Rs. C-165/97 (Eur. Parlament/Rat), Slg. 1999, I-1139, Rn 15; dazu Anm. von Calliess, ZUR 1999, 224); desgleichen zur Handelspolitik nach Art. 133 EGV in dem Gutachten zum Cartagena-Protokoll 2/00, Rn 22 ff. , dazu eher rechtspolitisch kritisch wohl nur Herrmann, NVwZ 2002, 1168, 1173 f.) Die Abgrenzungskriterien werden auch für die Abgrenzung des Art. 175 EGV von weiteren umweltrelevanten Kompetenzen für geeignet gehalten (Calliess, Online B. Nr. 1, 11; wohl auch Epiney, Umweltrecht in der EU, 1997, S. 62 ff.; Kahl, Umweltprinzip und Gemeinschaftsrecht, 1993, 274 ff.). Der Rat konnte den Rahmenbeschluss 2003/80/JI v. 27.1.2003, die Mitgliedstaaten zur strafrechtlichen Sanktionierung von Umweltdelikten zu verpflichten, nicht auf Art. 34 i.V.m. Art. 29 und 31 e EUV stützen (Verletzung des Art. 47 EUV), sondern nur auf Art. 175 EGV /EuGH (Große Kammer 13.9.2005 – C-176/03, NVwZ 2005, 1289 = ZUR 2005, 598 = DVBl. 2005, 1575; dazu Wegener/Greenawalt, ZUR 2005, 585).

Eine **zentrale EG-Umweltpolitik** hat den Vorteil eines „europäischen Mehrwerts": eine EG-Regelung erfasst grenzüberschreitende Umweltprobleme mit Geltung für die gesamte EU (Calliess, Online B. Nr. 1, 11). Nachteile können große zeitliche Verzögerungen, Einigungen auf kleinstem gemeinsamen Nenner oder keine Einigung sein. Auch können die regionalen Unterschiede der geografischen Lage, des ökologischen und ökonomischen Zustands, der Besiedlungsdichte, des Umweltbewusstseins der Bevölkerung, der ökologischen Detailkenntnisse vor Ort eine effektive zentrale Umweltpolitik erschweren. Die für Beiträge zur Qualität von Informationen wichtige zu beteiligende Öffentlichkeit existiert nicht gemeinschaftsweit, sondern nur regional. Die Globalisierung der Wirtschaft verlangt allerdings zur Vermeidung von Wettbewerbsverzerrungen im Wesentlichen gleiche Umweltrechtsbedingungen, auch zur Vermeidung eines „Umweltdumpings".

Zur Lösung der Konflikte zwischen Gemeinschaftsebene und staatlicher bzw. regionaler Ebene dient das **Subsidiaritätsprinzip** des **Art. 5 EGV**:
Soweit die Umweltschutzanliegen durch das Recht der Mitgliedstaaten geregelt werden kann, gilt die Subsidiarität des EG-Rechts nach Art. 5 S. 2 EGV (s. 10.4.1). Wengleich insbes. auch zur Beseitigung von Handelshemmnissen und Vermeidung von Wettbewerbsbeschränkungen das EG-Umweltrecht nur Mindeststandard sein kann, **vermag jeder Mitgliedstaat strengere Umweltschutzgesetze** zu erlassen, soweit diese wiederum nicht nach EG-Recht verbotene Zölle, mengenmäßige Beschränkungen und andere dem Binnenmarkt widersprechende Regelungen darstellen, s. Art. 15, 28 ff. EGV, zu wettbewerbsverfälschenden Beihilfen §§ 87 - 89 (alt 92 - 94) EGV. Vgl. auch Sparwasser/Engel/Voßkuhle 1/95 - 146.

Dazu wird vertreten, dass das **EG-Recht** möglichst nur umweltrechtliche Rahmenbedingungen festlegen sollte, die die Mitgliedstaaten (und ihre Regionen = Bundesländer) umsetzen, anwenden und nach den Bedürfnissen ihrer jeweiligen örtlichen Umweltsituation und den daraus resultierenden Notwendigkeiten durch regional angepasste Konzepte schutzverstärkend ausfüllen, fortentwickeln und verschärfen (Calliess, Subsidiaritäts- und Solidaritätsprinzip in der EU, 2. Aufl. 1999, 213 ff., 240 ff. Calliess, Online B. Nr.1, 13). Zu solchen Rahmenbedingungen gehören Kriterien und Mechanismen für eine am Verursacherprinzip orientierte Kostenzurechnung der Umweltverschmutzung, Mindestnormen für umweltrelevante Verfahrensvorschriften, wie z.B. in der UVP-RL (38.7) und die RL über den freien Zugang zu Umweltinformationen und Mindestnormen für Emissionen (und Immissionen) und Produktstandards (Calliess, Online B. Nr. 1, 13). Dabei muss aber beachtet werden, ob ohne zentrale ausreichende Schutzregelungen nicht auf komplementäre staatliche Steigerungsregelungen gesetzt werden kann. Man geht davon aus, dass ein EG-einheitlicher Mindeststandard verbunden mit einem gemeinschaftsrechtlichen Mitteilungs- und Kontrollverfahren für ein ausreichendes Schutzniveau mit ausreichendem Gleichheitsspektrum sorgen kann (Calliess, Online B. Nr. 1, 13 f.). Die bloße Rahmen- und Mindestnormenkompetenz der EU soll der Preis für die relativ umfassende Umweltkompetenz der EG sein und dem Spannungsverhältnis zwischen Subsidiaritätsprinzip und Solidaritätsprinzip Rechnung tragen (Calliess, Online B. Nr. 1, 14 m.w.N.).

Zu Art. 176 EGV

Voraussetzung für die Anwendung des Art. 176 EGV ist, eine angestrebte staatliche Regelung im weiten Bereich des Umweltschutzes, mit der eine als Sperre wirkende EG-Regelung konfligiert (in Konflikt steht) (EuGH 25.6.1998, Rs. C-203/96 – Dusseldorp, Slg. 1998, I-4075, Rn 35, 37 ff.), ohne konfligierenden EG-Rechtsakt kann der Mitgliedstaat im Rahmen der Grundfreiheiten beliebig Recht setzen (Calliess, Online B. Nr. 1, 15). Zulässig sind nach Wortlaut („verstärkte"), System und Zweck nur optimierende dezentrale Regelungen (Calliess, Online B. Nr. 1, 15). Soweit nach Art. 176 S. 2 EGV gegenüber einem Rechtsakt des EG schutzverstärkende Maßnahmen der Mitgliedstaaten mit dem Vertrag vereinbar sein müssen, ist Maßstab dafür jedenfalls das Vertragsrecht als Primärrecht. Nach einer Auffassung muss zusätzlicher Maßstab das bestehende Sekundärrecht (Verordnungen, Richtlinien) sein; anderenfalls würde das gesamte Rechtssystem des Vertrages aus den Angeln gehoben (Jarass, NVwZ 2000, 529, 531; Grabitz/Nettesheim, in: Grabitz/Hilf, Art. 130t Rn 14; Hinweise von Calliess, Online B. Nr. 1, 15 Fußn. 65 auf Krämer, Palme und Scherer/Heselhaus). Die wohl noch überwiegende Meinung verneint dies nach dem Wortlaut des Art. 176 EGV wegen des zu befürchtenden Leerlaufs von Art. 176 EGV (Calliess, Online B. Nr. 1, 16). Im Fall Dusseldorp (s.o., Rn 40 ff.) hat der EuGH sich allein auf den EGV stützen können und geprüft, ob Art. 34 (jetzt 29) EGV und Art. 36 (jetzt 30) EGV mit den Auslegungsergebnissen zur Warenfreiheit mit der Umweltschutzverstärkung zu Art. 130t (jetzt 176) EGV vereinbar ist; er erkannte dabei auch diskriminierende nationale Regelungen bei zwingenden Umweltschutzerfordernissen an (ähnlich der EuGH im Fall Aher Waggons zu Art. 30 (jetzt 28) EGV, jedoch ohne Prüfung des Art. 176 EGV, s. Calliess, Online B. Nr. 1, 16; der der EuGH-Rechtsprechung schon ein Nichteinbeziehen des Sekundärrechts entnimmt). Der EuGH hat allerdings im Urteil v. 14.4.2005 - Rs. C-6/03, Deponiezweckverband E. (NVwZ 2005, 794 =NuR 2005, 582) eingehend die Vereinbarkeit mir der maßgebenden EG-Richtlinie geprüft und bejaht (63.4.8). Die Rechtsprechung ergibt im Übrigen, dass die Prüfung des staatlichen Rechts nach Art. 176 EGV fast mit jener im nicht harmonisierten Bereich (Art. 28 EGV) übereinstimmt: bei beiden hat der Grundsatz der **Verhältnismäßigkeit** maßgebende Bedeutung; geboten ist also stets eine Güter- und Interessenabwägung zwischen den Zielen des Binnenmarkts und des freien Warenverkehrs sowie andererseits den Zielen des Umweltschutzes (Middeke, Nationaler Umweltschutz im Binnenmarkt, 1994, 352 f.); auch müssen nach Gemeinschaftstreuepflicht alle Vertragsziele bei der Schutzverstärkung berücksichtigt werden (EuGH 9.7.1992, Rs. C/90 – Wallonische Abfälle, Slg. 1992, I-4431, Rn 34 ff.; zustimmend Calliess, Online B. Nr. 1, 17). Der gemeinschaftsrechtliche Grundsatz der Verhältnismäßigkeit (10.4.1) ist auf verstärkte Schutzmaßnahmen der Mitgliedstaaten, die nach Art. 176 EGV ergriffen werden und über die in einer GemeinschaftsRL im Umweltbereich vorgesehenen Mindestanforderungen hinausgehen, nicht anwendbar, soweit nicht andere Bestimmungen des Vertrags betroffen sind (EuGH 14.4.2005, NVwZ 2005, 794 = NuR 2005, 582; 63.4.8).

Art. 95 (4) EGV Hält es ein **Mitgliedstaat**, wenn der Rat oder die Kommission eine Harmonisierungsmaßnahme erlassen hat, für erforderlich, einzelstaatliche Bestimmungen beizubehalten, die durch wichtige Erfordernisse im Sinne des Art. 30 (alt Art. 36) EGV (öffentliche Sittlichkeit, Ordnung und Sicherheit, Schutz der Gesundheit und des Lebens von Menschen, Tieren oder Pflanzen, des nationalen Kulturguts von künstlerischem, geschichtlichem oder archäologischem Wert oder des gewerblichen oder kommerziellen Eigentums) oder in Bezug auf den Schutz der Arbeitsumwelt oder den Umweltschutz (!) gerechtfertigt sind, so teilt er diese Bestimmungen mit Begründung der Kommission mit.
(5) Die Mitteilungspflicht gilt auch bei beabsichtigter Einführung von staatlichen Vorschriften aufgrund neuer wissenschaftlicher Erkenntnisse. Zum Beschluss der Kommission s. **Art. 95 (6) EGV.**
In Abweichung von dem Verfahren der Art. 226 und 227 (alt 169, 170) EGV kann die Kommission oder ein Mitgliedstaat den Gerichtshof unmittelbar anrufen bei der Auffassung, dass ein (anderer) Mitgliedstaat die Befugnisse des Art. 95 EGV missbraucht.

Vollzugskompetenzen der Mitgliedstaaten
Art. 175 (5) EGV: Die Mitgliedstaaten haben für die Durchführung der Umweltpolitik Sorge zu tragen.
Zwar haben die Mitgliedstaaten aufgrund des ohnehin nach Art. 5 (1) EGV das Vollzugsrecht hinsichtlich der EG-Rechtsakte. Art. 175 (4) soll den Mitgliedstaaten das besonders zu bewahrende Durchführungsrecht im Bereich des Umweltschutzes gewährleisten. Andererseits sind aber die Mitgliedstaaten schon aufgrund der Art. 10 (10.3.1) und 249 EGV (103.2 f.) sowie wegen des Vorrangs des Gemeinschaftsrechts (10.5) verpflichtet, die sich aus dem Gemeinschaftsrecht ergebenden Verpflichtungen zu vollziehen, was Art. 175 (4) EGV für den Umweltbereich aufgreift. Der Vollzug umfasst bereits, da weniger EG-Verordnungen erlassen werden, die Umsetzung der EG-Richtlinien und natürlich die Anwendung der Verordnungen und vor allem umgesetzten Richtlinien in der Verwaltungspraxis, Vgl. Calliess, Online B. Nr. 1, 17 m.w.N.

Im Richtlinienbereich können Vollzugsdefizite sein: unterlassene, verspätete, unvollständige und unrichtige Umsetzung der Richtlinie sowie unterlassene oder unrichtige Anwendung von EG-Verordnungen (vgl. Nachw. und Beispiele bei Calliess, Online B. Nr. 1, 17); z.B. die verspätete Umsetzung und unzureichende Anwendung der FFH-RL und Vogelschutz-RL (51.12 f.; vgl. Einzelrechtsbereiche). Ursachen sind u.a. Priorität der Wirtschaft, begrenzte personelle und institutionelle Kapazitäten bei oft hohem Verwaltungsaufwand, mangelnde Transparenz der Regelsetzung des Umsetzungsverfahrens, keine Deckungsgleichheit des Allgemeinwohlinteresses Umweltschutz mit privaten Interessengruppen, vergleichsweise schwach organisierte Umweltverbände gegenüber starken konträren Interessenverbänden, innerstaatliche Reibungsverluste durch Probleme beim Zusammenspiel von gemeinschaftsrechtlichen Vorgaben und nationalem Ausführungsrecht sowie   Hemmnisse durch innerstaatliche Kompetenzaufteilung (z.B. Rahmengesetzgebung, Bundesratblockaden, Länderausführung); so im Wesentlichen Calliess, Online B. Nr. 1, 18 m.w.N.

Vollzugsfördernd wirken können eine EG-rechtskonforme Auslegung (1.2.5), eine unmittelbare Wirkung nicht rechtzeitig umgesetzter hinreichend bestimmter Richtlinien, eine Staatshaftung für nicht oder unzureichend umgesetzte Richtlinien (10.3.3). Vgl. auch die mit der Umsetzung der **Aarhus-Konvention** zu erwartenden verfahrensmäßigen Verbesserungen der Informationsverbesserung, Öffentlichkeitsbeteiligung und eines Verbandsklagerechts (38.6). Die Kommission will sicherstellen, dass Umweltvorschriften den Grundsätzen der größtmöglichen Klarheit, Transparenz und Genauigkeit entsprechend formuliert werden und das nationale Umsetzungsrecht Sanktionen für Richtlinienverletzungen vorsieht, die Akteure sich stärker konsultieren und koordinieren (Eur. Kommission , Mitteilung an den Rat der EU und an das Parlament über die Durchführung des Umweltrechts in der Gemeinschaft, KOM (1996) 500 endg. v. 22.10.1996, Nr. 44 ff., s. auch 22 ff.). Angestrebt wird auch eine ansatzweise verstärkte „Europäisierung des nationalen Verwaltungsverfahrens – und sogar Verwaltungsorganisationsrechts" verbesserter Vollzugskontrolle (vgl. auch zu 28.1) und die Harmonisierung der nationalen Vollzugssysteme (Nachw. bei Calliess, Online B. Nr. 1, 19). Schon aufgrund des Urteils des EuGH zur Richtlinie über den Schutz des Grundwassers (28.2.191, Rs. C-131/88 – Komm./Deutschland, Slg. 1991, I-825, Rn 6) und den Urteilen des EuGH über das zulässige Maß an Umweltverschmutzung (30.5.1991, Rs. 59/89 (Komm./Deutschland), Slg. 1991, I-2607; 30.5.1991, Rs. 361/88 – Komm./Deutschland, Slg. 1991, I-2567; dazu Zuleeg, NJW 1993, 31, 35 ff.) entwickelt sich eine Vollzugskontrolle durch Klagerechte, die sich durch aus dem Gemeinschaftsrecht abgeleitete individuelle Rechte ergibt; vor den nationalen Gerichten; im Ergebnis die Eröffnung einer Interessentenklage (Calliess, Online B. Nr. 1, 19 f. m.w.N.).

Von Bedeutung für die auch umweltrechtliche Pflichterfüllung der Mitgliedstaaten ist Art. 10 EGV mit der allgemeinen Pflicht der Mitgliedstaaten durch alle geeigneten **Maßnahmen** die Verpflichtungen aus dem EGV und den Verordnungen, Richtlinien und Entscheidungen zu erfüllen alle Maßnahmen zu **unterlassen**, welche die Verwirklichung der Ziele dieses Vertrages gefährden können (10.3.1).

Die für die Praxis wichtigen unmittelbar geltenden wichtigen **EG-Verordnungen** und von den Mitgliedstaaten umzusetzenden **EG-Richtlinien** werden, soweit sie allgemeinen **übergreifenden Charakter** haben, vorab zu 38.7 ff., im Übrigen im Zusammenhang mit den einzelnen **Rechtsbereichen** behandelt.

Zu den Auswirkungen des Europarechts auf den kommunalen Umweltschutz s. Schink, UPR 2005, 281. Zu der Umweltpolitik der EU nach dem Verfassungsentwurf s. Meyer-Ohlendorf, ZUR 2005, 225. Zur Notwendigkeit einer Harmonisierung unterschiedlicher Normstrukturen im europäischen Umweltrecht (vor allem Richtlinie , s. 38.6 ff. und im deutschen Umweltrecht vgl. Hansmann, NVwZ 2006, 51).

Zu **EURATOM** (10.2.1, 10.2.3) auf dem Weg zu einer Umweltgemeinschaft s. Schroeder, DVBl. 1995, 322.

38.1.2.3 Deutsches Umweltrecht

Das in **Art. 20a Grundgesetz** enthaltene **Staatsziel Schutz der natürlichen Lebensgrundlagen** (s. 5.9.2) gibt allgemein den Schutzbereich und die Schutzziele und -pflichten des Staates insbesondere **für die Gesetzgebung** vor. Im Rahmen einer - auch im Hinblick auf realisierte Gesetze gewonnene - Auslegung (s. z.B. § 1 Nr. 1 Bundeswaldgesetz, 45.1.3; § 2 Nr. 6 Pflanzenschutzgesetz, 64.2) bezieht sich der verfassungsrechtliche Umweltschutz auf die gesamte natürliche Umwelt des Menschen (**Ökosphäre**), insbes.

- die **Umweltmedien** Boden, Wasser, Luft, die Ozonschicht und das Klima sowie
- die **Biosphäre** (Tiere und Pflanzen) und
- deren **Beziehungen untereinander** sowie zu den Menschen, einschließlich Tier- und Pflanzenschutz,

unabhängig davon, ob sie vom Menschen verändert worden sind. Die Frage, ob Art. 20a GG als **anthropozentrisch** und oder auch **ökozentrisch** (Natur um der Natur willen) schützend zu deuten ist, erscheint theoretisch (s. 5.9.2), da sich z.B. auch der naturschutz-rechtliche Artenschutz nach den §§ 39 ff. Bundesnaturschutzgesetz anthropozentrisch erklären lässt (Kloepfer, § 3, Rn 27; s. 52; vgl. auch Sparwasser/Engel/Voßkuhle 1/10). Umweltschutz ist grundsätzlich **Schutz vor dem Menschen. Ohne Umweltnutzung können die Menschen allerdings nicht existieren.** Wie aber zu Art. 20a GG ausgeführt, müssen - auch in Verantwortung für künftige Generationen - die Naturgüter nach dem **Nachhaltigkeitsprinzip**, insbes. im Rahmen **ökologisch ausgleichender Kreislaufsysteme** genutzt und geschützt werden (vgl. 5.9.2, 38.3.1.3).
Ergänzt oder verstärkt wird Art. 20a GG durch die staatliche Schutzpflicht aus einigen **Grundrechten** mit subjektiven Abwehrrechten: *Recht auf Leben und körperliche Unversehrtheit (Art. 2 (2) S.1 GG*, 6.3) ergänzt durch ein sehr begrenztes Leistungsrecht auf Gewährleistung eines ökologischen Existenzminimums (Kloepfer, 1. Aufl. § 2 Rn 11), das *Eigentumsrecht (Art. 14 GG*, 7.1) aber auch die *allgemeine Handlungsfreiheit (Art 2 (1) GG*, 6.2). Ein allgemeines Grundrecht auf Umweltschutz ist nicht anerkannt.

Das deutsche Umweltrecht besteht zur Zeit aus zahlreichen, zum Teil nicht hinreichend aufeinander abgestimmten Einzelgesetzen. Zur Straffung und besseren Effizienz sollte ein deutsches **Umweltgesetzbuch** erlassen werden. Ein *Entwurf* der Unabhängigen Sachverständigenkommission zum Umweltgesetzbuch beim Bundesministerium für Umwelt, Naturschutz und Reaktorsicherheit (Herausgeber), 1998, war erarbeitet worden (**UGB-KomE**). Kritisch war anzumerken, dass darin das Bundeswaldgesetz im Wesentlichen als „Waldschutz" auf den Kern des Bundeswaldgesetzes reduziert und das Spannungsverhältnis zu den wirtschaftlichen, teilweise existentiellen Belangen der sozialpflichtigen Waldbesitzer außer Betracht gelassen worden wäre. Auch ist ein **Arbeitsentwurf für ein deutsches Umweltgesetzbuch - Erstes Buch** - v. 5.3.1998 beim Bundesumweltministerium (Z II 4) erstellt worden - UGB I - , in begrenzter Reichweite weitgehend dem **Entwurf der Unabhängigen Sachverständigenkommission zum Umweltgesetzbuch** beim Bundesumweltministerium folgt (s. z.B. Schmidt-Preuß, DVBl. 1998, 857). Das Vorhaben eines UGB ist dann aber aus Mangel an hinreichender Gesetzgebungskompetenz des Bundes aufgegeben worden. Statt dessen steht eine Verbesserung der einzelnen Umwelt-Fachgesetze im Vordergrund (Bundes-Immissionsschutzgesetz, Bundesnaturschutzgesetz usw.). Dabei hat die Anpassung an neues EG-Umweltrecht große Bedeutung. Zu den allerdings auch auftretenden Spannungslagen zwischen deutschem und europäischem Umweltrecht s. Kloepfer, NVwZ 2002, 645.
Kritisch auch verfassungsrechtlich zu der übergroßen Fülle insbesondere von Umweltrechtsvorschriften allein schon der EG und des Bundes mit großer Änderungshäufigkeit und Beschleunigung Becker, UPR 2005, 418, bei Realisierung der Föderalismusreform mit Zunahme zersplitternden Landesrechts, zusätzlich kommunales Recht. Für eine Harmonisierung und Vereinheitlichung von Umweltrecht und Beschleunigung von Fachplanungen Lecheler, DVBl. 2005, 1533.

38.2 Arten der Umweltgesetze nach Schutzrichtung und Umfang

Versucht man mangels allgemeingesetzlicher voll abgestimmter Umweltschutzgesetzgebung die einzelnen Umweltgesetze sowie das Umwelt-EG-Recht **nach einheitlichen Kriterien zu analysieren**, so bieten sich die Fragen an (vgl. Kloepfer, § 1 Rn 62 - 68, Sparwasser/Engel/-Voßkuhle 1/11),

– **welche Objekte** (insbes. **Medien** als Umweltgüter) geschützt werden sollen (**Medium** hier i.w.S.: Boden, Wasser, Luft, Klima, Tiere, Pflanzen, Ökosysteme wie Wald, Mensch) und

– **vor welchen Gefährdungen** (kausal) die Umweltgüter zu schützen sind (z.B. Industrie- und Verkehrsimmissionen, Müllablagerungen, Waldumwandlungen) und

– ob das Gesetz vom zu schützenden Medium ausgeht (**medial,** z.B. Boden, Wald, freie Landschaft) oder von der Gefährdung, die möglichst zu vermeiden ist (**kausal,** z.B. Chemikalien, immitierende Industrieanlagen); s. Sparwasser/Engel/Voßkuhle 1/11. Für die Konfliktentscheidung ist der Ansatz der jeweiligen Gesetze aber im Allgemeinen nicht praktisch bedeutsam (z.B. kein Vorrang oder ein stärkeres Gewicht des Mediums bzw. des gefährdenden Stoffes oder Handelns).

Ein Umweltgesetz kann nur *ein* Medium oder einzelne Medien (**sektoral**) schützen (z.B. Wald, Wasser) oder **prinzipiell alle,** auch unter Lösung von Schutzgegensätzen (z.B. unberührte Natur in bestimmten Gegensatz zur Erholung). Entsprechendes gilt für die Gefahrenebene.

Ein Gesetz kann aber auch **integral** den Schutz prinzipiell (grundsätzlich) aller Umweltgüter im konfliktlösenden Ausgleich mit prinzipiell allen Gefahrenquellen oder konträren Belangen (z.B. Siedlungs- und Straßenbau) regeln (z.B. im Rahmen der Raumordnung oder gemeindlichen Bodennutzungsplanung), s. Kloepfer § 1 Rn 29, Sparwasser/Engel/Voßkuhle 1/11.

Ein einzubeziehender **finaler Gesichtspunkt** ist die Förderung eines Mediums (z.B. Erstaufforstungen, Entwicklung und Wiederherstellung von Biotopen).

		Medium (Umweltgut: Boden, Wasser, Luft, Klima, Lebewesen)	
		für **einen** oder **einzelne Sektoren (sektoral)**	prinzipiell für **alle Sektoren (integral)**
vor einer/einzelner/n Gefahr/en bzw. Risiko/en	Ansatz **medial** (vom Medium aus)	Wald vor menschlichen Eingriffen und Störungen durch die Waldgesetze (45., 48.)	1. EG-Richtlinie und Gesetz über die Umweltverträglichkeitsprüfung (38.7); 2. EG-IVU-Richtlinie (Wasser, Luft, Boden; 38.8) 3. Raumordnungsprogramme (39.7 f.)
	Ansatz **kausal** (vom gefährlichen Stoff aus)	Wasser durch Wasch- und Reinigungsmittel-Gesetz	4. Gemeindliche Bauleitplanung (Bodennutzung) durch das Baugesetzbuch (40.); zu 3. und 4. aber in Abwägung auch mit konträren Belangen
finaler Medienschutz		1. Erstaufforstungen, Wiederaufforstungen nach natürlichem Waldverlust (Waldgesetze); 2. Entwicklung und Wiederherstellung nach dem BNatSchG	
prinzipiell vor allen Gefahren und Risiken	Ansatz **medial** (vom Medium aus)	1. Wasser vor grundsätzlich allen Gefahren (Wasserhaushaltsgesetz, 60.); 2. Boden (BBodSchG, 61.)	
	Ansatz **kausal** (vom gefährlichen Stoff aus)		grundsätzlich alle Umweltgüter – vor schädlichen Umwelteinwirkungen durch das BImSchG (62.) – vor gefährlichen Chemikalien durch das Chemikaliengesetz (64.3)

Die vorstehende Systematik liefert einige Grundbegriffe, ist aber, wie die Umweltprinzipien ergeben (38.3) nicht vollständig. Vgl. dazu insbes. Rehbinder, NVwZ 2002, 657, 660. 661. Zu einem erheblichen Teil überschneiden sich die Umweltgesetze oder sind zersplittert. Kloepfer (§ 1 Rn 68) beklagt, „dass das gegenwärtige Nebeneinander systematisch nicht immer überzeugend zugeschnittener Umweltgesetze das geltende Umweltrecht im Einzelnen unüberschaubar, wenn nicht gar in manchen Bereichen zu einem vollzugsfeindlichen Irrgarten werden lässt."

Insbesondere ist auch die Grenze des Umweltrechts zu anderen Rechtsgebieten nicht immer eindeutig. Viele Regelungen lassen sich zugleich oder partiell auch anderen Rechtsgebieten zuordnen: Wald/Forstwirtschaftsrecht als Umwelt- und Wirtschaftsförderungsrecht; Tierschutzrecht, dessen Zuordnung zur Tierethologie oder zum Artenschutz unterschiedlich beurteilt wird (Kloepfer § 1 Rn 77).

Die meisten Umweltgesetze sind (zum größten Teil) **verwaltungsrechtliche** Gesetze (*Eingriffs-* aber auch *Lenkungs-* und *Leistungsrecht,* 11.3), verstärkt durch Straf- und Bußgeldbestimmungen, aber auch ergänzt durch Privatrecht (z.B. zum Eigentumsschutz §§ 906 ff., 823 ff. BGB, 37.28.2 ff., 37.25). Näheres kann den folgenden Ausführungen über *direkt* und *indirekt verhaltenssteuernde* gesetzliche Instrumente entnommen werden (38.4 f.; s. auch 11.3).

Durch EG-Richtlinien, die bis auf eine schon in deutsches Recht umgesetzt sind, sind verfahrensrechtliche, aber auch materiellgesetzliche **sektorenübergreifende, also integrale Umweltschutz-Verfahrensregelungen** vorgegeben über die *Umweltverträglichkeitsprüfung* (38.7), die *integrierte Vermeidung und Verminderung der Umweltverschmutzung* (38.8), behördliche *Umweltinformations-Pflichten* (38.9) und freiwillige betriebliche Untersuchungen zur Verbesserung des betrieblichen Umweltschutzes - *Umweltaudit* (38.10). Vgl. insbes. Sparwasser/Engel/Voßkuhle 4/52 ff. Weil diese integrativen Regelungen Bestandteile oder Ergänzungen für *mehrere* fachgesetzliche Verfahren und zum Teil Genehmigungsvoraussetzungen sind (39. ff.), werden sie vorab zu 38.7 ff. erläutert.

38.3 Umweltprinzipien

Die nachfolgend aufgeführten Umweltprinzipien (oder Umweltgrundsätze) sollen Leitlinien für die Umweltpolitik sein, das Umweltrecht als Rechtsgebiet systematisieren und harmonisieren, als Auslegungsdirektive in Zweifelsfällen dienen und sogar „Lücken im normativem Bestand füllen" (Sparwasser/Engel/Voßkuhle, 2/8). Der **Rechtscharakter der Umweltprinzipien** ist teilweise noch unklar (Sparwasser/Engel/Voßkuhle, 2/9) und für jedes Prinzip für sich allein sowie in Umsetzung durch EG-Recht, Verfassung und Gesetz einzeln zu bestimmen. Zu unterscheiden sind

- **juristische Erkenntnis- und Arbeitsprinzipien** (für heuristisch-deskriptive Aufgaben) und
- **Rechtsprinzipien im materiellen Sinn** mit (zusätzlicher) positiver Rechtsgeltung und Bindung, unterschieden nach

  - **„offenen Prinzipien"**, die noch der weiteren Konkretisierung durch Regeln (s. 1.1) bedürfen, unterschieden als

    - **„Strukturprinzipien"** (Rehbinder, NVwZ 2002, 657, 660 mit Fußn. 29) oder **„Leitprinzipien"** (z.B. di Fabio, Festschrift für Ritter, 1997, 807, 815), die bestimmten Regelungen zugrunde liegen - diese sollen den Blick des Gesetzgebers oder Rechtsanwenders in eine ganz bestimmte Richtung lenken und zu einer verbesserten und fortschrittlicheren Umweltgesetzgebung beitragen (vgl. auch Murswiek, NuR 2002, 641, 644, herkömmlich „politisches Ziele") und

    - Prinzipien, die die **Rechtsanwendung** und **Rechtsfortbildung unmittelbar zu steuern** vermögen, etwa in Form von sog. **Optimierungsgeboten** (auch weniger günstig allgemeine Rechtsprinzipien genannt; diese sind möglichst zu verwirklichen, haben keine prinzipielle Gewichtsverstärkung, falls diese nicht besonders geregelt ist und

  - **rechtssatzförmige Prinzipien** - bereits mit einer unmittelbar anwendbaren **„Norm"**.
  (Sparwasser/Engel/Voßkuhle, 2/10 mit Hinweis auf Larenz, Methodenlehre der Rechtswissenschaft, 6. Aufl. 1992, 479 f., 187 und Alexy, Recht, Vernunft, Diskurs, 1995, 177, 182 ff.; Theorie der Grundrechte. 1985 = Suhrkamp 1994, S. 71 ff.; insoweit sind es aber wohl **keine Prinzipien i.S. von Alexy**, da dieser streng zwischen Prinzipien und Regeln als Unterscheidung von **Normen** trennt (s. 1.1).
  Zum Begriff Rechtssatz mit dem wichtigen Merkmal „Regelung"; s. 1.1), sowohl realisiert in konditionalen Rechtssätzen (Wenn-Dann-Regelungen) als auch in finalen Planungsrechtssätzen (21.).

Welche Prinzipien für sich allein oder nach Völkerrecht, EG-Recht und deutschem Verfassungsrecht zumindest Struktur- oder Leitprinzipien sind, ist teilweise bestritten (Sparwasser/Engel/Voßkuhle, 2/10 - 12 m.w.N.; vgl. zu den einzelnen Prinzipien, insbesondere zur Nachhaltigkeit).
Inwieweit die Umweltprinzipien in Rechtstexten enthalten sind und welchen Rechtscharakter sie haben, bedarf ggf. der Auslegung. Z.B. enthält **Art. 174 (2) EGV** die auszulegenden Prinzipien der Umweltvorsorge, Vorbeugung, Bekämpfung der Umweltbeeinträchtigungen an ihrem Ursprung, das Verursacherprinzip sowie das Integrationsprinzip. Dagegen fehlt in **Art. 20a GG** das Integrationsprinzip. Einige Umweltprinzipien überschneiden sich oder stehen austauschbar im Gegensatz zueinander. Vgl. zum Folgenden im Einzelnen auch Kloepfer, Umweltrecht, § 4; Sparwasser/Engel/Voßkuhle 2/15 ff. m.w.N., die die Umweltprinzipien nach materiellen (s. 38.3.1) und prozeduralen (s. 38.3.2) unterscheiden.

38.3.1 Materielle Umweltprinzipien

38.3.1.1 Gefahrenabwehrprinzip und Schutzprinzip

Nach dem umweltrechtlichen Gefahrenabwehrprinzip sind, wie im Allgemeinen Gefahrenabwehrrecht (29.), schon entstandene Gefahren für Umweltgüter, also mit wahrscheinlichem

Schadenseintritt für diese, abzuwehren. Als Umwelt-Struktur- und Leitprinzip für den Gesetzgeber dürfte es sich aus Art. 174 (1) Spiegelstrich 1 und 2 EGV sowie Art. 20a GG ergeben. Durch zahlreiche gesetzliche insbesondere Ge- und Verbotsvorschriften sowie Eingriffs- und Kontrollermächtigungen als Rechtsnormen und **Instrumente** ist dieser Grundsatz umgesetzt (vgl. z.b. Verbote mit Kontrollgenehmigung für eine Waldumwandlung und bestimmte Kahlschläge (§§ 8, 12 NWaldLG) sowie für besonders immittierende Anlagen (§§ 3 – 5, 24 BImSchG, 62.2). Ob bei fehlender spezialgesetzlicher Regelung die Gefahr (29.4) für ein Umweltgut allgemeine Maßnahmen der Gefahrenabwehr nach dem Landesgefahrenabwehrrecht (Nds. SOG) rechtfertigt, erscheint fraglich und bedarf gründlicher auch gesetzessystematischer Auslegung im Einzelfall (z.b. wären Maßnahmen gegen offensichtliche Waldschäden durch vielfältige Immissionen nur im Rahmen der Gesetzgebung mit weitem gesetzgeberischem Ermessen zulässig (s. 38.5.4; 5.9.2).

(Hilfs-)**Instrumente** sind auch Immissionsstandards (§ 5 (1) Nr. 1 / § 3 BImSchG und Betreiberqualifikationen (Sparwasser/Engel/Voßkuhle, 2/17).

In einigen Umweltschutzgesetzen zählen schon lediglich erhebliche Nachteile und Belästigungen, die noch nicht eine Gesundheitsgefahr erreichen, zum Gefahrenbegriff **(Schutzprinzip,** Sparwasser/Engel/Voßkuhle 2/15f Rn 17, die darin eine Überschneidung mit dem Vorsorgeprinzip sehen).

38.3.1.2 Vorsorgeprinzip

Das Vorsorgeprinzip ist (außer in Grundsatz 15 der völkerrechtlich nicht verbindlichen - Deklaration) ausdrücklich in Art. 174 (2) UAbs. 1 S 2 EGV (dazu schon eingehend 38.1.2.2) und in Art. 16 (1) S. 2 des Staatsvertrages sowie Art. 34 (1) des Einigungsvertrages als Struktur- oder Leitprinzip (38.3) für den Gesetzgeber enthalten. Es ist - insoweit deckungsgleich mit dem Nachhaltigkeitsprinzip - auch in Art. 174 (1) Ziel 3 EGV enthalten (s. 38.3.1.3). Vorsorge und Vorbeugung müssten zusammen mit dem umfassenden Vorsorgebegriff identisch sein (s.u.; im Ergebnis Calliess, DVBl. 1998, 559, 563 f.). Für eine Anerkennung des Vorsorgeprinzips als Rechtsprinzip (38.3.1.1) Sparwasser/Engel/Voßkuhle, 2/12; Ossenbühl, NVwZ 1986, 161, 164; Schmidt, DÖV 1994, 749, 755 f.; di Fabio, Festschrift für Ritter, 1997, 801, 819 f.; Calliess, DVBl. 1998, 559, 563, jedenfalls in der Ausformung von Art. 174 EGV. Das BVerwG (NVwZ 1984, 371; zustimmend Ossenbühl, NVwZ 1986, 161, 169) hat für den bestehenden Konkretisierungsbedarf eine Begründung in Form eines Konzepts verlangt (dies ist in Einzelfällen bei erprobter Technik aber zu weitgehend, Rehbinder, NVwZ 2002, 657, 660). Vgl. auch zu 38.3.1.3.

Das Vorsorgeprinzip bedeutet **Risikovermeidung** wie folgt: Zum einen sollen Gefahren, bei denen der Eintritt von Schäden durch gefährliche **Stoffe** und **Strahlen** für die Umwelt und die Menschen nicht schon wie bei der Gefahrenabwehr (38.3.1) wahrscheinlich sind (29.4) , sondern ferner liegen, ganz oder so weit wie möglich vorausschauend und vorbeugend vermieden oder vermindert werden (Kloepfer § 4 Rn 10 ff.; Sparwasser/Engel/Voßkuhle 2/15f Rn 19; Calliess, DVBl. 1998, 559, 563, auch hinsichtlich Vorbeugung und Vorsorge in Art. 174 (2) UAbs. 1 S. 2 EGV; zu 38.1.2.2 näher auch Caliess/Korte, DÖV 2006, 10, 12).

Bei der **Risiko- und Gefahrenvorsorge** geht es um den Schutz des Menschen vor Umweltbeeinträchtigungen und um Umweltqualitätsverluste. Risiken sollen minimiert werden, insbesondere durch Minimierung von Belastungen für Menschen und Naturgüter (Immissionsschutz **gegen Luftverschmutzung,** Klimaschutz gegen **Treibhausgase,** Gewässerschutz gegen **Versauerung, Eutrophierung** und **Schadstoffanreicherung;** Rehbinder, NVwZ 2002, 657, 660). Dabei sind Erfahrungen zu verwerten.

Die Gefahren- und Risikovorsorge trifft auch zu, wenn als Risiko eine konkrete Umweltnutzung in ihren **Folgen nicht richtig eingeschätzt** werden kann (z.B. gentechnische Veränderungen von Pflanzen; Sparwasser/Engel/Voßkuhle 2/15f Rn 19; 38.1.2.2) oder viele einzeln ungefährliche Nutzungen zusammenwirken (z.B. **Waldsterben,** Rückgang der **Ozonschicht;** Sparwasser/Engel/Voßkuhle 2/15f Rn 19; - ähnlich das Vorsichtsprinzip, wonach schon eine denkbare Schadensfolge genügt; Kloepfer, Umweltrecht § 4 Rn 16). Theoretisch ermittelbare Risiken sind aufzuspüren und zu minimieren. Drittschutz ist hier im Allgemeinen nicht geregelt. Eine **Nachweisregel**, dass ein Risiko nicht besteht, müsste normiert werden (Calliess, DVBl. 1998, 559, 564; zur **Beweislastumkehr** s. 38.1.2.2).

Als **Restrisiko** wird (ergänzend zur Gefahr und zum Risiko mit fern liegendem Schadenseintritt) ein Risiko bezeichnet, bei dem nach derzeitigem Erkenntnisstand „praktisch" ausgeschlossen ist, dass es zu Schäden führt (zum Ressourcenschutz bei nichtstofflicher Belastung BVerfGE 49, 89, 143 - Kalkar; Sparwasser/Engel/Voßkuhle 2/15f Rn 20).

Zum Vorsorgeprinzip gehört anders als im Europarecht inzwischen auch die **Ressourcenvorsorge** bei nichtstofflichen Belastungen (Kloepfer, § 4 Rn 19ff.; Calliess, DVBl. 2001, 1725, 1727, dieser dort S. 1725 ff. auch zur Beweislastverteilung; Sparwasser/Engel/Voßkuhle, 2/22 m.w.N. auch für die a.A.). Naturgüter dürfen „im Interesse der materiellen Sicherung der Handlungsfreiheit" nur in dem Umfang in Anspruch genommen werden, dass ihre langfristige Erhaltung und Nutzbarkeit auch durch künftige Generationen nicht gefährdet ist (Sparwasser/Engel/Voßkuhle, 2/22). Das erfordert zum einen nach h.M. eine Nichtausschöpfung von ökologischen Belastungsgrenzen für Schadstoffeinträge (Sparwasser/Engel/-Voßkuhle, 2/22). Darunter fällt zum anderen auch die Nichtausschöpfung der Belastungsschwellen für den Verzehr natürlicher Ressourcen (Sparwasser/Engel/Voßkuhle, 2/22; teilweise zweifelnd Rehbinder, NVwZ 2002, 657, 661). Hierzu formuliert § 5 (2) S. 2 des UGB-Kommissionsentwurfs: „Für künftige und ökologisch angepasste Nutzungen sollen Freiräume erhalten werden." Danach sind **erneuerbare Umweltressourcen nachhaltig** zu bewirtschaften und **nicht erneuerbare** Umweltressourcen generell zukunftbezogen zu **schonen** (BVerwG, NVwZ 1983, 32 = BVerwGE 69, 37, 43; Sparwasser/Engel/Voßkuhle, 2/22). Hierunter fallen als Schutz von erneuerbaren Ressourcen die Wasservorsorge (§§ 1a, 5 (1) S. 1 Nr. 3, § 36 WHG, s.u.) und als Schutz von nicht erneuerbaren Umweltgütern naturschutzrechtliche Landschaftsplanung und Schutzgebietsregelungen sowie räumliche Planungen gegen ungünstigen Flächenverbrauch, Abfallvermeidung und Bodenschutz (Rehbinder, NVwZ 2002, 657, 661).

Darüber hinaus wird das umweltrechtliche **Bestandsschutzprinzip** vertreten. Dieses zielt auf die **Erhaltung des Bestandes der Naturgüter** ab. Es ist also auf Erhaltung der Umweltqualität oder Verbot ihrer weiteren Belastung gerichtet (Sparwasser/Engel/Voßkuhle, 2/22; aus Art. 20a GG, 5.9.2); Realisierung durch die naturschutzrechtliche Eingriffsregelung (50.; 40.6; Rehbinder, NVwZ 2002, 657, 661).

Instrumente der Risikovorsorge bedürfen besonders **gesetzlicher Bestimmungen** (Wolf, Umweltrecht, § 1 Rn 52 f.; Sparwasser/Engel/Voßkuhle 2/15f Rn 21 mit folgenden Regelungsbeispielen).

- Vermeidungspflichten: §§ 1a, 5 (1) S. 1 Nr. 3, 6 WHG (60.1.3, 60.2.1.4 f.);
- Emissionsstandards, § 5 (1) Nr. 2 BImSchG (62.2.2), § 7 (2) Nr. 3 AtomG (65.5);
- emissionsarme Produktionsverfahren, § 5 (1) Nr. 3 (3) Nr. 2 BImSchG (62.2.2);
- Pflicht zur Berücksichtigung von Umweltschutzbelangen in der Planung, § 1 UVP („Umweltvorsorge, 38.2), §§ 1 (6), 1a BauGB (40.5), §§ 49 f. BImSchG (62.9.4 f.);
- Kontrolle von Problemstoffen während des gesamten Verfahrens (**„Cradle-to-Grave-Prinzip"**), §§ 40 ff., 49 KrW-/AbfG (63.7); Nach dem Cradle-to-Grave-Prinzip sollen umweltbelastende Stoffe während ihrer Produktion, Verwendung und Beseitigung „von der Wiege bis zur Bahre" durchgehend umweltrechtlich kontrolliert werden (Vermeidung von Abfällen usw.; s. Kloepfer § 4 Rn 25);
- Auferlegung von Produktverantwortung, § 22 KrW-/AbfG (63.3.1) und
- Verbot gefährlicher Stoffe (unabhängig vom Einsatz), § 17 f. ChemieG (64.3);
- Verbote zum **Besorgnisgrundsatz**: Verbote für das Lagern und Ablagern von Stoffen an einem Gewässer sowie das Befördern von Flüssigkeiten in Rohrleitungen, §§ 25 (2), 32b, 34 (2) WHG (60.7, 60.12, 60.13).

Nach **allgemeinem Gefahrenabwehrrecht** hat die Polizei auch für die Verfolgung von Straftaten **vorzusorgen** und Straftaten zu verhüten und - wie auch die Verwaltungsbehörden - Vorbereitungen zu treffen, um künftige Gefahren abzuwehren (§1 (1) S. 2, 3 Nds. SOG, 29.1), einschließlich gesetzliche Ermächtigung zu Maßnahmen bei Gefahrenverdacht. Inwieweit dies – über verwaltungsorganisatorische Maßnahmen hinaus - beim Fehlen spezialgesetzlicher Eingriffsermächtigungen erlaubt ist, bedarf einer Auslegung im Einzelfall.

38.3.1.3 Nachhaltigkeitsprinzip

Ausgehend von dem „Brundtland-Bericht" der UN von 1987 (Murswiek, NuR 2002, 641) ergab die völkerrechtlich allerdings nicht verbindliche Deklaration der Umweltkonferenz von Rio de Janeiro von 1992 das **Leitbild einer dauerhaft umweltgerechten Entwicklung** (sustainable development) und darauf fußend die Agenda 21 sowie die Klimakonvention und die Konvention über die biologische Vielfalt (BGBl. II 1993, 1741 und 1783); vgl. 38.1.2. Bei dem Leitbild geht es um die Erhaltung der natürlichen Ressourcen, die wirtschaftliche Entwicklung und die Herstellung sozialer Gerechtigkeit – **„Drei-Säulen-Modell"** (Nachweise bei Sparwasser/Engel/Vosskuhle 2/23; Murswiek NuR 2002, 641, 642). Eine dauerhaft und generationenübergreifende tragfähige Harmonisierung ökologischer, ökonomischer und sozialer Ziele soll erreicht werden. Es bedeutet, dass der Mensch die natürlichen Umweltgüter (Ressourcen) als seine Lebensvoraussetzungen nur so nutzen darf, dass ihre Nutzbarkeit dauerhaft auch für künftige Generationen erhalten bleibt (z.B. Murswiek, NuR 2002, 641; ähnlich Rehbinder, NVwZ 2002, 657, 660; Sieben, NVwZ 2003, 1173 mit Hinweis auf die Tradition des Begriffes in der Forstwirtschaft). Verlangt wird eine umweltgerechte, an der Tragekapazität der ökologischen Systeme ausgerichtete Koordination der ökonomischen Prozesse sowie der sozialen Ausgleichsprozesse (Rat der Sachverständigen für Umweltfragen, Umweltgutachten 1994, BT-Drucks. 12/6995, Tz 1; Calliess, DVBl. 1998, 559, 561). Nach vertiefter, wenn auch nicht unumstrittener Deutung der Rio-Deklaration müssen auch die ökonomische Entwicklung und die Lösung sozialer Probleme in einer Weise erfolgen, die die Nutzbarkeit der natürlichen Ressourcen auch für künftige Generationen erhält; denn von dieser Erhaltung werden die ökonomische und soziale Entwicklung abhängen (Murswiek, NuR 2002, 641, 642). In dieser Begrenzung der beiden Politikziele soll ein begrenzter, nicht aber ein genereller Vorrang des Nachhaltigkeitsgrundsatzes beabsichtigt sein (Murswiek aaO). Es gibt auch die Deutung einer gegenseitigen Abhängigkeit mit Ausgleich nach wechselbezüglicher Verhältnismäßigkeit (praktische Konkordanz, 5.5.2).

Umweltschutz soll vom Begrenzungsfaktor zum Zielfaktor gesellschaftlicher Entwicklung werden, bei dem die ökologischen, ökonomischen und sozialen Problemfelder einander zugeordnet und grundlegende gesellschaftspolitische Überlegungen ausgelöst werden (BT-Drucks. aaO S. 50). Bei der Nachhaltigkeit geht es um ein angemessenes Niveau für die gegenwärtigen und künftigen Generationen (Rat der Sachverständigen für Umweltfragen, Umweltgutachten 1996, BT-Drucks. 13/4108, S. 15, 50; Rehbinder, NVwZ 2002, 657). Als **Management-** oder **Grundregeln** sind entwickelt worden (Sparwasser/Engel/Vosskuhle 2/26 mit Hinweis auf Bundesregierung, Perspektiven für Deutschland, S. 50 ff.; Gassner, G/B-K/S-R, § 1 Rn 18; Murswiek, NuR 2002, 641, 643, 645).
1. **Erneuerbare Naturgüter** (z.B. Holz, Wild, Fische) dürfen im Rahmen des Generationenschutzes nur insoweit genutzt oder abgebaut werden, als sie nachwachsen oder regenerieren; Wälder sind nach Holzeinschlag wieder aufzuforsten, der Boden landwirtschaftlicher Flächen muss seine Fruchtbarkeit behalten, Wildarten sind ohne Gefahr einer Ausrottung zu bejagen, Meere dürfen nicht überfischt werden – **Regenerationsgrundsatz**.
2. **Stoffe und Energien** dürfen nicht in größerem Umfang **freigesetzt** werden, als die Anpassungsfähigkeit der Ökosysteme reicht (z.B. Wälder, Wiesen und Ozeane) – **Grundsatz**

der (Beachtung der) **Anpassungsfähigkeit** (Gassner aaO). Erhalten werden sollen (Rehbinder, NVwZ 2002, 657, 660) Umweltmedien als Senken für die Aufnahme- und Anpassungsfähigkeit (Fähigkeit zur Absorption bzw. Assimilation) von Stoffen, welche nicht als solche, sondern wegen ihrer vom Menschen (anthropogen) erzeugten Menge gefährlich sind (Klimaschutz, Schutz gegen Versauerung und Eutrophierung).

3. **Nicht erneuerbare Naturgüter** (z.B. Mineralien, fossile Energieträger) dürfen nur insoweit genutzt werden, als nicht Ersatzstoffe oder –energien genutzt werden können (z.B. Brennstoffzellen) – **Substitutionsgrundsatz** (Gassner, aaO; Murswiek, NuR 2002, 641, 643 f.) und oder zumindest:

4. Mit **nicht erneuerbaren Ressourcen** soll sparsam umgegangen werden – **Sparsamkeitsgrundsatz**, Grundsatz der **Verbrauchsminimierung** (Murswiek, NuR 2002, 641, 644).

5. Nach verbreiteter Meinung im Hinblick auf die soziale Komponente sind **(dauerhaft)** anthropogen hervorgerufene **Gefahren für die menschliche Gesundheit** abzuwehren und vom Menschen erzeugte Risiken für die menschliche Gesundheit zu mindern; insoweit besteht Deckungsgleichheit mit dem konventionellen Umweltschutz (Rehbinder, NVwZ 2002, 657, 660).

Aus den Ausführungen zum **Vorsorgeprinzip** (38.3.1.2) ergibt sich, dass sich dieses in einem großen Umfang mit dem Nachhaltigkeitsprinzip deckt.
Die Unterschiede im Bereich der unerforschten Risiken (Vorsorgeprinzip) zu einer Nachhaltigkeit, die in bewusster Entwicklungssicht breit angelegt generationenübergreifend und lastenausgleichend ist, nähern sich auch an (Rehbinder, NVwZ 2002, 657, 661 aaO). Während das Vorsorgeprinzip nur der Umweltpolitik und dem Umweltrecht zugeordnet ist, betrifft die Nachhaltigkeit auch alle anderen staatlichen Politikfelder und Gesellschaftsbereiche. Diese Grenzenlosigkeit bezeichnet Rehbinder als Stärke und Schwäche zugleich (aaO). Trotz der Überschneidungen mit dem klassischen Umweltschutz und dem Vorsorgeprinzip kommt also der Nachhaltigkeit eine **eigenständige Bedeutung** zu, die durch **finale** Steuerung – und nicht nur konditionale Wenn-Dann-Steuerung - als **Leitprinzip** und **Abwägungsbelang** (Rehbinder aaO; für ein Leitprinzip für den Gesetzgeber Sparwasser/Engel/Voßkuhle, 2/12 f.; Murswiek, NuR 2002, 641, 647; a.A. Schröder, Wirtschaft und Verwaltung 1985, 75, 85; Schink, ZAU 1999, 183, 184). Nach Murswiek (NuR 2002, 641, 648) wird, wenn das Vorsorge- und das Verursacherprinzip konsequent angewendet werden, in der Regel auch das Nachhaltigkeitsprinzip nicht verletzt.

Nach der im Waldprogramm Niedersachsen, Schriftenreihe Waldentwicklung in Niedersachsen, 1999, 27 zitierten **Walderklärung von Rio de Janeiro** und der Ministerkonferenz zum Schutz der Wälder in Europa (Helsinki 1993; dazu allg. Gall/Stephani, NuR 2004, 781) verlangt **Nachhaltigkeit** eine Bewirtschaftung,
– die die biologische Vielfalt, die Produktivität, die Verjüngungsfähigkeit und die Vitalität erhält,
– die Fähigkeit, gegenwärtige und in Zukunft wichtige ökologische, wirtschaftliche und soziale Funktionen auf lokaler, nationaler und globaler Ebene zu erfüllen, erhält und
– anderen Ökosystemen keinen Schaden zufügt.

Ein auf Verwirklichung von Nachhaltigkeit ausgerichtetes Umweltrecht wäre für Recht, Verwaltung und Gesellschaft als **Innovation** zu bezeichnen (Bückmann, UPR 2004, 281).

Grobe Übersicht: Nachhaltigkeits- und Vorsorgeprinzip (nicht fachwissenschaftlich)

Nutzung (kausal)	Medien: Verbrauch/Vernichtung oder Belastung/Beeinträchtigung						
	nicht erneuerbar	*)	**)	**)	erneuerbar		
	Bodenschätze, Energieträger	Boden	Wasser	Luft	Klima	Biotope, Tiere, Pflanzen, Holz***)	Mensch (Gesundheit)
Bau (Siedlung, Verkehr usw.)	./.	Nachhaltigkeit: Sparsamkeit, Minimierung; = *Vorsorge (neu)* schützende Landschaftsplanung, Schutzgebiete; Eingriffsregelung, Raumplanung; wasserrechtliche Ressourcenschonung				Nachhaltigkeit: Regeneration = *Vorsorge (neu)* ggf. auch Schutz wie links	Gesundheit = *Vorsorge*
Bodenabbau, Gewinnung von Bodenschätze	Nachhaltigkeit: Sparsamkeit, Minimierung = *Vorsorge (neu)*		./.	./.		Nachhaltigkeit: Sparsamkeit, Minimierung = *Vorsorge)*	./.
Industrieanlagen, Kraftfahrzeuge, Öfen usw.: *Verbrauch* von Öl, Gas, Kohle, u.a. nicht erneuerbaren Energieträgern	Nachhaltigkeit: Substitution durch Holz, Brennstoffzellen usw.	Nachhaltigkeit: Sparsamkeit, Minimierung = *Vorsorge*				Sparsamkeit, Minimierung = *Vorsorge*	(Lebensgrundlagenschutz)
Wie vor, aber belastende Stoffe emittierend	./.	(auch bei wissenschaftlicher Unsicherheit, unerforschten Risiken) Nachhaltigkeit: Anpassungsfähigkeit (= *Umweltschutz i.e.S.)* = *Vorsorge (Risikovermeidung)* gegen Versauerung und Treibhausgase				Nachhaltigkeit: Anpassungsfähigkeit (= *Umweltschutz i.e.S.)*	Gesundheit (= Umweltschutz i.e.S)
Abfälle (Industrie, Haushalt usw.)	./,	*Vorsorge:* *Vermeidung*	./.	./.		*Vorsorge:* *Vermeidung*	./.
Landwirtschaft	./.	Bodenfruchtbarkeit: Nachhaltigkeit: Regeneration	Grundwasser vor Düngeschäden bewahren	./.	./.	Nachhaltigkeit: Regeneration (Weiden, Wiesen)	Schutz der Lebensgrundlagen
Forstwirtschaft/ Jagd	./.			Luft-/Klimaverbesserung durch Wald		Nachhaltigkeit: Regeneration	

*) Wassermenge erneuerbar, Gewässer nur begrenzt erneuerbar
**) Luft und Klima sind ab einer bestimmten Belastung wohl nicht mehr erneuerbar
***) Soweit nicht im Bestand gefährdet

Der Schutz aller Medien dient auch dem Menschen.

Das Nachhaltigkeitsprinzip ist allerdings in hohem Maße **rechtlich konkretisierungsbedürftig**: (49.2.4; Rehbinder, NVwZ 2002, 657; nach Calliess ein Relationsbegriff, der einzelfallbezogener und verfahrensrechtlicher Umsetzung bedarf, DVBl. 1998, 559, 564, 568). Bei raumbezogenen Ressourcen ist meist eine mehrstufige (Murswiek, NuR 2002, 641, 647) und verfeinernde Umsetzung erforderlich (z.b. detailliertere Ziele, Raumordnungspläne, Bauleitpläne, Einzelgenehmigung; 39. ff.).

Der erläuterte völkerrechtlich nicht verbindliche (38.1.2) **Grundsatz der nachhaltigen Entwicklung** für eine Orientierung der gesamten Politik wird zumindest als möglicher Rechtsbegriff (Calliess, DVBl. 1998, 559, 561; skeptisch Schröder, AVR 34 (1996), 251, 261 ff.) bewertet.
In **Art. 2 EGV** ist der Grundsatz in etwas verengter Formulierung durch Trennung des Wirtschaftslebens von der Vorgabe eines hohen Maßes an Umweltschutz aufgenommen, desgleichen in **Art. 3 L** als EG-Politikfeld, was eine Gleichrangigkeit mit den anderen EG-Zielen bedeutet (Calliess, DVBl. 1998, 559, 562).
Art. 174 (1) (alt 130r) **EGV** (38.1.2) konkretisiert das Gemeinschaftsziel Umweltschutz durch verschiedenen Ziele der europäischen Umweltpolitik. Das **erste Ziel der Erhaltung der Umwelt** verlangt, dass Umweltgüter grundsätzlich nicht verbraucht oder zerstört werden dürfen (Verschlechterungsverbot für einen ökologischen Bestandsschutz, Calliess aaO). Der zweite Teil des ersten Ziels, **Verbesserung ihrer Qualität** bezieht sich auf eine Beseitigung eingetretener Schäden und die Wiederherstellung (Restauration) verloren gegangener Umweltqualität (Kahl, Umweltprinzip und Gemeinschaftsrecht, 1993, S. 20; Calliess aaO). Das **dritte Ziel**, umsichtige und rationale Verwendung der natürlichen Ressourcen, bezieht sich auf Naturgüter, die durch übermäßige Nutzung langfristig beeinträchtigt oder erschöpft werden könnten, also alle Bestandteile des Naturhaushalts (38.1.1, vorstehendende Übersicht) sowie Bodenschätze und Energievorräte, einschließlich Wälder; Gebot der Sparsamkeit und Schonung besonders für nicht erneuerbare Ressourcen auch für künftige Generationen, als Element des Nachhaltigkeitsprinzips; Calliess aaO m.w.N. Damit ist zugleich, wie auch die vorstehende Übersicht ergibt, das Vorsorgeprinzip realisiert (38.3.1.2), das eine zielgleiche Strategie einer Nachhaltigkeit darstellt (Calliess, DVBl. 1998, 559, 563 m.w.N.).

Die weiteren Stufen der Konkretisierung der Nachhaltigkeit ergeben sich in der durch **Art. 6** (alt 3c) **EGV** (38.1.2) herzustellenden Relation zu den jeweiligen umweltrelevanten Maßnahmen (Calliess, DVBl. 1998, 559, 546 f.. auch zur Entstehungsgeschichte des Art. 6, m.w.N.; vgl. auch Murswiek, NuR 2002, 641, 644 m.w.N.). **Art. 6** ist eine **„Querschnittsklausel"** innerhalb der Grundsätze der Art. 1 - 16 EGV und lautet: „Die Erfordernisse des Umweltschutzes müssen bei der Festlegung und Durchführung der (zahlreichen) in Art. 3 genannten Gemeinschaftspolitiken und -maßnahmen insbesondere zur Förderung einer **nachhaltigen** Entwicklung einbezogen werden." Die „Erfordernisse des Umweltschutzes" ergeben sich aus Art. 174 (1) und (2), nicht auch (3) EGV (Calliess, DVBl. 1998, 559, 565). Damit sind, wie ausgeführt, der Vorsorge- und ausdrücklich auch nach Art. 6 selbst der Nachhaltigkeitsgrundsatz als EG-primärrechtliches Gebot in einer strategischen, auf Politiken, Programme, Pläne und Gesetze ausgedehnte Umweltverträglichkeitsprüfung verwirklicht Calliess, DVBl. 1998, 559, 565). Die komplexe Aufgabe des Umweltschutzes sollte notwendig als eine problembezogene Querschnittsaufgabe bewältigt werden können (Calliess aaO). Zwar folgt aus Art. 6 EGV kein absoluter oder relativer Vorrang des Umweltschutzes bei Entscheidungen in anderen Bereichen; vielmehr liegt ein Abwägungsgebot für alle kollidierenden Belange vor, die in wechselseitiger Verhältnismäßigkeit (praktische Konkordanz, 5.5.2) (Calliess aaO) zu einem möglichst weit schonenden Ausgleich gelangen sollen (laut Calliess, aaO, h.M.). Danach dürfen in Beschränkung der EG-gesetzgeberischen Gestaltungsfreiheit – die Umweltbelange – insbesondere bei wahrscheinlich spürbarer Umweltbelastung -

nicht völlig einseitig weggewogen werden, sondern müssen integrativer Bestandteil der Maßnahme geworden sein (Calliess, DVBl. 1998, 56 f.).
Wegen der Bezugnahme auf Art. 3 bezieht sich dieses Gebot auf die **Festlegung** aller Politiken (insbesondere Umweltaktionsprogramme, Rechtsetzung durch Sekundärrecht) und, wie das Wort „Maßnahmen" zeigt, auch auf Rechtsetzung im Einzelfall und anderes individuellkonkretes Handeln der Gemeinschaftsorgane (Calliess, DVBl. 1998, 559, 566; ohne Vollzug, s.u.; s. auch 10.2 f.; zur konkrete Ausprägung der Nachhaltigkeit im sekundären Gemeinschaftsrecht auch Sparwasser/Engel/Vosskuhle 2/23 m.w.N.). Für das Ziel einer größt möglichen Umweltverträglichkeit enthält die Querschnittsklausel auch als Schutzfunktion eine Verpflichtung, bei Erforderlichkeit konkrete umweltschützende Maßnahmen in dem jeweiligen Politikbereich zu ergreifen (Epiney, NuR 1995, 497 ff.; Calliess aaO m.w.N.).
Die **„Durchführung der Gemeinschaftspolitiken"** betrifft den unmittelbaren Verwaltungsvollzug des Gemeinschaftsrechts im Wesentlichen durch die Kommission (Calliess aaO m.w.N.; 28.1). Die „Durchführung" bedeutet aber auch eine Bindung der Mitgliedstaaten, da deren Verwaltung und Gerichte in der Regel die Gemeinschaftspolitiken vollziehen und Art. 6 sonst leerlaufen würde (Zuleeg, NVwZ 1987, 280 ff., 282; Calliess aaO).
Eine **verfahrensmäßige** (prozedurale) Umsetzung ist die Einsetzung von Einheiten für Umweltfragen in den verschiedenen Generaldirektionen der Kommission sowie eines Forums für Umweltrecht (Calliess, DVBl. 1998, 557, 566 f. mir weiteren organisatorischen Vorschlägen).
Nach h.M. ist Art. 6 EGV mit seiner Nachhaltigkeit nicht nur ein politisches Prinzip, sondern, wie das Wort „müssen" zeigt, ein „imperativistischer Handlungsauftrag" , allerdings mit Ermessen für die Gemeinschaftsinstitutionen, das eine gerichtliche Überprüfung kaum ermöglicht, soweit sich nicht aus der Begründungspflicht nach § 190 EGV Ansatzpunkte ergeben (Calliess, DVBl. 1998, 557, 567 f. mit näheren Ausführungen und m.w.N.), anscheinend auch als Pflicht zur Einbeziehung in die Abwägung mit wechselseitiger Verhältnismäßigkeit im Rahmen eines Gestaltungsermessens besonders für die Rechtsetzung.

In dem Staatsziel des **Art. 20a GG** (Schutz der natürlichen Lebensgrundlagen, 5.9.2) ist die Nachhaltigkeit als Optimierungsauftrag für die Umweltpolitik zwar nicht ausdrücklich erwähnt, aber enthalten (Murswiek, NVwZ 1996, 22, 225; NuR 2002, 641, 645; in Sachs, GG 3. Aufl. 2002, Art. 20a Rn 27 f.). Nach Murswiek (aaO m.w.N.) betrifft dies alle oben genannten Managementziele zu 1. bis 4. Für nicht erneuerbare natürliche Ressourcen, also die Rohstoffpolitik, wird eine Einbeziehung in Art. 20a GG von einer Mindermeinung verneint (s. Rehbinder, NVwZ 2002, 657, 658 m.w.N. auch für die h.M.).

Dem Nachhaltigkeitsgrundsatz selbst lassen sich aber keine Verhaltenspflichten für den Einzelnen begründen; in seiner Ausformung in Art. 20a GG bindet er den Staat, und zwar in erster Linie den Gesetzgeber (Murswiek, NuR 2002, 641, 647).
Aufgrund der Gleichrangigkeit des Staatsziels mit anderen Verfassungsgütern wie Art. 12, 14 und 109 (2) – (4) GG als wirtschaftliche Belange sowie Art. 20 (1) GG als soziales Staatsziel ergibt sich nur eine geringe Steuerungsmöglichkeit bei kaum möglicher Rechtskontrolle (Rehbinder, NVwZ 2002, 657, 658 mit Hinweis auf Lübbe-Wolf; für die Einführung einer umfassenden Verbandsklage Murswiek, NuR 2002, 641, 648, mit Hinweis auf Rehbinder und die a.A. von Kloepfer).

Der Nachhaltigkeitsgrundsatz ist ohne Definition nur in gesetzliche Ziele und Grundsätze umgesetzt:
- § 1 (2) ROG: nachhaltige Raumentwicklung, die die sozialen und wirtschaftlichen Ansprüche an den Raum mit seinen ökologischen Funktionen in Einklang bringt ... (allgemeine Umsetzung des Rio-Leitbildes; 39.2); § 2 (1) (2) Nrn. 3 und 8 ROG (39.2.2);

- § 1 insbes. Nr. 2 BNatSchG (49.2); § 2 (1) Nr. 1, 2, 3, 4, 6, §§ 3 (2), 5 (5) BNatSchG auch durch Bezugnahme auf die künftigen Generationen (49.7.1);
- § 1 Nr. 1 BWaldG (45.1.3), 6 (1) (45.3.2), § 8 (1) Nr. 1 i.V.m. § 1 Nr. 1 BWaldG (45.3.1);
- § 1 (1) BJagdG (54.2);
- § 1 BBodSchG (61.).

In den fachgesetzlichen Umsetzungen werden folgende Instrumente verwendet:
- Planerische Ausweisungen: §§ 1 (6), 1a BauGB (40.5);
- Gebietsschutz: §§ 22 ff. BNatSchG (51.2 ff.); § 12 BWaldG (Schutzwald, 45.11.1), § 8 NWaldLG – gebietsbezogene Hindernisse für eine Waldumwandlung (45.4.4 ff.), § 19 WHG – Wasserschutzgebiete (60.3);
- hoheitliche Zuteilung von Nutzungsrechten: §§ 1a (4), 2, 6 WHG (60.1, 60.2.1.1);
- Vermeidungsgebote: § 9 (1), § 11 (1) BWaldG/ § 11(1) (2) Nr. 2 (und Nr. 1) NWaldLG (45.6.1, 45.6.6); § 19 (1) (2) BNatSchG (50.); § 25a (1) Nr. 1 WHG (60.9.1); § 33a (1) Nr. 1 WHG (60.12); §§ 7, 17 (1) (2) BBodSchG (61.7 4, 61 4); § 5 (1) S. 1 Nr. 3 BImSchG (62.2.2); §4 (1) Nr. 1 KrW-/AbfG (63.2.1), § 22 BJagdG – Schonzeiten (56.5);
- Kontrollerlaubnisse mit dynamischen Betreiberpflichten: § 5 (1) Nr. 2, 4 i.V.m. § 4 und § 6 (1) Nr. 1 BImSchG (62.2.2 f.);
- Steuernde maßnahmebezogene Fachplanungen: §§ 36, 36b WHG (60.14); §§ 47, 47a ff. BImSchG (62.7.8, 62.6.8).

Hinsichtlich der sparsamen Verwendung **nicht erneuerbarer** Energien sind nur wenige Umsetzungen zu finden:
- §§ 1, 4 – 6, 22 (2) Nr. 1 (4), 23 Nr. 3 KrW-/AbfG (63.1.1, 63.2.1 ff., 63.3.1 f., 63.4);
- §§ 1, 2 Nr. 3a BBodSchG (61);
- § 5 (1) Nr. 4 BImSchG (62.2.2);
- energiewirtschaftliche Zielbestimmungen, z.B. § 1 Energiewirtschaftsgesetz (65.1).

Vgl. im Einzelnen Rehbinder, NVwZ 2002, 657. 658 f. m.w.N.

Die Regelungen enthalten aber grundsätzlich **keine Definitionen** des aufgenommenen Merkmals der Nachhaltigkeit. Im Schrifttum sind als Kriterien ermittelt (vgl. zum Folgenden Rehbinder, NVwZ 2002, 657, 659):
- Langfristigkeit des Schutzes einschließlich Begrenzung von Schadstoffkumulationen im Zeitverlauf (Zukunftsbezogenheit);
- gesamthafter Ansatz im Sinne eines umfassenden integrierenden Umweltschutzes (Ökosystemschutz);
- immanentes Vorsorgegebot, wobei strittig ist, ob es entsprechend geringerer Kausalität abnimmt (Erbgut, DVBl. 1999, 1082, 1083; di Fabio, NVwZ 1998, 329, 330).
- Erörtert wird im Rahmen des Staatsziels des Art. 20a GG (5.9.2), ob über eine Abwägung hinaus die Nachhaltigkeit ein **Verschlechterungsverbot** enthält, wenigstens als Kompensationsgebot oder eines Gebots einer Wiederherstellung nach Aufgabe der Nutzung - über die naturschutz-, abfall- und bergrechtlich geregelten Pflichten hinaus (Kloepfer, Umweltrecht, § 4 Rn 4, 26 ff.; Murswiek, in: Sachs, GG, 2. Aufl. 1999, Art. 20a Rn 44; Waechter, NuR 1996, 312, 326; Westphal, JUS 2000, 339, 341. Dazu skeptisch Rehbinder (aaO m.w.N.), der allenfalls ein Verbot *wesentlicher* Verschlechterung für erwägenswert hält und eher ein rechtspolitisches Programm annimmt.

Grundsätzlich ist das in einem Gesetz aufgenommene Nachhaltigkeitsprinzip ausdrücklich oder nach Auslegung nur eine der **Abwägung unterliegende Ziel-** oder **Grundsatzbestimmung**. Die Einfügung der Nachhaltigkeit im **Planungsrecht** (s.o.) hat dies nicht grundlegend verändert, sondern nur eine Akzentverlagerung gebracht (Rehbinder, NVwZ 2002, 657, 662 m.w.N.). In der Regel geht es um unterschiedliche **Abwägungsbelange** teils als **Optimierungsgebote**, die möglichst weitgehend zu berücksichtigen sind und im Kollisionsfall einen Gewichtungsvorsprung mit gesteigerter Rechtfertigungslast bei deren Überwindung haben (z.B. §§ 1, 2 (1) BNatSchG - 49.2 f.), § 1a (1) S. 2 WHG - 60.1.3, § 1 S. 2 BBodSchG – 61.1.1; zum abfallrechtlichen Verwertungsvorrang s. § 5 (4) KrW-/AbfG (63.2.2) und zum Gewässerschutz (s.o.), teils nur als rechtliche Orientierungsmaßstäbe (m.w.N. Rehbinder, NVwZ 2002, 657, 664, gemeint offenbar mit prinzipiellem Gleichrang). Nach Rehbinder (aaO) ergibt sich auch bei Optimierungsgeboten für Nachhaltigkeitsbelange ein faktischer Vorrang der Gegenwartsbelange, der nur durch wechselbezügliche Verhältnismäßigkeit (praktische Konkordanz, 5.5.2) abgemildert werden kann.

Es bestehen nur **wenige spezialgesetzliche Bindungen Privater:** § 9 (1) BWaldG als noch nicht unmittelbar geltende Rahmenvorschriften und mit unmittelbarer Rechtswirkung nach außen § 8 NWaldLG, umgesetzt durch § 8 NWaldLG als allgemeine Walderhaltungsregelung schützen vor Umwandlung in eine andere Nutzungsart sowie die Rahmenvorschrift des § 11 (1) BWaldG, umgesetzt durch § 11 (1) (2) Nr. 2 (und Nr. 1) NWaldLG; zum BWaldG Rehbinder, NVwZ 2002, 657, 659 f., der aber unzutreffend einschränkend einen Vorrang der Nutz- und Erholungsfunktion vor der Schutzfunktion des Waldes annimmt, mit Nachweisen auch für die Gegenmeinung eines Gleichranges, allerdings besteht keine Pflicht zu naturnaher Waldbewirtschaftung; günstiger ist Rehbinders Prognose für die weitere Entwicklung, auch zum Grundwasserschutz (aaO S. 461 f.).

Zu unmittelbar geltenden Pflichten s. auch § 5 (1) Nr. 3 BImSchG (52.2.2) und §§ 5, 6 KrW-/AbfG (63.2.2 f.).
Die „gute fachliche Praxis" im BNatSchG sei zwar als anleitend für Entscheidungen auf zweiter Stufe: Die Entscheidungen sind aber weitgehend frei hinsichtlich Schutzwürdigkeitsgründen, Prioritäten, Erhaltungszielen, Zeithorizonten, Maßnahmen und Lastenverteilungen (Rehbinder aaO S. 462; Schröder, Wirtschaft und Verwaltung 1995, 65, 76).
Hinsichtlich der Schonung nicht erneuerbarer Energien bedarf der Nachhaltigkeitsgrundsatz wegen fehlender Maßangabe für Schonung und Einsparung besonders der untergesetzlichen Konkretisierung, die bei freier Gestaltungsmöglichkeit die derzeitigen Gesetze vermissen lassen. Zum Teil ist auch die Internationalität der Märkte ein Hindernis. Rehbinder (NVwZ 2002, 657, 662) fordert mehr Differenzierung je nach dem Grad der Knappheit der jeweiligen nicht erneuerbaren Ressourcen, kritisch auch zu § 5 (5) KrW-/AbfG zur Verwertung von Abfallstoffen, 63.2.2.
Umwelt- und Fachgesetze, in denen die Nachhaltigkeit nicht ausdrücklich erwähnt ist, sind darauf zu überprüfen, ob sie funktional der Verwirklichung der Nachhaltigkeit dienen und somit „Strukturprinzipien" oder „Leitprinzipien" für Nachhaltigkeit sind (Rehbinder, NVwZ 2002, 657, 860; 38.3); z.B. Vorschriften über Energieeinsparung, Förderung regenerativer Energieträger, Erhebung von Abgaben auf Ressourcenverbrauch (z.B. Wasserpfennig, Ökosteuer, zu ihr BVerfG 20.4.2004, UPR 2004, 224 = BVerfGE 110, 274), nachhaltige Unternehmensführung (Rehbinder aaO).
Der Konkretisierung des Nachhaltigkeitsgebots können auch langfristig mit „potenziellen Zeitfenstern" angelegte politische auf Erhaltung oder Wiederherstellung gerichtete Nachhaltigkeitsstrategien, insbesondere positive und negative Umweltqualitäts- und Handlungsziele sowie Nachhaltigkeitsprojekte wie die neue Technik der Brennstoffzelle dienen (Näheres Rehbinder, NVwZ 2002, 657, 662 m.w.N.). Eine umfassende koordinierende Planung ist nicht möglich, sondern nur eine entwicklungsoffene weiche koordinierte sektorale Planung von Schwerpunkten beschränkt (Rehbinder, NVwZ 2002, 657, 663). Eine Pflicht zur Begründung in Form eines Konzepts könnte, soweit wegen fehlender Einzelfallmaßstäbe wie „Stand der Technik" oder Zumutbarkeit erforderlich, wie bei dem Vorsorgeprinzip (38.3.1..2) angenommen werden (Rehbinder, NVwZ 2002, 657, 663).
Wie bei dem Vorsorgeprinzip muss für ein Einschreiten ein **„Nachhaltigkeitsanlass"** als konkreter Gefahrverdacht oder wohl weitergehend ein „Besorgnispotenzial" bestehen

(Rehbinder, aaO). Sonst wäre kein Ansatz für die einschränkende Anwendung des **Verhältnismäßigkeitsgrundsatzes** bei Eingriffen in Art. 14, 12, 2 (1) GG gegeben (Kloepfer § 4 Rn 21, 27). Ebenfalls wie beim Vorsorgeprinzip kann eine wissenschaftliche Unsicherheit z.B. hinsichtlich der Absorptionsfähigkeit der Umweltmedien oder der Regenrationsfähigkeit erneuerbarer natürlicher Ressourcen ausreichen (Rehbinder aaO).

Der weite Zukunftsbezug für Nachhaltigkeitseingriffe kann im Rahmen der Verhältnismäßigkeit flexible zeitliche Verschiebungen von Eingriffen erfordern (Rehbinder, NVwZ 2002, 657, 663 f. m.w.N. und mit Hinweis auf die Verfassungsbedenken für inhaltlich und zeitlich radikale Ressourcen- und Energiesperren als Ausdruck eines „Verfassungsstaats"). Ein Gebot einer gerechten Lastenverteilung ist mit dem Verhältnismäßigkeitsgrundsatz weniger fassbar und mehr ein rechtspolitisches Postulat (Rehbinder aaO).

Entgegen Art. 6 EGV mit seinem „materiellen Integrationsanspruch der Nachhaltigkeit" enthielt das deutsche Recht außer dem Raumordnungsbereich **kein Integrationsgebot**. Vgl. aber zu EG-veranlassten Neuentwicklungen zu 38.3.2.1. Einer wenigstens fachpolitischen Öffnung der Nachhaltigkeit könnten Modelle einer institutionellen Integration dienen (z.B. ressortübergreifende Koordinierung und stärkere Nutzung des Kooperationsprinzips zur Erreichung von Akzeptanz für Einschränkungen, 38.3.2.4; Rehbinder aaO 664 f.). Von ausschlaggebender Bedeutung zur Umsetzung der Nachhaltigkeit ist die Bereitstellung von **Instrumenten** statt neuer zahlreicher (unbestimmter) Nachhaltigkeitsklauseln (Nachweise bei Rehbinder aaO S. 565). Die Wahl der richtigen Instrumente hängt ab von den Kriterien Umweltwirksamkeit, ökonomische Effizienz, Innovationsoffenheit, Marktkonformität, Praktikabilität, Verteilungswirkungen, Gerechtigkeit und ggf. Verfassungsschranken (Rehbinder aaO S. 665). Der Verwirklichung der Nachhaltigkeit stehen entgegen: die Globalisierung mit Ausrichtung auf Wachstum, kurzfristige Gewinnmaximierung, Beschleunigung der Produktionszyklen und – per Saldo auch nachteilig – der Innovationsprozesse, die erhöhte menschliche Mobilität, mehr Freizeitaktivitäten statt Arbeit, Naturentfremdung, Massenkonsum (Rehbinder, NVwZ 2002, 657. 666). Das Wort Nachhaltigkeit ist nicht werbeträchtig, sondern für die meisten Menschen nicht verständlich (Murswiek, NuR 2002, 641).

Danach kommen im Hinblick auf die Vermittlung des Wertewandels für Fortschritte nicht so sehr ordnungsrechtliche **Instrumente**, sondern **vermehrt ökonomische Instrumente** sowie „weiche Instrumente konsensualer, informationeller oder organisatorischer Art" gerichtet auf Selbstregulierung und noch freier auf Selbstverantwortung (Rehbinder aaO; Murswiek, NuR 2002, 641, 647 ff. auch mit Hinweis auf Instrumente indirekter Verhaltenssteuerung; s. 38.5). Dabei ist eine nicht erforderliche Kumulierung von Instrumenten zu vermeiden (Z.B. Ordnungsrecht und Sonderabgaben bzw. kommunale Verbrauchsteuern (BVerfG, NJW 1998, 2346; 1998, 1341). Die Entwürfe für ein Umweltgesetzbuch könnten Anregungen liefern. Während schon einiges im Klimaschutz erreicht ist, bestehen Defizite gegenüber dem Flächenverbrauch, dem Bodenschutz und der Biodiversität; hinsichtlich der Schonung nicht erneuerbarer Ressourcen enthält das KrW-/AbfG nur Teillösungen (Rehbinder, NVwZ 2002, 657, 666). Erforderlich ist auch eine Erfolgskontrolle (Murswiek, NuR 2002, 641, 647).

38.3.1.4 Verursacherprinzip

Das Verursacherprinzip ist in Grundsatz 15 der völkerrechtlich nicht verbindlichen Rio-Deklaration enthalten, desgleichen in Art. 174 (2) UAbs. 1 EGV (38.1.2.2). Zum Verursacherprinzip als **Struktur** oder **Leitprinzip** (38.3) s. Steinberg, Der ökologische Verfassungsstaat, 1998, 130; Sparwasser/Engel/Voßkuhle, 2/12 mit Hinweis auf die abweichende Ansicht von Ewringmann und Rehbinder. Umweltschutzrechtlich umfasst das Verursacherprinzip, dass jede Person Umweltbeeinträchtigungen, die aus ihrem Verhalten folgen oder folgen können, zu vermeiden, zumindest aber zu beseitigen hat, worin auch die Kostenpflicht für solche

Vermeidungs- und Beseitigungshandlungen enthalten ist. Falls eine Beseitigung nicht mehr möglich ist, umfasst das Verursacherprinzip auch die Pflicht zum finanziellen Ausgleich (sachliche und finanzielle Verantwortung für die von seinem Verhalten ausgehenden Umweltgefahren, Umweltbelastungen und Umweltschäden, Sparwasser/Engel/Voßkuhle, 2/31 m.w.N.). Eine reine Lösung nach der Kausalität ist nicht möglich. Der **Gesetzgeber** muss die Zurechnung der genannten Folgen je nach Problemsituation auch unter Berücksichtigung des Zusammenwirkens mehrerer Verursacher gestalten. Die Haftung kann geregelt sein

– durch Schadensersatzpflicht für ein schädigendes ggf. unverschuldetes Verhalten (Gefährdungshaftung z.B. nach § 22 WHG für Gewässerverschmutzung, mehrere als Gesamtschuldner, vgl. 60.5.5) oder

– durch Zulassung eines Vorhabens oder eines Anlagenbetriebs unter der Voraussetzung, dass

– kostenaufwändige Grenzwerte für umweltbelastende Emissionen oder Immissionen eingehalten werden (s. z.b. zum BImSchG 62.2),

– Gebühren oder begrenzte Zertifikate bezahlt werden müssen, die eine begrenzte Nutzung knapper Umweltgüter oder begrenzte Umweltbelastungen gestatten (38.5..2, 38.5.7),

– Kompensationen für Eingriffe in nicht erneuerbare Naturgüter festgelegt werden (funktionaler Ausgleich oder Ersatz, Ausgleichsabgabe; z.b. bei ausnahmsweiser Inanspruchnahme von Wald oder Wiesen für Bauzwecke; naturschutzrechtliche Eingriffsregelung, 50., 40.6; 45.4).

Vgl. auch Sparwasser/Engel/Voßkuhle, 2/32 – 35. Zu den Unterschieden zu der Haftung nach allgemeinem Gefahrenabwehrrecht s. 29.6 f.

38.3.1.5 Kollektives Verursacherprinzip

Nach diesem auch **Gruppenlastprinzip** genannten Umweltprinzip hat eine Gruppe von rechtsfähigen Personen vorgenannte umweltschutzbedingten Kosten zu tragen, die ihrer Tätigkeit nach generell solche Umweltgefahren oder -schäden verursacht (z.B. die Abgase verursachenden Industriebetriebe und /oder Kraftfahrzeughalter). Hierfür kommen Sonderabgaben und Ausgleichsfonds in Betracht (s. 38.5.3 und z.B. Sparwasser/Engel/Voßkuhle, 2/36).

38.3.1.6 Gemeinlastprinzip

Kann über das Verursacherprinzip keine Vermeidung oder Beseitigung einer Umweltgefahr bzw. einer Haftung für Vermeidungs- und Beseitigungsmaßnahmen bzw. ein Ausgleich für Schäden erreicht werden, sind die Kosten von der Allgemeinheit, also dem Staat aus Steuermitteln zu tragen. Zu diesem Gemeinlastprinzip zählen als letztes Mittel auch zahlreiche Aufwendungen des Staates für eine Umweltvorsorge (38.3.1.2) insbes. Entschädigungen wegen unzumutbarer Eingriffe (s. 45.4, 45.5, 53.3) oder im Rahmen von Fördermaßnahmen der Leistungsverwaltung (11.3, 48.2 f.).

38.3.2 Verfahrens- oder prozedurale Umweltprinzipien

38.3.2.1 Integrationsprinzip

Grundsatz 4 der **Rio-Deklaration** i.V.m. Kap. 8 der Agenda 21 gibt diesen Grundsatz als politische Richtlinie vor (s. 38.1.2) und in Art. 6 EGV ist er zur rechtlichen Vorgabe geworden (vgl. 38.3.1.3). Umweltschutzinteressen können wegen komplexer funktionaler Verknüpfungen und Wirkungszusammenhänge nur durch eine übergreifende Behandlung und Bewertung entscheidend gewahrt werden in ganzheitlicher, medienübergreifender Strategie unter Einbeziehung der Wechselwirkungen der anderen Medien; auch andere Sachbereiche haben Umweltbelange zu berücksichtigen (Ablösung des noch vorherrschenden medienspezifischen, sektoralen Regelungsansatzes durch interne Integration; Sparwasser/Engel/Voßkuhle, 2/ 38 m.w.N.; s. auch 38.2). Vgl. die weitgehend in staatliches Recht umgesetzten EG-Richtlinien: Projekt-UVP-Richtlinie (38.7), IVU-Richtlinie (38.8, 62.0.2.3), Öko-Audit-Richtlinie (38.10), die Wasserrahmenrichtlinie 2000/60 (60.1.1), die Luftqualitätsrahmen- und die Umgebungslärm-Richtlinie mit der Luftreinhalte und Lärmminderungsplanung (62.7, 62.8), außerdem die Produktorientierung im KrW-/AbfG (63.), Sparwasser/Engel/Voßkuhle, 2/39, die zu 2/40 auf folgende Realisierungsmöglichkeiten hinweisen:

- Angleichung der Definitionen und Standards,
- Einheitliche Umweltqualitäts- und Produktionsstandards,
- integrierte Umweltplanung,
- Abstimmungspflichten zwischen verschiednen Fachressorts und Behörden und
- Entscheidungskonzentrationen im Rahmen von Planfeststellungen und Genehmigungen (wobei allerdings die Federführung einer umwelteinschränkenden Stelle (z.B. Straßenbau) in der Praxis die größere Gefahr für ein Wegwägen bedeuten könnte.

38.3.2.2 Kompensationsprinzip

Für die Anerkennung als Rechtsprinzip Voßkuhle, Kompensationsprinzip, S. 389 ff.; Sparwasser/Engel/Voßkuhle, 2/ 48 ff.; dagegen Rehbinder NVwZ 2002, 657, 659. Das Prinzip soll ordnungsrechtliche Vorgaben (Gebote, Verbote) für unvermeidbare Umweltnutzungen flexible Wahrung der Umweltbelange durch andere gleichwertige und für den Nutzer mildere Mittel abmildern oder vermeiden (ähnlich Sparwasser/Engel/Voßkuhle, 2/42).
Realisierte Gesetzesbeispiele Sparwasser/Engel/Voßkuhle, 2/43 auch mit Hinweis auf die Schwierigkeit der Bewertung):
- Naturschutzrechtliche Eingriffsregelung (Ausgleich, Ersatz als Neutralisierung und Ausgleichsabgabe), 50., 40.6, 38.5.3.1; s. auch 38.3.1.3;
- Verrechnung über- und unterobligationsmäßiger Umweltschutzauswirkungen(Saldierung; z.B. § 7 (1)/ § 17 (3) BImSchG (62.2.4, 62.2.16);
- Ablösung einer Rechtspflicht durch Erfüllung einer gesetzlich vorgesehenen Alternative (Konzeptwechsel; z.B. § 5 (1) Nr. 3 BImSchG für Abfälle und die VerpackungsVO, 63.3.3).

38.3.2.3 Prinzip des grenzüberschreitenden Umweltschutzes

Das Prinzip des grenzüberschreitenden Umweltschutzes soll vor staatenübergreifenden Luft- und Gewässerverunreinigungen, Beeinträchtigungen der Tier- und Pflanzenarten u.Ä. schützen. Wie ausgeführt (38.1.2), besteht ein begrenzter völkerrechtlicher Schutz mit dem Gebot des schonenden Umgangs mit gemeinsamen Umweltressourcen. Die Belange ausländischer Nachbarn sind durch das Verbot der substantiellen Beeinträchtigung eines Nachbarstaats und des Gebots des schonenden Umgangs mit Ressourcen geschützt (BVerwGE 75, 274; OVG Saarlouis, ZUR 1994, 258; Kloepfer, DVBl. 1984, 245, 250; Sparwasser/Engel/Voßkuhle, 2/45). Positivrechtlich umgesetzte Beispiele sind die verfahrensverbessernden EG-Richtlinien über die Projekt-Umweltverträglichkeitsprüfung, umgesetzt durch §§ 8, 9a UVPG (38.7.1 ff.), die SUP (38.7.5), beide mit ihrer grenzüberschreitenden Behörden- und Öffentlichkeitsbeteiligung nach der Aarhus-Konvention (38.9.1) für Drittstaaten (Nichtmitgliedstaaten), die Wasserrahmenrichtlinie mit einer grenzüberschreitenden Bewirtschaftung der Wasserressourcen in Flussgebietseinheiten (dazu § 1b (2) WHG, s. 60.1.2), die EG-Artenschutz-VO Nr, 338/97 (52.1 ff.), die durch Handels-, Im- und Exportbeschränkungen für gefährdete Tier- und Pflanzenarten sogar weltweiten Schutz anstrebt (s. dazu auch § 46 BNatSchG, die FFH-Richtlinie soll umgesetzt ein Europäisches ökologisches Netz Natura 2000 schaffen, 51.12); vgl. auch die Zulassung im Gentechnikrecht, § 3 Atomgesetz, §§ 4 und 23 Pflanzenschutzgesetz. Vgl. zum Vorstehenden auch Sparwasser/Engel/Voßkuhle, 2/46 f.

38.3.2.4 Kooperationsprinzip

Nach dem Kooperationsprinzip soll der Staat möglichst umfassend mit allen betroffenen und interessierten Personen (Betriebe, Unternehmens- und Umweltschutzverbände) zusammenwirken und umweltpolitische oder -rechtliche Ziele möglichst einvernehmlich realisieren. Als eigenständiges Rechtsprinzip wird das Kooperationsprinzip insbesondere wegen seiner Diffusität nicht anerkannt (Sparwasser/Engel/Voßkuhle, 2/12.; Voßkuhle. ZUR 2001, 7 ff.; Rengeling, Das Kompensationsprinzip im Umweltrecht, 1988, S. 106 f.; Lübbe-Wolf, NuR 1989, 295; a.A. di Fabio, NVwZ 1999, 1153, 1157; Westphal, DÖV 2000, 996. ff.). Nach ganz h.M. wird in beschreibender Definition unter Kooperation jede Form des Zusammenwirkens zwischen Staat und Gesellschaft verstanden, soweit sie nicht einseitig hoheitliches Staatshandeln darstellt:
Mittel für die Verwirklichung des Kooperationsprinzips sind, teilweise als gesetzliche Pflichten der Verwaltung ausgestattet (vgl. Sparwasser/Engel/Voßkuhle, 2/50).

- Beteiligung Privater an der Gesetzgebung,
- die Beleihung Privater mit öffentlichen Aufgaben (s. 13.5, 29.3.2 f.),
- der Abschluss öffentlich-rechtlicher (verwaltungsrechtlicher) Verträge (23.1; naturschutzrechtliche Verträge, 49.6.3),
- die Bildung von Ausschüssen zur Aufstellung technischer Regelwerke (z.B. TA-Luft usw. s. 62.2.4.7, 62.9.7).
- Beratungs- und Anhörungspflichten (z.B. nach §§ 7, 48, 51 BImSchG, s. 62.2.4, 62.9.1, 62.9.5),
- der zur innerbetrieblichen Eigenüberwachung nach § 21a (2) WHG und § 53 ff. BImSchG vorgesehene Umweltschutzbeauftragte (s. 60.5.4, 62.9.11),
- das staatliche Angebot eines Umweltaudit-Verfahrens (38.10),
- Öffentlichkeitsbeteiligung in bestimmten Planungs- und Genehmigungsverfahren (Raumordnungsprogramme, Planfeststellungen usw.),
- Branchenabsprachen oder -zusagen (ohne Wille zur rechtlichen Bindung) u.a. zur Reduzierung von Umweltbelastungen (z.B. FCKW-haltige Waren),
- die Verbandsbeteiligung im Naturschutzrecht (53.5);
- zur Mediation als außergerichtliche Konfliktbewältigung s. Wagner/Engelhardt, NVwZ 2001, 370.

Kritisch zu einem engeren idealtypischen Kooperationsbegriff (wechselseitige gleichberechtigte Anerkennung der Akteure, wechselseitige direkte Kommunikation über Ziele, Interessen, Problemdefinitionen, gemeinsame, von allen Beteiligten freiwillig akzeptierte Entscheidung, Benz, Kooperative Verwaltung, S. 37 ff. u.a.), weil für die Praxis zu anspruchsvoll (Sparwasser/Engel/Voßkuhle, 2/52).
Kritisch auch zu einem aus dem Begriff der gemeinsamen Umweltverantwortung abgeleiteten engeren normativen Kooperationsprinzip (zu BVerfGE 98, 83, 98 über die Unzulässigkeit landesgesetzlicher Sonderabfallabgaben wegen eines zielgebundenen Konzepts der Kooperation zwischen Anlagenbetreiber und Staat; Waechter, Der Staat, 3 (1999) 279 ff.; di Fabio, NVwZ 1999, 1153, 1157 f.); Sparwasser/Engel/Voßkuhle, 2/53 - 2/55, nach denen sich das Kooperationsprinzip (für sich allein) „in dem lapidaren Aufruf zur Zusammenarbeit" erschöpft. Soweit Freiräume der Verwaltung für kooperatives Handeln bestehen, muss diese auf Effektivität und Vermeidung von Missbrauch achten.

38.4   Direkt verhaltenssteuernde (ordnungsrechtliche) umweltschützende Instrumente einschließlich Umweltprivatrecht

Als direkt verhaltenssteuernde Instrumente der Eingriffsverwaltung zur Erreichung von Umweltschutz dienen, wie zu 24.2 allgemein beschrieben,

- gesetzliche *Ge- und Verbote* einschließlich Grenzwerte und Qualitätsnormen und allgemeine Umweltpflichten verbunden mit einer gesetzlichen (i.w.S. gefahrenabwehrrechtlichen) Ermächtigung für die Verwaltung, bei Überschreiten der erlaubten Grenzen, insbesondere der Nichtbeachtung von Handlungs-, Unterlassungs- und Duldungspflichten, Ge- oder Verbotsverwaltungsakte zu erlassen, z.B. Waldbewirtschaftungsvorschriften,

- *Anzeige- bzw. Anmeldepflichten* ohne oder mit Übermittlung von Unterlagen, weil generell ein Anlass für eine Überwachung besteht, z.B. für bestimmte Arten von Bauvorhaben,

- bei Vorliegen der Voraussetzungen, nur formelles Verbot zu Kontrollzwecken, z.B. für Waldumwandlung,

- repressive gesetzliche Verbote mit Betreiungsvorbehalt (nur Anspruch auf fehlerfreie Ermessensausübung hinsichtlich der Prüfung, ob eine *Ausnahmebewilligung* erteilt wird, weil das Begehrte grundsätzlich auch inhaltlich unerwünscht und verboten ist), z.B. Ausnahmen von den Verboten einer Naturschutzgebiets-Verordnung.

Diese Elemente sind auch im Rahmen planungsrechtlicher Schrankenbestimmungen (Bauverbote, Waldbestandsschutz usw. bedeutsam). Umweltrechtlich wird erörtert, ob es eine sogen. *Teilhabegenehmigung* geben müsste. Diese wäre unter dem Vorbehalt zu erteilen, dass die Behörde die Teilhabegenehmigung mit Ermessensentscheidung wieder aufheben kann, jedoch wäre die Nutzung nicht als sozial unerwünscht und daher grundsätzlich verboten zu werten (Sparwasser/Engel/Voßkuhle 2/70 mit Nachweisen; s. auch kritisch zur Kontrollerlaubnis im Verhältnis zum Umweltschutz Steinberg NJW 1996, 1985, 1999). Hinsichtlich des planungsrechtlichen Gestaltungsspielraums (Ermessens) für unterschiedliche Planungsarten (mit Außenwirkung oder nur mit staats- insbes. verwaltungsinterner Wirkung) - auch in Abgrenzung zu gebundenen planungsbezogenen Entscheidungen s. 21., 18.2.1.
Zu dem Instrument des *öffentlich-rechtlichen Vertrages* im Rahmen des Kooperationsprinzips. s. 38.3.2.4.

Die direkt verhaltensbezogenen umweltrechtlichen Instrumente sind im weiten insbesondere waldrechtlich erheblichen Bereich von großer Bedeutung und werden daher im Einzelnen erläutert, vorab die integralen EG-Richtlinien und die entsprechenden deutschen Gesetze (38.7 ff.), danach die einzelnen Planungs- und Fachgesetze (39. ff.).
Soweit es, wie vor allem im Waldbereich, um die Rechtmäßigkeit von raumbeanspruchenden oder raumnutzenden Maßnahmen geht, werden die o.g. Instrumente vor allem durch ein hierarchisches und verzweigtes System von unterschiedlich bindenden schützenden **Planungsinstrumenten** aktiviert: Instrumente der Raumordnung, Bauleitplanung, Planfeststellung, Schutzgebiets- und –objektsverordnungen, verwaltungsinterne Fachplanungen (forstliche Rahmenpläne, Landschaftspläne usw.). Zu Überlegungen, eine integrierte **Umweltplanung** zu schaffen, s. Sparwasser/Engel/Voßkuhle, 2/88 ff., 110.

Bereits zu 37.28.2 ist **§ 906 BGB** als direkt umweltregelnde Vorschrift des BGB erläutert worden. Vgl. zum **Umweltprivatrecht** Kloepfer, Umweltrecht, § 5; 38.5.5.

38.5 Mittel der indirekt umweltschützenden Verhaltenssteuerung

Zu den vorgenannten Instrumenten der direkten umweltschützenden (ordnungsrechtlichen) Verhaltenssteuerung kommen Mittel der **indirekten** Verhaltenssteuerung: die öffentlich-rechtlichen Abgaben, also Steuern, Vorzugslasten (Gebühren und Beiträge) und verschiedene Arten von Sonderabgaben (s. 4.2 und Art. 104a ff. GG, 7.5). Diese allgemeinen meistens **belastenden** oder auch durch **geringere Belastungen (Steuerermäßigungen) oder Freistellungen** auch **begünstigenden** Instrumente sind nachstehend vorab zu erläutern. Formen des indirekten Umweltschutzes sind Gegenstand der **Umweltökonomie**; dazu im Einzelnen Sparwasser/Engel/Voßkuhle, 2/113 ff.

38.5.1 Steuern, Gebühren, Beiträge (Abgaben)

Nach dem Grundgesetz sind Gemeinlasten aus **Steuern** als hauptsächlicher Finanzquelle des Staates zu finanzieren. Nach dem Finanzsystem des Grundgesetzes und den auf Bund und Länder verteilten Gesetzgebungskompetenzen sowie Verwaltungs- und Ertragszuständigkeiten sind die Finanzmittel zur Erfüllung öffentlicher Aufgaben grundsätzlich durch Steuern aufzubringen (Prinzip des *Steuerstaates*). Steuern sind im GG nicht definiert. Jedoch wird der in der Abgabenordnung enthaltene Begriff (s. 7.5, 14.1) auch für die finanzverfassungsrechtlichen Abgrenzungen zugrunde gelegt:
Steuern sind einmalige oder laufende öffentlich-rechtliche Geldleistungen, die **keine Gegenleistung** für eine besondere öffentlich-rechtliche Leistung darstellen und Einnahmen für den **allgemeinen Finanzbedarf** des Bundes, der Länder, der Gemeinden, Landkreise u.ä. erzielen sollen, die zugleich einen Lenkungszweck oder i.e.S. Leistungszweck (umwelt-, gesundheitspolitische u. a. soziale Ziele) haben können und **von allen** zu erbringen sind, die den gesetzlichen Tatbestand der Steuergesetze erfüllen.

Neben dem Zweck der Erlangung staatlicher Einnahmen können mit der Erhebung von Steuern also auch andere Zwecke wie **Umweltschutz (*Lenkungsverwaltung*,** 11.3) verfolgt werden, z.B. **Kfz-Steuer** nach der Höhe der abgasbedingten Umweltbelastung. Zulässig wären auch CO_2-Steuern oder Energieverbrauchssteuern, wenn sie sich (so die h.M.) den in der Verfassung genannten Steuerarten zuordnen lassen. „Ökosteuern" auf Kraftstoffen und Strom (s. Sparwasser/Engel/Voßkuhle, 2/142); zur Verfassungsmäßigkeit der Ökosteuer BVerfG 20.4.2004, UPR 2004, 224 = BVerfGE 110, 274.

Die Art. 104a ff. GG binden und schützen die bundesstaatliche Finanzverfassung. Wo Bund oder Länder nicht für die Steuergesetzgebung zuständig sind, bedarf es grundsätzlich einer besonderen verfassungsrechtlichen Rechtfertigung für den Erlass von Gesetzen, die staatliche Einnahmen verschaffen sollen.

Ausnahmsweise dürfen unter bestimmten Voraussetzungen auch **andere Arten von Abgaben als Steuern** gesetzlich geregelt werden (vgl. BVerfG, NVwZ 1996, 469, 470 f. mit weiteren Nachweisen):
(1) Der betreffende Hoheitsträger muss die *Gesetzgebungskompetenz* für die betreffende (materielle) *Sachaufgabe* haben (z.B. der Bund für das Recht der Wirtschaft, Art. 74 (1) Nr. 11 GG, die Länder für das Wasserrecht, soweit sie die rahmengesetzlichen Vorschriften des Bundes verfeinern und ergänzen, Art. 75 (1) Nr. 4 GG).
(2) Angesichts des Prinzips des Steuerstaates bedarf eine gesetzliche Regelung für die Erhebung anderer Abgaben als Steuern einer *sachlichen Rechtfertigung*. Andere Arten von Abgaben als Steuern müssen sich *von der Steuer*, die (weitgehend) voraussetzungslos auferlegt wird (s. aber 38.5.6 hinsichtlich der Grundrechte), *deutlich unterscheiden*, insbesondere deswegen, weil Zusatzbelastungen für die durch Steuern schon belasteten Bürger geschaffen werden (Belastungsgleichheit der Steuerpflichtigen).
(3) Da die gesetzlichen Haushaltspläne des Bundes und der Länder - insbesondere zur Ermöglichung parlamentarischer Kontrolle vollständig sein müssen (Art. 110 (1) GG), sind

die Einnahmen aus anderen Abgabenarten auch in den Gesamthaushalt einzustellen, soweit nicht, wie bei den Sonderabgaben, Sonderfonds o.ä. zulässig sind.

Neben Steuern sind **Gebühren** und **Beiträge** (zusammengefasst als **Vorzugslasten** bezeichnet) als finanzverfassungsrechtlich zulässige Abgaben anerkannt. Begrifflich und von der sachlichen Rechtfertigung her unterscheiden sie sich von den ohne staatliche Gegenleistung zu erhebenden Steuern dadurch, dass sie besondere öffentlich-rechtlich eingeräumte Vorteile (ganz oder teilweise) ausgleichen sollen:

- **Gebühren** stellen ein öffentlich-rechtliches Entgelt für besondere staatliche Leistungen dar

    - entweder, soweit dem Staat Kosten entstanden sind, durch Heranziehung zur Erstattung der Kosten (z.B. für die Bearbeitung eines Antrags bei der Behörde, BVerfGE 50, 217 ff.)

    - oder durch (volle oder teilweise) Abschöpfung von Vorteilen, die durch öffentliche Leistung gewährt worden sind (näheres zu 38.5.2).

- **Beiträge** sind eine öffentlich-rechtliche finanzielle Beteiligung des Bürgers an den Kosten für bestimmte staatliche Leistungen (z.B. Erschließungsbeiträge für die Kosten einer Lärm- und Abgasschutzwand, BVerwG, NVwZ 1996, 402; Kostenerstattungsbeträge für im Bebauungsplan festgesetzte naturschutzrechtliche Ausgleichsmaßnahmen nach § 135a – 135c BauGB, 40.6.8), bei geringem Beitragsanteil ist die staatliche Leistung im Ergebnis eine **Subvention**.

Teilweise noch enger sind die Voraussetzungen für **Sonderabgaben**, die in verschiedenen Arten insbesondere auch umweltschutzfördernd zulässig sind (s. 38.5.3).

38.5.2 Ressourcengebühren

Näher zu erläutern sind diejenigen Gebühren, die (von Verursachern von Umweltbelastungen, 38.3.2.1) Vorteile abschöpfen, welche nicht mit staatlichen Kosten verbunden sind und die sich umweltschützend auf knappe Naturgüter beziehen (Ressourcengebühren, vgl. Murswiek NuR 1994, 170 ff.). Richtungsweisendes Beispiel ist der Beschluss des BVerfG v. 7.11.1995, NVwZ 1996, 469 ff. = NuR 1996, 240 = BVerfGE 93, 319,zum „**Wasserpfennig**"; auf die Beschlussgründe sowie die Ausführungen dazu von Murswiek, NVwZ 1996, 417 ff. jeweils mit weiteren Nachweisen bezieht sich das Nachfolgende. Vgl. auch Nachweise bei Sparwasser/Engel/Voßkuhle, 2/145 – 147.

In Baden-Württemberg und Hessen wird eine Wasserentnahmeabgabe erhoben, um den Verbrauch des immer knapper werdenden Naturguts Grundwasser (in Baden-Württemberg auch Oberflächenwasser) einzuschränken (insoweit Lenkungszweck, s. 11.3), wobei das Aufkommen den Aufwand des Landes für Gewässerunterhaltung und –reinhaltung und Zuwendungen an die Landwirtschaft finanzieren sollen; zur nieders. Regelung s. 60.2.11, 60.3. Aus folgenden Gründen ist eine zulässige Gebühr anzunehmen:

(1) Die Regelung der Wassernutzungsabgabe steht im **Zusammenhang** mit der von der Rahmengesetzgebungs**kompetenz** des Bundes im Wasserrecht unberührten Landeskompetenz zur ergänzenden Wasserrechts-Gesetzgebung und soll auch wasserrechtlich günstige Auswirkungen haben.

(2) Bei der Abgabe geht es nicht um den Ausgleich von Kosten für ein Wasserwerk, die öffentlichen Wasserleitungen usw. Vielmehr handelt es sich um den **Ausgleich von Sondervorteilen** aus der Nutzung eines knappen Naturguts, das alle anderen nicht oder nur im geringeren Umfang nutzen dürfen. „Knappe natürliche Ressourcen, wie etwa das Wasser, sind Güter der Allgemeinheit. Wird Einzelnen die Nutzung einer solchen, der Bewirtschaftung unterliegenden Ressource ... eröffnet, wird ihnen eine Teilhabe an einem Gut der Allgemeinheit verschafft" (BVerfG, NVwZ 1996, 471 unter Hinweis auf Murswiek, NuR 1994, 170, 175; zum an sich engeren Begriff der Teilhabe an öffentlichen Ein-

richtungen vgl. 5.5.3). Dieser Zweck ist eine hinreichende finanzverfassungsrechtliche **sachliche Rechtfertigung** für eine Ausnahme von dem Grundsatz, dass staatliche Einnahmen durch Steuern zu erzielen sind. Ob allein der o.g. Lenkungszweck schon rechtfertigend ist, hat das BVerfG offengelassen.

(3) Durch die Funktion des Ausgleichs von Sondervorteilen **unterscheiden** sich die Wasserentnahmeentgelte **deutlich von den Steuern**, die ohne Gegenleistung erhoben werden. Entschieden hat das *BVerfG* bisher nur über **erlaubnispflichtige** Wassernutzungen, da bisher für erlaubnisfreie Wassernutzungen kein Entgelt erhoben wird (s. dazu unten). Das BVerfG knüpft in der Begründung der Gegenleistung an die Eröffnung der *Möglichkeit* der Wasserentnahme an und hält es für zulässig, dass für die Höhe der Gebühr die tatsächlich entnommene Wassermenge maßgebend ist. Wie erforderlich sind auch die Wasserentnahmeentgelte nicht höher als der Wert der öffentlichen Leistung.

Bei Vorliegen der vorgenannten Ausgleichsfunktion ist es **unerheblich, wofür die Einnahmen** aus der Abgabe **verwendet** werden (in Baden-Württemberg für Entschädigungszahlungen an Landwirte wegen Düngemittelbeschränkungen in Wasserschutzgebieten nach § 19 (4) WHG, vgl. 60.3). Der Grundsatz der **Belastungsgleichheit** ist wegen der sachlichen Rechtfertigung der zusätzlichen Abgaben nicht verletzt.

(4) Die Einnahmen aus den Wasserentnahmeentgelten werden auch - wie erforderlich - voll in den gesetzlichen Landeshaushalt eingestellt. Eine Zweckbindung der Einnahmen ist jedenfalls bei deren relativer Geringfügigkeit verfassungsrechtlich nicht geboten, so dass der Grundsatz der Gesamtdeckung des Haushalts nicht entgegensteht.

Murswiek (NVwZ 1996, 417, 420) hält über die Entscheidung des BVerfG hinaus auch die gesetzlich geregelte Erhebung von **Nutzungsgebühren ohne Erteilung von Erlaubnissen** oder Befreiungen (also über „Verleihungsgebühren" und subjektiv-öffentliche volle oder auf Ermessensfehlerfreiheit gerichtete Rechte hinaus) finanzverfassungsrechtlich für zulässig. Er meint, dieses auch der Entscheidung des BVerfG als deren Konsequenz entnehmen zu können, weil dieses als sachlich rechtfertigenden *Zweck* der Gebühr ansieht, die Nutzung einer der staatlichen Bewirtschaftung unterliegenden Ressource als Teilhabe an einem Gut der Allgemeinheit zu eröffnen. Die staatliche *Leistung* des Sondervorteils liege schon darin, dass der Staat die *Nutzung des Naturguts nicht verhindert, obwohl er rechtlich dazu in der Lage ist.* Murswiek unterscheidet dabei über das BVerfG hinaus

(1) den *verfassungsrechtlich legitimierenden Erhebungszweck*, für den der Belastete in Anspruch genommen wird: Abschöpfung des Sondervorteils, der in der Nutzung des öffentlichen Umweltguts Wasser liegt und den der Staat dem Abgabenschuldner geleistet hat (Gegenleistungs- /Entgeltfunktion),

(2) den vom Erhebungszweck getragenen *Belastungsgrund* (materielle Anknüpfung, warum/wofür der Belastete in Anspruch genommen wird), in Baden-Württemberg und Hessen die faktische Entnahme des Wassers, nicht die Erlaubniserteilung,

(3) den *Belastungstatbestand* (Erhebungsanlass/rechtstechnische Anknüpfung) in Baden-Württemberg und Hessen die faktische Wasserentnahme, nicht die Erlaubniserteilung (anders in Hamburg),

(4) den *Bemessungsmaßstab;* das ist die Menge des entnommenen Wassers.

Zur Zulässigkeit der Erhebung einer **Grundwasserentnahmeabgabe** s. auch BVerfG 18.12.2002, NuR 2003, 485 m.w.N.

Auch bei *gesetzwidrigen* bzw. *verbotenen Nutzungen* von Naturgütern sei die Erhebung der Gebühren gerechtfertigt. Dies könne mit dem Anspruch auf Erstattung einer im Bereich des öffentlichen Rechts erlangten Bereicherung (vgl. 27.1) begründet werden.

Keine Gebühr (und kein **Beitrag**) ist der bundesgesetzlich erhobene **Kohlepfennig:** Nach dem 3. Verstromungsgesetz haben alle Stromverbraucher eine Abgabe zu leisten gehabt,

damit die Verwendung von Steinkohle für die Stromversorgung finanziert werden kann:
Zu (2): Es fehlt an einer entsprechenden Gegenleistung.
Zu (3): Das Aufkommen wird auch nicht in den allgemeinen Haushalt eingestellt.
(s. auch 38.5.3.4)

38.5.3 Sonderabgaben

Es gibt unterschiedliche Arten von ausnahmsweise verfassungsrechtlich (als 4. Gruppe) zugelassenen Sonderabgaben, die aber alle nicht mit einer staatlichen Gegenleistung verknüpft sind.

38.5.3.1 Sonderabgaben mit Finanzierungsfunktion als Normaltyp

Sonderangaben sind wegen ihrer Ähnlichkeit mit Steuern verfassungsrechtlich - bei Finanzierungsfunktion als Normaltyp – auch wegen des Grundsatzes der Vollständigkeit des Haushaltsplans (Art. 110 GG) nur unter folgenden Voraussetzungen mit dem Finanzsystem des GG vereinbar (s. BVerfGE 82, 159 ff., 38.5.1; 93, 319, 342 f.; 108, 1, 16 f. (Rückmeldegebühr an Hochschulen); 110, 370, 387 f.; BVerfG 6.7.2005, ZUR 2005, 426 = UPR 2005, 340):

(1) Die Sonderabgabe muss **im Zusammenhang mit einer materiellgesetzlichen Gesetzgebungskompetenz** des betreffenden Hoheitsträgers stehen (vgl. Art. 72 ff. GG bei 4.2).
(2) Mit der Erhebung der Sonderabgabe muss ein **Sachzweck** verfolgt werden, der **über die bloße Mittelbeschaffung hinausgeht** und **gestaltend** auf den geregelten Sachbereich Einfluss nimmt.
(3) (3.1) Bei den Abgabepflichtigen muss es sich um eine **homogene** (gleichartig zusammengesetzte) **Gruppe** mit gemeinsamer Interessenlage und besonderen gemeinsamen Gegebenheiten handeln.
(3.2) Die Abgabepflichtigen müssen in einer **besonderen Sachnähe** zu der zu finanzierenden Sachaufgabe stehen.
(3.3) Die Abgabepflichtigen müssen eine **besondere Finanzierungsverantwortung** für die Aufgabe haben.
(4) Die Sonderabgabe muss **gruppennützig verwendet** werden (sachgerechte Verknüpfung der Abgabebelastungen und der mit ihr finanzierten Begünstigungen); also keine Einstellung in den Haushalt zur allgemeinen Finanzierung bzw. Finanzdeckung haben.
(5) Der Gesetzgeber muss die erhobenen Sonderausgaben **haushaltsrechtlich vollständig dokumentieren** (BVerfG 17.7.2003, BVerfGE 108, 186, 218 f.).

Z.B. die **Berufsbildungsabgabe**, die die Arbeitgeber entrichten, um damit finanzielle Hilfen für Unternehmen zu bestreiten (BVerfGE 55, 274 ff.). Zum **Forstabsatzfonds** s. 48.9.
Die Erhebung und Bemessung der Beiträge zum **Klärschlammentschädigungsfonds** sind mit den Zulässigkeitsvoraussetzungen vereinbar, die sich für nichtsteuerlichen Abgaben aus der Begrenzungs- und Schutzfunktion der Finanzverfassung ergeben (BVerfG 18.5.2004, UPR 2005, 23 = NuR 2005, 243 = BVerfGE 110, 370).
Soweit im **Solidarfonds Abfallrückführung** (63.7.11.3) die Kosten der Rückführung illegal exportierter, aber nicht angezeigter Abfälle der Gruppe der ordnungsgemäß anzeigenden und sicherheitsleistenden Abfallexporteure angelastet wird, nimmt zwar der Gesetzgeber eine besondere Finanzierungsverantwortung der Gruppe der Abgabepflichtigen nichtsteuerlich in Anspruch. Es fehlt aber ein konkretes Gegenleistungsverhältnis sowie die Gruppennützigkeit im Rahmen nur einer Anstalt und nicht Körperschaft (BVerfG 6.7.2005, ZUR 2005, 426 mit Anm. Reese = UPR 2005, 340; auch keine individuelle Betroffenheit wie bei Gebühren und Beiträgen). Kritisch zu dem erstmalig geäußerten „Ensemble", also dem Zusammenspiel

und der Abhängigkeiten der Einzelanforderungen Kloepfer, ZUR 2005, 479,480 f. Kloepfer (ZUR 2005, 479, 481) sieht aber in dieser Entscheidung des BVerfG zur fehlenden Finanzierungsverantwortlichkeit auch eine Abkehr zu dem noch in der Entscheidung zum Klärschlammentschädigungsfonds beschrittenen positiven Weg, bei dem theoretisch allerdings jeder Beitragszahler bei Schadensverursachung Nutznießer sein könnte.

Kritisch zu der Ausweitung von Sonderabgaben mit Finanzierungsfunktion - eigentlich eine Ausnahmeform- auch durch die Rechtsprechung des BVerfG Ossenbühl, DVBl. 2005, 667.

38.5.3.2 Sonderabgaben mit Lenkungs- und Antriebsfunktion, ohne Finanzierungsfunktion

Als zulässige Sonderabgabe
(1) ohne Finanzierungsfunktion, aber mit Lenkungs- und Antriebsfunktion hat das BVerfG die **Abgabe nach dem Schwerbehindertengesetz** bewertet, die von den Arbeitgebern zu leisten ist, welche nicht die erforderliche Zahl von Schwerbehinderten beschäftigen.
(2) Der Sachzweck geht über eine Mittelbeschaffung klar hinaus (daher keine Steuer): Lenkungs- und Antriebsfunktion ist, zu erreichen, dass Schwerbehinderte eingestellt werden. Die Abgabe erfüllt auch eine Ausgleichsfunktion gegenüber pflichterfüllenden Arbeitgebern. (BVerfGE 57, 139, 169 = NJW 1981, 2167). Demgegenüber tritt die Finanzierungsfunktion zurück.
(3) (3.1) Eine homogene Gruppe liegt vor.
(3.2) u. (3.3) Die besondere Sachnähe und besondere Finanzierungsverantwortung passen für diese Abgaben nur sehr eingeschränkt;
(4) desgleichen die gruppennützige Verwendung; die Verwendung der Mittel für Behindertenwerkstätten und -wohnungen ist zulässig; da die Mittel nicht dem allgemeinen Haushalt zugeführt werden, liegt auch keine Steuer vorn.

Ähnlich BVerfGE 78, 249, 267 f. = NJW 1988, 2529 zum Abbau von Fehlinvestitionen im sozialen Wohnungsbau (**Fehlbelegungsabgabe**), allerdings mit besonderer Zuständigkeitsproblematik.

In diesem Zusammenhang zu erwähnen sind die **naturschutzrechtliche Ausgleichsabgabe (Entschädigung für Natureingriffe), Abwasserabgabe:**
Nach BVerwGE 74, 308, bestätigt durch BVerwGE 81, 221, ist die Ausgleichsabgabe nach dem Baden-Württembergischen Naturschutzgesetz eine finanzverfassungsrechtlich zulässige besondere Sonderabgabe (s. auch 50.8.2). Es ging um eine Ausgleichsabgabe, die zu einer Kiesabbaugenehmigung (50.4.2) unter „Auflagen und Bedingungen" verfügt worden war.

(1) Die materielle Gesetzgebungszuständigkeit als Anknüpfungszuständigkeit ist nicht durch die begrenzte Rahmengesetzgebung des § 8 (9) Bundesnaturschutzgesetz (BNatSchG) ausgeschlossen, sondern im Rahmen des Landesnaturschutzrechts gegeben.
(2) Wie bei den beiden vorgenannten Beispielen Sonderabgabearten ist ein Finanzierungszweck nicht bzw. untergeordnet gegeben, so dass weder Steuern vorliegen, noch die strengen Voraussetzungen zu 38.5.3.1 gelten. Ziel der Abgabe ist die Leistung einer Entschädigung für den Schaden, der der Natur und Landschaft durch den Eingriff zugefügt wurde ist (Wiedergutmachungsfunktion).

Von der typischen Sonderabgabe mit Lenkungs- und Antriebsfunktion (38.5.3.2) unterscheidet sie sich dadurch, dass bei ihr die Lenkungsfunktion schwach ausgeprägt ist: Die Ausgleichsabgabe ist *nicht wahlweise* anstelle von Ausgleichs- und Ersatzmaßnahmen in Natur zu entrichten, sondern *nur, wenn* diese naturbezogenen Maßnahmen *ausgeschlossen* sind. Nur nebenbei ist auch eine präventiv einen Eingriff verhindernde Funktion gegeben. Dennoch bejaht das BVerwG vorsorglich auch die erleichterten Voraussetzungen für eine Sonderabgabe mit Lenkungs- und Antriebsfunktion (BVerwGE 74, 308 ff.). Später wertet das BVerwG sie als der vorgenannten Fehlbelegungsabgabe ähnlich (BVerwGE 81, 225, 38.5.3.3;

s. auch VGH Kassel 12.2.1993, NuR 1993, 338). Zur kompetenzrechtlich oder wegen Widerspruchs zum fachgesetzlichen Kooperationsprinzip für nichtig erklärten Verpackungssteuer bzw. Landesabfallabgabe s. BVerfG 7.5.1998, NJW 1998, 2341 und 2346; sowie 63.3.3. Jedenfalls verlangt es jeweils nur die gegenüber Sonderabgaben mit Finanzierungscharakter erleichterten Voraussetzungen zu (3) und (4). Zur nunmehr in **Niedersachsen** eingeführten entsprechenden **Ersatzzahlung** s. 50.8.2. Entsprechendes gilt für die **Abwasserabgabe**, die grundsätzlich nach der Schädlichkeitskonzentration des Abwassers zu bemessen ist; das Abgabenaufkommen wird für Maßnahmen der Erhaltung und Verbesserung der Gewässergüte verwendet (60.18).

38.5.3.3   Exkurs: Sozialversicherungsbeiträge als atypische Sonderabgaben

Sozialversicherungsbeiträge dienen zur Erlangung gesetzlicher Renten, Krankenversicherungsleistungen, Arbeitslosenhilfe usw. z.B. der Waldarbeiter und Forstangestellten. Art. 74 (1) Nr. 12 GG regelt nicht nur allgemein die Bundeskompetenz für die Sozialversicherung, sondern notwendig zugleich die Gesetzgebungskompetenz für die Erhebung von Sozialversicherungsbeiträgen. Nach dem Zweck dieser Regelung kann es nicht dazu kommen, dass der Staat diese Kompetenz zur Beschaffung von Finanzmitteln missbraucht: Die Finanzmasse der Sozialversicherung ist tatsächlich und rechtlich von den allgemeinen Staatsfinanzen getrennt. In diesem Zweckbereich getroffene Regelungen unterliegen nicht den strengen Anforderungen insbesondere der Sonderangaben mit Finanzierungsfunktion und sind finanzverfassungsgemäß (BVerfGE 67, 256 ff. = NJW 1985, 37 f.).

38.5.3.4 Verfassungswidrige Sonderabgaben

Eine **rückzahlbare Zwangsanleihe** als Investitionshilfe zur Förderung des Wohnungsbaus, zu zahlen von Besserverdienenden, ist weder eine zulässige Steuer (Rückzahlbarkeit als Hindernis) noch eine zulässige Sonderabgabe (BVerfGE 67, 256 ff. = NJW 1985, 37 f.).
(1) Die Gesetzgebungsbefugnisse für den Wohnungsbau und Investitionshilfen sind gegeben.
(2) Es fehlt aber an der - über eine bloße Finanzierung hinausgehenden - materiellrechtlichen Gestaltungswirkung im Wohnungsbau.
(3) Zudem liegt keine homogene Gruppe bezogen auf den Wohnungsbau und als dem Wohnungsbau nahestehend vor.
(4) Auch die gruppennützige Verwendung des Abgabeaufkommens fehlt.

Der o. zu 38.5.1 genannte **Kohlepfennig** ist (auch) keine zulässige Sonderabgabe, da nicht die Gesamtheit der Stromerzeuger verantwortlich dafür ist, dass die Steinkohle zur Stromerzeugung verwendet wird (BVerwG, DVBl. 1995, 194 = DÖV 1995, 100).
Zum **Solidarfonds Abfallrückführung** s. schon 38.5.3.2.

38.5.4   Keine Waldschadenabgabe

Soweit sich Umweltschäden nicht bestimmten Verursachern zuordnen lassen (z.B. Waldschäden), fehlt es noch an einer öffentlich-rechtlichen Ausgleichsregelung z.B. unter Bildung eines Fonds, der auch mit Mitteln von Umweltbelastern gebildet würde. Zur generellen Schaffung von Ausgleichsleistungen mit staatlichen Mitteln (Gemeinlastprinzip) dürfte der Gesetzgeber nicht verpflichtet sein (Sparwasser/Engel/Voßkuhle 2/161 ff. ff. mit Nachweisen; 7.1.4.3, 7.1.4.4., 48.6). Die oben genannten Instrumente zeigen aber Regelungsmöglichkeiten auf. Zu den Grenzen von Art. 20a GG s. 5.9.2.

38.5.5   Privatrechtliches Gesetz über die Umwelthaftung

Indirekt umweltfreundliches Verhalten wird u.a. auch durch gesetzliche Haftungsvorschriften begünstigt. Das **Gesetz über die Umwelthaftung (UmweltHG, UHG)** sieht, wenn von einer im UmweltHG aufgeführten Anlage, also umweltbedingt Schäden an Leben, Gesundheit, Körper eines Menschen, Eigentum oder Besitz von Sachen verursacht werden, eine **privatrechtliche** (verschuldensunabhängige) **Gefährdungshaftung** des Inhabers der Anlage mit der Haftungshöchstgrenze von 80 Mio. Euro vor (s. auch 63.2.2). Die Haftung besteht neben der höhenmäßig unbegrenzten, aber verschuldens-abhängigen Haftung der §§ 823 ff. BGB (s. 37.25). §§ 6, 7UmweltHG regeln auch gesetzliche Vermu-tungen für die Schadensverursachung (dazu 61.5.8). **Daneben** gelten **verschuldensunabhängige Nachbarschaftshaftungen** nach §§ 906 ff. BGB (37.28.2) auch i.V.m. § 36a (1) GenTG (64.4). Vgl. auch §§ 32 – 36, 37 GenTG (Gefährdungshaftung, 64.4). Zur öffentlich-rechtlichen **EG-Umwelthaftungs-Richtlinie** mit Gefahrenabwehr **2004/35/EG** s. 38.11. Zum **öffentlich-rechtlichen Verbraucherschutz-** und **Produktionssicherheitsrecht** s. Fluck, DVBl. 2004, 1392.

38.5.6 Abgaben und Grundrechte

Ein Verstoß gegen die **Handlungsfreiheit des Art. 2 (1) GG,** die auch die wirtschaftliche Betäti-gungsfreiheit einschließt, ist bei legitimen wirtschaftspolitischen Zielen nicht gegeben. Z.B. rechtfertigt die Pflege und die Erschließung von Absatz- und Verwertungsmöglichkeiten den Ge-setzgeber, ordnend und klärend in das Wirtschaftsleben einzugreifen und dabei auch Geldzahlungs-pflichten aufzuerlegen. Das genannte Absatzfondsgesetz regelt dies nicht unverhältnismäßig (BVerfGE 82, 159, 191 f.; s. 38.5.3.1, 48.9).
Ein Verstoß gegen **Art. 14 GG** liegt bei einer Abgabenerhebung als bloßem Vermögenseingriff grund-sätzlich nicht vor, sondern erst, wenn Geldleistungspflichten den Betroffenen in der Weise übermäßig belasten und seine Vermögensverhältnisse so grundlegend beeinträchtigen, dass sie erdrosselnde Wir-kung haben (s. 7.1).
Dass durch den Wasserpfennig als Gebühr (s. 38.5.2) **Art. 14** (Eigentum) und **Art. 12 GG** (Berufsaus-übung) auch in Sonderfällen insbes. nicht der Verhältnismäßigkeitsgrundsatz (3. Stufe , s. 5.3.1) ver-letzt wird, ergibt sich aus der Möglichkeit (Ermessen) der Verwaltung, Ausnahmen bei Unzumutbar-keit oder besonderer Härte für den Abgabepflichtigen zu bewilligen (24.2.4).

38.5.7 Zertifikationsmodelle, Emissionshandel

Als Grundlage einer Zertifikation werden hoheitlich für einen bestimmten Bereich zulässige Umweltbelastungen festgelegt. Diese Belastungen werden in zahlenmäßig und zeitlich be-grenzte käufliche Zertifikate für Unternehmen aufgeteilt, nach denen sie umweltbelastende Emissionen austreten lassen oder sonst Naturgüter belasten dürfen. Der Marktpreis wird von der Knappheit des Gutes beeinflusst. Bei einer Vergleichskalkulation kann dies auch zu Auf-wendungen zur Vermeidung von Umweltbelastungen führen. Vgl. zu Einzelheiten und Al-ternativen dieser Art ökologischer Marktwirtschaft Sparwasser/Engel/Voßkuhle 2/121 ff. m.w.N.; Rengeling, DVBl. 2000, 1725; Kobes, NVwZ 2004, 513; Weidemann, DVBl. 2004, 227; zum Einfluss der Ökosteuer Frenz, NuR 2004, 429; zu Gutschriften für überobligati-onsmäßige Erfüllung von Umweltschutzpflichten Murswiek, JZ 1988, 985, 990.
Das **Kyoto-Protokoll (KP)** von 1997, das auf der Klimarahmenkonvention von 1992 an-lässlich des Umweltgipfels in Rio von 1992 aufbaut, ist am 16.2.2005 für 189 Staaten in Kraft getreten. Dazu musste es von mindestens 55 Industriestaaten ratifiziert werden, die ih-rerseits mindestens 55% der Treibhausgasemissionen der Industrieländer im Jahre 1990 auf sich vereinigen. In dem KP verpflichteten sich die betreffenden Industrieländer nach dem Prinzip der gemeinsamen, aber unterschiedlichen Verantwortlichkeiten (Kreuter-Kirchhof, DVBl. 2005, 1552, 1553), ihre Treibhausgasemissionen in dem ersten Verpflichtungszeitraum von 2008 bis 2012 gegenüber dem Niveau von 1990 um 5 % zu senken. Das Kyoto-Protokoll, ergänzt durch das Marrakesch-Übereinkommen, sieht insbesondere auch einen **in-ternationalen Emissionshandel** der Staaten mit übernommenen Emissionsreduktionsver-pflichtungen vor. Ein Erwerb von Emissionen von einem Staat mit einem „Guthaben" er-möglicht dem Erwerberstaat eine Überschreitung der Emissionshöchstgrenze. Zu Einzelheiten s. Kreuter-Kirchhof, DVBl. 2005, 1552, 1556, kritisch zu möglichen Überangeboten als „hei-ßer Luft" mit ungünstigen Auswirkungen auf die echten Reduzierungen in den Erwerber-staaten. Weitere Einzelheiten zum Kyoto-Protokoll s. zu 60.0.1.
Unabhängig davon, aber, um die Erfüllung der Verpflichtungen aus dem Kyoto-Protokoll zu erfüllen, ist von den Mitgliedstaaten der EU die **Emissionshandelsrichtlinie** 2003/87/EG vom 13.10.2003, ABl. L 275/32 (EHRL) sehr kurzfristig umzusetzen gewesen (vgl. dazu Ma-

ger, DÖV 2004, 561). Erfüllt ist dies ist in Deutschland mit dem **Treibhausgas-Emissionshandelsgesetz (TEHG)** v. 8.7.2004, BGBl. I, 1578, geänd. durch das Futtermittel-ÄndGes. und des TEHG v. 21.7.2004, BGBl. I, 1756. Danach werden ab 1.1.2005 erstmalig den betroffenen Unternehmen Zertifikate zugeteilt für den Ausstoß zunächst des Treibhausgases CO_2, durch in Anlage 1 genannte Tätigkeiten und Anlagen (Allokation). Unternehmen, die mit den Zertifikaten nicht auskommen, müssen wegen der allgemeinen Limitierung der Zertifikate versuchen, sie von anderen Unternehmen nach Marktpreisen zu erwerben oder den Treibhausgasausstoß zu verringern. Daher besteht für alle Unternehmen ein Anreiz, den Ausstoß der Treibhausgase zu vermindern. Bei Verletzung der Regeln drohen finanzielle Sanktionen. Einzelheiten s. zu 62.0.2.

In ganz anderem Sinne wird von Zertifizierung gesprochen. Z.B. beim **Umweltaudit** (38.10). Auch kann für im **ökologischen Waldbau** gewonnene Holzprodukte mit einem entsprechenden bestätigenden Zertifikat geworben werden (48.10).

38.5.8 Staatliche Förderungen

Von erheblicher indirekt umweltschützender bzw. -verbessernder Bedeutung sind auch unmittelbare **staatliche finanzielle Förderungen** ohne Gegenleistungen (dazu Sparwasser/Engel/Voßkuhle, 2/155 ff.). Ohne diese würde es z.B. kaum (Erst)Aufforstungen landwirtschaftlicher Grenzertragsflächen geben (**Leistungsverwaltung**, s. u.a. 11.3, 45.5, sowie im Einzelnen, 48.2 f. sowie zur **Forstberatung** und -**betreuung** durch das Land oder andere juristische Personen des öffentlichen Rechts 45.8 f.) bzw. zu Förderungen durch **organisatorische Zusammenschlüsse** 47.4.

38.5.9 Regulierte Selbstregulierung, Verantwortungsteilung u.A.

Hierbei beschränkt sich die staatliche Steuerung auf **Initiierung, Anleitung und Absicherung der eigenverantwortlichen Erfüllung öffentlicher Aufgaben durch Private**; „normative Umhegung"; dritte Säule neben dem Ordnungsrecht und Recht der Leistungsverwaltung, s. Sparwasser/Engel/Voßkuhle, 2/170 f. und 172, 197 4/56) mit den Beispielen: Halbstaatliche Gremien der Standardsetzung (u.a. nicht umweltbelastende Unterwasserfarben auf Schiffen; Öko-Audit (38.10); Rücknahmeverpflichtungen nach der VerpackungsVO (63.3.2); Einsatz privater Projektmanager als Verfahrensbevollmächtigte (Verwaltungshelfer, Sparwasser/Engel/Voßkuhle, 3/50); Übertragung von Prüf- und Kontrolltätigkeiten auf staatlich anerkannte private Gutachter; betriebliche Selbstüberwachung durch Betriebsbeauftragte wie den Immissionsschutzbeauftragten und den Störfallbeauftragten (62.7.4 f.). Vgl. auch 64.4 hinsichtlich gentechnisch veränderter Organismen (GVO) als „normersetzende Selbstregulierung" die Pflichten des Betreibers u.a. zur umfassenden Risikobewertung vor der Zulassung, zum späteren Risikomanagement und zur Kennzeichnung. Eine solche Selbstregulierung wird aber nur realisiert, wenn dem Unternehmer Anreize für deren Einhaltung geboten werden (Stober, Allg. Wirtschaftsverwaltungsrecht, S. 250 ff.).

Steuernd wirken bezüglich der GVO außer einer **Gefährdungshaftung** (§§ 32 – 37 GenTG) auch eine **Öffentlichkeitsbeteiligung** und **öffentliche Einsichtnahmen** in Register. Zur Information der Öffentlichkeit s. auch § 46a BImSchG, 62.7.7; §12 der 22. BImSchV über Immissionswerte, 62.7.7. Zur Steuerung durch **Umweltinformation** s. 38.9. Ergänzende Formen sind verwaltungsinternes Umweltinformationsmanagement, aktive staatliche Informationspolitik einschließlich Warnungen (Sparwasser/Engel/Voßkuhle, 2/174 ff.; s. auch12.5.2, 15.3.2.1), Auszeichnungen, Empfehlungen.
Zur Steuerung durch **Kooperation (Konsens)** und (bei wettbewerbsrechtlichen Problemen) **Vergabe öffentlicher Aufträge** s. Sparwasser/Engel/Voßkuhle, 2/192 ff. 2/206 ff.
Der **Gesetzgeber** hat jeweils im Rahmen eines Verhältnismäßigkeitsausgleich zwischen den Interessen der Umweltnutzer, der Allgemeinheit und der Nachbarn sowie der Effektivität über das einzusetzende Instrument zu entscheiden (Sparwasser/Engel/Voßkuhle 2/209).

Skeptisch, dass Information, Verfahren, Selbstregulierung und Flexibilisierung Instrumente eines effektiven, die Nachhaltigkeit fördernden Umweltrechts sind, Ekardt, NuR 2005, 215.

38.6   Aarhus-Konvention; EG-RL 2003/35/EG über Öffentlichkeitsbeteiligung und Zugang zu den Gerichten

38.6.1   Aarhus-Konvention (AK)

Das im Rahmen der „Wirtschaftskommission für Europa" der Vereinten Nationen **(UN/ECE)** erstellte und am 25.6.1998 anlässlich der 4. Pan-Europäischen Umweltministerkonferenz „Umwelt für Europa" vor 35 Staaten, allen Mitgliedstaaten der EU und von der EG/EU bezeichnete **Übereinkommen über den Zugang von Informationen, die Beteiligung der Öffentlichkeit an Entscheidungsverfahren und den Zugang zu den Gerichten in Umweltangelegenheiten - Aarhus-Konvention (AK)** bedarf der Umsetzung in EG-Recht und dann in deutsches Recht (zur Entstehung, z.B. Einbeziehung von umweltschützenden Nichtregierungsorganisationen (NGO), und den Quellen s. Werres. 2005, 611).

Wenngleich die Konvention und deren Umsetzung in EG-Recht und nationales Recht erst der jüngsten Entwicklung entspricht, sollen die AK (und die RL 2003/35/EG über die Beteiligung der Öffentlichkeit und den Gerichtszugang), da sie auch die UVP-RL (38.7) und die IVU-RL (38.8, 62.20.2.3) ändert, diesen älteren integrativen und integralen EG-Regelungen vorangestellt werden. Die auch die AK umsetzende RL-2003/4/EG über den Zugang zu Informationen folgt zu 38.9.1.

Durch die **AK** werden der Öffentlichkeit zum Schutz der Umwelt Rechte auf Informationen, Beteiligung und Zugang zu den Gerichten eingeräumt. Die Bürger sollen als Mittel zur Durchsetzung des Umweltrechts mobilisiert werden (Masing, Die Mobilisierung des Bürgers für die Durchsetzung des Rechts, 1997; Werres aaO).
Teil 1 (Art. 1 – 3) AK enthält die Ziele ; Definitionen und allgemeine Bestimmungen. Die AK zielt auf eine verstärkte Aktivierung der Öffentlichkeit für die Gemeinwohlaufgabe Umweltschutz und ist eng mit dem Verständnis von Demokratie und Meinungsfreiheit (6.6.1) verbunden (Partsch, NJW 1998, 2559, 2663; zum engen verfassungsrechtlichen Zusammenhang zwischen der (angestrebten) Verwaltungstransparenz und dem Demokratieprinzip; s. Albers, in: Sommersymposium Informationsfreiheit, 2004, S. 31, 34 ff.), auch zum Brückenschlag von West- und Osteuropa (Werres, DVBl. 2005, 611, 613).
Teil 2 (Art. 4 – 9) enthält dreigeteilt **(drei „Säulen")** Gewährleistungen
– in **Art. 4 und 5** den **Zugang der Öffentlichkeit zu Informationen** über die Umwelt in enger Anlehnung an die aufgehobene RL 90/313 über den freien Zugang zu Informationen über die Umwelt (ABl. Nr. L 158/56; s. 38.9.2),
– in **Art. 6 – 8 die Beteiligung der Öffentlichkeit** bei bestimmten umweltbezogenen Entscheidungen
– in **Art. 9** den **Zugang zu den Gerichten** in Umweltangelegenheiten.

Nach **Art. 9 (2) AK** stellt jede Vertragspartei im Rahmen ihrer innerstaatlichen Rechtsvorschriften sicher, dass **Mitglieder der betroffenen Öffentlichkeit**, die ein **ausreichendes Interesse** haben oder **alternativ eine Rechtsverletzung** geltend machen, sofern das Verwaltungsprozessrecht einer Vertragspartei dies als Voraussetzung erfordert, **Zugang** zu einem Überprüfungsverfahren vor einem Gericht und/oder einer anderen auf gesetzlicher Grundlage geschaffenen unabhängigen und unparteiischen Stelle haben, um die **materiellrechtliche** und verfahrensrechtliche Rechtmäßigkeit bestimmter Entscheidungen, Handlungen oder Unterlassungen anzufechten.
Zusätzlich stellt nach **Art. 9 (3) AK** Konvention jede Vertragspartei sicher, dass **Mitglieder der Öffentlichkeit**, sofern sie etwaige in ihrem **innerstaatlichen Recht festgelegte Kriterien** erfüllen, **Zugang zu verwaltungsbehördlichen oder gerichtlichen Verfahren** haben, um die **von Privatpersonen und Behörden** vorgenommenen **Handlungen** und begangenen **Unterlassungen anzufechten, die gegen umweltbezogene Bestimmungen ihres innerstaatlichen Rechts verstoßen.**

Die betroffene Öffentlichkeit und die Umweltverbände sollen also auch eine verfahrensrechtliche Überprüfung von Verwaltungsentscheidungen beanspruchen können, was sich bei der Bewertung der UVP (38.7.4 zu § 12) und auch sonst im deutschen Recht besonders auswirken kann (zur AK s. Zschiesche, ZUR 2001, 177; Scheyli, Archiv des Völkerrechts, 2000, 245; vgl. auch VG Berlin 6.5.2004, NuR 2005, 126, zum bisherigen Ausschluss eines Verbandsklagerechts, 53.5; keine Direktwirkung der RL nach Ablauf der Umsetzungsfrist am 25.6.2005, Durner, ZUR 2005, 285). Insbesondere sieht die AK Widerspruchsverfahren und Klagerechte für Einzelpersonen und Umweltverbände bei Verweigerung des Informationszugangs und der Öffentlichkeitsbeteiligung sowie allgemein bei Verstößen gegen Umweltrecht vor. Bei der Reichweite und inhaltlichen Ausgestaltung der Verbandsklage hat der staatliche Gesetzgeber noch gewisse Spielräume (Beckmann, NuR 2003, 715, 722).

Zur erwartenden Ausweitung des Verbandsklagerechts im Immissionsschutzrecht mit befürchteter weiter nachlassender Rechtssicherheit hinsichtlich der Anlagegenehmigung Beckmann, NuR 2003, 715, 722. Vgl. auch allg. Seelig/Gündling, NVwZ 2002, 1033 und v. Danwitz, NVwZ 2004, 272; Schmidt-Preuß, NVwZ 2005, 489; Ekardt/Pöhlmann, NVwZ 2005, 532; NVwZ 2006, 55. Es ist noch strittig, inwieweit § 42 (2) VwGO nicht mehr aufrechtzuerhalten ist (s. auch Zschiesche, ZUR 2001, 177; Scheyli, Archiv des Völkerrechts, 2000, 245). Eingehend auch Gellermann, NVwZ 2006, 7. Zu den allgemeinen EG-Klagerechtsanforderungen s. 24.1. Zur Umsetzung des Verbandsklagerechts durch § 60c (1)und (2) Nr. 2 NNatG s. Louis/Stück, NdsVBl. 2005, 225.

Die allgemeine Pflicht zur Statuierung einer Verbands- und Individualklage – auch, wenngleich von geringer praktischer Bedeutung, gegen die verwaltenden EU-Organe - betrifft gemäß Art. 6, 9 AK Vorhaben, bei denen im Verwaltungsverfahren zugleich eine breite Partizipation vorgesehen ist (Industrie, Verkehrs- und Infrastrukturprojekte, stets oder bei konkreter großer Umweltbeeinträchtigung; Ekardt/Pöhlmann, NVwZ 2005, 532). Der Umsetzung der Klagerechte (sogar etwas erweiternd) dient die RL 2003/35/EG EG v. 26.5.2003 (ABl. Nr. L 156/17) zur Änderung der UVP-RL (insbes. Art. 10a), und IVU-RL (Art. 15a). Eine EG-KlagerechtsRL wird vorbereitet.

Streitig ist auch, welche Verbände eine Klagebefugnis erhalten sollen (s. auch Art. 2 (4) (5) AK), jedenfalls nicht spontane, anlässlich eines lokalen Projekts gebildete Bürgerinitiativen (Ekardt/Pöhlmann, NVwZ 2005, 532, 533, mit sonst jedoch weiter Einbeziehung).

Art. 9 (2) AK verlangt, dass ein Betroffener nicht mehr wie bisher im deutschen Recht nur eine Überprüfung im Rahmen des rechtlich Betroffenen, sondern eine volle formelle und materielle Prüfung verlangen kann, ohne Unterscheidung nach Gefahrenabwehr und Vorsorge (s. zu § 5 BImSchG, 62.2.2.3); Ekardt/Pöhlmann, NVwZ 2005, 532, 534.

38.6.2   **RL 2003/35/EG über die Beteiligung der Öffentlichkeit und den Gerichtszugang**

Die RL 2003/35/EG v. 26.5.2003 (ABl. Nr. L 156/17) **über die Beteiligung der Öffentlichkeit bei der Ausarbeitung bestimmter umweltbezogener Pläne und Programme und zur Änderung der Richtlinien 85/337/EWG und 96/61/EG des Rates in Bezug auf die Öffentlichkeitsbeteiligung und den Zugang zu Gerichten setzt die Art. 6** und **7.** also die **zweite Säule der AK** und **Art. 9 (2) der dritten Säule des Aarhus-Konvention AK** (38.9.1) **um.** Zu Art. 6 und 7 S. 1 AK unterscheidet die RL 2003/35/EG die Beteiligung der Öffentlichkeit

– an Plänen und Programmen (Art. 2; s. schon die RL 2001/42/EG über die Prüfung von Umweltauswirkungen bestimmter Pläne und Programme, 38.7.1.2) und

– im Rahmen des Anlagenzulassungsrechts (Art. 3 zur UVP und SUP, 38.7) und Art. 4 zur IVU-RL (38.8, 62.0.2.3) und noch - anpassungsbedürftig – zu dem BImSchG, der 9. BImSchV (62.2.8), der AtomrechtsverfahrensVO (65.5), dem Düngemittelgesetz (64 (1), dem Flurbereinigungsgesetz (44.5), und dem BauGB (40.).

RL 2003/35/EG Artikel 1 Ziel

Ziel dieser Richtlinie ist es, zur Erfüllung der Pflichten aufgrund des Aarhus-Übereinkommens beizutragen, insbesondere durch

a) Bestimmungen über eine Beteiligung der Öffentlichkeit bei der Ausarbeitung bestimmter umweltbezogener Pläne und Programme und

b) eine verbesserte Öffentlichkeitsbeteiligung sowie Bestimmungen über den Zugang zu den Gerichten im Rahmen der Richtlinien 85/337/EWG und 96/61/EG des Rates.

RL 2003/35/EG Artikel 2 Öffentlichkeitsbeteiligung bei Plänen und Programmen

(1) Im Sinne dieses Artikels bezeichnet der Ausdruck „Öffentlichkeit" eine oder mehrere natürliche oder juristische Personen und, in Übereinstimmung mit den innerstaatlichen Rechtsvorschriften oder der innerstaatlichen Praxis, deren Vereinigungen, Organisationen oder Gruppen.

(2) Die Mitgliedstaaten stellen sicher, dass die Öffentlichkeit frühzeitig und in effektiver Weise die Möglichkeit erhält, sich an der Vorbereitung und Änderung oder Überarbeitung der Pläne oder der Programme zu beteiligen, die aufgrund der in **Anhang I aufgeführten Vorschriften** auszuarbeiten sind. Zu diesem Zweck stellen die Mitgliedstaaten sicher, dass

a) die Öffentlichkeit durch öffentliche Bekanntmachung oder auf anderem geeignetem Wege, wie durch elektronische Medien, soweit diese zur Verfügung stehen, über Vorschläge für solche Pläne oder Programme bzw. für deren Änderung oder Überarbeitung unterrichtet wird und dass die einschlägigen Informationen über diese Vorschläge der Öffentlichkeit zugänglich gemacht werden, unter anderem auch Informationen über das Recht auf Beteiligung am Entscheidungsverfahren sowie über die zuständige Behörde, an die Stellungnahmen oder Fragen gerichtet werden können;
b) die Öffentlichkeit das Recht hat, Stellung zu nehmen und Meinungen zu äußern, wenn alle Optionen noch offen stehen und bevor Entscheidungen über die Pläne und Programme getroffen werden;
c) das Ergebnis der Öffentlichkeitsbeteiligung bei der Entscheidung angemessen berücksichtigt wird;
d) die zuständige Behörde sich nach Prüfung der von der Öffentlichkeit vorgebrachten Meinungen und Stellungnahmen in angemessener Weise bemüht, die Öffentlichkeit über die getroffenen Entscheidungen und die Gründe und Erwägungen, auf denen diese Entscheidungen beruhen, zu unterrichten, auch über das Verfahren zur Beteiligung der Öffentlichkeit.

(3) Die Mitgliedstaaten ermitteln die Kreise der Öffentlichkeit, die für die Zwecke des Absatzes 2 ein Beteiligungsrecht haben; hierzu zählen relevante Nichtregierungsorganisationen, z. B. Organisationen, die sich für den Umweltschutz einsetzen, sofern sie alle nach innerstaatlichem Recht geltenden Voraussetzungen erfüllen.

Die genauen Bestimmungen für die Öffentlichkeitsbeteiligung im Rahmen dieses Artikels werden von den Mitgliedstaaten so festgelegt, dass eine effektive Vorbereitung und Beteiligung der Öffentlichkeit möglich ist.

Der Zeitrahmen muss so gewählt werden, dass ausreichend Zeit für die verschiedenen in diesem Artikel vorgesehenen Phasen der Öffentlichkeitsbeteiligung zur Verfügung steht.

(4) Dieser Artikel gilt nicht für Pläne und Programme, die ausschließlich zur Landesverteidigung dienen oder die aus Anlass ziviler Notfälle beschlossen werden.

(5) Dieser Artikel gilt nicht für die in Anhang I aufgeführten Pläne und Programme, für die gemäß der Richtlinie 2001/42/EG des Europäischen Parlaments und des Rates vom 27. Juni 2001 über die Prüfung der Umweltauswirkungen bestimmter Pläne und Programme *(ABl. L 197/30)* oder gemäß der Richtlinie 2000/60/EG des Europäischen Parlaments und des Rates vom 23. Oktober 2000 zur Schaffung eines Ordnungsrahmens für Maßnahmen der Gemeinschaft im Bereich der Wasserpolitik *(ABl. L 327/1, geänd. durch Entscheidung Nr. 2455/2001/EG, ABl. L 331/1).)* ein Öffentlichkeitsbeteiligungsverfahren durchgeführt wird.

Art. 2 i.V.m. Anhang I der RL 2003/335 soll einige RL dahin ändern, dass die Öffentlichkeit bei den erfassten Plänen und Programmen mit Gelegenheit zur Stellungnahme beteiligt wird; die konkrete Ermittlung der Behörden bleibt den Mitgliedstaaten überlassen.

Zu Art. 2 RL 2003/35/EG: ANHANG I

BESTIMMUNGEN BETREFFEND PLÄNE UND PROGRAMME IM SINNE VON ARTIKEL 2

a) **Artikel 7 Absatz 1** der **Richtlinie 75/442/EWG** des Rates vom 15. Juli 1975 **über Abfälle** (ABl. L 194/39. Richtlinie zuletzt geändert durch die Entscheidung 96/350/EG der Kommission (ABl. L 135/32; 63.1.0)
b) **Artikel 6** der **Richtlinie 91/157/EWG** des Rates vom 18. März 1991 über **gefährliche Stoffe enthaltende Batterien und Akkumulatoren** (ABl. L 78/38. Richtlinie zuletzt geändert durch die Richtlinie 98/101/EG der Kommission (ABl. L 1/1; 63.1.0)
c) **Artikel 5 Absatz 1** der **Richtlinie 91/676/EWG** des Rates vom 12. Dezember 1991 zum **Schutz der Gewässer vor Verunreinigung durch Nitrat aus landwirtschaftlichen Quellen** (ABl. L 375/1; 64.1)
d) **Artikel 6 Absatz 1** der **Richtlinie 91/689/EWG** des Rates vom 12. Dezember 1991 **über gefährliche Abfälle** (ABl. L 377/20. Richtlinie zuletzt geändert durch die Richtlinie 94/31/EG (ABl. L 168/28; 63.0.1)
e) **Artikel 14** der **Richtlinie 94/62/EG** des Europäischen Parlaments und des Rates vom 20. Dezember 1994 über **Verpackungen und Verpackungsabfälle** (ABl. L 365/10; 63.1.0)
f) **Artikel 8 Absatz 3** der **Richtlinie 96/62/EG** des Rates vom 27. September 1996 über die **Beurteilung und die Kontrolle der Luftqualität** (ABl. L 296/55; 62.0.2.4, 62.7)

Art. 3 der RL 2003/35/EG modifiziert die UVP-RL (s. Änderungen 38.7.1) und **Art. 4 die IVU-RL** (38.8, s. Änderungen insbes. 62.0.2.3) in Ausweitung der Öffentlichkeitsbeteiligung im Anlagenzulassungsrecht. Zu beteiligen ist allerdings – anders als bei der Umweltinformationsrichtlinie - nicht die Öffentlichkeit schlechthin, sondern nur die betroffene Öffentlichkeit; nach Art. 3 Nr. 1 UAbs. 2 und Art. 4 Nr. 1 b der RL 2003/35/EG zumindest die wahrscheinlich betroffene Öffentlichkeit oder Öffentlichkeit mit einem bestimmten Interesse an dem Entscheidungsverfahren, darunter ausdrücklich die innerstaatlich anerkannten Umweltschutzorganisationen. Bei den Modalitäten der Beteiligung dürfte mangels näherer Vorgaben den Mitgliedstaaten eine weiter Gestaltungsspielraum verbleiben (Werres, DVBl. 2005, 611, 616; so auch entsprechend zu Art 6 AK Epiney, ZUR 2003, 176, 177).

Die erweiterte Beteiligung der Öffentlichkeit wird unterschiedlich beurteilt.

Als Vorteile werden angesehen (s. Kloepfer, Umweltrecht. 2. Aufl. 1998, § 5 Rn 69; Wahl, NVwZ 1990, 426, 433; Werres, DVBl. 2005, 611, 616 auch mit Hinweis auf BVerwGE 75, 214, 227; BVerfGE 35, 348, 361 f.; 37, 132, 148):

– Die Möglichkeit auf das Verfahren und dessen Ergebnis substanziellen Einfluss zu nehmen in einem durch rechtliches Gehör vorverlagerten Grundrechtsschutz zur Vermeidung materieller Rechtsbeeinträchtigungen,

– die Vorteile von Transparenz, Effektivität und Akzeptanz wie bei der InformationsRL (38.9.2),

– ein aus dem Dialog – auch mit den fachkundigen Umweltschutzorganisationen - gewonnener vertieft aufbereiteter Entscheidungsstoff (Nachw. Werres, DVBl. 2005, 611, 616; die Verbände sind vom BVerwG als Verwaltungshelfer bezeichnet worden, NuR 1997, 345, 346; 11.7), zur Qualitätsverbesserung der Entscheidung (Schmidt-Assmann, in Festschrift für K. Ipsen, 2000, 305, 316 ff; Lübbe-Wolf, NuR 1993, 305, 313.

Kritisch wird dazu geäußert:

– Die Beteiligung läuft der Tendenz zur Deregulierung, Vereinfachung und Beschleunigung von Verwaltungsverfahren diametral entgegen (Püttner/Gugelberger, JUS 2001, 218);

– (Verfahrenserschwernisse und) ein höheres Umweltschutzniveau bringen Wettbewerbsnachteile im EG-und AK-Bereich (35 europäische Staaten);

– Rückzug der Verwaltung zur der eigenständigen Definition des Gemeinwohls in Umweltfragen; bei stärkerer Effektivierung durch tendenziell einflussreiche und finanziell potente Bürger bzw. Umweltlobby und ihre Gegenlobby;

– dies kann die auf die Lösung übergreifender Konflikte und widerstreitender Interessen ausgerichtete Verantwortung der demokratisch legitimierten Verwaltung und ihr Steuerungspotenzial vermindern (Masing, Die Mobilisierung des Bürgers für die Durchsetzung des Rechts, 1997, 235; Schmidt-Assmann, in Festschrift für K. Ipsen, 2000, 305, 312 ff.), mit der Gefahr der Ausrichtung an politischen Opportunitäten; Butt, 15, 122;

– die „Öffentlichkeit" ist ein unstetes Beziehungsgefüge zwischen Akteuren, Medien und Publikum ohne feste Handlungsregeln (Schmidt-Assmann, in Festschrift für K. Ipsen, 2000, 305, 317);

– das durchzusetzende staatliche Recht soll die freien Kräfte der Gesellschaft gerade ordnen und ausgleichen (Masing aaO, S. 234 f.; Schmidt-Assmann, DVBl. 1993, 924, 933).

Angesichts der noch geringen Erweiterungen der RL und, die personell schwache Umweltverwaltung und auch noch schwach strukturierte umweltschutzorientierte Öffentlichkeit wird in der Öffentlichkeitsbeteiligung nach bisherigem Stand per Saldo keine Gefahr für den Bedeutungsverlust der Verwaltung (Wegener, in: Schomerus/Schrader/Wegener, UIG, § 1 Rn 19), sondern als ein Mittel der Stärkung der demokratischen Legitimation gesehen (Werres, DVBl. 2005, 611, 616 f.).

Referentenentwürfe zu einem Öffentlichkeitsbeteiligungsgesetz als Artikelgesetz und einem Umweltrechtsbehelfsgesetz neben der VwGO (25.) mit Beteiligungsergebnissen liegen schon vor. Ein Anpassungsbedarf besteht auch zumindest für das Landes-UVPG und Wasserrecht.

RL 2003/35/EG Artikel 5 Berichte und Überprüfung

Die Kommission legt dem Europäischen Parlament und dem Rat bis zum 25. Juni 2009 einen Bericht über die Anwendung und Wirksamkeit dieser Richtlinie vor. Um Erfordernisse des Umweltschutzes stärker gemäß Artikel 6 des Vertrags einzubeziehen, werden diesem Bericht unter Berücksichtigung der bei der Anwendung dieser Richtlinie in den Mitgliedstaaten gesammelten Erfahrungen gegebenenfalls Vorschläge zur Änderung dieser Richtlinie beigefügt. Die Kommission wird insbesondere die Möglichkeit in Erwägung ziehen, den Geltungsbereich dieser Richtlinie auszudehnen, um andere umweltbezogene Pläne und Programme abzudecken.

RL 2003/35/EG Artikel 6 Umsetzung bis 25.6.2005

38.7 EG-UVP-Richtlinie, EG-SUP-Richtlinie; Gesetz über die Umweltverträglichkeitsprüfung (UVPG) und Niedersächsisches Gesetz über die Umweltverträglichkeitsprüfung (NUVPG)

Zu 38.6 bis 38.11 werden, wie angekündigt (38.4), direkt verhaltenssteuernde integrierte Umweltschutzinstrumente, die weitgehend durch EG-Richtlinien bestimmt sind, erläutert. Ein besonders wichtiges Instrument, das allerdings unselbständiger Bestandteil anderer Verfahren ist, stellen die Umweltverträglichkeitsprüfung (UVP) und die später geregelte strategische Umweltprüfung (SUP) dar.

Fall 1 (= Beispiel zu 38.12): Zur Entlastung einer vielbefahrenen Hauptstraße eines niedersächsischen Ortes soll eine Ortsumgehungsstraße als *Schnell*straße gebaut werden, die auch durch einen Wald führen müsste: Spätestens vor Erlass des Planfeststellungsbeschlusses ist eine UVP durchzuführen. Zum Planfeststellungsverfahren s. 38.12, 39.10, 43., 44.
2. Bau einer Autobahn (BAB 20 Mecklenburg, Radegast-Überquerung, BVerwG, v. 17.2.1997, NuR 1998, 305, s. 44.3).

38.7.1 Richtlinie 85/337/EWG mit Änderungsrichtlinien 97/11/EG, 2000/35/EG; EG-SUP-Richtlinie 2001/42/EG sowie UVPG/NUVPG

38.7.1.1 UVP-Richtlinie 85/337/EWG mit Projekt-UVP-Richtlinie 97/11/EG und ÖffentlichkeitsbeteiligungsRL 2000/35/EG; Umsetzung

Die - insbesondere auf Art. 130s alt, jetzt 175 EGV gestützte (s. 38.1) - **Richtlinie 85/337/EWG des Rates der Europäischen Union** vom 27.6.1985 (ABl. Nr. L 175/40, s. DVBl. 1987, 829 ff.; 10.3.3) **über die Umweltverträglichkeitsprüfung bei bestimmten öffentlichen und privaten Projekten (UVP-Richtlinie, UVP-RL)** verpflichtet die Mitgliedstaaten zu einer **Umweltverträglichkeitsprüfung bei bestimmten öffentlichen und privaten Projekten, die möglicherweise erhebliche Auswirkungen auf die Umwelt haben (Art.1)**. Sie ist **umgesetzt** vor allem durch das **Gesetz über die Umweltverträglichkeitsprüfung (UVPG)**, das der direkten Verhaltenssteuerung zur Umweltschutzverbesserung zuzuordnen ist. Die Richtlinie 85/337 ist durch Art. 1 *der* **Richtlinie 97/11/EG des Rates zur Änderung der UVP-Richtlinie (Projekt-UVP-Richtlinie, Projekt-UVP-RL)** v. 3.3.1997 (ABl. Nr. L 73 /5) erheblich modifiziert worden. Die Richtlinie in der geänderten Fassung enthält Ergänzungen des Umweltschutzes und steht im Zusammenhang mit der *EG-Richtlinie* über die *integrierte Vermeidung und Verminderung der Umweltverschmutzung 96/61/EG* (**IVU-Richtlinie**, 38.8; s. auch Becker, NVwZ 1997, 1167) verbunden worden (vgl. auch Erbguth, UPR 2003, 321).

Die Mitgliedstaaten hätten die Änderungen bis zum 14.3.1999 in nationales Recht umsetzen müssen. Das ist in Deutschland verspätet geschehen. Die wegen der Verspätung anzunehmende unmittelbare Geltung der Richtlinie (10.3.3) ist damit beendet und von einem Abdruck kann abgesehen werden. Zur unmittelbaren Geltung EuGH 7.1.2004 (High Court of Justice), NuR 2004, 513.

Das **Gesetz über die Umweltverträglichkeitsprüfung (UVPG)** in Art. 1 des UVP-Umsetzungsgesetzes vom 12.2.1990 (BGBl. I S. 205) ist durch Ges. v.22.7.2001 (BGBl. I 1950) geändert worden; zuletzt v. 24.6.2005 (BGBl. I 1746, Fass. 25.6.2005, BGBl. I 1757).

Dieses trägt auch dem Urteil des EuGH v. 22.10.1998 – Rs. C-301/95 gegen die Bundesrepublik Deutschland Rechnung, nach dem in der vorherigen Fassung des UVPG nicht alle nach der UVP-Richtlinie zu erfassenden Projektarten aufgenommen waren. Hierzu und zum Änderungsgesetz vgl. auch Feldmann, DVBl. 2001, 589, Enders/Krings, DVBl. 2001, S. 1242; Schink, DVBl. 2001, 321; zur Fassung vor 2001 s. auch Schmidt-Preuß m.w.N., DVBl. 1995, 495. Vgl. auch Änderung v. 8.6.2002, BGBl. I, 1914. Zur Verurteilung Deutschlands wegen unzureichender Umsetzung der UVP-RL s. auch EuGH 10.3.2005, NVwZ 2005, 673 = NuR 2006. 29.

Die **Länder** hatten **ergänzende** Regelungen zum UVPG zu schaffen. In Niedersachsen ist das „Gesetz zur Umsetzung der Richtlinie 85/337/EWG des Rates vom 27. Juni 1985 über die Umweltverträglichkeitsprüfung bei bestimmten öffentlichen und privaten Projekten, geändert durch die Richtlinie des Rates vom 3. März 1997, und weiterer EG-Richtlinien zum Umweltschutz in das Niedersächsische Landesrecht **(Gesetz zur Umsetzung europarechtlicher Vorschriften in Landesrecht)**" vom 5.9.2002, Nds. GVBl. S. 378, ergangen.

Art. 1 enthält das **Niedersächsische Gesetz über die Umweltverträglichkeitsprüfung (NUVPG)**, zuletzt geänd. durch Art. 2 des Gesetzes zur Stärkung des Vertragsnaturschutzes und zur Deregulierung im Naturschutzrecht v. 23.6.2005 (Nds. GVBl. 210). Zur Umsetzung der UVP-Änderungsrichtlinie in Landesrecht s. Kunert, UPR 2003, 326; speziell zum NUVPG und zur Verteilung der Gesetzgebungskompetenz sowie dem Konzept einer verwaltungsvereinfachenden Verweisung zum „Wie" auf das UVPG, das insbes. ergänzend das „Ob" regelt (Anhang), sowie der Anpassung der Fachgesetze Wefelmeier, NdsVBl. 2004, 169 - 171. Soweit sich Vorschriften dieses Gesetzes mit denen des UVPG decken, ist dies nachfolgend durch Klammerzusatz angegeben; Entsprechendes gilt für kleinere Abweichungen oder Ergänzungen.

Zusätzlich ist die EG-RL über die **Öffentlichkeitsbeteiligung** und den **Gerichtszugang 2000/35/EG** im UVPG und NUVPG umzusetzen.

Abdruck der UVP-RL 85/337/EWG geänd. durch Projekt-UVP-RL 97/11/EG und die ÖffentlichkeitsbeteiligungsRL 2000/35/EG

Artikel 1 UVP-RL

(1) Gegenstand dieser Richtlinie ist die Umweltverträglichkeitsprüfung bei öffentlichen und privaten Projekten, die möglicherweise erhebliche Auswirkungen auf die Umwelt haben.

(2) Im Sinne dieser Richtlinie sind:

„Projekt":

— die Errichtung von baulichen oder sonstigen Anlagen,

— sonstige Eingriffe in Natur und Landschaft einschließlich derjenigen zum Abbau von Bodenschätzen;

„Projektträger":

Person, die die Genehmigung für ein privates Projekt beantragt, oder die Behörde, die ein Projekt betreiben will;

„Genehmigung":

Entscheidung der zuständigen Behörde oder der zuständigen Behörden, aufgrund deren der Projektträger das Recht zur Durchführung des Projekts erhält.

„Öffentlichkeit": eine oder mehrere natürliche oder juristische Personen und, in Übereinstimmung mit den innerstaatlichen Rechtsvorschriften oder der innerstaatlichen Praxis, deren Vereinigungen, Organisationen oder Gruppen;

„betroffene Öffentlichkeit": die von umweltbezogenen Entscheidungsverfahren gemäß Artikel 2 Absatz 2 betroffene oder wahrscheinlich betroffene Öffentlichkeit oder die Öffentlichkeit mit einem Interesse daran; im Sinne dieser Begriffsbestimmung haben Nichtregierungsorganisationen, die sich für den Umweltschutz einsetzen und alle nach innerstaatlichem Recht geltenden Voraussetzungen erfüllen, ein Interesse. (kursiv = RL 200/35/EG; unten nicht mehr hervorgehoben)

(3) Die zuständige(n) Behörde(n) ist (sind) die Behörde(n), die von den Mitgliedstaaten für die Durchführung der sich aus dieser Richtlinie ergebenden Aufgaben bestimmt wird (werden).

(4) Die Mitgliedstaaten können — auf Grundlage einer Einzelfallbetrachtung, sofern eine solche nach innerstaatlichem Recht vorgesehen ist — entscheiden, diese Richtlinie nicht auf Projekte anzuwenden, die Zwecken der Landesverteidigung dienen, wenn sie der Auffassung sind, dass sich eine derartige Anwendung negativ auf diese Zwecke auswirken würde.

(5) Diese Richtlinie gilt nicht für Projekte, die im einzelnen durch einen besonderen einzelstaatlichen Gesetzgebungsakt genehmigt werden, da die mit dieser Richtlinie verfolgten Ziele einschließlich des Ziels der Bereitstellung von Informationen im Wege des Gesetzgebungsverfahrens erreicht werden.

Artikel 2 UVP-RL

(1) Die Mitgliedstaaten treffen die erforderlichen Maßnahmen, damit vor Erteilung der Genehmigung die Projekte, bei denen unter anderem aufgrund ihrer Art, ihrer Größe oder ihres Standortes mit erheblichen Auswirkungen auf die Umwelt zu rechnen ist, einer Genehmigungspflicht unterworfen und einer Prüfung in bezug auf ihre Auswirkungen unterzogen werden. Diese Projekte sind in Artikel 4 definiert.

(2) Die Umweltverträglichkeitsprüfung kann in den Mitgliedstaaten im Rahmen der bestehenden **Verfahren zur Genehmigung der Projekte** durchgeführt werden **oder**, falls solche nicht bestehen, **im Rahmen anderer Verfahren oder der Verfahren, die einzuführen** sind, um den Zielen dieser Richtlinie zu entsprechen.

(2a) Die Mitgliedstaaten können ein einheitliches Verfahren für die Erfüllung der Anforderungen dieser Richtlinie und der Richtlinie des Rates 96/61/EG vom 24. September 1996 über die integrierte Vermeidung und Verminderung der Umweltverschmutzung *(ABl. Nr. L 257 vom 10.10. 1996, S. 26; 62.0.2.3)* vorsehen.

(3) Unbeschadet des Artikels 7 können die Mitgliedstaaten in Ausnahmefällen ein einzelnes Projekt ganz oder teilweise von den Bestimmungen dieser Richtlinie ausnehmen. In diesem Fall müssen die Mitgliedstaaten:

a) prüfen, ob eine andere Form der Prüfung angemessen ist;

b) der betroffenen Öffentlichkeit die im Rahmen anderer Formen der Prüfung nach Buchstabe a) gewonnenen Informationen, die Informationen betreffend diese Ausnahme und die Gründe für die Gewährung der Ausnahme zugänglich machen;

c) die Kommission vor Erteilung der Genehmigung über die Gründe für die Gewährung dieser Ausnahme unterrichten und ihr die Informationen übermitteln, die sie gegebenenfalls ihren eigenen Staatsangehörigen zur Verfügung stellen.

Die Kommission übermittelt den anderen Mitgliedstaaten unverzüglich die ihr zugegangenen Unterlagen.

Die Kommission erstattet dem Rat jährlich über die Anwendung dieses Absatzes Bericht.

Artikel 3 UVP-RL

Die Umweltverträglichkeitsprüfung identifiziert, beschreibt und bewertet in geeigneter Weise nach Maßgabe eines jeden Einzelfalls gemäß den Artikeln 4 bis 11 die unmittelbaren und mittelbaren Auswirkungen eines Projekts auf folgende Faktoren:

– Mensch, Fauna und Flora,

– Boden, Wasser, Luft, Klima und Landschaft,

– Sachgüter und kulturelles Erbe,

– die Wechselwirkung zwischen den unter dem ersten, dem zweiten und dem dritten Gedankenstrich genannten Faktoren.

Artikel 4 UVP-RL

(1) Projekte des Anhangs I werden vorbehaltlich des Artikels 2 Absatz 3 einer Prüfung gemäß den Artikeln 5 bis 10 unterzogen.

(2) Bei Projekten des **Anhangs II** bestimmen die Mitgliedstaaten vorbehaltlich des Artikels 2 Absatz 3 anhand

a) einer Einzelfalluntersuchung oder

b) der von den Mitgliedstaaten festgelegten Schwellenwerte bzw. Kriterien,

ob das Projekt einer Prüfung gemäß den Artikeln 5 bis 10 unterzogen werden muss. Die Mitgliedstaaten können entscheiden, beide unter den Buchstaben a) und b) genannten Verfahren anzuwenden.

(3) Bei der Einzelfalluntersuchung oder der Festlegung von Schwellenwerten bzw. Kriterien im Sinne des Absatzes 2 sind die relevanten Auswahlkriterien des Anhangs III zu berücksichtigen.

(4) Die Mitgliedstaaten stellen sicher, dass die gemäß Absatz 2 getroffenen Entscheidungen der zuständigen Behörden der Öffentlichkeit zugänglich gemacht werden.

Artikel 5 UVP-RL

(1) Bei Projekten, die nach Artikel 4 einer Umweltverträglichkeitsprüfung gemäß den Artikeln 5 bis 10 unterzogen werden müssen, ergreifen die Mitgliedstaaten die erforderlichen Maßnahmen, um sicherzustellen, dass der Projektträger die in Anhang IV genannten Angaben in geeigneter Form vorlegt, soweit

a) die Mitgliedstaaten der Auffassung sind, dass die Angaben in einem bestimmten Stadium des Genehmigungsverfahrens und in Anbetracht der besonderen Merkmale eines bestimmten Projekts oder einer bestimmten Art von Projekten und der möglicherweise beeinträchtigten Umwelt von Bedeutung sind;

b) die Mitgliedstaaten der Auffassung sind, dass von dem Projektträger unter anderem unter Berücksichtigung des Kenntnisstandes und der Prüfungsmethoden billigerweise verlangt werden kann, dass er die Angaben zusammenstellt.

(2) Die Mitgliedstaaten treffen die erforderlichen Maßnahmen, um sicherzustellen, dass die zuständige Behörde eine Stellungnahme dazu abgibt, welche Angaben vom Projektträger gemäß Absatz 1 vorzulegen sind, sofern der Projektträger vor Einreichung eines Genehmigungsantrags darum ersucht.

Die zuständige Behörde hört vor Abgabe ihrer Stellungnahme den Projektträger sowie in Artikel 6 Absatz 1 genannte Behörden an. Die Abgabe einer Stellungnahme gemäß diesem Absatz hindert die Behörde nicht daran, den Projektträger in der Folge um weitere Angaben zu ersuchen. Die Mitgliedstaaten können von den zuständigen Behörden die Abgabe einer solchen Stellungnahme verlangen, unabhängig davon, ob der Projektträger dies beantragt hat.

(3) Die vom Projektträger gemäß Absatz 1 vorzulegenden Angaben umfassen mindestens folgendes:
- eine Beschreibung des Projekts nach Standort, Art und Umfang;
- eine Beschreibung der Maßnahmen, mit denen erhebliche nachteilige Auswirkungen vermieden, verringert und soweit möglich ausgeglichen werden sollen;
- die notwendigen Angaben zur Feststellung und Beurteilung der Hauptauswirkungen, die das Projekt voraussichtlich auf die Umwelt haben wird;
- eine Übersicht über die wichtigsten **anderweitigen** vom Projektträger geprüften **Lösungsmöglichkeiten** und Angabe der **wesentlichen Auswahlgründe** im Hinblick auf die Umweltauswirkungen; eine nichttechnische Zusammenfassung der unter den obenstehenden Gedankenstrichen genannten Angaben.

(4) Die Mitgliedstaaten sorgen erforderlichenfalls dafür, dass die Behörden, die über relevante Informationen, insbesondere hinsichtlich des Art. 3, verfügen, diese dem Projektträger zur Verfügung stellen.

Zur **Alternativenprüfung** des Art. 5 (3) Anstrich 4 UVP-RL s zu §§ 11, 12/ §§ 6 – 9 UVPG, des Art. 5 (1) SUP-RL §§ 2 (4), 2a und Anlage zum BauGB sowie schon zuvor allgemeine für Planungsentscheidungen s. zu 21. (eingehend zu den verschiedenen Pflichten einer Alternativenprüfung Spannowsky, UPR 2005, 401 ff. Die UVP-RL enthält selbst zwar keine Rechtspflicht, eine Alternativenprüfung durchzuführen, knüpft aber an die als bestehend vorausgesetzten staatlichen Verpflichtungen zur Durchführung solcher Alternativenprüfungen an (Spannowsky, UPR 2005, 401, 404).

Artikel 6 UVP-RL

(1) Die Mitgliedstaaten treffen die erforderlichen Maßnahmen, damit die Behörden, die in ihrem umweltbezogenen Aufgabenbereich von dem Projekt berührt sein könnten, die Möglichkeit haben, ihre Stellungnahme zu den Angaben des Projektträgers und zu dem Antrag auf Genehmigung abzugeben. Zu diesem Zweck bestimmen die Mitgliedstaaten allgemein oder von Fall zu Fall die Behörden, die anzuhören sind. Diesen Behörden werden die nach Artikel 5 eingeholten Informationen mitgeteilt. Die Einzelheiten der Anhörung werden von den Mitgliedstaaten festgelegt.

(2) Die Öffentlichkeit wird durch öffentliche Bekanntmachung oder auf anderem geeignetem Wege, wie durch elektronische Medien, soweit diese zur Verfügung stehen, frühzeitig im Rahmen umweltbezogener Entscheidungsverfahren gemäß Artikel 2 Absatz 2, spätestens jedoch, sobald die Informationen nach vernünftigem Ermessen zur Verfügung gestellt werden können, über Folgendes informiert:
a) den Genehmigungsantrag;
b) die Tatsache, dass das Projekt Gegenstand einer Umweltverträglichkeitsprüfung ist, und gegebenenfalls die Tatsache, dass Artikel 7 Anwendung findet;
c) genaue Angaben zu den jeweiligen Behörden, die für die Entscheidung zuständig sind, bei denen relevante Informationen erhältlich sind bzw. bei denen Stellungnahmen oder Fragen eingereicht werden können, sowie zu vorgesehenen Fristen für die Übermittlung von Stellungnahmen oder Fragen;
d) die Art möglicher Entscheidungen, oder, soweit vorhanden, den Entscheidungsentwurf;
e) die Angaben über die Verfügbarkeit der Informationen, die gemäß Artikel 5 eingeholt wurden;
f) die Angaben, wann, wo und in welcher Weise die relevanten Informationen zugänglich gemacht werden;
g) Einzelheiten zu den Vorkehrungen für die Beteiligung der Öffentlichkeit nach Absatz 5 dieses Artikels.

(3) Die Mitgliedstaaten stellen sicher, dass der betroffenen Öffentlichkeit innerhalb eines angemessenen zeitlichen Rahmens Folgendes zugänglich gemacht wird:
a) alle Informationen, die gemäß Artikel 5 eingeholt wurden;
b) in Übereinstimmung mit den nationalen Rechtsvorschriften die wichtigsten Berichte und Empfehlungen, die der bzw. den zuständigen Behörden zu dem Zeitpunkt vorliegen, zu dem die betroffene Öffentlichkeit nach Absatz 2 dieses Artikels informiert wird;

c) in Übereinstimmung mit den Bestimmungen der Richtlinie 2003/4/EG des Europäischen Parlaments und des Rates vom 28. Januar 2003 über den Zugang der Öffentlichkeit zu Umweltinformationen (ABl. Nr. L 41/26.) andere als die in Absatz 2 dieses Artikels genannten Informationen, die für die Entscheidung nach Artikel 8 von Bedeutung sind und die erst zugänglich werden, nachdem die betroffene Öffentlichkeit nach Absatz 2 dieses Artikels informiert wurde.

(4) Die betroffene Öffentlichkeit erhält frühzeitig und in effektiver Weise die Möglichkeit, sich an den umweltbezogenen Entscheidungsverfahren gemäß Artikel 2 Absatz 2 zu beteiligen, und hat zu diesem Zweck das Recht, der zuständigen Behörde bzw. den zuständigen Behörden gegenüber Stellung zu nehmen und Meinungen zu äußern, wenn alle Optionen noch offen stehen und bevor die Entscheidung über den Genehmigungsantrag getroffen wird.

(5) Die genauen Vorkehrungen für die Unterrichtung der Öffentlichkeit (beispielsweise durch Anschläge innerhalb eines gewissen Umkreises oder Veröffentlichung in Lokalzeitungen) und Anhörung der betroffenen Öffentlichkeit (beispielsweise durch Aufforderung zu schriftlichen Stellungnahmen oder durch eine öffentliche Anhörung) werden von den Mitgliedstaaten festgelegt.

(6) Der Zeitrahmen für die verschiedenen Phasen muss so gewählt werden, dass ausreichend Zeit zur Verfügung steht, um die Öffentlichkeit zu informieren, und dass der betroffenen Öffentlichkeit ausreichend Zeit zur effektiven Vorbereitung und Beteiligung während des umweltbezogenen Entscheidungsverfahrens vorbehaltlich der Bestimmungen dieses Artikels gegeben wird.

Artikel 7 UVP-RL

(1) Stellt ein Mitgliedstaat fest, dass ein Projekt erhebliche Auswirkungen auf die Umwelt eines anderen Mitgliedstaats haben könnte, oder stellt ein Mitgliedstaat, der möglicherweise davon erheblich betroffen ist, einen entsprechenden Antrag, so übermittelt der Mitgliedstaat, in dessen Hoheitsgebiet das Projekt durchgeführt werden soll, dem betroffenen Mitgliedstaat so bald wie möglich, spätestens aber zu dem Zeitpunkt, zu dem er in seinem eigenen Land die Öffentlichkeit unterrichtet, unter anderem

a) eine Beschreibung des Projekts zusammen mit allen verfügbaren Angaben über dessen mögliche grenzüberschreitende Auswirkungen,

b) Angaben über die Art der möglichen Entscheidung und räumt dem anderen Mitgliedstaat eine angemessene Frist für dessen Mitteilung ein, ob er an dem umweltbezogenen Entscheidungsverfahren gemäß Artikel 2 Absatz 2 teilzunehmen wünscht oder nicht; ferner kann er die in Absatz 2 dieses Artikels genannten Angaben beifügen.

(2) Teilt ein Mitgliedstaat nach Erhalt der in Absatz 1 genannten Angaben mit, dass er an dem umweltbezogenen Entscheidungsverfahren gemäß Artikel 2 Absatz 2 teilzunehmen beabsichtigt, so übermittelt der Mitgliedstaat, in dessen Hoheitsgebiet das Projekt durchgeführt werden soll, sofern noch nicht geschehen, dem betroffenen Mitgliedstaat die nach Artikel 6 Absatz 2 erforderlichen und nach Artikel 6 Absatz 3 Buchstaben a) und b) bereitgestellten Informationen.

(3) Ferner haben die beteiligten Mitgliedstaaten, soweit sie jeweils berührt sind,

a) dafür Sorge zu tragen, dass die Angaben gemäß den Absätzen 1 und 2 innerhalb einer angemessenen Frist den in Artikel 6 Absatz 1 genannten Behörden sowie der betroffenen Öffentlichkeit im Hoheitsgebiet des möglicherweise von dem Projekt erheblich betroffenen Mitgliedstaats zur Verfügung gestellt werden, und

b) sicherzustellen, dass diesen Behörden und der betroffenen Öffentlichkeit Gelegenheit gegeben wird, der zuständigen Behörde des Mitgliedstaats, in dessen Hoheitsgebiet das Projekt durchgeführt werden soll, vor der Genehmigung des Projekts innerhalb einer angemessenen Frist ihre Stellungnahme zu den vorgelegten Angaben zuzuleiten.

(4) Die beteiligten Mitgliedstaaten nehmen Konsultationen auf, die unter anderem die potentiellen grenzüberschreitenden Auswirkungen des Projekts und die Maßnahmen zum Gegenstand haben, die der Verringerung oder Vermeidung dieser Auswirkungen dienen sollen, und vereinbaren einen angemessenen Zeitrahmen für die Dauer der Konsultationsphase.

(5) Die Einzelheiten der Durchführung dieses Artikels können von den betroffenen Mitgliedstaaten festgelegt werden; sie müssen derart beschaffen sein, dass die betroffene Öffentlichkeit im Hoheitsgebiet des betroffenen Mitgliedstaats die Möglichkeit erhält, effektiv an den umweltbezogenen Entscheidungsverfahren gemäß Artikel 2 Absatz 2 für das Projekt teilzunehmen.

Artikel 8 UVP-RL

Die Ergebnisse der Anhörungen und die gemäß den Artikeln 5, 6 und 7 eingeholten Angaben sind beim Genehmigungsverfahren zu berücksichtigen.

Artikel 9 UVP-RL

(1) Wurde eine Entscheidung über die Erteilung oder die Verweigerung einer Genehmigung getroffen, so gibt (geben) die zuständige(n) Behörde(n) dies der Öffentlichkeit nach den entsprechenden Verfahren bekannt und macht (machen) ihr folgende Angaben zugänglich:

– den Inhalt der Entscheidung und die gegebenenfalls mit der Entscheidung verbundenen Bedingungen;

– nach Prüfung der von der betroffenen Öffentlichkeit vorgebrachten Bedenken und Meinungen die Hauptgründe und -erwägungen, auf denen die Entscheidung beruht, einschließlich Angaben über das Verfahren zur Beteiligung der Öffentlichkeit;

– erforderlichenfalls eine Beschreibung der wichtigsten Maßnahmen, mit denen erhebliche nachteilige Auswirkungen vermieden, verringert und, soweit möglich, ausgeglichen werden sollen.

(2) Die zuständige(n) Behörde(n) unterrichtet (unterrichten) die gemäß Artikel 7 konsultierten Mitgliedstaaten und übermittelt (übermitteln) ihnen die in Absatz 1 dieses Artikels genannten Angaben. Die konsultierten Mitgliedstaaten stellen sicher, dass diese Informationen der betroffenen Öffentlichkeit in ihrem eigenen Hoheitsgebiet in geeigneter Weise zugänglich gemacht werden.

Artikel 10 UVP-RL

Die Bestimmungen dieser Richtlinie berühren nicht die Verpflichtung der zuständigen Behörden, die von den einzelstaatlichen Rechts- und Verwaltungsvorschriften und der herrschenden Rechtspraxis auferlegten Beschränkungen zur Wahrung der gewerblichen und handelsbezogenen Geheimnisse einschließlich des geistigen Eigentums und des öffentlichen Interesses zu beachten.

Soweit Artikel 7 Anwendung findet, unterliegen die Übermittlung von Angaben an einen anderen Mitgliedstaat und der Empfang von Angaben eines anderen Mitgliedstaats den Beschränkungen, die in dem Mitgliedstaat gelten, in dem das Projekt durchgeführt werden soll.

Artikel 10a

Die Mitgliedstaaten stellen im Rahmen ihrer innerstaatlichen Rechtsvorschriften sicher, dass Mitglieder der betroffenen Öffentlichkeit, die

a) ein ausreichendes Interesse haben oder alternativ

b) eine Rechtsverletzung geltend machen, sofern das Verwaltungsverfahrensrecht bzw. Verwaltungsprozessrecht eines Mitgliedstaats dies als Voraussetzung erfordert,

Zugang zu einem Überprüfungsverfahren vor einem Gericht oder einer anderen auf gesetzlicher Grundlage geschaffenen **unabhängigen und unparteiischen Stelle** haben, um die materiellrechtliche und verfahrensrechtliche Rechtmäßigkeit von Entscheidungen, Handlungen oder Unterlassungen anzufechten, für die die Bestimmungen dieser Richtlinie über die Öffentlichkeitsbeteiligung gelten.

Die Mitgliedstaaten legen fest, in welchem Verfahrensstadium die Entscheidungen, Handlungen oder Unterlassungen angefochten werden können.

Was als ausreichendes Interesse und als Rechtsverletzung gilt, bestimmen die Mitgliedstaaten im Einklang mit dem Ziel, der betroffenen Öffentlichkeit einen weiten Zugang zu Gerichten zu gewähren. Zu diesem Zweck gilt das Interesse jeder Nichtregierungsorganisation, welche die in Artikel 1 Absatz 2 genannten Voraussetzungen erfüllt, als ausreichend im Sinne von Absatz 1 Buchstabe a) dieses Artikels. Derartige Organisationen gelten auch als Träger von Rechten, die im Sinne von Absatz 1 Buchstabe b) dieses Artikels verletzt werden können.

Dieser Artikel schließt die Möglichkeit eines vorausgehenden Überprüfungsverfahrens bei einer Verwaltungsbehörde nicht aus und lässt das Erfordernis einer Ausschöpfung der verwaltungsbehördlichen Überprüfungsverfahren vor der Einleitung gerichtlicher Überprüfungsverfahren unberührt, sofern ein derartiges Erfordernis nach innerstaatlichem Recht besteht.

Die betreffenden Verfahren werden fair, gerecht, zügig und nicht übermäßig teuer durchgeführt.

Um die Effektivität dieses Artikels zu fördern, stellen die Mitgliedstaaten sicher, dass der Öffentlichkeit praktische Informationen über den Zugang zu verwaltungsbehördlichen und gerichtlichen Überprüfungsverfahren zugänglich gemacht werden.

Artikel 11 UVP-RL

(1) Die Mitgliedstaaten und die Kommission tauschen Angaben über ihre Erfahrungen bei der Anwendung dieser Richtlinie aus.

(2) Insbesondere teilen die Mitgliedstaaten der Kommission gemäß Artikel 4 Absatz 2 die für die Auswahl der betreffenden Projekte gegebenenfalls festgelegten Kriterien und/oder Schwellenwerte mit.

(3) Fünf Jahre nach Bekanntgabe dieser Richtlinie übermittelt die Kommission dem Europäischen Parlament und dem Rat einen Bericht über deren Anwendung und Nutzeffekt. Der Bericht stützt sich auf

diesen Informationsaustausch.

(4) Die Kommission unterbreitet dem Rat auf der Grundlage dieses Informationsaustauschs zusätzliche Vorschläge, falls dies sich im Hinblick auf eine hinreichend koordinierte Anwendung dieser Richtlinie als notwendig erweist.

Artikel 12 UVP-RL

(1) Die Mitgliedstaaten treffen die erforderlichen Maßnahmen, um dieser Richtlinie innerhalb von drei Jahren nach ihrer Bekanntgabe *(diese Richtlinie wurde den Mitgliedstaaten am 3. Juli 1985 bekannt gegeben)* nachzukommen.

(2) Die Mitgliedstaaten teilen der Kommission den Wortlaut der innerstaatlichen Rechtsvorschriften mit, die sie auf dem unter diese Richtlinie fallenden Gebiet erlassen.

ANHANG I UVP-RL: PROJEKTE NACH ARTIKEL 4 ABSATZ 1 *(nicht abgedruckt)*

ANHANG II UVP-RL; PROJEKTE NACH ARTIKEL 4 ABSATZ 2

1. Landwirtschaft, Forstwirtschaft und Fischzucht

a) Flurbereinigungsprojekte.
b) Projekte zur Verwendung von Ödland oder naturnahen Flächen zu intensiver Landwirtschaftsnutzung.
c) Wasserwirtschaftliche Projekte in der Landwirtschaft, einschließlich Bodenbe- und -entwässerungsprojekte.
d) Erstaufforstungen und Abholzungen zum Zweck der Umwandlung in eine andere Bodennutzungsart.
e) Anlagen zur Intensivtierhaltung (nicht durch Anhang I erfasste Projekte).
f) Intensive Fischzucht.
g) Landgewinnung am Meer.

2. ...

ANHANG III UVP-RL: AUSWAHLKRITERIEN IM SINNE VON ARTIKEL 4 ABSATZ 3 *(nicht abgedruckt)*

ANHANG IV: ANGABEN GEMÄSS ARTIKEL 5 ABSATZ 1 *(nicht abgedruckt)*

38.7.1.2 EG-SUP-Richtlinie (SUP-RL, auch Plan- UP-RL) 2001/42/EG für Pläne und Programme; Europäisches Umweltplanungsrecht

Die **EG-Richtlinie über die Prüfung von Umweltauswirkungen von Plänen und Programmen 2001/42/EG** des Eur. Parlaments und des Rates vom 27.6.2001 (ABl. Nr. L 197/40) – **EG-SUP-Richtlinie- (SUP-RL)** ergänzt im Vorstadium von Projekten die UVP-Richtlinie. Zu den Umsetzungsmöglichkeiten in deutsches Recht s. Schmidt/Rütz/Bier, DVBl. 2002, 357; Pietzcker/Fiedler, DVBl. 2002, 929. Vgl. auch Hendler: Der Geltungsbereich der EG-Richtlinie zur strategischen Umweltprüfung, NuR 2003, 2; derselbe: Zum Begriff der Pläne und Programme in der EG-Richtlinie zur strategischen Umweltprüfung, DVBl. 2003, 227. Vgl. auch allgemein Erbguth, UPR 2003, 321; Schink, NuR 2003, 647 schon dazu, das UVP-Verfahren als Trägerverfahren i.V.m. der Umweltprüfung nach der EG-SUP-RL 2001/42/EG (38.7.5) auch für die naturschutzrechtliche Eingriffsregelung (38.12, 50., 40.6) und die FFH-Verträglichkeitsprüfung (51.14) zu verwenden. Zur (geplanten) Novellierung des Raumordnungsrechts s. Erbguth, NuR 2004, 91 und Schreiber, UPR 2004, 50; vgl. auch Schreiber (aaO S. 54 f.) zur späteren Umsetzung möglichst im Landesraumordnungsrecht, nicht im Landes-UVPG. Die SUP-Richtlinie (**SUP-RL**; die Bezeichnung „Plan-UP-RL" hat sich nicht durchgesetzt und wird nachfolgend nicht mehr verwendet)) ist in einem ersten Teilschritt durch das Gesetz **EAG-Bau** (Anpassung des **BauGB**, 40. f. und des **ROG**, 39.9), vom 30.6.2004 (BGBl. I 1359) ab 20.7.2004 umgesetzt worden; durch Art. 2 EAG-Bau ist dabei auch das **UVPG geändert** (38.7.2 ff.); zur Bauleitplanung s. Dolde, NVwZ 2003, 297; vgl. auch Krautzberger/Stüer, DVBl. 2004, 781; DVBl. 2004, 914; 40. f.; Krautzberger, UPR 2004, 41 und 40; BT-Drucks. 15/2250; UVPG. Es folgte ergänzend ab 29.6.2005 vor allem durch Anpassung und Erweiterung des UVPG Art. 2 des **Gesetzes zur Einführung einer Strategischen Umweltprüfung und zur Umsetzung der Richtlinie 2001/42/EG (SUPG)** v. 24.6.2005 (BGBl. I 1746, Fass. 25.6.2005, BGBl. I 1757); BT-Drucks. 15/3441 v. 29.6.2004; auch mit Übernahmen von Inhalten über die Richtlinie für **Öffentlichkeitsbeteiligung** und **Gerichtszugang** 2003/35/EG; s. 38.9.4; sowie des UN-ECE-(SEA) Protokolls v. 21.5.2003 über die SUP zum Übereinkommen vom 25.2.1991 über die UVP im **grenzüberschreitenden** Rahmen (Espoo-Konvention); Neufassung des UVPG durch Bek. v. 25.6.2005 BGBl. I 1757). Zu der Umweltprüfung für Pläne und Programme nach den Anforderungen der SUP-RL s. u.a. Schink, NuR 2005, 143 und NVwZ 2005, 615; Hendler NVwZ 2005, 977 m.w.N.; Erbguth/Schubert, ZUR 2005, 524. Zur SUP und UVP hinsichtlich der Kommunen s. Erbguth/Schubert, DÖV 2005, 553. Zur horizontalen und vertikalen **Verzahnung der SUP mit anderen umweltbezogenen Prüf**verfahren und den bundesstaatlichen Kompetenzproblemen s. DVBl. 2006, 65.

Europäisches Umweltplanungsrecht (i.w.S.) umfasst, über die raumbedeutsamen Planungen (s. 39. Zur Raumordnung i.e.S.) hinaus, alle Planungen, mit denen die Anwendung der sonstigen umweltrechtlichen oder umweltrelevanten Instrumente koordiniert oder in sonstiger Weise determiniert wird oder die, wie z.B. einige naturschutz- und wasserrechtliche Planungen, unmittelbar selbst eine koordinierte Form der Anwendung solcher ordnungsrechtlichen Instrumente darstellen (Lübbe-Wolf, NVwZ 2001, 481, 493; Faßbender, NVwZ 2005, 1122 f.). Es geht um gemeinschaftsrechtliche sekundärrechtliche Vorgaben in ihrer Funktion als Bestandteil des europäischen Umweltplanungsrechts, aber auch um eigene Planungsmaßnahmen der EG (Nachw. bei Faßbender, NVwZ 2005, 1122) sowie um raumwirksame, auch umweltbezogene Leistungen aus EG-Strukturfondsmitteln u.a. mit Wirkungen für das Umweltplanungsrecht der Mitgliedstaaten (Faßbender aaO 1123 m.w.N.; Gatavis, Grundfragen eines europäischen Raumordnungsrechts, 2000, 23 ff.), einschließlich in Anfängen mit Wirkung für die staatliche Verwaltungsorganisation (Martinez, ZUR 2005, 337; derselbe allg.: Das Recht der Europäischen Raumordnung, 2005). Unterschieden werden auch Vorgaben, für die nach nationalem Recht ohnehin durchzuführenden Planungen (UVP-RL, SUP-RL, ÖffentlichkeitsbeteiligungsRL 2003/35/EG, 38.6.2) und solchen, die den Mitgliedstaaten konstitutiv konkrete Planungsaufträge erteilen (medial: WasserrahmenRL 2000/60/EG - 60.1.1, 60.1.4: LuftqualitätsRRL 96/62/EG - 62.7.2, UmgebungslärmRL 2002/49/EG - 62.8.2, FFH- und VogelschutzRL – 51.12.; kausal: AbfallrahmenRL 75/442/EWG und RL 91/689/EWG über gefährliche Abfälle –63.1.0.) Faßbender aaO. Strittig ist, ob abzuhandeln staatliche Pläne nicht bei Umsetzung sondern nur als Vollzugsakt Rechtsnormcharakter haben müssen (z.B. Schröder, DÖV 1991, 910, 914) oder ob sie nicht bei bloßer Behördenverbindlichkeit, sondern – insoweit zweifelsfrei - bei unmittelbarer Begründung von Rechten und Pflichten des Einzelnen Rechtsnormen sein müssen (Faßbender, NVwZ 2005, 1122, 1130, den Maßnahmeprogrammen der WRRL einen Interncharakter zuordnend; Hinweis auf EuGH 27.2.2003 C-415/01, Slg. 2003, I-2081 Rn 21 f. = NuR 2004, 516, räumliche Abgrenzung von Schutzgebieten mit Verbindlichkeit für betroffene Rechtssubjekte; bei Abfallbewirtschaftungsplänen Hinweis auf „Erfolgspflicht" (EuGH 2.5.2002 C-292/99, Slg. 2002, I-4097 Rn 39). Inhaltlich erlangt der EuGH spezifische Programme ausgerichtet auf die spezifischen Ziele in einem kohärenten Gesamtkonzept (Faßbender aaO mit Nachw.; 63.4.3). Auch die konkrete sachliche Reichweite der umzusetzenden Planungsvorgaben geht teilweise weit (Faßbender, NVwZ 2005, 1130, 1131, mit Bezug auf EuGH 23.9.2004- Rs C-280/02 Rn 26 ff.). Zur neuerlichen Planaufstellungspflicht zu Feinstaubgrenzwerten s. die strittige Entscheidung des VG Stuttgart, NVwZ 2005, 971 zu 62.7.8.4; Faßbender aaO. Die **SUP-RL** kann der Vernetzung der planungsrechtlichen Vorgaben dienen (Faßbender aaO). Den „Absolutheitsanspruch" der naturschutzrechtlichen Vorgaben problematisierend fordert Faßbender (NVwZ 2005, 122, 1132) eine gemeinschaftsrechtliche Planungsdogmatik.

Nachfolgend wird die **SUP-RL** dargestellt; es folgt das UVPG.

Art.1 SUP-RL Ziele
Ziel dieser Richtlinie ist es, im Hinblick auf die Förderung einer nachhaltigen Entwicklung ein hohes Umweltschutzniveau sicherzustellen und dazu beizutragen, dass Umwelterwägungen bei der Ausarbeitung und Annahme von Plänen und Programmen einbezogen werden, indem dafür gesorgt wird, dass bestimmte Pläne und Programme, die voraussichtlich erhebliche Umweltauswirkungen haben, entsprechend dieser Richtlinie einer Umweltprüfung unterzogen werden.

Ziel ist eine Umweltprüfung mit umfassender Öffentlichkeitsbeteiligung schon auf der räumlichen Planungsebene und nicht erst bei der Projekt-Zulassung, die oft zu spät kommt, insbesondere da schon Trassenentscheidungen u.Ä. ohne (volle) Möglichkeit der Alternativenprüfung schon gefallen sind. Das für bestimmte Vorhaben bereits bestehende Instrument der Umweltverträglichkeitsprüfung (UVP-Richtlinie 85/337/EWG mit Projekt-UVP-Richtlinie) genügt danach nicht.

Art. 2 SUP-RL Begriffsbestimmungen ...
a) **„Pläne und Programme"** Pläne und Programme einschließlich der von der EG mitfinanzierten, sowie deren Änderungen,
   - **die von einer Behörde auf nationaler, regionaler oder lokaler Ebene ausgearbeitet und/ oder angenommen werden oder die von einer Behörde für die Annahme durch das Parlament oder die Regierung im Wege eines Gesetzgebungsverfahrens ausgearbeitet werden und**
   - die aufgrund von Rechts- oder Verwaltungsvorschriften erstellt werden müssen;
b) **„Umweltprüfung"** die Ausarbeitung eines Umweltberichts, die Durchführung von Konsultationen, die Berücksichtigung und der Ergebnisse der Konsultationen bei der Entscheidungsfindung und die Unterrichtung über die Entscheidung gemäß den Artikeln 4 bis 9;
c) **„Umweltbericht"** den Teil der Plan- oder Programmdokumentation, der die in Artikel 5 und in Anhang I vorgesehenen Informationen enthält;
d) **„Öffentlichkeit"** eine oder mehrere natürliche oder juristische Personen und, in Übereinstimmung mit den innerstaatlichen Rechtsvorschriften oder der innerstaatlichen Praxis, deren Vereinigungen, Organisationen oder Gruppen.

Art. 3 SUP-RL Geltungsbereich
(1) Die unter die Absätze 2 bis 4 fallenden Pläne und Programme, die voraussichtlich erhebliche Umweltauswirkungen haben, werden einer Umweltprüfung nach den Artikeln 4 bis 9 unterzogen. *(auch positive Auswirkungen)*
(2) Vorbehaltlich des Absatzes 3 wird eine Umweltprüfung bei allen Plänen und Programmen vorgenommen,
a) **die in den Bereichen Landwirtschaft, Forstwirtschaft, Fischerei, Energie, Industrie, Verkehr, Abfallwirtschaft, Wasserwirtschaft, Telekommunikation, Fremdenverkehr, Raumordnung oder Bodennutzung ausgearbeitet werden und durch die der Rahmen für die künftige Genehmigung der in den Anhängen I und II der Richtlinie 85/337/EWG** *(UVP, Projekt-UVP-Richtlinie)* **aufgeführten Projekte gesetzt wird oder**
b) **bei denen angesichts ihrer voraussichtlichen Auswirkungen auf Gebiete eine Prüfung nach Art. 6 oder 7 der Richtlinie 92/43/EWG** *(FFH-RL, 51.14)* **für erforderlich erachtet wird.**
(3) Die unter Absatz 2 fallenden Pläne und Programme, die die Nutzung kleiner Gebiete auf lokaler Ebene festlegen, sowie geringfügige Änderungen der unter Absatz 2 fallenden Pläne und Programme bedürfen nur dann einer Umweltprüfung, wenn die Mitgliedstaaten bestimmen, dass sie voraussichtlich erhebliche Umweltauswirkungen haben.

(4) Die Mitgliedstaaten befinden darüber, ob nicht unter Absatz 2 fallende Pläne und Programme, durch die der Rahmen für die künftige Genehmigung von Projekten gesetzt wird, voraussichtlich erhebliche Umweltauswirkungen haben. *(Abs. 3, 4 „Screening, s. § 3c, 38.7.3)*

(5) Die Mitgliedstaaten bestimmen entweder durch Einzelfallprüfung oder durch Festlegung von Arten von Plänen und Programmen oder durch eine Kombination dieser beiden Ansätze, ob die in den Absätzen 3 und 4 genannten Pläne oder Programme voraussichtlich erhebliche Umweltauswirkungen haben. Zu diesem Zweck berücksichtigen die Mitgliedstaaten in jedem Fall die einschlägigen Kriterien des Anhangs II, um sicherzustellen, dass Pläne und Programme, die voraussichtlich erhebliche Umweltauswirkungen haben, von dieser Richtlinie erfasst werden.

(6) Im Rahmen einer Einzelfallprüfung und im Falle der Festlegung von Arten von Plänen und Programmen nach Absatz 5 sind die in Artikel 6 Absatz 3 genannten Behörden zu konsultieren.

(7) Die Mitgliedstaaten sorgen dafür, dass die nach Absatz 5 getroffenen Schlussfolgerungen, einschließlich der Gründe für die Entscheidung, keine Umweltprüfung gemäß den Artikeln 4 bis 9 vorzuschreiben, der Öffentlichkeit zugänglich gemacht werden.

(8) Die folgenden Pläne und Programme unterliegen dieser Richtlinie nicht:
- Pläne und Programme, die ausschließlich Zielen der Landesverteidigung oder des Katastrophenschutzes dienen;
- Finanz- oder Haushaltspläne und Programme

(9) Diese Richtlinie gilt nicht für Pläne und Programme, die in den laufenden jeweiligen Programmplanungszeiträumen für die VO (EG) Nr. 1260/1999 und (EG) Nr. 1257/1999 des Rates mitfinanziert werden *(s. 48.2.3; Zeiträume bis 2006, zum Teil 2007)*

Zur Umsetzung von Art. 3 (1) – (6) und Art. 4 s. auch § 7 (5) ROG).

Art. 4 SUP-RL Allgemeine Verpflichtungen

(1) Die Umweltprüfung nach Art. 3 wird während der Ausarbeitung und vor der Annahme eines Plans oder Programms oder dessen Einbringung in das Gesetzgebungsverfahren durchgeführt.

(2) Die Mitgliedstaaten übernehmen die Anforderungen dieser Richtlinie entweder in bestehende Verfahren zur Annahme von Plänen und Programmen oder in neue Verfahren, die festgelegt werden, um dieser Richtlinie nachzukommen.

(3) Gehören Pläne und Programme zu einer Plan- oder Programmhierarchie, so berücksichtigen die Mitgliedstaaten zur Vermeidung von Mehrfachprüfungen die Tatsache, dass die Prüfung gemäß der vorliegenden Richtlinie auf verschiedenen Stufen dieser Hierarchie durchgeführt wird. Die Mitgliedstaaten wenden, unter anderem zur Vermeidung von Mehrfachprüfungen, Artikel 5 Absätze 2 und 3 an.

Es besteht ferner die Möglichkeit eines **gemeinsamen Prüfverfahrens** für die Umweltprüfung nach der SUP-RL und für weitere umweltrelevante Prüfungen nach den Rechtsvorschriften der Europäischen Gemeinschaften **(Artikel 11 der SUP-RL).**

Artikel 5 SUP-RL Umweltbericht

(1) Ist eine Umweltprüfung nach Art. 3 (1) durchzuführen, so ist ein Umweltbericht zu erstellen; darin werden die voraussichtlichen erheblichen <u>Auswirkungen</u>, die die Durchführung des Plans oder Programms auf die Umwelt hat, sowie <u>vernünftige Alternativen</u>, die die Ziele und den geographischen Anwendungsbereich des Plans oder Programms berücksichtigen, ermittelt, beschrieben und bewertet. Welche Informationen zu diesem Zweck vorzulegen sind, ist in Anhang I angegeben.

(2) Der Umweltbericht nach Absatz 1 enthält die Angaben, die vernünftigerweise verlangt werden können und berücksichtigt dabei den gegenwärtigen Wissensstand und aktuelle Prüfmethoden, Inhalt und Detaillierungsgrad des Plans oder Programms, dessen Stellung im Entscheidungsprozess sowie das Ausmaß, in dem bestimmte Aspekte zur Vermeidung von Mehrfachprüfungen auf den unterschiedlichen Ebenen dieses Prozesses am besten geprüft werden können.

(3) Zur Gewinnung der in Anhang I genannten Informationen können alle verfügbaren relevanten Informationen über die Umweltauswirkungen der Pläne und Programme herangezogen werden, die auf anderen Ebenen des Entscheidungsprozesses oder aufgrund anderer Rechtsvorschriften der Gemeinschaft gesammelt werden.

(4) Die in Art. 6 Absatz 3 genannten Behörden werden bei der Festlegung des Umfangs und Detaillierungsgrads der in den Umweltbericht aufzunehmenden Informationen konsultiert.

Nach Nr. 10 der Erwägungsgründe der SUP-RL sollen alle Pläne und Programme, welche einen Rahmen für die künftige Genehmigung von UVP-pflichtigen Projekten setzen, grundsätzlich einer systematischen Prüfung unterzogen werden. Art. 5 (1) SUP-RL bezieht demnach auch die Ermittlung, Beschreibung und Bewertung vernünftiger **planzielbezogener Alternativen** in die Pflicht mit Darstellung im Umweltbericht ein. Das Projekt mit seiner Zielsetzung selbst wird nicht in Frage gestellt. Sind aber ausnahmsweise die Umweltauswirkungen so gravierend, dass sie ausschlaggebend gegen den Plan sind, kann auch die Null-Variante eine echte Alternative sein (Spannowsky, UPR 2005, 401, 405). Wegen der gesteigerten Pflicht zur Alternativenprüfung sind strenger als nach der bisherigen allgemeinen Rechtsprechung (21.) auch im Rahmen der vollen Verhältnismäßigkeit auch Alternativen zu prüfen, die sich nicht anbieten oder aufdrängen, jedoch eine bessere Umweltbilanz erwarten lassen (Spannowsky, UPR 2005, 401, 305, mit Bezug auf BVerwG 17.5.2002, NVwZ 2002, 1243, 1245 f., 51.14.3.1 zu FFH-Gebieten). Anlagenspezifische und verfahrensmethodische Alternativen sind in der Raumordnung und Bauleitplanung nicht zu prüfen (Spannowsky, UPR 2005, 401, 495).

Anhang I h der SUP-RL erfordert eine Kurzdarstellung der Gründe für die Wahl der geprüften Alternative. Soweit auf der jeweiligen Planungsebene eine Alternativenprüfung durchgeführt werden kann, ist sie auch - mit nachvollziehbarer Kontrollmöglichkeit hinsichtlich Abwägungsfehlern bei Unterlassung (21.) - durchzuführen (Spannowsky, UPR 2005, 401, 404). Zur Umsetzung in der Bauleitplanung s. §§ 2 (4), 2a und die Anlage zum BauGB.

Art. 6 SUP-RL Konsultationen

(1) Der Entwurf des Plans oder Programms und der nach Artikel 5 erstellte Umweltbericht werden den in Absatz 3 genannten Behörden sowie der Öffentlichkeit zugänglich gemacht.

Abs. 2 verlangt, dass bei mit ausreichender **Frist** Gelegenheit zur **Stellungnahme** gegeben wird. Nach Abs. 3 bestimmen die Mitgliedstaaten die möglicherweise betroffenen **Behörden** mit umweltbezogenem Aufgabenbereich sowie nach Abs. 4 den Begriff der **Öffentlichkeit** und nach Abs. 5 weitere Einzelheiten. **Art. 7** regelt **grenzüberschreitende Konsultationen**.

Nach **Artikel 8** der SUP-RL werden der Umweltbericht und das Ergebnis der Beteiligung bei der Ausarbeitung des Plans oder Programms und vor dessen Annahme **berücksichtigt**. Nach der Annahme ist der Plan oder das Programm mit der die Umweltprüfung betreffenden Begründung nach **Artikel 9** der SUP-RL **bekannt zu geben**. Die erheblichen Auswirkungen der Durchführung der Pläne und Programme sind nach **Artikel 10** der SUP-RL zu überwachen (Monitoring). Nach **Art. 12 (2)** haben die Mitgliedstaaten sicherzustellen, dass die Umweltberichte von – für die Richtlinieneinanforderungen - ausreichender Qualität sind und unterrichten die Kommission über alle qualitätssichernden Maßnahmen.

Zu den Umsetzungsmöglichkeiten in deutsches Recht s. Schmidt/Rütz/Bier, DVBl. 2002, 357; Pietzcker/Fiedler, DVBl. 2002, 929. Vgl. auch Hendler: Der Geltungsbereich der EG-Richtlinie zur strategischen Umweltprüfung, NuR 2003, 2; derselbe: Zum Begriff der Pläne und Programme in der EG-Richtlinie zur strategischen Umweltprüfung, DVBl. 2003, 227; NVwZ 2005, 977. Vgl. auch allgemein Erbguth, UPR 2003, 321; Schink, NuR 2003, 647 schon dazu, das UVP-Verfahren als Trägerverfahren i.V.m. der Umweltprüfung nach der EG-SUP-RL 2001/42/EG (38.7.5) auch für die naturschutzrechtliche Eingriffsregelung (38.12, 50., 40.6) und die FFH-Verträglichkeitsprüfung (51.14) zu verwenden. Zur (geplanten) Novellierung des Raumordnungsrechts s. Erbguth, NuR 2004, 91 und Schreiber, UPR 2004, 50; vgl. auch Schreiber (aaO S. 54 f.) zur späteren Umsetzung möglich im Landesraumordnungsrecht, nicht im Landes-UVPG. Zur Umsetzung durch das EAG-Bau (38.7.1) s. Änderungen des UVPG (38.7.2 ff.), des ROG (39.9), und des BauGB (40. f.; Krautzberger, UPR 2004, 41 und 40.) sowie BT-Drucks. 15/2250.

Das Gesetz zur Einführung einer strategischen Umweltprüfung und zur Umsetzung der Richtlinie 2001/42/EG (SUPG) sowie der Richtlinie 2003/35/EG v. 26.5.2003, ABl. L 156/17, über die Beteiligung der Öffentlichkeit bei der Ausarbeitung bestimmter umweltbezogener Pläne und Programme usw. s. BT-Drucks. 15/3441 v. 29.6.2004.

38.7.2 – 38.7.6 UVPG/ NUVPG

38.7.2 Zweck und Begriffsbestimmungen, §§ 1, 2 UVPG/ § 5 NUVPG

§ 1 UVPG Zweck des Gesetzes *(entsprechend nach § 5 NUVPG)*

Zweck dieses Gesetzes ist es sicherzustellen, dass bei bestimmten öffentlichen und privaten Vorhaben sowie bei bestimmten Plänen und Programmen zur wirksamen Umweltvorsorge nach einheitlichen Grundsätzen

1. die Auswirkungen auf die Umwelt im Rahmen von Umweltprüfungen (Umweltverträglichkeitsprüfung und Strategische Umweltprüfung) frühzeitig und umfassend ermittelt, beschrieben und bewertet werden,
2. die Ergebnisse der durchgeführten Umweltprüfungen
   a) bei allen behördlichen Entscheidungen über die Zulässigkeit von Vorhaben,
   b) bei der Aufstellung oder Änderung von Plänen und Programmen
so früh wie möglich berücksichtigt werden.

Das **UVPG** ist der direkten Verhaltenssteuerung zur Umweltschutzverbesserung zuzuordnen. Es realisiert entsprechend der Vorgabe der EG-Richtlinien das *Vorsorgeprinzip* (38.3.1.2) „gesamthaft" sektorenübergreifend, integrativ (38.3) hinsichtlich der Umweltmedien und deren Gefährdungen, s. Sparwasser/Engel/Voßkuhle, 4/10 ff.; zum Nachstehenden s. auch: Schmidt-Preuß m.w.N., DVBl. 1995, 495; Peters NuR 1996, 235; Feldmann, DVBl. 2001, 589, Enders/Krings, DVBl. 2001, S. 1242; Schink, DVBl. 2001, 321. Nach Ergänzung der projektbezogenen **Umweltverträglichkeitsprüfung (UVP)** um die **strategische Umweltprüfung (SUP,** s. 38.7.1.2 zum EAG-Bau und zum Gesetz zur Einführung einer strategischen Umweltprüfung und zur Umsetzung der Richtlinie 2001/42/EG (SUPG) sowie der Richtlinie 2003/35/EG v. 26.5.2003, ABl. L 156/17,) dienen beide unter dem Oberbegriff **Umweltprüfung (UP)** der Ermittlung, Beschreibung und Bewertung von erheblichen Umweltauswirkungen zur Stärkung der Umweltbelange auf möglichst früher Entscheidungsebene in Abwägungsentscheidungen mit konträren Belangen. Das UVPG begründet aber keine drittschützenden Rechte, insbesondere kein nachbarliches Abwehrrecht (OVG Lüneburg 11.2.2004, NuR 2004, 403 = RdL 2004, 132; OVG Münster 7.1.2004, NuR 2004, 817 = DÖV 2004, 581; s. aber zu § 12 UVPG).

§ 2 UVPG Begriffsbestimmungen *(entsprechend nach § 5 NUVPG)*

(1) ¹Die Umweltverträglichkeitsprüfung ist ein unselbständiger Teil verwaltungsbehördlicher Verfahren, die der Entscheidung über die Zulässigkeit von Verfahren dienen. ²Die Umweltverträglichkeitsprüfung umfasst die Ermittlung, Beschreibung und Bewertung der unmittelbaren und mittelbaren Auswirkungen eines Vorhabens auf

1. Menschen, einschließlich der menschlichen Gesundheit, Tiere, Pflanzen und die biologische Vielfalt
2. Boden, Wasser, Luft, Klima und Landschaft,
3. Kulturgüter und sonstige Sachgüter sowie
4. die Wechselwirkungen zwischen den vorgenannten Schutzgütern.

³Sie wird unter Einbeziehung der Öffentlichkeit durchgeführt (s. § 9). ⁴Wird über die Zulässigkeit eines Vorhabens im Rahmen mehrerer Verfahren entschieden, werden die in diesem Verfahren durchgeführten Teilprüfungen zu einer Gesamtbewertung aller Umweltauswirkungen zusammengefasst.

(2) Ein Vorhaben ist

1. nach Maßgabe der Anlage 1
   a) die Errichtung und der Betrieb einer technischen Anlage,
   b) der Bau einer sonstigen Anlage,
   c) die Durchführung einer sonstigen in Natur und Landschaft eingreifenden Maßnahme,
2. die Änderung, einschließlich der Erweiterung,
   a) der Lage, der Beschaffenheit oder des Betriebs einer technischen Anlage,
   b) der Lage oder der Beschaffenheit einer sonstigen Anlage,
   c) der Durchführung einer sonstigen in Natur und Landschaft eingreifenden Maßnahme.

(3) Entscheidungen im Sinne des Absatzes 1 Satz 1 sind
1. Bewilligung, Erlaubnis, Genehmigung, Planfeststellungsbeschluss *(s. 43.2 f.)* und sonstige behördliche Entscheidungen über die Zulässigkeit von bestimmten Vorhaben, die in einem Verwaltungsverfahren getroffen werden, mit Ausnahme von Anzeigeverfahren *(s. 24.2.2 ff.)*,
2. Linienbestimmungen *(z.B. für Bundesfernstraßen, s. 44.3.2)* und Entscheidungen in vorgelagerten Verfahren nach den §§ 15 und 16, Beschlüsse nach § 10 des Baugesetzbuchs über die Aufstellung, Änderung und Ergänzung von Bebauungsplänen, durch die die Zulässigkeit von bestimmten Vorhaben im Sinne der Anlage 1 begründet werden soll *(40.8.2, 40.5)*, sowie Beschlüsse nach § 10 des Baugesetzbuchs über Bebauungspläne, die Planfeststellungsbeschlüsse für Vorhaben der Anlage 1 ersetzen.

(4) ¹Die <u>Strategische Umweltprüfung</u> ist ein <u>unselbständiger Teil</u> behördlicher Verfahren zur Aufstellung oder Änderung von <u>Plänen</u> und <u>Programmen</u>, die von einer Behörde, einer Regierung oder im Wege eines Gesetzgebungsverfahrens angenommen werden. ²Absatz 1 Satz 2 und 3 gilt entsprechend.

(5) ¹<u>Pläne</u> und <u>Programme</u> im Sinne dieses Gesetzes sind <u>bundesrechtlich</u> vorgesehene Pläne und Programme, zu deren Ausarbeitung, Annahme oder Änderung eine Behörde durch Rechts- oder Verwaltungsvorschriften <u>verpflichtet</u> ist. ²Ausgenommen sind Pläne und Programme, die ausschließlich den Zielen der Verteidigung oder des Katastrophenschutzes dienen, sowie Finanz- und Haushaltspläne und -programme.

(6) ¹<u>Öffentlichkeit</u> im Sinne dieses Gesetzes sind einzelne oder mehrere natürliche oder juristische Personen sowie deren Vereinigungen. ²<u>Betroffene Öffentlichkeit</u> im Sinne dieses Gesetzes ist für die Beteiligung in Verfahren nach Absatz 1 Satz 1 und Absatz 4 jede Person, deren Belange durch eine Entscheidung im Sinne des Absatzes 3 oder einen Plan oder ein Programm im Sinne des Absatzes 5 berührt werden; hierzu gehören auch Vereinigungen, deren satzungsmäßiger Aufgabenbereich durch eine Entscheidung im Sinne des Absatzes 3 oder einen Plan oder ein Programm im Sinne des Absatzes 5 berührt wird, darunter auch Vereinigungen zur Förderung des Umweltschutzes.

Zu Abs. 1: Die Funktion der Verbesserung des Abwägungsmaterials (vgl. zu § 12 UVPG) v erlangt für Vorhaben die **UVP**, aber auch für Pläne und Programme die **SUP** (s. Abs. 4 S. 1) als kein eigenständiges Verfahren. Die genannte Ermittlung, Beschreibung und Bewertung der unmittelbaren und mittelbaren Auswirkungen eines Vorhabens, verbunden mit einer Öffentlichkeitsbeteiligung, sind gegenüber dem vorherigen deutschen Recht neue, aus dem angloamerikanischen Bereich bekannte Elemente des Verfahrens. Die Nrn. 1 bis 4 entsprechen der Definition des Naturhaushalts (s. § 10 (1) Nr. 1 BNatSchG und Erläuterungen zu 49.2.5, „Vor 49."). Zur biologischen Vielfalt s. § 2 (1) Nr. 8 BNatSchG (49.3.1.2). Sie ist zu Beginn der Aufzählung ergänzt um den Menschen einschließlich der menschlichen Gesundheit. Nur erhebliche Umwelteinwirkungen auf die Gesundheit, nicht ökonomische oder soziale Folgen für die menschliche Gesundheit sind gemeint (BT-Drucks. 15/3441, 22). Mehrere Zulassungsverfahren für ein Vorhaben erfordern, dass die Teilprüfungen zu einer Gesamtbewertung zusammengefasst werden. § 2 (1) S. 2 UVPG/ § 5 NUVPG bezieht im Grundsatz die Kumulations- und Summationswirkungen ein. Auch die Wechselwirkungen zwischen den Umweltbestandteilen sind einbezogen (dazu BVerwG 25.1.1996, NuR 1996, 466, 468 = DÖV 1996, 604 = NVwZ 1996, 788 ff.). § 3b (2) nennt **kumulierende** Vorhaben als Verwirklichung mehrerer Vorhaben derselben Art, die gleichzeitig von demselben oder mehreren Trägern verwirklicht werden sollen und in einem engen Zusammenhang stehen, sowie nach Anlage 2 Nr. 2 Einwirkungen einer Mehrzahl von Vorhaben auf empfindliche Gebiete (allgemeiner in der FFH-RL und § 10 (1) Nrn. 11 und 12 „im Zusammenwirken mit anderen Projekten oder Plänen"; 51.14.1, ähnlich § 36 BNatSchG, 51.14.7). Die **Summation** bezieht sich tendenziell stärker auf gleichartige Einwirkungen (s. Hermann/Wagner, NuR 2005, 20, 21, die den Begriff aber mit Kumulation gleichsetzen. Die UVP bezieht sich aber als unselbständiger Teil eines Zulassungsverfahrens für ein Vorhaben nur auf dieses. Die Auswirkungen anderer vorhandener Anlagen oder sonstiger Vorhaben sind als „Vorbelastung" in die UVP einzustellen, bilden also einen Teil der „Umwelt" des betreffenden Vorhabens (Hermann/Wagner, NuR 2005, 20, 21, auch mit Hinweis hinsichtlich Ausnahmen zu §§ 3b (2), 3e (1) Nr. 2 Halbs. 2 sowie Vorhaben i.S. Anhang II Nr. 2 UVPG im Rahmen der Vorprüfung).

In **Abs. 2** ist der **Vorhabenbegriff** für die UVP insbesondere durch Bezugnahme auf die Anlage 1 definiert.

Abs. 3 grenzt die Entscheidungen i.S. der UVP ein. Von den behördlichen Zulassungsentscheidungen (z.B. Genehmigung einer Anlage eines emittierenden Industriebetriebs nach dem Bundes-Immissionsschutzgesetz, 62., Planfeststellungsverfahren für den Bau einer Fernstraße, Waldumwandlungsgenehmigung ab einer bestimmten Größenordnung; vgl. zu den Vorhaben Anlage 1 UVPG) sind Anzeigeverfahren ausgenommen. Während Verkehrswegeplanungen gemäß Anlage 3 den Plänen zugeordnet sind (s. schon BVerwG, NuR 1998, 94), sind in der nächsten Ebene folgende den Planfeststellungen vorgelagerte Linienbestimmungen (44.3.2) bzw. vorgelagerte Verfahren des Luftverkehrsgesetzes (43.2) und (alle) Raumordnungsverfahren (39.10) den Vorhaben zugeordnet, aber mit Sonderregelungen in §§ 15, 16 UVPG. Bauleitplanungen i.S. §§ 5, 10 BauGB sind grundsätzlich Pläne mit SUP (Anl. 3 Nr. 1.10). Nach § 2 (3) Nr. 3 UVPG gehören jedoch Beschlüsse nach § 10 (und § 12) des Baugesetzbuchs über die Aufstellung, Änderung und Ergänzung von Bebauungsplänen, durch die die Zulässigkeit von bestimmten Vorhaben im Sinne der Anlage 1 begründet werden soll (40.8.2, 40.5), sowie Beschlüsse nach § 10 des Baugesetzbuchs über Bebauungspläne, die Planfeststellungsbeschlüsse für Vorhaben der Anlage 1 ersetzen (z.B. für Fernstraßen, 44.3.3).

Abs. 4 enthält eine Definition der neu integrierten **SUP**; diese ist wie die UVP als unselbständiger Verfahrensteil in ein Trägerverfahren integriert. Soll ein Plan oder Programm in Gesetzesform ergehen, so besteht das Trägerverfahren in der Ausarbeitung des Gesetzentwurfs durch die Ministerialverwaltung (Hendler, NVwZ 2005, 977, 979). Nähere oder weitergehende SUP-Vorschriften der Fachgesetze des Bundes und der Länder gehen den SUP-Bestimmungen des UVPG (s. § 14e UVPG) vor, nicht aber schwächere (Hendler aaO; s. auch BT-Drucks. 15/3441, 23). Nach dem Vorbehalt des § 14e sind Landschaftspläne (s. § 19a) und wasser- und raumordnungsrechtliche Planungen (s. § 14o UVPG) als Landesrecht nur des SUP-RL unterworfen. Solche ausschließlich landesrechtlichen Pläne müssen allein nach Landesrecht der SUP unterworfen werden.

Abs. 5 definiert **Pläne** und **Programme** beschränkt auf das Bundesrecht und als gebunden und nicht mit Ermessen zu erlassen, mit den Ausnahmen von Satz 2.. Die **Anlage 3** zu § 3 (1a) enthält die für Behörden (auch durch Sollregelung und Verwaltungsvorschrift) SUP-pflichtigen bundesrechtlichen Pläne und Programme (z.B. Raumordnungsprogramme nach den Raumordnungsgesetzen, s. § 3 (1a) i.V.m. Anlage 3 Nr. 1.7; 39.6 f.). Vgl. zu der SUP u.a. §§ 3, 14a ff., §§ 19a f. UVPG.

Abs. 6 definiert die für die Öffentlichkeitsbeteiligung wichtigen Begriffe **„Öffentlichkeit"** und **„betroffene Öffentlichkeit"**, zu denen auch Naturschutzverbände oder –vereine gehören.

38.7.3 Anwendungsbereich und Feststellung der UVP-Pflicht, §§ 3, 3a – 3f UVPG/ §§ 4, 1 - 3 NUVPG

§ 3 UVPG Anwendungsbereich ¹Dieses Gesetz gilt für die in der <u>Anlage 1</u> aufgeführten <u>Vorhaben</u>. ²Die Bundesregierung wird ermächtigt, durch <u>Rechtsverordnung</u> mit Zustimmung des Bundesrates 1. Vorhaben in die Anlage 1 aufzunehmen, die aufgrund ihrer Art, ihrer Größe oder ihres Standorts erhebliche Auswirkungen auf die Umwelt haben können, 2. Vorhaben unter Beachtung der Rechtsakte des Rates oder der Kommission der Europäischen Gemeinschaften aus der Anlage 1 herauszunehmen, die nach den vorliegenden Erkenntnissen keine erheblichen Auswirkungen auf die Umwelt besorgen lassen. ³Soweit von der Ermächtigung Gebrauch gemacht wird, ist die Bundesregierung auch ermächtigt, notwendige Folgeänderungen in Bezugnahmen, die in den Vorschriften dieses Gesetzes enthalten sind, auf bestimmte, in der Anlage 1 aufgeführte Vorhaben vorzunehmen. ⁴Rechtsverordnungen aufgrund dieser Ermächtigung bedürfen der Zustimmung des Bundestages. ⁵Die Zustimmung gilt als erteilt, wenn der Bundestag nicht innerhalb von drei Sitzungswochen nach Eingang der Vorlage der Bundesregierung die Zustimmung verweigert hat. (1a) ¹Dieses Gesetz gilt ferner für <u>Pläne</u> und <u>Programme</u> aus den Bereichen Landwirtschaft, Forstwirtschaft, Fischerei, Energie, Industrie einschließlich des Bergbaus, Verkehr, Abfallwirtschaft, Wasserwirtschaft, Telekommunikation, Fremdenverkehr, Raumordnung oder Bodennutzung, die in der <u>Anlage 3</u> aufgeführt sind, <u>sowie</u> für <u>sonstige</u> Pläne und Programme, für die nach den §§ 14b bis 14d eine Strategische Umweltprüfung oder Vorprüfung durchzuführen ist. ²Die Bundesregierung wird ermächtigt, durch <u>Rechtsverordnung</u> mit Zustimmung des Bundesrates 1. Pläne und Programme, die voraussichtlich erhebliche Auswirkungen auf die Umwelt haben, zur Umsetzung von bindenden Rechtsakten der Europäischen Gemeinschaften in die Anlage 3 aufzunehmen, 2. Pläne und Programme unter Beachtung der Rechtsakte der Europäischen Gemeinschaften aus der Anlage 3 herauszunehmen, die nach den vorliegenden Erkenntnissen voraussichtlich keine erheblichen Auswirkungen auf die Umwelt haben. zur Umsetzung von bindenden Rechtsakten der Europäischen Gemeinschaften durch Rechtsverordnung mit Zustimmung des Bundesrates Pläne	*Umsetzung von Art. 3 SUP-RL* *s. zu §§ 14b bis 14d UVPG zum Unterschied zwischen der (strikt) obligatorischen und der konditionalen (obligatorischen) SUP (zu Art. 3 (2) a Teilsatz- 1 und 2.b SUP-RL (s. auch Hendler, NVwZ 2005, 977, 979)* *Dazu Scheidler, NuR 2005, 8, 10 f. Dieser in NVwZ 2005, 293, auch zur UVP-Pflicht bei Vorhaben der NATO-Streitkräfte.*

und Programme, die voraussichtlich erhebliche Auswirkungen auf die Umwelt haben, in die Anlage 3 aufzunehmen.

(2) ¹Soweit zwingende Gründe der Verteidigung oder die Erfüllung zwischenstaatlicher Verpflichtungen es erfordern, kann der Bundesminister der Verteidigung nach Richtlinien, die im Einvernehmen mit dem Bundesminister für Umwelt, Naturschutz und Reaktorsicherheit festzulegen sind, für Vorhaben, die der Landesverteidigung dienen, die Anwendung dieses Gesetzes ausschließen oder Ausnahmen von den Anforderungen dieses Gesetzes zulassen. ²Dabei ist der Schutz vor erheblichen nachteiligen Umweltauswirkungen zu berücksichtigen. ³Sonstige Rechtsvorschriften, die das Zulassungsverfahren betreffen, bleiben unberührt. ⁴Der Bundesminister der Verteidigung unterrichtet den Bundesminister für Umwelt, Naturschutz und Reaktorsicherheit jährlich über die Anwendung dieses Absatzes.

§ 3a UVPG Feststellung der UVP-Pflicht	§ 4 NUVPG Feststellung der Pflicht zur Umweltverträglichkeitsprüfung
¹Die zuständige Behörde stellt auf <u>Antrag</u> des Trägers eines Vorhabens oder anlässlich eines <u>Ersuchens</u> nach § 5, andernfalls <u>nach Beginn</u> des Verfahrens , das der Entscheidung über die Zulässigkeit des Vorhabens dient, auf der Grundlage geeigneter Angaben zum Vorhaben sowie eigener Informationen unverzüglich fest, ob nach den <u>§§ 3b bis 3f</u> für das Vorhaben eine <u>Verpflichtung</u> zur Durchführung einer Umweltverträglichkeitsprüfung besteht. ²Diese Feststellung ist, sofern eine <u>Vorprüfung des Einzelfalls</u> nach § 3c vorgenommen worden ist, der <u>Öffentlichkeit</u> nach den Bestimmungen des Umweltinformationsgesetzes <u>zugänglich</u> zu machen; soll eine Umweltverträglichkeitsprüfung <u>unterbleiben</u>, ist dies <u>bekannt</u> zu geben. ³Die Feststellung ist nicht selbständig anfechtbar. Zur Regelung einer Zuständigkeit für die Pflichten aus S. 2 *(UVPG/*NUVPG) s. z.B. zur Erstaufforstung 45.5.10, 45.5.12.	¹Die zuständige Behörde stellt 1. auf Antrag des Trägers eines Vorhabens, 2. anlässlich eines Ersuchens entsprechend § 5 des Gesetzes über die Umweltverträglichkeitsprüfung (UVPG) oder 3. aufgrund eines Auskunftsverlangens nach § 71 c Abs. 1 des Verwaltungsverfahrensgesetzes, andernfalls nach Beginn des Verfahrens, das der Entscheidung über die Zulässigkeit des Vorhabens dient, unverzüglich fest, ob für das Vorhaben eine Verpflichtung zur Durchführung einer Umweltverträglichkeitsprüfung besteht. ²Die Feststellung ist, sofern eine Vorprüfung des Einzelfalles nach § 3 vorgenommen worden ist, der Öffentlichkeit nach den Bestimmungen des Umweltinformationsgesetzes zugänglich zu machen; soll eine Umweltverträglichkeitsprüfung unterbleiben, so ist dies außerdem öffentlich bekannt zu geben. ³Satz 1 gilt nicht, wenn das Vorhaben unabhängig von der Durchführung einer Umweltverträglichkeitsprüfung offensichtlich nicht zugelassen werden kann.

Durch die Verfahrensregelung des § 3a S. 1 UVPG/ § 4 S. 1 NVPG soll insbesondere im Interesse des Vorhabensträgers schnellstmögliche Klarheit über die Notwendigkeit einer kostenaufwendigen UVP gemäß den unterschiedlichen Voraussetzungen bringen (Wefelmeier, NdsVBl. 2004, 169, 175). Die Feststellung der UVP-Pflicht ist keine Regelung, sondern nur eine unselbständige Verfahrenshandlung

(15.3.2.1), die nicht selbständig anfechtbar ist (§ 44a VwGO; Wefelmeier, NdsVBl. 2004, 169, 175). Das Unterlassen einer gebotenen UVP kann nur mit Rechtmitteln gegen die Zulassungsentscheidung geltend gemacht werden (Enders/Krings, DVBl. 2001, 1242, 1249). Jedoch kommt es auf die Erheblichkeit für eine abweichende Entscheidung an (BVerwG 25.1.1996, NuR 1996, 466, 468 = DÖV 1996, 604 = NVwZ 1996, 788 ff.; vgl. 44.3).

Zur Öffentlichkeitsbeteiligung nach § 3a S. 2 UVPG (= § 4 S. 2 NUVPG) s. Günter, NuR 2002, 317, 323. Nach VG Düsseldorf (5.10.2004, UPR 2004, 157, bedeutet „bekannt zu geben" in S. 2 Halbs. 2. „öffentlich bekannt zu geben"; a.A. Werner/Au, UPR 2005, 141).

Zum Umweltinformationsgesetz s. 38.9. Für die negative Mitteilung ist – mangels Öffentlichkeitsbeteiligung nach § 9 NUVPG auch i.Vm. § 5 NUVPG - sogar eine öffentliche Bekanntmachung der zuständigen Behörde erforderlich

§ 4 S. 3 NUVPG dient einer sinnvollen Verfahrensvereinfachung.

§ 3b UVPG UVP-Pflicht aufgrund Art, Größe und Leistung der Vorhaben	§ 1 NUVP Umweltverträglichkeitsprüfung aufgrund Art, Größe und Leistung der Vorhaben
(1) ¹Die Verpflichtung zur Durchführung einer UVP besteht für ein in der Anlage 1 aufgeführtes Vorhaben, wenn die zur Bestimmung seiner Art genannten Merkmale vorliegen. ²Sofern Größen- oder Leistungswerte angegeben sind, ist eine UVP durchzuführen, wenn die Werte erreicht oder überschritten werden.	(1) Für die in der Anlage 1 mit „X" gekennzeichneten Vorhaben ist eine Umweltverträglichkeitsprüfung durchzuführen.

Näheres insbesondere zu den „X"-Vorhaben bei den Anlagen (38.7.6).

| (2) ¹Die Verpflichtung zur Durchführung einer UVP besteht auch, wenn <u>mehrere Vorhaben derselben Art, die gleichzeitig</u> von demselben oder mehreren Trägern verwirklicht werden sollen und in einem engen Zusammenhang stehen (kumulierende Vorhaben), zusammen die maßgeblichen Größen- oder Leistungswerte erreichen oder überschreiten. ²Ein enger Zusammenhang ist gegeben, wenn diese Vorhaben
1. als technische oder sonstige Anlagen auf demselben Betriebs- oder Baugelände liegen und mit gemeinsamen betrieblichen und baulichen Einrichtungen verbunden sind oder
2. als sonstige in Natur und Landschaft eingreifende Maßnahmen in einem engen räumlichen Zusammenhang stehen
und wenn sie einem vergleichbaren Zweck dienen.

³Die Sätze 1 und 2 gelten nur für Vorhaben, die für sich jeweils die Werte für die standortbezogene Vorprüfung oder, soweit eine solche nicht vorgesehen ist, die Werte für die allgemeine Vorprüfung nach Anlage 1 Spalte 2 erreichen oder überschreiten. | (2) ¹Die Verpflichtung nach Absatz 1 besteht auch für
1. jedes von <u>mehreren Vorhaben derselben Art</u>, über deren <u>Zulassung noch nicht entschieden</u> worden ist, und
2. ein Vorhaben, das mit einem oder <u>mehreren ohne Durchführung einer Umweltverträglichkeitsprüfung</u> zugelassenen Vorhaben derselben Art zusammentrifft,
wenn die Vorhaben in einem engen räumlichen Zusammenhang stehen und gemeinsam den maßgeblichen Größen- oder Leistungswert erreichen ²Im Fall des Satzes 1 Nr. 2 wird der in den jeweiligen Anwendungsbereich der Richtlinien 85/337/EWG und 97/11/EG fallende, aber <u>vor Ablauf der jeweiligen Umsetzungsfristen</u> verwirklichte Bestand der zugelassenen Vorhaben hinsichtlich des Erreichens des Größen- oder Leistungswertes nicht berücksichtigt. |

Zum Begriff der in § 3b (2) UVPG/ § 1 (2) NUVPG geregelten Kumulation und Summation s. vorab zu § 2 UVPG. Im Irland-Urteil hat der EuGH (21.9.1999, ZUR 2000, 284, 285 f.) die in Anhang III zu Art. 4 (3) UVP-RL enthaltene Pflicht der Mitgliedstaaten betont, dass bei der Festlegung von Schwellenwerten auch die Kumulierung mit anderen Projekten zu berücksichtigen ist, auch bei Projekten verschiedener Träger (Wefelmeier, NdsVBl. 2004, 169, 171; a.A. Enders/Krings, DVBl. 2001, 1247, 1248: nur Fälle des Missbrauchs durch „Salami-Taktik", s.u.).

Von einer Kumulation von **verschiedenen Vorhaben nur derselben Art mit engem Zusammenhang** (nicht der Art der Umweltauswirkungen) nach **§ 3b (2) UVPG/ § 1 (2) NUVPG** hängt ggf. ab, ob überhaupt eine UVP durchzuführen ist. Die Regelung ist insoweit vergleichbar den gemeinsamen Anlagen i.S. von § 1 (3) der 4. BImSchG (62.2.1.1); sie erfordert aber keine Genehmigungspflicht (s. aber zu § 12 UVPG) und umfasst auch sonstige Eingriffe in Natur und Landschaft sowie mehrere Träger (vgl. Hermann/Wagner, NuR 2005, 20, 23, auch zur zugrunde liegenden Irland-Entscheidung des EuGH 21.9.1999, ZUR 2000, 284 und m.w.N.). Die Anforderungen zur Berücksichtigung der Kumulation beschränken sich in **§ 3b (2) UVPG** auf **die zwingende UVP**, nach § 3b (2) S. 3 UVPG soweit nicht die Einzelvorhaben für sich die Schwellenwerte für die Vorprüfung überschreiten; s.u. und Koch/Siebel-Huffmann, NVwZ 2001, 1081, 1086; kritisch Schmidt-Eriksen, NuR 2002, 648; 653 f.
Nach **§ 3b (2) S. 1 UVPG/ § 1 (2) S. 1 Nrn. 1** und **2 NUVPG** muss es sich um **Vorhaben derselben Art** (Projektart des Anhangs) zur Ermöglichung der Messbarkeit handeln (Peters, UVPG, 2. Aufl. § 3b Rn 6; Wefelmeier, NdsVBl. 2004, 169, 172).
Nach **§ 3b (2) S. 1 UVPG/ § 1 (2) S. 1 Nrn. 1** und **2 NUVPG** ist außerdem ein **enger räumlicher Zusammenhang** der Vorhaben erforderlich (Umsetzung von Art. 2 (1) UVP-RL). Die Definition des § 3b (2) S. 2 UVPG hat der nds. Gesetzgeber nicht für weiterführend gehalten und nicht übernommen. Die Nrn. 1 und 2 seien nicht klar voneinander abgrenzbar. Nachbargrundstücke könnten in Nr. 1 auch zusammenwirkende Anlagen haben. Die Nr. 2 sei eine Tautologie, also ohne weiteren Regelungsgehalt (Enders/Krings, DVBl. 2001, 1242, 1247; Wefelmeier, NdsVBl. 2004, 169, 172). Eine Ermittlung im Einzelfall mit Berücksichtigung der Standortkriterien der Anlage 2 Nr. 2 und der Wechselwirkungen von Art und Größe der Projekte (Art. 2 (1) UVP-RL) ist erforderlich (Wefelmeier, NdsVBl. 2004, 169, 172).
§ 1 (2) NUVPG geht **teilweise über § 3b (2) S. 1 UVPG hinaus** und verbessert ihn sprachlich (Wefelmeier, NdsVBl. 2004, 169, 171 f.). Es soll insbesondere deutlicher gemacht werden, dass es sich – trotz Addition der Größen- oder Leistungswerte für die Feststellung einer UVP-Pflicht verschiedener Träger weiterhin um verschiedene Zulassungsverfahren handelt (Günter, NuR 2002, 317, 322), für jedes Verfahren mit der UVP als unselbständigem Anteil und ggf. unterschiedlicher Berücksichtigungspflicht nach § 12 UVPG/§ 5 NUVPG (Wefelmeier, NdsVBl. 2004, 169, 172).
Gegenüber der Bundesfassung (§ 3b (2) S. 1 UVPG ist in **§ 1 (2) S. 1 Nr. 1 NUVPG** das Merkmal der „gleichzeitigen" Verwirklichung aus § 3b (2) UVPG durch das Merkmal ersetzt, dass **über die Zulässigkeit noch nicht entschieden** ist, was Voraussetzung für eine Berücksichtigung nach § 12 UVPG ist (Wefelmeier aaO). Allerdings müsste (wie auch nach Bundesrecht) zuvor je Verfahren eine gewisse Verfestigung eingetreten sein. Nach dem **Grundsatz der Priorität** ist über das zuerst verfestigte Verfahren zu entscheiden (Hermann/Wagner, NuR 2005, 20, 27 m.w.N.;. s. auch 51.14.1.4).
Nach **§ 1 (2) S. 1 Nr. 2 NUVPG** als zweiter Alternative muss (in Umsetzung der UVP-RL) ein **Vorhaben derselben o.g. Art** mit einem oder mehreren **bereits zugelassenen Vorhaben** ggf. auch eines anderen Trägers zusammentreffen, die aber – unabhängig von den Gründen – **ohne** Durchführung einer **UVP zugelassen** worden sind (Fälle mit **zeitlichem Abschnitten** einzelner Vorhaben, nicht lediglich Aufspalten eines Vorhabens in mehrere Projekte; Wefelmeier, NdsVBl. 2004, 169, 172). Diese Kumulations-Fallgruppe geht in zeitlicher Hinsicht und oft wegen der erfolgten Zulassung über die in § 3b (2) UVPG auf Fälle, die gleichzeitig verwirklicht werden sollen, deutlich hinaus.
In diesen Fällen des § 1 (2) Nr. 2 NUVPG bleiben die **vor Ablauf der in der UVP-RL** gesetzten Umsetzungs**fristen** (für Änd.UVP-RL 14.3.1999) **verwirklichten Vorhaben** außer Betracht. Im Rahmen des § 3b (2) UVPG (gleichzeitig zu verwirklichende Vorhaben) hätte diese nicht vorgesehene Bestandsschutzregelung keine praktische Bedeutung.
Nicht in § 1 (2) NUVPG übernommen ist die Regelung des **§ 3b (2) S. 3 UVPG**, dass Vorhaben unberücksichtigt bleiben, die für sich genommen einen so geringe Auswirkung haben, dass selbst die Schwelle für eine Einzelfallprüfung nicht erreicht wird (vom nds. Gesetzgeber insbesondere hinsichtlich einer Tolerierung einer „Salami–Taktik" für europarechtswidrig gehalten; Wefelmeier, NdsVBl. 2004, 169, 172, mit Hinweis auf EuGH 21.9.1999, ZUR 2000, 284, 286, und Koch/Siebel-Huffmann, NVwZ 2001, 1081, 1086; kritisch auch Schmidt-Eriksen, NuR 2002, 648, 653). Es geht allerdings um verschiedene Vorhaben. Kritisch, weil es für viele – auch unbedeutende – Vorhaben nur eine „X", aber keine „rettende" „S"- oder „A"-Schwelle gibt, Enders/Krings, DVBl. 2001, 1242, 1247 f. Diese (aaO) wollen die Regelung des § 3b (2) wegen ihrer Ungenauigkeit und ihres Ausnahmecharakters zu eng auf Missbrauchsfälle einer verkappten „Salami-Taktik" beschränken.
Zur den **Realisierungschancen** von § 3b (2) UVPG wird einschränkend bemerkt: Eine Pflicht, Unterlagen für Vorhaben anderer Träger beizubringen, scheitert wegen der Beschaffungsprobleme und Kosten spätestens an der Zumutbarkeit (Art. 6 (3) Nr. 4 UVPG; Hermann/Wagner, NuR 2005, 20, 23 f., zum

Geltungsumfang). Praktische Bedeutung bei mehreren Vorhabenträgern könne § 3b (2) UVPG/ § 1 (2)NUVPG wohl nur entfalten, wenn die Träger kooperieren (mit Verweis auch auf § 78 VwVfG für die gemeinsame Planfeststellung und § 1 (3) der 4. BlmSchV; Hermann/Wagner, NuR 2005, 20, 24; s. auch Dienes, Hoppe (Hrsg.), UVPG, § 3b Rn 15; insbesondere zu Planfeststellungs-Verfahren und koordinierende Trägerverfahren vgl. aber zu § 12 UVPG).

§ 3b UVPG	§ 2 NUVPG Umweltverträglichkeitsprüfung bei der <u>Änderung</u> von Vorhaben
(3) [1]**Wird der maßgebende Größen- oder Leistungswert <u>durch die Änderung oder Erweiterung</u> eines bestehenden <u>bisher nicht UVP-pflichtigen</u> Vorhabens <u>erstmals erreicht oder überschritten</u>, ist für die Änderung oder Erweiterung eine UVP unter Berücksichtigung der Umweltauswirkungen des bestehenden, bisher nicht UVP-pflichtigen Vorhabens durchzuführen.** [2]**Bestehende Vorhaben sind auch <u>kumulierende Vorhaben</u> im Sinne des Absatzes 2 Satz 1.**	(1) [1]**Für die Änderung eines Vorhabens ist eine Umweltverträglichkeitsprüfung durchzuführen, wenn der maßgebliche Größen- oder Leistungswert <u>durch</u>** 1. **die Änderung selbst** *(s. zu § 3e UVPG)* **oder** 2. **die Änderung unter Berücksichtigung des Bestandes des Vorhabens** **erreicht wird.** [2] *s.u.* (2) [1]**Für die Änderung von Vorhaben im Sinne des § 1 Abs. 2 Satz 1 ist eine Umweltverträglichkeitsprüfung durchzuführen, wenn die Änderung unter Berücksichtigung aller zusammentreffenden Vorhaben den maßgeblichen Größen- oder Leistungswert erreicht.** [2]**Absatz 1 Satz 2 gilt entsprechend.**
[3]**Der in den jeweiligen Anwendungsbereich der Richtlinien 85/337/EWG und 97/11/EG fallende, aber vor Ablauf der jeweiligen Umsetzungsfristen erreichte Bestand bleibt hinsichtlich des Erreichens oder Überschreitens der Größen- oder Leistungswerte unberücksichtigt.** [4]**Die Sätze 1 bis 3 gelten nicht für die in der Anlage 1 Nr. 18.5, 18.7 und 18.8 aufgeführten Industriezonen und Städtebauprojekte.** [5]**Satz 1 gilt für die in der Anlage 1 Nr. 14.4 und 14.5 aufgeführten Vorhaben mit der Maßgabe, dass neben einem engen räumlichen Zusammenhang auch ein enger zeitlicher Zusammenhang besteht.**	(1) [2]**Abweichend von Satz 1 Nr. 2 bleibt der erreichte Bestand hinsichtlich des Erreichens des maßgeblichen Größen- oder Leistungswertes unberücksichtigt, soweit für diesen eine Umweltverträglichkeitsprüfung durchgeführt wurde oder soweit er in den jeweiligen Anwendungsbereich der Richtlinien 85/337-EWG und 97/11/EG fällt, aber <u>vor Ablauf</u> der jeweiligen <u>Umsetzungsfristen</u> verwirklicht wurde.** (3) **Hängt die Pflicht zur Durchführung einer Umweltverträglichkeitsprüfung bei einem in der Anlage 1 mit „X" gekennzeichneten Vorhaben <u>nicht vom Erreichen eines Größen- oder Leistungswertes</u> ab, so ist auch bei <u>jeder</u> <u>wesentlichen Änderung</u> dieses Vorhabens eine Umweltverträglichkeitsprüfung durchzuführen.**

Art. 4 (2) i.V.m. Anhang II Nr. 13 Anstrich 1 UVP-RL verlangt auch Bestimmungen der Mitgliedstaaten über die **Änderung oder Erweiterung eines bestehenden Vorhabens** von bereits genehmigten, durchgeführten oder in der Durchführungsphase befindlichen Projekten des Anhangs I und II, die erhebliche Auswirkungen auf die Umwelt haben können.

§ 3b (3) UVPG behandelt das durch Änderung und Erweiterung erstmalige Hineinwachsen des bestehenden in die „X"-UVP-Pflicht (einschließlich Kumulation) und **§ 3e UVPG** die schon allein durch die Änderung und Erweiterung gegebene „X"-UVP-Pflicht. **§ 2 NUVPG** regelt beides. Dabei ist die „Erweiterung" der „Änderung" gleichgesetzt, mit der Absicht, mehr Präzisierung und Klarheit zu schaffen. Durch die eigenständige abweichend strukturierte Parallelregelung zu § 3b (3) und § 2 (1) S. 1 Nr.2 NUVPG sowie andererseits § 3e UVPG und § 2 (1) S. 1 Nr. 1 NUVPG ist eine Gesamtübersicht erschwert. Durch synoptische Zuordnung der Teile des § 2 NUVPG zu § 3b (3) und § 3e UVPG sollen die Parallelen etwas deutlicher gemacht werden.

Das **erstmalige Hineinwachsen des Vorhabens** in die **UVP-Pflicht** nach **§ 3b (3) S. 1 UVPG** („bisher nicht UVP-pflichtiges Vorhaben") dient zur Verhinderung einer (echten, d.h. mit dem Vorhaben identischen) „Salami-Taktik". **§ 2 (1) S. 1 Nr. 2 NUVPG** verlangt kein bisher UVP-pflichtiges Vorhaben, lässt aber in § 2 (1) S. 2 NUVPG den Bestand insoweit heraus, als für diesen eine UVP durchgeführt worden ist (dazu Wefelmeier, NdsVBl. 2004, 169, 173). Ein bestehendes Vorhaben bzw. der Bestand eines Vorhabens nach § 3b (3) S. 1 UVPG/ § 2 (1) S. 1 Nr. 2 NUVPG enthält auch zwischenzeitliche Änderungen (Wefelmeier, NdsVBl. 2004, 169, 173). Die letzte Änderung oder Erweiterung des Vorhabens darf (natürlich wegen der diesbezüglichen speziellen Regelung des § 3e UVPG/ § 2 (1) S. 1 NUVPG) nicht selbst die Werte der Vorprüfung überschreiten (kritisch zur Nichtberücksichtigung von Erweiterungen unterhalb der „X"-Schwelle Schmidt-Eriksen, NuR 2002, 648, 651; Hermann/Wagner, NuR 2005, 20, 23). Die **Kumulationswirkung** (vgl. zu den Voraussetzungen bei § 3b (2) UVPG/ § 1 (2) NUVPG) ist nach **§ 3b (3) S. 2 UVPG/ § 2 (2) i.V.m. (1) S. 2 NUVPG** auch bei der Änderung oder/einschließlich Erweiterung eines Vorhabens zu berücksichtigen. Da es sich nach § 3b (2) S. 1 UVPG um mehrere Vorhaben (nicht Abschnitte desselben Vorhabens) derselben Art von demselben oder anderen Trägern in engem Zusammenhang handeln muss, ist die Zuordnung zu **bestehenden Vorhaben** in **§ 3b (3) S. 2 UVPG** nicht ganz deutlich. Anscheinend sind nicht nur solche anderen Vorhaben gemeint, die gleichzeitig zugelassen werden sollen (s. Voraussetzungen des § 3b (2) UVPG/ § 1 (2) S. 1 Nr. 2 NUVPG), sondern auch solche, die ohne Erreichen der „X"-Schwelle vor dem, zusammen mit dem oder nach dem bestehenden Vorhaben zugelassen sind. § 3e (1) UVPG verlangt offenbar ein Erreichen der „X"-Schwelle ohne noch zuzulassende kumulierende andere Vorhaben.

Z.B. genügen die Windkraftanlagen nach dem bestehenden Vorhaben zuzüglich zugelassener und zur Zulassung anstehender kumulierender Nachbarvorhaben noch nicht für die „X"-Schwelle und allein die Änderung der Windkraftanlagen-Vorhabens auch nicht, aber alle zusammen für das Erreichen bzw. Überschreiten der „X"-Schwelle.

Einfacher und deutlicher erreicht **§ 2 (2) S. 1 NUVPG** die Kumulationswirkung: „unter Berücksichtigung aller zusammentreffenden Vorhaben".

Nach der **Bestandsschutz**vorschrift des **§ 3b (3) S. 3 UVP/ § 2 (1) S. 2 NUVPG** bleibt abweichend von § 3b (3) S. 1 und 2 UVPG (also auch bei kumulierenden Vorhaben) und § 2 (1) S. 1 Nr. 2 NUVPG der **erreichte Bestand** hinsichtlich des Erreichens des maßgeblichen Größen- oder Leistungswertes **unberücksichtigt**, soweit er in den jeweiligen Anwendungsbereich der Richtlinien 85/337EWG und 97/11/EG fällt, aber **vor Ablauf** der jeweiligen Umsetzungs**fristen** verwirklicht wurde (vgl. auch Enders/Krings, DVBl. 2001, 1242,. 1248 mit Berechnungsbeispielen). **Nach** § 2 (2) S. 2 NUVPG trifft die Ausnahme auch für den Bestand zu, für den eine **Umweltverträglichkeitsprüfung durchgeführt** wurde. Dieser Ausschlussgrund der durchgeführten UVP ergibt sich schon nach **§ 3b (3) S. 1 UVPG** zugleich aus der weiten Einschränkung eines „bisher nicht UVP-pflichtigen Vorhabens"; für bisher UVP-pflichtige Vorhaben müsste auch die UVP durchgeführt worden sein (s.o. vgl. auch Steinberg/Steinwachs, NVwZ 2002, 1153, 1155; s. auch entsprechend § 3e (1) Nr. 2 UVPG. Jedoch genügt nicht die Durchführung lediglich einer Vorprüfung mit negativem Ergebnis (Wefelmeier, NdsVBl. 2004, 169, 173).

Im Gegensatz zur Einbeziehung in die Ermittlung einer UVP-Pflicht wird als Folge einer UVP über das bestehende Vorhaben keine Zulassungsentscheidung mehr getroffen; das bestehende Vorhaben selbst ist im Rahmen der § 12 UVPG nicht berücksichtigungsfähig, sondern kann nur für die Entscheidung über die aktuelle Änderung von Bedeutung sein (Hermann/Wagner, NuR 2005, 20, 23, auch zu einer engeren Auffassung; Wefelmeier, NdsVBl. 2004, 169, 173).

Die **Bagatellklausel** des **§ 2 (3) NUVPG** (kein Größen- oder Leistungswert und daher wesentliche Änderung nötig) trifft sowohl für die „Salami-Taktik"-Regelung des § 2 (1) S. 1 Nr. 2, die Kumulationsregelung des § 2 (2) und auch die (zu § 3e UVPG abgedruckte) eigenständig UVP-pflichtige Änderung des § 2 (1) S. 1 Nr. 1 NUVPG zu. Wefelmeier, NdsVBl. 2004, 169, 173, nennt als Beispiele Flusskanalisierungen und den Bau einer Schnellstraße. Für wesentliche Änderungen ist damit zugleich ein Trägerverfahren für die Durchführung des UVP geschaffen, da eine fachliches Zulassungsverfahren nur Änderungen von einem gewissen Gewicht verlangt (Wefelmeier, NdsVBl. 2004, 169, 173; allgemein Steinberg/Steinwachs, NVwZ 2002, 1153, 1156).

§ 3c UVP-Pflicht im Einzelfall	§ 3 NUVPG Umweltverträglichkeitsprüfung im Einzelfall
(1) ¹Sofern in der Anlage 1 für ein Vorhaben eine allgemeine Vorprüfung des Einzelfalls vorgesehen ist, ist eine UVP durchzuführen, wenn das Vorhaben nach Einschätzung der zuständigen Behörde aufgrund überschlägiger Prüfung unter Berücksichtigung der in der Anlage 2 aufgeführten Kriterien erhebliche nachteilige Umweltauswirkungen haben kann, die nach § 12 zu berücksichtigen wären. ²Sofern für ein Vorhaben mit geringer Größe oder Leistung eine standortbezogene Vorprüfung des Einzelfalls vorgesehen ist, gilt Gleiches, wenn trotz der geringen Größe oder Leistung des Vorhabens nur aufgrund besonderer örtlicher Gegebenheiten gemäß den in der Anlage 2 Nr. 2 aufgeführten Schutzkriterien erhebliche nachteilige Umweltauswirkungen zu erwarten sind. ³Bei den Vorprüfungen ist zu berücksichtigen, inwieweit Umweltauswirkungen durch die vom Träger des Vorhabens vorgesehenen Vermeidungs- und Verminderungsmaßnahmen offensichtlich ausgeschlossen werden. ⁴Bei der allgemeinen Vorprüfung ist auch zu berücksichtigen, inwieweit Prüfwerte für Größe oder Leistung, die die Vorprüfung eröffnen, überschritten werden. ⁵Für das erstmalige Erreichen oder Überschreiten und jedes weitere Überschreiten der Prüfwerte für Größe oder Leistung gilt § 3b Abs. 2 Satz 1 und 2 und Abs. 3 entsprechend. *(Die Vorprüfungen im Einzelfall werden als Screening bezeichnet (Sparwasser/Engel/Voßkuhle, 4/19; Vgl. Anlage 2; die Vorprüfung ist dem Irland-Urteil des EuGH v. 21.9.1999, ZUR 2000, 264, 285, entlehnt, Wefelmeier, NdsVBl. 2004, 169, 171; zur allgemeinen Vorprüfung bei immissionsschutzrechtlich genehmigungsbedürftigen Anlagen s. Beckmann, DVBl. 2004, 791)*	(1) ¹Sofern in der Anlage 1 für ein Vorhaben eine allgemeine Vorprüfung des Einzelfalls vorgesehen ist, ist eine Umweltverträglichkeitsprüfung durchzuführen, wenn das Vorhaben nach Einschätzung der zuständigen Behörde aufgrund überschlägiger Prüfung unter Berücksichtigung der in der Anlage 2 aufgeführten Kriterien erhebliche nachteilige Umweltauswirkungen haben kann. ²Sofern in der Anlage 1 für ein Vorhaben eine standortbezogene Vorprüfung des Einzelfalls vorgesehen ist, ist eine Umweltverträglichkeitsprüfung durchzuführen, wenn es aufgrund der in der Anlage 2 Nr. 2 aufgeführten besonderen örtlichen Gegebenheiten erhebliche nachteilige Umweltauswirkungen haben kann. (3) ¹Bei der Vorprüfung des Einzelfalls ist zu berücksichtigen, inwieweit Umweltauswirkungen durch die vom Träger des Vorhabens vorgesehenen Vermeidungs- und Verminderungsmaßnahmen offensichtlich ausgeschlossen werden. ²Bei der allgemeinen Vorprüfung ist auch zu berücksichtigen, inwieweit Prüfwerte für Größe oder Leistung überschritten werden. (2) ¹Für das Erreichen der Prüfwerte für Größe oder Leistung gelten § 1 Abs. 2 und § 2 Abs. 1 und 2 entsprechend. ²Bei Vorhaben, bei denen die Pflicht zur Vorprüfung des Einzelfalls nicht vom Erreichen eines Prüfwertes für Größe oder Leistung abhängt, ist bei jeder wesentlichen Änderung nach Maßgabe der Anlage 1 eine Vorprüfung des Einzelfalls durchzuführen. (4) Die in der Anlage 2 aufgeführten Kriterien für die Vorprüfung des Einzelfalls können durch Rechtsverordnung der Landesregierung näher bestimmt werden.

Zur **allgemeinen Vorprüfung** s. jeweils in Anlage 1 die Kennzeichnung „A" und die Kriterien jeweils in Anlage 2.

Die **„Kann"**-Regelung für die Einschätzungsprognose (§ 3c (1) S. 1 UVPG/ § 3 (3) S. 1 NUVPG) erfordert nur eine bloße, nicht nur fern liegende **Möglichkeit** einer Tatsache bei konkreten Anhaltspunkten (Balla/Hartlik/Peters, UPR 2005, 17, mit Bezug auf Schink und die a.A. von Beckmann). Sie ist bewusst weiter als Art. 2 (1) UVP-RL („zu erwarten sind" als – wohl überwiegende – Wahrscheinlichkeit; Wefelmeier, NdsVBl. 2004, 169, 174). Die nur **„überschlägige"** Prüfung erfordert keinen in die Einzelheiten gehende Untersuchung, eine genaue Sachverhaltsermittlung (Balla/Hartlik/Peters, UPR 2005, 17). Wegen des Gebots der Unverzüglichkeit nach § 3a UVPG können nur wenig zeitaufwendige Maßnahmen der Sachverhaltserforschung gewählt werden, in der Regel ohne Gutachten, im Bedarfsfall aber Augenscheineinnahme (Balla/Hartlik/Peters, UPR 2005, 17). Im Allgemeinen genügen die bei der Fachbehörde vorhandenen Kenntnisse (Aktenlage) und die Angaben des Vorhabenträgers im fachlichen Zulassungsverfahren (Wefelmeier, NdsVBl. 2004, 169, 174). Im Rahmen formeller Konzentration (Planfeststellungsverfahren und begrenzter z.B. § 13 BlmSchG) werden die beim Zulassungsverfahren zu beteiligenden Behörden die nötigen Informationen liefern. Ergänzende Untersuchungspflichten sollen sich aus

§§ 24 ff. VwVfG ergeben (Wefelmeier, NdsVBl. 2004, 169, 174). Die vorliegenden umweltrelevanten Tatsachen sind – ausgerichtet an den Kriterien der Anlage 2 zusammenzustellen und zu bewerten. Auch hinsichtlich der Nachhaltigkeit und Erheblichkeit genügen als Basis der Einschätzung meistens Fachwissen und Erfahrung der Behörden in insgesamt summarischer Prüfung (Balla/Hartlik/Peters, UPR 2005, 17). Zur Informationsgewinnung s. § 3a UVPG zum Antrag.

Die Einschätzung der von einem Vorhaben ausgehenden **nachteiligen Umwelteinwirkungen** folgt in der Regel aus der Verknüpfung der Merkmale des Vorhabens mit den Merkmalen des Standortes ohne Möglichkeit einer Saldierung mit positiven Umweltauswirkungen (Balla/Hartlik/Peters, UPR 2005, 17, 18). Die für die Verursachung maßgebenden Wirkfaktoren (Emissionen, Abwassereinleitung, usw.) sind anhand der aus dem Antrag ersichtlichen vorhabenenbezogenen Merkmale der Nr. 1 der Anlage 2 zum UVPG zu konkretisieren (Balla/Hartlik/Peters, UPR 2005, 17, 18). Die betroffene Umwelt wird aus Nr. 2 der Anlage 2 konkretisiert, bei der allgemeine Vorprüfung des Einzelfalles aus Nr. 2.1 – 2.3, bei der standortbezogenen Vorprüfung nur aus Nr. 2.3 (sensible Gebiete). Der Eintritt von nachteiligen Umwelteinwirkungen durch das konkrete Vorhaben muss nur in einer dem Vorhabentyp entsprechenden Prognose aufgrund konkreter Anhaltspunkte als möglich eingeschätzt werden (Balla/Hartlik/Peters, UPR 2005, 17, 18). Die nach § 3c (1) S. 3 UVPG/ § 3 (3) S. 1 NUVPG bei der im Einzelfall allgemeinen Vorprüfung und standortbezogenen Vorprüfung zu berücksichtigenden **Vermeidungs- und Verminderungsmaßnahmen** sind in ihrer Wirkung **offensichtlich**, wenn die Wirkung ohne nähere Prüfung zweifelsfrei erkennbar ist (Balla/Hartlik/Peters, UPR 2005, 17, 18 m.w.N.). Dass nach § 3c (1) S. 3 UVPG/ § 3 (3) S. 1 NUVPG zu berücksichtigen ist, inwieweit Umweltauswirkungen durch die vom Träger des Vorhabens vorgesehenen Vermeidungs- und Verminderungsmaßnahmen offensichtlich ausgeschlossen werden, wird als selbstverständlich und hinsichtlich des Merkmals „offensichtlich" kritisch bewertet (Wefelmeier, NdsVBl. 2004, 169, 174).

Hinsichtlich der Beurteilung, ob das Vorhaben **erhebliche** nachteilige Umweltauswirkungen erwarten lässt, wird der Behörde eine Einschätzung eingeräumt, für die wegen der Unselbständigkeit des UVP-Verfahrens die fachgesetzlichen Bewertungsmaßstäbe von maßgeblicher Bedeutung sind (Kläne, DVBl. 2001, 1031, 1035; Wefelmeier, NdsVBl. 2004, 169, 173). Jedoch sind fachgesetzliche Begriffe wie „Erheblichkeit" oder „Wesentlichkeit" wegen der spezifischen Umweltschutzbetonheit der UVP bei dieser nicht inhaltsgleich zu verwenden (Wefelmeier, NdsVBl. 2004, 169, 173 f.; Balla/Hartlik/Peters, UPR 2005, 17, 18). Die **Kriterien der Anlage 2**, übernommen aus Anhang III der UVP-RL bzw. auch aus Fachgesetzen werden in ihrer Trennung gemäß der Gliederung, die die Wechselwirkungen noch nicht voll ermöglicht, sowie wegen ihres dem Wortlaut nach („insbesondere") nicht abschließenden Charakters nur als (verbindliche) Merkposten bewertet (Kläne, DVBl. 2001, 1031, 1035; Wefelmeier, NdsVBl. 2004, 169, 174; s. aber u zu Anl. 2 Nr. 2 c). Der **Verweis auf § 12 UVPG** bedeutet einen Verweis auf die ggf. Vorhandenen umweltorientierten Anforderungen des Fachrechts als Konkretisierungen der Merkmale der Anlage 2 Nr. 2.3 (Balla/Hartlik/Peters, UPR 2005, 17, 18, m.w.N.; z.B. Eingriffsbeurteilungen des Immissionsschutz-, Naturschutz- oder Waldrechts).

In einem zweiten Schritt sind die möglichen erheblichen Umweltauswirkungen der Vorprüfungen an der **Verhältnismäßigkeit** (Erforderlichkeit und Angemessenheit) auszurichten (Balla/Hartlik/Peters, UPR 2005, 17, 18 f. m.w.N.). Bei als schwer eingeschätzten oder komplexen medienübergreifenden nachteiligen Umweltauswirkungen ist regelmäßig eine Verhältnismäßigkeit anzunehmen (Balla/Hartlik/Peters, UPR 2005, 17, 19) Das trifft auch zu für dauerhafte, häufige oder nicht reversible nachteilige Umweltauswirkungen (Balla/Hartlik/Peters, UPR 2005, 17, 19).

Die **standortbezogene Vorprüfung** (§ 3c (1) S. 2 UVPG/ § 3 (1) S. 2 NUVPG) trägt dem Gesichtspunkt Rechnung, dass auch kleinräumige Vorhaben auf sensiblen Flächen (i.S. der Anlage 2 Nr. 2) erhebliche Umweltauswirkungen haben können (Wefelmeier, NdsVBl. 2004, 169, 174). Die Schwellenwerte können in der Anlage 1 (Kennzeichnung „S") kleiner als bei den Kennzeichnungen „X" und „A" derselben Projektart sein. Die Buchstaben a und b der Anlage 2 Nr. 2 enthalten nur allgemeine Nutzungs- und Qualitätskriterien. Daher ist im Wesentlichen maßgebend, ob das Gebiet als sensibel unter die Aufzählung von Buchstabe c der Anlage 2 Nr. 2 fällt. Insoweit dürfte wegen der mit den Regelungen im Naturschutz abgestimmten Auflistung – trotz des Wortes „Insbesondere" – von einem z.Z. abschließenden Regelung als „k.o."-Kriterium auszugehen sein (Wefelmeier, NdsVBl. 2004, 169, 174; Kläne, DVBl. 2001, 1031, 1035 f.). Bei Vorliegen einer sensiblen Fläche ist nach § 3c (1) S. 2 UVPG im Einzelfall in überschlägiger Einschätzung zu prüfen, ob erhebliche nachteilige Umweltauswirkungen zu erwarten sind. Abweichend davon genügt nach § 3 (1) S. 2 NUVPG schon mit der „Kann"-Regelung eine (ernsthafte) Möglichkeit.

Die Berücksichtigung **kumulativer** Wirkungen über **§ 3c (1) UVPG/ § 3 NUVPG** i.V.m. § 3b (2) UVPG/ § 1 (2) NUVPG hinaus im Rahmen einer **Vorprüfung** sieht die **Anlage 2 Nr. 2 UVPG** (nur) hinsichtlich der **ökologischen Empfindlichkeit** des Bereichs der Einwirkung des beantragten Vorhabens vor (s. zur Anlage, 38.7.6).

Für das **erstmalige Erreichen oder Überschreiten der Prüfwerte** für die „A"- und „S"-**Vorprüfungsgruppen** gilt entsprechend

– nach **§ 3c (1) S. 5 UVPG** der § 3b (2) S. 1 und 2 (3) UVPG (nicht erwähnt, aber schon von § 3e selbst erfasst ist der ohnehin selbstverständliche Fall des § 3e (1) (die Änderung allein ist schon ausreichend) und

– nach **§ 3 (2) S. 1 NUVPG** der § 1 (2) sowie § 2 (1) (2) NUVPG (also hier auch die Fallgruppe des § 2 (1) S. 1 Nr. 1, dass die Änderung allein schon ausreichend ist)

Vgl. im Übrigen zu den entsprechenden Voraussetzungen der „X"-Fallgruppen.

In Übereinstimmung mit den Vorgaben des EuGH 21.9.1999 Irland (ZUR 2000, 284, 285 f.) ist auch bei der Vorprüfung nach § 2 NUVPG – im Gegensatz zu der bedenklichen Regelung des § 3c (1) S. 3 i.V.m. § 3b (2) S. 3 UVPG - keine solche Bagatellklausel vorgesehen (s. auch Wefelmeier, NdsVBl. 2004, 169, 175). Aber das – Bagatellfälle aussparende - Erfordernis der **wesentlichen Änderung bei fehlenden Prüfwerten** gilt nach **§ 3 (2) S. 2 NUVPG** der § 2 (3) NUVPG entsprechend.

Zum möglichen Inhalt der nach **§ 3 (4) NUVPG** vorgesehenen **Verordnung**, die den Begriff der Erheblichkeit präzisieren soll, s. Kläve, DVBl. 2001, 1031, 1035.

Zur **Zugänglichmachung der Öffentlichkeit** oder **Bekanntgabe des Vorprüfungsergebnisses** s. zu **§ 3a UVPG** und Balla/Hartlik/Peters, UPR 2005, 17, 19.

§ 3d UVP-Pflicht nach Maßgabe des Landesrechts

Die Länder regeln durch Größen- oder Leistungswerte, durch eine allgemeine oder standortbezogene Vorprüfung des Einzelfalls oder durch eine Kombination dieser Verfahren, unter welchen Voraussetzungen eine UVP durchzuführen ist, soweit in der Anlage 1 für bestimmte Vorhaben eine Verpflichtung zur Durchführung einer UVP nach Maßgabe des Landesrechts vorgesehen ist.

§ 3e UVPG Änderungen und Erweiterungen UVP-pflichtiger Vorhaben	§ 2 NUVPG Umweltverträglichkeitsprüfung bei der Änderung von Vorhaben
(1) Die Verpflichtung zur Durchführung einer UVP besteht auch für die Änderung oder Erweiterung eines <u>Vorhabens</u>, für das <u>als solches bereits eine UVP-Pflicht</u> besteht, wenn 1. in der Anlage 1 für Vorhaben der Spalte 1 angegebene Größen- oder Leistungswerte durch die <u>Änderung oder Erweiterung selbst erreicht oder überschritten</u> werden oder	(1) ¹Für die Änderung eines Vorhabens ist eine Umweltverträglichkeitsprüfung durchzuführen, wenn der maßgebliche Größen- oder Leistungswert durch 1. die Änderung selbst oder 2. ... *s. zu § 3b UVPG)* erreicht wird. ² ... *(2) ¹Für die Änderung von Vorhaben im Sinne des § 1 Abs. 2 Satz 1 (Kumulation) ist eine Umweltverträglichkeitsprüfung durchzuführen, wenn die <u>Änderung unter Berücksichtigung aller zusammentreffenden Vorhaben</u> den maßgeblichen <u>Größen- oder Leistungswert</u> erreicht. ²Absatz 1 Satz 2 gilt entsprechend.* (3) Hängt die Pflicht zur Durchführung einer Umweltverträglichkeitsprüfung bei einem in der Anlage 1 mit „X" gekennzeichneten Vorhaben <u>nicht vom Erreichen eines Größen- oder Leistungswertes</u> ab, so ist auch bei <u>jeder wesentlichen Änderung</u> dieses Vorhabens eine Umweltverträglichkeitsprüfung durchzuführen.
2. eine <u>Vorprüfung des Einzelfalls</u> im Sinne des § 3c Abs. 1 Satz 1 und 3 ergibt, dass die <u>Änderung oder Erweiterung erhebliche nachteilige Umweltauswirkungen</u> haben kann; in die Vorprüfung sind auch frühere Änderungen oder Erweiterungen des UVP-pflichtigen Vorhabens einzubeziehen, für die nach der jeweils geltenden Fassung dieses Gesetzes keine UVP durchgeführt worden ist. (2) Für eine Erweiterung der in der Anlage 1 Nr. 18.1 bis 18.8 sowie für eine Änderung der in der Anlage 1 Nr. 18.8 aufgeführten Vorhaben gilt Absatz 1 Nr. 2 mit der Maßgabe, dass der dort jeweils für den Bau des entsprechenden Vorhabens einschlägige Prüfwert erreicht oder überschritten wird.	*(§ 3c (1) Nr. 2 UVPG zur Vorprüfung einer Änderung ist nicht von § 2 NUVPG übernommen, da die Übernahme europarechtlich nicht für geboten und für systemwidrig gehalten worden ist, s. Wefelmeier, NdsVBl. 2004, 169, 175).*

Die in § 3e (1) Nr. 1 UVPG/ § 2 (1) S. 1 Nr. 1 NUVPG geregelte Änderung oder Erweiterung muss **schon für sich allein den „X"-Grenzwert** erreichen oder überschreiten (ohne Kumulation, s. zu § 3b (3) UVPG). Gleiches folgt aus **§ 2 (1) S. 1 Nr. 1 NUVPG.**

§ 3e (1) UVPG verlangt jedoch in Abgrenzung zu § 3b (3) S. 1 UVPG, dass für das Vorhaben, auf das sich die Änderung bezieht, bereits eine UVP-Pflicht besteht. Diese Einschränkung fehlt bei § 2 (1) S. 1 Nr. 1 NUVPG, wobei nach § 2 (1) S. 2 NUVPG u.a. der erreichte Bestand schon insoweit ausgenommen ist, als bereits eine UVP durchgeführt worden ist.

Die zweite Fallgruppe nach **§ 3e (1) Nr. 2 UVPG** betrifft die **Vorprüfung** und ist vom **NUVPG nicht** geregelt. Nach § 3e (1) Nr. 2 UVPG muss die allgemeine Einzelfallprüfung „A" (§ 3c (1) S. 1, 3 mit Bezug auf § 3b(2) und (3) UVPG) ergeben, dass die Änderung oder Erweiterung erhebliche nachteilige Umweltauswirkungen haben kann. Aus § 3c (1) S. 1, 3 mit Bezug auf § 3b (2) und (3) UVPG folgt, dass zur Verhinderung einer „Salami-Taktik" auch frühere Äderungen oder Erweiterungen des UVP-pflichtigen

Vorhabens einzubeziehen sind, für die nach der jeweils geltenden Fassung des UVPG keine UVP durchgeführt worden ist. Allerdings muss das Änderungsvorhaben schon allein die Schwellenwerte für die allgemeine Einzelfall-Vorprüfung überschreiten (Schmidt-Eriksen, NuR 2002, 648, 654, hält mit systemorientierten Argumenten die Schwellenwerte für nicht anwendbar und auch schon bei geringen Änderungen stets eine Vorprüfung für erforderlich, bis der „X"-Wert erreicht ist). Es kommen aber nur diejenigen Änderungen in Betracht, die zu einem Zeitpunkt vorgenommen wurden, als für das Vorhaben als solches eine UVP-Pflicht geregelt war (Hermann/Wagner, NuR 2005, 20, 22 f.) Als summativ (s. zu § 2 UVPG) einzubeziehen scheidet also ggf. das ursprüngliche Vorhaben aus (nach Günter, NuR 2002, 317, 319 f. ein Verstoß gegen die UVP-Richtlinie). Auch entfallen alle Änderungen, für die jeweils eine UVP durchgeführt worden ist oder vorgenommen wurde, als für das Vorhaben seiner Art nach gemäß der Anlage nicht UVP-pflichtig war (Hermann/Wagner, NuR 2005, 20, 23 m.w.N.). Hinsichtlich des Umfangs der Pflicht zur Vorprüfung sind frühere Änderungen im Hinblick auf § 12 UVPG insbesondere im Hinblick auf Vertrauensschutz nicht umfassend einzubeziehen, jedoch als „Umwelt" hinsichtlich der aktuellen Änderung als Vorbelastung zu berücksichtigen (Näheres bei Hermann/Wagner, NuR 2005, 20, 23 m.w.N.). Zur Bestandsschutzregelung des § 3e (1) Nr. 2 UVPG s. auch Enders/Krings, DVBl. 2001, 1242, 1248 f.

§ 2 (2) NUVPG dürfte nur oder zumindest – zur Vermeidung von Überschneidungen nur (oder zumindest vorrangig) für Fälle des § 2 (1) S. 1 Nr. 2 zutreffen. Nach Nr. 1 soll es auf die Änderung des Vorhabens allein ankommen. Wefelmeier, NdsVBl. 2004, 169, 173, geht auf dieses Problem nicht ein und scheint nicht zu differenzieren.

Nach der **Bagatellklausel** des § 2 (3) NUVPG hier nur zu **§ 2 (1) S. 1 Nr. 1 NUVPG** für die **„X"-Grenzfrage** ist ein Größen- oder Leistungswert nicht gegeben, so kommt es auf eine **wesentliche Änderung** an, wenn die Pflicht zur Durchführung einer Umweltverträglichkeitsprüfung bei einem in der Anlage 1 mit **„X"** gekennzeichneten Vorhaben nicht vom Erreichen eines **Größen- oder Leistungswertes** abhängt, (s. entsprechend zu § 2 (1) S. 2 Nr. 2 NUVPG, s. zu § 3b NUVPG).

§ 3f UVPG UVP-pflichtige Entwicklungs- und Erprobungsvorhaben	
(1) Sofern ein in der Anlage 1 Spalte 1 aufgeführtes Vorhaben ausschließlich oder überwiegend der Entwicklung und Erprobung neuer Verfahren oder Erzeugnisse dient (Entwicklungs- und Erprobungsvorhaben) und nicht länger als zwei Jahre durchgeführt wird, kann von einer UVP abgesehen werden, wenn eine Vorprüfung des Einzelfalls nach § 3c Abs. 1 Satz 1 unter besonderer Berücksichtigung der Durchführungsdauer ergibt, dass erhebliche nachteilige Umweltauswirkungen des Vorhabens nicht zu besorgen sind. **(2)** Für ein in der Anlage 1 Spalte 2 aufgeführtes Vorhaben, das ein Entwicklungs- und Erprobungsvorhaben ist, gilt die allgemeine Regelung des § 3c Abs. 1.	

UVPG § 4 Vorrang anderer Rechtsvorschriften bei der UVP

[1]Dieses Gesetz findet Anwendung, soweit Rechtsvorschriften des Bundes oder der Länder die Prüfung der Umweltverträglichkeit nicht näher bestimmen oder in ihren Anforderungen diesem Gesetz nicht entsprechen. [2]Rechtsvorschriften mit weitergehenden Anforderungen bleiben unberührt.

Diese Subsidiaritätsklausel erscheint bedenklich, wenn weniger scharfes Landesrecht den Standard der UVP-RL nicht unterschreitet (s. z.B. zu § 3e (1) Nr. 2 UVPG, der durch § 2 NUVPG nicht umgesetzt ist).

38.7.4 Allgemeines Verfahren: Ermittlung, Beschreibung, Bewertung, §§ 5 – 14 UVPG/ §§ 5, 6 NUVPG

§ 5 NUVPG Entsprechende Geltung des UVPG

Die §§ 1, 2, 5 bis 13 und 16 UVPG gelten entsprechend.

Erster Schritt des o.g. dreistufigen Verfahrens ist die Ermittlung:

§ 5 UVPG Unterrichtung über voraussichtlich beizubringende Unterlagen
(gilt entsprechend nach § 5 NUVPG) *(sogen. Scoping-Verfahren,* das als akzeptanzfördernd angesehen wird, Sparwasser/Engel/Voßkuhle 4/22)

[1]Sofern der Träger eines Vorhabens die zuständige Behörde vor Beginn des Verfahrens, das der Entscheidung über die Zulässigkeit des Vorhabens dient, darum ersucht oder sofern die zuständige Behörde es nach Beginn des Verfahrens für erforderlich hält, unterrichtet diese ihn entsprechend dem Planungsstand des Vorhabens und auf der Grundlage geeigneter Angaben zum Vorhaben frühzeitig über Inhalt und Umfang der voraussichtlich nach § 6 beizubringenden Unterlagen über die Umweltauswirkungen des Vorhabens; § 14f Abs. 3 ist zu beachten. [2]Vor der Unterrichtung gibt die zuständige Behörde dem Träger des Vorhabens sowie den nach § 7 zu beteiligenden Behörden Gelegenheit zu einer Besprechung über Inhalt und Umfang der Unterlagen. [3]Die Besprechung soll sich auch auf Gegenstand, Umfang und Methoden der UVP sowie sonstige für die Durchführung der UVP erhebliche Fragen erstrecken. [4]Sachverständige und Dritte können hinzugezogen werden. [5]Verfügen die zuständige Behörde oder die zu beteiligenden Behörden über Informationen, die für die Beibringung der Unterlagen nach § 6 zweckdienlich sind, sollen sie diese Informationen dem Träger des Vorhabens zur Verfügung stellen.

§ 6 UVPG Unterlagen des Trägers des Vorhabens *(entsprechend nach § 5 NUVPG)*

(1) [1]Der Träger des Vorhabens hat die entscheidungserheblichen Unterlagen über die Umweltauswirkungen des Vorhabens der zuständigen Behörde zu Beginn des Verfahrens vorzulegen; in dem die UVP geprüft wird. [2]Setzt der Beginn des Verfahrens einen schriftlichen Antrag, die Einreichung eines Plans oder eine sonstige Handlung des Trägers des Vorhabens voraus, sind die nach Satz 1 erforderlichen Unterlagen so rechtzeitig vorzulegen, dass sie mit den übrigen Unterlagen ausgelegt werden können.
(2) [1]Inhalt und Umfang der Unterlagen nach Absatz 1 bestimmen sich nach den Rechtsvorschriften, die für die Entscheidung über die Zulässigkeit des Vorhabens maßgebend sind. [2]Die Absätze 3 und 4 sind anzuwenden, soweit die in diesen Absätzen genannten Unterlagen durch Rechtsvorschrift nicht im Einzelnen festgelegt sind.
(3) [1]Die Unterlagen nach Absatz 1 müssen zumindest folgende Angaben enthalten:
1. Beschreibung des Vorhabens mit Angaben über Standort, Art und Umfang sowie Bedarf an Grund und Boden,
2. Beschreibung der Maßnahmen, mit denen erhebliche nachteilige Umweltauswirkungen des Vorhabens vermieden, vermindert oder, soweit möglich, ausgeglichen werden, sowie der Ersatzmaßnahmen bei nicht ausgleichbaren, aber vorrangigen Eingriffen in Natur und Landschaft,
3. Beschreibung der zu erwartenden erheblichen nachteiligen Umweltauswirkungen des Vorhabens unter Berücksichtigung des allgemeinen Kenntnisstandes und der allgemein anerkannten Prüfungsmethoden,
4. Beschreibung der Umwelt und ihrer Bestandteile im Einwirkungsbereich des Vorhabens unter Berücksichtigung des allgemeinen Kenntnisstandes und der allgemein anerkannten Prüfungsmethoden sowie Angaben zur Bevölkerung in diesem Bereich, soweit die Beschreibung und die Angaben zur Feststellung und Bewertung erheblicher nachteiliger Umweltauswirkungen des Vorhabens erforderlich sind und ihre Beibringung für den Träger des Vorhabens zumutbar ist,

5. Übersicht über die wichtigsten, vom Träger des Vorhabens geprüften anderweitigen Lösungsmöglichkeiten und Angabe der wesentlichen Auswahlgründe im Hinblick auf die Umweltauswirkungen des Vorhabens. [2]Eine allgemein verständliche, nichttechnische Zusammenfassung der Angaben nach Satz 1 ist beizufügen. [3]Die Angaben nach Satz 1 müssen Dritten die Beurteilung ermöglichen, ob und in welchem Umfang sie von den Umweltauswirkungen des Vorhabens betroffen werden können.

(4) [1]Die Unterlagen müssen auch die folgenden Angaben enthalten, soweit sie für die UVP nach der Art des Vorhabens erforderlich sind:

1. Beschreibung der wichtigsten Merkmale der verwendeten technischen Verfahren,
2. Beschreibung von Art und Umfang der zu erwartenden Emissionen, der Abfälle, des Anfalls von Abwasser, der Nutzung und Gestaltung von Wasser, Boden, Natur und Landschaft sowie Angaben zu sonstigen Folgen des Vorhabens, die zu erheblichen nachteiligen Umweltauswirkungen führen können,
3. Hinweise auf Schwierigkeiten, die bei der Zusammenstellung der Angaben aufgetreten sind, zum Beispiel technische Lücken oder fehlende Kenntnisse.

[2]Die Zusammenfassung nach Absatz 3 Satz 2 muss sich auch auf die in den Nummern 1 und 2 genannten Angaben erstrecken.

(5) Die Absätze 1 bis 4 finden entsprechende Anwendung, wenn die zuständige Behörde für diejenige öffentlich-rechtliche Körperschaft tätig wird, die Träger des Vorhabens ist.

Die im Rahmen der Beibringung von Unterlagen vorgesehene Mitwirkung des Trägers des Vorhabens wird als belastend, aber auch - hinsichtlich der Beauftragung vom Vorhabenträger bezahlter Gutachter - als für die Ergebnisse bedenklich angesehen (Sparwasser/Engel/Voßkuhle 2/23, 38.12). Für die Frage, ob eine gebotene UVP durchgeführt worden ist, kommt es nur darauf an, ob das Verfahren, so wie es tatsächlich durchgeführt worden ist, den Anforderungen des UVPG und der EG-UVP-Richtlinie genügte (BVerwG 8.6.1995 - 4 C 4.94, NuR 1995, 537; 17.2.1997- 4 VP17.96, NuR 1998, 305, 307). Dem Vorhabenträger bleibt es überlassen, ob er eine abgeschlossene UVP-Studie vorlegen will oder (z.B. beim Straßenbau-Planfeststellungsverfahren, s. Beispiel 2 zu 38.7.1) innerhalb eines Erläuterungsberichts und des landschaftspflegerischen Begleitplans die Umweltauswirkungen darstellt (und bewertet, s.u.). Zu Art. 5 (3) Anstrich 4 SUP-RL folgt aus § 6 (3) S. 1 Nr. 5 – § 9 UVPG/ §§ 11, 12 UVPG i.V.m. § 1 UVPG die Rechtspflicht, eine **Alternativenprüfung** mit dem Ziel durchzuführen, die nachteiligen Auswirkungen eines Vorhabens auf die Umwelt so gering wie möglich zu halten (Spannowsky, UPR 2005, 401, 404). Der Zweck in § 1 UVPG, die Auswirkungen von bestimmten Vorhaben auf die Umwelt im Rahmen von Umweltprüfungen (Umweltverträglichkeitsprüfung und Strategische Umweltprüfung) frühzeitig und umfassend zu ermitteln, beschreiben und bewerten, lässt sich als Abwägungsgrundlage in vielen Fällen nur mit einer Alternativenprüfung erreichen (Spannowsky aaO). Je schwerwiegender dabei die zu erwartenden Umweltauswirkungen sind, desto höher sind die Schutzanforderungen der umweltvorsorgenden Alternativenprüfung zu gewichten (Soell/Dirnberger, NVwZ 1990, 705, 711; Spannowsky aaO, auch mit Hinweis auf Schlarmann). Eine Beschränkung der UVP auf die ernstlich in Betracht kommenden **Alternativen** ist zulässig, ggf. also ohne Prüfung der Null-Variante. (BVerwG, NuR 1998, 305, 307 f.; zu den Plänen s. § 14g (1) S. 2 UPVG „vernünftige Alternativen" bezogen auf die Ziele des Plans).

§ 7 UVPG Beteiligung anderer Behörden *(entsprechend nach § 5 NUVPG)*

[1]Die zuständige Behörde unterrichtet die Behörden, deren umweltbezogener Aufgabenbereich durch das Vorhaben berührt wird, über das Vorhaben, übermittelt ihnen die Unterlagen nach § 6 und holt ihre Stellungnahmen ein. [2]§ 73 Abs. 3a des Verwaltungsverfahrensgesetzes findet entsprechende Anwendung.

§ 8 UVPG Grenzüberschreitende Behördenbeteiligung *(entsprechend nach § 5 NUVPG)*

(1) ₁Wenn ein Vorhaben erhebliche Auswirkungen auf die in § 2 Abs. 1 Satz 2 genannten Schutzgüter in einem anderen Staat haben kann oder ein solcher anderer Staat darum ersucht, unterrichtet die zuständige Behörde frühzeitig die vom anderen Staat benannte zuständige Behörde anhand von geeigneten Unterlagen über das Vorhaben und bittet innerhalb einer angemessenen Frist um Mitteilung, ob eine Beteiligung erwünscht wird. [2]Wenn der andere Staat keine Behörde benannt hat, ist die oberste für Umweltangelegenheiten zuständige Behörde

des anderen Staates zu unterrichten. ³Wird eine Beteiligung für erforderlich gehalten, gibt die zuständige Behörde der benannten zuständigen Behörde des anderen Staates sowie weiteren von dieser angegebenen Behörden des anderen Staates zum gleichen Zeitpunkt und im gleichen Umfang wie den nach § 7 zu beteiligenden Behörden aufgrund der Unterlagen nach § 6 Gelegenheit zur Stellungnahme. ⁴§ 73 Abs. 3a des Verwaltungsverfahrensgesetzes findet entsprechende Anwendung.

(2) Soweit erforderlich oder soweit der andere Staat darum ersucht, führen die zuständigen obersten Bundes- und Landesbehörden innerhalb eines vereinbarten, angemessenen Zeitrahmens mit dem anderen Staat Konsultationen insbesondere über die grenzüberschreitenden Umweltauswirkungen des Vorhabens und über die Maßnahmen zu deren Vermeidung oder Verminderung durch.

(3) ¹Die zuständige Behörde übermittelt den beteiligten Behörden des anderen Staates die Zulässigkeitsentscheidung für das Vorhaben oder den ablehnenden Bescheid, jeweils einschließlich der Begründung. ²Sofern die Voraussetzungen der Grundsätze von Gegenseitigkeit und Gleichwertigkeit erfüllt sind, kann sie eine Übersetzung der Zulässigkeitsentscheidung beifügen.

(4) Weitergehende Regelungen zur Umsetzung völkerrechtlicher Verpflichtungen von Bund und Ländern bleiben unberührt.

§ 9 UVPG Einbeziehung der Öffentlichkeit *(entsprechend nach § 5 NUVPG)*

(1) ¹Die zuständige Behörde hat die Öffentlichkeit zu den Umweltauswirkungen des Vorhabens auf der Grundlage der ausgelegten Unterlagen nach § 6 anzuhören. ²Der betroffenen Öffentlichkeit wird im Rahmen der Anhörung Gelegenheit zur Äußerung zu dem Vorhaben gegeben.³Das Anhörungsverfahren muss den Anforderungen des § 73 Abs. 3, 4 bis 7 des Verwaltungsverfahrensgesetzes entsprechen. ⁴Ändert der Träger des Vorhabens die nach § 6 erforderlichen Unterlagen im Laufe des Verfahrens, so kann von einer erneuten Anhörung der Öffentlichkeit abgesehen werden, soweit keine zusätzlichen oder anderen erheblichen Umweltauswirkungen zu besorgen sind.

Eine erneute Beteiligung der Öffentlichkeit ist nicht erforderlich, wenn in einem Verfahren ohne Planfeststellung eine Beteiligung gemäß § 73 (8) VwVfG (43.1) analog ausreicht, um den Betroffenen Gelegenheit u geben, zu Aktualisierungen und Ergänzungen Stellung zu nehmen (Hoppenberg/Elgeti, NuR 2005, 625).

(2) Die zuständige Behörde hat in entsprechender Anwendung des § 74 Abs. 5 Satz 2 des Verwaltungsverfahrensgesetzes die Zulässigkeitsentscheidung oder die Ablehnung des Vorhabens öffentlich bekannt zu machen sowie in entsprechender Anwendung des § 74 Abs. 4 Satz 2 des Verwaltungsverfahrensgesetzes den Bescheid mit Begründung zur Einsicht auszulegen.

(3) ¹Abweichend von den Absätzen 1 und 2 wird die Öffentlichkeit im vorgelagerten Verfahren dadurch einbezogen, dass

1. das Vorhaben öffentlich bekanntgemacht wird
2. die nach § 6 erforderlichen Unterlagen während eines angemessenen Zeitraums eingesehen werden können,
3. der betroffenen Öffentlichkeit Gelegenheit zur Äußerung gegeben wird,
4. die Öffentlichkeit über die Entscheidung unterrichtet und der Inhalt der Entscheidung mit Begründung der Öffentlichkeit zugänglich gemacht wird.

²Rechtsansprüche werden durch die Einbeziehung der Öffentlichkeit nicht begründet; die Verfolgung von Rechten im nachfolgenden Zulassungsverfahren bleibt unberührt.

§ 9a UVPG Grenzüberschreitende Öffentlichkeitsbeteiligung *(entsprechend nach § 5 NUVPG)*

(1) ¹Wenn ein Vorhaben erhebliche Umweltauswirkungen in einem anderen Staat haben kann, können sich dort ansässige Personen am Anhörungsverfahren nach § 9 Abs. 1 und 3 beteiligen. ²Die zuständige Behörde hat darauf hinzuwirken, dass

1. das Vorhaben in dem anderen Staat auf geeignete Weise bekannt gemacht wird,
2. dabei angegeben wird, bei welcher Behörde im Verfahren nach § 9 Abs. 1 Einwendungen erhoben oder im Verfahren nach § 9 Abs. 3 Gegenäußerungen vorgebracht werden können, und

3. dabei darauf hingewiesen wird, dass im Verfahren nach § 9 Abs. 1 mit Ablauf der Einwendungsfrist alle Einwendungen ausgeschlossen sind, die nicht auf besonderen privatrechtlichen Titeln beruhen.

(2) Die zuständige Behörde kann verlangen, dass ihr der Träger des Vorhabens eine Übersetzung der Zusammenfassung nach § 6 Abs. 3 Satz 2 sowie, soweit erforderlich, weiterer für die grenzüberschreitende Öffentlichkeitsbeteiligung bedeutsamer Angaben zum Vorhaben, insbesondere zu grenzüberschreitenden Umweltauswirkungen, zur Verfügung stellt, sofern im Verhältnis zu dem anderen Staat die Voraussetzungen der Grundsätze von Gegenseitigkeit und Gleichwertigkeit erfüllt sind.

(3) Weitergehende Regelungen zur Umsetzung völkerrechtlicher Verpflichtungen von Bund und Ländern bleiben unberührt.

§ 9b UVPG Grenzüberschreitende Behörden- und Öffentlichkeitsbeteiligung bei ausländischen Vorhaben *(entsprechend nach § 5 NUVPG)*

(1) [1]Wenn ein in einem anderen Staat geplantes Vorhaben erhebliche Umweltauswirkungen in der Bundesrepublik Deutschland haben kann, ersucht die deutsche Behörde, die für ein gleichartiges Vorhaben in Deutschland zuständig wäre, die zuständige Behörde des anderen Staates um Unterlagen über das Vorhaben, insbesondere um eine Beschreibung des Vorhabens und um Angaben über dessen grenzüberschreitende Umweltauswirkungen. [2]Hält sie eine Beteiligung am Zulassungsverfahren für erforderlich, teilt sie dies der zuständigen Behörde des anderen Staates mit und ersucht, soweit erforderlich, um weitere Angaben im Sinne des § 6 Abs. 3 und 4, unterrichtet die Behörden im Sinne des § 7 über die Angaben und weist darauf hin, welcher Behörde des anderen Staates gegebenenfalls innerhalb welcher Frist eine Stellungnahme zugeleitet werden kann, sofern sie nicht die Abgabe einer einheitlichen Stellungnahme für angezeigt hält. [3]Die zuständige deutsche Behörde soll die zuständige Behörde des anderen Staates um eine Übersetzung geeigneter Angaben zum Vorhaben, insbesondere zu grenzüberschreitenden Umweltauswirkungen, ersuchen.

(2) [1]Auf der Grundlage der von dem anderen Staat übermittelten Unterlagen macht die zuständige deutsche Behörde das Vorhaben in geeigneter Weise in den voraussichtlich betroffenen Gebieten der Öffentlichkeit bekannt, soweit eine Öffentlichkeitsbeteiligung nach den Vorschriften des übermittelnden Staates erfolgt oder nach diesem Gesetz durchzuführen wäre. [2]Sie weist dabei darauf hin, welcher Behörde des anderen Staates gegebenenfalls innerhalb welcher Frist eine Stellungnahme zugeleitet werden kann, und gibt Gelegenheit, innerhalb angemessener Frist die Unterlagen einzusehen.

(3) § 8 Abs. 2 und 4 sowie § 9a Abs. 3 gelten entsprechend.

§ 10 UVPG Geheimhaltung und Datenschutz *(entsprechend nach § 5 NUVPG)*

Die Rechtsvorschriften über Geheimhaltung und Datenschutz bleiben unberührt.

Zweiter Schritt:

§ 11 UVPG Zusammenfassende Darstellung der Umweltauswirkungen *(entsprechend nach § 5 NUVPG)*

[1]Die zuständige Behörde erarbeitet auf der Grundlage der Unterlagen nach § 6, der behördlichen Stellungnahmen nach den §§ 7 und 8 sowie der Äußerungen der betroffenen Öffentlichkeit nach den §§ 9 und 9a eine zusammenfassende Darstellung der Umweltauswirkungen des Vorhabens sowie der Maßnahmen, mit denen erhebliche nachteilige Umweltauswirkungen vermieden, vermindert oder ausgeglichen werden, einschließlich der Ersatzmaßnahmen bei nicht ausgleichbaren, aber vorrangigen Eingriffen in Natur und Landschaft. [2]Die Ergebnisse eigener Ermittlungen sind einzubeziehen. [3]Die zusammenfassende Darstellung ist möglichst innerhalb eines Monats nach Abschluss der Erörterung im Anhörungsverfahren nach § 9 Abs. 1 Satz 3 zu erarbeiten. [4]Die zusammenfassende Darstellung kann in der Begründung der Entscheidung über die Zulässigkeit des Vorhabens erfolgen. [5]Die Begründung enthält erforderlichenfalls die Darstellung der Vermeidungs-, Verminderungs-, Ausgleichs- und Ersatzmaßnahmen.

Die Regelung soll zur Transparenz und Akzeptanz beitragen (Sparwasser/Engel/Voßkuhle 2/26 - 28).

Nicht ohne weiteres ist eine rechenhafte saldierende Gegenüberstellung der von dem Vorhaben zu erwartenden Einwirkungen auf die verschiedenen Umweltschutzgüter nach standardisierten Maßstäben erforderlich (BVerwG, Urt. v. 8.6.1995 - 4 C 4.94, NuR 1995, 537, Beschl. v. 17.2.1997 - 4 VP 17/96, NuR 1998, 305, 308) .

Dritter Schritt:

§ 12 UVPG Bewertung der Umweltauswirkungen und Berücksichtigung des Ergebnisses bei der Entscheidung *(entsprechend nach § 5 NUVPG)*

Die zuständige Behörde bewertet die Umweltauswirkungen des Vorhabens auf der Grundlage der zusammenfassenden Darstellung nach § 11 und berücksichtigt diese Bewertung bei der Entscheidung über die Zulässigkeit des Vorhabens im Hinblick auf eine wirksame Umweltvorsorge im Sinne der §§ 1, 2 Abs. 1 Satz 2 und 4 nach Maßgabe der geltenden Gesetze.

Welche Maßstäbe für das **Bewerten** gelten, ist nicht klar formuliert. Die umweltbezogenen Tatbestandsmerkmale der fachgesetzlichen Zulassungsvorschriften (z.B. BImSchG) bilden den Rahmen für die Bewertung. Zu bewerten ist umweltbezogen und vorsorgeorientiert im Hinblick auf die einzelnen Schutzgüter sowie medienübergreifend unter Berücksichtigung der jeweiligen Wechselwirkungen (Sparwasser/Engel/Voßkuhle 4/29; Beckmann. In Hoppe/Beckmann, UVPG, § 12 Rn. 20 ff., 35 ff., 41). Die Bewertung hat Prognosecharakter (Wagner, DVBl. 1993, 583). Soweit Rechtsnomen oder Verwaltungsvorschriften wie TA-Luft und TA-Lärm sowie DIN-Vorschriften auch andere Kriterien als Umweltkriterien enthalten, bedarf es ggf. einer eigenständigen Bewertung (Sparwasser/Engel/Voßkuhle 4/29 m.w.N. auch zu a.A.). Hier sind insbesondere noch nicht Umweltbelange mit anderen Belangen abzuwägen (Amtliche Begründung BT-Drucks. 11/3919, 27). Der Meinungsstreit, ob die Wechselwirkungen (s. § 2 (1) S. 3 UVPG) in einer medienübergreifenden „Gesamtschau" einzubeziehen sind, oder, was wohl in den Verwaltungsvorschriften zum UVPG favorisiert wird (Spoerr, NJW 1996, 85, 87), in einer Sicht, die „sternförmig" vom einzelnen Umweltmedium ausgeht, wird als Scheindiskussion beurteilt (Wagner, DVBl. 1993, 583).

Die Ergebnisse der UVP zu **berücksichtigen** bedeutet, die „gesamthaft" ermittelten ökologischen Belange in die Planungsabwägung einzubeziehen, allerdings in der Abwägung nicht als gewichtverstärktes Optimierungsgebot (21.), sondern nur als prinzipiell gleichrangig (BVerwG 1.3.1996, UPR 1996, 337, NuR 1996, 1016, NuR 1998, 309), soweit nicht Spezialregelungen ohnehin eine Gewichtverstärkung vorsehen. Je größeres Gewicht insoweit den Belangen des Umweltschutzes in der Abwägung zukommt, desto eher können sich methodische Unzulänglichkeiten bei der Ermittlung, Beschreibung und Bewertung i.S. des § 2 (1) S. 2 UVPG auf das Planungsergebnis ausgewirkt haben (BVerwG 18.11.2004, DVBl. 2005, 386 = NuR 2005, 394). Ob Defizite im Bereich der UVP auf den Abwägungsvorgang im Übrigen durchschlagen, richtet sich nach dem für Abwägungsmängel maßgeblichen Fehlerfolgesystem, (§ 124 BauGB; BVerwG aaO).

Wegen der umfassenden planerischen Abwägung sind besonders **Planfeststellungsverfahren** – unter Ausschluss von Plangenehmigungen (s. 43.1) - geeignet. Vgl. dazu z.B. § 17 (1) S. 2 FStrG (44.3.3), § 38 (1) S. 2 NStrG (44.4); **Bauleitplanung** (40.5); § 87 (1) S. 2§ 90 (2), § 119 (2), § 132 (2) NWG (60.), Wefelmeier, NdsVBl. 2004, 169, 176, ggf. auch Raumordnungsplanung mit Vorranggebietsausweisung (39.6). Auch eine konditionale **Ermessensentscheidung** (18.) ist geeignet (s. z.B. Erbguth/Schink, UVPG, § 12 Rn 52 ff. m.w.N.; z.B. Ausnahmebewilligung u.a. als Befreiung, 24.2.4).

In Betracht kommt auch eine **gebundene Abwägung mit „öffentlichen Interessen"**, „Gemeinwohlbelangen", „Wohl der Allgemeinheit" o.ä. unbestimmten Rechtsbegriffen (s. z.B. § 8 (5) NWaldLG zur Waldumwandlung, 45.4, oder § 9 (3) NWaldLG zur Erstaufforstung, 45.5). Für § 19 genügt das Erfordernis der Vereinbarkeit des Bodenabbaus mit dem Naturschutzrecht (Wefelmeier, NdsVBl. 2004, 169, 176).

Nach § 3 i.V.m. Anlage 1 Nrn. 25 bis 30 NUVPG ist auch bei der gebunden Entscheidung über eine Baugenehmigung für die dort genannten Vorhaben eine UVP durchzuführen, wenn eine solche Pflicht bei der Vorprüfung festgestellt wird. Das Ergebnis ist im bauordnungsrechtlichen Verfahren zu berücksichtigen (s. § 75 (1) S. 2 NBauO, 42.1).Wefelmeier, NdsVBl. 2004, 169, 176.

Bei zu beanspruchenden **Kontrollerlaubnissen** (gegenüber einem präventivem Verbot) muss also schon eine entsprechend hinreichend offene Abwägung durch unbestimmte Rechtsbegriffe eröffnet sein (z.B. Belange der Allgemeinheit; 18.2, 21.); bei den übrigen Entscheidungen über Kontrollerlaubnisse könnten bei negativem UVP-Ergebnis Vorhaben nicht versagt oder mit Auflagen u.ä. eingeschränkt werden. Es wird daher als verfassungsrechtlich zulässig vorgeschlagen, den Kontrollerlaubnisanspruch durch ein begrenztes Versagungsermessen gesetzlich einzuschränken, um der EG-UVP-Richtlinie Rechnung zu tragen-

(Murswiek, DVBl. 1994, 77, 81 f.; s. auch Sparwasser/Engel/Voßkuhle, 2/70 m.w.N. sowie 38.4 zur „Teilhabegenehmigung" bzw. „Teilhabebewilligung"; s. auch zu § 6 BlmSchG 62.2.3).
Zusätzliche Genehmigungspflichten mussten zur Sicherung der UVP—auch für eine Vorprüfung - Ergebnisse eingeführt werden (Günter, NuR 2002, 317, 322; s. Beispiele bei Wefelmeier, NdsVBl. 2004, 169, 176). Ausnahmen sind nur bei Vorhabenarten zulässig, bei denen von vornherein keine erheblichennachteiligen Umweltauswirkungen zu erwarten oder möglich sind (Wefelmeier, NdsVBl. 2004, 169, 175, mit Hinweis auf die Herausnahme der nach § 136 NWG erlaubnisfreien Gewässerbenutzungen aus den Vorhaben der Anlage 1 Nrn. 3 und 5). Auch für den Bodenabbau ist in Anlage 1 Nr. 17 NUVPG zur Harmonisierung mit § 17 NNatG eine Freigrenze eingeführt worden (Wefelmeier, NdsVBl. 2004, 169, 176); Soweit allgemein hinsichtlich der unteren Schwellenwerte Restrisiken angenommen werden (Günter, NuR 2002, 317, 318; Wefelmeier, NdsVBl. 2004, 169, 176), ist auch die Vermeidung von Aufwand für u.a. auch wegen Unverhältnismäßigkeit vergeblicher Abwägungen zu bedenken.

Die Pflicht, die gesamthaft ermittelten ökologischen Ergebnisse zu berücksichtigen, wird teilweise als nicht nur verfahrensrechtliches, sondern auch materiellrechtliches Gebot angesehen (Sparwasser/Engel/Voßkuhle 4/30 mit zahlreichen Nachweisen im Schrifttum; z.B. Mayen NVwZ 1996, 319, 325; a.A. BVerwGE 100, 370; BVerwG NVwZ-RR 1999, 429 ff.; Schmidt-Preuß, DVBl. 1995, 485, 489; Schink, NuR 1998, 173, 176; vgl. zur Problematik auch Beckmann, DVBl. 2004, 791, 794 f.). Bedeutung hat dies, wenn die fachgesetzlichen Bestimmungen nicht den Anforderungen des (mit der UVP-Richtlinie konformen) UVPG genügen; z.B. durch ergänzende Auslegung des § 5 BlmSchG über die immissionsschutzrechtliche Genehmigung (Feldmann, UPR 1991, 127, 130; Sparwasser/Engel/Voßkuhle 4/30 m.w.w.N.). Zur Drittwirkung des immissionsschutzrechtlichen Genehmigungsverfahrens mit Öffentlichkeitsbeteiligung als Trägerverfahren für eine UP s. OVG Koblenz 25.1.2005, NuR 2005, 474; kritisch dazu Lecheler, NVwZ 2005, 1156; dazu auch Ziekow, NVwZ 2005, 263; s. auch zu §10 BlmSchG (62.2.8).

Die UVP ist - wie ausgeführt - kein selbständiges, sondern ein in das fachliche Verfahren (z.B. Planfeststellungsverfahren Schnellstraßenbau) integriertes Verfahren (BVerwG, Urt. v. 25.1.1996 - 4 C 5.95, NuR 1996, 466 ff. = DÖV 1996, 604 = NVwZ 1996, 788). Selbst das Fehlen einer förmlichen UVP allein indiziert noch keinen Abwägungsmangel. Es ist vielmehr zu prüfen, ob Anhaltspunkte dafür vorhanden sind, dass als Folge der Unterlassung abwägungserhebliche Umweltbelange außer Acht gelassen oder fehlgewichtet worden sind (BVerwG, NuR 1998, 305, 308; vgl. 44.3). Im Zusammenhang mit der Anlagengenehmigung des § 6 BlmSchG ist aber, wie ausgeführt, die Frage aufgeworfen, ob der Umbau der Kontrollerlaubnis des § 6 BlmSchG zu einer integrativen Genehmigung der UVP – über die bisher vom BVerwG (NVwZ 1996, 788) nur anerkannte verfahrensrechtliche Wirkung hinaus auch eine materiellrechtliche Wirkung zuzubilligen ist. Wenn das BVerwG ein subjektiv-öffentliches Recht auf eine gerechte Abwägung schon für § 1 (6) (jetzt § 1 (7) BauGB anerkannt habe (40.5), müsse das auch für die UVP mit der Berücksichtigungspflicht nach § 12 UVPG gelten; die Abwägungspflicht in § 12 UVPG habe vielmehr Abwägungscharakter, verlange also materiellrechtlich Abwägungsfehlerfreiheit, auf die der Antragsteller und möglicherweise auch betroffene Dritte einen Anspruch hätten (Beckmann, NuR 2003, 715, 719, mit Bezug auf Wolf, Umweltrecht, 2002, § 14 Rn 892, und den Hinweis auf die für den Vorhabenträger weiter verminderte Rechtssicherheit; zum Rechtsschutz Dritter bei fehlerhafter oder unterbliebener UVP Scheidler, NVwZ 2005, 863).
Sind in mehreren Verfahren nebeneinander getrennte Zulassungen zu erteilen, muss in jedem Verfahren getrennt die Gesamtbewertung der UVP berücksichtigt werden (Sparwasser/Engel/Voßkuhle 4/30). Aus § 12 UVPG lässt sich nicht die Berücksichtigung kumulativer Vorhaben herleiten (Hermann/Wagner, NuR 2005, 20, 25). Zu Fragen einer Kumulation oder Summation von Einwirkungen s. zu §§ 2, 3b (2) und (3), 3e und Anhang 2 Nr. 2 UVPG.
Zu Bedenken eines **Vollzugsdefizits** wegen der Kompliziertheit der Regelungen und der möglichen Unerheblichkeit unterbliebener UVP (BVerwG 25.1.1996, NuR 1996, 466, 468 = DÖV 1996, 604 = NVwZ 1996, 788) Wefelmeier, NdsVBl. 2004, 169, 176.

§ 13 UVPG Vorbescheid und Teilzulassungen *(entsprechend nach § 5 NUVPG)*

(1) [1]Vorbescheid und erste Teilgenehmigung oder entsprechende erste Teilzulassungen dürfen nur nach Durchführung einer UVP erteilt werden. [2]Die UVP hat sich in diesen Fällen vorläufig auf die nach dem jeweiligen Planungsstand erkennbaren Umweltauswirkungen des Gesamtvorhabens und abschließend auf die Umweltauswirkungen zu erstrecken, die Gegenstand von Vorbescheid oder Teilzulassung sind. [3]Diesem Umfang der UVP ist bei der Unterrichtung über voraussichtlich beizubringende Unterlagen nach § 5 und bei den Unterlagen nach § 6 Rechnung zu tragen.

(2) ¹Bei weiteren Teilgenehmigungen oder entsprechenden Teilzulassungen soll die Prüfung der Umweltverträglichkeit auf zusätzliche oder andere erhebliche Umweltauswirkungen des Vorhabens beschränkt werden. ²Absatz 1 gilt entsprechend.

Schon erfolgte Verfahrensschritte und Teilbewertungen sind in den Folgeverfahren nicht zu wiederholen.

§ 14 UVPG Zulassung eines Vorhabens durch mehrere Behörden	§ 6 NUVPG Aufgaben und Zuständigkeit der federführenden Behörde
(1) ¹Bedarf ein Vorhaben der Zulassung durch mehrere Landesbehörden, so bestimmen die Länder eine federführende Behörde, die zumindest für die Aufgaben nach §§ 3a, 5 und 8 Abs. 1 und 3 sowie der §§ 9a und 11 zuständig ist. ²Die Länder können der federführenden Behörde weitere Zuständigkeiten nach den §§ 6, 7 und 9 übertragen. ³Die federführende Behörde hat ihre Aufgaben im Zusammenwirken zumindest mit den Zulassungsbehörden und der Naturschutzbehörde wahrzunehmen, deren Aufgabenbereich durch das Vorhaben berührt wird. *⁴ und ⁵ (Genehmigung Atomgesetz).* (2) ¹Die Zulassungsbehörden haben auf der Grundlage der zusammenfassenden Darstellung nach § 11 eine Gesamtbewertung der Umweltauswirkungen des Vorhabens vorzunehmen und diese nach § 12 bei den Entscheidungen zu berücksichtigen. ²Die federführende Behörde hat das Zusammenwirken der Zulassungsbehörden sicherzustellen.	(1) ¹Bedarf die Zulässigkeit eines Vorhabens im Sinne dieses Gesetzes oder des Gesetzes über die UVP der Entscheidung durch mehrere Landesbehörden oder kommunale Gebietskörperschaften, so werden die Aufgaben nach § 4 dieses Gesetzes sowie die Aufgaben nach den §§ 5, 7, 8 Abs. 1 und 3 und den §§ 9, 9 a und 11 UVPG von der federführenden Behörde wahrgenommen. ²Die Unterlagen nach § 6 UVPG sind der federführenden Behörde vorzulegen. ³Die federführende Behörde wirkt mit den übrigen für die Entscheidung zuständigen Behörden und den Naturschutzbehörden, deren Aufgabenbereiche durch das Vorhaben berührt werden, zusammen. (2) Federführende Behörde ist 1. für Vorhaben, deren Zulässigkeit einer Entscheidung nach dem Atomgesetz bedarf, das Umweltministerium, soweit nicht nach § 14 Abs. 1 Satz 4 UVPG eine Bundesbehörde federführende Behörde ist, 2. für Vorhaben, die einer Genehmigung nach dem Bundes-Immissionsschutzgesetz bedürfen, die für diese Genehmigung zuständige Behörde; 3. für alle anderen Vorhaben die jeweils höchstrangige für eine der Entscheidungen zuständige Behörde, die Aufgaben der allgemeinen Verwaltung wahrnimmt. (3) ¹Die für die Entscheidungen zuständigen Behörden haben auf der Grundlage der zusammenfassenden Darstellung nach § 11 UVPG eine Gesamtbewertung der Umweltauswirkungen des Vorhabens vorzunehmen und diese nach § 12 UVPG bei den Entscheidungen zu berücksichtigen. ²Die federführende Behörde hat das Zusammenwirken der Behörden sicherzustellen. (4) Für die in § 9 b UVPG genannten Aufgaben bei Vorhaben in anderen Staaten benennt das Umweltministerium die zuständige Landesbehörde.

Der medienübergreifende integrative Ansatz der UVP-RL verlangt, dass bei paralleler Zuständigkeit mehrerer Behörden für die Zulassung eines Projekts (also bei Fehlen einer vollen formellen Konzentration wie bei Planfeststellungsverfahren, 43.1) nach der Vorgabe des § 14 (1) UVPG in näher genannten Umfang eine **federführende Behörde** bestimmt sein muss. Zur Vereinbarkeit des § 14 UVPG mit Art. 2 UVP-RL Schmidt, G., NVwZ 2003, 292. § 6 schöpft den § 14 auch hinsichtlich der fakultativen Ermächtigung aus. Außerdem hat die federführende Behörde nach § 6 (3) NUVPG die von den einzelnen Zulassungsbehörden getrennt vorzunehmende Gesamtbewertung der Umweltauswirkungen (in Umsetzung des Art. 8 UVP-RL § 12 UVPG/§ 5 NUVPG) zu koordinieren (vgl. Schmidt, NVwZ 2003, 292, 296 f.). Da aus § 12 UVPG wegen ungünstiger Umweltauswirkungen auch die Versagung von Vorhaben folgen kann, sind auch für die umfassende Abwägung geeignete Trägerverfahren erforderlich. Vgl. zu § 12 UVPG.

38.7.5 Strategische Umweltprüfung (SUP), §§ 14a – 14o, Anlagen3, 4 UVPG

(Teil 3) Abschnitt 1 Voraussetzungen für eine Strategische Umweltprüfung

§ 14a UVPG Feststellung der SUP-Pflicht *(entspricht § 3a UVPG)*

(1) Die zuständige Behörde stellt frühzeitig fest, ob nach den §§ 14b bis 14d eine Verpflichtung zur Durchführung einer Strategischen Umweltprüfung besteht.
(2) ¹Die Feststellung nach Absatz 1 ist, sofern eine Vorprüfung des Einzelfalls nach § 14b Abs. 2 oder § 14d vorgenommen worden ist, der Öffentlichkeit nach den Bestimmungen des Bundes und der Länder über den Zugang zu Umweltinformationen zugänglich zu machen; soll eine Strategische Umweltprüfung unterbleiben, ist dies einschließlich der dafür wesentlichen Gründe bekannt zu geben. ²Die Feststellung ist nicht selbständig anfechtbar.

Die Feststellung nach § 14a (1) UVPG ist nach § 14a S. 2 UVPG ein unselbständiger Verfahrensakt. Vgl. zu § 14o UVPG zur Sonderregelung wegen Landeskompetenz.

§ 14b UVPG SUP-Pflicht in bestimmten Plan- oder Programmbereichen und im Einzelfall

(1) Eine Strategische Umweltprüfung ist durchzuführen bei Plänen und Programmen, die
1. in der Anlage 3 Nr. 1 aufgeführt sind oder
2. in der Anlage 3 Nr. 2 aufgeführt sind und für Entscheidungen über die Zulässigkeit von in der Anlage 1 aufgeführten Vorhaben oder von Vorhaben, die nach Landesrecht einer Umweltverträglichkeitsprüfung oder Vorprüfung des Einzelfalls bedürfen, einen Rahmen setzen.

Anlage 3 UVPG
Liste „SUP-pflichtiger Pläne und Programme"
Nachstehende Pläne und Programme fallen nach § 3 Abs. 1a in den Anwendungsbereich dieses Gesetzes

Legende

Nr.   = Nummer des Plans oder Programms
Plan oder Programm = Art des Plans oder Programms

Nr.	Plan oder Programm
1.	**Obligatorische Strategische Umweltprüfung nach § 14b Abs. 1 Nr. 1**
1.1	Verkehrswegeplanungen auf Bundesebene einschließlich Bedarfspläne nach einem Verkehrswegeausbaugesetz des Bundes
1.2	Ausbaupläne nach § 12 Abs. 1 des Luftverkehrsgesetzes, wenn diese bei ihrer Aufstellung oder Änderung über den Umfang der Entscheidungen nach § 8 Abs. 1 und 2 des Luftverkehrsgesetzes wesentlich hinausreichen
1.3	Hochwasserschutzpläne nach § 31d des Wasserhaushaltsgesetzes (nicht auch Überschwemmungsgebiete)
1.4	Maßnahmeprogramme nach § 36 des Wasserhaushaltsgesetzes
1.5	Raumordnungsplanungen nach §§ 8, 9 des Raumordnungsgesetzes
1.6	Raumordnung des Bundes in der deutschen ausschließlichen Wirtschaftszone nach § 18a des Raumordnungsgesetzes *(39.12)*
1.7	Festlegung der besonderen Eignungsgebiete nach § 3a der Seeanlagenverordnung
1.8	Bauleitplanungen nach §§6 und 10 des Baugesetzbuchs
1.9	Landschaftsplanungen nach §§ 15 und 16 des Bundesnaturschutzgesetzes
2.	**Strategische Umweltprüfung bei Rahmensetzung nach § 14b Abs. 1 Nr. 2**
2.1	Lärmaktionspläne nach §§ 47d des Bundes-Immissionsschutzgesetzes *62.8.8)*
2.2	Luftreinhaltepläne nach § 47 (1) des Bundes-Immissionsschutzgesetzes *(62.7.8)*
2.3	Abfallwirtschaftskonzepte nach § 19 Abs. 5 des Kreislaufwirtschafts- und Abfallgesetzes *(63.3.15)*
2.4	Fortschreibung der Abfallwirtschaftskonzepte nach § 16 Abs. 3 Satz 4, 2. Alt. des Kreislaufwirtschafts- und Abfallgesetzes *(63.3.14)*
2.5	Abfallwirtschaft nach § 29 des Kreislaufwirtschafts- und Abfallgesetzes, einschließlich von besonderen Kapiteln oder gesonderten Teilplänen über die Entsorgung von gefährlichen Abfällen, Altbatterien und Akkumulatoren oder Verpackungen und Verpackungsabfällen

§ 14b (1) Nr. 1 i.V.m. **Anlage 3 Nr. 1 UVPG** bestimmt die Pläne und Programme mit **obligatorischer SUP** (Umsetzung von Art. 3 (2) a SUP-RL), ergänzt durch Pläne und Programme nach § 14 c UVPG (Rahmensetzung unwiderleglich vermutet; Umsetzung von Art. 3 (2) b SUP-RL). Zu den Landschaftsplanungen s. die Sonderregelung des § 19a UVPG, zu den Verkehrswegeplanungen (Nr. 1.1 Anlage 3) § 19b UVPG.

Zur strategischen Umweltprüfung im Wasserrecht (Nr. 1.3, 1.4; 60.11, 60.14) s. Reinhardt, NuR 2005, 499. Noch klärenswert erscheint, ob auch die Bewirtschaftungspläne (§ 36b WHG, 60.14) in die Anlage 3 hätten übernommen werden müssen (Hendler, NVwZ 2005, 977, 980; anders Knopp, ZUR 2001, 368, 379). Eine Veränderung der Anlage ist aufgrund der Verordnungsermächtigung des § 3 (1a) S. 2 UVPG möglich. Forstliche Rahmenpläne (45.3.2) sind entgegen dem Gesetzentwurf wegen deren Streichung im BWaldG (45.3.) nicht aufgenommen.

Die **rahmensetzenden Pläne und Programme** i.S. **§ 14b (1) Nr. 2** i.V.m. **Anlage 3 Nr. 2 UVPG** sind nur konditional obligatorisch. Zum Rahmensetzungsmerkmal s. § 14 (3) UVPG (Vorgabe Art, 3 (2) a Teils. 2 SUP-RL, ausreichend ist Berücksichtigung in Abwägungs- und Ermessensentscheidungen und bei Auslegung unbestimmter Rechtsbegriffe; Hendler, NVwZ 2005, 977, 979).

Zur Abfallwirtschaftsplanung noch zur UVP s. BVerwG 14.5.1996, DVBl. 1996, 48 = DÖV 1996, 916 = NuR 1996, 594.

Zu Ausnahmen für Pläne und Programme von den § 14b (1) (und § 14c UVPG) nach Einzelfallprüfung gemäß § 14b (4) i.V.m. Anlage 4 s. § 14 d UVPG.

§ 14b UVPG (2) [1]**Bei nicht unter Absatz 1 fallenden Plänen und Programmen ist eine Strategische Umweltprüfung nur dann durchzuführen, <u>wenn</u> sie für die Entscheidung über die Zulässigkeit von in der Anlage 1 aufgeführten oder anderen Vorhaben einen <u>Rahmen setzen</u> und nach einer <u>Vorprüfung im Einzelfall</u> im Sinne von Absatz 4 <u>voraussichtlich erhebliche Umweltauswirkungen</u> haben.** [2]**§ 34 Abs. 4** *(41.4.4)* **und § 35 Abs. 6** *(51.5.3)* **des Baugesetzbuchs bleiben unberührt.**

§ 14b (2) setzt Art. 3 (4) SUP-RL um. Die betreffenden Pläne und Programme – nicht in Anlage 3 und , egal, ob in Anlage 1 UVPG enthalten - müssen nicht nur einen Rahmen für die Zulässigkeit von Vorhaben setzen, sondern auch voraussichtlich – gemäß einer Vorprüfung im Einzelfall nach § 14 (4) i.V.m. Anlage 4 UVPG erhebliche Umweltauswirkungen haben. § 14 (2) ist für in Anlage 3 vergessene, bisher nicht bekannte Pläne und Programme gedacht, für die dann ohne Vorprüfung des Einzelfalls eine SUP durchzuführen wäre (s. Hendler, NVwZ 2005, 977, 980). Satz 2 enthält Ausnahmen für zwei Satzungsarten.

(3) Pläne und Programme setzen einen <u>Rahmen</u> für die Entscheidung über die Zulässigkeit von Vorhaben, wenn sie Festlegungen mit Bedeutung für spätere Zulassungsentscheidungen, insbesondere zum Bedarf, zur Größe, zum Standort, zur Beschaffenheit, zu Betriebsbedingungen von Vorhaben oder zur Inanspruchnahme von Ressourcen, enthalten.

(4) [1]**Hängt die Durchführung einer Strategischen Umweltprüfung von einer <u>Vorprüfung des Einzelfalls</u> ab, hat die zuständige Behörde aufgrund einer überschlägigen Prüfung unter Berücksichtigung der in <u>Anlage 4</u> aufgeführten <u>Kriterien</u> einzuschätzen, ob der Plan oder das Programm voraussichtlich erhebliche Umweltauswirkungen hat, die im weiteren Aufstellungsverfahren nach § 14k Abs. 2 zu berücksichtigen wären.** [2]**Bei der Vorprüfung nach Satz 1 ist zu berücksichtigen, inwieweit Umweltauswirkungen durch Vermeidungs- und Verminderungsmaßnahmen offensichtlich ausgeschlossen werden.** [3]**Die in § 14h genannten Behörden sind bei der Vorprüfung nach Satz 1 zu beteiligen.** *(entspricht § 3c UVP)*

<u>Anlage 4</u>
Kriterien für die Vorprüfung des Einzelfalls im Rahmen einer Strategischen Umweltprüfung
Nachstehende Kriterien sind anzuwenden, soweit auf Anlage 4 Bezug genommen wird.
1. Merkmale des Plans oder Programms, insbesondere in Bezug auf
1.1 das Ausmaß, in dem der Plan oder das Programm einen Rahmen setzt;
1.2 das Ausmaß, in dem der Plan oder das Programm andere Pläne und Programme beeinflusst;

1.3 die Bedeutung des Plans oder Programms für die Einbeziehung umweltbezogener, einschließlich gesundheitsbezogener, Erwägungen, insbesondere im Hinblick auf die Förderung der nachhaltigen Entwicklung;
1.4 die für den Plan oder das Programm relevanten umweltbezogenen, einschließlich gesundheitsbezogener, Probleme;
2.1 die Wahrscheinlichkeit, Dauer, Häufigkeit und Umkehrbarkeit der Auswirkungen;
2.2 den kumulativen und grenzüberschreitenden Charakter der Auswirkungen;
2.3 die Risiken für die Umwelt, einschließlich der menschlichen Gesundheit (zum Beispiel bei Unfällen);
2.4 den Umfang und die räumliche Ausdehnung der Auswirkungen;
2.5 die Bedeutung und die Sensibilität des voraussichtlich betroffenen Gebiets aufgrund der besonderen natürlichen Merkmale, des kulturellen Erbes, der Intensität der Bodennutzung des Gebiets jeweils unter Berücksichtigung der Überschreitung von Umweltqualitätsnormen und Grenzwerten;
2.6 Gebiete nach Nummer 2.3 der Anlage 2.

§ 14c UVPG SUP-Pflicht aufgrund einer Verträglichkeitsprüfung
Eine Strategische Umweltprüfung ist durchzuführen bei Plänen und Programmen, die einer Verträglichkeitsprüfung nach § 35 Satz 1 Nr. 2 des Bundesnaturschutzgesetzes unterliegen *(FFH-RL, 51.14).*

§ 14d UVPG Ausnahmen von der SUP-Pflicht
(1) [1]**Werden Pläne und Programme nach § 14b Abs. 1 und § 14c nur <u>geringfügig geändert</u> oder legen sie die Nutzung <u>kleiner Gebiete</u> auf lokaler Ebene fest, so ist eine Strategische Umweltprüfung nur dann durchzuführen, wenn eine <u>Vorprüfung des Einzelfalls</u> im Sinne von § 14b Abs. 4 ergibt, dass der Plan oder das Programm voraussichtlich erhebliche Umweltauswirkungen hat.** [2]**<u>§ 13 des Baugesetzbuchs</u> bleibt <u>unberührt</u>.** *(gilt nicht für Pläne des Abs. 2)*
(2) *[1]Bei Plänen und Programmen aus den Bereichen <u>Wasserhaushalt und Raumordnung</u> <u>regeln</u> <u>die Länder</u> <u>für die in Absatz 1 geregelten Fälle</u> durch Festlegung der Plan- oder Programmart, durch Vorprüfung des Einzelfalls oder durch eine Kombination dieser Verfahren, unter welchen Voraussetzungen eine Strategische Umweltprüfung durchzuführen ist. [2]Dabei ist sicherzustellen, dass Pläne und Programme, die voraussichtlich erhebliche Umweltauswirkungen haben, einer Strategischen Umweltprüfung unterzogen werden.*

Anwendungsfreundlicher wäre eine abschließende Regelung (wohl außer §§ 1 – 3 UVPG und Anlage 3) für die Bauleitplanung nur im BauGB (s. auch zu § 17 ROG).
Sonderregelungen zu § 14d (2) gelten wegen der bloßen Rahmengesetzgebungskompetenz des Bundes für die Regionalplanung (§ 8 ROG, 39.6; NROG), die Hochwasserschutzplanung (§ 31d WHG, 60-11) und Maßnahmeprogramme (§ 36 WHG, 60.14). Die noch im Gesetzentwurf enthaltene Forstwirtschaft ist nicht in die Vorschrift aufgenommen.

(3) Absatz 2 gilt nicht für Pläne und Programme nach Nummer 1.8 der Anlage 3.

Abschnitt 2 Verfahrensschritte der Strategischen Umweltprüfung

§ 14e Vorrang anderer Rechtsvorschriften bei der SUP
[1]**Unbeschadet der §§ 14o und 19a finden die Vorschriften dieses Abschnitts Anwendung, soweit Rechtsvorschriften des Bundes und der Länder die Strategische Umweltprüfung nicht näher bestimmen oder in ihren Anforderungen diesem Gesetz nicht entsprechen.** [2]**Rechtsvorschriften mit weitergehenden Anforderungen bleiben unberührt.**

§ 14f UVPG Festlegung des Untersuchungsrahmens *(Scoping)*
(1) Die für die Strategische Umweltprüfung zuständige Behörde legt den <u>Untersuchungsrahmen</u> der Strategischen Umweltprüfung einschließlich des <u>Umfangs und Detaillierungsgrads</u> der in den <u>Umweltbericht</u> nach § 14g aufzunehmenden Angaben fest.
(2) [1]**Der Untersuchungsrahmen einschließlich des Umfangs und Detaillierungsgrads der in den Umweltbericht aufzunehmenden Angaben bestimmen sich unter Berücksichtigung von § 2 Abs. 4 in Verbindung mit § 2 Abs. 1 nach den Rechtsvorschriften, die für die Entscheidung über**

die Ausarbeitung, Annahme oder Änderung des Plans oder Programms maßgebend sind. [2]Der Umweltbericht enthält die Angaben, die mit zumutbarem Aufwand ermittelt werden können, und berücksichtigt dabei den gegenwärtigen Wissensstand und der Behörde bekannte Äußerungen der Öffentlichkeit, allgemein anerkannte Prüfungsmethoden, Inhalt und Detaillierungsgrad des Plans oder Programms sowie dessen Stellung im Entscheidungsprozess.

(3) [1]Sind Pläne und Programme Bestandteil eines mehrstufigen Planungs- und Zulassungsprozesses, soll zur Vermeidung von Mehrfachprüfungen bei der Festlegung des Untersuchungsrahmens bestimmt werden, auf welcher der Stufen dieses Prozesses bestimmte Umweltauswirkungen schwerpunktmäßig geprüft werden sollen. [2]Dabei sind Art und Umfang der Umweltauswirkungen, fachliche Erfordernisse sowie Inhalt und Entscheidungsgegenstand des Plans oder Programms zu berücksichtigen. [3]Bei nachfolgenden Plänen und Programmen sowie bei der nachfolgenden Zulassung von Vorhaben, für die der Plan oder das Programm einen Rahmen setzt, soll sich die Umweltprüfung auf zusätzliche oder andere erhebliche Umweltauswirkungen sowie auf erforderliche Aktualisierungen und Vertiefungen beschränken.

(4) [1]Die Behörden, deren umwelt- und gesundheitsbezogener Aufgabenbereich durch den Plan oder das Programm berührt wird, werden bei der Festlegung des Untersuchungsrahmens der Strategischen Umweltprüfung sowie des Umfangs und Detaillierungsgrads der in den Umweltbericht aufzunehmenden Angaben beteiligt. [2]Die zuständige Behörde gibt auf der Grundlage geeigneter Informationen den zu beteiligenden Behörden Gelegenheit zu einer Besprechung oder zur Stellungnahme über die nach Absatz 1 zu treffenden Festlegungen. [3]Sachverständige und Dritte können hinzugezogen werden. [4]Verfügen die zu beteiligenden Behörden über Informationen, die für den Umweltbericht zweckdienlich sind, übermitteln sie diese der zuständigen Behörde.

§ 14f UVPG regelt als ersten Verfahrensschritt die Festlegung des Untersuchungsrahmens (Scoping) mit Anforderungen für den Umweltbericht und den Grenzen des § 14f (2) S. 2 UVPG dafür, sowie einer stufenbezogenen Abschichtung unter Vermeidung von Doppel- und Mehrfachprüfungen mit Behördenbeteiligung nach § 14f (4) UVPG. Dessen Satz 3 geht über EG-Mindestanforderungen hinaus.

§ 14g UVPG Umweltbericht

(1) [1]Die zuständige Behörde erstellt frühzeitig einen Umweltbericht. [2]Dabei werden die voraussichtlichen erheblichen Umweltauswirkungen der Durchführung des Plans oder Programms sowie vernünftiger Alternativen ermittelt, beschrieben und bewertet.

(2) [1]Der Umweltbericht nach Absatz 1 muss nach Maßgabe des § 14f folgende Angaben enthalten:

1. Kurzdarstellung des Inhalts und der wichtigsten Ziele des Plans oder Programms sowie der Beziehung zu anderen relevanten Plänen und Programmen,
2. Darstellung der für den Plan oder das Programm geltenden Ziele des Umweltschutzes sowie der Art, wie diese Ziele und sonstige Umwelterwägungen bei der Ausarbeitung des Plans oder des Programms berücksichtigt wurden,
3. Darstellung der Merkmale der Umwelt, des derzeitigen Umweltzustands sowie dessen voraussichtliche Entwicklung bei Nichtdurchführung des Plans oder des Programms,
4. Angabe der derzeitigen für den Plan oder das Programm bedeutsamen Umweltprobleme, insbesondere der Probleme, die sich auf ökologisch empfindliche Gebiete nach Nummer 2.6 der Anlage 4 beziehen,
5. Beschreibung der voraussichtlichen erheblichen Auswirkungen auf die Umwelt nach § 2 Abs. 4 Satz 3 in Verbindung mit § 2 Abs. 1 Satz 2,
6. Darstellung der Maßnahmen, die geplant sind, um erhebliche nachteilige Umweltauswirkungen aufgrund der Durchführung des Plans oder des Programms zu verhindern, zu verringern und soweit wie möglich auszugleichen,
7. Hinweise auf Schwierigkeiten, die bei der Zusammenstellung der Angaben aufgetreten sind, zum Beispiel technische Lücken oder fehlende Kenntnisse,
8. Kurzdarstellung der Gründe für die Wahl der geprüften Alternativen sowie eine Beschreibung, wie diese Prüfung durchgeführt wurde,
9. Darstellung der geplanten Überwachungsmaßnahmen gemäß § 14m.

²Die Angaben nach Satz 1 sollen entsprechend der Art des Plans oder Programms Dritten die Beurteilung ermöglichen, ob und in welchem Umfang sie von den Umweltauswirkungen des Plans oder Programms betroffen werden können. ³Eine allgemein verständliche, nichttechnische Zusammenfassung der Angaben nach diesem Absatz ist dem Umweltbericht beizufügen. (3) Die zuständige Behörde bewertet vorläufig im Umweltbericht die Umweltauswirkungen des Plans oder Programms im Hinblick auf eine wirksame Umweltvorsorge im Sinne der §§ 1 und 2 Abs. 4 Satz 2 in Verbindung mit § 2 Abs. 1 Satz 2 nach Maßgabe der geltenden Gesetze. (4) Angaben, die der zuständigen Behörde aus anderen Verfahren oder Tätigkeiten vorliegen, können in den Umweltbericht aufgenommen werden, wenn sie für den vorgesehenen Zweck geeignet und hinreichend aktuell sind.

Art. 14g (Umweltbericht) setzt Art. 5 i.V.m. Anhang I SUP-RL um (38.7.1.2, Ermittlung, Beschreibung und Bewertung der erheblichen voraussichtlichen auch positiven Umweltauswirkungen), mit beschreibendem Teil (§ 14g (2) UVPG) und bewertendem Teil (§ 14g (3) UVPG).
Vgl. auch Ginzky, NuR 2005, 691, 696 auch zu einer **überregionale**n SUP-Pflicht nach § 14g (1) UVPG im Zusammenhang mit dem Verschlechterungsverbot nebst Ausnahmen nach §§ 25a – 25d WHG.
Die Beschreibung der Auswirkungen auf die Umwelt nach § 2 Abs. 4 Satz 2 in Verbindung mit § 2 Abs. 1 Satz 2 betrifft außer der Gesundheit des Menschen i die Bestandteile und Wechselwirkungen des Naturhaushalts nebst biologischer Vielfalt, aber auch Kulturgüter und sonstige Sachgüter (weiter Umweltbegriff; s. auch 38.1.1. Zum nur gebotenen zumutbaren Aufwand s. § 15f (2) S. 2 UVPG (Art. 5 (2) S. 1 SUP-RL).
§ 14g (4) dient der Verwaltungsvereinfachung.

§ 14h Beteiligung anderer Behörden

¹Die zuständige Behörde übermittelt den Behörden, deren umwelt- und gesundheitsbezogener Aufgabenbereich durch den Plan oder das Programm berührt wird, den Entwurf des Plans oder Programms sowie den Umweltbericht und holt die Stellungnahmen dieser Behörden ein. ²Die zuständige Behörde setzt für die Abgabe der Stellungnahmen eine angemessene Frist von mindestens einem Monat.

§ 14i UVPG Beteiligung der Öffentlichkeit

(1) Für die Öffentlichkeitsbeteiligung gilt § 9 Abs. 1 entsprechend, soweit nachfolgend nichts anderes bestimmt wird.
(2) ¹Der Entwurf des Plans oder Programms, der Umweltbericht sowie weitere Unterlagen, deren Einbeziehung die zuständige Behörde für zweckmäßig hält, werden frühzeitig für eine angemessene Dauer von mindestens einem Monat öffentlich ausgelegt. ²Auslegungsorte sind unter Berücksichtigung von Art und Inhalt des Plans oder Programms von der zuständigen Behörde so festzulegen, dass eine wirksame Beteiligung der betroffenen Öffentlichkeit gewährleistet ist.
(3) ¹Die betroffene Öffentlichkeit kann sich zu dem Entwurf des Plans oder Programms und zu dem Umweltbericht äußern. ²Die zuständige Behörde bestimmt für die Äußerung eine angemessene Frist von mindestens einem Monat. ³Ein Erörterungstermin ist durchzuführen, soweit Rechtsvorschriften des Bundes dies für bestimmte Pläne und Programme vorsehen.

Unterlagen i.S. des § 14i (2) UVPG können z.B. Gutachten sein. Die Gewährleistung (§ 141 (2) S.2 UVPG) kann auch bel Beschränkung auf nur einen Auslegungsort erfüllt sein (Hendler, NVwZ 2005, 977, 982). Wird der Entwurf des Plans oder Programms später geändert, so ist die Öffentlichkeit nur dann erneut oder zusätzlich zu beteiligen, wenn zusätzliche oder andere erhebliche Umweltauswirkungen zu besorgen sind, § 14 (1) i.V.m. § 9 (1) S. 4 UVPG analog.
Äußerungen der i.S. von § 14i (3) S. 1 UVPG nicht betroffenen Öffentlichkeit (andere Personen und Vereine) kann die Behörde zurückweisen, aber auch – wie bei § 73 (4) S. 1 VwVfG (43.1) – ohne Rechtsfehlerfolge verwerten (Hendler, NVwZ 2005, 977, 982 mit Nachw. zu § 73 (4) S.1 VwVfG). entsprechen,
Über die Anforderungen des § 14i UVPG geht § 47d (3) BImSchG für Lärmaktionspläne noch mit der Möglichkeit der Öffentlichkeit zu aktiver Mitwirkung hinaus (62.8.8vgl. dazu Scheidler, NuR 2005, 628 – 634).

§ 14j UVPG Grenzüberschreitende Behörden- und Öffentlichkeitsbeteiligung

(1) ¹Für die grenzüberschreitende Behördenbeteiligung gilt § 8 entsprechend. ²Bei der Unterrichtung der zuständigen Behörde eines anderen Staates *(nicht nur EU)* ist ein Exemplar des Plan- oder Programmentwurfs und des Umweltberichts zu übermitteln. ³Die zuständige Behörde setzt eine angemessene Frist, innerhalb derer die zuständige Behörde des anderen Staates Gelegenheit zur Stellungnahme hat. ⁴Die zuständige Behörde übermittelt bei der Annahme des Plans oder Programms dem beteiligten anderen Staat die in § 14l Abs. 2 genannten Informationen.

(2) ¹Für die grenzüberschreitende Öffentlichkeitsbeteiligung gilt § 9a entsprechend. ²Die in dem anderen Staat ansässige Öffentlichkeit kann sich am Verfahren nach § 14i Abs. 1 bis 3 beteiligen.

(3) Für die Beteiligung der deutschen Behörden und Öffentlichkeit bei Plänen und Programmen eines anderen Staates gilt § 9b entsprechend.

§ 14 j UVPG setzt den Art. 7 SUP-RL um. § 14j (1) S. 1 i.V.m. § 8 UVPG analog gilt, wenn ein Plan oder Programm erhebliche Umweltauswirkungen haben kann, für eine in Deutschland durchgeführte SUP nach § 14j (1) S. 2 – 4 UVPG. Zu Einzelheiten der grenzüberschreitenden Öffentlichkeitsbeteiligung s. gemäß § 14i (2) S. 1 entsprechend § 9a UVPG sowie § 14i (2) S.2 UVPG.
Zu Plänen und Programmen mit möglichen erheblichen Umweltauswirkungen im Ausland s. entsprechend § 9b UVPG.

§ 14k UVPG Abschließende Bewertung und Berücksichtigung

(1) ¹Nach Abschluss der Behörden- und Öffentlichkeitsbeteiligung überprüft die zuständige Behörde die Darstellungen und Bewertungen des Umweltberichts unter Berücksichtigung der ihr nach den §§ 14h bis 14j übermittelten Stellungnahmen und Äußerungen. ²Bei der Überprüfung gelten die in § 14g Abs. 3 bestimmten Maßstäbe.
(2) Das Ergebnis der Überprüfung nach Absatz 1 ist im Verfahren zur Aufstellung oder Änderung des Plans oder Programms zu berücksichtigen.

Die Maßstäbe des § 14g (3) waren schon bei der ursprünglichen Erstellung des Umweltberichts heranzuziehen.
Ein/e prinzipielle Gewichtsverstärkung bzw. Gewichtungsvorrang besteht für das Überprüfungsergebnis nicht, so dass es im Einzelfall höherrangigen Belangen unterliegen kann (Hendler, NVwZ 2005, 977, 983). Kritisch zu Ermittlungsdefiziten bei den anderen Belangen Ritter, DÖV 2005, 929.

§ 14l UVPG Bekanntgabe der Entscheidung über die Annahme des Plans oder Programms

(1) Die Annahme oder Ablehnung des Plans oder Programms ist öffentlich bekannt zu machen. ²Die Ablehnung eines Plans oder Programms kann öffentlich bekannt gemacht werden.
(2) Bei Annahme des Plans oder Programms sind folgende Informationen zur Einsicht auszulegen:
1. der angenommene Plan oder das angenommene Programm,
2. eine zusammenfassende Erklärung, wie Umwelterwägungen in den Plan oder das Programm einbezogen wurden, wie der Umweltbericht nach § 14g sowie die Stellungnahmen und Äußerungen nach den §§ 14h bis 14j berücksichtigt wurden und aus welchen Gründen der angenommene Plan oder das angenommene Programm nach Abwägung mit den geprüften Alternativen gewählt wurde, sowie
3. eine Aufstellung der Überwachungsmaßnahmen nach § 14m.

Für die Ablehnung des Plans oder Programms besteht nur ein Ermessen für eine öffentliche Bekanntmachung. Bei zu erwartenden positiven erheblichen Umweltauswirkungen werden sachliche Gründe für eine Nichtbekanntgabe kaum zu finden sein.

§ 14m UVPG Überwachung

(1) ¹Die <u>erheblichen Umweltauswirkungen</u>, die sich aus der Durchführung des Plans oder Programms ergeben, sind <u>zu überwachen</u>, um insbesondere <u>frühzeitig unvorhergesehene</u> nachteilige Auswirkungen zu ermitteln und geeignete <u>Abhilfemaßnahmen</u> ergreifen zu können. ²Die erforderlichen Überwachungsmaßnahmen sind mit der Annahme des Plans oder Programms auf der Grundlage der Angaben <u>im Umweltbericht festzulegen</u>.

(2) Soweit Rechtsvorschriften des Bundes oder der Länder keine abweichende Zuständigkeit regeln, obliegt die Überwachung der für die Strategische Umweltprüfung zuständigen Behörde.

(3) Andere Behörden haben der nach Absatz 2 zuständigen Behörde auf Verlangen alle Umweltinformationen zur Verfügung zu stellen, die zur Wahrnehmung der Aufgaben nach Absatz 1 erforderlich sind.

(4) Die Ergebnisse der Überwachung sind der Öffentlichkeit nach den Vorschriften des Bundes und der Länder über den Zugang zu Umweltinformationen sowie den in § 14h genannten Behörden zugänglich zu machen und bei einer erneuten Aufstellung oder einer Änderung des Plans oder Programms zu berücksichtigen.

(5) ¹Zur Erfüllung der Anforderungen nach Absatz 1 können bestehende Überwachungsmechanismen, Daten- und Informationsquellen genutzt werden. ²§ 14g Abs. 4 gilt entsprechend.

§ 14n Gemeinsame Verfahren

Die Strategische Umweltprüfung kann mit anderen Prüfungen zur Ermittlung oder Bewertung von Umweltauswirkungen verbunden werden.

Bei einer (ökonomischen) Verbindung mit anderen Verfahren wie der FFH-Verträglichkeitsprüfung (51.14) sind deren formelle und vor allem materiellrechtliche Besonderheiten zu beachten.

§ 14o SUP-Verfahren nach Maßgabe des Landesrechts

(1) ¹Für Pläne und Programme aus den Bereichen Wasserhaushalt sowie Raumordnung, die nach den §§ 14b bis 14d einer Strategischen Umweltprüfung bedürfen, regeln die Länder das Verfahren für die Feststellung der SUP-Pflicht und für die Durchführung der Strategischen Umweltprüfung. ²Dies gilt nicht für Pläne und Programme nach Nummer 1.6 der Anlage 3. ²§ 14j bleibt unberührt.

Wie zu § 14d ausgeführt, wäre eine komplette RO-Regelung im ROG/ NROG anwendungsfreundlicher. Die Forstwirtschaft und Abfallwirtschaft sind entgegen dem Gesetzentwurf nicht in die Vorschrift übernommen.

Zu den Übergangsregelungen für die SUP s. § 25 (7) . (9) UVPG auch zu Art. 12 (3) SUP-RL.

38.7.6 Besondere Verfahrensvorschriften für die Umweltprüfungen, bestimmte Anlagen, Gemeinsame Vorschriften, §§ 15 – 25/ § 6 NUVPG, Anlagen 1, 2 UVPG

§ 15 UVPG Linienbestimmung und Genehmigung von Flugplätzen,

(1) [1]Für die Linienbestimmungen nach § 16 Abs. 1 des Bundesfernstraßengesetzes *(44.3.2)* und nach § 13 Abs. 1 des Bundeswasserstraßengesetzes *(44.7)* sowie im vorgelagerten Verfahren nach § 6 Abs. 1 des Luftverkehrsgesetzes *(65.6.11)* bei in der Anlage 1 aufgeführten Vorhaben wird die <u>Umweltverträglichkeit</u> nach dem jeweiligen Planungsstand des Vorhabens geprüft. [2]Diese Regelung gilt nicht, wenn in einem Raumordnungsverfahren *(39.10)* bereits die Umweltverträglichkeit geprüft wurde und dabei die Anforderungen des Satzes 3 und der Absätze 2 und 3 erfüllt sind. [3]In die Prüfung der Umweltverträglichkeit sind bei der Linienbestimmung alle ernsthaft in Betracht kommenden Trassenvarianten einzubeziehen.
(2) [1]Abweichend von § 9 Abs. 3 Satz 1 sind zur Einbeziehung der Öffentlichkeit bei der Linienbestimmung die Unterlagen nach § 6 auf Veranlassung der zuständigen Behörde in den Gemeinden, in denen sich das Vorhaben voraussichtlich auswirkt, einen Monat zur Einsicht auszulegen; die Gemeinden haben die Auslegung vorher ortsüblich bekannt zu geben. [2]Jeder kann sich bis zwei Wochen nach Ablauf der Auslegungsfrist äußern. [3]Die Öffentlichkeit ist über die Entscheidung durch ortsübliche Bekanntmachung zu unterrichten. [4]§ 9 Abs. 3 Satz 2 gilt entsprechend.
(3) [1]Zur Einbeziehung der Öffentlichkeit im vorgelagerten Verfahren nach § 6 Abs. 1 des Luftverkehrsgesetzes ist Absatz 2 Satz 1 und 2 entsprechend anzuwenden. [2]Im übrigen bleibt § 9 Abs. 3 unberührt.
(4) Im nachfolgenden Zulassungsverfahren *(Planfeststellung 44.3.3, 44.7)* kann die Prüfung der Umweltverträglichkeit auf zusätzliche oder andere erhebliche Umweltauswirkungen des Vorhabens beschränkt werden.

Bedeutsam ist die Regelung, dass ein (stets mit UVP) durchgeführtes Raumordnungsverfahren mit den besonderen Voraussetzungen eine UVP für die Linienbestimmung usw. entbehrlich macht.

§ 16 UVPG Raumordnungsverfahren *(gilt entsprechend nach 5 NUVPG als dynamische Verweisung auch für die neue Fassung)*

(1) [1]Für das Raumordnungsverfahren bei in der Anlage 1 aufgeführten Vorhaben regeln die Länder, unter welchen Voraussetzungen eine Umweltverträglichkeitsprüfung erforderlich ist, sowie das Verfahren für die Durchführung der Umweltverträglichkeitsprüfung. [2]Die §§ 8, 9a und 9b bleiben unberührt. [3]§ 4 findet keine Anwendung.
(2) Im nachfolgenden Zulassungsverfahren kann die Prüfung der Umweltverträglichkeit auf zusätzliche oder andere erhebliche Umweltauswirkungen des Vorhabens beschränkt werden.

Während für Raumordnungsverfahren wegen ihrer projektbezogenen Vorentscheidungsfunktion strikt eine UVP durchzuführen ist (s. auch Schreiber, UPR 2004, 50, 53; 39.10), unterliegen die vorgelagerten Raumordnungspläne bzw. -programme einer SUP-Pflicht (s. Anlage 3 Nr. 1.7).

§ 17 UVPG Aufstellung von Bauleitplänen *(i.d.F. d. EAG BauGB; s. 40.7, 41.2)*

(1) [1]Werden Bebauungspläne im Sinne des § 2 Abs. 3 Nr. 3, insbesondere <u>bei Vorhaben</u> nach <u>den Nummern 18.1 bis 18.9 der Anlage 1</u> *(vgl. 38.7.6)*, aufgestellt, geändert oder ergänzt, wird die Umweltverträglichkeitsprüfung <u>einschließlich der Vorprüfung des Einzelfalls</u> nach § 2 Abs. 1 Satz 1 bis 3 sowie den §§ 3 bis 3f *(38.7.4)* im Aufstellungsverfahren als Umweltprüfung nach den Vorschriften des Baugesetzbuchs *(Bauleitplanverfahren)* durchgeführt. [2]Abweichend von Satz 1 <u>entfällt</u> eine nach diesem Gesetz vorgeschriebene <u>Vorprüfung des Einzelfalls</u>, wenn für den aufzustellenden Bebauungsplan eine Umweltprüfung nach den Vorschriften des Baugesetzbuchs, die zugleich den Anforderungen einer Umweltverträglichkeitsprüfung entspricht, durchgeführt wird.
(2) Besteht für die Aufstellung, Änderung oder Ergänzung eines Bauleitplans nach diesem Gesetz eine Verpflichtung zur Durchführung einer Strategischen Umweltprüfung, wird hierfür eine Umweltprüfung einschließlich der Überwachung *(§ 4c)* nach den Vorschriften des Baugesetzbuchs durchgeführt.

(3) Wird die Umweltverträglichkeitsprüfung in einem Aufstellungsverfahren für einen Bebauungsplan und in einem nachfolgenden Zulassungsverfahren durchgeführt, soll die Umweltverträglichkeitsprüfung im nachfolgenden Zulassungsverfahren auf zusätzliche oder andere erhebliche Umweltauswirkungen des Vorhabens beschränkt werden.

Obwohl § 2 (3) Nr. 3 UVPG standortfestlegende bauplanungsrechtliche Vorhaben im bisherigen Außenbereich insbesondere nach Nr. 18.1 ff. der Anlage 1 (Feriendörfer u.ä., Campingplätze, Freizeitparke, Parkplätze, Industriezonen, Einkaufszentren, Städtebauprojekte für sonstige bauliche Anlagen); im sonstigen Bereich der UVP-Pflicht zuordnet, bestimmt der komplizierte bzw. verwirrend gefasste § 17 UVPG, dass allein das UP-Verfahren nach dem BauGB gilt, welches den Standard des UVPG sichert (s. 40.7). Vgl. schon allgemein Stollmann, NuR 2003, 586. Zur Umsetzung der Richtlinie 2001/42/EG des Eur. Parlaments und des Rates vom 27.6.2001 über die Prüfung der Umweltauswirkungen bestimmter Pläne und Programme, ABl. EG Nr. L 197/30 s. schon Pietzcker/Fiedler, DVBl. 2002, 929, und 38.7.2. . Vgl. auch Schubert, NuR 2005, 369, kritisch zu der Überflüssigkeit des § 17 (1) (2) UVPG und die rein verfahrensrechtliche Bedeutung der UP.

§ 18 UVPG Bergrechtliche Verfahren *(s. 50.13),*

Bei bergbaulichen Vorhaben, die in der Anlage 1 aufgeführt sind, wird die Umweltverträglichkeitsprüfung nach § 2 Abs. 1 Satz 1 bis 3 im Planfeststellungsverfahren nach dem Bundesberggesetz durchgeführt. Die §§ 5 bis 14 finden keine Anwendung.

Mit dem Vorhaben, das § 52 (1) S. 1 BBergG einem **Planfeststellungsverfahren mit eingeschlossener UVP** unterwirft, ist das Bergbauvorhaben als Ganzes gemeint und nicht (wie bei einem fakultativen Rahmenbetriebsplan i.S. von § 52 (2) Nr. 1 BBergG) gegenständlich oder zeitlich begrenzte Teilabschnitt (OVG Münster 17.12.2004, NuR 2005, 416, 418; im Anschluss an BVerwG 12.6.2002, NuR 2002, 680).

§ 19 UVPG Flurbereinigungsverfahren *(s. 44.5),*

Im Planfeststellungsverfahren über einen Wege- und Gewässerplan mit landschaftspflegerischem Begleitplan nach § 41 des Flurbereinigungsgesetzes ist die Öffentlichkeit entsprechend den Bestimmungen des § 9 Abs. 3 einzubeziehen.

§ 19a UVPG Durchführung der Strategischen Umweltprüfung bei Landschaftsplanungen

(1) [1]Bei der Aufstellung oder Änderung von Landschaftsplanungen nach den §§ 15 und 16 des Bundesnaturschutzgesetzes sind in die Darstellung nach § 14 Abs. 1 des Bundesnaturschutzgesetzes die Umweltauswirkungen auf die in § 2 Abs. 1 Satz 2 genannten Schutzgüter aufzunehmen. [2]Die Länder erlassen zur Durchführung der Strategischen Umweltprüfung ergänzende Rechtsvorschriften für das Verfahren der Landschaftsplanungen [3]§ 14j bleibt unberührt. [4]§ 14d Abs. 2 gilt entsprechend.
(2) Die nach Absatz 1 Satz 2 zu erlassenden Regelungen müssen den Anforderungen dieses Gesetzes entsprechen.
(3) [1]Die Inhalte von Landschaftsplanungen, bei denen nach Absatz 1 eine Strategische Umweltprüfung durchgeführt worden ist, sollen bei der Umweltprüfung anderer Pläne und Programme herangezogen werden. [2]§ 14g Abs. 4 dieses Gesetzes und § 14 Abs. 2 Satz 3 des Bundesnaturschutzgesetzes finden entsprechende Anwendung.

Zu den §§ 15, 16 BNatSchG über die Landschaftsplanungen s. 39.8. Nach § 19a (1) UPVG soll die strategische Umweltprüfung (SUP) auch grenzüberschreitend ohne hinzutretenden Prüfungsschritt in die Landschaftsplanung selbst integriert werden. Daraus ergibt sich in der Landschaftsplanung selbst die zusätzliche Prüfung von Umweltauswirkungen über die Naturschutz- und Landschaftsbelange hinaus auch auf den Menschen. Das kann sich aber nicht auf die lediglich naturschutzrechtliche Abwägung beziehen. Diese schließt sich an die Ermittlung, Beschreibung und Bewertung von Umweltwirkungen begrenzt und gesondert an. Jedoch sind alle Ergebnisse der SUP in allen Fachplanungen und –programmen zu berücksichtigen, § 19a (3) UVPG.

§ 19b UVPG Strategische Umweltprüfung bei Verkehrswegeplanungen auf Bundesebene

(1) Bei Bedarfsplänen nach Nummer 1.1 der Anlage 3 ist eine Strategische Umweltprüfung nur für solche erheblichen Umweltauswirkungen erforderlich, die nicht bereits Gegenstand einer Strategischen Umweltprüfung im Verfahren zur Aufstellung oder Änderung von anderen Plänen und Programmen nach Nummer 1.1 der Anlage 3 waren.

(2) Bei der Verkehrswegeplanung auf Bundesebene nach Nummer 1.1 der Anlage 3 werden bei der Erstellung des Umweltberichts in Betracht kommende vernünftige Alternativen, die die Ziele und den geographischen Anwendungsbereich des Plans oder Programms berücksichtigen, insbesondere alternative Verkehrsnetze und alternative Verkehrsträger ermittelt, beschrieben und bewertet.

(3) Das Bundesministerium für Verkehr, Bau- und Wohnungswesen wird ermächtigt, im Einvernehmen mit dem Bundesministerium für Umwelt, Naturschutz und Reaktorsicherheit durch Rechtsverordnung ohne Zustimmung des Bundesrates für das Verfahren der Durchführung der Strategischen Umweltprüfung bei Plänen und Programmen nach Nummer 1.1 der Anlage 3 besondere Bestimmungen zur praktikablen und effizienten Durchführung zu erlassen über

1. die Einzelheiten des Verfahrens zur Festlegung des Untersuchungsrahmens nach § 14f im Hinblick auf Besonderheiten der Verkehrswegeplanung,
2. das Verfahren der Erarbeitung und über Inhalt und Ausgestaltung des Umweltberichts nach § 14g im Hinblick auf Besonderheiten der Verkehrswegeplanung,
3. die Einzelheiten der Beteiligung von Behörden und der Öffentlichkeit nach den §§ 14h bis 14j, unter Berücksichtigung der Verwendungsmöglichkeiten von elektronischen Kommunikationsmitteln,
4. die Form der Bekanntgabe der Entscheidung nach § 14l, unter Berücksichtigung der Verwendungsmöglichkeiten von elektronischen Kommunikationsmitteln,
5. die Form, den Zeitpunkt und die Berücksichtigung von Ergebnissen der Überwachung nach § 14m.

(4) Das Bundesministerium für Verkehr, Bau- und Wohnungswesen wird ferner ermächtigt, im Einvernehmen mit dem Bundesministerium für Umwelt, Naturschutz und Reaktorsicherheit durch Rechtsverordnung mit Zustimmung des Bundesrates zu bestimmen, dass die Länder zur Anmeldung von Verkehrsprojekten für Pläne und Programme nach Nummer 1.1 der Anlage 3 bestimmte vorbereitende Prüfungen vorzunehmen und deren Ergebnisse oder sonstigen Angaben beizubringen haben, die für die Durchführung der Strategischen Umweltprüfung notwendig sind.

Zur SUP im Straßenrecht Sauthoff, ZUR 2006, 15.

§§ 20 – 23 UVPG Planfeststellung, Plangenehmigung für bestimmte Leitungsanlagen und andere An lagen (Anlage 1 Nr. 19).

§ 24 UVPG Die Bundesregierung kann mit Zustimmung des Bundesrates allgemeine Verwaltungsvorschriften über

1. Kriterien und Verfahren, die zu dem in den §§ 1 und 12 genannten Zweck bei der Ermittlung, Beschreibung und Bewertung von Umweltauswirkungen (§ 2 (1) S. 2) zugrunde zu legen sind, *(2. Grundsätze für die Feststellung der UVP-Pflicht nach den §§ 3a bis 3e)*
2. Grundsätze für die Unterrichtung über voraussichtlich beizubringende Unterlagen nach § 5 *(Scoping),*
3. Grundsätze für die zusammenfassende Darstellung der Umweltauswirkungen nach § 11 und für die Bewertung nach § 12a,
4. Grundsätze und Verfahren zur Vorprüfung des Einzelfalls nach § 3c sowie über die in der Anlage 2 aufgeführten Kriterien,
5. Grundsätze für die Erstellung des Umweltberichts nach § 14g,
6. Grundsätze für die Überwachung nach § 14m

erlassen.

Vgl. die UVPVwV Bund (noch zu vorheriger Gesetzesfassung, Gemeinsames Ministerialblatt 1995, 671). Die Umweltstandards der Anhänge, z.B. für die Ausgleichbarkeit von Eingriffen in Natur und Landschaft, sind ausdrücklich nur *verwaltungsinterne Orientierungshilfen* und keine Grenzwerte oder Richtwerte (Spoerr, NJW 1996, 85, 87) und insoweit nur norminterpretierende Verwaltungsvorschriften. Zum Teil wird den UVPVwV auch normkonkretisierende Wirkung (also auch eine gewisse Außenwirkung, 13.3.1) zuerkannt (Mayen, NVwZ 1996, 319, 326).

§ 25 UVPG (§ 6 NUVPG) Übergangsvorschrift

(7)[1] Die Länder haben unverzüglich, spätestens bis zum 31. Dezember 2006 die nach § 14d Abs. 2 sowie den §§ 14o und 19a Abs. 1 erforderlichen Vorschriften zu erlassen. [2]Soweit das jeweilige Land die nach Satz 1 erforderlichen Vorschriften nicht erlassen hat, gelten bis zu dem in Satz 1 genannten Zeitpunkt

1. anstelle der erforderlichen Vorschriften nach § 14d Abs. 2 die Regelung des § 14d Abs. 1,
2. anstelle der erforderlichen Vorschriften nach § 14o die Regelungen der §§ 14a, 14f bis 14i Abs. 1, §§ 14k bis 14m Abs. 1 sowie des § 14n,
3. anstelle der erforderlichen Vorschriften nach § 19a Abs. 1 die Regelungen der §§ 14a, 14f und 14g Abs. 2 Nr. 6 und 8 sowie der §§ 14h bis 14i Abs. 1, § 14k Abs. 1 und § 14n.
[3]§ 22 Satz 3 des Raumordnungsgesetzes bleibt unberührt.

(8) [1]Die Vorschriften des Teils 3 *§§ 14a – 14o)* gelten für Pläne und Programme, deren erster förmlicher Vorbereitungsakt nach dem 29. Juni 2005 erfolgt. [2]Verfahren zur Aufstellung oder Änderung von Plänen und Programmen, deren erster förmlicher Vorbereitungsakt nach dem 20. Juli 2004 erfolgt ist, sind nach den Vorschriften dieses Gesetzes zu Ende zu führen.

§ 25 (8) UVPG setzt Art. 12 (3) S. 1 SUP-RL um.

Zu Satz 2: In der Zwischenzeit bis zum Inkrafttreten des SUPG gelten die Regelungen der SUP-RL unmittelbar (Hendler, NVwZ 2005, 977, 983).

(9) [1]Pläne und Programme, deren erster förmlicher Vorbereitungsakt vor dem 21. Juli 2004 erfolgt ist und die später als am 20. Juli 2006 angenommen oder in ein Gesetzgebungsverfahren eingebracht werden, unterliegen den Vorschriften des Teils 3. [2]§ 23 Abs. 3 des Raumordnungsgesetzes bleibt unberührt *(Überleitung bei Raumordnungsplänen).*

§ 25 (9) S. 1 UVPG setzt Art. 12 (3) S. 2 SUP-RL um.

(10) [1]Die Länder haben unverzüglich, spätestens bis zum 31. Dezember 2006, die nach § 16 Abs. 1 Satz 1 erforderlichen Vorschriften zu erlassen. [2]Bis zum Erlass der nach Satz 1 erforderlichen Vorschriften findet § 16 Abs. 2 in der bis zum 29. Juni 2005 geltenden Fassung Anwendung.

Bei Fristüberschreitung eines Landes würde die SUP-RL unmittelbar gelten (Hendler, NVwZ 2005, 977, 984).

Anlage 1	Anlage 1 *(zu § 1 (1) NUVPG)*
Nachstehende **Vorhaben** fallen nach § **3 Abs. 1 Satz 1** *(UVPG)* in den **Anwendungsbereich** dieses Gesetzes. Soweit nachstehend eine allgemeine Vorprüfung oder eine standortbezogene **Vorprüfung des Einzelfalls** (Screening) vorgesehen ist, nimmt diese Bezug auf die Regelungen des § 3c Abs. 1 Satz 1 und 2. Soweit nachstehend auf eine Maßgabe des Landesrechts verwiesen wird, nimmt diese Bezug auf die Regelung des § 3d. **Legende:**	**Liste der nach Landesrecht UVP-pflichtigen Vorhaben**
Nr. = Nummer des Vorhabens **Vorhaben** = Art des Vorhabens mit ggf. Größen- oder Leistungswerten nach § 3b Abs. 1 Satz 2 sowie Prüfwerten für Größe oder Leistung nach § 3c Abs. 1 Satz 5	**Legende:**
X in Spalte 1 = Vorhaben ist UVP-pflichtig **A in Spalte 2** = allgemeine Vorprüfung des Einzelfalls: siehe § 3c Abs. 1 Satz 1 **S in Spalte 2** = standortbezogene Vorprüfung des Einzelfalls: siehe § 3c Abs. 1 Satz 2 **L in Spalte 2** = UVP-Pflicht nach Maßgabe des Landesrechts: siehe § 3d	**X** = in allen Fällen UVP-pflichtiges Vorhaben **A** = allgemeine Vorprüfung des Einzelfalls **S** = standortbezogene Vorprüfung des Einzelfalls

Nr. I Vorhaben		
1. Wärmeerzeugung, Bergbau und Energie: 1.1 Errichtung und Betrieb einer Anlage zur Erzeugung von Strom, Dampf, Warmwasser, Prozesswärme oder erhitztem Abgas durch den Einsatz von Brennstoffen in einer Verbrennungseinrichtung (wie Kraftwerk, Heizkraftwerk, Heizwerk, Gasturbine, Verbrennungsmotoranlage, sonstige Feuerungsanlage), einschließlich des jeweils zugehörigen Dampfkessels, mit einer Feuerungswärmeleistung von	Sp. 1	Sp. 2
1.1.1 mehr als 200 MW,	x	
1.1.2 50 MW bis 200 MW,		A
usw.		
1.6. Errichtung und Betrieb einer **Windfarm** mit Anlagen in einer Gesamthöhe von **mehr als 50 m** *(zu dieser Fassung ab 1.7.2005 s. 62.2.1 - 4. BlmSchV Anlage Nr. 1.6)* mit		
1.6.1 20 oder mehr Windkraftanlagen,	X	
1.6.2 6 bis weniger als 20 Windkraftanlagen,		A
1.6.3 3 bis weniger als 6 Windkraftanlagen;		S
6. Holz, Zellstoff		
6.1 Errichtung und Betrieb einer Anlage zur Herstellung von Zellstoff aus Holz, Stroh oder ähnlichen Faserstoffen,	X	
6.2 Errichtung und Betrieb einer Anlage zur Gewinnung von Papier oder Pappe mit einer Produktionsleistung von		
6.2.1 200 t oder mehr je Tag,	X	
6.2.2 20 t bis weniger als 200 t je Tag;		A

14. Verkehrsvorhaben 14.3 Bau einer Bundesautobahn oder einer sonstigen Bundesstraße, wen diese eine Schnellstraße i.s. der Begriffsbestimmung des Europäischen Übereinkommens über die Hauptstraßen des internationalen Verkehr vom 15. November 1975 ist	X				(für Landes-, Kreis- und Gemeindestraßen s. Nr. 19 – 23 Anlage 1 NUVPG)
14.4 Bau einer neuen vier- oder mehrstreifigen Bundesstraße, wenn diese eine durchgehende Länge von 5 km oder mehr hat	X				
14.5 Bau einer vier- oder mehrstufigen Bundesstraße, wenn dieser geänderte Bundesstraßenabschnitt eine durchgehende Länge von 10 km oder mehr aufweist	X				
14.6 Bau einer sonstigen Bundesstraße		A			
			18a	Umwandlung von Ödland oder sonstigen naturnahen Flächen zum Zweck der intensiven landwirtschaftlichen Nutzung ab einer Fläche von 5 ha. (s. § 33a NNatG, 51.10.2)	
17. **Forstliche Vorhaben**: 17.2 **Rodung** von Wald im Sinne des Bundeswaldgesetzes zum Zwecke der Umwandlung in eine andere Nutzungsart mit			23	Waldumwandlungen (§ 8 des Niedersächsischen Gesetzes über den Wald und die Landschaftsordnung)	
17.2.1 10 ha oder mehr Wald,	X			mit a) 5 bis 10 Hektar,	A
17.2.2 weniger als 10 ha Wald;		L		b) weniger als 5 Hektar;	S
17.1 **Erstaufforstung** im Sinne des Bundeswaldgesetzes mit			24	Erstaufforstungen (§ 9 des Niedersächsischen Gesetzes über den Wald und die Landschaftsordnung)	
17.1.1 50 ha oder mehr Wald,	X			a) mit mehr als 10 Hektar und weniger als 50 Hektar Wald,	A
17.1.2 weniger als 50 ha Wald;		L		b) mit bis zu 10 Hektar Wald;	S
18. Bauvorhaben 18.1 Bau eines Feriendorfes, eines Hotelkomplexes oder einer sonstigen großen Einrichtung für die Ferien- und Fremdenbeherbergung, für den bisherigen **Außenbereich** im Sinne des § 35 des Baugesetzbuchs ein **Bebauungsplan** aufgestellt wird, nur im Aufstellungsverfahren mit			26	Bau eines Feriendorfes, eines Hotelkomplexes oder einer sonstigen großen Einrichtung für die Ferien- und Fremdenbeherbergung, *usw.* *wie links mit*	
18.1.1 einer Bettenzahl von jeweils insgesamt 300 oder mehr oder mit einer Gästezimmerzahl von jeweils insgesamt 200 oder mehr,	X				
18.1.2 einer Bettenzahl von jeweils insgesamt 100 bis weniger als 300 oder mehr oder mit einer Gästezimmerzahl von jeweils insgesamt 80 bis weniger als 200;		A		einer Bettenzahl von jeweils insgesamt 100 oder mehr oder mit einer Gästezimmerzahl von jeweils insgesamt 80 oder mehr	A

18.2 Bau eines ganzjährig betriebenen Campingplatzes, für den im bisherigen Außenbereich im Sinne des § 35 des Baugesetzbuchs ein Bebauungsplan aufgestellt wird, nur im Aufstellungsverfahren, mit einer Stellplatzzahl von			27	Bau eines ganzjährig betriebenen Campingplatzes mit 50 oder mehr Stellplätzen innerhalb der im Zusammenhang bebauten Ortsteile im Sinne des § 34 des *BauGB* oder im Außenbereich *i.S.* des § 35 *BauGB*;	
18.2.1 200 oder mehr,	X				
18.2.2 50 bis weniger als 200;		A			A
18.3 Bau eines Freizeitparks, für den im bisherigen Außenbereich im Sinne des § 35 des Baugesetzbuchs ein Bebauungsplan aufgestellt wird, nur im Aufstellungsverfahren, mit einer Größe des Plangebiets von			28	Bau eines Freizeitparks mit einer Größe von 4 ha oder mehr innerhalb der im Zusammenhang bebauten Ortsteile im Sinne des § 34 des Baugesetzbuchs oder im Außenbereich im Sinne des § 35 des *BauGB*;	
18.3.1 10 ha oder mehr,	X				
18.3.2 4 ha bis weniger als 10 ha;		A			A
18.4 Bau eines Parkplatzes, für den im bisherigen Außenbereich im Sinne des § 35 des Baugesetzbuchs ein Bebauungsplan aufgestellt wird, nur im Aufstellungsverfahren, mit einer Größe von			29	Bau eines Parkplatzes mit einer Größe von 0,5 ha oder mehr innerhalb der im Zusammenhang bebauten Ortsteile im Sinne des § 34 des Baugesetzbuchs oder im Außenbereich im Sinne des § 35 *BauGB;*	
18.4.1 1 ha oder mehr,	X			*(dazu Wefelmeier, NdsVBl. 2004,*	
18.4.2 0,5 ha bis weniger als 1 ha;		A		*169, 170)*	A
18.5 Industriezone im Außenbereich Bebauungsplan mit zulässiger Grundfläche					
18.5.1 100 000 m² oder mehr,	X				
18.5.2 20 000 m² bis weniger als 100 000 m²;		A			
18.6 Einkaufszentrum, großflächiger Einzelhandelsbetrieb, großflächiger Handelsbetrieb im Außenbereich Bebauungsplan mit zulässiger Geschossfläche			30	*Einkaufszentrum wie links ohne Bebauungsplan nach § 34 oder § 35 BauGB*	
18.6.1 5 000 m² oder mehr,	X				
18.6.2 1 200 m² bis weniger als 5 000 m²;		A		1 200 m² oder mehr;	A
18.7 Städtebauprojekt für sonstige großflächige bauliche Anlagen im Außenbereich Bebauungsplan, zulässige Grundfläche					
18.7.1 100 000 m² oder mehr,	X				
18.7.2 20 000 m² bis weniger als 100 000 m²;		A			
18.8 zu 18.1 – 18.7 in sonstigen Gebieten bei Prüfwerterreichung oder –überschreitung Bebauungsplan		A			
18.9 Vorhaben für das nach der UVP-Richtlinie nach Landesrecht eine UVP vorgesehen ist, sofern dessen Zulässigkeit durch einen Bebauungsplan begründet wird oder ein Bebauungsplan einen Planfeststellungsbeschluss ersetzt.			22	Bau einer Bergbahn, eines Skilifts oder einer Seilbahn einschl. dazugehöriger Einrichtungen.	A
			25	Bau einer Skipiste einschließlich der dazugehörigen Einrichtungen.	A

Die **Anlage 1 UVPG** nennt **Vorhaben**(arten) in **19 Fachbereichen** vor allem immissionsschutzrechtlichen (s. 62.2.1) , aber u.a. auch im land- und forstwirtschaftlichen Bereich:
1. Wärmeerzeugung, Bergbau, Energie, 2. Steine, Erden, Glas, Keramik, 3. Stahl, Eisen und sonstige Metalle einschließlich Verarbeitung, 4. Chemische Erzeugnisse, Arzneimittel, Mineralölraffination und

Weiterverarbeitung, 5. Oberflächenbehandlung von Kunststoffen, 6. Holz, Zellstoff: 6.1 Errichtung und Betrieb einer Anlage zur Gewinnung von Zellstoff aus Holz, Stroh oder ähnlichen Faserstoffen, 6.2 Errichtung und Betrieb einer Anlage zur Herstellung von Papier oder Pappe mit einer bestimmten Produktionsleistung, 7. Nahrungs-, Genuss- und Futtermittel, landwirtschaftliche Erzeugnisse (u.a. Intensivhaltung oder -aufzucht von Hennen usw., 8. Verwertung und Beseitigung von Abfällen und sonstigen Stoffen, 9. Lagerung von Stoffen und Zubereitungen, 10. sonstige Industrieanlagen, 11. Kernenergie, 13. Abfalldeponien *(63.7.2)*, 13. Wasserwirtschaftliche Vorhaben mit Benutzung oder Ausbau eines Gewässers, 14. Verkehrsvorhaben *(s. 44., 43.2)*, 15. Bergbau, 16. Flurbereinigung, 17. Forstliche Vorhaben *(s.o.)* , 18. Bauvorhaben *(s.o.)*, 19. Leitungsanlagen und sonstige Anlagen.
Der originären **Landesgesetzgebung** unterliegen nach Anlage des NUVPG: 1. – 14. wasserrechtliche Vorhaben, 15. Landgewinnung im Meer, 16. Küstenschutz, 17. Abbau von nicht dem Bergrecht unterliegenden Bodenschätzen (Kies, Sand, Mergel, Ton, Lehm oder Torf mit einer Abbaufläche von a) 10ha oder mehr , soweit keine Steine abgebaut werden (X), b) mehr als 2 Hektar bis weniger als 10 ha einschl. des Abbaus von Steinen ohne Einsatz von Sprengstoffen (A), 18. Beseitigung oder Beeinträchtigung einer Wallhecke a) e Hektar oder mehr (x), b) mehr als 1 Hektar bis weniger als 2 Hektar (S). 19. Bau einer Schnellstraße i.S. Eur. Übereinkommen v. 15.11.1975, BGBl. II 1983, 245 , zuletzt geänd. BGBl. II 1988, 379). 20. Bau einer vier- oder mehrstreifigen Landes-, Kreis- oder Gemeindestraße mit durchgehender Länge von 5 km oder mehr, Verlegung oder Ausbau einer ein- oder zweispurigen Landes-, Kreis- oder Gemeindestraße mit durchgehender Länge von 10 km oder mehr (x), 21. Bau einer nicht unter von Nr. 20 erfassten Landes-, Kreis- oder Gemeindestraße, mit Ausnahme von Ortsstraßen i.S. von §47 Nr. 1 NStrG (44.1; 46.5.3.1) (A); 22 ff. s.o.
Eine **Windfarm** erfordert nach 1.6 des Anhangs zur 4. BlmSchV (62.2.1.1) mindestens drei Windkraftanlagen (dazu BVerwG 30.6.2004, NuR 2004, 665). Fraglich ist die Zuständigkeit des Bundes zu 17.1 Erstaufforstung /17.1.1 UVP-Pflicht bei 50 ha oder mehr Wald (nur Anh. II Nr. 1 d UVP-Richtl., also europarechtlich nicht zwingend vorgeschrieben; Kunert/Michael, UPR 2003, 326, 330; Wefelmeier, NdsVBl. 2004, 169, 170; dieser auch zur ergänzenden Kompetenz zu § 34 und § 35 BauGB).
Ob zu Nr. 24 b überhaupt ein sensibles Gebiet vorliegt (Anlage 2 zu Nr. 2 c aufgeführten Gebiets- und Objekttypen) für das eine standortbezogene Vorprüfung nach dem NUVPG vorzunehmen ist, sollte im Rahmen des § 9 (2) Nr. 4 a und b NWaldLG der Landwirtschaftskammer als Bewilligungsbehörde für eine Förderung von Erstaufforstungen vorbehalten bleiben (vgl. aber zur verbreiteten abweichenden Praxis 45.5.10). Diese wirft die Frage einer Bagatellgrenze durch Gesetzesänderung auf.
Einzelheiten wichtiger Vorhabenarten werden, da das UVP-Verfahren Bestandteil des jeweiligen Beschluss- bzw. Genehmigungsverfahrens ist, bei der Darstellung der formellen (und hinsichtlich der Auswirkungen auch materiellen) Rechtmäßigkeitsvoraussetzungen der Einzelgesetze erwähnt (39. ff., s. z.B. 40.7, 40.5 zum Verfahren zur Aufstellung von Bauleitplänen zu § 17 UVPG; zu einer Gesetzeslücke hinsichtlich Baugenehmigungsverfahren mit ergänzender UVP-Pflicht Wefelmeier, NdsVBl. 2004, 169, 170; Schmidt-Eichstädt, UPR 2000, 401, 403 f.; Gaentzsch, UPR 2001, 287, 289 f.).

Anlage 2 UVPG Kriterien für die Vorprüfung des Einzelfalls im Rahmen einer Umweltverträglichkeitsprüfung	**Anlage 2 NUVPG Kriterien für die Vorprüfung des Einzelfalls**
1. Merkmale der Vorhaben Die Merkmale eines Vorhabens sind insbesondere hinsichtlich folgender Kriterien zu beurteilen:	**1. Merkmale des Vorhabens** Die Merkmale eines Vorhabens sind insbesondere hinsichtlich folgender Punkte zu beurteilen:
1.1 Größe des Vorhabens,	a) Größe des Vorhabens,
1.2 Nutzung und Gestaltung von Wasser, Boden, Natur und Landschaft,	b) Nutzung und Gestaltung von Wasser, Boden, Natur und Landschaft,
1.3 Abfallerzeugung,	c) Abfallerzeugung,
1.4 Umweltverschmutzung und Belästigungen,	d) Umweltverschmutzung und Belästigungen,
1.5 Unfallrisiko, insbesondere mit Blick auf verwendete Stoffe und Technologien.	e) Unfallrisiko, insbesondere mit Blick auf verwendete Stoffe und Technologien.

2. Standort der Vorhaben	2. Standort des Vorhabens
Die ökologische Empfindlichkeit eines Gebiets, das durch ein Vorhaben möglicherweise beeinträchtigt wird, ist insbesondere hinsichtlich folgender Nutzungs- und Schutzkriterien unter Berücksichtigung der Kumulierung mit anderen Vorhaben in ihrem gemeinsamen Einwirkungsbereich zu beurteilen:	Die ökologische Empfindlichkeit eines Gebietes, das durch ein Vorhaben möglicherweise beeinträchtigt wird, ist insbesondere hinsichtlich folgender Nutzungs- und Schutzkriterien sowie unter Berücksichtigung der Kumulierung mit anderen Vorhaben in ihrem gemeinsamen Einwirkungsbereich zu beurteilen:
1.1 bestehende Nutzung des Gebietes insbesondere als Fläche für Siedlung und Erholung, für land-, forst- und fischereiwirtschaftliche Nutzungen, für sonstige wirtschaftliche und öffentliche Nutzungen, Verkehr, Ver- und Entsorgung (Nutzungskriterien),	a) bestehende Nutzung des Gebietes, insbesondere als Fläche für Siedlung und Erholung, für land-, forst- und fischereiwirtschaftliche Nutzungen, für sonstige wirtschaftliche und öffentliche Nutzungen, Verkehr, Ver- und Entsorgung (Nutzungskriterien);
1.2 Reichtum, Qualität und Regenerationsfähigkeit von Wasser, Boden, Natur und Landschaft des Gebietes (Qualitätskriterien),	b) Reichtum, Qualität und Regenerationsfähigkeit von Wasser, Boden, Natur und Landschaft des Gebietes (Qualitätskriterien);
1.3 Belastbarkeit der Schutzgüter unter besonderer Berücksichtigung folgender Gebiete und von Art und Umfang des ihnen jeweils zugewiesenen Schutzes (Schutzkriterien):	c) Belastbarkeit der Schutzgüter unter besonderer Berücksichtigung folgender Gebiete und Objekte sowie von Art und Umfang des ihnen jeweils zugewiesenen Schutzes (Schutzkriterien):
	– Gebiete von gemeinschaftlicher Bedeutung und europäische Vogelschutzgebiete,-die gemäß § 10 Abs. 6 Nr. 1 des Bundesnaturschutzgesetzes im Bundesanzeiger bekanntgemacht sind,
2.3.1 im Bundesanzeiger gemäß § 10 Abs. 6 Nr. 1 des Bundesnaturschutzgesetzes bekannt gemachte Gebiete von gemeinschaftlicher Bedeutung oder europäische Vogelschutzgebiete,	– europäische Vogelschutzgebiete, die von der obersten Naturschutzbehörde bekannt gemacht sind, jeweils bis zur Bekanntmachung gemäß § 10 Abs. 6 Nr.1 des Bundesnaturschutzgesetzes,
	– Gebiete, die auf Vorschlag der Landesregierung gemäß § 33 Abs. 1 des Bundesnaturschutzgesetzes als Gebiete von gemeinschaftlicher Bedeutung in Betracht kommen, jeweils bis zur Bekanntmachung gemäß § 10 Abs. 6 Nr. 1 des Bundesnaturschutzgesetzes,
2.3.2 Naturschutzgebiete gemäß § 23 des Bundesnaturschutzgesetzes, soweit nicht bereits von Nummer 2.3.1 erfasst,	– Naturschutzgebiete,
2.3.3 Nationalparke gemäß § 24 des Bundesnaturschutzgesetzes, soweit nicht bereits von Nummer 2.3.1 erfasst,	– Nationalparke,
2.3.4 Biosphärenreservate und Landschaftsschutzgebiete gemäß den §§ 25 und 26 des Bundesnaturschutzgesetzes,	– Biosphärenreservate, – Landschaftsschutzgebiete, – Naturdenkmale mit ihrer geschützten Umgebung, – geschützte Landschaftsbestandteile,
2.3.5 gesetzlich geschützte Biotope gemäß § 30 des Bundesnaturschutzgesetzes,	– besonders geschützte Biotope, – besonders geschütztes Feuchtgrünland, – Wallhecken,

2.3.6 Wasserschutzgebiete gemäß § 19 des Wasserhaushaltsgesetzes oder nach Landeswasserrecht festgesetzte Heilquellenschutzgebiete sowie Überschwemmungsgebiete gemäß § 31b des Wasserhaushaltsgesetzes,	– Wasserschutzgebiete, – Heilquellenschutzgebiete,
2.3.7 Gebiete, in denen die in den Gemeinschaftsvorschriften festgelegten Umweltqualitätsnormen bereits überschritten sind,	– Gebiete, für die durch Gemeinschaftsvorschriften bestimmte Umweltqualitätsnormen festgelegt sind, und in denen diese Umweltqualitätnormen bereits überschritten sind;
2.3.8 Gebiete mit hoher Bevölkerungsdichte, insbesondere Zentrale Orte und Siedlungsschwerpunkte in verdichteten Räumen im Sinne des § 2 Abs. 2 Nr. 2 und 5 des Raumordnungsgesetzes,	– Gebiete mit hoher Bevölkerungsdichte, insbesondere zentrale Orte und Siedlungsschwerpunkte in verdichteten Räumen im Sinne des § 2 Abs. 2 Nrn. 2 und 5 des Raumordnungsgesetzes,
2.3.9 in amtlichen Listen oder Karten verzeichnete Denkmale, Denkmalensembles, Bodendenkmale oder Gebiete, die von der durch die Länder bestimmten Denkmalschutzbehörde als archäologisch bedeutende Landschaften eingestuft worden sind.	– Baudenkmale und Bodendenkmale, die gemäß § 4 des Niedersächsischen Denkmalschutzgesetzes in das Verzeichnis der Kulturdenkmale aufgenommen sind und Grabungsschutzgebiete.

3. Merkmale der möglichen Auswirkungen	**3. Merkmale der möglichen Auswirkungen**
Die möglichen erheblichen Auswirkungen eines Vorhabens sind anhand der unter den Nummern 1 und 2 aufgeführten Kriterien zu beurteilen; insbesondere ist Folgendem Rechnung zu tragen:	Die möglichen erheblichen Auswirkungen der Vorhaben sind anhand der unter den Nummern 1 und 2 aufgeführten Kriterien zu beurteilen; insbesondere ist Folgendem Rechnung zu tragen:
3.1 dem Ausmaß der Auswirkungen (geographisches Gebiet und betroffene Bevölkerung), 3.2 dem etwaigen grenzüberschreitenden Charakter der Auswirkungen, 3.3 der Schwere und der Komplexität der Auswirkungen, 3.4 der Wahrscheinlichkeit von Auswirkungen, 3.5 der Dauer, Häufigkeit und Reversibilität der Auswirkungen.	a) dem Ausmaß der Auswirkungen (geographisches Gebiet und betroffene Bevölkerung), b) dem etwaigen grenzüberschreitenden Charakter der Auswirkungen, c) der Schwere und der Komplexität der Auswirkungen, d) der Wahrscheinlichkeit von Auswirkungen e) der Dauer, Häufigkeit und Reversibilität der Auswirkungen

Die Berücksichtigung **kumulativer** Wirkungen über § 3b (2) UVPG/ § 1 (2) NUVPG hinaus im Rahmen einer **Vorprüfung (§ 3c (1) UVPG/ § 3 NUVPG)**sieht die **Anlage 2 Nr. 2 UVPG** nur hinsichtlich der ö-kologischen **Empfindlichkeit des Bereichs der Einwirkung** des beantragten Vorhabens vor. Darüber, wie die Worte „unter Berücksichtigung der Kumulierung mit anderen Vorhaben in ihrem gemeinsamen Einwirkungsbereich" zu deuten sind, gibt es unterschiedliche Auffassungen. Näheres dazu von Hermann/Wagner, NuR 2005, 20, 24 m.w.N.). Diese sehen materiellrechtlich im Rahmen der naturschutzrechtlichen Eingriffsregelung (50.) kaum Möglichkeiten, graduell zunehmende Beeinträchtigungen von Naturhaushalt und Landschaftsbild zu verhindern und bei getrennten Schutzgebietsausweisungen (51.2 ff.) eines größeren Einwirkungsbereichs nur getrennte Schutzmöglichkeiten, wenn nicht die großräumigsten Schutzgebietskategorien gewählt würden (jeweils mit Abwägungscharakter; NuR 2005, 20, 24 f.). Weil Schutzgebietsausweisungen die ökologische Empfindlichkeit und damit Grenze zur Belastbarkeit erhöhen, ist eine UVP auch erforderlich, wenn das zu prüfende Vorhaben allein unproblematisch wäre (Hermann/Wagner, NuR 2005, 20, 25). Einer Berücksichtung kumulativer Vorhaben verschiedener Träger stehen die zu § 3b (2) genannten Schwierigkeiten entgegen. Sie lässt sich nicht herleiten, auch nicht durch Verweis auf eine „wirksame Umweltvorsorge" in § 12 UVPG hinsichtlich eines Freiraums für künftige Vorhaben (Hermann/Wagner, NuR 2005, 20, 25).

Anlage 3 Liste „SUP-pflichtiger Pläne und Programme" und

Anlage 4 Kriterien für die Vorprüfung des Einzelfalls im Rahmen einer Strategischen Umweltprüfung

abgedruckt zu § 14b UVPG.

38.8 EG-Richtlinie über die integrierte Vermeidung und Verminderung der Umweltverschmutzung (IVU-Richtlinie)

Die **IVU-Richtlinie 96/61/EG** des Rates der EU, gestützt insbesondere auf Art. 130s (neu Art. 175) EGV (s. 38.1.2) ist am 30.10.1996 in Kraft getreten; geänd. durch Richtlinie 2003/35/EG vom 26.5.2003, ABl. Nr. L 156/17 über die Öffentlichkeitsbeteiligung und den Gerichtszugang (62.0.2.3). Sie ist durch Art. 2 des Umsetzungsgesetzes vom 27.7.2001 (BGBl. I. S. 1950), also noch ohne die Änderungen von 2003, in deutsches Recht, insbesondere Immissionsschutzrecht, aber auch u.a. Wasserrecht, Kreislaufwirtschafts- und Abfallrecht übernommen worden. Wegen des starken Bezugs zum BImSchG s. Abdruck und Erläuterungen zu 62.0.2.3.

Art. 1 bezweckt die Richtlinie die **integrierte Vermeidung und Verminderung der Umweltverschmutzung** infolge der in Anhang I genannten Tätigkeiten (Betrieb bestehender und neuer **Industrieanlagen**, auch **Holzverarbeitung**). Sie sieht Maßnahmen zur Vermeidung und, sofern dies nicht möglich ist, zur Verminderung von Emissionen in **Luft, Wasser und Boden** - auch abfallbezogen vor, um unbeschadet der UVP-Richtlinie 85/33EWG (38.7.1) ein hohes Schutzniveau für die Umwelt insgesamt zu erreichen. Sie erfasst nur Emissionen über dem Luftpfad. Aus der **Änderungsrichtlinie 97/11/EG zu der UVP-Richtlinie** 85/33 ergibt sich, wenn die Mitgliedstaaten von der „Aufforderung" in der Richtlinie Gebrauch machen, ein verbunden wirkendes **zweistufiges integriertes Konzept**: Zunächst ist für die betreffenden Industrieanlagen vor Erteilung der Genehmigung die verfahrensmäßig integrierte UVP-Richtlinie abzuarbeiten und anschließend bei der Genehmigung die materiellrechtlich (aber auch verfahrensrechtlich) integrierte IVU-Richtlinie; allerdings sind die betreffenden Industrieanlagen nicht ganz deckungsgleich. Vgl. im Einzelnen Becker, NVwZ 1998,1167 ff.

Art. 3 regelt **allgemeine Prinzipien der (bindenden) Grundpflichten**: Die Mitgliedstaaten haben die erforderlichen Vorkehrungen **mindestens durch Genehmigungsauflagen** zu treffen, dass die Anlage so *betrieben* wird, dass
a) alle geeigneten Vorsorgemaßnahmen gegen Umweltverschmutzungen, insbesondere durch Einsatz der besten verfügbaren Techniken, getroffen werden;
b) keine erheblichen Umweltverschmutzungen verursacht werden; die Entstehung von Abfällen gemäß EG-Richtlinien 75/442 (ABl. 1975 Nr. L 194/39 mit Änderungen; s. auch 63.) vermieden, anderenfalls verwertet oder, falls nicht möglich, beseitigt werden, wobei Auswirkungen auf die Umwelt zu vermeiden oder vermindern sind;
c) Energie effizient verwendet wird;
d) Unfälle zu verhindern und deren Folgen zu begrenzen sind;
e) bei der endgültigen Stilllegung Gefahren einer Umweltverschmutzung zu vermeiden und einen zufriedenstellenden Zustand des Betriebsgeländes wiederherzustellen.

Jede **neue Anlage** bedarf der Genehmigung gemäß dieser Richtlinie (Art. 4). Daneben gilt die **EG-Richtlinie 88/609** über die Begrenzung von Schadstoffemissionen von **Großfeuerungsanlagen** (ABl. 1988 Nr. L 336/1).

Nach Art. 5 haben die Mitgliedstaaten auch die erforderlichen Maßnahmen zu treffen, damit die zuständigen Behörden durch Genehmigung nach Art. 6 (Antragsunterlagen) und 8 (Genehmigungsauflagen zum Schutz aller drei Umweltmedien) oder In geeigneter Weise durch Überprüfung und, soweit angemessen, durch Aktualisierung der Auflagen dafür sorgen, dass **bestehende Anlagen** unbeschadet anderer EG-Vorschriften spätestens acht Jahre nach Beginn der Anwendung dieser Richtlinie gemäß dieser Richtlinie betrieben werden.

Nach Art. 7 treffen die Mitgliedstaaten die erforderlichen Maßnahmen für eine vollständige **Koordinierung des Genehmigungsverfahrens** und der Genehmigungsauflagen, wenn bei diesem Verfahren mehrere Behörden mitwirken. Hiermit soll ein wirksames integriertes Konzept für alle am Verfahren beteiligten Behörden sichergestellt werden.

Art. 9 regelt Näheres zu den umfassenden **Genehmigungsauflagen**.
Alle gewonnenen Erkenntnisse sind zu berücksichtigen (auch aus UVP), Abs. 2.

Die Genehmigung muss **Emissionsgrenzwerte** für die Schadstoffe, namentlich der Liste in Anhang III, enthalten, die von der betreffenden Anlage unter Berücksichtigung der Art der Schadstoffe und der Gefahr einer Verlagerung der Verschmutzung von einem Medium in ein anderes (Wasser, Luft, Boden) in relevanter Menge emittiert werden können. Erforderlichenfalls enthält die Genehmigung geeignete Auflagen zum Schutz des Bodens und des Grundwassers sowie Maßnahmen zur Behandlung der von der Anlage erzeugten Abfälle. Ggf. können die Grenzwerte durch **äquivalente Parameter** oder äquivalente **technische Maßnahmen** erweitert oder ersetzt werden. (Abs. 3).

Die in Abs. 3 genannten Grenzwerte, äquivalenten Parameter und äquivalenten technischen Maßnahmen sind (vorbehaltlich des Art. 10) auf die **besten verfügbaren Techniken** zu stützen, ohne dass die Anwendung einer bestimmten Technik oder Technologie vorgeschrieben wird; hierbei sind die technische Beschaffenheit der betreffenden Anlage, ihr geographischer Standort und die jeweiligen örtlichen Umweltbedingungen zu berücksichtigen. In jedem Fall sehen die Genehmigungsauflagen Vorkehrungen zur weitestgehenden Verminderung der weiträumigen oder grenzüberschreitenden Umweltverschmutzung vor und stellen ein hohes Schutzniveau für die Umwelt insgesamt sicher; Abs. 4.

Die Genehmigung muss angemessene Anforderungen enthalten für die Überwachung der E-missionen (Meßmethode, Meßhäufigkeit, Bewertungsverfahren) einschließlich Verpflichtung, der Überwachungsbehörde die erforderlichen Daten mitzuteilen, zum Teil nach einer Nutzen-Kosten-Analyse, Abs. 5.

Weitere Gefährdungen für die Umwelt (An- und Abfahren von Stoffen, Störungen, Stilllegungsfolgen) sind zu berücksichtigen, Abs. 6.

Die Mitgliedstaaten können statt Genehmigungsauflagen auch allgemein bindende Vorschriften vorsehen, Abs. 8.

Erfordert eine Umweltqualitätsnorm **strengere Auflagen, als durch** die Anwendung der am **besten verfügbaren Techniken** durch die sachkundige Überwachungsbehörde zu erfüllen sind, so werden unbeschadet anderer Maßnahmen, die zur Einhaltung der Umweltqualitätsnormen ergriffen werden können, insbesondere zusätzliche Auflagen in der Genehmigung vorgesehen, Art. 10, 11.

Art. 12 regelt Mitteilungspflichten und Genehmigungsänderungen bei **Änderungen des Betriebs**, Art. 13 die **Überprüfung und Aktualisierung der Genehmigungsauflagen** (hinsichtlich Emissionsstärke, Entwicklung der verfügbaren Techniken, Betriebssicherheit, neuer Rechtsvorschriften), Art. 14 weitere Überwachungs- und Anzeigepflichten (Störfälle, Unfälle).

IVU-RL Artikel 15 regelt neu den Zugang zu Informationen und Beteiligung der Öffentlichkeit am Genehmigungsverfahren. Der neue Art. 15a erweitert den Zugang zu den Gerichten

Die Kommission veröffentlicht alle drei Jahre die wichtigsten Emissionsdaten - aufgrund Angaben der Mitgliedstaaten (Art. 16). Art. 17 regelt Informations- und Konsultationspflichten bei grenzüberschreitenden Emissionen im bilateralen Verhältnis der Mitgliedstaaten. Auf Vorschlag der Kommission legt der Rat der EU nach Art. 18 aufgrund von Erfordernissen aus den Erkenntnissen des Informationsaustauschs nach Art. 16 **Emissionsgrenzen** fest für

– die Kategorien von Anlagen gemäß Anhang I (außer Abfalldeponien) und
– die Schadstoffe gemäß Anhang III.

Art. 20 enthält **Übergangsbestimmungen**. Die Mitgliedstaaten hatten eine Umsetzungsfrist von drei Jahren, Art. 21.

Im **„Arbeitsentwurf für ein deutsches Umweltgesetzbuch (UWG) - Erstes Buch"** v. 5.3.1998 des Bundesumweltministeriums (Z II 4)- UGB I - , das weitgehend dem **Entwurf der Unabhängigen Sachverständigenkommission zum Umweltgesetzbuch** beim Bundesumweltministerium folgte, sollte das geplante deutsche allgemeine Umweltrecht mit den Inhalten aus der Umsetzung der IVU-Richtlinie sowie der UVP-Änderungsrichtlinie verbunden werden (vgl. Schmidt-Preuß, DVBl. 1998, 857). Der Weg über die Änderung im Wesentlichen nur des Bundes-Immissionsschutzgesetzes (BImSchG) sollte also nicht beschritten werden (s. u.a. auch Schrader, NuR 1998, 285, Dolde, NVwZ 1997, 313, 319 f., Zöttl, NuR 1997, 157, Becker, DVBl. 1997, 588, Lübbe-Wolf, NVwZ 1998, 777, 784 f., die die Einschränkung der Geltung fester Emissionsgrenzen durch die nur „besten verfügbaren Techniken" noch für vereinbar mit dem Vorsorgegrundsatz des Art. 174 (2) S. 2 (alt Art. 130r (2) S. 2) EGV hält. Da wegen der Gesetzgebungskompetenzgrenzen des Bundes ein UWG nicht zustande gekommen ist, hat der Bundesgesetzgeber doch den Weg über die Änderung des BImSchG beschritten (s. 62.). Insoweit könnten auch überwiegende Gründe der Praktikabilität bestehen.

38.9 Umweltinformationsrecht, Informationsfreiheitsrecht; Umweltkartierung, Umweltagentur

38.9.1 EG-Umweltinformationsrichtlinie 2003/4/EG und Umweltinformationsgesetz (UIG); Informationsfreiheitsgesetz (IFG)

Das im Rahmen der „Wirtschaftskommission für Europa" der Vereinten Nationen **(UN/ECE)** erstellte und am 25.6.1998 anlässlich der 4. Pan-Europäischen Umweltministerkonferenz „Umwelt für Europa" vor 35 Staaten, allen Mitgliedstaaten dr EU und von der EG/EU bezeichnete **Übereinkommen über den Zugang von Informationen, die Beteiligung der Öffentlichkeit an Entscheidungsverfahren und den Zugang zu den Gerichten in Umweltangelegenheiten - Aarhus-Konvention (AK)** ist zu 38.6.1 erläutert.

Teil 2 (Art. 4 – 9) enthält dreigeteilt (drei „Säulen") Gewährleistungen

– in Art. 4 und 5 den **hier** zu behandelnden Zugang der Öffentlichkeit zu Informationen über die Umwelt in enger Anlehnung an die aufgehobene RL 90/313 über den freien Zugang zu Informationen über die Umwelt (ABl. Nr. L 158/56),

– in Art. 6 – 8 die Beteiligung der Öffentlichkeit bei bestimmten umweltbezogenen Entscheidungen (38.6.1)

– in Art. 9 den Zugang zu den Gerichten in Umweltangelegenheiten (38.6.1).

Die RL 90/313/EG über den freien Zugang zu Informationen über die Umwelt (ABl. Nr. L 158/56) ist bei Umsetzung der AK durch die **Richtlinie 2003/4/EG des Europäischen Parlaments und des Rates vom 28.1.2003 über den Zugang der Öffentlichkeit zu Umweltinformationen** und zur Aufhebung der Richtlinie 90/313/EWG des Rates (ABl. Nr. L 41/26; zu dieser s. z.B. EuGH 21.4.2004, C 186/04, NuR 2005, 449) ersetzt worden. Daher ist das in Umsetzung der EG-Richtlinie 90/313/FWG des Rates (vom 7.6.1990 (aufgrund Art. 130s EGV, 38.1.2) erlassene **Umweltinformationsgesetz – UIG** v. 8.7.1994 (BGBl. I S. 1490) erlassen worden, geändert durch Art. 21 des Ges. v. 27.7.2001 (BGBl. I S. 1950) durch Art. 1 des Gesetzes über die Neugestaltung des Umweltinformationsgesetzes und zur Änderung der Rechtsgrundlagen im Immissionshandel v. 22.12.2004, BGBl. I 3704 (s. Näckel/Wasielewski, DVBl. 2005, 1351; Scheidler, UPR 2005, 13). Zum allgemeinern nicht umweltbezogenen **Informationsfreiheitsgesetz** des Bundes **(IFG)** s. 38.9.2.

Zu den neuen Anforderungen der **RL 2003/4/EG**, die die **Art. 4 und 5 als erste Säule der AK umsetzt**, s. Schlacke, ZUR 2004, 129; Schrader, ZUR 2004, 130; Werres DVBl. 2005, 611, 613 ff. Als Vorteile des Informationszugangs werden angesehen: Informationen dienen der im demokratischen Rechtsstaat essentiellen Meinungsbildung und Meinungsäußerung (Erwägungsgrund 1 der Präambel der RL 2003/4/EG; Öffentlichkeit ist prozeduralisierte Volkssouveränität, Scherzberg, Die Öffentlichkeit der Verwaltung, 2000, 294). Die Transparenz durch die Informationsgewährung lässt das Verwaltungshandeln vorhersehbar und berechenbar werden und trägt damit zur Sensibilisierung der Öffentlichkeit in Umweltangelegenheiten bei (Erwägungsgrund 1 und 2 der Präambel der RL 2003/4/EG) und sollen nach den Erfahrungen die Entscheidungsverfahren ökonomisch verbessern und insgesamt (mit) effektiver machen (Wahl/Dreier, NVwZ 1999, 606, 611). Der freie Zugang zu den Informationen ermöglicht die durch die RL 2003/35/EG gewährleistete Teilhabe der Öffentlichkeit an Entscheidungsverfahren (38.9.3) und den akzeptanz- und vertrauenbildenden Meinungsaustausch zwischen Öffentlichkeit und Entscheidungsträger (Erwägungsgrund 11 der Präambel der RL 2003/4/EG) und die individuelle Rechts- und Interessenverfolgung (Erwägungsgrund 1 und 2 der Präambel der RL 2003/4/EG) und sollen damit die Berücksichtigung umweltrechtlicher Belange (Werres, DVBl. 2005, 611, 614). Zudem soll durch die Kontrolle der informierten Öffentlichkeit das umweltrechtliche Vollzugsdefizit verringert und ein effektiver Gesetzesvollzug sichergestellt werden (indirekte oder dezentrale Vollzugskontrolle; dazu Erwägungsgrund 4 der Präambel der RL 2003/4/EG; Wegener, Rechte des Einzelnen, 1998, 25 ff.; Wegener, in Wegener/Schomerus/Schrader/Wegener, UIG, § 1 Rn 16 f.; Schmidt-Aßmann, in Festschrift für K. Ipsen, 2000, 305,

316 ff; Lübbe-Wolf, NuR 1993, 217, 229; dieselbe, Stand und Implementation des Umweltrechts in Deutschland, in Lübbe-Wolf (Hrsg.), Der Vollzug des Europäischen Gemeinschaftsrecht; Gassner/Pisani, NuR 2001, 506). Das Nachfrageverhalten ist allerdings entgegen Befürchtungen über vermehrten Verwaltungsaufwand auch bei leicht steigender Tendenz noch gering (Werres, DVBl. 2005, 611, 615 m.w.N.).

Die Bedenken von Werres (DVBl. 2005, 611, 617 m.w.N.) gegen eine volle Bundesgesetzgebungskompetenz für das UIG, weil es nicht auf die Ursache, sondern den Regelungsbereich (z.B. Denkmalschutzrecht) ankomme, zeigen die praktischen Probleme deutscher Umweltgesetzgebung auf. Zur unmittelbaren Anwendung der RL 2003/4/EG bzw. der an ihr ausgerichteten Auslegung vor Umsetzung der RL in Nordrhein-Westfalen s. VG Minden 25.5.2005, NuR 2005, 551 = AUR 2005, 301, zu einer ausgehobenen Ordnungsverfügung zur Beseitigung einer Kohleschlammhalde; VG Stuttgart 12.12.2005, ZUR 2006, 103. Zur vorgesehenen Umsetzung in ein Öffentlichkeitsbeteiligungsgesetz und Umwelt-Rechtsbehelfsgesetz s. Knopp, ZUR 2005, 281.

Richtlinie 2003/4/EG des Europäischen Parlaments und des Rates vom 28.1.2003 über den Zugang der Öffentlichkeit zu Umweltinformationen und zur Aufhebung der Richtlinie 90/313/EWG des Rates (ABl. Nr. L 41/26).	Umweltinformationsgesetz (UIG), Art. 1 des Gesetzes über die Neugestaltung des Umweltinformationsgesetzes und zur Änderung der Rechtsgrundlagen im Immissionshandel v. 22.12.2004, BGBl. I, 3704
Artikel 1 Ziele Mit dieser Richtlinie werden folgende Ziele verfolgt: a) die Gewährleistung des Rechts auf Zugang zu Umweltinformationen, die bei Behörden vorhanden sind oder für sie bereitgehalten werden, und die Festlegung der grundlegenden Voraussetzungen und praktischer Vorkehrungen für die Ausübung dieses Rechts sowie b) die Sicherstellung, dass Umweltinformationen selbstverständlich zunehmend öffentlich zugänglich gemacht und verbreitet werden, um eine möglichst umfassende und systematische Verfügbarkeit und Verbreitung von Umweltinformationen in der Öffentlichkeit zu erreichen. Dafür wird die Verwendung insbesondere von Computer-Telekommunikation und/oder elektronischen Technologien gefördert, soweit diese verfügbar sind.	**Abschnitt 1 Allgemeine Vorschriften** **§ 1 UIG Zweck des Gesetzes; Anwendungsbereich** (1) Zweck dieses Gesetzes ist es, den rechtlichen Rahmen für den **freien Zugang** zu Umweltinformationen bei informationspflichtigen Stellen sowie für die **Verbreitung** dieser Umweltinformationen zu schaffen. (2) Dieses Gesetz gilt für informationspflichtige Stellen des **Bundes** und der bundesunmittelbaren juristischen Personen des öffentlichen Rechts. *Der voraussetzungslose Anspruch steht auch nicht rechtsfähigen Personenvereinigungen, z.B. Bürgerinitiativen o.Ä. zu (BVerwG 25.3.1999, DÖV 2005, 778; Schrader, ZUR 2005, 568, 569).*
Artikel 2 Begriffsbestimmungen Im Sinne dieser Richtlinie bezeichnet der Ausdruck: 1. **"Umweltinformationen"** sämtliche Informationen in schriftlicher, visueller, akustischer, elektronischer oder sonstiger materieller Form über a) den Zustand von Umweltbestandteilen wie Luft und Atmosphäre, Wasser, Boden, Land, Landschaft und natürliche Lebensräume einschließlich Feuchtgebiete, Küsten- und Meeresgebiete, die Artenvielfalt und ihre Bestandteile, einschließlich genetisch veränderter Organismen, sowie die Wechselwirkungen zwischen diesen Bestandteilen,	**§ 2 UIG Begriffsbestimmungen** (3) [1]Umweltinformationen sind unabhängig von der Art ihrer Speicherung alle Daten über 1. den Zustand von Umweltbestandteilen wie Luft und Atmosphäre, Wasser, Boden, Landschaft und natürliche Lebensräume einschließlich Feuchtgebiete, Küsten- und Meeresgebiete, die Artenvielfalt und ihre Bestandteile, einschließlich gentechnisch veränderter Organismen, sowie die Wechselwirkungen zwischen diesen Bestandteilen;

b) Faktoren wie Stoffe, Energie, Lärm und Strahlung oder Abfall einschließlich radioaktiven Abfalls, Emissionen, Ableitungen oder sonstiges Freisetzen von Stoffen in die Umwelt, die sich auf die unter Buchstabe a) genannten Umweltbestandteile auswirken oder wahrscheinlich auswirken,

c) Maßnahmen (einschließlich Verwaltungsmaßnahmen), wie z. B. Politiken, Gesetze, Pläne und Programme, Umweltvereinbarungen und Tätigkeiten, die sich auf die unter den Buchstaben a) und b) genannten Umweltbestandteile und -faktoren auswirken oder wahrscheinlich auswirken, sowie Maßnahmen oder Tätigkeiten zum Schutz dieser Elemente,

d) Berichte über die Umsetzung des Umweltrechts,

e) Kosten/Nutzen-Analysen und sonstige wirtschaftliche Analysen und Annahmen, die im Rahmen der unter Buchstabe c) genannten Maßnahmen und Tätigkeiten verwendet werden, und

f) den Zustand der menschlichen Gesundheit und Sicherheit gegebenenfalls einschließlich der Kontamination der Lebensmittelkette, Bedingungen für menschliches Leben sowie Kulturstätten und Bauwerke in dem Maße, in dem sie vom Zustand der unter Buchstabe a) genannten Umweltbestandteile oder - durch diese Bestandteile - von den unter den Buchstaben b) und c) aufgeführten Faktoren, Maßnahmen oder Tätigkeiten betroffen sind oder sein können;

§ 2 (3) [1]

2. Faktoren wie Stoffe, Energie, Lärm und Strahlung, Abfälle aller Art sowie Emissionen, Ableitungen und sonstige Freisetzungen von Stoffen in die Umwelt, die sich auf die Umweltbestandteile im Sinne der Nummer 1 auswirken oder wahrscheinlich auswirken;

3. Maßnahmen oder Tätigkeiten, die
   a) sich auf die Umweltbestandteile im Sinne der Nummer 1 oder auf Faktoren im Sinne der Nummer 2 auswirken oder wahrscheinlich auswirken oder
   b) den Schutz von Umweltbestandteilen im Sinne der Nummer 1 bezwecken; zu den Maßnahmen gehören auch politische Konzepte, Rechts- und Verwaltungsvorschriften, Abkommen, Umweltvereinbarungen, Pläne und Programme;

4. Berichte über die Umsetzung des Umweltrechts;

5. Kosten-Nutzen-Analysen oder sonstige wirtschaftliche Analysen und Annahmen, die zur Vorbereitung oder Durchführung von Maßnahmen oder Tätigkeiten im Sinne der Nummer 3 verwendet werden, und

6. den Zustand der menschlichen Gesundheit und Sicherheit, die Lebensbedingungen des Menschen sowie Kulturstätten und Bauwerke, soweit sie jeweils vom Zustand der Umweltbestandteile im Sinne der Nummer 1 oder von Faktoren, Maßnahmen oder Tätigkeiten im Sinne der Nummern 2 und 3 betroffen sein können; hierzu gehört auch die Kontamination der Lebensmittelkette.

Zur weiten Auslegung von „Tätigkeiten" und „Maßnahmen" s. VG Düsseldorf, 25.6.2002, NuR 2003, 315.

---

2. "Behörde"

a) die Regierung oder eine andere Stelle der öffentlichen Verwaltung, einschließlich öffentlicher beratender Gremien, auf nationaler, regionaler oder lokaler Ebene,

b) natürliche oder juristische Personen, die aufgrund innerstaatlichen Rechts Aufgaben der öffentlichen Verwaltung, einschließlich bestimmter Pflichten, Tätigkeiten oder Dienstleistungen im Zusammenhang mit der Umwelt, wahrnehmen, und

c) natürliche oder juristische Personen, die unter der Kontrolle einer unter Buchstabe a) genannten Stelle oder einer unter Buchstabe b) genannten Person im Zusammenhang mit der Umwelt öffentliche Zuständigkeiten haben, öffentliche Aufgaben wahrnehmen oder öffentliche Dienstleistungen erbringen.

§ 2 UIG (1) [2]**Informationspflichtige Stellen** sind

1. die Regierung und andere **Stellen der öffentlichen Verwaltung**. Gremien, die diese Stellen beraten, gelten als Teil der Stelle, die deren Mitglieder beruft. Zu den informationspflichtigen Stellen gehören **nicht**
   a) die obersten Bundesbehörden, soweit sie im Rahmen der Gesetzgebung oder beim Erlass von Rechtsverordnungen tätig werden, und
   b) Gerichte des Bundes, soweit sie nicht Aufgaben der öffentlichen Verwaltung wahrnehmen;

2. natürliche oder juristische **Personen des Privatrechts**, soweit sie **öffentliche Aufgaben wahrnehmen** oder öffentliche Dienstleistungen erbringen, die im Zusammenhang mit der Umwelt stehen, insbesondere solche der umweltbezogenen Daseinsvorsorge, und dabei der Kontrolle des Bundes oder einer unter der Aufsicht des Bundes stehenden juristischen Person des öffentlichen Rechts unterliegen.

(es ist fraglich, ob Nr. 2 EG-rechtskonform ist (Schrader, ZUR 2005, 568, 569).

Die Mitgliedstaaten können vorsehen, dass diese Begriffsbestimmung keine Gremien oder Einrichtungen umfasst, soweit sie in gerichtlicher oder gesetzgebender Eigenschaft handeln. Wenn ihre verfassungsmäßigen Bestimmungen zum Zeitpunkt der Annahme dieser Richtlinie kein Überprüfungsverfahren im Sinne von Artikel 6 vorsehen, können die Mitgliedstaaten diese Gremien oder Einrichtungen von dieser Begriffsbestimmung ausnehmen;

§ 2 UIG (2) Kontrolle im Sinne des Absatzes 1 Nr. 2 liegt vor, wenn

1. die Person des Privatrechts bei der Wahrnehmung der öffentlichen Aufgabe oder bei der Erbringung der öffentlichen Dienstleistung gegenüber Dritten besonderen Pflichten unterliegt oder über besondere Rechte verfügt, insbesondere ein Kontrahierungszwang oder ein Anschluss- und Benutzungszwang besteht, oder

2. eine oder mehrere der in Absatz 1 Nr. 2 genannten juristischen Personen des öffentlichen Rechts allein oder zusammen, unmittelbar oder mittelbar
   a) die Mehrheit des gezeichneten Kapitals des Unternehmens besitzen,
   b) über die Mehrheit der mit den Anteilen des Unternehmens verbundenen Stimmrechte verfügen, oder c) mehr als die Hälfte der Mitglieder des Verwaltungs-, Leitungs- oder Aufsichtsorgans des Unternehmens bestellen können.

Die Auffassung, dass „andere Stellen der öffentlichen Verwaltung" in § 2 Nr. 1 UIG nicht auch die mittelbare Staatsverwaltung (z.B.) Industrie- und Handelskammern, staatliche Rundfunkanstalten und Beliehene umfasst (Werres, DVBl. 2005, 611, 617 f.), erscheint nach Wortlaut und System der Nrn. 1 und 2 nicht zutreffend. Erfasst sind Stellen, die öffentlich-rechtlich (hoheitlich oder schlicht hoheitlich, 15.3.2, 23.2) oder privatrechtlich (fiskalisch – Erwerbsverwaltung) oder verwaltungsprivatrechtlich, 23.4.2 f., handeln (BVerwG 18.10.2005, DVBl. 2006, 182 = ZUR 2006, 92, zur Nutzung eines Bundeswehr-Standortübungsplatzes durch einen privaten Fallschirmspringerclub).

3. **"bei einer Behörde vorhandene Informationen"** Umweltinformationen, die sich in ihrem Besitz befinden und die von dieser Behörde erstellt worden oder bei ihr eingegangen sind;
4. **"für eine Behörde bereitgehaltene Informationen"** Umweltinformationen, die materiell von einer natürlichen oder juristischen Person für eine Behörde bereitgehalten werden;
5. **"Antragsteller"** eine natürliche oder juristische Person, die Zugang zu Umweltinformationen beantragt;
6. **"Öffentlichkeit"** eine oder mehrere natürliche oder juristische Personen und, **in Übereinstimmung mit den innerstaatlichen Rechtsvorschriften oder der innerstaatlichen Praxis,** deren Vereinigungen, Organisationen oder Gruppen.

§ 2 UIG (4) Eine informationspflichtige Stelle verfügt über Umweltinformationen, wenn diese bei ihr **vorhanden** sind **oder** für sie **bereitgehalten** werden. Ein Bereithalten liegt vor, wenn eine natürliche oder juristische Person, die selbst nicht informationspflichtige Stelle ist, Umweltinformationen für eine informationspflichtige Stelle im Sinne des Absatzes 1 aufbewahrt, auf die diese Stelle einen Übermittlungsanspruch hat.

Schrader (ZUR 2005, 568, 569) bezweifelt, ob § 2 (4) den Begriff des Bereithaltens EG-konform umgesetzt hat.

Art. 3 (1) eröffnet einen „Popularanspruch" auf - i.S. des Art. 2 Nr. 1 der RL - praktisch jede erdenkliche Information mit Umweltbezug (Werres, NuR 2005, 611, 613). Erfasst ist auch fiskalisches Handeln des Bundes und bei Zusammenhang mit der Umwelt verwaltungsprivatrechtliches Handeln des Bundes (24.3) zur Vermeidung einer „Flucht in das Privatrecht" (Merten, NVwZ 2005, 1157 ff.; zum Beispiel der Exportkreditversicherung Schomerus/Clausen, ZUR 2005, 575). Zur stillschweigenden anfechtbaren Ablehnungsentscheidung nach Fristablauf noch gemäß Art. 3 (4) der vorherigen RL 90/313/EWG s. EuGH 21.4.2005 – C-184/04, NVwZ 2005, 792. Zum **Jedermanns-Anspruch** (einschließlich Selbstverwaltungsträger, vgl. 11.5) auf freien Zugang zu Informationen über die Umwelt, die bei einer über die Daten verfügenden Behörde oder einer o.g. juristischen Person des Privatrechts vorhanden sind (nicht die Behörde, die die Akten ausgeliehen erhalten hat) s. OVG Münster 15.8.2002, NuR 2004, 56.

Artikel 3 Zugang zu Umweltinformationen auf Antrag

(1) Die Mitgliedstaaten gewährleisten, dass Behörden gemäß den Bestimmungen dieser Richtlinie verpflichtet sind, die bei ihnen vorhandenen oder für sie bereitgehaltenen Umweltinformationen **allen Antragstellern** auf Antrag zugänglich zu machen, **ohne** dass diese ein **Interesse geltend** zu machen brauchen.

(2) Umweltinformationen sind dem Antragteller vorbehaltlich des Artikels 4 und unter Berücksichtigung etwaiger vom Antragsteller angegebener Termine wie folgt zugänglich zu machen:
a) so bald wie möglich, spätestens jedoch innerhalb eines Monats nach Eingang des Antrags bei der Behörde nach Absatz 1 oder
b) innerhalb von zwei Monaten nach Eingang des Antrags bei der Behörde, falls die Information derart umfangreich und komplex ist, dass die unter Buchstabe a) genannte einmonatige Frist nicht eingehalten werden kann. In diesem Fall ist dem Antragsteller die Verlängerung der Frist unter Angabe von Gründen so bald wie möglich, in jedem Fall jedoch vor Ablauf der einmonatigen Frist, mitzuteilen.

(3) Ist ein Antrag zu allgemein formuliert, so fordert die Behörde den Antragsteller so bald wie möglich, spätestens jedoch innerhalb der in Absatz 2 Buchstabe a) vorgesehenen Frist, auf, den Antrag zu präzisieren, und unterstützt ihn dabei, indem sie ihn beispielsweise über die Nutzung der in Absatz 5 Buchstabe c) genannten öffentlichen Verzeichnisse unterrichtet. Die Behörden können in Fällen, in denen ihnen dies angemessen erscheint, den Antrag gemäß Artikel 4 Absatz 1 Buchstabe c) ablehnen.

(4) Falls ein Antragsteller eine Behörde ersucht, ihm Umweltinformationen in einer bestimmten Form oder einem bestimmten Format (beispielsweise als Kopie) zugänglich zu machen, so entspricht die Behörde diesem Antrag, es sei denn,
a) die Informationen sind bereits in einer anderen, den Antragstellern leicht zugänglichen Form bzw. einem anderen, den Antragstellern leicht zugänglichen Format, insbesondere gemäß Artikel 7, öffentlich verfügbar, oder

Abschnitt 2 Informationszugang auf Antrag
§ 3 UIG Anspruch auf Zugang zu Umweltinformationen

(1) [1]Jede Person hat nach Maßgabe dieses Gesetzes Anspruch auf freien Zugang zu Umweltinformationen über die eine informationspflichtige Stelle im Sinne des § 2 Abs. 1 verfügt, ohne ein rechtliches Interesse darlegen zu müssen. [2]Daneben bleiben andere Ansprüche auf Zugang zu Informationen unberührt.

(2) [1]Der Zugang kann durch **Auskunftserteilung,** Gewährung von **Akteneinsicht** oder in **sonstiger Weise** eröffnet werden. [2]Wird eine bestimmte Art des Informationszugangs beantragt, so darf dieser nur aus gewichtigen Gründen auf andere Art eröffnet werden. [3]Als gewichtiger Grund gilt insbesondere ein **deutlich höherer Verwaltungsaufwand.** [4]Soweit Umweltinformationen der antragstellenden Person bereits auf andere, leicht zugängliche Art, insbesondere durch Verbreitung nach § 10, zur Verfügung stehen, kann die informationspflichtige Stelle die Person auf diese Art des Informationszugangs verweisen.

(3) [1]Soweit ein Anspruch nach Absatz 1 besteht, sind die Umweltinformationen der antragstellenden Person unter Berücksichtigung etwaiger von ihr angegebener Zeitpunkte, spätestens jedoch mit Ablauf der Frist nach Satz 2 Nr. 1 oder Nr. 2 zugänglich zu machen. [2]Die Frist beginnt mit Eingang des Antrags bei der informationspflichtigen Stelle, die über die Informationen verfügt, und endet
1. mit Ablauf **eines Monats** oder
2. soweit Umweltinformationen derart umfangreich und komplex sind, dass die in Nummer 1 genannte Frist nicht eingehalten werden kann, mit Ablauf von **zwei Monaten.**

§ 4 UIG Antrag und Verfahren
(1) Umweltinformationen werden von einer informationspflichtigen Stelle auf Antrag zugänglich gemacht.
(2) [1]Der Antrag muss erkennen lassen, zu welchen Umweltinformationen der Zugang gewünscht wird. [2]Ist der Antrag zu unbestimmt, so ist der antragstellenden Person innerhalb eines Monats mitzuteilen und Gelegenheit zur Präzisierung des Antrags zu geben. [3]Kommt die antragstellende Person der Aufforderung zur Präzisierung nach, beginnt der Lauf der Frist zur Beantwortung von Anträgen erneut. [4]Die Informationssuchenden sind bei der Stellung und Präzisierung von Anträgen zu unterstützen.

Zur Verminderung von (deutlich höherem) Verwaltungsaufwand kann die Behörde, soweit dies nicht ermessensfehlerhaft ist, die Auskunft suchende Person, auch wenn sie nur eine begrenzte schriftliche Auskunft verlangt, auf eine Einsichtnahme in die Akten verweisen (ggf. mit kostenpflichtiger Möglichkeit zum Fotokopieren); OVG Münster, UPR 1995, 272.

b) es ist für die Behörde angemessen, die Informationen in einer anderen Form bzw. einem anderen Format zugänglich zu machen; in diesem Fall sind die Gründe für die Wahl dieser anderen Form bzw. dieses anderen Formats anzugeben.
Zur Durchführung dieses Absatzes bemühen sich die Behörden in angemessener Weise darum, dass die bei ihnen vorhandenen oder für sie bereitgehaltenen Umweltinformationen in unmittelbar reproduzierbaren und über Computer-Telekommunikationsnetze oder andere elektronische Mittel zugänglichen Formen oder Formaten vorliegen.
Die Gründe, aus denen es abgelehnt wird, die Informationen auszugsweise oder vollständig in der gewünschten Form oder dem gewünschten Format zugänglich zu machen, sind dem Antragsteller innerhalb der in Absatz 2 Buchstabe a) genannten Frist mitzuteilen.

§ 4 UIG (3) [1]Wird der Antrag bei einer informationspflichtigen Stelle gestellt, die nicht über die Umweltinformationen verfügt, leitet sie den Antrag an die über die begehrten Informationen verfügende Stelle weiter, wenn ihr diese bekannt ist, und unterrichtet die antragstellende Person hierüber. [2]Anstelle der Weiterleitung des Antrags kann sie die antragstellende Person auch auf andere ihr bekannte informationspflichtige Stellen hinweisen, die über die Informationen verfügen.
(4) Wird eine andere als die beantragte Art des Informationszugangs im Sinne von § 3 Abs. 2 eröffnet, ist dies innerhalb der Frist nach § 3 Abs. 3 Satz 2 Nr. 1 unter Angabe der Gründe mitzuteilen.
(5) Über die Geltung der längeren Frist nach § 3 Abs. 3 Satz 2 Nr. 2 ist die antragstellende Person spätestens mit Ablauf der Frist nach § 3 Abs. 3 Satz 2 Nr. 1 unter Angabe der Gründe zu unterrichten.

Nach § 4 (2) UIG muss der **Antrag zwar hinreichend bestimmt** sein. Es genügt aber auch ein Informationsbegehren, das erst der Unterrichtung des Antragstellers über das bei der Behörde vorhandene Material dienen soll (VG Karlsruhe, 26.9.2003, NuR 2004, 552).

Art. 3 (5) Zur Durchführung dieses Artikels tragen die Mitgliedstaaten dafür Sorge, dass
a) Beamte verpflichtet werden, die Öffentlichkeit in dem Bemühen um Zugang zu Informationen zu unterstützen,
b) Listen von Behörden öffentlich zugänglich sind und
c) die praktischen Vorkehrungen festgelegt werden, um sicherzustellen, dass das Recht auf Zugang zu Umweltinformationen wirksam ausgeübt werden kann, wie:
- Benennung von Auskunftsbeamten,
- Aufbau und Unterhaltung von Einrichtungen zur Einsichtnahme in die gewünschten Informationen,
- Verzeichnisse oder Listen betreffend Umweltinformationen im Besitz von Behörden oder Informationsstellen mit klaren Angaben, wo solche Informationen zu finden sind.
Die Mitgliedstaaten stellen sicher, dass die Behörden die Öffentlichkeit angemessen über die ihr aus dieser Richtlinie erwachsenden Rechte unterrichten und hierzu in angemessenem Umfang Informationen, Orientierung und Beratung bieten.

Abschnitt 4 Verbreitung von Umweltinformationen
§ 10 UIG Unterrichtung der Öffentlichkeit
(1) [1]Die informationspflichtigen Stellen **unterrichten** die Öffentlichkeit in angemessenem Umfang **aktiv** und **systematisch** über die Umwelt. [2]In diesem Rahmen verbreiten sie Umweltinformationen, die für ihre Aufgaben von Bedeutung sind und über die sie verfügen.
(2) [1]Zu den zu verbreitenden Umweltinformationen gehören zumindest:
1. der Wortlaut von völkerrechtlichen Verträgen, das von den Organen der Europäischen Gemeinschaften erlassene Gemeinschaftsrecht sowie Rechtsvorschriften von Bund, Ländern oder Kommunen über die Umwelt oder mit Bezug zur Umwelt;
2. politische Konzepte sowie Pläne und Programme mit Bezug zur Umwelt;
3. Berichte über den Stand der Umsetzung von Rechtsvorschriften sowie Konzepten, Plänen und Programmen nach den Nummern 1 und 2, sofern solche Berichte von den jeweiligen informationspflichtigen Stellen in elektronischer Form ausgearbeitet worden sind oder bereitgehalten werden;
4. **Daten oder Zusammenfassungen von Daten aus der** Überwachung von Tätigkeiten, die sich auf die Umwelt auswirken oder wahrscheinlich auswirken;
5. Zulassungsentscheidungen, die erhebliche Auswirkungen auf die Umwelt haben, und Umweltvereinbarungen sowie

6. zusammenfassende Darstellung und Bewertung der Umweltauswirkungen nach den §§ 11 und 12 des Gesetzes über die Umweltverträglichkeitsprüfung in der Fassung der Bekanntmachung vom 5. September 2001 (BGBl. I S. 2350), das zuletzt durch Artikel 3 des Gesetzes vom 24. Juni 2004 (BGBl. I S. 1359) geändert worden ist, und Risikobewertungen im Hinblick auf Umweltbestandteile nach § 2 Abs. 3 Nr. 1.

[2]In Fällen des Satzes 1 Nr. 5 und 6 genügt zur Verbreitung die Angabe, wo solche Informationen zugänglich sind oder gefunden werden können. [3]Die veröffentlichten Umweltinformationen werden in angemessenen Abständen aktualisiert.

(3) [1]Die Verbreitung von Umweltinformationen soll in für die Öffentlichkeit verständlicher Darstellung und leicht zugänglichen Formaten erfolgen. [2]Hierzu sollen, soweit vorhanden, elektronische Kommunikationsmittel verwendet werden. [3]Satz 2 gilt nicht für Umweltinformationen, die vor Inkrafttreten dieses Gesetzes angefallen sind, es sei denn, sie liegen bereits in elektronischer Form vor.

(4) Die Anforderungen an die Unterrichtung der Öffentlichkeit nach den Absätzen 1 und 2 können auch dadurch erfüllt werden, dass Verknüpfungen zu Internet-Seiten eingerichtet werden, auf denen die zu verbreitenden Umweltinformationen zu finden sind.

(5) [1]Im Falle einer unmittelbaren Bedrohung der menschlichen Gesundheit oder der Umwelt haben die informationspflichtigen Stellen sämtliche Informationen, über die sie verfügen und die es der eventuell betroffenen Öffentlichkeit ermöglichen könnten, Maßnahmen zur Abwendung oder Begrenzung von Schäden infolge dieser Bedrohung zu ergreifen, unmittelbar und unverzüglich zu verbreiten; dies gilt unabhängig davon, ob diese Folge menschlicher Tätigkeit oder einer natürlichen Ursache ist. [2]Verfügen mehrere informationspflichtige Stellen über solche Informationen, sollen sie sich bei deren Verbreitung abstimmen.

(6) § 7 Abs. 1 und 3 sowie die §§ 8 und 9 finden entsprechende Anwendung.

(7) Die Wahrnehmung der Aufgaben des § 10 kann auf bestimmte Stellen der öffentlichen Verwaltung oder private Stellen übertragen werden.

§ 11 UIG Umweltzustandsbericht [1]Die Bundesregierung veröffentlicht regelmäßig im Abstand von nicht mehr als vier Jahren einen Bericht über den Zustand der Umwelt im Bundesgebiet. [2]Hierbei berücksichtigt sie § 10 Abs. 1, 3 und 6. [3]Der Bericht enthält Informationen über die Umweltqualität und vorhandene Umweltbelastungen. [4]Der erste Bericht nach Inkrafttreten dieses Gesetzes ist spätestens am 31. Dezember 2006 zu veröffentlichen.

Artikel 4 Ausnahmen

(1) Die Mitgliedstaaten können vorsehen, dass ein Antrag auf Zugang zu Umweltinformationen in folgenden Fällen abgelehnt wird:
a) Die gewünschte Information ist nicht bei der Behörde, an die der Antrag gerichtet ist, vorhanden und wird auch nicht für diese bereitgehalten. In diesem Fall leitet die Behörde, falls ihr bekannt ist, dass die betreffende Information bei einer anderen Behörde vorhanden ist oder für diese bereitgehalten wird, den Antrag möglichst rasch an diese andere Behörde weiter und setzt den Antragsteller hiervon in Kenntnis oder informiert ihn darüber, bei welcher Behörde er diese Informationen ihres Erachtens beantragen kann.
b) Der Antrag ist offensichtlich missbräuchlich.
c) Der Antrag ist unter Berücksichtigung von Artikel 3 d) Der Antrag betrifft Material, das gerade vervollständigt wird, oder noch nicht abgeschlossene Schriftstücke oder noch nicht aufbereitete Daten.
e) Der Antrag betrifft interne Mitteilungen, wobei das öffentliche Interesse an einer Bekanntgabe dieser Informationen zu berücksichtigen ist.
Wird die Ablehnung damit begründet, dass der Antrag Material betrifft, das gerade vervollständigt wird, so benennt die Behörde die Stelle, die das Material vorbereitet, sowie den voraussichtlichen Zeitpunkt der Fertigstellung.
(2) Die Mitgliedstaaten können vorsehen, dass ein Antrag auf Zugang zu Umweltinformationen abgelehnt wird, wenn die Bekanntgabe negative Auswirkungen hätte auf:
a) die Vertraulichkeit der Beratungen von Behörden, sofern eine derartige Vertraulichkeit gesetzlich vorgesehen ist;
b) internationale Beziehungen, die öffentliche Sicherheit oder die Landesverteidigung;
c) laufende Gerichtsverfahren, die Möglichkeiten einer Person, ein faires Verfahren zu erhalten, oder die Möglichkeiten einer Behörde, Untersuchungen strafrechtlicher oder disziplinarischer Art durchzuführen;
d) Geschäfts- oder Betriebsgeheimnisse, sofern diese durch einzelstaatliches oder gemeinschaftliches Recht geschützt sind, um berechtigte wirtschaftliche Interessen, einschließlich des öffentlichen Interesses an der Wahrung der Geheimhaltung von statistischen Daten und des Steuergeheimnisses, zu schützen;
e) Rechte an geistigem Eigentum;
f) die Vertraulichkeit personenbezogener Daten und/oder Akten über eine natürliche Person, sofern diese der Bekanntgabe dieser Informationen an die Öffentlichkeit nicht zugestimmt hat und sofern eine derartige Vertraulichkeit nach

§ 5 UIG Ablehnung des Antrags

(1) [1]Wird der Antrag ganz oder teilweise nach den §§ 8 und 9 abgelehnt, ist die antragstellende Person innerhalb der Fristen nach § 3 Abs. 3 Satz 2 hierüber zu unterrichten. [2]Eine Ablehnung liegt auch dann vor, wenn nach § 3 Abs. 2 der Informationszugang auf andere Art gewährt oder die antragstellende Person auf eine andere Art des Informationszugangs verwiesen wird. [3]Der antragstellenden Person sind die Gründe für die Ablehnung mitzuteilen; in den Fällen des § 8 Abs. 2 Nr. 4 ist darüber hinaus die Stelle, die das Material vorbereitet, sowie der voraussichtliche Zeitpunkt der Fertigstellung mitzuteilen. [4]§ 39 Abs. 2 des Verwaltungsverfahrensgesetzes findet keine Anwendung.
(2) [1]Wenn der Antrag schriftlich gestellt wurde oder die antragstellende Person dies begehrt, erfolgt die Ablehnung in schriftlicher Form. [2]Sie ist auf Verlangen der antragstellenden Person in elektronischer Form mitzuteilen, wenn der Zugang hierfür eröffnet ist.
(3) Liegt ein **Ablehnungsgrund** nach **§ 8 oder § 9** vor, sind die hiervon nicht betroffenen Informationen zugänglich zu machen, soweit es möglich ist, die betroffenen Informationen auszusondern.
(4) Die antragstellende Person ist im Falle der vollständigen oder teilweisen Ablehnung eines Antrags auch über die Rechtsschutzmöglichkeiten gegen die Entscheidung sowie darüber zu belehren, bei welcher Stelle und innerhalb welcher Frist um Rechtsschutz nachgesucht werden kann.

Abschnitt 3 Ablehnungsgründe
§ 8 UIG Schutz öffentlicher Belange

(1) [1]Soweit das Bekanntgeben der Informationen nachteilige Auswirkungen hätte auf
1. die internationalen Beziehungen, die Verteidigung oder bedeutsame Schutzgüter der öffentlichen Sicherheit,
2. die Vertraulichkeit der Beratungen von informationspflichtigen Stellen im Sinne des § 2 Abs. 1,
3. die Durchführung eines laufenden Gerichtsverfahrens, den Anspruch einer Person auf ein faires Verfahren oder die Durchführung strafrechtlicher, ordnungswidrigkeitenrechtlicher oder disziplinarrechtlicher Ermittlungen oder
4. den Zustand der Umwelt und ihrer Bestandteile im Sinne des § 2 Abs. 3 Nr. 1 oder Schutzgüter im Sinne des § 2 Abs. 3 Nr. 6,
ist der Antrag abzulehnen, es sei denn, das öffentliche Interesse an der Bekanntgabe überwiegt. [2]Der Zugang zu **Umweltinformationen über Emissionen** kann **nicht** unter Berufung auf die in den **Nummern 2** und **4** genannten Gründe abgelehnt werden.

innerstaatlichem oder gemeinschaftlichem Recht vorgesehen ist;

g) die Interessen oder den Schutz einer Person, die die beantragte Information freiwillig zur Verfügung gestellt hat, ohne dazu gesetzlich verpflichtet zu sein oder verpflichtet werden zu können, es sei denn, dass diese Person der Herausgabe der betreffenden Information zugestimmt hat;

h) den Schutz der Umweltbereiche, auf die sich die Informationen beziehen, wie z.B. die Aufenthaltsorte seltener Tierarten.

Die in den Absätzen 1 und 2 genannten Ablehnungsgründe sind eng auszulegen, wobei im Einzelfall das öffentliche Interesse an der Bekanntgabe zu berücksichtigen ist. In jedem Einzelfall wird das öffentliche Interesse an der Bekanntgabe gegen das Interesse an der Verweigerung der Bekanntgabe abgewogen. Die Mitgliedstaaten dürfen aufgrund des Absatzes 2 Buchstaben a), d), f), g) und h) nicht vorsehen, dass ein Antrag abgelehnt werden kann, wenn er sich auf Informationen über Emissionen in die Umwelt bezieht.

Die Mitgliedstaaten stellen in diesem Rahmen und für die Anwendung der Bestimmung des Buchstaben f) sicher, dass die Anforderungen der Richtlinie 95/46/EG des Europäischen Parlaments und des Rates vom 24. Oktober 1995 zum Schutz natürlicher Personen bei der Verarbeitung personenbezogener Daten und zum freien Datenverkehr(6) eingehalten werden.

(3) Sieht ein Mitgliedstaat Ausnahmen vor, so kann er einen öffentlich zugänglichen Kriterienkatalog erarbeiten, anhand dessen die betreffende Behörde über die Behandlung eines Antrags entscheiden kann.

(4) Bei den Behörden vorhandene oder für diese bereitgehaltene Umweltinformationen, zu denen Zugang beantragt wurde, sind auszugsweise zugänglich zu machen, sofern es möglich ist, unter die Ausnahmebestimmungen von Absatz 1 Buchstabe d) und e) oder Absatz 2 fallende Informationen von den anderen beantragten Informationen zu trennen.

(5) Die Weigerung, beantragte Informationen auszugsweise oder vollständig zugänglich zu machen, ist dem Antragsteller in Schriftform oder auf elektronischem Wege, wenn der Antrag selbst schriftlich gestellt wurde oder wenn der Antragsteller darum ersucht hat, innerhalb der in Artikel 3 Absatz 2 Buchstabe a) oder gegebenenfalls Buchstabe b) genannten Frist mitzuteilen. In der Mitteilung sind die Gründe für die Verweigerung der Information zu nennen, und der Antragsteller ist über das Beschwerdeverfahren nach Artikel 6 zu unterrichten.

(2) Soweit ein Antrag

1. offensichtlich missbräuchlich gestellt wurde,

2. sich auf interne Mitteilungen der informationspflichtigen Stellen im Sinne des § 2 Abs. 1 bezieht,

3. bei einer Stelle, die nicht über die Umweltinformationen verfügt, gestellt wird, sofern er nicht nach § 4 Abs. 3 weitergeleitet werden kann,

4. sich auf die Zugänglichmachung von Material, das gerade vervollständigt wird, noch nicht abgeschlossener Schriftstücke oder noch nicht aufbereiteter Daten bezieht oder

5. zu unbestimmt ist und auf Aufforderung der informationspflichtigen Stelle nach § 4 Abs. 2 nicht innerhalb einer angemessenen Frist präzisiert wird,

ist er abzulehnen, es sei denn, das **öffentliche Interesse an der Bekanntgabe überwiegt.**

§ 9 UIG Schutz sonstiger Belange

(1) ¹Soweit

1. durch das Bekanntgeben der Informationen personenbezogene Daten offenbart und dadurch Interessen der Betroffenen erheblich beeinträchtigt würden,

2. Rechte am geistigen Eigentum, insbesondere Urheberrechte, durch das Zugänglichmachen von Umweltinformationen verletzt würden oder

3. durch das Bekanntgeben Betriebs- oder Geschäftsgeheimnisse zugänglich gemacht würden oder die Informationen dem Steuergeheimnis oder dem Statistikgeheimnis unterliegen,

ist der Antrag abzulehnen, es sei denn, die Betroffenen haben zugestimmt oder das **öffentliche Interesse an der Bekanntgabe überwiegt.** ²Der Zugang zu **Umweltinformationen über Emissionen** kann **nicht** unter Berufung auf die in den **Nummern 1 und 3** genannten Gründe abgelehnt werden. ³Vor der Entscheidung über die Offenbarung der durch Satz 1 Nr. 1 bis 3 geschützten Informationen sind die Betroffenen anzuhören. ⁴Die informationspflichtige Stelle hat in der Regel von einer Betroffenheit im Sinne des Satzes 1 Nr. 3 auszugehen, soweit übermittelte Informationen als Betriebs- und Geschäftsgeheimnisse gekennzeichnet sind. ⁵Soweit die informationspflichtige Stelle dies verlangt, haben mögliche Betroffene im Einzelnen darzulegen, dass ein Betriebs- oder Geschäftsgeheimnis vorliegt.

(2) ¹Umweltinformationen, die private Dritte einer informationspflichtigen Stelle übermittelt haben, ohne rechtlich dazu verpflichtet zu sein oder rechtlich verpflichtet werden zu können, und deren Offenbarung nachteilige Auswirkungen auf die Interessen der Dritten hätte, dürfen ohne deren Einwilligung anderen nicht zugänglich gemacht werden, es sei denn, das öffentliche Interesse an der Bekanntgabe überwiegt. ²Der Zugang zu **Umweltinformationen über Emissionen** kann **nicht** unter Berufung auf die in **Satz 1** genannten Gründe abgelehnt werden.

Schrader (ZUR 2005, 568, 570) vermisst im UIG das EG-Merkmal der engen Auslegung. Zu den dennoch eng auszulegenden Ausnahmen können vorhandene Auslegungsergebnisse der VorgängerRL verwendet werden (Epiney, ZUR 2003, 176, 177). Die Ausnahmegründe sind aber erweitert. Wegen der Urteile des EuGH v. 17.6.1998, DVBl. 1998, 1176 = NVwZ 1998, 945 = NuR 1998, 645; 9.9.1999, NVwZ 1999, 1209 = DVBl. 1999, 1499, mussten die Ausnahmen des UIG eingeschränkt werden (Widerspruchsverfahren nicht ausgenommen). In die gerichtlich voll überprüfbare Abwägung sind wegen der Grundsatzes der engen Auslegung der Ablehnungsgründe auch geltend gemachte private Interessen einzubeziehen (Schrader, ZUR 2005, 568, 570). Zum Schutz von Betriebsgeheimnissen nach § 18c PflSchG (64.2) und **§ 8 (1) UIG** s. OVG Münster 12.7.2004, UPR 2005, 152. Zu einer von einem Imker, der „gentechnikfreien" Honig vertreibt, begehrten Akteneinsicht hinsichtlich der Anbaustandorte von gentechnisch veränderten Pflanzen s. VGH München 4.10.2004, NuR 2005, 328; 64.4. Zum Problem des Geheimnisschutzes als Eigentumsschutz Beer/Wesseling, DVBl. 2006, 133

Artikel 5 Gebühren

(1) Der Zugang zu öffentlichen Verzeichnissen oder Listen, die gemäß Artikel 3 Absatz 5 eingerichtet und geführt werden, und die Einsichtnahme in die beantragten Informationen an Ort und Stelle sind gebührenfrei.

(2) Die Behörden können für die Bereitstellung von Umweltinformationen eine Gebühr erheben, die jedoch eine angemessene Höhe nicht überschreiten darf.

(3) Sofern Gebühren erhoben werden, veröffentlichen die Behörden ein entsprechendes Gebührenverzeichnis sowie Informationen über die Umstände, unter denen eine Gebühr erhoben oder erlassen werden kann, und machen dies den Antragstellern zugänglich.

Artikel 6 Zugang zu den Gerichten

(1) Die Mitgliedstaaten stellen sicher, dass ein Antragsteller, der der Ansicht ist, sein Antrag auf Zugang zu Informationen sei von einer Behörde nicht beachtet, fälschlicherweise (ganz oder teilweise) abgelehnt, unzulänglich beantwortet oder auf andere Weise nicht in Übereinstimmung mit den Artikeln 3, 4 oder 5 bearbeitet worden, Zugang zu einem Verfahren hat, in dessen Rahmen die Handlungen oder Unterlassungen der betreffenden Behörde von dieser oder einer anderen Behörde geprüft oder von einer auf gesetzlicher Grundlage geschaffenen unabhängigen und unparteiischen Stelle auf

Abschnitt 5 Schlussvorschriften

§ 12 UIG Kosten

(1) [1]Für die Übermittlung von Informationen auf Grund dieses Gesetzes werden Kosten (Gebühren und Auslagen) erhoben. [2]Dies gilt nicht für die Erteilung mündlicher und einfacher schriftlicher Auskünfte, die Einsichtnahme in Umweltinformationen vor Ort, Maßnahmen und Vorkehrungen nach § 7 Abs. 1 und 2 sowie die Unterrichtung der Öffentlichkeit nach § 10 und 11.

(2) Die Gebühren sind auch unter Berücksichtigung des Verwaltungsaufwandes so zu bemessen, dass der Informationsanspruch nach § 3 Abs. 1 wirksam in Anspruch genommen werden kann.

(3) [1]Die Bundesregierung wird ermächtigt, für Amtshandlungen von informationspflichtigen Stellen die Höhe der Kosten durch **Rechtsverordnung,** die nicht der Zustimmung des Bundesrates bedarf, zu bestimmen. [2]Die §§ 9, 10 und 15 Abs. 2 des Verwaltungskostengesetzes vom 23. Juni 1970 (BGBl. I S. 821), das zuletzt durch Artikel 4 Abs. 9 des Gesetzes vom 5. Mai 2004 (BGBl. I S. 718) geändert worden ist, finden keine Anwendung.

(4) [1]Private informationspflichtige Stellen im Sinne des § 2 Abs. 1 Nr. 2 können für die Übermittlung von Informationen nach diesem Gesetz von der antragstellenden Person Kostenerstattung entsprechend den Grundsätzen nach den Absätzen 1 und 2 verlangen. [2]Die Höhe der erstattungsfähigen Kosten bemisst sich nach den in der Rechtsverordnung nach Absatz 3 festgelegten Kostensätzen für Amtshandlungen von informationspflichtigen Stellen des Bundes und der bundesunmittelbaren juristischen Personen des öffentlichen Rechts.

§ 6 UIG Rechtsschutz

(1) Für Streitigkeiten nach diesem Gesetz ist der Verwaltungsrechtsweg gegeben.

(2) Gegen die Entscheidung durch eine Stelle der öffentlichen Verwaltung im Sinne des § 2 Abs. 1 Nr. 1 ist ein Widerspruchsverfahren nach den §§ 68 bis 73 der Verwaltungsgerichtsordnung auch dann durchzuführen, wenn die Entscheidung von einer obersten Bundesbehörde getroffen worden ist.

(3) [1]Ist die antragstellende Person der Auffassung, dass eine informationspflichtige Stelle im Sinne des § 2 Abs. 1 Nr. 2 den Antrag nicht vollständig erfüllt hat, kann sie die Entscheidung der informationspflichtigen Stelle nach Absatz 4 überprüfen lassen. [2]Die Überprüfung

dem Verwaltungsweg überprüft werden können. Dieses Verfahren muss zügig verlaufen und darf keine oder nur geringe Kosten verursachen.

(2) Ferner stellen die Mitgliedstaaten sicher, dass der Antragsteller neben dem Überprüfungsverfahren nach Absatz 1 auch Zugang zu einem Überprüfungsverfahren, in dessen Rahmen die Handlungen oder Unterlassungen der Behörde überprüft werden können, und zwar vor einem Gericht oder einer anderen auf gesetzlicher Grundlage geschaffenen unabhängigen und unparteiischen Stelle hat, deren Entscheidungen endgültig sein können. Die Mitgliedstaaten können des Weiteren vorsehen, dass Dritte, die durch die Offenlegung von Informationen belastet werden, ebenfalls Rechtsbehelfe einlegen können.

(3) Nach Absatz 2 getroffene endgültige Entscheidungen sind für die Behörde, die über die Informationen verfügt, verbindlich. Die Entscheidung ist schriftlich zu begründen, zumindest dann, wenn der Zugang zu Informationen nach diesem Artikel abgelehnt wird.

ist nicht Voraussetzung für die Erhebung der Klage nach Absatz 1. [3]Eine Klage gegen die zuständige Stelle nach § 13 Abs. 1 ist ausgeschlossen.

§ 6 UIG (4) [1]Der Anspruch auf nochmalige Prüfung ist gegenüber der informationspflichtigen Stelle im Sinne des § 2 Abs. 1 Nr. 2 innerhalb eines Monats, nachdem diese Stelle mitgeteilt hat, dass der Anspruch nicht oder nicht vollständig erfüllt werden kann, schriftlich geltend zu machen. [2]Die informationspflichtige Stelle hat der antragstellenden Person das Ergebnis ihrer nochmaligen Prüfung innerhalb eines Monats zu übermitteln.

(5) Durch Landesgesetz kann für Streitigkeiten um Ansprüche gegen private informationspflichtige Stellen auf Grund von landesrechtlichen Vorschriften über den Zugang zu Umweltinformationen der Verwaltungsrechtsweg vorgesehen werden.

Artikel 7 Verbreitung von Umweltinformationen

(1) Die Mitgliedstaaten ergreifen die notwendigen Maßnahmen, um sicherzustellen, dass Behörden die für ihre Aufgaben relevanten und bei ihnen vorhandenen oder für sie bereitgehaltenen Umweltinformationen aufbereiten, damit eine aktive und systematische Verbreitung in der Öffentlichkeit erfolgen kann, insbesondere unter Verwendung von Computer-Telekommunikation und/oder elektronischen Technologien, soweit diese verfügbar sind.

Die unter Verwendung von Computer-Telekommunikation und/oder elektronischen Technologien zugänglich gemachten Informationen müssen nicht Daten umfassen, die vor Inkrafttreten dieser Richtlinie erhoben wurden, es sei denn, diese Daten sind bereits in elektronischer Form vorhanden.

Die Mitgliedstaaten sorgen dafür, dass Umweltinformationen zunehmend in elektronischen Datenbanken zugänglich gemacht werden, die der Öffentlichkeit über öffentliche Telekommunikationsnetze leicht zugänglich sind.

(2) Die Informationen, die zugänglich zu machen und zu verbreiten sind, werden gegebenenfalls aktualisiert und umfassen zumindest Folgendes:

a) den Wortlaut völkerrechtlicher Verträge, Übereinkünfte und Vereinbarungen sowie gemeinschaftlicher, nationaler, regionaler oder lokaler Rechtsvorschriften über die Umwelt

§ 7 UIG Unterstützung des Zugangs zu Umweltinformationen

(1) [1]Die informationspflichtigen Stellen ergreifen Maßnahmen, um den Zugang zu den bei ihnen verfügbaren Umweltinformationen zu erleichtern. [2]Zu diesem Zweck wirken sie darauf hin, dass Umweltinformationen, über die sie verfügen, zunehmend in elektronischen Datenbanken oder in sonstigen Formaten gespeichert werden, die über Mittel der elektronischen Kommunikation abrufbar sind.

(2) Die informationspflichtigen Stellen treffen praktische Vorkehrungen zur Erleichterung des Informationszugangs, beispielsweise durch

1. die Benennung von Auskunftspersonen oder Informationsstellen,

2. die Veröffentlichung von Verzeichnissen über verfügbare Umweltinformationen,

3. die Einrichtung öffentlich zugänglicher Informationsnetze und Datenbanken oder

4. die Veröffentlichung von Informationen über behördliche Zuständigkeiten.

(3) Soweit möglich, gewährleisten die informationspflichtigen Stellen, dass alle Umweltinformationen, die von ihnen oder für sie zusammengestellt werden, auf dem gegenwärtigen Stand, exakt und vergleichbar sind.

oder mit Bezug zur Umwelt;
b) Politiken, Pläne und Programme mit Bezug zur Umwelt;
c) Berichte über die Fortschritte bei der Umsetzung der unter Buchstaben a) und b) genannten Punkte, sofern solche Berichte von den Behörden in elektronischer Form ausgearbeitet worden sind oder bereitgehalten werden;
d) Umweltzustandsberichte nach Absatz 3;e) Daten oder Zusammenfassungen von Daten aus der Überwachung von Tätigkeiten, die sich auf die Umwelt auswirken oder wahrscheinlich auswirken;
f) Genehmigungen, die erhebliche Auswirkungen auf die Umwelt haben, und Umweltvereinbarungen oder einen Hinweis darauf, wo diese Informationen im Rahmen von Artikel 3 beantragt oder gefunden werden können;
g) Umweltverträglichkeitsprüfungen und Risikobewertungen betreffend die in Artikel 2 Nummer 1 Buchstabe a) genannten Umweltbestandteile oder einen Hinweis darauf, wo diese Informationen im Rahmen von Artikel 3 beantragt oder gefunden werden können.
(3) Unbeschadet aller aus dem Gemeinschaftsrecht erwachsenden spezifischen Pflichten zur Berichterstattung ergreifen die Mitgliedstaaten die erforderlichen Maßnahmen, um sicherzustellen, dass in regelmäßigen Abständen von nicht mehr als vier Jahren nationale und gegebenenfalls regionale bzw. lokale Umweltzustandsberichte veröffentlicht werden; diese Berichte müssen Informationen über die Umweltqualität sowie über Umweltbelastungen enthalten.
(4) Unbeschadet aller aus dem Gemeinschaftsrecht erwachsenden spezifischen Verpflichtungen treffen die Mitgliedstaaten die erforderlichen Vorkehrungen, um zu gewährleisten, dass Behörden im Fall einer unmittelbaren Bedrohung der menschlichen Gesundheit oder der Umwelt unabhängig davon, ob diese Folge menschlicher Tätigkeit ist oder eine natürliche Ursache hat, sämtliche ihnen vorliegenden oder für sie bereitgehaltenen Informationen unmittelbar und unverzüglich verbreiten, die es der eventuell betroffenen Öffentlichkeit ermöglichen könnten, Maßnahmen zur Abwendung oder Begrenzung von Schäden infolge dieser Bedrohung zu ergreifen.
(5) Für die Verpflichtungen nach diesem Artikel können die Ausnahmen gemäß Artikel 4 Absätze 1 und 2 Anwendung finden.
(6) Die Mitgliedstaaten können die Anforderungen dieses Artikels erfüllen, indem sie Verknüpfungen zu Internet-Seiten einrichten, auf denen die Informationen zu finden sind.

Artikel 8 Qualität von Umweltinformationen

(1) Soweit möglich, gewährleisten die Mitgliedstaaten, dass alle Informationen, die von ihnen oder für sie zusammengestellt werden, aktuell, exakt und vergleichbar sind.

(2) Auf Antrag beantworten die Behörden Anträge auf Informationen nach Artikel 2 Nummer 1 Buchstabe b), indem sie dem Antragsteller mitteilen, wo – sofern verfügbar – Informationen über die zur Erhebung der Informationen angewandten Messverfahren, einschließlich der Verfahren zur Analyse, Probenahme und Vorbehandlung der Proben, gefunden werden können, oder indem sie auf ein angewandtes standardisiertes Verfahren hinweisen.

Artikel 9 Überprüfungsverfahren

(1) Die Mitgliedstaaten erstatten bis zum 14. Februar 2009 Bericht über die bei der Anwendung der Richtlinie gewonnenen Erfahrungen. Sie übermitteln der Kommission ihren Bericht bis zum 14. August 2009

spätestens am 14. Februar 2004 übermittelt die Kommission den Mitgliedstaaten ein Dokument, in dem sie den Mitgliedstaaten klare Vorgaben für deren Berichterstattung macht.

(2) Auf der Grundlage der Erfahrungen und unter Berücksichtigung der Entwicklungen im Bereich der Computer-Telekommunikation und/oder der elektronischen Technologien erstellt die Kommission einen Bericht an das Europäische Parlament und den Rat und fügt ihm etwaige Änderungsvorschläge bei.

Artikel 10 Umsetzung (bis 14.2.2005)

§ 13 UIG Überwachung

(1) Die zuständigen Stellen der öffentlichen Verwaltung, die die Kontrolle im Sinne des § 2 Abs. 2 für den Bund oder eine unter der Aufsicht des Bundes stehende juristische Person des öffentlichen Rechts ausüben, überwachen die Einhaltung dieses Gesetzes durch private informationspflichtige Stellen im Sinne des § 2 Abs. 1 Nr. 2.

(2) Die informationspflichtigen Stellen nach § 2 Abs. 1 Nr. 2 haben den zuständigen Stellen auf Verlangen alle Informationen herauszugeben, die die Stellen zur Wahrnehmung ihrer Aufgaben nach Absatz 1 benötigen.

(3) Die nach Absatz 1 zuständigen Stellen können gegenüber den informationspflichtigen Stellen nach § 2 Abs. 1 Nr. 2 die zur Einhaltung und Durchführung dieses Gesetzes erforderlichen Maßnahmen ergreifen oder Anordnungen treffen.

(4) Die Bundesregierung wird ermächtigt, durch **Rechtsverordnung**, die nicht der Zustimmung des Bundesrates bedarf, die Aufgaben nach den Absätzen 1 bis 3 abweichend von Absatz 1 auf andere Stellen der öffentlichen Verwaltung zu übertragen.

§ 14 Ordnungswidrigkeiten

(1) Ordnungswidrig handelt, wer vorsätzlich oder fahrlässig einer vollziehbaren Anordnung nach § 13 Abs. 3 zuwiderhandelt.

(2) Die Ordnungswidrigkeit nach Absatz 1 kann mit einer Geldbuße bis zu zehntausend Euro geahndet werden.

38.9.2 Informationsfreiheitsgesetz (IFG)

Über den Umweltbereich hinaus hat nach dem Grundsatz des § 1 des Gesetzes zur Regelung des Zugangs zu Informationen des Bundes (Informationsfreiheitsgesetz – **IFG**) vom 5.9.2005 (BGBl. I 2722) **jeder** gegenüber verfügungsberechtigten Behörden des Bundes einen Anspruch auf Zugang zu amtlichen Informationen. Das Gesetz dient der Stärkung des Demokratieprinzips durch Knotrolle staatlichen Handelns und der Förderung der europäischen Integration. Von den voll erfassten Personen des Privatrechts sind Bürgerinitiativen und Verbände nicht anspruchsberechtigt (Schmitz/Jastrow, NVwZ 2005, 984, 987; kritisch Schrader, ZUR 2005, 568, 571). Juristischen Personen des Privatrechts stehen andere Auskunftsmöglichkeiten wie Amtshilfe zur Verfügung (kritisch Schrader aaO zu Rundfunkanstalten). Außer Bundesbehörden i.S. von § 1 (4) VwVfG (11.6.1) sind auch sonstige Bundesstellen, die öffentliche Aufgaben wahrnehmen verpflichtet (Schrader aaO). Amtliche Informationen sind nach § 2 Nr. 1 IFG alle amtlichen Zwecken dienende Aufzeichnungen, von Entwürfen und Notizen abgesehen, die nicht Bestandteil der Akte werden sollen (Zweckrichtung; anders im UIG: faktisches Vorhandensein Schrader aaO, fiskalische Tätigkeiten noch für offen haltend). Die §§ 3 – 6 IFG enthalten umfangreichere Ausnahmen als das UIG aber ohne Abwägung mit dem öffentlichem Interesse an der Bekanntgabe: für 17 öffentliche Belange, Datenschutzbelange in Abwägung mit dem Interesse des Antragstellers und hinsichtlich Betriebs- und Geschäftsgeheimnisses nur mit Einwilligung des Geschäftsinhaber. Die Auskünfte sind außer für einfache Auskünfte gebührenpflichtig. Aktiven Informationspflichten (vgl. § 10 UIG) bestehen nur hinsichtlich der Bekanntgabe von Informationsverzeichnissen wie Organisations- und Aktenpläne. Während nach § 3 (2) UIG andere Ansprüche auf Zugang zu Informationen unberührt bleiben, gehen nach § 1 (3) IFG Zugangsregelungen in anderen Rechtsvorschriften vor (außer § 25 SGB X, Schrader, ZUR 2005, 574 und § 29 VwVfG, Kloepfer/von Lewinsky, DVBl. 2005, 1277, 1280). Bietet ein spezielles Gesetz, ggf. unter besonderen Voraussetzungen, einen weitergehenden Informationsanspruch als das IFG, können beide Ansprüche nebeneinander bestehen (Kloepfer/ von Lewinsky aaO). Zum Vergleich des UIG und des IFG auf Bundesebene sowie zum rechtlich zersplitterten Informationszugang auf Länderebene s. Schrader, ZUR 2005, 568. Zum IFG s. auch Schoch, DÖV 2006, 1.

38.9.3 Verordnung (EWG) Nr. 1210/90 zur Errichtung einer Europäischen Umweltagentur (EUA) und eines Europäischen Umweltinformations- und Umweltbeobachtungsnetzes

Verordnung (EWG) Nr. 1210/90 vom 7.5.1990 zur Errichtung einer Europäischen Umweltagentur und eines Europäischen Umweltinformations- und Umweltbeobachtungsnetzes (ABl. L 120/1), geänd. Verordnung (EG) Nr. 933/1999 vom 29.4.1999 L 117/1und Verordnung (EG) Nr. 1641/2003 vom 22.7.2003 ABl. L 245/1 enthält Vorgaben für eine anlassunabhängige Umweltkartierung.

EG-VO Nr. 1210/90 Artikel 1

(1) Ziel dieser Verordnung ist die Errichtung einer Europäischen Umweltagentur und die Einführung eines Europäischen Umweltinformations- und Umweltbeobachtungsnetzes.

(2) Damit die im Vertrag und in den einzelnen gemeinschaftlichen Umweltaktionsprogrammen gesetzten Ziele zum Schutz und zur Verbesserung der Umwelt und zur Verwirklichung der nachhaltigen Entwicklung erreicht werden können, sollen der Gemeinschaft und den Mitgliedstaaten :

– objektive, zuverlässige und auf europäischer Ebene vergleichbare Informationen zur Verfügung gestellt werden, anhand deren sie die notwendigen Umweltschutzmaßnahmen ergreifen, die Ergebnisse dieser Maßnahmen bewerten und eine sachgerechte Unterrichtung der Öffentlichkeit über den Zustand der Umwelt sicherstellen können;

– die hierfür nötige technische und wissenschaftliche Unterstützung gegeben werden.

EG-VO Nr. 1210/90 Artikel 2

Zur Erreichung der in Artikel 1 genannten Zielsetzung erfüllt die Agentur folgende Aufgaben:

i) Einrichtung - in Zusammenarbeit mit den Mitgliedstaaten – und Koordinierung des in Artikel 4 genannten Netzes. In diesem Rahmen stellt die Agentur die Sammlung, Aufbereitung und Analyse von Daten - insbesondere in den in Artikel 3 genannten Bereichen - sicher. Ihre Aufgabe ist es ferner, die aufgrund der Entscheidung 85/338/EWG eingeleiteten Arbeiten fortzusetzen;

ii) – Bereitstellung – für die Gemeinschaft und die Mitgliedstaaten – der erforderlichen objektiven Informationen für die Ausarbeitung und Durchführung von zweckmäßigen und wirksamen Umweltmaßnahmen; zu diesem Zweck insbesondere Weitergabe der erforderlichen Informationen an die Kommission, damit diese ihre Aufgaben bei der Festlegung, Ausarbeitung und Evaluierung von Umweltmaßnahmen und –vorschriften erfüllen kann;

– Unterstützung der Überwachung von Umweltschutzmaßnahmen durch geeignete Hilfestellung im Zusammenhang mit der Erfüllung der Berichterstattungsanforderungen (unter anderem durch Beteiligung an der Ausarbeitung von Fragebögen, Bearbeitung der Berichte der Mitgliedstaaten und der Verbreitung der Ergebnisse) entsprechend dem Mehrjahres- Arbeitsprogramm der Agentur mit dem Ziel der Koordinierung der Berichterstattung;

– auf Ersuchen und, sofern dies mit dem Jahresprogramm der Agentur vereinbar ist, Beratung einzelner Mitgliedstaaten bei der Entwicklung, Einführung und Erweiterung ihrer Systeme zur Überwachung von Umweltmaßnahmen unter der Voraussetzung, dass die Erfüllung der übrigen in diesem Artikel festgelegten Aufgaben durch solche Tätigkeiten nicht beeinträchtigt wird. Eine solche Beratung kann auf besonderes Ersuchen der Mitgliedstaaten eine Evaluierung durch Gutachter einschließen;

iii) Erfassung, Zusammenstellung und Bewertung von Daten über den Zustand der Umwelt, Erstellung von Sachverständigengutachten über die Qualität, die Empfindlichkeit und die Belastungen der Umwelt im Gebiet der Gemeinschaft, Aufstellung einheitlicher Bewertungskriterien für Umweltdaten, die in allen Mitgliedstaaten anzuwenden sind, sowie Ausbau und Weiterführung eines Referenzzentrums für Umweltinformationen. Die Kommission macht von diesen Informationen im Rahmen ihrer Aufgabe Gebrauch, für die Durchführung der Rechtsvorschriften der Gemeinschaft im Bereich der Umwelt Sorge zu tragen;

iv) Förderung der Vergleichbarkeit der Umweltdaten auf europäischer Ebene sowie erforderlichenfalls Förderung einer stärkeren Harmonisierung der Messverfahren auf geeignetem Wege;

v) Förderung einer Berücksichtigung europäischer Umweltinformationen in internationalen Umweltüberwachungsprogrammen wie denjenigen, die im Rahmen der Vereinten Nationen und ihrer Sonderorganisationen durchgeführt werden;

vi) alle fünf Jahre Veröffentlichung eines Berichts über den Zustand der sowie die Tendenzen und Aussichten für die Umwelt, ergänzt durch Berichte über allgemeine Entwicklungen mit spezifischen Schwerpunktthemen;

vii) Förderung der Entwicklung und der Anwendung von Verfahren zur Vorhersage im Umweltbereich, damit rechtzeitig geeignete Vorsorgemaßnahmen getroffen werden können;

viii) Förderung der Entwicklung von Methoden zur Bewertung der Kosten von Umweltschäden sowie der Kosten für Vorsorge-, Schutz- und Sanierungsmaßnahmen im Bereich der Umwelt;

ix) Förderung des Informationsaustausches über die besten verfügbaren Technologien zur Verhütung oder Verringerung von Umweltschäden;

x) Zusammenarbeit mit den in Artikel 15 genannten Einrichtungen und Programmen;

xi) umfassende Verbreitung von an die Öffentlichkeit gerichteten zuverlässigen und vergleichbaren Umweltinformationen, insbesondere über den Zustand der Umwelt, und Förderung des Einsatzes fortgeschrittener Telematik-Technologie zu diesem Zweck;

xii) Unterstützung der Kommission beim Austausch von Informationen über die Entwicklung der Verfahren und bewährtesten Praktiken für Umweltverträglichkeitsprüfungen;

xiii) Unterstützung der Kommission bei der Verbreitung von Informationen über die Ergebnisse einschlägiger Umweltforschungen in einer Form, die von größtmöglichem Nutzen für die Formulierung einer Politik ist.

EG-VO Nr. 1210/90 Artikel 3
(1) Die wichtigsten Tätigkeiten der Agentur sollen so weit wie möglich die Erfassung aller Informationen zur Beschreibung des derzeitigen und voraussichtlichen Zustandes der Umwelt unter folgenden Gesichtspunkten ermöglichen:
i) Umweltqualität,
ii) Umweltbelastungen,
iii) Umweltempfindlichkeit,
wobei diese Gesichtspunkte in den Rahmen der nachhaltigen Entwicklung zu stellen sind. .
(2) Die Agentur liefert Informationen, die unmittelbar zur Durchführung der Umweltpolitik der Gemeinschaft verwendet werden können.
Folgende Gebiete haben Vorrang:
– Luftqualität und atmosphärische Emissionen,
– Wasserqualität, Schadstoffe und Wasserressourcen,
– Zustand des Bodens, der Tier- und Pflanzenarten und der Biotope,
– Nutzung des Bodens und der natürlichen Hilfsquellen,
– Abfallbewirtschaftung,
– Geräuschemissionen,
– umweltgefährdende Chemikalien,
– Schutz der Küstengebiete und der Meere.
Es werden insbesondere Phänomene erfasst, die grenzüberschreitenden Charakter haben, mehrere Länder betreffen oder weltweit zu beobachten sind.
Ferner wird der sozio-ökonomischen Dimension Rechnung getragen.
(3) Darüber hinaus kann die Agentur beim Austausch von Informationen mit anderen Einrichtungen, auch mit dem IMPEL-Netz, zusammenarbeiten.
Bei ihrer Tätigkeit vermeidet die Agentur Überschneidungen mit Tätigkeiten, die bereits von anderen Stellen und Einrichtungen in Angriff genommen worden sind.
Artikel 4
(1) Das Netz umfasst
– die wichtigsten Bestandteile der einzelstaatlichen Informationsnetze;
– die innerstaatlichen Anlaufstellen;
– die themenspezifischen Ansprechstellen.
(2) Im Hinblick auf eine möglichst rasche und wirksame Einführung des Netzes teilen die Mitgliedstaaten der Agentur binnen sechs Monaten nach Inkrafttreten dieser Verordnung die wichtigsten Bestandteile ihres innerstaatlichen Umweltinformationsnetzes - insbesondere in den in Artikel 3 Absatz 2 genannten vorrangigen Bereichen - einschließlich der zuständigen Stellen mit, die ihres Erachtens zur Tätigkeit der Agentur ihren Beitrag leisten könnten, und zwar unter Berücksichtigung der Notwendigkeit einer möglichst vollständigen geographischen Erfassung ihres Hoheitsgebiets.
Die Mitgliedstaaten unterrichten die Agentur regelmäßig über die wichtigsten Bestandteile ihrer innerstaatlichen Umweltinformationsnetze.
Die Mitgliedstaaten arbeiten in entsprechender Weise mit der Agentur zusammen und beteiligen sich

gemäß dem Arbeitsprogramm der Agentur an den Arbeiten des Europäischen Umweltinformations-
und Umweltbeobachtungsnetzes, indem sie landesweit Daten sammeln, zusammenfassen und analysieren. Die Mitgliedstaaten können sich auch zusammenschließen, um bei diesen Tätigkeiten grenzüberschreitend zusammenzuarbeiten.

(3) Die Mitgliedstaaten können insbesondere unter den Stellen gemäß Absatz 2 oder sonstigen Einrichtungen in ihrem Hoheitsgebiet eine „innerstaatliche Anlaufstelle" benennen, die mit der Koordinierung und/oder Weitergabe der Informationen beauftragt ist, die auf innerstaatlicher Ebene der A-
gentur, den dem Netz angeschlossenen Stellen oder sonstigen Einrichtungen, einschließlich der in Absatz 4 genannten themenspezifischen Ansprechstellen, zu übermitteln sind.

(4) Die Mitgliedstaaten können ferner innerhalb der in Absatz 2 vorgesehenen Frist festlegen, welche
Stellen oder sonstigen Einrichtungen in ihrem Hoheitsgebiet eigens damit betraut werden könnten,
mit der Agentur hinsichtlich bestimmter Themen von besonderem Interesse zusammenzuarbeiten. Eine auf diese Weise bestimmte Stelle sollte mit der Agentur eine Vereinbarung darüber treffen können,
dass sie als themenspezifische Ansprechstelle des Netzes besondere Aufgaben wahrnimmt. Diese
Stellen arbeiten mit anderen an das Netz angeschlossenen Einrichtungen zusammen.

(5) Die Agentur bestätigt binnen sechs Monaten nach Erhalt der in Absatz 2 erwähnten Informationen
auf der Grundlage eines Beschlusses des Verwaltungsrates und der Vereinbarungen nach Artikel 5 die
wichtigsten Bestandteile des Netzes.

Die themenspezifischen Ansprechstellen werden vom Verwaltungsrat nach Artikel 8 Absatz 1 für einen Zeitraum benannt, der nicht länger sein darf als die Laufzeit des Mehrjahres-Arbeitsprogramms
nach Artikel 8 Absatz 4. Diese Benennungen können jedoch verlängert werden.

(6) Die Zuweisung von besonderen Aufgaben an die themenspezifischen Ansprechstellen muss in dem
in Artikel 8 Absatz 4 genannten Mehrjahres-Arbeitsprogramm der Agentur angegeben werden.

(7) Die Agentur überprüft insbesondere anhand des Mehrjahres-Arbeitsprogramms in regelmäßigen
Abständen die wichtigsten Bestandteile des Netzes gemäß Absatz 2 und nimmt daran die Änderun-
gen vor, die der Verwaltungsrat gegebenenfalls unter Berücksichtigung neuer Mitteilungen seitens der
Mitgliedstaaten beschlossen hat.

EG-VO Nr. 1210/90 Artikel 5

Die Agentur kann mit den nach Artikel 4 zum Netz gehörenden Stellen oder Einrichtungen Vereinbarungen treffen und insbesondere Verträge schließen, die für die Durchführung der ihnen von ihr übertragenen Aufgaben erforderlich sind. Jeder Mitgliedstaat kann vorsehen, dass im Fall der innerstaatlichen Stellen oder Einrichtungen in seinem Hoheitsgebiet solche Vereinbarungen mit der Agentur im
Einvernehmen mit der innerstaatlichen Anlaufstelle zu treffen sind.

EG-VO Nr. 1210/90 Artikel 6

(1) Die Verordnung (EG) Nr. 1049/2001 des Europäischen Parlaments und des Rates vom 30. Mai
2001 über den Zugang der Öffentlichkeit zu Dokumenten des Europäischen Parlaments, des Rates
und der Kommission (₁) findet Anwendung auf die Dokumente der Agentur.

(2) Der Verwaltungsrat erlässt innerhalb von sechs Monaten nach Inkrafttreten der Verordnung (EG)
Nr. 1641/2003 des Europäischen Parlaments und des Rates vom 22. Juli 2003 zur Änderung der Verordnung (EWG) Nr. 1210/90 des Rates zur Errichtung einer Europäischen Umweltagentur und eines
Europäischen Umweltinformations- und Umweltbeobachtungsnetzes (₂) die praktischen Durchführungsbestimmungen für die Verordnung (EG) Nr. 1049/2001.

(3) Gegen die Entscheidungen der Agentur gemäß Artikel 8 der Verordnung (EG) Nr. 1049/2001 kann
Beschwerde beim Bürgerbeauftragten oder Klage beim Gerichtshof nach Maßgabe von Artikel 195
bzw. 230 des Vertrags erhoben werden.

(₁) ABl. L 145 vom 31.5.2001, S. 43.
(₂) ABl. L 245 vom 29.9.2003, S. 1.

EG-VO Nr. 1210/90 Artikel 7

Die Agentur besitzt Rechtspersönlichkeit. Sie besitzt in jedem Mitgliedstaat die weitestgehende
Rechts- und Geschäftsfähigkeit, die juristischen Personen nach dessen Rechtsvorschriften zuerkannt
ist.

(**Art. 8 ff.** nicht abgedruckt)

Die **Europäische Umweltagentur (EUA)**, gegründet ab 30.10.1993 durch VO 1210/90/EG mit Sitz
in Kopenhagen, hat die Veränderungen der Umwelt durch institutionalisierte systematische Sammlung

von Umweltdaten frühzeitig zu identifizieren und die europäischen Entscheidungsträger bei der Konzipierung geeigneter Gegenmaßnahmen zu unterstützen. Sie fungiert als Schnittstelle zwischen Wissenschaftlern, Gemeinschaftsorganen, Mitgliedstaaten und Bürgern. Näheres dazu von Runge, DVBl. 2005, 542. Die EG-LuftqualitätsRRL (62.7.2), die EG- UmgebungslärmRL (62.8), die EG WasserrahmenRL (60.14), die VogelschutzRL und die FFH-RL (51.12) verlangen im Rahmen vorausschauender Planung eine Bestandsaufnahme der Umweltbedingungen (anlassunabhängige Umweltkartierung). Vgl. dazu im Einzelnen Stelkens, NuR 2005, 362.

38.10 EG-Umweltaudit-VO; Umweltauditgesetz (UAG)

Die **VO 1836/93/EG des Rates** vom 29.6.1993 (ABl. EG Nr. L 168/1) über die freiwillige Beteiligung von Organisationen (gewerblichen Unternehmen) an einem Gemeinschaftssystem für das Umweltmanagement und die Umweltbetriebsprüfung **(EMAS) (EG-Umweltaudit-VO, = Environmental Management and Audit Scheme – EMAS I)** ist zum Mai 1995 in Kraft getreten und durch die **VO 761/2001/EG der Eur. Parlaments** vom 19.3.2001 (ABl. Nr. L 114/1) – **EMAS II** – ersetzt worden.

Zur Umsetzung von EMAS I ist das deutsche Umweltauditgesetz **(UAG)** vom 7.12.1995 (BGBl. I S. 1591) ergangen. Es folgte das Gesetz zur Ausführung der Verordnung (EG) Nr. 761/2001 ...über die freiwillige Beteiligung von Organisationen an einem Gemeinschaftssystem für das Umweltmanagement und die Umweltbetriebsprüfung ... (EMAS II) in der Fass. v. 4.9. 2002 (BGBl. I 3490), geänd. durch Gesetz v. 21.7.2004 (BGBl. I, 1).

38.10.1 Umweltaudit-VO 761/2001/EG (EMAS II)

Artikel 1 Umweltmanagement- und Umweltbetriebsprüfungssystem und seine Ziele

(1) Es wird ein — nachstehend **„EMAS"** genanntes — Gemeinschaftssystem für das Umweltmanagement und die Umweltbetriebsprüfung zur Bewertung und Verbesserung der Umweltleistung von Organisationen und zur Unterrichtung der Öffentlichkeit und der anderen interessierten Kreise geschaffen, an dem sich Organisationen freiwillig beteiligen können.

(2) Ziel von EMAS ist die Förderung einer kontinuierlichen Verbesserung der Umweltleistung von Organisationen durch

a) die Schaffung und Anwendung von Umweltmanagementsystemen durch Organisationen, wie in Anhang I beschrieben;

b) eine systematische, objektive und regelmäßige Bewertung der Leistung dieser Systeme, wie in Anhang I beschrieben;

c) die Information der Öffentlichkeit und der anderen interessierten Kreise über die Umweltleistung und einen offenen Dialog mit der Öffentlichkeit und den anderen interessierten Kreisen;

d) die aktive Einbeziehung der Arbeitnehmer in der Organisation sowie eine adäquate Aus- und Fortbildung, die die aktive Mitwirkung bei den unter Buchstabe a angeführten Aufgaben ermöglicht. Auf Antrag werden auch Arbeitnehmervertreter einbezogen.

Das im angelsächsischen Rechtskreis vertraute Umweltaudit-Verfahren zielt als staatlich kontrollierte Form der eigenverantwortlich durchgeführten Selbstkontrolle darauf ab, dass **Unternehmen** oder **andere Organisationen** umweltschutzrelevante Qualitätsstandards einhalten und kontinuierlich verbessern, und dass zugleich die Öffentlichkeit über die Umweltleistung der Organisationen informiert wird, Art. 1 (2) EMAS II. Erreicht werden soll dies vor allem dadurch, dass die Organisationen umfassende Qualitätsmanagementsysteme für den Umweltschutz einführen, pflegen und fortentwickeln und dass diese Systeme regelmäßig durch unabhängige, staatlich akkreditierte Gutachter überprüft werden (Kloepfer, UPR 2005, 41, 48). Die Prüfung berechtigt die überprüften Organisationen, öffentlich das EMAS-Zeichen zu führen. Durch das Verfahren werden also materielle Standards abgesichert. Kosten- und zeitaufwändige hoheitliche Prüfungsaufgaben n auf Private verlagert. Die gesellschaftlichen Problemlösungskapazitäten und Innovationskräfte können für das Gemeinwohl nutzbar gemacht werden (Kloepfer, UPR 2005, 41, 48).

Gewerbliche Unternehmen (also **nicht land- und forstwirtschaftliche** Unternehmen) können sich **freiwillig** an einem Gemeinschaftssystem für das Umweltmanagement und die Umweltbetriebsprüfung beteiligen. Zunächst ist eine erste umfassende Umweltprüfung durch die Organisation selbst erforderlich. Danach hat die Organisation eine Umweltmanagementsystem gemäß den näher bestimmten Anforderungen der Anlage I von EMAS II über eine umfassende Berücksichtigung der Umweltaspekte einzurichten. Die zugelassenen unabhängigen externen Gutachter prüfen regelmäßig und werden begrenzt behördlich beaufsichtigt. Die Umweltauswirkungen und Umweltleistungen der Organisation werden regelmäßig durch eine öffentlich zugängliche Umwelterklärung bekannt gemacht. Darauf wird die Organisation zertifiziert und in das Register über die geprüften Betriebsstandorte eingetragen. Es ergibt sich also ein regelmäßiger Informationsfluss zwischen den Organisationen und den externen Gutachtern sowie der Öffentlichkeit (Kloepfer, UPR 2005, 41, 48).

Diese Verbindung betriebswirtschaftlicher Instrumente des Umweltmanagements und Umweltcontrollings durch beauftragte Gutachter und nicht mit ordnungsrechtlichen Kontroll- und Überwachungsverfahren realisiert das Kooperationsprinzip und das Vorsorgeprinzip (38.3.1.2; Bender/Sparwasser/Engel, 3. Aufl. 1/158) in Form eines Zertifizierungsverfahrens (Lübbe-Wolf, NuR 1996, 217; s. 38.5.7).

Das **betriebsinterne** vorgeschaltete **Auditierungsverfahren** für das zur Teilnahme bereite Unternehmen erfordert näher:
- Das Unternehmen hat eine Umweltpolitik festzulegen, nach der es alle maßgebenden Umweltvorschriften einhalten will und sich zur ständigen Verbesserung des betriebsbezogenen Umweltschutzes verpflichtet.
- Im Rahmen der „Umweltprüfung hat es für den Betriebsstandort umfassend alle betriebsbezogenen Gesichtspunkte der Umweltnutzung und des Umweltschutzes zusammenzustellen (Energieverbrauch, Abgase, Lärm, Rohstoffverbrauch, Auswirkungen der Produkte, deren Verpackung, Transportbedingungen, Lagerung usw.), also **vorsorgend** im Gegensatz zur end-of-the-pipe-Technologie (nur Emissionsbegrenzung erst am Schornsteinausgang).
- Auf diesen Grundlagen hat es nach vielfältigen Kriterien ein Umweltprogramm dafür zu erstellen, wie die ermittelten Umwelteinwirkungen usw. beurteilt, kontrolliert und verringert werden können, weniger und günstigere Rohstoffe verbraucht werden können usw.
- Ein Umweltschutzmanagement im Betrieb ist aufzubauen.
- Regelmäßig ist der Betrieb durch interne oder externe Prüfer hinsichtlich des Umweltschutzes zu prüfen.
- Schließlich gibt das Unternehmen eine *Umwelterklärung* für die Öffentlichkeit ab, wie es sich im Umweltbereich an dem Standort verhalten will.

Externe Validierung und Eintragung in das Standortregister
- Anschließend prüft ein interner zugelassener Umweltgutachter, ob die vorgenannten Programmpunkte die Anforderungen der EG-Umweltaudit-VO erfüllen.
- Bei positivem Ergebnis erklärt er die Umwelterklärung für gültig (*Validierung*),
- der Standort wird von der zuständigen Stelle in ein *Standortregister* eingetragen.
(vgl. auch Lübbe-Wolf, NuR 1996, 217f.; Sparwasser/Engel/Voßkuhle 4/54 ff. m.w.N.):

Aufgrund der Standorteintragung ist das Unternehmen berechtigt, für den eingetragenen Standort, die „*Teilnahmeerklärung*" zu führen: Diese darf jedoch nicht zur Produktwerbung oder auf den Produkten bzw. deren Verpackung geführt werden, sondern nur bei der allgemeinen Werbung für das Unternehmen oder dessen Korrespondenz u.Ä. Diese Teilnahmeerklärung ist der Anreiz für die freiwillige, mit Aufwand und Kosten verbundene Beteiligung am Umweltaudit-Verfahren. Kritisch ist die Unklarheit gesehen, wie viele Unternehmen am Verfahren teilnehmen werden, wie tief die teilnehmenden Unternehmen zu ermitteln sind und wie viele Daten sie zu veröffentlichen haben und ob die tatsächliche Einhaltung der geltenden Umweltvorschriften Voraussetzung für die Validierung durch den Umweltgutachter ist (vgl. Lübbe-Wolf NuR 1996, 219, Sparwasser/Engel/Voßkuhle 4/56). Zur Zertifizierung forstwirtschaftlicher Betriebe vgl. 38.5, 48.10). Inzwischen wird die Teilnahme und Wirkung positiv beurteilt (Sparwasser/Engel/Vosskuhle, 4/52 f.; Kloepfer, UPR 2005, 41, 48). Durch die Prüfung werden Kostensenkungsmöglichkeiten insbesondere durch ressourcenschonende Verfahren erkannt und realisiert (Kloepfer aaO). Die Zertifizierung kann wegen eines geringeren umweltbezogenen Risikos zu günstigen Konditionen bei Banken und Versicherungen und zu besserem Absatz führen.

38.10.2 UAG

Entsprechend der EG-Umweltaudit-VO regelt das **Umweltauditgesetz - UAG** – (Fass. s. 38.10.1) die Zulassung von Umweltgutachtern und Umweltgutachterorganisationen und die (bloße) Rechtsaufsicht sowie Organisation und Verfahren der Registrierung. Lübbe-Wolf (NuR 1996, 219 ff.) sieht die bundesgesetzlichen Regelungen noch weitgehend kritisch:

- Als Stelle für die Zulassung der (unabhängigen) Gutachter beleiht (11.7) das zuständige Bundesministerium eine oder mehrere juristische Personen des Privatrechts (2.2.1); dies ist geschehen zugunsten der Deutschen Akkreditierungs- und Zulassungsgesellschaft für Umweltgutachter mbH (DAU), die wie Selbstverwaltungskörperschaften nur der Rechts- nicht auch der Fachaufsicht des Ministeriums unterliegen, obwohl wegen der Wahrung der Umweltbelange für die Allgemeinheit gar keine - einer Selbstverwaltung vergleichbare - Aufgabe vorliegt.

- Der die Auslegung des UAG bei weisungsfreier Rechtsaufsicht bestimmende Umweltgutachterausschuss ist mehrheitlich zugunsten der Unternehmensvertreter und zu Lasten der Umweltvertreter zusammengesetzt.

- Die nach Unabhängigkeit, Zuverlässigkeit und Fachkunde (nicht ganz zweifelsfrei) zuzulassenden Gutachter, sind dadurch, dass die Unternehmen die Gutachter frei auswählen können (mit Vergütungspflicht) und ein Zertifikat erwarten, in ihrer Unabhängigkeit stark gefährdet. Zwar sind Zulassungen mindestens alle 3 Jahre darauf zu überprüfen, auch hinsichtlich der Qualität der Begutachtungen, bei negativem Ergebnis besteht jedoch hinsichtlich der Untersagung der Zulassung ein Ermessen der o.g. Zulassungsstelle.

- Als Registrierstelle sind die Industrie- und Handelskammern bestimmt, obwohl es sich, wie ausgeführt, insgesamt um keine Selbstverwaltungsaufgabe handelt (s. 11.5.2).

- Nach Art. 8 (4) S. 1 EG-Umweltaudit-VO hat die Registrierungsstelle die Eintragung eines Standorts abzulehnen oder vorübergehend aufzuheben, wenn die zuständige Vollzugsbehörde ihr mitteilt, dass am Standort gegen materielle Umweltvorschriften (z.B. des Bundes-Immissionsschutzgesetzes) verstoßen wird. Nach dem UAG hat die zuständige Registrierungsstelle vor der Eintragung den zuständigen Umweltbehörden Gelegenheit zu geben, sich innerhalb eines Monats (mit Verlängerungsgründen) zu äußern. Bei nachträglich bekanntgewordenen Verstößen ist die Löschung der Registrierung an zusätzliche Voraussetzungen geknüpft.

- Lübbe-Wolf (NuR 1996, 225 ff.) erwartete allerdings, dass die durch die Öffentlichkeit der Ergebnisse erzielbare Transparenz die an den Unternehmensinteressen orientierten Regelungen des UAG nach einer Übergangszeit ausgleichen könnte. Auf ein Abgehen von zwingenden Umweltvorschriften, insbesondere Überwachungen außerhalb des Umweltaudit (z.B. nach dem Bundes-Immissionsschutzgesetz) für Teilnehmer am Umweltaudit könne aber nicht verzichtet werden. Jedoch könnte u.U. ein Dispens von zwingenden Pflichten durch das Umweltaudit ermöglicht werden, z.B. keine Pflicht zur doppelten Vorlage von gleichwertigen Unterlagen.

- Einige Bundesländer (nicht Niedersachsen) geben den Unternehmen Zuschüsse bis zu 2500 Euro für die Durchführung des Umweltaudit-Verfahrens.

Neuere gesetzliche Regelungen sehen für auditierte Unternehmen weniger häufige Berichtspflichten und behördliche Überwachungen sowie Prüfungen und Messungen vor (§§ 58e BImSchG, 55a KrW-/AbfG, § 21b WHG (62.9.12, 63.8.4, 60.5.4).

Die Regelaufsicht nach § 15 (1) UAG beinhaltet keine subjektive Berufszulassungsbeschränkung. Die Gebühr nach Nr. 14b der Anlage zum UAGGebV verstößt nicht gegen Art. 3 GG (OVG Münster 25.2.2005, ZUR 2005, 441).

38.11 EG-RL über Umwelthaftung zur Vermeidung und Sanierung von Umweltschäden - Umwelthaftungs-Richtlinie (UH-RL) 2004/35/EG

Die **EG-Umwelthaftungs-Richtlinie 2004/35/EG – UH-RL –v. 21.4.2004** (ABl. Nr. L 143/56, Textabdruck auch in NVwZ 2005, 420) ist – gestützt auf Art. 175 (1) i.V.m. Art. 174 (1) (2) EGV am 30.4.2004 in Kraft getreten und muss bis zum 1.1.2007 in den Mitgliedstaaten umgesetzt werden. (zum Entwurf s. Hager, NuR 2003, 581; Leifer, NuR 2003, 598; zur erlassenen UH-RL auch kritisch Becker, NVwZ 2005, 371; Knopp. UPR 2005, 361). Zur UH-RL auch im Zusammenhang mit dem U. des EuGH – Rs. Van de Walle und Texacon 7.9.2004, DVBl. 2005, 1539 = NuR 2005, 33 = NVwZ 2004, 1341, das den Abfallbegriff (63.2) auf unbewegliche Sachen (also den Boden) erstreckt, Jochum, NVwZ 2005, 140 ff. Dazu auch Versteyl, NVwZ 2004, 1297, 1301. Die UH-RL könnte wieder zu einem engeren Abfallbegriff auch nach dem Konzept des EuGH führen (Jochum aaO). Vgl. auch Leitzke/Schmidt, UPR 2005, 16; Petersen/Lorenz, NVwZ 2005, 257; Wrede, NuR 2005, 28. Vgl. auch 61.02 zum Bodenschutz.

Die UH-RL ist **medienübergreifend** integrativ. Sie wird als öffentlich-rechtliche Regelung in deutsches Recht umgesetzt in das **Wasserrecht** (60.), **Bodenschutzrecht** (61., 61.0.2), **Naturschutzrecht** (49. Ff.) und **Gentechnikrecht** (64.4), aber auch in das **allgemeine Gefahrenabwehrrecht** (29.)eingreifen. Damit besteht eine Unterschied zu dem zivilrechtlichen Umwelthaftungsgesetz (38.5.5).

Die UH-RL sieht eine **verschuldensunabhängige** Haftung für bestimmte in Anhang II abschließend aufgeführte berufliche Tätigkeiten vor, wenn diese einen **Umweltschaden** i.S. der UH-RL oder die **Gefahr** eines solchen ausgelöst haben. Ergänzend ist eine Verschuldenshaftung vorgegeben, sofern ein **Schaden an geschützten Arten und Lebensräumen (Ökoschaden)** oder die **Gefahr** eines solchen durch eine andere als die in Anhang III der UH-RL aufgeführte Tätigkeit verursacht worden ist.

UH-RL Artikel 1 Gegenstand
Ziel dieser Richtlinie ist, auf der Grundlage des Verursacherprinzips einen Rahmen für die Umwelthaftung zur Vermeidung und Sanierung von Umweltschäden zu schaffen.

UH-RL Artikel 2 Begriffsbestimmungen
Im Sinne dieser Richtlinie bezeichnet der Begriff
1. „Umweltschaden"
a) eine Schädigung **geschützter Arten** und **natürlicher Lebensräume**, d. h. jeden Schaden, der **erhebliche nachteilige Auswirkungen** in Bezug auf die Erreichung oder Beibehaltung des **günstigen Erhaltungszustands** dieser Lebensräume oder Arten hat. Die **Erheblichkeit** dieser Auswirkungen ist mit Bezug auf den Ausgangszustand unter Berücksichtigung der Kriterien gemäß **Anhang I** zu ermitteln;
b) **Schädigungen geschützter Arten und natürlicher Lebensräume** umfassen **nicht die zuvor ermittelten nachteiligen Auswirkungen, die aufgrund von Tätigkeiten eines Betreibers** entstehen, die von den zuständigen Behörden gemäß den Vorschriften zur Umsetzung von **Artikel 6 Absätze 3 und 4 oder Artikel 16 der Richtlinie 92/43/EWG oder Artikel 9 der Richtlinie 79/409/EWG oder im Falle von nicht unter das Gemeinschaftsrecht fallenden Lebensräumen und Arten gemäß gleichwertigen nationalen Naturschutzvorschriften ausdrücklich genehmigt** wurden;
c) eine **Schädigung der Gewässer**, d.h. jeden Schaden, der erhebliche nachteilige Auswirkungen auf den ökologischen, chemischen und/oder mengenmäßigen Zustand und/oder das ökologische Potenzial der betreffenden Gewässer im Sinne der Definition der **Richtlinie 2000/60/EG** hat, mit **Ausnahme** der nachteiligen Auswirkungen, für die **Artikel 4 Absatz 7 jener Richtlinie** gilt;
d) eine **Schädigung des Bodens**, d.h. **jede Bodenverunreinigung, die ein erhebliches Risiko einer Beeinträchtigung der menschlichen Gesundheit aufgrund der direkten oder indirekten Einbringung von Stoffen, Zubereitungen, Organismen oder Mikroorganismen** in, auf oder unter den Grund verursacht;
2. „Schaden" oder „Schädigung" eine direkt oder indirekt eintretende feststellbare nachteilige Veränderung einer natürlichen Ressource oder Beeinträchtigung der Funktion einer natürlichen Ressource;
3. „geschützte Arten und natürliche Lebensräume"
a) die **Arten, die in Artikel 4 Absatz 2 der Richtlinie 79/409/EWG** genannt oder in **Anhang I**

jener Richtlinie aufgelistet sind oder in den **Anhängen II und IV der Richtlinie 92/43/EWG** auf gelistet sind,

b) die **Lebensräume der in Artikel 4 Absatz 2 der Richtlinie 79/409/EWG** genannten oder in **Anhang I** jener Richtlinie aufgelisteten oder in **Anhang II der Richtlinie 92/43/EWG** aufgelisteten Arten und die in Anhang I der Richtlinie 92/43/EWG aufgelisteten **natürlichen Lebensräume** sowie die **Fortpflanzungs- oder Ruhestätten der in Anhang IV der Richtlinie 92/43/EWG** aufgelisteten **Arten** und,

c) wenn ein **Mitgliedstaat dies vorsieht, Lebensräume** oder **Arten,** die nicht in diesen Anhängen aufgelistet sind, aber **von dem betreffenden Mitgliedstaat für gleichartige Zwecke** wie in diesen beiden Richtlinien **ausgewiesen** werden;

4. „Erhaltungszustand"

a) im Hinblick auf einen natürlichen Lebensraum die Gesamtheit der Einwirkungen, die einen natürlichen Lebensraum und die darin vorkommenden charakteristischen Arten beeinflussen und sich langfristig auf seine natürliche Verbreitung, seine Struktur und seine Funktionen sowie das Überleben seiner charakteristischen Arten im europäischen Gebiet der Mitgliedstaaten, für das der Vertrag Geltung hat, innerhalb des Hoheitsgebiets eines Mitgliedstaats oder innerhalb des natürlichen Verbreitungsgebiets des betreffenden Lebensraums auswirken können.

Der Erhaltungszustand eines natürlichen Lebensraums wird als "günstig" erachtet, wenn

- sein natürliches Verbreitungsgebiet sowie die Flächen, die er in diesem Gebiet einnimmt, beständig sind oder sich ausdehnen,

- die für seinen langfristigen Fortbestand notwendige Struktur und spezifischen Funktionen bestehen und in absehbarer Zukunft weiter bestehen werden und

- der Erhaltungszustand der für ihn charakteristischen Arten im Sinne des Buchstabens b) günstig ist;

b) im Hinblick auf eine Art die Gesamtheit der Einwirkungen, die die betreffende Art beeinflussen und sich langfristig auf die Verbreitung und die Größe der Populationen der betreffenden Art im europäischen Gebiet der Mitgliedstaaten, für das der Vertrag Geltung hat, innerhalb des Hoheitsgebiets eines Mitgliedstaats oder innerhalb des natürlichen Verbreitungsgebiets der betreffenden Art auswirken können.

Der Erhaltungszustand einer Art wird als "günstig" betrachtet, wenn

- aufgrund der Daten über die Populationsdynamik der Art anzunehmen ist, dass diese Art ein lebensfähiges Element des natürlichen Lebensraums, dem sie angehört, bildet und lanfristig weiterhin bilden wird,

- das natürliche Verbreitungsgebiet dieser Art weder abnimmt noch in absehbarer Zeit vermutlich abnehmen wird und

- ein genügend großer Lebensraum vorhanden ist und wahrscheinlich weiterhin vorhanden sein wird, um langfristig ein Überleben der Populationen dieser Art zu sichern;

5. „Gewässer" alle Gewässer, die in den Geltungsbereich der **Richtlinie 2000/60/EG** fallen;

6. „Betreiber" jede natürliche oder juristische Person des privaten oder öffentlichen Rechts, die eine berufliche Tätigkeit ausübt oder bestimmt oder der - sofern dies in den nationalen Rechtsvorschriften vorgesehen ist - die ausschlaggebende wirtschaftliche Verfügungsmacht über die technische Durchführung einer solchen Tätigkeit übertragen wurde, einschließlich des Inhabers einer Zulassung oder Genehmigung für eine solche Tätigkeit oder der Person, die die Anmeldung oder Notifizierung einer solchen Tätigkeit vornimmt;

7. „berufliche Tätigkeit" jede Tätigkeit, die im Rahmen einer wirtschaftlichen Tätigkeit, einer Geschäftstätigkeit oder eines Unternehmens ausgeübt wird, unabhängig davon, ob sie privat oder öffentlich und mit oder ohne Erwerbszweck ausgeübt wird;

8. „"Emission" die Freisetzung von Stoffen, Zubereitungen, Organismen oder Mikroorganismen in die Umwelt infolge menschlicher Tätigkeiten;

9. „unmittelbare Gefahr eines Schadens" die hinreichende Wahrscheinlichkeit, dass ein Umweltschaden in naher Zukunft eintreten wird;

10. "Vermeidungsmaßnahmen" jede Maßnahme, die nach einem Ereignis, einer Handlung oder einer Unterlassung, das/die eine unmittelbare Gefahr eines Umweltschadens verursacht hat, getroffen wird, um diesen Schaden zu vermeiden oder zu minimieren;

11. "Sanierungsmaßnahmen" jede Tätigkeit oder Kombination von Tätigkeiten einschließlich mildernder und einstweiliger Maßnahmen im Sinne des Anhangs II mit dem Ziel, geschädigte natürliche Ressourcen und/oder beeinträchtigte Funktionen wiederherzustellen, zu sanieren oder zu ersetzen oder eine gleichwertige Alternative zu diesen Ressourcen oder Funktionen zu schaffen;

12. **"natürliche Ressource"** geschützte Arten und natürliche Lebensräume, Gewässer und Boden;
13. **"Funktionen"** und **"Funktionen einer natürlichen Ressource"** die Funktionen, die eine natürliche Ressource zum Nutzen einer anderen natürlichen Ressource oder der Öffentlichkeit erfüllt;
14. **"Ausgangszustand"** den im Zeitpunkt des Schadenseintritts bestehenden Zustand der natürlichen Ressourcen und Funktionen, der bestanden hätte, wenn der Umweltschaden nicht eingetreten wäre, und der anhand der besten verfügbaren Informationen ermittelt wird;
15. **„Wiederherstellung"** einschließlich "natürlicher Wiederherstellung" im Falle von Gewässern, geschützten Arten und natürlichen Lebensräumen die Rückführung von geschädigten natürlichen Ressourcen und/oder beeinträchtigten Funktionen in den Ausgangszustand und im Falle einer Schädigung des Bodens die Beseitigung jedes erheblichen Risikos einer Beeinträchtigung der menschlichen Gesundheit;
16. **„Kosten"** die durch die Notwendigkeit einer ordnungsgemäßen und wirksamen Durchführung dieser Richtlinie gerechtfertigten Kosten, einschließlich der Kosten für die Prüfung eines Umweltschadens, einer unmittelbaren Gefahr eines solchen Schadens, von alternativen Maßnahmen sowie der Verwaltungs- und Verfahrenskosten und der Kosten für die Durchsetzung der Maßnahmen, der Kosten für die Datensammlung, sonstiger Gemeinkosten und der Kosten für Aufsicht und Überwachung.

UH-RL Artikel 3 Anwendungsbereich
(1) Diese Richtlinie gilt für
a) **Umweltschäden,** die durch die Ausübung einer der in **Anhang III** *)aufgeführten **beruflichen Tätigkeiten verursacht** werden, **und jede unmittelbare Gefahr** solcher Schäden, die aufgrund dieser Tätigkeiten eintritt;
Schädigungen geschützter Arten und natürlicher Lebensräume, die durch die Ausübung einer anderen als der in Anhang III aufgeführten beruflichen Tätigkeiten verursacht werden, und jede unmittelbare Gefahr solcher Schäden, die aufgrund dieser Tätigkeiten eintritt, sofern der **Betreiber vorsätzlich oder fahrlässig gehandelt** hat.
(2) Diese Richtlinie gilt unbeschadet strengerer Rechtsvorschriften der Gemeinschaft für die Ausübung von Tätigkeiten, die in den Anwendungsbereich dieser Richtlinie fallen, sowie unbeschadet der Rechtsvorschriften der Gemeinschaft, die Regelungen über die internationale Zuständigkeit enthalten.
(3) Unbeschadet der einschlägigen nationalen Rechtsvorschriften haben Privatparteien gemäß dieser Richtlinie keinen Anspruch auf Schadensersatz infolge eines Umweltschadens oder der unmittelbaren Gefahr eines solchen Schadens.

*) **ANHANG III TÄTIGKEITEN IM SINNE DES ARTIKELS 3 ABSATZ 1**
Anhang III Tätigkeiten im Sinne des Artikels 3 Absatz 1

1. Der Betrieb von Anlagen, für den eine Genehmigung gemäß der **Richtlinie 96/61/EG** des Rates vom 24. September 1996 über die **integrierte Vermeidung und Verminderung der Umweltverschmutzung** *(62.0.3; ¹)* erforderlich ist. Dies umfasst alle in Anhang I der Richtlinie 96/61/EG aufgeführten Tätigkeiten, mit Ausnahme von Anlagen oder Anlagenteilen, die für Zwecke der Forschung, Entwicklung und Prüfung neuer Erzeugnisse und Verfahren genutzt werden.
2. **Abfallbewirtschaftungsmaßnahmen,** wie das Einsammeln, die Beförderung, die Verwertung und die Beseitigung von Abfällen und gefährlichen Abfällen, einschließlich der Überwachung derartiger Vorgänge sowie der Überwachung der Deponien nach deren Schließung, soweit diese Maßnahmen einer Genehmigung oder Registrierung gemäß der **Richtlinie 75/442/EWG** des Rates vom 15. Juli 1975 über Abfälle *(63.1.0²)* und der **Richtlinie 91/689/EWG** des Rates vom 12. Dezember 1991 über gefährliche Abfälle *((63.1.0³)* bedürfen. Diese Maßnahmen umfassen unter anderem den **Betrieb von Deponien** gemäß der **Richtlinie 1999/31/EG** des Rates vom 26. April 1999 über Abfalldeponien *(63.1.0²)* und den Betrieb von **Verbrennungsanlagen** gemäß der **Richtlinie 2000/76/EG** des Europäischen Parlaments und des Rates vom 4. Dezember 2000 über die Verbrennung von Abfällen *(63.1.0⁵)*. Für die Zwecke der vorliegenden Richtlinie können die Mitgliedstaaten beschließen, dass diese Tätigkeiten nicht die Ausbringung von normengerecht behandeltem Klärschlamm aus städtischen Abwasserbehandlungsanlagen zu landwirtschaftlichen Zwecken umfassen.
3. Sämtliche **Ableitungen in Binnenoberflächengewässer,** die gemäß der **Richtlinie 76/464/EWG** des Rates vom 4. Mai 1976 betreffend die Verschmutzung in Folge der Ableitung bestimmter gefährlicher Stoffe in die Gewässer der Gemeinschaft *(60.⁶)* einer vorherigen Genehmigung bedürfen.

4. Sämtliche **Ableitungen von Stoffen in das Grundwasser**, die gemäß der **Richtlinie 80/68/EWG** des Rates vom 17. Dezember 1979 über den Schutz des Grundwassers gegen Verschmutzung durch bestimmte gefährliche Stoffe *(60. ⁷)* einer vorherigen Genehmigung bedürfen.

5. Die **Ableitung oder Einleitung von Schadstoffen in Oberflächengewässer oder Grundwasser**, die gemäß der **Richtlinie 2000/60/EG** einer Genehmigung, Zulassung oder Registrierung bedürfen.

6. **Wasserentnahme und Aufstauung von Gewässern**, die gemäß der **Richtlinie 2000/60/EG** einer vorherigen Genehmigung bedürfen.

7. Die Herstellung, Verwendung, Lagerung, Verarbeitung, das Abfüllen, die Freisetzung in die Umwelt und die innerbetriebliche Beförderung von
   a) **gefährlichen Stoffen** im Sinne des Artikels 2 Absatz 2 der **Richtlinie 67/548/EWG** des Rates vom 27. Juni 1967 zur Angleichung der Rechts- und Verwaltungsvorschriften für die Einstufung, Verpackung und Kennzeichnung gefährlicher Stoffe *(64.3 ⁸)*;
   b) **gefährlichen Zubereitungen** im Sinne des Artikels 2 Absatz 2 der Richtlinie 1999/45/EG des Europäischen Parlaments und des Rates vom 31. Mai 1999 zur Angleichung der Rechts- und Verwaltungsvorschriften der Mitgliedstaaten für die Einstufung, Verpackung und Kennzeichnung gefährlicher Zubereitungen *(⁹)*;
   c) **Pflanzenschutzmitteln** im Sinne des Artikels 2 Nummer 1 der **Richtlinie 91/414/EWG** des Rates vom 15. Juli 1991 über das Inverkehrbringen von Pflanzenschutzmitteln *(64.2 ¹⁰)*;
   d) **Biozid-Produkten** im Sinne des Artikels 2 Absatz 1 Buchstabe a der **Richtlinie 98/8/EG** des Europäischen Parlaments und des Rates vom 16. Februar 1998 über das Inverkehrbringen von Biozid-Produkten *(¹¹)*.

8. Die **Beförderung gefährlicher oder umweltschädlicher Güter auf** der **Straße**, auf der **Schiene**, auf **Binnengewässern**, auf **See** oder in der **Luft** gemäß der Definition in Anhang A der **Richtlinie 94/55/EG** des Rates vom 21. November 1994 zur Angleichung der Rechtsvorschriften der Mitgliedstaaten für den Gefahrguttransport auf der Straße *(¹²)* oder gemäß der Definition im Anhang der Richtlinie 96/49/EG des Rates vom 23. Juli 1996 zur Angleichung der Rechtsvorschriften der Mitgliedstaaten für die Eisenbahnbeförderung gefährlicher Güter *(¹³)* oder aber gemäß der Definition in der Richtlinie 93/75/EWG des Rates vom 13. September 1993 über Mindestanforderungen an Schiffe, die Seehäfen der Gemeinschaft anlaufen oder aus ihnen auslaufen und gefährliche oder umweltschädliche Güter befördern *(¹⁴)*.

9. Der **Betrieb von Anlagen**, für den eine Genehmigung gemäß der **Richtlinie 84/360/EWG** des Rates vom 28. Juni 1984 zur **Bekämpfung der Luftverunreinigung durch Industrieanlagen** *(¹⁵)* in Bezug auf die Ableitung der durch die genannte Richtlinie erfassten Schadstoffe in die Atmosphäre erforderlich ist.

10. Jegliche **Anwendung genetisch veränderter Mikroorganismen in geschlossenen Systemen**, einschließlich ihrer Beförderung, gemäß der Definition in der **Richtlinie 90/219/EWG** des Rates vom 23. April 1990 über die Anwendung genetisch veränderter Mikroorganismen in geschlossenen Systemen *(¹⁶)*.

11. Jede absichtliche **Freisetzung genetisch veränderter Organismen** in die Umwelt, sowie die **Beförderung** und das **Inverkehrbringen** dieser Organismen gemäß der Definition in der Richtlinie 2001/18/EG des Europäischen Parlaments und des Rates *(¹⁷)*.

12. Die **grenzüberschreitende Verbringung von Abfällen** in der, in die oder aus der Europäischen Union, für die eine Genehmigungspflicht oder ein Verbot im Sinne der **Verordnung (EWG) Nr. 259/93** des Rates vom 1. Februar 1993 zur Überwachung und Kontrolle der Verbringung von Abfällen in der, in die und aus der Europäischen Gemeinschaft *(53.1.0 ¹⁸)* besteht.

(1) ABl. L 257 vom 10.10.1996, S. 26. Zuletzt geändert durch die Verordnung (EG) Nr. 1882/2003.
(2) ABl. L 194 vom 25.7.1975, S. 39. Zuletzt geändert durch die Verordnung (EG) Nr. 1882/2003.
(3) ABl. L 377 vom 31.12.1991, S. 20. Geändert durch die Richtlinie 94/31/EG (ABl. L 168 vom 2.7.1994, S. 28).
(4) ABl. L 182 vom 16.7.1999, S. 1. Geändert durch die Verordnung (EG) Nr. 1882/2003.
(5) ABl. L 332 vom 28.12.2000, S. 91.
(6) ABl. L 129 vom 18.5.1976, S. 23. Zuletzt geändert durch die Richtlinie 2000/60/EG.
(7) ABl. L 20 vom 26.1.1980, S. 43. Geändert durch die Richtlinie 91/692/EWG (ABl. L 377 vom 31.12.1991, S. 48).
(8) ABl. L 196 vom 16.8.1967, S. 1. Zuletzt geändert durch die Verordnung (EG) Nr. 807/2003.

(9) ABl. L 200 vom 30.7.1999, S. 1. Zuletzt geändert durch die Verordnung (EG) Nr. 1882/2003.
(10) ABl. L 230 vom 19.8.1991, S. 1. Zuletzt geändert durch die Verordnung (EG) Nr. 806/2003 (ABl. L 122 vom 16.5.2003, S. 1).
(11) ABl. L 123 vom 24.4.1998, S. 1. Geändert durch die Verordnung (EG) Nr. 1882/2003.
(12) ABl. L 319 vom 12.12.1994, S. 7. Zuletzt geändert durch die Richtlinie 2003/28/EG der Kommission (ABl. L 90 vom 8.4.2003, S. 45).
(13) ABl. L 235 vom 17.9.1996, S. 25. Zuletzt geändert durch die Richtlinie 2003/29/EG der Kommission (ABl. L 90 vom 8.4.2003, S. 47).
(14) ABl. L 247 vom 5.10.1993, S. 19. Zuletzt geändert durch die Richtlinie 2002/84/EG des Europäischen Parlaments und des Rates (ABl. L 324 vom 29.11.2002, S. 53).
(15) ABl. L 188 vom 16.7.1984, S. 20. Geändert durch die Richtlinie 91/692/EWG (ABl. L 377 vom 31.12.1991, S. 48).
(16) ABl. L 117 vom 8.5.1990, S. 1. Zuletzt geändert durch die Verordnung (EG) Nr. 1882/2003.
(17) ABl. L 106 vom 17.4.2001, S. 1. Zuletzt geändert durch die Verordnung (EG) Nr. 1830/2003 (ABl. L 268 vom 18.10.2003, S. 24).
(18) ABl. L 30 vom 6.2.1993, S. 1. Zuletzt geändert durch die Verordnung (EG) Nr. 2557/2001 der Kommission (ABl. L 349 vom 31.12.2001, S. 1).

UH-RL Artikel 4 Ausnahmen
(1) Umweltschäden oder die unmittelbare Gefahr solcher Schäden fallen nicht unter diese Richtlinie, wenn sie verursacht werden durch
a) bewaffnete Konflikte, Feindseligkeiten, Bürgerkrieg oder Aufstände;
b) ein außergewöhnliches, unabwendbares und nicht beeinflussbares Naturereignis.
(2) Diese Richtlinie gilt nicht für Umweltschäden oder die unmittelbare Gefahr solcher Schäden, die infolge eines Vorfalls eintreten, bei dem die Haftung oder Entschädigung in den Anwendungsbereich eines der in **Anhang IV aufgeführten internationalen Übereinkommen**, einschließlich etwaiger künftiger Änderungen dieser Übereinkommen, fällt, das in dem betroffenen Mitgliedstaat in Kraft ist.
(3) Diese Richtlinie berührt nicht das Recht des Betreibers, seine Haftung gemäß den nationalen Vorschriften zur Umsetzung des **Übereinkommens von 1976 über die Beschränkung der Haftung für Seeforderungen** (LLMC), einschließlich aller künftigen Änderungen dieses Übereinkommens, o der des Straßburger Übereinkommens von 1988 über die Beschränkung der Haftung in der Binnenschifffahrt (CLNI), einschließlich aller künftigen Änderungen dieses Übereinkommens, zu beschränken.
(4) Diese Richtlinie gilt nicht für **nukleare Risiken** oder Umweltschäden oder die unmittelbare Gefahr solcher Schäden, die durch die Ausübung von Tätigkeiten verursacht werden können, die unter den Vertrag zur Gründung der Europäischen Atomgemeinschaft fallen, oder durch einen Vorfall oder eine Tätigkeit verursacht werden, für die die Haftung oder Entschädigung in den Anwendungsbereich einer der in Anhang V aufgeführten internationalen Übereinkünfte, einschließlich etwaiger künftiger Änderungen dieser Übereinkünfte, fällt.
(5) Diese Richtlinie gilt nur dann für Umweltschäden sowie die unmittelbare Gefahr solcher Schäden, die durch eine **nicht klar abgegrenzte Verschmutzung** verursacht werden, wenn ein **ursächlicher Zusammenhang** zwischen dem Schaden und den Tätigkeiten einzelner Betreiber festgestellt werden kann.
(6) Diese Richtlinie gilt weder für Tätigkeiten, deren Hauptzweck die **Landesverteidigung** oder die **internationale Sicherheit** ist, noch für Tätigkeiten, deren alleiniger Zweck der Schutz vor Naturkatastrophen ist.

UH-RL Artikel 5 Vermeidungstätigkeit
(1) Ist ein Umweltschaden noch nicht eingetreten, besteht aber eine **unmittelbare Gefahr** eines solchen Schadens, so ergreift der Betreiber **unverzüglich die erforderlichen Vermeid**ungsmaßnahmen.
(2) Die Mitgliedstaaten sehen vor, soweit dies angebracht ist und jedenfalls immer dann, wenn die unmittelbare Gefahr eines Umweltschadens trotz der Vermeidungsmaßnahmen des Betreibers nicht abgewendet wird, dass die Betreiber die zuständige Behörde so bald wie möglich über alle bedeutsamen Aspekte des Sachverhalts informieren müssen.
(3) Die zuständige Behörde kann jederzeit
a) von dem Betreiber verlangen, Informationen über eine unmittelbare Gefahr von Umweltschäden oder über den Verdacht einer solchen unmittelbaren Gefahr vorzulegen,
b) von dem Betreiber verlangen, die erforderlichen Vermeidungsmaßnahmen zu ergreifen,
c) dem Betreiber von ihm zu befolgende Anweisungen über die zu ergreifenden erforderlichen Vermeidungsmaßnahmen erteilen oder

d) selbst die erforderlichen Vermeidungsmaßnahmen ergreifen.
(4) Die zuständige Behörde verlangt, dass die Vermeidungsmaßnahmen vom Betreiber ergriffen werden.
Kommt der Betreiber den Verpflichtungen gemäß Absatz 1 oder Absatz 3 Buchstabe b oder c nicht nach oder kann der Betreiber nicht ermittelt werden oder muss er gemäß dieser Richtlinie nicht für die Kosten aufkommen, so kann die zuständige Behörde selbst diese Maßnahmen ergreifen.

UH-RL Artikel 6 Sanierungstätigkeit
(1) Ist ein **Umweltschaden eingetreten**, so **informiert der Betreiber** unverzüglich die zuständige **Behörde** über alle bedeutsamen Aspekte des Sachverhalts und
a) trifft alle praktikablen Vorkehrungen, um die betreffenden Schadstoffe und/oder sonstigen Schadfaktoren unverzüglich zu kontrollieren, einzudämmen, zu beseitigen oder auf sonstige Weise zu behandeln, um weitere Umweltschäden und nachteilige Auswirkungen auf die menschliche Gesundheit oder eine weitere Beeinträchtigung von Funktionen zu begrenzen oder zu vermeiden, und
b) ergreift die erforderlichen Sanierungsmaßnahmen gemäß Artikel 7.
(2) Die zuständige Behörde kann jederzeit
a) von dem Betreiber verlangen, zusätzliche Informationen über einen eingetretenen Schaden vorzulegen,
b) alle praktikablen Vorkehrungen treffen oder von dem Betreiber verlangen, dies zu tun, oder dem Betreiber entsprechende Anweisungen erteilen, um die betreffenden Schadstoffe und/oder sonstigen Schadfaktoren unverzüglich zu kontrollieren, einzudämmen, zu beseitigen oder auf sonstige Weise zu behandeln, um weitere Umweltschäden und nachteilige Auswirkungen auf die menschliche Gesundheit oder eine weitere Beeinträchtigung von Funktionen zu begrenzen oder zu vermeiden,
c) von dem Betreiber verlangen, die erforderlichen Sanierungsmaßnahmen zu ergreifen,
d) dem Betreiber von ihm zu befolgende Anweisungen über die zu ergreifenden erforderlichen Sanierungsmaßnahmen erteilen oder
e) selbst die erforderlichen Sanierungsmaßnahmen ergreifen.
(3) Die zuständige Behörde verlangt, dass die Sanierungsmaßnahmen vom Betreiber ergriffen werden. Kommt der Betreiber den Verpflichtungen gemäß Absatz 1 oder Absatz 2 Buchstaben b), c) oder d) nicht nach oder kann der Betreiber nicht ermittelt werden oder muss er gemäß dieser Richtlinie nicht für die Kosten aufkommen, so kann die zuständige Behörde selbst diese Maßnahmen ergreifen, falls ihr keine weiteren Mittel bleiben.

UH-RL Artikel 7 Bestimmung von Sanierungsmaßnahmen
(1) Die Betreiber ermitteln gemäß **Anhang II** mögliche Sanierungsmaßnahmen und legen sie der zuständigen Behörde zur Zustimmung vor, es sei denn, die zuständige Behörde ist bereits gemäß Artikel 6 Absatz 2 Buchstabe e) und Absatz 3 tätig geworden.
(2) Die zuständige Behörde entscheidet, welche Sanierungsmaßnahmen gemäß Anhang II - erforderlichenfalls in Zusammenarbeit mit dem betroffenen Betreiber - durchgeführt werden. (3) Sind mehrere Umweltschadensfälle in der Weise eingetreten, dass die zuständige Behörde nicht gewährleisten kann, dass die erforderlichen Sanierungsmaßnahmen gleichzeitig ergriffen werden, so ist die zuständige Behörde befugt, zu entscheiden, welcher Umweltschaden zuerst zu sanieren ist.
Bei einer solchen Entscheidung berücksichtigt die zuständige Behörde unter anderem Art, Ausmaß und Schwere der einzelnen Umweltschadensfälle sowie die Möglichkeiten einer natürlichen Wiederherstellung. Risiken für die menschliche Gesundheit werden ebenfalls berücksichtigt.
(4) Die zuständige Behörde gibt den in Artikel 12 Absatz 1 genannten Personen und in jedem Fall denjenigen Personen, auf deren Grundstücken Sanierungsmaßnahmen durchgeführt werden sollen, Gelegenheit, ihre Bemerkungen mitzuteilen, und berücksichtigt diese.

UH-RL Artikel 8 Kosten der Vermeidungs- und Sanierungstätigkeiten
(1) Der Betreiber trägt die Kosten der gemäß dieser Richtlinie durchgeführten Vermeidungs- und Sanierungstätigkeiten.
(2) Vorbehaltlich der Absätze 3 und 4 verlangt die zuständige Behörde unter anderem in Form einer dinglichen Sicherheit oder in Form anderer geeigneter Garantien von dem Betreiber, der den Schaden oder die unmittelbare Gefahr eines Schadens verursacht hat, die Erstattung der Kosten, die ihr durch die gemäß dieser Richtlinie durchgeführten Vermeidungs- oder Sanierungstätigkeiten entstanden sind. Die zuständige Behörde kann jedoch entscheiden, keine Erstattung der vollen Kosten zu verlangen,

wenn die dazu erforderlichen Ausgaben über der zu erstattenden Summe liegen würden oder wenn der Betreiber nicht ermittelt werden kann.

(3) Ein Betreiber muss die Kosten für gemäß dieser Richtlinie durchgeführte Vermeidungs- oder Sanierungstätigkeiten nicht tragen, wenn er nachweisen kann, dass die Umweltschäden oder die unmittelbare Gefahr solcher Schäden

a) durch einen Dritten verursacht wurden und eingetreten sind, obwohl geeignete Sicherheitsvorkehrungen getroffen wurden, oder

b) auf die Befolgung von Verfügungen oder Anweisungen einer Behörde zurückzuführen sind, wobei es sich nicht um Verfügungen oder Anweisungen infolge von Emissionen oder Vorfällen handelt, die durch die eigenen Tätigkeiten des Betreibers verursacht wurden.

In diesen Fällen treffen die Mitgliedstaaten die geeigneten Maßnahmen, damit der Betreiber Erstattung der ihm entstandenen Kosten erlangen kann.

(4) Die Mitgliedstaaten können zulassen, dass der Betreiber die Kosten der gemäß dieser Richtlinie durchgeführten Sanierungstätigkeiten nicht zu tragen hat, sofern er nachweist, dass er nicht vorsätzlich oder fahrlässig gehandelt hat und dass der Umweltschaden verursacht wurde durch

a) eine Emission oder ein Ereignis, die aufgrund einer Zulassung, die nach den zum Zeitpunkt der Emission oder des Ereignisses geltenden nationalen Rechts- und Verwaltungsvorschriften zur Umsetzung der in Anhang III aufgeführten gesetzlichen Maßnahmen der Gemeinschaft zuerkannt oder erteilt wurde, ausdrücklich erlaubt sind und deren Bedingungen in vollem Umfang entsprechen;

b) eine Emission oder eine Tätigkeit oder jede Art der Verwendung eines Produkts im Verlauf einer Tätigkeit, bei denen der Betreiber nachweist, dass sie nach dem Stand der wissenschaftlichen und technischen Erkenntnisse zum Zeitpunkt, an dem die Emission freigesetzt oder die Tätigkeit ausgeübt wurde, nicht als wahrscheinliche Ursache von Umweltschäden angesehen wurden.

(5) Die von der zuständigen Behörde gemäß Artikel 5 Absätze 3 und 4 und Artikel 6 Absätze 2 und 3 ergriffenen Maßnahmen lassen die Haftung des betreffenden Betreibers gemäß dieser Richtlinie und die Artikel 87 und 88 des Vertrags unberührt.

UH-RL Artikel 9 Kostenverteilung im Falle mehrerer Verursacher
Diese Richtlinie lässt die nationalen Regelungen für die Kostenverteilung im Falle mehrerer Verursacher, insbesondere bezüglich der Haftungsverteilung zwischen dem Hersteller und dem Nutzer eines Produkts, unberührt.

UH-RL Artikel 10 Frist für die Kostenerstattung
Die zuständige Behörde ist befugt, gegen den Betreiber oder gegebenenfalls den Dritten, der den Schaden oder die unmittelbare Gefahr eines Schadens verursacht hat, ein Verfahren zur Kostenerstattung in Bezug auf alle gemäß dieser Richtlinie ergriffenen Maßnahmen binnen fünf Jahren ab dem Zeitpunkt des Abschlusses der Maßnahmen oder ab dem Zeitpunkt der Ermittlung des haftbaren Betreibers oder des betreffenden Dritten einzuleiten, wobei der jeweils spätere Zeitpunkt maßgebend ist.

UH-RL Artikel 11 Zuständige Behörde
(1) Die Mitgliedstaaten benennen die zuständige(n) Behörde(n), die mit der Erfüllung der in dieser Richtlinie vorgesehenen Aufgaben betraut ist (sind).

(2) Es obliegt der zuständigen Behörde, festzustellen, welcher Betreiber den Schaden oder die unmittelbare Gefahr eines Schadens verursacht hat, die Erheblichkeit des Schadens zu ermitteln und zu bestimmen, welche Sanierungsmaßnahmen gemäß Anhang II zu treffen sind. Zu diesem Zweck ist die zuständige Behörde befugt, von dem betreffenden Betreiber die Durchführung einer eigenen Bewertung und die Bereitstellung aller erforderlichen Informationen und Daten zu verlangen.

(3) Die Mitgliedstaaten stellen sicher, dass die zuständige Behörde Dritte zur Durchführung der erforderlichen Vermeidungs- oder Sanierungsmaßnahmen ermächtigen oder verpflichten kann.

(4) In jeder gemäß dieser Richtlinie getroffenen Entscheidung, in der Vermeidungs- oder Sanierungsmaßnahmen verlangt werden, sind die genauen Gründe dafür anzugeben. Eine solche Entscheidung wird dem betreffenden Betreiber unverzüglich mitgeteilt, der gleichzeitig über die Rechtsbehelfe belehrt wird, die ihm nach den in dem betreffenden Mitgliedstaat geltenden Rechtsvorschriften zur Verfügung stehen, sowie über die für diese Rechtsbehelfe geltenden Fristen.

UH-RL Artikel 12 Aufforderung zum Tätigwerden
(1) Natürliche oder juristische Personen, die
a) von einem Umweltschaden betroffen oder wahrscheinlich betroffen sind oder

b) ein ausreichendes Interesse an einem umweltbezogenen Entscheidungsverfahren bezüglich des Schadens haben oder alternativ

c) eine Rechtsverletzung geltend machen, sofern das Verwaltungsverfahrensrecht bzw. Verwaltungsprozessrecht eines Mitgliedstaats dies als Voraussetzung erfordert,

erhalten das Recht, der zuständigen Behörde Bemerkungen zu ihnen bekannten Umweltschäden oder einer ihnen bekannten unmittelbaren Gefahr solcher Schäden zu unterbreiten und die zuständige Behörde aufzufordern, gemäß dieser Richtlinie tätig zu werden.

Was als "ausreichendes Interesse" und als "Rechtsverletzung" gilt, bestimmen die Mitgliedstaaten.

Zu diesem Zweck gilt das Interesse einer Nichtregierungsorganisation, die sich für den Umweltschutz einsetzt und alle nach nationalem Recht geltenden Voraussetzungen erfüllt, als ausreichend im Sinne des Buchstabens b). Derartige Organisationen gelten auch als Träger von Rechten, die im Sinne des Buchstabens c) verletzt werden können.

(2) Der Aufforderung zum Tätigwerden sind die sachdienlichen Informationen und Daten beizufügen, die die im Zusammenhang mit dem betreffenden Umweltschaden unterbreiteten Bemerkungen stützen.

(3) Wenn die Aufforderung zum Tätigwerden und die entsprechenden Bemerkungen einen Umweltschaden glaubhaft erscheinen lassen, prüft die zuständige Behörde die Aufforderung zum Tätigwerden und die beigefügten Bemerkungen. Unter diesen Umständen gibt die zuständige Behörde dem betreffenden Betreiber Gelegenheit, sich zu der Aufforderung zum Tätigwerden und den beigefügten Bemerkungen zu äußern.

(4) Die zuständige Behörde unterrichtet so schnell wie möglich und in jedem Fall gemäß den einschlägigen nationalen Rechtsvorschriften die in Absatz 1 genannten Personen, die der Behörde Bemerkungen unterbreitet haben, über ihre Entscheidung, der Aufforderung zum Tätigwerden nachzukommen oder diese zurückzuweisen, und begründet diese Entscheidung.

(5) Die Mitgliedstaaten können beschließen, die Absätze 1 und 4 auf die Fälle der unmittelbaren Gefahr eines Schadens nicht anzuwenden.

UH-RL Artikel 13 Prüfungsverfahren

(1) Die in Artikel 12 Absatz 1 genannten Personen können ein Gericht oder eine andere unabhängige und unparteiische öffentliche Stelle anrufen, um Entscheidungen, Handlungen oder die Untätigkeit der nach dieser Richtlinie zuständigen Behörde auf formelle und materielle Rechtmäßigkeit überprüfen zu lassen.

(2) Diese Richtlinie lässt nationale Rechtsvorschriften über den Zugang zu den Gerichten und diejenigen Rechtsvorschriften unberührt, die vor Einleitung eines Gerichtsverfahrens die Erschöpfung der Verwaltungsverfahren vorschreiben.

UH-RL Artikel 14 Deckungsvorsorge

(1) Die Mitgliedstaaten ergreifen Maßnahmen, mit denen den entsprechenden wirtschaftlichen und finanziellen Akteuren Anreize zur Schaffung von Instrumenten und Märkten der Deckungsvorsorge, einschließlich finanzieller Mechanismen im Falle von Insolvenz, geboten werden, damit die Betreiber Finanzsicherheiten in Anspruch nehmen können, um ihre Haftung im Rahmen dieser Richtlinie zu decken.

(2) Die Kommission legt bis zum 30. April 2010 einen Bericht über die Effektivität der Richtlinie hinsichtlich der tatsächlichen Sanierung von Umweltschäden, über die Verfügbarkeit einer Versicherung und anderer Formen der Deckungsvorsorge für die Tätigkeiten nach Anhang III zu vertretbaren Kosten sowie über die diesbezüglichen Bedingungen vor. In dem Bericht werden in Bezug auf die Deckungsvorsorge auch folgende Aspekte geprüft: ein abgestufter Ansatz, ein Hoechstbetrag für die Deckungsvorsorge und der Ausschluss von Tätigkeiten mit geringem Risiko. Auf der Grundlage dieses Berichts und einer erweiterten Folgenabschätzung, einschließlich einer Kosten-Nutzen-Analyse, unterbreitet die Kommission gegebenenfalls Vorschläge für ein System harmonisierter obligatorischer Deckungsvorsorge.

UH-RL Artikel 15 Zusammenarbeit zwischen den Mitgliedstaaten

(1) Sind mehrere Mitgliedstaaten von einem Umweltschaden betroffen oder wahrscheinlich betroffen, so arbeiten diese Mitgliedstaaten zusammen - einschließlich in Form eines angemessenen Informationsaustauschs -, um zu gewährleisten, dass Vermeidungs- und erforderlichenfalls Sanierungstätigkeiten hinsichtlich eines solchen Schadens durchgeführt werden.

(2) Ist ein Umweltschaden eingetreten, so informiert der Mitgliedstaat, in dessen Hoheitsgebiet der Schaden seinen Ursprung hat, die Mitgliedstaaten, die möglicherweise betroffen sind, in ausreichendem Umfang.

(3) Stellt ein Mitgliedstaat innerhalb seiner Grenzen einen Schaden fest, der jedoch nicht innerhalb seiner Grenzen verursacht wurde, so kann er diesen der Kommission und allen anderen betroffenen Mitgliedstaaten melden; er kann Empfehlungen für die Durchführung von Vermeidungs- oder Sanierungsmaßnahmen geben und sich gemäß dieser Richtlinie um die Erstattung der ihm im Zusammenhang mit der Durchführung von Vermeidungs- oder Sanierungsmaßnahmen angefallenen Kosten bemühen.

UH-RL Artikel 16 Beziehung zum nationalen Recht

(1) Diese Richtlinie hindert die Mitgliedstaaten nicht daran, strengere Vorschriften für die Vermeidung und Sanierung von Umweltschäden beizubehalten oder zu erlassen, einschließlich der Festlegung zusätzlicher Tätigkeiten, die den Bestimmungen dieser Richtlinie über die Vermeidung und Sanierung von Umweltschäden unterliegen, und der Bestimmung zusätzlicher verantwortlicher Parteien.

(2) Diese Richtlinie hindert die Mitgliedstaaten nicht daran, geeignete Vorschriften zu erlassen, wie etwa ein Verbot der doppelten Kostenanlastung, in Bezug auf Fälle, in denen eine doppelte Kostenanlastung aufgrund des gleichzeitigen Tätigwerdens einer zuständigen Behörde im Rahmen dieser Richtlinie und einer Person, deren Eigentum durch den Umweltschaden beeinträchtigt wurde, erfolgen könnte.

Artikel 17 Zeitliche Begrenzung der Anwendung

Diese Richtlinie gilt nicht für

– Schäden, die durch Emissionen, Ereignisse oder Vorfälle verursacht wurden, die vor dem in Artikel 19 Absatz 1 angegebenen Datum stattgefunden haben;

– Schäden, die durch Emissionen, Ereignisse oder Vorfälle verursacht wurden, die nach dem in Artikel 19 Absatz 1 angegebenen Datum stattgefunden haben, sofern sie auf eine spezielle Tätigkeit zurückzuführen sind, die vor dem genannten Datum stattgefunden und geendet hat;

– Schäden, wenn seit den schadensverursachenden Emissionen, Ereignissen oder Vorfällen mehr als 30 Jahre vergangen sind.

Artikel 18 Berichte und Überprüfung

(1) Die Mitgliedstaaten erstatten der Kommission spätestens bis zum 30. April 2013 über die Erfahrungen bei der Anwendung dieser Richtlinie Bericht. Die Berichte umfassen die in Anhang VI aufgeführten Informationen und Daten.

(2) Auf dieser Grundlage legt die Kommission dem Europäischen Parlament und dem Rat vor dem 30. April 2014 einen Bericht vor, dem sie gegebenenfalls geeignete Änderungsvorschläge beifügt.

(3) In dem in Absatz 2 genannten Bericht wird Folgendes überprüft:

a) die Anwendung

– von Artikel 4 Absätze 2 und 4 in Bezug auf den Ausschluss vom Geltungsbereich dieser Richtlinie der Verschmutzungen, die durch die in den Anhängen IV und V aufgeführten internationalen Übereinkünfte abgedeckt sind, und

– von Artikel 4 Absatz 3 in Bezug auf das Recht des Betreibers, seine Haftung gemäß den in Artikel 4 Absatz 3 genannten internationalen Übereinkommen zu beschränken.

Die Kommission berücksichtigt, welche Erfahrungen im Rahmen der einschlägigen internationalen Gremien, wie IMO und Euratom, und der einschlägigen internationalen Vereinbarungen gemacht wurden und inwieweit diese Übereinkünfte in Kraft getreten und/oder von den Mitgliedstaaten umgesetzt und/oder geändert worden sind, wobei alle einschlägigen Fälle eines auf derartige Tätigkeiten zurückzuführenden Umweltschadens und die durchgeführten Sanierungstätigkeiten sowie die Unterschiede zwischen den Haftungsniveaus in den Mitgliedstaaten zu berücksichtigen sind und das Verhältnis zwischen der Haftung der Schiffseigner und den Beiträgen der Abnehmer von Rohöl unter gebührender Berücksichtigung einschlägiger Studien des Internationalen Fonds zur Entschädigung für Ölverschmutzungsschäden zu beachten ist;

b) die Anwendung dieser Richtlinie auf durch genetisch veränderte Organismen (GVO) verursachte Umweltschäden, wobei insbesondere zu berücksichtigen ist, welche Erfahrungen im Rahmen der einschlägigen internationalen Gremien und Übereinkommen, wie dem Übereinkommen über die biologische Vielfalt und dem Protokoll von Cartagena über die biologische Sicherheit, gemacht wurden und welche Auswirkungen etwaige Fälle eines von GVO verursachten Umweltschadens gehabt haben;

c) die Anwendung dieser Richtlinie auf geschützte Arten und natürliche Lebensräume;
d) die Rechtsakte und Übereinkünfte, die gegebenenfalls für eine Aufnahme in die Anhänge III, IV und V in Betracht kommen.

Artikel 19 Umsetzung
(1) Die Mitgliedstaaten setzen die Rechts- und Verwaltungsvorschriften in Kraft, die erforderlich sind, um dieser Richtlinie spätestens bis zum **30. April 2007** nachzukommen. Sie setzen die Kommission unverzüglich davon in Kenntnis. Wenn die Mitgliedstaaten diese Vorschriften erlassen, nehmen sie in den Vorschriften selbst oder durch einen Hinweis bei der amtlichen Veröffentlichung auf diese Richtlinie Bezug. Die Mitgliedstaaten regeln die Einzelheiten der Bezugnahme.
(2) Die Mitgliedstaaten teilen der Kommission den Wortlaut der wichtigsten innerstaatlichen Rechtsvorschriften mit, die sie auf dem unter diese Richtlinie fallenden Gebiet erlassen, und übermitteln ihr eine Tabelle der Entsprechungen zwischen den Bestimmungen dieser Richtlinie und den von ihnen erlassenen innerstaatlichen Vorschriften.

Artikel 20 In-Kraft-Treten
Diese Richtlinie tritt am Tag ihrer Veröffentlichung im Amtsblatt der Europäischen Union in Kraft.

Artikel 21 Adressaten
Diese Richtlinie ist an die Mitgliedstaaten gerichtet.
Geschehen zu Straßburg am 21. April 2004.

Anhang I Kriterien im Sinne des Artikels 2 Nummer 1 Buchstabe a

Ob eine **Schädigung**, die **nachteilige Auswirkungen** in Bezug auf die Erreichung oder Beibehaltung des **günstigen Erhaltungszustands von Lebensräumen und Arten** hat, **erheblich** ist, wird anhand des zum Zeitpunkt der Schädigung gegebenen Erhaltungszustands, der Funktionen, die von den Annehmlichkeiten, die diese Arten und Lebensräume bieten, erfüllt werden, sowie ihrer natürlichen Regenerationsfähigkeit festgestellt. Erhebliche nachteilige Veränderungen gegenüber dem Ausgangszustand sollten mit Hilfe u.a. der folgenden feststellbaren Daten ermittelt werden:
–   Anzahl der Exemplare, ihre Bestandsdichte oder ihr Vorkommensgebiet;
–   Rolle der einzelnen Exemplare oder des geschädigten Gebiets in Bezug auf die Erhaltung der Art oder des Lebensraums, Seltenheit der Art oder des Lebensraums (auf örtlicher, regionaler und höherer Ebene einschließlich der Gemeinschaftsebene);
–   die Fortpflanzungsfähigkeit der Art (entsprechend der Dynamik der betreffenden Art oder Population), ihre Lebensfähigkeit oder die natürliche Regenerationsfähigkeit des Lebensraums (entsprechend der Dynamik der für ihn charakteristischen Arten oder seiner Populationen);
–   die Fähigkeit der Art bzw. des Lebensraums, sich nach einer Schädigung ohne äußere Einwirkung lediglich mit Hilfe verstärkter Schutzmaßnahmen in kurzer Zeit so weit zu regenerieren, dass allein aufgrund der Dynamik der betreffenden Art oder des betreffenden Lebensraums ein Zustand erreicht wird, der im Vergleich zum Ausgangszustand als gleichwertig oder besser zu bewerten ist.
Eine Schädigung, die sich nachweislich auf die menschliche Gesundheit auswirkt, ist als erhebliche Schädigung einzustufen.
Folgende Schädigungen müssen nicht als erheblich eingestuft werden:
–   nachteilige Abweichungen, die geringer sind als die natürlichen Fluktuationen, die für den betreffenden Lebensraum oder die betreffende Art als normal gelten;
–   nachteilige Abweichungen, die auf natürliche Ursachen zurückzuführen sind oder aber auf äußere Einwirkung im Zusammenhang mit der Bewirtschaftung der betreffenden Gebiete, die den Aufzeichnungen über den Lebensraum oder den Dokumenten über die Erhaltungsziele zufolge als normal anzusehen sind oder der früheren Bewirtschaftungsweise der jeweiligen Eigentümer oder Betreiber entspricht;
–   eine Schädigung von Arten bzw. Lebensräumen, die sich nachweislich ohne äußere Einwirkung in kurzer Zeit soweit regenerieren werden, dass entweder der Ausgangzustand erreicht wird oder aber allein aufgrund der Dynamik der betreffenden Art oder des betreffenden Lebensraums ein Zustand erreicht wird, der im Vergleich zum Ausgangszustand als gleichwertig oder besser zu bewerten ist.

Anhang II Sanierung von Umweltschäden

Dieser Anhang enthält die gemeinsamen Rahmenbedingungen, die erfüllt werden müssen, damit sichergestellt ist, dass die **geeignetsten Maßnahmen zur Sanierung** von Umweltschäden ausgewählt werden.

1. Sanierung von Schäden an Gewässern oder geschützten Arten oder natürlichen Lebensräumen

   Eine Sanierung von Umweltschäden im Bereich der Gewässer oder geschützter Arten oder natürlicher Lebensräume wird dadurch erreicht, dass die Umwelt durch primäre Sanierung, ergänzende Sanierung oder Ausgleichssanierung in ihren Ausgangszustand zurückversetzt wird, wobei

   a) „primäre Sanierung" jede Sanierungsmaßnahme ist, die die geschädigten natürlichen Ressourcen und/oder beeinträchtigten Funktionen ganz oder annähernd in den Ausgangszustand zurückversetzt;

   b) „ergänzende Sanierung" jede Sanierungsmaßnahme in Bezug auf die natürlichen Ressourcen und/oder Funktionen ist, mit der der Umstand ausgeglichen werden soll, dass die primäre Sanierung nicht zu einer vollständigen Wiederherstellung der geschädigten natürlichen Ressourcen und/oder Funktionen führt;

   c) „Ausgleichssanierung" jede Tätigkeit zum Ausgleich zwischenzeitlicher Verluste natürlicher Ressourcen und/ oder Funktionen ist, die vom Zeitpunkt des Eintretens des Schadens bis zu dem Zeitpunkt entstehen, in dem die primäre Sanierung ihre Wirkung vollständig entfaltet hat;

   d) „zwischenzeitliche Verluste" Verluste sind, die darauf zurückzuführen sind, dass die geschädigten natürlichen Ressourcen und/oder Funktionen ihre ökologischen Aufgaben nicht erfüllen oder ihre Funktionen für andere natürliche Ressourcen oder für die Öffentlichkeit nicht erfüllen können, solange die Maßnahmen der primären bzw. der ergänzenden Sanierung ihre Wirkung nicht entfaltet haben. Ein finanzieller Ausgleich für Teile der Öffentlichkeit fällt nicht darunter.

   Führt die primäre Sanierung nicht dazu, dass die Umwelt in ihren Ausgangszustand zurückversetzt wird, so wird anschließend eine ergänzende Sanierung durchgeführt. Überdies wird eine Ausgleichssanierung zum Ausgleich der zwischenzeitlichen Verluste durchgeführt.

   Eine Sanierung von Umweltschäden im Bereich der Gewässer und von Schädigungen geschützter Arten und natürlicher Lebensräume beinhaltet ferner, dass jedes erhebliche Risiko einer Beeinträchtigung der menschlichen Gesundheit beseitigt werden muss.

   1.1. *Sanierungsziele*

   Ziel der primären Sanierung

   1.1.1. Ziel der primären Sanierung ist es, die geschädigten natürlichen Ressourcen und/oder deren Funktionen ganz oder annähernd in den Ausgangszustand zurückzuversetzen.

   Ziel der ergänzenden Sanierung

   1.1.2. Lassen sich die geschädigten natürlichen Ressourcen und/oder deren Funktionen nicht in den Ausgangszustand zurückversetzen, so ist eine ergänzende Sanierung vorzunehmen. Ziel der ergänzenden Sanierung ist es, gegebenenfalls an einem anderen Ort einen Zustand der natürlichen Ressourcen und/oder von deren Funktionen herzustellen, der einer Rückführung des geschädigten Ortes in seinen Ausgangszustand gleichkommt. Soweit dies möglich und sinnvoll ist, sollte dieser andere Ort mit dem geschädigten Ort geografisch im Zusammenhang stehen, wobei die Interessen der betroffenen Bevölkerung zu berücksichtigen sind.

   Ziel der Ausgleichssanierung

   1.1.3. Die Ausgleichssanierung erfolgt zum Ausgleich der zwischenzeitlichen Verluste von natürlichen Ressourcen und von deren Funktionen, die bis zur Wiederherstellung entstehen. Der Ausgleich besteht aus zusätzlichen Verbesserungen der geschützten natürlichen Lebensräume und Arten oder der Gewässer entweder an dem geschädigten oder an einem anderen Ort. Sie beinhaltet keine finanzielle Entschädigung für Teile der Öffentlichkeit.

   1.2. *Festlegung der Sanierungsmaßnahmen*

   Festlegung primärer Sanierungsmaßnahmen

   1.2.1. Zu prüfen sind Optionen, die Tätigkeiten, mit denen die natürlichen Ressourcen und Funktionen direkt in einen Zustand versetzt werden, der sie beschleunigt zu ihrem Ausgangszustand zurückführt, oder aber eine natürliche Wiederherstellung umfassen.

   Festlegung ergänzender Sanierungsmaßnahmen und Ausgleichssanierungsmaßnahmen

   1.2.2. Bei der Festlegung des Umfangs der ergänzenden Sanierungsmaßnahmen und der Ausgleichssanierungsmaßnahmen ist zunächst die Anwendung von Konzepten zu prüfen, die auf der Gleichwertigkeit von Ressourcen oder Funktionen beruhen. Dabei werden zunächst Maßnahmen geprüft, durch die natürliche Ressourcen und/oder Funktionen in gleicher Art, Qualität und Menge wie die geschädigten Ressourcen und/oder Funktionen hergestellt werden. Erweist sich dies als unmöglich, so werden andere natürliche Ressourcen und/oder Funktionen bereitgestellt. So kann beispielsweise eine Qualitätsminderung durch eine quantitative Steigerung der Sanierungsmaßnahmen ausgeglichen werden.

1.2.3. Erweist sich die Anwendung der oben genannten Konzepte der Gleichwertigkeit der Ressourcen oder Funktionen als unmöglich, so werden stattdessen andere Bewertungsmethoden angewandt. Die zuständige Behörde kann die Methode, z.B. Feststellung des Geldwertes, vorschreiben, um den Umfang der erforderlichen ergänzenden Sanierungsmaßnahmen und Ausgleichssanierungsmaßnahmen festzustellen. Ist eine Bewertung des Verlustes an Ressourcen und/oder Funktionen möglich, eine Bewertung des Ersatzes der natürlichen Ressourcen und/oder Funktionen jedoch innerhalb eines angemessenen Zeitrahmens unmöglich oder mit unangemessenen Kosten verbunden, so kann die zuständige Behörde Sanierungsmaßnahmen anordnen, deren Kosten dem geschätzten Geldwert des entstandenen Verlustes an natürlichen Ressourcen und/oder Funktionen entsprechen.

Die ergänzenden Sanierungsmaßnahmen und die Ausgleichssanierungsmaßnahmen sollten so beschaffen sein, dass durch sie zusätzliche Ressourcen und/oder Funktionen geschaffen werden, die den zeitlichen Präferenzen und dem zeitlichen Ablauf der Sanierungsmaßnahmen entsprechen. Je länger es beispielsweise dauert, bis der Ausgangszustand wieder erreicht ist, desto mehr Ausgleichssanierungsmaßnahmen werden (unter ansonsten gleichen Bedingungen) getroffen.

1.3. *Wahl der Sanierungsoptionen*

1.3.1. Die angemessenen Sanierungsoptionen sollten unter Nutzung der besten verfügbaren Techniken anhand folgender Kriterien bewertet werden:

- Auswirkung jeder Option auf die öffentliche Gesundheit und die öffentliche Sicherheit;
- Kosten für die Durchführung der Option;
- Erfolgsaussichten jeder Option;
- inwieweit durch jede Option künftiger Schaden verhütet wird und zusätzlicher Schaden als Folge der Durchführung der Option vermieden wird;
- inwieweit jede Option einen Nutzen für jede einzelne Komponente der natürlichen Ressource und/oder der Funktion darstellt;
- inwieweit jede Option die einschlägigen sozialen, wirtschaftlichen und kulturellen Belange und anderen ortsspezifischen Faktoren berücksichtigt;
- wie lange es dauert, bis die Sanierung des Umweltschadens durchgeführt ist;
- inwieweit es mit der jeweiligen Option gelingt, den Ort des Umweltschadens zu sanieren;
- geografischer Zusammenhang mit dem geschädigten Ort.

1.3.2. Bei der Bewertung der verschiedenen festgelegten Sanierungsoptionen können auch primäre Sanierungsmaßnahmen ausgewählt werden, mit denen das geschädigte Gewässer, die geschädigte Art oder der geschädigte natürliche Lebensraum nicht vollständig oder nur langsamer in den Ausgangszustand zurückversetzt werden. Eine solche Entscheidung kann nur getroffen werden, wenn der Verlust an natürlichen Ressourcen und/oder Funktionen am ursprünglichen Standort infolge der Entscheidung dadurch ausgeglichen wird, dass verstärkt ergänzende Sanierungstätigkeiten und mehr Ausgleichssanierungstätigkeiten durchgeführt werden, mit denen vergleichbare natürliche Ressourcen und/oder Funktionen wie vor dem Schadenseintritt geschaffen werden können. Dies ist beispielsweise der Fall, wenn an anderer Stelle mit geringerem Kostenaufwand gleichwertige natürliche Ressourcen und/oder Funktionen geschaffen werden können. Diese zusätzlichen Sanierungsmaßnahmen werden im Einklang mit Nummer 1.2.2 festgelegt.

1.3.3. Ungeachtet der Nummer 1.3.2 ist die zuständige Behörde im Einklang mit Artikel 7 Absatz 3 befugt, zu entscheiden, dass keine weiteren Sanierungsmaßnahmen ergriffen werden, wenn

a) mit den bereits ergriffenen Sanierungsmaßnahmen sichergestellt wird, dass kein erhebliches Risiko einer Beeinträchtigung der menschlichen Gesundheit, des Gewässers oder geschützter Arten mehr besteht und

b) die Kosten der Sanierungsmaßnahmen, die zu ergreifen wären, um den Ausgangszustand oder ein vergleichbares Niveau herzustellen, in keinem angemessenen Verhältnis zu dem Nutzen stehen, der für die Umwelt erreicht werden soll.

2. Sanierung von Schädigungen des Bodens

Es werden die erforderlichen Maßnahmen getroffen, um zumindest sicherzustellen, dass die betreffenden Schadstoffe beseitigt, kontrolliert, eingedämmt oder vermindert werden, so dass der geschädigte Boden unter Berücksichtigung seiner zum Zeitpunkt der Schädigung gegebenen gegenwärtigen oder zugelassenen künftigen Nutzung kein erhebliches Risiko einer Beeinträchtigung der menschlichen Gesundheit mehr darstellt. Das Vorliegen solcher Risiken wird mit Verfahren zur Risikoabschätzung unter Berücksichtigung folgender Faktoren beurteilt: Beschaffenheit und Funktion des Bodens, Art und Konzentration der Schadstoffe, Zubereitungen, Organismen oder Mikroorganismen, das mit ihnen verbundene Risiko und die Möglichkeit ihrer Verbreitung. Die Nutzung ist aufgrund der zum Zeitpunkt des Schadenseintritts geltenden Bodennutzungsvorschriften oder anderer einschlägiger Vorschriften — soweit vorhanden — festzulegen.

Ändert sich die Nutzung des Bodens, so sind alle erforderlichen Maßnahmen zu ergreifen, um jeglichen nachteiligen Auswirkungen auf die menschliche Gesundheit vorzubeugen.

Fehlen Bodennutzungsvorschriften oder andere einschlägige Vorschriften, so wird die Nutzung des speziellen Bereichs nach dem Zustand des geschädigten Bodens unter Berücksichtigung seiner voraussichtlichen Entwicklung bestimmt.

Zu berücksichtigen ist die Option einer natürlichen Wiederherstellung, d.h. eine Option ohne unmittelbares Eingreifen des Menschen in den Wiederherstellungsprozess.

Anhang III Tätigkeiten im Sinne des Artikels 3 Absatz 1 *(s. zu Art. 3)*

Anhang IV Internationale Übereinkommen im Sinne des Artikels 4 Absatz 2

a) Internationales Übereinkommen vom 27. November 1992 über die zivilrechtliche Haftung für Ölverschmutzungsschäden;
b) Internationales Übereinkommen vom 27. November 1992 über die Errichtung eines Internationalen Fonds zur Entschädigung für Ölverschmutzungsschäden;
c) Internationales Übereinkommen vom 23. März 2001 über die zivilrechtliche Haftung für Schäden durch Bunkerölverschmutzung;
d) Internationales Übereinkommen vom 3. Mai 1996 über Haftung und Entschädigung für Schäden bei der Beförderung schädlicher und gefährlicher Stoffe auf See;
e) Übereinkommen vom 10. Oktober 1989 über die zivilrechtliche Haftung für die während des Transports gefährlicher Güter auf dem Straßen-, Schienen- und Binnenschifffahrtsweg verursachten Schäden.

Anhang V Internationale Übereinkünfte im Sinne des Artikels 4 Absatz 4

a) Pariser Übereinkommen vom 29. Juli 1960 über die Haftung gegenüber Dritten auf dem Gebiet der Kernenergie und Brüsseler Zusatzübereinkommen vom 31. Januar 1963;
b) Wiener Übereinkommen vom 21. Mai 1963 über die zivilrechtliche Haftung für nukleare Schäden;
c) Übereinkommen vom 12. September 1997 über zusätzliche Entschädigungsleistungen für nukleare Schaden;
d) Gemeinsames Protokoll vom 21. September 1988 über die Anwendung des Wiener Übereinkommens und des Pariser Übereinkommens;
e) Brüsseler Übereinkommen vom 17. Dezember 1971 über die zivilrechtliche Haftung bei der Beförderung von Kernmaterial auf See.

Anhang VI Informationen und Daten im Sinne des Artikels 18 Absatz 1

Die in Artikel 18 Absatz 1 genannten Berichte umfassen eine Liste von Umweltschadensfällen und Haftungsfällen gemäß dieser Richtlinie mit folgenden Informationen und Daten zu jedem Fall:
1. Art des Umweltschadens, Zeitpunkt des Eintretens und/oder der Aufdeckung des Schadens und Zeitpunkt, zu dem Verfahren gemäß dieser Richtlinie eingeleitet wurden.
2. Tätigkeits-Klassifizierungskode der haftenden juristischen Person(en) (1).
3. Eine Angabe, ob von den haftenden Parteien oder qualifizierten Stellen eine gerichtliche Überprüfung eingeleitet wurde. (Die Art des Klägers und das Ergebnis der Verfahren sind anzugeben.)
4. Ergebnis des Sanierungsvorgangs.
5. Datum des Verfahrensabschlusses.
Die Mitgliedstaaten können in ihre Berichte alle sonstigen Informationen und Daten aufnehmen, die sie im Hinblick auf eine angemessene Bewertung der Durchführung dieser Richtlinie für nützlich erachten, so zum Beispiel:
1. die Kosten der Sanierungs- und Vermeidungsmaßnahmen gemäß den Begriffsbestimmungen in dieser Richtlinie:
   – durch die haftenden Parteien direkt getragene Kosten (sofern diese Information vorliegt);

- von den haftenden Parteien erstattete Kosten;
- von den haftenden Parteien nicht erstattete Kosten (die Gründe einer Nichterstattung sollten angegeben werden);
2. die Ergebnisse von Tätigkeiten zur Förderung der gemäß dieser Richtlinie eingesetzten Instrumente der Deckungsvorsorge und Ergebnisse der Anwendung dieser Instrumente;
3. eine Bewertung der zusätzlichen Verwaltungskosten, die für die Verwaltungsbehörden jährlich durch die Schaffung und das Funktionieren der für die Durchführung dieser Richtlinie erforderlichen Verwaltungsstrukturen anfallen.

(1) Der NACE-Code kann verwendet werden (Verordnung (EWG) Nr. 3037/90 des Rates vom 9. Oktober 1990 betreffend die statistische Systematik der Wirtschaftszweige in der Europäischen Gemeinschaft, ABl. L 293 vom 24.10.1990, S. 1).

Erklärung der Kommission zu Artikel 14 (2) — Umwelthaftungsrichtlinie

Die Kommission nimmt Artikel 14 (2) zur Kenntnis. Die Kommission wird im Einklang mit diesem Artikel sechs Jahre nach Inkrafttreten der Richtlinie einen Bericht vorlegen, der sich unter anderem mit der Frage der Verfügbarkeit von Versicherungen und anderen Formen der **Deckungsvorsorge** zu vertretbaren Kosten sowie mit den entsprechenden Bedingungen befasst. Der Bericht wird insbesondere berücksichtigen, inwiefern sich diesbezüglich auf dem Markt geeignete Produkte der Deckungsvorsorge entwickelt haben. Des Weiteren wird geprüft, ob je nach Umweltschäden und Art der Risiken ein schrittweises Konzept möglich ist. Die Kommission wird abhängig von den Ergebnissen dieser Prüfungen so bald wie möglich entsprechende Vorschläge vorlegen. Die Kommission wird im Einklang mit den relevanten Vorschriften und insbesondere der interinstitutionellen Vereinbarung zur Verbesserung der Rechtsetzung und ihrer Mitteilung über die Folgenabschätzung [KOM(2002) 276 endg.] eine auf wirtschaftliche, soziale und ökologische Aspekte erweiterte Folgenabschätzung durchführen.

Die **UH-RL –v. 21.4.2004**, Textabdruck auch in NVwZ 2005, 420, ist – gestützt auf Art. 175 (1) i.V.m. Art. 174 (1) (2) EGV- ist am 30.4.2004 in Kraft getreten und muss bis zum 30.04.2007 in den Mitgliedstaaten umgesetzt werden. (zum Entwurf s. Hager, NuR 2003, 581; Leifer, NuR 2003, 598; zur erlassenen UH-RL auch kritisch Becker, NVwZ 2005, 371; Knopp. UPR 2005, 361). Zur UH-RL auch im Zusammenhang mit dem U. des EuGH – Rs. Van de Walle und Texacon 7.9.2004, DVBl. 2005, 1539 = NuR 2005, 33 = NVwZ 2004, 1341, das den Abfallbegriff (63.2) auf unbewegliche Sachen (also den Boden) erstreckt, Jochum, NVwZ 2005, 140 ff. Dazu auch Versteyl, NVwZ 2004, 1297, 1301. Die UH-RL könnte wieder zu einem engeren Abfallbegriff auch nach dem Konzept des EuGH führen (Jochum aaO). Vgl. auch Leitzke/Schmidt, UPR 2005, 16; Petersen/Lorenz, NVwZ 2005, 257; Wrede, NuR 2005, 28.

Vgl. auch 38.11. Zur Frage, ob der Bund **Kompetenzen** zur Umsetzung der UH-RL hat s. Traulsen, NuR 2005, 619; positiv gemäß Art. 74 (1) Nr. 11 GG Behrens/Louis, NuR 2005, 682 Es liegt ein **Referentenentwurf für ein medienübergreifendes Umweltschadengesetz** (Art. 1), mit näheren Ergänzungen des BNatSchG (Art. 3), des WHG (Art. 2) (und des BBodSchG) vor, zu konkretisieren durch Landesrecht. Einzelheiten Knopp, UPR 2005, 361, 365 ff.; Muth/Heintze, UPR 2005, 367, 369 f. insbesondere zum Risikomanagement.

38.12   Zur fallbezogene Anwendung des Umweltrechts

Die große Fülle des Umweltrechts der EG und Deutschlands ist aus **dem Inhaltsverzeichnis** ersichtlich.

*Die **umweltrelevanten** Gesetze* können u.a. aus folgenden Gründen nicht in der Reihenfolge dargestellt werden, wie sie für die *Lösung praktischer Fälle* erforderlich wäre:

Gebunden sind
- verwaltungsgesetzliche Rechte und Pflichten der Bürger und
- hoheitliche Entscheidungen insbesondere Verwaltungsakte auch mit unmittelbarere Wirkung für Bürger

nicht nur an **Rechtsnormen** eines bestimmten **Fachgesetzes** (Bundesfernstraßengesetz, Landeswaldgesetz, Landesnaturschutzgesetz, EG-Verordnung, Naturschutzgebietsverordnung usw.). Eine Bindung besteht ggf. auch

- an die Rechtsnormen integraler **sektorenübergreifender anderer Fachgesetze** (z.B. Gesetz über die Umweltverträglichkeitsprüfung, Verordnung über ein Regionales Raumordnungsprogramm, Bebauungsplan als Satzung) und
- an Rechtsnormen **sektoraler anderer Fachgesetze** (z.B. neben Bundesfernstraßengesetz das Waldgesetz eines Landes).

Es sind also ggf., falls nicht ausnahmsweise (vorrangige) Spezialität eines **(formellen und zugleich materiellen) Gesetzes** gegenüber einem anderen nach Auslegung anzunehmen ist, für denselben Fall Regelungen von zwei oder mehr Gesetzen nebeneinander (kumulativ) anzuwenden, die sich durch **stärkeren Umweltschutz** übertreffen können, u.a., wenn auch nicht in der nachstehenden gesamten Fülle, folgende Regelungen (EG-Verordnungen, Gesetze deutsche Verordnungen und Satzungen; zum Rang und Charakter s. 1.3, 13.5):

- das Bundesfernstraßengesetz auch mit Abwägung von Naturschutzbelangen für die Entscheidung über den Bau einer neuen Fernstraße (44.3),
- die Waldumwandlungs- und Erstaufforstungsvorschriften des NWaldLG (45.4, 45.5),
- die gebiets- oder objektbezogene Naturschutzverordnungen (Naturschutzgebiet, Nationalpark, Landschaftsschutzgebiet, Naturdenkmal, Baumschutzsatzung usw. nach dem NNatG; 51.2 ff.),
- der unmittelbar gesetzliche Biotopschutz (z.B. Schluchtwälder, § 28a NNatG, 51.8),
- der Tier- und Pflanzen-Artenschutz (EG-Verordnungen, BNatSchG, NNatG (52.),
- die Verordnung über die Ausweisung eines Wasserschutzgebiets oder Überschwemmungsgebiets (60.),
- die gesetzliche Regelung über (erhebliche) Eingriffe in Natur und Landschaft nach dem Nds. Naturschutzgesetz (NNatG; 50.),
- das Tierschutzgesetz (58.1), Regelungen über den Schutz vor Seuchen (58.4), das Pflanzenschutzgesetz (64.2),
- das Flurbereinigungsgesetz (44.5),
- Ziele einer Verordnung über ein Regionales Raumordnungsprogramm (39.8) und
- der Außenbereichsschutz nach dem Baugesetzbuch (41.5) oder
- der Schutz durch einen Bebauungsplan (Satzung, 40.).

Wegen der Vielfalt und der unterschiedlichen sektoralen Geltungsweite lassen sich die umweltrelevanten Rechtsnormen des EG-Rechts, der verschiedenen Gesetze und der ihnen nachgeordneten Rechtsnormen nicht vollständig oder aufgeteilt so darstellen, wie das für die Reihenfolge bei der Lösung von Fällen nötig wäre. Das würde zu kaum übersehbaren Wiederholungen und zum Verlust der einheitlichen Darstellung der einzelnen Gesetze führen. Daher müssen grundsätzlich die einzelnen einschlägigen Gesetze usw. weitgehend gesondert erläutert werden und Zusammenhänge und Abhängigkeiten teilweise durch **Verweisungen** auf – zum Teil erst nachfolgend erläutere - andere Gesetze usw. verdeutlicht werden **(Bausteinprinzip)**.

Anhand eines vereinfachten **Beispiels einer finalen Planungsentscheidung (18.)** für den **Fernstraßenbau** lässt sich eine Fall-Lösung mit Rechtsnormen aus **verschiedenen Gesetzen** (vgl. Verweisungen!) verdeutlichen:

> *Zur Entlastung einer überlasteten nds. Ortsdurchfahrt (Bundesstraße) soll eine **Ortsumgehungsstraße** (Schnellstraße oder normale Bundesstraße) gebaut werden (Waldverluste).*

1. Aufnahme des Projekts mit strategischer Umweltprüfung (SUP, 38.7.5) in den Verkehrswegeplan und in den Bedarfsplan des **Fernstraßenausbaugesetzes** (44.3.1; als Planrechtfertigung zu 3.);

2. **Linienbestimmung** des Bundesverkehrsministeriums (§ 16 **Bundesfernstraßengesetz - FStrG**, 44.3.2), ggf. nach **Raumordnungsverfahren** (38.10) bzw. **Umweltverträglichkeitsprüfung (UVP**, 38.7);

3. **Planfeststellungsverfahren** nach dem **Bundesfernstraßengesetz (FStrG**, 44.3.3) mit dem abschließenden **Planfeststellungsbeschluss** (§ 17 FStrG) mit Planrechtfertigung und formellen (43.1) und materiellen **Rechtmäßigkeitsvoraussetzungen** durch die oberste Landesstraßenbaubehörde.
3.1 Der Planfeststellungsbeschluss ist ein **Verwaltungsakt**.
3.2 **Ermächtigungsgrundlage** ist § 17 (1) FStrG.
3.3 **Formell-verfahrensrechtlich** ist ggf. eine ergänzte **Umweltverträglichkeitsprüfung** erforderlich (ggf. verbunden mit einer FFH-Verträglichkeitsprüfung, 51.14); die Planfeststellungsbehörde entscheidet in **formeller (Zuständigkeits)Konzentration** über alle erforderlichen Genehmigungen aus anderen Fachgesetzen (s. 3.3).
3.4.1 Nach **§ 17 (1) S. 2 FStrG sind** - unter Einbeziehung der Ergebnisse einer Umweltverträglichkeitsprüfung (38.7) – **alle betroffenen öffentlichen und privaten Belange** zu ermitteln, zu gewichten und untereinander sowie gegeneinander **abzuwägen** (21., u.a. Ziele und Grundsätze des Naturschutzrechts und Waldrechts, Belange des Verkehrs, der Wohnsiedlung, der Industrie, der öffentlichen Sicherheit und Gesundheit usw.), auch besonders, soweit sie verfeinernd in verwaltungsinternen Fachplänen (Landschaftsplänen, forstlichen Rahmenplänen) enthalten sind.

3.4.2 **Materiellrechtlich** sind **vorgreifliche strikte Bindungen anderer Gesetze zu beachten,** z.B.
- In **Regionalen Raumordnungsprogrammen (Rechtsverordnungen**, 39.8) festgelegte hinreichend bestimmte Ziele gelten bei Planfeststellungsbeschlüssen unmittelbar (39.4), wenn der Bund nicht bei deren Aufstellung widersprochen hat (39.5);
- eine ausnahmslose Unzulässigkeit nach FFH-Verträglichkeitsprüfung (51.14);
- **Waldgesetze** (insbesondere die Waldumwandlungsvoraussetzungen des NWaldLG, im Rahmen waldgesetzlicher Abwägung, 45.4),
- **gesetzliche Biotopregelungen** (51.8),
- **Rechtsverordnungen (naturschutzrechtliche Gebiets- und Objektschutzverordnungen,** Verordnungen über **Wasserschutzgebiete** und **Überschwemmungsgebiete,** 51.2, 60.3, 60.11);
Die Planfeststellungsbehörde kann jedoch (auch zu den Biotopregelungen) über zu beanspruchende **Ausnahmen** bzw. mit Ermessen über **Befreiungen** entscheiden;
- die Vorschriften über **Schallschutz**maßnahmen nach den §§ 41 - 43 **Bundes-Immissionsschutzgesetz** und der 16. und 24 BImSchV (62.6.5 ff.) und gg. Über Luftreinhaltung (62.7).
Im Rahmen der Planerhaltung kann ggf. – z.B. zum Immissionsschutz nachgebessert werden.

4. Bei Zulässigkeit des Planfeststellungsbeschlusses (Zulässigkeit des Vorhabens nach dem Fachrecht (FStrG) und weiteren mit zu entscheidenden Fachgesetzen) schließt sich die **naturschutzrechtliche Eingriffsregelung** als Regelung zur **Milderung** der nachteiligen **Folgen** des Eingriffs für Natur und Landschaft an. (**§§ 7 – 12b NNatG**; 50.; zur abweichenden Reihenfolge nach der umzusetzenden Regelung des BNatSchG s. 50.7 f.)

Ein **Eingriff** liegt vor, wenn die Maßnahme erheblich den Naturhaushalt oder das Landschaftsbild beeinträchtigen kann (Ausnahme: gute fachliche Praxis = Ordnungsgemäßheit - land- oder forstwirtschaftlicher Bodennutzung). Als Folgen ergeben sich, soweit nicht schon fachgesetzlich (z.B. durch Kompensationsaufforstung nach dem Waldrecht) erfüllt:

1. Pflicht zur Vermeidung **(Minimierung)** des Eingriffs;

2. Pflicht zur Festsetzung möglicher **Ausgleichsmaßnahmen** funktional gleichartig und gleichwertig bis zu einer sich noch kompensierend auswirkenden Entfernung (z.B. bei Waldverlust Erstaufforstung nahe der Eingriffsstelle);

3. falls nicht weiter minimierbar und ausgleichbar: gesonderte **Abwägung** über die Zulässigkeit des Eingriffs mit entgegenstehenden Belangen (Straßenbau, Verkehr usw.; der Grad des fehlenden Ausgleichs ist maßgebend); *)

4. falls zu 3. zulässig: Pflicht zur Festsetzung möglicher gleichwertiger **Ersatzmaßnahmen** im betroffenen Landschaftsraum*) (z.B. bei Waldverlust Erstaufforstung entfernter auf einer geeigneten Fläche);

5. falls auch Ersatz nicht möglich oder nicht zumutbar, ist in Niedersachsen eine **Ersatzzahlung** zu leisten, die für naturschutzverbessernde Maßnahme zu verwenden ist.

*) Nach dem noch umzusetzenden Rahmenrecht des **BNatSchG** ist 3. und 4. in der Reihenfolge zu tauschen

Abweichend ist die naturschutzrechtliche Eingriffsregelung für die Aufstellung von **Bebauungsplänen** (40.6) und **Raumordnungsplänen** (s. § 7 (2) S. 2 **ROG** zu 39.6) geregelt.

Stichwortverzeichnis
Bände I bis V

nach Textziffern und weitgehend unterteilt nach großen Sachbereichen
(z.B. Waldrecht, Landschaftsordnung - NWaldLG, Jagdrecht, Naturschutzgebiete, Fauna-Flora-Habitat-Richtlinie –Gebietsschutz; 37., außer 37.25 - 37.28, 37.33 nur in 1. und 2. Auflage)